Dethard v. Winterfeld · Der Dom in Bamberg
Band I

DETHARD V. WINTERFELD

# DER DOM IN BAMBERG

BAND I.

DIE BAUGESCHICHTE BIS ZUR VOLLENDUNG
IM 13. JAHRHUNDERT

mit Beiträgen von
Renate Kroos,
Renate Neumüllers-Klauser
und Walter Sage

Gebr. Mann Verlag · Berlin

GEDRUCKT MIT UNTERSTÜTZUNG DER DEUTSCHEN FORSCHUNGSGEMEINSCHAFT

Die Farben des Einbandschildes geben näherungsweise
und etwas vereinfacht das Farbsystem des Domes im 13. Jh. wieder.
Nach Haas, Raumfarbigkeit.

CIP-Kurztitelaufnahme der Deutschen Bibliothek

*Winterfeld, Dethard von:*
Der Dom in Bamberg / Dethard v. Winterfeld. –
Berlin : Mann.
Bd. 1. Die Baugeschichte bis zur Vollendung im
13. Jahrhundert / mit Beitr. von Renate Kroos ... – 1979.
ISBN 3-7861-1140-5

Copyright © 1979 by Gebr. Mann Verlag · Berlin
Alle Rechte vorbehalten
Reproduktionen: Carl Schütte & C. Behling · Berlin
Satz und Druck: Ernst Kieser GmbH · Augsburg
Printed in Germany · ISBN 3-7861-1140-4

# INHALT

AUSFÜHRLICHES INHALTSVERZEICHNIS ZUM
BAUBEFUND . . . . . . . . . . . . . . . . . Bd. II. S. 5

VERZEICHNIS ZUR BAUTECHNIK . . . . . . Bd. II. S. 8

VERZEICHNIS ZUR BESCHREIBUNG DER BAUZIER
. . . . . . . . . . . . . . . . . . . . . . . . Bd. II. S. 10

VORWORT . . . . . . . . . . . . . . . . . . . . 7

I. ZUR EINFÜHRUNG . . . . . . . . . . . . . 9

II. ZUM STAND DER FORSCHUNG . . . . . . . . 12

III. DER »HEINRICHSDOM« . . . . . . . . . . . 16

    Vorbemerkung . . . . . . . . . . . . . . . . . . 16

    1. Der archäologische Befund . . . . . . . . . . . 16
       1.1 Die Ergebnisse der Ausgrabungen 1969/72
          Beitrag von Walter Sage . . . . . . . . . 16
       1.2 Die älteren Grabungen vor 1969 . . . . . . 21

    2. Schriftquellen zur Geschichte des »Heinrichsdomes« . . 22

    3. Die Rekonstruktion des »Heinrichsdomes« . . . . . 25
       3.1 Westchor . . . . . . . . . . . . . . . . . 25
       3.2 Westquerhaus . . . . . . . . . . . . . . . 26
       3.3 Langhaus . . . . . . . . . . . . . . . . . 26
       3.4 Ostchor . . . . . . . . . . . . . . . . . 27
          Ostkrypta 27 – Westanlage der Ostkrypta 27 – Ostchor 28
       3.5 Osttürme . . . . . . . . . . . . . . . . . 28
       3.6 Gesamtanlage . . . . . . . . . . . . . . . 28

IV. DIE QUELLEN ZUR BAUGESCHICHTE DES
EKBERT-DOMES NACH 1185
Beitrag von Renate Neumüllers-Klauser . . . . . . . . 30

V. STEINMETZZEICHEN . . . . . . . . . . . . . 38

    1. Voraussetzungen . . . . . . . . . . . . . . . . 38

    2. Inventarisation der Bamberger Zeichen . . . . . . 40

    3. Folge und Verteilung der Zeichen am Bamberger Dom . 41

VI. BAUZIER . . . . . . . . . . . . . . . . . . 46

    1. Forschungsstand . . . . . . . . . . . . . . . . 46

    2. Darstellungsprobleme . . . . . . . . . . . . . 46

    3. Verteilung der Schmuckformen am Bau . . . . . . 47

    4. Gruppenbildung der Bamberger Bauzier . . . . . 47
       4.1 Gruppe I . . . . . . . . . . . . . . . . . 48
          4.11 Ostkrypta . . . . . . . . . . . . . . 48
          4.12 Gnadenpforte, Blendarkatur der Ostapsis . 49
          4.13 Turmhallen, Ostapsis außen, östliche
              Seitenschiffe . . . . . . . . . . . 51
          4.14 Östliche Chorschranken . . . . . . . 53
          4.15 Obere Zone der Ostteile . . . . . . . 54
          4.16 Gesimse und Bogenfriese der Ostteile . . 56
       4.2 Gruppe II . . . . . . . . . . . . . . . . 57
          4.21 Ostchor und Langhaus (bis zum 3. Joch) . 57
          4.22 Fürstenportal und Zierformen des Äußeren 58
          4.23 Langhaus (3. Joch), östl. Vierungspfeiler . 59
       4.3 Gruppe III . . . . . . . . . . . . . . . . 60
          4.31 Südquerarm . . . . . . . . . . . . 60
          4.32 Blendarkatur Westapsis, Veitsportal . . 60
          4.33 Wölbungszone vom Westchor, Westapsis,
              Nordquerarm und Vierung . . . . . 61
          4.34 Westchorschranken . . . . . . . . . 62
          4.35 Obergeschosse der Osttürme . . . . . 63
       4.4 Gruppe IV . . . . . . . . . . . . . . . . 63

VII. BAUVERLAUF UND PLANUNGSGESCHICHTE 64

    1. Ostkrypta . . . . . . . . . . . . . . . . . . 64
       1.1 Die Krypta nach Abschluß der Bauarbeiten im
          13. Jh. . . . . . . . . . . . . . . . . . 64
       1.2 Ausführung und Planung der Krypta im 13. Jh. 67

    2. Untergeschosse der Ostteile . . . . . . . . . . . 71

    3. Obergeschosse der Ostteile, Ostarkaden, Chorschranken . . . . . . . . . . . . . . . . . . . 76
       Schrankenmauern 77 – Südseite 78 – Nordseite 78 –
       Konsolen 79 – Obergeschoß der Ostapsis (Planwechsel) 81

    *Plan I* . . . . . . . . . . . . . . . . . . . . 84
    Diskussion des Forschungsstandes 84

    4. Abschluß der Ostfront . . . . . . . . . . . . . 86
       Zwerggalerie 86 – 3./4. Geschoß der Osttürme 87 – Ostgiebel 87

    *Plan A der Ostfront* . . . . . . . . . . . . . . 88
    Rekonstruktion 89

    5. Das 2. Ostchorjoch und die Ostteile des Langhauses 90
    *Plan II* . . . . . . . . . . . . . . . . . . . . 91

    Außenmauern der Seitenschiffe 92 – Fürstenportal 93 –
    Pfeiler B 5, C 5, B 6, C 6 95 – Obergaden 95

*Plan III A* . . . . . . . . . . . . . . . . . . . . . 96

6. Die beiden östlichen Langhausjoche . . . . . . . . 98
   Östliches Mittelschiffsjoch 98 – 2. Mittelschiffsjoch 99 – Der Brand 100

7. Das 3. Langhausjoch, Südquerarm, untere Zone . . 101
   Südseitenschiff 101 – Gertrudenkapelle 102 – Südl. Obergaden 102 – Nordseitenschiff 102 – Nördl. Bogenstellung 103 – Nördl. Obergaden 104

*Plan III B* . . . . . . . . . . . . . . . . . . . . . 104
   Diskussion des Forschungsstandes 106

   – Südquerarm, untere Zone 107 – SW-Turm, Sockelgeschoß 107

*Erste Planung der Westanlage (zu Plan III B?)* . . . . 108
   Grundriß 108 – Äußeres 108 – Inneres 108 – Diskussion des Forschungsstandes 109

8. Südwestturm, Untergeschoß und angrenzende Mauern von Westchor und Südquerarm . . . . . . . 110
   Folgerungen 111 – Kapitelsaal 111 – Westapsis, Sockel und Untergeschoß 112

9. Aufstockung der Osttürme und Vollendung der Westteile bis zum Kranzgesims . . . . . . . . . . . 114
   Osttürme 115

*Plan B der Ostfront* . . . . . . . . . . . . . . . . 116
   SW-Turm 116 – Südquerarm 116 – Westchor, Südmauer 119 – Westapsis, Untergeschoß 120 – Westchor, Nordmauer 120 – Nordquerarm 120 – NW-Turm, Schatzkammer 121

*Zweite Planung der Westanlage (Plan IV A)* . . . . . 123
   Nordquerarm 125 – Mittelschiff, Gewölbe 126 – Westapsis, Obergeschoß 128 – Westchor, Gewölbe 128 – Westchorschranken 129 – Westgiebel 130

*Dritte Planung der Westanlage (Plan IV B)* . . . . . 130
   Rekonstruktion des Apsisdaches 131

10. Die oberen Geschosse der Westtürme . . . . . . . 132

*Erster Westturmplan: Säulenumgangsprojekt (Plan V A)* 134

*Zweiter Westturmplan: ausgeführtes Projekt (Plan V B)* 137

11. Erscheinung des Domes nach der Vollendung . . . 138
    Äußeres 138 – Inneres 138

*Zusammenfassung* . . . . . . . . . . . . . . . . . 139

VIII. VERSUCH EINER ABSOLUTEN CHRONOLOGIE . . . . . . . . . . . . . . . . . 141
   1. Gesicherte Daten . . . . . . . . . . . . . . 141
   2. Ebrach und Bamberg . . . . . . . . . . . . . 142
   3. Das Fürstenportal . . . . . . . . . . . . . 144
   4. Der Baubeginn und die Ostteile . . . . . . . 145

IX. ZUR KUNSTGESCHICHTLICHEN STELLUNG DES DOMES . . . . . . . . . . . . . . . . . . . 146
   1. Zur Methode der Ableitung und Datierung von Architekturformen . . . . . . . . . . . . 146
   2. Der Ostbau . . . . . . . . . . . . . . . . . 147
      2.1 Ostkrypta . . . . . . . . . . . . . . . . 147
      2.2 Ostbau . . . . . . . . . . . . . . . . . 148
      2.3 Ostapsis . . . . . . . . . . . . . . . . 149
      2.4 Osttürme . . . . . . . . . . . . . . . . 151
      2.5 Portale . . . . . . . . . . . . . . . . 151
      2.6 Einzelmotive der Ostteile . . . . . . . . 151
   3. Langhaus . . . . . . . . . . . . . . . . . . 153
   4. Westteile . . . . . . . . . . . . . . . . . 155
   5. Westtürme . . . . . . . . . . . . . . . . . 156

X. ÜBERLIEFERUNG UND STILANGLEICHUNG . . 158

ANHANG: LITURGISCHE QUELLEN ZUM BAMBERGER DOM
Beitrag von Renate Kroos . . . . . . . . . . . . . 160

ANMERKUNGEN . . . . . . . . . . . . . . . . . . 177

ANMERKUNGEN DES ANHANGS . . . . . . . . . . 201

LITERATURVERZEICHNIS . . . . . . . . . . . . . 209

REGISTER . . . . . . . . . . . . . . . . . . . . . 216

VERZEICHNIS DER FIGUREN . . . . . . . . . . . 219

VERZEICHNIS DER ABBILDUNGEN . . . . . . . . 223

FIGUREN . . . . . . . . . . . . . . . . . . . . . 233

ABKÜRZUNGSVERZEICHNIS . . . . . . . . . . . 312

ABBILDUNGEN . . . . . . . . . . . . . . . . . . 313

PLANSCHEMA DER STÜTZENZÄHLUNG (FALTTAFEL) . . . . . . . . . . . . . . nach den Abbildungen

# VORWORT

Teile der vorliegenden Arbeit wurden 1969 von der Philosophischen Fakultät der Universität Bonn als Dissertation angenommen und 1972 in stark gekürzter Fassung veröffentlicht. Angeregt durch ein Seminar wurde sie 1963 begonnen. Meinem Lehrer, Herrn Professor Dr. Herbert v. Einem, gilt mein besonderer Dank, weil er meine Untersuchungen mit stets gleichbleibendem Interesse verfolgte und sie durch Rat und Hilfe förderte. Durch seine Bemühungen erlangte ich die finanzielle Unterstützung der Deutschen Forschungsgemeinschaft zur Erstellung eines Gerüstes für die Untersuchung der Langhausarkaden 1964. Als Assistent am Kunsthistorischen Institut Heidelberg konnte ich mit Billigung, Rat und intensiver Hilfe von Herrn Prof. Dr. Hans Belting meine Forschungen fortsetzen, die durch die Grabungen von 1969/72 und die Innenreinigung von 1972/73 notwendig geworden waren. 1975 förderte die DFG das Unternehmen abermals mit einer Sachbeihilfe zur Beschaffung von Fotos und Plänen.

Das Hochwürdigste Metropolitankapitel gestattete die Bauuntersuchungen in freizügigster Weise. Der Summus Custos der Kathedrale, seine Gnaden Prälat Domkapitular Prof. D. Dr. Sigmund Freiherr von Pölnitz(†) unterstützte mich mit jeder erbetenen Hilfe und nahm freundschaftlich regen Anteil am Fortgang der Arbeit, wofür ich herzlich Dank sage. Das Landbauamt Bamberg unter seinen Vorständen, den Baudirektoren Dipl.-Ing. H. Geßner und Dipl.-Ing. Wallraf, förderte das Unternehmen durch großzügig gewährte technische Hilfe. Die Ausführenden waren dabei der Fotograf Kleinlein und die Dombauhütte mit ihren Steinmetzen unter Leitung der Hüttenmeister Georg Frieß(†) und Lindner, denen ich wie manchem anderen Mitarbeiter des Amtes meinen aufrichtigen Dank sage.

Hilfe und gute Zusammenarbeit verdanke ich den Kollegen des Bayerischen Landesamtes für Denkmalpflege, München. Allen voran sei hier Dr. Ing. Walter Haas genannt, speziell mit der Bauforschung am Dom betraut. Ihm verdanke ich zahlreiche, grundsätzliche Anregungen und selbstlose technische Hilfe. Sein sachlich abgewogenes Urteil und seine hervorragende wissenschaftliche Methode waren oft die Richtschnur für meine eigene Arbeit. Der Inventarisator Dr. Tilmann Breuer half mir mit Hinweisen und seinem erarbeiteten Material, einschließlich der Fotografien. Der Restaurator Dr. Taubert(†) besprach Farbbefunde mit mir. Besonderen Dank schulde ich Dr. Walter Sage, der mir seine Grabungen im Dom zugänglich machte, erläuterte und sein Material zur Verfügung stellte – ein ungewöhnlich großzügiges Verhalten.

Zahlreiche Freunde und Kollegen halfen mir. Bei Herrn Prof. Dr. H. E. Kubach lernte ich durch mehr als zehnjährige Zusammenarbeit die Methode der Bauforschung kennen und darüber hinaus Grundsätzliches für die Betrachtung der mittelalterlichen Architektur. Als Freund nahm er Anteil an meiner Arbeit und diskutierte am Bau selbst die wichtigsten Fragen mit mir. Herr Prof. Dr. Reiner Haussherr, Bonn/Kiel, korrigierte nicht nur Teile des Textes, sondern half vielfältig durch sein sicheres, wissenschaftliches Urteil. Ich danke ihm ebenso herzlich wie Dr. Udo Arnold, der mich in historischen Fragen beriet und bei technischen Problemen freundschaftlich half. Prof. Dr. Dr. Günther Binding und Prof. Dr. Richard Hamann-McLean informierten sich eingehend am Ort. Ebenso danke ich Prof. Dr. Willibald Sauerländer für den regen Gedankenaustausch und sein immer wieder bekundetes Interesse an meinen Untersuchungen. Herr Prof. Dr. Egon Verheyen verzichtete auf seine eigenen Forschungspläne zur Geschichte des Domes und überließ mir 1963 freundlicherweise ein ungedrucktes Manuskript.

Auch den Autoren der Beiträge sei herzlichst gedankt. Frau Dr. Renate Neumüllers-Klauser publiziert hier ihre kritische Würdigung der Quellen zur Baugeschichte erstmalig, während die Texte von Frau Dr. Renate Kroos zur Liturgie und Dr. Walter Sage über die Grabung 1969–72 mit Hilfe der DFG nachgedruckt werden konnten.

Selbstlos und ohne Ersatz ihrer Kosten halfen beim Aufmessen die damaligen Studenten cand. phil. Walter Larink, Franz J. Much, Dietmar Ponert und Fräulein cand. arch. Henrike Hoffmann sowie Dr. Ing. Rainer Hussendörfer, dem ich außer Anregungen auch Fotos verdanke. Die Küster des Domes, die Herren Schmidt und Spiegel, zeigten Verständnis für meine Wünsche. Frau Gerda Johnen, Langerwehe/Rhld., arbeitete sich rasch in die fremde Terminologie ein und schrieb ein fehlerfreies Manuskript, wofür ich ihr herzlich danke. Meiner Frau schulde ich Dank nicht nur für vielerlei Hilfe u. a. beim Korrekturlesen, sondern auch für jahrelange Geduld.

Prof. Dr. Wilhelm Schlink, Frankfurt, danke ich vielmals für das Überlassen seiner privaten Fotos.

Dr. Peter Kurmann fertigte liebenswürdigerweise Aufnahmen für mich an. Die zahlreichen Fotografen sind am Schluß genannt. Besonderen Dank schulde ich Frau Ingeborg Limmer/Bamberg und Herrn Sowieja vom Bayerischen Landesamt für Denkmalpflege.

Der Deutschen Forschungsgemeinschaft ist es zu verdanken, daß aus dem Manuskript ein Buch werden konnte. Sie war vertreten durch die Herren Dr. Scheffels und S. Rostosky und die mir unbekannten Fachgutachter, aus deren Kreis ich Anregungen aufnehmen konnte. Ihnen allen bin ich zu Dank verpflichtet. Meinen Antrag auf Druckkostenbeihilfe begleiteten die Herren Proff. Dr. H. v. Einem, Dr. H. E. Kubach, Dr. W. Sauerländer und Dr. O. v. Simson durch positive Stellungnahmen und förderten dadurch das Werk sehr wesentlich.

Seit 1972 nahm Herr Prof. Dr. H. Peters, Gebr. Mann Verlag, regen Anteil an der Vollendung der Arbeit und an den Sorgen um die Finanzierung des Druckes. Er war mir ein verständnisvoller und hilfreicher Partner, der im Kreise der zahlreichen Paten dieses Buches einen hervorragenden Platz einnimmt. Herrn D. Eckert und dem Personal des Verlags und der Druckerei sei für die Herstellung gedankt.

Heidelberg, im Juli 1978                     Dethard von Winterfeld

# I. ZUR EINFÜHRUNG

»Man hat den Bamberger Dom bis jetzt vorwiegend wegen der Wunder seiner Bildwerke erforscht. Zwar waren weder die Archivalien noch auch der Bau selbst ganz auszuschalten – denn schließlich sind die Skulpturen mit dem Gewände verwachsen – aber das Architektonische fand doch nur mittelbares Interesse, nur bescheidene Würdigung, und die Forschung hat vorläufig keineswegs den Versuch gemacht, auch nur die augenfälligsten Erscheinungen im Bauwerk deutlich zu Worte kommen zu lassen.«

So beurteilte 1921 Rudolf Kömstedt[1] die Forschungslage, die sich bis heute – mehr als ein halbes Jahrhundert später – kaum verändert hat. Vergleicht man in den nach Kömstedt erschienenen Arbeiten jeweils den Anteil, den der Bau einnimmt, mit dem Umfang der Abhandlung über die Skulpturen, so findet man die Gültigkeit seiner Aussage bis heute bestätigt, ganz abgesehen von den zahllosen Büchern und Aufsätzen, die ausschließlich der Plastik gewidmet sind. Erst seit den parallelen Untersuchungen des bayerischen Denkmalamtes und des Verfassers zeichnet sich in knappen, an einen breiteren Leserkreis gerichteten Publikationen verschiedener Autoren eine einheitliche Ansicht über die Baugeschichte ab, doch ihre umfassende Darstellung und Begründung fehlt bis heute.

Die wichtigste Ursache dafür hat Kömstedt richtig erkannt: der künstlerische Rang und die kunstgeschichtliche Bedeutung der Skulpturen sind denen ihres architektonischen Gehäuses überlegen, so daß es hinter ihnen verblaßt. Die isolierte Betrachtung der Skulptur schränkt zwar meistens von vornherein die Erkenntnismöglichkeit ein, doch wird sie in Bamberg durch die lockere Verbindung beider Gattungen – mit Ausnahme des Fürstenportals – geradezu provoziert. Dem Dom als Ganzes konnte unter diesen Umständen nicht die Beachtung geschenkt werden, die ihm als dem größten Gewölbebau Frankens ohne Skulpturen wohl eher zuteil geworden wäre.

Als weiterer Grund ist zweifellos die Bewertung des Dombaues unter entwicklungsgeschichtlichen Gesichtspunkten zu nennen. Da es, von wenigen Ausnahmen abgesehen, in der Kunstgeschichte als selbstverständlich gilt, für den nordalpinen Bereich am Anfang des 13. Jhs. die gotischen Kathedralen des französischen Kronlandes als Maßstab zu wählen, müssen alle anderen Gebiete daneben als rückständige Provinzen erscheinen. Allenfalls dem Niederrhein wird eine Sonderstellung zugebilligt, während Worms und der Oberrhein das entwicklungsgeschichtliche Manko durch Steigerung der plastischen Werte ausgleichen können. Es ist nur logisch, daß unter diesem Aspekt vom Bamberger Dom einerseits nur die Westtürme, andererseits nur die Ostapsis interessieren konnten. Löst man sich von dieser Vorstellung und dem in ihr verborgenen Zwang einer rein stilgeschichtlichen Entwicklungstheorie, so wird man erkennen, daß der größere Teil Europas nur geringen Anteil an dieser Entwicklung hat, von einigen »Exportstücken« aus dem Kronland abgesehen. So ist hier die Kontinuität zwischen Spätromanik und »Sondergotik« z.B. in der Raumbegrenzung durch glatte Flächen größer als im Zentrum der Entwicklung[2]. Da Franken als Architekturlandschaft des 13. Jhs. selbst vom mittelalterlichen Reich her gesehen bereits am Rande liegt, gewinnt hier der Bamberger Dom eine bisher wohl übersehene Bedeutung.

Nachdem A. Freiherr v. Reitzenstein die Archivalien[3], soweit sie für die Baugeschichte bis in das 13. Jh. von Bedeutung sind, durchgearbeitet, dargestellt und damit zum Teil einem von Kömstedt monierten Zustand abgeholfen hatte, stellte sich die Aufgabe für die vorliegende Arbeit von selbst: nach einer gründlichen Bauuntersuchung eine zusammenhängende Baugeschichte zu entwerfen, die versucht, den wichtigsten Erscheinungen gerecht zu werden. Aus dieser Perspektive gesehen sind die Skulpturen nur von Interesse, sofern sie mit dem Bau in Verbindung stehen oder besonders architektonische Vorkehrungen für sie am Bau zu beobachten sind: Portalvorbau, Schrankenmauern und Konsolen. Dennoch ergaben sich wichtige Hinweise auch für die Skulpturen.

Die Untersuchung des Bauwerks selbst unter formalen und technischen Gesichtspunkten bildet den Ausgangspunkt. Sie wird gleichsam protokollartig in einer Beschreibung vorgelegt. (Vergl. Bd. II.) Daraus ergibt sich zwangsläufig eine Reihe von Einschränkungen. Der Umfang des Materials, bedingt durch die Abmessungen des Domes, erforderte eine weitgehend isolierende Behandlung. Der Vergleich und die Untersuchung von Verbindungslinien bilden Ausnahmen, da sonst der vertretbare Rahmen gesprengt worden wäre. Auch innerhalb der Geschichte des Baues war eine Konzentration auf die Phase des Neubaues nach 1185 notwendig. Die wissenschaftliche Publikation der Grabungen von 1969/72 konnte aus äußeren Gründen hier ebensowenig wie die Untersuchungen zur farbigen Fassung von 1972/73 einbezogen werden. An ihre Stelle treten Resümees. Der Vorgängerbau wird trotzdem so weit einbezogen, wie er Auswirkungen auf Anlage und Gestalt des Neubaues hatte und somit für diesen eine »Quelle« darstellt. In diesem Zusammenhang bedauert der Autor als »Einzelgänger« seinen Verzicht auf eine liturgiegeschichtliche Abhandlung über die Altäre und die Verwendung der entsprechenden Raumteile, die die Kontinuität zwischen Vorgänger- und Neubau hätte deutlicher werden lassen. Diese Lücke konnte glücklicherweise durch den Anhang von Renate Kroos geschlossen werden. Auch das spätere Schicksal des Domes blieb weitgehend unberücksichtigt, zumal zur gleichen Zeit ein Inventar entsteht, in dem dieser Fragenkomplex unter Auswertung der Archivalien behandelt werden wird[4]. Das Thema ist demnach auf die Entstehungs- und Planungsgeschichte des Neubaues eingeschränkt. Dies erschien dem Kunsthistoriker nicht allein deswegen reizvoll, weil es die Phase ist, der auch die Skulpturen angehören, sondern weil man hier ein Kapitel Baugeschichte beleuchten kann, das über den Einzelfall hinaus von dem Entstehungsprozeß in handwerklicher als auch formaler Hinsicht eine Vorstellung zu vermitteln vermag. Der widerspruchsvolle Ablauf ermöglicht künftig vielleicht weiterführende Untersuchungen über das Verhältnis von reflektierter oder unreflektierter Tradition zur Innovation bei diesem Neubauprogramm. Allgemein spiegelt sich hier vielleicht auch die geistige und politische Situation im Reich im ersten Drittel des 13. Jhs., wo sicher geglaubte Überlieferung ihre Tragfähigkeit verlor.

Die Erforschung des Entstehungsprozesses eines mittelalterlichen Bauwerks dieser Größenordnung vollzieht sich weitgehend im handwerklich-technischen Bereich, weil die Phasen seiner Planung und Ausführung in der Regel nur an ihm selbst abzulesen sind. Diese Untersuchungsmethode ist darum am ehesten den historischen Hilfswissenschaften vergleichbar. Sie spielt in der architekturgeschichtlichen Forschung eine größere Rolle als bei den anderen Kunstgattungen. Das ist einmal gewiß in der vergleichsweise langen Ausführungszeit großer, mittelalterlicher Kirchen begründet, die kaum je das »reine« Werk »aus einem Guß« entstehen, sondern die Konzeptionen einander ablösen ließ. Dieser Prozeß dauerte stets auch nach der Vollendung an, weil die dauernde Nutzung zu Veränderungen führte, die in Verschiebungen der Funktion wie in Wandlungen des Geschmacks der Benutzer ihre Ursache haben, häufig aber auch durch äußere Einwirkungen natürlicher oder politischer Katastrophen – also Zerstörungen – veranlaßt sind. Hierin weist die Architektur als Gattung einen stärkeren Zusammenhang mit historischen Prozessen als die anderen Gattungen auf, über den Zeitpunkt der Entstehung hinaus für die ganze Dauer des Bestehens eines Bauwerks. Für das einzelne Objekt bedeuten diese Einwirkungen in der Regel Verstümmelungen der ursprünglichen Gestalt, die erst durch die Forschung zu ermitteln ist; denn kaum eine mittelalterliche Kirche hat sie bewahrt.

Ein weiterer Grund für die besondere Bedeutung, die dem handwerklichen Ausführungsprozeß in der Architektur zukommt, liegt in der Tatsache, daß zwischen dem Entwerfenden und seinem Werk der Handwerker, der Steinmetz, Maurer, Zimmermann, steht. Man wird also nie der persönlichen Spur des »Künstlers« begegnen. Das gilt in besonderer Weise für die früh- und hochmittelalterliche, die vorgotische Baukunst, die keine detaillierten Ausführungspläne kannte und darum nicht nur dem Handwerker freieres Spiel ließ, sondern möglicherweise mit dem »Bauführer« einen weiteren Personenkreis in den Prozeß einfügte und eingreifen ließ.

Schließlich treten in der Architektur äußere Vorbedingungen deutlicher zutage als in den anderen Kunstgattungen. Hier sei weniger an die vorbestimmte Funktion gedacht, die offenbar eine geringere Rolle im Kirchenbau spielte als die Tradition, oder an den Einfluß des Auftraggebers, mit dem auch in Malerei und Plastik zu rechnen ist, sondern vielmehr an den großen Bereich technischer und handwerklicher Voraussetzungen schlechthin. Die Gesetze der Statik – dem mittelalterlichen Baumeister nur empirisch bewußt – das vorgegebene Material und dessen handwerkliche Verwendung erlaubten für bestimmte Probleme nur wenige grundsätzlich verschiedene Lösungsmöglichkeiten, die bis zur Einführung von Gußeisen, vor allem aber von armiertem Beton gültig blieben. Um so größer war freilich die Variationsbreite. Dennoch spielt in keiner anderen Gattung die örtlich und zeitlich unterschiedliche Handwerksgewohnheit eine so große Rolle wie in der Architektur.

Überlegungen dieser Art rechtfertigen nach Ansicht des Autors einerseits die Beschränkung auf die Untersuchung des Bauwerks selbst, andererseits die Anwendung einer geradezu mikroskopischen Vergrößerung des Einzelvorgangs[5]. In einer Phase, in der die Forderung nach stärkerer theoretischer Durchdringung des Stoffes erhoben wird (fast wie vor dem Einsetzen einer historischen Detailforschung in diesem Fach im 19. Jh.) und die Notwendigkeit einer erneuten, wissenschaftlichen Zusammenfassung der Erkenntnisse sichtbar wird, scheint dies nicht aktuell zu sein. Im Rückblick auf die Forschungsgeschichte zeigt sich jedoch, daß Untersuchungen dieser Art länger Gültigkeit behielten als durch den faktischen Gegenbeweis zu erschütternde theoretische Ansätze. Ferner sei darauf hingewiesen, daß ähnliche Untersuchungen für kleinere und mittlere Bauten in größerer Zahl vorliegen, für Großbauten aber, von wenigen Ausnahmen[6] abgesehen, zumeist fehlen. Überträgt man die Genauigkeit der Befundaufnahme auf einen Bau dieser Größenordnung, so schwillt der Umfang fast automatisch an; dennoch bliebe es methodisch fragwürdig, allein aus diesem Grunde die großen Denkmäler auszuklammern.

Die genaue Erfassung des angetroffenen Befundes gehört in den Abschlußpublikationen der Grabungswissenschaften längst zu den Selbstverständlichkeiten. Hier spricht der Umstand dafür, daß der Befund durch die Grabung in der Regel zerstört, zumindest aber wieder verdeckt wird und nicht mehr nachprüfbar ist. Für das aufrechtstehende Bauwerk gilt dies scheinbar nicht, wenn man unvorhersehbare Zerstörungen nicht nur durch Kriegseinwirkungen, sondern vor allem durch Ein- und Umbauten (z.B. der skandalöse Fahrstuhleinbau in einen Treppenturm des Trierer Domes) einmal beiseite läßt. Tatsächlich sind Beobachtungen vom Gerüst aus, aber auch solche in Dachräumen, Türmen, Treppenschächten und anderen kaum zugänglichen Räumen nur mit Mühe wiederholbar, was für den Nachprüfenden den gleichen Zeit- und Arbeitsaufwand bedeutet wie für den Autor selbst. Um dessen Schlußfolgerungen jedoch nachprüfbar zu machen, erscheint die angestrebte Vollständigkeit der Darstellung gerechtfertigt.

Die Bauuntersuchung fand ihren Niederschlag in der Befundbeschreibung (Bd. II), die in der Funktion einem Katalog gleichkommt, d.h. sie ist nicht zur fortlaufenden Lektüre bestimmt, sondern dient zum »Nachschlagen« bei Einzelproblemen. Sie enthält auch die wichtigsten Beobachtungen und Schlußfolgerungen zur Bautechnik, der kein selbständiger Abschnitt gewidmet werden konnte. Lediglich die Steinmetzzeichen wurden hier ausgeklammert und in einem gesonderten Kapitel behandelt, weil hier die statistische Erfassung nicht von den Folgerungen zu trennen ist. Die Schmuckformen sind dagegen beim Befund der einzelnen Bauteile beschrieben, doch ist Ihnen zusätzlich ein eigenes Kapitel gewidmet, das ihre Entwicklung beschreibt. Vorangestellt wurde ein Überblick über den Gang der Forschung und ein weiterer über den Vorgängerbau samt zugehörigen Schriftquellen, weil er als »Heinrichsdom« eine archäologische Quelle für das Verständnis der Baugeschichte im 13. Jh. darstellt. Eine gesonderte Zusammenfassung der Schriftquellen nach 1185 geht der Befundbeschreibung ebenfalls voraus. Die Auswertung des Baubefundes einschließlich der Steinmetzzeichen und Schmuckformen gibt das Kapitel Bauverlauf und Planungsgeschichte wieder. Hier waren Textdoubletten nicht zu vermeiden, weil zum leichteren Verständnis der Vorgänge Befundbeschreibungen in verkürzter Form wiederholt werden mußten[7]. Im Falle eines Verzichts darauf wäre man nicht nur zum ständigen Blättern gezwungen worden, sondern der Zusammenhang der Argumentation wäre nicht mehr erkennbar geblieben. Nachdem in diesem Kapitel die eigentlichen Forschungsergebnisse vorgetragen wurden, folgen zum Schluß Abschnitte über weniger präzise zu lösende und noch offene Probleme: die absolute Datierung und die kunstgeschichtliche Stellung des Domes sowie Betrachtungen zur Frage von Überlieferung und Stilangleichung.

Auch bei der Methode des Vorgehens stand die sorgfältige Bauuntersuchung am Anfang. Erst an zweiter Stelle wurde Literatur hinzugezogen, vornehmlich um festzustellen, wo Befunde, Beobachtungen und entsprechende Deutungen bereits mitgeteilt sind. Da den älteren Darstellungen meistens sorgfältige Hinweise fehlen und man frühere Beobachtungen großzügig ohne Zitat in Anspruch nahm, blieb die Suche nach den Urhebern einiger, inzwischen Allgemeingut gewordener Beobachtungen, wie z.B. des Zusammenhanges mit Laon, ohne Erfolg. Sowohl in der Darstellung selbst als auch in den Anmerkungen wird zu der bisherigen Forschung Stellung genommen, nicht nur um erneuten Zweifeln an den hier gebotenen Lösungen zuvorzukommen, sondern vor allem um ein zuverlässiges Bild von der Forschung zu vermitteln, auch dort, wo sie widerlegt wird. Es wird dadurch vermieden, daß der sorgfältige Benutzer auch die gesamte ältere Literatur heranziehen muß[8]. Es zeigt sich dabei, daß die Mehrzahl der Deutungen schon irgendwo einmal ausgesprochen worden ist, nur fehlt in den meisten Fällen der genauere Nachweis durch den Befund und der entsprechende Zusammenhang. Fast stets vernachlässigte man wichtige Fragen oder umging sie. Gerade die möglichst lückenlose Rekonstruktion aller Phasen sei hier versucht.

# II. ZUM STAND DER FORSCHUNG

Die Beschäftigung mit der Literatur über den Bamberger Dom könnte Gegenstand einer gesonderten Abhandlung sein, nicht nur ihre Umfanges wegen, sondern weil sie Aufschlüsse über die Geschichte dieser Wissenschaft, über den Wandel der Wertungen und auch über die Kontinuität der Fragestellungen vermitteln könnte. So überrascht es den Leser, in Abhandlungen aus dem 3. Viertel des 19. Jhs. genau die gleichen Probleme der Datierung – Heinrichsdom, Ottodom, Ekbertdom – behandelt zu sehen, die bis zur Gegenwart einen Teil der Forschung beschäftigt haben, teilweise unter Verwendung der gleichen Argumente. Ein gewisser Fortschritt in der Verwendung einer präziseren Terminologie, in der umfangreicheren Kenntnis von Architektur- und Ornamentformen und nicht zuletzt in genaueren Untersuchungen des Gegenstandes selbst ist freilich nicht zu übersehen, nur hat das in Bamberg offenbar bisher zu keinem allgemein akzeptierten Consensus geführt. Der Wert jener älteren Forschung vor der Jahrhundertwende besteht heute vornehmlich darin, demjenigen, der es unternimmt, eigene Beiträge zu liefern, die Tradition der Problemstellung und damit die Relativität des eigenen Bemühens zu vergegenwärtigen. Allerdings offenbart sich auch das Dilettantische dieser älteren Untersuchungen im Vergleich mit dem nur wenig jüngeren Werk eines Architekten und Ingenieurs, W. Meyer-Schwartaus 1893 erschienenen Tafelband über den Dom zu Speyer[9]. Das Fehlen eines solchen Werkes, schon 1872 von C. Schnaase[10] beklagt, hat die Bamberg-Forschung bis heute nachhaltig beeinträchtigt.

Es liegt nicht in der Absicht dieser Arbeit, eine vollständige Bibliographie über den Bamberger Dom vorzulegen. Es erscheint nur Literatur, die zu Fragen der Baugeschichte Stellung nimmt. Für die Mehrzahl der Abhandlungen zur Plastik trifft dies entweder nicht zu oder ihre Aussagen über den Bau beruhen auf den ohnehin zitierten Untersuchungen. Als Hauptwerke der deutschen Kunst werden die Skulpturen und in ihrer Folge auch der Bau in fast allen größeren Darstellungen der mittelalterlichen Kunst mehr oder weniger ausführlich gewürdigt. Da auch sie keine Beiträge zu den hier behandelten Problemen enthalten, zumal sie die Schilderung übergeordneter Zusammenhänge im Auge behalten müssen, scheint ihre Erwähnung wenig sinnvoll.

Eine Ausnahme bilden hier die kunstgeschichtlichen Darstellungen des 19. Jhs., weil sie der Ort sind, an dem Meinungen über den Dom vorgetragen wurden. Zwar setzen die Bemühungen weniger der Erforschung als der Darstellung mit Einzelabhandlungen 1836 ein, angeregt durch den Abschluß der Innenrestaurierung, doch wird darin zunächst nur ein Interesse an Inschriften[11] und lokaler Geschichtsschreibung deutlich wie etwa bei J. Heller[12]. In seinen »kleinen Schriften«, die wohl schon Anfang des dritten Jahrzehnts konzipiert, aber erst 1853 mit Korrekturen publiziert worden sind, bezog Franz Kugler[13] den Dom mit ein. Neben einer kurzen Beschreibung ist dem nicht mehr zu entnehmen als die Meinung, der Bau sei nach 1200 entstanden, eine ungefähr zutreffende Feststellung. Schon 1857 nahm E. Förster[14] den Dom in seine »Denkmale deutscher Baukunst« auf, widmete ihm 3 Tafeln und eine knappe, aber schon erstaunlich sachgerechte Beschreibung. Er vertrat bereits die Ansicht, vom Heinrichsdom sei »nichts mehr übrig« und gab den Dom in der jetzigen Form der Zeit Bischofs Thiemo, d.h. dem Ende des 12. Jh. Nur die Westteile setzte er in die Mitte bzw. gegen Ende des 13. Jh. Ohne Angabe der Quelle seiner Kenntnis berichtete er bereits von einer zugeschütteten, kleinen Westkrypta, die tatsächlich erst 1913 ergraben wurde. C. Schnaase[15] unternahm 1871/2 in seiner Kunstgeschichte einen ersten Versuch einer stilistischen und baulichen Analyse, indem er zumindest das Langhaus für einen Rest des »Ottodomes« hielt. Ohne die zugesetzten Fenster zu erwähnen, kam er zu dem Schluß, dieser sei flachgedeckt und eine Pfeilerbasilika gewesen mit sächsischen Formen. In der Begründung glaubte er in den Eckdiensten der Pfeiler das gleiche Motiv wie bei den Kantensäulchen niedersächsischer Pfeiler zu erkennen. Bei der Einwölbung, die 1237 vollendet gewesen sei, hätte man den alten Bau von 1111 wieder verwendet. Den Westchor brachte er mit der Nachricht von 1274 in Zusammenhang. Damit findet sich bei Schnaase eine Meinung, die noch von E. Verheyen[16] vertreten wurde und das merkwürdige, durch Quellen nicht bestätigte Weihedatum 1111, das sich bis zu A. v. Reitzensteins[17] Widerlegung halten sollte. Auch die Angabe der Weihe von 1237 war neu. Ähnlich wie schon E. Viollet-le-Duc[18] schätzte er den künstlerischen Rang der Architektur des Domes sehr hoch ein.

Rund 15 Jahre später ging R. Dohme[19] wiederum in einer »Kunstgeschichte« ausführlicher auf den Dom ein. Er vertrat die Meinung, der »Heinrichsdom« sei 1081 erhalten geblieben, was sich als richtig erweisen sollte. Die wachsende Kenntnis von Vergleichsbeispielen führte ihn dazu, den heutigen Dom auf den Fundamenten des Vorgängers ruhend zu vermuten, eine Schlußfolgerung, die bis zu H. Mayers Grabungen 1936 Allgemeingut werden sollte. Den Neubau datierte er Anfang des 13. Jhs. Im Ostchor erkannte er bereits die Planung sechsteiliger Gewölbe. Die Formen schrieb er rheinischen Einflüssen zu und vermutete Ausstrahlungen nach Thüringen, ein später leider nie weiter verfolgter Gedanke (mit Ausnahme des Bezuges auf Naumburg), der sicher Richtiges enthält. Für die Westtürme erwähnte er bereits französische Vorbilder wie Laon, hielt die Turmhelme allerdings für 13. Jh., was bei der Nähe zum Umbau – es waren erst 100 Jahre vergangen – erstaunlich ist. Auf Dohme folgten unmittelbar die »Kunsthistorischen Wanderungen« von B. Riehl[20], der dem Dom acht Seiten widmete. Mit ihm begann in gewisser Weise die Bauforschung, weil er erstmalig bestimmte Befunde nannte und seine Schlüsse daraus zog. Offenbar war er sogar in die Dachstühle hinaufgestiegen. Er kehrte zu der These vom »Ottodom« zurück, von dem er die inneren Ostteile und die Krypta erhalten glaubte. Ihm fielen die »Unregelmäßigkeiten« des Ostchores auf, die er auf den Umbau zurückführte. Auch für ihn war dieser von Otto errichtete Vorgängerbau flachgedeckt; freilich bezog er

## II. Zum Stand der Forschung

sich dabei nicht auf die vermauerten Fenster, sondern auf die Dachstuhlöffnung (»Orgelbühne«) westlich des Ostchores, in der er ein altes Fenster sah. Das Tropfgesims unter den Hochschiffenstern wurde für ihn zum ehemaligen Kranzgesims. Nicht näher bezeichnete Balkenlöcher im Obergaden unterhalb des Seitenschiffdaches bestärkten ihn in dieser Ansicht. Auch im Querhaus vermutete er ältere Reste. Auch er datierte die Westteile in die Zeit vor 1274, wogegen R. Redtenbacher[21] unter Hinweis auf stilistische Vergleiche schon 1881 Stellung genommen hatte. In der Ableitung schloß er sich Schnaase an und lehnte Dohmes These einer Ausstrahlung nach Thüringen ab, freilich ohne zu bemerken, daß dieser die Westteile gemeint hatte. Auch gegen die rheinischen Zusammenhänge sprach er sich aus, indem er die Unterschiede zu Worms betonte. Man sieht, wie wenig Fortschritte seither in diesen Fragen erzielt worden sind. Georg Dehio und Gustav v. Bezold faßten in der »Kirchlichen Baukunst« 1892[22] und 1901[23] diesen Stand der Erkenntnisse nur zusammen. Für die Forschung als sehr nützlich erwiesen sich die Veröffentlichungen des Domkapitulars M. Pfister[24] von 1896, die zwar baugeschichtlich nichts Neues brachten und ohne architektonische Sachkenntnis geschrieben sind. Ihr Vorzug besteht in der Publikation von Archivalien zur Restaurierungsgeschichte, die zwar nicht in einer den Historiker befriedigenden Form dargeboten wurden, dennoch das einzig Verfügbare auf dem Gebiet darstellen und daher bis heute zitiert werden. Nur das künftige Inventar kann hier Abhilfe schaffen. Pfister entdeckte übrigens auch eine Reihe von Details zuerst, so z.B. die Zwischenräume von Osttürmen und Obergaden, zog aber keine Schlüsse daraus.

1897 erschien das Buch von Arthur Weese über die »Domsculpturen«[25], das den Endpunkt der älteren und zugleich Anfang der neueren Forschung darstellt. Es ist der erste Versuch, Bau und Skulpturen in einer ausgedehnten kunstgeschichtlichen Monographie zu behandeln. Auf diese Weise entstand der später oft wiederholte Typ des »Bamberg-Buches«, indem Geschichte und Architektur eine Art Einleitung bilden mit einem Verhältnis von zehn zu hundertfünfundfünfzig Seiten. In seinen Abhandlungen über die Skulpturen erwies sich das Buch als sehr fruchtbar, löste es doch eine ganze Serie von teils heftig widersprechenden Arbeiten aus: Adolf Goldschmidt (Rezension)[26], Wilhelm Vöge[27] und Karl Franck-Oberaspach[28].

Die Baugeschichte brachte erstmalig eine ausführlichere Darstellung der Quellen, die durch die Brandnachricht von 1185 bereichert wurden. Der Heinrichsdom wurde gesondert behandelt und so weit wie möglich rekonstruiert. Die Arbeiten unter Bischof Otto stellte Weese sehr klar als eine Wiederherstellung heraus, unter Beibehaltung der älteren Mauern und noch ohne Wölbung. Den Neubau konnte er für die Zeit 1185/1237 festlegen, vornehmlich unter Ekbert nach 1203 ausgeführt. Energisch und unter Hinweis auf die Ebracher Baudaten trat er für einen Abschluß mit der Weihe 1237 ein, in der er auch die Westtürme einbezog. Deren Ursprung sah er auch in Laon und wertete dies für die Datierung aus. Ebenso ist seither der enge Zusammenhang mit Ebrach nicht mehr ernsthaft angezweifelt worden. Wenn auch nicht alles neu war, so hat doch Weese das Verdienst, diese Erkenntnisse zur Grundlage der neueren Forschung gemacht zu haben.

Demgegenüber erwies er sich in der Beurteilung des Baues selbst als völlig hilflos. So schrieb er zunächst: »Bei der neuen Bauperiode handelte es sich nicht um eine vornehmere Ausstattung, sondern um einen vollkommenen Neubau.« Er wandte sich gegen Thesen, die noch ältere Reste des Ottobaues vermutet hatten und wies den völlig einheitlichen Charakter des Neubaues nach. Eine Wiederverwendung der Fundamente des Heinrichsdomes hielt er aber für wahrscheinlich.

Zwei Seiten später jedoch zog er aus den zugesetzten Fenstern des Obergadens und den vorgestellten Gewölbevorlagen den Schluß, der »Ottodom« sei flach gedeckt gewesen und offenbar bis zum Kranzgesims erhalten. Ja, sogar die Aufhöhung des Obergadens unter Otto hielt er für möglich, d.h. im unteren Teil schien ihm der Heinrichsdom erhalten, was er von Riehl übernahm. Fernerhin war von »Renovation, die einem Neubau gleichkam«, dann nur noch von »Hauptzügen der Ausschmückung« und schließlich von einem »Herstellungsbau« die Rede[29]. Krasser konnte er seinen eigenen zunächst durchaus richtigen Ansichten nicht widersprechen, die dadurch völlig entwertet wurden. Brandspuren und den Abstand der Osttürme sah auch er, letzteres hielt er für den Beweis einer späteren Anfügung der Türme. Zu dem Tafelwerk von O. Aufleger[30] schrieb Weese nur die Einleitung.

Von den Veröffentlichungen der folgenden Jahre müssen vor allem die Aufsätze von Wilhelm Vöge[31] genannt werden, die sich zwar nicht mit der Baugeschichte beschäftigen, aber bei Schranken und Portalen viele wichtige Beobachtungen enthalten, die in den Grenzbereich von Skulptur und Architektur gehören. Leider sind sie so unübersichtlich verstreut, daß sie schwer auffindbar sind und von der späteren Forschung oft übergangen wurden. K. Franck-Oberaspach[32] entdeckte das Turmmodell, das heute über dem Baldachin der Maria steht, und erkannte dessen größere Nähe zum Vorbild Laon, als sie die Westtürme aufweisen. Bei den Schranken hob er die jüngeren Formen der Teilungssäulchen an der Nordseite hervor, verglich sie aber fälschlich mit der Adamspforte.

Der erste Band von Georg Dehios »Handbuch der deutschen Kunstdenkmäler«[33] lag bereits 1905 vor und umfaßte u.a. auch Franken. In der knappen Beschreibung, Baugeschichte und Würdigung entspricht der Abschnitt über den Dom bereits unseren Vorstellungen von der Behandlung eines solchen Themas. Man spürt nicht nur den Architekturfachmann, sondern auch den bedeutsamen Schritt der Entwicklung von einer gewissen Unbeholfenheit, die noch Weese eigen war, zur sicheren sprachlichen Beherrschung des Gegenstandes. Neu und wichtig ist vor allem Dehios Ansicht, man habe für das Mittelschiff auch beim Neubau eine flache Decke vorgesehen. Die Fenster hielt er für einen Vorgängerbau zu groß und die Brandspuren führte er auf wiederverwendetes Material zurück. Die Hervorhebung der ehemaligen Turmhelme versteht man im Blick auf die ältere Literatur, die sie für ursprünglich angesehen hatte.

F. Leitschuhs[34] Aufsatz von 1906, der sich vornehmlich mit Quellen befaßte, brachte nichts Neues, ebensowenig wie die zweite erweiterte und überarbeitete Auflage des Weeseschen Buches, in der die widerspruchsvolle Darstellung wiederholt wurde.

Die erste ausschließlich baugeschichtliche Arbeit war R. Kömstedts Aufsatz über den Georgenchor von 1921/22[35]. Ihr gebührt das Verdienst, die komplizierten Vorlagen im Ostchor auch in der Reihenfolge ihrer Entstehung richtig gedeutet zu haben. Für die Mauern des Chores entwarf er allerdings eine verwirrende Abfolge von erhaltenen Resten, Teilen, die vor 1200 und solchen die nach 1200 entstanden seien. Die theoretische Schulung, die eine Enträtselung der Vorlagen ermöglicht hatte, erwies sich bei ihm in der Analyse des Mauerwerks als hinderlich, weil sie den Blick für den Vorgang selbst verstellte. Dennoch ist dieser Aufsatz einer der wichtigsten Beiträge überhaupt, nur wurde er leider nicht genügend beachtet.

Das zweibändige Werk Richard Hamanns[36] von 1923 bezog den Dom zwar in die Überlegungen zur Ornamentik ein, lieferte aber keine neuen Erkenntnisse über die Baugeschichte, was auch nicht beabsichtigt war. Mit scharfem Blick entdeckte er den Rang und die Zusammenhänge der Bamberger Bauornamentik. Auch wenn es in vielen Einzelheiten überholt ist, bleibt dieses Buch von übergeordneter Sicht her für die spezielle Forschung unentbehrlich.

Heinrich Mayer[37], ein Historiker, publizierte 1924 in Zeitschriften von lokaler Verbreitung Aufsätze über den Heinrichsdom und die Baugeschichte des jetzigen Domes, in denen er die Übereinstimmung der Grundrisse bezweifelte und für einen Flachdeckenplan beim Neubau eintrat, den er durch Geldmangel motiviert glaubte. Diese nützlichen Arbeiten wurden wohl wegen ihres schwer zugänglichen Erscheinungsortes übersehen. H. Mayer legte seine Ansichten erneut in seinem ein kleines Inventar ersetzenden Buch von 1955[38] nieder, nach dem sie auch hier zitiert werden.

Anscheinend hatte W. Noack Anfang der zwanziger Jahre den Auftrag erhalten, eine große baugeschichtliche Monographie vorzubereiten. Hinweise darauf finden sich in der Literatur. Als Ergebnis blieb es bei dem Bändchen von 1925 in der Reihe der »Deutschen Bauten«[39], das zwar die ausführlichste Darstellung enthält, aber irrige Anschauungen in der Folge in der Forschung verankerte. Noack setzte den Baubeginn nach 1200 an und rekonstruierte zwischen den Osttürmen eine Spitztonne nach burgundischem Vorbild. Die ganze Ostanlage hielt er auf den Anschluß an den Heinrichsdom hin berechnet. Die Vorlagen im Turmjoch nahm er als nachträglich eingefügt an und sah in dem Langhaus den Vorgängerbau erhalten mit nachträglicher Einwölbung im Stile »burgundisch-zisterziensischer Frühgotik«. Die Gedanken Noacks – burgundische Tonne, Ratlosigkeit beim Ausbau des Chores, erhaltener Obergaden des Vorgängerbaues von neuen Arkaden unterfangen, Herkunft der Ostapsis vom Oberrhein – wurden in den nächsten Jahren verbindlich.

1924 hatte sich schon Georg Dehio von ihnen beeinflußt gezeigt und seine Meinung in der dritten Auflage des Handbuches[40] und in seinem Bamberg-Buch[41] vollständig derjenigen Noacks angepaßt – ein erstaunlicher Vorgang, vor allem im Hinblick auf sein eigenes sicheres Urteil in der ersten Auflage. Mit einer geringfügigen Änderung, nämlich einer Zusammenziehung von Noacks fünf auf drei Bauabschnitte, übernahm auch Wilhelm Pinder[42] in seinem 1927 erschienenen Band in der Reihe »Deutsche Dome« diese Vorstellungen. Querhaus und Westchor schrieb er der gleichen »Hütte« zu wie das Langhaus, eine zu weit gehende Vereinfachung der früheren Ergebnisse.

Einen neuen Ansatz suchte A. Freiherr von Reitzenstein[43]. Er veröffentlichte 1934 seine Studien anhand eines reichen Quellenmaterials, das damit erstmals mit kritischen Anmerkungen versehen zugänglich wurde. Obwohl in Einzelfällen und meist ohne Fundierung gegen die Ergebnisse Stellung genommen wurde, besitzt diese Arbeit noch heute ihre Gültigkeit und darf als Grundlage jeder weiteren Beschäftigung mit den Quellen gelten. Die anschließende knappe Baugeschichte ist – obwohl eher ein Nebenergebnis der historischen Forschungen – derjenigen Noacks in vieler Hinsicht überlegen. Den Baubeginn legte er auf 1217/19 fest und gab die Ausführung vier »Hütten«, was sich ungefähr durch vier Steinmetzgruppen bestätigen sollte. Korrekturen in vielen Details, vor allem der Entwicklung im Ostchor und der Wölbungszone des Westchores, können den Rang auch des baugeschichtlichen Teiles nicht schmälern.

Schon 1914 war die Westkrypta aufgedeckt, aber erst 1928[44] sehr unzureichend publiziert worden. Heinrich Meyer[45] berichtete 1936 über erneute und erweiterte Grabungen, die eindeutig erwiesen, daß der Neubau des 13. Jh. nicht auf den Fundamenten des Vorgängers steht und niemals ein Anschluß der neuen Ostteile an diesen geplant gewesen sein konnte.

H. Fiedler[46] beschäftigte sich 1937 mehr mit historisch-politischen Fragestellungen, dagegen räumte K. Bahmann[47] in seiner 1939 abgeschlossenen Dissertation über romanische Kirchenbaukunst in Regnitzfranken dem Dom ein ausführliches Kapitel ein, in dem die Baugeschichte behandelt wird. Es darf als typisches Beispiel einer Kompilation gelten; denn das Bemühen, Kömstedt, Dehio, Noack und v. Reitzenstein zusammenzufassen, ist nicht zu übersehen. Neben eigenen Beobachtungen stehen Angaben, die daran zweifeln lassen, ob der Verfasser je in Bamberg war. 1939 erschien auch ein Führer von Wilhelm Pinder[48], in dem er vorsichtiger formuliert die gleichen Gedanken wie 1927 wiederholt; neu von ihm gesehen ist die gewollte Angleichung der Westapsis an ihr östliches Gegenüber.

Erst 1955 wurde der Faden wieder aufgenommen. Heinrich Mayer[49] griff in seinem Buch auf seine Aufsätze von 1924 zurück, nicht ohne die neuere Literatur einzuarbeiten, wobei er sich vornehmlich auf v. Reitzenstein stützte. In der Fülle seiner Angaben, leider oft flüchtig und unzureichend zitiert, ersetzt es vorläufig das noch immer fehlende Inventar.

1960 befaßte sich Urs Boeck[50] in dem Buch von Wilhelm Boeck über den Bamberger Meister mit den Westteilen und ihrer vermuteten Beziehung zu den Bildhauern. Anregungen der Literatur des 19. Jh., die auch im 20. Jh. fester Bestandteil der Anschauungen blieben, folgend rekonstruierte er einen geplanten Kathedralchor mit Umgang und Kapellenkranz. Außerdem behandelte er die Wölbung des Westchores und die Westturmpläne, wiederum mehr theoretisch als baugeschichtlich.

In den letzten Jahren setzte eine lebhafte Forschung an Einzelfragen ein, angeregt durch H. Siebenhüner in Würzburg. 1961 erschien E. Verheyens[51] Dissertation über die Chorschranken mit einer baugeschichtlichen Untersuchung der Schrankenmauern und der Ostkrypta, die er in ihren Umfassungsmauern als Rest des »Ottodomes« ansah. 1962 schloß sich ein Aufsatz des gleichen Autors über das Fürstenportal[52] an, in dem er eine Reihe vermuteter Planungsstufen rekonstruierte und das Portal insgesamt zu einer nachträglichen Anfügung erklärte. Seine Vorstellungen skizzierte er andeutungsweise in einem kleinen Bändchen und in Vorträgen[53]. Umfassender sind sie in einem unveröffentlichten Manuskript[54] niedergelegt, das manches in seinen anderen Publikationen nur nebenbei Erwähnte verständlicher macht. Demnach kehrte er zu der Anschauung des 19. Jhs. zurück, das in dem jetzigen Dom wesentliche Teile eines »Ottodomes« erhalten glaubte. Das ergab sich zwangsläufig, wenn man statt »Neubau« wieder »Umbau« annahm; da nach Ausweis der Grabungen dieser umgebaute Dom nicht der Heinrichsdom sein konnte, blieb nur die Möglichkeit eines »Ottodoms«, gegen den jedoch die Schriftquellen sprechen.

1965 legte H. Siebenhüner neue Gedanken über den Heinrichsdom[55] vor, in denen er die durch Quellen als wahrscheinlich anzunehmende östliche Choranlage in eine Doppelturmfassade umdeutete und die Existenz einer östlichen Krypta für das 11. Jh. ablehnte. 1966 veröffentlichte er eine eingehende Würdigung der Ostkrypta[56] des 13. Jhs. in typen- und stilgeschichtlicher Hinsicht. Bei der Rekonstruktion eines vermuteten ersten Planes lehnte er die Ergebnisse

## II. Zum Stand der Forschung

seines Schülers Verheyen ab. Die formale Ableitung folgte methodisch dem üblichen Weg, auch über große Distanzen hinweg bei Vergleichbarem historische Verbindung als erwiesen anzusehen, auch wenn sich das Gemeinsame nur auf Teilerscheinungen bezieht.

1965 erschien ein umfangreiches, reich illustriertes Buch von H. Fiedler[57], das vornehmlich der Frage nach den »Meistern« gewidmet ist. Die dabei ermittelten Übereinstimmungen der Ornamentik der Ostteile mit Magdeburg – schon 1923 von Hamann hervorgehoben und nun zu einer Identität der »Hände« gesteigert – gehen freilich nicht einmal auf direkte Beziehungen, sondern nur auf die gleiche stilistische Situation zurück. Die ohne jede archäologische Grundlage willkürlich rekonstruierte Planung einer westlichen Doppelturmfassade mit Vorhalle und »Papstkapelle« ist ohne Bedeutung für die ernsthafte baugeschichtliche Forschung. Im gleichen Jahr veröffentlichte E. Wagner[58] ihre Dissertation über die Gnadenpforte, die sie zur nachträglichen Erneuerung eines älteren Portals erklärte. Auch sie verfuhr nach der Methode, eine stilistisch gewonnene Ansicht nachträglich durch »Befunde« zu untermauern, die in der gewünschten Richtung gedeutet wurden. 1966 schloß sich die Dissertation von V. Kahmen[59] über die Bauornamentik an, der das Verdienst eingeräumt werden muß, das ganze Material systematisch geordnet zu haben. Die wesentlichen Ergebnisse, eine Einteilung in vier Gruppen, dürfen als richtig angesehen werden, auch wenn an einzelnen Punkten, vor allem an den jeweiligen Übergängen, Korrekturen notwendig sind. Die Ableitungen und die baugeschichtlichen Schlußfolgerungen wirken freilich weniger überzeugend.

Gleichzeitig mit dieser Untersuchung entsteht ein mehrbändiges Großinventar, bearbeitet von T. Breuer unter Mitwirkung, besonders bei baugeschichtlichen Fragen, von W. Haas[60]. Ersterer trug seine Ansichten zur Baugeschichte 1968 in einem »Dom-Führer« vor[61]. Der Verfasser der vorliegenden Arbeit veröffentlichte 1968 ebenfalls einen »Dom-Führer« mit einer Zusammenfassung seiner wichtigsten Forschungsergebnisse in der Absicht, diese sicherzustellen und Fehldeutungen vorzubeugen[62].

Ein kleiner Ausschnitt aus dieser Arbeit, die 1969 in Teilen als Dissertation vorgelegen hatte, wurde 1972 als Bonner Dissertationsdruck publiziert[63]. 1973/76 stellte W. Sage, der 1969/72 die umfangreichen Grabungen leitete, Vorberichte[64] zusammen, die die Probleme des Heinrichsdoms klären halfen, so weit dies archäologisch möglich war. Die wichtigsten Hypothesen, die der Verfasser aufgrund der Forschungen v. Reitzensteins und Mayers 1969/72 aufgestellt hatte, wurden durch den Befund bestätigt. Ebenfalls 1973 faßte W. Haas das durch die jüngsten Forschungen fixierte Bild der Bau- und Planungsgeschichte vom 11. bis ins 13. Jh. in dem schmalen Band einer Reihe zusammen[65], der den großen Vorzug genießt, Fakten einem breiteren Publikum zu vermitteln und erstmalig dem Bau stärkeres Gewicht zu verleihen.

1975 veranstaltete das Zentralinstitut für Kunstgeschichte ein Colloquium in Bamberg, über das J. Zink in der »Kunstchronik« 1975 berichtete[66]. Einige Beiträge erschienen in der Zeitschrift für Kunstgeschichte 39, 1976: W. Sage über die Ausgrabungen[67], R. Kroos zu den liturgischen Quellen[68], W. Sauerländer über die Beziehungen zwischen den Skulpturen von Reims und Bamberg[69]. Der Verf. steuerte eine Darstellung der Baugeschichte des Fürstenportals[70] bei. Die Colloquiumsbeiträge von W. Sage und R. Kroos sowie derjenige von R. Neumüllers-Klauser über die Quellen zur Baugeschichte konnten dem vorliegenden Band eingefügt werden.

1971 und 1977 äußerte sich H. Fiedler erneut zu Detailproblemen in den Berichten des Historischen Vereins[71], vornehmlich um seine Überlegungen gegen die neuere Forschung zu verteidigen, u.a. die einer durch den Befund widerlegbaren ebenerdigen Westanlage. Ebenfalls 1977 griff M. Gosebruch das Thema der Bamberger Bauornamentik in einem Aufsatz des Münchner Jahrbuchs 28[72] auf. Ihm geht es um eine Ableitung aus Straßburg bzw. Laon und Reims, wobei er sich u.a. auch kritisch zu Einzelergebnissen der Baugeschichte des Verf. (z.B. Ostapsis) äußert. Methodisch geht er den Weg, vergleichbare Einzelmotive mit unterschiedlicher Durchformung im Detail miteinander zu verknüpfen. Gegen die historische Wahrscheinlichkeit setzt er den Baubeginn wieder früh, d.h. um 1200 an, weil es kaum vorstellbar sei, daß Bamberg nach Magdeburg begonnen worden sei.

## III. DER »HEINRICHSDOM«

*Vorbemerkung.* Der Gründungsbau der Bischofskirche und Vorgänger der bestehenden Anlage, nach seinem Stifter, Kaiser Heinrich II., »Heinrichsdom« genannt, ist für die Beurteilung des Neubaues und seiner Entstehungsgeschichte von so entscheidender Bedeutung, daß auf eine zusammenfassende Darstellung der gegenwärtigen Kenntnisse über diesen Bau nicht verzichtet werden kann. Ein Resümee aus den Grabungen von 1913 und 1935 und der Quellenpublikation v. Reitzensteins war in meiner Dissertation 1969 vorgelegt und 1972 publiziert worden. Die Schlußfolgerungen hinsichtlich der Existenz einer Ostkrypta und deren Erweiterung unter Bischof Otto I. wurden durch die Grabungen von Walter Sage 1969–1972 weitgehend bestätigt. Die umfassende Publikation der Befunde steht noch aus und wird an anderer Stelle erfolgen, zumal sie auch umfangreiches Material zur Vorgeschichte des Heinrichsdomes enthalten wird. Der bisher erschienene Vorbericht wird nachstehend wiederholt, weil er einen guten Überblick bietet und ohnehin hätte referiert werden müssen. Anschließend folgt eine Darstellung der älteren Grabungsergebnisse.

Ein abrundendes Bild ist nur durch die Heranziehung der Schriftquellen zu gewinnen, die durch v. Reitzenstein publiziert worden sind. Insgesamt sind die Quellen zur Baugeschichte nach dem Inhalt getrennt in solche, die für die Rekonstruktion und Geschichte des Heinrichsdomes Hinweise liefern, und jene, die sich auf den Neubau nach dem Brand von 1185 beziehen und in dem Beitrag von Renate Neumüllers-Klauser behandelt werden. Außerdem sei auf den Anhang von Renate Kroos über die liturgischen Quellen verwiesen, in dem die Quellen zum Heinrichsdom unter anderem Aspekt erscheinen.

Den Abschluß bilden Überlegungen zur Rekonstruktion des Heinrichsdomes, wobei die Befunde und ihre Deutungsmöglichkeiten diskutiert werden.

### 1. DER ARCHÄOLOGISCHE BEFUND

#### 1.1 Ergebnisse der Ausgrabungen 1969–1972

Beitrag von Walter Sage (S. 16–21)[73]

Zu Beginn des Jahres 1969 faßte das Metropolitankapitel Bamberg den Beschluß, eine höchst aufwendige Heizungsanlage in den Dom einbauen zu lassen. Der erste Abschnitt dieses Bauvorhabens wurde mit solcher Eile in die Tat umgesetzt, daß dem Bayerischen Landesamt für Denkmalpflege in den betroffenen Teilen des Domes, nämlich dem nördlichen Querhausflügel und Seitenschiff, nur noch die Möglichkeit zu bescheidenen Notbeobachtungen im Bereich der breiten und stellenweise auch sehr tiefen Heizkanalgräben blieb. Diese ersten, überwiegend von Walter Haas geführten Untersuchungen wiesen immerhin schon die Existenz verschiedener nicht zum heutigen Bau gehöriger Mauerzüge und Fußbodenhorizonte nach.

Vom Sommer 1969 an wurden dann im Einvernehmen mit dem Metropolitankapitel in mehreren, dem Arbeitsverlauf beim Heizungseinbau angepaßten Kampagnen planmäßige Ausgrabungen vorgenommen: zunächst im Ostteil des Mittelschiffs und in der jetzigen Ostkrypta, im Winter und Frühjahr 1970 im Westteil des Mittelschiffs einschließlich der damals noch unter dem Ansatz des durch die Vierung verlängerten Westchores enthaltenen sog. Ottogruft[74]. An sich sollten unsere Arbeiten noch im gleichen Jahr mit der Untersuchung von südlichem Querhausarm und Seitenschiff ihren Abschluß finden, doch führten Planungsschwierigkeiten beim Heizungsbau zu einer mehr als anderthalbjährigen Pause, die u. a. freilich auch den Beginn der Ausgrabungen im Eichstätter Dom ermöglichte[75]. Jedenfalls aber konnten unter diesen Umständen die archäologischen Untersuchungen innerhalb des Bamberger Domes erst Ende Januar 1972 abgeschlossen werden. Eine neuerliche Untersuchung der schon vor über vierzig Jahren von H. Mayer vorzüglich ergrabenen Krypta unter dem Westchor[76] schien überflüssig, die Einbeziehung des gesamten heutigen Vierungsbereichs aus Kosten- und Zeitgründen unmöglich, zumal hier wesentliche Aufschlüsse zum Grundriß des ersten Domes ohnehin nicht mehr zu erwarten waren[77].

Die folgende Beschreibung der wichtigsten Befunde kann zwar über den Umfang der ersten kurzen Anzeigen etwas hinausgehen[78], ist aber angesichts der noch nicht abgeschlossenen Aufarbeitung des Gesamtmaterials ebenfalls nur als Vorbericht zu werten.

*Befunde aus der Zeit vor der Bistumsgründung 1007*

Die Errichtung des Domes und Bischofsitzes auf dem Bamberger Domberg durch König Heinrich II. war nicht gleichbedeutend mit einem Neubeginn an zuvor unberührtem Platz; vielmehr schloß mit der Gründung des Bistums eine ältere Nutzungsphase des beherrschend und geräumig bis nahe an das linke Regnitzufer reichenden Höhenausläufers ab. Deren Art und Dauer festzustellen, war für den Archäologen von ebensolcher Bedeutung wie die Untersuchung der für den Kunsthistoriker ungleich interessanteren Gründungskathedrale.

Im Zusammenhang mit der bekannten Babenberger Fehde taucht 902 erstmals der Name einer Burg Babenberg auf[79]. Nach dem Ende der Kämpfe gelangte sie in Reichsbesitz und 973 mit allem Zubehör als Schenkung an den Bayernherzog. Als 1002 Herzog Heinrich IV. von Bayern zum deutschen König erhoben wurde, gelangte auch die

Babenburg, mittlerweile als Morgengabe bei der Hochzeit an die Gemahlin Heinrichs vergabt, wieder in Reichsbesitz. Sehr bald nun setzte Heinrich II. seinen Plan zur Gründung eines neuen Bistums in die Tat um, die Babenburg wurde zum Bischofssitz der neuen Diözese bestimmt[80]. Daß diese Wehranlage schon im mittleren 10. Jahrhundert in jeder Hinsicht gut ausgebaut gewesen sein muß, erhellt insbesondere aus der Nachricht, daß hier der abgesetzte König Berengar von Italien 963–966 in Haft gehalten und nach seinem Tod mit allen königlichen Ehren bestattet wurde[81].

Nach diesen nur allzu knapp skizzierten historisch überlieferten Fakten könnten Zweifel an der örtlichen Kontinuität Babenburg – Reichsburg – Bischofsburg und Dom verfehlt erscheinen, zumal vor allem Lage und Größe des nachmaligen Domberges nach den Ergebnissen neuerer Burgenforschungen als geradezu ideal für eine bedeutende Wehranlage des 10. Jahrhunderts gelten könnten[82]. Da es weiter oberhalb Bambergs auf steiler Höhe jedoch eine weitere, überdies seit dem hohen Mittelalter mit dem Namen »Alteburg« bedachte Befestigung gibt[83], wirkt es verständlich, daß die Lokalisierung der Babenburg auf dem Domberg keineswegs unumstritten war, solange eindeutige Befunde noch nicht vorlagen.

So wenig die Lage der Babenburg endgültig fixiert schien, so ungewiß waren auch ihr Aussehen und Alter. Gewiß galt Bamberg für jünger als die nachweislich karolingischen Stützpunkte Hallstadt und Forchheim[84], doch war ja immerhin denkbar, daß eine Befestigung auf dem Bamberger Domberg schon in karolingischer Zeit Schutzfunktionen für das nur etwa 3 km unterhalb an der Regnitzmündung in den Main gelegene Königsgut Hallstadt übernehmen mußte.

Die Domgrabungen haben nun erste zuverlässige Anhaltspunkte nicht nur für die Lokalisierung der Babenburg, sondern auch zur zeitlichen Einordnung der ältesten Siedlungsspuren auf dem Domberg gebracht. Letztere bestehen vor allem in den bescheidenen Überbleibseln einstiger Holzbauten, einigen Gruben und einer relativ mächtigen Kulturschicht, die sich der vielen jüngeren Eingriffe wegen freilich nur im Südwesten des Domes in größerem Zusammenhang erhalten hatte (Fig. 3,4). Die Kleinfunde deuten auf einen Siedlungsbeginn noch im 8. Jahrhundert n. Chr. Ob einzelne frühe Mauerreste unter dem Süd- und Mittelschiff des heutigen Domes bereits in die gleiche Nutzungsphase gehören oder etwas später anzusetzen sind, läßt sich infolge ihrer isolierten Lage nicht entscheiden. Jedenfalls aber beweist dieser Befund zusammen mit den Ergebnissen einer 1972 von K. Schwarz an der Umwehrung des Domberges südlich des Peterschores vorgenommenen Untersuchung[85], daß Siedlung und Befestigung tatsächlich in karolingische Zeit zurückreichen; die Lokalisierung der Babenburg an dieser Stelle ist damit gesichert.

Verhältnismäßig früh muß innerhalb dieser »Burg« ein Wandel in der Nutzung des späteren Domareals eingetreten sein, die heute wie eine Vorentscheidung über die künftige Entwicklung wirkt. Über den minimalen Fundamentresten älterer Massivbauten entstand ein geräumiges Gebäude etwa unter der Nordhälfte des heutigen Dom-Langhauses (Fig. 4). Zwar ist von seinen Umfassungsmauern nur die Südwestecke erfaßt[86], doch deutet der in größeren Flächen erhaltene zugehörige Estrich-Fußboden auf einen nicht unterteilten Saal von mindestens 13 : 20 m lichter Größe. Überreste mehrfarbig bemalten Wandputzes im Schutt lassen vermuten, daß das nach Norden über die Seitenschiffswand des ersten Domes hinausreichende Gebäude gut ausgestattet war[87] und zu den bedeutenderen seiner Periode auf dem Domberg zählte. Zwei Umstände lassen mit hoher Wahrscheinlichkeit auf seinen sakralen Charakter schließen: Einerseits wurde mit diesem Bauwerk die auch von den Domen des 11. und 13. Jahrhunderts beibehaltenen Orientierung festgelegt, zum anderen entwickelte sich unmittelbar um seine Grundmauern ein ausgedehnter Friedhof.

Wenn auch seine im Grundriß vermutlich aufschlußreiche Ostpartie restlos zerstört war, dürfen wir in dem Saalbau die Kirche der Burg Babenberg erblicken. In ihrem Innern wurde kein einziges zeitgleiches oder älteres Grab angetroffen[88], die Bestattungen im umgebenden Friedhof lagen dafür außerordentlich dicht. Der im Plan (Fig. 4) wiedergegebene Ausschnitt entspricht natürlich wegen der zahllosen jüngeren Störungen in keiner Weise den tatsächlichen Verhältnissen, nur gegen Südwesten konnte von uns die Friedhofsgrenze gegen die ältere Siedlungsschicht eindeutig festgestellt werden. Da die Gräber bis auf zwei Ausnahmen beigabenlos waren[89], bieten sie keine unmittelbare »Datierungshilfe« für die Bauzeit der Kirche, doch muß sich die Friedhofsbelegung über mehrere Generationen erstreckt haben, es ist deshalb nicht auszuschließen, daß die Burgkirche bereits zur Zeit der Babenberger Fehde existierte; zumindest aber muß sie sehr bald danach entstanden sein.

*Der Heinrichsdom in seiner ursprünglichen Gestalt*

Im Jahr 1007 gelang Heinrich II. gegen den Widerstand der Bischöfe von Würzburg und Eichstätt, deren Sprengel ja wesentlich betroffen waren, mit der Gründung des Bistums Bamberg die Verwirklichung eines Herzenswunsches. Nur fünf Jahre später, 1012, erfolgte die Schlußweihe der Kathedrale des neuen Bistums. Man hat deshalb schon früher vermutet, daß mit dem Kirchenneubau bereits vor der offiziellen Bistumsgründung begonnen wurde[90], und wenn natürlich anhand archäologischer Befunde eine exakte Datierung in so engen Grenzen auch nicht möglich ist, scheint allein die jetzt festgestellte Größe des ersten Bamberger Domes derartige Annahmen zu rechtfertigen.

Fassen wir kurz zusammen, was bis 1969 über den Heinrichsdom bekannt war. Außer Zweifel stand die Existenz zweier Chöre, von denen sich zumindest der westliche über einer geräumigen Krypta erhob. Letztere ist seit den Forschungen H. Mayers in ihrer Gestalt hinreichend bekannt. Ebenso wenig umstritten war das Vorhandensein eines mächtigen Westquerhauses; die Antoniuskapelle im Winkel zwischen heutigem Südschiff und Querhaus galt als Rudiment jener älteren Anlage, während im Norden bei gelegentlichen Bodenaufschlüssen entsprechende Fundamente angetroffen wurden, die sich überdies in Richtung auf die »Alte Hofhaltung« fortzusetzen schienen (Fig. 2)[91]. Ungewiß waren dagegen die Abmessungen des Langhauses[92], völlig unbekannt das Aussehen des Ostchores; hier galten zumindest zeitweilig die Existenz einer zweiten Krypta[93] und zweier den Chor flankierender Türme zur Gründungsanlage[94] als fragwürdig. Allgemein freilich herrschte die Meinung, daß der erste Dom in der Grundrißposition das Vorbild für die weitgehend im ersten Zustand erhaltene Bamberger Jakobskirche abgegeben habe[95].

Jenes doch recht undeutliche Bild läßt sich nun anhand der Grabungsbefunde in wesentlichen Punkten ergänzen. Der Heinrichsdom war in der Tat doppelchörig, besaß aber von Anfang an unter jedem Chor auch eine Krypta (Fig. 5). Charakteristisch scheinen das weitausladende Querhaus mit baulichem Anschluß an die Bischofspfalz und ein auffallend gedrungenes dreischiffiges Langhaus. Schon in der ersten Bauperiode flankierten zwei die Seitenschiffe abschließende Türme den Ostchor *(Fig. 5)*. Der Dom war zwar in den absoluten Maßen um rund ein Viertel kleiner als sein Nachfolger aus dem 13. Jahrhundert, trotzdem dürfte seine Errichtung in nur wenigen Jahren erhebliche Anforderungen an die Leistungsfähigkeit der Stifter und Erbauer gestellt haben[96].

Die sehr tief in den anstehenden Boden reichende dreischiffige Westkrypta ist als eigene Einheit gegenüber dem flacher gegründeten Quer- und Langhaus für sich fundamentiert. Die von uns an der Südostecke überprüfte, schon von H. Mayer festgestellte »Naht« zwischen Krypta und Querhaus ist also nicht als Anzeichen größerer zeitlicher Differenz zu verstehen, sie erklärt sich allein aus technischen Notwendigkeiten[97]. Die zu etwa zwei Dritteln erhaltene Westpartie dieser Krypta *(Fig. 7a, Abb. 26–28)* zeigt eine in das mächtige Fundament der Chorapsis komponierte Mittelnische, die im Grundriß einen kleinen Rechteckchor mit eingezogener Apsis für das Krypta-Mittelschiff bildet. Hier war jedenfalls der Platz für den Hauptaltar der Krypta, während die beiden flankierenden, ebenfalls im Halbkreis geschlossenen Seitennischen für die Aufstellung von Altären sicher zu schmal waren. An der Nordseite hat sich das Aufgehende der Umfassungsmauer so hoch erhalten, daß noch die ursprüngliche Fensterordnung zu erkennen ist[98]. Auf der Südseite blieb dagegen nur die östliche Ecke mit dem Ansatz eines einzigen Fensters bestehen *(Abb. 29)*, sonst fiel hier alles den mächtigen Fundamenten des 13. Jahrhunderts zum Opfer. Von Treppen fand sich keine Spur; sie müssen demnach von Osten, aus dem Bereich der »Vierung«, zur Krypta hinabgeführt haben.

Den über dieser Krypta aufragenden ersten Peterschor muß man sich als etwa quadratischen Baukörper mit leicht eingezogener Apsis vorstellen. Wie schon die Lage der Kryptafenster vermuten läßt, dürfte sein Fußboden gegenüber Querhaus und Langschiff beträchtlich überhöht gewesen sein[99]. Flach gegründete, aber weit ausladende Fundamente, die sich in Resten in der Umgebung des jetzigen südöstlichen Vierungspfeilers erhalten haben, können dementsprechend am ehesten eine zum Chor steigende Treppe getragen haben. Eine naheliegende Ergänzung wären zwei Treppenläufe zum Chor im Norden und Süden, jeweils bis in die Querhausarme reichend, dazwischen der – vielleicht ebenfalls zweiläufige – Abgang zur Krypta *(Fig. 5)*.

Die Fundamente des Querhauses wirken gegenüber der Westkrypta auffallend schwach und gering gegründet[100], sind im übrigen jedoch, und dies gilt auch für die anderen Teile des Heinrichsdomes, in Material und Bauweise durchaus gleich. Durchweg wurden heller Sandstein und ein heller fester Mörtel verwendet; die Mauern besitzen ziemlich sorgfältig aus teilweise behauenen Steinen errichtete Schalen. Die Fundamentgruben fallen in der Regel nur dort auf, wo für die Neuanlage ältere Bauteile ausgebrochen werden mußten, sonst wurde gegen Erde gemauert. Die Fundamentstärke der nördlichen Schiffswand entspricht etwa den Querhauswänden, die Fundamentbänke der Langhausarkaden waren dagegen stärker und tiefer gegründet[101]. Dort, wo der nordöstliche Vierungspfeiler zu erwarten wäre, fand sich zwar eine beträchtliche Verstärkung am nördlichen Arkadenfundament, jedoch fehlte hier – wie auch im Süden – jede Spur einer Spannmauer zwischen Vierung und Querhaus; nur gegen das Mittelschiff hin war eine solche vorhanden. Man wird also für den Bamberger Gründungsbau noch keine ausgeschiedene Vierung, sondern ein durchgehendes Querhaus annehmen müssen *(Fig. 5)*. Als Parallele dazu sei hier nur der rund ein halbes Jahrhundert jüngere Eichstätter Dom der Gundekarzeit angeführt[102].

Der erste Fußboden in Quer- und Langhaus war größtenteils bei Anlage eines jüngeren Bodens herausgerissen worden. Nur stellenweise, vor allem im Querhaus, lagen noch größere Flächen einer mit hellem Mörtel verbundenen Stickung, sonst fand sich in entsprechender Höhe nur eine verdichtete Schuttschicht als Unterfutter des zweiten Fußbodens. Die ursprüngliche Lauffläche war überhaupt nicht erhalten.

Vom Langhaus blieben vor allem die nördliche Außenwand und die Substruktion der nördlichen Arkadenreihe im Boden relativ unberührt, vom südlichen Arkadenfundament fanden sich nur geringe Reste zwischen den Einzelgründungen der heutigen Südpfeiler, und die südliche Außenwand ist der jetzigen restlos zum Opfer gefallen, da ihre Lage bei beträchtlicher Verbreiterung des Langhauses im 13. Jahrhundert beibehalten wurde. Auf dem nördlichen Arkadenfundament fanden sich vom »Vierungspfeiler«, dessen Spuren freilich jüngeren Gräbern restlos weichen mußten, nach Osten hin zwei Stützen als Mörtelbettung, vier weitere sogar noch in Gestalt der Sockel *(Abb. 31, 32)*. Die unterschiedlichen Abstände und Größen dieser Stützenspuren lassen wohl auf Stützenwechsel schließen, ohne daß dessen System durchsichtig wäre. Die erhaltenen Sockelplatten sind zu stark beschädigt, der Ostteil der Arkadenreihe fehlt, teils vielleicht schon seit einer sekundären Erweiterung der Ostkrypta, teils seit Zerstörung und Neubau ab 1185[103]. Das Bruchstück einer im 13. Jahrhundert in das Fundament südlich der heutigen Krypta vermauerten Säulentrommel von über 0,90 m Durchmesser könnte aber zu den ursprünglichen Langhausstützen gehört haben.

Wegen der Veränderung im Ostkryptabereich ist auch eine sichere Abgrenzung zwischen Langhaus (Mittelschiff) und Ostchor im Urzustand nicht möglich. Beide Seitenschiffe aber endeten in Türmen, deren Fundamente als massive Mauerblöcke ausgebildet waren. Ähnlich wie die Krypten waren sie für sich – tiefer als das Langhaus, jedoch nicht so tief wie die Krypten – fundamentiert[104]. Leider wurden beide Substruktionen während des Neubaus im 13. Jahrhundert, die nördliche zusätzlich durch Anlage mehrerer Bischofsgrüfte so stark zerstört, daß sich kaum noch Angaben über Gestalt und Größe der zugehörigen Türme gewinnen lassen. Immerhin war an der Nordseite festzustellen, daß das Turmfundament nicht über die Seitenschiffsflucht vortrat; die viel flacher fundamentierte Außenwand des Langhauses verzahnte sich hier in den obersten erhaltenen Lagen mit dem Turmmauerwerk. Außerdem machen es die Lage der gleich zu beschreibenden Kryptatreppen und einiger zeitlich zugehöriger Gräber dicht östlich des Südturmes unwahrscheinlich, daß im Erdgeschoß der beiden Türme Räume von höherer Bedeutung oder Zugänge als Vorläufer der heutigen berühmten Portale zu lokalisieren sind.

Bereits im ersten Bauzustand besaß der Bamberger Dom auch unter dem Georgenchor eine Krypta. Daß deren Existenz trotz schriftlicher Nachrichten gelegentlich angezweifelt wurde, fand bereits eingangs Erwähnung[105]. Der Erhaltungszustand der von uns nun aufgedeckten Ostkrypta kann sich freilich nicht mit jenem des westlichen Pendants messen: Ihr Westabschluß samt Mittelteil fiel schon relativ bald einer tiefgreifenden Veränderung zum Opfer[106], und die Ostteile wurden im 13. Jahrhundert so gründlich abgetragen, daß sich unter dem Fußboden der heutigen Krypta bestenfalls zwei Lagen vom einstigen Fundament, stellenweise sogar nur die Abdrücke der Fundamentgrube im anstehenden Sandstein erhalten haben.

Immerhin ist so viel sicher, daß wenigstens die Ostteile der Krypta ein genaues Gegenstück zur Westkrypta bildeten. Für den darüber befindlichen Chor wird man dies allerdings kaum mit gleichem Recht sagen können, war seine Wirkung wegen der flankierenden Türme und des Fehlens eines Querhauses doch sicher ganz anders als im Westen. Die Kopfzone der Ostkrypta aber ist in gleicher Weise in das Fundament der Chorapsis eingefügt, wie wir es vom Peterschor her kennen; auch hier wird ein breiter Mittelraum mit Apsis beiderseits von schmalen »Nischen« begleitet. Daß diese hier mit plattem Schluß erscheinen, besagt wenig; sie können oberhalb des Fundaments ebenso wie im Westen in einen halbrunden Abschluß übergegangen sein. Auch hier entsprechen diese recht engen Nischen den Seitenschiffen der Krypta, wie die erhaltenen Fundamentzüge erkennen lassen. Angesichts dieser weitgehenden Analogie beider Anlagen wird dann wohl auch die in *Fig. 5* vorgeschlagene Rekonstruktion mit gleicher Längenausdehnung in etwa das Richtige treffen. Jedenfalls dürften schon in der ersten Ausführung Ostchor und -krypta nicht unwesentlich in das Langhaus hineingeragt haben, so daß es nur vernünftig erscheint, wenn die ursprünglichen Zugänge (nur?) aus den Seitenschiffen in die Krypta hinabführten. Die obersten Stufen einer solchen Treppe haben wir noch als Substruktion, angebunden an die Westseite des Turmfundaments, im südlichen Seitenschiff angetroffen. Der weitere Verlauf der Treppenführung bleibt allerdings wegen der völligen Zerstörung des Befundes im Ungewissen *(Abb. 41)*. Im übrigen nehmen beide Krypten mit ihren gestaffelten Nischen eine Bauform vorweg, die erst später häufiger aufgegriffen wurde, in Kirchen des frühen 11. Jahrhunderts aber zunächst keine Parallelen findet[107].

Schließlich sei erwähnt, daß bei den Ausgrabungen mit einer gewissen Wahrscheinlichkeit die erste Grablege des 1146 heiliggesprochenen Bistumsgründers, Heinrich II., identifiziert werden konnte. Im allgemeinen war die Bestimmung älterer Gräber kaum möglich, da hier – wie anderswo – die zugehörigen Denkmäler im Laufe der Zeit versetzt oder zerstört wurden. Überdies wurden nachweislich im 17. Jahrhundert mehrere Gräber selbst verlegt[108], und schließlich richtete auch die erste Domrestaurierung im 19. Jahrhundert noch einige Verwirrung an. So fanden wir – den Nachrichten entsprechend – im Mittelschiff des Domes eine Reihe ausgeräumter und mit Schutt aufgefüllter Grabgruben und Grüfte. Eine solche »leere« Grube lag nun genau auf der Mittelachse des alten Domes, und über ihrer Sekundärfüllung fanden wir den einzigen während der ganzen Grabung entdeckten Steinsarkophag[109]. Er war genau zwischen den Bodenniveaus des ersten Domes und des 13. Jahrhunderts (identisch mit dem heutigen) eingepaßt worden, wobei man seine Ränder allseits abgearbeitet hatte. Dieser auffällige Befund erinnert an die Nachricht, der zufolge man bei Errichtung des Stiftergrabes von Tilmann Riemenschneider 1513 den alten Sarkophag des Kaisers wieder in den Boden versenkte[110]. Man darf vielleicht annehmen, daß die Erinnerung an die ursprüngliche Begräbnisstätte des Kaisers seit seiner Erhebung über die Jahrhunderte bis 1513 in Bamberg erhalten blieb – und daß sie dann durch die Ausgrabungen wieder gewonnen wurde.

*Umbau des Heinrichsdomes unter Bischof Otto I.*

Im Jahr 1081 richtete ein Brand im Dom und vielleicht auch im Domkloster größeren Schaden an. Der Überlieferung nach hat erst der bedeutende Bamberger Bischof Otto I. – der Heilige – die Wiederherstellungsarbeiten abgeschlossen, wobei er unter anderem im Dom selbst einen neuen Fußboden verlegen, den Ostchor erhöhen und die Säulen mit Zierrat aus Stuck versehen ließ[111]. Von einem grundlegenden Neubau ist in diesem Zusammenhang nicht die Rede.

In den Grabungsbefunden erhielten diese Angaben eine glänzende Bestätigung. Nirgendwo außer an der Ostkrypta gab es Anzeichen eines bis in die Fundamente eingreifenden Umbaus. Im gesamten Langhaus und Querschiff dagegen war, nur von jüngeren Fundamenten und Gräbern unterbrochen, ein unmittelbar über den Resten des ursprünglichen Fußbodens verlegter Boden aus Sandsteinplatten auf dünner Mörtelbettung erhalten *(Abb. 32, 40)*. Dieser Fußboden schloß im Osten nahtlos an den noch zu beschreibenden neuen Kryptazugang und einen Altar vor der erneuerten Ostchorstirn an *(Abb. 33)*, bei den Anläufen an die noch erhaltenen Arkadenstützen im Norden jedoch zeichneten sich kleinere Unregelmäßigkeiten ab, die darauf hinweisen, daß man hier auf einen schon vorhandenen Bestand Rücksicht nehmen mußte. Der im Durchschnitt 0,50 m unter dem heutigen Niveau gelegene zweite Boden des Heinrichsdomes wurde für uns wegen seiner großflächigen Erhaltung zu einem »Leithorizont«; über ihm folgten, soweit ungestört, nur noch indifferente Auffüllungen auf das seit dem 13. Jahrhundert praktisch unveränderte Laufniveau in Langhaus und Querschiff[112].

Das bemerkenswerteste Zeugnis jener Umbauphase aber ist dank seiner guten Erhaltung der Westabschluß der einstigen Ostkrypta. Die neue westliche Abschlußwand der Krypta, aus großen Quadern mit relativ rauher Oberfläche sorgfältig gefügt *(Abb. 33, 39, 56)* und von einem mehrere Meter starken »Widerlager« aus Gußmauerwerk zwischen den älteren Arkadenfundamenten hinterfangen, ist noch auf über vier Meter Höhe erhalten. Deutlich zeichnet sich in ihr der Ansatz eines Gewölbes ab[113], welches einst das etwa 4,80 m breite Mittelschiff der Krypta überspannte *(Abb. 33, 36, 39)*. Den »Blickfang« im Zentrum der Wand bildete eine tiefe fensterähnliche Nische, deren Bogen von zwei eingestellten monolithen Säulchen mit steilen Basen und eigentümlichen, aus Stuck um den Säulenkern modellierten Kapitellen getragen wird, letzteres wiederum eine Bestätigung der überlieferten Nachrichten *(Abb. 34, 35, 38)*.

Von Zungenmauern weitgehend abgeschirmt, führten in den beiden schmalen Seitenschiffen Treppen von einem Podest auf etwa halber Höhe nach Osten in die Krypta *(Abb. 39, 56)*. Zu diesen Podesten konnte man auf je zwei Wegen, einmal direkt aus dem Mittelschiff, dann aber auch quer zur Domachse aus dem benachbarten Seitenschiff hinabsteigen. Nur an der Nordseite hat sich genügend von dieser komplizierten Treppenführung erhalten, um eine detaillierte Rekonstruktion zu ermöglichen; im Süden haben die Fundamente des Ekbertdomes nur eben noch einen Teil der Zungenmauer und den Ansatz der Tür zum Mittelschiff belassen *(Abb. 57, 61)*[114]. Zugleich mit Errichtung des neuen Westabschlusses wurde der Kryptaboden tiefergelegt, und zwar nach Osten hin bis an ein noch zum Verband des 11. Jahrhunderts gehörendes Querfundament etwa 5,60 m vor dem Scheitel der zentralen Nische im Kryptaabschluß. An dieser Stelle vermittelten nunmehr wohl zwei nur in Resten erhaltene Stufen zwischen den unterschiedlichen Niveaus. Zumindest seit diesem Umbau dürfte auch der Brunnen in der heutigen Ostkrypta einen Vorgänger besessen haben, sitzt doch der in den jetzigen Formen dem 19. Jahrhundert entstammende Brunnen genau in der Mittelachse der älteren Anlage[115].

Der Umbau der Ostkrypta war – wenn unsere Vermutungen über

deren ursprüngliche Länge auch nur annähernd zutreffen – gleichbedeutend mit einer Erweiterung von Krypta und Ostchor auf Kosten des ohnehin gedrungenen Mittelschiffs. Selbst wenn die neue Überwölbung der Krypta gegenüber dem ersten Bauzustand keine wirkliche Aufhöhung erfordert haben sollte, wäre somit eine optische Erhöhung und zugleich eine Aufwertung des Georgenchores bewirkt worden *(Fig. 6).*

Die Stirnwand von Krypta und Chor gegen das Mittelschiff war sicher bereits in der Form des frühen 12. Jahrhunderts architektonisch gegliedert[116]. Dicht vor ihr zeichnete sich in der Mittelschiffsachse noch der Sockel des an dieser Stelle zu erwartenden Altares ab *(Abb. 33).*

Auch in dieser neuen, dem Bischof Otto I. zu verdankenden Form war dem Bamberger Dom kein allzu langer Bestand vergönnt. Schon 1185 betraf das Gotteshaus und seine Umgebung eine neue verheerende Feuersbrunst[117]. Für die Gewalt des Feuers mag die Tatsache sprechen, daß im »Vierungsbereich« geschmolzene Bronze – vielleicht von einem Radleuchter[118] – durch die zerborstenen Platten des »Otto-Bodens« bis in die Stickung des älteren Fußbodens gedrungen und erst dort erstarrt war. Aber auch diese neue Katastrophe war offensichtlich noch kein Anlaß zu einem alsbaldigen Neubau.

Glaubte man schon bisher aus überwiegend stilistischen Gründen, den Baubeginn für den heutigen Bamberger Dom nicht vor etwa 1210/15 ansetzen zu dürfen[119], so zeigen die Grabungsbefunde, daß in der Tat der Heinrichsdom nach 1185 noch einmal – allerdings wohl mehr behelfsmäßig, wie es an vielen Stellen scheint – instandgesetzt und für eine nicht zu kurze Zeitspanne weiterbenutzt wurde. Der unter Bischof Otto verlegte Plattenboden war infolge des Brandes nicht nur oberflächlich angeglüht, sondern vor allem parallel zu den Langhausarkaden und unter dem Bogen zwischen Mittelschiff und Querhaus von herabstürzenden Trümmern zu Splitter zerschlagen und stellenweise erheblich eingedrückt worden *(Abb. 32, 40).* Die besonders schwer beschädigten Partien wurden nun mit einer Schicht aus Mörtelestrich repariert und damit zugleich die schlimmsten Unebenheiten ausgeglichen. An der Oberfläche dieser Flickstellen haftete eine feine dunkle Auflage, wie sie bei längerem Belaufen eines Estrichbodens normalerweise entsteht. Mit einer gleichen Estrichschicht überzog man auch den mit Schutt verfüllten Treppenhals vom Mittelschiff zur Ostkrypta, denn letztere war anscheinend so stark in Mitleidenschaft gezogen worden, daß man sie nicht wieder herrichtete, sondern in einem Zuge mit Schutt und Erde auffüllte. Wegen der zu weitgehenden Veränderungen im 13. Jahrhundert bleibt ungewiß, ob nicht überhaupt Teile von Georgenchor und Ostkrypta einstürzen. Manches könnte dafür sprechen; die besonders intensiven Brandspuren in der Krypta ebenso wie die Tatsache, daß die nördliche Kryptawand bis auf geringe Abdrücke im anstehenden Keuper verschwunden und durch eine mit dem Kryptainnenraum einheitliche Auffüllung ersetzt war. Da andererseits die Stirnwand zwischen Krypta und Mittelschiff die Katastrophe überstand, kann es sich jedenfalls nur um einen partiellen Einsturz gehandelt haben.

An den geringen noch bei der Ausgrabung vorhandenen Teilen der Stirnwand oberhalb des einstigen Langhausniveaus zeigten sich die Instandsetzungsarbeiten nach dem Brand von 1185 besonders deutlich *(Abb. 37).* Beiderseits der nunmehr verschlossenen (über Schiffsniveau zugemauerten) Tür zur Krypta hat man werkstattfrische Basisprofile für Pilaster aus grauem Sandstein zwischen die im übrigen durchweg angeglühten Steine eingefügt. Ihre strengen Formen mit dem an den stumpfen Enden nach oben auslaufenden Basisprofil *(Abb. 37)* passen überdies recht gut in die Zeit des ausgehenden 12. Jahrhunderts, und derart weitgehende Reparaturen deuten doch wohl auf die Absicht nicht nur kurzfristiger und provisorischer Weiterbenutzung des Domes.

*Befunde am heutigen Dom*

Selbstverständlich wurden während der Grabungen auch die sich vielfach bietenden Möglichkeiten zu Beobachtungen am Bestand des Ekbert-Domes genutzt. Sie betreffen natürlich in erster Linie dessen Fundamentierung, die durchweg ungewöhnlich solide und sorgfältig erscheint. Fast ausnahmslos sind die Fundamente bis hinab zur Sohle aus Quadern oder zumindest quaderähnlich zugerichteten Werksteinen gefügt, eine Bauweise, die die Anlage von breiteren Baugruben erforderte und überall dort zu einem für uns bedauerlichen Ausmaß an Zerstörung führte, wo Baureste aus älteren Perioden der Neugründung im Wege waren.

Das Fundament der südlichen Seitenschiffswand, dessen Sohle etwa 3 m unter dem heutigen Fußboden noch nicht erreicht war, sprang in mehreren flachen Stufen nach innen vor; ähnlich stellte sich die Außenseite der von uns gründlicher untersuchten Südwand der heutigen Krypta dar. Beide Kryptalangwände waren als mächtige Sohlbänke bis zum jeweils ersten freistehenden Langhauspfeiler[120] verlängert, während die übrigen Langhauspfeiler mächtige, nach unten stark verbreiterte, teilweise aber nicht ganz so tiefe Einzelfundamente erhielten *(Abb. 56, 57, 61, 73)*[121]. Die Westwand der heutigen Krypta bildet zugleich einen an der schwächsten Stelle 3,20 m dicken Spannriegel zwischen den letzten Chorpfeilern B4 und C4.

Offenbar aber schien den Baumeistern diese an sich schon überdimensionierte Gründung im Ostkryptabereich noch immer nicht ausreichend. Und so wurden beiderseits der Krypta noch flachere und weniger sorgfältig gemauerte Querriegel eingezogen, die mit leichter Verschiebung jeweils Pfeiler und Wandvorlagen in den Seitenschiffen verbinden *(Abb. 41, 71, Fig. 3, 8).* Ob man aus diesem offensichtlich nachträglichen Einfügen der nicht in die Krypta und die Außenwände einbindenden Spannmauern, die zum Teil auch die Fundamentreste der ehemaligen Osttürme mit einbeziehen, auf eine Planänderung hinsichtlich der Überwölbung von Ostchor und Seitenschiffen schließen darf[122], war allein aus dem Grabungsbefund natürlich nicht ersichtlich.

Die Vermutung D. v. Winterfelds, daß beiderseits der hinter einer Verblendung aus dem 19. Jahrhundert original erhaltenen großen Westfenster der Krypta an den Chorpfeilern entlang schmale Treppen zur Krypta hinabführten *(Abb. 62, 63)* und sich dort auf einem Podest in jedem Seitenschiff mit einem weiteren Treppenlauf aus dem angrenzenden Seitenschiff des Langhauses vereinigten[123], hat sich bestätigt. Zudem fanden wir nicht nur Spuren von je einer zwischen Kryptazugang und Mittelfenster zum Georgenchor ansteigenden Treppe, sondern auch vor der westlichen Kryptamauer zwei einzelne, im gleichen Arbeitsgang wie die Mauer selbst in die Verfüllung der älteren Krypta eingelassene pfeilerartige Fundamente *(Abb. 64).* Man könnte also daran denken, daß die eigentümlichen Treppenläufe vom Mittelschiff zu Krypta und Chor, die jetzt annähernd in der alten Form erneuert worden sind, durch einen vielleicht auf trapezförmigem Grundriß ins Mittelschiff vorspringenden Lettner zur architektonischen Einheit zusammengefaßt wurden. An den beiden Chorpfeilern fehlt freilich jede Spur eines solchen Lettners[124], und deshalb mag auch eine andere Lösung nicht unerwähnt bleiben, obwohl sie insbesondere im Hinblick auf die seitlichen Chorschranken recht unbefriedigend wirken müßte: Die zum Chor steigenden Treppen könnten vielleicht auch nur einen baldachinartig über dem Halbrundfenster vorgezogenen Teil des Ostchores flankiert haben.

Insgesamt gesehen, stellt diese Form des Kryptazuganges eine Wiederholung der älteren, von Bischof Otto geschaffenen Anlage dar, in deren Zusammenhang allenfalls die unmittelbar vom Mittelschiff zum Chor führenden Treppen gefehlt haben könnten[125]. Die Verwandtschaft des neuen Domes mit seinem Vorgänger erschöpft sich jedoch nicht in derartigen Details. Wie schon öfter vermutet[126], ist der heutige Bamberger Dom im Grundriß letztlich nur eine vergrößerte und um die beiden Westtürme bereicherte – dafür aber um die Westkrypta geschmälerte – Replik der Konzeption aus dem frühen 11. und hinsichtlich des Ostkryptaanschlusses auch des beginnenden 12. Jahrhunderts. Die beiden Chöre, von denen der östliche unverhältnismäßig weit in das wiederum gedrungene Mittelschiff gezogen ist, das ausladende Querhaus im Westen – dies sind Züge, die bei aller Großartigkeit der Ausführung nicht in das Kathedralschema des 13. Jahrhunderts passen, wohl aber eine von der Verehrung gegenüber den Bistumsgründern und ihrem Werk bestimmte Haltung beim Neubau des Bamberger Domes erkennen lassen.

1.2. DIE ÄLTEREN GRABUNGEN VOR 1969.

Die Grabungen von 1913 und 1935/36 bzw. 1943[127] haben aufgehendes Mauerwerk und Fundamente des Nordwestteils und der Südostecke einer Westkrypta unter dem heutigen Westchor aufgedeckt, ebenso ein Stück Westwand eines Westquerhauses und ein Fundamentstück der nördlichen Seitenschiffsmauer. Ein zuverlässiges Bild ließ sich daraus nur für die Krypta gewinnen.

*Westkrypta (Fig. 7a, Abb. 26–30).* Erhalten blieb der westliche Teil der nördlichen Außenmauer bis über den Gewölbeansatz einschließlich dreier hochliegender Rundbogenfenster mit schrägem Gewände *(Abb. 27, 30),* ferner in der Höhe bis zur untersten Schicht abfallend – die nördliche Hälfte der Westapsis außen und damit auch innen die nördliche Nebenapsis und der Ansatz der Mittelapsis, gestaffelt in den umfangenden Halbkreis hineingeschoben. Von den Stützen fand sich nur die nordwestliche Säulenbasis *(Abb. 27).* Die aufgedeckte Südostecke gibt Kenntnis von Länge und Breite des Raumes, von einem weiteren Fenster und der selbständigen Kryptawestwand von erheblich größerer Stärke als die Längswände. Aus diesen Resten läßt sich der Grundriß fast vollständig, der Querschnitt nur mit erheblichen Lücken erschließen.

Der längsrechteckige Raum *(Fig. 7a)* war durch Säulen in drei Schiffe geteilt, von denen das mittlere mehr als doppelt so breit wie die seitlichen war. Die Anzahl der Säulen steht nicht fest. Der Abschluß nach Westen deutet durch seine äußere Halbkreisform darauf hin, daß er von der darüber liegenden Westapsis bestimmt war. Der innere, in den Halbkreis hineingestaffelte Abschluß ist sehr kompliziert. In den Seitenschiffen zeichnet sich der äußere Apsisansatz durch eine kräftige Einziehung ab. Dadurch werden die Nebenapsiden aus der Seitenschiffsachse gerückt und nahezu auf die Hälfte der Seitenschiffsbreite reduziert. Sie waren kaum für Altäre bestimmt, daher unten von einer Sockelbank ausgefüllt und erinnern an die zahlreichen ottonischen Nischengliederungen. Um diese Nischen möglichst tief in den Halbkreis hineinzuschieben, sind die jeweils äußeren Wangen stark gestelzt, während zur Mitte hin nur eine kurze Mauerzunge anschließt, um die Scheidbögen aufzunehmen. Entsprechend der Stelzung außen bleibt zur Mitte ein Durchlaß zwischen Nischenansatz und erster Freistütze. Vorausgesetzt Basis und Plinthe stehen noch am ursprünglichen Ort[128], so befände sich die erste Säule noch zur Hälfte im Bereich der westlichen Nischengliederung. Die breite, halbkreisförmige Mittelapsis setzt mit einem Rücksprung an den queroblongen Raumteil an, um den sie gegenüber den Seitennischen nach Westen vor- und in den äußeren Halbkreis hineingeschoben ist. Die Stärke von Nord- bzw. Südwand wird stets mit 0,95 m angegeben[129], wobei außer acht gelassen wird, daß außen unmittelbar unter den Fenstern ein kräftiger Fundamentvorsprung die Mauerstärke auf 1,48 m erhöht *(Fig. 7a, Abb. 26).* Er gibt vermutlich auch das ehemalige Außenniveau an[130], über dem die Fenster liegen, und ist neben dem umfassenden Halbkreis der Apsis ein sicheres Indiz dafür, daß der Raum von Anfang an als Krypta gedacht war[131]. Die beiden westlichen Fenster sind etwas kleiner und liegen dichter zusammen. Alle haben sorgfältig gearbeitete Steinrahmen am Anschlag, die in das Bruchsteinmauerwerk eingelassen sind *(Abb. 29, 30)*[132]. Die äußeren Kanten des Westchores sind aus Großquadern mit glatter Oberfläche (geschliffen?), alle Flächen innen und außen waren geputzt.

Über den Fenstern, deutlich mit Auflager für das Lehrgerüst versehen, ist der Ansatz eines Tonnengewölbes sichtbar *(Abb. 27).* Damit läßt sich eindeutig sagen, daß die Seitenschiffe Längstonnen besaßen, und mit der Schiffsbreite liegt auch deren Scheitelhöhe fest – mit über 5 m überraschend hoch. Über das Mittelschiff ist damit nichts gesagt. Selbst bei der naheliegenden Vermutung, es sei ebenfalls tonnengewölbt gewesen, kann die Scheitelhöhe nicht ermittelt werden; sie kann mit den Seitenschiffen identisch gewesen sein (für Krypten naheliegend), ebensogut aber auch höher gewesen sein (siehe heutige Ostkrypta)[133]. Die erstaunlich steile, attische Basis besagt nur, daß Säulen als Stützen dienten. Ihre Höhe ist nicht zu ermitteln, ebensowenig die Art ihrer Verbindung untereinander, nämlich Architrav oder – wahrscheinlicher – Archivolten als Scheidbögen. *(Rekonstruktionsversuch Fig. 7b)*

Die Westkrypta ist in den anstehenden Fels eingetieft, der auch ihren unregelmäßigen Boden bildet. Tiefergehende Fundamente fehlen vermutlich. Ihr Bodenniveau liegt etwa 2,5–3 m unter dem alten Außenniveau[134]. Um das Wasser, das die Felsschichten führen, abzuhalten, umzieht ein Entwässerungskanal *(Fig. 7a, Abb. 321)* die Nordwand und zwei Drittel der Westapsis[135]. Es ist nicht auszuschließen, daß er bereits beim Bau Anfang des 11. Jhs. angelegt wurde. Die Achse der Krypta verläuft etwa 1,80 m südlich der heutigen Domachse, mit dem geringen Neigungswinkel von 1,25 Grad in Südwestrichtung.

*Westquerhaus.* Durch die Grabung von 1969/72 ist der Grundriß des Querhauses durch Aufdeckung seiner östlichen, westlichen und nördlichen Begrenzung vollkommen gesichert. Schon 1935 war festgestellt worden, daß es nicht im Verband mit der Westkrypta steht und – wie die jetzige Untersuchung zeigte – erheblich seichter und geradezu schwächlich fundiert ist. Wenn sich auch die Vermutung, über der Gertrudenkapelle hätten sich Reste der Südostecke des alten Querhauses erhalten, mit nahezu völliger Sicherheit verneinen läßt[136], so bestätigt die zum Nordquerarm symmetrische Rekonstruktion des Südquerarmes, daß die Gertrudenkapelle den Raumrest des alten Querhauses überbaut, der außerhalb der Umfassungsmauern des Neubaues zu liegen kam. Ob sich älteres, aufgehendes Mauerwerk vor allem in der Südmauer der Kapelle erhalten hat, ist zweifelhaft, doch wurden für ihre Süd- und Ostmauer vielleicht die alten Fundamente benutzt; die geringe Stärke der Südmauer könnte ein Hinweis darauf sein.

Vom alten Querhaus bestimmt waren als dessen Verlängerung nach Norden der in der Alten Hofhaltung nachgewiesene Palas der Königs- und späteren Bischofspfalz *(Fig. 2)*[137] und als Verlängerung nach Süden der Kapitelsaal, der von der heutigen Nagelkapelle überbaut ist, sowie der Kreuzgang mit seinem Westflügel.

## 2. SCHRIFTQUELLEN ZUR GESCHICHTE DES »HEINRICHSDOMES«[138]

Die Anfänge des kirchlichen Lebens in Bamberg sind in der schriftlichen Überlieferung nur schwer zu fassen. Das meist für karolingisch gehaltene Martinspatrozinium der Unteren Pfarrkirche ist erst für das Ende des 12. Jhs. belegt[139]. Auch die Überwachung der Ausschachtungen auf dem Gelände ihres ehemaligen Standortes erbrachten keine älteren Spuren. Ebenso fehlt der Nachweis für die Existenz einer Klerikergemeinschaft vor der Gründung des Domes[140]. Die nur von Legenden überlieferte Translation von Cyriakusreliquien durch Otto I. für ein Oratorium in Bamberg[141] ist dort nicht mit der Tradition eines bestimmten Baues oder Altares zu verbinden. Immerhin ist jetzt eine Kirche für die Burg Babenberg durch die Grabung zweifelsfrei nachgewiesen und deren Identität mit der Westkrypta des Heinrichsdomes endgültig widerlegt[142]. Die Existenz einer Kirche war bei der bekundeten Vorliebe Heinrichs II. für den Ort und seinen längeren Aufenthalten um die Jahrtausendwende dortselbst[143] ohnehin als sicher anzunehmen gewesen.

Wann Heinrich II. nach seiner Wahl zum deutschen König im Jahre 1002 den Plan faßte, in Bamberg ein Bistum zu gründen, ist durch Quellen nicht belegt noch aus bestimmten Maßnahmen zu erschließen[144]. Es scheint jedoch sicher zu sein, daß schon 1003/4 mit dem Bau des Domes begonnen wurde, der in seinen Abmessungen das Ziel erkennen ließ, als Bischofskirche zu dienen. Schon am 6. Mai 1007, dem Geburtstag des Königs, bezeichnen zwei Urkunden diese Kirche als »erbaut und der Gottesmutter Maria und dem Apostelfürsten Petrus geweiht«[145].

Es kann nicht als sicher angesehen werden, daß die in den Urkunden bezeugten Schenkungen aus Anlaß einer Weihe erfolgt seien, wie v. Reitzenstein vermutet. Die Schenkungen sind an die Bamberger Kirche gerichtet, die in diesem Fall durch Petrus und Maria repräsentiert wird – eine unvollständige Angabe des späteren Patroziniums, die sich sonst nur vereinzelt und vor allem anfänglich[146] findet. Das spricht dafür, daß der Bau nicht vollendet und die Hauptaltäre noch nicht geweiht waren. Funktionsfähige Altäre mag es indessen bereits gegeben haben, entweder in den Krypten, die bei der Hauptweihe nicht mit Altären in Erscheinung treten, oder in der von den Krypten nicht berührten Vorgängerkirche; denn die Kontinuität des Gottesdienstes mußte in jedem Fall erhalten bleiben. Die Schenkungen stellten die wirtschaftliche Grundlage zunächst für den Bau, später jedoch für die Kleriker des Domstiftes und das in Aussicht genommene Bistum dar. Um dies vor allem für die Zukunft sicherzustellen, werden die Patrone genannt, die ja die Adressaten sind, und ebenso wird die Kirche wohl eher in ihrem künftigen als gegenwärtigen Zustande geschildert. Für die denkbare Hypothese, daß man Altäre mehr oder minder auf einer Baustelle errichtet habe, um die Schenkung vollziehen zu können, sind zeitgenössische Parallelen bisher nicht bekanntgeworden.

Überlegungen dieser Art widerspricht das Zeugnis Thietmars von Merseburg, der König hätte noch vor Gründung des Bistums eine »Kirche mit zwei Krypten vollendet«[147], das ja ein wichtiges Merkmal des Baues zutreffend beschreibt. Da es sich kaum um einen Augenzeugenbericht handelt, spiegeln sich in dieser Aussage vielleicht die Ereignisse der Frankfurter Synode, die praktisch vor vollendete Tatsachen gestellt wurde. In bezug auf den Bau wurden diese möglicherweise als vollendeter hingestellt, als sie es zu diesem Zeitpunkt tatsächlich waren.

Im Mai 1007 äußerte Heinrich II. auf der Synode in Mainz erstmalig den Plan einer Bistumsgründung[148], die schon im gleichen Jahr, am 1. November 1007 in Frankfurt vollzogen werden konnte[149]. Die vorausgegangenen Schenkungen, der fortgeschrittene Bau einer Kathedrale und vor allem die Vorlage der päpstlichen Bestätigungsbulle[150] beweisen die konsequent betriebenen Vorbereitungen, die dem deutschen Episkopat eine – wenn auch zögernde – Zustimmung abnötigten. Das neue Bistum, dem noch am gleichen Tag sein erster Bischof, Eberhard, berufen wurde[151], vertraute Heinrich II. dem besonderen Schutz des Papstes an[152], vermutlich um seinen Bestand gegen die Eifersucht der eingeschränkten, älteren Nachbarbistümer im Westen zu sichern[153] und es unabhängiger gegenüber der Metropole Mainz zu machen. Es dauerte bis zum 13. Jh., bis Bamberg die Stellung eines praktisch exempten Bistums erreicht hatte[154], der Ansatz dafür war aber schon bei der Gründung gegeben.

Hinsichtlich der Motive Heinrichs II. für die Bistumsgründung besteht in der Forschung keine eindeutige Meinung. Sicher spielt seine persönliche Vorliebe für den Ort keine geringe Rolle. Andererseits wird man kaum scharf zwischen politischen und religiösen Gesichtspunkten trennen können[155], zumal die intensive Verbindung zwischen Reich und Kirche unter Otto III. in der Idee des »imperium christianum« wenige Jahre zuvor ihren Höhepunkt erreicht hatte. Auch wenn man die Mission unter den Slawen in unmittelbarer Umgebung nicht als entscheidenden Anlaß akzeptiert[156], wird man nicht leugnen können, daß mit Bamberg die Kette der Grenzbistümer um eine tiefe Einbuchtung verkürzt und so gefestigt wurde, sicher auch in der Hoffnung einer großräumigen Wirkung nach Osten. Die Verehrung des ottonischen Reichsheiligen Mauritius (Magdeburg) in Bamberg macht ein Anknüpfen Heinrichs II. an die Bestrebungen Ottos I. deutlich, ebenso wie die Sicherung einer unabhängigen Stellung gegenüber Mainz. Ob damit gar etwa an ein Erzbistum gedacht war, bliebe zu untersuchen. Schließlich erinnern die Beziehungen Heinrichs II. nach Ungarn auch an die Polenpolitik Ottos I.

Es ist bezeichnend, daß die Bulle Johanns XVIII. und in der Folge die Protokollurkunde der Frankfurter Synode ausschließlich den Apostelfürsten Petrus als Patron benennen, ein deutlicher Hinweis auf die schon anfänglich gegebene besondere Verbindung Bambergs mit Rom¹⁵⁷. Die zahlreichen Schenkungsurkunden für das neue Bistum, noch am Tage der Synode ausgestellt, bringen allerdings das stärker erweiterte Patrozinium: die Muttergottes Maria, die Apostel Petrus und Paulus, die Märtyrer Kilian und Georg¹⁵⁸.

Weitere Schenkungen am 18. Mai 1008¹⁵⁹ und am 25. Mai vermutlich 1009¹⁶⁰ benennen in den Urkunden die Patrone Petrus und Georg und bezeichnen die Kirche als »erbaut« bzw. »erbaut und geweiht«, wie schon 1007. Hier gelten die gleichen Argumente wie dort. Gerade die Nennung des neuen Patrons Georg kann nur bedeuten, daß dessen Altar hinzugekommen, der Bau gegenüber 1007 fortgeschritten war, aber noch keinesfalls vollendet gewesen sein muß. Interessant ist an den Urkunden ferner, daß hier bereits das in der Frühzeit seltene, in der Folge aber unter Heinrich III. und Heinrich IV. gängige Doppelpatrozinium Petrus–Georg auftritt¹⁶¹, eine Bestätigung dafür, daß beide Patrozinien schon vor der Weihe dominierten¹⁶², was bei der Weihe selbst nicht so deutlich ist.

Der Tag der Hauptweihe wurde am 6. Mai 1012, Heinrichs II. vierzigstem Geburtstag, überaus prächtig begangen in Anwesenheit von 45 Bischöfen. Kein Wunder, daß dieses Ereignis nicht nur bei Thietmar, sondern auch in den Hildesheimer (vermutlich späteren) und Quedlinburger Annalen verzeichnet ist, allerdings nur mit summarischen Angaben¹⁶³.

Darüber hinaus hat sich ein ausführlicher Weihebericht in einer Abschrift des 15. Jh. erhalten¹⁶⁴. In aller wünschenswerten Ausführlichkeit erscheinen acht Altäre mit Patrozinien und niedergelegten Reliquien und weihenden Bischöfen, zudem mit erstaunlich genauen Ortsangaben.

Der Hauptaltar – als solcher hervorgehoben – stand im Westen und erhielt seine Weihe durch Eberhard, den ersten Bamberger Bischof – »altare occidentale, quod in eadem ecclesia precipuum est et principale« – wurde geweiht – »in honorem sancte et indiuidue Trinitatis ac sancte et victoriosissime crucis et in honorem sanctorum apostolorum Petri et Pauli omniumque apostolorum et sancti Kiliani sociorumque eius«. Den Altar rechts des Altars im Westen – »dextrum altare occidentalis altaris« – weihte Heribert, Erzbischof von Köln, ehrwürdigen Andenkens – »in honorem sanctorum confessorum Silvestri, Gregorii, Ambrosii«.

Den Altar links des Hauptaltares – »sinistrum altare occidentalis altaris« – weihte Megingaud, Erzbischof von Trier – »in honorem sanctorum martirum Dionisii, Rustici et Eleutherii, Laurencii, Ypoliti et Viti«.

Den Kreuzaltar »altare vero sancte crucis« – weihte Johannes, Patriarch von Aquileia – »in honorem sancte crucis et sancti Stephani protomartiris«.

Der Altar im Osten – »orientale autem altare« – empfing die Weihe durch Erkanbald, Erzbischof von Mainz – »in honorem sancte Dei genitricis Marie et sancti Michaelis archangeli omniumque celestium virtutum et sancti Georgii martiris«.

Den Altar rechts des Altares im Osten – »dextrum altare orientalis altaris« – weihte Hartwich, Erzbischof von Salzburg – »in honorem sancti Nicolai, Adalberti, Emerami, Venzeszlai, Ruodberti, Erhardi«.

Den Altar links des Altares im Osten – »sinistrum altare orientalis altaris« – weihte Dagino, Erzbischof von Magdeburg – »in honorem sancti Blasii, Lantberti, Stephani protomartiris«.

Den Altar vor der Krypta – »altare ante criptam« – weihte Ascherius, Erzbischof der Ungarn – »in honorem sanctorum confessorum Hylarii, Remigii, Vedasti«.

Die Reliquien in den Altären werden namentlich aufgeführt. Der Bericht muß nach 1021 abgefaßt sein, da Heribert von Köln, der 1021 starb, schon »venerande memorie« genannt wird¹⁶⁵.

Die beiden Hauptaltäre teilen die Patrozinien, die in den Frankfurter Urkunden für Bistum und Dom genannt sind, unter sich auf. Auch wenn der westliche Altar dominiert, so steht ihm der östliche nicht viel nach, woraus zu schließen ist, daß es sich um einen Choraltar handelt, der kaum in einer abgelegenen Emporenkapelle gestanden haben kann¹⁶⁶. Weiterhin ist dem Bericht zu entnehmen, daß der Dreiergruppe im Westen eine solche im Osten gegenüberstand. Geht man davon aus, den Hauptaltar in der Westapsis zu lokalisieren, so können seine Seitenaltäre nur in dem östlich davon gelegenen Westquerhaus gestanden haben; die Blickrichtung ist somit – vermutlich gemäß der Zelebrationsrichtung – nach Osten, wobei rechts Süden und links Norden bedeutet. Gleiches gilt für die Ostgruppe¹⁶⁷.

A. v. Reitzenstein gemäß wird man die Geschichte der Altäre¹⁶⁸ verfolgen müssen, ehe man für den Bau weitere Schlüsse aus dem Bericht zieht. Der Hauptpatron des westlichen Hochaltars, der Apostelfürst Petrus, repräsentiert bis ins hohe Mittelalter oft Dom und Bistum schlechthin. Erst vier Jahrhunderte später überragt ihn der hl. Georg des Altars im Osten¹⁶⁹. Schon im 11. Jh. zeichnet sich die Funktion des Hauptaltars als dem Bischof zugeordnet ab. Zwar schenkt Heinrich II. 1007 zugunsten der Kanoniker am Petersaltar¹⁷⁰ (vielleicht gab es damals den Georgsaltar noch nicht?) und richtet auch 1019¹⁷¹ und 1024¹⁷² Schenkungen, die ausdrücklich dem Kapitel zugute kommen, an den Petersaltar, ohne Georg überhaupt zu nennen. 1022 schenkt er an den Bischof ebenfalls am Petersaltar¹⁷³. Dessen Mitpatrone werden übrigens nicht mehr genannt und haben im späten Mittelalter eigene Altäre.

Nach Heinrich II. aber wird eine Zuordnung des östlichen Georgsaltares an das Kapitel spürbar, was seine Erklärung leicht darin findet, daß der ranghöchste Altar nach dem Hauptaltar wohl dem Dompropst zusteht, der dort wiederum sein Kapitel versammelt. Mitte des 11. Jh. wird für das Kapitel am Georgsaltar geschenkt¹⁷⁴, 1063 wird Georg von den Kanonikern als ihr »patronus« bezeichnet¹⁷⁵. Im 12. Jh. ist es dann üblich, Rechtsgeschäfte des Bischofs am Petersaltar und solche des Kapitels am Georgsaltar zu vollziehen. Überzeugend ist das Beispiel der Gräfin Kuniza von Giech, die 1142 zugunsten des Bischofs an den Petersaltar, zugunsten des Kapitels an den Georgsaltar schenkt¹⁷⁶. Besonders wichtig ist dabei, daß sich diese Trennung schon Mitte des 11. Jh. abzeichnet. An der mehr und mehr zunehmenden Bedeutung des hl. Georg läßt sich in den folgenden Jahrhunderten die Machterweiterung des Kapitels ablesen¹⁷⁷. Auch hier treten die Mitpatrozinien frühzeitig zurück und schließen aus, sie zur Interpretation des Baues heranzuziehen¹⁷⁸.

Von den westlichen Seitenaltären ist nur der linke (nördliche) später nachzuweisen, und zwar ausschließlich unter dem Patrozinium des hl. Veit. Im 14. Jh. wird er in Verbindung mit dem »Segerer«, also der Schatzkammer, als Ortsbezeichnung genannt. Demnach unterliegt sein Standort im nördlichen Querarm keinem Zweifel, wobei der Neubau auch hierin dem Heinrichsdom folgt. Sogar sein Platz an der Ostwand war im heutigen Dom bis 1648/53 erhalten geblieben und wurde erst dann an die Westwand verlegt¹⁷⁹.

Unklarheit herrscht über die Stellung der beiden östlichen Seitenaltäre. Bei dem rechten (südlichen) erhielt sich allein das Patrozinium des hl. Nikolaus. Schon 1087/93 wird er mit dem Zusatz »in turri« bezeichnet bzw. fast gleichzeitig als in »capella s. nicolai in turri«, was an Klarheit nichts zu wünschen übrig läßt[180]. Stellung und Patrozinium blieben im Neubau in der Kapelle des Südostturms erhalten, was mehrfach durch Quellen belegt ist[181]. Es darf als sicher gelten, daß der nördliche Seitenaltar entsprechend in einer Kapelle des Nordostturms stand. Allein unter dem Patrozinium des hl. Blasius erscheint ein Altar jedenfalls 1288/96 »in turri«, und es ist durchaus möglich, daß damit der Nordostturm des Neubaues gemeint ist[182]. Allerdings wird der jetzt noch dort befindliche Altar nach 1330 unter dem Patrozinium des hl. Kilian geführt[183]. Vermutlich war es von dem westlichen Hauptaltar hierher verlegt worden und verdrängte so das ursprüngliche Blasiuspatrozinium[184]. Anlaß und Weihe sind nicht bekannt.

Der Kreuzaltar läßt sich nach dem Bericht nicht eindeutig lokalisieren. Analogien folgend wird er heute allgemein in der Mitte des Langhauses vermutet[185]. Hier wurde 1024 Kaiser Heinrich II. beigesetzt[186], in der Folge auch seine Gemahlin Kunigunde. Der Altar spielt daher eine bedeutende Rolle in der Geschichte des Kaisergrabes und dem damit verbundenen Heiligenkult[187]. Nach der Kanonisation Heinrichs 1146 und Kunigundes 1200 verdrängte deren Verehrung wohl das Kreuzpatrozinium, so daß sich dessen Altar später am Aufgang zum Ostchor befand. Das Stephanspatrozinium ging dabei nicht unter[188]. Es fällt auf, daß es in dem Weihebericht gleich zweimal an verschiedenen Altären genannt wird[189]. Die Anwesenheit des Erzbischofs von Gran gibt dem einen besonderen Akzent und lenkt den Blick auf Stephan von Ungarn, der ja für die Deutung des Reiterstandbildes in Frage kommt[190]. So scheint es nicht unwichtig, letzteres in auffälliger Nähe zu einem auch das Stephanspatrozinium führenden Altar aufgestellt zu sehen[191].

Der zuletzt genannte Altar »ante criptam« ist ein Rätsel geblieben. Seine Patrozinien werden nicht wieder genannt und der im Singular gebrauchte Begriff »Krypta« widerspricht offensichtlich der von Thietmar schon für 1007 gemachten Angabe von der Kirche »cum duabus criptis«[192]. Bisher ist in diesem Zusammenhang übersehen worden, daß in der oder den Krypten anscheinend überhaupt kein Altar geweiht wurde[193] und die sonst so genauen topographischen Angaben nur dort erfolgen, wo auf Grund der Symmetrie oder Gegenüberstellung Differenzierung nötig ist: Ost und West, links und rechts. Schon beim Kreuzaltar fehlt die Ortsangabe. Da offensichtlich nur ein Altar vor einer Krypta stand, gleich ob in Ost oder West oder vor der einzigen Krypta schlechthin, reichte die Beschreibung völlig aus. Erst bei zwei Altären vor oder in der oder den Krypten wäre ein genauerer Hinweis zu erwarten gewesen.

Auch hier wird man spätere Quellen zur Interpretation heranziehen müssen. Erst 1134 wird von einer Synode in der »Cripta S. Mauricii« gesprochen[194], also nach den Baumaßnahmen Bischof Ottos I. Anfang des 13. Jh. stellt sie ein Domlichterverzeichnis, erhalten in einer Abschrift des 14. Jhs. der »Cripte S. Johannis« gegenüber[195], die nach ihrem Altar in der Folge eindeutig mit der heutigen Ostkrypta zu identifizieren ist. Weiterhin läßt sich im 13. Jh., nach 1237 und 1244/57 (fixiert 1288/96) ein Mauritiusaltar vor dem Peterschor nachweisen[196], der sogar 1432 auf Deutsch so genannt wird[197]. Da die Westkrypta mit dem Neubau aufgegeben und teilweise zerstört wurde, verlegte man den Mauritiusaltar nach oben, vor den Peterschor, nächst seinem ursprünglichen Standort. Die Erinnerung an diese Herkunft bewahren sogar Chordirektoren des 16. Jhs., die noch vom »altare s. Mauricii in cripta« sprechen[198]. Somit ist kein Zweifel, daß die ergrabene Westkrypta einen Mauritiusaltar hatte.

Er dürfte schon seines Titelheiligen wegen noch auf Heinrich II. zurückgehen und vermutlich schon vor 1012, also 1007 geweiht sein[199], so daß er bei der Hauptweihe gar nicht erscheint.

Ähnlich dürfte es sich bei seinem östlichen Gegenstück verhalten. 1203 wird Bischof Konrad »in cripta sub choro s. Georgii ante altare s. Johannis ewang.« bestattet[200]: Wie zu zeigen sein wird, handelt es sich dabei noch nicht um die heutige Anlage, bei der kurze Zeit später Krypta und Johannesaltar neu errichtet wurden. Aus der Quelle ist zu entnehmen, daß zumindest im 12. Jh. unter dem Georgenchor eine Krypta mit dem Altarpatrozinium des hl. Johannes Ev. lag. Könnte man versucht sein, sie den Baumaßnahmen Ottos von Bamberg zuzurechnen, so widersprechen dem ältere Nachrichten. Schon 1053 wird Bischof Hartwich »in cripta ante altare s. Joh. ew.« beigesetzt, was allerdings erst von den Begräbnisnotizen (1374/98) überliefert wird[201]. Um die Wende vom 11. zum 12. Jh. findet eine Schenkung an den Altar »s. Johanni in cripta« statt, gemäß einer Notiz von 1288/96[202]. Hier ist auch auf das vor 1200 entstandene Breviarium Eberhardi Cantoris zu verweisen, das »cripta« mit »fons« gleichsetzt und damit wohl den Brunnen der Ostkrypta meint[203]. In allen genannten Quellen wird Krypta im Singular verwendet. Man könnte dies auf die Abschriften zurückführen, die alle erst entstanden, als nur noch die Ostkrypta existierte. Doch bei Berücksichtigung der nachweislich sich zäh haltenden Tradition, wird man eher geneigt sein, auch bei den Originalen den Singular zu vermuten, der stets gebraucht wurde, da Verwechslungen ausgeschlossen waren: es gab nur eine Krypta mit einem Johannesaltar. Da seine Tradition in das 11. Jh. zurückreicht, wird man ihn zum Bestand des Heinrichsdomes rechnen dürfen, wohl auch schon vor 1012 geweiht[204].

Die Existenz zweier Krypten schon vor der Restaurierung unter Bischof Otto ist damit selbst in den Quellen faßbar. Die Lösung des Widerspruchs zwischen den Berichten Thietmars und der Weihe hilft für den Ausgangspunkt wenig: die Lokalisierung des Altars »ante criptam«. Da seine Patrozinien verschwinden, ist kein Anhaltspunkt gegeben, ob die Krypta im Westen oder Osten gemeint ist. Es wäre Spekulation, ihn mit dem späteren Mauritiusaltar oder Kreuz- und Stephansaltar identifizieren zu wollen.

1081, am Karsamstag, den 3. April, brannte der Dom und vielleicht auch das Domkloster aus[205]. Genauere zeitgenössische Angaben über den Umfang der Zerstörung fehlen. Die Biographen Bischofs Otto aus dem 12. Jh. melden allerdings »usque ad solos muros superstites«[206], und ein Bischofskatalog des 15. Jhs., in dem wohl ältere Quellen ausgeschrieben sind, sagt genauer: »monasterium kathedrale in tecto et turribus concrematum erat vsque ad solos muros superstites«[207]. Also Dächer und Türme wurden zerstört, die Hauptmauern blieben stehen – ein »normaler« Verlauf des Unglücks. Schon 1087 fand im Dom eine Synode statt, was auf Reparatur der Dächer schließen läßt[208].

Nach den eindeutigen und erstaunlich präzisen Angaben der Quellen ist die vollständige Wiederherstellung erst unter Bischof Otto I. und wohl auf dessen Betreiben erfolgt, mehr als 20, vielleicht sogar 40 Jahre nach dem Brandunglück. Als Apostel der Pommern verehrt und heilig gesprochen, in der Kunstgeschichte durch seine maßgebliche Mitwirkung am Umbau des Domes zu Speyer unter Kaiser Heinrich IV. als einer der wenigen Namen dieser Zeit bekannt[209], gehörte er zu den überragenden, vielseitig befähigten und gebildeten Persönlichkeiten der Epoche. Seinen Bemühungen hat das Bistum vermutlich Konsolidierung und Lebensfähigkeit in der

Konkurrenz mit den Nachbarn und den aufkeimenden Unabhängigkeitsbestrebungen des höheren Adels zu danken[210]. Die kirchliche Organisation stärkte er durch ein Netz von Neugründungen und Reformierungen von Klöstern und prägte so das Bild seiner Diözese für Jahrhunderte.

Seine Biographen haben dies festzuhalten versucht, oft mit genauen Angaben, besonders dort, wo es sich im baulichen Bereich um Erneuerung oder Vollendung älterer Anlagen handelt[211]. Mag dabei sicher das Bemühen eine Rolle spielen, Ottos Verdienste zu vergrößern, so ist doch die für jene Zeit erstaunlich genaue Berichterstattung nicht zu leugnen. Es ist nur natürlich, daß dabei die Angaben über seine Tätigkeit am kaiserlichen Dombau in Speyer, die er vor seiner Berufung zum Bischof von Bamberg 1103 ausübte, sehr eingehend sind[212].

Er übernahm seine Bischofskirche wohl in einem desolaten Zustand. Man kann davon ausgehen, daß in den Viten nichts verschwiegen wurde von dem, was er zur Erneuerung seines Domes in die Wege leitete. In dem ältesten Bericht, der »Relatio de piis operibus ottonis episcopi Bambergensis«, nach 1140 entstanden, lesen wir dazu: »In domo principalis ecclesiae pavimentum stravit, columnas gypseo opere ornavit, chorum s. Georgii exaltavit, picturam fieri iussit, ipsumque monasterium cupreo tecto cooperuit, omnia denique claustri aedificia per singulas officinas nova fecit«[213]. Die Vita des Prüfeninger Mönchs, wohl wenig später und somit auch kurz nach des Bischofs Tode 1139 entstanden, schreibt dies wörtlich aus und fügt nur einige allgemein lobende Worte hinzu[214].

Auch Herbord, ein Mönch aus St. Michael (gest. 1168), der seine Vita Ottonis wohl 1158/59 verfaßte, benutzte die »Relatio« als Vorlage, bereicherte sie jedoch um Angaben, die eine unmittelbare Kenntnis der Umstände als wahrscheinlich erscheinen lassen. Er schickt einen Satz voraus, der den Anlaß der Maßnahmen zutreffend wiedergibt: »In diebus ipsius semper honorande memorie Ottonis cathedralis ecclesie monasterium, quod sub antecessore Deo permittente usque ad solos muros superstites conflagratum erat incendio, multis sumptibus ab eo ad pristini decoris nobilitatem reparatum est.« Bei den »columnas« fügt er hinzu: »quas ignis afflaverat« und die »picturas« nennt er: »quoque non ignobiliores prioribus.« Für die Eindeckung mit Kupfer nennt er den Grund: »ne ultra similes formidare debeat eventus.« Er erweitert den Bericht um eine mehr den Laien beeindruckende Maßnahme: »speras quoque et cruces turrium deauravit«[215].

Zusammenfassend kann man aus den Angaben eindeutig entnehmen: der Dom war unter dem Vorgänger ausgebrannt. Otto ließ einen neuen Fußboden legen, die vom Feuer beschädigten Säulen mit Stuck verzieren, den Georgenchor »erhöhen«, Gemälde (Fresken) anbringen, die den früheren nicht nachstanden, die Dächer von Kirche und Türmen mit Kupfer eindecken, damit sich das Unglück nicht wiederhole, die Turmkreuze und -spitzen vergolden und schließlich die Gebäude des Domklosters wiederherstellen bzw. erneuern. Bei so genauen Aufzählungen fällt kein Wort über weiterreichende Baumaßnahmen[216], nur die »Erhöhung« des Georgenchores und die Erneuerung des Domklosters wären hier einzureihen – bemerkenswerterweise beides Veränderungen, die dem Kapitel zugute kamen. Der neue Fußboden hat sich archäologisch nachweisen lassen[217], fast alles andere ist durch den Brand 1185 und den Neubau vernichtet worden, vielleicht mit Ausnahme einiger Kapitelle[218]. Was unter »Erhöhung« zu verstehen ist, wird noch zu untersuchen sein.

Alle drei Berichte nennen für diese Restauration des Heinrichsdomes keine Daten. Sie muß nach dem Einzug des Bischofs 1103 erfolgt sein. Eine in der Literatur mehrfach zitierte Weihe von 1111[219] ist in keiner Quelle genannt, sondern geht wohl auf ein Mißverständnis von Annalen des späten 16. Jhs. zurück, die an sich schon unzuverlässig sind[220]. Ebo, ein weiterer Biograph Ottos, der als Mönch in St. Michael zwischen 1151 und 1159 schrieb, schweigt über den Dom, gibt aber einen Brief des Wignand, Abt des Klosters Theres am Main, an Bischof Otto wieder, der damals in Pommern weilte[221]. Darin bezieht sich der Abt auf einen ihm vom Bischof »specialiter« erteilten Auftrag und teilt mit, daß 700 Zentner Kupfer erworben und davon 300 schon bis Schmalkalden herangeschafft seien; nun aber sei er mit seiner Kraft am Ende. Ebo läßt dem Brief die Nachricht folgen, Otto habe das begonnene, großartige Werk, die Dächer des Domes und seiner Türme mit Kupfer einzudecken »ad arcenda ignium pericula«, dem Abte Wignand anvertraut. Den Brief bezieht Ebo allerdings auf die erste Pommernreise des Bischofs 1124, während er tatsächlich wohl in die Zeit der zweiten Reise vom 19. April bis 20. Dezember 1128 fällt. Durch Erwähnung des Mauritiustages ist er nach dem 22. September 1128 anzusetzen[222].

Die Kupfereindeckung und deren Grund[223] stimmen mit den anderen Quellen genau überein; vermutlich wird sie so sehr hervorgehoben, weil man darin ein Novum gegenüber herkömmlichen Eindeckungen erblickte, unter denen Blei schon etwas Besonderes darstellte. Da dieser Teil der Arbeiten nun sicher in den Jahren 1128/29 anzusetzen ist, spricht nichts dagegen, die von den anderen Quellen im gleichen Zusammenhang genannten Maßnahmen in den Jahren vor 1128 zu vermuten[224] – erstaunlich lange nach Übernahme des Bistums durch Otto. Das spricht für Sparsamkeit und auf das Notwendige gerichteten Sinn, keineswegs aber für besondere »Baulust«.

Als hervorragendes Ereignis hatte die Kanonisation Kaiser Heinrichs II. 1146 und die Erhebung seiner Gebeine 1147 offenbar zunächst keinen Einfluß auf die architektonische Gestalt des Domes[225].

## 3. DIE REKONSTRUKTION DES »HEINRICHSDOMES«

Es hat bisher nicht an Versuchen gefehlt, den fragmentarisch überlieferten Gründungsbau in seiner ursprünglichen Erscheinung zu rekonstruieren[226]. Ganz allgemein wird man sagen können, daß er die Form einer flachgedeckten Basilika mit westlichem Querhaus und zwei Chören in Ost und West hatte, letzterer war der Hauptchor. Unter beiden Chören befanden sich Krypten.

Da im wesentlichen wie üblich nur Fundamente ergraben wurden und diese nur lückenhaft, wird man bei der Ableitung einer Rekonstruktion aus dem Befund Zurückhaltung üben müssen, weil Aussagen über die Form des Bauwerks über dem Fundament nur sehr begrenzt möglich sind[227].

3.1. *Westchor.* Die dreischiffige *Westkrypta* ist in ihren wesentlichen Zügen bekannt und oben beim Befund beschrieben worden.

Der *Hauptchor* darüber bestand aus einem leicht längsrechteckigen Sanktuarium von etwa 10,5 auf 11,5 m im Lichten, das vermutlich flach gedeckt war. Eine eingezogene Halbkreisapsis schloß sich westlich an.

3.2. *Westquerhaus.* (Fig. 3, 5, 6) Das Westquerhaus lag rund 9 m weiter östlich als das heutige und maß innen etwa 10,5 auf 36 m, woraus leicht zu ersehen ist, daß die Querarme weit ausluden und überquadratisch waren, während die Vierung wohl annähernd quadratisch war. Da Fundamentstreifen in der Längsrichtung fehlen, darf man annehmen, daß das Querhaus »more romano« durchgehend, die Vierung also nicht ausgeschieden war. Unklar ist die Funktion der Fundamentverstärkung unter dem Nordostvierungspfeiler, die in das Querhaus hineinragt.

Das Querhaus war sicher flach gedeckt, weil seine Fundamentmauern mit 0,90 bis 1,00 m und damit auch die aufgehenden Mauern überraschend schwach sind. Hinweise auf kleine Apsidiolen an der Ostseite, die zur Aufnahme der Querhausaltäre bestimmt gewesen wären und an der Jakobskirche tatsächlich vorhanden sind[228], ließen sich nicht nachweisen; allerdings waren die Fundamente im fraglichen Bereich zerstört bzw. konnten nicht untersucht werden.

Eine L-förmige Mauer, die sich an die Westmauer des Südquerarms anlehnt und bis unter den vermutlichen Standort des Südwestvierungspfeilers reicht, kann als Unterbau für eine Treppenanlage zum höheren Niveau des Westchores gedeutet werden. Es kann sich aber auch um ein in Querhaus und Vierung vorspringendes Chorpodium gehandelt haben, das unten die Zugänge zur Krypta aufnahm (Vergl. Hersfeld). Eine vergleichbare Anlage war zunächst auch beim Neubau vorgesehen. Die Lage dieses Fundaments spricht wiederum gegen eine ausgeschiedene Vierung und belegt ferner, daß Querhaus und Vierung ein durchgehendes Niveau besaßen, von dem aus die Treppenanlage oder das Chorpodium im Westen zum Chor hin anstiegen.

Westliche Chorwinkeltürme fehlten mit Sicherheit. Das Querhaus glich vor allem mit seiner Westmauer die Achsabweichung des Westchores weitgehend aus.

3.3. *Langhaus.* (Fig. 3, 5, 6) Das dreischiffige Langhaus hatte zweifellos die Form einer flachgedeckten Basilika. Seine Gesamtbreite betrug im Lichtmaß etwa 25 m, die Seitenschiffe besaßen mit über 6 m etwas mehr als die Hälfte der Mittelschiffsbreite, die ungefähr der des Westchores entsprach. Allerdings war die Achse des Mittelschiffes gegenüber dem Chor geringfügig nach Süden versetzt und vor allem geneigt, so daß sie zur heutigen Domachse parallel verlief. Die südliche Seitenschiffsmauer und die südliche Arkadenreihe standen fast an der Stelle ihrer Nachfolger, die nördlichen innerhalb von Mittelschiff und Nordseitenschiff, wobei sich außer der größeren Raumbreite auch die erheblich dickeren Mauern des Neubaues auswirken. Der Kreuzgang konnte seine Lage beibehalten.

Die Länge des Langhauses läßt sich nicht mehr genau bestimmen. Nach der Vergrößerung der Ostkrypta, die ähnlich wie heute weit in das Mittelschiff hineinragte, war dieses nur mehr 21,5 m lang, also kürzer als das Langhaus insgesamt breit war. Die Seitenschiffe reichten weiter nach Osten und stimmten vielleicht mit der ursprünglichen Länge des Mittelschiffes überein. Das Maß dürfte ungefähr 32 m betragen haben. Sie waren kürzer als das Querhaus und nur wenig länger als die Gesamtbreite maß, was eine sehr gedrungene Grundrißgestalt ergibt.

Während die Seitenschiffsfundamente denen des Querhauses entsprechen, sind die Streifenfundamente der Mittelschiffsarkaden mit ca. 1,5 m erheblich stärker. Das kann mit der einkalkulierten, punktweisen Belastung durch die Stützen zusammenhängen, es ist aber nicht auszuschließen, daß die Hochschiffmauern höher waren als die des –vorromanisch niedrigen– Querhauses und des Sanktuariums[229]. Der Anschluß des nur in einem Bruchstück erhaltenen südlichen Arkadenfundaments an das Querhaus ist unklar. Statt des breiten Fundaments erscheint hier nur eine Mauerzunge von 0,90 m Breite, die zudem aus der Flucht des Banketts nach Süden verschoben ist. Der Rest einer älteren Planung? Es hat ohnehin den Anschein, als sei der »Heinrichsdom« trotz der kurzen Bauzeit nicht einheitlich gewesen.

Von der nördlichen Arkadenreihe haben sich außer dem Bankett auch 6 große Sockelplatten bzw. deren Mörtelspuren erhalten (Abb. 31, 32, 40). Ihre Kanten sind vom Brande zerstört. Den Mörtelspuren am Oberlager und den offenbar weit vortretenden Kanten nach zu urteilen, könnte es sich um den unteren Teil gestufter Plinthen einer Säulenreihe gehandelt haben. Die unterschiedliche Größe, vor allem der unterschiedliche Abstand, lassen an einen Stützenwechsel denken, freilich ohne erkennbares System. Es fällt jedoch auf, daß hinsichtlich der Abstände – sie bewegen sich zwischen 1,80 und 1,90 m – nur die vorletzte östliche Platte eine Ausnahme macht, weil sie gleichsam nach Westen verschoben ist. Die letzte Arkade vor der Kryptawestwand des 12. Jhs. ist dadurch vergrößert. Diese vorletzte Platte ist ohnehin stark beschädigt, und die Fußbodenplatten des 12. Jhs., die sonst an die Sockel anstoßen, schieben sich hier in eine weggebrochene Kante der Sockelplatte hinein (Abb. 32). Es darf als fraglich angesehen werden, ob hier noch die ursprüngliche Situation des 11. Jhs. erhalten ist. Läßt man die unterschiedliche Sockelgröße außer acht – sie ist bei einem Bau des 11. Jhs. nichts Ungewöhnliches – und geht von deren Mittelpunkt als vermutlicher Achse der Stütze aus, so differieren die Abstände von West nach Ost zunehmend nur um knapp 20 cm. Die vorletzte »Plinthe«, um ½ m nach Osten versetzt, würde genau in dieses Bild passen. Es ist dafür unerheblich, ob man sich über den größten Sockeln Pfeiler vorstellt und dann einen »niedersächsischen« Stützenwechsel erhielte.

Die eindeutig nachträglich an die letzte erhaltene, östliche Sockelplatte angebauten Treppenwangen des 12. Jhs. (Abb. 31, 39) möchte man sich natürlich lieber an einen Pfeiler als an eine Säule angelehnt vorstellen. Dann hätte sich in der Dreierarkadenstellung, die beim Neubau die Ausdehnung des Chores und der Krypta in das Mittelschiff hinein bezeichnet, vielleicht das Vorbild der letzten östlichen, im Befund zerstörten Drillingsarkade des Vorgängers erhalten. Dies ist jedoch Spekulation.

In den Quellen über Ottos Reparaturen werden »columnae« genannt, was nicht unbedingt mit »Säulen« gleichzusetzen ist[230]. Geht man von den Nachwirkungen bei anderen Bauten aus[231], so ist die Annahme der Verwendung von Säulen bei der Arkadenreihe am wahrscheinlichsten, abgesehen davon, daß man sich Stuckdekorationen an beschädigten Säulenkapitellen eher als an Pfeilern vorstellen kann. Die erwähnten »picturae«, die den Bau im 11. Jh. und nach der Erneuerung auch im 12. Jh. auszeichneten, könnte man sich an der Sargwand über den Arkaden denken[232]. Der im Mauerverband verlegte aufwendige Plattenboden Ottos wies deutlich die Spuren schwerer, herabgestürzter Teile und Brandspuren auf, Zeugnisse des Unglücks von 1185 (Abb. 32, 40).

3.4. *Ostchor.* Bei der ergrabenen *Ostkrypta (Fig. 3, 5)* überrascht zunächst die Übereinstimmung in der Gliederung des Ostabschlusses mit dem Westabschluß der Westkrypta. Doch gerade die Parallelität der Anlagen machte die Unterschiede deutlich und erlaubt, Schlüsse daraus zu ziehen. Die Ostkrypta ist rund 1 m schmaler, der Radius der umfassenden Ostapsis ist kleiner, und vor allem tritt diese Ostapsis nicht als Halbkreis, sondern nur als flaches Kreissegment nach außen vor den Baukörper. Als Folge davon ist die Staffelung der Kryptenräume in die Apsis hinein viel geringer als im Westen. Der kräftige Fundamentvorsprung, der im unteren Teil von Apsis und Krypta im Westen die Mauerstärke erheblich vergrößert, fehlt im Osten. Obwohl wir nur den unscharfen Fundamentbereich kennen, hatte die Mittelapsis der Krypta mit ca. 2,20 m einen erheblich kleineren Durchmesser als die der Westkrypta mit ca. 3,60 m. Die Seitenräume des Chorteils waren dagegen etwas breiter. Ihr anscheinend gerader Abschluß ist wohl dadurch zu erklären, daß die Apsidiolen wie bei der Westkrypta über einer Sockelbank begannen. In der Fundamentschicht würde die Westkrypta genauso aussehen. Gegenüber dem Fundament der Mittelschiffsarkaden ist die Chorpartie der Ostkrypta außen deutlich eingezogen.

Über die Längserstreckung der ursprünglichen Ostkrypta sind keine genauen Anhaltspunkte zu gewinnen. Sie genauso lang wie die Westkrypta *(Fig. 5)* zu vermuten[233], besteht kein Anlaß, zumal dann dem umfangreichen Umbau des 12. Jhs. das Motiv fehlte. Ob der Treppenlauf, der im Fundamentbereich des ehemaligen Südostturmes/Südseitenschiffes aufgedeckt wurde *(Abb. 41)*, geradlinig in die Krypta des 11. Jhs. führte und damit eine bestimmte Länge voraussetzt, steht dahin. Auffällig ist das querlaufende Fundament, das den Chorteil der Krypta abschließt und über die nördliche Außenmauer nach Norden vorstößt *(Fig. 3)*. Es schließt sämtliche Fundamentzüge der Krypta nach Westen ab mit Ausnahme der nördlichen Scheidarkade, die mit einer kleinen Mauerzunge noch etwas darüber hinausreicht. Die Bedeutung dieses Querfundaments ist vollkommen unklar. Eine »Spannmauer« im Sinne eines Fundamentgitters unter den Säulen kann es bei dem felsigen Untergrund nicht sein, zumal Ähnliches bei der Westkrypta fehlt, keinerlei Spuren von Längsmauern vorhanden sind und die nördliche Außenmauer an ihm endet. Es ist nicht auszuschließen, das sich die Seitenschiffe der Krypta hier erheblich verbreiterten und die komplizierte Chorpartie abgeschnürt und ausgesondert war, etwa der Hersfelder Anlage vergleichbar. Die Aufnahme der Mauerfluchten der Chorpartie durch die Erweiterung des 12. Jhs. spricht dagegen. Worauf hätten die Mittelschiffsmauern der Ostteile stehen sollen? Als Westmauer einer dann sehr kleinen Krypta kann man sie auch nicht – wenigstens nicht ausschließlich – ansehen. Dagegen spricht das weiter nach Westen reichende, höhere Bodenniveau des älteren Teils sowie die kleine Mauerzunge der nördlichen Scheidarkade, die darauf hinweist, daß zumindest in der Mitte noch ein Raum vorgelagert war, in dem vermutlich die Treppenläufe mündeten. Die östliche Krypta ist anscheinend bescheidener, vor allem kürzer als die westliche gewesen. Dafür spricht auch die Lage des Brunnens. Sein heutiger Trog stammt aus dem 19. Jh. *(Abb. 46)*, der Schacht ist jedoch sehr viel älter. Seine zur Achse der heutigen Krypta exzentrische Anordnung legte schon früher die Vermutung nahe, daß sie von der alten Domachse bestimmt war[234]. Dies hat sich nun bestätigt. Außerdem liegt der Brunnen östlich des Querfundaments, dieses gerade tangierend, befand sich also an der Westmauer der kleinen Krypta, genau dort, wo Brunnen in Kryptenräumen zu stehen pflegen; denn sollte es sich nur um die Chorpartie handeln, so wäre die Stellung des Brunnens gerade dort ungewöhnlich.

Die zwischen B 5 und C 5 ausgegrabene und heute noch sichtbare *Westanlage der Ostkrypta (Fig. 3, 6, Abb. 33, 39, 56, 57)* stammt mit großer Sicherheit erst aus dem 12. Jh. und gehört damit zu den Baumaßnahmen des Bischofs Otto v. Bamberg. Hierfür sprechen mehrere Umstände: der nachträgliche Anschluß an die Sockelplatte der Mittelschiffsstütze, der einheitliche, präzise Anschluß auch der Treppenwangen an den Plattenboden des 12. Jhs., das gegenüber der alten Ostkrypta tiefere Bodenniveau und das Mauerwerk, das ganz von dem bisher bekannten des Heinrichsdomes verschieden ist: Großquader mit schmalen Fugen und merkwürdig groben Spiegeln. Nur die Kantenquader und der Bogen der Mittelnische sind geschliffen *(Abb. 38)*. Diese Westmauer bezieht sich auf einen dreischiffigen Raum, der zwischen die Mittelschiffsfundamente eingetieft war und die Fluchten der kleinen Ostanlage übernahm: breites Mittelschiff, schmale Seitenschiffe. An die Westmauer schlossen die Scheidarkaden mit Zungenmauern *(Abb. 56)* auf profilierten Sockeln an. Das so eingegrenzte schmale Joch war von einem Kreuzgratgewölbe überspannt (Anfänger erhalten, *Abb. 36*), das mit einem exakten Halbkreis in die Westmauer einband *(Abb. 33, 39)*. Für die Wölbung des übrigen Raumes, vor allem der Seitenschiffe, fehlen Hinweise. Wegen der hochliegenden Zugänge setzten die Seitenschiffsgewölbe im Westabschnitt offenbar sehr viel höher an.

In der Mitte der Westmauer ist eine tiefe Rechtecknische *(Abb. 38)* mit eingestellten Ecksäulchen und an den durchgehenden Schaft anstuckierten Kapitellen *(Abb. 34, 35)* eingelassen, für die es bis jetzt keine Parallelen gibt. Die Seitenschiffe sind am Westende ganz von je einer komplizierten Treppenanlage *(Abb. 39, 56)* ausgefüllt. Sie steigt zunächst einläufig nach Westen bis zu einem Podest auf halber Höhe an und teilt sich dort in zwei schmalere Läufe im rechten Winkel zueinander, von denen einer im Seitenschiff der Oberkirche, der andere im Mittelschiff hart neben den Scheidarkaden mündete. Diese Form der Treppenanlage wiederholte man bei der Krypta des Neubaus, was für das Verhältnis beider Bauwerke zueinander wichtige Schlüsse zuläßt. Ob man die älteren seitlichen Kryptenzugänge aufgab[235], scheint fraglich, zumal sie auch beim Neubau als Treppen von den Turmhallen her wiederkehren.

Erst durch die Verlängerung erreichte die Ostkrypta das Ausmaß der Westkrypta und übertraf diese mit ca. 20 m noch um rund 4 m. Sie erstreckte sich nun weit in das Mittelschiff hinein und grenzte dort den Bereich des Ostchores ab, ähnlich der Situation im Neubau. Dies, nicht die Vergrößerung der Krypta, dürfte der Anlaß zu der Baumaßnahme Ottos gewesen sein, von der es heißt »exaltavit choro s. Georgii«. Zuvor stand vermutlich nur der Georgsaltar selbst über der Ostkrypta erhöht, während das Kapitel in einem ausgeschrankten Bereich am Ostende des Langhauses Platz fand, vermutlich sogar fast auf gleichem Niveau[236]. Das entsprach kaum der aus den Quellen abzulesenden steigenden Bedeutung des Kapitels, und so ließ Otto den Chorus im wörtlichen Sinne »erhöhen«. Dieser Vorgang – nicht die als Substruktion dienende Verlängerung der Krypta – wird bezeichnenderweise erwähnt, und dies erklärt nun auch mittels einer Quelle die häufigeren Parallelerscheinungen, bei denen Krypten in die Vierung, den Stammplatz der Kleriker, hinein verlängert werden[237]. Für die eigentliche Raumstruktur, vor allem für den Außenbau, dürfte dies ohne Konsequenzen gewesen sein. Noch im Neubau spiegelt sich die ungewöhnliche Disposition; denn bei ihm ist ja außen nicht zu erkennen, wo der Ostchor endet und das Langhaus beginnt²³⁸, und innen ist der Chor ein Teil des Mittelschiffes, nur mit erhöhtem Niveau und Schranken²³⁹.

Der *Ostchor* dürfte, nach dem Kryptengewölbe zu schließen, nicht so hoch über dem Niveau gelegen haben, wie es im 13. Jh. der Fall war. Aufgänge von Westen lassen sich nicht eindeutig nachweisen. Die Stirnwand wurde nach 1185 mit einer neuen Blendgliederung versehen, von der sich die Basen *(Abb. 37)* erhalten haben. Zwischen den Kryptatreppen stand ein Altar *(Abb. 33),* vielleicht der neue Kreuzaltar, von dem die unterste Schicht gefunden wurde.

Von dem eigentlichen Altarraum des Georgenchores bietet der Befund kein klares Bild: eine flache Apsis und ein querrechteckiges Joch. Es ist jedoch nicht auszuschließen, daß die Apsis im Innern einen vollen Halbkreis bildete und nur für ein ganz schmales Chorjoch Platz ließ. Sehr viel tiefer als die vermutlich zunächst kleine Ostkrypta war der Altarraum wohl kaum.

3.5. *Osttürme.* Fundamentplatten *(Fig. 3)* am Ostende der Seitenschiffe sind der Beweis dafür, daß hier von Anfang an Türme standen. Sie waren sehr viel flacher fundiert als die beiden Krypten, d. h. man fundierte nur dort so tief, wo tiefliegende Räume es erforderlich machten. Die Fundamente des Neubaues haben die Begrenzungslinien der Fundamentplatten so vollkommen zerstört, daß eindeutige Aussagen über Größe und Stellung der Türme kaum noch möglich sind. Zwei Gräber aus der Zeit des Heinrichsdoms im ersten Südseitenschiffsjoch bezeugen, daß die Türme nicht weiter nach Osten reichten und ihre Ostflucht im Bereich der Spannmauern von A2-B2 und C2-D2 gelegen haben muß. Das ergäbe, wie zu erwarten, eine Linie mit dem Ansatz der ergrabenen Ostapsis bzw. den äußeren Kanten des Chorjochs.

Weiteres ist unbekannt. Für die nächstliegende Lösung, quadratische Türme von der Breite und in der Flucht der Seitenschiffe *(Fig. 5, 6),* spricht nicht sehr viel, weder der Befund noch der heutige Dom²⁴⁰. Türme dieser Art hätten keinen Bezug zu der Fundamentplatte²⁴¹. Ebenso unklar ist es, ob die Kryptatreppe *(Abb. 41, 71)* sich an den Turm anlehnte oder innerhalb desselben abwärts führte²⁴². Es scheint sehr fraglich, ob die Fundamentplatte bis an die auf der Nordseite gut erhaltene äußere Flucht der Ostkrypta heranreichte und damit das über diese Flucht hervortretende Querfundament als funktionslos überdeckte. Gerade dieses Querfundament erweckt ja den Anschein, als hielte es die Osttürme »auf Abstand« und gehöre zu einer uns heute nicht mehr faßbaren, komplizierteren Ostanlage. Denkbar wären abgerückte Osttürme, weil die Flucht der Seitenschiffsmauern wegen der zerstörten Befunde keineswegs bindend für sie wäre²⁴³ und ihre Nachfolger beim Neubau ebenfalls vom Chor abgerückt stehen. Verblüffend ähnlich dem in Bamberg ergrabenen Befund und den daran geknüpften Überlegungen sind zwei Anlagen – bezeichnenderweise – aus Polen: Krakau und Tum²⁴⁴.

Zwei bildliche Darstellungen vom Ende des 12. Jhs. zeigen den Dom als Modell bei der Übergabe durch die Stifter²⁴⁵. Man wird sie bei der Allgemeinheit der Angaben nur mit größter Vorsicht heranziehen dürfen. Immerhin sind deutlich zwei Türme zu erkennen, die ein Ende des Bauwerks flankieren. Ebenso ist auf die ältere Darstellung einer Münze hingewiesen worden, die 1076/1102 geprägt wurde. Zwei Türme, dazwischen ein Giebel, sind deutlich zu sehen, während das Rechteck darunter mit dem Portal als das Atrium interpretiert wurde. Man könnte an eine Ansicht von Osten denken, wenn die Merkmale nicht auf viele andere Bauten ebenso zuträfen

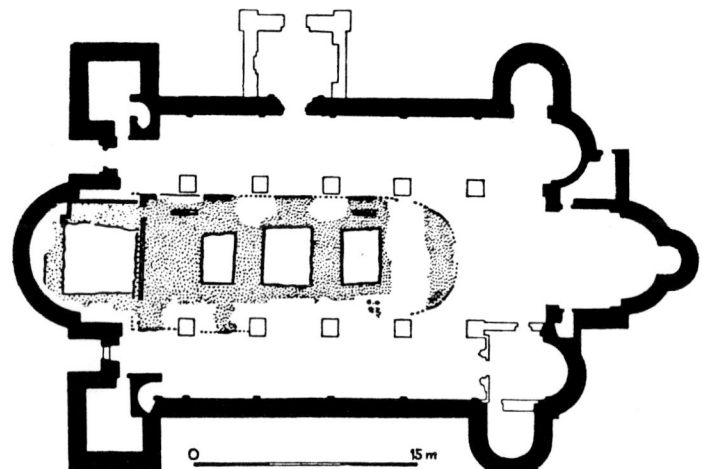

Tum, Stiftskirche nach: Swiechowski, Abb. 753

und das Ganze bestenfalls als allgemeine Abbreviatur für »Dom« zu verstehen ist, dessen Dächer von dem Bischof Rupert wiederhergestellt wurden; er ließ auch die Münze prägen²⁴⁶.

3.6. *Gesamtanlage.* Bei den Überlegungen zum Heinrichsdom ist stets auch die Jakobskirche mit einbezogen worden, deren Krypta 1072, deren Oberkirche aber erst 1109 geweiht wurde²⁴⁷. In der Tat hat die Anlage wichtige Punkte mit dem bisher ermittelten Heinrichsdom als auch mit dem heutigen Dom gemeinsam: dreischiffige Säulenbasilika, flachgedeckt, mit westlichem Querhaus, zwei Chöre, von denen der westliche der Hauptchor ist²⁴⁸. Er ist heute gotisch, es sind aber darunter Reste einer dreischiffigen Krypta nachgewiesen. Demnach bestand der Chor darüber ebenfalls aus Sanktuarium und Apsis. Auch für den Ostchor ist eine Krypta überliefert, die jedoch nur die Tiefe des Chores selbst gehabt haben kann²⁴⁹. Er besteht aus einem schmalen, queroblongen Joch mit Tonnengewölbe und anschließender Halbkreisapsis, deren äußere Rechteckummantelung mit den seitlichen Flankentürmen zu einem Baublock verschmilzt. Diese Türme stehen am Ostende der Seitenschiffe, nehmen in ihren Untergeschossen Eingangshallen mit Ostportalen auf und haben die Tiefe von Apsis und schmalem Joch zusammen. Die Fassade des 18. Jhs. verbirgt, ob der Mittelteil außen etwas vorsprang. Die Obergeschosse des Südturmes sind nicht mehr erhalten, der gesamte Unterbau des Nordturmes wurde im 13. Jh. mit geradezu denkmalpflegerischer Sorgfalt erneuert, die Obergeschosse entstammen der Spätgotik.

Die Ähnlichkeit der Ostanlage mit der des bestehenden Domes ist auffallend: Chorflankentürme am Ende der Seitenschiffe mit Ostportalen und Eingangshallen, dazu das schmale Joch zwischen den Türmen, das wohl auch im Plan I des Neubaus vorgesehen war²⁵⁰. Die Apsis tritt außen allerdings heute nicht mehr in Erscheinung, was auch früher der Fall gewesen sein kann. Bei der Erneuerung des Nordostturms wurde an dieser Stelle die Ähnlichkeit mit dem Dom noch größer²⁵¹. Nachdem heute die enge Bindung des Domneubaus an seinen Vorgänger durch zahlreiche Übereinstimmungen als erwiesen angesehen werden muß, darf die allerdings bescheidenere Jakobskirche als das gelten, wofür sie schon immer gehalten wurde: als eine weitere Replik des Gründungsbaues, die ihre Gestalt vom Ende des 11. Jhs. weitgehend bewahrt hat. Sie bietet, abgesehen vom Raum und seiner Durchbildung, wohl auch ein in vielen Punkten zuverlässiges Bild von der Ostanlage des Domes. Die Osttürme besaßen demnach Portale mit Eingangshallen[252], über denen vermutlich – wie heute – die Kapellen mit ihren Seitenaltären zu suchen sind[253]. St. Jakob spricht dafür, daß die Ostapsis innen als Halbkreis ausgebildet war und zwischen die Türme reichte. Es blieb dann wohl nur ein ganz schmales Chorjoch übrig, das vielleicht auch mit einer Tonne gewölbt war, wie Bau I in Speyer oder St. Maria im Kapitol in Köln, die nur wenig jünger sind. Die abgerückte Stellung der Türme fehlt dagegen bei St. Jakob, und beim Neubau ist sie unten stark verschliffen. Hier muß die Frage nach der Rekonstruktion zugunsten einer möglicherweise sehr viel komplizierteren Anlage offenbleiben.

Scheinbar zwanglos fügen sich Befund, Quellen, Jakobskirche und stehender Bau zusammen, was jedoch nicht über den hypothetischen Charakter besonders der rekonstruierten Ostanlage hinweg täuschen darf. Von Randbemerkungen abgesehen ist die Stellung des Baues in der Architektur des 11. Jhs., seine möglichen Vorbilder und Nachwirkungen im 12. Jh.[254] – ausgenommen St. Jakob – nie gründlich untersucht worden, weil man bisher zu wenig über ihn wußte.

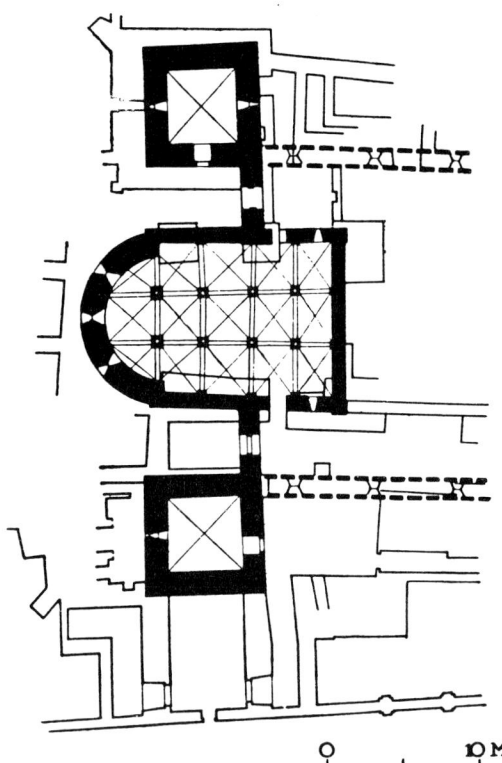

Krakau, Kathedrale auf dem Wawel (II) nach: Swiechowski, Abb. 291

# IV. DIE QUELLEN ZUR BAUGESCHICHTE DES EKBERT-DOMES

Beitrag von Renate Neumüllers-Klauser[255]

Mit anderen großen Dombauten des 13. Jahrhunderts teilt der »Ekbert-Bau« des Bamberger Domes das Schicksal, daß seine Baugeschichte aus historischen Quellen in weitestem Sinne nur sehr unzulänglich und spärlich zu erhellen ist. Die Überlieferung ist unzureichend und mehrdeutig, der Spielraum der Interpretation dementsprechend weit. Eine erste Zusammenstellung der Quellen zum gesamten Dombau (Heinrichsdom und Ekbertsdom) durch Alexander von Reitzenstein liegt rund vierzig Jahre zurück[256]. Sie behält ihren Wert, zumal da neue Quellen inzwischen nicht aufgefunden wurden. Das Bamberger Urkundenmaterial ist zwar immer noch nicht vollständig ediert und ein Urkundenbuch des Hochstifts fehlt; aber die Urkunden sind archivalisch gesichtet und erschlossen, so daß kaum noch mit dem Fund einer unbekannten und aussagekräftigen Quelle zu rechnen ist[257].

Der Versuch, von Seiten der geschichtswissenschaftlichen Forschung etwas zur Aufhellung der Baugeschichte des Domes beizutragen, erscheint gleichwohl gerechtfertigt, nachdem die Diskussion im Bereich der kunstwissenschaftlichen Forschung erneut in Gang gekommen ist. Dabei muß die Geschichtswissenschaft nolens volens ihre Schlüsse zunächst und allein aus ihrem Quellenmaterial zu ziehen suchen; erst danach läßt sich – und an diesem Punkt müßten sich beide Disziplinen zu gemeinsamer Arbeit finden – eine Übereinkunft darüber erzielen, wieweit sich die Ergebnisse der Quellenuntersuchung und -interpretation mit den Befunden bauhistorischer und stilkritischer Analysen zur Deckung bringen lassen.

Hier sollen deshalb – auch aus Gründen methodischer Sauberkeit – zunächst alle Quellen in engerem und weiterem Sinne, also alle Erwähnungen des Domes und seiner Örtlichkeiten in der fraglichen Zeitspanne, chronologisch aneinandergereiht werden, um sie in dieser Folge auf ihre Aussagekraft für den Dombau hin zu untersuchen. Erst in einem zweiten Teil werden Quellen herangezogen, die nicht den Dom direkt betreffen, sondern die zeitgeschichtliche Situation in Bamberg und vor allem die Persönlichkeit und das Wirken Ekberts von Meranien beleuchten; diese Ausführungen können nur als vorläufige Überlegungen und Denkanstöße verstanden werden, die durch bau- und kunstgeschichtliche Untersuchungen bestätigt oder widerlegt werden müßten.

Die Nachrichten über den Dombau des 13. Jahrhunderts müssen ihren Ausgang nehmen von der Notiz über den Dombrand des Jahres 1185, die in einem Kalendar des Domstifts Bamberg aus dem 12. Jahrhundert von einer Hand des beginnenden 13. Jahrhunderts nachgetragen wurde: »M.C.LXXXV... aprilis monasterium sancte Marie in Twerstat comb (ustum est). Eodem anno II... avgusti monasterium sancti Petri cum toto ambitu urbis comb (ustum est)«[258]. Eine Datierungsauflösung ist nicht mehr möglich; die bisherigen Festlegungen (31. 7., 4. 8. oder 12. 8.)[259] können nicht ganz überzeugen. Gewöhnlich wurde bei mittelalterlichen Datierungen der Tag vor den Kalenden (Nonen, Iden) nicht durch die Ordnungszahl, sondern durch pridie bezeichnet[260]. Es ist also möglich, daß die Ordnungszahl zu III (kal., non., id.) zu ergänzen ist, also auch der 30. 7., 3. 8. oder 11. 8 in Frage kommen. Der Gebrauch von pridie ist weitaus überwiegend vor dem Gebrauch der Ordnungszahl.

Die Kargheit dieser Notiz läßt keine Aussage darüber zu, wie weitgehend die Zerstörungen des Doms durch den Brand tatsächlich waren. Indirekt läßt sich darauf nur aus einer zweiten Nachricht über den Brand schließen. 1185 nämlich erneuert das Domkapitel auf Ansuchen eine Zinsverschreibung (carta conditionis) mit der Begründung, daß die Urschrift der carta beim Dombrand in Verlust geraten sei: »Notum sit omnibus Christi fidelibus…, qualiter quedam censualis s. Georii in Babinberc Jut(a) nomine cum tribus filiabus suis…, et filio eius… in presencia capituli Bab(in)bergensis conuenerunt, lacrimabiliter conquerentes, quod cartam conditionis sue, quam ab antiquo acceperant, incendio sicut multis euenire cognouimus, perdiderint«[261]. Die Aufbewahrung von Urkunden im »sacrarium«, dem sog. »Segerer« ist nicht nur für Bamberg bezeugt, sondern läßt sich auch für andere Kathedralkirchen nachweisen[262]. Sie geht zurück auf die ursprüngliche Einheit von Schatzkammer, Bibliothek und Archiv, die sich vereinzelt noch bis ins 13. Jahrhundert und länger erhalten hat. Im Vorgängerbau des Ekbertdomes ist der Domsegerer im Nordwestturm zu lokalisieren, er wurde danach mit Sicherheit ein Opfer der Flammen; eine totale Einäscherung des Domes ist jedoch kaum anzunehmen.

Eine weitere Nachricht aus der Regierungszeit Bischof Ottos II. (1177–1196) betrifft zumindest indirekt den Dom. Er verpfändet nämlich – ein Datum ist nicht genannt – sein Dorf Beumenrode in Anbetracht der Notlage seiner Kirche (»statum et necessitatem ecclesie nostre considerantes«) und führt den Erlös dem Bau der Domkirche zu: »Quinquaginta vero marcas, quas pro concessione supradicte recepimus, dedimus ad edificium monasterii edificandi in Babenberc, ut pro hoc nobis accrescat«[263]. Es handelt sich hier zweifellos um Baumaßnahmen zur Wiederinstandsetzung des brandgeschädigten Domes, nicht etwa um den Beginn eines Neubaues, weil dafür die zur Verfügung gestellten Mittel keineswegs ausreichend gewesen wären. Unterstützt wird diese Annahme durch ein weiteres Zeugnis. Unter das Pontifikat Bischof Ottos II. fällt nämlich auch die Einsetzung des ersten Domkantors Eberhard im Jahre 1192. Aus der erhaltenen Einsetzungsurkunde geht nichts hervor, was auf irgendwelche Unregelmäßigkeiten im liturgischen Dienst infolge einer weitgehenden Domzerstörung schließen läßt[264]. Im Gegenteil: die Bestallung des Domkantors im Jahre 1192 signalisiert vermutlich den Abschluß der Reparaturarbeiten nach dem Brand von 1185. Mit der Verpfändung von Beumenrode, die also Jahre vor 1192, vielleicht noch 1185 oder kurz danach erfolgte, schuf sich der Bamberger Bischof die Möglichkeit, die Wunden von 1185 zu heilen, 1192 konnte er im wiederhergestellten Dom für eine Erneuerung des liturgischen Lebens durch den eigens bestellten Domkantor Sorge tragen. Das von demselben Domkantor Eberhard in den Jahren seiner Wirksamkeit 1192–1196 abgefaßte Direktorium – eine umfangreiche Gottesdienstordnung für den Bamberger Dom – nennt folgerichtig beide Chöre und zahlreiche Altäre des Doms als Ort liturgischer Aktionen, so daß wahrscheinlich 1192, spätestens aber 1196 als terminus ante für eine völlige Wiederherstellung des Domes zur gottesdienstlichen Nutzung anzunehmen ist[265]. Als im Jahre 1196 schließlich Bischof Otto II. »in choro S. Georii ante altare Philippi et Jacobi« beigesetzt wurde[266], hatte er sein Ziel, die Wiederherstellung der Domkirche nach dem Brande von 1185, wohl im Wesentlichen erreicht. Die historischen Quellen lassen keine andere Deutung zu.

Vom folgenden Bischof Tiemo (1196–1202) berichten späte und nur mit großer Vorsicht zu benutzende Quellen, er habe die Domtürme – oder nur die Helme? – erbaut und der Einwohnerschaft eine Steuer zugunsten der Kirche auferlegt: »Derselbig hat erbaut mit wizn/an S. Kunigunden Werck die spizn./Der kirchen Noth hat in bewegt,/Daß er die erste steur auf hat gelegt«[267]. »Postero anno (1196) Thimo frequentem abbatum, cleri et comprouincialium conuentum Babebergam aduocauit et ad eos, de lapsa ecclesia et rei publicae disciplina, retulit. Ad eam rem constituendam, cum sequenti anno (1197) tributum ciuibus suis primus imponeret..., multorum inuidiam sibi conciliauit«[268]. Ob die Formulierung »der Kirchen Not« im deutschen Text in Ayrers Reimchronik, die der lateinischen Formulierung »de lapsa ecclesia et rei publicae disciplina« bei Martin Hoffmann entsprechen dürfte, wirklich real auf den Bauzustand des Domes sich bezieht, muß offenbleiben. Die Zusammenstellung mit der »disciplina rei publicae« macht es m.E. wenig wahrscheinlich, sondern läßt eher an die übertragene Bedeutung denken. Einen Anhaltspunkt für eine Bautätigkeit am Dom unter der Regierung Tiemos zu finden, ist mit diesen Quellenstellen jedenfalls nicht möglich, zeitgenössische Nachrichten gibt es nicht. Immerhin liegen Reparaturarbeiten wie etwa eine Neueindeckung der Domtürme im Bereich des Möglichen; die von Hoffmann überlieferte Synode ist für den September 1197 tatsächlich urkundlich bezeugt[269].

Das nächste Zeugnis ist überliefert in der um 1199/1200 verfaßten Vita Cunegundis eines unbekannten Autors. »Denique post (Cunegundis) novellam fecundissime plantationis sue ecclesiam, quam cum illo suo studiosissimo cooperatore Heinrico in loco Babenbergensi venustissime, sicut hactenus cernitur, fabricavit sub patrocinio... beati Petri ac sancti Georgii mart«[270]. Wenn es hier heißt, den Dom habe die Heilige so erbaut, »wie er heute noch gesehen wird«, so ist diese Aussage nur mit äußerster Vorsicht zu werten. Heiligenviten bedienen sich mit Vorliebe topischer Gestaltungselemente. Dem Verfasser der Kunigundenvita ging es darum, den Ruhm der Heiligen ins rechte Licht zu setzen, für ihn wäre jeder Nachfolgebau gleichfalls der von Kunigunde errichtete Dom gewesen. Diese Annahme wird auch dadurch bestätigt, daß die Bezeichnung »Kaiserdom« späterhin dem Ekbertsbau genauso beigelegt wird, wie seinem Vorgängerbau. Rückschlüsse auf den tatsächlichen Sachverhalt lassen sich daraus nicht ziehen. Einigermaßen sicher geht nur aus dieser Äußerung der Vita hervor, daß ein neuer Dombau um 1199/1200 nicht im Gange war.

Ähnliche Bedenken stehen einer Wertung des um 1200/1201 unter der Regierung Bischof Tiemos geprägten Kunigundenpfennigs als Zeugnis für den Dom entgegen: er zeigt auf dem Avers das Bild der Kaiserin, auf dem Revers den Dom[271]. Als Abbild des bestehenden Baues wird man die Darstellung nicht werten dürfen, zumal die erkennbaren charakteristischen Einzelheiten ohnehin dem Heinrichsdom wie dem Ekbertsbau eigen sind. Mehr noch: man wird dieses Bild nur als typisierende Wiedergabe werten dürfen, nicht als ein der Wirklichkeit entsprechendes Bild, es ist daher ohne Quellenwert[272].

Ein weiteres Zeugnis dieser Jahre, das die Chronik des Erfurter Petersklosters überliefert, betrifft die Kanonisation der Kaiserin Kunigunde und die darauffolgende Translation am 8. September 1201, verbunden mit einem Hoftag Philipps: »Hoc anno facta est translatio corporis sancte Cunegundis in ecclesia Babenbergensi in nativitate sancte Marie virg... Eo tempore et die Philippus rex in predicta civitate curiam, plurimorum episcoporum et principum convocaverat, eumque regem fore sacramento confirmaverunt«[273]. Der Dom – und nach allen vorhergehenden Zeugnissen war das der wiederhergestellte Heinrichsdom – befand sich also damals in einem Zustand, der es erlaubte, die Repräsentanten des Reiches – wenn auch nur die Anhänger der welfischen Partei im Thronstreit – zur feierlichen Translation der heiliggesprochenen Kaiserin in ihm zu versammeln. Das paßt weder für einen schwer brandgeschädigten Bau noch für eine Baustelle.

Im gleichen Jahr 1201 schenkte dann Bischof Tiemo die Vogtei über die Stadt Bamberg und über den Forst zu Michelau zugunsten des Domkapitels »super altare sancti Georgii«, ein Schenkungsakt, der herkömmlicherweise nicht nur ideell, sondern auch materiell zu verstehen ist, der also die Benutzbarkeit des betreffenden Altars voraussetzt[274]. Die Formulierung der Schenkungsurkunde wirkt zunächst befremdlich: »Notificamus universis chatholice fidei sequacibus futuris et presentibus, quod nos pro honore beati Petri et sancte Chunegundis imperatricis... contulimus legitimo titulo donationis super altare sancti Georii, advocacias civitatis Babenbergensis et super forestum in Miherloe«. In der Schenkung zu Ehren des Dompatrons Petrus und der neuen Heiligen Kunigunde, die auf dem Georgenaltar vollzogen wurde, scheint ein Widerspruch zu stecken. Er läßt sich aber leicht erklären, wenn man weiß, daß Petrus bis ins späte Mittelalter hinein als vornehmster Patron des Domes galt. Der Vollzug des rechtlichen Aktes auf dem Georgenaltar hingegen hatte konkrete Bedeutung: die Schenkung erfolgte in erster Linie zugunsten des Domkapitels und jeder neugewählte Bischof mußte das feierliche Versprechen ablegen, diese Güter nie zu Lehen zu geben oder in anderer Weise zu entfremden[275]. Rückschlüsse auf den Bau lassen sich also nicht ziehen, der Hochaltar im Peterschor muß keineswegs unbenutzbar gewesen sein.

Im darauffolgenden Jahr, 1202, wird dann Bischof Tiemo beigesetzt »in medio monasterii ante altare s. Kunegundis«, 1203 der erwählte Bischof Konrad von Ergersheim »in cripta sub choro s. Georgii ante altare s. Johannis ewang«[276]. Beide Nachrichten stammen aus späteren Quellen, was ihre Glaubwürdigkeit nicht beeinträchtigen muß, beide sprechen weder für noch gegen eine gleichzeitige Bautätigkeit.

Das gleiche gilt für die Beisetzung König Philipps im Jahre 1208: nach den zeitgenössischen Quellen – die Bamberger Zeugnisse schweigen – wurde der Leichnam des ermordeten Herrschers im Dom an einer nicht näher bezeichneten Stelle beigesetzt: »rex Philippus... est occisus anno incarnationis Domini 1208... et in Bavenbergensi ecclesia est sepultus«[277]. Auch dieses Faktum läßt sich nicht als Beweis dafür anführen, daß zu jener Zeit am Dom nicht gebaut worden sein könne, weil sich aus Parallelfällen hinreichend belegen läßt, daß selbst auf einer Großbaustelle Herrscher und geistliche Würdenträger beigesetzt werden konnten, wenn ihnen das Begräbnisrecht in der Kathedrale zustand[278].

Fünf Jahre später – 1213 – vermerken die Annalen kurz die Überführung der Leiche König Philipps aus dem Bamberger Dom nach Speyer[279].

Die weiteren Erwähnungen des Doms aus dem zweiten Jahrzehnt des 13. Jahrhunderts sind ausführlicher: im Jahre 1217 überträgt Bischof Ekbert heimgefallene Lehen an die Kirchen des hl. Petrus – d. h. den Dom – und des hl. Jakob mit dem ausdrücklichen Beisatz: »Facta est autem hec resignatio feria secunda quinta idus Iulii in domo dilecti patrui nostri maioris prepositi. Contradictio vero bonorum istorum celebrata est super altare et super reliquias s. Georii«[280]. Damit ist bezeugt, daß der Hochaltar des Ostchors 1217 benutzbar war, die zugunsten des Kapitels gehende Schenkung wurde auf ihm vollzogen. Die Aussage an sich ist eindeutig, sie gibt aber keinen Aufschluß darüber, ob dieser Georgenaltar der des Heinrichsdomes war oder ob er im langsam emporwachsenden Ostchor des Neubaus stand.

Dem gleichen Problem begegnen wir bei der Nennung des Domes in der zeitlich folgenden Quellenstelle. 1219 hält Bischof Ekbert eine Synode im Bamberger Dom, auf der er das Dorf Langeln am Harz an den Deutschordensmeister Hermann von Langensalza übergibt, der es vom Stift St. Jakob für 450 Mark Silber gekauft hatte. Die Übereignung wird in mehreren Urkunden bezeugt, die in der Formulierung voneinander abweichen[281]. Eindeutig ist der Wortlaut in der Urkunde, die Propst und Kapitel von St. Jakob über den Verkauf ausstellen: »... traditione sollempniter facta in plena synodo in choro Babenbergensi maiori, requisito consensu singulorum tam de nostra quam de maiori ecclesia canonicorum ac ministerialium ecclesie plurimorum«[282]. Der Zusatz eines Patrons, sonst allgemein zur Unterscheidung gebräuchlich, fehlt hier ebenso wie in der Urkunde des Domkapitels[283]. Reitzenstein hat daraus geschlossen, daß zu dieser Zeit nur ein Chor benutzbar gewesen sei, so daß eine Unterscheidung sich erübrigte. Er nahm an, daß es sich um den Westchor gehandelt haben müsse, weil 1219 der östliche Georgenchor in Bau gewesen sei[284]. Die Interpretation der Urkunde ist aber ohnehin eindeutig: im Hauptchor der Bamberger Kirche. Dagegen spricht nicht, daß in den anderen Urkunden die Formulierungen anders gewählt sind. Es genügt, wenn die rechtsetzende Urkunde des Stiftes St. Jakob sagt, daß die Synode im Hauptchor stattgefunden habe. Reitzensteins These scheint in jedem Falle unhaltbar, weil man, auch wenn der zweite Chor erst im Bau, noch nicht vollendet war, sicher mit zwei Chören gerechnet und sie durch den Zusatz des Patrons unterschieden hätte. Die Synode tagte im Hauptchor, mehr brauchte nicht gesagt zu werden und der Wortlaut erlaubt keinen Zweifel daran, daß der Westchor gemeint ist.

Wahrscheinlich machen konnte Reitzenstein seine Annahme von dem im Bau befindlichen Ostchor, weil er – sozusagen als Datierungshilfe – die ihrerseits undatierten testamentarischen Verfügungen der Domdekane Gundeloh und Krafto heranzog, ihren Zeitansatz nach den erwähnten Zeugen jeweils eingrenzte (auf 1215/23 bzw. um 1237) und aus den erwähnten Stiftungen für bestimmte Altäre Rückschlüsse auf den Baufortschritt zog. Die Stimmigkeit dieser Argumentation ist schon wiederholt in Frage gestellt und damit auch der gewonnene Schluß »Beginn des Dombaus nach 1217« in Frage gestellt worden[285]. Es muß aber hier die Frage der Testamente noch einmal kurz erörtert werden, weil sie in den Quellenbelegen für den Dombau und speziell seinen Zeitansatz einbezogen wurden und ihre Eliminierung der Begründung bedarf.

Im Testament des Domdekans Gundeloh, von Reitzenstein auf 1215/23 eingegrenzt, von Wendehorst auf 1203/26 datiert[286] werden für mehrere Domörtlichkeiten Kerzenstiftungen verfügt, darunter je ein Licht vor dem Peterschor und dem Georgenchor und eines »ante altare sancti Nicolai in turri«[287]. Mit dieser Verfügung ist aber keineswegs gesagt, daß zur Zeit der schriftlichen Niederlegung des Testamentes – wann immer sie geschah – die Chöre oder der Nikolausaltar liturgisch nutzbar gewesen sein müssen, weil die Stiftung ja erst mit dem Tode des Erblassers rechtskräftig wurde. Das Testament des Gundeloh kann ohne weiteres gleich nach dem Eintritt Gundelohs ins Kapitel niedergelegt worden sein, terminus post quem ist der Amtsantritt des Domcustos Marquard, der erwähnt wird. Eine Datierung ist damit nicht zu gewinnen. Sie ergibt sich auch nicht aus der von Reitzenstein festgestellten Bezeichnung »altare novum s. Nicolai« im Testament des Domdekans Krafto, das um 1237 seine letztgültige Fassung erhielt. Einmal ist 1237 als Jahr der Domweihe belegt, so daß ohnehin vorausgesetzt werden kann, daß bei Krafto der Nikolaus-Altar des Ekbert-Doms bestiftet wird. Zum anderen hat Arnold mit guten Gründen wahrscheinlich gemacht, daß die Erwähnung des neuen Nikolaus-Altars als Gegensatz zu seinem Vorgänger nur in der Beziehung auf die verfügte Schenkung »redemi etiam in krotenbach II mansos VIII talentorum nouo altari Nicolai«[288] zu sehen ist, weil Krotenbach gegen Ende des 11. Jahrhunderts dem Nikolausaltar geschenkt wurde und zwischenzeitlich verpfändet war, bis es Krafto dem Rechtsnachfolger des Altars übertrug[289].

Schließlich ist aber die Einbeziehung des Krafto-Testaments in die Datierung ebenso fragwürdig wie die des Gundeloh-Testaments. Es ist nämlich aus einer Anzahl von Testaten verschiedener Abfassungszeit zusammengefaßt und hat mehrere Abänderungen und Zusätze erfahren, die sich im einzelnen nicht genau verfolgen lassen[290]. Die Schenkung von Krotenbach muß jedoch schon 1203 konzipiert worden sein, weil im selben Passus Konrad von Ergersheim, der im Februar 1203 verstorbene Vorgänger Ekberts, mit einem Geldreichnis bedacht wird[291]. Es wäre ein Fehlschluß, wollte man folgern, der neue Nikolausaltar sei 1203 bereits liturgisch nutzbar – d. h. auch: ein zu dotierender Altar – gewesen. Vermutlich änderte man bei der letztgültigen Fassung seine Bezeichnung entsprechend den veränderten Tatsachen, während man das Reichnis für Konrad von Ergersheim versehentlich beließ (oder sinngemäß als Seelgerät auffaßte)[292].

Für die Baugeschichte des Domes bleibt festzuhalten, daß sowohl aus äußeren Gründen – undatierte Fassungen – als auch aus inneren Gründen – mangelnde Beziehung beider Testamente aufeinander – eine Schlußfolgerung aus den Testamenten auf den Dombau nicht möglich ist.

Mit dem nun zeitlich folgenden Dokument – der 1225 erfolgten Übertragung der Bamberger Lehen in der Ortenau an Kaiser Friedrich II. gegen Zahlung von Viertausend Mark Silber an Bischof Ekbert – ist erstmals ein quellenmäßig gesicherter und unumstößlicher Hinweis auf den Neubau des Domes gegeben. In der Urkunde, die der Kaiser in Alife ausgestellt, wird der gesamte Sachverhalt samt Zahlungsmodus ausführlich dargelegt: »Notum fieri volumus ... quod cum ... Ekkebertus ... feodum ecclesie sue in Mortenowe ... nobis et dilecto filio nostro ... concesserit et donaverit in rectum et legitimum feodum ..., nos pro ipsius feodi susceptione et recognitione convenimus quatuor milia marcarum argenti ei et ecclesie sue in subscriptum modum et tenorem sine contradictione solvenda, de quibus apud Sanctum Germanum exolvi fecimus ei pre manibus ad opus et utilitatem ecclesie sue mille marcas argenti.

*IV. Die Quellen zur Baugeschichte des Ekbert-Domes*

In festo vero Pentecostes primo venturo, anni videlicet quartedecime Indictionis, tenemur exolvere sibi vel nuntio suo per manus predicti magistri et fratrum domus Teutonicorum mille marcas argenti. Quas, si eodem termino non persolverimus, mille marce prius solute, erunt ejusdem episcopi concessione ac donatione predicta minime valituris. Reliqua vero duo milia marcarum argenti convenimus vel sibi vel nuntio suo ad opus ecclesie suo, in alio videlicet futuro Pentecostes anni sequentis quintedecime Indictionis apud Nurinberc, per manus magistri et fratrum eiusdem domus Teotonicorum solvenda«[293]. Die entscheidende Formulierung »ad opus ecclesiae« ist hier durch den Gegensatz zu »ad utilitatem ecclesiae« unmittelbar auf das Bauunternehmen zu beziehen[294]. Dabei verdient u.E. die Tatsache, daß die Urkunde von 1225 sozusagen nur den Schlußstrich unter die Angelegenheit der Zähringischen Erbschaft zieht, stärkere Beachtung als bisher: der Heimfall der Lehen war bereits 1218 erfolgt. Auseinandersetzungen um die Neuvergabe (außer dem Kaiser meldeten die Grafen von Urach ihr Interesse an) werden aus der Zeit 1218/20 überliefert, scheinen aber im August 1220 zum Abschluß zugunsten der Vergabung an Kaiser Friedrich II. gekommen zu sein[295]. Das läßt doch darauf schließen, daß Ekbert bereits zu dieser Zeit mit der Zuwendung einer größeren Summe rechnen und die Planungen für seinen Dombau danach richten konnte. Tatsächlich ist die Summe als Äquivalent für die Lehnsübertragung ungewöhnlich groß, so daß sie fast den Charakter einer Schenkung oder Stiftung zugunsten des Dombaus gewinnt[296]. Die ratenweise Zahlung könnte ebenfalls für diese Deutung sprechen. Wie dem auch sei: der Betrag war groß genug, um damit die Baukosten weitgehend zu bestreiten.

Die für 1228 bezeugte Niedersetzung der Leiche Landgraf Ludwigs von Thüringen auf dem Weg von Brindisi nach Reinhardsbrunn im Dom fällt quellenmäßig nicht ins Gewicht: das konnte auch in einem in einzelnen Partien fertiggestellten Dombau geschehen, an dem andere Teile noch im Bau waren[297].

Aus dem folgenden Jahr datiert das einzige Quellenzeugnis, das zuverlässig ein Datum *und* eine fest umrissene Lokalisierung des Baufortschritts vereint – gewissermaßen ein Angelpunkt für die Baugeschichte des Doms, der für alle Vermutungen und erschlossenen Datierungen als feste Größe einzusetzen sein wird. In besiegelter Urkunde bezeugt im Jahre 1231 Bischof Ekbert, daß er am 15. August 1229 einen Altar im Dom geweiht habe:

»Anno ab incarnatione Domini millesimo ducentesimo vicesimo nono indict. tercia nos Echebertus Dei gracia Babenbergensis episcopus consecrauimus altare in monasterio s. Petri in dextra parte situm ad meridiem uersus capitolium in honore Domini nostri Jesu Christi et gloriosissime uirginis Marie... Vnde notum esse uolumus vniversitati fidelium tam future quam presenti, quod nos memoratum altare a nobis indignis in die assumptionis beate uirginis sollempniter dedicatum, ut frequentius in eo sacra missarum celebrentur sollempnia in laudem Domini et saluatoris nostri Jesu Christi et pro reuerentia gloriose sue genitricis titulo donationis legitime dotauimus duobus talentis Babenbergensis monete quolibet anno in vigilia s. Martini de theloneo sacerdoti ad sepedictum altare celebranti persoluendis... Vt igitur iugis nostri et dilecti in Christo fratris uidelicet Wortvvini magistri operis, qui tanquam homo deuotus et amator diuini cultus opem et opera impendit extructioni et consecrationi et dotationi altaris prelibati, memoria in euum habeatur in loco illo, rogamus, monemus et exhortamus in Domino Deo te Heinricum sacerdotem, cui primus beneficium huius altaris contulimus et omnes tuos in perpetuum successores...«[298].

Die genaue Ortsangabe läßt einen Zweifel nicht zu: es handelt sich um den Südflügel des westlichen Querhauses, genauer gesagt um einen Altar an der Ostwand von dessen Südjoch[299].

Die Urkunde hat 1967 von Reitzenstein eine ausführliche Interpretation erfahren[300], so daß hier nur die wesentlichsten Fakten kurz zusammengefaßt werden müssen: Bischof Ekbert bezeugt die Weihe, darüber hinaus die Dotation des Altares mit zwei Talenten Bamberger Münze, zahlbar dem am Altar zelebrierenden Priester alljährlich am Vorabend Martini. Ferner sichert Bischof Ekbert dem Altar alleinige Unterstellung unter die Jurisdiktion des Bischofs und Freiheit von allem Einspruchrecht anderer Dignitäre (genannt werden Probst, Dekan, Thesaurarius d.i. Custos, Subcustos, Kirchner und Glöckner). Gleiches gilt für den am Altar amtierenden Priester, auch er untersteht allein dem Bischof. Als Gegenleistung soll durch ihn das Gedächtnis des Bischofs, sowie des »magister operis« Wortwin ständig an diesem Altar gefeiert werden.

Die ausdrückliche Hervorhebung der Beteiligung des »Magister operis« Wortwin an der exstructio des Altares sichert seine Eigenschaft als Werkmeister, Baumeister hinlänglich[301]. Er muß aber – auch das hat Reitzenstein herausgestellt – mehr gewesen sein als ein einfacher Werkmeister; der Wortwahl »opem et opera« entspricht die »exstructio, consecratio et dotatio altaris«, es ist also einmal auf die ausübende Tätigkeit am Werk, zum anderen auf die Bestiftung des Altares mit materiellen Mitteln abgehoben. Die Persönlichkeit Wortwins bleibt jedoch im Dunkeln. Er bezeugt als »frater Wortwinus« zwar im Jahre 1231 eine Urkunde des Domdekans Krafto über die Schenkung der Diener Wigger und Heinrich an das Domkapitel, wird aber sonst nirgends erwähnt[302]. Die Hypothese Reitzensteins, es sei der Wortwinus des Jahres 1231 als »magister operis« das Haupt der in Bamberg arbeitenden Ebracher Bauhütte gewesen, scheint zunächst bestechend[303]. Aber abgesehen von der nach den baugeschichtlichen Untersuchungen in Frage gestellten Existenz einer solchen Ebracher Hütte um die fragliche Zeit in Bamberg, muß auch offen bleiben, ob der Name Wortwinus im Bamberger Gebiet tatsächlich so selten ist, wie Reitzenstein annimmt. Er kommt zwar in Bamberger Urkunden nicht vor, läßt sich aber gleich dreimal im Nekrolog des Klosters Michelsberg (1120/80 mit späteren Nachträgen) ermitteln[304]. Der erste Namensträger stammt eindeutig aus dem Würzburger Bereich (Kloster Schwarzach), der zweite macht als Laie eine Schenkung an das Kloster, wobei seine Herkunft nicht bezeichnet ist, die Herkunft des dritten ist mit »monachus Uraugiae« als Kloster Aura eindeutig festgelegt, er stammt also aus dem Bamberger Bereich. Identität mit dem »magister operis« von 1231 ist sicher bei keinem gegeben, diese Belege sollen nur deutlich machen, daß diese Fragen noch keine abschließende Klärung gefunden haben. Die Bezeichnung »frater« sollte nicht von vornherein dazu führen, in dem »magister operis Wortwinus« einen Laienbruder einer klösterlichen Gemeinschaft sehen zu wollen. Er wird – auch die Bezeichnung als »dilectus in Christo frater« in der zitierten Urkunde Ekberts legt es nahe – Mitglied einer Gebetsbruderschaft, vermutlich der des Bamberger Doms, gewesen sein[305], seinem Stand nach aber ein Laie.

Die einigermaßen auffällige Betonung des alleinigen bischöflichen Jurisdiktionsrechtes über den neugeweihten Altar darf nicht dazu verleiten, aus ihr auf tiefgreifende und grundsätzliche Meinungsverschiedenheiten zwischen Bischof und Kapitel schließen zu wollen und daraus wiederum Rückschlüsse auf stärkere Beteiligung des Kapitels am Dombau zu ziehen. Aus Bamberg sind für den hier in

Betracht kommenden Zeitraum sichtbare und systematische Versuche der Dignitäre des Domkapitels, ihre Rechtsbefugnisse auf Kosten des Bischofs zu erweitern, noch nicht nachzuweisen[306]. Das verwundert kaum, war doch der Dompropst als enger Verwandter Bischof Ekberts der Hausmacht der Andechs-Meranier zu stark verbunden, um eine gezielte Opposition zuzulassen. Das schließt nicht aus, daß während langer Abwesenheit des Bischofs im Reichsdienst – sie ist gerade für die Jahre 1225/28 anhand des Itinerars zu belegen[307] – selbstherrliche Akte des Kapitels vorgekommen sind, die eine entsprechende Reaktion des Bischofs nach sich zogen. Aber die Zeit, da das Kapitel sich als zweite Macht neben dem Bischof etablierte, war für Bamberg noch nicht gekommen. Die erste Bischofswahl, bei der das Kapitel allein wahlberechtigt war, erfolgte 1248, die vita communis löste sich etwa um die gleiche Zeit auf, die erste nachweisbare Wahlkapitulation eines Bischofs ist von 1328 bezeugt[308].

Für den Dombau läßt sich aus der Weihenachricht und der Dotationsurkunde nur das an Fakten festhalten, was sie tatsächlich aussagt: daß im Querhaus ein Altar geweiht wurde, an dessen exstructio ein Wortwinus als »magister operis« maßgeblich beteiligt war. Immerhin läßt sich damit der Baufortschritt für das Jahr 1229 einigermaßen fixieren: als der Altar konsekriert wurde (August 1229) dürfte der Südflügel des Querhauses unter Dach gewesen sein. 1231 wurde der Altar dediziert. Bis dahin waren also wohl auch die Gewölbe eingezogen. Ist diese Überlegung richtig, dann dürfte 1231 das Mauerwerk aller Teile des Querhauses vollendet gewesen sein. Jedenfalls war aber 1231 der Südflügel des Querhauses soweit hergestellt, daß der Gottesdienst am Altar aufgenommen werden konnte, denn eben dies besagt die von Ekbert ausgestellte Urkunde[309]. Auch alle an das Querhaus angrenzenden Teile, die Ostwände der Westtürme und die südliche Stirnwand des Querhauses – gleichzeitig die Nordwand des capitoliums – müssen dann zumindest in Teilen 1229 schon gestanden haben.

Im Jahre 1231 stand aber auch schon der Westchor. Das beweist eine Urkunde von 1231, in der Dompropst Poppo zu seinem und seines Vaters Seelenheil das von ihm gegründete Dorf S. Kunigund (Oberkonnersreuth) bei Bayreuth dem hl. Georg und der hl. Kunigunde schenkt:

»...nouerit tam presentium quam futurorum universitas, quod ego Boppo maioris ecclesie Babenbergensis prepositus..., nouam uillam, in confinio ciuitatis Beirruth sitam, cui ipse nomen uilla S. Chunegundis indidi,...beato Georio et beate Chunegundi liberaliter contradidi... Actum publice in choro sancti Petri. Anno dominice incarnationis M.°CC°.XXX°I°. Indictione quarta«[310].

Die genaue Bezeichnung des Vollzugsortes läßt einen Zweifel nicht zu; es handelt sich um den Westchor, der also bereits einen geweihten Altar gehabt haben muß, auf dem die Schenkung vollzogen werden konnte. Das setzt nicht notwendig die Wölbung voraus, wohl aber die Emporführung der Umfassungsmauern und vermutlich auch des Chordaches.

Die Bedenken gegen die hier dokumentierte Benutzbarkeit des Westchores rund sechs Jahre vor der Schlußweihe – die besiegelte Urkunde trägt keine Tagesbezeichnung – müssen angesichts der Aussage der Quelle zurücktreten[311]. Die Vermutung von Arnold, »sancti Petri« stehe hier für den Dom schlechthin, es handele sich also wohl um den zu dieser Zeit sicher vollendeten und einzig benutzbaren Georgenchor, läßt sich mit dem Befund der Quelle nicht vereinen[312]. Die Bezeichnung des Chores ist stets mit dem Namen des Patrons zur Kennzeichnung verbunden, oder es heißt – 1219 – unmißverständlich »in choro Babenbergensi maiori«[313]. Ob die Schenkung an den Kapitelspatron Georg auf dem Peterschor auf eine vorübergehende Unbenutzbarkeit des Ostchors schließen läßt, ist nicht zu entscheiden[314].

Für das nun folgende Jahr 1232 setzt Reitzenstein als Quelle die in Reate ausgestellte Bulle Papst Gregors IX. ein; sie wird 1235 in ganz ähnlicher Weise wiederholt[315]. Beide Bullen gelten der Forschung bisher als Ablaßbullen zugunsten des Dombaus, die eine mit zwanzig Tagen, die andere mit vierzig Tagen Ablaß. Das entspricht aber nicht den Tatsachen. Es wird nämlich damit in den Text der Bullen etwas hineingelesen, was in ihnen gar nicht steht. Der Wortlaut macht das mit aller Deutlichkeit klar:

»Gregorius episcopus seruus servorum Dei... Cum igitur venerabilis frater noster Bambembergensis episcopus ecclesiam Bambembergensem que occulto Dei iudicio fuerat ignis incendio concremata, non sine magnis laboribus et expensis rehedificatam de nouo dedicare proponat, vniuersitatem uestram rogamus monemus attentius et hortamur, in remissionen uobis peccaminum iniungentes, quatinus ad dedicationem ipsius ecclesie deuotius accedatis. Nos enim... omnibus in festo dedicationis uel eius anniuersario ad eandem ecclesiam annis singulis accedentibus vigenti dies de iniuncta sibi penitentia misericorditer relaxamus[316].«

Hier ist zwar der Hinweis darauf ausgesprochen, daß Ekbert den unter großen Mühen und Kosten neu errichteten Dom, der nach dem unerforschlichen Ratschluß Gottes durch Feuer zerstört wurde, wiederum zu weihen gedenke, aber damit ist die Beziehung zum Dombau erschöpft. Der Ablaß wird verheißen für den Besuch des Doms am Fest der Kirchweihe (Dedicatio) oder an deren Jahrestag. Der Bulle von 1235 fehlt jener Bezug auf den Neubau, im übrigen aber schließt sie sich eng an die Bulle von 1232 an. In keiner von beiden wird aber zu Spenden für den Dombau aufgerufen und dafür ein Ablaß verheißen! Aus zahlreichen Parallelen läßt sich jedoch einwandfrei belegen, daß in entsprechenden Situationen zu Spenden für den Bau aufgerufen wird, teils mit formelhaften Wendungen, mitunter differenziert mit der Angabe der Teile des Baues, für den Spenden erbeten werden[317]. So ruft Bischof Hermann von Würzburg 1237 die Gläubigen seiner Diözese zu Spenden für den Dombau auf: »...Cum edificia cathedralis ecclesie nostre, matris vestre, sint adeo vetustate collapsa, quod ad reparacionem eorum subventione fidelium necessarium habeant, exhortamur... et monemus et in remissionem peccaminum vobis iniungimus, quatenus de bonis vobis a deo collatis elemosinarum vestrarum largicione matri vestre iam dicte ecclesie subvenire curetis...[318]« In ähnlicher Weise wendet sich Bischof Withego von Meißen 1285 an seine Gläubigen: »qui suas in subsidium fabricae ibidem elemosynas fuerint elargiti«[319]. Und zwei Jahre später verheißen acht namentlich genannte Bischöfe einen Ablaß für den Bau der Meißener Domkirche denen, »qui ad ipsam ecclesiam... causa devotionis accesserint, vel eidem ecclesiae, ut opus fabricae saepe dictae con summari possit suis elemosynis manus porrexedint adiutricem«[320]. Die Zeugnisse lassen sich beliebig vermehren. Immer ist außer dem Kirchenbesuch an bestimmten Hochfesten zu Opfern für den Kirchenbau aufgerufen, diese Spenden sind die conditio sine qua non für die Ablaßgewinnung. Die Bamberger Privilegien erwähnen dagegen nur den Kirchenbesuch am Tage der Weihe oder an ihrem Jahrestage. Mithin liest man entschieden zuviel in die Bullen hinein, wenn man sie direkt mit der Mittelbeschaffung für den Dombau in Verbindung bringen will. Sie bezeugen sogenannte »Devotionsablässe«, von denen jede bedeutendere Kirche eine ganze Anzahl – vom Papst oder Bischof verliehen – ihr eigen nannte, vornehmlich für die Jahrestage der Weihe und die Feste der Kirchenpatrone[321]. Sie zogen einen gewissen Zufluß materieller Mittel nach sich, aber im Verhältnis zu den für Bauaufwendungen nötigen Summen dürften solche freiwilligen Spenden der Kirchenbesucher kaum ins Gewicht gefallen sein.

Eine andere Beziehung zum Dombau fällt bei der Bulle von 1232 jedoch für den Baufortschritt erheblich mehr ins Gewicht: der Hinweis auf die bevorstehende Weihe. Selbst wenn man einmal unterstellt, daß Ekbert bei seinem Ansuchen um den päpstlichen Ablaß den Stand der Dinge absichtlich ein wenig übertreibt, wird man davon ausgehen müssen, daß 1232 der Abschluß der Bauarbeiten bereits abgesehen werden konnte. Dabei darf man damit rechnen, daß die Weihe am gleichen Tage – am 6. Mai – stattfinden sollte, wie seinerzeit im Jahre 1012 die Weihe des Heinrichsdomes. Es war üblich, am Kirchweihtag festzuhalten – auch aus praktischen Erwägungen[322]. Und dem so konservativen Bauherrn Ekbert, der sogar die Grundform des Heinrichsdomes ganz unzeitgemäß in den seinen hinüberretten wollte, wird man kaum zutrauen können, daß er den Kirchweihtag ohne Not verlegte. Warum sich die 1232 doch offensichtlich in absehbarer Zeit – 1232 oder 1233 – bevorstehende Weihe noch verzögerte und sogar so weit verzögerte, daß Ekbert 1235 einen erneuten Ablaßbrief vom Papst erbitten konnte – diesmal nur allgemein gefaßt, ohne Hinweis auf den Neubau und für alle diejenigen bestimmt, die »annuatim in die dedicationis eiusdem ecclesie« den Dom besuchen[323] – läßt sich aus dem Text nicht entnehmen.

Ekberts Engagement im Reichsdienst war allerdings gerade in den Jahren 1232/37 so groß, daß er kaum Zeit fand, sich in Bamberg aufzuhalten[324]. Vielleicht ist das auch die Erklärung für die befremdliche Tatsache, daß er bei der 1237 endlich stattfindenden Schlußweihe nicht zugegen war: ein nochmaliger Aufschub mochte sich verbieten. Vielleicht aber war auch Ekbert damals schon so krank, daß er sich die Reise von Wien nach Bamberg nicht mehr zumuten konnte; sein kurz darauf erfolgter Tod könnte diese Vermutung stützen. Wie dem auch gewesen sein mag, es ist nach dem Text der Quellen nicht auszuschließen, daß zunächst die Weihe schon für 1232 oder 1233 geplant war, der Bau aber doch noch nicht weit genug gefördert war, um die feierliche Schlußweihe vorzunehmen, selbst wenn sie keineswegs einen in allen Teilen fertigen Bau voraussetzte.

Über die Weihe am 6. Mai 1237 durch die Bischöfe von Eichstätt, Würzburg, Naumburg und Merseburg berichtet lediglich eine kurze Notiz in den Annales Erphesfordenses: »Anno domini M.CC.XXX.VII... Hoc anno priedie nonas maii in Babinberc dedicatum est monasterium ab his episcopis: Erbipolense Eystatense Nawenburgense Merseburgense, domino papa ibidem magnam facientе indulgentiam«[325]. Die singuläre Überlieferung berechtigt nicht, an der Zuverlässigkeit der Nachricht zu zweifeln, zumal sich die Bischöfe von Würzburg und Naumburg zur fraglichen Zeit in Bamberg nachweisen lassen[326]. Auch die Halberstädter Domweihe von 1220 ist lediglich in einer einzigen zeitgenössischen Quelle überliefert[327].

Bezüglich des Bauzustandes besagt freilich die Nachricht über die Schlußweihe ebensowenig wie die Zeugnisse der Jahre 1232/35. Nicht einmal indirekt läßt sich aus ihr etwas erschließen, weil zwar die für den Vollzug der Weihe liturgisch wesentlichen Teile des Doms – beide Chöre, Mittel- und Seitenschiffe einschließlich des Querhauses – vollendet gewesen sein müssen, aber der Abschluß des gesamten Bauprogramms nicht unbedingt erforderlich war. Und über die Fortschritte dieser liturgisch wichtigen Teile gaben ja bereits die Quellen der Jahre 1229/31 eindeutige Hinweise.

Die zeitlich jüngste Quelle, aus der über den Bamberger Dombau etwas zu entnehmen ist, datiert aus dem Jahre 1274. Es handelt sich um ein Rundschreiben des Bischofs Konrad von Freising, in dem dieser für einen Zeitraum von fünf Jahren Almosensammler der Bamberger Kirche (»nuncii ipsius ecclesie«) an die Dekane seiner Diözese empfiehlt, damit sie »pro restauratione cathedralis ecclesie Babenbergensis, que in diversis suis partibus ruinam, nisi ei succurratur celerius vndique comminatur« von den Gläubigen der Freisinger Diözese Spenden erbitten können[328]. Nur ungern wird man diese Nachricht über den schlechten Zustand des Domes als Zweckübertreibung zur Beschaffung von Mitteln – etwa zur Abtragung von Schuldenlasten – in der fernen Diözese abtun. Seit der Schlußweihe waren immerhin siebenunddreißig Jahre vergangen. Es wäre also durchaus denkbar, daß das Dach bereits wieder hätte repariert werden müssen, und daß schon Folgeschäden – eines schadhaften Daches wegen – eingetreten waren. Möglich wäre natürlich auch, daß man sich zu spät um Schäden am Bau und ihre Beseitigung kümmerte, weil Kriegsunruhen, Teuerung und Schuldenlasten im Gefolge des Meranischen Erbfolgestreites jahrzehntelang das Bistum schüttelten, nachdem 1218 das Geschlecht der Andechs-Meranier ausgestorben war[329]. 1274 waren offenbar die Kassen des Domstifts leer und der Dom mußte schleunigst repariert werden, so daß man sich um Hilfe an benachbarte Diözesen wandte[330]. Bezeichnend genug, daß Bischof Konrad von Freising wohl nicht einmal übertrieb, wenn er präzise darauf hinwies, daß verschiedene Teile der Kirche einzustürzen drohten, wenn man nicht zu Hilfe komme.

Versuchen wir eine Zusammenfassung der Aussagen, so stellt sich folgendes heraus: die schriftlichen Quellen, die unmittelbar und eindeutig auf den Dombau Ekberts zu beziehen sind, fließen spärlich. Bis zum Jahre 1225 sagen sie nichts aus, was für einen Baubeginn oder dessen Verlauf in Anspruch zu nehmen ist. Das liturgische Leben im Dom nahm offenbar ungestört seinen Fortgang. 1217 ist eine Schenkung auf den Georgenaltar bezeugt, 1219 eine Synode im Hauptchor, 1225 eine größere Geldbewilligung durch den Kaiser unter ausdrücklichem Bezug auf den Dombau, 1229 schließlich die Weihe des Marienaltars im Südarm des Querhauses durch Bischof Ekbert. 1231 ist die Benutzbarkeit des Westchors und des Südarms des Querhauses bezeugt, 1232 wird der erneuerte und wohl bald fertige Dom in einer Ablaßurkunde durch den Papst erwähnt, 1237 schließlich erfolgt die Schlußweihe in Abwesenheit des Bischofs.

Die Nennungen des Domes in Quellen bis einschließlich 1219 könnten sich auf den nach dem Brande von 1185 wiederhergestellten und benutzbar gemachten Heinrichsdom beziehen – hier würden sich die Nachrichten über Bauvorhaben Bischof Ottos II. und Bischof Tiemos zwanglos einfügen lassen –, sie schließen aber auch einen in vollem Gang befindlichen neuen Dombau nicht gänzlich aus. Zumal dann nicht, wenn man von der Voraussetzung ausgeht, daß der Heinrichsdom in einzelnen Teilen immer benutzbar blieb und erst nach und nach mit dem fortschreitenden Neubau, der ihn umstellte, niedergelegt wurde. Die Nennungen der Jahre 1217 und 1219 werden hier mit einbezogen, nachdem die bisher eingeführte Datierungshilfe der Testamente Gundelohs und Kraftos endgültig eliminiert und damit der erschlossene terminus quem für den Baubeginn des Bamberger Doms hinfällig wurde. Auf absolut verläßliche Daten ist aus den Quellen erst mit den Jahren 1225 und 1229 zu bauen.

Der Historiker wird angesichts dieser Situation versuchen dürfen, historische Quellen in weiterem Umfang in seine Betrachtung einzubeziehen und zu prüfen, wie weit von der Persönlichkeit des Bauherrn und maßgeblichen Förderers Bischof Ekbert Rückschlüsse auf den Bau zu ziehen sind. Die primäre Beteiligung des Bischofs ist unumstritten. Quellenmäßig sichert sie ein unanfechtbares Zeugnis, nämlich die Einbeziehung Ekberts in die »Missa sollemnis pro fundatoribus ecclesiae«, deren liturgische Feier im Dom alljährlich am Tag nach dem Heinrichsfest begangen wurde. Bischof Ekbert wird dabei den Domstiftern Heinrich und Kunigunde zur Seite gestellt[331]. Daß schon bei seiner Wahl im Jahre 1203 vom Kapitel in der Wahlanzeige an den Papst die Notlage der Bamberger Kirche ins Feld geführt wurde, um den Papst für einen Kandidaten zu gewinnen, der das kanonische Alter von dreißig Jahren noch nicht erreicht hatte, wird man hingegen nicht überbewerten können und es schon gar nicht als Beweis für einen gezielten Neubauplan ins Feld führen dürfen. Die Formulierung der Wahlanzeige bleibt im Bereich des bei solchen Gelegenheiten hergebrachten Schemas: »Causas electionis allegabant, quod per electi industriam et potentiam ipsa ecclesia posset relevari et suscipere tam in spiritualibus, quam in temporalibus incrementum, quum iam bona eius per maleficia plurimorum, qui diabolo instigante in bona ecclesiae non cessant debachhari, data essent in direptionem et praedam«[332]. Ekbert war einerseits Kandidat des Staufen Philipp, andererseits Repräsentant des einflußreichsten weltlichen Machtträgers in Oberfranken, des Hauses Andechs-Meranien. Das Kapitel beugte sich diesen Notwendigkeiten und versuchte in der Wahlanzeige, seinerseits nun dem Papst diese Notwendigkeiten sozusagen schmackhaft zu machen – mehr wird man den Sätzen der Wahlanzeige schwerlich entnehmen dürfen.

Die Rolle, die Ekbert von Andechs-Meranien während seiner Regierungszeit von 1203–1237 in der Reichspolitik spielte, ist hinlänglich bekannt, es würde zu weit gehen, hier Einzelheiten zu erörtern[333]. Dagegen veranschaulicht der Versuch, aus den Beurkundungen Ekberts ein Itinerar für seine gesamte Regierungszeit zu erarbeiten, in aller Klarheit, wo und wann Ekberts Aktivitäten im Reichsdienst zu belegen sind und wie sie sich gegebenenfalls in die bisher bekannten Zusammenhänge des Dombaus einfügen lassen. Solche Zusammenstellung ist zwangsläufig nicht lückenlos, es werden sich hier und da noch Ergänzungen finden lassen[334]. Aber sie vermittelt konkret eine Anschauung von der Realität dieser Tätigkeit eines hohen kirchlichen Würdenträgers im Rahmen staufischer Reichspolitik und ermöglicht von daher Rückschlüsse auf Initiativen im heimischen Bistum und deren zeitliche Eingrenzung.

*Itinerar Bischof Ekberts von Bamberg*

| | | | | | |
|---|---|---|---|---|---|
| 1203 | vor März 4 Bamberg | | August Aufbruch zum Kreuzzug | 1232 | Jan. 6 Reate |
| | Sept. 27 Osterhofen/Kärnten | 1218 | Mai Bamberg | | Febr. Ravenna |
| | Dez. 22 Rom | 1219 | vor Juli 13 Bamberg (Synode) | | März Friaul |
| | Dez. 24 Anagni | 1220 | April 7 und 26 Frankfurt | | April Venedig |
| 1205 | Mai 23 Nürnberg | | Mai Frankfurt | | Mai Aquileja, Cividale, Udine, Prodenone |
| 1206 | Juni Nürnberg | | Juni Worms | 1233 | Febr./März Gefangenschaft in Kärnten |
| | Kärnten (unterbrochene Romreise) | | Juli 27 bis Aug. 7 Augsburg | | Mai 1 Wien |
| | Nov. Ungarn | | Sept. Regensburg | | Sept. 6 Steyer |
| 1207 | April Kloster Langheim | | Ungarn (?) | | Sept. Feldzug gegen Böhmen mit |
| | Mai 25 Passau | 1221 | Regensburg | | Friedrich d. Streitbaren? |
| | Juni 15 Kärnten | 1223 | April Kärnten | 1234 | Febr. 1 Frankfurt |
| | Juli 17 Kärnten | | Juli Würzburg | | März Kaiserslautern |
| | Aug. 3 Worms | | Nov. Eger | | Mai 1 Stadlau bei Wien |
| | Aug. 8 Würzburg | 1224 | Frühjahr Kärnten | | Juli Altenburg |
| | Nov. 2 Nürnberg | | Aug. 1 Passau | | Juli 14 Eger |
| 1208 | Febr. Straßburg | 1225 | März Palermo | | Aug. 30 Nürnberg |
| | Juni 21/22 Bamberg | | Juli S. Germano | | Okt./Nov. Italien (Foggia, Perugia) |
| | Flucht nach Ungarn | | Aug. Alife | 1235 | Jan. Italien (Perugia?) |
| | Achterklärung | | Nov./Dez. Nürnberg | | Mai Neumarkt in Steyer |
| 1209 | Okt. 4 Rom | 1226 | April Parma | | Juni Nürnberg |
| 1211 | Jan. 13 Bamberg | 1227 | Mai Palermo | | Juni Wimpfen (?) |
| | Okt. Bamberg (?) | | Juli Gravina | | Juli Gengenbach |
| 1212 | Mai Nürnberg | | Aug. Melfi | | Juli Worms |
| | Mai Lösung von der Acht | | Nov. Graz | | Aug. Mainz |
| | Dez. 3 Kärnten | | Dez. Italien (Rom?) | | Aug. Augsburg |
| 1213 | vor Dez. 30 Bamberg | | Dez. Ravenna | | Nov./Dez. Italien |
| 1215 | Mai 20 Würzburg | 1228 | März Venedig | 1236 | Jan./Febr. Italien (?) |
| | Juli 25 Aachen | | Mai 14 Straubing | | April Kärnten |
| | Sept. Würzburg | | Aug. Ulm, Eßlingen | | Mai 1 Marburg |
| | Nov. Rom | | Sept. Ungarn (?) | | Mai 1 Wetzlar |
| | Nov. Rückreise Kärnten | 1229 | Aug. 15 Bamberg | | Juni Donauwörth |
| 1216 | Jan. Wolfsberg/Kärnten | 1230 | Jan. 28/März 8 Boppard | | Juli Augsburg |
| | Bamberg | | Juni Nürnberg | | Juli Steiermark |
| | Nov. Kärnten | | Aug. 19 Schmalkalden | | Okt. 2 Salzburg |
| | Dez. Nürnberg | 1231 | vor Dez 22 Bamberg | | Dez. Graz |
| 1217 | Jan. Nürnberg | | Dez. Ravenna | 1237 | Jan. Wien |
| | Juli 11 Bamberg | | | | Juni 5 Tod in Wien |

Bereits anhand der ersten Daten läßt sich erkennen, daß die bisher häufig ausgesprochene Vermutung, vor der Ermordung König Philipps im Jahre 1208 und dem sich anschließenden Exil Ekberts sei der Beginn des Dombaus kaum anzusetzen, viel Wahrscheinlichkeit für sich hat. Zwar sind die Jahre 1204/05 schlecht belegt, aber man wird ohne Bedenken für die ersten Monate des Jahres 1204 die Heimreise von Rom über die bambergischen Besitzungen in Kärnten ansetzen dürfen und auch im Auge behalten müssen, daß die Orientierung in der Reichspolitik, mit anderen Worten: der entschiedene Anschluß an die staufische Partei, der Ekbert bereits im Jahre 1206 die Maßregelung durch den Papst und den Entzug des eben erst verliehenen Palliums eintrug[335], seine Kräfte band. 1206/07 sind eine in Kärnten unterbrochene Romreise zur Rechtfertigung und Wiedererlangung des Palliums, ein Aufenthalt in Ungarn zur Taufe eines Neffen[336] und im Sommer 1207 bis ins Jahr 1208 hinein fast ständige Anwesenheit im Gefolge des Königs belegt[337]. In die Mitte des Jahres 1208 fällt der Königsmord in Bamberg, der Ekberts Flucht nach Ungarn nach sich zog, durch die er den Folgen der Achterklärung zunächst zu entgehen suchte. Zwar vermochte er es alsbald, sich von dem Verdacht der Mitwisserschaft oder gar Mittäterschaft zu reinigen, erlangte auch schon 1209 in Rom die Wiedereinsetzung in sein Bistum[338], aber die Lösung von der Reichsacht durch den Welfen Otto IV. erreichte er erst im Mai 1212[339]. Das erscheint in dem hier betrachteten Zusammenhang deswegen von Bedeutung, weil eine der wesentlichsten Folgen der Acht – neben der Friedloslegung – vermögensrechtlicher Natur war: Ekbert verfügte nicht über seinen Besitz, der vielmehr straflos von Feinden und Neidern beschlagnahmt werden konnte, solange er nicht von der Acht gelöst war[340]. Ein Baubeginn zu dieser Zeit darf also schon aus finanziellen Gründen als fraglich angesehen werden.

Für die Jahre 1212/1216 ist – mit einer Ausnahme: die Romreise zum 4. Laterankonzil – keine weiterreichende oder mehrmonatige Reise Ekberts bezeugt; erst der August 1217 führt ihn auf den – 1215 gelobten – Kreuzzug, von dem er im Frühjahr 1218 bereits zurückkehrt[341]. Ab 1220 ist er wieder meist im Gefolge Friedrichs II. nachzuweisen und intensiv mit Angelegenheiten des Reiches – auch im Zusammenhang der Auseinandersetzung Friedrichs II. mit seinem Sohn Heinrich (VII.) – befaßt. In dieser Zeit hielt der Reichsdienst Ekbert monate-, ja jahrelang von seinem Bistum fern. Die Angaben des Itinerars sprechen im Grunde für sich und bedürfen keiner näheren Erläuterung.

Vergleicht man nun einmal die aus den Schriftquellen gewonnenen Erkenntnisse mit dem Itinerar Ekberts, so fällt sofort auf, daß die erste Nennung einer Domörtlichkeit nach längerer zeitlicher Pause – die Schenkung auf den Georgenaltar im Jahre 1217[342] – zusammentrifft mit dem Ende einer ausgedehnteren stabilitas loci Bischof Ekberts im Bereich seines Bistums. Einen Beleg dafür bietet nicht allein das – vielleicht noch lückenhafte – Itinerar Ekberts, sondern noch deutlicher spricht diese stabilitas loci und die mit ihr verbundene Aktivität Ekberts im engeren Bereich des Bistums Bamberg aus den bischöflichen Urkunden, die im Zusammenhang einer spezifisch hilfswissenschaftlichen Arbeit erschlossen wurden und daher auch für unseren Zusammenhang leicht zu befragen sind[343]. Von den insgesamt 33 Urkunden, die Bischof Ekbert im Laufe seiner Regierungszeit von 1203–1237 für die geistlichen Institutionen seiner Bischofsstadt ausstellte (einschließlich Kloster Langheim), entfallen allein dreizehn – mehr als ein Drittel! – auf die kurze Zeitspanne von 1213 bis 1217, den Zeitraum also, in dem sich Ekbert nach der Befreiung von dem Verdacht der Mitwisserschaft an der Ermordung König Philipps und vor dem verstärkten Engagement im Reichsdienst stärker den Belangen seines Bistums widmen konnte als zu anderen Zeiten. Beschlossen wird diese Urkundenreihe durch eine umfangreiche Jahrtagsstiftung an das Kloster Michelsberg für Ekbert selbst, seinen Vater und seine Schwester, die verstorbene Königin Gertrud von Ungarn. Die Datierung nimmt dabei ausdrücklich Bezug auf den bevorstehenden Zug nach Jerusalem[344]. Man wird kaum in diese Urkunde zu viel hineinlegen, wenn man sie mit dem Aufbruch zum Kreuzzug in unmittelbaren Zusammenhang bringt: Bischof Ekbert bestellte sein Haus für den Fall, daß er vom Kreuzzug nicht mehr zurückkehrte.

Nach all diesem liegt der Schluß nahe – wenn nicht zwingende Argumente dagegen sprechen –, daß der Dombau zu dieser Zeit aus dem Stadium der Planung und des ersten Baubeginns bereits herausgeführt war. Dann könnte die Beurkundung des Jahres 1217 durchaus auf dem neuen Georgenchor stattgefunden haben. Bei einem Baubeginn im Laufe des Jahres 1213 oder 1214 – zu denken wäre hier als terminus ante quem non an die Überführung der Leiche König Philipps aus Bamberg nach Speyer[345] – könnte 1217 der Ostchor weit genug gefördert sein, um die Aufstellung eines Altars und dessen Weihe zuzulassen[346].

Diese Überlegungen können keine zwingenden Schlüsse begründen, sie sollen nur darauf hinweisen, daß bei einer Berücksichtigung der persönlichen Situation des Bauherrn die Wahrscheinlichkeit mehr für einen Baubeginn in den ersten Jahren des zweiten Jahrzehnts des 13. Jahrhunderts spricht als für dessen Ende. Für den Bauverlauf lassen die schriftlichen Quellen die Aussage zu, daß der Dombau seinen entscheidenden Anstoß erst im Jahre 1225 durch die großzügige Bewilligung kaiserlicher Geldmittel erhielt, die so reichlich bemessen waren, daß Bischof Ekbert in der Lage war, auf Indulgenzbriefe für seinen Dombau – seien es bischöfliche oder päpstliche – ganz zu verzichten. Das ist – vergleichen wir andere Bauten ähnlicher Größenordnung aus dieser Zeit – nicht eben häufig[347]. Die extrem kurze Bauzeit – wie immer man den Baubeginn fixiert – mag hier mit ihre Erklärung finden: die finanziellen Mittel flossen reichlich und zuverlässig genug, um das zügige Voranschreiten des Werkes zu sichern.

# V. DIE STEINMETZZEICHEN

## 1. VORAUSSETZUNGEN

*Zum Stand der Forschung* kann nach den Untersuchungen Wolfgang Wiemers in Ebrach mit dem zusammenfassenden Nachwort Karl Oettingers nichts Neues hinzugefügt werden[348]. Exemplarisch ist dort durchgeführt, was Karl Friederich[349] schon 1932 gefordert hatte: die planmäßige Bestandsaufnahme sämtlicher gezeichneten Steine an einem Bau. Um so erstaunlicher ist es, daß dabei nahezu alle Vermutungen Friederichs bestätigt werden konnten[350]. Da die bisherigen Erkenntnisse bei Wiemer und mit ausführlichem kritischen Literaturapparat auch bei Binding[351] zuverlässig referiert sind, kann hier auf eine eingehende Darstellung verzichtet werden.

Trotz intensiver Bemühungen ist es bis heute nicht gelungen, den Zweck des Steinmetzzeichens im 12. und 13. Jh. stichhaltig zu ermitteln. Alle Überlegungen, die sich daran knüpfen, tragen somit notwendig stärker hypothetischen Charakter als andere Gebiete der Baugeschichtsforschung. Bei dem Mangel an schriftlichen Quellen haben sie dennoch ein außerordentliches Gewicht als Zeugnis beinahe vom Range einer Urkunde. Ist es auch kaum möglich, ausschließlich auf Grund der Zeichen einen Bauverlauf zu ermitteln, so wird man doch keine Baugeschichte gegen die Aussage der Zeichen schreiben können. Nur die außerordentlichen Schwierigkeiten und der Zeitaufwand, die mit ihrer Aufnahme verbunden sind, erklären, warum trotz Wiemers Beispiel noch immer gegen diese Erkenntnis verstoßen wird[352].

Das 19. Jahrhundert war dem Ende der Tradition im 18. Jh., Steine zu markieren[353], noch nahe genug, um intuitiv zu erfassen, daß im Steinmetzzeichen die Spur des Persönlichen, der »Meisterhand«, an dem von vielen, dem Ganzen untergeordneten Individuen ausgeführten Bauwerk verborgen ist. Bestätigt fand man sich durch die Kenntnis von Zunftordnungen des 16. Jh.[354], von denen ausgehend man unbedenklich den Schluß auf frühere Gewohnheiten vollzog. So nimmt es nicht Wunder, daß wir bis beinahe zur Gegenwart einer reichen Literatur zu dem Thema gegenüberstehen, deren Anliegen das individuelle Zeichen und sein Vorkommen an verschiedenen Bauten ist[355].

Seit langem hat sich in der Forschung die Meinung durchgesetzt, daß die Zeichen ursprünglich mit der Lohnabrechnung in Zusammenhang stehen, zumal im Gegensatz zur späteren Entwicklung bei ihrem Aufkommen im 12. und 13. Jh. vornehmlich nur glatte Großquader gezeichnet wurden. Anscheinend tritt die nachprüfbare Leistung in den Vordergrund gegenüber einer Pauschalentlohnung der Arbeitskraft[356]. Allgemein ist diese Annahme immer mit einem Anwachsen der Bedeutung des Individuums in Verbindung gebracht worden, eine Erscheinung, die dem Historiker als charakteristisches Merkmal der Epoche auf allen Gebieten begegnet. Friederich hat zudem auf das Entstehen der Geldwirtschaft verwiesen[357], die den Steinmetzen aus der Ortsgebundenheit löste und seine Mobilität ermöglichte. Da Steinmetzzeichen schon in der Antike gebräuchlich waren[358], scheint verlockend, ihr Aufleben im 12. Jh., wo sie zunächst im Süden am häufigsten[359] sind, mit allgemeinen Strömungen des späten 12. und vor allem des 13. Jhs. in Verbindung zu bringen: dem erneuten, intensiven Bemühen, an die Tradition der römischen Antike anzuknüpfen bzw. diese zu beleben, das in vielen Lebensbereichen festzustellen ist, in der Legitimation politischer Herrschaft (vor allem in Italien, aber auch bei den Staufern), in Philosophie und Literatur, in der Aufnahme des römischen Rechts in Oberitalien und nicht zuletzt in der Architektur und den bildenden Künsten verschiedener Zentren (Maasland, bestimmte Strömungen der frühen Gotik, Provence, Oberitalien, Toskana, Süditalien). Bei der in diesem Rahmen bescheidenen Detailfrage der Steinmetzzeichen muß es dabei höchst fraglich erscheinen, ob ein direktes und bewußtes Anknüpfen vorliegt oder eine sich aus ähnlichen Verhältnissen[360] ergebende Parallelerscheinung. Hier wäre auch zu prüfen, ob die Berührung mit den im Orient bewahrten Traditionen der Antike – sei es in Byzanz[361] oder in den arabisch besetzten Gebieten – durch die Kreuzzüge eine Rolle spielt. Immerhin sind auch im islamischen Bereich bei Großquaderbauten – etwa bei den Festungen im Heiligen Land[362] – Zeichen üblich gewesen, ohne daß hier die Frage der zeitlichen Priorität beantwortet werden könnte[363].

Akzeptiert man die These, das Steinmetzzeichen sei aus einem leistungsbezogenen Abrechnungssystem hervorgegangen, so wird man nach Erklärungen suchen müssen, warum bei weitem nicht alle Quader gezeichnet wurden. Auswechslungen und Verwitterung haben sicher zahlreiche Zeichen gelöscht, dennoch gibt es unbeschädigt erhaltene Flächen, die nur wenige Exemplare aufweisen. Auch bei dichter Abfolge bleiben einige Quader immer unbezeichnet. Bei Wiemer finden sich darüber exakt ausgezählte, statistische Angaben für die einzelnen Ebracher Bauteile[364]. Auch wenn sie auf Ablehnung gestoßen ist, wird man die aus noch im 19. Jh. gebräuchlichen Verfahren abgeleitete These Friederichs berücksichtigen müssen, daß auf dem Stapelplatz der Hütte nur der oberste Stein oder die oberste Schicht eines Quaderstapels bezeichnet wurden[365], der von einem Steinmetzen an einem Tag, vielleicht sogar in einer Woche gefertigt worden war. Doch reicht das alleine wohl nicht aus. Man wird an andere Bezeichnungsarten – Kreide, Schiefer, Kohle – denken können. Bei den Klosterbauten der Hirsauischen Reform und der Zisterzienser ist zudem immer an eine Mitwirkung von Konversen gedacht worden[366], die nicht entlohnt wurden, doch dürfte dies nur in wenigen Ausnahmefällen zutreffen, zumal für Steinmetzen eine Ausbildung im Handwerksbereich notwendig war, andererseits ein Konverse nicht zeitlebens als Steinmetz im Klosterbereich Arbeit fand. Wiemer weist ihnen mit Recht die Rolle von Bauhilfsarbeitern zu. Es scheint somit auch gewagt, von den »Zisterziensern« als von einer Art feststehender Bauorganisation zu sprechen, wie es in der kunstgeschichtlichen Literatur generell üblich geworden ist[367]. Immerhin könnte uns dies auf eine richtige Spur führen: ungezeichnete Steine stammen vielleicht zum Teil von Handwerkern, die nicht in einem freien Lohnverhältnis zum Auftraggeber standen, sondern auf Grund ihrer rechtlichen Stellung zum Dienst verpflichtet waren. Für die Spanndienste der Bauern als auch für einen Teil der Hilfskräfte gilt das als selbstverständlich. Für Bauten oder Bauteile ohne oder mit nur wenigen Zeichen wird man auch mit anderen Abrechnungssystemen argumentieren können. Vielleicht läßt sich aber die Regel aufstellen, daß man bei dichter Zeichenfolge mit einem großen Prozentsatz auswärtiger, nicht in die örtlichen sozialen, wirtschaftlichen und rechtlichen Verhältnisse inkorporierter Kräfte zu rechnen hat, die in ein freies Lohnsystem eintraten. Allgemein wird man für das frühe 13. Jh. im Reichsgebiet, von wenigen Ausnahmen abgesehen, nicht so straff organisierte Hütten vermuten dürfen[368], wie etwa in Frankreich und England, wo sie für die komplizierten Kathedralneubauten notwendige Voraussetzung waren, wie aus der später parallelen Entwicklung auch im Reichsgebiet ersichtlich wird.

Nur in Ausnahmefällen dürften Zeichen beim Versetzen verdeckt worden sein, weil sie sich selten auf den Lager- oder Stoßflächen befinden. Diese sind in der Regel aus Sparsamkeit rauh, teilweise roh gespitzt, belassen und daher zur Aufnahme von Zeichen ungeeignet[369]. Ausnahmen sind bei besonders sorgfältig bearbeiteten Werkstücken denkbar und auch nachgewiesen[370]. Wenn in Bamberg Kapitelle und kompliziertere Werkstücke gezeichnet sind, dann wie die Quader auch auf der Sichtfläche.

Von der allgemeinen Regel ausgenommen sind Versatzmarken, die anfangs offenbar eng mit den Steinmetzzeichen zusammenhingen. Hinsichtlich der verwendeten Typen besteht auch später oft kein Unterschied zwischen Steinmetzzeichen und Setzmarken[371]. Ob die anfängliche Trennung zwischen Maurern (cementarii) und Steinmetzen (lapicidae), die jedoch ihre Quader selbst versetzten, für die Geschichte der Steinmetzzeichen von Bedeutung ist, wurde bisher nicht untersucht[372].

Trägt ein Stein zwei Zeichen, so hat man sich mit dem Hinweis beholfen, daß zwei Mann nacheinander daran gearbeitet hätten. Natürlich gilt dies dann auch für den ganzen Abrechnungszeitraum[373]. Da es in Bamberg Werkstücke gibt, die bis zu vier Zeichen tragen (Krypta, Gewölbe), reicht diese Deutung wohl nicht aus. Auch das häufige Auftreten von Zeichen an Blattkonsolen, Gesimsen, Kämpferprofilen, Rippensteinen, sogar an einem Kapitell in Bamberg zwingt dazu, die bisherige Beobachtung zu modifizieren, fast nur glatte Quader würden gezeichnet, da dort Verwechslungen möglich gewesen seien.

*Die baugeschichtliche Bedeutung* der Steinmetzzeichen ist vornehmlich durch die Untersuchungen Wiemers bewiesen worden, trotz ihres noch nicht geklärten Zweckes. Demnach ist die einzelne Fundstelle ohne Beweiskraft. Auch das einzelne Zeichen kann nicht herangezogen werden, um die Beziehung zweier Bauten zu erweisen. Hier liegt das Hindernis in den frühen Zeichentypen, die nur eine sehr beschränkte Variationsbreite aufweisen: wenige Buchstaben, einfache, geometrische Formen, vereinfachte Werkzeugdarstellungen usw.[374]. Friederich, Oettinger (für Niederösterreich), Binding und eigene Beobachtungen (Oberrhein) verweisen immer wieder darauf, daß im 12. und 13. Jh. stets die gleichen Grundformen wiederkehren, von wenigen Ausnahmen abgesehen. Daraus ergibt sich zwangsläufig auch, daß man mit Zeichen nicht datieren kann, zumal sich manche Formen fünfzig Jahre und länger in wörtlicher Übereinstimmung erhalten[375].

Für die relative Chronologie der Abfolge einzelner Bauteile innerhalb desselben Baues können dagegen wertvolle Aufschlüsse gewonnen werden. Hier kann man die kaum zu widerlegende These als Ausgang wählen, daß ein bestimmtes Zeichen in einer bestimmten »handschriftlichen« Ausformung nur von ein und demselben Mann benutzt worden ist und dies in Teilen des Baues, die eine gleichzeitige oder in kurzer zeitlicher Folge gegebene Entstehung nahelegen. Voraussetzung ist dann, daß alle Fundstellen möglichst lückenlos kartiert und anschließend in einer Tabelle graphisch dargestellt werden[376]. Es liegt dann der Schluß nahe, daß alle Bauteile, die die gleichen Zeichengruppierungen aufweisen, zeitlich zusammengehören. Je klarer die Abgrenzung der Gruppen gegeneinander ist, um so eindeutiger ist die Aussage.

In der Regel wird sich ein kontinuierlicher Wechsel der Zeichen ergeben, worin sich die Fluktuation im Hüttenpersonal abzeichnet. Über längere Perioden anwesende Kräfte verunklaren das Bild, ebenso wie der immer wieder bestätigte Fall, daß ein Zeichen nacheinander von verschiedenen Händen benutzt wurde. Hier ist eine Scheidung nur möglich, wenn das Zeichen in längeren Abschnitten nicht auftritt und zudem der Unterschied in der »Handschrift« gegeben ist[377]. Außerdem müssen selbstverständlich alle übrigen Befunde herangezogen werden, wie Bearbeitungs- und Versatztechnik, Abschnittsfugen, Formenwechsel usw. Auch zeichenlose Partien erhalten – genau eingegrenzt – auf diese Weise ihre Bedeutung im Ablauf. Unter Berücksichtigung aller Voraussetzungen vervollständigt die Auswertung der Zeichen das Bild des Bauverlaufs, ist häufig das ausschlaggebende Beweismittel und führt darüber hinaus oft zu neuen Erkenntnissen über den Baubetrieb jener Zeit, was schon bei Wiemer/Oettinger gezeigt wurde.

*Die Aufnahme der Steinmetzzeichen* stößt – wie schon angedeutet – in der praktischen Durchführung auf erhebliche Schwierigkeiten, die der Größe des Baues proportional sind. Sie kann nur zufriedenstellend erfolgen, wenn er vollständig eingerüstet ist, was jedoch fast nie gegeben ist. Scharfes Schlaglicht – in einigen Bereichen nie zu erzielen – läßt oft mehr als zwei Drittel schwach geritzter Zeichen in der rauhen Struktur der Oberfläche überhaupt erst sichtbar werden. Neben der Entdeckung aus der Ferne müßte möglichst die messende Kontrolle treten. Trotzdem wird bei verwitterten Flächen die Entscheidung oft offen bleiben müssen.

Genaue Kenntnis des entsprechenden Baues und die damit gegebene Kenntnis des Formenkanons seiner Zeichen dürfte eine weitere Voraussetzung der Kartierung sein. Wird das gleiche Zeichen nacheinander von verschiedenen Händen benutzt, und ist deren »handschriftlicher« Duktus nicht sehr verschieden voneinander, so entscheidet oft die Größe des Zeichens. Aber auch damit sind Unsicherheiten verbunden, weil sich die Größe eines Zeichens häufig nach der Größe der Quader richtet. Je lückenloser der Bestand erfaßt wird, um so geringer werden dabei die Fehlerquellen sein.

Ein erhebliches Manko bei der Aufnahme stellt die Tatsache dar, daß bis heute die Serie der Zeichen graphisch durch zeichnerische Umsetzung erfaßt werden muß. Da dies durch einfache Striche geschieht, geht der individuelle Duktus dabei mit Sicherheit verloren. Durch die Strichstärke kann man zwar Tiefe und Präzision der Einkerbung andeuten, aber auch nicht mehr. Die Flüchtigkeit der Zeichnung, die bei manchen Exemplaren zu spüren ist, kann eigentlich nicht dargestellt werden. Es wäre daher die Forderung zu erheben, daß jedes Zeichen in einem guten Beispiel im Streiflicht fotografiert und in einheitlichem, nachprüfbaren Maßstab reproduziert wird, was kaum zu realisieren ist[378]. Erst dann könnten die Zeichen mehrerer Bauten miteinander verglichen werden. Selbst wenn man die ältere Vermutung des individuellen »Meisterzeichens« für die frühere Zeit ablehnt und statt dessen betont, daß Zeichen von der Hütte vergeben wurden und nach dem Tode oder Weggang eines Mannes wieder »frei« waren, so gibt es doch einige sehr eigenwillige Formen, die an verwandten Bauten in Gesellschaft einer ganz bestimmten Gruppe wieder auftreten. Hier könnte sich doch ein ganzer Trupp verdungen haben, was solange schwer zu prüfen ist, als man nur Strichzeichnungen zweier Kartierer miteinander vergleichen muß. Das Verfahren der Kartierung und Auswertung wurde oben schon angedeutet, weil die Methode engstens mit der Möglichkeit verbunden ist, die Zeichen für die Aufhellung des baugeschichtlichen Ablaufs heranzuziehen. Es braucht nicht betont zu werden, daß die vollständige Inventarisation der Zeichen bei einem größeren Bau Monate in Anspruch nimmt – jeder Quader muß untersucht werden – und von Hilfsmitteln abhängig ist: starke Scheinwerfer und bei fehlendem Gerüst Fernrohre auf Stativ mit etwa 20- bis 60-facher Vergrößerung[379].

## 2. DIE INVENTARISATION DER BAMBERGER ZEICHEN

*Die Steinmetzzeichen des Bamberger Domes* erscheinen in der Forschung schon 1896 bei M. Pfister[380], dessen Beobachtungen jedoch im Hinblick auf Formen, Fundstellen und Verteilung unzuverlässig sind. Man kann die abgebildeten Zeichen daher nicht zur Ergänzung des heutigen, durch Auswechslungen von 1930 und 1956–1968 dezimierten Bestandes heranziehen. Für baugeschichtliche Zusammenhänge blieben die Zeichen bedeutungslos. W. Vöge korrigierte 1901[381] die Beobachtungen Pfisters vor allem für die Krypta und benutzt die Entdeckung eines Zeichens am Eva-Baldachin der Adamspforte als Ausgangspunkt zu Untersuchungen über diese Skulpturengruppe. Gerade dies kann – abgesehen von den noch heute gültigen, sicheren Erkenntnissen Vöges – als typisches Beispiel der Tendenz jener Zeit gelten, mit dem Zeichen der Persönlichkeit eines anonymen mittelalterlichen Künstlers näherzukommen. In der 2. Auflage verweist A. Weese[382] auf Beziehungen zu den Ebracher Zeichen, stützt sich dabei aber auf Hörensagen. W. Noack[383] genügt schon ihre Existenz, um diese Beziehung zu belegen. K. Friederich[384] zitiert die Zeichen der Zwerggalerie *(Fig. 109)* und interpretiert sie – vermutlich zu Recht – als Versatzmarken, allerdings mit falscher Wiedergabe der Formen.

E. Verheyen gebührt das Verdienst, 1961[385] die Zeichen erneut in die Diskussion eingeführt zu haben, wobei eine exakte Aufnahme des Bestandes und der Formen im Sinne Wiemers nicht beabsichtigt war. Leider blieben bei seinen Überlegungen zur Baugeschichte der Ostkrypta[386], in die auch die Zeichen einbezogen sind, die wichtigen Hinweise Vöges unberücksichtigt. Bei weiteren Arbeiten Verheyens über Bamberg[387] werden Steinmetzzeichen nicht oder nur kurz als Mittel zur Klärung der Baugeschichte herangezogen. Im Text Wiemers vorsichtig angedeutet und bei Oettinger klar ausgesprochen ist die Forderung, angesichts der Ergebnisse in Ebrach den Bamberger Dom in dieser Hinsicht zu untersuchen[388].

Bei der *Inventarisation* wurde weitgehend nach Wiemers Methode verfahren. Hierzu standen die Pläne der Meßbildanstalt zur Verfügung, in die – durch zahlreiche Skizzen ergänzt – alle beobachteten Zeichen nach Form und Fundstelle eingetragen wurden. Soweit erreichbar, wurden sie zudem maßstäblich gezeichnet, d.h. in Mittelwerten der gemessenen Extremmaße. Die erste Inventarisation erfolgte im verschmutzten Zustand vom Boden aus mit Streiflicht aus einem Scheinwerfer. Als Kontrolle wurde eine zweite Aufnahme anläßlich der Reinigung und vollständigen Einrüstung des Inneren 1972/73 durchgeführt. Bei Rippen und Gurten waren dabei die Bedingungen erheblich günstiger. Für die Wandflächen ergab sich jedoch das erstaunliche Resultat, daß schwach geritzte Zeichen vom Gerüst aus nur schwer wiederzufinden waren und ohne die erste Kartierung sicher übersehen worden wären. Beide Verfahren ergänzten sich also, wobei das letztere natürlich die sichere Kontrollmöglichkeit bot[389].

Auch die *graphische Darstellung (Fig. 110)* wurde nach Wiemers Vorbild vorgenommen. Allerdings wurde die Zeichenfolge komplett aufgeführt, um die Häufigkeit zu dokumentieren. Die Zeichengruppen wurden gegeneinander abgesetzt, um bei der Tabellengröße die Übersichtlichkeit zu erhalten. Die Abgrenzung wird dadurch eindeutiger, als sie bei der Überschneidung der einzelnen Zeichenfolgen am Bau selbst gegeben ist und trägt somit gewisse Züge einer subjektiven Beurteilung. Die vorurteilsfreie Befunddokumentation ist davon aber nicht beeinträchtigt und erschließt sich beim genaueren Zusehen mühelos.

Die Abfolge der Bauabschnitte mußte bei dem komplizierteren Baugefüge stärker differenziert werden als in Ebrach. Wiemer verfuhr dort beim Langhaus zu schematisch und berücksichtigte die Chronologie zu wenig. Im vorliegenden Fall wurde möglichst streng chronologisch verfahren, soweit sich der Vorgang nicht einer solchen Gliederung entzieht. Bauteile, die gleichzeitig entstanden, müssen dabei nacheinander aufgeführt werden und verfälschen so das Bild. Hier hätte nur ein sehr viel feineres Raster der Bauzergliederung helfen können mit der Folge größerer Unübersichtlichkeit. Die Hauptabschnitte, die sich aus den Gruppen ergeben, wurden eingerückt.

Mit der Aufstellung der chronologischen Abfolge geht der subjektive Faktor einer Beurteilung nun tatsächlich in die Aufstellung ein. In den wichtigsten Punkten wird sie mit anderen Beobachtungen zu begründen sein. Es bleiben genügend Fälle, die nicht eindeutig sind. Aber schon der Versuch einer Umstellung zeigt sehr rasch, daß das Grundsätzliche der Aussage nur geringfügig davon betroffen wird: die Nummer in der Zeichenfolge könnte sich ändern und der Platz in der Reihenfolge der Bauteile. Doch sind Umstellungen sehr enge Grenzen gezogen.

Im Gegensatz zu Wiemer entschied nicht die Chronologie in der Senkrechten ausschließlich über den Platz des Zeichens in der Horizontalen. Die längere Existenz bestimmter Zeichen legte es nahe, sie möglichst nahe an die folgende Gruppe heranzurücken, in der sie ja auch vertreten sind. Als Folge davon ist die obere Begrenzungslinie der Zeichenverteilung nicht »scharf« ausgeprägt, dafür klärt sich aber die untere Zone, und die Komplexe schließen sich insgesamt deutlicher zusammen. Begründet ist diese Anordnung durch die nicht mit Sicherheit zu begründende chronologische Aufgliederung vermutlich zeitgleicher Teile. Es läßt sich z. B. nicht eindeutig sagen, ob zunächst nur an der Ostseite der Ostkrypta gearbeitet wurde oder gleichzeitig auch an den Längswänden. Eine chronologische Gliederung verlangt hier aber eine eindeutige Entscheidung. Das Bild vom kontinuierlichen Anwachsen des Betriebes, das sich daraus ergibt, ist dann aber falsch: die Hütte bestand nicht nur aus den sieben Steinmetzen, deren Zeichen sich zufällig an der Ostwand finden, sondern sicher auch aus jenen, deren Signum man auf den ersten Jochen der Längswände finden kann. Mit großer Sicherheit kann man aber konstatieren, daß die Gewölbe nach den Wänden entstanden, und damit sind die Zeichen dort später. An diesem Beispiel kann man den Rahmen aufzeigen, in dem sich die Subjektivität der Anordnung bewegt.

## 3. FOLGE UND VERTEILUNG DER ZEICHEN AM DOM ZU BAMBERG

*Die Gruppe I* umfaßt die Zeichen 1–66 der Tabelle *(Fig. 104, 105, 110)*. Da es keinem Zweifel unterliegt, daß die Ostkrypta der älteste Teil des Neubaues im 13. Jh. ist, mußte dort auch die Inventarisation begonnen werden. In den 1973 freigelegten Quaderflächen fanden sich mehr Zeichen als zunächst vermutet, nachdem der stellenweise aufgebrachte Mörtelbewurf entfernt worden war, natürlich nur in den nicht beschädigten Jochen 2–5. Wichtig ist die Beobachtung, daß Zeichen in allen Schichten von unten bis oben und von Ost bis West vorkommen, einschließlich der Vorlagen an der Ostseite, die dort als einziges im ursprünglichen Zustand sind. Die Zeichen präsentieren sich ziemlich vollständig an den Wänden der Aufgänge in die Turmhallen. An den Schildbögen ist die Verteilung dichter als an den Quaderflächen; da beides aber sicherlich gleichzeitig entstand, wurde keine Trennung vorgenommen. Auffällig ist, daß an d 3 sowohl Halbsäulenschaft als auch Kapitell bezeichnet sind, was sonst nicht beobachtet wurde. Am Schildboden d 5–d 6 ist ein Keilstein mit drei Zeichen versehen. An der Westwand wurden keine Zeichen festgestellt.

Die Gurtbogen und Rippen sind vom 3. bis 5. Joch besonders dicht bezeichnet, wobei eine Konzentration auf einzelne Rippenäste innerhalb desselben Feldes auffällt. Zahlreiche Steine tragen zwei Zeichen, wobei mehrfach die gleiche Kombination auftritt. Selten erscheinen die Zeichen am Rippenwulst, fast immer dagegen an den Seiten der Bandunterlage. Bei den Gurten ist die Stirn meistens gezeichnet. Einige Zeichen, so Nr. 12, 18, 30, 35 *(Fig. 104)*, treten nur im Gewölbebereich oder an den Schildbogen auf; vielleicht waren diese Leute später hinzugekommen oder etwas mehr spezialisiert. Man kann wohl den Schluß ziehen – der nicht in der Tabelle sichtbar ist – daß die Krypta in den oberen Teilen in ganzer Länge und nicht abschnittsweise von Ost nach West angelegt wurde und der Aufbau schichtweise erfolgte, da oben neue Zeichen hinzukommen.

Die Identifikation der Zeichen ist nicht immer zweifelsfrei, vor allem nicht die Zusammenfassung. Grundsätzlich wurde sie weiter getrieben als bei Wiemer, da kleine Differenzen vor allem bei nebeneinander gebrauchten Zeichen auf die gleiche Hand weisen, weil sonst der Sinn einer eindeutig kenntlichen Marke aufgehoben wäre. Ein senkrecht geschriebenes N unterscheidet sich kaum vom schrägen, zumal Grundlinien fehlen. Hier spricht die Führung des Meißels mit.

Bei Nr. 2 A/B und 19 ist der Unterschied nicht klar. 19 scheint immer größer zu sein und dominiert später ausschließlich, so da man 2 B eher 2 A als 19 zurechnen möchte. Für 3 und 9 wurde als Kriterium des Unterschieds der gerade Querstrich, fehlender Oberstrich und die Form der Füße bei 3 angesehen. Ähnlich liegen die Dinge für 6 und 28 oder innerhalb von 21 A/B, 23 A/B/C, 25 A/B/C. Bei 12 ist die Spiegelbildlichkeit von A und B eindeutig, nicht jedoch, ob die flache Form mit der starken gebrochenen zusammengehört. Den Ausschlag gibt m. E. die Tatsache, daß es stets ein V ist, mal flacher, mal steiler, mit Aufstrich in einem flacheren Winkel. Die Mehrzahl der Zeichen ist erstaunlich groß, aber nur wenig tief eingehauen.

Die Zeichen 1–35 *(Fig. 104)* bilden den ersten *Abschnitt I A (Fig. 110)*, der durch die Ostkrypta bezeichnet ist. Mehr als die Hälfte der Zeichen ist außerhalb nicht wieder anzutreffen, was nur Abwanderung bedeuten kann. Einige weitere treten nur noch ganz vereinzelt auf, meistens an Punkten, die mit der Krypta in Verbindung stehen: die unteren Schichten, die Chorpfeiler, Turmhallen usw. Die Kontinuität wird durch etwa ein Drittel gewahrt, von denen einige wiederum gerade im folgenden Abschnitt I B eine führende Rolle spielen. Dieser Umstand erlaubt es nicht, zwischen I A und I B schärfer zu trennen, zumal ein Teil dieser wichtigen Zeichen von Anfang an in der Krypta beteiligt ist. Besonders hervorzuheben sind die Zeichen 19, 20, 23, 26, 28, die mit dem neuen I B im folgenden die »Hütte« bilden.

Der *Abschnitt I B (Fig. 110, 104, 105)* ist mit den Zeichen 36–52 zuerst am Untergeschoß der Apsis, den Turmhallen, den Seitenschiffsmauern bis in die Mitte des 3. Jochs und an den Pfeilern B 1/C 1 bis B 4/C 4 unten vertreten. Innerhalb der genannten Bauteile läßt sich mit den Zeichen keine Chronologie ermitteln, doch dürfte das Apsisuntergeschoß vorangehen, da erst am Apsisobergeschoß Zeichen vorkommen, die auch an den genannten Pfeilern vertreten sind. Außerdem sind hier die östlichen Teile der Schrankenmauern und der Unterbau des westlichen Teils zu nennen. Der Zusammenhang mit einigen Kryptenzeichen und den übrigen des Abschnitts I B ist völlig eindeutig.

Technisch ist es von Interesse, daß die gelben, geschliffenen Quader, die möglicherweise vorher vereinzelt auch glatt gefläch waren, die gleichen Zeichen tragen wie die grauweißen, eindeutig zahngeflächten. Das läßt darauf schließen, daß die Wahl des Werkzeugs vorwiegend vom Material bestimmt wurde.

Am Obergeschoß der Apsis begegnet in 66 *(Fig. 105)* fast wörtlich Nr. 1 wieder, das Verschwinden dazwischen dürfte aber auf eine neue Kraft hinweisen. Auch wenn hier schon Vorläufer des Abschnitts I C auftreten, ändert sich das Bild nicht wesentlich. Auffällig wenige Zeichen sind im ersten Halbjoch des Ostchores gegeben, doch beweisen die Zeichen in den benachbarten Aufgängen eindeutig die gleiche Zusammensetzung der Gruppe. Hierher gehören auch die Arkadenbögen und Gewölbe der zwei östlichen Seitenschiffsjoche in Nord und Süd.

Ein größerer Abschnitt in der vermutlich anschließenden Epoche ist fast ohne Zeichen. Es scheint sich da eine nicht recht faßbare Veränderung vollzogen zu haben, die aber noch nicht erlaubt, von einem

Wechsel zu sprechen. Hierzu gehört vor allem das 2. Halbjoch des Ostchores und der obere Teil des 1. Halbjoches bis fast unter den Gewölbescheitel, auf Nord- und Südseite; ebenso das 3. Obergeschoß der Osttürme, beim Nordostturm auch das 4. Obergeschoß und die Zwerggalerie der Ostapsis. Die dort an Kämpfern und Kapitellen vereinzelt angebrachten Zeichen sind sehr präzise und wollen in der Form nicht zu den anderen passen, so daß der Schluß naheliegt, es handle sich um Versatzmarken[390].

Der *Abschnitt I C (Fig. 110, 105)* mit der Zeichengruppe 53–66 ist am deutlichsten zu fassen am Unterbau des Ostgiebels und am obersten Teil der Außenwände des 1. Halbjochs, dort allerdings nur in einigen Schichten. Generell wird von diesen Steinmetzen nur die Glattfläche benutzt, das Steinmaterial ist grau-braun. Da in ihrer Gesellschaft vor allem an den Pfeilern B 4 und dem westlichen Teil der Schrankenmauern immer noch Zeichen von I A und I B vorkommen, müssen sie insgesamt der Gruppe I zugerechnet werden, auch wenn sie als Bindeglied zwischen den Gruppen I und II einen Übergang kennzeichnen. Bemerkenswert ist es, daß über einige Zeichen eine direkte Verbindung zu den Teilen der Krypta direkt darunter gegeben ist. Die Zeichen von I C im 4. Obergeschoß des Südostturms überraschen nicht, bilden aber eine Ausnahme der sonst so deutlich ausgeprägten Symmetrie der Verteilung auf Nord- und Südseite.

*Die Gruppe II (Fig. 110, 105–107)* umfaßt die Zeichen 67–139 und ist damit etwas größer als die vorangegangene. Besonders auffällig ist aber, daß ihr erster *Abschnitt II A (Fig. 110, 105, 106)* mehr als sechzig Zeichen von 67–128 umfaßt, von denen ein guter Teil gleichzeitig auftritt und daß sie mit einer überaus deutlichen Zäsur einsetzt. Der Katalog der Einzelformen ist sehr vielfältig mit den stärksten Gegensätzen, wobei Formen aus der ersten Gruppe kaum wiederkehren. Flüchtig geritzte Strichzeichnungen stehen neben scharf markierten, gut durchgebildeten Formen. Hier drängt sich die Frage auf, ob diese Zeichen aus einem einheitlichen Hüttenbestand »verliehen« oder doch aus den verschiedensten Gegenden »mitgebracht« worden sind[391]. Eine Reihe von Zeichen kommt besonders häufig vor, ist auffallend geformt und kann daher gut als eine Art »Leitzeichen« für den ganzen Abschnitt gelten. Allen voran ist es die Nr. 68, zu deren Gesellschaft aber auch 69, 70, 73, 78, 79, 100, 115, 116, 120, 121, 125 gehören, wovon Nr. 78 das originellste sein dürfte.

Die Zäsur, mit der *Abschnitt II A* einsetzt, bedeutet jedoch keine Bauunterbrechung. Der Personalbestand wechselt zwar fast vollständig mit zwei Ausnahmen, doch gibt es Zonen, wo Zeichen von I C und II A nebeneinander vorkommen, von einigen verschleppten oder sehr viel früher vorbereiteten Stücken abgesehen. Die ersten Zeichen von II A treten an dem Arkadenbogen C 3/4 auf, auch an den Schichten der Obergadenwand des 2. Ostchorjoches zwischen B 2 und B 4 bzw. C 2 und C 4. Sogar zwei Zeichen von I B sind hier noch anzutreffen: Nr. 43 und Nr. 45, letzteres sehr charakteristisch auf den Gurtbogenanfängern über B 4 und C 4 in den Seitenschiffen, was sie wohl als später versetzte, vorbereitete Stücke ausweist. Die Zeichen 65 und 66 sind nun gerade so allgemeine Formen und in der Handschrift so wenig differenziert, daß man nicht entscheiden kann, ob sie den gleichen Handwerkern angehören; aber auch ohne dies zu ermitteln, ist die Kontinuität praktisch nicht gegeben.

Nach der Übergangszone zu urteilen, vollendete man zunächst die Arkadenbögen etwa bis zum Gesims über B 4 und C 4, ehe man den Ausbau der Seitenschiffe fortsetzte. Hier ist nun der Beginn von II A überaus deutlich im 3. Joch von Osten innen und außen bei Nord- und Südwand gleichermaßen abzulesen. Der Material- und Bearbeitungsunterschied unterstreichen das noch, wohl bedingt dadurch, daß II A hier an den älteren Abschnitt I B anschließt. Eine gewisse Fluktuation der Kräfte ist im folgenden auch bei II A festzustellen, aber sie ist nur schwer erkennbar. Manche Zeichen sind streckenweise nur an der Innenwand einer Mauer vertreten oder kommen nur auf der Südseite vor. Eine weitgehende Vorausfertigung in der Hütte scheint üblich zu sein, da manche Zeichen in ihrem Erscheinen durch Zonen getrennt sind, wo sie fehlen, die im technischen Aufbau andererseits nicht anders anzusetzen sind. Ist die Zeichenidentität eindeutig zu belegen, so kann das nur Vorausfertigung bedeuten. Hier könnte der Versatz erst nach Weggang des Steinmetzen erfolgen und die Genauigkeit der Chronologie nicht ganz sicher sein. Bei Berücksichtigung dieser Umstände kann man doch etwa folgendes Bild zeichnen:

Die nördliche Seitenschiffsmauer entsteht ziemlich in einem Zug bis zum 8. Joch von Osten. Der Vorbau des Fürstenportals als auch die entsprechende Innenfläche gehören dazu, vermutlich sogar an den Anfang – was ja naheliegt. Der gleiche Abschnitt der südlichen Seitenschiffsmauer wird mit Unterbrechung durch eine Abschnittsfuge im 6. Joch errichtet, die auch die Ablösung einiger Zeichen mit sich bringt. Westlich treten die Zeichen 115, 121, 122 neu auf, doch besagt das nichts; denn da die Seitenschiffsmauern dem Bauverlauf vorauseilen, kann der neue Mann längst an anderen Teilen gearbeitet haben, ehe man die Seitenschiffsmauern erneut in Angriff nimmt – ein ähnlicher Fall wie im 3. Joch. Eindeutig ist jedoch, daß die Zeichendichte im 4. und 5. Joch besonders groß ist und dann – auch auf der Nordseite – spürbar nachläßt.

Für das Nordseitenschiff ist innen besonders auffällig, was sonst auch vereinzelt festzustellen ist, daß Zeichen nachträglich in oft bizarrer Weise verändert und ergänzt wurden. Da der Bau im 17. und 18. Jh. geschlämmt war, kann dies eigentlich nur auf das 19. Jh. zurückgehen. Will man hierin nicht nur Unverständnis sehen, so könnte ein gewisses Interesse an den Zeichen daraus abzuleiten sein, was ja bei Rupprecht[392] belegt ist. Ein Schabernack der Handwerker gegenüber dem sorgfältigen Restaurator ist nicht auszuschließen. Manche Zeichen sind trotzdem erkennbar, andere zur Unkenntlichkeit verändert, oft unter Einbeziehung der Hiebspuren des Flächbeils.

Parallel dazu werden die Pfeiler B 5–B 8 und C 5–C 8 errichtet, in der Abfolge von Ost nach West, aber ohne genauer fixierbare chronologische Abschnitte. Offenbar besteht dabei kein Unterschied zwischen den Hauptpfeilern B 6/B 8 bzw. C 6/C 8 und den dazwischen liegenden Nebenpfeilern. Die Einwölbung der Seitenschiffsjoche scheint unmittelbar im Anschluß an die Errichtung der betreffenden Arkaden erfolgt zu sein.

Beim Obergaden lassen sich die Abschnitte an einigen Fugen erkennen, die zwar immer eine leichte Veränderung des Hüttenpersonals bezeichnen, aber nie so eindeutig, daß hier von den Zeichen her Eingrenzungen möglich sind. Der Obergaden des 2. Chorjochs, oberhalb der Übergangszone von I B zu II A, weist eine Reihe von Zeichen auf, die sonst nicht wiederkehren. Dieser Abschnitt umfaßt die Arkade B 4/B 5 bzw. C 4/C 5 und reicht oben östlich bis vor das 1. Mittelschiff-Fenster, das außen das 3. von Osten ist. Damit ist das östliche Drittel des ersten Mittelschiffsjoches errichtet.

Wo die nächste Abschnittsfuge liegt, ist unklar. Vermutlich verläuft sie längs der Gewölbevorlagen B 6 und C 6 und oben am Gewände des ersten vermauerten Fensters. Ablesbar ist das nicht. Die

Gewölbevorlagen gehören eindeutig zu den anschließenden Quaderflächen. Da die Nordwand des 2. Mittelschiffsjochs von der Orgel verdeckt ist, wird eine Abschnittsfuge nur bei der Südwand im unteren Teil über C7 sichtbar. Eine einschneidende Veränderung bedeutet sie ebenfalls nicht. Auch außen zeichnet sich keine Veränderung ab. Die Gewölbevorlagen über B 8 und C 8 gehören bis oberhalb des Gesimses sicher noch zu II A, ebenso wie das Gewölbe über dem 2. Joch des Ostchores.

Ganz ähnlich wie am Ende der Gruppe I zeichnet sich auch bei der Gruppe II ein Übergangsabschnitt II B *(Fig. 110, 106, 107)* ab. Ihn der Gruppe II zuzurechnen, scheint berechtigt; da die Verbindungen zu II A enger als zu III A sind, kommen seine wichtigsten Zeichen Nr. 119, 120, 127 doch schon bei II A vor. Die übrigen Zeichen von II A verschwinden fast völlig. Zeichen 131 hat wieder die gleiche Grundform wie 66 und 1, ist aber größer, derber und flüchtiger und stammt darum wohl von einer anderen Hand.

*Abschnitt II B (Fig. 110, 107)* mit den Zeichen 129–139 setzt mit deutlicher Fuge im 8. Joch von Osten der Seitenschiffe ein, umfaßt die Pfeiler B 9 und C 9 sowie die Vierungspfeiler B 10 und C 10. Am Obergaden ist er deutlich innen und außen erkennbar für das ganze 3. Mittelschiffsjoch, also ab Gewölbevorlagen über B 8 und C 8 bzw. ab dem 2. vermauerten Fenster von Osten. Um die Einwölbung der letzten beiden Seitenschiffsjoche vornehmen zu können, wurden die Durchgänge zum Querhaus mit angelegt und die damit zusammenhängenden Teile der Querhausostwände. Im Südquerarm umfaßt dieser Abschnitt den gesamten Unterteil der Ostwand einschließlich Südostecke, oben gegen die Vierung zurücktreppend, im Nordquerarm endet dieser Teil vor der Nordostecke.

So klar sich der Abschnitt II B durch anderes Material, rauhere und gröbere Bearbeitung fassen läßt, so unklar ist der Vorgang innerhalb des Bereichs. Die Zahl der Zeichen, aber auch ihre Dichte nimmt spürbar ab und konzentriert sich hauptsächlich auf die Südseite, vor allem den Winkel zwischen Langhaus – 9. Seitenschiffsjoch – und Südquerarm. Die Hauptzeichen von dort kehren auf der Nordseite entweder gar nicht oder nur vereinzelt wieder. Man möchte daraus den Schluß ableiten, daß die Südseite – Seitenschiff und Obergaden – vor der Nordseite entstanden ist. An den Pfeilern und Arkaden tauchen vereinzelt große Zeichen auf, die grob sind und in der Grundform an manche der Gruppe I A und I B erinnern, so 132, 133, 134, 135 und vor allem 136, was sich mit anderen Eigenheiten decken würde. Ob das Zeichen 139 mit dem der Abschnitte III A und III B *(Fig. 110, 107, 108)* identisch ist, muß offen bleiben, da es nicht gemessen werden konnte. Das gleiche gilt für 129 und 148, die identisch sein könnten. Allerdings scheint 129 gröber, größer und weniger gebogen zu sein. Da aber wiederum von 148 auch größere Formen bekannt sind, muß die Entscheidung offen bleiben.

*Die Gruppe III (Fig. 110)* mit den Zeichen 140–178 *(Fig. 107, 108)* ist nun wieder sehr viel kleiner und dabei noch auf wenige Hauptzeichen beschränkt. Ihr Einsatz ist auch bei weitem nicht so markant wie bei der Gruppe II. Sie beginnt mit dem kleinen *Abschnitt III A (Fig. 107)* aus den Zeichen 140–145 bestehend, der einen lockeren Übergang herstellt, durchweg schon begleitet von den Zeichen von III B. Die Sonderstellung ergibt sich aber aus dem sehr beschränkten Verbreitungsbereich, jedoch an Bauteilen, die III zuzuschreiben sind. Argumente aus dem architektonischen Formenschatz sprechen mehr für als gegen diese Aufteilung.

Es scheint keinem Zweifel zu unterliegen, daß der Südquerarm mit den untersten Schichten seiner West- und Südwand in der Ausführung folgte. Mit der Westwand im Zusammenhang entstand das Untergeschoß des Südwestturms und damit auch die untere, heute verdeckte, glatte Zone der Südwand des Westchores – ein Musterbuch des Zeichenabschnitts III A. Die Kontinuität zur Gruppe II würde durch Nr. 128, 139 (?) und vielleicht auch 129 alias 148 gewahrt, wenn die Identität nachgewiesen werden könnte, die in der Tabelle für 139 zwischen beiden Abschnitten angenommen ist, für 129 bzw. 148 aber abgelehnt wurde. In den nächst folgenden Schichten dieses südwestlichen Komplexes dominieren die ersten Hauptzeichen des Abschnitts III B, um dann aber fast gänzlich zu verschwinden. Zu den fast zeichenlosen Bereichen gehören beim Südwestturm das Unter- und 1. Obergeschoß, naturgemäß damit auch die Mittelbereiche der Südwand des Westchores und der Westwand des Südquerarms, ebenso auch die Mittelzone von dessen Südfassade. Zeichen 120 geht hier auf einen verschleppten Quader zurück.

Während die unteren Schichten der Westapsis nach Norden geführt werden, muß schon an den Fundamenten und Sockelgeschossen des Nordwestkomplexes gearbeitet worden sein; Nordostturm, Schatzkammer, Westchor-Nordwand und Nordquerarm-Westwand. Hier treten nun Zeichen des Abschnitts III A mit einigen Zeichen gemischt auf, die nur hier vorkommen. Andererseits ist das Zeichen 139 besonders häufig vertreten, das – die Identität vorausgesetzt – die obere Zone der Nordwand des 3. Mittelschiffsjochs mitgeprägt hatte. Das könnte zu einer Erweiterung der schon geäußerten Vermutung führen: diese Obergadenwand sei nicht nur später als die südliche, sondern sie entstand, als schon an den unteren Bereichen des Südwestkomplexes gearbeitet wurde durch III A. Eine Trennung der Kräfte für die jeweilige Aufgabe kann dies mühelos erklären; sie treten erst auf der gegenüberliegenden Seite des Nordquerarms unten zusammen.

Der *Abschnitt III B (Fig. 110)* mit Nr. 146–178 *(Fig. 107, 108)* umfaßt auch die nur im Sockel- bzw. Untergeschoß des Nordwestturms auftretenden Zeichen. Insgesamt ist die Verteilung sehr uneinheitlich. Während sie auf der Nordseite verhältnismäßig gleichförmig, ja sogar dicht ist, bleibt sie im Süden auf einzelne Zonen beschränkt. Sie beginnt dort im 1. Geschoß des Südwestturms erneut mit dem Ansatz der Treppenspindel. Es folgen das 2. Geschoß mit der oberen Zone der Westwand des Südquerarms, Südfassade mit Rose und oberer Ostwand, bei der nur der Fensterbogen gezeichnet ist. Nr. 146 ist dabei dominant, aber auch 139 kommt in der Westwand ganz oben vor. Die Wölbung dürfte sich angeschlossen haben. Unterdessen muß die Westapsis die Fensterzone und deren Bögen oben erreicht gehabt haben. Wieder stößt man auf 139, womit die stufenweise nach Norden abfallende Höhe der Bauausführung dokumentiert wäre. An den nördlichen oberen Teilen der Apsis trifft man auch bereits das charaktervolle Zeichen 168 *(Fig. 108)*, mit dem auch Konsolen des Nordquerarms bezeichnet sind. Es fehlt auf der Südseite ganz und kann auf der Nordseite als »Leitzeichen« dienen. Demnach hatte der Nordwestturm das 1. Obergeschoß erreicht, der Nordquerarm war rundum auf gleicher Höhe gediehen, d. h. etwa bis zur Unterkante der Rose.

Die Ostwand des Nordquerarms trägt die Zeichen III B bis oben, ebenso die Nordwand mit Ausnahme des Giebels. Der Nordwestturm erreicht hingegen nur das 2. Obergeschoß bis etwa zur halben Höhe. Mit gleichem Niveau schließen auch Westapsis, Westchor und Westwand des Nordquerarms ab. Im Westchor sind damit schon die Rippen der Wölbung in den unteren Schichten angelegt, die Nr. 168 tragen. Die oberen Zonen der genannten Bauteile sind wieder fast ohne Zeichen, ebenso der Nord- und Westgiebel. Nur die Unterteile des 3. Obergeschosses im Nordwestturm zeigen Nr. 172 und weisen damit schon auf Gruppe IV. Die Rippen des Westchores sind zudem durch Nr. 162 bezeichnet, das auch vereinzelt im oberen Teil des 2. Obergeschosses des Nordwestturms zu finden ist, praktisch also in unmittelbarer Nachbarschaft.

Erstaunlich dicht sind die Rippen des Nordquerarmes gezeichnet, die damit auch in den Bereich von III B gehören, ebenso wie das Vierungsgewölbe. Es ergibt sich bei ersterem die Frage, ob an den Rippen in der Hütte bereits frühzeitig gearbeitet wurde, als der zeichenlose oberste Teil der Westwand noch nicht stand – doch begibt man sich mit einer solchen Vermutung zu leicht auf den Boden der Spekulation. Der östliche Vierungsbogen und die Gewölbe der drei Mittelschiffsjoche gehören auch zu den Arbeiten von III B, an den Rippen tritt mehrmals Nr. 146 *(Fig. 107)* auf, womit man geneigt wäre, sie zeitlich parallel zu den Oberteilen des Südquerarms anzusetzen. Da das Zeichen nur an den gebogenen Flächen der Wulste zu beobachten war, fiel eine leichte Formveränderung auf: in seinen Winkeln war es durch die gerade Schneide des Meißels weniger tief eingeschlagen als in der Seitenmitte; dennoch ist die Identifikation eindeutig. Bei Nr. 148 *(Fig. 107)* ist diese Sicherheit nicht gegeben: das S an den Rippen war nie so stark zugebogen wie es sonst für das Zeichen charakteristisch ist. Stellt man die Krümmung der Rippenfläche in Rechnung, so könnte allerdings der Analogieschluß zu Nr. 146 naheliegen.

Ebenfalls nicht eindeutig innerhalb von Abschnitt III B sind die Zeichen der Obergeschosse der Osttürme, besonders der Stützen des 4. und des 5. Obergeschosses des Nordostturmes *(Fig. 110)*. Es scheint eindeutig, daß Nr. 159 dort nicht mit 146 identisch ist, weil das Dreieck nicht gleichschenklig und häufig oben nicht geschlossen ist, was bei 146 nie vorkommt. Weniger klar ist der Fall bei Nr. 148, wo Identität vermutet wird. Je nachdem, worauf man im Anschluß besonderen Wert legt, wird man diesen Komplex bei den Oberteilen des Südquerarms oder bei den Gewölben des Nordquerarms ansiedeln können. Die besonders charakteristischen Zeichen Nr. 175, 176, 177 *(Fig. 108)*, die dort das Bild prägen, kommen am Bau sonst nicht wieder vor. Es liegt der Eindruck nahe, daß hier ein geschlossener Bautrupp für eine ganz begrenzte Aufgabe eingesetzt wurde. Die in der Tabelle angenommene Übereinstimmung der unter den Nummern 148, 155, 158, 160 *(Fig. 107)* zusammengefaßten Zeichen wäre dann nur durch die allgemeine Form, nicht durch Identität gegeben. Da diese »Spezialisierung« für Nr. 175–177 *(Fig. 108)* nachweisbar ist, begegnen wir wieder dem Phänomen, das schon bei Abschnitt III A und den Zeichen im Unter- und 1. Geschoß des Nordwestturmes auffiel: gewisse Baukomplexe werden von geschlossenen Steinmetzgruppen ausgeführt. An die Stelle der großen, übergeordneten Hüttenorganisation treten beinahe selbständige Einzelgruppen, deren Verbindung untereinander nur locker ist. Vielleicht lassen sich so auch manche Ungereimtheiten der Baugeschichte und Formengeschichte begreifen – nicht zuletzt bei den Bildhauern. Die Beobachtungen von W. Haas in Speyer am Bau II scheinen sich wieder einmal für den über hundertzwanzig Jahre späteren Bamberger Bau zu bestätigen[393]. Selbst an den größeren Bauteilen wie etwa dem Nordquerarm haben höchstens sieben bis acht Mann gearbeitet, häufig jedoch nur fünf. Um so auffälliger ist die große Zahl der Zeichen am Anfang von Abschnitt II A.

*Die Gruppe IV (Fig. 110)* mit den Zeichen Nr. 179–209 *(Fig. 108, 109)* läßt sich klar auf die Obergeschosse der Westtürme festlegen, ohne Verbindung zu III B. Das deckt sich mit allen bisherigen formalen Beobachtungen. Die Gruppe ist aber ausschließlich auf die Türme beschränkt, und zwar im Südwesten auf die Obergeschosse vier bis sechs, im Nordwesten auf die Obergeschosse drei bis sechs. Die Zeichen unterscheiden sich im Charakter von den übrigen durch Tiefe und Breite der Kerbung, die ihnen einen massiven, blockartigen Duktus geben. In den Typen freilich ist ein auffälliges Anknüpfen an den Kanon des Abschnitts II B nicht zu übersehen. Hier wird nun die anderenorts immer wieder gemachte Beobachtung bestätigt, daß der gleiche Zeichentyp an demselben Bau nacheinander von verschiedenen Leuten benutzt werden kann. Wegen der starken Verwitterung und den dadurch bedingten Auswechslungen sind zahlreiche Zeichen der Westtürme verloren, auch wenn in einer besonders sorgfältigen Phase der Restaurierung Zeichen kopiert wurden.

Auch hier ist wieder festzustellen, daß die Verbindung zwischen den beiden Türmen in den Zeichen nur locker gewesen ist. Die Mehrzahl der Steinmetzen hat entweder nur am Südwest- oder nur am Nordwestturm gearbeitet. Es ist daher kaum möglich, eine sinnvolle Chronologie aufzustellen. Mit ziemlicher Sicherheit beginnt die neue Gruppe mit dem Ausbau des 3. Geschosses im Nordwestturm, einschließlich der Basiszone des 4. Geschosses. Im Oberteil des 4. Geschosses tauchen Zeichen auf, die für den Turm bestimmend werden. Es ist zu vermuten, daß inzwischen die Führung an den Südwestturm übergegangen ist, dessen drei obere Geschosse im Zeichenbestand ziemlich einheitlich sind. Sicher wurde aber gleichzeitig am Nordwestturm weiter gearbeitet, unter Verwendung neuer Kräfte, die teilweise nur dort zu finden sind. Das 6. Geschoß des Nordwestturmes dürfte dann wohl das letzte im Aufbau der Türme gewesen sein. Diese Abfolge, die natürlich auch durch formale Beobachtungen erstellt wurde, kann – wie gesagt – weitgehend als ein Nebeneinander begriffen werden, eben weil auch hier die kleineren Gruppen zu beobachten sind. Die für das Bauvolumen große Zahl von Steinmetzen spricht trotz der komplizierten Struktur für einen sehr raschen Ausbau der Westtürme.

*Zusammenfassung (Fig. 110):*

Gruppe I: Ostkrypta, Ostapsis, Osttürme bis einschließlich 4. Obergeschoß, Ostchor 1. Joch und Arkaden 2. Joch, Seitenschiffe bis in das 3. Joch, davon zwei gewölbt, Chorschranken.

Gruppe II: Anfang im Obergaden des 2. Ostchorjochs, danach im 3. Joch der Seitenschiffe. Langhaus bis Vierung, Querhaus-Ostwand teilweise, Fürstenportal schon anfangs der Gruppe, Wölbung der Seitenschiffe und des 2. Ostchorjochs.

Gruppe III: Südquerarm, Südwestturm einschließlich 3. Geschoß, Westchor mit Westapsis, Nordwestturm bis einschließlich 2. Obergeschoß mit Schatzkammer, Nordquerarm, Wölbung von Querhaus, Vierung, Westchor und Langhausmittelschiff, 5. und 6. Obergeschoß der Osttürme.

Gruppe IV: Westtürme in den Geschossen vier, fünf und sechs, zusätzlich 3. Geschoß Nordwestturm.

Dieses grobe System ist durch Einzelbeobachtungen zu differenzieren, wobei die Übergänge zur Gruppe III und der Verlauf innerhalb derselben mit Hilfe der Zeichen nicht eindeutig zu klären ist. Besonders groß ist der Personalbestand in der Gruppe II und – gemessen an der Aufgabe – in der Gruppe IV, was auf kurze Bauzeiten in diesen Bereichen schließen läßt. Die Zeichen in der Zwerggalerie der Ostapsis sind vermutlich als Versatzmarken anzusprechen. Die wenigen Zeichen an den Zusetzungen des Südostturms und Südoststrebepfeilers *(Fig. 109)* sind nicht einbezogen worden, da sie untereinander und zu den Gruppen am Bau keine Beziehung aufweisen und wohl später sind.

# VI. DIE BAUZIER

*Vorbemerkung.* Die Beschreibung der Bauzier wird im Band II beim Baubefund gegeben. Sie erscheint dort topographisch geordnet jeweils am Ende der Beschreibung eines Bauteils und ist leicht auffindbar. Als integraler Bestandteil der architektonischen Form verbleibt die Bauzier damit auch bei der Darstellung in dem vorgegebenen Rahmen. Zugleich wird die nachfolgende Zusammenfassung weitgehend von Beschreibungen entlastet. Ein gesondertes Register befindet sich im Band II nach dem Inhaltsverzeichnis und dem Verzeichnis zur Bautechnik.

## 1. FORSCHUNGSSTAND

Der Bamberger Bauzier ist in der gesamten älteren Literatur keine zusammenfassende Darstellung gewidmet worden. In den Arbeiten von Dehio[394], Noack[395] und Pinder[396] wird sie bestenfalls in Nebensätzen erwähnt, obwohl sie zweifellos zur Bestimmung von Bauabschnitten und der Herkunft von »Hütten« mit herangezogen wurde. Bei Noack sind dies fünf Abschnitte[397], die Pinder zu drei »Hütten« zusammenzieht, wobei Langhaus, Querhaus und Westchor ein und derselben zugeschrieben werden. Allein Freiherr v. Reitzenstein[398] ist es gelungen, nicht nur mit seiner Gliederung in vier »Hütten«, sondern vor allem auch in deren Abgrenzung voneinander den Sachverhalt richtig zu erfassen und damit den Weg für die jungeren Untersuchungen vorzuzeichnen. Freilich erscheint auch bei ihm die Bauzier nur in äußerst sparsamen Bemerkungen.

Die ausführlichste Würdigung erfährt die Bamberger Bauornamentik zweifellos bei Richard Hamann[399], wo sie jedoch im Zusammenhang gesamteuropäischer Entwicklungen gesehen wird. Notwendigerweise werden dabei einzelne Stücke herausgegriffen, die in diesen Zusammenhang hineinpassen. Hamann selbst sah ihn in Werkstattbeziehungen und damit in stilgeschichtlichen Entwicklungen begründet, während es sich tatsächlich in der Regel um Übereinstimmungen des Motivs handelt, wie sie häufig zwischen räumlich und zeitlich weit auseinanderliegenden Exemplaren zu beobachten sind. Die Verbindung – so darf vermutet werden – besteht in gemeinsamen Wurzeln, die oft in die Antike zurückreichen, oder in der Verbreitung von Vorlagen aus anderen Gattungen: Elfenbein, Buchmalerei, Goldschmiedekunst und Textilien. Trotz dieser Einschränkung des methodischen Ansatzes muß Hamanns Werk noch immer als grundlegendes Kompendium angesehen werden.

Von Einzelabhandlungen und verstreuten Vergleichen in Verbindung mit anderen Bauwerken abgesehen, ist in jüngster Zeit der Bamberger Bauzier eine Dissertation[400] gewidmet worden, die im groben Raster ihrer Einteilung auf den Ergebnissen v. Reitzensteins aufbauen konnte. Ihr kommt das Verdienst zu, erstmals sämtliche Kapitelle mit Ausnahme des Westchores und der Westtürme in die Betrachtung einbezogen und wenigstens teilweise beschrieben zu haben. In der Mehrzahl sind die dort erwähnten Zusammenhänge richtig, doch vielfach nur oberflächlich angedeutet. Der Versuch einer zusammenhängenden Darstellung geht in Architekturbeschreibung, baugeschichtlichen Erwägungen und Beschreibungen der Kapitelle unter. Die formengeschichtlichen und stilistischen Ableitungen sind unzureichend[401]. Zuletzt hat M. Gosebruch die »geschichtliche Herkunft« der Bamberger Bauzier unmittelbar aus Straßburg, Laon und Reims abzuleiten und zu würdigen versucht[402].

## 2. DARSTELLUNGSPROBLEME

Es gibt bisher nur wenig Literatur, die sich mit den methodischen Fragen der Behandlung des Bauornaments auseinandersetzt. Eine der Hauptschwierigkeiten ist terminologischer Art: sobald die Möglichkeiten einer groben Klassifizierung ausgeschöpft sind und der Dekor den Kanon der Antike oder die Naturnähe der ersten gotischen Blüte verläßt, fehlt ein Begriffsapparat. Hier muß jeder selbst schöpferisch tätig sein mit mehr oder weniger guten Vergleichen und Anleihen bei der archäologischen Terminologie. Genauere Analysen erfordern einen kaum mehr vertretbaren Aufwand an Beschreibung und müssen darum meist unterbleiben. Wichtige Sachverhalte werden nicht erwähnt. So unterscheidet z.B. fast niemand zwischen ausgebreiteten Blättern und solchen, deren Überfall von der Seite, also im Profil, gegeben ist, zwischen einer gemuldeten Blattoberfläche und aufgelegten Blattrippen, zwischen Knospen, Knollen und Kugeln und zwischen den zahllosen Variationen von Stengeln.

Eine weitere Schwierigkeit der Beurteilung ist in der nahezu unmöglichen Trennung von Motiv, Stil und handwerklichen Qualitätsstufen begründet[403]. Gerade die Bamberger Bauzier bietet für diesen Fragenkomplex zahlreiche Beispiele. Bestimmte Blattmotive kehren variiert in fast allen Gruppen wieder, und handwerklich sehr qualitätvolle Lösungen stehen neben geringerwertigen, die darum primitiv und »älter« wirken, es dem Bauverlauf nach aber nicht sein können.

Schließlich muß erwähnt werden, daß bei einer großen Anzahl von Blattornamenten nicht festzustellen ist, ob es sich um eine rohe oder endgültige Form handelt. Es ist zwar eindeutig auszumachen, daß die glatten, geschlossenen Blattypen die Ausgangsform, also die Bosse, für die differenzierteren, mit Binnenzeichnung und Randausbuchtungen versehenen darstellen, aber es ist nicht sicher zu ermitteln, ob dieser letzte Arbeitsvorgang geplant war. In einigen Fällen wird man dies sogar ausschließen können, weil bestimmte andere Details vollkommen zu Ende geführt sind. Auch für Bamberg dürfte gelten, was W. Haas[404] für Speyer nachweisen konnte, daß nämlich jeder Zwischenzustand von der Großform bis zum Detail für das Kapitell vollkommen gleichmäßig ausgeführt wurde, ehe man mit der nächstfeineren Stufe begann. Oft mag man den gröberen Zustand als ausreichend angesehen haben, so daß er wie beim antiken und karolingischen Bossenkapitell gleichberechtigt neben dem feineren Endzustand steht.

Am Bamberger Dom sind mehr als vierhundert Kapitelle verwendet worden, abgesehen von den ornamentierten Gesimsen und den Ornamentfüllungen der Rundbogenfriese. Die Mehrzahl von ihnen weist unterschiedliche Formen auf. Angesichts dieser Materialfülle und der oben angedeuteten Schwierigkeiten muß in der nachfolgenden Darstellung auf eine eingehendere Analyse verzichtet werden.

Sie würde den Rahmen der auf baugeschichtliche Fragen konzentrierten Arbeit sprengen. Das Ziel ist in diesem Falle ausschließlich, durch einen Überblick über das Bauornament den Eindruck von der Erscheinung des Bauwerks abzurunden. Für die Deutung baugeschichtlicher Befunde wurde das Bauornament nur in wenigen, eindeutigen Fällen herangezogen, weil sich zeigen läßt, daß eine bewußte Fortführung älterer Formen als Mittel zur Erzielung eines einheitlichen Eindrucks häufiger gewählt wurde, was zu Fehldeutungen führen könnte. In der Regel wird also der umgekehrte Weg beschritten: die Fixierung der Stellung von Ornamenten im chronologischen Ablauf erfolgt meist durch die auf anderem Wege ermittelte Baugeschichte. Da es sich aber um ein Teilgebiet der Gesamterscheinung handelt, ist sein Platz innerhalb dieser Darstellung vor der »Baugeschichte«.

### 3. VERTEILUNG DER SCHMUCKFORMEN AM BAU

Hauptträger der Ornamentformen sind am Bamberger Dom in konventioneller Art die *Kapitelle*, die nur die gerundeten Architekturglieder bekrönen, also Säulen, Halbsäulen und alle Variationen von Diensten, ganz gleich, in welcher Funktion sie auftreten, ob als echte Stützen architektonischer Glieder oder als bereichernde Schmuckform bei Nischengliederungen. Pfeiler und Pfeilervorlagen weisen keine Kapitelle auf. Da die runden Glieder nur selten als selbständige Stützen auftreten, sondern meist im Verbund mit anderen in die Winkel eingestellt oder als Vorlage vorgestellt sind, erscheinen die Kapitelle nur mit zwei oder drei Ansichtsseiten bzw. halbiert. In der Regel sind sie dann mit den anschließenden Flächen und Kanten aus ein und demselben Werkstück gearbeitet.

In der Basiszone bieten wiederum nur die runden Glieder im Übergang zur Kante der Plinthe Platz für die *Eckzier* (Abb. 852–875). Im Vergleich mit Bauten des Niederrheins derselben Zeit ist sie in der Regel bescheiden und konservativ gestaltet. Das Repertoire reicht nur gelegentlich über Eckzehen und starre Laschen hinaus und kann daher vernachlässigt werden.

Am *Ostbau*, d. h. Ostapsis, östliches Halbjoch und Osttürme, treten zu den Kapitellen die steilen *Kämpfer* als Träger von Ornament hinzu, vor allem am Außenbau. Durch Verkröpfungen verbinden sie die isolierten Kapitelle. Da alle übrigen Kämpfer profiliert sind und daher keine friesartige Verbindung darstellen, erscheinen die Kapitelle nur in nächster Nachbarschaft zueinander, d.h. am Westchor, als Gruppe. Sonst sind sie isoliert. Eine Sonderstellung nehmen in dieser Hinsicht das Fürstenportal und besonders die Gnadenpforte ein.

Der *Ostbau* und das *Nordseitenschiff* sind im *Äußeren* zudem bereichert durch ornamentierte *Gesimse* und einen mit Ornament *gefüllten Rundbogenfries*. Letzterer tritt auch am Giebel des Nordquerhauses auf. Gelegentlich sind auch die Seiten der hornartigen Profilabläufe an den Lisenen mit kleinen Ornamentscheiben belegt, doch spielen sie nur eine untergeordnete Rolle.

Die *Schlußsteine* (Abb. 810–851), die eher als Rippenkreuzungen anzusprechen sind, werden in den Ostteilen gelegentlich durch Fabelwesen bereichert. Pflanzliches Ornament tritt hier seltener auf. In den Seitenschiffen des Langhauses sind sie entweder ohne Dekor oder haben eine kleine Blattauflage auf dem Rippenwulst. Im Mittelschiff und in den Westteilen erscheinen die Schlußsteine in der Untersicht als große, flache Scheiben, die mit einfachen, geometrisch geordneten Blattmotiven belegt sind.

Weitere Träger von Ornament weist der Dom, abgesehen von drei Bogenfeldern der nördlichen Ostchorschranken, nicht auf.

### 4. GRUPPENBILDUNG DER BAMBERGER BAUZIER

Die Bildung einzelner chronologisch aufeinanderfolgender Gruppen innerhalb der Bamberger Bauzier ergibt sich aus der jeweiligen Übereinstimmung in der Grundform der Kapitelle und besonders aus engen Gemeinsamkeiten des Dekors. Innerhalb der Gruppen treten dabei durchaus voneinander abweichende Dekorformen auf, so daß die Zugehörigkeit zu einer Gruppe hier durch den Kapitelltyp und vor allem durch die Placierung des Kapitells am Bau bestimmt wird, also durch ein »äußeres« Argument. Dies wird man akzeptieren müssen, zumal sich nur im Falle der Ostapsis nachweisen läßt, daß Kapitelle langfristig vorgefertigt wurden, was einen Versatz an einem anderen als dem geplanten Ort ermöglichen würde. Tatsächlich wurden im genannten Fall die Kapitelle aber am vorgesehenen Ort verwendet. Mit Ausnahme der Spolien in der Ostkrypta läßt sich bei keinem Kapitell eine von der vorgesehenen abweichende Verwendung feststellen, was die Berücksichtigung des jeweiligen Verwendungsortes bei der Bildung chronologischer und damit auch formaler Gruppen ermöglicht.

Die Gruppierungen wurden bisher mit »Hütten« gleichgesetzt. Eine Übereinstimmung mit der Gruppenbildung bei den Steinmetzzeichen könnte als Bestätigung angesehen werden, wenn nicht der Begriff der »Hütte« durch die Organisationsform vornehmlich der Spätgotik bestimmt wäre. Da wir über die Organisation des Baubetriebes im personellen Bereich zur Zeit des Dombaus nur ungenügend unterrichtet sind, wird hier auf den Begriff »Hütte« verzichtet, zumal anzunehmen ist, daß bei Existenz einer solchen dies die stehende Organisation war, die nur ihr Personal wechselte. Die Übereinstimmung mit der Verteilung der Zeichen überrascht nicht. Sie besteht nicht nur in der Existenz von vier sich im wesentlichen entsprechenden Hauptgruppen, sondern teilweise sogar in einer Gemeinsamkeit der Untergruppierungen. Die Gruppe I umfaßt die Ostteile mit den Bauabschnitten eins bis vier, also ohne die oberen Turmgeschosse und bis zur Grenze im 3. Seitenschiffjoch bzw. im Obergaden des 2. Ostchorjochs. Die Gruppe II ist im Langhaus anzutreffen (Bauabschnitte fünf bis sieben), allerdings mit Übergangserscheinungen im 3. Joch. Die Gruppe III entspricht Querhaus, Westchor und oberen Ostturmgeschossen (Bauabschnitte acht und neun) und die Gruppe IV den Freigeschossen der Westtürme (Bauabschnitt zehn).

4.1 Gruppe I *(Abb. 436–514, 534–543, 552–603)*

Die Grundform des Kapitells der Gruppe I ist korbförmig verschliffen. Das trifft auch für die dekorierten Kapitelle der Krypta zu, die erst in der Deckplatte ins Polygon übergehen, von wenigen Ausnahmen abgesehen. Unter den Kapitellen der Oberkirche gibt es besonders im Bereich der Zwerggalerie auch solche, die dem Kelchblock angenähert sind, freilich erreichen sie diesen in der ausgeprägten Form, wie sie im Rheingebiet auftritt, nur selten. Die Übergänge sind fließend.

4.11 *Ostkrypta (Abb. 436–458).* Die ältesten Kapitellornamente befinden sich – wie nicht anders zu erwarten – in der Ostkrypta[405]. Sie stellen innerhalb der Gruppe I einen relativ geschlossenen Komplex dar, der, oberflächlich betrachtet, völlig andersartig erscheint als das Formgut der Oberkirche. In der Mehrzahl der Fälle würde man kaum vermuten, daß zwischen beiden Phasen nur wenige Jahre liegen.

Selbst unter Berücksichtigung des schlechten Erhaltungszustandes, bedingt durch den weicheren Stein, sind die Formen unpräzise und verschliffen. Ein kleinteiliges, wulstiges, unklar organisiertes und daher kaum lesbares Arrangement aus Ranken und kleinen Blättchen überzieht den mächtigen Kapitellkörper, dem es flach und leblos aufgelegt ist, sowohl in der Struktur der Einzelform wie in der Anlage des Ganzen ohne pflanzlichen, d.h. organischen Aufbau. Die verwendeten Blatt- und Rankentypen sind altertümlich, die handwerkliche Verarbeitung ist ungelenk[406], z.T. wird der Untergrund mit groben Kerben überzogen (d3, *Abb. 452*). Mit Überraschung nimmt man wahr, daß das Ornament im Grunde mehrschichtig mit bis zu drei Schichten angelegt ist, doch sind diese so flach aufeinandergepreßt, daß an der Stelle von Räumlichkeit nur der Eindruck der Unübersichtlichkeit bewirkt wird (b2, c2, d3, d4, c5, *Abb. 440, 446, 452, 453, 449*). Der flächige Charakter ist bei d4 *(Abb. 453)* am stärksten ausgeprägt, c5 *(Abb. 449)* gehört hinsichtlich des verwendeten Formgutes nur bedingt in diese Gruppe, und c2 *(Abb. 446)* ist in seinem Aufbau zwar nicht logisch, aber doch am klarsten. Wegen der quadratischen Deckplatte nimmt es eine Sonderstellung ein.

Besonders bei b2 und c2 *(Abb. 440, 446)* finden sich Elemente, die später auch in der Oberkirche wiederkehren: z.B. der Blattüberfall wird abgeschnürt und zu einem nach unten wachsenden kleinen Blatt umgestaltet, manchmal sogar mit einer weiteren, verkleinerten Wiederholung, die dann nach oben gebogen ist. Blattränder werden wulstig aufgebogen und verselbständigen sich zu Ranken, aus denen neue Blätter hervorgehen. Es gibt bereits die Fruchtstaude an langem Stiel, die oben vornehmlich die Bogenfüllungen ziert. Auch die Palmettenblättchen kommen bereits vor, ebenso die Füllungen in den Mulden der Blattoberfläche. Die gedrehten Taue von d3 *(Abb. 452)* und das aus dem Fränkischen (Nürnberg) stammende Ornament der abgelösten überkreuzten Blattränder von c5 *(Abb. 448, 449)* verschwinden dagegen[407].

Besonders altertümlich und ohne jede Verbindung zur Oberkirche erscheinen die Kapitelle der vier Wandsäulchen der Blendarkatur an der Westwand *(Abb. 456–458)*. Hier sind die Kämpfer z.T. mit geschachtem Klötzchenfries, Flechtband, und dreisträhnigen Ranken mit Palmetten dekoriert. Geometrische Muster zeigt auch das nördliche Kapitell *(Abb. 458)*, während bei den mittleren die Taue der Schäfte zu abstrakten Blättern zusammengebogen sind. Das südliche *(Abb. 456)* besteht aus geschichteten, zungenförmigen Scheiben, die als Blätter verstanden werden wollen. Insgesamt erweckt der Dekor nicht nur den Eindruck des Ungelenk-Provinziellen, sondern scheint formgeschichtlich eher dem 12. als dem 13. Jh. anzugehören[408]. Es fragt sich, ob man hier nicht tatsächlich eine Ader lokaler Kontinuität vor sich hat, zumal seit den jüngsten Grabungen feststeht, daß der brandbeschädigte Heinrichsdom am Ende des 12. Jhs. für eine weitere Benutzung hergerichtet und ausgestaltet wurde[409].

Die Blattscheiben des südlichen Wandsäulchens erscheinen noch einmal als Dekor auf dem streng polygonal angelegten Kapitell von c3 *(Abb. 447)*. Der zwischen den Scheiben anstehende Steinrest ist in gekehlte Tropfen umgewandelt, die keine gegenständliche Deutung zulassen. Vergleichbares tritt in der Oberkirche nicht auf[410].

Zu erwähnen sind an dieser Stelle die beiden korinthischen Spolienkapitelle von a3 und a4 *(Abb. 436, 437)*, die wegen ihrer Nähe zu bestimmten Formen von Bau II in Speyer wahrscheinlich in der Zeit der Wiederherstellung unter Bischof Otto von Bamberg im 1. Drittel des 12. Jhs. entstanden sein dürften[411]. Dies gilt für die streng antikisierende Grundform, für die Voluten, Caules und das gefingerte Akanthuslaub. Für diese Merkmale gibt es in der Bauornamentik des Neubaus mit Sicherheit keine Parallelen. Die Halbkapitelle sind möglicherweise aus Vollkapitellen hergestellt worden. Sie haben als einzige keine seitlichen Binder, mit denen sie in die Rücklage eingreifen könnten. Einzelne Bossenblätter und halb ausgearbeitete Blätter bezeugen, daß sie vor der neuen Verwendung unvollendet waren. Die halbfertigen Blätter vor allem von a4 *(Abb. 437)* wurden im Sinne der Kapitelle b2, c2, c3 und d4 *(Abb. 440, 446, 447, 453)* zu Ende geführt, oft mißverständlich. Der gefingerte Akanthus wurde teilweise mit Kerbungen überarbeitet. Sogar der Taustab von d3 *(Abb. 452)* wurde an a4 angebracht, so daß man die Umgestaltung vor allem von a4 zu der oben genannten Gruppe zählen kann. Die Kanten der geschwungenen Abakusplatten schrägte man über den nun funktionslosen Voluten ab, um eine Anpassung an die polygonalen Kämpfer zu erzielen. In der Linienführung der Ranken als Voluten und den durch Schlitzen getrennten Zungenblättern ist allein bei c2 *(Abb. 446)* ein ferner Anklang an den antiken Kanon der beiden Spolienkapitelle zu spüren.

Aus dem zunächst behandelten Komplex löst sich das Kapitell von b3 *(Abb. 441)* wegen seines Motivs heraus. Der leere Grund ist in zwei Höhenzonen locker belegt mit gekreuzten Stengeln, die oben in kleine Blattüberfälle übergehen. Dazwischen erscheinen kleine Muschelblätter an senkrechten Stengeln. Dieses Motiv tritt in der Oberkirche häufiger auf (Südostturmhalle, Ostapsis, usw.,

*Abb. 461, 471),* wobei eine von Stufe zu Stufe fortschreitende Belebung festzustellen ist. Bei b3 zeigt es sich noch vollkommen starr mit geraden Stengelbändern von rechteckigem Querschnitt, harten Blattüberfällen und dem Fehlen jeglichen organischen Ansatzes. Darin gehört es stilistisch ganz zur Kryptenornamentik[412].

Nachdem das Ornament an einem Teil der polygonalen Pyramidenstumpfkapitelle *(Abb. 442)* völlig fehlt, kündigt sich in den beiden westlichen Jochen der Krypta eine gewisse Entwicklung an, zunächst an den Wandsäulen beginnend bei a6 und d6 *(Abb. 438, 454),* und folgend bei den Freisäulen c7, b8 und c8 *(Abb. 450, 444, 445, 451)*[413]. Bei a6 tritt erstmalig in grober Form das zusammengewachsene Wiegenblatt auf, darüber die stark geschwungene Wulstranke, die einem Löwenkopf entwächst. Das Ornament löst sich vom Grund, wird plastischer, bleibt aber in der Behandlung der Blätter noch derb. Gleiches gilt für d6 *(Abb. 454),* an dem die gekreuzten Stengel wiederkehren, nun aber breit schwellend und gekurvt geführt. Die schweren, groben Flügeldrachen und Masken von a7 *(Abb. 439)* können hier übersehen werden, aber der Pyramidenstumpf von d7 *(Abb. 455)* zeigt eine flache, wie nachträglich ausgearbeitete Dekoration, bei der den einzelnen Seiten durch Wulste die Schilde eines Würfelkapitells aufgelegt sind. Sie reichen nicht ganz an die Kanten heran, so daß der Wulst dort umwinkelt und horizontal geführt ist. Die Schilde sind mit einem von oben hängenden Blatt gefüllt, und auch der untere Teil des Kapitells ist mit groben, flachen Blättern belegt. Dieselbe Schildform tritt ohne Füllung in der Südostturmhalle *(Abb. 462)* und mit Füllung in der Zwerggalerie *(Abb. 486)* auf.

Die schlaufenförmigen Ranken von c7 *(Abb. 450)* sind wulstig und in einzelne Fasern gegliedert, die Blätter weich und mehrschichtig. Das trifft auch für das herzförmige Ranken-Blatt-Motiv von c8 *(Abb. 451)* zu, das sich weit vom Grund löst und den Kapitellkern in weitem Abstand vom Halsring umgibt, wie es oben häufig vorkommt[414]. Das Motiv erinnert an die Rankenfriese und Bogenfüllungen, vor allem in der Form seiner Profilblätter. Das Kapitell von b8 *(Abb. 443–445)* zeigt das asymmetrische Wulstrankenmotiv mit kleinen Profilblättchen, ebenfalls eine noch ungelenke Vorform des in der Oberkirche häufigen Motivs; dazwischen bewegt sich eine kleine Figur. Die große, flache Lilie an der hinteren Kante wirkt dagegen wieder altertümlich *(Abb. 444).*

Das Auffälligste von b8 *(Abb. 445)* und c8 *(Abb. 451)* sind die kleinen, an den Kämpfer angearbeiteten Kelchblockkapitelle mit versetzten, kannelierten Blättern und an den Blattspitzen dicke Kugeln, von denen eine an b8 sogar von kleinen Blättchen eingehüllt ist. Dieser Typ des kelchlosen Knollenkapitells in Kelchblockform ist eine Regelform der Oberkirche *(Abb. 459)*[415].

Die Schlußsteine der Krypta bestehen in ihrer Grundform meistens aus einer der Rippenkreuzung aufgesetzten Halbkugel, die in zahlreichen Variationen geometrisch gestaltet ist. Sie erinnern dabei an Gebäckformen wie »Napfkuchen« und »Torteletts« *(Abb. 823, 831),* was darauf zurückzuführen sein mag, daß sich für beide die gleiche gestalterische Aufgabe stellt. Hier läßt sich kein Bezug zur Oberkirche herstellen, auch nicht bei Variationen wie dem Schnekkengehäuse mit Faust (7m, *Abb. 833)* oder dem Seehundskopf (5n, *Abb. 829).* Anders ist dies bei den z.T. mehrschichtigen Blattrosetten, wo nicht nur die Blattform, sondern auch eine ähnliche Anordnung in den Turmhallen und östlichen Seitenschiffsjochen wiederkehrt (1n, 3n *Abb. 822, 825)*[416]. Die Fabelwesen, die im flachen Winkel der Rippenkreuzung – bei queroblongen Jochen die Längsachse, bei längsoblongen die Querachse – emporkriechen (7n, *Abb. 832),* sind wiederum typisch für den Ostabschnitt der Oberkirche. Die zugespitzten, nach unten gebogenen Rippenenden, die besonders deutlich bei 2n *(Abb. 824)* auftreten (zwei davon als Löwenköpfe), sind der Oberkirche fremd. Sie haben an Beziehungen zu den hängenden Schlußsteinen niederrheinischer Tuffrippen des 13. Jhs. denken lassen[417]. Die beiden Fratzen der menschlichen Fabelwesen von 6m *(Abb. 830),* die ihre Tütenschwänze gegenseitig fressen und wiederum in der Längsachse angeordnet sind, ähneln in ihrer Derbheit den Köpfen von den Polygonkanten der Ostapsis. Erheblich differenzierter sind dagegen die Köpfe des Zwillingspärchens, das bei 3m *(Abb. 826, 827)* ein hochkriechendes Tier am Schwanze packt. Sie sind mit der kleinen Figur eines Kreuzfahrers am Tympanon der Gnadenpforte verglichen worden[418], was hinsichtlich der Kinnlinie, des Mundes und der Haarpartie naheliegt, wenn auch erstere und die Gesamtbehandlung gröber sind. Hier wäre also eine erste Regung der figürlichen Bildhauerei am Dom zu verzeichnen[419].

Als Ergebnis ließe sich festhalten, daß einige Schlußsteine der Krypta die engste Verbindung zur Oberkirche darstellen, was vom Bauvorgang her zu erwarten ist. Eine Veränderung in Richtung Oberkirche zeichnet sich bereits in den beiden Westjochen ab, während der östliche Abschnitt und die Wandgliederung der Westseite die ältesten Züge aufweisen, die in sich nicht ganz einheitlich sind, aber vermutlich eine lokale Komponente darstellen. Ob die Wandlung ein innerer Vorgang oder die Reaktion auf den Zuzug neuer Kräfte ist, die mit anderen Aufgaben beschäftigt waren, kann nicht entschieden werden. Letzteres ist naheliegend, bedeutet aber zugleich äußerste Vorsicht bei der Annahme einer starken Lokaltradition im Bereich plastischer Bauzier. Obwohl die Krypta architektonisch im Range sehr viel höher steht als ihre Bauzier, müßten diese Überlegungen auch für die Architektur berücksichtigt werden.

4.12 *Gnadenpforte, innere Blendarkatur der Ostapsis.* Die Beurteilung der weiteren Entwicklung hängt davon ab, ob man von einer allmählichen Evolution ausgeht, die dann zu besonderen Spitzenleistungen geführt hat, oder ob man diese einem neuen Impuls von außen zuschreibt. Die besten Anknüpfungspunkte für die erstere Hypothese böten Turmhallen und Seitenschiffe, doch war beim Versatz der Kapitelle in der Nordostturmhalle das Gnadenportal mit seinen qualitätvolleren und weiterentwickelten Kapitellen im Gewände bereits vollendet. Da seine Gewändestufen aber noch in der Kryptenzone beginnen, dürfte es erheblich früher in Arbeit gewesen sein, zumal Kapitelle meistens nicht erst zum Zeitpunkt des Versatzes begonnen werden, sondern fertig sein müssen, um den Betrieb nicht aufzuhalten. Der Versatz ist der terminus ante quem. Daraus folgt zwingend, daß wir von dem Beginn des Gnadenportals an mit einem neuen, geschulteren Trupp von Kapitell-»Bildhauern« rechnen müssen; denn von der Krypta her ist der Sprung in der Entwicklung nicht zu erklären. Dieser neue Trupp arbeitete vermutlich neben dem anderen Personal und beeinflußte es. Wie die Zeichen lehren, treten ohnehin neue Steinmetzen zu den alten Kräften hinzu. Die Auswirkungen dieser Vorgänge sind vermutlich schon in der Krypta abzulesen.

Die Kapitell- und Kämpferzone der beiden Gewände des *Gnadenportals (Abb. 111–116, 463)*[420] ist nicht einheitlich. Die nördliche (rechte) Kämpferzone *(Abb. 112, 114, 115)* ist wegen der altertümlichen und weniger entwickelten Form der Apostelbüsten und

-köpfe zu Recht als älter bzw. als von einem älteren Bildhauer stammend angesehen worden. Für die Kapitelle dieser Seite trifft das nur insofern zu, als ein Vergleich der Köpfe der kleinen Figuren und Harpyen, die die Kapitelle über die Gewändekanten hinweg miteinander verbinden, möglich ist. Die strenge, flächige Zeichnung der Kapitelle selbst gehört dagegen einfach zu einem anderen Typ. Die Grundform ist der Kelchblock, dem zarte Palmettenblätter flach in zwei Zonen aufgelegt sind. Das Kantenblatt rollt seine Spitze zu einer Knospe ein. Die Muldungen der Fiederung der Blattoberfläche sind sanft, aber präzise modelliert und besitzen Mittelrippen. Insgesamt zeichnen sich die Blätter durch eine geradezu klassizistische Schärfe der Gestaltung aus, die nicht von einer Überarbeitung des 18. oder 19. Jhs. herrührt[421]. Die Drachenkörper sind von höchster bildhauerischer Qualität, die selbst von den Werken aus dem Kreis des Samsonmeisters am Niederrhein nicht übertroffen wird[422].

Von derselben Art ist auch das innere Kapitell *(Abb. 116, 463)* des südlichen (linken) Gewändes, während beim zweiten von innen erstmals freie Ranken auftreten *(Abb. 113, 463)*. Die Drachenkörper sind voluminöser und die Köpfe größer. Bei den beiden äußeren Kapitellen sind Blattdekor und Harpyen durch frei von Kante zu Kante schwingende Ranken ersetzt, die aus Tiermasken in den Winkeln hervorwachsen. Die Ranken entsenden sie teilweise umhüllende Profilblätter, die organisch aus den polygonalen Rankensträngen hervorwachsen. Die vollständige Loslösung vom Grund hat am Bau keine Parallelen. Auch hier ist die handwerkliche Präzision kaum zu überbieten. Das feinkörnige, schleiffähige Material begünstigte dies. Die kannelierten und mit Fischgrätmuster versehenen Säulenschäfte *(Abb. 107, 111)* gehören mit zum Repertoire dieser Werkstatt.

Die vier Doppelarkaden, die als *Blenden* das Untergeschoß der *Ostapsis innen (Abb. 552–563)* gliedern, zeigen schon durch die kannelierten und fischgrätgemusterten Säulenschäfte *(Abb. 92)* augenfällig ihre formale Verwandtschaft mit dem Gnadenportal an. Hinzu kommen die Köpfe des doppelten Bartrauferpaares am Mittelkapitell der Südostseite *(Abb. 559)*[423]. Die geknoteten Bündelschäfte, ein in Oberitalien verbreitetes und beliebtes Motiv, deuten außer dem Portaltyp selbst auf Beziehungen zum Süden hin. Hinsichtlich der Vielfalt ihrer Motive nehmen die Kapitelle der Blendarkatur eine Schlüsselstellung ein, die naturgemäß über die der Gnadenpforte hinausreicht. Ob sie wirklich von denselben Händen stammen oder nur angeregt sind, muß offenbleiben. Das feinkörnige Material spricht für einen herausragenden Auftrag. Da die Blendarkatur viel höher liegt als die Gnadenpforte, dürfte erstere sicher nicht früher, sondern allenfalls gleichzeitig oder sogar später begonnen worden sein[424]. Die Kapitelle wurden gleichzeitig mit den nur eine Schicht höher liegenden am Untergeschoß des Äußeren des Ostapsis versetzt und vermutlich auch gearbeitet. Auch die steilen Kämpfer sind dekoriert. Die Kapitelle zeigen mehr oder weniger ausgeprägte Kelchblockform.

In den meisten Fällen ist das verwendete Laub gleich, so unterschiedlich Funktion und Anordnung sein mögen: Vollblätter, Profilblätter, zu Wiegenblättern zusammengebogene Profilblätter, Hüllblätter von Ranken oder breiten Blattstengeln, Palmetten, ob mit oder ohne Stiel. Es ist der Blattyp von den Ranken des linken Gewändes der Gnadenpforte, der in der Ornamentik der Gruppe I vorherrschend ist: gebuchteter Rand und gemuldete Fläche, die wie kanneliert wirkt, doch laufen die Kanneluren nicht senkrecht, sondern folgen dem Blatt, dessen Mittelrippe aus einer vertieften Naht besteht. Auch die polygonalen Ranken sind einander ähnlich. Als stengelloses Arrangement, gebündelt von einem Diamantband, erscheint das Blatt an den Kämpfern von Süd 3 *(Abb. 563)* und (flacher) von Südost 1 *(Abb. 558)*. Am Kapitell von Südost 1[425] wächst es senkrecht, mehrschichtig aus einer gemeinsamen Manschette. Am Kämpfer von Südost 3 *(Abb. 560)* bildet es schlanke, zusammengedrückte Wiegenblätter. In Verbindung mit Ranken erscheint es am Kämpfer von Nord 2 *(Abb. 553)*, dort der Gnadenpforte sehr ähnlich, locker verschlungen aus Tiermasken wachsend und Traubenstände einhüllend, ferner sehr ähnlich, aber mit eng verzweigter, gerollter Ranke am Kämpfer von Nord 1 *(Abb. 552)*, als Rankengeflecht am Kämpfer von Nordost 1 *(Abb. 555)*, als »Brezelranke« aufrecht mit diamantierten Stengeln am Kämpfer von Nordost 3 *(Abb. 557)* und hängend, verdoppelt, sehr locker am Kämpfer von Süd 2 *(Abb. 562)*, als Rankenbäumchen am Kapitell von Nordost 2 *(Abb. 556)* und ohne Verzweigung mit mehr Blättern am Kapitell von Süd 3 *(Abb. 563)*. Mit breiten, teils überkreuzten Stengeln, die einseitig umhüllt sind, bildet es die Blattüberfälle der Kapitelle von Süd 2 und Nord 2 *(Abb. 562, 553)*, die hier ohne erkennbare Beziehung zum Kryptenkapitell b 3 sind. Bei Süd 2 breiten sich die Blattüberfälle in zwei Reihen schirmartig aus, bei Nord 2 sind sie umgewendet, wie vom Winde erfaßt. Das führt zu den Kapitellen Nord 1 und 3 *(Abb. 552, 554)*. Bei Nord 1 ist der Blattdekor kleinteilig, aber mit den gleichen verwehten Blattüberfällen, bei Nord 3 erscheint das Blatt großformig, mit breitem Stengel, den Rand einseitig auf- und wie vom Wind einseitig seitwärts gebogen. In der Seitenansicht sind zwei Blätter von einem aufgeworfenen Rand von hinten in einer Mulde zusammengefaßt.

Das flache, streng gezeichnete Palmettenblatt mit aufgesetzten Blattrippen spielt nur eine untergeordnete Rolle. In geometrisch abstrakter Anordnung ist es am Kämpfer von Nordost 2 *(Abb. 556)* aufgereiht, ebenso flächig, aber in der oberen Zone gegenständig und, im Profil gesehen, tritt es am Kapitell Süd 1 *(Abb. 561)* auf, das folgerichtig streng auf die Flächen der Ansichtsseiten ausgerichtet ist. Eine belebtere Variante, die dem Gnadenportal (rechtes Gewände) näher ist *(Abb. 112)*, bilden z. T. zweischichtige Blattauflagen am Kapitell Nordost 1 *(Abb. 555)*, das hier erstmalig den Typ mit versetzten Bossenblättern und Kugeln an den Blattspitzen vertritt. Die Kugeln sind von kleinen Blättchen, teils zweischichtig, eingehüllt. Der Grund des kelchlosen Kapitellkörpers ist von Blättern des häufigen Typs belegt. Als reine Bossenform, bei der sich die Kugeln weniger weit vom Kern lösen, ist dieser Kapitelltyp bei Nordost 3 *(Abb. 557)* zu beobachten. Eine rein geometrische Dekoration aus dreisträhnigem Flechtband in Form einer laufenden Acht zeigt der Kämpfer Nord 3 *(Abb. 554)*, während der Kämpfer Südost 2 *(Abb. 559)* ein steiles, akanthusartiges Blatt in steiler Aufreihung aufweist, das von unten bis oben gleich breit ist, einen kleinen, frontalen, wie umgeklappt wirkenden Blattüberfall und eine diamantierte Mittelrippe hat. Der Rand ist gezackt. In dieser Form tritt es am Dom nur noch einmal am südlichen, oberen Treppenschachtfenster auf *(Abb. 584, 586)*, doch ist das Motiv am Oberrhein weit verbreitet. Das Kapitell Südost 3 *(Abb. 560)* besteht aus zwei Kränzen kleiner, zusammengewachsener Palmettenblättchen, die zwischen sich jeweils ein Loch umschließen. Hier ist der Grund gleichmäßig mit einem Zungenblattfächer belegt, wie dies später zu einem Leitmotiv wird.

Mehrfach ist eine ausgeprägte Eckzier festzustellen, darunter ein gut modellierter Tierkopf bei Süd 2 *(Abb. 853)*, ein weiterer Hinweis auf die bildhauerischen Fähigkeiten des neuen Steinmetztrupps.

4.13 *Turmhallen, Ostapsis außen (ohne Zwerggalerie), östliche Seitenschiffe.* Dieser Bereich weist relativ einheitliche Formen auf. Bis auf die Turmhallen und das Apsisobergeschoß befindet sich die Mehrzahl der Kapitelle auf einer Höhe. In der Ausführung des Baues gingen die Turmhallen voran und unter diesen die südliche vor der nördlichen. Auch bei den Seitenschiffen wurden wohl die Außenmauern vor den Pfeilern, die südliche Außenmauer vor der nördlichen, die südliche Pfeilerreihe vor der nördlichen errichtet. Für die Bauornamentik ergeben sich daraus keine erkennbaren Konsequenzen, ebensowenig kann die Bauabfolge durch eine Entwicklung der Ornamentik belegt werden. Vermutlich wurden die Kapitelle unabhängig von der Chronologie der Bauausführung hergestellt.

In der *Halle des Südostturmes (Abb. 459–462)* befindet sich das einzige echte Würfelkapitell *(Abb. 462)*, dessen überhalbkreisförmige Schilde mit einem Wulst abgesetzt sind (vergl. Krypta d 7). Das Kreuzstengelmotiv gegenüber zeigt Kugeln an den Kanten *(Abb. 461)*, ist aber nur etwas gegenüber b 3 entwickelt. Ein weiteres Kapitell ist mit kannelierten Bossenblättern und Kugeln dekoriert, die Hüllblätter aufweisen und in einer Reihe sitzen *(Abb. 459)*. Hier ist der Bezug zum Westende der Krypta (b 8, c 8) ganz eindeutig, doch fragt es sich, ob nicht beide diese Anregung dem Trupp von Gnadenpforte und Blendarkatur verdanken. Für die verwehten Blattüberfälle, die schirmartigen Blattringe und die tordierte polygonale Stengelranke des 4. Kapitells *(Abb. 460)* muß man dies annehmen, weil dorthin kein direkter Weg von der Krypta führt. Der Blattkranz des Schlußsteins *(Abb. 840)* ist dagegen dem von 3 s *(Abb. 828)* durchaus verwandt[426].

In der *Halle des Nordostturms (Abb. 464–466)* ist das zweimal vorhandene gekreuzte Stengelmotiv spürbar vegetabilischer, die Stengel sind diamantiert und die Blattmulden tropfenförmig gefüllt *(Abb. 464, 465)*, entfernt an d 4 (Krypta, *Abb. 453*) erinnernd[427]. Der doppelte Kranz aus fächerförmigen Palmettenblättern des 3. Kapitells *(Abb. 466)* erinnert dagegen an die Blendarkatur (Südost 3, *Abb. 560*) auch hinsichtlich der Zungenblätter auf dem Grund. Das 4. Kapitell zeigt erstmals das Motiv der derben, wohl menschlichen Maske, der lockere Ranken mit einhüllenden Blattüberfällen entwachsen. Die handwerkliche Bearbeitung ist so grob, daß sie sich eng an die Krypta anschließen läßt – wo im Westen ja auch Tiermasken auftreten, doch kommt diese spezielle Form nur in der Oberkirche vor und ist möglicherweise aus dem Masken-Rankenrepertoire der Gnadenpforte – vor allem des 2. inneren Kapitells der linken Seite – entlehnt. Der Schlußstein *(Abb. 841)* mit seinen figürlichen Darstellungen in den Rippenwinkeln schließt an 7 n und 3 m *(Abb. 826/7, 832)* in der Krypta an.

Am *Untergeschoß der Ostapsis (Abb. 76, 467–472)* erscheint das Kreuzstengelmotiv äußerst grob vereinfacht an den Vorlagen Nordost *(Abb. 467)* und etwas reicher an Nord *(Abb. 471)*. Sonst herrscht das großformige Blatt mit breitem, kurzen Stengel und der grabenförmigen Mittellinie, das als Grundform bewegter und differenzierter an der inneren Arkatur auftritt und ohne diese nicht denkbar ist (Vorlagen Südost, Ost-Süd-Ost, Ost-Nord-Ost, *Abb. 468–470*). Als Wiegenblatt wie bei Südost 3 *(Abb. 560)* innen ist es bei Nordost *(Abb. 467)* außen anzutreffen. Mehrfach erscheint auch die Kugelreihe an der Spitze steiler, gezackter, akanthusartiger Blätter, die ihre Abkunft von dem Kämpfer Südost 2 der Blendarkatur *(Abb. 559)* nicht leugnen können. Der Grund ist z.T. mit Zungenblättern belegt (Vorlagen Süd, Südost, *Abb. 76, 468*). Kugeln an einem primitiven, blattlosen Rankengeschlinge gibt es nur bei Vorlage Südost. Besondere Aufmerksamkeit verdient allein die Vorlage Ost-Süd-Ost *(Abb. 469)*, an der zwischen Haupt- und Nebenvorlage kletternde Löwen (vergl. Schlußsteine) angebracht sind. Sie verschlingen Fabelwesen, deren vegetabilische Schwänze das Ornament des Hauptkapitells bilden. Die weiche, schmiegsame Lebendigkeit der Pflanzen und Tierleiber führt ebenso wie die Löwenköpfe in unmittelbare Nähe der Gnadenpforte, was als weiterer Hinweis auf die Anwesenheit dieser Werkstatt bei der Ausführung des Apsisdekors gelten kann.

Die *östlichen Seitenschiffe (Abb. 609–614, 629–635, 658–664, 687–690)* bis in das 3. Joch hinein werden hier trotz ihrer differenzierten Chronologie aus den oben genannten Gründen zusammengefaßt. Hinsichtlich der Verteilung der Motive ist festzustellen, daß das Nordseitenschiff dem Äußeren der Apsis etwas näher zu stehen scheint, doch ist die Verbindung Nordostturmhalle–Südseitenschiff (Pfeiler) nicht zu übersehen. Der Komplex ist also einheitlich. Seine westliche Grenze deckt sich nur annähernd mit der Baunaht im 3. Joch, sie liegt an den Vorlagen und Pfeilern A 4, B 4, C 4 (nicht D 4) weiter westlich, d. h. darüber. Das deckt sich mit der Beobachtung eines allmählichen Übergangs hinsichtlich Material, Bearbeitungstechnik und Steinmetzzeichen an den Pfeilern B 4, C 4 und an den Obergadenmauern des Ostchores. Entweder waren die Kapitelle schon vorbereitet, oder ein Teil der Arbeitskräfte von Gruppe I wurde weiterbeschäftigt. Die Grundform wird auch hier vom korbähnlichen Kapitell gebildet, das jedoch hin und wieder eine gewisse Tendenz zum Kelchblock zeigt.

Das großformige Blatt mit breitem oder ganz ohne Stengel, wie es am Äußeren der Ostapsis auftritt, mit mehr oder weniger tiefer Mittellinie und manchmal einer kleinen Kugel an der Spitze ist im Nordseitenschiff bei B 1, B 2 o, B 4 o und w *(Abb. 629, 630, 634, 635)* vertreten. Fast palmettenförmig und verkleinert erscheint es im Südseitenschiff bei D 2 o und w *(Abb. 687, 688)*. Bei C 1 *(Abb. 658)* ist es ohne Stengel, unten geteilt und mit dem Nachbarblatt zu einem fleischigen Wiegenblatt vereinigt. Diese in ihrer doppeldeutigen Lesbarkeit charakteristische Variante ist nur im Ansatz an der Blendarkatur vertreten, als Motiv auf primitiverer Stufe aber schon an a 6 *(Abb. 438)* in der Krypta greifbar. Flächig ist die schon fast abstrakte Dekoration aus einer dreisträhnigen oder diamantierten verschlungenen Ranke und kleinen Palmettenblättchen an A 2 o und w *(Abb. 610, 611)* sowie an C 2 w *(Abb. 660)*, weniger dicht und unpräzise vorgeformt in der Krypta bei d 4 *(Abb. 453)*, als Flechtband am Blendarkadenkämpfer Süd 1 *(Abb. 561)*. Das Kreuzstengelmotiv mit tropfengefüllten Blattmulden und diamantierten Stengeln genau wie in der Nordostturmhalle kommt im Südseitenschiff an C 3 o und w[428] vor *(Abb. 661, 662)*, mit dem normalen Typ des Blattüberfalls und zungenblattbelegtem Grund an C 2 o *(Abb. 602)*. Ein weiteres Leitmotiv bilden die kugeligen Knollen an den Blattspitzen, die trotz versetzter Blätter in einer Höhe aufgereiht sind und damit automatisch eine Art Kelchblockkapitell bewirken. Sie fehlen im Südseitenschiff. An A 1 *(Abb. 609)* erscheinen sie zweizonig in dichter Reihung an bossierten Zungenblättern, ebenso an B 3 o *(Abb. 632)*, jedoch mit kleinen Stielen an den Blattspitzen befestigt. Einreihig an kannelierten Bossenblättern sind sie bei B 3 w *(Abb. 633)* anzutreffen, mit gefiedertem Grund bei A 3 o und w *(Abb. 612, 613)*, bei ersterem vom Blättchen eingehüllt wie an der Blendarkatur und teilweise in der Krypta. Das sind nicht weniger als fünf Kapitelle. Als 6. müßte man A 4 o *(Abb. 614)* hinzurechnen, doch gehört dieses Kapitell mit der entschieden Kelchblockform, den weit vortretenden Kugeln an elegant geschwungenen, verschränkten Stengeln in die letzte Phase der 1. Gruppe. Das primitive Männchen, das bei B 2 w *(Abb. 631)* teilweise verhüllt Ranken mit Blattüberfällen in den Händen hält, ist eine Variante des Maskentyps, der in der Nordostturmhalle und dann an der Ostapsis oben auftritt.

Besondere Beachtung verdienen D 3 o und w *(Abb. 689, 690)*, wobei w nur die Bossenform von o darstellt. Hier sind kleine Voluten an den Kanten ausgebildet, die an der Spitze fächerförmiger Halbblätter entstehen und von einem Fächerblatt gestützt werden. Sie sind unten umgeben von einem Kranz glatter, zusammengewachsener Blattscheiben mit Löchern an der Nahtstelle. Gerade dieser Blattkranz hat dazu verführt, eine wenn auch lockere Beziehung zum »Straßburger Kapitell« zu vermuten[429]. Tatsächlich handelt es sich jedoch nur um die Bossenform zu dem Blattkranz, der in der Blendarkatur verdoppelt das Kapitell Südost 3 *(Abb. 560)* ziert und keinerlei formale Ähnlichkeit mit oberrheinischen Formen hat. Wiederholungen des Typs gibt es nicht.

C 4 o und w *(Abb. 663, 664)* quellen als Korb vor die Deckplatte vor und gehören schon darum in die Endphase der Gruppe I. Während w archaisch mit kleinteiligen Blattüberfällen an einem unklaren Rankensystem dekoriert ist – vielleicht eine Verballhornung des südlichen Apsisbogenkämpfers *(Abb. 592)* –, zeigt o *(Abb. 663)* ein dreiachsiges, zart modelliertes, an Weinlaub erinnerndes Blatt, von oben und unten wachsend an einer herzförmigen, diamantierten Ranke. Trotz gewisser Anklänge an die Blätter im Turmhalbjoch hat dieses Kapitell nur eine allerdings wörtliche Entsprechung an den Chorschranken direkt darunter *(Abb. 572)*[430]. Polsterförmig vorquellend ist auch A 4 w, das wegen seiner trichterförmigen Profilblätter zu den letzten der Gruppe I gehört (wie auch A 4 o, *Abb. 614*).

Von den vier Schlußsteinen *(Abb. 834–839, 842)* dieser Joche weisen alle Fabelwesen in den Winkeln der Längsachse auf und gleichen darum 7 n in der Krypta, aber auch den Köpfen und Tieren von 6 m, 3 m, 5 n und 2 n *(Abb. 832, 830, 826/7, 829, 824)*. Die aufgelegten Blattkränze des 1. Jochs Nord *(Abb. 842)* und 2. Jochs Süd *(Abb. 837–839)* sind darüber hinaus dem von 1 n der Krypta verwandt. In diesen Schlußsteinen ist die Verbindung zwischen Krypta und Oberkirche am engsten. Im 2. nördlichen Joch erscheinen sogar die durchgesteckten Knollen von 2 n, nur um 45° gedreht und somit aus dem Zusammenhang mit der Rippe gelöst.

Am *Obergeschoß der Ostapsis (Abb. 473–477)* treten zu den Kapitellen der Vorlagen noch die Kämpfer hinzu. Beider Deckplatten sind stirnseitig leicht gerundet, sofern sie nicht im 18., 19. oder 20. Jh. falsch erneuert wurden. Besonders gut hat sich diese Form am Apsisansatz erhalten.

Die Kapitellformen schließen eng an die von Untergeschoß und Seitenschiffen an, zeigen aber auch Weiterentwicklungen, besonders im Ornament der Kämpfer. Am Apsisansatz in Nord und Süd *(Abb. 473, 477)* tritt noch je einmal das grobe Masken-Rankenmotiv aus der nördlichen Turmhalle auf. Ein weiteres Mal erscheint es am ostsüdöstlichen Kämpfer *(Abb. 474)* an den Kanten, jedoch charakteristisch verändert: die Ranken sind schlaufenförmig eng gewunden, die Blattüberfälle nur bossiert mit betontem Rand, als sei es eine schotenartige Frucht[431].

An den Vorlagen Südost[432] und Ost-Süd-Ost *(Abb. 474)* wiederholt sich das schmale, zungenartige Bossenblatt mit Kugeln mit einer Variante: bei jedem 2. Blatt wird die Kugel tiefer gesetzt, auch wenn die Blätter nicht versetzt sind, so daß dann hinter der Kugel das Blatt selbst oder ein weiteres als gemuldete Nische sichtbar wird. Diese Hinterlegung kann auch durch ein gebogenes Band, das sich zwischen die Blattschichten schiebt, oder ein breites, rundes Blatt abgelöst werden, wie die Nebendienste von Nordost erweisen. Es handelt sich mit Sicherheit nicht um den Rand eines mißverstandenen Kelches, wie man angesichts der Entwicklung in der Zwerggalerie glauben könnte. Noch deutlicher wird dies am Hauptkapitell Nordost, jedoch sind dort die Kugeln durch je zwei gegenständige bossierte Blattüberfälle und die Bossenblätter durch schalenartige und sich durchkreuzende Stengel ersetzt[433].

Der dem Mittelfenster *(Abb. 91)* eingestellte, kannelierte Dienst ist mit Adlerkapitellen versehen, wobei die gedrungenen Rümpfe auch an Tauben denken lassen. Dies gilt besonders für die ebenfalls mit Adlern dekorierten Kapitelle der ostnordöstlichen Vorlage *(Abb. 475)* daneben. Dieses Motiv tritt einmal an den südlichen Chorschranken und dann inhaltlich bestimmt am Fürstenportal auf, womit der Hinweis auch auf die ausführenden Kräfte gegeben wäre.

Neues ist an den Kämpfern zu beobachten. Sie sind durchweg mit Ranken, Stengeln und Blattüberfällen gestaltet, letztere bossiert. Die Herkunft als Rohform des normalen Blattyps ist eindeutig, weil mehrfach beides nebeneinander vorkommt. Jedoch geht der Bossencharakter verloren, weil der Rücken stärker durchgebogen und der Rand leicht aufgeworfen wird. Der Überfall wirkt nun wie ein von der Seite gesehen asymmetrischer Trichter eines Blasinstruments (»Trompete«) oder eine schotenartige Frucht. Rücken an Rücken ergeben zwei Blattüberfälle ein fleischiges Blatt mit tiefem Mittelgraben, gegenständig formen sie – unten zusammengefügt – ein fleischiges Wiegenblatt von glockenförmigem Umriß. Für alle Variationen gibt es Vorformen mit durchgeführter Binnenzeichnung unter dem oben Erwähnten; die ungegliederte Form dominiert jedoch in der oberen Zone der Ostteile[434].

An dieser Stelle sind die Arkaden der Zwillingsöffnungen anzufügen, die die Treppenläufe zwischen Chor und Türmen belichten. Ihre Kapitelle lassen sich nahtlos an die Blendarkatur unten und die Zwerggalerie oben anschließen[435]; letzterer gehen sie zweifellos voraus. Die Kämpfer sind meistens profiliert, wie in der Galerie mit verschiedenen Profilen. Beim oberen der Südseite tritt an zwei Kämpfern *(Abb. 584, 586)* der schmale, gezackte Akanthus der Blendgalerie von Südost 2 *(Abb. 559)* auf, ebenso in der Mitte *(Abb. 585)* die wörtliche Wiederholung von Bündelschaft, gekreuzten Stengeln und verwehten Blattüberfällen von Nord 2 *(Abb. 553)*. Das benachbarte Kapitell *(Abb. 586)* ist wie der Kämpfer von Süd 1 *(Abb. 561)* dekoriert. Die Kugeln an Bossenblättern, hier ausgesprochene Kelchblockkapitelle formend, sind auf der Südseite oben und unten, auf der Nordseite *(Abb. 584, 589)* nur unten zu finden. Die Kämpferdekoration der unteren Nordöffnung *(Abb. 588, 589)* folgt wörtlich den Kämpfern des oberen Apsisgeschosses. Vier Kapitelle kehren ebenso genau in der Galerie wieder: das großformige, stengellose Eckblatt (Südseite unten), das zweischichtige Blatt, das unten wiegenförmig verwachsen ist (Nordseite oben, *Abb. 590, 591*), der doppelte Wiegenblattdekor mit Fächergrund (Nordseite oben) und die gekreuzten Fiederstengel (Nordseite unten *Abb. 588*) – sämtlich übrigens mit ausgeführter Binnenzeichnung. Die obere Mittelsäule der Nordseite ist eine wohl gotische Erneuerung[436]. Für die diamantierten, seitlich aufgerollten Zungen von der Mitte des unteren Südfensters fehlen Parallelen.

4.14 *Die östlichen Chorschranken (Abb. 564–583)* sind in ihren Kapitellformen stärker mit denen der großen Architektur verbunden als die innere Blendarkatur der Ostapsis. Ihnen kommt darum nicht dieselbe, impulsgebende Schlüsselstellung zu wie jener. Dennoch handelt es sich zweifellos – wie das wertvollere Material beweist – um den nächsten hervorragenden Auftrag, der zu vergeben war. So ist denn nicht nur die Bearbeitung sehr sorgfältig – wenngleich man, von wenigen Ausnahmen abgesehen, die Zartheit von Gnadenpforte und Fürstenportal vermißt – sondern es finden sich singuläre Züge und stärker betonte Tendenzen als bei der großen Architektur. Manche Erscheinung dürfte hier vorweggenommen sein, zumal die Ausführung wohl noch vor der Zwerggalerie begonnen wurde. Dennoch glaubt man hier eher die Kapitellsteinmetzen des Dombaus am Werk zu sehen als an der Gnadenpforte, dem Fürstenportal und einem Teil der Blendarkaden. Vermutlich war jener Trupp der Neuerer in dem allgemeinen Betrieb aufgegangen[437].

Die Nordreihe wurde wie die entsprechenden Pfeiler nach der Südreihe errichtet. Das zeigen auch die Kapitellproportionen: neben Kelch- und Kelchblockform herrscht noch immer das Korbkapitell, das nun polsterartig vorquillt – besonders stark auf der Nordseite, wo es zudem an Höhe verliert. Insgesamt ist die chronologische Stellung der Schranken zwischen Blendarkatur und Zwerggalerie anzusetzen; jedenfalls lassen sich direkte Linien in beiden Richtungen ziehen. Hinzu kommen Beziehungen zu den sie umgebenden Seitenschiffen, freilich eher zu deren Phase kurz vor dem Übergang zur Gruppe II. Da die Schranken bautechnisch mit den Pfeilern errichtet wurden, muß ihre Bauzier der allgemeinen Entwicklung etwas voraus gewesen sein.

Auf der *Südseite (Abb. 564–573)* schließt das Kapitell mit den gekreuzten Stengeln und verwehten Blattüberfällen (SW 2, im 3. J., *Abb. 571*) wieder wörtlich an die Blendarkatur (Nord 2 *Abb. 553*) und das Turmfenster an. Das Adlerkapitell (SW 1, im 3. J., *Abb. 570*) erscheint in leicht veränderter Form am Obergeschoß der Apsis. Die von den Blattüberfällen verhüllten Trauben (M 1, im 1. J., *Abb. 564*) sind lockerer und eleganter am Kämpfer Nord 2 *(Abb. 553)* der Blendarkatur zu finden, ebenso das verschlungene Rankenbäumchen (M 2, im 1. J., *Abb. 565*) in lebendigerer Version am Kapitell Nordost 2 *(Abb. 556)*, aber auch mit der Umformung der Blattüberfälle in der Zwerggalerie, was die zuvor skizzierte chronologische Stellung der Schranken gut belegt. Ähnlich, aber ohne direkte motivische Verbindung sind weitere Ranken-Blatt-Kapitelle (SO 2, im 2. J. und SW 4, im 3. J., *Abb. 567, 573*), die härter, starrer und gröber erscheinen als vergleichbare Motive der Blendarkatur. Deutliche Bezüge zum Seitenschiff (C 1 *Abb. 658*) haben die wiegenblattartig verwachsenen Blätter des SO 1 im 2. J., *(Abb. 566)*, das seine Verwandten aber auch in der Zwerggalerie besitzt. Zur Gruppe der Zungenblatt-Kapitelle mit aufgereihten Kugeln des Nordseitenschiffs gehört allein das SO 4 im 2. J., *(Abb. 569)*, bei dem die Proportionen aber ganz zugunsten der Kugeln verschoben sind. Diese werden zudem von unten durch Blättchen umhüllt. Auf die genaue Übereinstimmung des weinlaubartigen Dreistrahlblattes des SW 3. im 3. J. *(Abb. 572)* mit dem Kapitell von C 4 o *(Abb. 663)* direkt darüber wurde oben hingewiesen, nur ist es erheblich zarter und durch leichte Bewegung der Blattfläche belebter. Es ist in dieser Hinsicht allen anderen der Schranken überlegen und nur mit dem Fürstenportal bzw. den Blattkonsolen der nördlichen Reliefs vergleichbar, was für die Ausführung durch einen Bildhauer spricht. Eine gewisse Beziehung zum Laub des Turmhalbjochs ist nicht auszuschließen.

Entwicklungsgeschichtlich hervorzuheben ist das SO 3. im 2. J. *(Abb. 568)*. Es handelt sich vermutlich um eines der – wenn nicht um das – früheste echte Kelchkapitell am Dom. Sein Dekor aus versetzten, geteilten Knollen an verschränkten Wulststengeln kehrt verändert an den Hochschiffkapitellen der Gruppe II wieder, könnte aber auch die Anregung für ein einfacheres Kapitell der Galerie bedeutet haben. Unmittelbar Verwandtes fehlt.

Sehr ähnlich ist die Stellung eines Kapitells der *Nordseite*, des V 2. im 1. Joch (Verkündigung, rechtes Kap., heute an C 4 Westseite *Abb. 583*), ebenfalls ein echtes Kelchkapitell mit versetzten, weit ausgreifenden Blättern, deren kugelig eingerollte Spitzen von mehreren kleinen Blättchen eingehüllt sind. Die Auflage auf den Hauptblättern besteht aus einer scherenschnittartigen Rispe mit Kleeblättchen. Eine ähnlich vielteilige, gestanzte Blattauflage erscheint nur einmal bei den Hochschiffkapitellen der Gruppe II, freilich fehlt gerade dort der Kelch. Innerhalb der Gruppe I gibt es keine Nachfolger, so daß man auch bei diesen beiden Stücken an Bildhauerarbeiten denken muß.

Die jeweils das Mittelfeld rahmenden Säulchen im 2. und 3. Joch der Nordseite gehören wegen ihrer Tellerbasen und Knospenblattformen in einen späteren Abschnitt, der vermutlich im Grenzbereich zwischen den Gruppen II B und III zu suchen ist. Es verbleiben die Säulchen im Winkel. Das NO 4. im 2. J., *(Abb. 577)* zeigt das einfache Rankenmotiv mit derben Masken, das aus der nördlichen Turmhalle bekannt ist, an der Ostapsis wiederholt wird und mit einer Figur im Nordseitenschiff in unmittelbarer Nähe erscheint *(Abb. 631)*. Dasselbe Motiv mit kleinerer, aber besser durchgeformter Maske und üppigerem Rankenwerk ist benachbart als NO 1. im 2. J. *(Abb. 574)* anzutreffen. Der zugehörige Kämpfer ist letztmalig mit einem flachen Flechtband versehen (vergl. Krypta-Westwand und Blendarkatur). Die verwehten, sich schirmartig ausbreitenden Blattüberfälle des V 1. im 1. J. (Verkündigung, linkes Kap., heute an C 4 Westseite, *Abb. 582*) erinnern an die Blendarkatur (Nord 3 und Süd 2, *Abb. 554, 562*), nur umgeben sie den gedrungenen Kapitellkorb üppiger. Das gilt auch für das NW 1. im 3. J., *(Abb. 574)*, das mit seinem zusammengewachsenen Wiegenblattkranz motivisch vom SO 1. im 2. J. *(Abb. 566)* der Südseite abstammt, aber mit seinem weit vorquellenden Blattdekor die nächsten Verwandten in der Zwerggalerie hat, dort freilich z.T. bossiert. Das NW 4. im 3. J. *(Abb. 581)* ist mit seinen nach unten wachsenden Blättern am ehesten einer Formulierung in den Klangarkaden des Nordostturms vergleichbar. Insgesamt sind die stilistischen Tendenzen der Nordseite hinsichtlich der Gesamtform wie des Blattdekors im oberen Bereich der Ostteile anzutreffen[438].

Es wurde oben darauf hingewiesen, daß an den von West nach Ost zunehmend üppiger gestalteten Blattkonsolen der Reliefrahmen hinter den Prophetenköpfen der Nordseite *(Abb. 247–258)* das dreiachsige, zartgeäderte, weinlaubartige Blatt – hier sogar mit Trauben – verwendet ist, das sehr nahe Beziehungen zum 3. Kapitell des 3. Jochs der Südseite (SW 3, *Abb. 572*) hat, wie dies auch für die Figuren zutrifft. Möglicherweise handelt es sich um eine Formel der Bildhauerwerkstatt. Es kommt vereinzelt im mittleren Teil des linken Gewändes vom Fürstenportal und ähnlich auch an den Kämpfern des Turmhalbjochs im Ostchor vor. Bei den Schrankenreliefs tritt ein sehr langes, palmwedelartiges, wie aus Schilfblättern zusammengewachsenes Blatt hinzu, das ebenso zarte Adern besitzt. Es ist in gleicher Funktion als eine Art Konsole hinter dem Kopf des äußeren, linken Apostels am Fürstenportal *(Abb. 169)* anzutreffen.

Ohne unmittelbare Parallelen sind dagegen die großen, fast maskenhaft gestalteten Rankenwirbel in den Bogenfeldern der Reliefs vom 2. nördlichen Joch *(Abb. 244, 245)*, die teilweise nur bossiert sind. Die verdickten Wirbelzentren (die »Augen«) begegnen zwar am Sockel des Reiterstandbilds, sind dort aber aus dem andersartigen Akanthus der »jüngeren Werkstatt« entwickelt.

4.15 *Die obere Zone der Ostteile (Abb. 478–514, 592–603* Obergaden des Ostchors, Zwerggalerie, Turmgeschosse). Die großen Kapitelle am *Obergaden des Ostchores (Abb. 592–603)* sind vor denen der Zwerggalerie versetzt worden, weil sie tiefer angeordnet sind. Dies gilt zumindest für diejenigen des Apsisbogens und wohl auch des östlichen Turmhalbjochs. Diejenigen unter dem Gurtbogen über B2–C2 *(Abb. 600–603)*, die die Ausdehnung der Gruppe I nach Westen auf das östliche Chorjoch begrenzen, sind wohl später versetzt worden, weil der Bau von Ost nach West fortschritt. Erstaunlicherweise handelt es sich gerade bei diesen vier um die konventionellsten, die sich am besten in das Gesamtbild einfügen lassen. Nur der leicht vorquellende Korb kündet von ihrer relativ späten Entstehung. Das schlichte Rankenbaummotiv (über C2o, *Abb. 602)* ist eine Vereinfachung des von Blendarkatur und Chorschranken bekannten Typs, die Palmette mit umgebender Wulstranke (über C2w, *Abb. 603)* tritt eng verwandt an denselben Punkten auf (Blendarkadenkämpfer Süd 1, *Abb. 561,* oberes Treppenfenster Chor Südseite). Das Diamantband mit Palmetten (über B2o, *Abb. 600)* erscheint in etwas anderer Linienführung in den Seitenschiffen (C2w, A2o und w, *(Abb. 660, 610, 611)* als strähniges Band) und die Eckpalmette mit in der Mitte gebündelter Wulstranke (über B2w, *Abb. 601)* ist nur eine stilistisch angepaßte Wiederholung des Blendarkadenkämpfers Süd 3 *(Abb. 563)*.

Ein besonders eindrucksvoller Abschnitt der Bamberger Bauornamentik entfaltet sich im *Turmhalbjoch (Abb. 592–599)*, wo es zu singulären Erscheinungen kommt. Hier sind letztmalig im Inneren auch die großen Kämpfer dekoriert. Ohne Parallele ist das üppige Rankenblattmotiv, das, von einem Löwenkopf ausgehend, sich ausfächernd einwärts schwingt und abermals nach außen und wieder zur Mitte geführt ist. Für die Art der innigen, vegetabilischen Verbindung von diamantierten, gratigen und wulstigen Rankenadern zu einem sich ausfächernden Strang fehlen Vergleiche[439]. Das Motiv bestimmt vier Kapitelle: die großen des Apsisbogens *(Abb. 592, 593)* und die kleinen des Eckdienstes unter der Mittelrippe (über B1, C1, *Abb. 594, 595)*. Das Vorbild lieferte offensichtlich das südliche Apsisbogenkapitell *(Abb. 593)*, dessen Blattfiederung nicht nur zarte Adern aufweist, sondern in der Randbuchtung jeweils Dreiergruppierungen durch tiefe Einschnitte scheidet. Bezeichnenderweise ist auch der Halsring aus Blättern gebildet. Die übrigen drei Kapitelle zeigen trotz genauer Übereinstimmung die übliche Zeichnung von Rand und Binnenform.

Von den dekorierten Kämpfern – die der Mittelvorlagen sind profiliert – stimmen alle bis auf den nordöstlichen Eckdienst *(Abb. 596)* im Grundmotiv überein. Es ist ausgehend von der gleichen Aufgabe denen der Ornamentgesimse des Außenbaues in seinen Elementen ähnlich. In der Ausführung bieten die fünf Kämpfer, die z. T. aus mehreren, verkröpften Abschnitten bestehen, mindestens sieben verschiedene Varianten, was m. E. nur durch die einzelnen Steinmetzen zu erklären ist. Es würde zu weit führen, hier die Differenzen darzustellen, doch bestätigen sie, daß sich unsere aus den Erfahrungen späterer Epochen abgeleiteten Vorstellungen einer »Handschrift« zumindest hier als wahrscheinlich erweisen. Auch bei den Kämpfern entfernt sich der südliche des Apsisbogens *(Abb. 593)* am stärksten von der Norm und zeigt statt des unteren Mittelblattes gegenständige Blattüberfallvoluten. Der Blattyp ist wiederum der mit der fein geäderten Fläche und dem unterteilten Rand, wobei einzelne, fast lilienartige Abschnitte entstehen und das Blatt in mehrere Achsen zerlegt wird. Verwandte dieses Blattyps finden sich an den Reliefs der Nordchorschranken *(Abb. 247–258)*. Etwas vergröbert ist er auch an den benachbarten Kämpfern wiederzufinden, bei denen das untere Mittelblatt einen gesondert ausgebildeten, frontalen, flach angedrückten Überfall besitzt. Beim südlichen Apsiskämpfer zeigen die Ranken Hüllblätter und sind am Grund hinterlegt. Die stärkste Vereinfachung und Annäherung an die gewohnten Dekorformen ist bei dem nur bossierten Kämpfer unter der südlichen Mittelrippe (über C1, *Abb. 595)* festzustellen.

Zu dieser Formengruppe sind auch die beiden östlichen Dienstkapitelle zu rechnen. Das südöstliche *(Abb. 597)* ist zweizonig aus dem Mittelblatt des Kämpferfrieses entwickelt mit einem dreischichtig angedrückten Blattüberfall. Das nordöstliche *(Abb. 596)* – ebenfalls zweizonig – besitzt unten vergröbert ähnliche Blätter, aber oben aufgereihte, verhüllte Knollen an Zungenblättern, die ein Kreissegment bilden. Dieses Motiv ist zwar geläufig, doch ist seine Verarbeitung so andersartig, daß dies nur durch den Einfluß dieser Formengruppe zu erklären ist. Das Kapitell der nördlichen Mittelvorlage *(Abb. 598)* verwendet denselben Blattdekor, dazu gefiederte Stengel, die zusammen mit gebündelten Blattüberfällen wie die Voluten eines korinthischen Kapitells angeordnet sind. Die Umrißlinien von Blättern und Ranken darunter lassen sich als Kranz von Akanthusblättern lesen. Damit gleicht das Arrangement überraschend dem Kryptenkapitell c2 *(Abb. 446)*, auch wenn das verwendete Blattwerk ein vollkommen anderes ist. Die motivische Anregung von dort ist – worauf Einzelformen hinweisen – sogar wahrscheinlich, zumal beide Kapitelle in ihrer jeweiligen Formengruppe Einzelgänger sind.

Eine vermittelnde Stellung hat das Kapitell der südlichen Mittelvorlage *(Abb. 599)*. Die Wulstranken, die z. T. verwehten Blattüberfälle und deren Binnenzeichnung lassen sich den übrigen Formen der Ostteile anschließen, doch die Anordnung mit Fruchtständer ist eher bei den Friesfüllungen und Gesimsen, nicht bei den Kapitellen zu finden. Auch darin wirkt sich der Einfluß der umgebenden Kapitelle aus. Die Linienführung der Ranken bildet übrigens im Umriß die Schildform eines Würfelkapitells. Der einzig abstechende Kämpfer über der Nordostvorlage *(Abb. 596)* mit Eckmaske und Wulstranken wirkt zunächst ebenso vertraut, die umhüllende Art, mit der Blätter und Ranken dem Hauptast entwachsen, stellt aber einen Sonderfall dar und zeigt, daß auch dieses Stück nicht von den üblichen Kräften gearbeitet wurde.

Insgesamt ist der Dekor des Turmhalbjochs ein Intermezzo[440], sieht man von den Friesen des Außenbaues ab. Man könnte an die Verbindung mit der kleinen Zeichengruppe IC denken, doch fehlt der Beweis, weil unklar ist, wann die Kapitelle gearbeitet wurden. Auf jeden Fall sind Blendarkatur, Chorschranken und Zwerggalerie stärker in das Formengut der Gruppe I integriert als das Turmhalbjoch und besonders dessen großartige Kapitelle vom Apsisbogen.

Die *Zwerggalerie (Abb. 478–493)* der Ostapsis leitet – wie oben mehrfach angedeutet – den letzten Abschnitt der Gruppe I ein[441]. Es handelt sich um zwanzig Doppelkapitelle, die meistens aus demselben Werkstück bestehen und gleich geformt sind. Als statische Sicherung ist öfters ein kleines Kapitell, eine Scheibe oder ein Tier eingehängt – letzteres anknüpfend an die Schlußsteine und das Apsisuntergeschoß (Galerie: Südost 1, Südost 4, Nordost 4, Nord 2, *Abb. 479, 482, 490–492).* Die Kämpfer sind durchweg, aber verschieden profiliert. Eine große Anzahl der Kapitelle ist nur bossiert. Die Grundform der Kapitelle ist zwar vom Korb abzuleiten – dieser Typ ist noch immer in einigen Exemplaren rein vertreten – doch ist die Tendenz zum Kelchblock vorherrschend bis hin zum reinen Kelchblock – oder sogar Kelchkapitell. Die Abwandlung erfolgt häufig so, daß die Rundung des Schaftes auch über dem Halsring fortgeführt ist und dann in größerem Abstand vom Halsring mit dem weit vorquellenden Dekor umgeben wird. Der Blattdekor entspricht weitgehend dem bossierten Typ, der schon an den Kämpfern der Apsis vorherrscht und dort besprochen ist. In einigen Fällen kommen bossierter und ausgearbeiteter Typ nebeneinander vor, letzterer z. T. sogar mit Blattadern. Die Gleichartigkeit von innerem und äußerem Kapitell wird – sofern nicht anders erwähnt – vorausgesetzt.

Nicht weniger als 5½ Doppelkapitelle weisen Variationen des fleischigen Wiegenblattes auf: großformig das ganze Kapitell bedeckend und ausgearbeitet (Nord 2, Südost 2 mit knapper Linienführung, *Abb. 490, 491*), verdoppelt, miteinander verwachsen und mit kleinen Eckkugeln (Nord 3, Nord 4 außen, *Abb. 480, 481*), verdoppelt und verwachsen, klein und mit großen Blättern dahinter, Eckkugeln (Nordost 2 *Abb. 488*, das Innere ausgearbeitet; wörtlich übereinstimmend das wiederverwendete Kapitell unter dem Epitaph für Bischof Wertheim im 8. Nordseitenschiffjoch), verdoppelt und verwachsen, klein, zweizonig, aber versetzt (Südost 1, *Abb. 479*) und verdoppelt und verwachsen, klein und zweizonig gleichgerichtet übereinander (Süd 1, *Abb. 478*). Der teilweise sehr sorgfältig als Wulst aufgebogene Blattrand spricht dafür, daß hier weiterführende Bearbeitung vorgesehen war. Wegen verwandter Blattgestaltung gehören noch die Kapitelle Ost 4 (mehrschichtig, hintere mit vorderer Schicht wiegenblattartig verwachsen: vergl. wörtlich obere nördliche Treppenschachtöffnung) und Südost 3 (weit ausladend, großformiges Eckblatt: vergl. untere südliche Treppenschachtöffnung). Der gekreuzte Fiederblattstengel von Nordost 3 (inneres Kapitell, *Abb. 489*) ist ebenfalls an der unteren nördlichen Treppenschachtöffnung vertreten, und die harten Eckpalmetten von Nordost 3 außen sind nur eine vereinfachte Zwischenform von Südost 2 (Wiegenblatt) und Südost 3 (Eckblatt).

Mehrfach treten die Kugeln auf, doch nicht mehr in der Reihung wie unten. Mit einer angedeuteten Teilung ist die Tendenz zur Knospe zu spüren. Mit versetzten Bossenblättern und gerade sichtbarem Kelchrand ist Süd 3 *(Abb. 484)* das entwicklungsgeschichtlich fortgeschrittenste. Süd 2 *(Abb. 483)* ist schlanker und komplizierter, weil das mittlere Zungenblatt von einem weiteren hinterlegt ist wie ein aufgebogener Kelchrand, von dem es aber nicht herzuleiten ist, wie bei den Vergleichsstücken am Apsisobergeschoß gezeigt werden konnte. Bei Ost 2 ist diese Hinterlegung sogar gefiedert; die Zungenblätter sind hier noch schmaler und gleichgeordnet. Bei Süd 4 *(Abb. 485)* gibt es nur Eckknollen an gekreuzten Bandstengeln (vergl. A 4 o, *Abb. 614*), bei Südost 2 außen sitzen diese an bossierten, breitstengeligen Eckblättern. Ost 1 *(Abb. 493)* innen besteht aus einem wohl tatsächlich mißdeuteten Kelch, wo die Knollen an geteilten, vereinzelten Wulststengeln hängen.

Vereinzelt ist das Würfelkapitell mit blattbelegtem Schild (Ost 3, *Abb. 486*) wie d 7 der Krypta und Schild mit Stegen wie in der südlichen Turmhalle. Es bezeugt die Kontinuität, wobei der Körper hier freilich gestreckt und der Umriß dem Kelchblock genähert ist. Allein steht auch das Rankenbäumchen von Nord 4 *(Abb. 480)* innen, doch erscheint es unten wie oben in den Türmen so häufig, daß dies eher Zufall ist.

Es gibt auch einige Sonderfälle unter den Kapitellen der Zwerggalerie, die sich nicht ohne weiteres in die allgemeine Entwicklung einfügen lassen. Dazu gehört Nordost 4 *(Abb. 482)*, weniger wegen des einfach verschlungenen Diamantbandes mit Profilblättern – was sich ja vom Seitenschiff (C 2 w, *Abb. 660*) herleiten ließe – als wegen deren Anordnung. Auch Nordost 1 *(Abb. 487)* ist dazuzurechnen mit seinen schwungvoll von oben durchgesteckten Blättern, die weit ausladen. Sein bossierter Teil fügt sich noch in den Kreis mit den fleischigen Blättern ein, aber in der Ausführung sind diese ganz dicht besetzt mit gefüllten, wulstigen Mulden, wie sie auf kleineren Flächen in den Seitenschiffen und Turmhallen zu finden waren, dort in ganz anderem Zusammenhang. Schließlich sind noch Südost 4 *(Abb. 492)* und Ost 1 *(Abb. 493)* außen zu erwähnen, die als reine Kelchblockform Anklänge an rheinische Stengelkapitelle zeigen – freilich so verhärtet und streng flächig auf die Ansichtsseiten bezogen mit leblosen Diamantstengeln, die steif auf dem Halsring stehen, daß nicht an einen Zusammenhang zu denken ist. (Vergl. dagegen das östliche untere Säulenkapitell von A 6, *Abb. 620*). Das steife Aufsetzen von Stengeln auf dem Halsring ist seit der Krypta eine Bamberger Eigenheit. Diese Sonderfälle sprechen dafür, daß wie auch im Turmhalbjoch kurzfristig weitere Kräfte in die Gruppe I aufgenommen wurden.

Die Kapitelle in den Öffnungen des *3. und 4. Geschosses* der Osttürme *(Abb. 495–514)* gehören zu den letzten Arbeiten der Gruppe I. Beim Südostturm sind die der unteren Öffnung in der Vermauerung verborgen *(Abb. 495)*. Die Kämpfer sind teils profiliert, teils ornamentiert. Die Grundform der Kapitelle ist der breit ausladende Korb mit Zwischenstufen bis zum Kelchblock. Die Mehrzahl ist nur roh bossiert. In ihrem Dekor gehören sie in den Kreis von Apsisobergeschoß und Zwerggalerie. Wesentliche Veränderungen der Formen sind nicht zu beobachten, wenn man von einer wohl standortbedingten Vergröberung und einer Ermüdung bei den Motiven absieht.

Als Blattmotiv herrscht ausschließlich der fleischige, meist bossierte Typ in allen denkbaren Größen und Variationen. Das dazu gehörende Wiegenblatt erscheint in der Regel verflacht an den Kämpfern. Schlingranken, Rankenbäumchen und große Blätter dekorieren die Kapitelle. Einmal tritt an einem Kapitell die wörtliche Übertragung eines sonst den Bogenfriesen vorbehaltenen Motivs auf, aber auch die Brezelranke der Gesimse erscheint bossiert an den Kämpfern. Die Mittelsäule auf der Westseite im 3. Geschoß des Nordostturms *(Abb. 503)* zeigt von oben und unten über zwei horizontale Bänder gegenständig wachsende Blätter, was an die 4. Säule im 3. Joch der Nordschranken *(Abb. 581)* erinnert. Mehrfach sind die geschwungenen, leicht gekehlten Kreuzbänder mit Knollen oder Blattüberfällen an den Kanten vertreten. Kugeln und Knollen hängen an versetzten, teils kannelierten Bossenblättern, manchmal in der Mitte hinterlegt von als Kelchrand mißverständlichen Blattzungen. Auffällig sind die stark aufgebogenen Blattränder und die gegenständlich nicht mehr deutbare Durchdringung dieser Blattränder oder Stengel. Diese Blattform erscheint als Kontinuum auch in der Gruppe II. Da in keinem Fall das Kelchkapitell erscheint – die den Stützen des 4. Südturmgeschosses vorgestellten Säulen gehören zur

Gruppe III – ist eine sich entwickelnde Überleitung zur Gruppe II nicht erkennbar.

4.16 *Gesimse und Bogenfriese am Äußeren der Ostteile (Abb. 534–551)*. Die Felder unter den Bögen der *Rundbogenfriese* sind an den Ostteilen in der Regel mit aufgelegtem Ornament gefüllt, das aus verschiedenen Variationen von Rankenbäumchen mit Fruchtständern, Rankenknoten und -verschlingungen mit Profilblättern besteht. Die Mehrzahl ist bossiert und läßt darum keine stilistische Beurteilung zu. Hinsichtlich der Motive wäre nur eine statistische Behandlung der mehr als zweihundertfünfzig Bogenfüllungen sinnvoll, wofür dem Bearbeiter die Unterlagen fehlen. Es ist jedoch eindrucksvoll festzustellen, mit welch einer geringen Anzahl von Variationen die Wirkung der Vielfältigkeit erzielt wird, ähnlich wie es auch bei den Bewegungsmotiven der Schrankenreliefs zu beobachten ist.

Gemäß dem baugeschichtlichen Ablauf sind die frühesten Füllungen an den Turmuntergeschossen und Seitenschiffen zu finden. Es ist nicht zu übersehen, daß bereits hier der Formenkanon für die oberen Teile festgelegt wird, wobei das bossierte Profilblatt und seine Kombinationen dominieren. Da diese bei Kämpfern und Kapitellen erst im Apsisobergeschoß in größerem Umfange auftreten, ist zu überlegen, ob der Impuls dafür nicht von den Bogenfüllungen ausging. Daneben gibt es wenige, unpflanzliche Motive: z. B. ein Knauf über der Adamspforte, der an die Schlußsteinknäufe der Krypta anknüpft, ein Flechtbandknoten im 2. Joch des Nordseitenschiffes *(Abb. 542)*, der zu den versprengten Flechtbandbildungen an Blendarkatur und Chorschranken gehört. Ein Motiv mit Fruchtständer stellt die Isolierung eines Teils des Seitenschiffgesimses dar.

An den Türmen werden die Füllungen nach oben hin karger. Am Südostturm reichen sie ein Geschoß höher als am Nordostturm, nämlich bis in das 4. Obergeschoß.

Die *Ornamentgesimse*, die den formalen Reichtum der Ostteile entscheidend mitbestimmen, treten als Kranzgesims des Nordseitenschiffes, Geschoßgesims über dem 1. Obergeschoß der Osttürme und als Fußgesims der Zwerggalerie an der Ostapsis auf. Sie unterscheiden sich von den Kapitellen und Bogenfüllungen durch die Konstanz des Motivs – von kleinen Varianten abgesehen – innerhalb ein und desselben Abschnitts und das nahezu vollständige Fehlen bossierter Teile. Zumindest die Blattränder sind immer gebuchtet. Der Grund dafür ist wohl darin zu erblicken, daß jeder bossierte Teil eine empfindliche Störung bedeutet hätte. Offenbar wurde die einheitliche Durchführung gerade dieses Teils als oberstes Gebot angesehen und daher auf jede Motivvariante verzichtet. Die dennoch unterschiedliche Gestaltung in der Durchformung der Einzelheiten zeugt eher von verschiedenen »Händen« als von stilgeschichtlichen Entwicklungen. Sie ist ein Beweis für die Kraft des Individuums innerhalb des Zwangs zur Gleichförmigkeit, der innerhalb des Bauornaments am Dom nirgends stärker war als hier. Im Gegensatz dazu ist gemäß der allgemeinen Steinmetzentwicklung das Fehlen individueller Regungen an den Erneuerungen des 18. und 19. Jhs. zu beobachten.

Die Werkstücke wurden vor dem Versatz vollkommen fertig bearbeitet, was an den Sprüngen beim Anschluß an den Stoßfugen erkennbar ist. Die Motive entwickeln sich frei, bilden aber sowohl in der Mitte und am Rande senkrechte Achsen aus, so daß hier die Stoßfugen kaschiert werden konnten und die zwanglose Füllung rechteckiger Felder entsteht, die aber kaum wahrzunehmen ist. Die kurzen Abstände des Rapports werden zunehmend gedehnt. Die ältesten Abschnitte sind über den beiden Ostjochen des Nordseitenschiffs *(Abb. 540–542)* zu finden, die jüngsten am Fußgesims der Zwerggalerie *(Abb. 77, 534–537)*. Das in dieser Funktion verbreitete Motiv der »Brezelranke« tritt hier nur im spätesten Teil an der Apsis auf[442].

Die Ornamentgesimse zeugen von Anfang an von einer außerordentlichen bildhauerischen Qualität: weiche, breite vegetabilisch schwellende, z. T. mehradrige Ranken und Stengel, perspektivisch von unten gesehene, gekehlte Manschetten zur Bündelung, Profilblätter mit stark geschwungenen Rücken, z. T. gefiederte Stengelränder. Die Reliefbehandlung ist räumlich aufgefaßt und dringt auch tief in den Grund ein, der kaum sichtbar wird. Der zunächst aufgerichtete Ring zur Bündelung im ersten Stück des Nordseitenschiffs *(Abb. 541, 542)* dürfte die älteste Formulierung darstellen, die dann von der Manschette abgelöst wird. Wesentliche Unterschiede zum Gesims des Südostturms bestehen nicht. Ob die deutlich faßbare Verhärtung und Vergröberung desselben Motivs am Nordostturm ursprünglich oder auf eine Auswechslung des 18. oder 19. Jhs. zurückzuführen ist, konnte nicht festgestellt werden.

Verbindungen der ältesten Gesimsstücke zur übrigen Bauornamentik lassen sich nur schwer herstellen. In der weichen, mehradrigen Behandlung von Ranken ist eine entfernte Beziehung zu den westlichen Kryptenkapitellen c7 und c8 *(Abb. 450, 451)* möglich. Näher führt dies jedoch zu den Kämpfern und Kapitellen, des Turmhalbjochs *(Abb. 592–597)*, obwohl weder Motiv noch Blatt- und Rankentypen dort zu finden sind. Das Gemeinsame liegt eher in einer von der übrigen Ornamentik unterschiedenen bildhauerischen Auffassung.

Enger sind die Beziehungen zwischen Turmhalbjoch und dem Fußgesims der Zwerggalerie *(Abb. 77, 534–537)*, wo das Motiv abgewandelt und die teils diamantierte »Brezelranke« eingeführt wird. Diamantiert sind auch manche Blattstengel; vor allem die feingeäderte Binnenzeichnung der Blätter mit der differenzierenden Randbuchtung erinnert unmittelbar an die Ornamentik des östlichen Chorjochs in derselben Höhenlage. Daneben erscheint das gleiche Motiv aber auch mit den bossierten Profilblättern *(Abb. 534, 537)* mit betontem Rand ohne Diamantrippen, also einem Dekor, der zum Apsisobergeschoß und den Türmen paßt. Die Beurteilung ist dadurch erschwert, daß sich nur Reste des originalen Bestandes an den Kanten des Polygons erhalten haben, weil dort die Pfeiler darüberstehen. Trotz getreuer Kopie des Motivs sind die Erneuerungen des 18. oder 19. Jhs. als derbe Vergröberung leicht auszumachen.

Am Ostende des Südseitenschiffes *(Abb. 178)* und an der Süd- und Westseite des Südostturmes *(Abb. 140)* ist das Ornamentgesims durch eine Kehle ersetzt, die sparsam in größeren Abständen mit kugelntragenden Zungenblättern besetzt ist. Dieses seltene Motiv stellt den bald aufgegebenen Versuch dar, den Kugelbesatz der Apsisfenster *(Abb. 99, 100)* mit Hilfe der Elemente des Zungenblattkapitells auf ein Gesims zu übertragen. Die Verbindung zu den Apsisfenstern besteht darin, daß dort auch viele Kugeln als an der Spitze von Blättern hängend aufgefaßt sind, die sich aus der Profilkehle entwickeln. Es handelt sich um einen Reduktionsversuch aus Sparsamkeit, der ein besonderes Licht auf die Einführung und Ausbreitung des Knollenkapitells wirft[443].

## 4.2 Gruppe II *(Abb. 543–548, 604–608, 615–628, 636–657, 665–686, 691–721)*

Die Grundform des Kapitells der Gruppe II ist das voll entwickelte Kelchkapitell[444] mit einer Art Knospendekor, der jedoch in keinem Falle mit den gotischen Knospen übereinstimmt. Mehrfach fehlt der Kelch, was jedoch ohne Einfluß auf die Anlage des Dekors ist. Daneben erscheinen auch echte Kelchblockkapitelle und Zwischenformen. Als deutliche Anknüpfung an die Gruppe I wird manchmal, besonders gegen Ende der Gruppe, auch das Korbkapitell wieder verwendet. Die Gruppe II ist der Bauausführung folgend im Langhaus und im 2. Ostchorjoch vertreten. Die Grenze zur Gruppe I ist relativ deutlich und oben bereits angedeutet. Die neuen Formen beginnen im Ostchor mit der Mittelvorlage über B 3, C 3 *(Abb. 604, 606)*, in den Seitenschiffen und Arkaden mit B 5, C 5 und D 4 *(Abb. 636, 665, 691)*. Lediglich bei der nördlichen Seitenschiffsmauer ist die Unterscheidung nicht so einfach, weil dort Kelchblockkapitelle das Bild verunklären. A 4 *(Abb. 614)* ist hier aus der Sicht der letzten Entwicklung der Gruppe I in den Türmen eben dieser Gruppe zugeordnet worden, doch bieten die Formen von A 5 *(Abb. 615)* die Möglichkeit eines Anschlusses an die Gruppe II. Tatsächlich dürfte hier die einzige, dünne Verbindung gegeben sein. Zwischen beiden befindet sich das Fürstenportal, das eine Sonderstellung einnimmt und mit seinen Gewändekapitellen ohne stärkeren Einfluß auf die Gruppe II ist. Die westlichen beiden Seitenschiffsjoche in Nord und Süd sowie das zugehörige Mittelschiffsjoch setzen sich von der Gruppe II ab, zehren aber neben Archaismen und ersten neuen Einflüssen von deren Formengut und werden daher hier als Untergruppierung behandelt.

### 4.21 Ostchor und Langhaus (bis zum 3. Joch).

In den folgenden Überlegungen wird auf eine chronologische Reihenfolge verzichtet, weil dadurch die Formzusammenhänge verdeckt würden. Die Kapitelle mit den für die Gruppe charakteristischen Eigenschaften sind möglicherweise nicht die frühesten, doch scheint dies hier von untergeordneter Bedeutung, da eine durchgehende Entwicklungstendenz kaum sichtbar ist, wenn man davon absieht, daß sich die markantesten Akzente eher in dem älteren, östlichen Abschnitt versammeln.

Die Kelchkapitelle besitzen oft einen weit vortretenden Rand, dessen Mittelpunkt wegen der Stellung im Winkel verschoben ist[445]. Träger der Knospenbildungen ist häufig ein glattes Bossenblatt, das aber fast nicht zu sehen ist, weil es von zarten Blattauflagen verdeckt ist. Diese stehen in ihrer Palmetten- oder Lilienform den älteren Blättern der Gruppe I nahe. Die Knospen bilden sich aus den Blattüberfällen, die sich in kleine Blättchen, Blattspitzen und Ranken teilen und alle eine enge motivische Übereinstimmung mit den bekannten Blattypen besitzen, also »spätromanisch« sind. Sie sind meistens tief zerfurcht. Auch einfache Knollen sind auf diese Art verhüllt. Die am stärksten vorspringende Eckknospe ist oft am stärksten aufgelöst und entsendet nach den Seiten Ranken und Profilblättchen, so daß unter dem Kelchrand eine blockartige Dekorzone entsteht. Die Blätter sind alle tiefer gemuldet, stärker gebuchtet mit durchgebogenen Rücken und gekehlten Stengeln, aber dem Typ nach dieselben wie in der Gruppe I. In keinem einzigen Fall ist ein naturalistisches Blattwerk – Assoziationen ausgenommen – oder die für diese Phase in Nordfrankreich charakteristischen Buckelblätter zu beobachten[446]. Dieser Grundtyp bietet zahllose Variationen mit mehr oder minder starken Abweichungen.

Am weitesten in Richtung auf das gotische Knospenkapitell dringt B 5 no *(Abb. 636)* mit seinen gerollten Knospenblättern vor. Dazu gehört auch C 5 so *(Abb. 667)*[447], mit Flügeldrachen auf den Knospen, und D 4 w *(Abb. 692)*, das aber einen zweiten Kelchrand mit gewirbelten Blättern besitzt. Dieselbe Form besitzt das Vorlagekapitell über C 8 o *(Abb. 715)*, nur schauen dort die Flügeldrachen von C 5 so *(Abb. 667)* über den unteren Rand, womit sich diese Gruppe als zusammenhängend erweist. Die langschnauzigen Flügeldrachen sind ein Leitmotiv innerhalb der Gruppe; denn sie bilden ausschließlich den Kelchdekor von B 6 sw und C 6 nw *(Abb. 643, 670)*, erscheinen vierfach an dem einzigen Schlußstein der Gruppe über dem westlichen Chorjoch *(Abb. 849)*[448] und füllen den 1. Rundbogen der Gruppe außen am 3. Nordseitenschiffsjoch *(Abb. 543)*[449].

Weniger »gotisch« und mit allen eingangs beschriebenen Merkmalen versehen sind die Vorlagenkapitelle über B 4 *(Abb. 605)* und C 4 *(Abb. 607)* besonders hinsichtlich der Auflösung der Eckknospen in Voluten. Am ähnlichsten sind B 6 so *(Abb. 642)* und mit gezacktem Laub D 7 w *(Abb. 698)* sowie in vereinfachter, derberer Art C 7 sw *(Abb. 676)*. Hinsichtlich der verwendeten Formen gehören auch die beiden Mittelvorlagen des Chorjochs über B 3 und C 3 *(Abb. 604, 606)* dazu, die beiden ersten der Gruppe II am Obergaden. Bei beiden Kapitellen verzichtete man auf die Ausbildung eines Kelchs, was möglicherweise mit der isolierten Stellung des Dienstes zusammenhängt, da alle übrigen Eckdienste sind. Es hätte hier eines besonders großen und darum gut sichtbaren Kelchs bedurft, der vielleicht einen zu starken Akzent in dem andersartigen Formenkanon des Chores bedeutet hätte. Die Wirkung der Kapitelle des Turmhalbjochs reichte wohl bis hierher[450]. Über C 3 *(Abb. 606)* geht die Auflösung der Knospen in große Blattranken so weit, daß ein regelrechtes Kelchblockkapitell entsteht. Über B 3 *(Abb. 604)* bleibt der Eindruck von Knospen eher erhalten, auch wenn sich diese an den Ecken auflösen. Die Riefelung der Knospenblätter unterstreicht diese Wirkung.

Eine Unterscheidung zwischen geriefelten Knospenblättern und kannelierten Bossenblättern ist bei fließenden Übergängen nicht möglich, zumal beide dasselbe meinen. Für erstere ist die Annäherung an die schlanken Knospenträger frühgotischer Kapitelle ein Kriterium, während bei letzteren das fleischige antike Bossenblatt als Grundform erkennbar ist. Daß der Begriff der »Kanneluren« hier nicht assoziativ zu verstehen ist, zeigen die Kannelurenfüllungen am Fuß der Blattrillen von C 7 no *(Abb. 673)* und des Vorlagenkapitells über B 6 w *(Abb. 705)*, die beide eine entfernte Ähnlichkeit mit dem Kapitell über B 3 aufweisen. Die Zahl und Variationen von kannelierten Blättern sind im übrigen so groß, daß nicht sonderlich darauf verwiesen werden muß. Schlanke, geriefelte Knospenblätter treten dagegen nur am Anfang und unter anderen Vorzeichen ganz am Ende der Gruppe II auf.

Groß ist die Zahl der Kapitelle mit kugelig geschlossenen Knollen, fest umhüllt von größeren oder kleineren Blättern und an kannelierten oder glatten Bossenblättern hängend, teils weit vom Kelch abstehend, teils unbeholfen fest an ihm klebend. Manche Blätter sind als hauchdünne Folie direkt auf den Kelch gelegt. Aus diesem Reservoir wird der Kanon der Kapitelle in der Reduktionsphase gespeist. Es fällt auf, daß immer nur wenige Stücke von einer bestimmten Variante dieses Typs existieren, teils nah beieinander, teils räumlich getrennt. Auf bestimmte »Hände« ist daraus nicht unbedingt zu schließen, obwohl die große Zahl der Steinmetzzeichengruppe IIA den Gedanken nahelegt. Sie sind nachfolgend aufgezählt, um gewisse Gemeinsamkeiten sichtbar zu machen: a. D5o, C6so und sw, B7no, A7w *(Abb. 693, 671, 672, 644, 622)*; b. Kugeln, dünne Blätter: D7o, B8so *(Abb. 697, 650)*; c. dünne Blätter mit ausgestanztem Umriß: C8so, D8w, B8no *(Abb. 679, 700, 648)*; d. Blätter und Kugeln mit eichenlaubartigen Blättern überzogen: C8sw, A6o *(Abb. 680, 617)*; e. stark profilierter Kelchrand: B8nw, A8w, B5sw *(Abb. 649, 624, 639)*. Bei den kleinen Knospen von C5nw *(Abb. 666)* schlagen Blätter nach oben über den Kelchrand.

Die gekreuzten Stengel erscheinen auch an den Kelchen wieder; gefiedert an B5so *(Abb. 638)* und gröber an B7sw *(Abb. 647)*, mit glatten Bandstengeln an B7nw *(Abb. 645)* und der Vorlage über C8w *(Abb. 716)*. Das schon bei den Chorschranken vorhandene Motiv glatter, wulstiger Stengel, die je zwei und zwei zusammengewachsen sind und Knollen tragen, kehrt einfach an der Vorlage über B6o *(Abb. 704)* wieder und mit zerfurchten Knollen an C6no *(Abb. 669)*, in beiden Fällen die Knollen nicht alternierend, sondern als Kranz in einer Höhe. Ebenfalls bei den Chorschranken wurde auf die gestanzte, vielteilige Blattauflage des kelchlosen Kapitells der Vorlage über C6w *(Abb. 714)* hingewiesen. Der gleiche Typ erscheint noch einmal an dem ebenfalls kelchlosen D5o *(Abb. 693)*, hier aber nicht aufgelegt, sondern aus den glatten großen Dreiecksblättern ausgestanzt.

Ebenso charakteristisch für die Gruppe II wie Kelche und knospenartige Knollen ist das Blattwerk mit den tief gemuldeten Flächen und stark gebuchteten Rändern, mit weit hinterarbeiteten Überfällen und gekehlten, geschwungenen, teils diamantierten Rändern. Es tritt ohne Knospen auf und dekoriert Kelchblock- wie Kelchkapitelle. Sein Arrangement ist oft unübersichtlich und wirkt »knautschig«. Mit einem Kelch verbunden, ist es bei D4o, B5nw, C5sw und nw *(Abb. 691, 637, 668, 666)*, als Kelchblock erscheint es bei A6w und A8o *(Abb. 618, 623)*[451]. Es fällt dabei auf, daß D4o *(Abb. 691)* und das Rankenbäumchen von B5nw *(Abb. 637)* unter dem Kelch- rand eine im Umriß blockhafte Zone nach Art der Kelchblockkapitelle bilden – bei letzterem allerdings stark durchfurcht mit knospenartigem Zusammenziehen der Blätter. Bei C5sw und nw *(Abb. 668, 666)* sind die Blätter zu einem Kranz unter dem Kelchrand geordnet, so daß auch hier eine blockartige Zone entsteht, die aber einen kreisförmigen Grundriß hat.

Sehr viel schärfer ist gerade diese Eigenschaft bei B7so *(Abb. 646)* ausgeprägt, wo sogar der Kelchrand fehlt, jedoch in Verbindung mit feinadrigen, flachen Blättchen. Ähnlich ist C7so *(Abb. 675)*, dessen Blattdekor vergröbert und mit anderer Kapitellform bei A7o *(Abb. 621)* wiederzufinden ist. Auch das mit Ranken und Weintrauben dekorierte C7nw *(Abb. 674)* ist ein »Kelchblockkapitell« mit gerundetem Block.

Es ist nicht zu übersehen, daß die einander ähnlichen Kapitelle in der Gruppe II häufig in der gleichen Pfeilerachse quer zur Längsrichtung auf die drei Schiffe verteilt sind. Das ist zwanglos durch den fast gleichmäßig von Osten nach Westen fortschreitenden Bauvorgang im Langhaus zu erkären. Nur die »echten« Kelchblockkapitelle machen davon eine Ausnahme, weil gleich vier von ihnen an der Nordmauer erscheinen[452]; ob dies mit dem Bauvorgang in Zusammenhang gebracht werden kann, muß offenbleiben. Der östliche Teil dieser bis ins 8. Joch ohne erkennbare Nähte errichteten Mauer dürfte aber mit zum frühesten Teil der Gruppe II gehören. Die Kelchblockkapitelle A6w und A8o *(Abb. 618, 623)* wurden oben bereits erwähnt. A6o *(Abb. 617)* hat dagegen eine vollkommen geschlossene Form, die durch ein geringeres Maß an Hinterarbeitung bedingt ist. Im Motiv sehr eng verwandt, sind im Mittelschiff die Kapitelle C8no und nw *(Abb. 677, 678)* sowie das Vorlagenkapitell über B8o *(Abb. 706)*. Insgesamt erinnert die Gruppe von Kelchblockkapitellen gleich welcher Blattvariante im Motiv stark an rheinische Formulierungen dieser Zeit, wie sie etwa auch am Westportal in Aschaffenburg vertreten sind. Tatsächlich existiert in Bamberg ein einziges Kapitell, bei dem sich das weiche, schwellende Blattwerk und die leicht geschwungene Abakusplatte mit Mittelknauf der Vorbilder mit dem Motiv vereint: das rechte (östliche) der Stützsäulchen unter A6 *(Abb. 620)*[453]. Man darf davon ausgehen, daß alle übrigen Kapitelle dieses Typs Repliken dieses einen sind, wobei die Blätter in Bamberger Möglichkeiten umgesetzt wurden, die im Grunde bereits von der Gruppe I definiert worden waren.

Das benachbarte Kapitell der linken (westlichen) Stützsäule von A6 *(Abb. 619)* ist ein trockenes, kelchloses Bandknollenkapitell, das teilweise übergangen ist. In diesem Fall ist das Vorlagenkapitell A5o *(Abb. 615)* des gleichen Typs weit überlegen. Ein welliger Rand unter der Deckplatte deutet dort auf das Vorbild hin: das rechte Gewände des unmittelbar anschließenden Fürstenportals. Hier ist die Frage zu stellen, ob die gotischen Elemente der Kapitellgruppe um B5no *(Abb. 636)* nicht auch von dort beeinflußt sind, und zwar von den Standsäulen der Ekklesia und Synagoge.

Abgesehen von den ohnehin von der Gruppe I übernommenen Blatt- und Dekormotiven, gibt es in der Gruppe II von Anfang an konservative Elemente. Bei dem Kapitell A4w ist die Zugehörigkeit zu den Gruppen nicht ganz eindeutig. Genau dasselbe Kapitell mit lediglich diamantierten Ranken ist bei D6w *(Abb. 696)* in nun eindeutiger Position der Gruppe II wiederholt. Ein weiteres Korbkapitell mit einer der Gruppe I unbekannten dichten Schlingrankendekoration, die mit ihren bossierten Profilblättern z. T. frei vor dem Grund steht, ist bei D6o *(Abb. 695)* zu beobachten. Merkwürdig in seinen als Knollenersatz heruntergeklappten Blättern ist das Kelchkapitell D8o *(Abb. 699)*, das mit seinen mehrfach geschichteten Blattüberfällen an die ältesten Formen der Krypta erinnert. Die Schlußsteine dieser Gruppe bestehen aus flachen Blattauflagen auf den Rippen *(Abb. 843–847)*.

*4.22 Fürstenportal und Zierformen des Äußeren.* Anders als bei der Gnadenpforte sind die Kapitellfriese des Fürstenportales *(Abb. 163, 164, 167, 168)* kaum in ihrer Stellung zur Ornamentik des Domes zu bestimmen. Sie haben nicht wie jene anregend gewirkt. Sie sind auch nicht als Weiterentwicklung derjenigen des Gnadenportales anzusehen[454] im Gegensatz zur architektonischen Form. Die Feinheit der Durchbildung und Bearbeitung läßt erkennen, daß hier die Bildhauer der Figuren und nicht die Steinmetzen des Baubetriebes am Werke waren[455].

Der rechte (westliche) Fries *(Abb. 164, 171)* besteht aus mehreren Stücken mit motivischen wie stilistischen Unterschieden bei den hier inhaltlich bestimmbaren Geist-Tauben, der Kapitelldekor ist jedoch relativ einheitlich: knollenartige Blattvoluten an sich überkreuzenden, geschwungenen Fiederstengeln, jedoch keine Kelche. Das Motiv ist zwar aus dem Schatz der Gruppe I entwickelt, aber ohne Beziehung zu ihr in der Durchbildung. Auf die erkennbare Nachwirkung bei A5o *(Abb. 615)* wurde hingewiesen. Vielleicht ist auch B5so *(Abb. 638)* dazuzurechnen. Die Ranken- und Blattmotive der linken (östlichen) Seite *(Abb. 161, 163, 167, 168)* sind uneinheitlicher. Bei den inneren wurden Beziehungen zu den Reliefs der nördlichen Chorschranken oben angedeutet. Ganz lockere bestehen vielleicht auch zum Turmhalbjoch. Die Rankenblätter rufen nicht mehr als Assoziationen an Niederrheinisches[456] hervor. Für das 2. äußere Kapitell *(Abb. 163)* – es sind auch hier alles Kelchblöcke – könnte man eine Verbindung zum Muster der Blattauflage von D 5 o *(Abb. 693)* vermuten, das wiederum eine Nachwirkung darstellte.

Die einzigen, im nordfranzösischen Sinne »echten« Kelchknospenkapitelle, die der Dom mit Ausnahme seiner Westtürme besitzt, krönen die Standsäulen von Ekklesia und Synagoge *(Abb. 170, 171)*. Die Kelchlippen sind hinterschnitten, die gerippten Knospenträger springen weit vor. Das linke Kapitell zeigt das in Chartres und Reims in dieser Zeit so beliebte Buckelblatt[457]. Wirkungen auf B 5 no *(Abb. 636)* und seine Nachfolger sind nicht auszuschließen. Die Identität des Akanthuslaubes an den drei äußeren Säulen des rechten Gewändes mit dem der »jüngeren Werkstatt« ist evident und wurde in der Befundbeschreibung (Bd. II) dargelegt.

Der gefüllte *Rundbogenfries* und das ornamentierte *Kranzgesims* des Nordseitenschiffes bewahren überraschenderweise sowohl die Motive der Gruppe I als auch deren handwerkliche Ausführung, so daß man den Wechsel kaum erkennen kann. Am Südseitenschiff wird die Füllung nach dem 4. Joch bereits aufgegeben *(Abb. 180)*, am Nordseitenschiff nach dem 7. *(Abb. 158)*. Dort ging auch das Ornamentgesims in ein glattes über, das erst im 18. Jh. nachträglich ornamentiert wurde. Ebenso erhielten die leeren Bögen Füllungen aus Mörtelstuck *(Abb. 549)*[458].

Auf der Südseite verrät eigentlich nur der 5. Bogen im 3. Joch mit den langen diamantierten Stengeln, die den Kelchblockkapitellen entsprechen, die neue Gruppe. Auf der Nordseite sind es die Flügeldrachen gleich im 1. Bogen des 3. Jochs *(Abb. 543)*. Am Fürstenportalvorbau *(Abb. 544, 545)* erscheint mehrfach das »Brezelmotiv« vom Fußgesims der Apsis, also auch keine spezifische Form der Gruppe II. Lediglich der Affe[459] an der westlichen Flanke des Portalvorbaues und die flache Reliefmaske eines Löwen im 2. Bogen des 5. Jochs *(Abb. 546)* müssen als Charakteristika der Gruppe II angesehen werden, vielleicht auch die besonders elegante Formulierung des »Brezelmotivs« im 1. Bogen des 6. Feldes *(Abb. 547)*.

Im Kranzgesims *(Abb. 543–548)* macht sich der Wechsel durch eine tiefere Ausarbeitung und Hinterarbeitung bemerkbar, wodurch der Eindruck des polsterförmigen Vorquellens entsteht. Die Ranken sind stärker zerfurcht und die Blätter geschwungen, tief gemuldet und am Rande durch Buchtung fast aufgelöst, wie es für die 2. Gruppe typisch ist. Das an sich schon schwer überschaubare Motiv geht noch stärker in der Kleinteiligkeit auf. Eine gewisse Verdichtung des Blattwerks in der oberen Zone entspricht der Anlage von Kelchblock- und Kelchkapitellen. Innerhalb des Motivs sind zahlreiche Varianten der Details festzustellen, so daß die individuelle »Handschrift« des einzelnen fast noch stärker durchschlägt als bei den Friesen der Gruppe I. Eine Spezialuntersuchung zu diesem Thema wäre lohnend. Nach kräftiger Dehnung des Motivs treten auch wieder Stauchungen auf, wofür die Länge der Werkstücke verantwortlich sein dürfte, weil die Stoßfuge mit einer der Achsen – in der Mitte oder am Rande des Motivs – zusammenfallen mußte.

4.23 *Langhaus (3. Joch), östliche Vierungspfeiler.* Westlich der letzten Abschnittsfuge des Langhauses ist mit der Pfeilerquerachse A 8 bis D 9 in der unteren Zone und den Vorlagen über B 8 und C 8 im Obergaden eine deutliche Veränderung in den Schmuckformen festzustellen. Sie fällt zusammen mit dem Auftreten der Zeichengruppe II B und der gröberen Steinbearbeitung. Der Formenkanon ist weitgehend vom ersten Abschnitt der Gruppe II abzuleiten – daher wird man von einer Gruppe II b sprechen können – doch sind die Kapitelle nicht nur häufig bossiert, sondern in ihrer Anlage unbeholfener, manchmal geradezu primitiv zu nennen. Es darf daraus der Schluß gezogen werden, daß die fähigen Kapitellbildhauer der Gruppe II den Bau verlassen hatten.

Bei dem Dekor der Kelchkapitelle sind Rückgriffe auf die Gruppe I zu beobachten[460]. Dabei bleibt es nicht: auch in der Grundform kommen Wiederholungen aus der Gruppe I vor, was allerdings auch schon im ersten Abschnitt der Gruppe II in Einzelfällen gegeben war. Über die Gruppe I zurück führen die einfachen Würfelkapitelle, die deutlich werden lassen, daß neben der allgemeinen Vergröberung eine bewußt archaisierende Tendenz als weitere Komponente vorliegt. Damit verunklärt sich das Bild; denn eben dies ist auch für einzelne Abschnitte der Gruppe III festzustellen. Daß die Grenze nach dort fließend ist, beweisen einige Kapitelle, die schon ganz dicht an die Gruppe III heranführen. Die Feststellung v. Reitzensteins[461], daß der Wandel sich schon im 3. Langhausjoch abzeichnet, ist durchaus zutreffend.

Dominant ist zunächst ein ungelenkes Kelchkapitell mit versetzten Bossenblättern und Kugeln (A 9 w, B 9 no, nw und sw, C 9 no und sw, C 10 no, D 10 Halbsäule *Abb. 626, 652, 653, 681, 684)* wobei die Kugeln mit Stielen an der Blattspitze hängen können, wie teilweise in der Gruppe I (D 9 o, *Abb. 701)*, oder aber die Bossenblätter breit kanneliert sind, wie auch schon in der Gruppe I (D 9 w, C 9 nw *Abb. 702, 682)*. Korbförmig ist das als Bosse stehengebliebene Kapitell B 9 so und C 9 so *(Abb. 654, 683)*, das mit seinem Palmettenblatt an die Gruppe I anschließt, freilich mit unter der Deckplatte vorquellendem Umriß.

Die Würfelkapitelle A 9 o und A 10 w *(Abb. 625, 628)* sind besonders einfach und tatsächlich fast reine stereometrische Körper, was man selbst im 11. Jh. selten antrifft. Die Ritzlinien auf A 9 o lassen allerdings vermuten, daß die Ausarbeitung von schildbegrenzenden Wulsten geplant war. Anders bei dem Würfelkapitell der Hauptsäulenvorlage des Vierungspfeilers C 10 *(Abb. 718)*: hier treten die Schilde vor einen verschliffenen Kapitellkörper vor in der Art eines Schildkapitells. Die exakte Bearbeitung dieser Kapitelle läßt erkennen, daß es sich um einen bewußten Akt der Anpassung an Älteres handelt, wobei man im Archaisieren sogar einen Schritt zu weit geht. Genau dieselbe Situation finden wir am Nordgiebel des Querhauses wieder *(Abb. 265)*. Zu den reinen stereometrischen Körpern gehört auch das Kelchkapitell A 10 o *(Abb. 627)*, das mit radialen Rillen verziert ist. Man könnte es mit dem großen Kelchkapitell vom Vierungspfeiler B 10 *(Abb. 709)* zusammensehen, doch der unterschiedliche Umriß des Kelches läßt die Differenz sichtbar werden und verweist A 10 o in den älteren Zusammenhang.

Eine besondere Note weisen die unteren Kapitelle von B 10 auf. Auch sie sind alle bossiert. Bei B 10 no und so *(Abb. 655, 657)* verschwindet der Kelchrand fast vollkommen hinter einer mächtig vorquellenden Zone aus großen, fleischigen Profilblättern, die die Voluten eines echten Kelchblocks bilden. Dieselbe Tendenz ist auch bei B 10 nw *(Abb. 656)* zu beobachten, obwohl es sich um das Motiv der gekreuzten Bandstengel mit Eckknollen handelt.

Das gleiche Motiv kehrt mehrfach wieder: eine trockene Variante mit steilem Kelch direkt über B 10 nw *(Abb. 712)* am Dienst des Vierungspfeilers B 10 und eine formal sehr gelungene Form an der südlichen Halbsäule von C 10 *(Abb. 686)* mit geschwungenem, profilierten Kelch und mächtigen geteilten Knollen, die weit vortreten. Mit diesem Kapitell tritt die Gruppe II b in die ausgedehnte Zone des Übergangs zur Gruppe III ein. Das unmittelbar benachbarte Kapitell C 10 so *(Abb. 685)* ist nämlich ein relativ weit entwickeltes, vollkommen durchgeformtes Kelchknospenkapitell. Die Knospenblätter laufen spitz zu und sind von kräftigen, scharfkantigen Rillen durchzogen. Die kleinen volutenartigen Knospen sind von Pfeilblättchen eingehüllt.

Viel gröber in der Bearbeitung, aber von gleichem Blattumriß sind die Obergadenkapitelle der Nordseite. Ohne Binnenzeichnung und nur mit sanftem Mittelgrad erscheinen dort fleischige, aber spitz zulaufende Bossenblätter: ohne Knollen über B 10 o *(Abb. 708)* wie an der 3. Säule im 2. J. *(Abb. 576)* der Nordchorschranken und an den Säulen des 5. Obergeschosses des Südostturmes *(Abb. 527, 518)*, und mit Knollen über B 8 w *(Abb. 707)*, bei dem das Kelchrandprofil und ein gefächerter Grund hinzutreten.

Das Kelchrandprofil verbindet das Vorlagenkapitell über B 8 w einerseits mit der südlichen Halbsäule von C 10 *(Abb. 686)*, ebenso aber auch mit allen drei oberen Dienstkapitellen des Vierungspfeilers C 10 *(Abb. 717, 719, 720)*, deren Bossenblätter Knollen tragen, kanneliert sind und enger anliegen. Die Tendenz, Knospen zu bilden, ist hier nicht zu übersehen, doch bleibt der Versuch weit hinter C 10 so *(Abb. 685)* zurück, das hier absolut führend ist.

Von den großen Halbsäulenkapitellen der Vierungspfeiler wurde das Würfelkapitell von C 10 erwähnt, ebenso das glatte Kelchkapitell von B 10 *(Abb. 709)* mit gelochtem Rand, der in seiner Lippenform mit Unterschneidung schon ganz in die Nähe des Kapitells SW vom Äußeren der Westapsis *(Abb. 334)* führt. Um so deutlicher erscheinen die beiden westlichen Hauptkapitelle von B 10 und C 10 *(Abb. 721, 710, 712)* als Rückgriff. Es sind reine Kelchblockkapitelle, die fast gleich geformt sind, beide bossiert, nur das südliche etwas weiter ausgeführt. Die formalen Anleihen bei den früheren Kelchblockkapitellen der Gruppe II sind nicht zu übersehen, doch ist der kleinteilige, harte Blattdekor aus Profilblättern nicht zur großen geschlossenen Form verbunden worden. Sie bilden nicht den Kelchblock, sondern sind ihm aufgelegt. Die »hölzernen« Bandstengel sind hart nebeneinandergestellt wie in der frühesten Phase der Gruppe I.

Ein Sonderfall ist das einzelne zur Palmette umgestaltete flache Bossenblatt des südwestlichen Dienstkapitells von B 10 *(Abb. 711)*. Es gibt keinen Anhaltspunkt dafür, daß es sich um einen Eingriff der Restauratoren des 19. Jhs. handelt.

Die 2. Phase der Gruppe II ist also vieldeutiger, als man zunächst annehmen möchte. Die bei fast allen Kapitellen grobe, bossierende Bearbeitung läßt das weniger deutlich werden. Die Verkümmerung mischt sich mit unbewußter Archaisierung, die bewußte Archaisierung ist Anfang des Neuen, das sich nur selten klar hervorwagt. Der Vorgang ist verständlich: nach dem Abgang der bewährten Kräfte hilft man sich mühselig aus, gewinnt dann aber neue hinzu, die allmählich zu der neuen Gruppe überleiten.

4.3 GRUPPE III. *(Abb. 722–788, 515–533)*

Die Bauzier der Gruppe III umfaßt den Westchor und das Querhaus mit den Westchorschranken. Sie ist in sich einheitlicher als die übrigen Gruppen. Dominant ist die Grundform des Kapitells mit einem überlängten Kelch, der sich trichterförmig nach oben bis zu einem enorm weit ausladenden Rand verbreitert. Fast ebenso häufig wird jedoch auf den Kelch verzichtet, wobei der Kapitellkörper die gleichen Proportionen behält. Besetzt ist das Kapitell mit langen, spitzen Bossenblättern, die kleine, weit auseinanderliegende Knospen aus den bekannten, spätromanischen Blättchen tragen. Flache Auflagen verdecken die Blätter. Der Kapitellkörper ist mit fächerartig angeordneten Zungenblättern belegt.

Die Variationsbreite innerhalb dieses Typs ist gering, doch gibt es davon abweichende Typen. In den einzelnen Bereichen ist das Bild einheitlicher als in den Gruppen I und II. Zu beiden bleibt die Verbindung durch Wiederholung von Motiven bestehen. Die Aufstellung einer chronologischen Entwicklung ist nahezu unmöglich, weil der Aufbau schichtenweise von Süd nach Nord fortschreitend erfolgte.

4.31 *Südquerarm*. Die wenigen Kapitelle des Südquerarms knüpfen relativ eng an diejenigen des Vierungspfeilers C 10 an. Allerdings besitzen alle drei keine Kelche, aber trotzdem dieselben Proportionen. Die beiden Dienstkapitelle in den Winkeln neben der Südfassade *(Abb. 741)* haben dieselbe Art geriefelter Bossenblätter, die jedoch entwickelte Knospen statt bossierter Knollen tragen. Der Grund ist mit Zungenblättchen belegt. Das 3. Kapitell, das zum südlichen Dienst des Südwestvierungspfeilers gehört *(Abb. 722)*, verläßt diesen Rahmen. Sein doppelter Blattkranz ist anscheinend eine sehr grobe und mißverstandene Replik des südöstlichen Kapitells im Turmhalbjoch des Ostchors *(Abb. 597)*.

Neben diesen Kapitellen zeigen die vier Hornkonsolen *(Abb. 742, 743)* den für diesen Typ entwickelten Dekor vollkommen durchgebildet: flache Fiederblätter mit metallisch scharfer Zeichnung der gebuchteten Ränder und der gemuldeten Binnenform.

4.32 *Blendarkatur der Westapsis und Veitsportal (Abb. 744–761)*. Die Blendarkaden der Westapsis *(Abb. 744–753)* nehmen zusammen mit dem Veitsportal innerhalb der Gruppe III etwa die gleiche Stellung ein wie die Blendarkaden der Ostapsis in der Gruppe I: es handelt sich trotz der Motivvariationen um einen relativ geschlossenen Komplex, durch die feine, detaillierte Ausführung und das Material als hervorragender Auftrag gekennzeichnet, aus dessen Repertoire der übrige Dekor vereinfachend auswählt. Vom Bauvorgang aus gesehen, ist die Blendarkatur der Ort, wo sich die Formen der Gruppe III erstmalig geschlossen durchsetzen.

Bei der Blendarkatur wird die Form der überlängten Kelchkapitelle fast geschlossen durchgehalten. Im Einzelfall geht dabei der Zusammenhang zwischen Halsring und dem stets profilierten Kelchrand verloren (z. B. Nordwest 2, *Abb. 750*). Die überaus langen, spitz zulaufenden Knospenblätter, die oben den leeren Kelchgrund frei lassen, sind entweder scharfgratig kanneliert (bzw. gerillt) oder fleischig, mit Diamantrand und einer leichten Mulde für die Blattauflage. Die Knospen, die oben die Deckplatte berühren, sind teilweise sehr klein, geteilte oder ungeteilte Voluten mit Hüllblättchen oder Knollen mit muschelartigen Hüllformen. Letztere sind häufig gerade mit den kannelierten (also »gotischeren«) Knospenblättern verbunden. Die flachen Blattauflagen erinnern entfernt an gelängte Eichenblätter und haben außer einer vertieften oder gratigen Mittellinie nur selten die Andeutung einer Binnenzeichnung. Die kannelierten Knospenblätter sind im unteren Kranz mit Auflagen versehen, die glatten dagegen auch im oberen Kranz. Es ist ebenfalls die Kombination beider Blattypen zu finden: kanneliert unten und glatt oben bzw. umgekehrt. Daraus erhellt, daß eine gruppenweise Zusammenstellung der Motive wenig sinnvoll ist, weil die Möglichkeiten austauschbar sind.

Ausnahmen bilden das Mittelkapitell der Nordseite *(Abb. 752)*, weil der Kelchrand durch einen Vierkant ersetzt ist, das Mittelkapitell der Südseite *(Abb. 745)*, bei dem die oberen Eckblätter und -knospen in zwei einander zugewandte Löwenköpfe verwandelt sind, und schließlich das rechte innere Kapitell der Westseite *(Abb. 749)*, das als einziges den Kelchblocktyp vertritt. Dieser ist in seinen Begrenzungen klar ausgebildet, mit langem Kelchabschnitt und insgesamt innerhalb der vorgegebenen Maße besser proportioniert, als dies bei den Kelchkapitellen möglich ist. Das stets gleichbleibende Dekorationssystem ist eine vereinfachte Variante des bei der Gruppe II (A 6 unten o, *Abb. 620*) auftretenden rheinischen Vorbilds, allerdings sehr viel eleganter als die Repliken der Gruppe II: lange diamantierte Stengel mit geschwungenen, gewölbten Blattüberfällen, die glatt sind und einen anderen Umriß haben als in den Gruppen I und II. Die oberen Blätter der Blockzone sind von den Voluten quer zur Mitte hin gestreckt. Von der Eckzier zeigt die des Südwestdienstes *(Abb. 876)* einerseits ein Doppelblatt, andererseits eine Doppelharpye, beides Motive der Gruppe I, letzteres ein einziges Mal an C 1 *(Abb. 860)* vertreten. Wie bei den Kelchblockkapitellen sind also auch hier immer wieder Nachwirkungen der älteren Motive festzustellen.

Das *Veitsportal (Abb. 754–761)* des Nordquerarmes muß in unmittelbarem Zusammenhang mit der Blendarkatur entstanden sein, weil die Formen weitgehend übereinstimmen. Die begrenzte Variationsbreite macht andererseits deutlich, daß die Gruppe III einen entscheidenden Schritt zur Vereinheitlichung des Dekors im Sinne gotischer Architektur bedeutet. Da das Motiv des Fächergrundes, das in der Wölbungszone eine große Rolle spielt, erstmals am Veitsportal vertreten ist, wird man sich dieses nach der Blendarkatur entstanden vorstellen müssen.

Der Kapitelltyp ist derselbe wie an den Blendarkaden, doch wirken seine Proportionen – das Verhältnis von Schaftdurchmesser zu Kelchranddurchmesser und zur Höhe – noch extremer, weil er hier fast als Vollkapitell erscheint. Das gilt auch für den Kelchblocktyp, dessen Blockteil übermäßig weit auslädt. Im Dekor stimmt er mit dem Einzelstück der Blendarkaden *(Abb. 749)* überein, doch ist er am Vorbau und Portal gleich fünffach vertreten. Das Kelchkapitell *(Abb. 759–761)* erscheint dagegen nur vierfach, und zwar durchweg nur mit nicht kannelierten Knospenblättern, deren Verhältnis zur Blattauflage leicht variiert: die Blätter des unteren Kranzes sind gestreckter, so daß die Knospen näher in einer Zone zusammenrücken. Die Spitzen sind als echte, geteilte Knospen ausgebildet, die oben nicht mehr die kräftigen Deckplatten berühren, sondern mit einem senkrechten Steg vor dem Kelchrand mit ihnen verbunden sind.

Für die Stellung des Portals innerhalb der Gruppe III sind drei Kapitelle des Gewändes wichtiger als die Veränderungen der Kelchkapitelle *(Abb. 757, 758)*: sie zeigen genau dieselben Knospen und Knospenblätter, sogar den Steg der Eckknospe, aber es fehlen die Kelche. An deren Stelle ist ein Fächergrund getreten, der teils aus kleinen Zungenblättchen besteht und wie kanneliert wirkt, teils aus größeren mit Mittellinie. Bei einem sind diese größeren in der Art eines Kelchs angeordnet. Die Variationen des kelchlosen Typs beherrschen die Gewölbezone von Westchor und Nordquerarm.

4.33 *Die Wölbungszone von Westchor, Westapsis, Nordquerarm und Vierung (Abb. 726–740, 771–783)* ist nahezu gleichzeitig entstanden, wobei der Bauvorgang von Süden nach Norden voranschritt. Der Kapitelldekor ist fast als uniform zu bezeichnen, so sehr dominiert der zuletzt beim Veitsportal beschriebene Typ, der in leichten Variationen mit fast vierzig Exemplaren vertreten ist, und wenn man die Schildbogenkapitelle hinzurechnet, so sind es noch weitere achtzehn mehr. Diese Gleichförmigkeit ist nur noch beim Dekor der Westtürme anzutreffen. Hier bahnt sich offenbar ein grundsätzlicher Strukturwandel in der Produktionsweise wie in der Stellung des Kapitellbildhauers in der Bauorganisation an.

Die Variationen beschränken sich auf diamantierte oder glatte Blattränder, auf die Form der grundsätzlich gleichen Blattauflagen, auf die Anordnung der unteren Blätter vor oder hinter den oberen und auf die Art des Fächergrundes. Dieser ahmt auch hier gelegentlich einen Kelchrand nach, doch dies ist kein Unterscheidungsmerkmal, weil beide Formen nebeneinander am gleichen Werkstück zu beobachten sind. Im folgenden darf davon ausgegangen werden, daß alle Kapitelle zu diesem Typ gehören, die nicht erwähnt sind, also auch die großen der Halbsäulenvorlagen von Vierungs- und Apsisbögen *(Abb. 723, 728, 730, 773, 779)* sowie die Eckdienste des Nordquerarms *(Abb. 732, 733)*. Das östliche Hauptkapitell des Südwestvierungspfeilers besitzt kannelierte Knospenblätter *(Abb. 723)*.

Kelchkapitelle mit weit abgebogenen, kannelierten Knospenblättern treten im Inneren nur bei der südlichen Mittelvorlage des Chorjochs *(Abb. 771)* auf. Die beiden Kelchkapitelle von Fenster- und Gewölbedienst am nördlichen Apsisansatz *(Abb. 778)* unterscheiden sich davon: dasjenige am Fenster hat nur unten kannelierte Blätter, während das andere mit seinen flachen Blättern und den am Blattrand aufgelegten derben Profilblättchen ganz aus dem Rahmen fällt. Die Verbindung von Kelch und Knospenblättern ist auch am Äußeren der Westapsis zu beobachten: am südlichen Apsisansatz *(Abb. 335)* und mit nur kleinen, eng anliegenden Knospen beim nördlichen der West-Nord-West-Vorlage *(Abb. 332)*.

Der Kelch erscheint aber auch in neuen Kombinationen. Als vollkommen reine, undekorierte Form, nur mit einem Ring unterteilt, bildet er die Südwestvorlagen- und südlichen Fensterdienstkapitelle am Äußeren der Apsis *(Abb. 334)*. Ähnlich, jedoch mit einem Kranz senkrechter Zungenblätter zwischen Ring und Kelchrand belegt, ist das des West-Süd-West-Dienstes *(Abb. 776)* innen. Mit fleischigen, spitzen Bossenblättern ohne Knospen, aber mit der üblichen Blattauflage mit vertiefter bzw. grätiger Mittellinie ist in zwei Zonen der Kelch am südlichen Dienst der West-Süd-West-Vorlage außen besetzt. Das nördliche Nachbarkapitell dieser Vorlage besitzt die gleichen Blätter, aber statt Kelch den üblichen Fächergrund. Von diesem Blattyp ausgehend, lassen sich Verbindungen zum westlichen Eckkapitell der Nordseite der Westchorschranken *(Abb. 769)* ziehen und darüber hinaus zum 3. Kapitell im 2. J. der nördlichen Ostchorschranken *(Abb. 576)*. Schließlich muß noch das südliche Kapitell der West-Nord-West-Vorlage an der Apsis außen genannt werden. Hier ist der Kelch umgeben von kannelierten Bossenblättern mit eigenständigen Blattüberfällen, und das Eckblatt wächst überfallend und gebündelt nach unten. Verwandtes findet sich bei den nördlichen Westchorschranken.

Einige Sonderformen gibt es auch im Bereich der Vierung. Das Eckdienstkapitell des Nordwestpfeilers *(Abb. 729)* besitzt einen Kelch mit den üblichen Knospenblättern, aber statt der Knospen nach unten gebogene Blattüberfälle, die von den Blattauflagen in der Spitze berührt und gestützt werden. Dieser »Knospenersatz« ist in verschiedenen Ausprägungen zu beobachten, z.B. am nordwestlichen Eckdienst des Nordquerarmes *(Abb. 733)* und im 5. Geschoß des Nordostturms *(Abb. 515)*. Das Eckdienstkapitell des Südwestvierungspfeilers *(Abb. 724)* ist um Angleichung an die älteren Formen bemüht. Es besitzt keinen Kelch, sondern ist ein kompaktes Kelchblockkapitell, das mit großen Blättern in der Art der Blattauflagen belegt ist. Eine ähnliche Tendenz zur Assimilation hat die Form des benachbarten Hauptkapitells *(Abb. 725)*, des südlichen vom Westvierungsbogen, hervorgebracht: ein grober Kelchblock, isoliert belegt mit gestielten Palmettenblättern, wie man dies eher in der Ostkrypta erwarten würde. In der Absicht besteht gewiß eine Beziehung zu den Kelchblockkapitellen der östlichen Vierungspfeiler (beim Versetzen mit dem östl. Hauptkapitell vertauscht?).

Die Blätter auf den Hornkonsolen des Nordquerarms *(Abb. 734, 735)* sind denen des Südquerarms sehr ähnlich. Auf der Ostseite ist eine der Konsolen in ein Kelchblockkapitell nebst Horn verwandelt, doch gleicht der Kapitelldekor den übrigen Konsolen und nicht den Kapitellen. Die Konsolen der Schildbogendienste an der Südwand des Chorjochs präsentieren Teile der übrigen Konsolgruppen, mit denen sie zusammengehören *(Abb. 736–738)*[462].

Die *Schlußsteine (Abb. 813–821, 850, 851)* des Querhauses und der drei Mittelschiffsjoche des Langhauses sind sich so ähnlich, daß allein daraus gefolgert werden kann, daß das Mittelschiff erst zur Zeit der Gruppe III gewölbt wurde[463]. Die großen, flachen Schalen, die den Rippenkreuzungen aufgelegt zu sein scheinen, sind tatsächlich kegelförmig und mit den Rippenwulsten verschmolzen. Darüber erscheinen jedoch wieder die Rippenkreuzungen. Die Schalen sind mit glatten Zungenblättern radial belegt, vom einfachen bis zum dreifachen Kranz (NQH, südl. J.; SQH, nördl. J. *Abb. 816/7, 813*), mit gewirbelten Profilblättern (Mittelsch. 2. J.; SQH, südl. J. *Abb. 818–821*, mit herzförmigen Ranken und Blättern (NQH, nördl. J. *Abb. 814/5*), mit dem Blattyp der Blattauflagen bei den Kapitellen (Mittelsch. 1. J. *Abb. 850*) und mit einzelnen »Eichenblättern« (Mittelsch. 3. J. *Abb. 851*). Die drei Schlußsteine des Westchores *(Abb. 810–812)* sind sehr ähnlich, aber etwas größer und mit einem Ring um das Mittelloch versehen. Statt des rückwärtigen Kegels, der wegen des anderen Rippenprofils nicht die notwendige statische Verbindung bewirkt hätte, erscheinen hier mächtige, glockenartige Blattüberfälle, die an den Stirnseiten der Rippengurte emporsteigen. Der strenge, radiale Blattbelag der Schalen ist noch abstrakter als bei den übrigen Schlußsteinen. Der Apsisschlußstein ist als Äquivalent zum glatten Kelch nicht dekoriert.

Von den Formen des *Außenbaus* interessieren hier nur die des Nordgiebels *(Abb. 265)*, dessen Rundbogenfries das von der Gruppe IIb aufgegebene Motiv der Füllungen wieder aufgreift, allerdings mit stereotyper Wiederholung des »Brezelmotivs« wie es an den älteren Abschnitten kaum zu finden ist. Dazu paßt auch das schlichte Würfelkapitell am Mittelsäulchen der unteren Giebelöffnung.

4.34 *Die Westchorschranken (Abb. 762–769)* sind in ihrer Stellung innerhalb der Gruppe nicht leicht zu bestimmen. Auf jeden Fall stellen sie einen eigenen Komplex dar. Das geht schon aus ihren veränderten Proportionen hervor, die wieder »normal« sind, der Funktion angemessen und darum den entwickeltsten der Ostchorschranken vergleichbar.

Vermutlich ist die südliche Reihe etwas älter als die nördliche. Zumindest ist bei ihr die Tendenz zu einer Angleichung an die Formen der Gruppe I stärker ausgebildet. So kopiert das 4. Kapitell von Osten *(Abb. 762)* beinahe wortgetreu die gekreuzten Fiederstengel mit den großen verwehten Blattüberfällen, ein Motiv, das an der östlichen Apsisblendarkatur (Nord 2 *Abb. 553*) und noch ähnlicher an den südlichen Ostchorschranken (2. im 3. J. *Abb. 571*) vorgebildet ist, allerdings ohne Kelch. Auch das östliche Eckkapitell zeigt eine Form, die man so zwar nicht am Ostbau antrifft, die aber mit schildförmig geführter Ranke und großem Blattüberfall zweifellos von dort angeregt ist. An der nördlichen Reihe wiederholen zwei Kapitelle *(Abb. 763, 764)* den Kelchblockdekor von den Blendarkaden der Westapsis und dem Veitsportal, allerdings in den veränderten Proportionen – eines genau, das andere vereinfacht und in der Ausführung vergröbert. Ein weiteres Kelchblockkapitell *(Abb. 265)* bildet eine Sonderform, indem sich das Dekorationsmotiv der oberen Blockzone vollkommen vom Grund löst und genau übereinstimmend, aber versetzt in der unteren Zone, für die es gar nicht paßt, wie eine Knospe wiederholt wird. Eine Verbindung zum südlichen Kapitell der West-Nord-West-Vorlage *(Abb. 332)* am Äußeren der Apsis wurde oben angedeutet. Das westliche Eckkapitell *(Abb. 769)* dieser Reihe mit seinen Bossenblättern und geteilten Blattauflagen wurde oben schon erwähnt, weil es im Motiv dem 3. Säulchen im 2. Nordjoch der Ostchorschranken vergleichbar ist. Auch der tordierte Bündelschaft ist eine Form, die an die Gruppe I anschließt. Darum fragt es sich, ob diese Ecksäule zur zeitlichen Einordnung der Mittelsäulchen der nördlichen Ostchorschranken herangezogen werden kann oder ob es diese nicht bereits kopiert. Für eine Assimilationstendenz spricht außerdem nicht nur der negative Diamantfries, sondern auch das Gesims *(Abb. 297)*, das mit scharfkantigen, zu Palmetten addierten Wiegenblättern besetzt ist – gewiß keine Motive der Gruppe III. Sie schließen auch die südliche Schrankenmauer ab.

Die Regelform der Kapitelle *(Abb. 767, 768)* besteht auf beiden Seiten freilich aus dem Kelchknospenkapitell, mit kräftigen, fleischigen Knospenblättern, zarten geteilten Auflagen und breiten, voll entwickelten Knospen, versetzt und zweizonig. An den Kanten sind sie durch Stege mit den Deckplatten verbunden. Manchmal ist der Grund gefächert. So eindeutig diese Kapitelle – vor allem auch die Kelchblockkapitelle – zu Gruppe III gehören, und zwar in die Nähe des Veitsportales, so fehlt doch der unmittelbare Anschluß, allein schon wegen der veränderten Proportionen. So, wie der Kelch variabel ist, so mag auch die Knospengröße im Verhältnis zu Blatt und Kelch wandelbar sein. Sicher ist nur, daß die Schranken nachträglich bei der Verlängerung des Psallierchors in die Vierung eingebaut wurden. Die mehrfach an den Nischen des Unterbaues *(Abb. 298)* auftretenden wellenförmigen Profilabläufe, die nur am 2. Freigeschoß des Nordwestturmes *(Abb. 790)* wiederkehren, lassen an einen späten Zeitpunkt denken, doch können die Teile der komplizierteren Gliederung schon länger vorher in der Werkstatt in Arbeit gewesen sein[464].

Hier stellt sich nun noch einmal die Frage nach einer relativen Datierung für Mittelsäulchen und Kleeblattbögen der *nördlichen Ostchorschranken (Abb. 575, 576, 579, 580)*. Von der präzisen Schärfe aller Formen der Westchorschranken her gesehen, müssen jene früher entstanden sein. Vermutlich ist die Kleeblattbogengliederung der Westchorschranken sogar von den nördlichen Ostchorschranken abzuleiten. Die fleischigen, spitzen Bossenblätter mit den flachen geteilten Auflagen des 3. Kapitells im 2. J. *(Abb. 576)* finden Vergleichbares in der Gruppe III, doch die weichen, teigigen Formen von Blättern und knospenartigen Blattüberfällen der drei übrigen Kelchkapitelle stehen der Gruppe III nicht näher als der Gruppe II. Hier böten die vielfältigen, auch unsicheren Formulierungen von II b einen Anhaltspunkt[465]. Dazu würde die Bossierung der Ranken in den Bogenfeldern passen, da nur wenige Kapitelle dieses Abschnitts über die Bosse hinaus gediehen sind. Die Tellerbasen verschieben freilich das Bild zur Gruppe III hin, so daß man sich für den unklaren Grenzbereich zwischen den Gruppen entscheiden könnte.

4.35 Die beiden *Obergeschosse (5. + 6.) der Osttürme (Abb. 515–533)* sind ebenso eindeutig wie die Westchorschranken ein Werk der Gruppe III, und ebensowenig exakt an bestimmte Formgruppen anzuschließen. Das entspricht ganz genau dem Bild, das auch die Steinmetzzeichen vermitteln. Die Knospen der kannelierten Knospenblätter sind relativ entwickelt, sofern sie nicht nur roh bossiert sind. Daneben erscheint auch das glatte Bossenblatt mit und ohne Auflage, als Knospenersatz manchmal der nach unten gebogene Überfall. Im allgemeinen sind die Kelche steiler, und Blätter wie Knospen liegen dicht an, ganz im Gegensatz zu den Kapitellen der Westteile mit Ausnahme der Apsis außen. Mehrfach sind die Kelche am Grunde mit Zungenblättern belegt oder ganz ersetzt durch einen Vierkant mit Fächergrund. Das alles entspricht recht genau den Kapitellen der Westteile. Vereinfachungen mit glatten, fleischigen, spitzen Bossenblättern lassen an Erscheinungen von II b denken, doch fehlt in diesem Falle sogar der Kelch. Hier führt ein Reduktionsprozeß offenbar fast zum gleichen Ergebnis. Es gibt auch die offenkundigen Assimilationserscheinungen wie Würfel und Zwischenformen zum Kelchblock, was ja von der Aufgabe her, die älteren Türme aufzustocken, nahelag. Wie mehrfach zu beobachten, knüpft man nicht an das Jüngste der älteren Formwelt, sondern an das Älteste, ja möglichst sogar noch an eine ganze Formgeneration früher an. Insgesamt ist die Variationsbreite in den Ostturmgeschossen erstaunlich groß. Wegen der relativ weit entwickelten Form mancher Knospen möchte man sie nicht weit von der Gruppe IV ansiedeln.

4.4 GRUPPE IV *(Abb. 789–801)*

Von wenigen Ausnahmen abgesehen, ist der Formenkanon der Gruppe IV vollkommen einheitlich und darum als uniform zu bezeichnen. Es handelt sich um straffe, gotische Knospen und Knospenträger, die in ihrer Zeichnung abstrakt und nicht vegetabil wirken. Sie zieren Gesimse und Kelchkapitelle an den drei oberen Freigeschossen der Westtürme, beim Nordwestturm auch noch das 4. darunter. Die in der Regel steilen Kelchkapitelle besitzen runde Deck- und Kämpferplatten. Die Beurteilung ist im einzelnen außerordentlich erschwert, einmal durch die fortgeschrittene Verwitterung, zum anderen durch die notwendigen Erneuerungen. Schon im 18. Jh. mußte ein Teil der Kapitelle ausgewechselt werden. Die Kopien sind oft erstaunliche Umbildungen und Mißverständnisse *(Abb. 793)*. Abgebrochene Knospen wurden durch angedübelte Voluten ersetzt. Dieses Verfahren wiederholte man zwischen 1920 und 1940 mit Mörtelergänzungen. Trotz vollständigen Ab- und Wiederaufbaus der Ecktürmchen in dieser Zeit war der Nordwestturm 1970/77 erneut eingerüstet, um Kapitelle und Knospengesimse zu erneuern, letztere steinmetzmäßig sorgfältig, aber doch vergröbernd kopiert.

Die Kapitelle sind in der Regel zweizonig, die Gesimse einzonig mit Knospen besetzt, wobei an den Kanten der Türme innerhalb der Gesimse eine Verdichtung der Folge eintritt, so daß jeweils eine Knospe an den Kanten erscheint. Im unteren Achteckgeschoß besonders des Nordwestturms ist der untere Knospenkranz bei einigen Kapitellen durch die typischen Buckelblätter ersetzt *(Abb. 798)*. Ein Geschoß darüber werden diese durch andere Blattformen abgelöst, die nicht mehr identifizierbar sind, jedoch handelt es sich um Einzelfälle.

Zum Formbestand der Gruppe IV gehört als Fries oder Fensterrahmung ein mit kleinen Rosetten besetztes Gesims *(Abb. 347)*. Diese wiederum stark verwitterten Blüten bestehen aus kaum benennbaren, »knautschig-unordentlichen« Kelchblättchen, die vermutlich naturalistisch gemeint waren und auf die Entfernung diesen Eindruck tatsächlich hervorrufen.

Auch bei der Gruppe IV reißen die Verbindungen zur älteren Ornamentik des Domes nicht ganz ab, wenngleich diese Erscheinungen nur eine kaum wahrnehmbare Rolle spielen. So ist einer der Bögen des Spitzbogenfrieses an der Nordseite des untersten Freigeschosses des Nordwestturmes als einziger mit einer Füllung versehen, deren Ranken und Profilblattbossen eindeutig von der Spätphase der Gruppe I abstammen. Deutlicher sind die Beziehungen am obersten Geschoß des Nordwestturmes greifbar, wo ja auch der Kleeblattbogen als Ädikulamotiv wiederkehrt. Die Kapitelle dieser Ädikulen *(Abb. 794, 795, 796, 797)* sind als weitausladende Kelchblöcke[466] angelegt, die im Motiv von der Gruppe III abstammen, aber vollkommen anders behandelt sind: teils mit muldenartig eingedrückten Profilblattbossen (vergl. Rosettenbildungen), teils mit schematisch starrer Rollen- und Buchtenbildung. Die handwerkliche Tradition zu den Vorbildern war ohne Zweifel abgerissen. Im Scheitelbereich der Ädikulen sind die Rosetten statt aus gekehlten Blättchen aus vier zusammengewachsenen Wiegenblattbossen gebildet.

# VII. BAUVERLAUF UND PLANUNGSGESCHICHTE

Der Bamberger Dom ist wie die Mehrzahl der großen mittelalterlichen Kirchen weder in Planung noch in Ausführung ein einheitliches Gebilde. Versucht man, die Geschichte seiner Entstehung zu rekonstruieren, so lassen sich am Bau einerseits Abschnitte seiner Errichtung ablesen, andererseits zeugen heute unverständliche Bauglieder und Befunde am Mauerwerk von häufigem Wechsel der Pläne, die jedoch in ihren Absichten nicht leicht erkennbar sind. Der Bauverlauf und die Geschichte sich wandelnder Planungen sind auf das engste miteinander verbunden. Der Bau hat zwar weitgehend, aber nicht überall das Gesicht bewahrt, das er nach seiner Vollendung im 13. Jh. bot; man wird zunächst diesen Zustand rekonstruieren müssen, um ihn als Ausgangspunkt der Untersuchungen zu wählen und spätere Eingriffe von denen scheiden zu können, die während des Bauvorgangs selbst erfolgten. Die Untersuchung der Entstehungsgeschichte eines Baues stellt somit einen Ausschnitt aus dem stetigen, bis in die Gegenwart dauernden Wandlungsprozeß dar, gewählt und in seinen Grenzen bestimmt von dem Historiker unter der ganz spezifischen Fragestellung nach dem Verhältnis von Geplantem zu tatsächlich Verwirklichtem.

Das Datum des Baubeginns ist unbekannt. Alle Angaben über die Bauzeit sind nur durch Kombination von Beobachtungen aus den verschiedensten Bereichen möglich und daher hypothetisch[467]. Am Bau wird man nur eine relative Chronologie aufstellen können. Es ist seit jeher allgemein akzeptiert worden, daß der Bau von Osten nach Westen errichtet wurde, genauer: daß man mit der Ostkrypta begann und mit den Westtürmen aufhörte[468]. Nahegelegt wird dies durch den sich deutlich abzeichnenden Wandel der architektonischen Formen von Ost nach West im Sinne des raschen Stilwandels im 13. Jh., was in der Sprache unserer Stilbegriffe lauten würde: von der »Spätromanik« zur »Frühgotik«. Insgesamt trifft das auch für Form und Ornamentik der Kapitelle zu, wenngleich in einigen Etappen stark retardierende Tendenzen auftreten, die das Bild verunklären. Kaum untersucht ist dagegen bisher die technische Ausführung des Quaderwerks, die die stilistischen Beobachtungen weitgehend bestätigt. Die schräg von Osten nach Westen abfallenden Treppenfugen in den Quaderschichten der Seitenschiffs- und Obergadenwände geben sich unschwer als Trennlinien zwischen einzelnen Abschnitten in der von Ost nach West fortschreitenden Ausführung des Langhauses zu erkennen.

Fundamentbeobachtungen waren naturgemäß beschränkt auf den Bereich der Grabungen. In einem kleinen Teil des Westchores und bei der Westmauer der Ostkrypta liegt das Fundament bis zur Sohle frei. Mehrfach konnten nur die oberen Schichten untersucht werden. Diese erwiesen sich im Langhaus, von nachträglichen Maßnahmen abgesehen, weitgehend als einheitlich, im Westchor dagegen als unterschiedlich. Letzteres belegt die auch anderen Orts gemachte Erfahrung, daß relativ einheitliche Bauteile auf sehr verschiedenartigen Fundamenten stehen können, so daß auch hier die Aussage des Fundamentbefundes allein zu Fehldeutungen führen kann.

Die Beschreibung des Baues und der technischen Befunde erfolgt im Bd. II. Querverweise werden nur im Ausnahmefall gegeben. Zur genaueren Information über Baubefunde möge man dort nachschlagen.

## 1. DIE OSTKRYPTA *(Fig. 93–103, 30, 38; Abb. 11, 42–74)*

### 1.1 DIE KRYPTA NACH ABSCHLUSS DER BAUARBEITEN IM 13. JH.

entsprach nicht in allen Punkten der heutigen Erscheinung. Vor allem die Restaurierungen des 17. und 19. Jhs. griffen gerade hier erheblich in den Bestand ein. Diese Eingriffe erfolgten an drei Stellen, nämlich dem Ostabschluß, den Öffnungen zu den Seitenschiffen der Oberkirche und am Westende der Kryptaseitenschiffe. Die Rekonstruktion der ursprünglichen Anlage ist jedoch im wesentlichen möglich.

Der heute vorherrschende Eindruck, die *Krypta* sei *im Osten* durch eine gerade Wand geschlossen mit einer Rechtecknische in der Mitte *(Fig. 93, Abb. 45)* und stehe somit im Widerspruch zu der Halbkreisapsis des Chores darüber[469], entspricht nicht der ehemaligen Situation. Die großen, eindeutig barocken Fensteraufbrüche *(Abb. 42, 45)* ließen geringe Spuren zurück, die auf eine gestaffelte Dreiapsidenanlage schließen lassen. Die inneren Gewände der seitlichen Ostfenster haben eine Rundung, die unschwer als Ansatz einer Konche zu erkennen ist[470]. Im unteren Teil waren die Konchen von Altären vollständig ausgefüllt. Die mächtigen, mit Profil vorkragenden Steinplatten der Fenstersohlbänke sind ehemalige Altarplatten, die Rechtecklöcher darunter dienten wohl als Sepulcren *(Abb. 45)*. Ob die Seitenaltäre je geweiht wurden, ist fraglich, da sie in den Quellen nicht erwähnt sind. Auch in der Mitte hat sich – seit 1974 wieder freigelegt – die alte Altarplatte in der Fenstersohlbank mit sepulcrum darunter erhalten. Die Gewände des Fensters haben zwar keine Rundung, dafür zeichnet sich diese aber deutlich auf der Altarplatte selbst ab. Die Mittelapsis entsprach also denen der Seitenschiffe, war jedoch um die Tiefe des queroblogen, tonnengewölbten Joches nach Osten vorgeschoben. Die Dreiergruppe paßte sich so dem äußeren, von der Apsis der Oberkirche bestimmten Halbkreis ein *(Fig. 94)*. Diese Lösung kehrt in Variationen häufig wieder, wo dreischiffige Krypten von Halbkreisapsiden überbaut sind, wie z.B. bei den Krypten des Heinrichsdoms; dreischiffige Krypten mit Halbkreisschluß hingegen sind seltener, weil dabei schwierige und unsaubere Lösungen in Kauf zu nehmen sind[471]. Alle drei Apsiden hatten die gleiche Breite. Die Beleuchtung muß durch kleine Fenster erfolgt sein, deren Form nicht mehr zu bestimmen ist. Um den Raum vor den Altären zu erhellen, kamen vermutlich zwei weitere Fenster hinzu, die nach Norden bzw. Süden gingen und ebenfalls barocken Erweiterungen weichen mußten[472].

Das Westende der Krypta wird von den Seitenschiffen der Oberkirche her durch *Öffnungen* beleuchtet, die *im 6. und 7. Joch (Fig. 98, 101; Abb. 46, 50, 51)* münden. Bei beiden sind die Spuren der Veränderung sichtbar. Die große Öffnung des 6. Joches besaß eine Mittelsäule *(Fig. 102)*, wie aus den Akten der Restaurierung im 19. Jh. hervorgeht. Der eingehängte Bogenfries und die Wandsäulchen darunter – beides aus grünem Stein – sind eindeutig Ergänzungen des 19. Jhs.[473], in Anlehnung an das westliche Mittelfenster. Bei dem Ausbruch des ursprünglichen Bestandes zum Zwecke einer Prozessionstreppe in die Krypta, wurde bei der Südöffnung innen der ganze Bogen bis zum Schildbogen beseitigt, im Norden jedoch nur teilweise abgearbeitet, so daß die alten Anläufe erhalten blieben *(Fig. 101, Abb. 51)*. Dafür brach man die mittlere Bogenabstufung heraus und versetzte sie neu etwas oberhalb. Nach Befund, Quellen und Vorbild von Turm- und Treppenlauföffnungen im Ostchor läßt sich der alte Zustand gut rekonstruieren. Die große Öffnung war durch eingestellte Säulchen – eines frei, zwei vor dem Gewände – unterteilt[474]. Sie trugen ein Bogenfeld, vermutlich mit Okulus und zwei die Säulchen verbindenden Bögen *(Fig. 102)*. Im Historischen Museum befinden sich zwei Säulchen, deren Herkunft von St. Jakob unverbürgt ist. Ihre Höhe entspräche etwa der vorgeschlagenen Rekonstruktion, ihre Kapitelle paßten in der Form ungefähr zu denen der Westwand bzw. zu c3[475]. Die große Mauerstärke und vor allem der erhebliche Niveauunterschied zwischen Krypta und Seitenschiffen machte es notwendig, der Öffnung außen eine Gewändestufe vorzulegen, deren Bogen mit dem der Öffnung nicht konzentrisch verläuft, sondern durch Stelzung im Scheitel wesentlich höher liegt und über dem Niveau des Seitenschiffes wenigstens als Halbkreis sichtbar wird. Die Sohlbank der Öffnung griff als Schacht erheblich in das Niveau des Seitenschiffes ein *(Fig. 94, Abb. 210, 219)*.

Die Öffnung des 7. Joches war von der des 6. Joches völlig abweichend gestaltet. Sie hat heute die Form eines barocken Lichtschachtes mit Segmentbogen *(Fig. 98, 101, Abb. 46, 50)*, dem zum Seitenschiff hin ein neuromanischer, rundbogiger Rahmen aus grünem Stein vorgeblendet ist *(Abb. 69, 209, 210)*[476]. Auf der Nordseite hat sich neben diesem modernen Rahmen im Steinschnitt der Ansatz des ehemaligen Bogenrückens erhalten *(Abb. 226, 231)*, dessen Scheitel etwas tiefer gelegen haben muß. Bei dem Versuch, die ehemalige Form der Öffnung zu ermitteln, muß man ihre besondere Lage und Funktion berücksichtigen. Sie mündet oben hart neben den Gewölbevorlagen der Chorpfeiler B 3 bzw. C 3. Die naturgemäß geringeren Jochtiefen der Krypta mußten an irgendeinem Punkt in einen Gegensatz zu der größeren Jochteilung der Oberkirche geraten. Das ist hier der Fall und bedingt, daß die Öffnung oben hart neben der Vorlage mündet, unten aber soweit als möglich aus der Jochachse nach Westen verschoben ist.

Der Befund auf der Südseite am Fundament, an der östlichen Leibung und der Quaderkante unten hat nun ein vollkommen geschlossenes Bild ergeben. Durch die Öffnungen führten Treppen von den Seitenschiffen in die Krypta[477], wo sie sich 1,50 m über dem Fußboden mit den westlichen Treppenläufen vermutlich auf einem Treppenabsatz trafen. Die Treppenläufe hatten genau die gleiche Länge wie die westlichen, also auch die gleiche Steigung. Oben schnitten sie mit ihren Wangen 1,60 m weit in das Bodenniveau der Seitenschiffe ein, was durch die flankierenden Gewölbevorlagen auf 0,85 m gemildert wurde *(Abb. 72, 74)*.

Die Treppenschächte waren auf ihrer Ostseite 0,38 m breiter als heute und maßen mit insgesamt 1,78 m ½ m mehr als die westlichen Zugänge. Sie nahmen die ganze Breite zwischen den unten sichtbaren Quaderkanten[478] und den westlichen Leibungen der heutigen Öffnungen ein *(Abb. 46, Fig. 102)*, die noch die alten Treppenwangen darstellen. Am oberen Austritt überschnitten die Gewölbevorlagen von B3 und C3 die Öffnungen um 26 cm, ihre Basen sogar um 38 cm und verringerten die Treppenbreite auf 1,40 m *(Fig. 94)*. Der obere Öffnungsbogen verschwand mit seinem östlichen Auflager und einem Teil seiner Hüfte hinter der Vorlage[479]. Er war der oberste von drei Stufenbögen *(Abb. 70, Fig. 98)*, mit denen die Zugänge gewölbt waren. Der mittlere, vielleicht auch der obere Bogen hatten ein Kantenprofil aus zwei Wülsten mit Kehle. Ihre Anfänger sind in den vorgesetzten barocken Gewändeschalen erhalten, ebenso der untere Bogen insgesamt, dessen westliche Hüfte nur durch den Segmentbogen verletzt ist.

Wie die Treppenanlage vom Podest aus weiter abwärts führte, ist unten zu diskutieren. Mit ihrer Aufgabe verwandelte man die seitlichen Läufe in verkleinerte Lichtschächte, die oben nun nicht mehr von den Vorlagen überschnitten wurden. Im 19. Jh. rahmte man sie außen neuromanisch genau wie die Kryptenfenster im Apsissockel.

Die *Westwand der Krypta (Fig. 98-100, Abb. 48-50)* bietet seit 1972 wieder das ursprüngliche Bild mit Ausnahme des unteren Teils der Treppenläufe und der im Südseitenschiff eingebrochenen Tür zum Grabungsbereich der Westwand des 12. Jhs. Zu einem unbekannten Zeitpunkt, spätestens beim Abbruch des Lettners nach 1648, wurden die beiden nach Westen führenden Treppenläufe beseitigt und die Zugänge als flache Blenden vermauert *(Abb. 44)*, von denen die südliche sogar einen Fensterschacht erhielt. Vom Unterbau der Treppenanlage erhielten sich lediglich die beiden großen Bruchsteinpodeste *(Abb. 46, 48, 68)*, weil auf ihnen die Säulen b 8 und c 8 aufstehen. Sie sind unter der 1970 erneuerten Treppenanlage belassen worden *(Abb. 50)*. Der reduzierte Zustand blieb bis 1970 bestehen.

Die Untersuchungen von 1935 und 1966[480] führten zu einer Rekonstruktion dieses Bereichs, die bei der Beseitigung der Chortreppen 1970 vollauf bestätigt und Grundlage einer teilweisen Wiederherstellung wurde. Hierbei mußten allerdings erhaltene, aber stark beschädigte Teile erneuert werden.

Demnach besitzt die Krypta in den Seitenschiffen zwei Zugänge von Westen[481], deren Schwelle 2,50 m über dem Kryptenniveau liegt, und die mit 1,28 m halb so breit sind wie die Kryptaseitenschiffe *(Abb. 63, 65, 44, 50)*. Sie liegen jeweils im äußersten Nordwest- bzw. Südwestwinkel. Von dort führten etwa acht Stufen hinauf auf das Langhausniveau und etwa dreizehn hinab in die Krypta. Letztere müssen jedoch nach fünf Stufen auf der Höhe von 1,50 m von einem Absatz unterbrochen worden sein, wo sie sich mit den seitlichen Treppen vereinigten *(Fig. 102, 103)*. Oben im Mittelschiff münden die Treppenschächte unmittelbar vor der Stirn der Chorpfeiler B 4/C 4, die sich ohne Absatz nach unten als äußere Treppenwangen bis in die Krypta fortsetzen. In ihnen hatten sich die Reste und Abdrücke der ursprünglichen Stufen erhalten *(Abb. 66, Fig. 101)*.

Die Treppen sind der Grund für die drei nach oben gestuften Bögen, die das Westende der Seitenschiffe überwölben. Ihr oberster bildet zugleich jeweils mit einer Hüfte den Viertelkreisbogen über den Zugängen. Hier zeichnet sich die gleiche Sorglosigkeit im Überschneiden von Bogenformen ab wie bei den seitlichen Zugängen. Um die Härte dieser Form zu mildern, war oben jeweils ein 4. Bogen vorgelegt, dessen Anfänger sich in den Stirnseiten der Chorpfeiler bis 1966 erhalten hatten *(Fig. 95, 96, 101, Abb. 59)*. Sie müssen die Form »normaler« Rundbögen von halber Spannweite wie die unteren gehabt haben und überwölbten die Treppenschächte, auf deren inneren Wangen sie ein Auflager besaßen. Die Bögen wurden 1970/71 wiederhergestellt *(Abb. 66)*, jedoch um 20 cm tiefer angeordnet als der Befund ergab, weil das Chorniveau nach 1648 um 0,80 m abgesenkt worden war und die neuen Bögen höher gelegen hätten. Ursprünglich lag ihr Kämpferpunkt 10 cm über dem Scheitel des obersten großen Bogens, jetzt befindet er sich 10 cm darunter.

Die Einengung der westlichen Zugänge auf die halbe Breite der Kryptaseitenschiffe und ihre Verdrängung in die äußersten Winkel ist nicht von der heutigen Krypta her zu erklären, sondern einerseits durch die Übereinstimmung mit dem Vorbild im Vorgängerbau, andererseits durch Anforderungen an die Gliederung der Stirnwand oberhalb des Langhausniveaus. Der Verzicht auf ausgebildete Eckvorlagen bei a8 und d8 in der Krypta ergab sich als notwendige Konsequenz, weil dafür der Platz fehlte *(Fig. 93, 98, 101, Abb. 67, 68)*.

Die Form der Treppenanlage unterhalb des Absatzes läßt sich nicht mehr so sicher bestimmen wie oben. Eine geradlinige Fortsetzung nach Osten ist auszuschließen, weil sie Basen und Sockel von a7/d7 überschnitten hätte, wofür es keinerlei Anzeichen gibt. Ferner bliebe dann die Tatsache unerklärt, daß die östliche Quaderkante der seitlichen Aufgänge fast bis zum Boden reicht und unten das Sockelprofil zumindest bis zu dieser Kante fortgeführt ist *(Fig. 101)*. Wenn eine Treppe von dem Absatz nach Osten hinabführte, dann muß sie von der Wand abgerückt und in die Mitte der Seitenschiffe verlegt gewesen sein, was bei der Form des oberen Teils nahezu ausgeschlossen werden kann. Als Alternative bietet sich eine Treppe an, die in Fortsetzung des seitlichen Laufs vom Absatz in das Mittelschiff der Krypta führte. Der Treppenaufbau wäre dann quergelagert gewesen und hätte an der Quaderkante einen rechten Winkel mit der Außenwand der Krypta gebildet. Der saubere, senkrechte Abschluß der Großquader hängt vermutlich damit zusammen, daß der Treppenunterbau aus Bruchstein bestand und verputzt war. Das auf Serie gearbeitete Werkstück des Sockelprofils lief in den Treppenaufbau hinein *(Fig. 94, 102, 103)*.

Eine Treppenanlage in dieser Anordnung würde bedeuten, daß die quergerichteten Läufe zu den Seitenschiffen das Übergewicht hätten. Ihre größere Breite würde dies unterstreichen. Bei dem Versuch des 19. Jhs., etwas Ähnliches ein Joch weiter östlich anzulegen, spielte vielleicht die Lokaltradition von der ursprünglichen Anlage eine gewisse Rolle, obwohl dies in keiner Quelle erwähnt wird. Das mittlere Joch, in dem die Treppen münden, wird östlich begrenzt von den auf 0,50 m hohen Podesten stehenden Säulen b7/c7 *(Abb. 46, 50)*. Es ist denkbar, daß hier das Niveau um zwei bis drei Stufen erhöht war als eine Art unterstes Treppenplateau. Da die Spuren dieser Anlage restlos beseitigt sind, bleibt ihre Rekonstruktion hypothetisch.

Dennoch läßt sich aus dem Gesamtbefund der Schluß ziehen, daß, vom Mittelteil der Westwand abgesehen, das 7. Joch der Krypta mit dem anschließenden Kompartiment, der komplizierten, mehrläufigen Treppenanlage und deren Überwölbung, den Zugängen nach oben und ihrem Anschluß an die Chorpfeiler eine einheitliche, wohldurchdachte Planung und Ausführung voraussetzt, in der mehrere, sich teilweise widersprechende Komponenten zusammengefaßt wurden[482]: verschiedene Jochteilung von Krypta und Seitenschiffen, Treppenanlage zur Krypta mit großem Niveauunterschied nach dem Vorbild der Anlage des 12. Jhs., Standort der Chorpfeiler sowie Gliederung und Funktion der Stirnwand oben. Die baugeschichtlichen Veränderungen des Bereichs waren zwar erheblich, indessen fallen sie nicht in die Entstehungszeit des Domes im 13. Jh.

Der letzte Befund, der als Argument für einen Planwechsel in der Krypta dienen könnte, die Verkürzung des 7. Joches um 0,18 m (von Gurt zu Gurt gemessen)[483], dürfte ebenso situationsbedingt sein; denn dieses Stück gewann man für den Zwischenraum und die Länge der Treppe, zumal der Standort des Chorpfeilers in der Oberkirche festlag.

Zum Mittelschiff der Oberkirche hin zeigt die Krypta eine *Stirnwand*, die beinahe »lettnerartig« zu nennen ist und heute 2,40 m, (ehemals mit dem höheren Chorniveau ca. 3,20 m) aufragt *(Abb. 62–64, 8, Fig. 95–97)*. Sie wurde 1970/71 in Anlehnung an den Befund teils rekonstruiert[484], teils freigelegt, nachdem sie zuvor vollkommen unter dem monumentalen Treppenaufgang zum Ostchor verborgen gewesen war *(Abb. 209)*. Ihre Gliederung steht in engstem Zusammenhang mit der Krypta und wird daher hier besprochen.

Mittelteil und Seitenteile sind bekannt, unbekannt sind die jeweiligen Zwischenstücke von maximal 2 m Breite *(Abb. 63, Fig. 95)*. Die äußeren Seitenabschnitte sind den 1,28 m breiten Treppen mit den Zugängen zur Krypta vorbehalten. Ihre wiederhergestellten Stirnbögen berühren die Chorpfeiler an ihrer Ostkante, so daß die Treppenschächte unter dem Chorbogen liegen und nicht in das Mittelschiff einschneiden. Der ca. 4 m breite Mittelteil ist um 0,45 m nach Osten versetzt und bildet mit den seitlichen Stirnbögen keine gemeinsame Flucht *(Fig. 96)*. Er ist vollkommen schmucklos, selbst die Bogenrahmung der Mittelöffnung ist an der Kante nur gerundet, nicht profiliert wie zur Krypta hin. Der Steinschnitt ist nicht sehr sorgfältig, die Steinoberfläche angegriffen, z.T. mit Brandrötung. Ob die beseitigte Vorblendung des 19. Jhs. eine mittelalterliche Vorgängerin hatte, ist durch Spuren nicht zu klären. Ebenso unklar ist der obere Abschluß dieses Teils. Abgesehen von der großen Mittelöffnung ist seine Verbindung mit der Krypta dadurch besonders eng, daß seine Wandebene mit derjenigen der Blendarkatur unten in der Krypta übereinstimmt *(Fig. 99)*, die Mauerstärke durch die Verschiebung des oberen Teils also praktisch aufgehoben ist. Das kann eigentlich nur mit dem unbekannten Zweck der aufgegebenen Planung zu erklären sein, die unten zu erläutern sein wird.

Der mittlere und die beiden seitlichen Wandabschnitte standen in keinem erkennbaren, geformten Zusammenhang. Das zufällige Zusammentreffen der verschiedenen Wandebenen muß durch vorspringende Architekturteile von maximal 2 m Breite verdeckt und ausgeglichen worden sein, von denen sich keine Spur erhalten hat. Da vor dem Mittelteil, unmittelbar vor der mächtigen Spannmauer B4–C4, die Fundamente für zwei Stützen einer offenbar wie ein großer Ambo vorspringenden Anlage ausgegraben wurden, scheidet etwas derartiges für die Anschlußstücke aus. Es kann sich dort eigentlich nur um schmale Treppenläufe zum Chor hinauf gehandelt haben, zumal dieser sonst nur seitlich durch die Schrankendurchlässe zugänglich gewesen wäre. Über die genaue Breite der Treppen, ihr Vorspringen in den Raum bzw. ihr Einschneiden in das Chorniveau lassen sich nur Näherungswerte angeben, die der Rekonstruktion von 1970/71 zugrunde liegen *(Fig. 97, Abb. 8)*. Abgesehen von dem Wunsch, die Kryptenzugänge des Vorgängerbaus zu kopieren, waren die Chortreppen der praktische Grund für die Einengung und seitliche Verschiebung dieser Zugänge. Es muß wegen der aufgefundenen Basen einer Blendarkatur und des Altarblockes als unsicher gelten, ob der Heinrichsdom in seinem letzten Zustand nach 1185 derartige westliche Treppen zum Ostchor besaß. Der Neubau bot genügend Platz dafür, allerdings mußte man im unteren Teil deswegen auf alle gliedernden und dekorativen Elemente verzichten, im Gegensatz zu der nur wenig älteren, letzten Ausgestaltung des Heinrichsdoms.

Zwischen den Treppen und damit unter dem Chorbogen dürfte ein Altar gestanden haben, nämlich der später erwähnte Kreuz- und Stephansaltar. Der Kreuzaltar des 17. Jhs., für den Justus Glesker 1652 seine Kreuzigungsgruppe schuf, befand sich jedenfalls dort[485]. Es ist denkbar, daß er als eine Art Lettneraltar unter der vorspringenden Bühne stand *(Fig. 94)*.

Die Rekonstruktion von 1970/71 ist ein Fragment, weil ihr der obere Abschluß fehlt. Wie er aussah, ist unbekannt. Als gotischen Hallenlettner wird man ihn sich kaum denken dürfen, doch besaß er offenbar einen vorspringenden Mittelteil, der auf Stützen ruhte: Altarziborium und Ambo zugleich[486]. Seine Brüstung bot ausreichend Platz für dekorative, vielleicht sogar figürliche Bauskulptur. Der kürzlich in Münchsteinach aufgefundene und rekonstruierte Lettner[487] bietet eine gute Anschauung von der möglichen Form. Die Abhängigkeit des Ostbaues dieser Kirche vom Bamberger Dom läßt die Möglichkeit zu, in diesem Lettner eine Spiegelung des Bamberger Vorbildes zu erblicken.

Die große Höhe der Stirnwand von 3,20 m würde in der Funktion eines Lettners mit einer Brüstung auch über den Seitenabschnitten auskommen. Ob ein Anschluß in der Höhe der seitlichen Chorschranken[488] im 13. Jh. liturgisch absolut notwendig war, steht dahin. Er hätte die stattliche Höhe von 6 m über dem Langhausniveau erreicht. Da jegliche Spuren fehlen, stand er im Gegensatz zu den Chorschranken offenbar nicht mit den Chorpfeilern im Verband. Die Höhe der Schranken ist zudem wohl auch von ihrer Funktion als Rückwand des Chorgestühls bestimmt. Es ist also denkbar, daß der seitliche Teil des Abschlusses nur aus einer vielleicht etwas erhöhten Brüstung bestand, die wie eine Lettnerbühne im Gegensatz zu einer Schranke die liturgische Nutzung zuließ. In die Gestaltung waren die vermutlich verschließbaren Durchlässe am oberen Ende der Chortreppen sicher mit einbezogen.

Spätestens mit dem Abbruch der Lettner nach 1648 wurden auch die Treppen zur Krypta aufgegeben, wobei die südlich eingebaute kleine Schachtöffnung *(Abb. 60, Fig. 100)* bezeugt, daß man mit der Krypta noch eine Vorstellung verband. Die starke Bindung an die Tradition, die in Bamberg stets zu beobachten ist, verhinderte jedenfalls die Beseitigung der Krypta.

1.2 AUSFÜHRUNG UND PLANUNG DER KRYPTA IM 13. JH.

Da ein Datum für den Baubeginn nicht überliefert ist, wird diese Frage im Zusammenhang mit anderen Schriftquellen und der Baugeschichte der Oberkirche zu untersuchen sein. Die Arbeiten an dem Domneubau begannen jedenfalls in der Ostkrypta. Dies läßt sich zwar nicht durch einen Einzelbefund, dafür aber durch allgemeine Überlegungen zwingend nachweisen. Die Umfassungsmauern der Krypta bilden – wie dies der Regelfall ist – die Fundamente der darüber stehenden Bauteile. Sie sind auf ihrer Außenseite unter dem Langhausniveau rohes Fundament *(Fig. 98, 99, Abb. 56–58, 71)*, innen dagegen gestaltete Architektur. Wo diese mit Lichtöffnungen und Treppenschächten in die Fundamentzone eingreift, erwies sich beides als einheitlich. Es gibt keinen einzigen Hinweis darauf, daß die Krypta als Ganzes in die bestehenden Fundamente eingefügt worden sei[489]. Außerdem setzen alle angrenzenden und aufruhenden Bauteile die Existenz der Krypta voraus.

Dem entspricht die formale Durchbildung der Krypta *(Abb. 8, 42, 43, 47, 50, 52)*, die in allen Baugliedern und Ornamenten die entwicklungsgeschichtlich ältesten Typen unter denen des Domes aufweist: Halbsäulen als Wandvorlagen, reich profilierte Kämpfer, Halbkreise in allen Bogenformen der Gewölbe, gleich ob gestelzt oder nicht, Rundwulste als Rippenprofil, Basen mit einfachster Eckzier, Kapitelle mit flachen, teils sogar noch kerbschnittartigen Blatt- und Ornamentauflagen in gröberer Ausführung. Die Bauteile der Oberkirche zeigen alle mindestens in einem der genannten Punkte entwicklungsgeschichtlich jüngere Formen.

Die Veränderungen des Ostabschlusses schränken zwar dort die Beobachtungsmöglichkeiten ein, dafür bieten die seit 1974 freiliegenden Längsmauern ein recht klares Bild. Demnach wurden zunächst die Umfassungsmauern bis in das 4. Joch hinein errichtet, wo eine ungefähr von der Kämpferhöhe nach Westen fallende Treppenfuge auf der Nord- wie auf der Südseite eine Ausführungsgrenze anzeigt *(Fig. 38, Abb. 52, 55)*. Sie ist vermutlich durch den hier verlaufenden Ostabschluß des »Heinrichsdomes« bedingt, der noch aufrecht stand und erst Zug um Zug niedergelegt werden mußte. Die Fuge zeichnet sich unten nicht ab, weil dort die Schichthöhen durch die Sockel- und Basiszone der Vorlagen fixiert waren. Oben reicht sie auf der Nordseite vielleicht über die Kämpferhöhe hinaus, auf der Südseite endet sie eindeutig darunter, d.h. man errichtete zunächst die Fortsetzung nach Westen, ehe man dann einheitlich die Schildwände des 4. Joches ausführte *(Fig. 121)*.

Die Lage der Abschnittsfuge in der Mitte eines Joches zeigt an, daß der östliche wie der westliche Teil jeweils in einem Zuge und nicht in Etappen von Joch zu Joch errichtet wurden, wozu die Unterbrechung der Schichtung durch die Halbsäulenschäfte an sich die Möglichkeit geboten hätte. Man behielt sogar gelegentlich die Schichthöhen über mehrere Joche bei, wie z.B. im Westabschnitt der Südmauer. Die Fertigung der Halbsäulen als Orthostaten *(Fig. 101, Abb. 43, 47, 51, 52, 55, 57)* und nicht als Schichtung aus Trommelstücken steht technisch gesehen in der Tradition des 11. und 12. Jhs.[490], wo dies zunächst im Zusammenhang mit dem Kleinquaderwerk, später auch beim Großquaderwerk üblich ist. Das Vorlagensystem der Oberkirche hat dagegen durchgehende Lagerfugen, abgesehen von den »en délit« gearbeiteten Diensten der Westteile. In der Kämpferzone der Krypta läuft eine entsprechend hohe Schicht ganz um. Die Schildbögen sind in die Mauer eingelassen.

Über die Umfassungsmauern läßt sich mit Sicherheit zusammenfassend sagen: sie weisen keine Spuren eines älteren Baues auf[491], ihre Wandvorlagen wurden nicht nachträglich verändert und stehen einheitlich im Verband[492], die Ausführung erfolgte in zwei Abschnitten. Die Treppenaufgänge zu den Turmhallen *(Abb. 43, 53, 54, Fig. 30)* und die Öffnungen im 6. Joch wurden mit den Mauern zugleich angelegt[493], zumal ihre Gewändequader in die flankierenden Vorlagen eingreifen. Die beseitigte Treppenanlage des 7. Joches gehört ebenfalls sicher, das umgeformte Fenster des 1. Joches wahrscheinlich zum ursprünglichen Bestand.

Die Abschnittsfugen im 4. Joch werfen die Frage auf, ob sie nur eine Unterteilung der Längsmauern oder gar der ganzen Krypta in zwei Ausführungsphasen anzeigen. Dabei ist mit Sicherheit auszuschließen, daß diese Unterteilung über die Krypta hinaus nach oben reichen und damit den Ostteilen insgesamt mit Apsis und Türmen eine zeitliche Priorität einräumen könnte; denn die westliche Flucht der Osttürme verläuft weiter westlich als das sichtbare obere Ende der Baunaht. Das Aussetzen der ornamentierten Vorlagenkapitelle nach dem 4. Joch und das Wiedereinsetzen auf einer spürbar jüngeren Stufe nach dem 5. Joch, die am Schlußstein leicht abwärts gebogenen Rippen nur in den östlichen Jochen und das Aussetzen der Kapitellornamentik schon nach dem 3. Joch des Mittelschiffes könnten als Hinweise auf eine die gesamte Krypta durchteilende Ausführungsgrenze verstanden werden, die im Mittelschiff wie üblich weiter östlich verliefe als an den Außenmauern. Dieser Deutung steht allerdings die Tatsache entgegen, daß man die Baunähte nur bis in die Kapitellhöhe verfolgen kann; die neben dem Schildbogenanfänger auf der Nordseite sichtbaren Schichtdifferenzen können durch diesen und nicht durch die Fuge verursacht sein. Demnach fehlt die Grenze in der Gewölbezone.

Der Widerspruch zwischen dem technischen Befund und den oben genannten Erscheinungen läßt sich auflösen, wenn man davon ausgeht, daß eine echte Ausführungsgrenze einerseits nur in den Schichten des 4. Jochs vorliegt, wo sie auch sichtbar ist, daß sie aber andererseits die Folge einer allgemein vorauseilenden Ausführung der Ostjoche ohne sichtbare Grenzen ist. Für die Ostjoche wurden offenbar die Kapitelle und Schlußsteine früher gefertigt und wohl auch versetzt, ohne daß dadurch eine durchgehende Zäsur entstand, außer den kurzen Abschnittsfugen. Als man an die Fortsetzung der Umfassungsmauern nach Westen ging, wurden in den Ostjochen vermutlich die Schildwände hochgezogen und mit dem Wölben begonnen. Die Freistützen wurden dabei sicher immer erst nach Vollendung der jeweiligen Umfassungsmauern aufgerichtet.

Die im ganzen einheitliche Ausführung muß nicht unbedingt eine Einheitlichkeit der Planung bedeuten. In der neueren Forschung wurde besonders die in zwei Punkten wesentlich von der übrigen Krypta abweichende Gliederung der Ostjoche *(Abb. 45)* hervorgehoben und als Rest einer älteren Anlage[494] oder zumindest älteren Planung gedeutet[495]. Ersteres ist nach dem Befund eindeutig auszuschließen, nicht zuletzt wegen der gleichen Steinmetzzeichen, die auch an den übrigen Wänden auftreten. Auffällig bleibt hingegen, daß die Ostwand in drei gleich breite Joche *(Fig. 30, 93)* aufgeteilt ist und nicht mit der Gliederung des Raumes in ein breites Mittelschiff mit zwei schmalen Seitenschiffen übereinstimmt[496], und ferner, daß die Wandvorlagen im 1. Ostjoch mächtige Polygonalpfeiler und keine Halbsäulen vor flachen Lisenen sind.

Die Deutung der polygonalen Pfeilervorlagen als erste Planung der Wandgliederung[497] ist zwar nicht zu widerlegen, aber doch sehr unwahrscheinlich. Die durchgehende Schichtung der Quader, die sie mit den nächsten, westlichen Vorlagen a3, d3 verbindet, deutet nicht auf einen so raschen Planwechsel. Die Erklärung könnte in ihrer Stellung liegen; denn sie bezeichnen den Raum vor den seitlichen Altären und trennen ihn optisch von dem folgenden Teil der Krypta. Da sie weiter vor die Wandebene vortreten als die Halbsäulen, deuten sie eine Art Einziehung an. An der Ostwand verwendete man die Polygonalpfeiler gleichfalls um eine Trennung der drei Altarnischen zu markieren, wobei sie vor dem mittleren Nischenvorraum ebenso als deutliche Einziehung wirken. Insgesamt erhält man den Eindruck, als lebe hier die Form der reich gegliederten Altarbezirke der älteren Kryptenanlagen nach, angepaßt an die Systematisierung, die von fortschrittlichen Gewölbelösungen ausgeht. Die Beseitigung des gestaffelten Dreiapsidenabschlusses läßt das nicht mehr ganz zur Geltung kommen.

Bei der Aufteilung der Ostwand in drei gleich breite Abschnitte könnte es sich dagegen tatsächlich um einen älteren Planungszustand handeln, zumal die lichte Weite zwischen den Vorlagen dort genau derjenigen zwischen den Vorlagen a1, a2 bzw. d1, d2 entspricht. Dieser erste Plan hätte demnach drei gleich breite Schiffe mit genau quadratischen Jochen vorgesehen[498] – eine für Krypten weitaus geläufigere Anordnung als die gegenwärtige. Die Argumente, die für eine Planeinheitlichkeit von Ostseite und breitem Mittelschiff sprechen, sind dagegen vergleichsweise schwach: optische Zentrierung auf die Mitte durch das Trapezjoch und Raumgewinn für die Seitenaltäre. Schon die komplizierte Gewölbekonstruktion, die sich aus der Unregelmäßigkeit ergab, spricht gegen eine ursprünglich so beabsichtigte Aufteilung.

Die Gründe für einen solchen Planwechsel lassen sich nur durch weitere Hypothesen ermitteln. Verheyen sah sie in der Aufteilung der Westwand und deren Blendarkatur gegeben, doch kann es sich dabei auch schon um eine Reaktion darauf handeln. Hier ist dagegen wohl erstmalig die eindeutige Bezugnahme auf den Vorgängerbau zu spüren, dessen beide Krypten breite Mittel- und schmale Seitenschiffe besaßen. Das Ergebnis, die Raumdifferenzierung, muß man von der Wirkung her als besonders reizvoll bezeichnen *(Abb. 42)*[499].

Wichtiger scheint die Frage nach dem Zeitpunkt eines möglichen Planwechsels zu sein. Er ist sicher vor Aufrichtung der Freistützen und der Einwölbung erfolgt, doch läßt er sich noch genauer bestimmen. Könnte man noch die Meinung vertreten, die Schildbögen sähen für beide Lösungen gleich aus, so gilt das nicht mehr für die Anfänger von Gurten und Rippen über den Wandvorlagen. Sie sind sämtlich auf die schmalen Seitenschiffe eingerichtet, was in der starken Stelzung der Gurtbögen zum Ausdruck kommt, deren Anfänger nahezu senkrecht sind *(Abb. 43, 47)*. Auch die Anfänger über den Vorlagen b1, c1 an der Ostseite *(Abb. 45)* sind auf den bestehenden, trapezförmigen Grundriß berechnet; denn sie sind asymmetrisch und die Gurte setzen schräg zwischen den Rippen auf, die ebenfalls entsprechend geformt sind. Ihre an einigen Stellen bandrippenartigen Ansätze *(Abb. 43, 47, 54, 55)* könnten zwar dazu verleiten, auch darin Reste der älteren Planung zu sehen[500], allein ihr Zusammenhang mit den Gurten – beide sind am Auflager stets aus einem Block gearbeitet – verbietet diese Deutung und läßt sie als unfertige, in der Bosse vorgeformte Stücke erkennen, teilweise sogar in der Art geformter Rippenfüße[501]. Die Anfängerblöcke sind in die Mauer eingelassen und nehmen auch die Schildbögen auf, die damit zweifelsfrei der heutigen Lösung zuzurechnen sind. Man kann daraus schließen, daß das gesamte Gewölbesystem planeinheitlich ist und der Wechsel in der Aufführung auch der Wände vor den Schildbögen erfolgt sein müßte, wahrscheinlich sogar schon, als die östlichen Umfassungswände noch nicht Kämpferhöhe erreicht hatten.

An keiner Stelle lassen sich nachträgliche Korrekturen an den schon versetzten Gewölbeanfängern feststellen[502], und die Westmauer rechnet bereits in ihrer gesamten Anlage mit den heutigen Abmessungen der Schiffe. Da die Säulen, nach dem bisher ergrabenen Abschnitt zu urteilen, unmittelbar auf dem anstehenden Fels stehen, ist auch von einer Fundamentuntersuchung in dem unbekannten östlichen Teil kein Aufschluß darüber zu erwarten, ob es tatsächlich jemals beabsichtigt war, den Schiffen die gleiche Breite zu geben.

Die Frage nach der Abfolge bei der Aufrichtung der Freisäulen wurde oben im Zusammenhang mit den Bauabschnitten der Umfassungsmauern bereits gestreift. Der in der Südreihe von c3 ab erkennbare regelmäßige Wechsel von glatten und ornamentierten Kapitellen ist vermutlich zufällig entstanden. Die glatten Kapitelle sind nicht als bossierte Rohform anzusehen, da eine weitergehende Bearbeitung nicht möglich ist. Anlaß zu Überlegungen bot das erste Kapitell der Südreihe, c2 (Abb. 45, 446), da es als einziges quadratisch statt polygonal ist[503]. Wahrscheinlich wird hier der Versuch erkennbar, den Stützenwechsel entschiedener durchzuführen als es später geschah. Er endet nämlich unter den Kapitellen, die einheitlich polygonale Deckplatten und Kämpfer haben. Unten hingegen wird der Rhythmus durchgehalten: polygonale Basen stehen auf entsprechenden Sockeln, runde auf quadratischen. Oben müßten demnach bei runden Säulen quadratische Deckplatten und Kämpfer mit den quadratischen Plinthen und Sockeln unten korrespondieren wie bei c2. Diese Konsequenz gab man aber offensichtlich zugunsten der einheitlichen und eleganteren Lösung auf, die sich ja auch bei den Wandvorlagen findet.

Das Kapitell von c2 ist von besserer Qualität als die meisten und könnte in seiner Form von den antikisierenden Spolien bei a3 und a4 (Abb. 436, 437) angeregt sein. Insgesamt zeichnet sich eine stilistische Entwicklung bei den Säulenkapitellen ab, von denen die westlichsten b8 und c8 (Abb. 443–445, 451) den Formen in der Oberkirche am nächsten stehen. Auch bei einigen der anderen sind Elemente vorhanden, die dann oben weiter entwickelt werden; der Eindruck der Altertümlichkeit ist aber vorherrschend.

Hatten sich die Seitenjoche der Westwand als einheitliche Konzeption erwiesen, so zeichnen sich im Mitteljoch (Abb. 48, 49, Fig. 98, 99) verschiedene Bauzustände so deutlich ab wie nirgends sonst in der Krypta. Auch hier müssen bereits wesentliche Teile gestanden haben, ehe die Freistützen davor errichtet wurden. Die Wand dürfte die Höhe bis zur Oberkante der Blendgliederung, also etwas mehr als Kämpferhöhe erreicht gehabt haben, was zu den sonstigen Beobachtungen paßt.

Die drei flachen Blendarkaden, durch zweifachen Rücksprung gegenüber der Wandebene nischenartig vertieft, geben sich durch die Gurtbogenansätze über den Säulchen eindeutig als Rückwand einer ziborienartigen Architektur zu erkennen, die sich frei in den Raum entwickeln sollte. Die Säulen b8 und c8, das Tonnengewölbe darüber und der hängende Bogenfries haben mit dieser Anlage nichts zu tun[504]. Bei dem Versuch, die geplante ältere Ziborienanlage aus den vorhandenen Ansätzen zu rekonstruieren, müssen notgedrungen viele Fragen offenbleiben.

Man wird sich den Grundriß aus drei kleinen, quadratischen Jochen gebildet denken. Die Höhe ist durch die Rückwand bestimmt. Vorne müßten die Bögen auf kleinen Freisäulen geruht haben. In den Seitenjochen könnte man sich je ein kleines Kreuzgratgewölbe vorstellen, dessen Schildbogen der jetzige Blendbogen wäre; im Mitteljoch scheint eine solche Lösung ausgeschlossen, da der Kleeblattbogen zum ursprünglichen Bestand gehört und kaum ein Kreuzgratgewölbe zuläßt. Vielleicht waren an Stelle von Gewölben flache Steinplatten vorgesehen, unter denen sich die Gurtbögen schwibbogenartig spannen sollten. Sind schon die Möglichkeiten begrenzt, die Form der ziborienartigen Anlage zu rekonstruieren, so sind aus der heutigen Situation kaum mehr Schlüsse auf das Verhältnis abzuleiten, in dem sie zur umgebenden Architektur stehen sollte. Da die Wandfläche unter der Blendarkatur intakt und auch das Gesims, auf dem sie steht, ohne Spuren einer Veränderung ist (Abb. 58)[505], kann man sich gar nicht vorstellen, worauf die vordere Reihe von Freisäulchen hätte stehen sollen.

Sollten sie länger sein und tiefer hinabreichen auf ein niedrigeres Podest? Der jetzige Unterbau ist in seinen obersten Schichten sicher nicht nachträglich auf die Ebene der Westwand zurückgearbeitet worden.

Von den seitlichen Rücksprüngen in der Wandebene gehört der innere insofern zu der Anlage, als die Säulchen dort von Anfang an mit ihrem anschließenden Werkstück als Ecksäulchen gekennzeichnet sind. Im Blick auf die Anlage des 12. Jhs. im Vorgängerbau wäre es denkbar, daß vorspringende Mauerzungen die Funktion des Anschlusses an die Scheidarkaden übernehmen sollten, die jetzt von den Freisäulen b8, c8 ausgeübt wird (Abb. 48). Dann wäre die Ziborienarchitektur zwischen diese Mauern eingespannt, also seitlich geschlossen gewesen. In Verbindung mit den Treppenanlagen in den Seitenschiffen vervollständigt sich das Bild unversehens zu einer aufwendigen Confessio, die sofort an das heilige Kaiserpaar denken läßt[506]. Formal, vielleicht auch in der Funktion war die Nische mit den stuckierten Säulchen in der Westwand des 12. Jhs. (Abb. 33, 38) der Vorläufer für die geplante Anlage, allerdings war damals das Kaiserpaar noch nicht heiliggesprochen worden.

Die Oberkante der Anlage hätte nur wenig über dem Niveau des Langhauses gelegen (Fig. 99). Ihre Verbindung mit diesem ist auch in der heutigen Form noch besonders eng, weil sich über ihr das Lünettenfeld vollkommen zum Mittelschiff öffnet, dessen Niveau wegen der Versetzung der Kryptastirn nach Osten bis unmittelbar an die in die Westmauer eingetiefte Anlage heranreicht. Vielleicht sollte die Verbindung noch inniger sein. Häufig stehen ja Altäre nach spätantikem Brauch über den Heiligengräbern, den Confessiones. Mehr als Hypothesen wird man über die geplante Form und Funktion der Ziborienarchitektur nicht aufstellen können.

Die Zierformen der Blendarkatur sind mit Flechtband und Schachbrettzahnschnitt die altertümlichsten des Domes überhaupt und weisen zurück ins 12. Jh. Von den Kapitellen zeigt jedoch eines eine gewisse Verwandtschaft mit c3[507]. Die besonders rückständigen Formen lassen die Frage aufkommen, ob die geplante Anlage überhaupt für diesen Ort bestimmt oder vielleicht als Teil der Reparaturmaßnahmen für den Heinrichsdom gedacht war. Sie gehört jedenfalls zum frühesten, was am heutigen Dome anzutreffen ist.

Der Versatz der Blendarkatur an dem jetzigen Ort erfolgte ohne jeden Zweifel zugleich mit den angrenzenden Abschnitten der Westwand in den Seitenschiffsjochen, vielleicht bereits nach geändertem Plan, jedenfalls ohne vorspringende Mauerzungen. Der Anschluß der geplanten Ziborienarchitektur an Freistützen in der Art von b8, c8 wäre in jedem Fall problematisch geworden und ist schwer vorstellbar.

Daß die Blendarkatur als Überrest einer geplanten Ziborienanlage mit der ausgeführten Architektur nicht zusammengehört, wird durch eine Reihe von Widersprüchen zwischen beiden belegt. Die kleinen Verbindungsbögen in Verlängerung der Scheidarkaden (Abb. 48, Fig. 99, 100) haben zwar in den Säulen b8, c8 ihr adäquates Auflager, nicht jedoch bei der Blendarkatur, wo sie wegen ihrer Stärke das Ecksäulchen und die Rücksprünge zugleich, also ganz verschiedene Wandebenen benutzen müssen. Sie führen auch die Bogenanfänger der Blendarkaden nicht fort, sondern ruhen zunächst als horizontaler Sturz auf ihnen, ehe sie mit karniesförmigem Schwung sich zum Bogen entwickeln. Auch die Säulchen, die an b 8, c 8 angesetzt und aus denselben Werkstücken wie diese gearbeitet sind, passen nicht zu denen der Blendarkatur. Sie stehen zwar in der Flucht der Ecksäulchen, sind aber fast doppelt so groß. Sie setzen unten tiefer auf, und ihre Kapitelle – Kämpfer fehlen ihnen – befinden sich noch erheblich über den Kämpfern der Blendarkaden. Ihre Knollenkapitelle sind die modernsten der ganzen Krypta. Ferner öffnet sich das Lünettenfeld über der Blendarkatur (Abb. 48, Fig. 98) so knapp über ihr zum Langhaus, daß ihr mittlerer Kleeblattbogen angeschnitten wird, und der kräftige Rundbogenfries, der diese Öffnung rahmt, findet seitlich kein Auflager und hängt buchstäblich »in der Luft«, wobei er seitlich so tief ansetzt, daß er einer Rekonstruktion des Baldachins im Wege wäre.

Das Fazit ist ganz eindeutig: die Säulen b 8, c 8 mit den angearbeiteten Zwischensäulchen, die Verbindungsbögen zur Westwand, das Tonnengewölbe darüber mit dem eingehängten Rundbogenfries sowie die Stufenbögen in den Seitenschiffen gehören planeinheitlich zu der jüngeren Konzeption nach Aufgabe der Ziborienplanung, setzen diese aber voraus. Die Errichtung der Säulen b 8, c 8 und der Verbindungsbögen müssen als terminus ante quem für die Aufgabe der älteren Planung angesehen werden, es fragt sich jedoch, ob dieser Zeitpunkt nicht viel früher anzusetzen ist. Das Fehlen eines passenden Auflagers für die geplante vordere Stützenreihe und die durchlaufende Westwand mit dem Gesims unter der Blendarkatur sprechen dafür, daß bereits vor ihrem Einbau auf eine sinngemäße Vollendung verzichtet wurde.

Auch in der neuen Planung machte man Konzessionen an die nun einmal ausgeführte Blendarkatur; denn die Zwischensäulchen an b 8, c 8 haben nur eine rein formale Funktion. Wahrscheinlich erkannte man den starken Gegensatz zwischen den wuchtigen Freistützen und den zierlichen Säulchen der Blenden, der durch die kleinen, auf beiden aufsitzenden Verbindungsbögen noch stärker hervorträte. Um diesen Gegensatz zu mildern, gesellte man den großen Säulen die Zwischensäulchen zu und schuf so einen Übergang von der großen Form zur kleinen. Neben ihrer formalen Funktion verdanken die Zwischensäulchen ihre Existenz vielleicht auch einer Nachwirkung des Baldachingedankens. Selbst nach der Aufgabe des Planes wirkt der schmale Raum unter dem Tonnengewölbe durch das Zusammenspiel von Blendarkatur und seitlichen Zwischensäulchen wie ein besonders abgegrenzter und hervorgehobener Bereich, der zudem wohl ein erhöhtes Niveau besaß und von den Treppenläufen umfangen war. Damit begegnen wir erstmals am Dom dem charakteristischen Phänomen, daß ältere, aufgegebene Konzeptionen auch in neuen, veränderten Planungen nachwirken. Es ist in diesem Fall nicht zu übersehen, daß der neue Plan mit seinem schmalen, aber nicht weiter untergliederten Raumkompartiment unter einem Tonnengewölbe wieder ganz nah an die entsprechende Lösung aus dem 12. Jh. im Vorgängerbau heranführt. Vielleicht war auch dies ein Grund, den Ziborienplan fallen zu lassen.

Die kelchlosen Knollenkapitelle der Zwischensäulchen, die ihre nächsten Verwandten in den Seitenschiffen und an der Apsis der Oberkirche haben[508] und in der Krypta vollkommen isoliert[509] sind, wurden oben bereits hervorgehoben. Beziehungen zur Oberkirche zeigen auch die großen Kapitelle von b 8, c 8, freilich springen diese weniger stark ins Auge als bei den Knollenkapitellen, weil die Ranken sich besser dem Kanon der Krypta einfügen. Offenbar gehören die Doppelsäulen b 8, c 8 zu den jüngsten der Krypta. Bei den großen Kapitellen suchte man den formalen Anschluß an die bereits vorhandenen Säulen, um den einheitlichen Eindruck nicht zu stören, bei den kleineren, weniger wichtigen gab man dagegen der moderneren, zeitgenössischen Strömung nach. Dieses Verhalten ist für die ganze Bau- und Formengeschichte des Domes typisch.

In der Dekoration der Rippenkreuzungen (Schlußsteine) läßt sich mit Ausnahme der abwärts gebogenen Rippen[510] der Ostjoche keine Entwicklung ablesen. Die wenigen Blatt- und Rosettenmotive, aber auch einige Fabelwesen zeigen eine enge Verwandtschaft mit den Seitenschiffen der Oberkirche. Insgesamt bestätigen diese Beobachtungen, daß die Wölbung auch der Ostjoche die jüngsten Formelemente enthält und die Ausführung von Ost nach West erfolgte.

Die Einwölbung der Krypta setzt voraus, daß ihre Umfassungsmauern auch in der äußeren Schale einen entsprechenden oberen Abschluß erreicht hatten. Er steigt sockelartig über das Langhaus- bzw. Außenniveau auf und zeichnet sich überall, wo er sichtbar ist, durch das gelbe Material aus, das im Innern der Krypta ausschließlich verwendet wurde. Dies ist sowohl am Apsissockel außen als auch an dem Sockel unter den Chorschranken zu beobachten, auf dem die ersten drei Freipfeilerpaare des Georgenchores aufruhen. Der Materialunterschied zu anderen Teilen der Oberkirche und der sichere Zusammenhang mit der Krypta boten auch hier Anlaß zur Vermutung, es handele sich um ältere Bauteile[511]. Objektiv ist das in der chronologischen Reihenfolge durchaus richtig, nur zeichnen sich hier Stufen eines kontinuierlichen Bauvorganges, nämlich des Neubaues, ab und nicht Teile, die zu verschiedenen Bauten gehören.

Die ohne Unterbrechung fortgeführten Bauarbeiten – für die Kontinuität bürgen die Steinmetzzeichen der Gruppe I – lassen es nicht zu, nach dem Abschluß der Krypta genaue Angaben darüber zu machen, wie weit der Bau im allgemeinen gediehen war. Man könnte davon ausgehen, das ehemalige Bodenniveau des Georgenchores als obere Grenze anzusehen, doch ist das nicht zwingend[512]. Die klare Trennlinie im Material zwischen Sockel und Untergeschoß der Apsis liegt außen erheblich tiefer (Fig. 38), ebenso der Sockel unter den Chorschranken, wobei man dort die unterste Schicht der Schranken selbst mit den Podesten der Säulchen dazurechnen könnte. Völlig unklar ist der Zustand derjenigen Bauteile, die nicht mit der Krypta in Verbindung stehen, zu diesem willkürlich gewählten Zeitpunkt.

Ganz sicher läßt sich hingegen sagen, daß bei Abschluß der Arbeiten in der Krypta weitere Bauteile in Angriff genommen waren und damit in wesentlichen Punkten der Planung festlagen. Der weit vorspringende Sockel der Ostapsis, vermutlich auch schon die Schicht darüber mit Basisprofil und Podesten für die Vorlagengliederung waren versetzt. Weniger eindeutig ist die Situation bei den seitlichen Turmhallen. Ohne sichtbare Unterbrechung führen die Treppenläufe von der Krypta bis zu ihrer Mündung hinauf (Abb. 53, 122, 123), völlig einheitlich im System und im Bestand der Zeichen engstens verwandt mit den Längswänden unten[513]. Das läßt nur den Schluß zu, daß auch die Turmhallen zumindest bei den Innenwänden die Höhe der Bögen über der Treppenmündung erreicht hatten. Der hier zu beobachtende Wechsel vom gelben zum grau-weißen Material spricht nicht dagegen, weil er überall auftritt, wo die Gliederungen der Oberkirche ansetzen, und zwar in so enger Verbindung mit dem Mauerwerk der Krypta, daß eine Trennung nicht zulässig ist. Die Treppenläufe beweisen ebenso eindeutig die von

Anbeginn vorgesehene, vom Chor abgerückte Stellung der Osttürme.

Mit den Turmhallen zugleich müssen die Ostportale begonnen worden sein, d.h. ihre Sockel- bzw. Basiszone und die ersten Schichten der Gewändestufen wurden damals versetzt. Das gilt auch für die Gnadenpforte, deren dekorative Ausstattung zu diesem Zeitpunkt bereits in Arbeit gewesen sein muß.

Für jene untersten Teile der Innenwände ist noch kein Unterschied zwischen Nord- und Südturm festzustellen *(Abb. 122–124, Fig. 30)*. Fest im Verband und planeinheitlich mit den Außenwänden der Ostkrypta sind ferner die Vorlagen für die Gewölbe der Seitenschiffe an den ersten Freipfeilern des Georgenchores *(Abb. 209, 210, 219)*. Die Pfeiler selbst sitzen auf dem Kryptensockel auf, ihre Vorlagen reichen aber auf das Niveau des Seitenschiffes hinab und bestimmten damit teilweise die Lage der Öffnungen zu den Westjochen der Krypta. Auch hier greift das grau-weiße Material der Vorlagen in das gelbe des Sockels ein, beides ist aber gleichzeitig miteinander versetzt worden, was durch den aufeinander abgestimmten Steinschnitt zu beweisen ist[514]. Der Plan, die Seitenschiffe zu wölben, war bis in das Detail hinein in diesem Augenblick fixiert und in der Ausführung begriffen, und zwar nicht fortschreitend von Ost nach West, sondern in einem Abschnitt wohl bis zu den Chorpfeilern B4 und C4.

Ob die Pfeiler selbst über dem Sockel bereits in Angriff genommen waren, läßt sich kaum bestimmen. Die Beurteilung dieser Frage hängt davon ab, ob man für die Wölbung der Krypta eine Mauerkrone in Höhe des Chorniveaus für notwendig hält. Einen Anhaltspunkt bieten die Chorpfeiler B4, C4 *(Abb. 8, 210, 194)* mit dem Materialwechsel bei 2,70 bzw. 3,00 m. Die Grenze ist hier erkennbar geblieben, weil man diese Pfeiler zunächst nicht weiterführte. Die Höhe war notwendig für die Errichtung der westlichen Kryptastirnwand, mit der sie verzahnt sind.

Es darf als sicher gelten, daß man auch mit der Errichtung der Seitenschiffsmauern in der ganzen Länge des Ostchors begann, ebenso die Außenmauern der Turmhallen, die mit ihnen im Schichtzusammenhang stehen, weil kaum zu erwarten ist, daß man gerade bei den verhältnismäßig kleinen Räumen der Turmhallen, nur die Innenmauern begann; ebenso legte man bei den Portalen gewiß beide Gewände zugleich an. Die gewaltigen Fundamente der Außenmauern müssen zugleich mit den Umfassungsmauern der Krypta entstanden sein, weil das Turmfundament, das beide verbindet, im Verband mit ihnen steht. Dies konnte auf der Südseite beobachtet werden. Auf jeden Fall waren die Ostteile der Oberkirche in der Länge des Ostchores im Grundriß und Teilen ihres Aufbaues schon jetzt festgelegt *(Fig. 115–117, 121, 122)*.

Nicht zu klären ist die Frage, ob die mächtigen Spannmauern *(Fig. 8, Abb. 71)*, die zwischen den Seitenschiffsfundamenten bis zur Westgrenze von Chor und Krypta (A4–B4, C4–D4) wohl nachträglich eingezogen sind, schon zu diesem Zeitpunkt – also vor dem Verfüllen der Baugruben – oder erst später ausgeführt wurden. Da sie trotz der Abweichung von den Pfeilerachsen nicht auf die Wölbung der Krypta, sondern auf die des Langchores bezogen sein dürften, bedeuteten sie bei dem frühen Zeitpunkt eine interessante Präventivmaßnahme für ein am Bau erst sehr viel später und als Planänderung wahrnehmbares Projekt. Ob in ihnen Teile der Fundamente des Heinrichsdomes stecken – wie oben angedeutet – oder sie dadurch sogar angeregt wurden, muß offenbleiben.

## 2. DIE UNTERGESCHOSSE DER OSTTEILE

*Ostapsis, Osttürme, Seitenschiffsaußenmauern bis zum 3. Joch*
*(Fig. 19, 28, 30, 32, 36, 38; 44, 45, 60, 61, 70–73, 79, 80; Abb. 75–225)*

Die verhältnismäßig kleinteilige Gliederung der Ostteile des Domes erschwert den Versuch, eine Vorstellung von dem Bauverlauf nach Vollendung der Krypta zu gewinnen; denn die zahlreichen Wandvorlagen, Öffnungen und Winkel erforderten ohnehin häufiger einen Wechsel der Quaderhöhen. Eine Unterscheidung zwischen chronologischen und technisch bedingten Vorgängen ist nicht immer möglich. Ebensowenig wie die Mauerführung bietet die Entwicklung von Architektur- und Ornamentformen sichere Anhaltspunkte für die zeitliche Abfolge, da der Formenkanon sehr einheitlich ist. Die Steinmetzzeichen schließlich treten nur in geringer Dichte auf und können daher nur zur Klärung größerer Bauabschnitte herangezogen werden.

Trotz des sicher nachzuweisenden, kontinuierlichen Fortgangs der Arbeiten tritt eine Reihe von Unterschieden zur Krypta in der Oberkirche auf, im gleichen Augenblick, als das Langhausniveau erreicht ist. Allerdings ist bei ihrer Bewertung für die Baugeschichte der grundsätzlich andere Charakter von Raum und Funktion in Rechnung zu stellen, der Krypten stets eigen ist.

Am auffälligsten ist die stärkere Durchformung der architektonischen Gliederung, die schon in den Turmhallen *(Abb. 203, 124–127)* durch ein konsequent entwickeltes System von Rippen und Vorlagen spürbar ist. Auch die Kapitelle *(Abb. 459–466)* haben daran teil, indem sich ihre Blattformen nicht nur weiter vom Kern lösen, sondern vor allem straffer und tektonischer gebildet sind. Neue Formen und Typen treten hinzu. Auf den Materialunterschied wurde schon hingewiesen; zu dem gelben Stein der Krypta, dessen Oberfläche fast stets glatt geschliffen ist, kommt ein grau-weißer Sandstein hinzu. Er ist offenbar härter, witterungsbeständiger und wurde mit der Zahnfläche bearbeitet, deren Spuren überall sichtbar blieben. Unter der Einwirkung der Witterung nahm er außen eine zart ins Rötlich-braune spielende Färbung an. Oberhalb des gelben Apsissockels wurde der Außenbau nun einheitlich mit dem neuen Material errichtet, während man innen offenbar nicht auf das gelbe Gestein verzichten konnte. Man verwendete es jedoch nur in den glatten Wandflächen von Apsis, Chorwänden, Seitenschiffsmauern und Chorschrankenrückwänden. Die Schichtung der grau-weißen Vorlagen *(Fig. 70–73, 79)* stimmt dabei meistens mit der in den gelben Wandflächen überein, doch gelegentlich ergeben sich auch Abweichungen, zumal die Vorlagen nach Schablone und unter bestmöglicher Ausnutzung des angelieferten Blockes gefertigt wurden. Der seitliche Ausgleich erfolgte stets in der gelben Fläche, selten durch Ausklinken, sondern fast immer durch kleine, für die Stelle sorgfältig gearbeitete Paßsteine, ein nicht zu widerlegender Beweis für gleichzeitiges Versetzen des unterschiedlichen Materials – abgesehen von den gleichen Steinmetzzeichen auf beiden Steinsorten. Die gelben Quader sind daher auch sicherlich kein Abbruchmaterial des Heinrichsdomes, der ohnehin nur gequaderte Kanten aufwies und im übrigen aus verputztem Kleinquaderwerk bestand. Das anfallende Abbruchmaterial wurde wohl vorwiegend für die Fundamente und das Füllmauerwerk des Neubaues verwendet, wie die Befunde unter dem Westchor und bei der Kryptastirnwand lehren.

Die für die Ostteile des Domes so charakteristische unterschiedliche Verwendung des Materials gemäß Eigenschaften und Funktion wurde sogar noch weiter differenziert. Den besonders feinkörnigen, dichten und von Einschlüssen freien, grün-grauen Zeiler Schilfsandstein benutzte man für besonders anspruchsvolle, aufwendig skulpierte Teile. Durch Schleifen und sorgfältig exakte Bearbeitung ermöglichte er eine Formenpräzision, die den Betrachter des 20. Jhs. zunächst eine Überarbeitung des 19. Jhs. vermuten läßt[515]. Am Außenbau hat der offenbar sehr weiche Stein stark gelitten, doch gibt es noch genügend Stellen, wo er durch die reichliche Luftzufuhr stets rasch trocknete und so die scharfkantige Glätte noch im ursprünglichen Zustand behalten hat. Sie sind als Vergleich für innen heranzuziehen, und danach zu urteilen, kann ein tiefgehendes Schleifen bei der Restaurierung ausgeschlossen werden. In den Poren haben sich zudem Schlämmreste der Barockzeit erhalten. Dieses kostbare und empfindliche Gestein verwendete man für die Gewände beider Ostportale und für die Kapitelle und Kämpfer der Blendarkatur der Ostapsis innen, die in ihren entwickelten Einzelformen nicht von der Krypta abzuleiten sind, sondern das Hinzukommen neuer Kräfte voraussetzen.

Dies bestätigen schließlich auch die Steinmetzzeichen *(Fig. 110)*. Nicht weniger als achtzehn der fünfunddreißig Zeichen des Abschnitts I A kehren außerhalb der Krypta nicht wieder, dafür treten allmählich die siebzehn neuen Zeichen von Abschnitt I B hinzu, zu einem guten Teil jedoch erst oberhalb des unteren Geschosses. Die konstante Zahl von fünfunddreißig täuscht also; denn zeitweilig dürften nur knapp zwanzig tatsächlich am Bau beschäftigt gewesen sein. Ganz zuverlässig sind aber wegen der geringen Dichte diese Zahlen nicht. Mit den neuen Leuten kamen neue Bildhauer oder zumindest neue Formen, falls Steinmetzen und Bildhauer identisch waren. Eine gewisse Spezialisierung, die kompliziertere Aufgaben erfahreneren Kräften zuwies, ist wahrscheinlich, weil die Verwandtschaft von Motiven und Details zwischen den normalen und den erwähnten prunkvollen Kapitellen zwar groß ist, letztere aber doch in künstlerischer und handwerklicher Hinsicht höher stehen. Dies ist wohl nicht alleine durch das bessere Material und die höheren Anforderungen des Auftrags zu erklären, obwohl auch diese Gesichtspunkte zu berücksichtigen sind.

Ausgehend von den seitlichen Kryptatreppen scheint es am wahrscheinlichsten, daß man mit den beiden Turmhallen die Bauarbeiten fortsetzte. Die spitzbogigen Treppenmündungen entstanden gleichzeitig mit den unteren Schichten der benachbarten Mauerteile, zumal bei dem bündigen Anschluß des Gewändes an die Eckvorlage beiden gemeinsame Quader zu beobachten sind *(Abb. 53, 122, 123)*. Die Überschneidung von Sockel und Gewände ist ursprünglich, weil das Kantenprofil der Treppenöffnung darauf Bezug nimmt. Sie ergibt sich aus der unterschiedlichen Raumaufteilung von Unter- und Oberkirche. Auf der Nordseite ist sogar die Wandvorlage aus diesem Grunde unten etwas schmaler und verbreitert sich erst oben unter dem Kämpfer *(Abb. 122)*.

Obwohl die Gesamtdisposition im Grundriß festgelegt war, blieb ein gewisser Spielraum für Änderungen in der weiteren Ausführung erhalten. Die Planung unterlag einem stetigen Prozeß der Wandlung, der sicher nicht nur auf die Stilentwicklung zurückzuführen ist, sondern ebenso in den sich ändernden Forderungen des Bauherrn begründet war. Vermutlich schritt die Ausführung der Südseite schneller voran als die der Nordseite. Man folgerte dies bisher allein aus dem entwicklungsgeschichtlich älteren Typus der *Adamspforte (Abb. 106, 120, 121)* im Südostturm: einfaches Stufenportal mit großem, rahmenden Zickzackprofil, Fehlen eines Tympanons und geringere Abmessungen[516]. Letzteres deckt sich auch mit der geringeren Höhe der Turmhalle *(Fig. 30, Abb. 124)*[517]. Allerdings wäre bei diesem – sicher zutreffenden – Argument zu berücksichtigen, daß das Gegenstück, die Gnadenpforte, einem völlig anderen Typ angehört, der zwar im Gesamtbild der Entwicklung jünger, vor allem aber aufwendiger und doch wohl unmittelbar nach oder sogar neben der Adamspforte entstanden ist[518]. Man muß sich demnach fragen, ob der Unterschied nicht auch vom Bauherren gewollt und durch die Funktion der Portale bedingt sein kann, zumal sich eine deutliche Höhendifferenz der Eingangshallen *(Fig. 30)* abzeichnet, die nur zum Teil durch die Portale verursacht ist. Empfand man die Turmhalle der Südseite als zu niedrig und änderte daraufhin die Anlage der Nordseite[519], so setzt das voraus, daß erstere schon fertig, letztere dagegen kaum über einige Schichten hinausgelangt war, was kaum zutreffen dürfte. Da die Portalgewände mit den anschließenden Mauern gleichzeitig errichtet wurden, wie aus dem Befund zu ersehen ist *(Abb. 118)*, müssen sie jedenfalls teilweise vorgefertigt gewesen sein, da ihre Herstellung längere Zeit in Anspruch nahm und zumindest die Bogenläufe auf dem Richtplatz durch Zusammenlegen geprüft und eingepaßt wurden. Es könnte aber durchaus sein, daß die noch nicht vollendete Gnadenpforte den Fortgang der Arbeiten auf der Nordseite verzögerte.

Außer der älteren Form des Adamsportals und der geringeren Höhe der Turmhalle gibt es noch weitere Hinweise auf den zügigeren Aufbau der Südseite. Zwar zeigen beide Turmhallen das umgekehrte attische Kämpferprofil *(Abb. 123–125)* der Krypta, aber nur auf der Südseite findet es sich im Seitenschiff über den Vorlagen D2 und D3 wieder *(Fig. 70–73)*, um in der Folge dem einheitlichen Kämpferprofil der Oberkirche zu weichen. Die südliche Seitenschiffsmauer steht im Verband mit der Turmhalle. Ferner weisen Lisenen und Rundbogenfries an ihrem Ostabschnitt eine flache Unterlage auf, die den Bogenfüllungen größere plastische Tiefe ermöglicht, ihren Ursprung aber wohl in der Fensterzone der Seitenschiffe *(Abb. 149, 178)* hat. Dort nimmt sie die Schicht der Rechteckprofile unter den Fenstern auf, gleicht sie aus und läßt die Lisenen ohne Absatz nach oben durchlaufen. An der Turmostseite *(Abb. 106)* hingegen ist sie nicht notwendig und wird darum folgerichtig beim Nordturm *(Abb. 107)* fast ganz und in den oberen Turmgeschossen vollständig fortgelassen. Schließlich tritt in der Turmhalle das einzige Würfelkapitell *(Abb. 462)* des Ostteils auf, wenn man von dem der Zwerggalerie absieht, wo es jedoch schon zum Kelchblock neigt und ornamentiert ist. In dem Stengelblattkapitell *(Abb. 461, vergl. Krypta b3)* und dem Knollenkapitell *(Abb. 459, vergl. Zwischensäulchen)* zeichnet sich eine engere Verbindung mit der Krypta ab. Alle Indizien zusammengenommen sprechen für die bisherige Vermutung, das Untergeschoß des Südostturmes sei das ältere.

Allerdings wird man sich das nicht so vorzustellen haben, als sei das Geschoß mit dem Portal völlig isoliert zu Ende geführt worden, sondern die angrenzenden Bauteile wuchsen mit, blieben aber wohl mit zunehmender Entfernung vom Südostturm in der Höhe hinter ihm zurück. Grenzen der Ausführungsabschnitte sind dabei weder in der Seitenschiffsmauer noch im Apsisuntergeschoß zu erkennen; die Quaderschichten laufen durch und das Material bleibt gleich. Nirgends bietet sich ein Hinweis auf eine längere Unterbrechung der einen oder anderen Stelle. Das läßt sich nur durch einen ganz kontinuierlichen Bauverlauf erklären, weil Abschnittsfugen meistens erst dann entstehen, wenn der Bau an einer Stelle nicht horizontal, sondern vertikal fortgeführt wurde und damit eine gewisse Unterbrechung gegeben war.

Die enge Verzahnung mit teilweise durchgehenden Lagerfugen zwischen Südostturm und Apsisuntergeschoß *(Abb. 76, 106)* läßt also eine Trennung nicht zu[520]. Die Schichtung der Apsis ist so gleichmäßig, daß man sich die zeitliche Differenz zwischen Süd und Nord nur in einer sich schichtweise verringernden Höhe der ausgeführten Teile vorstellen kann. Um das südliche Turmuntergeschoß in der Höhe außen etwas mehr zu betonen und vor allem seinen Abschluß der Apsisgliederung anzugleichen, verzichtete man auf eine Übereinstimmung der Geschoßteilung innen und außen und legte das äußere Abschlußprofil gut 1 m höher als den Fußboden innen *(Fig. 30)*. Rundbogenfries und Zahnband des Turmes setzen sich nun in den entsprechenden Formen im unteren Teil des breiten Gesimsbandes der Apsis fort[521].

Die Formen der unteren Apsis-Kapitelle außen *(Abb. 467–472)* zeigen einheitlich den Kanon, der für die unteren Ostteile charakteristisch ist, jedoch nicht ohne Nachwirkungen der Krypta, vor allem bei den unorganisch additiv gekreuzten Stengelblättern. Daneben treten dicht gereihte Knollen und große, geteilte Muldenblätter auf. Die steigenden Löwen (Ost-Süd-Ost, *Abb. 469*) finden sich als Motiv schon in der Krypta, ihre Bewegtheit kehrt in den Schlußsteinen des Nordostturms und Nordseitenschiffes wieder.

Über den Kapitellen verzichtete man bei den blockartigen Aufsätzen und dem Röllchengesims auf einen Rücksprung der Verkröpfung, der der Rechteckvorlage entsprochen hätte *(Abb. 76)*. Diese Inkonsequenz im Detail dürfte kein Planwechsel sein, zumal oben das alte System wieder fortgesetzt wird, sondern ergab sich notwendig aus der Unvereinbarkeit eines so kleinen Rücksprunges mit der Aufteilung der fortlaufenden Zahnbänder und der Röllchen im Gesims darüber.

Der Befund läßt Schlüsse auf das Verhältnis von Entwurf und Ausführung zu. Offenbar gab es keinen bis ins Detail durchdachten und gezeichneten Aufriß, sondern man wird sich weitgehend mit einer allgemeinen Festlegung der Gliederung begnügt haben. Im Stadium der Ausführung wurden die Detailformen bestimmt[522] und nach anscheinend genauen Schablonen gearbeitet. In der Vorstellung ergaben sich die oberen Verbindungen der Vorlagen aus deren Anlage konsequent von selbst, so daß auch hier auf Zeichnungen weitgehend verzichtet wurde. Dabei ließ man auch die Gestaltung von Horizontalgliederungen offen, die von der Vorlagenform unabhängig waren. Sie wurden wohl erst in einem späteren Stadium bestimmt, und so ist es erklärlich, daß man eine Detailform wählen konnte, deren konsequente Durchführung eine ebenso konsequente Fortführung des Vorlagensystems ausschloß. Trotz der differenzierten Gliederung steht dieses Verhältnis zum gezeichneten Plan den Baugewohnheiten des 11. und 12. Jhs. noch sehr viel näher als den detaillierteren Entwürfen, die die komplizierten Kathedralbauten des Westens zur Voraussetzung hatten bzw. entwickeln mußten.

Die Gewände der *Gnadenpforte (Abb. 107–116, 118)* wurden gleichzeitig mit den seitlich angrenzenden Lisenen außen bzw. den Turmhallen innen errichtet. Das geht aus dem sorgfältigen Verband auf beiden Seiten hervor, wo die Lagerfugen des Gewändes ohne zu springen durchlaufen und grau-weißes und grünliches Material sowohl in den Sichtflächen als auch in der Hintermauerung des Gewändes mit Preßfugen verzahnt ist *(Abb. 118)*. Das Übergreifen der Gewändequader in die Turmlisenen ergibt sich aus dem engen Nebeneinander und zeugt von der sorgfältigen Ausführung *(Abb. 107)*[523]. Es gibt nicht den geringsten Hinweis auf ein nachträgliches Einfügen oder gar Auswechseln des Portals[524]. Alle Anschlußquader berücksichtigen Höhe und Breite der Gewändequader, woraus hervorgeht, daß die Portalgewände auf dem Richtplatz weitgehend vorbereitet waren, als man sie mit den benachbarten Teilen zusammen versetzte.

Die Verbindung von Turmlisene und Apsisansatz ist sorgfältig kreuzweise verzahnt mit teilweise gleichen Lagerfugen und sogar übergreifenden Quadern (neben Kämpferzone). Mit Sicherheit kann daraus auf ein gleichzeitiges Versetzen geschlossen werden. Als die unteren Schichten der Apsis die nördliche Turmhalle erreicht hatten, machte man dort nicht halt, sondern bezog sie in den Aufbau mit ein. Vorausgesetzt, die Gnadenpforte sei auf dem Werkplatz noch nicht ganz vollendet gewesen, so könnte dies als verzögernder Faktor gewirkt haben; doch dürfte man kaum die Apsis bis an die Turmlisene herangeführt und dann die Arbeiten an diesem Punkt eingestellt haben. Der sorgfältige Verband spricht eindeutig dagegen. Man muß also in den unteren Schichten – wenn überhaupt – die Vollendung abgewartet haben. Derweilen boten sich am Bau zahlreiche andere Stellen zur Weiterarbeit an, abgesehen davon, daß man sehr viele Stücke schon auf Vorrat anfertigen konnte, was sogar nachzuweisen sein wird. Beim Versetzen sind jedenfalls Gnadenpforte, Turmuntergeschoß und angrenzendes Apsisuntergeschoß gleichzeitig hochgezogen worden, vermutlich nur um ein geringes später als auf der Südseite.

Für die Beurteilung der Planungsgeschichte ist diese Feststellung wichtig. Die Gnadenpforte ist fast vollständig einheitlich. Ihre Form, ihre Höhe und Breite waren mit dem Versatz der untersten Schichten und der Fertigung der monolithen Gewändesäulen eindeutig festgelegt. Darüber hinaus erfordert sie eine Anlage des Turmuntergeschosses in den heutigen Maßen, d. h. der Rundbogenfries liegt 0,60m höher als auf der Südseite, das Treppenfenster ist nach oben verschoben und die Eingangshalle erheblich, nämlich über 1 m höher *(Fig. 30, 32)*. Zu dem letzteren mußte man sich spätestens unterhalb der Kapitellzone der Halle *(Abb. 125)* entscheiden, tatsächlich fiel die Entscheidung früher, wofür die Treppenläufe ein Beleg sind, wahrscheinlich sogar schon, als man die Gnadenpforte zu versetzen anfing. Dieser sich nur in der oberen Zone abzeichnende Unterschied zum Südostturmuntergeschoß mußte also frühzeitig, vielleicht schon in den untersten Schichten geplant worden sein[525].

Dieser Sachverhalt lenkt den Blick erneut auf die Frage, ob es sich überhaupt um einen Planwechsel handelt, ob ursprünglich tatsächlich ein Portal in den Abmessungen der Adamspforte vorgesehen war oder ob hier nicht von vornherein vom Bauherrn eine aufwendigere Lösung ins Auge gefaßt worden war. Entscheidet man diese Frage, indem man eine Änderung der ursprünglichen Konzeption vermutet, so stößt man auf ein weiteres Problem, das sich noch des öfteren stellt. Es ist nämlich in mehreren Fällen nicht eindeutig zu ermitteln, wann ein Planwechsel erfolgte. Man kann nur mit Angabe einer frühesten und spätesten Möglichkeit versuchen, den Zeitpunkt des Wechsels einzugrenzen. Meist stellt sich dabei heraus, daß er keineswegs erst in dem Augenblick beschlossen wurde, wo er am Bau sichtbar wird, sondern erheblich früher. Die Entscheidung fiel sozusagen auf dem Werkplatz, aber man vollzog sie erst an einer Stelle, wo der Bau die Möglichkeiten dazu bot.

Die Dekoration des Portals steht in engem Zusammenhang mit den inneren *Blendarkaden des Apsisuntergeschosses (Fig. 60, 61, Abb. 92)*. Die Formen der Gewändesäulen – glatt, kanneliert, Fischgrät –, Rautenmuster – kehren dort wörtlich wieder, ebenso die Grundform des Kämpfers: hoch, mit steiler Schräge und dünner Platte. Auch die Kapitellornamentik weist in diese Richtung[526]. Die nördlichen Portalkapitelle haben starke Ähnlichkeit mit dem 1. nordöstlichen *(Abb. 555)*, die südlichen Portalkapitelle haben zwar in dem freien, filigran gearbeiteten Rankenspiel keine Parallele, doch ist die Durchbildung von Ranken und Blättern einschließlich der Tierköpfen an dem Kämpfer des 2. nördlich *(Abb. 553)* vorgebildet. Die Köpfe der Apostelbüsten am nördlichen Portalkämpfer schließlich lassen die Verwandtschaft mit denen des 2. südöstlichen Kapitells *(Abb. 559)* offenkundig erscheinen[527].

Insgesamt mag man die Gnadenpforte für handwerklich qualitätvoller halten als die Blendarkaden, was leicht als stilistisch jüngere Stufe verstanden werden könnte, vor allem durch die freiere Bewegtheit. Vermutlich ist es jedoch umgekehrt, und die Blendarkatur stellt eine gewisse Reduktion und Anpassung an den allgemeinen Entwicklungsstand der Bamberger Bauzier dar. Ihr Repertoire an Formen ist jedenfalls größer als bei der Gnadenpforte, weil hier die Möglichkeit zur Variation von der Architektur geboten wurde.

Während der Ausführung, vielleicht sogar erst beim Versetzen, nahm man eine geringfügige Änderung in der Gliederung des *Portals* vor. Ursprünglich sollte offenbar das äußere Kantenprofil ganz umlaufen und die Kämpferzone über dem äußeren Kapitel enden, also stumpf gegen die Leibung des ersten Rücksprunges stoßen *(Abb. 111, 112)*. Man entschloß sich dann jedoch, die äußere Kante in die allgemeine Gliederung einzubeziehen und führte den Kämpfer bis vor die Stirnfläche[528]. Dazu mußte man beidseitig einen Block einfügen, allerdings abweichend vom Prinzip die Büsten auf den Stirnseiten anbringen *(Abb. 109)*. Beim Versetzen berührten sich nun die Köpfe mit dem letzten der übrigen Reihe, man konnte die Blöcke nicht so weit wie vorgesehen einschieben und ließ sie einfach vorstehen. Bei der Südreihe *(Abb. 109, 111)* ist das gut zu sehen. Der Auslauf des Kantenprofils endet direkt unterhalb des Kämpfers – auch das spricht für eine Änderung in dem Augenblick, als das Gewände schon diese Zone erreicht hatte.

Für die größere Höhe der Eingangshalle ist nicht ausschließlich das Portal verantwortlich gewesen, sondern sie lag in der allgemeinen Absicht[529]; denn man steigerte sie durch einen noch stärkeren Stich des Gewölbes als auf der Südseite *(Fig. 30)*. Die Kapitelle der Nordhalle sind teilweise etwas weiter entwickelt und haben ihre motivisch ähnlichsten Gegenstücke im Südseitenschiff.

In den beiden *Turmhallen* ist nun das Gewölbesystem *(Abb. 124–126)* erstmalig vollständig ausgeführt, das für die Ostteile und das Langhaus charakteristisch werden sollte. In den Seitenschiffen *(Abb. 203, 206)* war es zwar unten mit den Kryptawänden zugleich angelegt worden, doch dürften die Turmhallen in der Vollendung vorangehen. Es besticht durch seine einfache Klarheit und konsequente Zuordnung der einzelnen Glieder: Dreivierteldienste für die Rippen, flache Rechteckvorlagen dahinter für die flachen Schildbögen bzw. entsprechend Pfeilervorlagen für Gurtbögen. Ein attisches Basisprofil verkröpft sich um alle Glieder und ruht auf dem hohen, gebößchten Sockel. Ebenso verkröpfen sich die Kämpfer um jeden Rücksprung. Die Rippenwulste haben einen leicht angedeuteten Grat und sind von Rechteckbändern unterlegt. In den Schildbögen deutet sich der Spitzbogen an, die Gewölbescheitel steigen mit Stich zur Mitte an.

Mit der Vollendung der Turmhallen und des Apsisuntergeschosses ragte der Bau schon beachtlich über das Niveau des Ostchores empor. Damit waren auch hier alle wesentlichen Entscheidungen über seine Gliederung gefallen. Es besteht nicht der geringste Zweifel, daß Türme und Chorwände einheitlich geplant und errichtet wurden, zumal sie bis zu dieser Höhe ein geschlossenes Massiv bilden, das nur von den Kryptatreppen und den Aufgängen zu den Turmkapellen durchbrochen wird[530]. Abgesehen von dem technisch sorgfältigen Verband und gleichem Material, gleicher Bearbeitung und gleichen Steinmetzzeichen, wird die Einheitlichkeit auch von der schrägen Führung der Aufgänge *(Abb. 128, 129, Fig. 28, 30)* bestätigt, die vom Seitenschiff aus in dem über 3,60 m starken Mauermassiv nach oben zu den Kapellenaufgängen führen. Die praktischen Vorzüge dieser Anordnung liegen auf der Hand[531].

Die *Treppenläufe (Fig. 30)* sind darüber hinaus von besonderem Interesse für die Beurteilung des Bauverlaufs. Auf der Südseite weist der *Aufgang zur Nikolauskapelle* von Anfang an eine geringere Steigung mit breitem Treppenabsatz auf, weil die Turmhalle niedriger ist und der Kapellenraum somit tiefer liegt als auf der Nordseite. Daraus geht hervor, daß zumindest die Aufgänge zu den Turmkapellen von unten an die unterschiedliche Situation berücksichtigen. Bei den *Verbindungstreppen vom Seitenschiff (Fig. 30, Abb. 128, 129)* her ist der Unterschied nicht so eindeutig, da die Differenz der Steigung oben auf der Nordseite nur 1½ Stufen mehr ausmacht. Da die Stufen neu sind, könnte die Korrektur der Steigung verhältnismäßig spät erfolgt sein. Ganz offensichtlich hat man aber bei der Nordtreppe Erfahrungen der Südseite verwertet; denn dort hatte die geringere Zahl der Stufenbögen auf gleicher Länge zu einer empfindlichen Verringerung der lichten Höhe unter den Bogenstirnen geführt, was eine spätere Zeit durch Abspitzen korrigierte. Auf der Nordseite erhöhte man die Zahl der Bögen und sorgte damit für ein gleichmäßiges Ansteigen der Wölbung. Das könnte auch auf eine frühzeitig veranlaßte stärkere Steigung der Treppe hinweisen; ganz sicher ist es ein Indiz für die spätere Entstehung, da die schlechtere Lösung der Südseite vorauszusetzen ist.

Das *Untergeschoß der Apsis* ist innen ebenso wie außen einheitlich konzipiert und ausgeführt worden. Auch hier ist der Bauverlauf nicht abzulesen, weil Schichtung und Ornamentformen keine Anhaltspunkte bieten. Sehr deutlich zeichnet sich die Differenzierung in der Verwendung des Materials *(Fig. 60, 61, Abb. 92, 96)* ab: glatte Flächen gelb, Säulen, Bögen und Profile grau-weiß, Kapitelle und Kämpfer gemäß dem kostbaren Charakter der Blendarkatur aus grünem Schilfsandstein. Ein nachträgliches Einfügen der Blendarkaden ist sowohl von der Anlage als auch vom Steinschnitt her absolut ausgeschlossen[532], weil die gelben Quader die unregelmäßigen, den Blockgrenzen folgenden Stoßfugen der grau-weißen Quader der Blendbögen ausgleichen. Ebenso sorgen kleine Paßsteine für den Höhenausgleich zu den stark springenden Lagerfugen der Halbsäule am Apsisansatz *(Abb. 96)*, die ebenfalls grau-weiß und aus sehr großen Blöcken gearbeitet ist[533]. Als einzige kleine Abweichung läuft das Kantenprofil über der Mittelsäule der Südnische nicht um, sondern hat Hornausläufe. Möchte man hierin eine Bestätigung für den Aufbau von Süd nach Nord sehen, so stünde dem entgegen, daß es sich wohl nur um eine Folge des weiter vorkragenden Kämpfers handelt.

In der formalen Entwicklung nimmt die Blendarkatur eine wichtige Stellung ein. Hier erscheint zum ersten Mal der steile, ornamentierte Kämpferblock, der für den Georgenchor und die Osttürme charakteristisch ist und die Ornamentzone der Kapitelle praktisch verdoppelt. Sehr viel gröber ist er nur an den Blenden der Kryptawestwand vorgeformt. Ferner finden sich an Kapitellen und Kämpfern nahezu alle Motive und Details an Blättern, Ranken und deren Zusammenstellung, die an den benachbarten Teilen des Domes vorkommen. Die feinere Bearbeitung und die dadurch härter wirkenden Formen lassen das Verbindende noch deutlich genug hervortreten[534]. Die Säulentypen der Gnadenpforte werden wiederholt, die damit aus ihrer isolierten Stellung innerhalb der Ostteile in eine enge Beziehung zur Apsis gestellt werden kann. Ihre Verbindung zu der Ornamentik der Ostteile wird ebenfalls in den Blendarkaden sichtbar, wo sozusagen die Fäden zusammenlaufen. Wesentliche motivische wie stilistische Elemente des Portals verbinden sich in der Blendarkatur mit solchen aus dem übrigen Dekor, wodurch »rückwirkend« deutlich wird, daß die Gruppe, die das Portal schuf, auch sonst an bevorzugten Stellen des Baues tätig war[535].

Der *Apsisansatz (Abb. 96, 184, Fig. 44, 45)* ist in der Gliederung ganz von dem anschließenden Chorjoch her bestimmt, sowohl in der Sockel- und Basiszone als auch in dem Verzicht auf eine horizontale Unterteilung. Das Zusammentreffen mit der umlaufenden Sockelbank der Apsis ist wenig glücklich *(Abb. 92–94)*, ebenso das beinahe an die Halbsäule anstoßende Gesims über der Blendarkatur. Dennoch kann auch darin nicht an der gleichzeitigen Ausführung gezweifelt werden; für einen Planwechsel fehlt jeglicher Hinweis. Apsis und anschließende Chorwände entstammen der gleichen Konzeption[536].

Im *ersten Chorhalbjoch (Fig. 44, 45, 38, Abb. 184)* ist der Unterschied zwischen Nord und Süd nicht zu bemerken. Unten griff man ein Motiv des Außenbaues auf: der vorspringende Sockel mit dickem Wulst, auf dem die eigentliche Gliederung aufruht. Er endet an der Westkante der westlichen Pfeilervorlage, wird dort aber nicht verkröpft, sondern mit der Basis zusammen mit einer Wiederkehr versehen. Der Grund ist offensichtlich: hier führen die Treppen von den Seitenschiffen zum Chor hinauf. Die Chorschranken sollten anfänglich offenbar nicht mit Bögen über die Treppen hinweggeführt werden, da kein Bogenauflager vorgesehen ist. Auf der Südseite *(Fig. 45)* ist der Anschluß barock, auf der Nordseite *(Abb. 228)* romanisch, aber nachträglich eingeschrotet bzw. mit Fuge stumpf gegen den Pfeiler gesetzt[537].

Die Funktion der einzelnen Wandvorlagen des Chorhalbjoches sowie die besonderen Verhältnisse an der westlichen Pfeilervorlage bedürfen einer besonderen Darstellung, die erst von einem späteren Ausführungsstadium her sinnvoll ist. Hier bleibt nur zu erwähnen, daß selbstverständlich auch die Westwand der Turmhallen, die zugleich östliche Stirnwand der Seitenschiffe *(Abb. 203)* ist, im gleichen Zusammenhang hochgeführt wurde. Die Verwendung des grau-weißen Materials auch in den Wandflächen der Turmhallen, der unteren Chorseitenmauern und der mächtigen Westmauer (Mauerstärke ca. 2,10 m) könnte damit zu erklären sein, daß man ihm eine größere statische Festigkeit zuerkannte, für die Auflast der Türme einen besonders tragfähigen Unterbau herstellen und dabei ganz sicher gehen wollte. Offenbar beurteilte man das Baumaterial nicht nur nach seinen Verarbeitungseigenschaften, sondern auch nach der Festigkeit. Die sonst so deutlich ablesbare Trennung des Materials und der Funktion spricht für größere Kosten und schwierigere Bearbeitung bei dem grau-weißen Stein, die Verwendung am Außenbau für größere Haltbarkeit.

Mit den Untergeschossen der Osttürme zugleich oder doch annähernd gleichzeitig wurden die *Außenmauern der Seitenschiffe (Abb. 148–152, 178, Fig. 70–73, 79, 80)* bis in das 3. Joch hinein hochgeführt[538]. Dort ist im Norden und Süden innen wie außen eine von Ost nach West abfallende Trennlinie erkennbar *(Abb. 152, 178, Fig. 19, 72, 73)*, die diesen Abschnitt von dem folgenden abgrenzt und entstehen konnte, weil hier eine Weile nicht weitergebaut wurde. Innerhalb des östlichen Abschnitts wurden die Quaderschichten wohl in ganzer Länge versetzt, denn nirgends zeichnet sich eine Stufung ab, also ganz entsprechend den Beobachtungen an den übrigen Teilen. Der Anschluß an die Turmgeschosse *(Abb. 149)* erfolgt teils mit durchlaufenden Schichten, mindestens aber mit sorgfältigem Kreuzverband. Es ist nicht auszuschließen, daß die Ausführung der Turmhallen durch gleichzeitiges Errichten der Seitenschiffsmauern verlangsamt wurde und somit ein gewisser Spielraum für etwa unfertige Details entstand.

In den Seitenschiffsmauern begegnet innen wieder die Trennung zwischen gelbem und grau-weißem Gestein, ebenso exakt wie an dem Kryptasockel gegenüber oder bei den Blendarkaden der Apsis. Ganz selten greifen gelbe Steine seitlich in die Schildbogenvorlage ein. Die Lagerfugen laufen durch, und wo sie springen, gibt es gelbe Paßsteine. Auch die Steinmetzzeichen *(Fig. 110)* bestätigen wie an den anderen Stellen die Gleichzeitigkeit der Ausführung[539].

Das östliche Seitenschiffsjoch ist merklich – etwa 0,60 m – kürzer als die folgenden *(Fig. 28)*. Im Eindruck verstärkt sich das auf Grund der fehlenden Gurtbogen- bzw. Schildbogenvorlage an der Ostwand zu den Turmhallen hin *(Abb. 203, 212, 214, 215)*. Auf der Nordseite *(Fig. 36, Abb. 149)* wirkt das Joch außen noch stärker verkürzt, weil die Turmecke außen und die Wandebene innen fast in einer Flucht liegen, man aber beim Seitenschiff dennoch auf eine Ecklisene nicht verzichten wollte. Man reduzierte die Zahl der Bögen des Frieses von sieben auf sechs und ebenso auch deren Durchmesser. Um das Fenster trotzdem annähernd in die Mitte zu legen, verschob man es aus der Achse innen leicht westlich. In den Arkaden zeichnet sich die Verkürzung kaum ab (0,20 m). Sie ist also offensichtlich darauf zurückzuführen, daß B 1 und C 1 nicht als Halbpfeiler, sondern kaum stärker als der jeweilige Gewölbedienst angelegt wurden *(Abb. 212)*. Folglich mangelt es dort an Platz für das Auflager des Arkadenbogens und den begleitenden Schildbogen. Die Gründe für diese Reduzierung sind unklar. Eine Ursache mag im Bauvorgang selbst zu suchen sein, der sich auf der Nordseite verfolgen läßt: dort bildet die mächtige Pfeilervorlage des Durchgangs zur Turmhalle an der Nordflucht bei A 1 eine Art verbreiterter Normalvorlage *(Abb. 203)*. Freilich steigt der Begleitdienst im Seitenschiff dann höher auf, doch hat man dies bei Anlage des Sockels kaum berücksichtigt und auch den Schildbogen vergessen, den man oben aus der Mauer aussparte *(Abb. 214, 215)*. Den höher ansetzenden Halbpfeiler B 1, der später versetzt wurde, richtete man offenbar nach A 1, indem man auch hier den Dienst vor die Ostmauer setzte und zudem auf einen echten Pfeilervorsprung verzichtete. Die Probleme stellten sich erst über dem Kämpfer ein.

Die Disposition erfolgte bereits bei der Anlage des Kryptensockels. Ob es andere Gründe außer dieser Zufälligkeit gab, läßt sich nur spekulativ ermitteln: ein Versuch, allzu starke Überschneidungen mit den Kryptaöffnungen zu vermeiden und einen Kompromiß zwischen den unterschiedlichen Jochschritten herbeizuführen, die Anlage der seitlichen Chorzugänge oder die Zugänge zum Kreuzgangbereich auf der Südseite? Im Zusammenhang mit weiteren Inkonsequenzen bei der Anlage der Chorpfeiler in diesem Bereich bleibt der Befund von besonderem Interesse.

Sofern der Grundriß der Meßbildanstalt genau ist, ergibt sich eine leichte Winkelverschiebung zwischen Pfeilervorlagen an der Kryptawand und Außenmauern.

Nach den Steinmetzzeichen zu urteilen, erreichten die Seitenschiffsmauern während dieses Bauabschnitts noch nicht die volle Höhe. Die Zeichen, die für das Obergeschoß der Ostapsis charakteristisch sind, tauchen hier nämlich auch in den obersten Schichten auf. Wie schon erwähnt, ging die Südmauer in der Ausführung voran. Das ältere Kämpferprofil bis einschließlich zur Vorlage D3 (Fig. 70–72), der letzten vollständig hochgeführten dieses Abschnitts, belegt das eindeutig. Die meist korbförmigen Kapitelle weisen keine neuen Elemente gegenüber der Ostapsis auf. Im ersten Südjoch (Fig. 70) wurden Portale angelegt: eines mit Treppenlauf nach oben zum Obergeschoß des Kapitelshauses, ein zweites mit Stufen hinab in den Ostflügel des Kreuzgangs. Das Fenster verschob man nach Westen, um eine Überschneidung mit der Westwand des Kapitelshauses zu vermeiden. Da für die Vorlage D1 kein Platz blieb, setzte man eine mehrfach gestufte, riesige Konsole in die Ecke ein.

Der Verlauf der südlichen Abschnittsfuge (Fig. 72, 73, Abb. 178) stimmt innen und außen ungefähr überein. Sie läuft durch das 3. Fenster hindurch, von dem östlichen Bogenanfang schräg nach unten in das westliche Gewände (innen tiefer) hinein, treppt sich in der Vorlage D4 bzw. der 4. Lisene nach Westen ab und endet westlich davon im 4. Joch. Außen ist sie vom Fensterbogen nach Osten steigend bis ins Kranzgesims zu sehen, wo sie den östlichen, mit breiten Knollenblättern besetzten Teil von dem westlichen mit glatter, steiler Kehle trennt[540]. Auch wenn das Gesims erst versetzt wurde, als man schon am Apsisobergeschoß baute, beweist es den Vorrang der Südseite vor der Nordseite in der Ausführung; denn mit dem Knollenblattmotiv wird ein von dem späteren, schweren und dichten Blattrankenornament abweichender Gestaltungsversuch sichtbar, der völlig aufgegeben wurde. Er war aus dem Knollenblattkapitell entwickelt worden[541].

Bei der Nordmauer stimmen äußerer und innerer Verlauf der Abschnittsfuge nicht ganz überein. Zunächst aber ist festzuhalten, daß außen das 3. Joch durch den Vorbau des Fürstenportals um ca. 1,40 m verkürzt erscheint (Fig. 36, Abb. 152). Der Rundbogenfries hat nur vier allerdings größere Bögen statt sieben. Das Fenster verschob man um 0,30 m nach Osten, damit sein westliches Gewände nicht zu hart an das Fürstenportal anschloß. Die Fuge, als Unterschied in Material und Bearbeitungstechnik kenntlich, verläuft senkrecht als östliches Gewände des Fensters und von dessen Sohlbankmitte steil abwärts, mit Verzahnung leicht nach Westen vortretend.

Vom östlichen Fensterbogenauflager treppt sie sich nach Osten aufwärts bis zur Mitte der 3. Lisene und von dort ins Kranzgesims hinein, wo sie durch leicht unterschiedliches Profil und Ornament bezeichnet ist[542]. Bogen und westliches Gewände des Fensters gehören ganz zum westlich anschließenden Abschnitt. Ganz offensichtlich wollte man den Versatz des in Vorbereitung befindlichen Fürstenportals als einheitlichem Baublock abwarten, sogar für die Aufteilung des Rundbogenfrieses am Seitenschiff. Den Fugenverlauf legte man möglichst weit nach Osten. Um mehr Spielraum zu haben, verschob man das Fenster nach Osten, und zwar weiter, als es bei dem ausgeführten Portal dann für das westlich angrenzende Fenster im 5. Joch nötig war. Das läßt nur den Schluß zu, daß das Fürstenportal ganz eindeutig schon zu diesem Zeitpunkt geplant, vielleicht in seinem Gewände gleich nach der Gnadenpforte bereits in Arbeit war, daß aber die Abmessungen des Vorbaues noch unbestimmt, also auch dessen Quaderung noch nicht in der Ausführung begriffen waren[543]. Das stimmt genau mit dem Befund des Materials und der Zeichen überein.

Innen ist der Fugenverlauf durch Epitaphien und Altäre teilweise verdeckt (Fig. 79, 80). Ganz eindeutig treppt sie sich aber von der Sohlbankmitte nach Westen fallend vor und erreicht noch den unteren Teil der Vorlage A4, die damit also entsprechend der Südseite zum östlichen Teil gehört. Der Bauabschnitt stößt innen weiter nach Westen vor und bezieht die Vorlage ein, die von außen gesehen schon im Bereich des Portalvorbaues liegt (Fig. 28). Das bestätigt die obigen Folgerungen für den Stand von Entwurf und Ausführung des Fürstenportals.

Die Pfeiler B2/B3 und C2/C3 stehen mit ihren vornehmlich dem Abschnitt IB zugehörenden Zeichen dem Obergeschoß der Ostapsis nahe und waren wohl noch nicht in Angriff genommen worden[544]. Wenn man für den bisher besprochenen 2. Abschnitt der Ausführung ein Ende festsetzen will, was bei der Kontinuität des Baubetriebes willkürlich ist, so stand außer der Krypta ein Mauerzug mit etwa horizontalem Abschluß, der die Untergeschosse der Osttürme und der Ostapsis sowie fast drei Joche der Seitenschiffsmauern bis zur gleichen Höhe umfaßte (Fig. 115–117, 123).

### 3. DIE OBERGESCHOSSE DER OSTTEILE, OSTARKADEN UND CHORSCHRANKEN

*(Obergeschoß der Ostapsis, 1. Turmobergeschoß, Pfeiler B2/3 und C2/3, Schrankenmauern bis B3/C3)*

Die erste Abschnittsfuge, die an den Chorwänden über den Arkaden sichtbar ist, verläuft westlich des Turmhalbjoches und setzte die Existenz der Arkaden und des ersten Pfeilerpaares voraus (Fig. 38, 44, 45, Abb. 184). Aus diesem Grunde liegt es nahe, den Aufbau der Pfeiler B2 und B3 bzw. C2 und C3 als nächsten Schritt anzusehen. Da ihre Vorlagen für die Seitenschiffsgewölbe unten im Verband mit der Kryptamauer stehen, hat man mit Recht an eine gleichzeitige Errichtung von Pfeilern und Mauersockel gedacht[545]. Dagegen sprechen jedoch die Steinmetzzeichen, die sie in überwiegendem Maße mit dem oberen Geschoß der Apsis gemeinsam haben, nicht aber mit den Außenmauern der Seitenschiffe. Nimmt man allerdings eine gewisse Teilung der Arbeiten in Gruppen an, so könnten einige der neuen Kräfte an den Pfeilern eingesetzt gewesen sein, während die älteren an den Seitenschiffsmauern arbeiteten. Auf der Südseite spricht die ältere Form des Kämpferprofils allein an den Seitenschiffsmauern recht eindeutig für eine spätere Ausführung der Pfeiler. Auf der Nordseite stößt zudem die mit den Pfeilern errichtete

### 3. Die Obergeschosse der Ostteile, Ostarkaden und Chorschranken

Schrankenmauer mit einer stumpfen, nicht verzahnten Fuge gegen den Halbpfeiler B 1 *(Fig. 38, Abb. 228)*, woraus ebenfalls auf ein Nacheinander beider Teile zu schließen ist. Zusammen mit dem Befund der Zeichen berechtigt dies, Pfeiler und Schrankenmauern etwas später als Turmhallen und Außenmauern anzusetzen. Vielleicht verzögerte die vorgesehene Ausschmückung der Schranken mit Reliefs den Fortgang. Die Stümpfe der Chorpfeiler B 4 und C 4 ließ man etwas unterhalb des Chorniveaus einstweilen liegen.

Die Ausführung der *Pfeilerpaare B2/C2* und *B3/C3* ist in allen Details von besonderem Interesse, weil sie mit den Mauern der *Ostchorschranken* unmittelbar zusammenhängen. Deren dem Chor zugewandte Seite, kurz »Rückseite« genannt, liegt in einer Ebene mit der Wandfläche der Krypta darunter, was vielleicht ihre gegenüber dem Turmhalbjoch eingerückte Stellung erklären könnte. Auffälliger aber ist die Flucht, die sie mit der Stirnseite der Vorlage B 1/ C 1 bzw. der darüber hochlaufenden Pfeilervorlage bilden *(Fig. 44 – 47, Abb. 184)*. Vielleicht ließe sich auch daraus die Stellung der Pfeiler B2/C2 und B3/C3 ableiten, deren Stirnseiten mit den Schranken ebenfalls bündig sind, gegen die Wandfläche der Obergadenmauer aber erheblich vortreten. Die Pfeiler wirken vom Chor aus gesehen als niedrige, blockartige Aufsätze auf der Schrankenmauer *(Abb. 188, 216)*. Dem entspricht auch ganz deren Form, die als Rückwand für ein Chorgestühl vollkommen ungegliedert ist. Wie die Mehrzahl der glatten Flächen dieses und des vorigen Abschnitts ist sie ganz aus gelben, glatten Quaderschichten, einschließlich der Pfeilerstirnseiten darüber[546]. Die Lagerfugen laufen durch, und auch bei den Stoßfugen zeichnet sich kein vertikaler Bezug zu den Pfeilern darüber ab, die damit ganz eindeutig nicht nur formal, sondern auch der Reihenfolge nach auf die fertigen Schrankenmauern aufgesetzt sind.

Der westliche Teil zwischen den Pfeilern B3/C3 und B4/C4 gehört nicht zu diesem Bauabschnitt. Auf der Südseite ist zwar der Bereich im 19. Jh. neu verblendet worden, und auch auf der Nordseite gibt es Auswechslungen und vor allem Anschlußspuren des alten, höheren Chorniveaus, doch kann man mit Sicherheit sagen, daß die gelben Quader nur unten bis zu B 4 reichen, darüber die ganze Fläche aber aus dem grau-braunen, glatt geflächten Material besteht *(Fig. 101, 115)*. Ihr trotz der ausgewechselten Kante eindeutiger Verband mit B4[547], einschließlich Winkelsteinen, bestätigt das; denn offensichtlich errichtete man diesen Abschnitt erst, als B 4 und C 4 hochgeführt wurden. Die Schrankenrückwände zeigen also die gleichen Abschnittsfugen, wie sie an entsprechender Stelle in den Außenwänden zu beobachten sind.

Die östlichen Anschlüsse der Mauern an B 1 und C 1 sind, wie schon erwähnt, unterschiedlich. Der geputzte Segmentbogen auf der Südseite *(Fig. 45)* ist barock, der flach vorgeblendete Rundbogen der Tür *(Abb. 219)* vermutlich eine Stilangleichung des 19. Jhs., ebenso wie die aus einem Block gearbeitete Verlängerung des Rundbogenfrieses darüber. Die Fuge im Gesims genau über der westlichen Leibung des Aufgangs bestätigt das. Hier war also die Schrankenmauer ohne Verbindung zur Leibung der Vorlage C 1 und der Treppenaufgang nach oben offen[548]. Für die Nordseite hatte man die gleiche Lösung vorgesehen und auf eine Anschlußvorbereitung verzichtet. Als die Schrankenmauer errichtet wurde, mußte der gestufte Bogen in die Leibung von B 1 eingeschrotet *(Abb. 228)* werden, während die gelben Schichten darüber ohne Verband zu B 1 blieben *(Fig. 44, Abb. 184)*. Diese Fuge dient als Beweis einer anders geplanten Lösung und der späteren Errichtung der Schrankenmauer gegenüber B 1[549]. Darüber hinaus kann man wohl annehmen, daß die Nordseite auch hier hinter der Südseite zurückgeblieben war.

In dem ersten, etwas kürzeren Seitenschiffsjoch verzichtete man darauf, die in der Art eines Sockels über das Niveau herausragende Umfassungsmauer der Krypta in voller Pfeilerstärke auszuführen *(Abb. 219)*, weil dadurch die Chortreppen behindert worden und beim Durchgang ein unförmiger Abschluß entstanden wäre. Die Schrankenmauer bildet so mit dem Kryptensockel darunter eine durchgehende Wandebene, die weitgehend aus gelbem Material besteht mit Ausnahme der Kanten und der Reliefrahmung. Nur unten treppt sich ein Sockel mit zwei Rechteckstufen bis zur Pfeilerkante vor, weitgehend verdeckt durch die noch originalen Stufen der Aufgänge *(Abb. 213, 219)*. Die Sockelstufen stehen mit B2 bzw. C2 im Verband und sind nicht Reste einer ehemaligen breiteren Treppenanlage[550]. Die gelben Quader der Mauer weisen einen sorgfältigen Kreuzverband mit dem Pfeiler auf, meist sogar die gleiche Schichtung, das gleiche gilt für die Quader oberhalb der Säulchen. Auf der Nordseite ist das Verkündigungsrelief herausgenommen *(Abb. 229)*, wobei eindeutig zu beobachten ist, daß das Füllmauerwerk der Schrankenmauer mit dem des Pfeilers eine homogene Masse bildet[551]. Im 1. Joch sind die Schrankenmauern also gleichzeitig Schicht für Schicht mit den Pfeilern B 2 und C 2 errichtet worden. In diesem Vorgang wurden auch die beiden Einzelreliefs mit Bogen und Säulchen versetzt, weil die Anschlußquader in Wandfläche und Pfeiler bereits darauf Bezug nehmen. In technischer Hinsicht, Steinschnitt und Wahl des Materials unterscheiden sich die Einzelreliefs in keiner Weise von den übrigen, ihre besondere, isolierte Stellung in einer Wandfläche blieb unberücksichtigt. Die Kapitelle und Basen wurden daher dreiseitig voll ausgearbeitet. Beim Orgeleinbau auf der Nordseite nahm man das Verkündigungsrelief mit Rahmung heraus und versetzte es an die Leibung von C 4[552] als Pendant zum Reiter *(Abb. 210, 234)*. Dem Bogenfeld stuckierte man eine Taube in Anlehnung an die des Fürstenportals auf, die Kanten des Bogensteins ergänzte man, da er jetzt des seitlichen Verbandes beraubt war.

Die Pfeiler B 2 und C 2 stehen mit ihrer östlichen Leibung im Seitenschiff in ganzer Höhe frei, weil sie unten nicht mit der emporragenden Kryptamauer verschmelzen *(Abb. 213, 219)*. Trotzdem sind Basisprofil und Vorlagensockel nicht um den Pfeiler herumgezogen. Vielleicht wollte man das System einheitlich fortführen oder ein Verschneiden mit den Stufen vermeiden, in der Wirkung kommt dabei zum Ausdruck, was den Chorpfeilern als Vorstellung zugrundeliegt: sie sind einfache, ungegliederte Rechteckpfeiler von leicht längsgestrecktem Grundriß, ohne Sockelprofil, nur mit einfacher Kämpferplatte. Die Gewölbevorlagen im Seitenschiff sind ihnen – wie der flachen Außenwand gegenüber – nur vorgesetzt.

Die ausführliche Beschreibung von Gliederung und bautechnischem Befund der Chorschranken, die in Bd. II unter »Befund« gegeben ist, wird im folgenden vorausgesetzt. Demnach sind die Schrankenmauern der Nord- und Südseite in ihrem technischen Aufbau gleich, ungeachtet der abweichenden Gliederungsdetails der Nordseite.

Die Schrankenmauern stehen in festem Verband mit den Pfeilern, an die sie anstoßen bzw. die auf ihnen aufsitzen. Es sind dies die Pfeiler B2–B4 und C2–C4. Die durchgehenden Schichten der Rückwand und der Füllmauerwerksbefund neben B 2 belegen dies eindeutig. Darüber hinaus binden auch die Mauerschalen mit der Gliederung in die Flanken der Pfeiler ein, allerdings nur mit den beiden dafür geeigneten Schichten: der Schicht mit den Postamenten der Teilungssäulchen *(Abb. 230)* und der Schicht mit den Bögen und Bogenfeldern über den Reliefs *(Abb. 226, 236, 238, 240, 241)*. Ohne Verband sind folglich die beiden abgeschrägten Quaderschichten, die den Kryptensockel abdecken *(Abb. 230)*, weil sie kein sicheres Auflager bieten, ferner die eigentliche Reliefschicht, die mit den schmalen, senkrechten Bindern der Säulchen an die Pfeiler anstößt und schließlich die Schicht des Bogenfrieses. Kleine Korrekturrücksprünge in den Pfeilerleibungen in Höhe der Postamente und ein kleiner vertikaler Vorsprung in der Westleibung von B 2 *(Abb. 232)* im Winkel des Maueranschlusses[553] bezeugen die Gleichzeitigkeit des Versatzes, weil sie die »Reaktion« der Pfeiler auf die anschließenden Schrankenmauern darstellen. Die Schichten stimmen nicht überein, weil Schranken wie Pfeiler durch abweichende Voraussetzungen festgelegt waren und nicht nach einem einheitlichen Fugenplan ausgeführt wurden. Wahrscheinlich arbeiteten auch unterschiedlich qualifizierte Steinmetzen bzw. Bildhauer an ihnen.

Die Bildhauer fertigten die Reliefplatten, die Werkstücke mit Bögen und Bogenfeldern und die Teilungssäulchen mit ihren Bindern, letztere offenbar in Serie, weil es keine besonderen Ecksäulchen gibt, sondern diese dreiseitig voll ausgebildet sind. Am Rundbogenfries waren offenbar auch normale Steinmetzen beteiligt. Für die Werkstücke der Bildhauer wurde der feinkörnige, grüne Stein verwendet, alle übrigen Werkstücke bestehen aus dem üblichen Material, d.h. gelb für die Sockelschräge und die Säulenpostamente mit den unteren Rahmenprofilen, grau-weiß und zahngeflächt für die Anschlußquader im Winkel, die damit als Paßsteine gekennzeichnet sind und zu den Pfeilern gehören. In diese binden sie auch ein, wobei die unterschiedlichen Schichthöhen durch Ausklinken ausgeglichen und verzahnt sind[554]. Das verwendete Material und Bearbeitungswerkzeug – gelb und geschliffen, graußweiß und zahngeflächt – kennzeichnet die Schrankenmauern als Teil dieses Bauabschnittes. Als Bestätigung trägt ein Säulenpostament im 3. Joch der Nordseite das Zeichen Nr. 28.

Die beiden Chorpfeiler B 4, C 4 *(Abb. 194, 210)* gehören nur bis zum Chorniveau, nicht aber in der Höhe der Schrankenmauern zu diesem Bauabschnitt. Das zeigt sich vor allem an dem Wechsel des Material und des Bearbeitungswerkzeugs: grau-braun statt grau-weiß, glattgeflächt statt zahngeflächt. Da die Schrankenmauern auch mit diesen beiden letzten Pfeilern im Verband stehen, müssen erstere notwendigerweise eine Abschnittsfuge aufweisen. Sie zeichnet sich auf den Rückseiten ab, wie oben bereits erwähnt. Bei den gegliederten Ansichtsseiten kann sich der Wechsel nur bei den Paßsteinen der Bogenschicht bemerkbar machen. Diese sind im Anschluß an die beiden Pfeiler tatsächlich braun und glattgeflächt[555]. Neben B 4 ist einer der beiden grau-weiß, doch kommen solche vereinzelt auch in dem Pfeiler selbst noch vor, vermutlich ein Restbestand an Material.

Der bautechnische Befund belegt also ganz eindeutig, daß die Schrankenmauern zu den Pfeilern gehören und folglich die gleiche Abschnittsfuge an der gleichen Stelle aufweisen wie die Außenmauern der Seitenschiffe. Sie vollziehen die einzelnen Phasen der Baugeschichte mit.

Dies trifft in vollem Umfang nur für die *südliche Schrankenmauer* zu, deren Einzelformen den engsten Zusammenhang mit der unteren Zone der Ostteile aufweisen. Der vereinzelte Zickzackbogen am Anfang des 2. Joches *(Abb. 241)* ist wohl ein als unbefriedigend aufgegebener Versuch, eine Nachwirkung der von den gleichen Kräften geschaffenen Adamspforte. Vielleicht war dieses Einzelstück für das Michaelsrelief im 1. Joch bestimmt und wurde beim Versatz vertauscht. Die mit Blättern und Spiralen dekorierten Hornausläufe der Bogenprofile sind an beiden Portalen und den Lisenen der Ostteile wiederzufinden. Ebenso eng sind die Beziehungen der Kapitelle *(Abb. 564-573)* zu den unmittelbar benachbarten des Südseitenschiffes und der Blendarkaden der Ostapsis, von wo Motive z.T. wörtlich übernommen werden. Besonders auffällig ist die exakte Wiederholung des 3. Kapitells im 3. Joch *(Abb 572)* an dem östlichen Dienst von C 4 *(Abb. 663)* unmittelbar darüber. Manches weist schon auf das Obergeschoß der Ostapsis hin. Das erste Kelchkapitell tritt hier auf. Eine genauere Darstellung mit Einzelnachweisen findet sich in dem Kapitel über die Bauornamentik[556].

Außer den dargestellten Schlußfolgerungen wird der Bauverlauf innerhalb der Schrankenmauer nicht genauer zu fixieren sein. Es wäre denkbar, daß die Schicht mit den Säulenpostamenten schon mit dem Kryptensockel versetzt wurde *(Abb. 226, 239)*, doch gibt es keinen Beweis dafür. Die Schrankendekoration selbst muß in Auftrag gegeben worden sein, als die Maße der Arkaden feststanden; denn diese werden jeweils durch drei Reliefs und vier Säulchen exakt ausgefüllt, kleine Spielräume an den Stoßfugen eingerechnet[557]. Abgesehen davon, daß alle technischen Vorbereitungen am Bau auf diese und nur diese Gliederung abzielen, ist sie in ihren Maßen selbst auf diesen Platz berechnet. Alle Versuche eine andere Aufstellung zu rekonstruieren, scheitern daran, daß bei vierzehn Reliefs zwanzig Säulen existieren, von denen vier oder fünf übrigblieben. Im Dom gibt es keinen Ort, der den Maßen nach eine Aufstellung der Reliefs in einer oder zwei geschlossenen Reihen zuließe[558]. Der Versatz der Reliefs am Bau erfolgte vermutlich durch die normalen Bauhandwerker. Dafür sprechen Material und Bearbeitung der Paßsteine. Die Arbeiten müssen sich bis in den folgenden Abschnitt hingezogen haben, wie aus der Abschnittsgrenze zu ersehen ist.

Komplizierter muß der Bauvorgang bei der *nördlichen Schrankenmauer (Abb. 231)* gewesen sein. Die leichte Verstärkung der Schicht mit den Säulenpostamenten *(Abb. 242, 243)* und der nachträgliche Bogenanschluß über dem Zugang im 1. Joch stellen Korrekturen dar, die auf eine etwas spätere Ausführung hinweisen. Das gleiche gilt für die Kapitelle der Ecksäulchen *(Abb. 574, 577, 578, 581)* und der Säulen des Verkündigungsreliefs *(Abb. 582, 583)*. Ihr breiterer, ausladender Umriß kehrt in der Zwerggalerie und den Osttürmen wieder, ebenso finden sich dort und am Obergeschoß der Ostapsis ihre Motive. Die Einzelbeispiele sind im Kapitel über die Bauornamentik genannt[559]. Die technischen Befunde gleichen denen der Südseite.

Vom Stilunterschied der Reliefs abgesehen, ist beim 2. und 3. Joch eine markante Abweichung von der Südreihe immer hervorgehoben worden[560]: hier sind die Rundbögen über den Reliefs durch Kleeblattbögen mit andersartigen, tief hinterschnittenen Profilen ersetzt worden. Das teigige Rahmenprofil der Bogenfelder *(Abb. 246)* ist im 2. Joch durch plastische, bossierte Ornamentfüllungen verdrängt worden, die an die Stelle der ursprünglich gemalten getreten sind *(Abb. 244, 245)*. Wegen der höheren Bögen fehlt das Zahnband unter dem Rundbogenfries. Zu den Bögen, die ihre nächsten, wenn auch jüngeren Verwandten an den Westchorschranken *(Abb. 295, 296)* haben, passen auch die jeweils mittleren, freien Teilungssäulchen. Sie besitzen durchweg Kelchkapitelle *(Abb. 575, 576, 579, 580)* mit vollkommen abweichenden Blatt- und Knollenformen bzw. spitzen Bossenblättern mit zarter Auflage, wie sie von der Vierung ab westlich anzutreffen sind. Flache, vortretende Tellerbasen

(Abb. 260, 261), die wiederum nur in den Westteilen vorkommen, sind ein weiteres, charakteristisches Merkmal[561]. Es verwundert nicht, daß weder die Bögen noch die mittleren Säulchen aus grünem, geschliffenen Stein sind. Die Bögen und der Rundbogenfries sind grau-braun, fein, aber sichtbar glattgeflächt, die Säulchen bestehen aus feinkörnigem weißem Material mit zart rötlichem Schimmer, wie es im Westchor verwendet wird.

Die jüngeren Formen der Mittelsäulchen und Reliefbögen, deren Material und Bearbeitung stehen im Widerspruch zum technischen Befund der Schrankenmauer im Verhältnis zu den Pfeilern. Er löst sich auf, wenn man alle jüngeren Teile einschließlich der Reliefs und des Rundbogenfrieses als nachträglichen Versatz an einer in allen Einzelheiten dafür vorbereiteten Mauer erkennt. Die eigentlichen Schrankenmauern mußten als fester Bestandteil der Pfeiler mit diesen zugleich errichtet werden, wobei alles für die spätere Gliederung angelegt wurde, was ohne die Reliefs selbst versetzt werden konnte: Säulenpostamente, Ecksäulen und Eckverzahnung darüber (Abb. 226, 239). Offenbar waren die sechs Reliefs noch nicht fertig, und man konnte ihretwegen nicht den gesamten Baubetrieb verzögern. Selbst als der letzte Teil der Mauer zusammen mit B 4 errichtet wurde, mußte noch auf die Gliederung verzichtet werden.

Es dauerte länger als erwartet, bis man sie endlich anbringen konnte. Sie werden wohl nicht fertig in der Bauhütte gelegen haben, sondern erst so spät geschaffen worden sein. Jedenfalls hatte der Bau inzwischen das Westende des Langhauses[562] und die Vierung, vielleicht schon den Südquerarm erreicht, womit das erste Baudatum – die Weihe des Marienaltars 1229 dortselbst – in die Nähe rückte.

Das Gliederungsprinzip war vorgegeben, doch recht unbekümmert änderte man das Detail und paßte es den neuen Gepflogenheiten an: Kleeblattbögen, Tellerbasen, Kelchkapitelle. Material und Bearbeitungsweise richteten sich nach dem, was am Bau gerade üblich war. Die Nähe zu den Westchorschranken verwundert nun nicht weiter; deren Schärfe, Präzision, Härte des Details und Profilformen sind noch nicht zu spüren und lassen es geraten erscheinen, den Versatz der Reliefs früher anzunehmen[563]. Die Schlußfolgerungen für den Stil der nördlichen Chorschranken können hier nicht untersucht werden[564].

Das festgelegte Gliederungsprinzip bestimmte nicht nur die Breite und Höhe, sondern auch die Tiefe der Reliefs, deren untere Rahmen als Teil der gelben Postamentschicht bereits ausgeführt waren (Abb. 226, 239). Der neue Reliefstil benötigte aber mehr Breite und Tiefe für die Figuren und führte zum Verzicht auf die Rahmen. In der Reihe des 3. Jochs, der sogenannten »anonymen«, griff man das Rahmenprofil für die Bogenfelder der Kleeblattbögen noch einmal auf, ließ es aber über seitlichen Blattkonsolen neu beginnen (Abb. 243, 246). Im östlichen Teil, dem 2. Joch (»Jonasreihe«), gab man die Rahmung wegen der Ornamentfüllung gänzlich auf, obwohl sie auch hier in Blattkonsolen ebenso vorbereitet war (Abb. 242, 244, 245).

Während die an die Reliefplatten angearbeiteten Blattkonsolen hinter den Prophetenköpfen (Abb. 247–258) von den Bildhauern stammen müssen und gewisse Beziehungen zu den Kapitellen und Blattkonsolen im östlichen Gewände des Fürstenportals (Abb. 163, 168, 169) aufweisen, gehören die eindrucksvollen, bossierten und offenbar zunächst nicht vorgesehenen Füllungen der Bogenfelder (Abb. 242, 244, 245) anderen Händen. Das bestätigt auch der Ornamenttyp, dessen »augenartige« Strudel eine entfernte Ähnlichkeit mit den Rosetten am Sockel des Reiters (Abb. 425) haben, dort allerdings entwickelt aus dem typischen Akanthusblatt der »jüngeren« Werkstatt. Der bossierte Zustand der Bogenfelder erinnert an die Ornamentik im westlichen Joch des Langhauses, für die dies charakteristisch ist.

Die Entsprechung der Stilentwicklung von Bogenfeldern und Reliefs, die entgegen der Richtung des Bauvorgangs der Mauer – weil davon unabhängig – von West nach Ost verläuft, ist nur zufällig beim Versetzen entstanden; denn die fortschrittlicheren Basisformen (Abb. 261) befinden sich wiederum im 3. Joch an der »anonymen« Reihe. Es scheint daher Vorsicht geboten bei dem Versuch, einen formalen oder inhaltlichen Bezug zwischen Füllornament und Reliefs herzustellen[565].

Die *Pfeiler B2/B3* und *C2/C3* (Abb. 235, 226, 231, 239) beginnen eigentlich erst oberhalb des Kryptensockels, mit dem ihre Stirn in einer Ebene liegt. Zum Seitenschiff hin sind sie vollständig aus dem grau-weißen, zahngeflächten Quaderwerk, während das kurze Stück oberhalb der Schrankenrückwände ebenso wie diese gelb ist. Die Naht verläuft unregelmäßig über den Schrankenmauern (Abb. 216). Ungleiche Schichthöhen könnten eine nachträgliche Verstärkung der Pfeiler vermuten lassen – etwa bei dem Wechsel von Plan I zu II, doch handelt es sich wahrscheinlich um die gleichzeitige Verwendung beider Materialsorten. Weder der umlaufende, grau-weiße Kämpfer noch die Stoßfugen der Quader darunter lassen die Rekonstruktion einer älteren, weiter zurückliegenden Pfeilerstirnseite zum Chor hin zu. Die Pfeiler sind also von Anfang an in ihrer jetzigen Form konzipiert gewesen[566].

Die Ornamentformen der Kapitelle variieren die gleichen Grundformen, die schon im 2. Abschnitt vorhanden waren. Es scheint fraglich, ob man dabei aus den verschiedenen Querverbindungen einzelner Motive weitergehende Schlüsse ziehen darf. So zeigen z. B. die Südpfeiler C2/3 Formen der nordöstlichen Turmhalle und nördlichen Seitenschiffsmauer, während die Nordpfeiler B2/3 eher an das Apsisobergeschoß erinnern[567]. Das würde die schon mehrfach gemachte Beobachtung stützen, daß die Südseite der Nordseite immer ein Stück voraus war. Dieser Tatsache wird unsere Abschnittsunterteilung vielleicht nicht gerecht, denn möglicherweise arbeitete man schon an den Südpfeilern, als die nördliche Außenmauer noch nicht vollendet war. Eine strenge Chronologie und Aufteilung der Kapitellformen ist aber zumindest zwischen den Abschnitten zwei und drei nicht möglich.

An den Pfeilern ist oberhalb des Kryptensockels eine Reihe von *Konsolen*[568] angebracht, deren Verteilung zunächst kein Prinzip erkennen, noch Rückschlüsse auf die Funktion zuläßt. Heute tragen sie die Figuren der sogenannten »jüngeren Werkstatt«. Einige entstammen erst den veränderten Aufstellungen der neuesten Zeit: an C 4 die Konsolen unter dem Verkündigungsrelief (1897) und der Ecclesia (1937 Abb. 210)[569], ferner diejenigen unter der Madonna an A 3 und dem Posaunenengel an dem südöstlichen Turmaufgang. Alle übrigen gehören zum originalen Bestand, d.h. sie sind mit den Pfeilern zugleich entstanden (Abb. 219, 231). Preßfugen, tiefes Einbinden, Material- und Bearbeitungsgleichheit sind eindeutige Beweise dafür[570]. Die östliche an C3 (Abb. 235) trägt sogar das Zeichen Nr. 19[571]. Obwohl zunächst der Eindruck entstehen könnte, es handele sich um unförmige Bossen, so ist es die in den Ostteilen übliche Form von Konsolen, die Balkendecken in den Türmen (Abb. 139), Streichbalken in den Seitenschiffsdächern (Abb. 405)[572], Schildbögen in den Turmkapellen (Abb. 133) oder sogar Rippen im Südseitenschiff (Fig. 70) tragen. Hier an den Pfeilern können sie eigentlich nur für Figuren bestimmt gewesen sein. Die großen Figuren der Nordseite erschweren es allerdings, sich eine Vorstellung davon zu machen, weil sie in zu krassem Gegensatz zu den Schrankenreliefs stehen.

Für die Rekonstruktion einer ursprünglichen Planung ist die Feststellung wichtig, daß die beiden Pfeiler B3 und C3, die in der Mitte der jeweils sechs Reliefs umfassenden Zyklen stehen[573], eine genau übereinstimmende Verteilung der Konsolen aufweisen: eine große nimmt die ganze Stirnbreite der Rechteckvorlage ein[574], flankiert von zwei etwas kleineren in der Pfeilerleibung, genau eine Schicht unter der großen und die Seiten bündig mit den Pfeilerkanten *(Abb. 235, 238)*. Die seitlichen stellen ganz deutlich eine Verbindung zu den Schrankenwänden her, indem ihre Oberkante (Standfläche) exakt mit der Oberkante der gelben Schicht der Säulenpodeste und so auch mit der Standlinie der Relieffiguren übereinstimmt *(Abb. 236, 239)*. Auf der Südseite sind die Konsolen etwas flacher, weil auch die gelbe Schicht unter den Säulen flacher als auf der Nordseite ist[575]. Die Mittelkonsole ist durch den Höhenunterschied in der Bedeutung betont, nicht nur gegenüber den seitlichen, sondern auch für die ganze Reliefreihe.

Auf der Südseite hat auch der Pfeiler C2 eine Konsole *(Abb. 219)*, die in Höhe und Form und Lage der mittleren von C3 entspricht[576]. Seitliche waren nie vorhanden. Auf der Nordseite fehlt ein Pendant bei B2; die sich abzeichnende Spur stammt von der Orgelbühne des 19. Jhs. *(Abb. 209, 231)*. Doch an entsprechender Stelle ist die Steinoberfläche so verletzt, daß dort durchaus eine Konsole abgespitzt worden sein könnte *(Abb. 239)*[577]. Die Einzelkonsolen an B2 und C2 setzten die Mittelkonsolen von B3/C3 fort, der Einheitlichkeit der Pfeiler zuliebe auf der gleichen Höhe und nur in lockerem Bezug zu den Schranken. Für die Pfeiler B4/C4 ist die Situation nicht mehr zu klären, weil bei B4 genau an der Stelle der Vorlagenstirn Quader ausgewechselt sind[578] (wegen vermutlich dort angebrachter Epitaphien, *Abb. 209*) und bei C4 die ganze Fläche neu ist und zudem dort die moderne Konsole für die Ecclesia sitzt *(Abb. 210)*. Außerdem gehört dieser Bereich bei beiden Pfeilern schon zu einem späteren Bauabschnitt. Für die ursprüngliche Planung könnte man sich dort ebenfalls ein Einzelstück wie bei B2/C2 denken, wodurch sich eine genaue symmetrisch auf B3/C3 bezogene Gruppierung ergäbe.

Als man im 4. Abschnitt die Pfeiler B4/C4 zusammen mit dem Rest der Schrankenmauern hochführte, änderte man das Programm; denn nun beschloß man, die Konsolen (= Figurenzyklus) um die neuen Pfeiler herumzuführen, vermutlich um auf ihrer Westseite den Anschluß an eine Gestaltung der Schranken über der Kryptastirnwand zu gewinnen.

Ob man drei Konsolen wie bei B3, C3 anordnete – jedoch auf gleicher Höhe – oder nur zwei, kann nicht mehr entschieden werden. Von diesem Projekt haben sich die Konsolen an den Pfeilerleibungen von B4, C4 erhalten. Als man an den Pfeilerstümpfen von B4, C4 weiterzubauen begann, war C4 um eine Schicht höher als B4 und damit schon über die Standlinie der Relieffiguren hinaus. Da man Veränderungen des Bestandes scheute, gab man das Prinzip auf und versetzte die Konsole in der ersten neuen Schicht, für die Reliefs zu hoch *(Abb. 211, 237, 240)*[579]. Auch auf der Nordseite brachte man die Konsolen in der ersten neuen Schicht an, aber hier lag diese um eine tiefer, und so kamen sie in die richtige Höhe: die Dionysiuskonsole entspricht genau der gegenüberliegenden *(Abb. 243, 239)*. Natürlich sind alle Konsolen des »Erweiterungsprogramms« wie der Oberteil von B4/C4 grau-braun und glattgeflächt, während die übrigen grau-weiß und zahngeflächt sind. Die »unfertige« linke Konsole unter dem Reiter *(Abb. 425, 209)* hat also mit diesem nichts zu tun, sondern ist ein Teil des neuen Programms (der »älteren Werkstatt«) und das Gegenstück zur Dionysiuskonsole[580]. Auf der Westseite von C4 müßte sich eine entsprechende befunden haben, allerdings eine Schicht höher als bei B4 *(Abb. 8, 192, 194)* über der Abschnittsfuge und auf gleicher Höhe wie diejenige der östlichen Leibung desselben Pfeilers[581]. Darunter in der grau-weißen Zone, also auf gleicher Höhe wie die Reiterkonsole, befanden sich jedenfalls keine breiteren als die relativ schmalen, modernen des Verkündigungsreliefs, das die Schicht, in der ein Befund möglich wäre, leider fast völlig verdeckt[582].

Diese Überlegungen führen zu Ergebnissen, die über die Baugeschichte hinaus von Bedeutung sind: mit den Chorschranken zugleich wurde ein Figurenprogramm an den Pfeilern geplant, das die Zyklen der Apostel und Propheten formal und sicher auch ikonographisch ergänzen sollte. Im Maßstab war man nicht unbedingt an die Relieffiguren gebunden, doch bleibt es fraglich, ob sie die Größe der heutigen erreicht hätten. Über Größe, Art, Material und formale Durchbildung läßt sich nichts sagen. Man muß dabei folgende Überlegungen berücksichtigen: 1.) Man kann kleine (auch hölzerne) Skulpturen oder Reliefs mit oder ohne architektonischem Rahmen auf große Konsolen stellen. 2.) Die Konsolen stellen einen vom Bau her fertigen Normaltyp dar, der jedoch nicht ausschließt, daß nach endgültiger Festlegung der formalen Zusammenhänge ein weiterer Bearbeitungsgang mit entsprechender Verkleinerung und Ausgestaltung (Ornament) vorgesehen war. 3.) Es mag sich schon z. Zt. der Planung von Pfeilern und Schranken (gegen 1220) bis nach Bamberg herumgesprochen haben, daß man im Westen große, vollrunde Skulpturen macht. Es war nur keine Bildhauergruppe verfügbar, die so etwas befriedigend ausführen konnte. Man warb sie an, als der Bau weit genug gediehen war und die Ausführung zuließ. Diese erfolgte sicher in manchem abweichend von den ersten Vorstellungen der Planer. 4.) Unterschiede im Größenmaßstab trotz engster ikonographischer Bezüge kennzeichnen jedes gotische Figurenportal. Abweichend von der Normverteilung an einem Portal sind sie gerade im Osten auch bei Pfeilern und Schranken als von vornherein geplant denkbar. 5.) Theoretisch ist es sogar denkbar, daß man Figuren auswärts bestellte mit mehr oder minder festen Maßangaben und diese dann von einheimischen Kräften mit mehr oder minder viel Verstand montieren ließ. Im Italien des 13. Jhs. wurden bei den Cosmaten offenbar ganze Kreuzgänge in Auftrag gegeben und verschifft[583]. Manche Details und nicht zuletzt der grüne Schilfsandstein vom Main sprechen gegen diese Theorie. 6.) Erst die »jüngere« Werkstatt hat die älteren Konsolen in ihrem (einem dem Prinzip nach gotischen, aber damit auch modernen) Sinn als echte Träger von Monumentalskulpturen interpretiert. Diese Interpretation verstellt dem heutigen Betrachter den unbefangenen Blick[584].

In der ersten Konzeption hätten die Dreiergruppen an B3 und C3 eine betonte Mitte gebildet, was formal schon immer für die Reliefs gefordert worden war[585]. Einzelfiguren an B2/C2 bzw. B4/C4 hätten das Gesamtprogramm flankiert. Die Mittelgruppe hätte ihrer ikonographischen Bedeutung durch stärkeres plastisches Volumen (Pfeilerfiguren) gegenüber den Reliefs Ausdruck verliehen. Die zweite Konzeption – immer noch zur Zeit der »älteren Werkstatt« entstanden – erweiterte das Programm um die Chorpfeiler B4/C4 herum, vielleicht im Hinblick auf Schranken über der Kryptastirnwand.

## 3. Die Obergeschosse der Ostteile, Ostarkaden und Chorschranken

Die Ausführung wurde dann offenbar der »jüngeren Werkstatt« übertragen, die hier genau wie am Fürstenportal ein begonnenes Projekt zu Ende führen sollte[586]. Dabei veränderten sich das Programm – sofern es je fest umrissen existierte – und vielleicht auch der Maßstab. Die Konsolen unter der Maria *(Abb. 226, 228)* und unter dem Reiter *(Abb. 425)* wurden seitlich abgeschrägt und den neuen Plinthenmaßen angepaßt.

Die einzige Figur, die mit Sicherheit für ihren heutigen Standort geschaffen ist, ist der Reiter, weil er als Relief mit Rückwand für die Maße der Pfeilerleibung bestimmt und – da aus mehreren Teilen bestehend – nur mühsam zu transportieren ist[587]. Für ihn mußte eine 2. Konsole, die Blattmaske, nachträglich in den Pfeiler eingelassen werden, die wie der architravartige Sockel darüber, aus grünem Stein besteht[588].

Ein 2. Reiter als Pendant an C4 existierte nicht, jedenfalls besaß er keinen Baldachin[589]. Offenbar wurden auf der Südseite überhaupt niemals Figuren aufgestellt, vielleicht weil die Adamspforte durch ein entsprechendes Programm ergänzt worden war. Alle Figuren sind im Nordseitenschiff vereinigt, das zwar in der Gnadenpforte das reichere, aber figurenlose Portal besitzt. Die Aufstellung der Figuren innerhalb dieses Bereichs ist nicht mehr die ursprüngliche[590]. Wahrscheinlich steht jedoch der Dionysius an der ihm zugedachten Stelle *(Abb. 243)*, was die Plinthenmaße, die Schrägstellung sowie Form und Anbringung des Baldachins nahelegen[591]. Der mit Sicherheit ihm zugehörige Engel von B3 müßte dann um 90° gedreht an der Stirn der Vorlage von B4 seinen Platz finden mit seiner Seite an den Pfeiler gelehnt *(Abb. 429)*, wofür er geschaffen ist[592], und wie der Reiter dem Fürstenportal den Rücken kehrend. Das Figurenpaar war auf den Anblick von der Gnadenpforte her bezogen. Der große Baldachin des Engels mit dem Kathedralchor *(Abb. 417, 428)* kann wegen seiner Breite nur für eine Vorlagenstirn berechnet sein; ob er zu dem Engel gehört, ist fraglich; der niedrige Baldachin über dem Papst *(Abb. 419)* würde besser zu demjenigen des Dionysius passen.

Die Frontalstellung der Maria erfüllt die Funktion ihres heutigen Standortes als Axialfigur *(Abb. 238)*, doch steht sie erst seit dem späten 19. Jh. – wahrscheinlich wieder – an dieser Stelle[593]. Ihr Baldachin *(Abb. 422)* erhielt erst nach 1925 das berühmte Turmmodell durch Tausch mit dem des Dionysiusbaldachins *(Abb. 231)* zurück[594]. Die Elisabeth könnte man sich an der Stirnseite des Nachbarpfeilers B2 vorstellen[595], versehen mit dem Baldachin der Papstfigur oder des Engels, was noch wahrscheinlicher ist *(Abb. 426)*. Der Papst schließlich ist seit langem und wohl mit Recht als Liegefigur für die Tumba des Clemensgrabes in Anspruch genommen worden[596]. Es ist jedoch zweifelhaft, ob die Skulpturen jemals an den ihnen zugedachten Orten aufgestellt worden sind. Bestimmt waren sie aber für die Konsolen des 1. und 2. Projekts an den Chorpfeilern *(Abb. 226, 239)*, wodurch sie in einen bisher kaum beachteten Zusammenhang mit dem Bau gestellt sind.

*Das Obergeschoß der Ostapsis (Abb. 75–91)* wurde wohl kurz nach den Pfeilern oder sogar gleichzeitig hochgeführt. Ein bestimmter Bauverlauf zeichnet sich nicht ab. Wahrscheinlich wurden die Schichten in der ganzen Rundung verlegt. Die bereits in der Hütte vorgefertigten Werkstücke der oberen Kapitellzone sprechen dafür, daß auch hier zwischen 2. und 3. Abschnitt keine scharfe zeitliche Trennung vorzunehmen ist.

In der Forschung galt der unterschiedliche Grundriß von Ober- und Untergeschoß als eines der eigentümlichsten Merkmale der Ostapsis. Sie wurde dabei stets als einheitliche Konzeption angesehen, zumal der Übergang vom Rund zum Polygon besonders geschickt gelöst zu sein scheint[597].

Eine genaue Untersuchung der Schichten über dem Gesimsband beweist jedoch, daß zwischen beiden Geschossen der Plan geändert wurde. Das Polygon setzt nämlich nicht – wie zu erwarten – über dem Röllchengesims an, sondern eine Schicht darüber, oberhalb der Basen des oberen Vorlagenbündels *(Abb. 78, 87)*. Die Vorlagen, die in den Basen schon angelegt waren, gleichen wörtlich denen des Untergeschosses, die mit leicht gekrümmten Stirnflächen für das Apsisrund entworfen sind *(Abb. 87, 79, 91)*. Durch die Fortführung des Systems wird die Möglichkeit, das Polygon sichtbar werden zu lassen, allein auf die Streifen neben den Fenstern reduziert. Dort aber ist das Obergeschoß in der Basisschicht auf Rundung angelegt, einschließlich der Vorderkante der Fenstersohlbänke. Erst darüber werden die schmalen Wandstücke gerade geführt, wodurch jeweils ein kleiner Rücksprung über der untersten Schicht entsteht, dreieckig zu den Basen hin verlaufend *(Abb. 88, 89, 91)*.

Neben der Form der Vorlagen und der rund angelegten untersten Schicht ist auch eine Reihe von Kapitellen und Kämpfern für ein rundes Obergeschoß bestimmt gewesen. Die Stirnseiten ihrer Deckplatten weisen eine deutliche Krümmung auf *(Abb. 83)*, die am Ansatz der Apsis *(Abb. 82)* am besten zu beobachten ist[598]. Beim Auswechseln der Deckplatten oder ganzer Werkstücke (vor allem 1961–67) wurde hier korrigierend eingegriffen. Der Befund zeugt darüber hinaus von einer längerfristigen Vorfertigung komplizierterer Werkstücke, die sonst den Aufbau verzögern könnten. Auf die Folgerungen, die sich daraus für die Abgrenzung von Planungsstufen ergeben, wurde oben bereits bei der Nordostturmhalle und Gnadenpforte hingewiesen: ältere Planungen bleiben in der Ausführung länger wirksam als bei den Planern selbst.

Auch im Inneren ist die unterste Schicht des Obergeschosses durch einige Unsicherheiten und Veränderungen gekennzeichnet, die jedoch unten im Zusammenhang mit der inneren Gliederung besprochen werden.

In der Zone der Vorlagen ist das Obergeschoß noch kein »echtes« Polygon, weil seine Kanten – die Vorlagen – die Rundung fortsetzen *(Abb. 87)*. Dadurch ergibt sich auch der stets in der Literatur hervorgehobene »unmerkliche« Übergang zwischen beiden Geschossen. Doch was sich unten positiv auswirkte, hatte oben negative Folgen, weil das Versäumte sozusagen »nachgeholt« werden mußte. Mangels einer die Vorlagen nach oben verlängernden Gliederung mußte die Wandfläche der Bogenzone nun vollständig polygonal angelegt werden. Zusammen mit dem Verzicht auf eine den Halbsäulen entsprechende Wandschicht (bzw. Bogenabtreppung) führte das zu einer Diskrepanz zwischen Vorlagen und oberer Zone *(Abb. 91)*. Die starke Abweichung wirkt über dem ganz auf Rundung angelegten Apsisansatz besonders auffällig *(Abb. 79, 82)*[599].

Überraschenderweise führt das Obergeschoß ein Architekturglied ein, das bei Anlage des Untergeschosses nicht vorgesehen war, weil man sich über den Abschluß oben nicht im Klaren war: Ecklisenen im Winkel des Apsisansatzes, aus denen sich oben ein Rundbogenfries entwickeln konnte *(Abb. 78, 87)*[600]. Die Rechteckvorlage in der Ecke wurde außerdem beibehalten, und deshalb mußte über dem Röllchenfries konsolartig vorkragend ein zusätzliches Blattgesimsstück eingefügt werden, das die neue Gruppierung in der Ecke, vornehmlich aber die Lisene aufnehmen konnte und neben den Basen der Dienste sofort wieder abbricht *(Abb. 76)*. Beide, Lisene und Gesimsstück, sind ein weiteres Indiz für den Planwechsel[601].

Die Frage, ob anfangs andere Möglichkeiten einer oberen Gliederung ins Auge gefaßt worden waren, läßt sich nicht eindeutig beantworten. In der Abfolge der Wandschichtung nimmt der Rundbogenfries den Platz des in den Vorlagen angelegten, aber nicht ausgeführten Bogenrücksprungs ein *(Abb. 79)*. Verzichtete man wegen des Frieses auf ihn oder hatte man an Lisenen über den Halbsäulen gedacht, die den Fries aufnehmen sollten? Sie hätten eine starke Vertikalisierung bedeutet und wären gerade an den Kanten des Polygons zu erwarten gewesen. Der umlaufende Bogenfries, der nur am Ansatz Lisenen hat und die Brechung der Seiten in keiner Weise berücksichtigt, ist der Vorstellung nach für einen halbkreisförmigen Apsiskörper entwickelt worden.

Der Wechsel vom Rund zum Polygon kann unter verschiedenen Gesichtspunkten betrachtet werden. Formengeschichtlich lag er zweifellos »in der Luft« und tritt in der Spätromanik allenthalben als Parallele oder Einfluß der westlichen Gotik auf. In diesem Falle dürften auch technisch-handwerkliche Überlegungen zumindest mit als eines der auslösenden Momente anzusehen sein. Die ungewöhnlich reiche und differenzierte Form der Fenstergewände zusammen mit den rahmenden Blendbögen *(Abb. 87, 91)* hätten in der Bogenzone sphärisch, d.h. in zweifacher Weise gekrümmt werden müssen, und dies nicht bei den üblichen drei, sondern gleich bei fünf Fenstern. Dem zog man die handwerklich einfacher zu bewältigende Führung der Bogenläufe in einer Ebene vor. Die formale Bereicherung leitet also eine handwerkliche Vereinfachung ein[602]. Diese Veränderung war freilich schon im Untergeschoß in nuce angelegt. Die weit vortretenden Wandvorlagenbündel – es dürften die stärksten an Apsiden dieses Typs sein – zerlegen das geschlossene Rund so weitgehend in Einzelfelder, daß die Rundung im Zusammenhang stark zurückgedrängt wird *(Abb. 78, 79)*. Im Obergeschoß wäre sie als Restbestand nur noch in den schmalen Streifen zwischen den Fenstern und Vorlagen sichtbar gewesen. Die Erhöhung der Fensterzahl und ihre Vergrößerung gegenüber den älteren Anlagen hatte dies bewirkt. Der Übergang zum Polygon drängte sich förmlich auf. Man vollzog ihn und bewertete den Verlust an formaler Einheit, der in der Bogenzone sichtbar werden mußte, geringer als die erzielten Erleichterungen. Die formalen Konsequenzen zog man nicht: die Polygonkanten blieben oben ohne Betonung bis auf die bescheidenen Köpfe von Fabelwesen. Es scheint nicht ausgeschlossen, daß man nun erst recht ein Motiv von Rundapsiden, den ohne Unterbrechung umlaufenden Bogenfries, einführte[603], um nicht nur die Horizontale, sondern vor allem die Einheit des Apsiskörpers zu betonen. Die enge Durchdringung beider Prinzipien ist jedenfalls mit Recht in der Forschung empfunden worden.

Für das Verhältnis zu den Türmen ist die Rechteckvorlage im Ansatz *(Abb. 77–79, 84, 87)* von Bedeutung. Obwohl sie eine optische Verbindung herstellen soll, muß sie doch der Apsis zugerechnet werden; denn sie wird durch Verkröpfung aller Gesimse und Zahnfriese in deren Gliederung einbezogen, während die Turmgliederungen stets an ihr enden, es sei denn, sie stimmten mit der Apsis überein. Wie sie oben enden sollte, muß offen bleiben *(Abb. 80, 81)*.

Die Kapitelle des Obergeschosses *(Abb. 473–476)* wirken entwickelter als die unteren, weil sie stärker zum Kelchblock tendieren[604]. Sie sind denen der nördlichen Pfeiler und der Schranken verwandt (Blattmasken der Nordreihe, Adler der Südreihe). Einige weit entwickelte Knollenkapitelle weisen schon auf die Zwerggalerie hin. Die kannelierte Wulstrahmung des Mittelfensters *(Abb. 91)* hängt engstens mit der Gnadenpforte zusammen[605]. Wegen der gestreckten Kapitellproportionen sind dort auch die Adler weniger plump als die benachbarten des Vorlagenkapitells, weisen aber gleiche Detailformen auf. Das mahnt einmal mehr zur Vorsicht bei Datierungen, die mit Proportionen begründet werden. Hier richten sie sich ganz nach dem Verwendungszweck, sind also von äußeren Bedingungen abhängig. Das fast vollständig erneuerte Blattgesims weicht im Motiv von den übrigen ab, erinnert aber in der Blattform an manches im Turmhalbjoch des Ostchores. Die Steinmetzzeichen gehören in der Mehrzahl zum Abschnitt IB.

Die innere Mauerschale der Apsis *(Fig. 60, 61, Abb. 8, 95)* ist von dem Planwechsel nicht betroffen[606], weil hier die Halbkreisform bis zum Kämpfergesims beibehalten und darüber in einer entsprechenden Kalotte fortgesetzt wird. Das Obergeschoß ist bis auf die Fenstergewände völlig schmucklos, dominiert aber durch seine Höhe, weil das Chorniveau erheblich höher liegt als die Sockelzone außen, und das Untergeschoß folglich niedriger ist. Das Zusammentreffen von innerem Rund und äußerem Polygon vollzieht sich nicht – wie zu erwarten wäre – am Fensteranschlag, sondern innen dicht vor der Wandebene am Rücksprung des Gewändes, so daß der Bogen dieses Rücksprungs und sein Kantenprofil nicht sphärisch gekrümmt sind, sondern eine Ebene bilden. Das ist ein weiterer Hinweis auf die beabsichtigte handwerkliche Vereinfachung als Grund für den Übergang zum Polygon; denn hier wäre die Anpassung an die Rundung formal notwendig gewesen und der Verzicht mußte zu einer unbefriedigenden Lösung im Scheitelbereich führen.

Tatsächlich war zunächst auch eine gekrümmte Bogenstirn bei der Gewändestufe vorgesehen. Das belegen die kleinen, dreieckigen Rücksprünge über der untersten Schicht im westlichen Gewände des Nord- und Südfensters *(Abb. 97, 98)*. Sie entsprechen genau der rund angelegten Basiszone außen und stimmen in der Höhe mit den äußeren Rücksprüngen überein. Der Planwechsel erfolgte innen wie außen also auf gleicher Höhe und gleichzeitig bei der gesamten Apsis. Bei den übrigen Fenstergewänden hat man diese unterste Schicht grob zurückgespitzt und der Flucht darüber angepaßt. Nur am Apsisansatz blieb der Befund erhalten, weil man diese Stelle vom Chor aus nicht sehen kann[607].

Mit dem Planwechsel vollzog sich wohl auch eine Änderung der Materialverteilung. Die Apsisinnenschale ist einheitlich gelb wie unten, ebenso das Kämpfergesims und die Kalotte. Der Übergang zum grau-weiß des Außenbaues sollte sich am Fensteranschlag vollziehen, wie die bis dorthin durchgehende unterste gelbe Schicht, über der auch die Rücksprünge eintreten, nahelegt. Sie ist aus den gleichen Werkstücken wie die Sohlbänke. Von da an hat man aber das grauweiße Material über den Anschlag hinweg nach innen bis zur Gewändestufe gezogen und mit ihm auch die Schichthöhen des Außenbaus, die, nur eine knappe Quaderstärke von der Innenfläche entfernt, auf die abweichende Schichtung des gelben Materials treffen. So entsteht der Eindruck einer dünnen, vorgeblendeten Innenschale.

Die durch das äußere Polygon bestimmte Korrektur der Gewändestufe ist nicht die einzige in dieser Zone. Am Steinschnitt ist ablesbar, daß alle Fenster mit Ausnahme des mittleren in ihrem äußeren Umriß verschmälert bzw. die Pfosten verbreitert wurden. Man setzte neben die an die riesigen Sohlbankblöcke angearbeiteten Gewändeauflager jeweils ein weiteres Werkstück, um diese zu verbreitern *(Fig. 60, 61)*. Nach Ausweis des unveränderten Scheitelfensters wurde dabei die Richtung der Leibungen dieser Gewändestufe anscheinend nicht grundlegend verändert. Die Mauerstreifen zwischen den Fenstern sind nämlich pfostenartig gebildet mit rechtwinkligen Leibungen, was durch die Apsisrundung automatisch bewirkt, daß die Fenstergewände hier nicht einmal parallel, sondern umgekehrt trichterförmig auseinanderstreben, d.h. die Fenster sind innerhalb des Gewändes an der Stufe breiter als zwischen ihren Begrenzungskanten. Für die Bögen hätte dies außer der sphärischen Krümmung eine trichterförmige Verziehung der Leibungen mit Erweiterung nach außen bedeutet[608], eine unbefriedigende Lösung an der Stelle, wo die Diskrepanz zwischen Rund und Polygon ohnehin besonders sichtbar ist. Korrekturrücksprünge am Kämpferpunkt ermöglichten es dagegen, den Bögen rechtwinklige Leibungen zu geben[609]. Für die Umrißlinie der Fenster ergibt sich daraus eine Form, wie sie seit der Antike häufig anzutreffen ist, bedingt durch auf die Gewände aufgesetzte Lehrbögen. In der Spätromanik des Oberrheins trifft man das Motiv zu bewußter Form gesteigert durch kräftige Stufen, die allein auf den Bogen beschränkt sind. Die Beziehungen zum Oberrhein mögen in Bamberg den Entschluß zu einer Lösung dieser Art erleichtert haben, doch ist sie primär technisch bedingt. Eine formale Deutung hieße, Ursache und Wirkung zu vertauschen. Die vom grau-weißen Teil der Fenstergewände stark abweichende Form der inneren Apsisschale wirkt wie eine selbständige, vorgelegte Blendarkatur.

Das 1. und 2. Obergeschoß der Osttürme ist mit dem Obergeschoß der Apsis zugleich entstanden, wie aus dem exakten Verband im Winkel zu schließen ist. Damit überragten die Türme die Apsis; denn es scheint manches dafür zu sprechen, daß die Zwerggalerie erst im folgenden Abschnitt ausgeführt wurde. So tritt dort schon teilweise anderes Material auf, das mit dem Flächbeil bearbeitet ist. Außerdem ist das Zahnband des 2. Obergeschosses über die Eckvorlage hinweg geführt, die ja schon zur Apsis gehört *(Abb. 80, 81, 84)*. Über der Zwerggalerie erscheint es jedoch nicht; offenbar hatte man für sie einen anderen Abschluß vorgesehen als den tatsächlich ausgeführten. Vermutlich war ein stärkerer Zusammenhang der Galerie mit den Türmen und deren Gesimsformen vorgesehen.

Bei den Untergeschossen war das südliche etwas schneller hochgeführt worden als das nördliche, und so scheint es auch zunächst beim 1. Obergeschoß gewesen zu sein.

Auf der Südseite ist das Rundfenster nämlich kleiner und die Durchbrechung seiner maßwerkartigen Scheibenfüllung weniger weit entwickelt. Innen stimmen die beiden Turmkapellen *(Fig. 30, Abb. 131–133, 135)* fast in allen Einzelheiten überein. Im Gegensatz zu den Eingangshallen darunter sind sie vollständig aus dem gelben Sandstein[610]. Auf Rippen verzichtete man beim Gewölbe. Selbst die Höhe beider Räume ist gleich, was bei der Differenz der Untergeschosse zu deren Übertragung in das nächste Geschoß führt. Die Abweichung beträgt konstant etwa 1 m *(Fig. 30)*. Hatte sich diese Differenz unten noch im Außenbau abgezeichnet, so geht man nun zu einer einheitlichen Gestaltung über, die aber keinen Anschluß an die Apsisgliederung sucht *(Abb. 3, 78)*. Die Geschoßhöhe wird anscheinend von der Nordseite bestimmt, wo Gesims und Kapellengewölbe genau auf gleichem Niveau liegen, während auf der Südseite das Gesims rund 1 m über dem Gewölbe verläuft. Es muß dabei offen bleiben, ob man daraus schließen darf, in der Zone des Rundbogenfrieses über dem 1. Obergeschoß sei die Führung im Bauverlauf an die Nordseite übergegangen und die Südseite habe im Anschluß den Höhenausgleich der Gesimse vorgenommen. Da auch die Lage der großen Doppelöffnungen zum Chor hin auf beiden Seiten gleich sein sollte, mußte die Differenz in den Treppenläufen etwas ausge-

glichen werden. Mit dem Ausgang zur Zwerggalerie ist auch innen der Niveauausgleich zwischen Nord- und Südturm erreicht. In der Raumhöhe geschieht das im 2. Obergeschoß, das nicht mehr gewölbt ist. Auch hier ist die Innenfläche vorwiegend gelb – nur die Konsolen, die die Auflast der Balkendecke tragen, sind grau-weiß *(Fig. 30, Abb. 138, 139)*.

Die *Arkadenbögen* über B1–2 und C1–2 *(Fig. 44, 45, Abb. 184)*, die nach Osten hin mit den aufsteigenden Rechteckvorlagen in festem Verband stehen, sind vermutlich noch vor dem Apsisobergeschoß oder doch gleichzeitig mit dessen untersten Schichten versetzt worden. Sie sind grau-weiß; ihr östliches Bogenauflager ist so knapp bemessen, daß die Rippe den zum Seitenschiff hin vorgelegten Schildbogen verschneidet *(Abb. 212)*. Dies offenbart nun recht eindeutig, daß die Halbpfeiler B1/C1 zu »kurz« geraten sind und eher der Vorstellung einer Vorlage denn eines halbierten Pfeilers entstammen. Das wiederum macht noch einmal auf den Planungsvorgang im 1. Seitenschiffsjoch aufmerksam, in dem schon weitere Unstimmigkeiten festgestellt werden konnten.

Dieser Vorgang stellt in gewisser Weise eine Parallele zum Apsisuntergeschoß *(Abb. 76)* dar. Man beherrscht die einzelnen Architekturglieder völlig sicher, und es entstehen keine Probleme, solange sich das System frei entfalten kann. Erst wenn verschiedene Komponenten sich überlagern, entstehen Inkonsequenzen, die nur durch das Fehlen eines detailliert gezeichneten Entwurfs zu erklären sind; denn nur in der Zeichnung kann der Bauvorgang in allen Einzelheiten vorweggenommen werden. Ferner zeigt dieser sich im kleinen Bereich zweimal wiederholende Vorgang, wie wenig das Gewölbe mit seinen Gliedern die Vorstellung bestimmte. Dem Bauablauf entsprechend ist die Wandgliederung, die Vorlage, das Primäre, zwar auf das Gewölbe hin konzipiert – in Bamberg mit besonderer Strenge – aber daneben doch von beachtlicher Selbständigkeit.

Mit den Turmgeschossen zugleich, wahrscheinlich in einem Vorgang mit dem Hochführen des Apsisobergeschosses, wurden die Seitenwände des Ostchores in dem *Turmhalbjoch* weiter erhöht, an der Ostseite bis 3 m oberhalb der Kämpferhöhe. Natürlich gehören auch die Treppenläufe mit ihren gestuften Bögen dazu; abgesehen von den Steinmetzzeichen belegen gerade sie den gleichzeitigen Aufbau von Türmen und Chorhalbjoch. Die genaue Baubeschreibung ergab, daß es sich hier um eine einheitliche Konzeption handelt. Die wechselnde Mauerstärke der Chorwand in den einzelnen Geschossen der Treppenläufe liefert einen weiteren, eindeutigen Beweis dafür *(Fig. 30, Abb. 130, 134, 136)*.

Wie in den Turmgeschossen wird auch hier wieder die Materialdifferenzierung fortgesetzt. Oberhalb des Aufgangs zu den Turmkapellen sind die Wandflächen gelb, die Vorlagen einschließlich Apsisansatz grau-weiß *(Fig. 44, 45)*. Mit Ausnahme der Mittelvorlage haben alle Kämpfer die charakteristisch steile, hohe Schräge mit Ornamentauflage. Neben den großen Halbsäulen des Apsisbogens führt das – wie unten auch – zu einem unorganischen Anschluß des niedrigen Profilgesimses unter der Apsiskalotte *(Fig. 60, 61)*, was nur durch die Zugehörigkeit der Halbsäulen zur Gliederung des Turmjochs zu erklären ist.

Die Kapitelle und Kämpfer der Säulchen in den Öffnungen der Treppenschächte *(Abb. 584–591)* sind engstens teils mit den Blendarkaden der Apsis, teils mit deren Obergeschoß und Zwerggalerie verwandt[611]. Auffällig zahlreich sind dabei die nur bossierten Formen, aus deren Blattrohform ein eigenständiges Blattmotiv an den oberen Ostteilen entwickelt wird.

Die Kämpfer der Wandvorlagen variieren mit zwei Ausnahmen ein Grundmotiv von gegenständigen Blattranken *(Abb. 592–597)*, das eine Mittelstellung zwischen dem Apsisgesims und den übrigen Blattgesimsen einnimmt. Die einzelnen Blattformen scheinen zwar im Umriß verwandt, sind aber im Detail doch so unterschiedlich, vor allem in der Qualität der Durchbildung, daß man an mehrere Hände in der Ausführung denken muß, denen aber dasselbe Muster als Vorlage diente.

Bei den Kapitellen setzen sich die großen Halbsäulen und die Dienste an den Vorlagen von B1/C1 durch ein Motiv ab, das sonst nicht wiederkehrt: bewegt geschwungene Fächerblattranken wachsen aus Masken hervor und erfassen in ihrer Bewegung die ganze Fläche. Die Durchbildung der Blätter ist auch hier unterschiedlich. Mit ihrer ungewöhnlichen Form fügen sie sich in der Gesamterscheinung dem allgemeinen Kanon nur schwer ein. Die restlichen lassen sich mit den bekannten Motiven verbinden, zeichnen sich aber doch durch Besonderheiten aus. Das mittlere der Nordseite *(Abb. 598)* bildet mit den üblichen Fächerblattranken eine Linienführung, die an ein korinthisches Kapitell erinnert.

Beim Aufbau des Turmjochs wurde der Anschluß der Obergadenwände vorbereitet in Form eines schräg nach Westen abfallenden Mauerstücks, das gleichzeitig als Widerlager diente. Es ist auf beiden Seiten fast gleich groß und zeichnet sich als klare Abschnittsfuge in der Mauerfläche *(Fig. 38, 44, 45, Abb. 184)* ab. Sie ist kenntlich an dem Verspringen der Lagerfugen, was im folgenden Stück durch Paßsteine und seltener durch Ausklinken ausgeglichen wird. Auch das Material setzt sich ab. Östlich ist es vorwiegend grau-weiß und zahngeflächt. Die Fuge verläuft in der westlichen Hälfte des 1. Chorjochs, beginnt an der Vorlage über B1, C1, ca. 2 m (= 3½) Schichten) unter deren Kämpfer, treppt sich nach Westen fallend vor durch das Horizontalgesims hindurch bis zum Bogenrücken der Arkade B1–B2 und C1–C2 und läuft an diesem entlang. Der folgende Scheidbogen B2–B3, C2–C3 mit dem östlichen Anfänger des anschließenden gehört, nach dem grau-weißen zahngeflächten Material zu urteilen, noch zu diesem Bauabschnitt. Die Grenze läuft auch hier an den Bogenrücken entlang und durch den östlichen Schenkel des 3. Bogens hindurch.

Plan I. *(Fig. 21)*

Gegen Ende des 3. Bauabschnitts vollzieht sich in dem Turmhalbjoch ein einschneidender Planwechsel, der die Gesamtplanung des Innenraumes betraf. Die heute kaum mehr verständlichen Gliederungen des Turmhalbjochs sind ein unübersehbares Zeugnis dafür. Uneinheitliche Kämpferhöhen, unbenutzte Mittelvorlagen, zweckentfremdet verwendete Vorlagen über B1, C1 und schließlich die versetzten Wandebenen in den beiden ungleichen Hälften des 1. Chorjoches sind die Spuren jenes ersten Vorhabens, das hier »Plan I.« genannt sei. Sie reichen aus, um sich ein zuverlässiges Bild von ihm zu machen *(Fig. 38, 44, 45, Abb. 184)*.

Obwohl im bisherigen Bauverlauf eine Reihe von Inkonsequenzen zu beobachten waren, wird man trotzdem feststellen müssen, daß dem Gliederungsprinzip von Wandvorlagen und Gewölbe eine sehr genaue Vorstellung der Zuordnung zugrundeliegt: Rechteckvorlagen tragen Gurte, Dreivierteldienste tragen Rippen und flache, lisenenartige Vorlagen nehmen Schildbogen auf. Nur bei der Verdoppelung von Gurten durch Unterzüge treten Halbsäulen hinzu wie an der Apsis und später in der Vierung. Es scheint daher ausgeschlossen, unbenutzte Wandvorlagen als funktionslose Glieder zur Vertikalisierung anzusehen[612] oder fehlende Übereinstimmung von Vorlagen und Gewölbe als »unsicheres Tasten« zu interpretieren[613].

Läßt man die Kämpferhöhen außer acht, so ergibt sich für das Turmjoch eine eindeutige Lösung. Auf jeder Seite drei Dienste, zwei im Winkel, einer in der Mitte, bedeuten drei Rippenäste, die zusammen ein sechsteiliges Gewölbe ergeben. Die Eckdienste nehmen die Diagonalrippen auf. Flache Wandvorlagen dahinter tragen die Schildbogen. Die Rechteckvorlage am Westende über B1, C1 war für einen Gurtbogen von rechteckigem Querschnitt bestimmt. Insgesamt entspricht also die Gewölbelösung der jetzigen des 1. Chorjochs, jedoch zusammengeschoben auf die halbe Jochtiefe.

*Diskussion des Forschungstandes.* Schon Kömstedt hatte das im wesentlichen erkannt[614], doch bot die angeblich zu geringe Jochtiefe der späteren Forschung Anlaß, eine sechsteilige Rippenwölbung als technisch ausgeschlossen abzulehnen[615]. Statt dessen dachte man an ein Tonnengewölbe, für das Noack ein abgespitztes Kämpfergesims gefunden zu haben glaubte[616]. Spuren dieses Gesimses existieren indessen nicht. Vermutlich hielt man den kleinen Ausgleichsrücksprung der Südwand über der Mittelvorlage *(Fig. 45)* dafür, zumal sich darauf Staub abgesetzt hatte. Solche Rücksprünge finden sich innen an den Mittelschiffs- und Seitenschiffswänden sehr häufig; in diesem Falle bezeichnet er vielleicht die Grenze zwischen dem 3. und 4. Bauabschnitt. Für ein Tonnengewölbe fehlt jeglicher Hinweis; die Dienste lassen nur die Rekonstruktion des sechsteiligen Gewölbes zu. Von Stirn zu Stirn der Gurtbögen gemessen, hätte es eine Tiefe von ca. 6,50 m gehabt; das entsprechende Maß zwischen den Gurten des Westchores beträgt ca. 6,70 m, und dort hat man sogar zwei vierteilige Gewölbe darin untergebracht, ehemals aber sicher ebenfalls ein sechsteiliges dafür vorgesehen. Damit dürften kaum noch Zweifel an dem projektierten, eng gestellten sechsteiligen Gewölbe zwischen den Osttürmen möglich sein.

Die Kämpferhöhen entsprechen allerdings nicht mehr ganz dem Plan I. Als Ausgangspunkt für ihre Rekonstruktion können der Apsisansatz und seine Eckdienste gewählt werden, weil sie ohne Veränderung nach dem Plan I. ausgeführt wurden. Der Kämpferpunkt der Diagonalrippen sollte demnach ca. 1,50 m unter dem der Gurte liegen, da sie wegen der größeren Spannweite höher aufstiegen und die kurzen Gewölbescheitel nicht viel Spiel für eine große Steigung boten. Demnach sollte der Abschluß der Vorlagen über B1, C1 genau dem Apsisansatz und dessen Eckdiensten entsprechen, d.h. der Kämpfer für den Gurtbogen hätte die Höhe des Apsisbogenkämpfers erhalten, der des Eckdienstes hätte den übrigen Diensten darunter entsprochen. Als Plan I aufgegeben wurde, führte man die Vorlagen über B1, C1 für ihre neue Funktion ein Stück höher und versetzte dort die vielleicht schon fertiggestellten Kämpfer und Kapitelle, nun aber einheitlich auf einer Höhe. Ferner führte die Verlängerung der Vorlagen zu starken Lagerfugendifferenzen auf der Ostseite, was in der Südwand deutlich zu sehen ist, während nach Westen hin der Verband sorgfältiger zu sein scheint.

Die Vorlagen über B1, C1 sollten also dem Apsisansatz genau symmetrisch entsprechen. Für den später unbenutzten Mitteldienst läßt sich nun ebenfalls die Kämpferhöhe ermitteln. Er endet heute zu tief; denn die Mittelrippe eines sechsteiligen Gewölbes entspricht ja ungefähr einem Gurtbogen, sofern der Gewölbescheitel nicht sehr stark ansteigt. Die Kämpferhöhe des Mitteldienstes sollte also mindestens der des Apsisbogens bzw. westlichen Gurtbogens gleichen.

Geht man von dem ausgeführten Gewölbe aus, so könnte sie sogar noch höher gelegen haben, um jegliche Stelzung zu vermeiden. Eine so starke Differenzierung der Kämpferhöhen ist bei sechsteiligen Gewölben der Spätromanik und Frühgotik durchaus üblich[617]. Sie trägt den verschiedenen Spannweiten Rechnung[618] und verhindert die Zerteilung der Raumeinheit des Joches durch zu weit herunterführende Mittelrippen. Für die Mitteldienste waren wohl Kapitelle, aber keine Kämpfer vorbereitet. Obwohl man sie nicht benutzen wollte, sollten sie doch einen befriedigenden Abschluß erhalten. So wurden zwei Kämpferplatten aufgesetzt, die nun aber das von Plan II ab verbindliche Profil aus Kehle/Wulst/Platte erhielten. Mit ihnen wurde Plan I beinahe bildlich »abgeschlossen«.

Da die Ausführungsgrenze in den östlichen Winkeln des Turmjochs rund 3 m über den Kämpfern liegt, wurden dort die Rippenanfänger wie üblich zugleich mit den angrenzenden Mauerteilen versetzt. Sie waren offensichtlich für eine geringere Spannweite und einen niedrigeren Gewölbescheitel bestimmt; denn als man die Rippenäste nach dem Planwechsel fortführte, wurden die Anfänger entsprechend dem neuen Profilanschluß zurückgearbeitet. Die Spuren des alten Verlaufs haben sich seitlich erhalten. Ein leichter Knick und der Materialwechsel an fast gleicher Stelle kennzeichnen den Übergang. Die Richtungsänderung ist nicht groß, und die älteren Anfänger zielen nicht eindeutig auf die Westbegrenzung des Turmjochs. Es ist jedoch zu berücksichtigen, daß beim Nacharbeiten bereits die neue Richtung einkalkuliert und zuvor eine leichte Torsion der Rippe wie z. B. in der Krypta in Kauf genommen wurde, weil man die Anfänger fast immer auf annähernd 45° einrichtete.

Die Rekonstruktion von Wandgliederung und Gewölbe des Turmjochs betrifft nur einen Teil des Planes I. Ebenso wichtig ist die Frage nach der Fortsetzung in westlicher Richtung. Darüber gibt nun wieder die Vorlage über B 1, C 1 Auskunft. Sie ist asymmetrisch, östlich von einem Dienst begleitet, westlich im rechten Winkel anschließend an die Obergadenwand. Hier sollte also das Gewölbesystem nicht fortgeführt werden, und das kann bei einem im Ganzen so konsequent durchdachten Bau nur heißen: eine Flachdecke (oder ein offener Dachstuhl) sollte Chor und Mittelschiff überspannen. Die Pfeilervorlage über B 1, C 1 nahm den Bogen auf, der den flach gedeckten Raum von dem Gewölbejoch schied. Er sollte natürlich eine Übermauerung erhalten. Die Höhe, in der die Balkendecke liegen sollte, ist eindeutig durch den Scheitel des jetzigen Apsisbogens bestimmt, d. h. sie hätte wohl ungefähr dem heutigen Gewölbescheitel entsprochen. Der Chor, der durch die Krypta in seiner Längserstreckung schon festlag, wäre wohl nur durch einen Schwibbogen von dem Mittelschiff getrennt worden. Die Seitenschiffe waren dabei eindeutig auf Rippengewölbe hin angelegt. In der Mitte sollte also nur das östliche Halbjoch zwischen den Türmen, der Raum über und vor dem östlichen Hochaltar, sechsteilig gewölbt werden.

Den Gründen für diese bei einem Kathedralneubau vom Anfang des 13. Jh. sehr ungewöhnliche Planung kann hier nicht nachgegangen werden, doch kann eines aus baugeschichtlichen Gründen gleich ausgeschieden werden: man rechnete auf keinen Fall mit dem Anschluß an einen älteren, noch stehenden Flachdeckenbau; denn der »Heinrichsdom« war nach Aussage der Fundamente schmaler und in der Achse verschoben. Einen Nachfolger des Gründungsbaues, der dem heutigen etwa entsprochen haben könnte, gab es nach Aussage der Quellen und der Grabungen nicht[619] – bis zum Neubau des 13. Jhs. Damit sind die Überlegungen zu Plan I keineswegs erschöpft. Es bleiben einige Erscheinungen, die nur schwer verständlich sind. So gibt es keinen vernünftigen Grund für das Verhältnis der Pfeiler zur Obergadenwand. Schon bei B 1, C 1 verläuft die Pfeilerstirn zum Chor hin bündig mit der Vorlagenstirn. Erst der Arkadenbogen ist zurückgesetzt und gibt die Vorlage frei *(Abb. 184, Fig. 44, 45)*. War man sich nicht klar darüber, daß die Vorlage vorspringen mußte, oder hatte man sie in voller Breite hochführen und den Arkadenbogen ohne Auflager in ihrer Flanke verschwinden lassen wollen? Da B 1, C 1 – wie gezeigt werden konnte – im Planungsablauf von der Vorlage A 1 bestimmt wurden und sich daher ohnehin leichte Unstimmigkeiten ergaben, wird man mit Schlußfolgerungen vorsichtig sein müssen. Die eindeutige Konzeption der Vorlagen oben über B 1, C 1 wird davon nicht berührt.

Warum legte man aber die Pfeiler in der gleichen Flucht an? Hielt man sie für zu schwach, um den Schub der Seitenschiffswölbung aufzufangen, wollte man vorsorglich Auflager für eine weitergehende Wölbung schaffen oder war eine Vertikalgliederung geplant, die mit dem Horizontalgesims eine Art Arkadenrahmung ergeben hätte? Die Schrankenrückwände und die Pfeiler B 1, 2 und C 1, 2 beweisen jedenfalls, daß schon im Plan I die Pfeilerstirnseiten um mehr als 0,40 m vor die Wandfläche des Obergadens vortraten *(Abb. 188)*[620]. Hätte man hier die übliche Lösung gewählt, so wären die Schauseiten der Chorschranken nicht so tief hinter die Pfeiler zurückgetreten. Die Gründe für die vorspringenden Pfeiler bleiben unklar. Die sinnvolle Nutzung der Vorsprünge durch die Vorlagen der Wölbung überspielt ihre Widersprüchlichkeit. Vielleicht handelt es sich wie bei dem möglicherweise frühzeitigen Einziehen der Spannfundamente um latent vorhandene Wölbungsabsichten für den gesamten Chor.

Vielleicht hängt dies aber auch mit einer weiteren, sehr auffälligen Eigenheit von Plan I zusammen. Das Gewölbejoch zwischen den Türmen ist nämlich breiter als die westlich anschließenden Teile des Chores[621], seine Mauern sind um das entsprechende Maß dünner *(Fig. 28, 10, 11)*. Statisch wurde das durch die völlige konstruktive Einheit mit den flankierenden Türmen ermöglicht, die wie Strebepfeiler als Widerlager wirken, während die Treppen wie Strebebögen den Schub dorthin übermitteln *(Fig. 30)*. Die Einsparung der Mauerstärke dürfte allerdings kaum als Begründung anzusehen sein. Die Verbreiterung entspricht fast der Dienststärke, die man sich demnach aus der Mauermasse geformt vorstellen kann. Sie treten fast ganz hinter die Wandebene des Langchores zurück. Vielleicht wollte man sie in der Ansicht von Westen her weitgehend »verstecken«, um eine den Altarraum einengende Wirkung zu vermeiden. Gerade die festliche Erweiterung des Altarraumes scheint der Anlaß gewesen zu sein. In der untersten Zone wird sie durch das Vortreten der Pfeiler und Schrankenwände erheblich verstärkt, das so auch zu erklären wäre. Im Plan I hatte der Chor also eine eigentümliche Form, bei der der Altarraum durch Erweiterung und Wölbung mehr als üblich betont war.

Der Standort des Altares selbst wird zusätzlich durch eingestellte Halbsäulen mit einem Bogenunterzug am Ansatz der Apsis hervorgehoben. Das macht verständlich, warum die Gliederung des Apsisansatzes und der Halbsäulen ausschließlich auf das Turmjoch und nicht auf die Apsis selbst bezogen ist; sie gehören zum Altarraum. In der Regel befinden sich nämlich Gliederungen zur Stufung des Apsisansatzes in dessen Einziehung[622]. Bei Bauten mit entwickelteren Gewölbesystemen, wie in Lothringen und am Oberrhein, wird der Apsisbogen allerdings häufig als Gurt[623] und nicht als Stufung angesehen und verlangt daher ähnlich angeordnete Vorlagen wie in Bamberg. So eindeutig auf das Altarjoch bezogen wie in Bamberg ist er jedoch nie. Insgesamt ist die Lösung für das Joch zwischen den Türmen ebenso unkonventionell wie die Flachdecke in Chor und Langhaus.

Wenige Schichten unterhalb der mutmaßlichen Grenze zwischen den Bauabschnitten 3 und 4 wurde das Projekt aufgegeben. Der genaue Augenblick des Wechsels liegt nicht fest, weil man offenbar bestrebt war, dem Bruch eine formal befriedigende Form zu geben und daher die Mittelvorlagen mit Kapitell und Kämpfer abschloß.

Am *Ende des 3. Abschnitts waren ausgeführt:* die Ostapsis bis zur Zwerggalerie, die Osttürme wohl einschließlich des 2. Obergeschosses, die Chorwände im Turmjoch bis zwei Schichten über der Mittelvorlage (östlich ca. 3 m) und der Treppenfuge über der 1. Arkade, die Pfeiler bis B 3, C 3 einschließlich Schrankenmauern und die Arkaden B 1–B 2, C 1–C 2 und B 2–B 3, C 2–C 3, ferner die Seitenschiffsmauern wie zuvor, Krypta und Sockel von B 4, C 4 *(Fig. 115–118, 124).*

## 4. DER ABSCHLUSS DER OSTFRONT

*(Zwerggalerie, 1. Ostchorjoch, 3. und 4. Obergeschoß der Osttürme, 1. und 2. Seitenschiffsgewölbe.)*

Der 4. Bauabschnitt stellt sich wie der vorangegangene nicht als Einschnitt, sondern als kontinuierlich fortlaufender Vorgang dar. Technik, Material und Steinmetzen sind zunächst die gleichen wie im 3. Abschnitt. Schon in den ersten Maßnahmen wird das neue Projekt sichtbar, doch sollen die Ziele von Plan II und ihre Verwirklichung erst zu einem Zeitpunkt dargestellt werden, wo sie in allen Einzelheiten faßbar sind.

Spätestens jetzt wurden die Spannmauern zwischen den Seitenschiffsfundamenten bis zur Pfeilerachse A 4–B 4, C 4–D 4 eingezogen, und falls dies nicht früher erfolgte, muß es jetzt eine der ersten Maßnahmen gewesen sein. Die Basen für die Vorlagen über B 2 und C 2 haben keinen Verband mit den Bogenanfängern dahinter, was technisch auch nicht zu erwarten ist. Eindeutig läßt sich daher der Zeitpunkt nicht bestimmen, an dem diese ersten zum Plan II gehörenden Glieder versetzt wurden. Die Vorlagen selbst – ebenfalls grau-weiß – sind von der 3. Schicht an gleichzeitig mit dem Mauerwerk in den Zwickeln zwischen dem 1. und 2. Arkadenbogen *(Fig. 44–47).* Bis zu einer gewissen Höhe sind diese Zwickel notwendige Voraussetzung, um die entsprechenden Seitenschiffsjoche einwölben zu können. So mag es begründet sein, die Gewölbe des 1. und 2. Seitenschiffsjoches auf Nord- und Südseite in der Ausführung später als den Planwechsel im Chor anzusetzen. Rippen und Gurte – der westlichste spannt sich von A 3 nach B 3 bzw. C 3 nach D 3 – sind wiederum grau-weiß und zahngeflächt und setzen sich deutlich von den folgenden Gewölbefeldern ab[624], ebenso wie ihre Schlußsteine, die ausgeprägt kreisförmig und in der Längsachse von aufsteigenden Fabelwesen flankiert sind *(Abb. 834–839)*[625]. Diese und die Formen der Blattauflage erinnern noch einmal an ähnliche Formen in der Ostkrypta. Der Gewölbequerschnitt mit starkem Stich und leichter Busung ist schon in den Turmhallen vertreten und charakteristisch für die älteren Gewölbe des Domes. Die Rekonstruktion des Bauverlaufs stößt im folgenden auf große Schwierigkeiten, weil fast alle bisher erarbeiteten Kriterien für eine chronologische Ordnung versagen. Nach Aussage der Ornament- und Kapitellformen bleibt die Tradition der vorangehenden Abschnitte gewahrt, wenn man von einer gewissen, permanenten Entwicklung einzelner Typen absieht. Dagegen verschwinden die Steinmetzzeichen in größeren Partien vollständig und andersartiges Material, das mit dem Flächbeil bearbeitet ist, verdrängt mehr und mehr das bisher verwendete. Damit enden auch die Materialunterschiede zwischen Wandflächen und Gliederungen. Der Wechsel vollzieht sich aber allmählich, ohne Einschnitte und erschwert eine sichere Beurteilung. Die vorgeschlagene Chronologie kann daher nur als Versuch angesehen werden. Es scheint so, als ob man zunächst die Ostapsis durch Aufsetzen der Zwerggalerie und Einwölben fertigstellte, damit zugleich auch das Turmhalbjoch des Chores auf gleiche Höhe mit der Galerie brachte.

Die Rückwand der *Zwerggalerie (Abb. 84–90)* besteht fast durchweg aus dem neuen, grau-braunen Material und ist glattgeflächt, während außen noch vorwiegend grau-weißes, zahngeflächtes verwendet ist, wenn auch nicht mehr ausschließlich. Zeichen fehlen ganz, da diejenigen, die bei einigen Kapitellen auftreten *(Fig. 109),* stark abweichen und als Versatzmarken anzusehen sind[626]. Mit der Galerie zeichnet sich also bereits die Zone eines technischen Wandels ab. Nicht so bei den Kapitellen *(Abb. 478–493),* die auf entwickelterer Stufe fast alle Motive zeigen, die in den Abschnitten 2 und 3 vertreten waren[627]. Die Kelchblockform dominiert, auch dort, wo das Motiv in würfelähnlicher Korbform seinen Ursprung hat. Das gibt den Blattmotiven eine gewisse Selbständigkeit und läßt sie dem Kapitellkörper aufgesetzt, aber nicht mehr mit ihm identisch erscheinen. Kein einziges hat die reine Kelchform, obwohl bei einigen rückwärtige Blätter wie Kelchränder wirken. Insgesamt kann man die Galeriekapitelle als reifste Stufe der älteren Bamberger Ornamentik bezeichnen, wobei es offen bleiben mag, ob diese überschaubare Entwicklung aus sich selbst heraus oder durch stetige Anregung von außen erfolgte.

Die Galerie *(Abb. 90)* hat nicht mehr die ursprüngliche Form[628]. Ihr Boden lag tiefer, wodurch die Brüstung höher erschien, und statt der Viertelkreistonne war sie oben wohl mit Platten abgedeckt wie die Treppenschächte in dieser Höhe.

Auch außen wurde der Abschluß verändert. Die mächtige Verstärkung des Kranzgesimses entstammt der Form nach dem 18. Jh., ihre Ausführung wurde im 19. Jh. in Stein wiederholt[629]. Damit ging der Zusammenhang mit der Turmgliederung verloren; denn ehemals verlief das Kranzgesims auf gleicher Höhe mit den Gesimsen über dem 2. Obergeschoß der Türme. Sein Profil *(Abb. 80, 84)* aus einfacher Kehle und Platte bildet einen merkwürdigen Gegensatz zu den üppigen Gesimsformen darunter, scheint aber im originalen Zustand erhalten zu sein; lediglich Verkröpfungen um die Eckvorlage am Ansatz sind beseitigt worden *(Abb. 80, 81).*

Die ungegliederte Flächigkeit und der Ornamentverzicht am Gesims der Galerie lassen die Frage aufkommen, ob dies der ursprünglichen Planung entspricht[630]. Vom Befund her deutet nur das nicht fortgeführte Zahnband der Turmgeschosse einen Wandel an. Eine Galerie muß von Anfang an vorgesehen gewesen sein; das beweisen die konsequent angelegten Zugänge von den Treppen der Turmzwischenräume aus *(Fig. 30, Abb. 137)* ebenso wie die steil aufsteigende Apsiskalotte *(Fig. 38)*, deren untere Zone durch ein niedriges Geschoß außen verdeckt werden mußte. Es ist natürlich nicht auszuschließen, daß hierfür eine andere Form vorgesehen war, jedoch fehlt es an Hinweisen.

Mit der Zwerggalerie zugleich muß aus technischen Gründen die *Apsiskalotte* aufgemauert worden sein. An ihr zeichnet sich zum letzten Mal die differenzierte Verwendung des Materials ab. Der Apsisbogen und der Unterzug darunter sind grau-weiß, die Kalottenschale aber ist aus gelbem Großquaderwerk – nach älteren Fotos zu urteilen *(Abb. 95)*. Demnach sollte sie nicht verputzt werden[631], sondern war wie alle Flächen getüncht, allerdings weiß statt rosa. Der Wechsel vom grau-weißen zum grau-braunen Material und von der Zahnfläche zum Flächbeil ist auch an den Wänden des Turmhalbjochs im Chor bzw. in den Treppenschächten zu beobachten, die in der Höhe der Zwerggalerie entsprechen. Hier ergibt sich die Möglichkeit einer gewissen chronologischen Differenzierung. Auf der Nordseite ist in dem Treppenschacht und im Galeriezugang die Zahnfläche als Bearbeitungswerkzeug noch häufig zu sehen, während auf der Südseite die Spuren des Flächbeils vorherrschen. Demnach war der Nordturm etwas weiter fortgeschritten als der südliche, wo die Neuerung stärker vertreten ist. Das paßt zu der Vermutung, schon im unteren Geschoß sei die Führung im Aufbau auf die Nordseite übergegangen.

Man zögerte auch nicht, im gleichen Zusammenhang die *2. Hälfte des 1. Chorjochs* qu errichten, wahrscheinlich um möglichst rasch wenigstens ein Joch wölben und zur Benutzung herrichten zu können. Man wartete also keineswegs die Vollendung des 1. Halbjochs zwischen den Türmen ab. Die Westkante des Abschnitts *(Fig. 38, 46, 47, Abb. 184)* zeichnet sich wiederum deutlich in den Quaderflächen auf der Nord- und Südseite als Verspringen der Schichthöhen ab. Vom Scheitel des Arkadenbogens B 2–3 bzw. C 2–3 an treppt sich die Fuge aufwärts leicht nach Osten zurücktretend, ganz ähnlich derjenigen über der 1. Arkade. Auch sie verläuft westlich der jochbegrenzenden Vorlage über B 2 bzw. C 2. Wo sie innen hinter dem Schildbogen des Gewölbes verschwindet, wird sie außen über den Seitenschiffsdächern am Obergaden sichtbar *(Fig. 36, 19)*. Westlich des 1. Fensters treppt sie sich aufwärts, bis sie nach dem 6. Bogen den Fries erreicht *(Abb. 146, 147, 551)*. Dort scheidet sie gefüllten und ungefüllten Bogenfries, ebenso das höhere vom niedrigeren Zahnband[632]. Hier wird also in der obersten Zone die westliche Begrenzung des Bauabschnitts sichtbar, nicht jedoch zwischen 1. und 2. Halbjoch, wodurch die Vermutung bestätigt wird, die beiden verschiedenen Jochhälften seien hier oben in einem Zuge gemeinsam fertiggestellt worden.

In den Wandvorlagen über B 2 und C 2 sind noch mehrfach grau-weiße, zahngeflächte Quader verwendet worden, besonders in der Kapitellzone. Das berechtigt dazu, sie der gleichen Bauphase wie die Galerie zuzurechnen. Die reinen Korbkapitelle *(Abb. 600–603)* mit ihren eher flächigen Blattranken in unterschiedlichen Motiven scheinen weniger weit entwickelt als der Galerie, doch gibt es auch dort und im 3. Obergeschoß des Nordostturms ähnliche Stücke. Mit den seitlichen Wandflächen stehen die Vorlagen im Verband, was gleiche Schichtung und übergreifende Quader belegen. Da flache Schildbogenvorlagen hinter den Diensten fehlen, stößt das Horizontalgesims an die Dienste an, ohne sich mit ihnen zu verschneiden, wodurch Lücken entstehen. Das bedeutet aber nicht den nachträglichen Einbau der Vorlagen über B 2, C 2.

Noch ehe das erste Chorjoch die Kranzgesimshöhe erreicht hatte und der Ostgiebel in Angriff genommen worden war, arbeitete man schon am *3. Obergeschoß der Osttürme (Fig. 32)*. Es scheint sogar nicht ausgeschlossen, daß sie schon etwas höher aufragten als der Baukörper des Chores zwischen ihnen. Auch hier ging die Nordseite wohl der Südseite voran; denn auf der Nordseite finden sich immer noch zahngeflächte Quader verstreut in dem glattgeflächten Mauerwerk, wobei es sich gewiß nicht um verschleppte Stücke handelt, da das Material auch grau-braun ist. Vor den Auswechslungen nach 1961 war ihre Zahl sogar noch größer. Im Südostturm gibt es in dieser Höhe keine zahngeflächten Steine mehr. Die Vermauerung der Öffnungen, die später erfolgte, teilweise mit der Zange als Versatzwerkzeug, erlaubt keine Beurteilung der Ornamentik auf der Südseite *(Abb. 495)*. Die der Nordseite *(Abb. 496–504)* zeigt engste Verbindungen zur Zwerggalerie, wie es nicht anders zu erwarten ist. Die hohen Kämpfer sind ähnlich reich profiliert oder ornamentiert, die Kapitelle weisen die gleichen Ranken- und Knollenblattmotive auf. Ihre Proportionen sind den stämmigen Säulen entsprechend gedrückter und haben mehrfach noch korbähnliche Formen[633]. Steinmetzzeichen fehlen auf beiden Seiten im 3. Obergeschoß *(Fig. 111)*.

Nicht so in den oberen Schichten der Außenwand des Turmhalbjochs, das offenbar erst jetzt vollendet wurde. Dort finden sich auf wenige Schichten zusammengedrängt die Zeichen des Abschnitts I C *(Fig. 105, 110)*, der klein und ziemlich geschlossen ist, an anderen Stellen aber doch noch mit Zeichen von I B zusammen erscheint und daher noch der großen Gruppe I zugerechnet werden darf, obwohl nun ausschließlich glattgeflächt wird, mit sehr feinen Hieben und das Material einheitlich grau bis braun ist. Außerdem befindet man sich hier immer noch im Bereich gefüllter Bogenfriese und des älteren Formenkanons der Ornamentik. Wie allerdings die Zeichenlosigkeit des ersten Teils von Abschnitt 4 zu erklären ist, muß offen bleiben.

Mit jenem obersten östlichen Teil des Chorjochs zugleich übermauerte man auch den Apsisbogen mit dem Unterbau des *Ostgiebels (Fig. 32, 33)*, der die gleichen Zeichen trägt. Ob man den ganzen Ostgiebel in einem Zuge hochführte, kann heute, wo er bis auf geringe Reste durch den des 18./19. Jhs. ersetzt ist, nicht mehr entschieden werden, doch ist es anzunehmen, weil man erst dann ein Dach aufbringen und im Trockenen wölben konnte. Die ursprüngliche Form des Giebels und die Anschlüsse seines Unterbaus an die Türme lassen sich rekonstruieren *(Fig. 15)*. Letztere sind mit Fugen zwischengesetzt und stammen erst aus einer späteren Phase des Baues. Der Bogenfries des Ostgiebels und 1. Chorjochs war gefüllt, von einigen Ausnahmen abgesehen *(Abb. 143, 144)*.

Es scheint, als ob beim weiteren Aufbau der *Türme* nun wieder der südliche vorangriff. In den unteren Schichten seines *4. Obergeschosses* kommen mehrfach die Zeichen von I C vor, während die oberen Schichten mit Ausnahme der Öffnungsbögen und das entsprechende Geschoß des Nordostturms wieder zeichenlos sind. Außerdem ist der Bogenfries des 4. Obergeschosses beim Südostturm noch vollständig gefüllt, beim Nordostturm hingegen rundum ohne Ornamentfüllungen *(Abb. 2, 101, 105)*. Trotzdem dürfte kein großer zeitlicher Abstand zwischen den beiden Turmgeschossen liegen, denn die Form ihrer Kapitelle und Kämpfer *(Abb. 505–514)* ist einheitlich und gehört noch in den Bestand der älteren Gruppe, genauer: der Zwerggalerie. Die profilierten Kämpfer sind zwar durchweg wieder durch die steilen, ornamentierten abgelöst worden, jedoch mit einem wichtigen Unterschied zu dem älteren Typ. An die

Stelle der steilen Schräge ist eine Kehle getreten, der Ranken und Blätter – meist bossiert – sehr weit vortretend aufgesetzt sind. Unten quellen sie sogar polsterartig über die Deckplatten der Kapitelle vor. Es ist nicht auszuschließen, daß etwas Ähnliches für das Kranzgesims der Apsis vorgesehen war. Die Kapitelle selbst gleichen den unteren[634], sind aber fast durchweg bossiert. Ranken, Fächerblätter, Knollen an Bändern und Bossenblättern sind die Motive. Reine Kelchblockformen stehen neben denen, die ihre Herkunft von Korbformen nicht leugnen können, aber doch zum eleganteren Kelchblock tendieren. Mit dem 4. Obergeschoß galten die Osttürme offenbar als vollendet[635]; denn man stellte die Arbeiten ein. Ihre beiden weiteren Geschosse verdanken sie einer erheblich späteren Planänderung. Da man ohnehin schon Freigeschosse gebaut hatte, dürfte in diesem Falle der Einwand, man habe erst den notwendigen Innenraum vollenden wollen, kaum zutreffen, zumal die spätere Erhöhung auch erfolgte, als der Bau selbst keineswegs abgeschlossen war.

Vor der Vollendung der Osttürme nach Plan A finden wir die Steinmetzen des Abschnitts I C noch einmal am Werk: an den Chorpfeilern B 4 und C 4 *(Fig. 110, 114)*. Dort erscheinen ihre Zeichen allerdings im Verein mit einigen von I B und sogar I A. Der zeichenlose Zwischenabschnitt könnte die Vermutung nahelegen, hier seien ältere Zeichentypen erneut aufgegriffen worden. Andererseits ist nicht der geringste Unterschied zu den entsprechenden Zeichen von I B bzw. I A festzustellen, die zudem in unmittelbarer Nähe anzutreffen sind. Obwohl diese Unsicherheiten bestehen bleiben, ist der Zusammenhang der Pfeiler B 4, C 4 mit den obersten Schichten des Turmhalbjochs auf Grund der Zeichen von I C ganz eindeutig nachzuweisen.

Der Aufbau der Pfeiler B 4, C 4 setzt über den schon vorhandenen Stümpfen von ca. 2,70–3,00 m Höhe an, was an der horinzontalen Trennlinie zwischen grau-weißem, zahngeflächten und grau-braunem, glattgeflächten Material gut zu erkennen ist *(Abb. 192, 194)*. Wie oben bereits dargestellt[636], werden nun auch die Figurenkonsolen des erweiterten, älteren Programms versetzt, u. a. auch die später vom Reiter als Gegenstück zur Blattmaske mitbenutzte; bei C 4 sitzen die neuen Konsolen eine Schicht zu hoch *(Abb. 211)*.

Im Zusammenhang mit den Pfeilern stellte man auch den letzten Abschnitt der Schrankenmauern fertig, was auch dort auf Schau- und Rückseite an dem Materialwechsel zu erkennen ist[637]. Außer dem technisch einwandfreien Verband stimmen auch die Zeichen von Schrankenmauern und Pfeilern überein. Auf der Südseite waren die Chorschranken damit vollendet, auf der Nordseite fehlten Reliefs, Mittelsäulen, Kleeblattbögen und Rundbogenfries *(Abb. 226, 239)*[638].

Da die Ornamentformen, die die Steinmetzzeichen von I C begleiten, noch immer zum älteren Kanon gehören, wie es durch die oberen Ostteile belegt ist, kann es nicht mehr verwundern, daß auch die Kapitelle der Seitenschiffsvorlagen von B 4 *(Abb. 634, 635)* und C 4 *(Abb. 663, 664)* noch die übliche Korbform zeigen[639], auf der Südseite darüber hinaus in engster, teils wörtlicher Übereinstimmung mit der angrenzenden Schrankenreihe *(Abb. 572)*.

Außer den eigentlichen Pfeilern gehören auch die Arkadenbögen B 3–4 und C 3–4 zu diesem Bauabschnitt, wie die Zeichen eindeutig beweisen. Zugleich führte man die Mauerzwickel zwischen den Arkadenbögen aus, auf der Nordseite etwa bis zum Horizontalgesims *(Fig. 115)*, auf der Südseite etwas niedriger. Gleichzeitig entstanden die unteren Teile der Vorlagen über B 3, C 3, ebenso aber auch über

B 4 und C 4, die späteren Träger des Chorbogens. An den Stirnflächen der letzteren ist durch die Zeichen gut belegt, welche Höhe sie in diesem Abschnitt erreichten: auf der Nordseite Gesimshöhe, auf der Südseite nur gerade vier Schichten über dem Basisprofil oberhalb des Kämpfers. Die Anlage der Chorbogenvorlagen machte es notwendig, die Anfänger der nächsten Arkadenbögen nach Westen, B 4–5 und C 4–5, schon mitzuversetzen. Offenbar dachte man daran, die Form von Pfeilern und Bögen in gleicher Weise fortzuführen, wie sie in den drei östlichen Arkaden im Chor bereits vollendet waren. Die Abstufung der Bögen und der begleitende Wulst gehen auf eine spätere Planung zurück. Das ist nicht nur an dem formal unbefriedigenden Verschneiden des Wulstes mit der Chorbogenvorlage zu erkennen – dort fehlt ihm ein entsprechendes Auflager – sondern auch am Fugenschnitt dieser Stelle *(Abb. 197, 198, 200)*. Genau in der Flucht des ersten Pfeilerrücksprungs an B 4 und C 4, also der Stirn- bzw. Wandebene der künftigen Arkaden, verläuft eine senkrechte Stoßfuge mehrere Schichten aufwärts, die die verschiedenen Schichthöhen von Arkadenbogen und Vorlage trennt. Über B 4 sind zudem Abarbeitungen erkennbar. Statt der Wulstverschneidung trat hier ehemals der nicht gestufte Arkadenbogen aus der Chorbogenvorlage hervor. In einem unterschieden sich aber die geplanten Langhauspfeiler von denen des Chores: nach den Rücksprüngen des Chorpfeilers zu urteilen, sollte ihre Stirnseite in gleicher Ebene mit der Wand darüber liegen und nicht vortreten wie im Chor, der dadurch gegenüber dem Langhaus »eingezogen« wirkt.

Mit der Ausführung der Arkaden B 3–4 bzw. C 3–4 waren die liegengebliebenen Seitenschiffsmauern »überholt« worden. Für die Ostfront des Domes ist die vorläufige Vollendung einer ersten Konzeption erreicht.

## Plan A der Ostfront *(Fig. 15)*

Um ein Bild von der ursprünglich geplanten Ostfront entwerfen zu können, muß man zunächst die nachmittelalterlichen Veränderungen ins Auge fassen, die ihre Erscheinung heute so stark mitbestimmen.

*Das Apsisdach*, so konnte in der Untersuchung des Giebelunterbaues *(Fig. 32, 33, Abb. 395)* ermittelt werden[640], war erheblich flacher als heute. Es lag mit seiner Spitze fast 3,5 m unter der jetzigen; der First wurde von mächtigen Decksteinen gebildet, die noch heute vorhanden, in der Giebelwand verankert und zusammen rund 1,00 m hoch sind, leicht konisch verjüngt und als Halbkugel endend. Bei der flachen Neigung fehlte natürlich der Aufschiebling, der erst nachmittelalterlich ist. Unten ruhte es direkt auf dem knappen Kehlengesims *(Abb. 80, 84)*; die mächtige, weit auskragende und reich profilierte Gesimsaufhöhung muß man sich ebenfalls wegdenken. Das Dach wird einen gewissen Überstand gehabt haben, da Dachrinnen noch nicht gebräuchlich waren. Die in den 2. Turmgeschossen neben der Zwerggalerie sichtbaren Spuren gehören nicht zu einem älteren Projekt, sondern sind Flacheisenanker des 18. Jhs.[641].

*Der Ostgiebel* ließ sich ebenfalls nach den vorhandenen Resten und Spuren *(Fig. 15)* rekonstruieren[642]. Sein First lag um ca. 2,00 m unter dem jetzigen von 1844[643], der sogar den barocken First beträchtlich überragt. Seine Schrägen waren aber steiler als das Apsisdach darunter. Der Ortgang, das Gesims der Schräge, stieß nicht wie heute an die Türme an, sondern endete ein Stück von ihnen abgesetzt und etwas tiefer, dort wo die noch in situ befindlichen Löwen aus der Giebelwand hervorragen. Das Giebelfeld war durch drei Fenster gegliedert, etwa in der Größe der heutigen, aber ohne Kantenprofile. Die Sohlbank des mittleren befindet sich unmittelbar über dem Firststein der Apsis, die seitlichen liegen tiefer *(Fig. 33)*; unter dem heutigen Apsisdach sind ihre Gewände teilweise erhalten *(Abb. 395)*. Die Schrägen waren von einem steigenden, gefüllten Rundbogenfries und vielleicht auch einem Zahnband begleitet. Die Ornamentfüllung des untersten Bogens hat sich auf der Nordseite in Resten erhalten – schräg unterhalb des Löwen *(Abb. 85)* – während auf der Südseite *(Abb. 86)* nur noch eine schwache Abarbeitungsspur zu sehen ist. Die Wandschicht für den Bogenfries wurde durch den horizontalen Rücksprung darunter aus der Mauerstärke gewonnen *(Abb. 86)*.

*Die Rekonstruktion des Planes A der Ostfront (Fig. 15)* geht von zwei vermutlich miteinander zusammenhängenden Erscheinungen aus: die Türme sollten offenbar zunächst nur insgesamt fünf Geschosse hoch werden, also mit dem 4. Obergeschoß enden, und das 3. Obergeschoß war nicht wie heute mit dem Obergaden bzw. dem Ostgiebel verbunden, sondern stand allseitig frei. Die Befunduntersuchung konnte bestätigen, was schon früh in der Forschung herausgestellt worden war[644], allerdings unter anderen Gesichtspunkten: zwischen dem 3. Turmobergeschoß und der Flankenmauer des 1. Chorhalbjochs befindet sich ein schachtartiger Zwischenraum, der in der Struktur des Ostbaues nichts anderes als die Fortsetzung des Treppenschachtes bzw. der Zweischalenkonstruktion nach oben darstellt *(Fig. 30, 31)*. Er war ehemals nach oben offen und am Ost- und Westende nicht durch Verbindungsmauern geschlossen[645]. In der Wand des Ostgiebels zeichnen sich die Zusetzungen auch von außen erkennbar mit senkrechten Fugen ab *(Abb. 85, 86, Fig. 32)*, die durch die Kanten der Türme und der Giebelmauer entstanden. Der Rundbogenfries des Obergadens und das Gesims darüber laufen bis zur Giebelmauer durch *(Abb. 143, 144)*, wo sich ersterer mit seinem Profil in der Fuge abzeichnet. Auch Gesims und Zahnband des 3. Turmobergeschosses laufen ganz um, nicht aber sein Bogenfries bzw. seine Lisenen. Selbst bei schrägem Einblick wären sie von unten nie zu sehen gewesen, und so konnte man auf sie verzichten. Eine den übrigen Seiten entsprechende große Doppelöffnung fehlt ebenfalls.

Das 3. Turmobergeschoß war also ein echtes Freigeschoß. Seine vom Obergaden unabhängige Stellung hatte man zusätzlich betont, indem man es geringfügig gegenüber den anderen streckte. Sein Gesims lag deutlich über dem Kranzgesims des Obergadens, das erst durch die barocke Aufhöhung *(Abb. 105, 159, 176, Fig. 29)* daran heranreicht[646]. Die Veränderung des Giebels hat die Situation auf der Ostseite vollständig verschleiert. Oberhalb des Apsisdaches bot sich die Ostfront im Plan A als echte Dreiergruppe dar: die beiden Türme standen isoliert neben dem etwas niedrigeren Mittelteil, der aus der Ostwand des Chores und dem Giebel bestand. Dieser Mittelteil war erheblich schmaler als die Apsis darunter, die alle drei Teile verklammerte. Ihre Zwerggalerie entspricht genau dem Zwischenraum. Sie greift daher aber auch weniger weit in die Turmuntergeschosse ein, als es sonst bei vergleichbaren Dispositionen üblich ist, und betont damit schon in den unteren Geschossen die Selbständigkeit der Türme.

Es sind viele Antworten auf die Frage nach Anlaß und Zweck dieser wohl einmaligen Stellung der Osttürme denkbar, primär aber dürfte die formale Absicht gewesen sein, die niedrigen Türme, die den First des Mittelschiffdaches nur mit einem Teil ihres eigenen Daches überragten, höher und um ein Geschoß früher als selbständige Baukörper erscheinen zu lassen. Insofern gehören die niedrigen Türme und ihr Abstand vom Obergaden im Konzept zusammen.

Danach und nach dem eindeutigen Befund wird man kaum mehr bezweifeln können, daß es sich um ein einheitliches Konzept handelt und nicht um einen Zufall der Baugeschichte[647] oder gar der Form, weil sich die Turmgeschosse stetig nach oben verjüngen[648]. Im Gegenteil, dies hatte man offenbar schon im Auge, als man bereits in der Anlage der Fundamente die Türme von den Chormauern abrückte. Außerdem interpretieren die Türme so noch einmal die Eigentümlichkeiten, die Plan I innen für das 1. Chorhalbjoch vorgesehen hatte; wie ein Riegel setzt sich der schmale Ostbau als geschlossene Einheit in allem von dem westlich anschließenden Baukörper ab: das Turmjoch durch Wölbung und Verbreiterung vom Langchor, die Turmhallen durch Achsverschiebung und geringere Höhe von den Seitenschiffen und die Türme durch Geschoßhöhendifferenz von den Seitenschiffen und durch Abrücken vom Obergaden.

*Plan A* am Außenbau gehört demnach zur gleichen Konzeption wie *Plan I* im Innenraum, doch hielt man weiterhin an ihm fest, als man innen diesen Weg bereits verlassen hatte. In der Ausführung kann man Plan A nicht mit Plan I identifizieren, weil er vollendet wurde und somit auch für Plan II gültig blieb. Erst grundsätzlich neue Entscheidungen am Westbau führten auch im Osten zu einer neuen – weniger originellen – Lösung.

Plan A darf als verbindlicher Gesamtentwurf für die Ostfront angesehen werden. Das schließt die vom Ganzen her betrachtet kleineren Planänderungen nicht aus, die sich in ihm vollzogen. Die Differenzen der Turmuntergeschosse, der Wechsel vom Rund zum Polygon in der Apsis und vielleicht ein zweiter, geringfügiger Wechsel bei Anlage der Zwerggalerie vermochten die ursprüngliche Absicht nicht wesentlich zu beeinflussen.

Wie bei Plan A der Abschluß der Türme vorzustellen ist, kann nicht eindeutig entschieden werden. Giebel (mit Rautendächern) waren wohl kaum vorhanden. Man hätte sie beim weiteren Aufbau beseitigen müssen. Vielleicht waren es einfache Pyramidendächer. Im 4. Obergeschoß fehlten natürlich die Stützpfeiler in den Dreieröffnungen.

Am Ende des 4. Bauabschnitts *(Fig. 125, 115–118)* war die Ostfront nach Plan A zum Abschluß gebracht worden. Die Mauern des 1. Chorjochs hatten Kranzgesimshöhe erreicht, die des 2. Chorjochs reichten etwa bis zum Gesims über den Arkaden. Die Mauern der Chorschranken waren vollendet. Die ersten beiden Seitenschiffsjoche waren eingewölbt, während im 3. die Außenmauer noch immer den gleichen Zustand zeigte wie am Ende des 2. Bauabschnitts. Die wenigen Zeichen an den Rippen des *sechsteiligen Gewölbes* im *1. Chorjoch* lassen den Schluß zu, daß es noch zu den Arbeiten des 4. Bauabschnitts zählt. Es wäre erstaunlich, wenn die neuen Zeichen überall deutlich in Erscheinung träten, nur eben an dem 1. Chorgewölbe nicht. Die unteren Werkstücke der Mittelrippe sind ohnehin noch grau-weiß. Damit war das erste große Gewölbe des Baues ausgeführt worden, das zugleich eines der kompliziertesten war. Nicht allein die sechsteilige Form, sondern vor allem der Ausgleich verschiedener Wandebenen und damit unterschiedlich angeordnete Auflager brachten besondere Schwierigkeiten mit sich. So verwundert es nicht weiter, wenn sich die Bandunterlagen der Rippen ungelenk mit Gurt- und Schildbögen verschneiden, oft nur grob zurückgespitzt. Vermutlich wurden die Profilsteine der Rippen serienmäßig hergestellt, ohne Rücksicht auf die Verwendung am Bau und die seitlichen Anschlüsse in den Winkeln. Das Profil ähnelt in dem leicht zugespitzten Wulst dem der Seitenschiffe, allerdings ist die rechteckige Bandunterlage breiter und stärker. Der Schlußstein ist ohne Zier als sechsarmiger Scheitelstein geformt; die Gewölbescheitel sind sämtlich mit einem beachtlichen Stich versehen. Naturgemäß gehört der 1. Gurtbogen (von Vorlage über B2 zur Vorlage über C2) zu dem 1. Gewölbe hinzu.

## 5. DAS 2. OSTCHORJOCH UND DIE OSTTEILE DES LANGHAUSES

*(Vollendung des Ostchores, Fürstenportal, Seitenschiffsmauern im Mittelabschnitt, Mittelschiffspfeiler B5/C5).*

Wie bei den vorangehenden Bauabschnitten stellt sich dem heutigen Betrachter der Beginn des 5. keineswegs als auffälliger Einschnitt in der Baugeschichte dar, und doch unterscheidet er sich von ihnen. Im Bestand der Steinmetzzeichen bildet sich hier die scharfe Zäsur zwischen den Gruppen I und II, die kaum eine Verbindung aufweisen *(Fig. 110)*. Merkwürdigerweise gibt es am Bau keinen Hinweis auf eine kürzere oder längere Unterbrechung der Bauarbeiten, obwohl der Personalbestand der Steinmetzen vollständig wechselte. Dieser Vorgang ist wohl beinahe mit der herkömmlichen Vorstellung von der Ankunft »einer neuen Hütte« zu erfassen, zumal dieser Wechsel nicht ohne Konsequenzen im formalen Bereich bleiben sollte. Besonders eindrucksvoll ist die große Zahl der neuen Steinmetzen; etwa sechzig lassen sich dem Abschnitt IIA zuordnen *(Fig. 105–107)*, von denen gewiß zwei Drittel gleichzeitig am Bau beschäftigt waren. Mit einiger Sicherheit kann man daraus auf einen sehr zügigen Fortgang der Arbeiten schließen. Zu keiner späteren Phase umfaßte die Dombauhütte so viele Steinmetzen. Blickt man auf die Ost- oder Westteile, so läßt sich etwa abschätzen, daß der ständige Personalbestand auf das Doppelte, zeitweilig vielleicht sogar Dreifache des »Normalen« anwuchs. Man möchte geneigt sein, hier die Auswirkungen der nach 1225 reichlich fließenden Geldquellen zu erkennen, die Kaiser Friedrich II. durch den Ankauf der Lehen in der Ortenau dem Dombau erschloß.

Technisch vollzieht sich kein Wechsel; der Übergang zu dem einheitlich grau bis braunem Material und dem Flächbeil als einzigem Bearbeitungswerkzeug lag schon im Abschnitt IC. Die neuen Steinmetzen machen sich aber durch eine bisher am Bau ungewohnte Dichte ihrer Zeichen bemerkbar. In einigen der ersten Partien des neuen Abschnitts ist beinahe jeder zweite Stein von ihnen gezeichnet worden. Später läßt das spürbar nach.

Hatte man bisher die Entwicklung der Kapitell- und Ornamentformen selbst unter vorsichtigem Einschluß der Krypta als stilgeschichtlichen Prozeß innerhalb einer Gruppe verstehen können, so vollzieht sich nun ein fühlbarer Bruch, der nur durch den Zuzug der neuen Kräfte zu erklären ist[649]. Zwar gibt es hie und da Anspielungen auf ältere Motive, doch der Kanon ist insgesamt ein anderer. Die Mehrzahl der fortschrittlichsten Stücke befindet sich in den ersten Jochen des neuen Abschnitts. Die vorherrschende Grundform ist der reine, stark geschwungene Kelch mit weit vortretendem Rand und dünner Deckenplatte. Er ist jedoch noch nicht mit den straffen, eher abstrakten, frühgotischen Knospen besetzt, sondern mit Blattformen, die ihre Bindung an die ältere Tradition nicht verleugnen können. Diese hat aber andere Wurzeln als die ältere Gruppe; denn ihrer Ornamentik liegt bereits die Kenntnis der Knospen zugrunde, weil die knospenähnlichen Motive nur so zu verstehen sind. Ein Vergleich mit den rein von französischen Vorbildern abzuleitenden Kapitellen der »jüngeren Bildhauerwerkstatt« oder der Westtürme macht eine weitergehende Analyse überflüssig. Daneben ist der Kelchblock noch nicht überwunden und tritt sogar manchmal in reiner Form auf.

Da bei dem gegenwärtigen Stande unserer Kenntnis die Rolle noch immer schwer bestimmbar ist, die der Architekt zwischen Auftraggeber und Ausführenden am einzelnen Bau spielte, wird man kaum entscheiden können, ob die Veränderungen der Konzeption in der Folgezeit durch den Bauherren, einen neuen »Meister« oder Bestrebungen des neuen Hüttenpersonals verursacht sind. Zunächst unterwirft man sich jedenfalls dem bestehenden Gesamtplan. Dafür ist wohl weniger die Fortführung aller Gewölbevorlagen im Chor ein Indiz – man wollte sie ohnehin an einem funktional und ästhetisch befriedigendem Punkt enden lassen – als vielmehr die Entwicklung eines neuen Pfeilertyps für das Langhaus unter Berücksichtigung des bisherigen Gesamtplans[650]. Dieser neue Pfeiler *(Abb. 192)* bewirkt mit seiner stärkeren Durchgliederung eine wesentliche Straffung des Aufbaus. Zum Seitenschiff hin bleibt er unverändert *(Abb. 204, 211)*, zum Mittelschiff hin gestaltet man ihn aber nun in vergleichbarer Weise. Die glatte Stirn wird an den Kanten kräftig abgestuft: die Rücksprünge nehmen kräftige Dreiviertelkreisdienste auf, die zusammen mit der Pfeilerstirn – vereinfacht und verbreitert – an das Vorlagensystem der Seitenschiffe erinnern. Folgerichtig wird auch der Arkadenbogen gestuft und dem Rücksprung ein begleitender Wulst eingefügt, der genau dem Dreivierteldienst des Pfeilers entspricht. Die über den Pfeilern B4 und C4 errichteten Bogenanfänger mußten der neuen Form angepaßt werden *(Abb. 197, 198, 200)*. Vermutlich spitzte man ihre Stirn zurück und setzte in die Chorvorlagen Anfänger als Verschneidung der neuen Wulste ein. Die Spuren sind dort deutlich zu erkennen und wurden schon im Zusammenhang mit dem 4. Bauabschnitt erwähnt. Eine weitere Veränderung des Pfeilers im Detail weiter westlich weist darauf hin, daß B5 und C5 noch für Plan II entworfen worden sind.

Wie schon bei den vorangegangenen Abschnitten ist auch hier die Ermittlung einer chronologischen Reihenfolge der einzelnen Teile bei der Ausführung kaum möglich. Die große Zahl der neuen Steinmetzen läßt den gleichzeitigen Weiterbau an verschiedenen Punkten durchaus denkbar erscheinen. Die folgende Darstellung ergibt sich daher aus der Gliederung des Baues und ist nicht chronologisch zu verstehen.

Im 2. Joch des Ostchores führte man die Obergadenmauer oberhalb der Grenze des letzten Abschnitts, also etwa oberhalb des Gesimses, bis zur Kämpferhöhe der Gewölbe aus, ohne das Konzept zu verändern. Nur die Zeichen verraten die neue Gruppe. Erst an den Kapitellen sind die neuen Kräfte zu erkennen. Die Vorlagen über B3, C3 und B4, C4 *(Abb. 604–607)* erhielten den neuen Ornamenttyp, wobei die Kelchblöcke über den Mittelvorlagen wegen der Blattknospen nicht als Übergang anzusehen sind[651], trotz fehlender reiner Kelchform.

PLAN II. *(Fig. 22)*

Oberhalb der Gewölbekämpfer des 2. Chorjochs wurde ohne jeden Zweifel die bisher gültige Konzeption aufgegeben. Die unbenutzten Vorlagen über B3 und C3 *(Fig. 45, 46)* sowie die Anordnung von Fenstern über ihnen beweisen das. An dieser Stelle »endet« Plan II, der seinerzeit im Turmhalbjoch Plan I abgelöst hatte. Auch er läßt sich weitgehend aus dem Vorgefundenen erschließen.

Die Wandvorlagen über den Chorpfeilern B4 und C4 *(Fig. 38, Abb. 191–193)*, die den Chorbogen aufnehmen sollten, sind asymmetrisch gebildet. Auf ihrer Ostseite werden sie von Diensten mit Dreiviertelkreisquerschnitt üblicher Art und flachen Lisenenvorlagen begleitet, wie es für das Gewölbesystem des Baues notwendig ist, während nach Westen nur eine rechtwinklige Abstufung vorhanden ist. Die Chorbogenvorlagen waren demnach dazu bestimmt, nur auf ihrer Ostseite, also über dem Chor, Gewölberippen und Schildbogen aufzunehmen, nach Westen aber kein Rippengewölbe anschließen zu lassen, was in diesem Fall nur einen flachgedeckten, ungewölbten Raum bedeuten kann[652]. Die rechtwinklige Stufung deutet auf einen nach Westen abgetreppten Chorbogen hin.

In Funktion und Prinzip der Gliederung entspricht die Chorbogenvorlage über B4, C4 damit genau der Vorlage über B1, C1 und deren Zweck im Plan I, nämlich den rippengewölbten Raum von dem westlich anschließenden flachgedeckten zu trennen. Sie ist lediglich breiter als ihr älteres Gegenstück und um die Abstufung bereichert worden.

Die Chorbogenvorlagen geben somit Auskunft über die eigentliche Absicht von Plan II: Überwölben des gesamten Ostchores, der durch das erhöhte Niveau und die Abschrankung von den Seitenschiffen in seiner Ausdehnung schon festgelegt war. Wie nicht übersehen werden darf, deuten Einspringen und Abstufung der Pfeiler B4, C4 *(Abb. 192, 194)* darauf hin, daß schon im Plan I eine formale Markierung der Grenze zwischen Langchor und Mittelschiff, die beide flach gedeckt werden sollten, vorgesehen war. Im Plan II sollte der Chorraum nun durch Wölbung vereinheitlicht und vom Langhaus noch stärker geschieden werden[653].

Der zusätzlich zum Turmhalbjoch einzuwölbende Raum entsprach in der Längserstreckung drei Seitenschiffsjochen[654]. Da diese schon queroblong sind, hätte das bei Anwendung der französischen Travée eine außerordentliche Quererstreckung der neuen Chorjoche bedeutet. Vermutlich neigte man auch nicht zu dem wohl noch ungewohnten gleichen Jochrhythmus von Mittel- und Seitenschiffen, zumal die nach diesem Prinzip geplante Zisterzienserkirche im benachbarten Ebrach noch kaum über den Kapellenumgang hinaus gediehen war[655]. Vor allem aber verboten die einmal gewählten Proportionen seine Anwendung.

Unter den gegebenen Voraussetzungen war man gezwungen, Plan I vollständig aufzugeben. Die beiden westlichen Arkadenstellungen des Langchores vereinigte man zu einem nahezu quadratischen Raum, und es entstand daraus das vertraute »gebundene System«. Die übrig gebliebene erste Arkade im Osten faßte man mit dem Turmhalbjoch zusammen zu einem ebenfalls quadratischen Joch mit allerdings sehr ungleichen Hälften. So gewann man eine vernünftige Aufteilung für eine Einwölbung des Chores in zwei quadratischen Jochen.

Für beide Joche sah man sechsteilige Rippengewölbe vor[656]. Für diese Wahl mögen verschiedene Gründe gesprochen haben. Einmal hatte man schon im Plan I für das Turmhalbjoch ein sechsteiliges Gewölbe konzipiert, zum anderen sprachen nun ganz entscheidende technische Überlegungen dafür[657]; denn nur so ließen sich unterschiedliche Jochhälften einigermaßen befriedigend zusammenfassen, zumal wenn deren Wandflächen nicht in einer Ebene lagen. Außerdem bot sich so die Möglichkeit, wenigstens die westliche Hälfte des neuen östlichen Gesamtjochs voll zu beleuchten. Nur in der Westhälfte konnte man ein Fenster anordnen, weil neben der östlichen ja die Türme standen. Außerdem mußte dieses Fenster dicht an die Westseite der Türme herangeschoben werden *(Abb. 146, 159)*. Bei einem vierteiligen Gewölbe hätte dessen Schildbogen dieses Fenster weitgehend verdeckt[658], wie ein Vergleich mit dem heutigen Gewölbe des 2. Jochs veranschaulicht *(Fig. 38)*. Nur die steil aufsteigenden Schildbögen und Wandfelder eines sechsteiligen Gewölbes boten hierfür die Lösung, die wegen der erheblich unter den Fenstersohlbänken ansetzenden Gewölbe besonders schwierig war.

Die unbenützten Dienste mit lisenenartiger Rücklage für Schildbögen beweisen die Planung einer sechsteiligen Wölbung auch für das 2. Chorjoch. Das entspricht der Absicht einer Vereinheitlichung des ganzen Chorraumes. Der reicheren Form des sechsteiligen Gewölbes maß man zu diesem Zeitpunkt offenbar keine nur dem Altarraum zukommende, überhöhende Wirkung mehr zu[659], wie es im Plan I vielleicht der Fall gewesen sein mag. Aus dem gleichen Grund hat das sechsteilige östliche Joch des Ebracher Chores kaum etwas für die Bamberger Lösung zu bedeuten[660], abgesehen von dessen späterer Ausführung.

Die Verwirklichung des neuen Planes läßt sich im Detail mit einer Reihe von Beobachtungen verfolgen. Die geringere Spannweite der ersten Arkade begünstigte die Aufteilung ebenso, wie die vorspringenden Pfeiler ein ausgezeichnetes Auflager für nun benötigte Wandvorlagen boten *(Abb. 188, 192)*. Diese setzte man mit Basen und Sockelprofil auf den Kämpferplatten auf *(Abb. 182)*, ähnlich wie die Vorlagen des Apsisobergeschosses auf dem Gesims. Bei den Vorlagen über B2/C2, die an der Jochgrenze Gurtbogen und Diagonalrippen aufzunehmen hatten, verzichtete man auf die flachen Schildbogenvorlagen, da auf dem Pfeiler der Platz dafür nicht ausreichte. Offenbar beabsichtigte man schon unten, den Schildbogen oben aus der Mauerstärke auszuschneiden, zumal die Wandflucht der Westhälfte vor die der östlichen vortrat. Bei den Gurtbogen und den Rippenansätzen über B2/C2 entschloß man sich zur Vereinheitlichung. Statt wie beim Apsisbogen den Kämpferpunkt erheblich über dem der Diagonalrippen anzuordnen, wählte man hier eine gemeinsame Kämpferplatte in der tieferen Lage der Rippen und bestimmte damit die Kämpferhöhe für den ganzen Bau *(Fig. 38)*. Allerdings fiel diese Entscheidung wohl spät; denn die Platte ist aus drei Teilen, die genau den Einzelgliedern entsprechen, zusammengesetzt und weist folglich noch nicht die charakteristische Verkröpfung über jeder Einzelvorlage auf. Nur in der Kehle ihres Profils entsteht ein kleiner Vorsprung *(Abb. 600–603)*. Auch für den Gurtbogen gelangte man zu einem Kompromiß. Man behielt die gleiche Krümmung wie beim Apsisbogen bei, mußte ihn dafür aber in den unteren drei bis vier Schichten stelzen, bis man auf gleicher Höhe mit dem Apsiskämpfer war *(Abb. 188)*. Daher treten hier die schweren Rechteckbänder der nicht gestelzten Rippen vor die Leibung des Bogens vor. Die nach Westen zu folgenden Gurtbogen sind nicht mehr gestelzt und erscheinen daher »spitzer«, was gern, aber unzutreffend als Zeichen einer Stilentwicklung gedeutet wird.

Für die Vorlage der Mittelrippe hielt man aber an dem höheren

Kämpferpunkt fest *(Fig. 38, 44, 45)*. Daher führte man die in Plan I für einen Gurt bestimmte Vorlage über B 1, C 1 über ihre geplante Höhe hinaus, einschließlich des sie begleitenden Dienstes[661]. Dieser bezeichnet ungefähr die Mitte zwischen beiden Jochhälften und mußte nun die Mittelrippe aufnehmen. Die Rechteckvorlage über B 1, C 1 unmittelbar daneben blieb unbenutzt. Aus der Tatsache, daß man die dem älteren Plan entstammenden Vorlagen für die Mittelrippe erhöhte, darf man auch für das 2. Joch die Planung einer höheren Lage des Kämpfers für die Mittelrippe annehmen. Die Dienste über B 3, C 3 enden jedoch auf gleicher Höhe mit den übrigen Kämpfern. Als Plan II aufgegeben wurde, versah man demnach diese Vorlagen mit Kapitell und Kämpfer in der Höhenlage der übrigen, um einen formalen Abschluß zu erreichen. Dieser scheinbar vollendete Zustand verleitet den heutigen Betrachter leicht zu der Annahme, dies sei von Plan II so projektiert worden. An den Mitteldiensten des 2. Jochs wiederholte sich also der gleiche Vorgang wie an den Mitteldiensten des Turmhalbjochs, als Plan I aufgegeben wurde. Sie gleichen diesen übrigens auch in der Form, einschließlich des Kämpfers, der Kapitell und Schildbogenlisene gemeinsam ohne Verkröpfung überdeckt. Der kleine Rücksprung in der Vorlage in Höhe der Gesimsoberkante verrät anscheinend den Beginn des neuen Bauabschnitts bzw. der neuen Steinmetzgruppe. Übrigens sind sie leicht aus der Pfeilermitte nach Osten verschoben, um genau in die Mitte des Jochs zu kommen *(Fig. 38, 46, 47)*; denn die Vorlagen über B 4, C 4 sind ja breiter als die über B 2, C 2 und rücken die Jochachse nach Osten.

Die eigentlichen Schwierigkeiten waren im 1. Joch erst oberhalb der Pfeilervorlage über B 1, C 1 zu bewältigen, weil dort die unterschiedlichen Wandebenen zusammentrafen. In der Westhälfte schnitt man den Schildbogen aus der Mauermasse aus, d.h. die Wandebene wurde wie bei einer flachen Blendnische zurückgesetzt[662], die symmetrisch das Fenster rahmt *(Fig. 44, 45)*. Dadurch wurde ein gewisser Ausgleich erzielt. Der Schildbogen beginnt direkt über der Kämpferoberkante der Pfeilervorlage und macht so noch einmal ihre Herkunft aus einem anderen Projekt deutlich. Wie sehr man um eine Angleichung zumindest der Ebenen bemüht war, an denen das Gewölbe anschließen sollte, zeigt der nördliche Schildbogen im Turmhalbjoch. Mittels Konsolen, die hinter den Diagonalrippen versteckt sind, treppt er sich vor, erreicht doppelte Stärke und gleicht so den Unterschied aus. Auf der Südseite ersparte man sich diese Maßnahme. Vielleicht hatte man eingesehen, daß die Mittelrippe und ihre Hintermauerung den Ausgleich überflüssig machten. Die Schildbogen des Turmhalbjochs verschwinden ganz in dieser Hintermauerung.

Um genügend Abstand zum Schildbogen zu wahren, bemaß man die Fenster des westlichen Halbjochs innen niedriger als außen. Eigenartiger Weise glich man diese Differenz nicht durch eine stärkere Abschrägung des äußeren Fenstertrichters in seinem Scheitel aus, sondern wählte dafür einen Rücksprung im Scheitel des Fensteranschlags *(Abb. 146)*.

Für das sechsteilige Gewölbe des 2. Chorjochs kann man durch das ausgeführte im 1. Joch eine Vorstellung gewinnen. Schwieriger ist das für die Fensterzone. Statt des einen Fensters in der Mitte hätte das Gewölbe deren zwei verlangt, die vielleicht etwas aus den Achsen der Arkaden an die Mittelrippe herangerückt worden wären, ähnlich dem des 1. Jochs *(Fig. 22)*. Diesem hätten sie wohl auch in der Größe entsprochen. Unklar bleibt die Anlage der Schildbögen. Die Vorlagen über B 3, C 3 und B 4, C 4 sind dafür mit flachen Lisenen ausgestattet, die ja über B 2, C 2 fehlen. Vielleicht wollte man den Schildbogen in der östlichen Hälfte auch aus der Wand ausschneiden. Der ausgeführte tritt unvermittelt neben der Rippe aus der Wand, genau auf gleicher Höhe mit dem Zurücksetzen der Wandfläche in der Westhälfte des 1. Jochs *(Abb. 188, Fig. 46, 47)*. Für die Westhälfte des 2. Jochs darf man sich eine »normale« Lösung denken.

Ein kleines Detail sei noch vermerkt: im Langchor entsteht durch das Aufsetzen der Vorlagen mit ausgeprägten Basen auf den Pfeilerkämpfern eine Art »zweigeschossiger« Gliederung. Die Chorbogenvorlagen über B 4, C 4 sind mit Dienst und Wandpfeiler darin einbezogen, rechnen also zum Chor *(Abb. 182)*. Die nach Westen vorgelegte Abstufung, um die sich nur der Kämpfer, nicht aber das Basisprofil verkröpft, leitet schon zum Langhaus über *(Abb. 193, 198)*. Die reizvolle Differenzierung entstand allerdings aus geringerem Anlaß: eine Verkröpfung hätte das Auflager der 1. Langhausarkade optisch empfindlich eingeengt.

*Plan II (Fig. 22)* behält zwar für das Langhaus das flachgedeckte Mittelschiff mit rippengewölbten Seitenschiffen bei, dehnt aber die Wölbung über den ganzen Ostchor mittels zweier quadratischer, sechsteiliger Gewölbe aus und verleiht ihr damit eine erheblich größere Bedeutung für die Gesamterscheinung.

Zu diesem Konzept gehören möglicherweise auch die Spannfundamente in den Seitenschiffen, die wohl die Chorwölbung absichern sollten.

Gleichzeitig mit der Sargwand des 2. Chorjochs oder vielleicht sogar noch vorher nahm man wieder die Arbeiten an den *Außenmauern der Seitenschiffe* auf. Obwohl man die Gliederung und sogar die Schichtung genau fortsetzte, zeichnet sich die Naht als Wechsel von Material, Bearbeitungstechnik und Steinmetzzeichen ab, weil hier der 5. Bauabschnitt auf die letzte Phase des 2. trifft, also eine längere Unterbrechung zwischen beiden lag *(Abb. 152, 178)*.

Auf der *Südseite* errichtete man zunächst zwei weitere Wandfelder *(Fig. 116, 19)*, die nächste Abschnittsfuge verläuft unten genau in der Mitte des 6. Jochs *(Abb. 180, 181, Fig. 75)*, treppt sich aber noch unterhalb des Fensters steigend nach Osten zurück, um oben westlich der Lisene zu verlaufen. Außer der Vollendung des 3. Feldes wurden demnach auch das 4. und 5. in einem Zuge hochgeführt, und zwar innerhalb dieser Strecke schichtweise in ganzer Länge. Im 4. Wandfeld hielt man außen an der rechtwinklig umlaufenden Profilrahmung der Fläche unter den Fenstern fest, die auch die östlichen Joche zeigen, vermutlich weil sie mit der Lisene nach dem 3. Feld schon im 2. Bauabschnitt angelegt worden war. Im 5. Wandfeld gibt man dieses zusätzliche Rahmenprofil auf[663], vermeidet dabei jedoch einen Bruch, indem man die Lisene nach dem 4. Feld auf der einen Seite mit, auf der anderen ohne begleitendes Profil anlegt, obwohl man teilweise durchbindende Werkstücke verwendet *(Fig. 19)*. Man könnte hier also von einem »geplanten Planwechsel« sprechen; denn als Veränderung des Planes ist die Aufgabe der Profilrahmung durchaus anzusehen. Im 3. und 4. Wandfeld führt man auch die Füllungen des Bogenfrieses fort und läßt sie erst nach dem 1. Bogen des 5. Feldes weg *(Abb. 180)*[664]. Allerdings ist dabei nicht ganz sicher, ob die leeren Bögen des 5. Feldes nicht schon zum westlich folgenden Bauabschnitt gehören. Beim Kranzgesims schließlich verzichtete man schon über dem 3. Wandfeld auf die Dekoration mit Knollenblättern[665] und setzte nur die Grundform in Gestalt einer steilen Kehle fort. Insgesamt ist also in dem neuen Bauabschnitt eine Tendenz zur Vereinfachung und zum Verzicht auf dekorative Elemente zu verspüren.

## 5. Das 2. Ostchorjoch und die Ostteile des Langhauses

Auf der Innenseite der Südwand ist der Anfang des 5. Bauabschnitts ebenso deutlich zu erkennen *(Fig. 72, 73)*. Der obere Teil der Vorlage D 4 ist bereits aus dem grau-braunen Material, das nun durchgehend verwendet wurde. Auch die Kapitelle zeigen die neuen Merkmale[666]. Nur bei D 6 *(Abb. 695, 696)*, der letzten Vorlage dieses Bereichs, tauchen noch einmal Korbformen auf, teils erstaunlich altertümlich im Ornament, teils der Entwicklungsstufe der Osttürme entsprechend. Da es sich kaum um liegengebliebene Stücke handeln dürfte, muß man sie wie vieles am Außenbau zu den retardierenden Elementen in der ersten Phase der Gruppe II rechnen.

Auf der Nordseite arbeitet man zur gleichen Zeit an der Seitenschiffsaußenmauer, allerdings unter etwas anderen Voraussetzungen. Schon im 2. Abschnitt – so konnte nachgewiesen werden – beabsichtigte man, im 4. Joch der Nordmauer das Fürstenportal anzuordnen, also genau am Ostende des Langhauses, in dessen erstem Seitenschiffsjoch. Die Längserstreckung des Ostchores dürfte einer der Gründe für diese Stellung gewesen sein[667]. Noch ehe man das 3. Seitenschiffsjoch vollendete, begann man mit dem Portalsockel.

*Das Fürstenportal (Abb. 150–155, 159, 161–171)* ist mehrfachen *Veränderungen* und Restaurierungen unterworfen gewesen, die kurz genannt werden müssen, um Irrtümer zu vermeiden. Im Zuge der Arbeiten der »jüngeren Werkstatt«, also noch während der Dom im Bau war, wurden zu einem nicht genau bestimmbaren Zeitpunkt der Stirnseite des bereits vollendeten Portalvorbaues die Säulen und Baldachine für die Figuren der Ecclesia und Synagoge vorgesetzt[668], in Angleichung an die Säulen des Gewändes, das sie flankieren *(Abb. 162, 170, 171)*. Dabei wurden das Basisprofil und die nach außen verkröpfte Kämpfer- und Kapitellzone teilweise abgespitzt[669]. Die Basen der vorgestellten Säulen sind vollständig, die Schäfte teilweise im 18. bzw. 19. Jh. erneuert worden[670].

Die Beschreibung des Baugeländes ergab, daß heute nicht mehr sicher zu sagen ist, ob das Außenniveau tiefer lag als das innere. Der Unterschied von sechs Stufen geht jedenfalls erst auf die Korrekturen von 1778 zurück. Auf diese Maßnahmen ist auch der geböschte Sockel des Portals und des westlich anschließenden Seitenschiffs zurückzuführen, der den Eindruck so stark mitbestimmt[671]. Nur auf der östlichen Schmalseite hat sich der alte Unterbau erhalten *(Abb. 150)*: ganz leicht geböscht tritt er unter dem Profil vor, genau entsprechend dem Seitenschiffssockel (oder den Pfeilern innen), nur in den Maßen geringer. Die entscheidende Frage, ob der Sockel im Gewände eine entsprechende Abtreppung aufwies oder schräg durchgehend verlief, muß offen bleiben. Eine Stufung scheint nach der am Bau üblichen Behandlung dieser Zone beinahe wahrscheinlicher zu sein[672]. Die nachträglich der Stirnseite vorgesetzten Standsäulen von Ecclesia und Synagoge stehen heute auf dem barocken Sockel[673].

Im 19. Jh. wurden sämtliche unteren Schäfte der Säulen des westlichen Gewändes und ihre Schaftringe erneuert[674], wie aus dem gröberen, gelben Material zu schließen ist *(Abb. 150)*. Bei der Gelegenheit setzte man auch neue Stücke in den Türstock ein und überscharrierte die Plinthen der damals wohl schon stark verwitterten Gewändebasen. Das gesamte Basisprofil der westlichen Schmalseite einschließlich der Verkröpfung ist erneuert[675].

Im Rahmen der Dacherneuerung des 18. Jhs. erhielt das Fürstenportal einen Dreiecksgiebel[676] mit Okulus *(Abb. 21)*, der im 19. Jh. durch einen Walm ersetzt wurde. Ursprünglich war es mit einem Pultdach versehen, das im Seitenschiffsdach wie ein Aufschiebling verlief. So ist es noch auf dem Modell über dem Portal der alten Hofhaltung zu sehen *(Abb. 12)*.

In der Verwendung des Materials unterscheidet sich das Fürstenportal von den beiden Ostportalen: der kostbare, grünliche Schilfsandstein wurde nur für die rein dekorativen Teile benutzt, während der gesamte Vorbau einschließlich der Gewändestufen hinter und zwischen den Säulen aus dem grau-braunen Sandstein besteht und glattgeflächt ist.

Die *Errichtung* des Fürstenportals erfolgte im Zusammenhang mit dem entsprechenden Teil der Seitenschiffsmauer[677]. Die Steinmetzzeichen an seiner Stirnseite gehören zur Gruppe II A und kehren östlich im zugehörigen Teil des 3. Wandfeldes und westlich *(Fig. 110, 113)* wieder[678]. Der Verband mit der Seitenschiffsmauer ist einwandfrei, trotz der unterschiedlichen Schichtung *(Abb. 150, 151, 153–155)*. Natürlich sind die Schichten des Portalvorbaues von dem Gewände bestimmt und daher von denen des Seitenschiffes unabhängig[679]. Der Ausgleich erfolgt weitgehend im Winkel, wo beide Systeme zusammentreffen. Der sorgfältige Kreuzverband ist durch wechselweises Ausklinken erreicht, wie es auf der Ostseite klar zu erkennen ist *(Abb. 154, 155)*. Auf der Westseite sind die oberen Schichten sogar gleich, darunter wird die Anpassung durch einige Fugensprünge schon in der Flanke des Vorbaues vollzogen *(Abb. 151)*. Östlich hatte man es noch mit den Schichthöhen vom 2. Abschnitt zu tun, westlich dagegen konnte man den Vorbau besser in die neuen Wandabschnitte einbeziehen[680]. Nur das unmittelbar anstoßende Gewände des Fensters blieb davon ausgenommen.

Das um den ganzen Vorbau herumgezogene Basisprofil des Gewändes trifft im Winkel, also an der unauffälligsten Stelle, auf die hohe Sockelgliederung des Seitenschiffs *(Abb. 151, 155)*. Die fehlende Übereinstimmung[681] mußte sich zwangsläufig ergeben: das Profil des Portals ist aus den Basen der zierlichen Gewändesäulen abgeleitet, das des Seitenschiffs entstammt dem Sockelprofil der Ostapsis. In seinen Abmessungen war es auf das Portal schlechthin nicht zu übertragen[682].

Außer dem Eckverband weisen noch mehrere Details auf die Gleichzeitigkeit von Portal und Seitenschiff hin[683]. Die rechteckige Profilrahmung des 3. Wandfeldes stößt wegen des Fehlens jeglicher Lisenengliederung am Vorbau unvermittelt gegen dessen Flanke; doch, anstatt in ihn hineinzuverlaufen oder gerade abgeschnitten zu sein, bindet sie mit einem eigenen Binder genau passend in den Vorbau ein *(Abb. 155)*. Die Bögen des umlaufenden, gefüllten Frieses wurden so bemessen, daß durch Dehnung der äußeren gerade zwölf die Stirnseite einnehmen *(Abb. 162)*, während je zwei stark gedehnte in die Flanken passen. Für die beiden angrenzenden, durch den ausladenden Vorbau reduzierten Wandfelder verbleiben noch je vier Bögen *(Abb. 152, 159)*, und das trotz etwas unterschiedlicher Breite der Felder und vorspringender Wandschicht des Frieses oben. Das setzt eine ganz exakte Planung für Portal und Wandfelder gemeinsam voraus und wäre bei nachträglichem Vorsetzen nicht möglich gewesen. Die Anschlußbögen des Vorbaus sind in der Ecke zudem mit umwinkelndem Profil versehen, das nahtlos an die Fortsetzungsbögen am Seitenschiff paßt *(Abb. 153)*. Der kleine Affe in der Füllung des inneren Bogens der Westflanke[684] ist übrigens von bemerkenswerter Qualität und läßt an die bildhauerischen Hände denken, die am rechten Gewände tätig waren *(Abb. 151)*. Schließlich wäre noch das ornamentierte Kranzgesims zu nennen, das im Profil und Detail des Ornaments genau mit den seitlich anstoßenden Teilen übereinstimmt. Der Wechsel liegt auch hier östlich des Portals vor dem 3. Wandfeld *(Abb. 152)* über der Lisene⁶⁸⁵. Die Werkstücke in den Winkeln sind als Verkröpfungen gearbeitet *(Abb. 153)* und im originalen Zustand erhalten. Schließlich sei noch daran erinnert, daß das Fenster des 3. Feldes wegen des Portals nach Osten verschoben wurde.

Von der Wandfläche innen *(Fig. 80)* wird das Ergebnis bestätigt: ein Fenster war dort nie, das Portalgewände ist geschichtet wie die seitlichen Flächen und die Horizontalschichten stoßen mit Preßfugen an den Rücken des sorgfältigen Keilsteinbogens⁶⁸⁶. Nirgends findet sich die Spur einer nachträglichen Veränderung.

Auch im äußeren Gewände des Portals *(Abb. 161, 164)* fehlt es an Hinweisen auf nachträgliche Veränderungen, abgesehen von den schon erwähnten Auswechslungen und Reparaturen. Die Säulenschäfte sind aus je zwei Monolithen zusammengesetzt, zwischen die die Schaftringe als durchgehende Werkstücke eingelassen sind. Diese binden nach hinten ein und haben technisch gesehen die Funktion, die Säulen in dem Gewände zu verankern – wie es die Regel ist.

Die ornamentierten Säulenschäfte nehmen alle Bezug auf die Schaftringe, indem ihre Profilierung absetzt und meist noch ein kleiner Kranz aus Füllornamenten in die Profile eingesetzt wird. Wie die Erneuerung der unteren Säulenschäfte der Westhälfte zeigt, ist ein Einschieben bei gleichzeitigem Auswechseln der Schaftringe möglich, wobei darüber natürlich breite Fugen entstehen. Die Restaurierung könnte hier Spuren verwischt haben, indessen gibt es keinen Anhaltspunkt, der die Annahme eines nachträglichen Einsetzens gewisser Teile rechtfertigte⁶⁸⁷.

Das Kämpferprofil (umgekehrt attisch) gehört zu dem älteren Typ der Turmhallen, mit einem Unterschied: die Kehle ist erheblich tiefer, geht absatzlos in den unteren Wulst über und erweist sich damit als jünger. Die westliche Kapitellzone *(Abb. 164)* ist durchgehend von dem Bandknollenmotiv bestimmt, dem sich auch die Tauben über den Aposteln unterordnen. Kelche fehlen noch, doch könnte man sich am ehesten an Motive der neuen Kapitellgruppe erinnert fühlen, die aber in der Feinheit der Durchbildung weit übertroffen werden. Auch die Ostseite *(Abb. 163, 167, 168)*, die sehr streng den Kelchblock trotz der Verschiedenartigkeit der Blattmotive wahrt, ist ebenfalls schwer in das Bild der Bauornamentik einzufügen. Auf jeden Fall führt kein direkter Weg zurück zur Gnadenpforte⁶⁸⁸. Bei dem breiten Fiederblatt und der geschwungenen, nicht vom Halsring aufwachsenden Ranke könnte man an die isolierte Gruppe im Anschluß an das südliche Apsisbogenkapitell denken. Wörtlich kehrt es an den Blattkonsolen neben den Köpfen der nördlichen Chorschrankenfiguren *(Abb. 247–258)* wieder⁶⁸⁹. Die Eckverkröpfungen nach außen *(Abb. 167, 170, 171)* – links gehört auch das 1. Kapitell dazu – sind Sonderstücke. Ihre langhalsigen Flügeldrachen mit gesenkten Köpfen weichen von den übrigen Fabelwesen dieser Art ab und haben motivische Beziehungen zu den in der neuen Gruppe so häufigen Fabelwesen. Hier darf man eine Vervollständigung der Zone durch die das Portal versetzende Gruppe vermuten.

Seit langem ist gesehen worden, daß die drei äußeren Figurensäulen des Westgewändes *(Abb. 164)* stilistisch von den übrigen abweichen⁶⁹⁰. Während das Ostgewände und die inneren des westlichen trotz Stilunterschied der »älteren Werkstatt« zugerechnet wurden, sind sie allgemein zur »jüngeren Werkstatt«⁶⁹¹ oder deren Einflußbereich⁶⁹² gezählt worden. Über die Ornamentik läßt sich das bestätigen und präzisieren: die Palmen- und Fiederblätter hinter den Nimben der Apostel des Ostgewändes *(Abb. 169)* zeigen engste

Verwandtschaft wiederum mit den Blattkonsolen neben den Köpfen der Nordschrankenreihe⁶⁹³, wenn auch nicht ganz deren scharfe Präzision. Die Reliefs sind also wohl jünger⁶⁹⁴, doch ist der Zusammenhang nicht zu leugnen. Daraus geht auch die Identität der Hände zwischen der östlichen Kapitellreihe und den Figuren darunter hervor. Die drei äußeren Figuren des Westgewändes weisen dagegen neben ihren Nimben und zu ihren Füßen jenes weiche, großlappige Blattwerk auf, das den Sockel des Reiters *(Abb. 424)* ebenso bedeckt wie die Konsole unter der Kunigunde des Adamsportals *(Abb. 806)* oder unter dem geblendeten Juden der Synagogensäule – ein handschriftliches Indiz der »jüngeren Werkstatt«. Die erste obere Figur außen, Johannes, steht zudem auf gotischen Blattknospen, wie sie an den Kapitellen der benachbarten, vorgesetzen Säulen oder den Westtürmen vorkommen.

Da es keinen Hinweis auf ein späteres Einfügen der äußeren drei Figurensäulen in das fertige Westgewände gibt, dies im Gegenteil sogar unwahrscheinlich ist, kann man an dieser Stelle die »jüngere Werkstatt« fest mit dem Bau verbinden, ebenso wie die »ältere« an Gnadenpforte und Südschrankenreihe. Die Gewändesäulen waren in der Hütte eben noch nicht vollzählig, als die »jüngere« Gruppe am Dom ihre Arbeit aufnahm, und so erhielt sie wohl als erstes diesen Auftrag⁶⁹⁵. Die im Vergleich zu den übrigen Werken der neuen Bildhauer altertümlichen Reminiszenzen in der Gewandbehandlung dürften dabei weniger in der Entwicklung als in dem strengen Auftrag begründet sein, sich den fertigen Säulen anzugleichen⁶⁹⁶; denn in vielen Details zeigt man sich völlig sicher im Repertoire der »jüngeren Werkstatt«.

Die Archivolten *(Abb. 161, 164)* nehmen Ornamentierung und Profilierung der Gewändesäulen auf mit gelegentlicher Bereicherung durch Torsion bzw. Aufsetzen von Graten auf Rundstäben⁶⁹⁷. Von innen gezählt sind immer zwei Bogenläufe aus den gleichen Werkstücken *(Abb. 165)* gearbeitet⁶⁹⁸, mit Ausnahme des äußeren. Der rahmende Bogen um das Tympanon gehört also mit dem nächsten Rundwulst zusammen. Sein »modernes«, einem Birnstab ähnliches Profil entstand wegen Verminderung des Querschnitts durch Vereinfachung aus dem äußeren Bogenlauf und geht nicht auf Anregung der Bildhauer zurück⁶⁹⁹.

Das Tympanon wird von dem Bogenlauf eng umschlossen *(Abb. 165, 166)*. Das gilt auch für die Rückseite, die 1973 erstmals seit dem 19. Jh. freilag *(Abb. 220, 221)*. Ein nachträgliches Einsetzen des Tympanons ist daher mit absoluter Sicherheit auszuschließen⁷⁰⁰. Offenbar war es beim Versatz auch weitgehend fertig bearbeitet; denn der begrenzende Halbkreis seiner Muldennische steigt hinter der rahmenden Archivolte höher als deren Scheitel auf *(Fig. 43, Abb. 166)*, was bei nachträglicher Bearbeitung sicher nicht der Fall wäre. Auch im Bogenfeld selbst läßt sich bei den Figuren keine Spur einer ikonographischen oder künstlerischen Änderung während der Ausführung nachweisen⁷⁰¹.

Zusammenfassend darf man sagen: das Fürstenportal war schon im 2. Bauabschnitt für diese Stelle geplant worden. Versetzt wurde es zusammen mit den angrenzenden Seitenschiffsmauern, nachdem man inzwischen die Skulpturen vollendet hatte. Außer Restaurierungen sind keine Veränderungen festzustellen. Noch vor dem Versatz wurde die »jüngere Werkstatt« herangezogen, um drei Gewändesäulen und das Typanon anzufertigen. Das Quaderwerk des Portalvorbaues wurde von Steinmetzen des Abschnitts II A ausgeführt⁷⁰². Die Figuren vor den östlichen Archivolten sowie die beiden Standsäulen mit ihren Figuren und Baldachinen vor der Portalstirn

*(Abb. 161, 170, 171)* wurden vermutlich sehr kurz nach der Vollendung hinzugefügt, (ähnlich wie die Figuren der Adamspforte[703]) und gehören somit zum Bestand des Portals[704].

Die *nördliche Außenmauer (Fig. 36, 37, Abb. 157–159)* weist im Unterschied zur südlichen keine Begrenzung eines Bauabschnitts im 6. Wandfeld bzw. Joch auf. Es ist daher nur zu vermuten, wie weit die Ausführung nach Westen reichte[705]. Die Lagerfugen laufen unterhalb der Fenster gleichmäßig bis zur Mitte des 8. Wandfeldes *(Fig. 37, Abb. 158)* durch, einschließlich der flachen Ausgleichsschichten unter den Fenstern und auf halber Höhe. Vielleicht wurde das ganze Stück in einem Zug ausgeführt. Kleine Sprünge in den Schichthöhen neben dem östlichen Fenstergewände des 6. Wandfeldes, das Absinken des Scheitelsteines im Fensterbogen und der Schichtwechsel darüber können kaum als Hinweise auf eine Begrenzung des Bauabschnitts gedeutet werden. Eine Fuge fehlt hier. Bei der Größe der Hütte ist es denkbar, daß man kontinuierlich an der Nordseitenschiffsmauer bis in das 8. Joch arbeitete, ohne Absetzen wie auf der Südseite. Innen bleibt denn auch die Dichte der Zeichen bis ins 8. Joch konstant, ihr scheinbares Nachlassen außen schon im 7. Feld ist wahrscheinlich auf die schlechten Beobachtungsmöglichkeiten mangels Streiflicht zurückzuführen. Eine Reihe verhältnismäßig später Zeichen von II A taucht überhaupt nicht oder nur an den Schildbögen auf. Das könnte ebenfalls auf eine ziemlich frühe Vollendung der Mauer bis zur Mitte des 8. Joches deuten *(Fig. 113, 117)*.

Auch auf der Nordseite wird die Profilrahmung der Wandfelder unter den Fenstern aufgegeben, allerdings schon nach dem 3. Feld; denn im 4. liegt das Portal und trennt die beiden Arten der Gliederung voneinander[706].

Außen bleiben sich die Ornamentformen auf der ganzen Strecke – einschließlich Portalvorbau – gleich. Das Kranzgesims behält das Motiv der beiden Ostfelder bei, zerfurcht es aber in allen Details; der Wechsel vor dem 3. Feld ist daran zu erkennen *(Abb. 543–548)*. Auch innen ist der Anfang des neuen Abschnitts im 3. Joch ebenso deutlich wie auf der Südseite. Für die Kapitelle gilt das nicht. Mit Bandknollen am Kelchblock und dem wörtlich D6 entsprechenden Korbkapitell steht A4 noch in der Tradition der älteren Gruppe[707]. Auch an A5 *(Abb. 615, 616)* gibt es noch ein Bandknollenkapitell. Daneben erscheint ein echtes Kelchblockkapitell mit langen Stengelblättern und Diamantbesatz, ein beinahe rheinischer Typ, der im Bereich der älteren Gruppe nicht anzutreffen ist[708]. Mit Variationen erscheint er dagegen an A6, A7 und A8 *(Abb. 617–624)*, immer mit einem Kelchkapitell der neuen Gruppe zusammen, ferner auch an der östlichen Säule unter A6 *(Abb. 620)*. Dieser Typ kommt sonst nicht wieder vor und ist somit eine isolierte Erscheinung am Anfang der neuen Gruppe. Da alle Vorlagen bis zum 8. Joch davon betroffen sind, verstärkt sich die Vermutung, das ganze Stück sei einheitlich mit dem Portal zusammen errichtet worden, vielleicht als eine der ersten Aufgaben der neuen Steinmetzen überhaupt[709].

Ungeklärt ist bis heute der Sinn jener merkwürdigen *Anlage unter A6 (Abb. 206–108)*, wo der gesamte Sockel mehr als 2 m angehoben als Architrav auf zwei frei vor der Wand stehenden Säulen ruht. Im Prinzip ist sie sicher ursprünglich, wenn auch Sockelecken ergänzt und das östliche Kapitell überarbeitet worden sind. Da die Wand dahinter vollständig neu verblendet wurde, könnte gerade dort ein wichtiger Hinweis auf den Zweck verlorengegangen sein[710].

Die westliche Abschnittsfuge im 8. Joch ist in der Mitte in den ersten Schichten unter der Fenstersohlbank sichtbar, darunter ist sie von Epitaphien verdeckt *(Fig. 84)*.

Es wurde mehrfach darauf hingewiesen, daß der letzte Teil des 3. Seitenschiffjochs auf der Nordseite mit dem Fürstenportal zugleich hochgeführt wurde. Erst als dieses vollendet war, konnte eingewölbt werden – vermutlich auf Nord- und Südseite gleichzeitig. Die *Gewölbe des 3. Seitenschiffjochs* tragen daher an den Rippen die Zeichen von II A und sind aus grau-braunem Material. Im Osten ruhen sie auf Rippenanfängern *(Abb. 224)*, die noch vom 4. Abschnitt stammen und grau-weiß sind[711]. Den Schlußsteinen *(Abb. 843)* fehlt im Gegensatz zu den beiden östlichen Jochen jegliche Ornamentauflage[712], sie sind einfache Durchkreuzungen der Rippenäste.

Die *Pfeiler B5 und C5* weisen rundum Kapitelle *(Abb. 636–639, 665–668)* mit ausgeprägten Kelchen, Knospen und Stengelblättern[713] der neuen Art auf und dürften darum in die letzte Phase dieses Abschnitts der Seitenschiffsmauern gehören. Auf ihre gegenüber den östlichen Pfeilern bereichernd veränderte Gliederung wurde schon oben hingewiesen, ebenso auf ihre Zugehörigkeit zu Plan II, wofür der Nachweis noch zu erbringen sein wird. Immerhin müssen sie und die *Arkadenbögen B4–B5 und C4–C5 (Abb. 198)*, die zu diesem Pfeilertyp gehören, noch vor dem Planwechsel, also vor der Errichtung der Fensterzone des 2. Chorjochs, entstanden sein.

Als der Bau etwa bis zu diesem Stadium gediehen war, gab man auch Plan II zugunsten eines neuen, umfassenden Projektes auf, das nur kurze Zeit gültig blieb und trotzdem die Erscheinung stark veränderte. Hatten sich Plan I und II recht einfach erschließen lassen, so ist man bei Plan III A auf die Kombination einzelner, sehr verschiedenartiger Indizien angewiesen. Um so notwendiger ist es, auch hier mit der Beschreibung der neuen Planung zu warten, bis der Stand der Ausführung das Ziel erkennbar werden läßt.

Außer den Pfeilern B5, C5 und den Arkadenbögen B4–5 und C4–5 stand vom Mittelschiff noch nichts, als man daran ging, auch die folgenden *Pfeiler B6 und C6 (Abb. 192)* zu versetzen, die nun wiederum völlig anders aussehen als ihre Vorgänger. Diese neuen Pfeiler erforderten eine leicht veränderte Form der Arkadenbögen, die bereits bei den westlichen Bogenanfängern über B5, C5 berücksichtigt worden ist *(Abb. 198, 199, Fig. 87, 38, 48, 49)*. Diese Feststellung ist insofern wichtig, weil die als senkrechte Verzahnung *(Fig. 87, 38)* ausgebildete Abschnittsfuge, die beidseitig im Mauerwerk der Arkadenzwickel bis zum Horizontalgesims zu beobachten ist, fast über der westlichen Leibung von B5, C5 verläuft und damit die Bogenanfänger der nächsten Scheidbögen B5–6 und C5–6 voraussetzt, nicht aber die Bögen selbst. Die Entscheidung für den neuen Plan war bereits gefallen, als man die Arkadenbögen B4–5 und C4–5 übermauerte.

Auch oberhalb des Gesimses ist die Abschnittsfuge in den *Obergadenwänden (Fig. 48, 49, 38)* nördlich wie südlich in ganzer Länge zu verfolgen, teils als Verzahnungs-, teils als Treppenfugen, stets aber an unterschiedlichen Schichthöhen zu erkennen. Wo diese übereinstimmen, haben die späteren Setzrisse den Verlauf wieder aufgedeckt – obwohl natürlich nicht alle Setzrisse entlang von Abschnittsfugen verlaufen.

Auf der *Nordseite (Fig. 38, 48)* steigt die Fuge fast senkrecht und nur wenig nach Osten ausweichend bis zur Fenstersohlbank an, läuft dort horizontal nach Osten, um dann kurz vor dem Schildbogen noch einmal senkrecht aufzusteigen, bis sie hinter dem Bogen verschwindet. Im oberen Teil ist sie zugleich Mauerrücksprung, weil man die Wandebene wohl aufgrund von Kontrollmessungen ein wenig zurücksetzte – wie schon im Turmhalbjoch des Ostchores[714]. Die besondere Führung der Abschnittsgrenze mit teilweise horizontalem Verlauf war auf der Nordseite notwendig, weil axial über der Arkade B 4–5 und etwas über die Gewölbekämpfer hinaufreichend eine *rundbogige Öffnung (Fig. 48)* in der Sargwand angeordnet wurde. Wir wissen weder, wann sie bzw. die beiden Balkenlöcher zwei Schichten darunter zugesetzt wurden, noch wofür sie eigentlich bestimmt war. Sie ist etwa 2 m hoch, hat eine rechteckige Stufe im Gewände und war vom Dachraum des Nordseitenschiffs her zugänglich *(Abb. 406)*. Die durch die ganze Mauerstärke reichenden Balkenlöcher darunter lassen die Rekonstruktion eines kleinen, hölzernen Vorbaues zu, etwa in der Art eines Balkons. Die Nähe zum Chorbogen könnte auf eine Bestimmung für Sänger oder eine kleine Orgel hinweisen[715]. Es ist nicht gewiß, ob sie je ausgebaut und benutzt worden ist. In der Planung und Ausführung gehört sie jedenfalls in diesen Bauabschnitt.

Auf der *Südseite (Fig. 49, Abb. 192, 202)* verläuft die Abschnittsfuge ebenfalls leicht schräg nach Osten aufwärts, erreicht die Fenstersohlbank an der östlichen Ecke, steigt zwei Schichten am Gewände und treppt sich dann steil nach Osten hoch bis zum Schildbogen. Im unteren Teil reicht die Nordseite weiter nach Westen, im oberen Teil ganz entschieden die Südseite. Das gilt auch für außen, wo die Fugen in der Obergadenwand sichtbar sind. Südlich *(Fig. 19)* verläuft sie knapp östlich des 3. Fensters (von Osten), oben leicht nach Osten zurücktretend. Im Nordobergaden *(Abb. 159, Fig. 117)* liegt die Nahtstelle, die bei durchlaufender Schichtung nur schwer auszumachen ist, insgesamt weiter östlich – genau wo man sie erwarten würde – knapp westlich der Mitte zwischen 2. und 3. Fenster (von Osten).

Der Aufbau dieses Abschnitts der Obergadenmauern dürfte sich ähnlich vollzogen haben wie im 4. Bauabschnitt. Zunächst errichtete man wohl das Stück über der ersten Langhausarkade, bis man die Höhe der Kämpfer erreicht hatte, wo auch das 2. Chorjoch angelangt war. In diesem Zusammenhang scheint es bemerkenswert, daß die Chorbogenvorlagen über B 4, C 4 annähernd gleiche Schichthöhen haben wie das östlich anschließende Chorjoch, während die des westlichen Wandstückes abweichen *(Fig. 48, 49, Abb. 188)*. Das bedeutet jedoch keine Differenz innerhalb des 5. Abschnitts in der Art einer Trennlinie zwischen Plan II und III A; denn es liegt durchaus in der Tendenz der Bauführung, die Vorlagen von Plan II im 2. Chorjoch bis zur Kämpferhöhe unverändert fortzusetzen, obwohl man schon den Planwechsel vollzogen hatte. Dieser Sachverhalt bestätigt wieder die Problematik, Planwechsel an einer bestimmten Stelle des Baues und damit an einem bestimmten Zeitpunkt fixieren zu wollen. Schon die Mittelvorlagen deuteten darauf hin, daß der Wechsel nicht erst mit der Kämpferoberkante, sondern unterhalb des Kapitells erfolgte – vielleicht also schon mit der Gesimsoberkante. Insofern ist der anscheinend nebensächliche Wechsel der Bogenanfänger über B 5, C 5 bzw. die Pfeilerform wichtiger als die Fortsetzung der Vorlagen im Chorjoch für die Beurteilung der Frage, ob die Planänderung mit dem Beginn des neuen Bauabschnittes (= neue »Hütte«) zusammenfällt oder ob man zunächst am alten Gesamtplan festhielt.

Oberhalb der Gewölbekämpfer wurde der Obergaden nach Ausweis der Außenflächen in einem Zuge von der alten Abschnittsfuge zwischen 1. und 2. Fenster (von Osten) bis zur neuen aufgeführt. Auch hier geht man nun zum ungefüllten Bogenfries über und verringert etwas die Höhe des Sägefrieses *(Abb. 146, 156, 174)*[716]. Auch die Fenstermaße werden gesteigert, weniger im Lichten als vor allem im Gewände durch stärkere Abschrägung, wofür nun Platz genug vorhanden war.

Im Inneren konnte man danach das *Gewölbe des 2. Chorjoches (Abb. 195)* ausführen. Der Chorbogen – ein schmaler Gurt wie die übrigen – wurde nicht mehr gestelzt wie der östlich benachbarte, sondern ist stärker lanzettförmig unter Beibehaltung der Scheitelhöhe. Die Rippenäste weisen in dichter Folge die Zeichen von II A auf, der Schlußstein *(Abb. 849)* ist reich dekoriert mit jenen Flügeldrachen und Knospenformen, die die Kapitelle der neuen Gruppe zieren. Die Gewölbescheitel steigen in Längs- und Querachse an, und daher schließen sich die Schildbogen tiefer, ganz knapp über den Fenstern, sogar in deren Bogenstirn einschneidend.

PLAN III A *(Fig. 23)*

Das vierteilige Gewölbe des 2. Chorjoches dürfte wohl zunächst das augenfälligste Merkmal für die Aufgabe von Plan II sein, der hierfür ja ein sechsteiliges vorgesehen hatte. Die Mittelvorlage über B 3, C 3 blieb wieder unbenutzt stehen, wie schon mehrfach erwähnt wurde. In der Fensterverteilung zog man die Konsequenz, indem man statt der zwei geplanten nur noch eines anlegte, und dieses genau über ihr unter dem Scheitel des Schildbogens[717]. So entstand – und das ist besonders wichtig – das Aufrißsystem des späteren Langhauses: gebundenes System, vierteilig gewölbt und nur ein Fenster in der Pfeilerachse, nicht über den Arkaden *(Fig. 38)*. Es liegt hoch in einer großen, ungegliederten Schildbogenfläche. Der Schildbogen erscheint flach der Wand aufgelegt, wie üblich, doch mußte man ihn nun wegen der fehlenden Vorlage über B 2, C 2 neben der Rippe aus der Wand treten lassen, dort, wo vielleicht ein Rücksprung der Wand vorgesehen gewesen war.

Auch der mächtige, breite, nach Westen gestufte Chorbogen wurde nicht ausgeführt. Statt dessen wählte man einen viel schmaleren, rechteckigen Gurtbogen, der sich kaum von den in Ost und West benachbarten unterscheidet *(Abb. 191, 193)*. Der funktionslos freie Platz über der breiten Chorbogenvorlage über B 4, C 4, wird heute von Rippe und Schildbogen des ersten Mittelschiffgewölbes ausgefüllt, was nur um so deutlicher zeigt, daß die Vorlagen für etwas anderes bestimmt waren[718].

Auf der Suche nach einer Erklärung für diese »reduzierte« Lösung bietet sich zunächst das heutige Langhaus mit seiner Einwölbung an, um dessentwillen man aus Gründen der Vereinheitlichung jenes älteres Projekt aufgegeben haben könnte. Diese Möglichkeit scheidet zumindest in dieser Form des Kausalzusammenhanges jedoch sicher aus, da ihr – wie darzulegen sein wird – ganz eindeutige Argumente entgegenstehen. Dem genaueren Betrachter zeigt auch die Unterschiedlichkeit der Gewölbeflächen und -scheitel, daß sie nicht ein- und demselben Plane angehören. Und dennoch trifft der Kern des Gedankens zu[719].

Die Rekonstruktion des neuen Konzeptes ist nur durch Kombination von Details möglich. Wie aus dem Bauverlauf hervorging, muß der östliche Bogenanfänger *(Fig. 87, Abb. 198, 199)* der Scheidbögen B 5–6 und C 5–6 schon vorhanden gewesen sein, als mit dem Aufbau des Obergadens östlich davon begonnen wurde. Er paßt nicht zu dem Pfeilertyp B 5, C 5 darunter, sondern gehört mit seiner reduzierten Stufung und dem dünneren Wulst bereits zu den *Pfeilern B 6, C 6 (Fig. 48, 49)*. Obwohl nicht zu sagen ist, wie weit dieses Pfeilerpaar im 5. Bauabschnitt bzw. der Geltungsdauer von Plan III A überhaupt gediehen war, sind seine Form und die Zugehörigkeit des Arkadenbogens trotz späterer Ausführung durch den jetzigen Zustand bekannt, weil in diesen Punkten die Planung nicht mehr verändert wurde. Der entscheidende Unterschied zum Pfeilertyp B 5, C 5 besteht in der Zufügung von Wandvorlagen für eine Einwölbung des Mittelschiffes. Sie sind nach dem gleichen Prinzip wie die der Seitenschiffe gebildet, nur im Maßstab vergrößert *(Abb. 190)*: rechteckige Pfeilervorlage für den Gurt, flankierende Dreiviertelkreisdienste für die Rippen und dahinter flache, lisenenartige Vorlagen für die Schildbögen[720]. Das alles hatte natürlich keinen Platz vor der schmalen, durch Eckdienste eingeengten Pfeilerstirn des Typs B 5, C 5. Man half sich durch zwei Maßnahmen; einmal gab man dem Pfeiler eine um ca. 0,40 m größere Längserstreckung, zum anderen verkleinerte man die Eckabtreppung und wählte dünnere Eckdienste. Beides zusammen ergab eine Verbreiterung der Pfeilerstirn von ca. 0,95 m auf ca. 1,65 m, die voll von den Gewölbevorlagen eingenommen wird. Die dünneren Eckvorlagen waren nun auch spürbar von den dickeren Gewölbediensten unterschieden, eine Differenzierung von Haupt- und Nebendiensten war ermöglicht worden. Die Spannweite der Arkaden mußte etwas verringert werden, weil die Jochabfolge durch die Vorlagen an den Seitenschiffswänden bereits festgelegt war. Ebenso mußte die Form des Scheidbogens angepaßt werden. Seine Abtreppung wurde verkleinert und damit der äußere Bogenlauf ebenso wie der Wulst, der gleichen Durchmesser wie die neuen Eckdienste erhielt. Der Bogenanfänger über dem Pfeilerpaar B 5, C 5 konnte zwar mit der Leibung in einer Flucht mit der des Pfeilers versetzt werden, Wulst und äußerer Bogen wurden aber notgedrungen gegen den Unterbau verschoben *(Fig. 87, 48, 49, 38, Abb. 199)*.

Den neuen Hauptpfeilern B 6, C 6 merkt man noch an, daß sie aus einer Zusammenfügung verschiedener Elemente hervorgegangen sind. Der äußere Arkadenbogen verschwindet mit seiner ganzen Stirn am Auflager hinter den Gewölbevorlagen. Auch wenn die Stirn sich nur im Quaderwerk abzeichnet[721], also kein Architekturglied ist, wirkt der Bogen dadurch leicht asymmetrisch. Auch der Kämpfer ist an dieser Stelle konsequent verkröpft. Ein kleiner Vorsprung bezeichnet bei ihm die Ebene, wo eigentlich die Pfeilerstirn hinter den Vorlagen sein müßte. Frontal gesehen wirkt das so, als durchtrenne die Vorlage den Kämpfer eines einfachen Pfeilers bzw. sei ihm nachträglich vorgesetzt worden. Von der Seite betrachtet wirkt diese Verkröpfung wie eine kleine Konsole unter dem äußeren Bogen, der hier aus der Vorlage hervortritt *(Abb. 192)*.

Vom Seitenschiff aus sind die neuen Pfeiler äußerst geschickt eingepaßt worden *(Abb. 204)*. Unter Beibehaltung des bisherigen Vorlagentyps wird der Verbreiterung der Pfeiler um 0,20 m auf jeder Seite an der unauffälligsten Stelle durch breitere Schildbogenvorlagen Rechnung getragen. Die Schildbögen und ihre Vorlagen werden dadurch zu einem Rahmen für die Arkade, weil sie von ihr stets gleichen Abstand wahren. Dies mag als Indiz dafür gelten, daß Vorlagen und Pfeiler zur Einheit verschmolzen sind, in der die Einzelglieder variabel sind, ungeachtet, ob die Veränderung von der Vorlage oder dem Pfeiler bedingt ist, wie in diesem Fall. Wichtiger ist die Gesamtwirkung, in der sich die Hauptpfeiler praktisch nicht von den Nebenpfeilern unterscheiden, ganz im Gegensatz zu den meisten Bauten im gebundenen System, wo der Rhythmus auch in den Seitenschiffen wirksam ist, nicht nur in den Pfeilern, sondern betont durch Variation der Gurtbogenstärken.

Die Kämpferhöhe der neuen Gewölbevorlagen im Langhaus wurde vom Chor übernommen. Die Fenster sollten wie in dessen 2. Joch über den Pfeilern liegen.

Über die Architekturglieder hinaus gibt es weitere Anhaltspunkte für den Plan. Die südliche Obergadenmauer reichte ja oben weiter nach Westen als die nördliche. Daher zeichnet sich dort unter dem östlichen Schenkel des heutigen Schildbogens in nur geringem Abstand eine Bogenspur ab. Sie reicht nur genau bis zu der Abschnittsfuge, die dort hinter dem jetzigen Schildbogen verschwindet *(Fig. 41, 49, Abb. 189)*. Verlängert man diese Spur nach oben, so entfernt sie sich immer mehr von dem jetzigen Bogen, erreicht einen erheblich tieferen Scheitel und schneidet fast das Fenster an, das etwas weiter hinaufreicht als im 2. Chorjoch. Auch dort schneidet der Schildbogen zumindest die Stirn des Fensterbogens an. Die Spur hat also nichts mit dem heutigen Schildbogen zu tun. Da sie nur bis zur Abschnittsfuge reicht, gehört sie auch zu diesem Bauabschnitt. Demnach rechnete man mit einem Gewölbe westlich des Chorbogens, was zu der Anlage der Pfeiler B 6, C 6 paßt. Die niedrigere Scheitelhöhe deutet im Gegensatz zu den heutigen auf ansteigende Gewölbescheitel, wie bei dem Gewölbe des 2. Chorjochs *(Fig. 23)*.

Die östlichen Rippenanfänger des 1. Mittelschiffsjochs über B 4, C 4 gehören ebenfalls nicht zu dem ausgeführten Gewölbe. Sie wurden wie üblich zugleich mit den anschließenden Mauerteilen etwa 2 m hoch versetzt und wiesen offenbar zunächst das Profil des 2. Chorjochs mit dem breiten, kaum geschärften Wulst auf. Bei der endgültigen Einwölbung wurden die Anfänger wie im Turmjoch an das veränderte Profil angeglichen, wobei die Spuren des älteren seitlich sichtbar blieben *(Abb. 186, 187)*. Bei dieser Gelegenheit wurde auch der untere Teil des Schildbogens durch Zurückspitzen dem neuen Verlauf angepaßt *(Abb. 189)*. Beides beweist eindeutig die Planung eines Gewölbes im 1. Mittelschiffsjoch, als man das Ostende von dessen Obergaden errichtete.

Einen weiteren Hinweis bietet die Obergadenwand über den Gewölberücken. Über den beiden Chorjochen besteht sie aus roh bossierten Steinen kleineren und mittleren Formats. Nach unten treppt sie sich vor, um Verbindung mit den Gewölben zu suchen. Sie war also stets für den Gewölbeanschluß berechnet, was nicht verwundert, weil keines der Flachdeckenprojekte von Plan I und II je Kranzgesimshöhe erreicht hatte. Genau senkrecht über der westlichen Stirn des ausgeführten schmalen Chorbogens über B 4, C 4 stößt auf der Nordseite *(Fig. 40, Abb. 397)* mit fast gerader Fuge glattes Großquaderwerk, wie es sonst an Sichtflächen verwendet wird, von Westen gegen die rohe Mauer[722]. Dieser auf Sicht berechnete, westliche Mauerteil gehört nicht mehr zum 5. Bauabschnitt, weil die unten und außen erkennbare Abschnittsfuge im Nordobergaden etwa im Bereich der senkrechten Trennlinie verläuft. Auf der Südseite *(Fig. 41, Abb. 398)* dagegen befindet sich die Abschnittsfuge etwas mehr als 2,00 m weiter westlich. Sie ist als schräg von West nach Ost ansteigende Linie genau zu erkennen, in Fortsetzung der Fuge, die unten den Schildbogen erreicht. Westlich schließt sich ebenfalls das auf Sicht berechnete Großquaderwerk an, das sich damit auch hier als zu einem späteren Bauabschnitt gehörig erweist. Östlich der Fuge besteht das Mauerwerk aus hammerrechten Quadern mittleren Formats. Der Putz darüber kann nicht verbergen, daß sie in dem Großquaderbau keinesfalls sichtbar sein sollten. Ohne Abgrenzung geht dieses Mauerwerk nach Osten in den Teil oberhalb der Chorjoche über.

Die einzig sinnvolle Interpretation[723] dieses Befundes deutet in die gleiche Richtung wie unten. Das nicht auf Sicht angelegte Mauerwerk reicht beim Südobergaden über den Chorbogen – also die zwei gewölbten Chorjoche – hinaus nach Westen. Demnach sollte sich auch im Langhaus ein Gewölbe anschließen. Wie die Schildbogenspur unten endet dieses für Wölbung berechnete Mauerwerk an der Begrenzung des 5. Bauabschnitts durch die Treppenfuge *(Fig. 41)*. Auf der Nordseite hingegen hat das Wölbungsprojekt des Langhauses gar nicht erst die Kranzgesimshöhe erreicht *(Fig. 40)*.

Zusammenfassend läßt sich über Plan III A sagen *(Fig. 23)*: das Langhaus sollte entgegen den bisherigen Bestrebungen im gebundenen System gewölbt werden etwa so, wie es heute zu sehen ist[724]; die Gewölbe hätten allerdings steigende Scheitel erhalten wie das des 2. Chorjochs. Dafür wurde ein neuer Pfeilertyp mit Gewölbevorlagen eingeführt (B 6, C 6) und das Arkadenprofil verändert. Das 2. Chorjoch wurde statt sechs- nur vierteilig gewölbt, auf den breiten, gestuften Chorbogen verzichtete man. Die Zahl der Fenster wurde auf je eines pro Wandfeld reduziert, das man über den Pfeilern anordnete. Die Mittelvorlage im Chorjoch endete unbenutzt unter diesem Fenster. Über den Grund für diesen neuen Plan, der ganz den allgemein üblichen Vorstellungen der Zeit entsprach, lassen sich nur Vermutungen anstellen. Hier könnten Architekten und Hütte eine Rolle gespielt haben. Sie brachten die fortschrittlichen (westlichen) Kapitellformen mit, sie führten auch gleich den Pfeilertyp mit Eckdiensten ein, der so viel straffer und gegliederter wirkt, und daher müßte ihnen jenes seltsame Flachdeckenprojekt fremd gewesen sein mit seinen kahlen Obergadenwänden und dem Raum ohne Rhythmus. Vielleicht entwickelten sie diesen Plan, der für kurze Zeit die traditionellen Vorstellungen verdrängte. Andererseits ging dies nicht ohne den Auftraggeber, das Domkapitel. Hier hatte sich offenbar kurzfristig die Absicht durchgesetzt, sich vom Vorbild zu lösen.

Am *Ende des 5. Bauabschnitts (Fig. 126, 115–117)* war das 2. Chorjoch vollendet. Vom 1. Mittelschiffjoch des Langhauses stand die erste Arkade und ein Mauerteil darüber, der sich oben schräg nach Osten verkürzte. Die Pfeiler B 6, C 6 waren im Bau. Die Seitenschiffaußenmauern reichten auf der Südseite bis in das 6. Joch (das 3. des Langhauses), auf der Nordseite vermutlich schon bis in das 8. Joch (das 5. des Langhauses). Das Fürstenportal war vollendet und damit die »jüngere Werkstatt« in Bamberg tätig. Naturgemäß befinden sich ihre Werke für den Innenraum in jenen Teilen, die damals vollendet waren: am Ostchor. Von den Seitenschiffen waren bestimmt drei Joche gewölbt, wahrscheinlich auch das 4., wie die Steinmetzzeichen andeuten. Immerhin standen dort die Arkaden mit den Mauerzügen darüber. Auch der Reiter konnte in diesem von Gerüsten freien und vor Beschädigung durch den Baubetrieb weitgehend geschützten Raum aufgestellt werden. Wahrscheinlich verging aber ohnehin einige Zeit zwischen der Errichtung des Fürstenportals und der Vollendung des Standbildes.

## 6. DIE BEIDEN ÖSTLICHEN JOCHE DES LANGHAUSES

*(1. + 2. Mittelschiffjoch, Seitenschiffe bis ins 8. Joch.)*

Nur Abschnittsfugen trennen den 6. vom 5. Bauabschnitt; Steinmetzzeichen, Bautechnik, Material und Schmuckformen bleiben sich dagegen weitgehend gleich. Eine gewisse Fluktuation der Steinmetzen darf dabei als »normal« angesehen werden.

Die ersten Maßnahmen zielten wohl auf die Vollendung des begonnenen *östlichen Mittelschiffjochs*. Dazu mußten die Pfeiler B 6 und C 6 hochgeführt und durch die Scheidbögen B 5–6 und C 5–6 an den stehenden Teil angeschlossen werden. Gewölbevorlagen und Anfänger der Arkadenbögen fertigte man aus den gleichen Werkstücken. Darüber mußte die gleiche Schichtung wegen der radialen Teilungsfugen aufgegeben werden *(Fig. 87, Abb. 199)*, doch sorgte man auch hier durch wechselweises Ausklinken für einen guten Verband. Im Unterschied zu den Ostteilen behielt man dieses Prinzip auch in den Zwickelfeldern bei, wo sich Bögen und Vorlagen längst getrennt haben. Die Lagerfugen von Wandflächen und Vorlagen weichen mehr oder weniger voneinander ab und laufen nicht wie in den Seitenschiffen durch, wo nur die Dienste gelegentlich als Orthostaten mehrere Schichten überspringen. Die zumeist höheren Werkstücke der Vorlagen greifen niemals auf die Wandflächen über *(Fig. 48, 49)*, wodurch statt des sorgfältigen Ausklinkens ein gröberes Ineinandergreifen verdeckt hinter der Vorlage ermöglicht wurde. In den nach Schablone zu arbeitenden Vorlagen war man nun unabhängig von den Schichten der Wand, ohne durch seitliches Einpassen zusätzliche Mehrarbeit zu verursachen. Der rückwärtige, gröbere Ausgleich ist zweifellos eine handwerkliche Vereinfachung. Selbst in Höhe des Gesimses wurde auf eine durchgehende Schicht verzichtet, und den Kämpferplatten oben fehlen die seitlichen Stege zum Einbinden *(Abb. 190)*.

Überhaupt ist gelegentlich eine gewisse Nachlässigkeit zu beobachten. Da tritt einmal das Gesims weiter als die Schildbogenvorlage vor die Wand, oder der exakte Horizontalverlauf der Fugen wird außer acht gelassen und muß unter dem Gesims bzw. neben der Vorlage über C 6 etwas gewaltsam ausgeglichen werden *(Fig. 49, Abb. 190)*. Hierher gehören auch die Korrekturrücksprünge, von denen sich mindestens einer in jedem Wandfeld findet, häufig auf beiden Seiten in der Fläche verlaufend. Die Lehrbögen der Arkaden, Gurte und Schildbögen waren des öfteren nicht gleichschenklig gezimmert, was zu asymmetrischen Scheiteln und ungleichen Krümmungsradien bei den Schenkeln führte *(Fig. 86, 87)*. Da sich die Unregelmäßigkeiten auf alle größeren Spitzbögen gleichmäßig verteilen, kann man für die Baugeschichte daraus nichts ableiten.

Die westliche Begrenzung dieses ersten Teiles vom 6. Bauabschnitt ist nicht genau zu ermitteln. Offenbar verläuft sie vom östlichen Auflager der Scheidbögen B 6–7 bzw. C 6–7 entlang der Westkante der Gewölbevorlagen ziemlich senkrecht aufwärts. Die Schichthöhen der Wandfelder östlich und westlich der Vorlagen und Schildbögen weichen jedenfalls erheblich voneinander ab. Auch vom Dachstuhl der Seitenschiffe aus ist keine Abschnittsfuge festzustellen, weil dieser Teil nicht zugänglich bzw. verputzt ist. Die Vorlagen befinden sich auch oberhalb des Gesimses beidseitig im Verband.

Spätestens oberhalb der Gewölbekämpfer über B 6, C 6 muß ein erneuter Planwechsel eingetreten sein, der im wesentlichen zwei Punkte umfaßte: Verzicht auf Wölbung und Anordnung von Fenstern über den Vorlagen. Da alle übrigen Neuerungen von Plan III A gültig blieben, kann man vom Plan III B sprechen. Dieses Projekt wurde bis in das Querhaus hinein verwirklicht und soll daher – wie üblich – erst dargestellt werden, wenn der Bauvorgang diesen Punkt erreicht hat. Trotz des Verzichts auf Wölbung ist es vom heutigen Zustand und dem Vorlagensystem her gerechtfertigt, weiterhin von »Mittelschiffjochen« zu sprechen.

Am Obergaden verläuft die Fuge dieses Zwischenabschnitts vermutlich entlang des östlichen Gewändes des Fensters über B6 bzw. C6, des östlichen der beiden heute vermauerten Fenster, die auf Nord- und Südseite außen und über den Gewölben innen erkennbar sind *(Fig. 40)*. Der östliche Ansatz des Fensterbogens gehört wohl noch zu diesem Teil, darüber verläuft die Fuge etwas nach Osten versetzt senkrecht nach oben *(Abb. 160)*. Das erste Mittelschiffsjoch war damit nach dem neuen Konzept vollendet. Verfolgt man die westliche Abgrenzung dieses Zustandes, so ist trotz der erstaunlich senkrechten Linie zumindest in dem Sprung von der Westkante der Vorlage zum Ostgewände des Fenster eine leichte Schräge nach oben und Osten erkennbar.

Mit dem Abschluß von Pfeilern, Arkadenbögen und Mauerzone darüber war es auch möglich geworden, das *5. Joch der Seitenschiffe einzuwölben*. Dies geschah in gleicher Weise wie im 4. Joch: leicht steigende Scheitel, besonders in der Querachse, und eine nur flache Ornamentauflage auf dem kreuzförmigen Schlußstein *(Abb. 845)*.

Um mit dem Bau nun weiter zügig voranzukommen, mußte zunächst die *Außenmauer des Südseitenschiffes* nach Westen verlängert werden. Man führte sie bis in das *8. Joch (Fig. 19, 78)*, wo die Naht wieder deutlich zu erkennen ist. Von der Mitte der Fenstersohlbank verläuft sie als Verzahnung senkrecht abwärts und treppt sich nur unten leicht nach Westen vor. Oben bildet das östliche Fenstergewände einschließlich Bogenauflager die Grenze, die darüber nach Osten getreppt ansteigt. Damit war genau der gleiche Zustand erreicht, wie er auf der Nordseite schon früher entstanden war.

Die Abschnittsfuge im 8. Joch der Seitenschiffsaußenmauern ist nicht zufällig entstanden, sondern durch den »Heinrichsdom« bedingt[725]. Die Ostmauer seines Querschiffes *(Fig. 3, 127)* verlief hart östlich neben den heutigen Vorlagen A9, D9 bzw. den Pfeilern B9, C9. Man ließ sie offenbar zunächst stehen, um wenigstens die Westteile des alten Doms weiter benutzen zu können. Das wirft die Frage auf, welchen Einfluß die Lage des Vorgängerbaues auf den Bauverlauf sonst noch gehabt haben mag. Für die Abschnittsfuge in der Ostkrypta und die Fundierung der Ostteile ist das östlich des »Heinrichsdoms« klar erkennbar, ebenso für Abschnittsfugen im Querhaus (vergl. unten). Die Errichtung der nördlichen Außenmauer in einem Zuge darf man wohl auch darauf zurückführen, daß man sich hier außerhalb des alten Domes befand, während man für die südliche Außenmauer die des Vorgängers abschnittsweise niederlegen mußte, wodurch dieser unbenutzbar wurde. Das langsamere Nachfolgen der Mittelschiffspfeiler ist an sich »normal«, ermöglichte aber zugleich die längere Benutzbarkeit der alten Mittelschiffsteile, und sei es nur als »Bauhütte«. Für die südliche Außenmauer hatte dies zur Folge, daß man sich beim Einnivellieren der Kämpferhöhe jeweils nur an der Mauer selbst nach Osten orientieren konnte und so die gegenüber der Nordmauer und den Pfeilern um ca. 10 cm höhere Lage der Kämpfer auf ganzer Länge beibehielt, trotz mehrerer Bauabschnitte.

In der Technik der Seitenschiffsmauer ist ein leichter Wandel zu beobachten. Statt der in dem östlichen Teil der Mauer durch Lisenen und Fenstergewände hindurchlaufenden Horizontalschichten springen hier die Schichthöhen häufiger neben den Lisenen und Gewänden, also den profilierten, nach Schablone gearbeiteten Werkstücken *(Fig. 19, Abb. 180, 181)*. Ob die angelieferten Blöcke aus dem Bruch ungleichmäßiger waren oder die Arbeitsorganisation nachließ, ist nicht zu sagen. Gegen Westen läßt die Dichte der Zeichen spürbar nach, neben einem festen Stamm kontinuierlich auftretender Zeichen sind einige neue zu beobachten. Dennoch wird man auch hier noch von dem Zeichenabschnitt II A reden können. In den Kapitellen der Vorlagen D7 und D8 *(Abb. 697–700)* setzt sich wieder stärker romanisches Blattornament gegenüber den knospenähnlichen Formen durch, unter strenger Wahrung des reinen Kelches[726].

Außen bleiben die Rundbögen des Frieses leer und das Gesims ohne jeden Dekor, wie schon im letzten Abschnitt *(Abb. 180, 181)*.

Das *2. Joch des Mittelschiffes (Fig. 50, 51)* wurde weitgehend in einem Zuge errichtet, obwohl auf der Südseite über C7 eine Abschnittsfuge erkennbar ist, die aber nur bis zur Höhe der Gewölbekämpfer reicht *(Fig. 51, 86)*. Es war naheliegend, nun auch das Mittelschiff bis zur Ostwand des alten Querhauses zu vollenden. Für den Innenraum ist man für die Beurteilung des Bauvorganges allerdings weitgehend auf die Südwand angewiesen, weil die nördliche fast ganz von der Orgel verdeckt und darunter in dem Arkadenzwickel stark überarbeitet worden ist.

Auf beiden Seiten fehlt im Bereich der Arkaden bis zum Gesims eine deutlich erkennbare Abschnittsfuge. Vielleicht ist der Setzriß über C7 als solche anzusehen. Oberhalb des Gesimses ist auf der Südseite über C7 die Treppenfuge über sechs bis sieben Schichten nach Osten steigend zu verfolgen, die sich aber nicht nach oben fortsetzt. Sie besagt nur, daß der östliche Teil etwas früher entstand. Der ganze Obergaden oberhalb der Gewölbekämpfer ist in voller Länge des Joches Schicht für Schicht errichtet worden, wobei unterschiedliche Schichthöhen zu seiten der Fenster innen und außen nur natürlich sind, weil man so das Material durch Verwendung verschiedener Blockgrößen besser ausnutzen konnte. Die einheitliche Ausführung des Obergadens im 2. Mittelschiffjoch wird schließlich auch durch eine klar ablesbare Fuge an seinem Westende bestätigt, die den Anfang des nächsten Bauabschnittes kennzeichnet[727].

Der Verlauf dieser Fuge ist im Innenraum nur durch den Wandel der Steinmetzzeichen, der Kapitellformen und in den oberen Teilen auch des Materials erkennbar. Demnach ist sie identisch mit der Westkante der Vorlagen über B8 und C8, wobei natürlich die Anfänger der Scheidbögen B8–9 und C8–9 bis zur 4. Teilungsfuge von unten noch zum östlichen Abschnitt gehören *(Fig. 52, 53)*. Auf der Südseite ist die Vorlage über C8 vollständig zum 6. Abschnitt zu rechnen, auf der Nordseite dagegen, also über B8, verläuft die Trennlinie oben mitten in der Stirn der Rechteckvorlage. Das westliche Kapitell *(Ab. 707)* und die Schicht darunter gehören eindeutig zum nächsten Abschnitt[728], mit dem sie sogar die Lagerfugen gemeinsam haben. Oberhalb der Vorlagen wird die Fuge durch das Gewölbe verdeckt.

Dafür ist sie außen um so besser sichtbar. Unter den Seitenschiffsdächern erscheint sie als senkrechte – was den Vorlagen innen entspricht – Trennlinie zwischen brandbeschädigtem und daher verputztem Mauerwerk östlich und unverputztem, unbeschädigtem Großquaderwerk westlich *(Abb. 404, 405)*. Im Obergaden darüber ist wieder das östliche Gewände des heute vermauerten Fensters über B8 bzw. C8, des 2. von Osten, Grenze des Abschnitts, einschließlich der östlichen Anfänger der Fensterbögen *(Fig. 40)*. Der Anschluß helleren Materials darüber bezeichnet den Verlauf bis zum Bogenfries, was in exakter Übereinstimmung auch oberhalb der Gewölbe innen zu beobachten ist *(Abb. 160, 262, 269)*. Im westlichen Gewände und von da nach Westen zunehmend herrscht die weißliche Tönung des Steines vor. Die Abschnittsfuge verläuft am Westende des 2. Mittelschiffjochs also genauso wie diejenige nach dem

1. Joch, die hier aber als Unterteilung des 6. Bauabschnitts gedeutet wurde.

Bei der Ausführung des 2. Mittelschiffjochs wurde die Form der Zwischenpfeiler B 7, C 7 noch einmal gegenüber B 5, C 5 leicht modifiziert, in Anpassung an das verminderte Arkadenprofil, das ja nun für das ganze Langhaus gültig blieb *(Fig. 86)*. Die Gewölbevorlagen sind auch hier in der Schichtung unabhängig von der Wand, aber dennoch rückwärtig in diese eingebunden. In der Südwand verlaufen in Kämpferhöhe und oberhalb der Fenstersohlbank wieder die kleinen Korrekturrücksprünge. Die Zeichendichte ist ein wenig geringer als im Ostteil des Langhauses. Wie schon im Südseitenschiff zeigen sich neben den ständig auftretenden »Stammzeichen« des Abschnitts II A auch solche, die anfangs nicht vertreten waren. Auch in der Ornamentik ist ein Nachlassen der Qualität, in diesem Fall der eleganten, zu Knospen tendierenden Formen zu spüren; zwar bleibt der Kelch als Grundform fast durchweg gewahrt, doch wird der obere Kranz aus Blättern oder Knollen wieder wie bei der quadratischen Blockform geordnet. Sogar reine Kelchblockkapitelle tauchen wieder auf, polsterartig unter dem Kämpfer vorquellend und dadurch ebenso wie in den Blattformen von denen des Nordseitenschiffes unterschieden, wenn sie auch von ihnen angeregt sein mögen. Im Blattwerk ist insgesamt eine gewisse »Verwilderung« festzustellen. Kein einziges Stück erreicht mehr die Originalität und handwerkliche Qualität, die den Anfang der zweiten Gruppe kennzeichneten.

Die *Gewölbe des 6. und 7. Jochs* in den *Seitenschiffen* gehörten wohl zu den letzten Maßnahmen des 6. Bauabschnitts. Ihre Form, die Zeichen an ihren Rippen und Gurten und die Blattauflagen auf den kreuzförmigen Schlußsteinen *(Abb. 846, 847)* bezeugen jedenfalls ihre Zugehörigkeit zu diesem Teil der Ausführung.

Am *Ende des 6. Bauabschnitts (Fig. 127, 115–117)* hatte der gesamte Bau beinahe das alte Querhaus erreicht, zum ersten Mal mit fast einheitlicher Grenze in Mittel- und Seitenschiffen, einschließlich deren Wölbung. Dem Langhaus fehlte noch das 3. Joch.

Das Ende des 6. Bauabschnittes ist uns ungewollt deutlich markiert worden. Ein *Brand* ergriff alles Holzwerk, das sich an den damals stehenden Teilen des Domes befand: außer Dächern und Balkendecken wohl auch Gerüste. Das Unglück ist in keiner schriftlichen Quelle überliefert, wenn man den 1232 in der päpstlichen Bulle erwähnten Brand nicht darauf beziehen will[729]. Da er außer den Spuren am Bau nichts bewirkte, nicht einmal einen Planwechsel, nahm man ihn nicht unter die wichtigen Ereignisse auf, was nicht verwundert, wenn man an die spärliche Überlieferung der älteren Brände denkt, die im liturgischen Leben sicher einen empfindlicheren Einschnitt bedeuteten. Ausführlicher wurde nur berichtet, wenn es galt, den Namen dessen in hellerem Lichte erscheinen zu lassen, der den Schaden behoben hatte.

Da die Brandspuren in der Forschung einige Verwirrung hervorgerufen haben[730], lohnt es, sie ausführlicher in die Betrachtung einzubeziehen. Aus dem Befund an den Obergadenwänden unter- und oberhalb der Seitenschiffsdächer geht eindeutig hervor, daß die Quader in ihrem jetzigen Verband erhitzt wurden *(Abb. 403, 404, 406)*.

Durch die starke Erwärmung dehnte sich die Quaderoberfläche aus und verursachte Kantenpressungen, die häufig auch zu Kantenabsprengungen führten, gelegentlich gefördert durch Witterungseinflüsse. An stark beschädigten Stellen bietet sich so das typische Bild brandzerstörter Oberfläche, wobei die Form der Beschädigungen vom heutigen Fugennetz bestimmt sind, so daß etwa die Wiederverwendung von Material aus der Brandruine des alten Doms auszuschließen ist[731]. Dafür spricht auch die Tatsache, daß die Kanten der Öffnungen wie stets besonders stark in Mitleidenschaft gezogen sind. Einzelne, härtere Quader sind fast unbeschädigt, weil sie in der Hitzeausdehnung benachbarte Teile zum »Nachgeben« zwangen. Durch Rötung der Oberfläche läßt sich die Ausdehnung des Brandes am Bau noch recht genau ablesen.

Zuerst bemerkt man die Schäden am Obergaden oberhalb der Seitenschiffdächer auf der Süd- und Nordseite, wo die Witterung die Zerstörung noch förderte. Sie erstrecken sich auf die ganze Länge von den Osttürmen bis zum 2. der vermauerten Fenster (von Osten), erreichen allerdings etwa in der Mitte dieser Strecke ihre größte Intensität *(Abb. 146, 147, 159, 174)*. Vor den Auswechslungen von 1960–66 waren auch die Westseiten der Türme oberhalb der Dächer von Brandspuren gezeichnet *(Abb. 101)*. Könnten am Obergaden noch Zweifel über die Ausdehnung des Brandes nach Westen aufkommen, so ist dies bei dem Befund unter den Dächern *(Abb. 404, 405)* ausgeschlossen, zumal hier die Spuren erheblich stärker sind: besonders direkt über den Gewölben, wo auf der Südseite die Absprengungen bogenförmig dem Gewölbeanschluß folgen. Dort ist auch die Grenze zwischen beschädigtem und unbeschädigtem Teil besonders scharf, nämlich an dem beschriebenen Westende des 6. Bauabschnitts, während sie auf der Nordseite nicht ganz so deutlich ist. Dort ist die »Orgelöffnung« im 1. Langhausjoch besonders stark in Mitleidenschaft gezogen worden *(Abb. 406)*.

Es kann also kein Zweifel sein: die beiden Seitenschiffsdächer sind in voller Länge abgebrannt. Nachdem die Dachstühle zusammenbrachen, blieb das schwelende und brennende Holz auf den Gewölben liegen und entwickelte dort die größte Hitze, doch die Gewölbe hielten Stand. Die Schäden, die bei der Restaurierung 1972/73 besonders deutlich zu Tage traten – nämlich Risse, abgesunkene Rippenkeilsteine und Kantenabsprengungen – gehen kaum auf den Brand zurück, sondern haben statische Ursachen, die im Ausweichen der Außenmauern zu suchen sind. Lediglich die Scheitel der letzten damals fertigen Gurtbögen, A 8–B 8 und C 8–D 8, färbten sich durch herumschlagende Flammen rot.

An diesem Brand haben nun zwei Umstände Verwunderung hervorgerufen; einmal die anscheinend völlig symmetrische Ausdehnung ohne Verbindung untereinander[732] und das Fehlen von Spuren im Innenraum[733]. Beides trifft jedoch nicht zu.

Der Brand erfaßte nämlich beide Osttürme. Der obere Rand bis hinab zu den Öffnungen der damals ausgeführten 5. Obergeschosse wurde stark beschädigt. Dort lag der Dachstuhl der ersten Helme auf und erhitzte den Stein. Die Geschoßdecken brannten offenbar mit geringerer Hitzeentwicklung. Schließlich stürzte alles – Helme und Decken – hinab und blieb über dem Gewölbe der Turmkapellen liegen, um wie in einem Schornstein heftig abzubrennen. Und ganz danach sehen die 2. Obergeschosse *(Abb. 108, 109)* aus, wo besonders auf der Nordseite das Mauerwerk bis zu 0,10 m tief abgeplatzt ist und Scheitelsteine aus Fensterbögen abgesunken sind.

Auch das Apsisdach blieb nicht verschont. An dem erhaltenen romanischen Unterbau erkennt man Brandspuren *(Abb. 395)*. In ihnen zeichnet sich überhaupt nur das flach geneigte erste Apsisdach ab. Allein beim Hochschiffdach finden sich kaum Anhaltspunkte, doch kann das kaum verwundern, zumal der Giebel, an dem sie sichtbar sein müßten, nicht mehr steht. Das Dach war damals erst über den beiden Chorjochen errichtet worden. Brandspuren könnten also nur an den Mauern oberhalb der Gewölbe auftreten. Da diese aber hier so roh und teilweise durch Vorblendung des 18. Jhs. verdeckt sind, wird man sie kaum identifizieren können. Die Osttürme zeigen dagegen noch heute auf den der Mitte zugewandten Seiten ihrer 5. Obergeschosse neben dem dunklen Grau der Verwitterung rötliche Brandspuren, die durch die Flammen des Chordachs verursacht sind. Ältere Fotos dokumentieren zudem die starke Zerstörung der Südwestecke des Nordturmes *(Abb. 101)* in dieser Höhe. Offenbar wehte der Wind von Süden bzw. Südwesten und trieb die Flammen des Chordaches gegen den Nordturm.

Auf den gleichen Umstand ist die Rötung der östlichen beiden Fensterscheitel des südlichen Obergadens zurückzuführen. Sonst blieb der Innenraum von Brandschäden verschont. Offenbar waren nur die gewölbten Bauteile überdacht, so daß nur wenig oder gar kein brennendes Holz in das Langhaus stürzen konnte. Lediglich die letzten, westlichen der jeweils ausgeführten Gurtbögen färbten sich im Scheitel leicht rot: A 8–B 8 und C 8–D 8 im Seitenschiff und der Chorbogen B 4–C 4.

Der Brand hatte demnach den ganzen Dom erfaßt, soweit, wie er damals gediehen war. Er ereignete sich am Ende des 6. Bauabschnitts. Das legt die Frage nahe, ob der Wechsel von Steinmetzen, Kapitellformen und Material auf eine kurzfristige Unterbrechung des bis dahin sehr schwungvollen Aufbaues zurückzuführen ist, als Folge des Brandunglücks. Es scheint nicht ausgeschlossen, daß damit auch eine Phase neuer Gedanken zur Planung eingeleitet wurde, die freilich erst später verwirklicht wurden. Will man ein Datum für den Brand nennen, so wird man von der Altarweihe im Südquerarm 1229 ausgehen und davon die Zeit für die Errichtung von Südquerarm und 3. Langhausjoch abziehen müssen. Man darf vielleicht das Jahr 1227 vorschlagen.

## 7. DAS 3. LANGHAUSJOCH UND DIE UNTERSTE ZONE DES SÜDQUERARMES

*(3. Mittelschiffjoch mit Seitenschiffen, Querschiffostwände teilweise, Südquerarm unterste Schichten, Fundierung und Untergeschoß des Südwestturmes.)*

Der westliche Teil des Langhauses ist das Werk eines neuen Steinmetztrupps, in dem nur noch wenige der bisherigen Kräfte weiterzuwirken scheinen – keineswegs die ehemals führenden. Diesem lockeren Zusammenhang folgend wurde der Trupp II B genannt *(Fig. 110, 107, 113, 114).* Die Verringerung der Anzahl ist augenfällig, ebenso das Nachlassen der Zeichendichte. Am Anfang – dem Südseitenschiff – setzte man die Gewohnheit der Quaderbezeichnung noch fort, ging dann aber offenbar zu anderen Verfahren über, wie die fast zeichenlosen Wände besagen. Dieser Wandel ist auch in der Bearbeitungstechnik zu verfolgen. Die Oberflächen sind erheblich rauher, ja teilweise grob, und stammen wohl von Werkzeugen mit breiteren Schneiden. Die Fugen sind breiter, die Kanten oft bestoßen. Neben dem grau-braunen Material erscheint wieder das grau-weiße, teils wahllos gemischt, teils in Partien zusammenhängend und so deutlich den Bauvorgang abzeichnend[734]. Es ist nicht zu sagen, ob es aus den gleichen Brüchen wie das der Ostteile stammt. Schließlich ist eine gewisse Unbeholfenheit bei den Kapitellen nicht zu übersehen *(Abb. 625–628, 652–657, 681–686, 701–703).* Den Begriff »Ornamentik« darf man schon fast nicht mehr anwenden, weil alles auf die einfachsten Formen reduziert erscheint[735]. Offenbar sind sie von einfachen Steinmetzen bearbeitet worden, denen die Erfahrung und Ausbildung für kompliziertere Aufgaben fehlte. Und so sind unter diesen Kapitellen fast alle Stufen der Bossierung vom unförmigen Block bis zum vorgeformten Stück in ungewöhnlich großer Zahl vertreten – soweit eben die Vorbereitung des Steinmetzen für den »Bildhauer« gehen konnte. Auch die fertigen Stücke sind sehr schlicht; man nahm sich das einfachste Motiv der 2. Gruppe, das mit breitem Bossenblatt und Knollen besetze Kelchkapitell, zum Vorbild. Daneben griff man auch auf bescheidene Blattformen und den Korb aus einer früheren Phase der 1. Gruppe zurück und führte sogar das Würfelkapitell in einer Reduktionsform wieder ein, wie sie nur im 11. Jh. Parallelen hat. Offenbar standen aus finanziellen oder anderen Gründen keine geschulten Kräfte zur Verfügung[736], und so bildet diese Phase einen Tiefpunkt der Entwicklung, die nur bedingt als beabsichtigte Vereinfachung des zu Üppigen oder als Anpassung an das Vorhandene zu verstehen ist.

Als erstes ging man wohl daran, die *Außenmauern des Südseitenschiffes (Fig. 77, 78)* zu vollenden und mit ihr zugleich auch die *Ostmauer des Südquerarmes (Fig. 55)* einschließlich dessen *Südostecke* zu errichten. Dazu gehört auch der südöstliche Eckdienst des Querhauses, weil die Abschnittfuge als senkrechte Verzahnung dicht neben ihm in der Südmauer aufsteigt *(Fig. 19, 57).* Sie ist offensichtlich wiederum durch das Querschiff des Heinrichsdoms *(Fig. 3)* bedingt, dessen Westmauer ungefähr in diesem Bereich verlief und wohl noch nicht niedergelegt worden war. Das Querhaus selbst stand nicht mehr aufrecht, weil seine Ostmauer beim Weiterbau eingerissen werden mußte und die Südostkante des neuen Querhauses über der alten Südflucht steht.

Der Bauverlauf in diesem Bereich ist kompliziert und vollzieht sich in kurzen Abschnitten, ist aber ablesbar. Zunächst vollendete man die Außenmauer des *8. Joches (Fig. 77)* einschließlich der *Vorlage D 9.* Hart westlich bezeugt eine senkrechte Verzahnung in ganzer Höhe die Ausführungsgrenze *(Fig. 78),* die oben sogar leicht nach Westen vortritt. Sie ist verursacht durch die Bogenstellung zur Gertrudenkapelle, wo der östliche Anfänger zwar vorhanden war, der Bogen selbst als Auflager für die Mauer darüber aber noch fehlte. Offensichtlich wollte man so rasch wie möglich ein weiteres Seitenschiffjoch gewinnen und nicht die Vollendung des ganzen Mauerzuges abwarten. Der Schildbogen des 8. Joches geriet asymmetrisch, weil der östliche Anfänger fünf Steine hoch noch zu einer früheren Phase des vorangegangenen Bauabschnitts gehörte und ohne oder nach einem anderen (verbrannten?) Lehrbogen (bzw. Schablone) gefertigt ist. Die abweichenden Kurven sind offensichtlich und sprechen wiederum für handwerkliche Nachlässigkeit. Der nur östlich des Fensterbogens vorhandene Zwischenraum wurde grob mit Restmaterial ausgefüllt.

Aus der gleichen Absicht heraus ergab sich für die Pfeiler und Arkaden ein paralleler Bauablauf. Zunächst führte man den *Pfeiler C 9* und den *Scheidbogen C 8–C 9 (Fig. 53)* aus, wie üblich mit dem Anfänger des nächsten Bogens bis zum 5. Keilstein. Dazu gehören natürlich auch die Anfänger von Rippen und Gurtbögen. Gewölbt wurde das Joch offenbar zunächst noch nicht.

Beim *9. Joch* mußte zunächst die *Vorlage D 10 (Fig. 78)* und damit im Zusammenhang die unteren Schichten der Querhausostmauer errichtet werden, ehe man den Bogen zur Gertrudenkapelle schließen und die Mauer darüber aufführen konnte. Die Vorlage D10 entstand offenbar im Schichtzusammenhang mit der Seitenschiffs- und der Querhausmauer. Ihre Schildbogenvorlage wurde aus Gründen der Symmetrie zum Vierungspfeiler breiter angelegt als gewöhnlich. Der Schildbogen, der an sich schon extrem einhüftig ist, wird dadurch noch asymmetrischer. Hinsichtlich seiner ungleichmäßigen Bogenführung wiederholte sich hier genau der gleiche Vorgang wie im 8. Joch, weil der östliche Bogenanfänger zusammen mit D9 im vorangehenden Arbeitsgang ausgeführt wurde. Im 9. Joch verzichtete man auf ein Fenster aus Rücksicht auf das Dach der Gertrudenkapelle und des höheren Kapitelsaales im Anschluß daran.

Vermutlich gleichzeitig mit D10 wurde der *Vierungspfeiler C10* *(Fig. 53)* hochgeführt und mit ihm der letzte Scheidbogen C9–C10 sowie der Bogen zum Querhaus C10–D10 *(Fig. 55)*. Bei all diesen Maßnahmen tritt das grau-weiße Material stärker hervor. Die Ausfüllung der Bogenzwickel bedeutete im Südquerarm zugleich eine entsprechende Erhöhung der gesamten Ostmauer. Die sich dort abzeichnenden Rücksprünge im Scheitelbereich bedeuten keine Arbeitspause, sondern stellen wie üblich Korrekturen dar, zumal jetzt die Ostmauer erstmalig über den Bogen hinweg in ganzer Länge nach der Schnur fluchten konnte.

Erst als alle das Südseitenschiff umfassenden Mauern die entsprechende Höhe erreicht hatten, konnten die *beiden Joche* gewölbt werden, wobei man für die Rippen nicht nur den hellen Stein, sondern vor allem ein schwächeres Profil verwendete, das sich deutlich von den älteren Anfängern absetzt. Die übrigen Anfänger sind an dem dunkleren Material zu erkennen.

Im Winkel zwischen Seitenschiff und Südquerarm entstand zugleich die *Gertrudenkapelle (Abb. 384, 386)*, die den »Restraum«, den außerhalb des Neubaus liegenden Teil des alten Querhausgrundrisses überbaut *(Fig. 3)*. Von dem alten Querhaus hat sich kein aufgehendes Mauerwerk in ihr erhalten[737]. Hatte schon die Rolle des Bogens zum Seitenschiff in dessen Baugeschichte gezeigt, daß die Kapelle von Anfang an für diese Stelle vorgesehen war, so läßt sich das auch durch weitere Befunde nachweisen. Nicht nur der Verzicht auf das Fenster, sondern auch der Verzicht auf das Kantenprofil bei der Ecklisene im Winkel von Seitenschiff und Querhaus *(Fig. 19)* deuten darauf hin, daß hier das Kapellendach anschließen sollte. Schließlich liegt das attische Sockelprofil, das in der Kapelle an der Außenseite von Seitenschiff und Querhaus erscheint und leicht zu deren Außengliederung gerechnet werden könnte, rund 1 m unter derselben und setzt damit die Abtrennung dieses Bereichs von der übrigen Außengliederung voraus. Die offensichtlich nachträgliche Einschrotung der Ecksäulen *(Abb. 384)* in das Sockelprofil ist vielleicht dadurch zu erklären, daß zunächst nur ein einfaches Kreuzgratgewölbe wie in den Turmkapellen an Stelle der Rippen vorgesehen war. Die derbe Form der Knollenkapitelle erweist diese als zum gleichen Bauabschnitt gehörig. Der eigentliche Eckverband läßt sich dagegen nicht überprüfen. Das Niveau der Kapelle lag früher tiefer[738], aber sicher wohl nicht auf Kreuzgangniveau. Eine Verbindung zu diesem bestand ursprünglich wohl nicht, weil der Altar auf der Ostseite gestanden haben muß.

Mittels der Steinmetzzeichen läßt sich nachweisen, was ohnehin wahrscheinlich ist: die *südliche Obergadenwand des 3. Mittelschiffjochs* und obere Teile der *Ostwand des Südquerarmes* schlossen sich in der Ausführung unmittelbar an *(Fig. 110, 116)*. Ohne weitere Differenzierung wurde die Mauer in ganzer Länge bis zum Kranzgesims hochgeführt. Ausgleichsrücksprünge ziehen sich zwischen den Vorlagenkämpfern und zu seiten des Fensters hin *(Fig. 53)*. Das grau-braune Material ist wieder nach oben zunehmend von hellerem durchsetzt; die Zahl der Zeichen nimmt immer mehr ab. Die Ostmauer des Südquerarmes steht mit dem Obergaden in sorgfältigem Verband und wurde mit ihm zugleich errichtet, jedoch nur so weit wie es notwendig war, um ihn strebepfeilerartig von der Seite her abzustützen und die Vollendung des Seitenschiffdaches zu ermöglichen. Die Abschnittsfuge läßt sich im Südquerarm streckenweise verfolgen. Sie steigt – wie erwähnt – als senkrechte Verzahnung in der Südwand *(Fig. 57)* neben dem südöstlichen Eckdienst auf bis fast unter dessen Kapitell, um sich dann horizontal quer durch die Ostwand *(Fig. 55)* bis über deren Mitte hinaus nach Norden zu ziehen. Allerdings läßt sich die genaue Höhenlage nur durch die Zeichen erschließen: die letzten der Gruppe erscheinen zwei Schichten unter der Fenstersohlbank, was bei der geringen Dichte nicht exakt genug ist. Die Fuge könnte also auch einige Schichten darüber verlaufen, was für die Anlage des Fensters und der Gewölbekonsole wichtig wäre. Vermutlich bleibt sie jedoch darunter. Mehrfache Schichtsprünge in der nördlichen Schildwand zeigen an, daß sie von der Konsole diagonal steil nach oben ansteigt. Außen *(Abb. 271)* erreicht sie das Kranzgesims fast im Winkel zum Obergaden. Über dem Gewölbe trennt sie Sichtmauerwerk nördlich von roh gespitztem südlich.

Mit dem Eckverband wurde auch der südöstliche Vierungspfeiler C10 vollendet. Für den Vierungsbogen fehlte noch das Gegenüber, doch oberhalb legte man schon die Verzahnungsquader für die Mauer über den Vierungsbögen an, wie sie bei Flachdecken unumgänglich ist *(Fig. 42, Abb. 399, 400, 402)*. Der Halbsäulenvorlage von C10 setzte man ein plumpes Würfelkapitell *(Abb. 718)* auf, während man im Querhaus ein Kelchblockkapitell mit Stengelblättern wählte *(Abb. 720, 721)*.

Die Überlegungen konzentrierten sich bisher ausschließlich auf die Südseite, weil eine Reihe kleiner Detailbeobachtungen auf eine spätere Ausführung der *Nordseite* deuten. Eine sichere Chronologie ist zwar nicht möglich, doch wird man ungefähr das Richtige treffen mit der Feststellung, daß der Vorgang im Prinzip parallel verlief, die Südseite der nördlichen aber in einem nicht genau bestimmbaren Maße vorauseilte. Die Mehrzahl der Zeichen, die auf der südlichen Seitenschiffsmauer auftraten, gehörten noch zu II A *(Fig. 110)*. Auf der Nordseite fehlen sie fast ganz, abgesehen von der geringen Dichte überhaupt. An den Pfeilern treten nur die groben Typen von II B auf. Leichte Modifizierungen des Planes und neue Kapitellformen oben bestätigen den Eindruck einer etwas späteren Ausführung der Nordseite.

Natürlich ging auch hier die *nördliche Seitenschiffsmauer* allen weiteren Baumaßnahmen voraus, und mit ihr im Zusammenhang die *Ostmauer des Nordquerarms*. Der winkelförmige Mauerzug entstand im Gegensatz zur Südseite ohne eine erkennbare, abermalige Abschnittsfuge. Der Bauverlauf hatte aber im 9. Joch *(Abb. 158)* offenbar die umgekehrte Richtung wie bisher, weil sich außen mehrfach nach Osten fallende Treppenfugen abzeichnen, die aber keine zusammenhängende Naht ergeben. Der Anschluß an die Abschnittsfuge im 8. Joch fiel denn auch wegen der Baurichtung von West nach Ost besonders grob aus *(Fig. 37, Abb. 158)*. Ein Grund für dieses Vorgehen ist nicht zu erkennen, ist aber vielleicht in den damals benachbarten Gebäuden der Pfalz zu sehen. Die Begrenzung des Bauabschnitts im Nordquerarm liegt abweichend vom Südquerarm in der Ostwand *(Fig. 54)*, ist aber ebenfalls eine senkrechte Verzahnungsfuge. Sie ist auch hier durch das Querschiff des Heinrichdoms bedingt, allerdings durch dessen nördliche Stirnseite *(Fig. 3)*. In der unterschiedlichen Position wirkt sich die Achsverschiebung zwischen altem und neuem Dom aus. Da sich das alte Querhaus nicht nur nach Süden im Kapitelsaal, sondern auch nach Norden im Haupttrakt der Pfalz fortsetzte, mußte man den Neubau an dieser Stelle unterbrechen, um dort die notwendigen Vorkehrungen zu treffen; denn das neue Querschiff ragt von da ab in den Palas der Pfalz hinein.

Dieser dürfte auch der Grund für den Verzicht auf ein Fenster im 9. Seitenschiffsjoch sein, falls man nicht von allgemeinen Erwägungen der Symmetrie zur Südseite ausgehen will. Der Palas *(Fig. 2, 3)* schloß zwar nicht mehr unmittelbar an den neuen Dom an, was die voll ausgebildeten Lisenen des Seitenschiffs und der Nordostkante des Querhauses anzeigen, doch war der Zwischenraum wohl gering. Andere Gründe sind nicht erkennbar.

Der Tendenz zur Vereinfachung und Vermeidung von Ornamenten entspricht es, wenn man nun für den letzten Abschnitt des Seitenschiffes die Füllungen des Rundbogenfrieses aufgab und das Kranzgesims entsprechend der Südseite als glatte, steile Kehle mit Wulst ausführte, wie es noch innerhalb des Eckanbaues erhalten ist. Der Wechsel setzt an der Abschnittsfuge im 8. Wandfeld ein, nach dem 1. Rundbogen des Frieses *(Abb. 158, 549)*. Erst im 18. Jh. versah man die leeren Bögen mit vorzüglich imitierten Ornamentfüllungen aus gelblich getöntem Mörtel[739], und das glatte Kranzgesims arbeitete man – offenbar in situ – zu einem Blattrankenfries *(Abb. 549)* um, der in Motiv und Detail beinahe wörtlich dem östlichen Gesims gleicht, mit Ausnahme des Profils natürlich, das, statt polsterförmig vorzutreten, gekehlt ist[740]. Auch den Anbau bezog man in diese historisierend vereinheitlichende Gliederung mit ein. In der Ecke, wo die beiden nun gleichartigen Gesimse zusammenstoßen, zieht sich das des Seitenschiffes noch in seiner ursprünglichen, glatten Form unversehrt in den Anbau hinein.

Bei der Gestaltung der *Bogenstellung* zwischen *Seitenschiff* und *Nordquerarm (Fig. 54)*, wich man von der für die Südseite *(Fig. 55)* gewählten Lösung ab. Dort ging man von einer symmetrischen Form des Vierungspfeilers aus und übertrug folgerichtig die vorgelegte Halbsäule *(Abb. 218)* bei D10 auch auf die Außenwand. Auf der Nordseite dagegen veränderte man die normale Wandvorlage des Seitenschiffes überhaupt nicht und verwendete sie auch für A10 *(Fig. 85)*. Für den Durchgangsbogen *(Abb. 217)* ergab sich somit die Normalform eines Gurtbogens ohne Unterzug. Zum Querhaus hin konnte man das Bogenprofil bereichern, indem man dort dem begleitenden Dienst von A10 statt einer Rippe (die dort ja nicht vorhanden war) einen Wulst zuordnete, ähnlich den Scheidbögen der Langhausarkaden[741]. Dieser Unterschied ist sehr bezeichnend für die verschiedenen Gestaltungsmöglichkeiten, die sich aus dem an sich festliegenden System entwickeln lassen. Während auf der Südseite der Durchgang das Prinzip von Vierungspfeilern und Bögen wiederholt und sich so dem System einfügt, wird das gleiche auf der Nordseite durch Fortführen der Seitenschiffsgliederung bzw. der Arkadenform erreicht *(Fig. 28)*. Für die Vierungspfeiler ergibt sich daraus eine unterschiedliche Bewertung: der südöstliche ist ein nach drei Seiten gleichförmiger Pfeiler, der nur nach Osten mit dem Langhaus zusammenhängt und damit stark auf »Rundumansicht« von Vierung und Querhaus aus berechnet ist, der nordöstliche dagegen ist ein stärker additives Gebilde durch das Zusammentreffen von Seitenschiffsystem und Vorlagen für die Vierungsbögen, wobei ganz gewiß seine einheitlichere Wirkung von Seitenschiff und Durchgang ausgeht – letzterer durch die weitere Öffnung weit weniger als Zäsur wirkend als auf der Südseite.

Die formale Analyse wirft die baugeschichtlich nicht eindeutig lösbare Frage nach dem Grund für den Wechsel und der zeitlichen Abfolge auf. Es ist erkennbar, daß die Außenvorlage A10 dem Pfeiler selbst vorausging und ihn daher mitbestimmte. Nun ist aber die Form des südöstlichen Vierungspfeilers C10 auf ein durchgehendes Niveau von Vierung, Lang- und Querhaus und damit auf den Zusammenhang dieser Teilräume angelegt. Zur gleichen Planung gehört auch der südwestliche Vierungspfeiler, wie noch zu zeigen sein wird. Auch der nordöstliche Vierungspfeiler B10 bezieht sich mit seinen Basen auf ein einheitliches Niveau, gibt aber die »Allansichtigkeit« auf. Das könnte auf eine Änderung in der Funktion der Vierung hindeuten, wie sie später mit dem höheren Niveau und der Ausschrankung sichtbaren Ausdruck erhielt. Die Bogenstellungen wurden damit einzige Zugänge zu den kapellenartig isolierten Querarmen. Sollte sich dies in der veränderten Pfeilerform anbahnen, so müßte man annehmen, daß die unteren Schichten des Südquerarms mit dem Südwestvierungspfeiler und dem Sockelgeschoß des Südwestturmes vor dem Vierungspfeiler B10 und der Vorlage A10 versetzt wurden. Die Zeichen schließen das nicht aus, doch gibt es auch keine eindeutigen Anhaltspunkte dafür.

Die Ausführung des *Vierungspfeilers B10* in der veränderten Form erwies sich alsbald als problematisch, worauf ein Wechsel zwischen dem geböschten Sockel und dem Basisprofil darüber hindeutet *(Abb. 282)*. Da der Sockel im 19. Jh. durch Abarbeiten mit dem Stockhammer verändert wurde, ist seine ursprüngliche Form – zugleich die geplante für den Pfeiler – teilweise nur aus den Abarbeitungsspuren zu ermitteln. Demnach sollte der Pfeiler wie C10 auch im Querhaus die gleiche symmetrische Form erhalten wie im Mittelschiff mit beidseitig neben der Halbsäule gleich breiter Vorlage *(Abb. 282)*. Das hätte notwendigerweise einen breiteren Pfeiler zur Folge gehabt, der mit seiner Vorlage für die Bogenstellung kräftig in das Seitenschiff vorgesprungen wäre. Vom Seitenschiff aus hätte sich dadurch eine stark asymmetrische Anordnung der Bogenstellung mit geringerer Spannweite ergeben, während sie sich heute nicht von den Gurtbögen unterscheidet und keinerlei Einziehung bedeutet. Schon in der nächsten Schicht bei den Basen erkannte man das Unbefriedigende dieser Lösung, reduzierte den Vierungspfeiler B10 und erreichte damit die Symmetrie des Bogens zum Seitenschiff hin. Die dafür geopferte Symmetrie des Vierungspfeilers im Querhaus – man mußte den Eckdienst dicht an die Halbsäule heranrücken – wiegt geringer, weil man den Pfeiler heute wegen der Schranken von der Vierung her kaum überblicken kann, was sich damals vielleicht schon in einer anderen funktionalen Zuordnung dieses Bereichs abzeichnete. Da der Dienst zunächst nicht dem Vierungsbogen zugeordnet war, mußte man oben keine Komplikationen befürchten. Diese ergaben sich erst bei Einführung eines Wölbungsplanes, wie noch heute zu sehen ist (vgl. unten S. 125f.). Der aufgegebene Sockel blieb offenbar ganz bis ins 19. Jh. erhalten, teilweise existiert er noch jetzt.

Im Gegensatz zu C10 besitzt B10 im Querhaus keine flache Rücklage zwischen Eckdienst und Wand *(Fig. 54, 55)*. Die Ostmauer ist hier anscheinend um dieses Maß stärker als im Südquerarm. Da sich die flachen Rücklagen erst über dem Kämpfer entwikkeln, ist der Verzicht nicht an den Sockeln von A 10, B 10 direkt abzulesen, wohl aber an der Stellung der beiden zueinander. Demzufolge war hier nichts Entsprechendes vorgesehen, was einen Schritt auf die späteren, isolierten Eckdienste des Nordquerarms hin bedeutet.

Das vestärkt wiederum die Hinweise auf die spätere Planung und Ausführung der Nordseite gegenüber der Südseite. Dazu paßt ferner das Auftreten der Würfelkapitelle an der Außenmauer des Nordseitenschiffes *(Abb. 625–628)*, also unten, und am südlichen Obergaden oben, nämlich als Abschluß des Vierungspfeilers C 10. Das zeitliche Verhältnis von B 10 zur Sockelzone des südwestlichen Vierungspfeilers läßt sich nicht bestimmen.

Wegen des einheitlich grau-weißen Materials wird man annehmen dürfen, daß die *Scheidbögen B 8–9* und *B 9–10* und der *Durchgangsbogen* gleichzeitig ausgeführt worden sind und in unmittelbarem Anschluß daran auch die entsprechenden Zwickel bis zum Horizontalgesims. Ganz vereinzelt taucht das Zeichen 120, etwas häufiger auch 131 auf, wodurch noch immer ein Zusammenhang mit der Südseite gegeben zu sein scheint.

Die *Gewölbe* des 8. und 9. *Jochs* im *Nordseitenschiff* gleichen den entsprechenden der Südseite. Ihre Ripen sind ebenfalls schmaler als in den östlichen Jochen, aus hellem Material und ohne Ornamentzier am Schlußstein. Im 8. Joch ist allerdings eine bemerkenswerte Abweichung festzustellen; der kreuzförmige Schlußstein hat dort eine zylindrische Mitte, eine dekorationslose Vorstufe der tellerförmigen Schlußsteine der nun folgenden Gewölbe am Dom *(Abb. 848)*.

Wie auf der Südseite wurde die *nördliche Obergadenmauer* des 3. Mittelschiffjochs *(Fig. 53)* in einem Zuge ausgeführt. Die Quaderabmessungen sind etwas größer als gewöhnlich, das Material ist vorwiegend hell mit einigen dunkleren Einsprengseln. In Höhe der Kapitelle und Kämpfer ging man wieder zu gleicher Schichthöhe mit den Vorlagen über, bei den Kämpfern sogar mit seitlichen Einbindestegen. Beides belegt die Zugehörigkeit des westlichen Kapitells der Vorlage über B 8 zu diesem Abschnitt. Bei dem häufiger auftretenden Zeichen Nr. 139 ist nicht ganz sicher, ob es mit dem in Querhaus und Westchor identisch ist. Wäre dies der Fall, so stellte sich auch hier die Frage des zeitlichen Verhältnisses zum Querhaus. Die eindeutige Zugehörigkeit zum Flachdeckenplan III B spricht allerdings für eine enge Verbindung zum südlichen Obergaden.

Das reine, undekorierte Kelchkapitell *(Abb. 709)* mit durch Löcher verziertem Rand am nordöstlichen Vierungspfeiler und die Dienstkapitelle – Kelch mit starr abstehenden Bossenblättern, teils spitz *(Abb. 709)*, teils mit kleinen Kugeln – künden von etwas Neuem, das nicht aus der 2. Gruppe oder den Rohformen der 3. Gruppe zu erklären ist, sondern zu den Formen der Westteile überleitet[742]. Schon hier setzt möglicherweise ein gewisser Einfluß des Ebracher Baues ein[743]. Das nach Westen gerichtete Hauptkapitell *(Abb. 710–712)* des Vierungspfeilers gleicht dagegen fast wörtlich dem entsprechenden des Südostvierungspfeilers und bestätigt über die Widersprüche hinweg die Verbindung. Im oberen Teil der *Ostmauer des Nordquerarmes (Fig. 54)* gleichen die Befunde denen des Südquerarmes. Unter der Fenstersohlbank verläuft die Abschnittsfuge ein Stück horizontal. Hier ist die Gewölbekonsole nachträglich eingesetzt worden. In der der Vierung benachbarten, südlichen Wandfläche unter dem Gewölbe, also über dem Seitenschiffsdurchgang, steigt die Treppenfuge von der Konsole schräg nach Süden aufwärts bis fast zum Anschluß des Obergadens. Über dem Seitenschiffsdach ist sie auch außen gut zu verfolgen *(Abb. 269)*. Über dem Gewölbe trennt sie wiederum glattes von rauhem Mauerwerk, das sich nach Norden erstreckt *(Fig. 40, Abb. 401)*. Mit dem Obergaden des Langhauses steht die Ostmauer in sorgfältigem Verband, auch wenn im Winkel die Schichthöhen stark voneinander abweichen. Über den Vierungsbögen ist auch hier nach Süden und Westen gerichtet im Mauerwerk die Verzahnung für eine Übermauerung angelegt, die jedoch nie ausgeführt wurde, weil sie bei einem Gewölbebau nicht notwendig ist *(Fig. 40, Abb. 401)*. Der östliche Vierungsbogen, für den nun alle Voraussetzungen geschaffen waren, wurde offenbar zunächst nicht eingezogen, wie seine Steinmetzzeichen lehren.

Die nach Süden und Norden an die Abschnittsfugen anschließenden Teile der Querhausostmauer gehören ganz eindeutig zu einem Gewölbebau. Damit sind die Grenzen zwischen den Abschnitten zugleich solche zwischen verschiedenen Planungen. Hier endet der Plan III B. Im Südquerarm ist nicht auszuschließen, daß er auch für die untersten Schichten der Süd- und Westmauer gültig blieb, doch liefern die dortigen Befunde keine neuen Aspekte für seine Rekonstruktion.

PLAN III B *(Fig. 24, 25)*

Von den im 1. Langhausjoch durch Plan III A geschaffenen Voraussetzungen ausgehend bestimmte Plan III B die Ausführung des gesamten Langhauses[744] bis zum Kranzgesims und Teilen der Querschiffostmauer. Die Befunde, die seine Rekonstruktion ermöglichen, verteilen sich daher auf die ganze Länge, vornehmlich aber am östlichen Chorbogen, oberhalb der Gewölbevorlagen und der Vierungspfeiler. Da er fast vollständig verwirklicht wurde, bedarf es nur der Herauslösung späterer Zutaten, um eine Vorstellung von ihm zu gewinnen, d. h. man muß sich lediglich die drei Mittelschiffsgewölbe wegdenken. Da das Ergebnis überraschend und ungewöhnlich ist, sei es im Folgenden ausführlich begründet.

Spätestens oberhalb des Kämpfers der Vorlage über B 6 und C 6 wurde die Absicht, das Mittelschiff einzuwölben, wieder aufgegeben. Statt einen Schildbogen und Anfänger für Gurt und Rippen anzulegen, ließ man die Vorlagen funktionslos enden und führte das auf Sicht berechnete Mauerwerk glatt darüber hinweg *(Fig. 40–42)*.

Beim Anschluß an den bereits vollendeten und gewölbten Ostchor oberhalb des Chorbogens ergab sich daraus die heutige, noch erhaltene Situation, die schon teilweise bei Plan III A beschrieben wurde. Auf der Nordseite *(Fig. 40, Abb. 397)* stößt dort das auch oberhalb des Gewölbes glatte Sichtmauerwerk mit senkrechter Fuge von Westen gegen das rohe Kleinquaderwerk über dem Chorgewölbe[745]. Prüft man die Lage dieser senkrechten Fuge nach, so stellt sich heraus, daß sie genau über der westlichen Stirn des schmalen Gurtbogens verläuft, der zugleich Chorbogen ist (B 4, C 4). Die Fuge hat demnach keinerlei Beziehung zu der breiten Chorbogenvorlage über B 4 bzw. C 4 und dem darüber geplanten mächtigen Chorbogen, sondern setzt den schmalen Gurt voraus, was nach Schilderung des Bauablaufs im 5. Abschnitt nicht anders zu erwarten war *(Fig. 40)*. Auf der Südseite verläuft die Fuge unregelmäßiger und weiter westlich, weil der Wölbungsplan III A hier im Langhaus sogar Kranzgesimshöhe erreicht hatte *(Fig. 41, Abb. 398)*. Das auf Sicht berechnete Großquaderwerk schließt aber ebenfalls nach Westen hin an. Das rohere Mauerwerk ist mit einem sorgfältigen Glattputz verdeckt worden[746].

Für das Sichtmauerwerk gibt es – wie sich noch klarer zeigen wird – nur die Erklärung durch eine geplante Flachdecke, deren Balken oberhalb der heutigen Gewölberücken gelegen hätten, so wie heute die des barocken Dachstuhls. Die senkrechte Fuge der Nordseite legt nun die Vermutung nahe, es müsse eine Übermauerung des schmalen Chorbogens gegeben haben, zumal man ja sonst über den Bogen hinweg in den Raum über den Chorgewölben hätte blicken können. Der Rücken des Chorbogens bietet zunächst den Eindruck eines normalen Gurtes: getreppt durch aufliegende, roh gespitzte Quader. Erst bei genauerer Untersuchung ist diese Abtreppung als Überrest einer Mauer zu erkennen, die auf ihrer Westseite zum Langhaus hin feinen, glattgestrichenen Putz trägt *(Abb. 398)*. Der Putz ist älter als das Gewölbe des Langhauses, das stumpf gegen die Putzfläche stößt; sie reicht überall eindeutig unter den Gewölberücken hinab. In der Art gleicht der Putz jenem auf dem Mauerstück der Südseite. Als Plan III A zugunsten der flachen Decke aufgegeben wurde, übermauerte man den Gurt mit hammerrechtem Quaderwerk, das verputzt wurde, ebenso wie der nicht auf Sicht berechnete, aber nun frei liegende Teil der Südwand. Der dort angelegte Schildbogen wurde zusammen mit den Rippen nur im Bereich der Anfänger einige Steine hoch ausgeführt *(Abb. 186, 187, 189)*. Die anschließenden Wände wurden bis oben gequadert; auf der Nordseite konnte man direkt bei der Übermauerung damit anfangen, auf der Südseite geschah es ein wenig weiter westlich.

Die Hochschiffwände zeigen dieses auf Sicht berechnete Großquaderwerk oberhalb der Gewölbe in ganzer Länge bis zur Vierung *(Fig. 40–42, Abb. 396–402)*. Der Nachweis einer Berechnung auf Sicht wird durch jene vergleichbaren Mauerzonen erbracht, die von Anfang an von Gewölben verdeckt werden sollten und daher roh sind. Die ausgeführten Mittelschiffgewölbe binden nicht in die Obergadenwand ein, sondern sind teilweise durch Spalten von ihr getrennt, die durch ihr Ausweichen entstanden sind. Die zahlreichen Steinmetzzeichen stimmen genau mit denen überein, die jeweils an den Wandflächen und Vorlagen des Joches direkt darunter anzutreffen sind.

Im Plan III B hielt man sich merkwürdig exakt an den von III A konzipierten Aufriß. Das erste Fenster, das es zu bauen galt, wurde wie vorgesehen über dem Pfeiler B 5 bzw. C 5 angeordnet, vermutlich weil die unteren Schichten der Südwand gemäß III A schon so weit reichten. Auf eine Korrektur dieser durch vierteilige Gewölbe verursachten Anordnung verzichtete man jedenfalls. Lediglich der Fensterscheitel wurde ein wenig hinaufgerückt und die Sohlbankschräge durch Stufung etwas weiter hinabgezogen. Bei dem ersten, dem nördlichen über B 5, versuchte man eine seitliche Abschrägung der untersten Sohlbankschicht, gab dies jedoch wieder auf *(Fig. 38)*.

Erst über den Vorlagen von B 6 bzw. C 6 wich man vom Aufriß III A ab, indem man auch hier Fenster anordnete, die in Größe und Gestalt genau den bereits fertigen glichen. Diese Fenster sind heute noch erhalten und sowohl von außen am Obergaden *(Fig. 19, 36, 37, Abb. 160, 174)* als auch oberhalb der Gewölbe *(Fig. 40, Abb. 396)* gut sichtbar[747]. Die Steinmetzzeichen an ihren Bögen erweisen sie einwandfrei als zu den Vorlagen darunter gehörig. Als man später das Mittelschiff einwölbte, mußte man sie vermauern. Diese Zusetzungen stehen mit den Gurtbögen und Gewölberücken im Verband.

An sich war der Gedanke naheliegend, wie schon bei B 5 und C 5 auch über den folgenden Pfeilern B 6 und C 6 Fenster anzuordnen, als man wieder zur flachen Decke im Langhaus zurückkehrte. Die Gewölbevorlagen darunter rührten eben von einem älteren Projekt her und wurden stehengelassen, wie man es schon im Chor mehrfach getan hatte, besonders im 2. Joch, wo ja auch ein Fenster über die ehemaligen Mittelvorlagen gesetzt worden war. An diesen Anblick war man also gewöhnt. Erstaunlich wird der Plan III B erst in den folgenden Jochen, wo es keine baugeschichtlichen Vorbedingungen gab. Aus der Bauabfolge ging zweifelsfrei hervor, daß man das Mittelschiff ungefähr Joch für Joch errichtete und somit in den zwei westlichen Jochen in der Entscheidung frei war, als man die Fenster über B 8 bzw. C 8 anordnete. Doch man erhob das zufällig Entstandene zum System. Auch bei B 8 und C 8 errichtete man stärkere Pfeiler und Gewölbevorlagen, die man darüber funktionslos unter einem Fenster enden ließ.

Wie sehr man aus dem Zufall ein System entwickelte, zeigen die Vierungspfeiler und das Querhaus. Wie schon angedeutet, entwickelte man den Vierungspfeiler aus der Gewölbevorlage, indem man deren Rechteckpfeiler auf der Stirnseite verbreiterte und ihm eine Säule mit Dreiviertelkreisquerschnitt vorstellte, die den Unterzug des Vierungsbogens tragen sollte. Vom System her gehört dieser Vierungspfeiler zu einem Gewölbebau, weil flanierende Eckdienste für Rippen und flache, lisenenartige Vorlagen für Schildbögen vorhanden sind. Nun wäre es ja denkbar gewesen, dieses ganze Bündel von Vorlagen unter einem breiten, reich gestuften, vielleicht von Wulsten begleiteten Vierungsbogen zu vereinen und jedem Glied eine Funktion zu geben. Doch plante man es offenbar anders.

Da die Vierungsbögen nicht mehr Plan III B angehören, müssen wir uns mit den Befunden an der Obergadenwand darüber begnügen. Wie der Chorbogen hätten auch die Vierungsbögen eine Mauer tragen müssen, die die Zwickel neben und über den Bögen bis zur Flachdecke geschlossen hätte. Sie wäre von gleicher Stärke wie die Bögen gewesen, und weil ihre Anschlüsse schon sorgfältig vorbereitet waren, geben diese exakt Auskunft über deren Breite. Zum Mittelschiff hin ist die Verzahnung nicht mehr erhalten *(Abb. 399, 400, Fig. 40, 42)*, doch kann man an einer senkrechten Abfolge von Stoßfugen die Stelle genau ermitteln, wo die östliche Stirnfläche in den Obergaden eingebunden hätte. Nach genauem Aufmaß liegt diese Wandebene in einer Flucht mit der östlichen Stirn des heutigen Vierungsbogens. Die Eckdienste und Schildbogenvorlagen sollten also nicht benutzt werden und funktionslos mit ihrem Kämpfer enden *(Fig. 24)*.

Auch das Querhaus wurde in diese Gliederung einbezogen – seine Ostmauer gehört ja teilweise noch zum Plan III B. An dieser Ostseite haben sich oberhalb des nördlichen und südlichen Vierungsbogens die vortretenden Verzahnungsquader erhalten[748], deren sauber geflächte Stirn nach Norden bzw. Süden blickt *(Abb. 401, 402, Fig. 40, 42)*. Auch dort läßt sich die Flucht der Mauer über den Bögen ermitteln. Die Existenz der Verzahnung belegt zunächst einmal, daß auch die Querarme flach gedeckt werden sollten. Folglich erscheint auch dort – soweit der Plan ausgeführt wurde – jenes auf Sicht berechnete Mauerwerk. Die durch die Verzahnung gegebene Flucht der Übermauerung ist auf der Südseite identisch mit der südlichen Bogenstirn, womit sich das gleiche Bild wie im Langhaus ergibt: Eckdienst und Schildbogenvorlage enden funktionslos in Kämpferhöhe. Auf der Nordseite *(Fig. 40)* unterscheidet sich die Situation, weil dort der Vierungspfeiler verändert hochgeführt wurde. Die Verzahnung *(Abb. 401)* belegt aber die Zugehörigkeit auch des veränderten Pfeilertyps zum Plan III B. Die Verschmälerung des Pfeilers, das Heranrücken des Eckdienstes an die Säulenvorlage, ging zwar von den Komplikationen des Durchganges aus, dürfte aber einem systematisch denkenden (schon von Ebrach beeinflußten?) Architekten umso leichter gefallen sein, als der Dienst – wie auf der Südseite zu sehen war – nichts tragen sollte. Man rückte ihn dort unter den Bogen. Wegen dieser Veränderung verläuft die Flucht der Übermauerung auf der Nordseite über dem Eckdienst.

Die Ausführung von Plan III B reicht beim Südquerarm unten sogar um die Südostecke herum. Dadurch ist es möglich, noch genauere Angaben zu machen. Die anscheinend für Gewölbe so sinnvolle Eckvorlage im Südosten *(Abb. 280, Fig. 55)* gehört noch zu diesem Bauabschnitt und damit zu dem flachgedeckten Querarm; sie ist also nur ein Pendant zu der Eckvorlage des Vierungspfeilers, ohne für ein Gewölbe gedacht zu sein. Hier wird offenbar, wie sehr man bemüht war, aus dem Zufall ein konsequentes Gliederungsprinzip zu entwickeln. Das neben der Vorlage angelegte Fenster gehört nicht mehr zu dem Flachdeckenprojekt.

Insgesamt kann man sich also ein recht gutes Bild von dem Querschiff des Planes III B machen. Es bestätigt in allen Details die dem Befund nach eindeutige Rekonstruktion des Langhauses. Offen bleibt dabei die Vierung, von der man wohl annehmen darf, daß sie ebenfalls flach gedeckt werden sollte. Die Mauerverzahnungen sind keinesfalls als Anlage eines Vierungsturmes zu deuten. Ob die Fundierung des Südwestturmes noch zu diesem Projekt gehört, muß einstweilen offen bleiben.

Die im Mittelschiff und Nordquerarm neben dem nordöstlichen Vierungspfeiler sichtbaren, vermauerten Öffnungen sind nachträglich eingebrochen worden, da ihnen gemauerte Bögen fehlen. Sie führen auf den Dachstuhl des Nordseitenschiffes und dienten vielleicht ähnlichen Zwecken wie die ursprüngliche »Orgelöffnung«. Vielleicht hängt damit auch die Errichtung des Anbaues mit direktem Treppenzugang zusammen.

*Diskussion des Forschungsstandes.* Neben der komplizierten Planungsgeschichte des Ostchores gehört Plan III B *(Fig. 24, 25)* zu den eigenartigsten Erscheinungen am Bamberger Dom. Schon frühzeitig ist erkannt worden, daß Gewölbevorlagen und Fenster darüber allen Regeln architektonischer Gestaltung widersprechen. Darum war man bemüht, Auswege aufzuzeigen, die den Gegensatz lösen sollten. Brandspuren und die einfache Erscheinung von Obergaden und Fenstern *(Abb. 147, 148)* führten den stilkritischen Betrachter leicht zu der Meinung, es handle sich um den Rest eines älteren Baues, sei es nun aus der Zeit Heinrichs II. oder Bischof Ottos, wobei man Pfeiler und Vorlagen einfach überging oder für nachträglich untergesetzt hielt[749]. Ebenso alt ist die Meinung, Obergaden und vermauerte Fenster gehörten einem älteren Projekt des Neubaues im 13. Jh. an, die Vorlagen blieben dabei unerwähnt[750]. Schließlich sah man in dem Flachdeckenprojekt eine vom Geldmangel diktierte Notlösung, die man so bald als möglich wieder rückgängig machte[751]. Von diesen sehr unterschiedlichen Ansichten trifft keine den Sachverhalt genau, obwohl in den meisten Richtiges enthalten ist, einige der Wahrheit sogar sehr nahe kommen. Offenbar als nebensächlich betrachtet hat das Problem eigentlich keinen Eingang in die deutsche Architekturgeschichte des 13. Jhs. gefunden.

Da die vom Befund her eindeutige Lösung, Plan III B, nicht in die gewohnten Vorstellungen paßt, seien noch einmal wichtige Punkte hervorgehoben. Steinmetzzeichen, Bauverlauf, Technik und Fugennetz belegen übereinstimmend, daß in dem aufgehenden Mauerwerk des Domes, speziell in den Obergadenmauern keine Überreste des Vorgängerbaues erhalten sind. Die Brandspuren gehen weder auf die bezeugten Brände (1081, 1185), noch auf wiederverwendetes Material zurück, sondern auf einen Brand während des Baues (ungefähr 1227). Die Gründe für die in gewisser Weise altertümliche Wirkung des Obergadens sollen an anderer Stelle untersucht werden.

Der Verzicht auf Wölbung des Mittelschiffs ist sicher nicht auf eine finanzielle Notlage zurückzuführen; denn bei einer Interimslösung hätte man nicht die Fenster über den Vorlagen angeordnet, was ja später die Wölbung erschwerte. Hier muß man vielmehr die Gesamtentwicklung berücksichtigen, in der das Projekt einer Flachdecke keineswegs neu, sondern von Anfang an gegeben *(Fig. 21, 22)* war und nur kurzfristig verdrängt *(Fig. 23)* wurde. Außerdem hätte sich der Vorgang des Verzichtes von Joch zu Joch wiederholen müssen, letztmalig oberhalb der Vierung. Wozu die aufwendige Quaderung? Wenn man später das Versäumte nachholen wollte, hätten geputzte Flächen ausgereicht.

Schließlich stellt sich noch einmal die Frage, ob jene Gewölbevorlagen, die so ganz zu dem heutigen Gewölbe zu passen scheinen, wirklich gleichzeitig mit dem Obergaden entstanden sind. Die Anlage der Pfeiler B 6 und C 6 sowie der zugehörigen Scheidbögen innerhalb des Planes III A dürften an sich als Nachweis ausreichen. Ein nachträgliches Vorsetzen der Vorlagen vor die Pfeiler scheidet schon wegen deren unterschiedlicher Stärke aus, abgesehen von dem Steinschnitt, der ein Herauslösen völlig unmöglich macht. Bei den Pfeilern B 6 und C 6 gibt sich die von dem Pfeiler abweichende Schichtung der Vorlagen bis über die Arkadenkämpfer hinauf unschwer als wenig sorgfältige Erneuerung zu erkennen[752]. Wahrscheinlich hatte sich dort im 18. Jh. ein großer Altaraufsatz oder ein Epitaph befunden. Darüber hinaus stimmen die Vorlagen in Material und Steinmetzzeichen jeweils mit ihrer engsten Umgebung überein und »machen« damit die Entwicklung des Baues »mit«. Das schließt auch eine Möglichkeit aus, die eingehend untersucht wurde: die Auswechslung jedes zweiten Pfeilers mit einem Teil der Scheidbögen zum Zeitpunkt der Wölbung. Zwar sind die Scheidbögen geringfügig asymmetrisch *(Fig. 86, 87, Abb. 199, 192)*, aber es läßt sich daraus nichts schließen, weil es nicht über das normale Maß hinausgeht und zudem kein Prinzip erkennbar ist. Es findet sich auch sonst nicht der geringste Hinweis auf einen solchen Vorgang[753].

Falls man glauben möchte, die Vorlagen hätten vielleicht wie bei einer Arkadenrahmung nur bis zu dem Horizontalgesims gereicht, so ist auch das zu widerlegen. Sie binden nämlich auch oberhalb des Gesimses durch wechselweises Ausklinken sorgfältig in die Wand ein[754]. Im nördlichen Wandfeld des 3. Joches stimmen sogar die Schichten der Kapitelle und Kämpfer überein, letztere sind sogar mit seitlichen Stegen zum Einbinden versehen *(Fig. 52)*.

Man wird sich also mit dem Plan III B als einer merkwürdigen Erscheinung der Architekturgeschichte des 13. Jh. abfinden müssen, bei der unten der Rhythmus eines Gewölbebaues, oben aber die Flächigkeit eines altertümlichen Flachdeckenbaues herrschten. Sie ist nur aus besonderen Strömungen innerhalb der verantwortlichen Auftraggeber in Bamberg heraus erklärbar. An den Anblick funktionsloser Vorlagen hatte man sich schon im Chor gewöhnt. Sogar nach den Erfahrungen des Brandes am Neubau gab man dieses Vorhaben nicht auf. Auf die Dauer freilich konnte es sich nicht gegen die »Normallösung« einer Gesamtwölbung behaupten. Schon Plan III A *(Fig. 23)* war ja ein Versuch in dieser Richtung gewesen. Er hatte in Plan III B *(Fig. 24)* die Gewölbevorlagen hinterlassen, und dann war die Wölbung nur noch eine Frage der Zeit[755].

An sich wäre es durchaus sinnvoll, an dieser Stelle den Abschluß

## 7. Das 3. Langhausjoch und die unterste Zone des Südquerarmes

eines durch klare Fugen in den Ostmauern der Querarme begrenzten Bauabschnittes *(Fig. 128)* anzunehmen. Indessen wurde schon angedeutet, daß nicht ganz zu klären ist, ob nicht eine Gruppe von Steinmetzen an den Fundamenten des Südwestturmes arbeitete, als die Nordseite des Obergadens noch im Bau war. Daher scheint es sinnvoll, diesen nächsten kleinen Abschnitt hier anzufügen, auch wenn keine Verbindung der Steinmetzzeichen herzustellen ist; denn zwischen beiden Bauteilen erfolgte der Übergang von der Gruppe II zur Gruppe III, die hier zunächst durch eine eng begrenzte Zahl, III A *(Fig. 107, 110)*, vertreten ist. In dem Zeichen 128 könnten – wenn Identität vorliegt – sogar eine Verbindung bis II A zurückreichen, allerdings bezeichnenderweise nur auf der Südseite. Darüber hinaus könnte dieser neue Teil noch auf Plan III B bezogen sein.

Das Sockelgeschoß des Südwestturmes *(Fig. 9, 17, Abb. 267, 268, 354)* steht mit den angrenzenden Mauerzügen des Südquerarmes und Westchores im Verband, zumal diese – wie es bei Winkeltürmen der Fall zu sein pflegt – beiden Baukörpern gemeinsam sind, d. h. der Turm hat nur zwei eigene Mauern, nach Süden und Westen. Man wird daher den Turm vor allem auch in seinen unteren Teilen in die baugeschichtlichen Überlegungen mit einbeziehen müssen.

Da die Fundamente nur in einem kleinen Teil des Westchores frei lagen, ist man für die Beurteilung des Bauverlaufs in diesem Bereich auf Steinmetzzeichen angewiesen. Zunächst einmal mußte fast die ganze Südhälfte der alten Westkrypta und natürlich auch des Chores darüber – sofern er noch stand – abgebrochen werden, weil der Südwestvierungspfeiler und die Südmauer des Westchores wegen der Achsverschiebung an der Stelle von Südmauer bzw. Apsisansatz der alten Krypta zu stehen kamen *(Fig. 7 a)*. Man brach allerdings nur soweit ab, wie es gerade notwendig war. Der alte Kryptenraum stellte zugleich eine ausgedehnte Baugrube dar.[756] Das Abbruchmaterial verwendete man vorwiegend für die Fundamente, in denen so eine Reihe von Profilsteinen erhalten blieben *(Abb. 318)*[757].

Im Fundament der Südmauer des Westchores, noch unterhalb des Langhausniveaus, ist eine Ausführungsfuge erkennbar *(Fig. 89, Abb. 317, 318)*. Sie verläuft östlich vor der Apsisbogenvorlage und treppt sich fallend nach Westen vor. Da sie noch innerhalb des Südwestturmes liegt, besagt sie nur, daß dieses Fundament von Ost nach West vorgetrieben wurde. Solche Fugen innerhalb desselben Bauabschnittes ließen sich vermutlich auch in den übrigen Fundamenten aufdecken. Das Mauerwerk darüber, das unter dem Niveau des Westchores liegt, zieht ohne Unterbrechung über die Fuge hinweg. Wo westlich davon im Ansatz oder Rund der Apsis eine Abschnittsfuge liegen könnte, muß offen bleiben. Vielleicht wurde auch schon die ganze Rundung der Apsis angelegt[758].

Der recht geschlossene Zeichenabschnitt III A legt nun einen verhältnismäßig einfachen Bauablauf nahe. Ausgehend von der Fuge in der Südostecke errichtete man die *Stirnmauer* des *Südquerarmes (Fig. 116)* bis etwa zur Höhe von 2,50 m über dem Langhausniveau. Eine Tür zum Kapitelsaal hart neben der Südostvorlage wurde gleich mitangelegt, wogegen die Tür der Sakristei erst mit dieser zusammen 1684 eingebrochen wurde[759]. In der Südwestecke *(Fig. 57, 58)* legte man eine Vorlage an, die mit Dienst und flachen Rechteckvorlagen dahinter genau der in der Südostecke gleicht und daher durchaus noch Plan III B zugerechnet werden kann.

Zur gleichen Zeit arbeitete man an den unteren Schichten der *Westmauer* des *Südquerarmes (Fig. 120)* und führte sie ebenfalls bis zur Höhe von ca. 2,50 m. Schon die Verteilung der Türen läßt Rücksichtnahme auf den dahinterliegenden Südwestturm erkennen *(Fig. 27)*. Ein bescheidener Nebeneingang, der zu den nächstgelegenen Domherrenkurien führte, wurde soweit nach Süden gerückt, daß er neben dem Turm ins Freie führt. In der Form entspricht er ganz dem von den Ostteilen her Gewohnten: einfacher, rundbogiger, außen profilierter Rahmen als Anschlag, innen ist er etwas breiter und höher. Die zweite, kleinere Tür, heute fast ganz von der Altarstipes und dem Veit-Stoß-Retabel verdeckt *(Fig. 58, Abb. 287)*, liegt ca. 1,50 m neben dem Südwestvierungspfeiler und führt damit etwa axial in das Sockelgeschoß des Südwestturmes *(Abb. 354)*, dessen einziger Zugang sie ehedem war. Sie ist ebenfalls rundbogig, hat jedoch zum Turm hin einen Rücksprung, der mit einem Segmentbogen schließt und damit ein neues Element enthält. Diese Tür ist bei den Überlegungen zum Standort des 1229 geweihten Marienaltars übersehen worden[760].

Aufgrund der Tradition durch spätere Quellen und Zeichnungen des 18. Jhs. ist er stets auf der Westseite lokalisiert worden, wozu der Platz zwischen beiden Türen (also etwas südlich des heutigen Altares) ausreichen würde. Für das 13. Jh. ist allerdings eine damit erzwungene Zelebrationsrichtung nach Westen kaum vorstellbar. Im Hinblick auf die an allen Altären geltende Zelebrationsrichtung nach Osten wird der Standort des Marienaltars in den älteren Quellen als »rechts« vom Hauptaltar gelegen angegeben[761]. Über einen Standortwechsel ist allerdings nichts bekannt, und eine Aufstellung an der Ostseite würde durch den Zugang zum Kapitelsaal beeinträchtigt. Vielleicht war dies der Grund, den Altar schon bald an die Westseite zu verlegen. Das Sockelgeschoß des Südwestturmes diente offenbar als Sakristei für den Altar. In dem Raum könnte die Nische südlich neben der Tür *(Abb. 354)* für Altargerät bestimmt gewesen sein.

Mit der Westwand zugleich wurde auch der *Südwestvierungspfeiler (Fig. 27, 89, Abb. 287, 289)* bis zu der entsprechenden Höhe aufgeführt. Seine auf unterschiedlichem Niveau versetzten Sockel und Basen zeugen von einem älteren Projekt, das nur im Zusammenhang mit den Befunden auf der Südseite des Westchores zu verstehen ist. Die mit rundbogigen Rechtecknischen versehene Mauer, die sich von Ost nach West zwischen die Vierungspfeiler spannt, die Westchorschranken trägt und das höhere Niveau der Vierung eingrenzt, ist erst später eingefügt worden.

Auch die *Südmauer* des *Westchores (Fig. 89, Abb. 317, 318, 320)* gehört in diese Phase des Bauvorganges, trotz der Fuge in ihrem Fundament. Sie erreichte ebenfalls die genannte Höhe von ca. 2,50 m über dem Langhausniveau, was ungefähr dem heutigen Niveau in der Westapsis entspricht. Die westliche Abschnittsfuge ist nicht zu ermitteln. Mit Sicherheit wurde aber die Chormauer schon über den Turm hinaus bis zum Ansatz der Apsis geführt, vielleicht wurde auch schon der Apsissockel angelegt, doch wird das später zu erörtern sein. Oberhalb dieser horizontalen Begrenzung setzt für den Westchor eine neue Planung ein, die das Ende dieses Bauabschnittes deutlich anzeigt.

Im Winkel zwischen Südquerarm und Westchor entstand gleichzeitig das *Sockelgeschoß des Südwestturmes (Abb. 354)*, das wahrscheinlich noch ganz, d.h. einschließlich Wölbung, diesem Bauabschnitt angehört, obwohl es etwas über die Grenze von 2,50 m aufragt. Es ist durchaus möglich, daß gerade dieses Sockelgeschoß in dem ganzen Komplex von drei Mauerzügen das Maß für die Baugrenze abgab, die im Westchor durch einen Planwechsel, sonst aber nur durch Steinmetzzeichen gekennzeichnet ist. Der einfache, kreuzgratgewölbte Raum mit Schildbögen auf Konsolen erinnert in diesen wenigen Formen sehr an die Kapellen in den Osttürmen. Das Fenster nach Westen und die Tür nach Süden, der heutige Zugang, sind nachträglich eingebrochen worden, im 19. Jh. in Anlehnung an das benachbarte Portal »romanisch« gerahmt *(Abb. 267)*. Der äußere Sockel, der scheinbar auf sie Bezug nimmt, ist eine im Profil korrekte Erneuerung vermutlich schon des 18. Jhs. Der Fußboden des Raumes liegt ca. 0,35 m unter dem Innenniveau und damit fast 1,00 m unter dem heutigen Außenniveau. Dieses ist aber, wie an dem Sockelprofil von Chor und Turmwestseite abzulesen ist, im Laufe der Zeit erheblich angewachsen. Ursprünglich dürfte kaum ein Unterschied zwischen den Niveaus außen und im Turmsockelgeschoß bestanden haben[762]. Wie sich zeigen wird, ist die Frage der Niveaus für den Westchor wichtig.

Erste Planung der Westanlage (noch zu Plan III B gehörig?)

*Grundriß (Fig. 9).* In diesem Stadium war der Bau in der südlichen Hälfte seiner Westteile so weit »aus der Erde heraus«, daß man sich ein recht zuverlässiges Bild von dem machen kann, was beabsichtigt war. Es weicht im Detail nicht unwesentlich von dem später Verwirklichten ab.

Die Vierung und die beiden Querarme sollten annähernd quadratisch werden, letztere mit geringfügiger Abweichung, die durch die angrenzenden Bauten verursacht sein mochte. Hier ist wohl auch der Grund für das leichte Ausweichen der Achse des Südquerarmes nach Südosten zu suchen, das eigentlich nur in den als Folge davon leicht verzogenen Räumen des Südwestturmes zu bemerken ist.

Der Westchor sollte aus einem queroblongen Joch mit anschließender Apsis bestehen, etwa in der Art, wie es Plan I. für das Turmjoch des Georgenchores vorgesehen hatte. Als wesentliche Neuerung sah man Chorwinkeltürme vor. Es darf als sicher gelten, daß man zunächst dem Vorgängerbau folgen und nur im Osten Türme bauen wollte. Deren niedrige Gestalt, die durch die abgerückte Stellung einen besonderen Charakter erhielt, macht eine viertürmige Planung sehr unwahrscheinlich. Die Westtürme sind vielleicht erst in das Bauprogramm aufgenommen worden, als man das Querhaus schon mit seiner Ostseite begonnen hatte. Als Folge wurde eine Aufhöhung der Osttürme beschlossen. Die neuen Westtürme waren als echte Winkeltürme gedacht, d. h. sie sollten nicht die ganze Länge des Chorjochs einnehmen. Dieses sollte trotz seiner Kürze als eigenständiger Baukörper zwischen den Türmen vortreten und um einen schmalen Abschnitt weiter nach Westen reichen[763].

*Äußeres (Fig. 19, Abb. 267, 268).* Auch für den Außenbau mit dem südlichen Ansatz der Apsis *(Abb. 330)* war die Gliederung nun schon festgelegt. Der reich profilierte Sockel der Ostteile erscheint auch hier, in der Oberkante erstaunlicherweise um ca. 0,20 m unter dem des Südseitenschiffes. An den Kanten des Baues steigen als einzig gliederndes Motiv profilierte Lisenen auf, um die sich der Sockel unten verkröpft. Durch die Lisenen wird die Stellung des Turmes besonders interpretiert: während Querhaus und Chorjoch nur an den Außenkanten Lisenen haben, sind die Wandfelder des Turmes sowohl an den Außenkanten als auch am Wandanschluß von Lisenen eingefaßt. Damit wird der Turm zu einem eigenständigen Baukörper, von dem die scheinbar untereinander zusammenhängende Gliederung von Chor und Querhaus nicht betroffen ist. Der Anlaß für diese Differenzierung dürfte allerdings in dem schmalen Wandstreifen *(Abb. 326, 330)* zu sehen sein, um den der Chor länger als der Turm ist und der nur bei gewaltsamer Konsequenz zwei Lisenen hätte aufnehmen können. Die so angelegte Gliederung wurde teils in ganzer Höhe, teils bis zu den Schaftringen der Apsisfenster unverändert beibehalten.

In diesen Zusammenhang gehört ein Befund an der Südseite des Querhauses *(Fig. 19)*, der zwar erst im Dachraum über der Sakristei sichtbar ist, aber sicher auf die Planung der unteren Zone zurückgeht, dort aber seit dem Anbau der Sakristei verdeckt ist. Bis 1 m unter das große Rosenfenster steigt dort eine 0,92 m breite und damit den Kanten entsprechende, profilierte Lisene auf. Oben bricht sie unvermittelt ab und ist von einem Wasserschlag überdeckt – vermutlich setzte in dieser Höhe erst die Planung eines Rosenfensters ein. Da die Lisene um ca. 1 m aus der Achse der Wand nach Westen versetzt ist, kann man sie kaum als »Mittellisene« ansprechen. Solange kein plausibler Grund für ihre Stellung gerade an diesem Ort gefunden ist, bleibt ihre Funktion unklar. Vielleicht hatte man mit der Erneuerung des Kapitelsaales andere Absichten als die später ausgeführten. Für die Querschiffgliederung besagt die Lisene, daß der Rundbogenfries unter dem Giebel horizontal über die Fassade laufen sollte, weil sie nur dort sinnvoll enden konnte. Die Aufteilung in zwei etwas ungleiche Wandfelder schließt eine auf Gewölbe bezogene Fensteranordnung nicht aus, läßt aber Fenster in der Mitte zwischen den Lisenen, bezogen auf eine Flachdecke, nach den Gewohnheiten des Baues beinahe wahrscheinlicher erscheinen.

*Innen.* Im Südquerarm gleicht der *Südwestvierungspfeiler (Abb. 281, 286)* im Prinzip seinem südöstlichen Gegenüber. Nur in der Sockelzone weichen beide voneinander ab. Während sie bei dem südöstlichen *(Abb. 283)* einheitlich auf das Normalniveau bezogen ist, gilt dies beim südwestlichen *(Fig. 27, Abb. 287, 289)* nur für Schildbogenvorlage und Eckdienst auf der Südflanke[764]. Sockel und Basis der Säulenvorlage dagegen stehen auf einem 1,86 m hohen Postament[765]. Der Nordteil des Pfeilers ist durch das Chorgestühl verdeckt, doch dürfte sich dort schon die jüngere Planungsstufe auswirken. Die starke Differenzierung der Sockelhöhen innerhalb des Südwestpfeilers ist durch die heutige Situation nicht zu erklären, weil die Chorschranken und die Nischenmauer darunter jünger sind, keine Beziehung zwischen den Basen der Blendarkatur und der Säulenvorlage besteht und der Unterschied zwischen Säulenvorlage und Eckdienst unlogisch erschiene. Wäre die hochliegende Basis durch eine Schranke auf dem Normalniveau bedingt, so ist nicht einzusehen, warum man beim Südostpfeiler darauf verzichtete. Schließlich könnte man noch an eine seitliche Treppe vom Querhaus zum Chor hinauf denken, wobei eine Überschneidung der Basen vermieden werden sollte, doch ist dafür die Differenz zu groß. Versucht man eine sinnvolle Erklärung zu finden, so wird man sich auf das wenige, was sicher ist, beschränken müssen *(Fig. 89)*: 1. Die Basis bezieht sich auf ein Niveau 1,86 m über dem des Querschiffs. 2. Dieses Niveau sollte sich von der Säulenvorlage nach Norden erstrecken, also wohl für den Westchor gelten. Der südliche Eckdienst hingegen rechnete zum Südquerarm. 3. Die hochliegende Säulenbasis sollte nicht durch Schranken von dem Raum getrennt werden, auf den sie berechnet ist, weil sonst die ganze Maßnahme sinnlos wäre. 4. Das höhere Niveau sollte sich nicht bis zu den östlichen Vierungspfeilern erstrecken, da dort keinerlei Vorbereitungen dafür erkennbar sind; es ist aber nicht ausgeschlossen, daß es sich, besonders in der Mitte, ein Stück in die Vierung hineinziehen sollte[766]. 5. Die sorgfältige Differenzierung der Basishöhen spricht für eine Berechnung auf Sicht. Diese ist sowohl von dem seitlichen Westchor aus zu erwarten als möglicherweise auch frontal von Osten, von dem durchgehenden Normalniveau des Querschiffes und der Vierung aus.

Wahrscheinlich sollte nur der Westchor höher liegen, das höhere Niveau ein wenig vor den westlichen Vierungsbogen vortreten und bis zu den Säulenvorlagen seitlich ausgreifen – eine Lösung, die offensichtlich an eine entsprechende des Heinrichsdoms anknüpft *(Fig. 5, 6)*, wie der Grabungsbefund von 1969/72 lehrt[767]. Die Differenzierung der Basishöhe bei ein- und demselben Pfeiler aus Rücksicht auf Treppen und dergl. hat ihre Parallele bei B1 *(Abb. 203)* und C1. Mit einiger Sicherheit darf jedenfalls der Schluß gezogen werden, daß man im Westchor mit einem Niveau 1,86 m über dem normalen rechnete, als der Südwestvierungspfeiler errichtet wurde. In der Vierung liegt das Niveau des Westchores noch heute bei ca. 1,90 m.

Diesem recht eindeutigen Befund widerspricht nun allem Anschein nach die Südmauer des Westchores mit ihren glatten Quaderflächen unterhalb des heutigen Chorniveaus, die bei den Grabungen 1913 und 1936 freigelegt wurde[768] und teilweise noch heute vom Raum der alten Westkrypta aus sichtbar ist.

Der Befund der Südseite *(Fig. 89, Abb. 317–320)* zeigt ein Fundament aus roh gespitzten Blöcken und Abbruchmaterial, zur Sohle hin vorgetreppt. Über einem Rücksprung bei –0,40 m (westlich –0,15 m) besteht es nur noch aus sorgfältigem Großquaderwerk mit zwei kräftigen Rücksprüngen bei +1,00 m und +1,95 m, die jedoch beide nur bis zur Apsisbogenvorlage reichen. Unter ihr verläuft die Quaderfläche senkrecht, was gegenüber den Rücksprüngen wie eine Vorlage *(Abb. 317, 318)* wirkt[769]. Auf dem oberen Rücksprung liegt seit 1936 die Betonplatte der Abdeckung auf, die ein auf Fotos klar erkennbares, allerdings stark zerstörtes Profil verdeckt. Es besteht aus Plinthe und dickem Wulst, wie es im Turmhalbjoch des Ostchores oder als Teil des Sockels am ganzen Außenbau anzutreffen ist, stößt stumpf gegen den vorlagenartigen, glatten Westteil und ist um ca. 0,30 m zurückgesetzt[770].

Die Oberkante des rauhen Fundamentteiles bezeichnet nicht die Grenze zum aufgehenden Sichtmauerwerk des älteren Planes, weil sie noch unter dem Langhausniveau liegt und dies bei den Fundamenten des Domes – wie sich 1969/72 zeigte – auch sonst nicht der Fall ist. Stets liegen mehrere glatte Schichten mit Rücksprüngen unter dem Bodenniveau, oft bis in eine beachtliche Tiefe. Dies gilt auch für die Westapsis *(Abb. 319)*. Auf der später ausgeführten Nordseite des Chores reicht das Quaderwerk drei Schichten, d. h. ca. 1,25 m tief (= +1,20 m) unter das Niveau hinab. Der Wechsel vom rauhen zum glatten Mauerwerk erfolgt auf der Südseite in Höhe des Fußbodens des benachbarten Südwestturm-Sockelgeschosses, ungefähr übereinstimmend mit dem damaligen Außenniveau. Da zur Bauzeit hier keine normale Baugrube existierte, sondern man in dem riesigen Loch der teilweise abgebrochenen Westkrypta arbeitete, fehlten die Bezugsebenen[771], und man hielt sich an das Außenniveau, zumal auf der Südseite ein Raum angrenzte, das Sockelgeschoß. Auf der später ausgeführten Nordseite baute man dagegen außerhalb der Krypta, abgesehen von dem inzwischen eingetretenen Wechsel von Bauleitung und Werkleuten, was gelegentlich zu technisch anderen Lösungen führte.

Das südliche Fundament bietet also keinen Hinweis auf einen geplanten, ebenerdigen Westchor. Auch der Rücksprung in der glatten Quaderzone ist nicht als Niveauanschluß zu deuten, im Gegensatz zur Unterkante des zerstörten Wulstprofils *(Fig. 89, Abb. 317)*. Sie befindet sich ca. 1,95 m über dem Langhausniveau, rund 0,70 m unter dem heutigen Niveau des Altarraumes und auf gleicher Höhe mit dem Psallierchor in der Vierung. Wichtiger ist jedoch die recht genaue Übereinstimmung mit der hochliegenden Basis des südwestlichen Vierungspfeilers, der ja mit diesem Fundamentzug zugleich entstand. Profil und Basis gehören zu einem einheitlichen Konzept, das von Anfang an ein hohes Westchorniveau bei ca. +1,90 m vorsah.

Das Wulstprofil, dem wie im Ostchor *(Abb. 93–95)* der geböschte Sockel fehlt, sollte vermutlich wie dort als Auflager für die darüber beginnende Gliederung dienen, die nicht mehr ausgeführt wurde[772]. Allerdings ist das Profil nicht um den Unterbau der geplanten Apsisbogenvorlage herumgeführt. Darüber wurde das Projekt aufgegeben. Planwechsel und Abschnittsgrenze fallen hier zusammen.

Die westliche Begrenzung des Bauabschnitts und zugleich der Planung verläuft vermutlich in der südlichen Hälfte der Apsisrundung, wenn man von den späteren Grenzen des aufgehenden Mauerwerks auf das Fundament schließen darf. Es steht jedoch durch den noch heute sichtbaren südlichen Apsisansatz im Fundament *(Abb. 320, Fig. 89)* fest, daß von der Fundamentsohle an eine »normale« Apsis vorgesehen war. Lediglich eine leichte Korrektur der Rundung ist zu beobachten; denn ein Rücksprung bei ca. +0,65 m, also schon im glatten Quaderbereich, zeigt den Übergang zu einer etwas stärkeren Stelzung der Apsis an – eine von den üblichen Korrekturen im Fundamentbereich.

Insgesamt vermittelt das, was wir von diesem ältesten Projekt des Westchores und Südquerarmes wissen, den Eindruck der Kontinuität mit Langhaus und Ostteilen, noch ohne sichtbaren Einfluß von Ebrach. Ein Bruch mit dem Plan IIIB *(Fig. 24, 25, flachgedecktes Lang- und Querhaus)* ist nicht festzustellen, aber auch nicht mit Sicherheit auszuschließen. Ein gegenüber dem Plan A der Ostfront neues Element ist die Planung von Westtürmen, die am Anfang in Analogie zum Heinrichsdom wohl nicht vorgesehen waren. Für den Westchor, der den gleichen Grundriß wie der später ausgeführte erhalten sollte, waren von Anfang an eine »normale« Apsis und ein hohes Niveau vorgesehen.

*Diskussion des Forschungsstandes.* Vom ersten Augenblick ihres Bekanntwerdens an ist das unter dem Chorniveau sorgfältig gequaderte Südfundament *(Abb. 317, 318)* als Teil eines älteren Planes betrachtet worden, der einen Westchor zu ebener Erde vorgesehen hätte[773]. In ihm glaubte man »zisterziensische Baugewohnheit«[774], den Ansatz eines französischen »Kathedralchores« in Anlehnung an Baldachin und Modell der »jüngeren Werkstatt«[775] oder eine »Papstkapelle« mit »Westfassade und Vorhalle«[776] erkennen zu können. In keinem Fall wurde das tatsächlich Gegebene genauer untersucht und mit den übrigen Befunden in Einklang zu bringen versucht.

Der Gedanke an einen ebenerdigen Chor ist wegen der anscheinend auf Sicht berechneten Fläche naheliegend, wenn auch das Fehlen einer Gliederung bzw. deren hoher Ansatz mit dem Sockelprofil, sowie die hohe Lage der Basis des Südwestvierungspfeilers[777] einer solchen Deutung von Anfang an entgegenstanden. Alle genannten Hypothesen entbehren nicht nur der Bestätigung durch den Befund, sondern werden durch ihn von der Fundamentsohle an widerlegt.

Ferner fehlt bis hierher jede Spur eines Einflusses der »jüngeren Werkstatt«, die ja seit dem Fürstenportal am Dom arbeitete, auf Planung und Ausführung der Architektur, die sich ganz in den von den Ostteilen vorgezeichneten Bahnen bewegte. Offenbar dachte man zu keinem Zeitpunkt an architektonische Lösungen, die stilistisch der »jüngeren Werkstatt« entsprochen hätten. Für die in der Literatur oft angedeutete Hypothese, der aus Frankreich kommende Meister sei mit seinen modernen Ideen »gescheitert«, liefert der Bau keine Bestätigung[778].

Das geplante Niveau bestand vielleicht zunächst als Arbeitsfläche im Westchor, worauf eine 1936 beobachtete »durchgehende Schicht in der Schuttfüllung 0,88 m unter dem heutigen (1936) Chorniveau« (Bezugsangaben, welches der drei Niveaus gemeint ist, fehlen)[779] hindeutet, ebenso ein Absatz im Altarfundament. Das endgültige Niveau lag mindestens ½ m höher, wie an der Gliederung abzulesen ist.

Das Altarfundament (Abb. 28), das mit den Chorfundamenten zugleich vom alten Kryptenniveau an hochgeführt wurde, zeigt durch mehrere Rücksprünge die Auffüllabschnitte des Kryptenbereichs an, die dann jeweils als Arbeitsfläche dienten. Dieser Vorgang spielte sich aber nach dem 7. Bauabschnitt ab.

Am *Ende des 7. Bauabschnittes (Fig. 129, 116, 120)* war das Langhaus ohne Mittelschiffswölbung vollendet, die Ostmauer des Querhauses stand zu großen Teilen; Süd- und Westmauer des Südquerarmes, der Südwestturm und die Südmauer (= Fundament) des Westchores waren ca. 2,50 m hoch über dem Langhausniveau; der Ansatz der Westapsis war ebenso weit gediehen, vielleicht lag bereits das gesamte Apsisfundament.

## 8. DAS UNTERGESCHOSS DES SÜDWESTTURMES UND DIE ANGRENZENDEN MAUERN VON WESTCHOR UND SÜDQUERARM

*(Untergeschoß Südwest-Turm, Westchorsüdwand bis Fensterschaftringzone, Westwand und Südwand des Südquerarmes bis unter Rosenfenster, Westapsis, Basiszone, Nordwest-Turm Fundamente und Keller der Schatzkammer, Kapitelsaal)*

War es bisher gelungen, zusammengehörende Bauteile nicht nur wegen ihrer gemeinsamen Formen, sondern auch auf Grund technischer Befunde in Bauabschnitten zusammenzufassen, so ist das bei den Westteilen nur näherungsweise und mit größerer Unsicherheit möglich. Das liegt an der Verteilung der Zeichen, an sehr einheitlichen Schmuckformen und an dem Bauvorgang selbst, der kaum größere Abschnittsfugen hinterließ, dafür aber zahlreiche kleinere Treppenfugen. Aus diesen ist zu ersehen, daß das Versetzen der Quader in gewissen Flächen mal in der einen, mal in der anderen Richtung erfolgte. Schon der letzte Abschnitt hatte die Symmetrie des Bauvorganges durch Vorziehen des Südquerarmes und des Südwestturmes beendet. Das bleibt auch in der Folge so, wobei der Westchor teilweise sogar dem Nordquerarm voranzugehen scheint.

Die Flächen des neuen Bauabschnittes sind fast zeichenlos, wofür bisher noch kein Grund ermittelt werden konnte. Vielleicht liegt es an der allgemeinen Situation einer Übergangsphase; denn an der Südwand des Westchores entwickelt sich bereits ein neues Architektursystem, während die übrigen Teile noch weitgehend von traditionellen Formen beherrscht werden.

Kleinere Treppenfugen, nach Westen fallend in der Westchorsüdwand *(Abb. 312)*, nach Süden fallend in der Südquerarmwestwand *(Fig. 27, 58)*, sprechen dafür, daß man zunächst den *Südwestvierungspfeiler (Abb. 286)* und die angrenzenden Mauern ein Stück höher führte, etwa dem Untergeschoß des Südwestturmes in der Höhe entsprechend. Für den zum Chor gerichteten Teil des Pfeilers *(Fig. 89, Abb. 313)* begann man sofort oberhalb der beschriebenen Grenze, d. h. des heutigen Chorniveaus, mit der neuen, endgültigen Chorgliederung, die sich wesentlich von dem bisher Gewohnten unterscheidet: statt eines Eckdienstes drei; dünner und in eine kräftige Abstufung eingestellt. Die monolithen Dienste werden von profilierten Schaftringen in den Pfeiler eingebunden. Die glatte Pfeilerstirn erhält erst oben vorkragend ihre Halbsäulenvorlage *(Abb. 312)*, vielleicht mit Rücksicht auf ein Chorgestühl.

Auch der *Südwand* des *Chores (Abb. 313)* wurde oberhalb des heutigen Chorniveaus das neue System von gebündelten Diensten vorgelegt, das in seiner Funktion erst zu einem späteren Zeitpunkt zu untersuchen sein wird. Gleiches gilt für die Apsisbogenvorlage, deren Halbsäulenvorlage mit ihrer Plinthe über die Stirnfläche der glatten Quaderwand der älteren Planung darunter vorkragt *(Abb. 317)*. Auch die rohen Platten unter den Plinthen der Dienste beweisen die Zusammengehörigkeit von heutigem Chorniveau und der neuen Gliederung.

Die *Westmauer* des *Südquerarmes (Fig. 27, 58)* wurde in den ersten Schichten oberhalb der Begrenzung des letzten Abschnittes wohl in ganzer Länge gleichmäßig fortgeführt. Erst in dem oberen Teil, der etwas über die Oberkante des Turmuntergeschosses reicht, beschränkte man sich auf die nördliche Mauerhälfte, die dem Turm entspricht, was durch eine nach Süden fallende Treppenfuge in der Wandmitte bezeugt wird. Das hatte wohl nicht nur eine vordringliche Förderung des Turmaufbaues veranlaßt, sondern wahrscheinlich auch das Bestreben, einen möglichst sauberen Eckverband zur Südmauer des Turmes herzustellen, die hier von außen gegenstößt. Der höheren Belastung wegen mußte man ja für einen homogenen Unterbau beim Turm sorgen, wogegen sich der einfache Mauerzug ohne besondere Sorgfalt anschließen ließ. Ein kräftiger Setzriß südlich parallel zu der Fuge läßt allerdings erkennen, daß Gewölbeschub und Hanglage der Südwestecke den Mauerteil stark beanspruchen.

Das *Untergeschoß des Südwestturmes (Abb. 267, 268)*, so lehrt die sorgfältige Verzahnung im Winkel zum Westchor, entstand mit dem inneren Mauerzug zu gleicher Zeit, und zwar zunächst die Westmauer und umwinkelnd auch ein Stück der Südmauer. In dieser ist nämlich in dem entsprechenden Stück diagonal nach Osten fallend eine Treppenfuge zu erkennen *(Fig. 19)*. Man errichtete also erst einmal die Treppe in der Mauerstärke der Westseite *(Fig. 28, Abb. 357)* mit dem sich daraus ergebenden Steinschnitt und suchte erst dann den Anschluß an die Schichtung der Querschiffmauer, die ihrerseits im oberen Teil das Zusammentreffen »abgewartet« hatte. Das erscheint zunächst eigenartig, ergibt sich aber aus der Fülle verschiedener Komponenten, die es ohne Fugenplan und bei bestmöglicher Materialausnutzung auf einen gemeinsamen »Nenner« zu bringen galt. Die dabei unvermeidlichen Fugensprünge legte man bei gleichzeitigem Aufbau vornehmlich in die Winkel, bei einem Nacheinander aber auch in Wandflächen, weil man so am wenigsten in den Schichthöhen festgelegt war. In den oberen Schichten des Bauabschnittes, der bei der Turmsüdwand knapp bis unter das zweitgrößte Fenster reicht, hat allerdings die vom Querhaus ausgehende Schich-

## 8. Das Untergeschoß des Südwestturmes und die angrenzenden Mauern von Westchor und Südquerarm

tung den Vorrang, an die die nach Westen führende erst anschließt: dort wurde in der umgekehrten Richtung vom Querhaus zum Chor gemauert.

Das Untergeschoß des Südwestturmes *(Abb. 355, 356)* läßt sich mit seinem einfachen Kreuzgratgewölbe und sichelförmigen Schildbögen formal kaum genauer einordnen, hat es doch den typischen Charakter eines Nebenraumes. Nur vom Westchor her erreichbar *(Abb. 313)*, sieben Stufen über seinem Niveau, könnte es als Sakristei gedient haben, zumal der entsprechende Raum der Nordseite wohl schon damals für Archiv und Schatzkammer vorgesehen war. Die mächtigen Eckkonsolen, auf denen die Schildbogen ruhen, sind auf die Stellung im Winkel angelegt und damit etwas entwickelter als in den Osttürmen. Das schräge, nicht gestufte Fenstergewände verrät aber recht eindeutig den Zusammenhang mit den Ostteilen, genauso wie die Treppe *(Abb. 357)*, die in der Stärke der Westmauer von Nord nach Süd ansteigt, in der Ecke umwinkelt und nach wenigen Stufen in das 2. Geschoß führt. Sie ist nämlich wie die Treppenschächte der Ostteile mit Stufenbögen überwölbt. Die als Antritt ausgebildete Nische in der Westmauer hat einen einfachen Kleeblattbogen *(Abb. 356)*, den es in etwas anderer Form schon bei den Blendarkaden der Ostapsis gab. In diesem Teil entspricht der Turm innen seiner äußeren Erscheinung und ist noch immer technisch und formal von den Ostteilen bestimmt, wenn auch um ein Geringes weiter entwickelt.

Damit ist ein gewisser Widerspruch zwischen Außenbau und Turmraum einerseits und Wandgliederung des Chores innen andererseits gegeben. Es steht dennoch fest, daß beides gleichzeitig entstanden ist, da die Vorlagen im Chor fest im Verband mit der Mauer stehen. Auch der Zugang, der in seiner einfachen Rundbogenform *(Fig. 89, Abb. 313)* dem älteren Typ angehört, berücksichtigt in seiner Lage im westlichen Wandabschnitt die Existenz der Mitteldienste. Ob er diese Stellung, die zur Schrägführung zwang und auch innen Komplikationen verursachte, der Angleichung an den Ostchor oder anderen Vorbedingungen verdankt, ist nicht zu entscheiden.

*Folgerungen.* Das Interesse an dem Untergeschoß des Südwestturmes ist weniger durch den schlichten Raum selbst gerechtfertigt als vielmehr durch das Zusammentreffen jener unterschiedlichen Elemente, die man gerne auf verschiedene »Hütten« verteilt. Um es noch einmal ganz deutlich zu machen, sei folgendes festgestellt: die Baugewohnheiten der Ostteile werden bis zum Ansatz des 1. Geschosses des Südwestturmes außen und im Querhaus und Turm auch innen beibehalten; daneben ist der neue Formenkanon der Westteile, der meist als »zisterziensisch«, besser aber als »Ebrachisch« bezeichnet wird, nicht wie allgemein vermutet im Südquerarm[780], sondern an der Südwand des Westchores und am südlichen Apsisansatz erstmalig eindeutig faßbar, und zwar stilgeschichtlich anscheinend auf einer fortgeschrittenen Stufe. Der baugeschichtliche Vorgang widerlegt damit den theoretisch begründeten, aus der Gesamtentwicklung auf den Einzelfall übertragenen Ablauf der Formengeschichte. Einfacher ausgedrückt: was als reifere und spätere Form erschien, ist die dem Altarraum vorbehaltene, reichere Form desselben Kanons. Sie unterliegt nicht nur einem immanenten Entwicklungszwang, sondern ist durchaus bewußt der Funktion gemäß verfügbar.

Zur gleichen Zeit setzte man die Arbeiten am *Südquerarm* fort. Die *Westmauer (Fig. 27, 58)* wurde auch im Südteil auf gleiche Höhe gebracht, ebenso wie die südliche *Stirnmauer (Fig. 57)*, die man offenbar in einem Zuge ohne Unterbrechung in ganzer Breite ausführte. Sie reichte danach bis ca. 1 m unter die Rose und war damit zwei bis drei Schichten höher als Südwestturm und Westchorsüdseite *(Fig. 116)*.

Bei dem Versuch, den Bauverlauf innerhalb der Westteile zu rekonstruieren, wird man den *Kapitelsaal* nicht außer acht lassen dürfen, der heute »Nagelkapelle« nach den wichtigen Reliquien oder »Sepultur« nach seiner zeitweiligen Funktion genannt wird. Die Beurteilung seiner zeitlichen Stellung ist durch die mit der Erweiterung verbundenen Veränderungen und das Fehlen von Steinmetzzeichen sehr erschwert. Die Stirnwand des Südquerarmes reichte jedenfalls sicher über seine Gewölbescheitel hinaus, und die Südmauer der Gertrudenkapelle stand ebenfalls, da er sich dort anlehnt. Seinen Formen nach steht er in enger Verbindung mit dem Ebracher Einfluß in den Westteilen[781]. Um das etwas genauer bestimmen zu können, muß man sich sein ursprüngliches Aussehen vergegenwärtigen.

Der *Kapitelsaal nach Abschluß der Bauarbeiten im 13. Jh. (Fig. 9, Abb. 385, 387–391)* war nur halb so lang wie der zweischiffige, heute sechsjochige Raum. Bei der Erweiterung, die durch eine Weihe 1456[782] abgeschlossen wurde, brach man die Südmauer ab und erneuerte auch die Gewölbe des 3. Jochpaares. Daher umfaßt der spätgotische Raumteil vier, der des 13. Jh. nur noch zwei Jochpaare. Wandvorlagen und Pfeiler bezeugen durch ihre nach Süden weisenden Kapitelle das ehemals vorhandene 3. Jochpaar, durch das der alte Grundriß erst sinnvoll zu ergänzen ist.

Eine ausführliche Rekonstruktion des Raumes ist im Zusammenhang mit der Befundbeschreibung erfolgt, darum seien hier nur die wichtigsten Ergebnisse wiederholt. Der Kapitelsaal des 13. Jhs. übernahm von seinem durch Schriftquellen bezeugten Vorgänger Lage und Altarpatrozinien[783], ersteres bedingt durch die unverändert belassene Gesamtanlage des Domstiftes, insbesondere des Kreuzganges aus dem 11. oder 12. Jh. Von den Umfassungsmauern des Vorgängers blieb allerdings nichts erhalten.

Ob der Verzicht auf eine Angleichung an die nach Westen verschobene Querachse und die Errichtung eines Kapitelsaales an der alten Stelle von Anfang an geplant waren, steht dahin. Die Lage des kleinen Portals *(Abb. 390)* in der Querhausstirnmauer spricht dafür, die vollkommen ausgebildete Kantenlisene mit Basisprofil des Querhauses dagegen. Wo angrenzende Baukörper vorgesehen waren, ist dies stets berücksichtigt worden: Kapitelshaus, Gertrudenkapelle, Schatzkammer. Vorkehrungen dieser Art fehlen beim Kreuzgangnordflügel und beim Kapitelsaal.

Das Niveau des Raumes lag wohl 0,70 m höher als heute, im Altarjoch sogar noch darüber, worauf die alten Gerätenischen hinweisen *(Abb. 391)*. Es handelt sich um das ehemalige Mitteljoch der Ostseite, das durch die heute stark veränderten, winkelförmigen Pfeiler samt den zugehörigen, gestuften Gurtbögen in einer für Kapitelsäle ungewöhnlichen Weise ausgeschieden ist. Es ist zudem nischenartig in die Ostmauer hinein vertieft und besitzt dort ein großes Rundfenster *(Abb. 385)*, das in seinem Maßwerk fast genau mit dem der Michaelskapelle in Ebrach übereinstimmt[784]. Die benachbarten Joche, von denen nur das nördliche erhalten ist, waren auf die Mitte bezogen, indem ihre fünfteiligen Gewölbe den Raum in dieser Richtung »zentrierten« *(Abb. 388, 389, 391)*. Die Mittelrippe setzt höher an und ist wie in Ebrach als Band geformt. Die fein bearbeitete Hornkonsole gibt einen Hinweis auf die mögliche ursprüngliche Form der anderen abgekragten Glieder. Auch die Wandvorlagen treten insgesamt mit Diensten und Halbsäulen hornartig aus der Wand hervor *(Abb. 387, 390)*.

Die Hauptachse des Raumes verlief ursprünglich also quer in ost-westlicher Richtung, wodurch sich eine Aufteilung in drei Schiffe von je zwei Jochen Tiefe zwingend ergibt[785] (nicht zwei Schiffe aus drei Jochen!). Die Breite der Schiffe wie die Jochtiefe variieren, richten sich aber nach den unterschiedlichen Seitenlängen des Altarjoches aus, das sie umgeben. Der Hauptzugang vom Kreuzgang aus mußte wegen des Altares aus der Achse in das Südjoch verlegt werden.

Von besonderem Interesse ist die Wölbung *(Abb. 387, 388)*. Die Gurte haben als Kantenprofil Rundstäbe mit geformtem Anlauf – eine Vorstufe der späteren Rippen und Gurte im Westchor[786]. In den längsoblongen Jochen (Ost-West) sind sie rundbogig geführt. Für die Rippen verwendete man ein Profil, das denen der Seitenschiffe ähnelt, aber mit stärker geschärftem Wulst. Bei geraden Gewölbescheiteln mußten sie in den Westjochen als Segmentbögen schräg auf den Diensten aufsetzen *(Abb. 387)*. Die flachen Schalenschlußsteine mit Blattauflage ähneln denen im Südquerarm *(Abb. 819, 820)*.

Die Kelchkapitelle *(Abb. 784, 788)* mit den sehr einheitlichen, etwas groben, breiten Bossenblättern und geteilten Knollen erinnern noch an die letzte Phase des Langhauses, sind aber entwickelter[787]. Dem Kämpferprofil begegnet man am Veitsportal, die Stellung über Eck bei den Rippenkämpfern findet sich im Westchor und Nordquerarm wieder. Leider sind bis auf die Rose sämtliche Fenster durch spätere Formen ersetzt worden.

In der architektonischen Gesamterscheinung wie auch in den Details ist der Kapitelsaal ein Werk, das von der Ebracher Michaelskapelle beeinflußt ist. Für die Kapitelle gilt das nicht; sie knüpfen vielleicht sogar direkt an die spätesten des Langhauses an, nicht ohne besonders in ihren Kelchformen durch Neues »veredelt« worden zu sein. Dies und gewisse Härten in der Gewölbelösung lassen eine Einordnung am Anfang der Ebracher Einwirkung möglich erscheinen. Träfe das zu, so ist es besonders bemerkenswert, hier im Gewölbe Profile vereinigt zu finden, die sonst auf Querschiff und Chor verteilt sind. Manches andere Detail wäre hier zum ersten Mal vertreten. Schließlich wäre in den fünfteiligen Gewölben *(Abb. 388)* eine erste Konzeption für den Westchor enthalten. Die Ausführung erfolgte vielleicht durch geringere Kräfte.

Überdenkt man andere Möglichkeiten einer Einordnung – etwa in der Mitte jener Ebracher Phase, dann hätten sich irgendwo Zeichen erhalten müssen (abgesehen von den Schmuckformen) oder gar an deren Ende, wohin eigentlich auch keine Verbindung führt –, so fühlt man sich in der anfänglichen Meinung bestärkt, womit diesem Raum eine bedeutsame baugeschichtliche Stellung eingeräumt werden müßte[788].

Bei dem Versuch, den Bauverlauf in der *Fundamentzone* auf der Nordseite *des Westchores*, also in den Sockelgeschossen der angrenzenden Gebäudeteile zu klären, versagen die gewohnten Hilfsmittel weitgehend, und man ist auf Vermutungen angewiesen. In dem Sockelgeschoß des Nordwestturmes sind einerseits bei Türen weitgehend, und man ist auf Vermutungen angewiesen. In dem Sockelgeschoß des Nordwestturmes sind einerseits bei Türen *(Abb. 368, 371)* und Fenstern technische Details zu beobachten, die eindeutig schon den Einfluß aus Ebrach zeigen, andererseits Steinmetzzeichen des Abschnitts III A *(Fig. 107, 110)*, die außerdem nur an der glatten Quaderwand unten auf der Südseite vorkommen. Da der Steinmetz in der Lage ist, verschiedene Formen auf Anweisung hin zu bearbeiten, läge darin kein Widerspruch, wenn nicht auf der Südseite im Untergeschoß, also oberhalb der glatten Quaderwand, in der zeichenlosen Zone bei den untergeordneten Details eindeutig ältere Merkmale zu finden wären, die nach dem Untergeschoß auf der Nordseite entstanden sein müßten, weil dort die Zeichen nicht mehr anzutreffen sind. Technische Details und Steinmetzzeichen sind in der Regel recht zuverlässige Kriterien für die Beurteilung einer relativen Chronologie, in diesem Fall verwirren sie das Bild eher. Vielleicht übernahm die neue Bauleitung zunächst nur die Regie bei der Innengliederung des Westchores und auf der ganzen Nordhälfte, wobei auch Steinmetzen beschäftigt wurden, die schon vorher am Dom tätig waren, etwa an den Fundamenten der Chorsüdseite. Beim Aufbau des Südwestturmes in Höhe des Untergeschosses und den entsprechenden Mauerzonen des Südquerarmes überließ man dagegen das Feld einem Bautrupp, der noch in Verbindung mit der älteren Tradition stand und vielleicht aus dem älteren »Hüttenbetrieb« hervorgegangen war. Vielleicht wurden diese Abschnitte nach dem Verfahren der »Baulose« an einzelne Trupps vergeben, die an untergeordneter Stelle weitgehend freie Hand hatten. Die Bauleitung hätte nur dort koordinieren müssen, wo ein Zusammenspiel unbedingt erforderlich war, etwa bei der Innengliederung des Westchores. Freilich kann das nur der Versuch einer Erklärung sein. Auf jeden Fall fehlt hier die strenge Symmetrie der Ostteile, was sicher nicht nur auf ein zeitliches Nacheinander zurückzuführen ist.

Der Übergang zu der von Ebrach bestimmten Phase des Baues vollzog sich keineswegs an so klar absteckbaren Grenzlinien wie es gern angenommen wurde. Schon an der Nordobergadenmauer des 3. Mittelschiffjochs hatte es erste Anzeichen dafür gegeben. Auf der Südseite dagegen war nichts davon zu spüren, auch bei Anlage des Südquerarmes, Südwestturmes und Südteiles des Westchores nicht. Erst in der Gliederung der Chorsüdwand setzten sich die neuen Elemente durch. Daneben wurde das Alte im Untergeschoß des Südwestturmes zäh fortgesetzt, auch bei der Außengliederung der Südfassade, obwohl vermutlich gleichzeitig schon nach neuen Richtlinien an den Sockelgeschossen der Nordseite gebaut wurde. Es handelt sich um einen langwierigen Prozeß mit einem längeren »Nebeneinander«. Merkwürdigerweise setzt sich dabei der Ebracher Einfluß auf der Nordseite stärker durch, was nicht nur durch ihr Nachhinken in der Ausführung bedingt sein kann.

Als die Südmauer des Westchores bis zur Höhe der Fensterschaftringe *(Abb. 326, 267)* errichtet wurde, entstand damit im Zusammenhang auch der südliche Ansatz der Westapsis mit dem unteren Teil des ersten Fenstergewändes. Das wiederum setzt die Existenz des Apsissockels und wohl auch der Profil- und Basiszone darüber voraus, in der keine Fuge zu erkennen ist. In der Aufteilung der Wandfelder rechnet sie bereits mit dem andersartigen Anschluß des Nordwestturmes. Wahrscheinlich handelt es sich auch hier mehr um ein Nebeneinander als ein Nacheinander der einzelnen Vorgänge, das letztlich kaum zu klären, aber auch kaum darzustellen ist. Da im Untergeschoß der Westapsis mehrfach Fugensprünge und kleine Treppenfugen *(Fig. 35, 299, 302)* mit einem Gefälle auftreten, das einen Bauvorgang von Süd nach Nord nahelegt, werden im Folgenden die zu beobachtenden Vorgänge in dieser Reihenfolge angeordnet, zumal sich daraus ein sinnvoller Ablauf rekonstruieren läßt.

Der halbkreisförmige *Sockel der Westapsis (Fig. 35, Abb. 267, 330)*, das attische *Basisprofil* darüber, das sich um die Vorlagenpostamente verkröpft und die *Basen der Vorlagen* entsprechen ganz denen der Ostapsis, was auf eine bewußte Anlehnung an das Vorbild schließen läßt. Nur die Kehle der Basen ist stärker ausgeprägt. Dem Geländeanstieg folgend ließ man auf der Südseite das vom Seitenschiff und Querhaus herumlaufende Sockelprofil unter der Ecklisene der Chordsüdwand enden und verlegte am Apsisansatz den dicken Wulst um rund 1,40 m nach oben *(Fig. 19, Abb. 330)*. Damit gewann man einen ausgeprägten Sockel, wegen dessen Schräge zwischen Wulst und Basisprofil man ohnehin das System mit dem Profil direkt über dem Wulst nicht hätte fortsetzen können. Auch die *Vorlagengliederung (Abb. 325, 326)* des halbkreisförmigen Untergeschosses gleicht vollkommen der an der Ostapsis: Rechteckpfeiler mit Halbsäulenvorlagen und begleitenden Eckdiensten, dahinter schmale Lisenen, die einen Rundbogenfries aufnehmen. Wegen der anderen Geländesituation ist das Untergeschoß *(Abb. 327, 331)* erheblich niedriger als das der Ostapsis. Das mag zu dem Entschluß beigetragen haben, die Gesimsformen zu reduzieren und auf eine untere Kapitellzone zu verzichten. Die Vorlagen wirken so in der Vertikalen straffer; nur ein einfaches, gekehltes Gesims verkröpft sich über sie hinweg, mit dem die flachen Tellerbasen darüber ganz verschmelzen. Das Zahnband über dem Rundbogenfries zieht sich nicht mehr über die Vorlagen hinweg.

Die Vereinfachungen gegenüber dem Vorbild beginnen also erst über dem Rundbogenfries, zielen aber schon zweifellos auf das Fenstergeschoß, das nun als Polygon die Elemente des neuen Kanons zur Geltung bringen. Als Fenster wählte man auf der Südseite *(Abb. 267, 325, 326, Fig. 19)* den von eingestellten Diensten mit Schaftringen und profiliertem Spitzbogen gerahmten Typ, mit knappem, schrägen Gewände. Er wird hier zum ersten Mal angewendet, wurde aber in diesem Bauabschnitt nur bis zu den Schaftringen seines östlichen Gewändes ausgeführt *(Fig. 116)*.

Alle bisher genannten Gliederungselemente zeigt der *südliche Ansatz der Westapsis (Fig. 19, Abb. 326, 330)*, der mit der Kantenlisene zugleich entstand. Davon zeugen durchgehende Schichtung und Kreuzverband. Die abweichende Schichtung im Gesimsbereich ist allein von Rundbogenfries, Zahnband und Gesims mit ihren eigenen Schichthöhen verursacht. Schon zu diesem Zeitpunkt lag die Gliederung der Westapsis im wesentlichen fest, also noch bevor die neuen Elemente im Südquerarm erscheinen. Die äußere Form ihres Untergeschosses ist bewußt aus der Ostapsis entwickelt worden[789], spiegelt darüber hinaus aber auch die merkwürdige Doppelgesichtigkeit dieser Phase wieder, die schon hervorgehoben wurde.

Im Inneren *(Fig. 27, Abb. 307)*, wo man noch ein höheres Maß an Angleichung erwarten würde, griff man zwar im Großen das Prinzip der Ostapsis auf – Blendcharakter mit Kleeblattbögen unten, fünf große Fenster oben –, keineswegs aber im Detail. Schon in Höhe des Chorniveaus ging man hier zum Polygon über und stellte auf den runden, gerade noch sichtbaren Ansatz die Blendarkatur *(Abb. 299, 302)*, die mit ihren flachen Tellerbasen, hohen Kelchknospenkapitellen und kräftig profilierten Kleeblattbögen alle jene neuen Elemente aufweist. Polygon und Blendarkatur setzen noch tiefer an als außen die so »romanisch« wirkende Basiszone der Vorlagen. Sie ist nicht etwa nachträglich vorgeblendet worden, sondern gehört ganz eindeutig mit der äußeren Erscheinung zusammen[790], womit wir wiederum jenen Gegensatz vorfinden, der sich erstmals zwischen Chorgliederung und unterem Turmgeschoß auftat. Schon am Ansatz des Polygons auf der Südseite *(Abb. 302)*, der gewiß noch das 1. Säulchen und den Bogenanfänger, vielleicht auch mehr umfaßt, ist er in allen Einzelheiten gegeben. Ob schon so viel Material für die Außengliederung vorbereitet war, daß man sie nicht aufgeben wollte, ist nicht zu entscheiden, aber wohl nicht sehr wahrscheinlich.

Auch innen muß das östliche Gewände des südlichen Fensters bis zur Höhe der Schaftringe gediehen sein. Im Unterschied zum später entstandenen nördlichen Gegenstück ist es merklich von dem Vorlagenbündel des Apsisbogens abgesetzt *(Abb. 302)*, was später noch zu erörtern sein wird.

Wie schon angedeutet, wurde inzwischen an der *Fundierung des ganzen Nordkomplexes – Nordwestturm, Schatzkammer* und *Nordquerarm* – gearbeitet und damit der Anschluß an das Langhaus erreicht. Bei der Anlage des *Sockelgeschosses des Nordwestturmes (Fig. 9, 28)* wich man erheblich von dem bis dahin gültigen Plan ab. Man verzichtete darauf, das Chorjoch außen als selbständigen Baukörper in Erscheinung treten zu lassen, und streckte so den Turmgrundriß auf gleiche Länge[791]. Er flankiert den Chor vollständig und die Apsis schließt nun direkt an den Turm an *(Abb. 270, 333)*, dessen Grundriß stark längsoblong ist. Auf der Westseite ergab sich damit eine der Ostfront ähnliche Situation, die allerdings in der Gliederung des Aufrisses nicht zum Ausdruck kommt. Der Anlaß für diese Planänderung ist einerseits möglicherweise im technischen Bereich zu suchen: die Westmauer des Turmes nimmt nun in gleicher Flucht den Schub des Apsisbogens auf und die schon unten beginnende Wendeltreppe engt Raum und Zugang von Schatzkammer und Archiv nicht sonderlich ein, zumal das Turmuntergeschoß durch die Funktion veranlaßt auch in der Ausstattung gegenüber der Südseite erheblich aufgewertet wurde *(Abb. 372–375)*. Daneben spielt aber auch die veränderte künstlerische Auffassung eine Rolle: das Chorjoch wird zugunsten einer Verschmelzung von Turm und Apsis unterdrückt, die nun als zusammengehöriger Komplex dem Riegel des Querschiffes vorgelagert erscheinen. Von diesem Gedanken her ist auch der Zusammenhang der Gliederungen von Turm und Apsis entwickelt worden, der oben an Bedeutung zunimmt und bei dem älteren Konzept wahrscheinlich nicht entstanden wäre *(Fig. 35, Abb. 270)*.

Die neue Planung bestimmte auch die Details der Ausführung: statt eines Treppenschachtes in der Mauerstärke ging man zur Wendeltreppe über, die im Südwestturm erst im 2. Obergeschoß *(Abb. 358)* eingeführt wurde. Für sie schuf man in der Südwestecke des nördlichen Sockelgeschosses gleich einen blockartigen Unterbau, der in den Raum hineinragt *(Abb. 371)*. Bei dem einfachen Kreuzgratgewölbe, das im Westteil in eine Viertelkreistonne übergeht, verzichtete man auf Konsolen und Schildbögen. Schon der Zugang zum überbauten alten Entwässerungskanal ist spitzbogig mit segmentbogenförmiger Überfangung *(Abb. 370)*. Von gleicher, charakteristischer Form ist der Durchgang zum Nebenraum *(Abb: 368)*: die spitzbogige Tür hat ein rechtwinklig gestuftes Gewände, das außen einen Segmentbogen zeigt. Das Fenster nach Westen überwindet geschickt durch Staffelung der Gewändebogen die Niveaudifferenz[792] und hat einen spitzbogigen Anschlag.

Mit dem Sockelgeschoß des Nordwestturmes zugleich wurde das *Sockelgeschoß der Schatzkammer (Abb. 367, 368)* ausgeführt, die den Winkel zwischen Turm und Nordquerarm unten vollständig ausfüllt. Weder außen noch innen gibt es Anzeichen für einen Zeitunterschied in der Ausführung, im Gegenteil, alles spricht für deren Gleichzeitigkeit auch in der Planung. So könnte die Schatzkammer, die äußerlich an die Querhauskapellen von Zisterzienserkirchen erinnert, die Entscheidung für eine Änderung der Turmstellung mit angeregt haben. Der schlichte Raum ist bezeichnenderweise nicht von einem, sondern von zwei stark queroblongen Kreuzgratgewölben überspannt, denen Schildbögen und Konsolen fehlen. Die etwas größeren Fenster entsprechen in der Anlage dem des Turmes, wurden aber stark verändert. Der Zugang – eine Spitzbogentür in der Nordwestecke des Nordquerarmes *(Fig. 27, 59)* – ist auch der einzige Weg zum Turmsockelgeschoß.

Außen bilden nun Turm und Schatzkammer eine Flucht *(Fig. 28, Abb. 270, 275)*, die aber mit dem südlichen Apsisansatz nicht, wie zu erwarten wäre, auf einer Linie liegt, sondern etwas östlich davon verläuft. Dadurch ist der nördliche Apsisansatz etwas gestelzt, was für die Apsisgliederung gewisse Folgen hatte. Die Sockelzone der Apsis führte man bei Turm und Schatzkammer weiter, wobei die große Sockelschräge – Auflager der Apsisgliederung – in einen glatten, senkrechten Streifen verwandelt wurde. In typisch spätromanischer Art behandelte man den Wulst als plastisch formbare Masse und legte ihn um die Fenster der Sockelgeschosse herum, bei den größeren ebenso das obere Profil *(Abb. 266, 270, 275)*. Die Fenster stellten in dieser Zone eine Aufgabe dar, die es bei den Ostteilen nicht gab. Der hohe Sockel endet an dem flachen Vorbau des Veitsportals, der den Höhenunterschied zu dem des Nordquerhauses unauffällig ausgleicht. Insgesamt darf man die Sockelgliederung an Nordwestturm und Schatzkammer als bewußte Angleichung an die bereits stehenden Teile des Domes verstehen.

Es bedarf fast keiner Erwähnung, daß für die genannten Räume auch die *Westmauer des Nordquerarmes (Fig. 27, 59)* bis zu einer Höhe von etwa 3,00 m errichtet werden mußte. Damit war für die neue Bauleitung, die wohl inzwischen ganz die Führung übernommen hatte, Gelegenheit gegeben, ihre Fähigkeit der Unterordnung unter ein im wesentlichen durch den Südquerarm festgelegtes Konzept zu beweisen, zumal man offensichtlich auf Symmetrie Wert legte und nicht wie etwa in Straßburg dem Neuen freien Lauf ließ. Es mag ihr sollte sie tatsächlich aus den Reihen der Zisterzienser hervorgegangen sein – angesichts kahler Mauerflächen *(Fig. 59, Abb. 293)* leicht gefallen sein.

Bei den Eckdiensten verzichtete man auf begleitende flache Schildbogenvorlagen, flache Tellerbasen *(Abb. 880)* stellte man auf hohe Sockel, statt ihnen Plinthen zu geben, und ordnete sie diagonal zum Raum. Auch der letzte der *Vierungspfeiler*, der *nordwestliche* *(Abb. 293, Fig. 27, 59)*, mußte begonnen werden. Offenbar hatte man sich inzwischen dafür entschieden, die Vierung im Niveau dem Westchor anzugleichen und damit ihm auch liturgisch zuzurechnen. Die Querarme wurden dadurch zumindest im unteren Bereich selbständige, isolierte Räume. Folgerichtig ließ man alle Vorlagen des Vierungspfeilers, die noch zum Nordquerarm gehören *(Abb. 288)*, auf dessen Niveau beginnen[793]. In der Form des Pfeilers war man ja weitgehend festgelegt, doch das hinderte nicht, unauffällige Änderungen vorzunehmen, die der neuen Haltung entsprachen. Bei dem Eckdienst ließ man die Schildbogenvorlagen weg *(Abb. 293)* – wie schon beim Nordostpfeiler gegenüber, wo es aber aus anderem Anlaß geschehen war. Dadurch tritt der rechteckige Pfeilerkern zwar nicht absolut, doch gegenüber dem Eckdienst sehr viel stärker vor. Auf Sockel und umlaufend verkröpftes Basisprofil verzichtete man, und so steht der Pfeiler direkt auf dem Boden *(Abb. 288)*. Der Eckdienst erhielt eine flache Tellerbasis mit schräg gestelltem Podest[794], während man der Säulenvorlage noch einmal eine attische Basis mit Plinthe gab, die allerdings auf dem gleichen gekehlten Podest steht wie der Dienst. Daher dürfte es sich kaum um ein älteres, vorbereitetes Stück handeln, sondern um die Anpassung an den Vierungspfeiler gegenüber. Insgesamt hielt man sich also sehr streng an das vorgegebene Konzept.

Am Ende des 8. Bauabschnittes *(Fig. 130, 116, 117, 119, 120)* stand die Ostmauer des Querhauses unverändert. Auf der Südseite hatten Stirnseite und Westmauer fast die Höhe der Rose erreicht. In gleicher Höhe, also mit den untersten beiden Schichten des 1. Geschosses, endete der Südwestturm und die Westchorsüdmauer. Beim südlichen Ansatz der Westapsis waren gerade Fenstergewände und Untergeschoßgliederung begonnen. Die Westapsis, Nordwestturm und Schatzkammer waren kaum über den Sockel hinaus gediehen, bei letzteren bedeutete das die Vollendung der Sockelgeschosse. Damit stand auch die Westmauer des Nordquerarmes ca. 3,00 m hoch. Auf der Südseite hatte man vielleicht schon den Kapitelsaal (Nagelkapelle) vollendet.

## 9. DIE AUFSTOCKUNG DER OSTTÜRME UND DIE VOLLENDUNG DER WESTTEILE BIS ZUM KRANZGESIMS

*(Obergeschosse und Helme der Osttürme, Einwölbung des Mittelschiffes, Vollendung von Querschiff und Westchor einschließlich Giebel, Nordwestturm bis Kranzgesims, Südwestturm bis zum 1. Freigeschoß.)*

Der 9. Bauabschnitt gab dem Dom mit Ausnahme der Westtürme seine endgültige Gestalt. Seinem Volumen nach ist er umfangreicher als die vorangehenden, besonders der achte. Die gewählte Einteilung – das muß noch einmal hervorgehoben werden – wurde als Ordnungsprinzip eingeführt und entspricht keineswegs einer Aufteilung in gleiche Zeitabschnitte. Zwar mag hie und da eine der genannten Fugen die jährliche Winterruhe anzeigen, insgesamt wurde aber auf eine Einteilung in solche Zeitmaße verzichtet, weil sie sich nicht nachweisen ließen und wir zu wenig über Gleich- oder Ungleichmäßigkeit des Bautempos wissen. Bei dem neuen Abschnitt gibt es keine wesentlichen Einschnitte, und daher konnte auf eine weitere Unterteilung verzichtet werden.

Die gedrungene Form der Osttürme im Plan A *(Fig. 15)* läßt es wenig wahrscheinlich erscheinen, daß für den Westen ein weiteres Turmpaar vorgesehen war, in Anlehnung an den »Heinrichsdom«, dem es nach Ausweis der Grabungen fehlte *(Fig. 3)*. Als der Bau jedoch die Ecke von Querhaus und Westchor erreicht hatte, legte man gleich Winkeltürme an und reihte den Dom in die Gruppe der viertürmigen Anlagen ein. Strebte man ein echtes Gleichgewicht zwischen beiden Turmgruppen an, so war man zu einer Umgestaltung der Ostfront gezwungen, zumal eine Wiederholung der eigentümlich isolierten Stellung bei den Westtürmen nicht möglich war. Es dauerte auch gar nicht lange, bis diese Maßnahmen eingeleitet wurden. Der Entschluß dazu mag von der Zerstörung der Helme durch den Brand, der seine Spuren auch hier hinterlassen hat, erleichtert worden sein. Es zeugt von der Leistungsfähigkeit des Baubetriebes und dem Optimismus der Bauherren, wenn man an eine solche Korrektur des Außenbaues ging, noch ehe der Aufbau des Raumes abgeschlossen war.

Die Untersuchung der Steinmetzzeichen, von denen es besonders im 5. Obergeschoß des Nordostturmes *(Fig. 111, 113)* sehr viele gibt, hatte leider keine sicheren Anhaltspunkte für die zeitliche Stellung innerhalb der Westteile ergeben[795]. Eine geschlossene Gruppe von sieben Steinmetzen hat die Quader ungewöhnlich häufig gezeichnet *(Fig. 108)*, doch sind gerade diejenigen Typen, die den Zusammenhang mit den übrigen herstellen, so allgemein, daß nicht einmal ganz einwandfrei feststeht, ob sie mit denen der Westteile identisch sind. Nicht recht verständlich ist es, warum die Zeichen nur beim Nordostturm so konzentriert auftreten, der Südostturm hingegen fast zeichenlos ist. Verfolgt man, in welcher Weise sich die Zahl der Zeichen verringert, so gewinnt man zwar einen gewissen Einblick in den Bauverlauf der Turmaufstockung, aber die Vorstellung der Hüttenorganisation wird nicht gerade erleichtert; denn hätte man die Aufgabe als Baulos einer bestimmten Gruppe zugeteilt, so müßten sich deren Zeichen auch am Südostturm finden. Für die Erarbeitung der Steinmetzzeichentabelle *(Fig. 110)* schien es sinnvoll, den Ausbau der Osttürme versuchsweise gegen Ende der Bautätigkeit im Westen anzusetzen, unter Berücksichtigung der Formen wird man dagegen eher einen Zusammenhang mit der mittleren Phase der Westteile zu sehen geneigt sein.

Das neue Projekt – nennen wir es Plan B der Ostfront – sah die *Erhöhung der Osttürme (Fig. 16)* um zwei Geschosse mit Giebeln darüber vor. Offenbar befürchtete man, das 4. Obergeschoß würde der unvorhergesehenen Belastung vor allem nach der Beschädigung durch den Brand nicht standhalten. Daher zog man in den Dreieröffnungen Stützpfeiler *(Abb. 145)* ein, die sie in ganzer Mauerstärke füllten. An ihrer Formentwicklung kann man den Ablauf der Arbeiten genau verfolgen.

Man begann im *4. Obergeschoß des Nordostturmes*. Dort sind die *Stützpfeiler* auf der Ost- und Südseite *(Fig. 32, Abb. 2)* als einfache rechteckige Pfosten gebildet, denen man ihre technische Funktion ansieht und sie als Störung der Form empfindet. Auf der Nord- und Südseite *(Fig. 36, Abb. 101, 105)* verbreitern sie sich geschwungen in der obersten Schicht, ein erstes Anzeichen für das Bemühen um eine befriedigendere Lösung; denn nun erscheint die Stütze als selbständiges Glied, das aber zugleich auf seine Umgebung bezogen ist. Vermutlich war zunächst dafür der Wunsch ausschlaggebend, nicht nur den Scheitelstein des Bogens, sondern den ganzen Scheitelbereich des Bogens zu unterfangen. Nebenbei entstanden dadurch seitlich zwei stark asymmetrische Spitzbögen. Sämtliche Pfeiler tragen Zeichen im Gegensatz zu dem sonst zeichenlosen 4. Obergeschoß[796].

Die durch diese Sicherungsmaßnahmen entstandene Aufteilung der Öffnungen, mag als Anregung für die Gliederung der neuen Turmgeschosse gedient haben, von denen als erstes das *5. Obergeschoß des Nordostturmes (Abb. 101, 102)* errichtet wurde. In dichter Folge trägt es die gleichen Zeichen *(Fig. 111, 113)* wie die Stützpfeiler darunter. Kantenlisenen, Rundbogenfries, Zahnfries und Gesims übernahm man von den älteren Geschossen, und die Öffnungen glich man äußerst geschickt den unteren an. Je zwei spitzbogige Öffnungen greifen das Motiv der nachträglich geteilten darunter auf und tragen zugleich der nach oben zunehmenden Mauerdurchbrechung Rechnung. Eingestellte Säulchen, die Bogenfelder mit Okuli stützen und dadurch die Wandschichtung vermehren, gab es ebenfalls schon unten. Ihre kleineren Abmessungen ergeben sich zwangsläufig, dienen aber der optischen Erleichterung. Teilweise umgab man die Okuli mit einem geblendeten Vierpaß in zartem Relief. Die den Pfosten zwischen den Öffnungen an der Stirnseite vorgestellten Säulchen wirken als verbindende Klammer und unterstützen so die Funktion der großen, rahmenden Rundbogenblenden, ein neues Motiv, das aber an die Wirkung der unteren Öffnungen anknüpft. In der Wandschichtung wird damit das ältere Prinzip verdoppelt. Der eingelegte Rundwulst mit Schaftringen und Tellerbasen ist eine plastische Bereicherung und ein typisches Element aus dem Kanon der Westteile. Auf Kämpfer wurde durchweg verzichtet, um bei den Säulchen schlankere Proportionen zu erzielen. Die Kapitelle *(Abb. 515–522)* sind in der Mehrzahl knospenbesetzte Kelche, die teilweise jene flache, geriefelte Dekoration des Grundes zeigen, die für die Kapitelle des Westchores so charakteristisch ist. Daneben gibt es auch fleischige Bossenblätter und glatte Kelche. Eine besonders bemerkenswerte Erscheinung sind die Würfelkapitelle der dem Hochschiffdach zugewandten Südseite. Insgesamt vereinigt dieses Geschoß eine größere Vielfalt an Kapitelltypen als die folgenden. Manches erinnert dabei noch an die Nordseite des Obergadens im 3. Mittelschiffjoch, für die Mehrzahl wird man aber die Parallelen im Westchor suchen müssen, vor allem für Schaftringe und Tellerbasen. Dafür spricht auch das feinkörnige Material, aus dem Säulen und Kapitelle im Unterschied zu den folgenden Geschossen gearbeitet sind. Hier findet sich demnach eine Reihe von Argumenten für den vorgeschlagenen zeitlichen Ansatz der Turmerhöhung.

Im *6. Obergeschoß des Nordostturmes (Abb. 101, 102, 2)* sind nur noch wenige Steinmetzzeichen verstreut zu finden, die alle zu denen des 5. Obergeschosses gehören *(Fig. 110)*. Das berechtigt zu der Annahme, daß man ohne Unterbrechung an dem Turm weitergearbeitet hat, allerdings mit einer anderen Abrechnungsmethode oder einigen neuen Kräften. Nur ganz geringfügige Änderungen unterscheiden die im wesentlichen übereinstimmende Gliederung vom 5. Obergeschoß. Unter dem Scheitel der Rundbogenblende und in den Wandzwickeln daneben wurden kleine, wulstgerahmte Scheibenblenden eingefügt und das Kapitell der jeweils dem Pfosten vorgestellten Säulchen wurde zur Differenzierung um eine Schicht über den Freisäulen angeordnet; so sitzt es über dem Kämpferpunkt der Bögen, die es trägt.

Das charakterisiert auch die *Stützpfeiler* im *4. Obergeschoß des Südostturmes (Fig. 32, Abb. 3, 174)*, die fast keine Zeichen mehr aufweisen. Die vorgestellte Säule ist gewiß eine Auswirkung der bereits fertiggestellten Obergeschosse des Nordostturmes, das hochgerückte Kapitell setzt die Lösung im 6. Obergeschoß des Nachbarturmes voraus.

Man behielt sie auch für das *5. und 6. Obergeschoß des Südostturmes (Abb. 103)* bei, glich dort allerdings auch die Lage der Schaftringe des Rahmenwulstes an, die man auf die gleiche Höhe mit dem Kapitell brachte. Beim Nordostturm befinden sie sich eine Schicht tiefer und damit unterhalb des Bogenansatzes. Die Kapitelle des Südostturmes *(Abb. 529–532)* sind sehr einheitlich und etwas derber, durchweg Kelche mit knospentragenden, teils glatten, teils geriefelten Bossenblättern. Nur im 5. Obergeschoß tritt vereinzelt ein Zeichen auf.

So gering die Unterschiede zwischen den beiden Türmen sind, so erlauben sie doch, einen recht genauen Bauverlauf zu rekonstruieren. Er läßt besonders bei dem zuerst ausgeführten Nordostturm das Bemühen um befriedigende formale Lösungen erkennen.

Die Erhöhung der Türme machte weitere Eingriffe in Plan A der Ostfront nötig. So hatte die vom Giebel abgerückte Stellung der nun sehr schlanken Türme ihren Sinn verloren, ja, sie wirkte sogar unbefriedigend. Als Konsequenz mußte man den *Zwischenraum* beidseitig zwischen den *3. Obergeschossen* und dem Obergaden schließen *(Fig. 32, Abb. 3, 86, 159)*. Außer den formalen Gründen spricht auch der Befund dafür, diese Maßnahme im Zusammenhang mit der Turmerhöhung zu sehen. Das Material und die Verwendung des Wolfes als Versatzwerkzeug gehören auf jeden Fall noch in die Bauzeit des Domes; die rundbogigen Fenster mit geradem Gewände finden sich häufiger in den Westteilen, und außerdem taucht sogar einmal das Zeichen Nr. 146 auf. Vermutlich war der schmale Raum mit einer Wasserrinne aus Holz und Metall abgedeckt. Die zuverlässig genauen Ansichten des 18. und frühen 19. Jhs. *(Abb. 21, 23)* vor Errichtung der neuen Giebelgliederung zeigen alle den oberen Abschluß der Zusetzungen als kurzes, horizontales Gesimsstück zwischen Türmen und Giebelschrägen[797].

PLAN B DER OSTFRONT *(Fig. 16)*

Plan B der Ostfront bedarf eigentlich keiner Rekonstruktion, weil er noch heute in wesentlichen Zügen das Bild bestimmt. Apsisdach und Giebel wurden unverändert vom Plan A übernommen, wo ihre ursprüngliche Form bereits beschrieben worden ist. Ersteres wurde im Laufe der Jahrhunderte mehrfach erhöht, letzterer erhielt seine heutige Gestalt erst 1843. Noch im 13. Jh. wurden die mächtigen Strebepfeiler angesetzt. Wesentlich verändert wurden 1766 die Turmbekrönungen durch Michael Küchel[798].

Während wir naturgemäß von den verschwundenen Turmhelmen des Planes A nichts wissen, kennen wir die des Planes B sehr genau, weil sie bis 1766 erhalten blieben. Alle Ansichten, die älter sind *(Abb. 13, 14, 19, 20)*, und auch das Modell über dem Portal der Alten Hofhaltung *(Abb. 12)* zeigen übereinstimmend Giebel und Helme unterschiedlicher Höhe, teils rautenähnlich, teils als achtseitige Spitzhelme. Jede Turmseite trug einen Giebel, der etwa einem gleichseitigen Dreieck entsprach und von drei in der Höhe gestaffelten, schlanken Rundbogenöffnungen durchbrochen wurde. Ihre Gewände haben sich noch heute teilweise in dem Umbau von 1766 erhalten *(Abb. 141)*, was eine in die Leibung umwickelnde Inschrift von 1697 beim Nordostturm bezeugt[799]. Demnach hatten sie außen ein rahmendes Wulstprofil. Die gestaffelten Öffnungen in dem barocken Turmgeschoß *(Abb. 101)* geben eine gute Vorstellung von der früheren Aufteilung, obwohl sämtliche Bögen und die äußeren Gewände der Seitenöffnungen von 1766 stammen, weil sie zum Teil aus den gleichen Werkstücken gearbeitet sind wie die eindeutig barocken Formen. Insgesamt haben die alten Giebel die Gliederung der obersten Turmgeschosse von 1766 sehr entscheidend mitbestimmt, die damit nicht nur ein Zeugnis historisierender Architektur im Spätbarock und der Unterordnung unter die Formenwelt des romanischen Baues sind, sondern auch der Pietät gegenüber der historischen Form und Substanz[800].

Weniger eindeutig ist die Überlieferung der Ansichten in Bezug auf die Höhe und Form der Turmhelme. Das Modell *(Abb. 12)* zeigt sie mit doppelter Giebelhöhe, wodurch sich der Eindruck niederrheinischer Rautendächer einstellt, deren Flächen aber jeweils in einem weiteren Grat gebrochen waren. Die Mehrzahl der Ansichten gibt sie aber als wesentlich spitzer und höher wieder[801]. So auch der Entwurf Küchels[802], in dem sie eingezeichnet sind *(Abb. 14)*. Demnach reichten sie fast bis zu den Vasen der heutigen Helme und waren achtseitige, allerdings in den Winkeln wohl nicht regelmäßige Pyramiden. Die Giebelspitze stimmte mit der Spitze der flachen Barockgiebel überein, und so ergab sich ein Verhältnis von Giebeln zu Helmen etwa von 1:3. Es ist aber nicht sicher, ob diese Helme noch die romanischen waren oder wie auch der Dachreiter des Langhauses eine Veränderung aus gotischer Zeit, um sie den schlankeren Helmen der Westtürme anzupassen. Auch das Apsisdach ist ja mehrfach verändert worden.

Mit dem Anschluß der Türme an den Ostgiebel und ihrem durch Aufhöhung schlankeren Umriß reiht Plan B *(Fig. 16)* als endgültige Lösung die Ostfront des Domes in die große Zahl ähnlicher Formulierungen des 11., 12. und frühen 13. Jhs. ein. Sie bleibt auch dann eine Schöpfung von besonderer Qualität, obwohl sie ohne Zweifel konventioneller als Plan A *(Fig. 15)* ist.

Ohne erkennbare Unterbrechung nahmen die Arbeiten an den Westteilen ihren Fortgang. Der Anfang eines neuen Bauabschnitts ist dort auf der Nordseite überhaupt nicht zu bemerken, auf der Südseite dagegen ist mit ihm eine Modifizierung der älteren Planung oberhalb der Grenzlinie des letzten Abschnitts verbunden.

Wie es scheint, baute man zunächst das *1. Geschoß* des *Südwestturmes*. Auch hier führte man die Wendeltreppe an Stelle des Treppenschachtes ein. Wie beim Nordwestturm legte man sie in die Südwestecke, also nicht symmetrisch zur Chorachse. Das hatte seinen Grund in dem Treppenschacht, der gerade dort die Höhe des 1. Geschosses erreichte und, ohne Unterbrechung bzw. ohne eine Durchquerung des Raumes erforderlich zu machen, in der Wendeltreppe fortgesetzt werden konnte *(Abb. 358)*. Den Zugang zum 1. Geschoß bildet eine Tür, deren Gewände unten ausschwingend dem Ende des Treppenschachtes und damit der älteren Planung Rechnung trägt. Der schlichte Raum *(Abb. 359)* ist gratgewölbt und ohne Schildbögen. Da die Wendeltreppe einen Winkel füllt, führte man fünf Grate aus. Das Rundbogenfenster gehört mit seinem mächtigen rechtwinklig gestuften Gewände ebenfalls schon ganz zu den handwerklichen Gewohnheiten der neuen Gruppe, deren Zeichen Nr. 146 in dichter Folge an den Wänden der Treppe zu finden ist. Damit kündigt sich auch das Ende des zeichenlosen Abschnitts an.

Gleichmäßig rundum zog man auch die Umfassungsmauern des *Südquerarmes* hoch. Das war möglich, weil sie auf der West- und Südseite inzwischen auf der Höhe jener Horizontalfuge angelangt waren, die der 7. Bauabschnitt als obere Grenze in der Ostmauer erreicht hatte[803]. Der Bauablauf in dieser oberen Zone des Südquerarmes ist von geringerem Interesse, weil er nicht von weiteren Planänderungen begleitet war. Er dürfte sich kaum genau ermitteln lassen. Lediglich eine Treppenfuge in der Südfassade *(Fig. 19, Abb. 263)*, oberhalb der Rose und von Ost nach West fallend, bekundet eine Mauerführung von der Ost- über die Süd- zur Westmauer, wofür auch das hellere Material im Ostteil spricht. Die Wandflächen sind weiterhin weitgehend zeichenlos. Die klar zum Zeichenabschnitt III B *(Fig. 110, 107, 108)* gehörenden Typen finden sich meist auf Fensterbögen und -umrahmungen konzentriert, häufiger auch dicht unter den Gewölbescheiteln. Ihre Zahl reicht für die Einordnung des Gesamtkomplexes aus, nicht aber für eine detaillierte Abfolge. Die baugeschichtlich wichtigen Beobachtungen werden daher in der vermuteten Reihenfolge von Ost nach West vorgetragen[804].

Den oberen Teil der *Ostmauer* mußte man an das sich strebepfeilerartig hochtreppende ältere Stück anschließen. Das geschah mit den gleichen Schichthöhen *(Abb. 271)*. In Höhe der Kapitelle und Kämpfer wurde fast in der Mitte eine Konsolengruppe eingesetzt *(Fig. 55, Abb. 280)*. Zwei schräggestellte, zur Seite gebogene Hornkonsolen *(Abb. 285)* für Rippen flankieren eine breite Gurtbogenkonsole, die sich aus zwei Schildkonsolen und einer profilierten, viertelkreisförmigen zusammensetzt. Ihre leichte Verschiebung aus der Wandmitte, die ein schmaleres Nordjoch zur Folge hat, ist ungeklärt und kann nicht durch den gegenüberliegenden Südwestturm bedingt sein. Ihre Form ist charakteristisch für Bauten im Einflußbereich der Zisterzienser und wurde verbindlich für die übrigen des Querhauses. Darüber hinaus ist sie das erste Zeugnis für die Absicht, das Querschiff einzuwölben. Bei der nördlichen Hälfte, die ja teilweise noch von dem Flachdeckenprojekt stammte, verzichtete man auf einen Schildbogen. Bei der südlichen dagegen wurde er mit der Mauer zugleich ausgeführt. Das geht aus der gleichen Schichtung und sogar gemeinsamen Winkelsteinen in dem durch die Stelzung senkrechten Abschnitt der Schenkel hervor *(Fig. 55)*. Oberhalb der Konsole verläuft der Schildbogen neben dem Rippenansatz, was nur heißen kann, daß beides gleichzeitig versetzt wurde. Konsolen, Rippenanfänger und Schildbogen sind also zugleich mit der neuen oberen Zone der Ostmauer entstanden und ganz eindeutig schon auf das ausgeführte Projekt einer Einwölbung des Querarmes mit zwei queroblongen, vierteiligen Rippengewölben hin angelegt. Demnach bestand wohl zu keiner Zeit die Absicht, den nahezu quadratischen Grundriß nur mit einem vierteiligen Gewölbe zu überspannen[805]. Der Weg führte von dem Flachdeckenplan ohne Zwischenstufen zu der endgültigen Konzeption. Dafür spricht auch das Fenster im südlichen Wandfeld *(Fig. 55, Abb. 280, 271)*, das allerdings weder in seinen Abmessungen, noch in seiner tiefen Anordnung eine klare Konzeption erkennen läßt; denn über ihm bleibt die Schildwand fast bis zur doppelten Höhe unbelichtet. Sohlbank und Gewändeansatz sind geschrägt, darüber ist das Gewände rechtwinklig gestuft und der Bogen leicht gespitzt. Es ist der neue Fenstertyp, der hier zusammen mit dem 1. Südwestturmgeschoß erstmalig auftritt. Bei der Sohlbank läßt sich nicht entscheiden, ob sie ursprünglich oder auf eine nachträgliche Veränderung zurückzuführen ist. Für beides lassen sich aus dem Befund Argumente ableiten, für letzteres wohl die stärkeren. In ersterem Falle läge ein Planwechsel vor, bei dem die alte von der neuen Fensterform abgelöst worden wäre. Oberhalb der Gewölbe besteht die Mauer aus roh gespitzten Quadern, die ebenfalls die Einwölbung voraussetzen und sich klar von dem glatten Stück neben der Vierung abheben.

Von der Fensterform abgesehen, paßt sich die Außenseite der Ostmauer des Südquerarmes *(Abb. 271)* ganz der flächigen Erscheinung des Langhausobergadens an, dessen einzige Gliederungsmotive – Rundbogenfries, Zahnband und Kranzgesims – ohne Unterbrechung an ihr fortgesetzt werden. Nur die Kantenlisene erhält ihr seitliches Profil erst hoch oben, auf gleicher Höhe wie die Lisenen der Südfassade und folgt damit dem bei Zisterziensern verbreiteten Brauch, bereichernde Gliederungen und plastische Durchformung nicht nur bei Gewölbevorlagen erst kurz unterhalb des Punktes beginnen zu lassen, an dem sie funktional notwendig sind, d. h. sie zu »pflocken«[806].

Auch bei der *Stirnmauer* des *Südquerarmes (Fig. 19)* zeichnet sich ein Planwechel ab. An der Oberkante des letzten Bauabschnitts gab man die Mittellisene auf und mit ihr sicher auch eine andere Fensteranordnung und einen horizontalen Rundbogenfries. Statt dessen beherrscht nun ein großes Rosenfenster die Fläche *(Abb. 263, Fig. 57)*, dessen unteres Segment noch unter die Kämpferlinie hinabreicht. Seine Wirkung als Schmuckform wurde besonders hervorgehoben *(Abb. 273)*, indem man sein wie nun schon üblich innen und außen rechtwinklig gestuftes Gewände um Kantenprofile bereicherte und die Stege des mittleren Zwölfpasses und der kleinen Vierpässe in der maßwerkartigen Steinscheibenfüllung lilienförmig enden ließ, ein ornamental spätromanisches Motiv, das diese Rose von den späteren Wiederholungen am Nordquerarm und der Ebracher Ostfront unterscheidet[807]. Über ihr, direkt unter dem Scheitel des Schildbogens, befindet sich ein kleines spitzbogiges Fenster *(Abb. 263, Fig. 57)*, wiederum mit innen und außen rechtwinklig gestufter Leibung, die etwas Charakteristisches deutlich macht: alle bisher genannten Fenstergewände dieser Art stimmen in den Abmessungen der Stufung ungefähr überein, ganz unabhängig von der Größe der lichten Fensteröffnung. Sie wirkt je nachdem sehr klobig oder nur rahmend kantig. Es ist, als ob man – was gewiß nicht zutrifft – alles nach einer Schablone fertigte. Immerhin ist es eine bemerkenswerte Eigenheit der neuen »Hütte«, einmal festgelegte Abmessungen von Architekturgliedern trotz unterschiedlicher Verwendung nicht wesentlich zu variieren[808].

Außen *(Fig. 19, Abb. 263)* sind die Profile der Kantenlisenen wieder gepflockt, d. h. sie beginnen erst oberhalb der Rose auf einer Linie mit der Sohlbank des Fensters, das dadurch in die Giebelgliederung einbezogen wird. Auch das ist ein oft zu beobachtendes Gliederungsprinzip der von Ebrach vermittelten Stilrichtung: statt die Basislinie des Giebeldreiecks zu betonen, wird dessen Gliederung ein Stück in die Fläche der Fassade darunter hinabgezogen, was wie eine Stelzung des Giebels wirkt, ihn aber auch besondes eng mit dem Unterbau verbindet.

Der *Südgiebel (Fig. 19, Abb. 263)*, sicher der letzte Bauteil des Südquerarmes, sei in der Betrachtung gleich angeschlossen, zumal er im unmittelbaren Anschluß an die Fassade ausgeführt wurde und innen in seinen untersten Schichten die gleichen Zeichen trägt wie die Westwand oben. Seine Schrägen werden von einem steigenden Rundbogenfries begleitet, der durch die starke Stelzung der Bögen (bzw. lang herabhängende »Füße«) auffällt und sicher darin auch von den nicht erhaltenen des alten Ostgiebels abweicht, wenn man nach den Ansätzen urteilen darf. Es ist nicht uninteressant, dieses spätromanische Element gerade hier an dem »modernsten« Bauteil zu finden. Bei dem späteren Nordgiebel *(Abb. 262, 265)* kehrte man zu dem noch »älteren« Typ zurück. Erstaunlich reich ist die Öffnung im Giebel gerahmt. Das über dem Sturz vom Kantenprofil gebildete Kleeblatt läßt an die Blendarkaden und Schranken des Westchores denken, auch in der Art des Profils[809]; die zusätzliche Spitzbogenrahmung mit Wulst und eingestellten Säulchen auf Tellerbasen stellt die Verbindung zu den Turmfenstern in der Querhauswestwand her.

Über dem Rundbogenfries ist der Giebel *(Fig. 19, Abb. 263)* nicht mehr im ursprünglichen Zustand. Bei der Aufbringung des neuen Dachstuhles 1744 wurde er über 1,00 m aufgehöht und dabei das alte Schrägengesims beseitigt. Von dem ehemaligen Abschluß hat sich eine breite vermörtelte Spur erhalten, vielleicht ein Zahnfries oder ein abgespitztes Profil. Am First ist diese Spur leicht geschweift, was auf den Übergang in einen kreuzblumenartigen Aufsatz hindeutet. Solche Aufsätze mit geschweiftem Anlauf haben sich über dem Nordgiebel und einigen Strebepfeilern in Ebrach erhalten[810]. Sie sind gedrungener und wuchtiger als der barocke Abschluß in Bamberg, der ansonsten das Motiv erstaunlich genau nachahmt, ein weiteres Beispiel sorgfältiger »Denkmalpflege« im 18. Jh. Mit dem ehemaligen Giebelabschluß bzw. dem Überstand des romanischen Daches müssen auch die beiden Konsolen in Zusammenhang gebracht werden, die auf der Ost- und Westseite auf der Höhe des Rundbogenfrieses in die Kantenlisenen eingelassen sind. Es sind Schildkonsolen, von denen die östliche *(Abb. 271)* als einzige in

Bamberg das berühmte Halbmondmotiv zeigt[811]. Da Zahnfries und Kranzgesims über den Konsolen bis zur Kante durchgezogen sind, ist die ursprüngliche Funktion schwer zu ergründen. Am Oberrhein sind sie weit verbreitet[812] und tragen bei den älteren Beispielen den über den Unterbau seitlich vorkragenden Giebel. Es gibt aber auch Fälle, wo sie wie in Bamberg anscheinend funktionslos sind; etwa in Otterberg sitzen sie an der gleichen Stelle, Ortgang (= Schrägengesims) und Kranzgesims laufen aber darüber hinweg[813]. Träfe das zu, so handelte es sich um die Beibehaltung eines nutzlosen Gliedes, um den Lisenen eine Art Abschluß zu geben. Endgültig ließe sich die Frage allerdings nur beantworten, wenn wir Kenntnisse nicht nur über romanische Dachstühle und ihre Überstände hätten, sondern vor allem auch über die Vorrichtungen für die Wasserableitung wie hölzerne Rinnen und Wasserspeier, die gerade an einem solchen Punkt denkbar wären. Der Fragenkomplex ist nicht ganz so unwichtig, wie man meinen möchte, weil Dächer und ihre technischen Vorrichtungen Bauten in der Wirkung sehr nachhaltig beeinflußt haben, was meist übersehen wird.

Auch in der *Westmauer (Fig. 27, 58, Abb. 279, 286)* wurde innen eine Konsolengruppe verankert, die Gurt und Rippen aufnehmen konnte.

Bei dem Südwestvierungspfeiler wurde wie schon bei den beiden Eckdiensten der Südseite ein kleines, aber bezeichnendes Detail gegenüber C 10 und dem Langhaus abgeändert. Die Kämpfer verkröpfen sich nicht wie dort um jedes einzelne Glied, sondern übergreifen Schildbogenvorlagen und Dienstkapitell in einem. Der Eckdienst verliert dadurch seine Selbständigkeit und wirkt eher wie ein überdimensionales Kantenprofil der Rechteckvorlage, der er eingestellt ist. Das entspricht durchaus der Auffassung, die auch sonst an Ecksäulchen in den Westteilen zutagetritt. Die Kapitelle der Halbsäulenvorlage und des Dienstes in der Südwestecke *(Abb. 723, 741)* gehören mit ihren echten Knospenformen zu den fortgeschritteneren der Westteile, wobei das Fehlen eines Kelches ohne Belang ist, wie sich noch zeigen wird. Die begleitenden Dienste des Vierungspfeilers dagegen wirken mit ihren gröberen Blattformen altertümlich, wenn sie auch nicht aus der älteren Tradition abzuleiten sind. Der Unterschied zwischen der älteren Ostseite und der jüngeren Westseite ist bei den Kapitellen also ebenfalls deutlich ausgeprägt[814].

In der nördlichen Wandhälfte ordnete man ein Fenster an *(Abb. 279)*, das sich in das 2. Geschoß des Südwestturmes öffnet. Seine Sohlbank liegt etwas unterhalb der Kämpferlinie wie bei dem schräg gegenüberliegenden der Ostseite, dem es fast in der Größe entspricht, nicht aber in der Form. Sein knapp geschrägtes Gewände wird in einigem Abstand gerahmt von eingestellten Säulchen, die einen Wulst aufnehmen *(Vergl. Abb. 290)*. Mit dieser Bereicherung tritt dieses Fenster in eine engere Beziehung zu der Architektur des Westchores als zu der kahlen Kargheit des Querhauses. Vielleicht liegt hierin auch eine Erklärung für die eigentümliche Verteilung der Fenster und ihrer Formen im Südquerarm. Auf der Ostseite hatte man nur eines in der Südhälfte angeordnet, während die Nordhälfte geschlossen blieb.

Auf der Westseite verzichtete man dagegen auf ein Fenster in der Südhälfte, wo man es am ehesten erwarten sollte. Ob man damit die natürlich bedingte größere Helligkeit der Südseite einschränken und die Rose mehr zur Geltung kommen lassen wollte, kann nicht entschieden werden. Statische Gründe werden wohl kaum Anlaß zu dieser Anordnung gewesen sein. Die in dieser Zeit noch unübliche Öffnung eines großen Fensters in einen Turm hinein wird man also nicht mit dem Bestreben nach stärkerer Belichtung – man hatte ja nebenan auf ein Fenster verzichtet – noch aus der Fortsetzung der Gliederung wie etwa bei gotischen Systemen erklären können. Der Hinweis durch die reichere Rahmung auf den Westchor scheint dagegen berechtigt; denn es handelt sich um die Flächen des Querschiffes, die vom Langhaus her auch über die Schranken hinweg sichtbar sind, über Eck mit der Gliederung des Chores in Verbindung treten und sie flankieren.

Die außerordentlich stark gestelzten Schildbogen *(Fig. 58)* wurden wiederum mit den Mauern zugleich errichtet, was gleiche Schichthöhen und Winkelsteine im senkrechten Teil bezeugen. Ihre Verschneidung mit den Rippen über den Konsolen setzt voraus, daß die Anfänger von Gurt und Rippen ebenfalls schon beim Hochführen der Mauern versetzt wurden, wie es technisch sinnvoll und ohnehin üblich war. Die Schildwände tragen die Zeichen von III B. Eine von Süd nach Nord fallende Treppenfuge in der südlichen bestätigt den Bauverlauf von Ost nach West um den Querarm herum zumindest in dieser Höhe.

Außen blieb die Westseite durch das Fehlen eines Fensters nahezu ungegliedert *(Fig. 35, Abb. 268)*. Oberhalb des ersten Horizontalgesimses am Turm führte man auch am Querarm eine profilierte Anschlußlisene im Winkel zum Turm ein, auf die man unten – wie dargelegt wurde – bei Anlage des Querhauses verzichtet hatte. Als man sich zu einer anderen »Interpretation« der Stellung der Winkeltürme entschlossen hatte, ging man wieder zur Lisene über, zumal dadurch auch ein unkompliziertes Auflager für den Rundbogenfries gewonnen wurde. Da die Lisene der Südwestkante in ganzer Länge profiliert ist und oben Rundbogenfries, Zahnband und übliches Kranzgesims erscheinen, bietet die Westseite ein Bild, das sich in nichts von den Ostteilen unterscheidet. Allein die auskragende Schildkonsole und die kaum mehr wahrnehmbaren, fast nur geritzten Kreisornamente in den Bogenfeldern des Frieses verraten die Errichtung durch neue Kräfte.

Das häufige Auftreten des Zeichens Nr. 146 an dem südlichen Vierungsbogen und den Rippen läßt es denkbar erscheinen, daß die *Gewölbe* des *Südquerarmes (Abb. 279, 280)* unmittelbar nach Vollendung der Umfassungsmauern eingezogen wurden. In den Formen lehnte man sich eng an die Gewölbe der Ostteile an. Der einfache Rechteckgurt erscheint beim Vierungsbogen durch einen Unterzug verstärkt, wie es die Pfeiler schon vorgesehen hatten. Seine Breite ist etwas reduziert. Die Rippen sind im Profil schmaler, vor allem ihre Bandunterlage; die Wulste sind zum Grat hin stärker geschärft, also eher mandelförmig. Die Scheitel verlaufen nun allerdings fast horizontal und zeichnen sich durch das Zusammenschieben im queroblongen Grundriß als Brechung stärker ab. Die einzelnen Felder wirken nicht mehr als geblähte Segel, sondern knapp, gespannt und darum »gotischer«. Die gerade Führung der Scheitel machte die Stelzung der Schildbögen und damit auch die senkrechte, hoch hinaufreichende Hintermauerung der Rippen notwendig. Die Schlußsteine *(Vergl. Abb. 814–817)* sind auch hier kreuzförmig, ihnen sind aber große flache Scheiben aufgelegt, die nach oben in die Rippen hinein kegelförmig gebildet sind. Nach unten zeigen sie flache, radiale oder gewirbelte Blattauflagen *(Abb. 813, 818)*. Diese sogenannten Schalenschlußsteine sind charakteristisch für die von Ebrach beeinflußte Hütte[815].

Die schon mehrfach zitierte Altarweihe im Südquerarm von 1229 kann noch vor der Einwölbung erfolgt sein. Für die obere Zone des Querarmes darf man aber das Datum »um 1229« als verbindlich an-

## 9. Die Aufstockung der Osttürme und die Vollendung der Westteile bis zum Kranzgesims

sehen, zumal der Spielraum nach vorne und hinten sehr eingeschränkt ist[816].

Mit der Vollendung des Südquerarmes sind wir den Ereignissen an anderen Stellen der Westteile nicht unwesentlich vorausgeeilt. Wie schon häufiger angedeutet, ist eine exakte chronologische Ordnung der Bauabfolge in den Westteilen nur in groben Umrissen möglich. Wollte man darüber hinaus im Bericht differenzieren, so müßte man noch erheblich öfter von Bauteil zu Bauteil springen, und daher wird im folgenden weiter nach sachlich zusammenhängenden Komplexen gegliedert und die Chronologie nur im Großen berücksichtigt.

Wie schon in der unteren Zone des Südquerarmes und der Westchorsüdmauer wird man davon auszugehen haben, daß der *Südwestturm* keineswegs hinter den angrenzenden Bauteilen zurückblieb, sondern immer ungefähr deren Höhe hatte. In seinem 2. Geschoß *(Fig. 19, 35)* sind außen allerdings Treppenfugen sichtbar, die grob gesehen von dessen Südwestecke unten beidseitig zur Querhauswestwand bzw. Chorsüdwand ansteigen. Demnach errichtete man von diesem Geschoß zwei Mauerzüge, die jene angrenzenden Mauern wie Strebepfeiler abstützten und mit ihnen gleichzeitig sind. Lediglich die Südwestkante, genauer gesagt: die Wendeltreppe, blieb einstweilen ausgespart und wurde als letztes eingefügt, um auch die von Westchor und Querarm unterschiedlich herangeführten Schichthöhen auszugleichen. Für die Planungsgeschichte ist das aber von untergeordneter Bedeutung, und daher scheint es gerechtfertigt, den Turm bis einschließlich zum 2. Geschoß an dieser Stelle zu behandeln[817].

Das 2. Geschoß beginnt innen *(Abb. 360, 361)* auf gleicher Höhe mit der Sohlbank des Fensters zum Südquerarm, also erheblich tiefer als das äußere Gesims, und ebenso lag seine Balkendecke ehemals tiefer, was an der alten Konsolenreihe und der Tür in dem Treppengehäuse erkennbar ist. Die Funktion des hohen Raumes ist unbekannt, vermutlich war er ungenutzt. Die Rundbogenöffnungen der West- und Südseite haben wieder die wuchtigen rechtwinklig gestuften Gewände und sind wohl mit Rücksicht auf das Querhausfenster erheblich größer als unten. In der Anordnung weichen sie der Wendeltreppe aus, was offenbar von außen nicht als störend empfunden wurde *(Abb. 267, 268)*. Dort sitzen sie direkt auf dem Gesims auf, was bei der großen glatten Fläche darüber etwas unproportioniert wirkt. Das Gesims ist das erste an dem fast drei Geschosse hohen, nicht unterteilten Unterbau des Turmes. Seine Höhenlage ist von der Gliederung der Westapsis bestimmt, womit die auf der Nordseite veränderte Disposition nun auch auf die Südseite übertragen wird. Neben Wendeltreppen und gestuften Fenstergewänden ist die Form des Gesimses *(Abb. 337)*, das als Konsolenreihe mit eingehängten Schilden eine wörtliche Übernahme von der Ebracher Michaelskapelle ist[818], die dritte wesentliche Neuerung, die an dem Südwestturm zu beobachten ist. In Ebrach ist es eine anscheinend originelle Schöpfung, die aus einer Verschmelzung des reinen Konsolenfrieses mit dem in Burgund häufigen, um 90 Grad gedrehten, liegenden Rundbogenfries hervorgegangen ist[819], wie er auch in dieser einfachen Form an Michaelskapelle und Querschiffkapellen vertreten ist. Dieser neue Gesimstyp war nicht auf profilierte Lisenen berechnet, mit denen er aber am Südwestturm zusammenstieß. Da eine Lisene normalerweise in einen Rundbogenfries übergeht, legte man auch hier jeweils einen, allerdings sehr kleinen Rundbogen an, in dem das Profil auslaufen konnte, und schloß direkt daran eine halbe Konsole oder einen Schild an *(Abb. 337)*. Bei reiner Formen-

analyse könnte man versucht sein, beides verschiedenen Händen zuzuschreiben oder den Konsolenfries für eine nachträgliche Veränderung zu halten, aber in allen Fällen wurden Rundbögen und anschließendes Frieselement aus dem gleichen Werkstück gearbeitet.

Dieser Vorgang warnt davor, nach den Gesichtspunkten der Formenanalyse einzelne Teile bestimmten »Hütten« zuzuschreiben. Offenbar waren die Steinmetzen durchaus in der Lage, nach Anweisung diese oder jene stilistisch unterschiedliche Form zu bearbeiten, vielleicht mit Ausnahme komplizierter Kapitellformen. Darüber hinaus läßt sich hier die Entwicklung einer Lösung aus einer Notlage heraus beobachten, wobei man völlig unorthodox gegensätzliche Elemente addierte und das Konsolgesims als eine Art veränderten Rundbogenfries betrachtete.

Den Abschluß des 2. Geschosses *(Abb. 267, 268, 327)* bildet dann wieder ein normaler Rundbogenfries mit Zahnband und Gesims darüber, die die entsprechenden Gliederungen der Querhauswestwand um den Turm herum auf gleicher Höhe fortsetzen, aber auf eigenen Lisenen aufsitzen. Damit fügt sich der Turm noch einmal in seine Winkelstellung ein und paßt sich den benachbarten Bauteilen an, ganz konventionell und den Normen spätromanischer Architektur folgend, die mit übergreifenden Gliederungen einzelne Baukörper fest miteinander zu verbinden trachtet.

Währenddessen standen die Arbeiten am Westchor und der Apsis keineswegs still. Es ist sogar anzunehmen, daß deren Untergeschoß noch vor der Vollendung des Südquerarmes ausgeführt wurde. Ferner war die Südmauer des Chores Voraussetzung für den Aufbau des Südwestturmes; beides ist wohl weitgehend gleichzeitig, nur oben blieb der Turm etwas hinter der Chormauer zurück, wie aus den erwähnten Treppenfugen zu ersehen ist.

Für die *Südmauer* des *Westchores*, die nach wie vor innerhalb dieses Bauteils am weitesten fortgeschritten war, blieb die auf der Nordseite vorgenommene Veränderung der Turmstellung nicht ohne Folgen. Mit dem Beginn des neuen Bauabschnittes, in dem sich die neuen Kräfte ganz durchsetzten, gab man den Plan auf, das Chorjoch als eigenen Baukörper zwischen den Türmen vortreten zu lassen[820]. Wie die Mittellisene der Südfassade so wurden auch hier Kantenlisene und Ansatz der Chormauer mit einem Wasserschlag abgeschlossen *(Abb. 326, 267)* und die Mauer darüber glatt hochgeführt, was sie zusammen mit den von der Apsis her durchlaufenden Gesimsen wie eine weitere Polygonseite der Apsis erscheinen läßt. Damit setzt sich der neue Bauabschnitt mit einer beinahe horizontalen Linie von dem vorangehenden ab, die das Ende der Mittellisene, den Anfang der Wendeltreppe und das Ende der Chorkantenlisene miteinander verbindet. Oberhalb eines weiteren kleinen Mauerrücksprungs wollte man wohl eine Winkellisene wie beim Turm einführen, verzichtete aber sofort wieder darauf.

Der Planwechsel hat auf der *Innenseite der Südmauer* anscheinend keine Spuren hinterlassen. Ohne Unterbrechung laufen Dienste und Vorlagen über die fragliche Stelle hinweg nach oben *(Abb. 303, 312)*. Ihre Kapitelle sind bemerkenswert einheitlich: bei der Mittelvorlage *(Abb. 770, 771)* schlanke, weit ausladende Kelche mit abstehenden Knospen; bei den Vorlagenbündeln ist der Kelch durch einen Fächergrund ersetzt, und die knospenden Bossenblätter haben ganz flache Blattauflagen *(Abb. 726, 772–775)*. Oberhalb der Kämpfer ging man zu einem neuen Plan für die Gewölbe des Chorjoches über, was hauptsächlich an der Stellung der Kämpfer zu erkennen ist. Obwohl das bisherige Konzept an dieser Stelle der

Chorsüdwand seine Gültigkeit verliert, soll es erst im Zusammenhang mit der gesamten Chorplanung besprochen werden. Es kann dabei nicht stark genug hervorgehoben werden, daß der neue Gewölbeplan schon oberhalb der Kämpfer der Südmauer den alten ablöst, bevor Apsis und Nordseite diese Höhe erreicht hatten und die Südmauer ihre Schildflächen erhielt[821]. Rippen- und Gurtbogenanfänger wurden dem neuen Plan folgend gleich mitversetzt, ebenso Konsolen *(Abb. 312, 770, 315)* und Dienste für die Schildbögen. Die Flächen der Südmauer sind bis unter die Gewölbescheitel zeichenlos und darum vielleicht sogar ein wenig früher entstanden als die oberste Zone der Westmauer des Südquerarmes.

Das *Untergeschoß* der *Westapsis*, mit seinem südlichen Ansatz schon im vorangegangenen Bauabschnitt begonnen, wurde ebenfalls fortgesetzt, wohl noch ehe der Südwestturm und die anschließenden Bauteile die Kranzgesimshöhe erreicht hatten. Die häufig auftretenden Zeichen Nr. 147 und Nr. 148 sind charakteristisch für den Abschnitt III B, gestatten jedoch keine genauere Einordnung. Anders als bei der Ostapsis baute man nicht mit umlaufend gleichen Schichthöhen, sondern nur in kürzeren Teilstücken, wie die Treppenfugen bezeugen. Sie verlaufen alle entsprechend der Richtung des Bauvorganges von Süd nach Nord. Darauf deutet auch eine leichte Abwandlung der Profile von Kämpfern und Basen hin, die bei der Blendarkatur innen zu beobachten ist.

Die ungleichen Ansätze der Apsis im Äußeren *(Abb. 267, 270)*, die sich aus der unterschiedlichen Turmstellung und der Anlage eines selbständigen Altarhauses auf der Südseite ergeben, sowie die Zunahme der Apsismauerstärke von Süd nach Nord, haben eine Verschiebung der inneren und äußeren Gliederung gegeneinander zur Folge *(Fig. 28)*, was jedoch erst in der beide verbindenden Fensterzone spürbar wird[822]. Außerdem ist außen das südliche Feld verkürzt. Dort steht die Vorlage des Apsisbogens noch im Chorjoch, während die Vorlagen des Apsisansatzes außen schon ganz im Apsisrund stehen. Diese Lösung gleicht im Prinzip der Ostapsis und setzt innen wie außen Halbkreisgrundrisse voraus, innerhalb derer Verschiebungen leicht zu korrigieren sind. Die Aufteilung in fast gleiche Polygonseiten – zunächst innen, dann aber auch außen – mußte zu einer Verschiebung führen, die nur langsam von Süd nach Nord abnimmt. Die äußere Verkürzung des Südfeldes milderte das zwar, führte dort aber zu einem schmaleren Fenster, das in seiner Lage von außen bestimmt wird und innen aus der Achse des Feldes verschoben ist *(Abb. 304)*. Die Zahl der Rundbögen im Fries wurde von fünf auf vier reduziert *(Abb. 267)*. In den folgenden Feldern ergaben sich unterschiedlich geschrägte Fenstergewände *(Abb. 327, 331–333)* und jeweils auf der Nordseite breitere Seitenstreifen. Alle weiteren Unregelmäßigkeiten der Westapsis bis hin zum verschobenen Schlußstein und der versetzten Dachspitze ergeben sich letztlich aus dieser Verschiebung – wie in der Befundbeschreibung dargelegt – und damit aus dem Planwechsel zwischen Süd und Nord[823].

Schon beim Versatz der Basen außen über dem Sockel wurde durch die Verkürzung des Südfeldes darauf Bezug genommen und folglich das innere Polygon vorausgesetzt, was nicht nur die Zusammengehörigkeit beider Formen – durch das Baugefüge bereits erwiesen – erneut bestätigt[824], sondern die Apsis klar als Teil der neuen Planung erkennen läßt.

Die Blendarkatur des Apsisuntergeschosses *(Abb. 299, 300, 302)* gehört in ihren Details zu den qualitätsvollsten Werken der Handwerkergruppe. Die Eckzier einiger Tellerbasen *(Abb. 876–878)* knüpft an Motive der Ostteile an (Harpyen), was auch bei einigen Knospenformen zu beobachten ist. Im Typ gehören die Kapitelle *(Abb. 744–753)* ganz in den Kanon der Westteile: schlanke, weit ausladende Kelche von gleicher Größe wie bei der großformigen Architektur. Die Motive der knospenden Blätter variieren stärker als bei den oberen Kapitellen und zeigen häufig typisch spätromanische Züge, so z.B. Löwenköpfchen statt Knospen *(Abb. 745)*. Für die Zierformen verwendete man wie in den Ostteilen ein feinkörniges Material, das aber eher weiß als grün zu sein scheint. Unter der mit hängendem Rundbogenfries gerahmten flachen Mittelnische *(Abb. 306)* könnte der Bischofsthron gestanden haben. Auf der Südseite *(Abb. 302)* hatte man beim Kämpfer ein neues Profil ausprobiert, doch man kehrte zu dem am Bau üblichen zurück.

Im Anschluß an das Untergeschoß der Apsis entstand auch die *untere Zone* der *Nordmauer* des Westchores *(Fig. 39, Abb. 309)*, wie unschwer am Zusammenhang der Schichtung zu erkennen ist. Hart neben der Apsisbogenvorlage ordnete man eine Tür an, die unmittelbar zu der dahinterliegenden Wendeltreppe führt. In der Form gehört sie zu dem im 13. Jh. weit verbreiteten Typ mit Konsolsturz, d.h. der obere Abschluß wurde aus einem auf Konsolen ruhenden Sturz entwickelt. Ein Kantenprofil läuft um. Unmittelbar daneben führt eine weitere Tür *(Abb. 311)* in das Turmuntergeschoß und die angrenzende Schatzkammer. Die Trennung der Zugänge von Treppe und Turm wurde durch die andere Lage der Wendeltreppe und ihren Anfang in Höhe des Chorniveaus möglich. Man konnte so die Benutzer der Turmtreppe – Küster und Handwerker – von dem Raum daneben fernhalten. Diese Absicht als auch der gemeinsame Zugang zur Schatzkammer deuten auf den gleichen wichtigen Verwendungszweck des Untergeschosses im Nordwestturm, das wohl nicht als Sakristei vorgesehen war. Der Bedeutung von Schatzkammer und Archiv entspricht es denn auch, daß die Tür zwar vom gleichen Typ, aber etwa 1/5 größer als die benachbarte ist und man die Wirkung noch durch Vergrößerung des umlaufenden Kehle-Wulstprofiles steigerte *(Abb. 311)*. Dabei wurde diese Steigerung nicht von der Funktion bewirkt, sondern allein von der Bedeutung der Tür; denn das Ganze ist nur ein Rahmen für einen sehr viel kleineren, leicht spitzbogigen Durchgang, dessen lichte Weite fast genau mit der Treppentür übereinstimmt. Über dem Schatzkammerzugang legte man einen Entlastungsbogen *(Fig. 39)* an und darüber noch einen zweiten, doppelt so großen, der beide Türen übergreift und hinter der Mittelvorlage durchläuft. Diese wurde wegen der Tür nicht bis auf den Boden geführt, sondern mit einer Gruppe von vier Schildkonsolen abgefangen *(Abb. 310)*.

Da man in dem ganzen Komplex der Nordhälfte gleichzeitig arbeitete und die Höhendifferenzen den Treppenfugen nach meist nur drei, selten fünf oder acht Schichten betrugen, schloß der *Nordquerarm* unmittelbar an die untere Westchornordmauer an. Zunächst brachte man wohl die Westmauer auf gleiche Höhe, baute zugleich aber auch an der *Nordstirnmauer* und dem kurzen Stück *Ostmauer*, das noch fehlte. Damit war auch hier der Anschluß an den 7. Bauabschnitt gewonnen, und die Umfassungsmauern des Domes rundum geschlossen. An der Nordseite des Nordquerarmes entstand das *Veitsportal (Abb. 274, 276, 277)* mit seinem flachen Vorbau. Da an dessen Westkante mehrfach das Zeichen Nr. 139 auftaucht, das an der Westmauer in den unteren Schichten vorherrscht, muß frühzeitig begonnen worden sein. Auf jeden Fall gibt es hier keinerlei Trennung zwischen diesem und dem vorangehenden Bauabschnitt, ebensowenig läßt sich irgendein noch so geringer Konzeptionswechsel feststellen. Die Lage des Portals und seines Vorbaues – aus der Fassadenmitte nach Westen verschoben *(Fig. 37)* und mit der Westkante noch über die Westmauerflucht des Querarmes vortretend *(Abb. 270)* – ist allein bedingt durch die Pfalz, deren Haupttrakt seine Fluchten seit der Gründung nicht verändert hatte. Durch die Verlegung der Querhausachse nach Westen kam es wie auf der Südseite zu einem Versprung der Fluchten. Das neue Querschiff reichte danach genau um die Breite des Portalvorbaues weiter nach Westen als die Westflucht (Rückseite) des Palas der Pfalz. Da dieser auch nach dem Domneubau offenbar noch immer dicht vor dem östlichen Teil der Nordfassade stand, wählte man für das Portal den frei zugänglichen westlichen Teil als Standort. Es führte unmittelbar in den Hof hinter dem Palas und darf damit als Portal des Bischofs angesehen werden, das er außerhalb der hohen festlichen Anlässe benutzte. Da im Anfang des 13. Jh. noch immer damit zu rechnen war, daß der Kaiser Wohnung in der Pfalz nahm, auch wenn es unter Friedrich II. nie dazu kam, war es wohl auch für diesen als kürzeste Verbindung vorgesehen. Gerade das könnte den im Vergleich zu dem kargen Querhaus größeren dekorativen Reichtum erklären.

Das Herumführen des Seitenschiffsockels um die Nordostecke des Querschiffes bis zum Veitsportal und die Anlage profilierter Lisenen an der Nordostkante besagen, daß mit dem Neubau der bauliche Zusammenhang mit dem Palas aufgegeben wurde. Es entstand ein Durchgang zwischen beiden, der aber erst 1778 die Breite der heutigen Straße erhielt. Ein Rest der Verbindung blieb nämlich zunächst noch bestehen, wofür Bossenquader *(Abb. 276)*, Flickstelle und senkrechte Anschlußspur an der Ostkante des Portalvorbaues sprechen. Es kann keine geschlossene Mauer gewesen sein, da sie die Blendarkatur überschnitten hätte, aber vielleicht ein Torbogen, der den Vorbau als südliches Gewände und Auflager benutzte und mit seiner Übermauerung erst oberhalb der Blendarkaden anschloß.

Der Vorbau des Portals steht nach beiden Seiten im Verband mit den anschließenden Mauern. Die differierenden Schichthöhen an der Ostkante ergeben sich wie beim Fürstenportal aus dem auf die Gliederung berechneten Fugennetz des Vorbaues und dem eher zufälligen der Mauerfläche. Umso erstaunlicher ist die Übereinstimmung der Schichthöhen im unteren und obersten Bereich nach Westen mit der Nordmauer der Schatzkammer *(Abb. 270)*, deren Ansatz also offenbar mit dem Portal gleichzeitig ist. Die Steinmetzzeichen bestätigen das. Darüber hinaus ist schon immer der für die Westteile des Domes so charakteristische Formenkanon des Portals als weiteres Zeugnis der Ebracher Einflüsse hervorgehoben worden. Die dem Portal am nächsten stehenden Formen zeigt das Untergeschoß der Westapsis. Die Kleeblattbögen sind dort zwar breiter, aber das liegt nur am Maß der Polygonseiten, zumal man die Spannweite der Bögen offenbar beliebig erweitern kann, wie an der Mittelnische zu sehen ist. Vor allem stimmen die Kantenprofile der Bögen wörtlich überein, wobei die abweichende Wirkung beim Portal nur durch die größere Tiefe der vorgeblendeten Schichtung entsteht. Dadurch stehen die Säulchen mit einem Abstand vor der Wand und haben noch eine flache Lisene hinter sich, die mit der Kapitelldeckplatte das typische Motiv der »eingestellten Säule« ergeben, das den Apsisarkaden fehlt. Als Abweichung muß man auch die merkwürdig verkümmerten Schaftringe und die attischen Basen erwähnen, was beides altertümlicher wirkt. Um so größer ist die Übereinstimmung der Kapitelle *(Abb. 754–761)*. Die Kelchblockkapitelle der östlichen Arkaden und des westlichen Portalgewändes gleichen bis in das kleinste Detail hinein einem Kapitell der Mittelnische der Westapsis. Auch die Kelchknospenkapitelle ähneln denen der Westapsis und der oberen Zone des Westchores sehr[825]. Der Wechsel von Kelch und Fächergrund, im Chor auf verschiedene Vorlagen verteilt, erscheint hier im Portalgewände nebeneinander an ein und demselben Werkstück. Die Kämpferprofile ähneln denen der Blendarkaden am südlichen Apsisansatz, also den ältesten, abgesehen von dem bereichernden Diamantband, das wiederum spätromanisch wirkt. Schließlich wäre noch auf den Türrahmen hinzuweisen *(Abb. 227)*, der mit seinem Kragsturz und dem umlaufenden Kantenprofil wiederum wörtlich dem Schatzkammerportal auf der Chornordseite gleicht. Das einfache Konsolgesims, das den Vorbau abschließt, tritt in dieser Art hier am Bau zuerst auf, ist aber eine weitere Anleihe aus dem Ebracher Formenschatz, wo es an Kapellen und Umgang zu finden ist[826].

Die ausführliche Bestandsaufnahme der Formen des Veitsportales erhärtet das aus Schichtenverlauf und Steinmetzzeichen gewonnene Ergebnis: es entstand im Zuge der unteren Nordquerarm-Westmauer zur gleichen Zeit oder ein wenig später als das Untergeschoß der Westapsis und die untere Nordmauer des Chorjochs. Das bestätigt auch die gleichzeitige Ausführung des ganzen Nordkomplexes vom Südansatz der Apsis bis zur Ostmauer des Nordquerarmes. Für die stilistische Bewertung der Architektur ergibt sich daraus wiederum, daß Querschiff und Westchor aus dem gleichen Repertoire entwickelt sind und die reichere Form nicht fortschrittlicher ist, sondern an den durch die Bedeutung hervorgehobenen Punkten eingesetzt wird; am einfachen Querhaus erscheint das Portal in der Vielgliedrigkeit, die sonst nur dem Westchor vorbehalten ist.

Zu dem ganzen Komplex gehören selbstverständlich auch das *Untergeschoß* des *Nordwestturmes* und die *Schatzkammer*, die keineswegs ein späterer Anbau ist, wie schon die Untersuchung der Sockelgeschosse ergeben hatte. Sie dürfte der Bauteil sein, der am stärksten den Eindruck »zisterziensischer« Architektur vermittelt, vermutlich weil man sich in dieser untergeordneten Aufgabe am wenigsten anpassen mußte. Der Verband am nördlichen Apsisansatz und an der Westkante des Veitsportals ist ebenso sorgfältig wie der beider Baukörper untereinander. Kleinere Treppenfugen fallen stets zur Nordwestecke der Schatzkammer hin und deuten einen Bauvorgang an, der von der Apsis und dem Veitsportal seinen Ausgang nahm. Auf der Westseite *(Abb. 275)* fällt die unterschiedliche Behandlung von Turm und Anbau auf. Ersterer hat in Anlehnung an sein südliches Gegenstück und das Apsisuntergeschoß profilierte Kantenlisenen, während die Schatzkammer breite, unprofilierte Lisenen an den Kanten aufweist, auf denen das knappe Kranzgesims unmittelbar aufsitzt. Dazwischen ruht es auf den gleichen einfachen Konsolen wie beim Veitsportal. Diese kantige und massige Gliederung paßt ganz zu den Fenstern, die als Dreiergruppierung an Zisterzienserbauten erinnern. Ihre für die winzigen lichten Öffnungen überdimensional gestuften Gewände verleihen dem kleinen Bau den Ausdruck steinerner Massivität. Das ist nun geradezu ein Stilmerkmal der oberrheinischen Zisterzienserbauten[827], was hier wohl absichtlich die Funktion verdeutlichen soll: hinter dem wehrhaften Äußeren liegt die wohlgehütete Schatzkammer. Obwohl der Turm ein ähnliches, wenn auch etwas größeres Fenster hat, reicht die Profilierung der Lisenen aus, um ein völlig anderes Bild entstehen zu lassen, wobei seine Nordlisene mit der südlichen der Schatzkammer zusammenstößt und eine gemeinsame Fläche bildet mit gemeinsamer Schichtung auf gemeinsamer Sockelverkröpfung. Schicht um Schicht sind diese unterschiedlichen Bauteile gemeinsam hochgeführt worden – ein überzeugendes Beispiel für den bewußten Einsatz architektonischer Formen. Auf der Nordseite der Schatzkammer *(Abb. 270)* verwendete man das lebendigere Motiv mit den eingehängten Schilden als Schrägengesims, weil man vermutlich dabei auf Verzerrungen der Konsolen verzichten und diese auch schräg stellen konnte. Die Verwandtschaft mit der Westseite der Ebracher Michaelskapelle, die auch mit einem Pultdach an das Querschiff anschließt, ist nicht zu übersehen.

Im Inneren haben beide Räume – Schatzkammer und Turmuntergeschoß – einen einheitlichen Charakter, der stark von zisterziensischen Eigenheiten geprägt und zugleich als Vereinfachung der Großarchitektur kenntlich ist *(Abb. 372–377)*. Abgefaste Bandrippen mit Schalenschlußstein, am Ansatz teilweise »gepflockt«, abgekragte Eckdienste auf Konsolen oder nur Konsolen als Auflager, flache Blattornamente auf Konsolen und Kapitellen und von Segmentbogen überfangene Türen bestimmen das Bild. Wegen der Wendeltreppe wurden fünf Rippenäste im Turmgeschoß *(Abb. 373)* verwendet. Da der Schatz auch kostbare Reliquienbehälter enthielt und Reliquien selbst zum wertvollsten Besitz zählten und gesichert aufbewahrt wurden, mußte eine räumliche Verbindung zum nördlichen Querarm ohne direkten Sichtbezug für die Verehrung außerhalb der Festtage ausreichen. In der eigentlichen Schatzkammer war nur eine breite Nische in der Ostmauer, heute erweitert und verstellt. In der Ostmauer des Turmgeschosses ist eine größere Nische eingetieft *(Abb. 372)*, allerdings zweifach gestuft und mit einem kleinen, erheblich tiefer liegenden Fensterchen zum Nordquerarm *(Abb. 293)* versehen[828]. Es bliebe zu untersuchen, ob die Etablierung von Pfarrechten im nördlichen Querhaus[829] mit dieser Verbindungsöffnung zum Aufbewahrungsort von Reliquien in irgendeinem Zusammenhang steht.

Bei der *Westapsis* arbeitete man inzwischen bereits am *Fenstergeschoß*, das wiederum vom südlichen Ansatz ausgehend um das Polygon herum zum nördlichen ausgeführt wurde. In den südlichen Fensterbögen erscheint häufig das Zeichen Nr. 139, das an der Westseite des Querhauses im Süden ganz oben und im Norden ganz unten vorkam und damit die von Süd über die Apsis nach Nord fallende Linie des Bauzustandes kennzeichnen mag. Das charakteristische Zeichen Nr. 168 taucht infolgedessen erstmals an den Fenstergewänden der nördlichen Apsishälfte auf und ist von dort ausgehend für die ganze entsprechende Zone des Nordkomplexes bestimmend.

Wie die Ostapsis geht auch die Westapsis außen *(Abb. 327, 331)* mit dem Fenstergeschoß ins Polygon über, jedoch direkt über dem Gesims. In der Höhe streckte man das Geschoß, um den Fenstern schlankere Proportionen geben zu können. Obwohl im Prinzip mit dem gleichen Vorlagensystem versehen wie die Ostapsis, ist eine optische Trennung von Vorlagen und Fenstergewänden kaum mehr möglich, und daher entfällt der Eindruck einer rahmenden, vorgelegten Blendarkatur im Sinne romanischer Apsiden. Die Kämpfer sind dem Polygon folgend gebrochen *(Abb. 332–334)* und im Profil aus dem des Veitsportals weiterentwickelt. Die schon erwähnte Verschiebung von innerer und äußerer Gliederung ist nur außen sichtbar, wo der äußere Gewänderücksprung aus der Achse des inneren jeweils in nördlicher Richtung versetzt ist *(Abb. 327, 331–333)*. Das aus dem gleichen Grund schmalere Südfenster wurde nach dem schon im vorangehenden Abschnitt festgelegten Prinzip vollendet, auch in seinem westlichen Gewände *(Abb. 325)*, obwohl man inzwischen eine Veränderung beschlossen hatte. Wie schon so oft vermied man auch hier den Bruch innerhalb des symmetrisch gedachten Gliederungselementes. Erst von dem folgenden Fenster ab ersetzte man die inneren Dienste des äußeren Gewändes durch einen kantigen Rücksprung bzw. Pfosten, der auf der an das Südfenster grenzenden Seite gleichzeitig mit dem aufgegebenen Typ ausgeführt wurde; das bezeugen nicht nur die Schichten, sondern auch die völlig gleichen glatten Kelchkapitelle *(Abb. 334)* der beiden benachbarten Gewände, aus dem gleichen durchbindenden Werkstück gefertigt und folglich auch von der gleichen Hand. Dies ist auch bei den übrigen so, wobei das nördliche des Mittelfensters verwandt mit einem an den nördlichen Westchorschranken ist. Die doppelt gestuften Bögen weisen bei allen fünf Fenstern einheitliche Kantenprofile auf. Der Konsolfries mit den eingehängten Schilden *(Abb. 332, 333)* schließt das Fenstergeschoß nur wenig oberhalb der Bögen ab, verkröpft sich um die Polygoneckdienste und zieht sich um beide Türme herum, die damit optisch erstmals – vom Sockel abgesehen – in die Geschoßteilung der Apsis einbezogen werden *(Abb. 268, 270)*. Das Zusammentreffen mit den Turmkantenlisenen wurde beim Südwestturm ausführlich dargestellt.

Innen wurde die für das Südfenster entwickelte Gliederung ohne Änderung beibehalten *(Abb. 307, 316)*. Nur das Kämpferprofil wurde von einer dem Herkömmlichen verwandten Form zu der neuen, am Außenbau verwendeten mit S-förmigem, fallenden Karnies abgewandelt. Natürlich ist das Südfenster auch innen schmaler, was bei gleicher Länge der Polygonseite zu unterschiedlichen Anschlüssen an die Apsisbogenvorlage führen mußte *(Abb. 303, 304)*. Im Süden ist der eingestellte Dienst des Fensters von dem Gewölbedienst durch einen Mauerstreifen getrennt, auf der Nordseite *(Abb. 305)* schließen sich beide wie bei den übrigen Polygonecken zusammen. Auf Schaftringe wurde im Polygon verzichtet, obwohl sie vermutlich vorgesehen waren, denn der südliche Fensterdienst zeigt einen trotz der Trennung vom Gewölbedienst. Beim nördlichen Fensterdienst griff man das Motiv wieder auf, hier aber um eine Verklammerung mit der Apsisbogenvorlage zu erzielen. In sämtlichen Diensten gibt es die nicht vortretenden Binderschichten zwischen den langen, monolithen Schäften, sozusagen technisch notwendige aber formal nicht verwertete Schaftringe.

Wie der südliche Ansatz lehrt, hatte man von Anfang an beabsichtigt, die Kapitelle der Gewölbedienste von der Kapitellzone der Fenstergewände zu trennen *(Abb. 774–778, 316)*. Ihre Halsringe sitzen in Höhe der Oberkante der Fensterkämpfer. Diese lebendige Staffelung mußte mit Härten erkauft werden. So wurden die Kämpfer der Fensterdienste gerade abgeschnitten, um nicht an die Gewölbedienste anzustoßen. Das überrascht insofern nicht, als man sich an solchen additiven Gruppierungen auch sonst nicht störte; so treten z. B. eben die gleichen Kämpfer vor die Kantenprofile der inneren Gewänderücksprünge. Nicht nur in der Höhenlage differenzierte man, sondern auch im Profil: für die Gewölbekämpfer behielt man konsequent das vom Langhaus vorgegebene bei. Bei allen Kantenprofilen handelt es sich übrigens um Variationen des gleichen Typs in Abmessung, Hinterschneidung usw. eines Wulstes, der von Kehlen begleitet wird, stets mit geformtem Auslauf.

Mit dem Fenstergeschoß in einem Zuge errichtete man auch die *mittlere Zone der Westchor-Nordmauer (Fig. 39, Abb. 308)* bis ca. fünf Schichten oberhalb der Kämpferlinie. Eine nach Westen fallende Treppenfuge im östlichen Wandfeld bezeugt, daß der Nordwestvierungspfeiler, der ganz nach dem Vorbild des südwestlichen gegenüber gestaltet wurde, mit einem anschließenden Mauerstück schon vorher ausgeführt worden war. Man wird diese Fuge freilich nicht im Sinne eines absoluten Nacheinanders zu verstehen haben, sondern eher als das Zusammentreffen der beiden Baurichtungen mit unterschiedlichen Schichthöhen: die eine von der Apsis herkommend, die andere von der Westmauer des Nordquerarmes um den Pfeiler herum. Dieser Richtung folgte man schon im Nordquerarm, wo in der Westmauer *(Fig. 59, 27)* in gleicher Höhe eine Treppenfuge von Nord nach Süd abfallend zu beobachten ist. Im Bauvorgang stellen sich solche Fugen keineswegs erst ein, wenn der ältere dem jüngeren Mauerteil um die ganze Höhe von acht oder mehr Schichten voraus ist, sondern es genügt ein allerdings gleichbleibend gewahrter Abstand von ca. vier Schichten, mit dem der eine Teil dem anderen vorauseilt. Dieser Bauvorgang erklärt auch die merkwürdige Abweichung der Kämpferhöhen auf der Nordseite des Chores. Vermutlich verursachte ein Meßfehler das Abfallen der Kämpferlinie auf der Westseite des Nordquerarmes von Nord nach Süd. Die Differenz zwischen dem Südwest- und dem Nordwestvierungspfeiler beträgt genau eine Kämpferschichthöhe. Auf der Chorsüdseite und in der Apsis bis zu deren nördlichem Ansatz führte man korrekt die höhere Normallage der Kämpfer weiter, während die Mittelvorlage der Nordseite die niedrigere Position vom benachbarten Vierungspfeiler übernahm *(Fig. 39)*, gemäß der Baurichtung. So kam es zu dem geringfügigen Sprung zwischen Mittelvorlage und Apsisbogenvorlage. Ungeklärt bleibt dagegen einstweilen die unterschiedliche Höhenlage der Schaftringe bei den Vierungspfeilern und Mittelvorlagen. An den Apsisbogenvorlagen sind sie beidseitig gleich angeordnet, weichen aber teilweise von den westlichen Vorlagen ab. Die Schrägstellung von Kapitellen und Kämpfern wiederholte man auf der Nordseite, obwohl sie zu dem älteren, zu diesem Zeitpunkt längst aufgegebenen Wölbungsplan gehört. Die Kapitelle der Westapsis und der Chornordseite entstammen dem gleichen Formenkanon wie die der Südseite und des Außenbaues.

## Zweite Planung der Westanlage (Plan IV A)

Die einzelnen Planungsstufen im Bereich der Westanlage lassen sich nicht so klar in einzelne Zustände aufgliedern wie bei den Ostteilen und im Langhaus. Dennoch scheint es geboten, vor der Veränderung des Konzeptes in der Gewölbezone des Westchores einige Grundzüge dieser Planung und ihre Entwicklung zusammenfassend darzustellen. Mit Ausnahme der Westturmfreigeschosse und der oberen Zone des Westchores verdanken ihr die Westteile, das Mittelschiff und die Ostfront die endgültige Gestalt.

Zuerst setzte sich Plan IV A, wie wir ihn im Anschluß an die Langhausplanung nennen wollen, an der Südseite des Westchores durch, wo man ein älteres Projekt zu seinen Gunsten aufgab. Währenddessen ging der Aufbau außen und auch im Querhaus nach den wohl noch von III B gesetzten Richtlinien weiter. Verhältnismäßig spät, nämlich erst unter der Rose, bewirkte Plan IV A auch hier eine Änderung, die für das gesamte Querschiff gültig bleiben sollte. Als erstes Projekt läßt er die Absicht einer Wölbung erkennen, die mit zwei eingehängten queroblongen Gewölben über den quadratischen Querarmen verwirklicht wurde. Zweifelsohne hatte man damit zugleich die Einwölbung von Vierung und Mittelschiff vorgesehen, selbst wenn diese erst ein wenig später ausgeführt wurde.

Die wohl noch von Plan III B der Westanlage zugesellten Chorwinkeltürme bewirkten bei Plan IV A die Aufhöhung der Osttürme und ihren Zusammenschluß mit dem Obergaden des Ostchores. Falls wir in Plan IV A einen gültigen Generalplan erblicken dürfen – manches spricht gegen die Existenz eines im modernen Sinn alles umfassenden Planes – so wäre demnach Plan B der Ostfront mit Plan IV A ungefähr gleichzusetzen.

Auch die Stellung der Westtürme veränderte Plan IV A. Beim Südwestturm mußte die konventionelle Anlage eines Chorwinkelturmes beibehalten werden, aber bei dem noch nicht begonnenen Nordwestturm konnte man eine Änderung durchsetzen. Unter Aufgabe eines selbständigen Chorquadrums wurde der Turm bis zum Ansatz der Apsis vorgezogen und mit dieser in der Gliederung zusammengeschlossen.

Neben dem Entschluß einer vollständigen Einwölbung des ganzen Baues ist wohl der Westchor das wirkungsvollste Ergebnis von Plan IV A. Praktisch gehen Chorjoch und Apsis bis zum Gewölbeansatz auf diese Konzeption zurück. Im Äußeren auf der Südseite durch den älteren Plan eingeengt, konnte sie sich nur an der Apsis frei entfalten. Innen hingegen setzte sie sich sofort oberhalb des Chorniveaus an der Südseite durch – wie mehrfach hervorgehoben wurde.

Für das Chorjoch entwickelte Plan IV A ein neues Vorlagensystem, das für Vierungspfeiler, Apsisbogenvorlage und Mittelvorlage in gleicher Weise Verwendung fand. Statt des bisher geübten Brauchs, jedem Glied der Gewölbekonstruktion ein in der Form genau entsprechendes bei der Vorlage zuzuordnen, wurde nun eine Vereinheitlichung vorgenommen, indem Schildbögen, Rippen und Gurte jeweils von den gleichen dünnen Diensten getragen werden *(Abb. 308, 312)*. Nur die Unterzüge von Apsisbogen und Chorbogen ruhen auf den gewohnten Halbsäulen, ein vereinheitlichendes Zugeständnis an die Ostteile. Zusammen mit den dünnen Diensten wirken sie eher als »alte« Dienste neben »jungen«. Allerdings muß darauf verwiesen werden, daß die für zisterziensische Architektur charakteristische Abkragung von Diensten und Vorlagen[830] in Bamberg von Plan IV A nur in untergeordneten Räumen ohne Zwang der Verhältnisse angewendet wurde: im Kapitelsaal und den Räumen der Nordwestecke. Im Querhaus waren für die Mittelgurte auf der Ostseite, im Südarm auch auf der Westseite, keine Auflager vorhanden[831]. Im Westchor wurden nur die nördliche Mittelvorlage wegen der Tür und die Halbsäulen der Vierungspfeiler wegen des Gestühls[832] abgekragt. Freilich dürfte die Lösung der Schwierigkeiten gerade auf diese Weise dem zisterziensischen Einfluß zu danken sein.

Bei den gleichartigen Dienstbündeln der Hauptvorlagen differenzierte man zwar nicht die Form, aber die Stellung im Hinblick auf die Funktion. So wurde jeweils der mittlere von drei Diensten mit seiner Blockplinthe, seinem Kapitell und dem Kämpfer über Eck gestellt und auf die Diagonale einer Rippe bezogen *(Abb. 301, 308, 312)*. Bei den Mittelvorlagen ist das nicht der Fall. Ehe man daraus Schlüsse auf die von IV A vorgesehene Gewölbelösung ableitet, wird man untersuchen müssen, wie konsequent dieses der Spätromanik geläufige Motiv von der unter Ebracher Einfluß stehenden Bauleitung verwendet worden ist. In der Michaelskapelle, deren Gliederungssystem ja in besonders enger Beziehung zum Westchor steht, ist es mit einer Ausnahme an der Südseite durchgehend anzutreffen, in Bamberg dagegen nur dort, wo man keine Rücksicht auf älteren Bestand zu nehmen hatte, d. h. im Südquerarm nur neben den Konsolen des Mittelgurtes *(Abb. 285)*, im Kapitelsaal (Nagelkapelle) vollständig, im Nordquerarm schließlich bei Konsolen und den Eckdiensten, die nach dem 7. Bauabschnitt errichtet wurden. Man darf also die Schrägstellung von Diagonalrippenkämpfern als normale Lösung ansehen. Für das Westchorjoch ergibt sich daraus die Planung eines sechsteiligen Gewölbes[833], was von der Michaelskapelle her vertraut war und für den Dom eine sinngemäße Ergänzung zum sechsteiligen Gewölbe des Ostchores bedeutet hätte. Die verblüffende Ähnlichkeit des queroblongen sechsteilig gewölbten Chorjoches zu dem schmalen Turmjoch von Plan I geht auf die gleiche Lage zwischen zwei Türmen zurück. Auf die technische Möglichkeit, über so schmalem Grundriß sogar zwei vierteilige Gewölbe unterzubringen, wie es dann tatsächlich geschah, wurde bei Plan I schon hingewiesen.

Von dem geplanten Chorgewölbe kann man im Blick auf die Michaelskapelle eine gewisse Vorstellung gewinnen, was um so mehr berechtigt erscheint, als gewisse Eigentümlichkeiten ihrer Gewölbe auch im Kapitelsaal *(Abb. 388, 389)* zu finden sind. Vermutlich sollte im Westchor ebenfalls im Profil zwischen Mittelrippe und Diagonalrippen unterschieden werden, was einerseits den voneinander abweichenden Funktionen der Rippenäste gerecht geworden wäre, andererseits im Kern schon die Unterteilung des sechsteiligen Gewölbes in zwei vierteilige in sich trug. Die Mittelrippe läßt sich wie bei den älteren Vorbildern als rechteckiges Band denken[834], vielleicht schon mit begleitenden Wulsten wie beim ausgeführten Gewölbe und den westlichen Gurten der Michaelskapelle und des Kapitelsaales. Für die Diagonalrippen war vielleicht das am Bau übliche Profil vorgesehen (Querhaus), obwohl sie im westlichen Joch der Michaelskapelle bereits zum Rechteckquerschnitt tendieren[835]. Der Schlußstein sollte wohl flache Schalenform vielleicht ohne Ornament erhalten wie beim Ebracher Vorbild und dem späteren der Apsis. Chor- und Apsisbogen samt ihrer Unterzüge waren schmaler geplant als heute, nämlich in der Breite Halbsäulen und benachbarte Dienste umfassend *(Abb. 315)*. Für sie darf man ganz sicher das gleiche Profil voraussetzen, das sie auch heute zeigen: Kantenwulst in einer flachen Kehle als bewußte Bereicherung gegenüber den übrigen Gurten des Baues. Bei den Versuchen, die ausgeführte Form als Neuerung unter französischen Einfluß zu erklären, ist stets übersehen worden, daß sich dieses Kantprofil am Bau selbst sehr häufig findet[836], daß es bei den Gurtbögen der Michaelskapelle und dem östlichen Vierungsbogen der Hauptkirche von Ebrach (vielleicht etwas später)[837] vorkommt und daß es in ähnlicher Weise sehr häufig am Oberrhein auftritt bei gleichzeitigen und älteren Bauten, vor allem aber bei solchen, die mit dem Bamberger Westchor in irgendeiner Weise verwandt sind[838]. Man wird demnach den Planwechsel in der Gewölbeform kaum als radikalen Bruch mit den Details des älteren Vorhabens, den Profilen von Rippen und Gurtbögen, verstehen dürfen, wie es bisher einhellige Meinung der Forschung war[839], sondern darf eine Kontinuität voraussetzen. So erklärt sich auch zwanglos der flache undekorierte Schalenschlußstein, der dem Vorbild ähnlicher ist als die übrigen des Domes.

Über die geplanten Schildbögen wird sich kaum Genaueres sagen lassen. Für sie waren die unmittelbar vor der Wandfläche stehenden Dienste vorgesehen. Ob sie über den Kämpfern in ihrem senkrechten Teil als Dienste hochgeführt werden sollten, die oben einen Bogen tragen entsprechend der ausgeführten Anlage, oder wie im Querhaus als stark gestelzte Bögen mit Rechteckquerschnitt, ist nicht zu entscheiden.

Im Chorjoch wurde Plan IV A bereits aufgegeben, als die Südmauer Kämpferhöhe erreicht hatte. Die Konsolen unter den Schildbogendiensten *(Abb. 770, 771, 315)* sind mit Quadern in die Wandfläche eingebunden, die nicht nachträglich eingesetzt sind, wie die sorgfältigen Ausklinkungen bezeugen. Konsolen und Schildbogendienste gehören aber zu dem ausgeführten Gewölbe, dessen Rippenanfänger sie voraussetzen. In der Apsis und auf der Nordseite ist der neue Plan bereits in den Schildwänden berücksichtigt. Aus Gründen der Symmetrie führte man Kapitelle und Kämpfer der Nordseite nach Plan IV A aus, obwohl er für die Gewölbe nicht mehr gültig war.

Auch die Anlage der Westapsis geht im wesentlichen auf diese Planung zurück.

Es handelt sich bei ihr um eine echte »Apsis« und nicht um ein »Chorpolygon« im Sinne gotischer Chorhäupter, bei denen das Wand- und Gewölbesystem mit geringen Variationen auch im Polygon fortgeführt wird. Innen entspricht die Apsis tatsächlich fünf Seiten des Zehnecks, doch scheint der Begriff »5/10-Schluß« verfehlt, weil er eine Übereinstimmung mit dem Gewölbe voraussetzt, die nicht vorliegt, und außerdem die Assoziation an ein Chorpolygon enthält. Dagegen ist die Westapsis wie auch die Ostapsis gegenüber dem Chorraum eingezogen. Die Apsisbogenvorlage ist nicht symmetrisch, sondern staffelt sich in den Chor hinein *(Abb. 305, 307, 312)*. Das gleiche gilt für den Apsisbogen, der nicht wie ein Gurtbogen – was beim Chorpolygon zu erwarten wäre – auf beiden Seiten gleich ist, sondern einseitig zum Chorjoch hin gestuft ist *(Abb. 301, Fig. 39)*, dem Prinzip nach ähnlich wie der Apsisbogen im Osten. Die Apsis ist ein relativ selbständiger Baukörper und folgt damit durchaus der Tradition.

Obwohl bei der Aufgabe von Plan IV A die Fensterzone der Apsis wohl gerade erst begonnen worden war, führte man sie wie vorgesehen aus und wandelte erst die Schildbogenflächen ab. Daher wird man die Form des ursprünglich geplanten Apsisgewölbes nicht mehr sicher bestimmen können. Im Sinne einer Entsprechung zur Ostapsis läge ein geschlossenes Gewölbe nahe, das innen kein Obergeschoß mehr sichtbar werden ließe. Solche Apsisgewölbe sind auch im Kreise verwandter Bauten anzutreffen, doch gibt es keinen direkten Hinweis, daß je so etwas in Bamberg geplant worden ist[840]. Verschiedene Variationen wären denkbar: die polygonale Kalotte in der Art eines Klostergewölbes mit Rippen in den Brechungslinien und horizontalem Auflagergesims (Offenbach a. Glan), der gleiche Typ, jedoch mit leicht gebusten Kappen und spitzen Schildbögen am Wandanschluß (Pfaffenheim/Elsaß) oder ein echtes Rippengewölbe mit stark steigenden Scheiteln und spitzen Schildbögen wenig oberhalb der Fenster (Obersteigen/Elsaß). Ob im Falle einer dieser Lösungen auch der Außenbau ein anderes Gesicht erhalten sollte, ist noch weniger zu sagen. Eine Mauerzone mit oder ohne Gliederung mußte wegen des niedrigen Gewölbeansatzes ohnehin über den Fenstern errichtet werden. Dafür in Analogie zur Ostapsis eine Zwerggalerie zu vermuten[841], hat bei der erheblich geringeren Mauerstärke wenig für sich, abgesehen von dem Fehlen irgendwelcher Vorbereitungen für einen Zugang im Südwestturm.

Mit Ausnahme des Westchores behielt Plan IV A für das Querhaus und die Mittelschiffswölbung seine Gültigkeit; dort wird man am besten IV A und IV B zu Plan IV zusammenziehen.

Die Oberkante des Mauerzuges der Nordwand nach Vollendung des Fenstergeschosses der Apsis befand sich ungefähr fünf Schichten über den Gewölbekämpfern, dem letzten Reflex des Planes IV A. Bei der Apsis verläuft das Gesims über den Fenstern außen mehr als 1,00 m höher als der entsprechende Mauerrücksprung innen, auf dem die Dienste der Schildbögen stehen *(Fig. 39)*. Diese aber gehören samt Rücksprung zu dem neuen Projekt IV B, das damit noch vor Abschluß der Fensterzone eingeleitet worden sein muß. Noch deutlicher ist das an der Nordwand des Chores zu beobachten, weil dort der Mauerrücksprung unmittelbar über den Gewölbekämpfern verläuft und keine Rücksicht auf die höheren Scheitel der Fensterbögen zu nehmen braucht *(Abb. 308)*. Die Schildbogendienste und sämtliche Gewölbeanfänger setzen hier ca. 1½ m tiefer an als die Schildbogendienste der Apsis, rund 2½ unter dem Geschoßgesims der Apsis außen. Sämtliche *Gewölbeanfänger* in *Chor und Apsis* *(Abb. 304, 308, 316)* sind wie üblich mit den Mauern zugleich versetzt worden. In der Apsis greifen die Rippenanfänger unten mit seitlichen Bindern in die Mauerschichtung ein, darüber wurden die Anschlüsse für die Rippenhintermauerung zwischen den Dienstschäften vorbereitet. Folglich weichen die einzelnen Schildwände in ihrer Schichtung voneinander ab. Die Anfänger an der Chornordseite tragen zudem mehrfach das Zeichen Nr. 168, das in der oberen nördlichen Apsishälfte neu hinzugekommen war und über dem Fenstergeschoß weder an den Wänden noch an den Gewölben weiter vertreten ist. Der nördliche Schenkel des Westvierungsbogens weist am Übergang vom Anfängerbereich einen leichten Knick auf, der beim Aufsetzen des Bogens auf die älteren unteren Bogensteine entstand. Beim Mittelgurt änderte man das Profil nach dem 1. Stein durch Reduktion der Kehlen etwas ab.

Die Richtung der ausgeführten Rippen ist auf den Kämpfern durch Ritzlinien markiert *(Vergl. Abb. 284)*, was ein Versetzen der Anfänger ohne Lehrbögen ermöglichte. Den Rippenverlauf konnte man mit der Schnur ermitteln.

Die ausführliche Aufzählung der Befunde ist gerechtfertigt, weil sie die bisher einhellige Ansicht der Forschung widerlegen, die Gewölbe des Westchores seien als Werk einer Hütte oder eines Meisters französischer Schulung oder Einflusses nachträglich in den mehr oder weniger fertigen Baukörper eingehängt worden, allenfalls gleichzeitig mit dem »wenig glücklichen« Obergeschoß der Apsis[842]. Von der Chronologie der Ausführung her ist das im wesentlichen richtig, nicht aber in Bezug auf Planung und Anlage; denn mit dem Versatz der Gewölbeanfänger lag die Form bis in das Detail hinein fest. Auf der Südseite wurden diese Anfänger zugleich mit der südlichen Hälfte des Fenstergeschosses und noch vor deren Vollendung versetzt, auf der Nordseite noch vor der Vollendung der nördlichen Fenstergeschoßhälfte der Apsis. Das Gewölbe ist einem zwar veränderten Plan folgend in die Errichtung der oberen Mittelzone des Westchores vollständig einbezogen, kann darum kein Werk einer anderen »Hütte« sein, was auch die Steinmetzzeichen widerlegen. Die Vollendung des Nordquerarmes nach dem begonnenen Plan aber zu einem späteren Zeitpunkt schließt auch den »neuen Meister« aus – man wird allenfalls mit verstärktem Einfluß aus Ebrach rechnen können[843].

Die *Westmauer* des *Nordquerarmes (Fig. 27, 59)* bis fast zur Kämpferlinie wurde von Nord nach Süd errichtet und ging, wie schon erwähnt, der Chornordmauer ein wenig voraus. Das lehrt die große von Nord nach Süd fallende Treppenfuge, die innen und außen (vom 1. Turmgeschoß her) sichtbar ist. Bei dem begleitenden Dienst des Nordwestvierungspfeilers verzichtete man mit Rücksicht auf den gegenüberliegenden auf die Schrägstellung des Kapitells *(Abb. 292, 293)*. Das Fehlen der flachen Schildbogenvorlage dahinter erforderte vorne die Verkröpfung des Kämpfers auch um den Pfeilerkern. (Vergl. dagegen Vierungsseite u. Südwestvierungspfeiler *Abb. 286*.) Die Konsolengruppe *(Abb. 734)* unter dem Mittelgurt gleicht denen des Südquerarmes. Die Schildbögen darüber treten allerdings weiter vor die Wandfläche und verschneiden sich sogar mit den Rippenwulsten, neben denen sie gleichberechtigt erscheinen *(Abb. 292)*. Da nun nicht mehr alles recht Platz zu haben scheint, gab man den Schildbögen besondere kleine Blattkonsolen über den Kämpfern, eine Lösung, die im Prinzip derjenigen der Chorsüdwand genau entspricht *(Abb. 736–738)*. Im Querarm tragen sie das Zeichen Nr. 168, das in dieser Zone auf gleicher Höhe mit der Chornordwand häufiger anzutreffen ist und offenbar von einem hochqualifizierten Mann geführt wurde. Über der Konsolengruppe und auch in den Ecken wurden sämtliche Gewölbeanfänger mindestens eine, teils sogar zwei Schichten hoch mit den Quadern der Mauer durch übergreifende Binder verzahnt.

Die Kapitelle gleichen denen des Westchores *(Abb. 732, 733)*.

Die *Stirnmauer* des *Nordquerarmes (Fig. 56, 39)* wurde ebenfalls von der Nordwestecke aus in östlicher Richtung vorgetrieben, wie an der großen Treppenfuge zu sehen ist, die innen von der Mitte der Rosenunterkante nach Osten abfällt. Die Rose selbst wurde begonnen, als auch die Nordostecke mit dem zugehörigen Anschluß der Ostmauer an den älteren Teil stand. Die Rose erhielt gleichen Durchmesser, gleiche Stellung im Wandfeld und im wesentlichen auch gleiche Binnenformen wie ihr südliches Gegenstück. Bei der Scheibenfüllung *(Abb. 272)* ließ man die lilienförmigen Erweiterungen der Stege in den Vierpässen und dem Zwölfpaß weg, wodurch die Zeichnung straffer, »gotischer« wirkt. Auch die Rahmenprofile reduzierte man auf einen knappen Kantenwulst ohne Kehlen und eine Abfasung außen. Die Reduktion der weichen und reicheren ( = »spätromanischen«) Formen ist typisch für diese Phase des Baues[844]. An der Rose arbeitete wiederum der Steinmetz mit dem Zeichen 168. Darüber, also oberhalb des Rücksprunges außen, ist er nicht mehr zu finden. An der äußeren Gliederung *(Fig. 37, Abb. 262, 265)* fällt auf, daß man über dem Veitsportal an der Nordwestecke keine Lisene anlegte, sondern diese erst oberhalb der Rose durch den erwähnten Rücksprung nach zisterziensischer Art aus der Mauermasse »ausschnitt«. Die Lisene der Nordostecke, die von unten ohne Unterbrechung heraufgeführt wurde, mußte nun über den Rücksprung »hinweggeschleppt« werden. Da der Vorbau des Veitsportales weiter nach Westen vorstand als die Westmauer des Querhauses, korrigierte man dies durch einen seitlichen Rücksprung im Bereich des Schatzkammergiebels *(Abb. 270)*.

Inzwischen hatte auch die *Ostmauer* des *Nordquerarmes (Fig. 53)* die Höhe der Gewölbekämpfer erreicht. Der Dienst in der Nordostecke mit schräger Kämpferstellung und Kapitell vom Typ der des Westchores gleicht dem der Nordwestecke. Die Konsolengruppe unter dem Mittelgurt mußte hier vermutlich nachträglich eingesetzt werden, weil die Ausführung im 7. Bauabschnitt schon zwei Schichten höher gediehen war. Die Einschrotung in den fertigen Verband ist gut zu erkennen. Auf der mittleren und der besonders einfallsreich gearbeiteten nördlichen Konsole *(Abb. 735)* findet sich als »Leitmotiv« der ganzen Zone wieder das Zeichen Nr. 168. Bei der südlichen Schildfläche verzichtete man aus den gleichen Gründen wie bei der entsprechenden des Südquerarmes auf den Bogen, bei der nördlichen führte man ihn aus, wollte aber offenbar eine Verschneidung mit der Rippe vermeiden. Er endet daher fünf Schichten über dem Kämpfer der Konsolengruppe, abgefangen von einer eigenen kleinen Konsole *(Abb. 737)*.

Die Einwölbung mußte über dem schmaleren Nordostvierungspfeiler (B 10) zu Schwierigkeiten führen. Obwohl der Nordvierungsbogen mit Rücksicht auf diesen Pfeiler erheblich schmaler angelegt wurde als der südliche, reichte der Platz über dem flankierenden Dienst keineswegs für das Aufsetzen der Diagonalrippe aus *(Fig. 40, 26, Abb. 710, 712)*. Man setzte daher eine mächtige Konsole neben dem Dienstkapitell ein, die sehr dem in den Ostteilen verwendeten, einfachen Typ ähnelt. Diese harte Lösung wird erst verständlich, wenn man sie mit den mittleren Konsolen der Mittelgruppe vergleicht. Dort sind auch verschiedene Konsoltypen nebeneinander gesetzt und zu einer Gurtkonsole vereinigt, also ähnlich addiert worden. Vermutlich war die glatte Konsole neben dem Vierungspfeiler dieses Mal tatsächlich nur als Bosse gedacht, um später mit einem attischen Profil versehen zu werden. Weder die Konsole noch der Kämpfer darüber, der über das Dienstkapitell hinwegläuft, lassen seitlich Spuren des nachträglichen Einfügens bzw. Anstükkens erkennen, so daß dieser Vorgang nur hypothetisch erschlossen werden kann. Die neben der Konsole sichtbare zugesetzte Öffnung geht auf einen späteren Durchbruch zurück.

In der nördlichen Schildfläche *(Fig. 53)* ordnete man wie im Südquerarm ein Fenster an, das nun aber eine neue Form zeigt. Leicht spitzbogig nimmt es in der Höhe fast die ganze Fläche ein und kann in seinen Proportionen die Herkunft von den Fenstern der Westapsis nicht verleugnen. Das auch hier rechteckig gestufte Gewände ist sehr viel flacher als sonst. Die Schildbogenschichtung stimmt im senkrechten Teil wiederum mit der Wandschichtung überein.

Außen führte man an der Ostseite des Nordquerarmes *(Abb. 269)* den Rundbogenfries des Obergadens fort und ließ ihn in einer profilierten Lisene an der Nordostkante enden. In gleicher Position wie beim Südquerarm befindet sich an ihr eine Konsole von bisher nicht geklärter Funktion. In der oberen Zone der Ostmauer setzen die Zeichen aus.

Die Zeichenlosigkeit hat die Ostmauer mit der gesamten oberen Zone der Westteile gemeinsam, was wiederum als Hinweis auf deren gleichzeitige Ausführung gelten kann. Das trifft auch für den *Oberteil* der *Stirnmauer* des *Nordquerarmes (Fig. 37, Abb. 262, 265)* oberhalb der Rose zu. Das kleine Fenster unter dem Scheitel des Schildbogens zeigt nur außen das gestufte Gewände, wiederum eine Vereinfachung gegenüber der Südseite. Das Gleiche kennzeichnet die Öffnung im *Nordgiebel*, die ohne Profile und übergreifende Rahmung ist und durch ein Säulchen in eine Doppelöffnung geteilt wird. Das strenge Würfelkapitell mag ein weiterer Versuch der Anpassung an die älteren Bauteile sein. Der steigende Bogenfries, der sich aus den Kantenlisenen entwickelt, hat weniger gestelzte Bögen bzw. keine gestreckten »Füße«. Überraschenderweise ist er mit Ornament gefüllt, eine gerade für diesen Bauteil erstaunliche Entlehnung aus dem Formenschatz des Langhauses, wo der gefüllte Fries am Obergaden schon nach dem 4., am Seitenschiff nach dem 6. Bauabschnitt aufgegeben worden war. Am Giebel ist das Blattornament flach, hart und im Gegensatz zum Vorbild völlig stereotyp wiederholt worden. Über dem Fries wurde der Nordgiebel in gleicher Art wie der südliche 1744 aufgehöht.

An der *oberen Zone* der *Westmauer* des *Nordquerarmes*, etwa von der Oberkante des Apsisfenstergeschosses ab, ist das Aussetzen der Steinmetzeichen ebenfalls zu beobachten. Im *Inneren (Fig. 27, 59)* sind einige Abweichungen vom Südquerarm festzustellen. Das Turmfenster *(Abb. 290)* hat zwar die gleiche Rahmung, ist aber etwas gestreckter und liegt mit seiner Sohlbank wegen der unterschiedlichen Geschoßteilung der Türme um ca. 1,70 m höher, was eine bessere Stellung innerhalb der Schildfläche bewirkt. Im Gegensatz zum Südquerarm wird die äußere, also nördliche Schildfläche von einem Fenster belichtet, das in Größe und Form mit dem gegenüberliegenden der Ostmauer übereinstimmt. Es entsteht das merkwürdige Bild zweier in Proportion und Form völlig verschiedener Fenster nebeneinander in derselben Wand. Das hat seinen Grund nicht nur in den unsystematischen Gestaltungsprinzipien der Spätromanik, sondern in der besonderen Situation und der Entwicklung des Baues. Das Turmfenster, in seiner Funktion von den übrigen unterschieden, ist vom Südquerarm als symmetrische Entsprechung und nach dem gleichen Gesichtspunkt des Schmuckes der an den Westchor anschließenden Wandfläche übernommen worden, wobei die Abweichung in der Höhenlage unwesentlich ist. Das große Westfenster daneben geht aus dem Bemühen hervor, dem Nordjoch eine einheitliche, auf die Rose bezogene Gestalt zu geben, indem man dem Ostfenster ein gleichartiges Gegenüber gab. Innerhalb des Nordquerarmes wechseln die Bezugsachsen: beim Turmfenster ist es die Längsachse des Domes, beim Fenster daneben tritt erst die eigentliche Querachse in Erscheinung – in der Systematisierungstendenz nordfranzösischer Gotik wäre das ein schwer vorstellbarer Gedankengang. Die Schildbögen wurden in den gestelzten Abschnitten – wie in diesem Bauabschnitt üblich – mit den Schildmauern zugleich aufgemauert.

Die *Außengliederung (Fig. 35, Abb. 6, 264, 270)* der Westmauer des Nordquerarmes bringt einen unerwarteten Bruch mit der Tradition. Keine einzige Form aus dem Repertoire der älteren Bauteile kehrt wieder, sondern der neue Kanon, der erstmalig an der Schatzkammer ohne Reminiszenzen verwirklicht worden war, erscheint ungestört: eine breite, unprofilierte Kantenlisene[845], darauf aufliegend ein einfaches Konsolengesims, ein spitzbogiges Fenster mit gestuftem Gewände. Im Blick auf die Schicht um Schicht gleichzeitige, so sehr dem Langhaus angepaßte Nordfassade wird das bestätigt, was wir schon bei der Schatzkammer und der Südmauer des Westchores feststellen konnten: die unterschiedlichen Gestaltungsprinzipien mögen in der Gesamtentwicklung verschiedenen Stufen angehören, hier sind sie jedoch gleichzeitig und frei anwendbar, je nach der Funktion und dem optischen Zusammenwirken mit anderen Bauteilen. Die Nordfassade gehört demnach in der Fernwirkung mit dem Langhaus zusammen, ihr Veitsportal, durch die Pfalz verdeckt, rechnet bereits zum Westkomplex; ebenso die Westseite des Nordquerarmes, die über Eck mit den oberen Geschossen des Nordwestturmes und der Apsis zusammen gesehen werden soll. Der Südwestturm und der ganze Südquerarm, über den Talgrund hinweg sichtbar und daher in der Fernwirkung mit dem Langhaus verbunden, schließen sich im oberen Bereich dessen älterem Kanon an. Insgesamt offenbart sich ein für diese Epoche erstaunlicher Grad an Berechnung in der optischen Wirkung. Neben der Schatzkammer wirkt die Westseite des Nordquerarmes am stärksten »zisterziensisch«.

Während man am Nordquerarm arbeitete und dessen Wölbung durch Herrichtung der Profilsteine für die Rippen vorbereitete, vollzog man im Langhaus einen wichtigen und endgültigen Akt: die *Einwölbung* des *Mittelschiffes (Abb. 196)*. Beschlossen wurde dies sicher schon, als Plan IV A eine Wölbung des Querschiffes vorsah, deren erste Anzeichen im Südquerarm festzustellen waren. Eine ganz sichere Fixierung des Zeitpunktes der Ausführung im Mittelschiff ist zwar nicht möglich, doch scheint eine Ansetzung kurz vor oder während der Nordquerarmgewölbe der Wahrheit am nächsten zu kommen[846], wobei weniger deren Ausführung als vielmehr deren Vorbereitung in der Hütte gemeint ist. Dafür spricht einmal die

Ähnlichkeit der Schlußsteinmotive *(Abb. 814–817, 821, 850, 851)*, von denen eines wörtlich übereinstimmt, zum anderen läßt sich die Gruppierung der Steinmetzzeichen am östlichen Vierungsbogen am besten in die der Rippen des Nordquerarmes einfügen. Der Vierungsbogen aber war die Voraussetzung für die Wölbung des 3. Jochs, die sich in nichts von den beiden östlichen unterscheidet. Die Zeichen an den Rippen der Mittelschiffsgewölbe nehmen von Ost nach West an Dichte zu, sind aber den Typen (146, 148) nach im Zeichenabschnitt III B so geläufig, daß man keine genauere Einordnung vornehmen kann *(Fig. 110)*. Wahrscheinlich setzte man nach Einwölbung des Südquerarmes zwei Leute in der Hütte an die Schablonenarbeit der Rippenprofile, wölbte aber erst, als genügend Werkstücke fertig waren. Das kann durchaus nach 1231 gewesen sein, dem ersten überlieferten Rechtsakt im neuen (noch unfertigen?) Westchor.

Technisch gesehen gehören die Mittelschiffsgewölbe ganz zu denen des Querschiffes: Schalenschlußsteine, gerade Scheitel. Das Rippenprofil ist leicht abgewandelt; mit der breiteren Bandunterlage gleicht es sich dem des Ostchores an, was wohl den einfachen Grund größerer Stabilität bei der weiteren Spannweite der Rippenäste über quadratischem Grundriß hatte. Als Auflager benutzte man die von Plan III A stammenden Vorlagen und Dienste, die III B ohne Funktion hatte stehen lassen *(Abb. 190)*. Nur die Schildbögen fielen etwas kräftiger aus, als es die flachen Vorlagen vorgesehen hatten. Die Fenster über den Gewölbevorlagen setzte man zu, benutzte dies aber als willkommene Gelegenheit, einen Verband mit dem Obergaden herzustellen; denn sonst schließen Schildbögen und Gewölbe fast ohne Einschrotung stumpf an den glatten Wandflächen der Längsmauern und der Quermauer über dem östlichen Chorbogen an. Bei gleicher Kämpferhöhe erreichte man durch steilere Führung eine größere Scheitelhöhe als im Ostchor *(Abb. 7)*, sowohl für Gurte als auch für Schildbögen, während man die Schlußsteine etwas tiefer anordnete *(Fig. 38, 39)*. Der steilere Schildbogen gab so über C4 die Spur des Schildbogenansatzes von Plan III A frei. Im 1. Joch von Osten steigt die östliche Kappe erheblich bis zum Schlußstein an, weil man sich dort an den niedrigeren älteren Chorbogen halten mußte. Beim Aufsetzen der Rippen auf die Rippenanfänger von Plan III A über B4 und C4 wurde die Abweichung des neuen Profils deutlich und man mußte die Anfänger nacharbeiten *(Abb. 191, 186–189)*. Die Abweichungen des Mittelschiffgewölbes von denen des Ostchores entdeckt nur ein suchendes Auge, so eng fügt es sich dem Bau ein. Plan IV – hier ist nicht zwischen IV A und IV B zu trennen – ist für das Langhaus nur die Vollendung des von III A Begonnenen, von III B sorgsam Bewahrten. Die »fortschrittliche« Gesinnung hatte endlich gesiegt und ließ die wechselvolle Geschichte in eine zeitgemäße, konventionelle, aber doch ausgewogene Lösung einmünden. Für die Ostfront hatten wir das gleiche bei Plan B (Plan IV) feststellen können.

Die *Gewölbe* des *Nordquerarmes (Abb. 292)* wurden wohl unmittelbar anschließend ausgeführt. In der Form gleichen sie denen des Südquerarmes in allen wesentlichen Punkten. Ihre Jochtiefe ist nahezu gleich. Einige der Rippenäste sind in sich leicht gedreht, weil es offenbar beim Versetzen der Anfänger schwierig war, die spätere Richtung genau vorauszubestimmen. Besonders auffällig ist die Dichte der Zeichen. Da die Gewölbe später sein müssen als die zeichenlosen Oberteile der Schildwände, vermutlich auch später als der Nordgiebel, weil gewöhnlich erst nach Aufbringen des Daches im Trockenen gewölbt wurde, hat man die Werkstücke wohl schon früher in der Hütte vorbereitet, als man die fertigen Rippensteine noch zu markieren pflegte.

Um den Zusammenhang der Darstellung nicht zu unterbrechen, wurde der weitere Aufbau des *Nordwestturmes* nicht mit einbezogen. Er verlief fast parallel mit der Chornordwand und der Querhauswestwand. Im Gegensatz zum Südwestturm blieb das *1. Geschoß* ungewölbt. Das heutige Kreuzrippengewölbe ist nachträglich in gotischer Zeit eingehängt worden. Die Dichte der Zeichen, die alle dem Zeichenabschnitt III B angehören, ist sehr groß. Das Fenster nach Westen hat das übliche gestufte Gewände. Außen *(Abb. 264, 270, 327)* wurde als erste Horizontalteilung das obere Gesims des Apsisfenstergeschosses wie beim Südwestturm bis zum Querhaus um den Turm herumgeführt, unter Verwendung der gleichen kleinen Rundbögen als Übergang zu den profilierten Lisenen. Diese setzen auf der Nordseite erst oberhalb des Dachanfalls der Schatzkammer am Querhaus an; die Fläche darunter blieb mit Rücksicht auf die Dachschräge ungegliedert *(Abb. 270)*. Die Lisenen sind auf der Nordseite besonders breit, weil die Seite wegen des längsoblongen Grundrisses länger als die Westseite ist. Den einzigen Hinweis auf den Ausführungsgang bietet eine Treppenfuge in der Westmauer von Süd nach Nord fallend *(Fig. 35)*; demnach wurde diese Mauer zunächst wie schon öfters als eine Art Strebepfeiler für die Chormauer verwendet und erst etwas später mit dem Hochziehen der Nordwestkante zum Turmgeschoß vervollständigt.

Das Gesims entspricht nicht der inneren Teilung. Das *2. Turmgeschoß (Abb. 378–380)* beginnt schon ein wenig tiefer. Nicht nur der sorgfältige Verband mit den Mauern von Chor und Querhaus bestätigt seine gleichzeitige Entstehung, sondern auch die am Querhaus schon beobachtete horizontale Linie, oberhalb derer die Steinmetzzeichen fast vollständig fehlen. Sie verläuft genau in der gleichen Höhe wie bei den benachbarten Bauteilen, d.h. etwa entsprechend den Sohlbänken der Öffnungen, was mit dem äußeren Gesims gleichbedeutend ist. Darüber finden sich nur in der Leibung der Westöffnung Zeichen, darunter Nr. 162, das auch an den Gewölben des Westchores in gleicher Höhe vorkommt *(Fig. 110)*. Vor allem in der äußeren Erscheinung weicht das 2. Turmgeschoß von dem älteren des Südwestturmes ab. Die Öffnungen sind spitzbogig und bei gleicher lichter Breite erheblich höher. Die Verschiebung der nördlichen zum Querhaus hin *(Abb. 270)* erklärt sich aus der Stärke der Westmauer des Turmes, die man ja von der Breite des Wandfeldes abziehen muß. Als Abschluß wiederholte man den Konsolfries mit den eingehängten Schilden, der sich auch hier aus profilierten Kantenlisenen entwickelt. Der Rundbogenfries, der den Südwestturm an dieser Stelle umzieht, erscheint am Nordwestturm und damit an dem ganzen oberen Nordwestkomplex nicht mehr. Ein weiterer wichtiger Unterschied zur Südseite ist die verringerte Geschoßhöhe *(Abb. 264, Fig. 35)*. Das Gesims setzt nämlich nicht – wie es zu erwarten wäre – das Kranzgesims des Querhauses fort, sondern liegt um mehr als 1 m tiefer und stellt dadurch eine Verbindung zu den kegelförmigen Wasserschlägen her, unter denen die Eckdienste des Apsispolygons funktionslos enden. Diese Verringerung der Geschoßhöhe geschah keineswegs mit dem Ziel, das nächste (spätere) Geschoß zu strecken, sondern sie gehört zu einer einheitlichen Westlösung, wie noch zu zeigen sein wird. Das 3. Geschoß mußte auf der Ost- und Südseite begonnen werden, um die Höhe des Kranzgesimses im Chor und Querhaus zu erreichen und damit das Auflager für den Dachstuhl herzustellen.

Mit der Vollendung der beiden Turmunterbauten bis zum Kranzgesims standen natürlich auch die *Schildmauern* des *Westchorjochs* einschließlich der Schildbögen und ihrer Dienste, zwischen denen die Verzahnungen für die Hintermauerung der Rippen hervorschauten. Die Anlage eben dieser Verzahnungen darf als gesichert gelten, weil die Schichtung der Schildmauern nicht hinter den Diensten und Rippen hindurchläuft, sondern in den einzelnen Feldern stark voneinander abweicht und damit ein Einbinden von Rippen und Gurten in die rückwärtige Mauer voraussetzt. Kein Fenster führt in die Turmgeschosse *(Abb. 308, 312, Fig. 62, 68, 69)*.

Der sorgfältige Eckverband mit den 2. Geschossen der Flankentürme, die außen ungestört umlaufende Schichtung und das beinahe völlige Fehlen von Steinmetzzeichen bekunden gemeinsam, daß das *Obergeschoß* der *Westapsis* nicht zuletzt entstand, wie man nach dieser Aufzählung denken könnte, sondern mit den entsprechenden Abschnitten des Nordwestturmes und Nordquerarmes Schritt hielt. Die hoch unter die Schildbogenscheitel gerückten kleinen Fenster sind innen ohne Gewändestufe und gleichen darin dem der Nordfassade. Wie im Chorjoch müssen die Schildbögen, ihre Dienste und die Anschlüsse für die scheibenartig schmale Hintermauerung der Rippen mit den Schildmauern zugleich hochgeführt worden sein, weil deren Schichthöhen im Gegensatz zu außen Feld um Feld stark voneinander abweichen *(Abb. 316, Fig. 63–67)*. Die Schildbögen binden offensichtlich ein, weil die knappen Zwischenräume neben den Bogenrücken der kleinen Fenster nur unregelmäßige Flicksteine enthalten. Kapitelle und Kämpfer der Schildbogendienste, die ebenfalls rückwärtig einbinden, folgen in der Form ganz denen der Fensterzone.

Außen *(Fig. 35, Abb. 327, 331)* bereicherte man die Fenster gegenüber der geläufigen Art um einen Rücksprung im Gewände, dem man einen Wulst mit Schaftringen einfügte *(Abb. 329)*, und erreichte so eine gewisse Angleichung an das Fenstergeschoß. Sie wirken durch diese Rahmung erheblich größer, sitzen aber dennoch ein wenig verloren in der kahlen Fläche des Obergeschosses, dessen Kranzgesims sie beinahe berühren. Dies, die funktionslos endenden Eckdienste, Treppenfugen und Quader mit Zangenlöchern darüber deuten auf Veränderungen des oberen Abschlusses hin, die bereits im Mittelalter erfolgten, abgesehen von der 1744 auch hier durchgeführten Gesimsaufhöhung.

Der *westliche Vierungsbogen* dürfte das erste gewesen sein, was über die Anfänger hinaus von der Einwölbung des Westchores in Angriff genommen und vollendet wurde. Unten trägt er das Zeichen 168, oben das Zeichen 162, das auch die übrigen Rippen des Westchores zeigen und das – wie wir sahen – eines der letzten in dieser Periode verwendeten ist. Dennoch dürfte der Vierungsbogen vor den übrigen Teilen des Gewölbes ausgeführt worden sein, weil er – was bei der Diskussion um die Westchorwölbung übersehen wurde – notwendige Voraussetzung für das Vierungsgewölbe *(Abb. 278)* ist. Theoretisch wäre es zwar möglich gewesen, dessen westliche Kappe erst später zu schließen, doch dürfte das kaum dem tatsächlichen Vorgang entsprechen.

Wahrscheinlich wurden alle vier Kappen zugleich von außen zur Mitte und von unten nach oben auf einer Schalung gemauert. Die Rippen der Vierung, die das gleiche Profil wie die im Mittelschiff haben, überschneiden mit ihren rechteckigen Bandunterlagen bis zum 7. Stein von unten die Kehle des Kantprofils beim westlichen Vierungsbogen. Ganz eindeutig ist zu erkennen, daß die Rippen nachträglich vor das Bogenprofil gesetzt wurden, eine weitere Bestätigung des früheren Versatzes zumindest der Anfänger des Vierungsbogens. Darüber hinaus erweist sich damit das Westchorgewölbe wiederum nicht als jüngere, sondern nur als reichere Form des Altarraumes gegenüber der nicht älteren, aber schlichteren Form im Quer- und Langhaus. Nun spricht aber anscheinend das zu den früheren gehörende Zeichen Nr. 146, das an den Rippen der Vierung ebenso wie an den Mittelschiffsgewölben vorkommt, gegen die aufgestellte Reihenfolge, doch gibt es dafür eine einfache Erklärung. Da die Mittelschiffsrippen gleichen Querschnitt haben, sind vermutlich ein paar liegengebliebene oder schon vorgearbeitete Werkstücke in der Vierung mitverwendet worden. Besonders eindrucksvoll ist der schwere gemauerte Ringschlußstein, an den die Rippen mit einem blockartigen Zwischenstück anstoßen, wobei einfache Profilausläufe von dem Wulst überleiten.

Die *Gewölbe* des *Westchores* und der *Westapsis (Abb. 301, 316)*, die in den Anfängern und Hintermauerungen schon angelegt waren, bildeten den Abschluß der Einwölbung des Domes. An den oberen Teilen der Rippenäste findet sich vereinzelt das schon erwähnte Zeichen Nr. 162. Vor den Rippen dürfte wohl der Apsisbogen errichtet worden sein, zumal er den Westgiebel aufnehmen sollte, ohne den die Dächer nicht abgeschlossen werden konnten. Die Kantenprofile des einseitig nach Osten gestuften Bogens gleichen denen des Vierungsbogens: ein kräftiger Kantenwulst wird beidseitig von einer flachen Kehle hinterschnitten. Die Kantenprofile der Bandrippen und des Mittelgurtes weichen davon spürbar ab, weil sie auf einen dünnen Kantenwulst reduziert sind, der unten auf der Südseite und in der Apsis in knappen Hornausläufen endet. Den Schalenschlußsteinen *(Abb. 810–812)* – in der Apsis glatt, im Chor mit flachen Blattauflagen – gab man auf der kegelförmigen Rückseite, die wegen der engen Rippenstellung sichtbar ist, spätromanischen Blattdekor.

Offenbar ging die Einwölbung bei so zusammengeschobener Rippenfolge nicht ohne Schwierigkeiten ab. Beim Mittelgurt verschneiden sich die Rippen mit dessen Hintermauerung, um überhaupt auf der Vorlage Platz zu finden. Er selbst schwingt in deutlicher S-Linie, weil die Vorlagen nicht genau gegenüberliegen, man aber trotzdem bis ziemlich weit hinauf im rechten Winkel zu den Schildwänden mauerte und dann den Anschluß herstellen mußte. Die Schlußsteine des Chorjochs sind gegeneinander leicht versetzt – an sich eine häufige, auch sonst am Bau anzutreffende Ungenauigkeit, die bei dem kurzen Abstand hier nur besonders ins Auge fällt. Erheblich stärker und als Fehler seit je gerügt, ist die Verschiebung des Schlußsteins der Apsis aus der Achse nach Süden. Die Gründe dafür sind nicht ganz leicht zu ermitteln[847]. Sie dürften im Bauvorgang und der Gewölbeform zu suchen sein. Das Gewölbe, das der Lage seines Schlußsteines nach aus einem $^5/_8$ Schluß entwickelt ist, paßt nicht auf die $^5/_{10}$ der Apsis; denn eigentlich dürfte die Apsis überhaupt keinen Schlußstein haben, weil die Rippen am Scheitel des Apsisbogens zusammentreffen müßten. Der Wunsch, die Apsis als Raumteil zu verselbständigen, war aber offenbar stärker als die Rationalität in dem System von Polygon und Rippenführung – ein in diese Epoche der Spätromanik häufig anzutreffendes Phänomen. Als Ergebnis sind nun die Rippen nicht Radien des umschreibenden Kreises des Polygons und also auch nicht Winkelhalbierende der Polygonecken, und der Schlußstein ist nicht Mittelpunkt des Polygons. Seine Lage südlich der Achse muß bereits vor der Ausführung der Rippen fixiert gewesen sein; denn, um den Anschluß zu erzielen, mußten die einzelnen Äste gegenüber ihren ohnehin bereits verkanteten Ansätzen nicht nur geschwenkt und teilweise tordiert, sondern auch unterschiedlich steil und mit variierten Krümmungen hochgeführt werden. Die Achsabweichung des Schlußsteins ist offenbar – wie in der Befundbeschreibung dargestellt – aus der Verschiebung von innerer und äußerer Apsisgliederung abgeleitet, deren gemeinsame Winkelhalbierenden sich ca. 0,40 m südlich der Achse treffen[848]. Die Ursachen – unterschiedliche Apsisansätze und wachsende Mauerstärke – wurden oben im Zusammenhang mit der Entstehung des Untergeschosses und ebenfalls beim Befund erläutert. Die Rippenansätze am Schlußstein – nur vier sind angearbeitet, der 5. ist gestoßen – sind für flachere Kurven gearbeitet, was besonders südlich zu Knicken führt.

Mit der Einwölbung des Westchores war der Innenraum in der Großarchitektur vollendet, doch wurde ein wichtiges architektonisches Ausstattungsstück bisher nicht erwähnt, weil es sich nicht genau einordnen läßt: die *Schranken des Westchores (Abb. 291, 293–298)*. Ihre Unterbauten stoßen an allen vier Stellen ohne Verband an die Vierungspfeiler, auch im Nodwesten *(Abb. 298)*. Das Gleiche gilt – wie nicht anders zu erwarten – auch für die Ostanschlüsse der Schrankenmauern oben, während die westlichen nicht zugänglich sind. Besonders wichtig wäre wiederum der Nordwestanschluß. Die sichtbaren Flächen sind zeichenlos, mit Ausnahme zweier vereinzelter, sonst nicht beobachteter Spiralzeichen am südlichen Unterbau. Es scheint fraglich, ob man die eigentlichen Schrankenmauern vor der Vollendung der Vierungsbögen darüber errichtet hat, auszuschließen ist es aber nicht. Ganz sicher waren die Zierteile schon längere Zeit zuvor in Arbeit.

Schranken mußte man von dem Augenblick an planen, als man sich entschloß, das höhere Niveau des Westchores in die Vierung hinein nach Osten zu verlängern *(Abb. 281, 286, 291)*. Diese Entscheidung muß zwischen der Anlage des Südwest- und des Nordwestvierungspfeilers gefallen sein, weil letzterer schon in der Stellung seiner Basen auf die Zerteilung des Querhauses Bezug nimmt *(Abb. 288)*. Man wird die Erhöhung des Vierungsniveaus wohl mit Plan IV A in Verbindung bringen können, der zum gleichen Zeitpunkt die Veränderungen in der Chorgliederung bewirkte. Damit steht wohl auch die chorseitige Abkragung der Halbsäulen der Vierungspfeiler *(Abb. 307, 314)* in Zusammenhang, die auf ein Gestühl Rücksicht nimmt. Folgerichtig bilden die Stirnseiten der Vierungspfeiler und die Rückseiten der Schrankenmauern eine gemeinsame Ebene[849].

Damit ist noch nichts über die Ausführung gesagt. Bei den Hornausläufen des weichen Kantenprofils der Nischen *(Abb. 298)*, die den Unterbau gliedern, treten wellenförmige Abläufe auf, wie sie etwa auch beim 3. Geschoß des Südwestturmes, also sehr spät, zu finden sind. In den Profilen der Kleeblattbogen *(Abb. 294, 295)*, die an sich denen der Westapsis verwandt sind, machen sich Differenzierungen der Abfolge bemerkbar, die man mit Vorsicht als spätere Entwicklungsstufe deuten könnte[850]. Die Unterschiede im Aufbau und der Kapitellornamentik zwischen beiden Seiten sind gering. Das Bemühen um eine Anpassung an den älteren Charakter des umgebenden Raumes und der Ostchorschranken ist nicht zu übersehen. Dazu gehören der knappe Rundbogenfries *(Abb. 297)*, der statt des Zahnbandes den negativen Diamantfries (Zellenfries) vom Untergeschoß der Ostapsis über sich hat, und ebenso das Wiegenblattmotiv des Gesimses, das dem Kanon der ersten Gruppe entlehnt ist, hier aber hart, trocken, beinahe klassizistisch wirkt. Bei einigen Kapitellen ist die Anlehnung an Blatt- und Dekorationsformen der Ostteile versucht[851], ebenso bei dem gedrehten Bündelschaft der Nordseite *(Abb. 296)*. Dort finden sich auch Weiterentwicklungen der Kelchblockkapitele des Veitsportals und eines, das einem am Fenstergeschoß der Westapsis ähnlich ist *(Abb. 763–768)*. Auf der Südseite dominieren die Kelchknospenkapitelle *(Abb. 762)*, von denen eines in der Durchbildung der Knospen besonders fortgeschritten zu sein scheint. Insgesamt weichen die Schrankenkapitelle vor allem in der Kelchproportion – Höhe und Ausschwingen sind auf ein »normales« Maß reduziert – von dem in den Westteilen gängigen Typus ab, was ihre Einordnung erschwert. Unter Abwägung aller Gesichtspunkte wird man ihre Entstehung in der letzten Phase der Westteile ansetzen dürfen; Genaueres ist einstweilen nicht zu ermitteln. Ob sich schon Einflüsse von den neuen Kräften bemerkbar machen, die an den oberen Geschossen der Westtürme arbeiteten, scheint fraglich zu sein. In dem Verzicht auf eine Bereicherung durch figürliche Plastik passen sie ganz in das Bild der skulpturenlosen Westteile[852].

Bei dem *3. Geschoß des Südwestturmes (Fig. 19, 35)*, dem ersten Freigeschoß, fällt die Einordnung in die Chronologie des Bauablaufs ebenfalls nicht leicht, bzw. sie bleibt unsicher. Die in den unteren Schichten je einmal auftretenden Zeichen Nr. 147 und 174 lassen eine frühere Entstehung möglich erscheinen, doch kann es sich um verschleppte Quader oder ein mit der Chorsüdwand errichtetes Mauerstück handeln. Auch die Einzelformen helfen bei ihrer Tendenz zur Angleichung in der Beurteilung nicht weiter, und so mag die Zuordnung zu den oberen Nordwestteilen gerechtfertigt sein, wobei die in den Dachstuhl hineinragenden Mauerteile gewiß etwas älter sind, weil sie als Balkenauflager des Dachstuhles benötigt wurden.

Die Ähnlichkeit des 3. Geschosses *(Abb. 338, 340, 351)* mit den nachträglich aufgesetzten oberen der Osttürme ist nicht zu übersehen. Hier wie dort werden zwei Spitzbogenöffnungen durch eine Rundbogenblende mit eingelegtem Wulst und Schaftringen als Kämpfer zusammengefaßt. Der Verzicht auf Teilungssäulchen und vorgestellte Säulchen mag auf die größere Freiheit zurückzuführen sein, die sich aus dem Fehlen älterer, die Gliederung beeinflussender Untergeschosse ergab. Die Bogenfelder mit den zwei hängenden Bogen *(Abb. 362, 363)* erinnern an die Füllungen der Kleeblattblenden der Ostapsis. Die Kantenlisenen mit dem abschließenden Rundbogenfries und dem Zahnband darüber wiederholen die in der Südwestecke üblichen, ganz an den östlichen Abschnitten orientierten Formen. Wie sehr es sich auch hierbei um eine bewußte Anlehnung handelt, ergibt sich aus den verdeckten, den Dächern zugewandten Seiten (Nord und Ost, *Abb. 340*) dieses Geschosses. Oberhalb des ehemaligen Dachanfalles finden sich – heute von den an den Turmwänden hochgezogenen Schneedächern verschlossen – die für die Westteile so charakteristischen Spitzbogenfenster mit rechtwinklig gestuftem Gewände *(Abb. 364)*. In den Dachstuhl des Querhauses führt eine Tür mit einem Sturz auf Kragsteinen.

Leider läßt sich nicht mehr feststellen, ob das Geschoß ganz vollendet war, als man den Turm darüber nach einem neuen, völlig veränderten Konzept hochführte. So ist es nur eine, aber keineswegs die wahrscheinlichste Möglichkeit, daß die oberen Geschosse so aussehen sollten wie dieses, wodurch die Westtürme den Osttürmen weitgehend geglichen hätten. Die Abweichungen am Unterbau des Nordwestturmes weisen in eine andere Richtung. Am Äußeren lassen sich die Eingriffe der neuen in die ältere Planung und damit wohl auch die Grenze des älteren Bestandes relativ gut bestimmen. So sind Nord- und Ostseite von dem neuen Projekt völlig unberührt *(Abb. 340)*. Auf der Südseite *(Abb. 338)* haben sich die östlichen vier Bögen des Frieses erhalten, während die westlichen durch eine gestufte Auskragung für die veränderte Mündung der Wendeltreppe ersetzt wurden. Den Zwischenraum bis zur Lisene füllen zwei Knospen des neuen Gesimstyps. Dieser – eine mit Knospen besetzte Kehle – erscheint auch auf der Westseite *(Abb. 351)*, wo er zwischen die Lisenen gesetzt ist. Der Rundbogenfries ist noch mit je ½ Bogen neben der Lisene vertreten. Man könnte nun geneigt sein, an eine Auswechslung des Frieses mit Ausnahme der halben Bögen zu glauben, doch spricht dagegen einmal die Praxis, schon aus ökonomischen Gründen Vollendetes sorgfältig zu schonen, zum anderen verlaufen die Stoßfugen eines Rundbogenfrieses fast immer zwischen den Bögen und nicht in der Bogenmitte. So wird es sich bei den halben Bögen ganz ähnlich wie bei den unteren Konsol-Schild-Friesen um den Versuch handeln, einen an sich nicht vorgesehenen Übergang von der Vertikalen der profilierten Lisene zur Horizontalen des neuartigen Gesimses zu finden. Trifft das zu, dann waren Westseite und Südseite teilweise ohne Abschluß, als der alte Plan aufgegeben wurde.

Ganz unklar sind die Verhältnisse innen *(Abb. 362–364)*. Der Übergang in das Achteck des oberen Turmkernes vollzieht sich nämlich noch im 3. Geschoß, unterhalb des äußeren Abschlusses. Die Trompen, aus drei konzentrischen, gestuft vortretenden Bögen bestehend, haben ihr Bogenauflager unmittelbar über den Scheiteln der Doppelöffnungen der West- und Südseite *(Abb. 362, 363)*, also noch im Bereich der äußeren Blendbögen. Die gestuften einfachen Öffnungen der Nord- und Ostseite, die ja wegen der Dächer hoch hinaufgerückt sind, haben beinahe die gleiche Scheitelhöhe wie der oberste der drei Trompenbögen *(Abb. 364)*. Spuren eines nachträglichen Einfügens der Trompen gibt es nicht; zwei einfache, grobe Zeichen dieser Zone könnten schon die neuen Kräfte verraten, sind aber nicht genauer einzuordnen. Man wird den außen gewonnenen Eindruck modifizieren müssen. Entweder stammt hier alles oberhalb der Trompenauflager schon aus dem neuen Bauabschnitt, wobei man außen das Ältere – Blendbögen, Rundbogenfries, Öffnungen mit Stufenleibung – pietätvoll zu Ende geführt hätte, unter Verwendung vorbereiteten Materials bzw. älterer Kräfte, oder der Eingriff war so sorgfältig, daß er keine Spuren hinterließ, was für außen, keineswegs aber im Inneren verständlich wäre. Damit gewinnt aber die dritte Möglichkeit an Wahrscheinlichkeit, daß nämlich schon der ältere Plan vorsah, die oberen Turmgeschosse achteckig zu gestalten, wie es zur gleichen Zeit bei zahlreichen Bauten Mittel- und Süddeutschlands zu finden ist und wie es besonders mit der nachweisbaren älteren Dachform der Apsis harmonieren würde. Die berühmten Obergeschosse der Westtürme erschienen in einem ganz neuen Licht; sie wären nur eine Variation der älteren Planung. Eine sichere Antwort auf diese Frage scheint gegenwärtig nicht möglich zu sein. Ein Blick auf die Türme im benachbarten Würzburg – Dom (Ost), St. Burkard und ganz besonders Neumünster – zeigen die Möglichkeiten einer solchen Lösung.

Zu den letzten Arbeiten dieses Bauabschnittes zählt wohl der *Westgiebel (Fig. 34, 35, Abb. 392–394)*. Er steht – was eigentlich selbstverständlich ist – auf dem Apsisbogen *(Fig. 39)* und bildet daher eine Ebene mit dem Nordwestturm, während er um das Maß des Mauerstreifens, das den Apsisansatz vom Südwestturm trennt, vor dessen Westflucht steht. Heute ist er ganz im Apsisdach verschwunden. Der schmale Streifen, mit dem er noch herausragt, geht auf die Giebelerhöhungen von 1744 zurück *(Abb. 6)*. Da der Dachstuhl der Apsis allem Anschein nach älter als der des Langhauses ist, darf man annehmen, daß vor 1744 überhaupt nichts mehr von dem Giebel zu sehen war, was wohl auch die Absicht der Umgestaltung der oberen Apsiszone gewesen sein mag. Er ist, wie die oberen Westteile überhaupt, ohne Steinmetzzeichen, doch dafür verraten die Formen seine Entstehungszeit. Der Ortgang *(Fig. 34)* ruht auf einer vollständig erhaltenen Reihe steigender Konsolen, eine der Schräge angepaßte, wörtliche Wiederholung der Kranzgesimse am Veitsportal und der Westseite von Nordquerarm und Schatzkammer. Nur die unterste Konsole ist hornförmig zur Seite gebogen *(Abb. 392, 393)*. Das kleine längliche Vierpaßfenster in der Giebelmitte zeigt in der Diagonalen Bruchstellen an den Stegen. Man wird daher wohl ein Andreaskreuz als Füllung rekonstruieren dürfen. Damit gleicht der Westgiebel beinahe wörtlich dem Ebracher Ostgiebel[853], der vielleicht ein wenig später entstanden ist. Nicht nur die Details, sondern gerade diese Übereinstimmung mögen als Nachweis einer Ausführung durch jene Kräfte gelten, die auch die Westteile darunter errichteten bzw. deren Gliederung bestimmten[854]. Da der Giebel auf dem Apsisbogen steht, bezeugt er darüber hinaus in kaum zu widerlegender Weise die Wölbung des Westchores als ein Werk eben dieser »Hütte« bzw. Bauleitung. Zumindest der Apsisbogen muß vor dem Giebel entstanden sein. Spuren einer Veränderung des Bogens fehlen gänzlich[855].

Der Giebel zeigt noch fast vollständig erhalten ein Tropfgesims, das den Dachanfall der Apsis abdecken sollte *(Fig. 34, Abb. 392, 394)*. Aus seinem Verlauf ergibt sich ein Widerspruch nicht nur zu dem heutigen Apsisdach, sondern überhaupt zu einer »normalen« Dachlösung. Ebensowenig läßt es sich mit dem mittelalterlichen, noch nicht aufgehöhten Kranzgesims der Apsis in Einklang *(Fig. 35)* bringen und dürfte daher zu der ursprünglich vorgesehenen Dachlösung gehören.

Dritte Planung der Westanlage (Plan IV B)

Im *Inneren* brachte Plan IV B im wesentlichen nur Änderungen für die Gewölbe und die Schildbogenzone von Westchor und Westapsis, es sei denn, man rechnete die Unterschiede des Nordquerarmes gegenüber dem Südquerarm ebenfalls dazu. Durch den Bauablauf ergab sich das Einsetzen von Plan IV B oberhalb der Kämpfer der Chorsüdwand, als Apsis und Nordwand noch erheblich niedriger waren. Wirksam wurde der Planwechsel dort erst oberhalb der Kämpferlinie.

Im Chorjoch ging man bei Plan IV B von einem sechsteiligen zu zwei vierteiligen Gewölben über und wechselte zumindest wohl für die Diagonalrippen das Profil *(Abb. 301)*. Außerdem fiel der gestufte Apsisbogen etwas breiter aus, als es der Vorlage entsprach. Dadurch wurde der Schildbogendienst von der vorgesehenen Unterlage weg zur Seite gedrängt. Das gleiche bewirkten die beiden zusätzlichen Diagonalrippen über der Mittelvorlage, wo sie auf den Diensten der Schildbögen aufsitzen, deren Kämpfer nicht schräg gestellt sind. Auf der Südseite stellte man die oberen Schildbogendienste auf kleine, über die Kämpfer hinausragende Konsolen, während auf der Nordseite ein Mauerrücksprung die Dienste aufnimmt[856], ein Prinzip, das zuvor in der Apsis entwickelt worden war. Es ist nicht ganz sicher, ob die reichere Form der Schildbögen, den senkrechten Teil als Dienst mit Basis, Kapitell und Kämpfer, den eigentlichen Bogen mit Kantenprofil auszubilden, auf Plan IV B zurückgeht. An sich entspricht sie dem Unterbau und ist leicht variiert in der älteren Ebracher Michaelskapelle zu finden[857].

In der Apsis gehören Obergeschoß und Rippenwölbung zu Plan

IV B, wobei nicht zu entscheiden war, wie weit der Eingriff ging und was hier zuvor geplant worden war. Die ausgeführte Konzeption hat seit jeher herbe Kritik hervorgerufen[858], wobei man sie unbewußt an nordfranzösischer Gotik maß und sogar von dort durch einen Bildhauer übermittelt glaubte, der architektonischer Gestaltung nicht recht fähig gewesen sei[859]. In dieser Beurteilung übersah man wichtige Voraussetzungen. Die Westapsis *(Abb. 9, 307, 316)* steht nicht isoliert, sie ist kein gotisches Chorhaupt, sondern sie bezieht sich sehr streng auf die Ostapsis[860], deren geschlossener Kalotte die geschlossene Schildmauerzone entspricht. Vermutlich sollte sie im Plan IV A überhaupt nicht durchbrochen werden, und als man sich mit Plan IV B zu einer zweiten Fensterzone entschloß, machte man sie klein und schob sie hinauf in die Gewölbekappen, um gerade kein lichtdurchfluchtetes »gotisches« Obergeschoß entstehen zu lassen. Nur so ist das erstaunliche Gleichgewicht beider Chöre zustande gekommen, wobei es unerheblich ist, ob ein direkter Bezug zur Ostapsis vorliegt oder dieser durch ein Fortleben älterer Planungsgedanken von IV A[861] vermittelt wurde.

Dem formalen Argument wird man ein statisches anfügen können. Die Westapsis ist von geringerer Mauerstärke als die Ostapsis, hat aber keine Strebepfeiler als Widerlager für den Gewölbeschub. Eine stärkere Durchfensterung des Obergeschosses hätte eine Verringerung der sichernden Auflast gerade im Angriffsbereich des Schubes bedeutet, und dieses Risiko wollte man wohl nicht eingehen.

Schließlich lehrt ein Blick auf die Fassaden des Querhauses *(Abb. 291–293)*, daß die Anordnung der Apsisfenster durchaus einem Gliederungsprinzip der für die Westteile verantwortlichen Bauleitung folgt. Die großen Rosenfenster sind dort erstaunlich tief eingelassen und keineswegs als Füllung für die Fläche unter dem Schildbogen gedacht. Diese bildet eine geschlossene Zone über der Rose und enthält nur ganz oben unter dem Gewölbescheitel ein Fenster, das in Abmessungen und Form denen des Apsisobergeschosses vergleichbar ist. All diese Komponenten führten zu einer Lösung der Gewölbezone in der Westapsis, die sich in die übrige Architektur einfügt – vielleicht keine Glanzleistung, aber doch befriedigend, wenn man nicht aus anderen Zusammenhängen entwickelte Maßstäbe anlegt.

Auf ein Motiv muß noch aufmerksam gemacht werden, das bisher bei der Apsis übersehen wurde. Plan IV B läßt nämlich – von der Blendarkatur unten einmal abgesehen – den Gedanken eines zweigeschossigen Aufbaues im Inneren anklingen, der von bescheideneren französischen Bauten ausgehend, kombiniert mit dem hochgotischen Formenapparat eine wichtige Rolle bei der Aufnahme der Gotik im Reichsgebiet spielen sollte: Liebfrauenkirche in Trier und Elisabethkirche in Marburg[862]. Der Schildbogen und seine Dienste liegen in der Apsis *(Abb. 316)* nicht nur in der gleichen Ebene wie die Fensterumrahmung darunter, sondern sie wiederholen diese wörtlich in der Breite, in der Form von Diensten und Bogenprofil, und nur die Höhe ist etwas verringert. Statt der Gewölbedienste unten trennt sie die Rippenhintermauerung oben. Die Fensterumrahmung korrespondiert also mit den Schildbögen, löst sich ein wenig aus der Bindung an die Fenster und gewinnt den Charakter einer Blendarkatur, die im Obergeschoß wiederholt wird. Die Tendenz zur Bildung zweigeschossiger Wandgliederungen wird spürbar, und man wird die Bamberger Westapsis bei den verschiedenen Versuchen auf diesem Wege mit zu erwähnen haben.

Für den *Außenbau* bedeutete Plan IV B nur eine Zwischenphase, deren Spuren selbst dort, wo sie Bauteile zum Abschluß brachte, verwischt sind. Welche Konzeption er bei der Apsis ablöste, ließ sich nicht mehr ermitteln. Bei der Untersuchung des 3. Geschosses des Südwestturmes mußte offenbleiben, ob würfelförmige Geschosse die Westtürme den Osttürmen angleichen sollten oder ob – was wahrscheinlicher ist – schon ein Achteckaufbau vorgesehen war. Die reiche Dachform der Westapsis, die von Plan IV B verwirklicht wurde, mußte schon im Mittelalter einer nivellierenden Lösung weichen.

Von dem ursprünglichen *Abschluß der Westapsis (Fig. 13, 18)*, die Plan IV B zuzurechnen ist, können wir uns ein Bild machen, wenn wir alle Befunde dieser Zone miteinander in Verbindung bringen. Da ist zunächst einmal das Tropfgesims am Westgiebel *(Fig. 34, Abb. 392, 394)*, das den Anfall des Apsisdaches abdecken sollte. Es verläuft nicht nur in ungewöhnlich flacher Neigung[863] – eigentlich zu flach, wenn man zum Vergleich das ehemalige Dach der Ostapsis heranzieht – sondern hat statt einer Spitze ein horizontal geführtes Mittelstück. Der Versuch, dieses Gesims mit dem heutigen Abschluß der Apsis in Zusammenhang zu bringen, scheitert daran, daß es unter die Oberkante des alten, nicht aufgehöhten Kranzgesimses hinabreicht *(Fig. 35)*. Verlängert man in gerader Linie den Gesimsverlauf bis zur Außenseite des Apsisansatzes, so langt man dort knapp oberhalb der kegelförmigen Wasserschläge an, die das funktionslose Ende der Polygoneckdienste abdecken. Beides bezieht sich offenbar aufeinander. Könnte man nun geneigt sein, ein Kranzgesims zu rekonstruieren, das etwa 1 m unter dem heutigen verlaufen sollte, so überschnitte dieses die Bogenscheitel der Fenstergewände und damit auch die Gewölbekappen. Das Problem löst sich durch eine weitere Beobachtung. Von dem Ende der Eckdienste steigen nach beiden Seiten Treppenfugen schräg nach oben an, meist bis zur Gesimsunterkante *(Abb. 328, 329, 331)*. Sie laufen in einigem Abstand über die Bogenrücken der Fenster hinweg. Die so bezeichneten Mauerzwickel, die als Dreiecke mit der Spitze nach unten über den Diensten erkennbar sind, bestehen sämtlich aus Großquadern mit Zangenlöchern *(Abb. 328)*. Am ganzen Bau einschließlich der oberen Geschosse der Westtürme wurde jedoch der Wolf als Versatzwerkzeug verwendet, der seine Spuren bekanntlich nur in den Lagerflächen – damit nach Vollendung nicht mehr sichtbar – hinterläßt. Die Greifzange, das jüngere Werkzeug, kam im 13. Jh. mehr und mehr in Gebrauch, so auch im Langhaus der Ebracher Abteikirche[864]. Am Dom finden sich die Zangenlöcher nicht einmal an den Strebepfeilern der Ostseite, sondern nur in den Zwickeln über den Diensten der Westapsis und an der Zusetzung der Öffnungen im 3. Obergeschoß des Südostturmes. Beides sind mittelalterliche, aber nachträgliche Veränderungen, vielleicht noch des 13. Jhs. Denkt man sich die Quader mit Zangenlöchern aus den Mauerzwickeln weg, so ergibt sich der ehemalige Abschluß von selbst: über jeder Polygonseite ist ein kleiner Giebel erkennbar, dessen Spitze von dem heutigen Kranzgesims gekappt ist. Nach der Steigung der Fugen ist sie jedoch leicht zu ergänzen. Statt eines Kranzgesimses schloß eine Abfolge kleiner Dreiecksgiebel die Apsis ab, deren Fußpunkte auf den Eckdiensten aufruhten *(Fig. 13, 18)*. Der Dachanschluß am Westgiebel geht selbstverständlich auch von einem solchen Fußpunkt aus. Die Fenster und die Gewölbekappen dahinter ragen ein wenig in die Giebel hinein, doch blieb für erstere erheblich mehr Spielraum darüber als heute.

Diese Rekonstruktion läßt nun auch erkennen, wie eng der Nordwestturm auf die Apsis bezogen ist. Das Gesims über dem 2. Geschoß entspricht der Basislinie der Giebeldreiecke bzw. den Kapitellen, die vermutlich auf den Eckdiensten saßen[865]. Alles, was darüber kam, löste sich aus dem blockhaften Zusammenhang: beim Turm begann ein echtes Freigeschoß, bei der Apsis die bewegte Linie der Giebelreihe.

Die besondere Situation der Südseite *(Abb. 267, 268)* war der Grund für die Wahl einer davon abweichenden Lösung. Der schmale Mauerstreifen der Chorsüdseite, der dort Apsis und Turm trennt, konnte nicht in die Abfolge der Dreiecke einbezogen werden, weil er zu schmal ist und darüber der Westgiebel steht, der das Satteldach des Chores bis zum Apsisansatz vorzog. Folglich verlief hier ein horizontales Kranzgesims in der üblichen Höhe, womit die Verbindung vom Turm zur Apsis unterbrochen war und für diesen kein Grund mehr bestand, in der Geschoßteilung auf sie Rücksicht zu nehmen. Der Zwang, der von der konventionellen »Normallösung« des Grundrisses an dieser Stelle ausging, wirkte bis oben nach. Ein kleiner Absatz im Kranzgesims bezeichnet noch heute das Zusammentreffen mit der Apsis, ebenso wie das hoch ansetzende Kantenprofil der Nordlisene an der Westseite des 3. Geschosses das Hinunterreichen des Chordaches bis zum Mauerstreifen anzeigt *(Fig. 35)*.

Über die Schrägengesimse der Giebelchen kann man wenig sagen. Es ist nicht ausgeschlossen, daß man sie abnahm und als Unterteil des neuen, horizontalen Kranzgesimses verwendete; denn im Profil stimmt dies mit dem Ortgang des Westgiebels überein.

In die Überlegungen muß man das Dach der Apsis mit einbeziehen. Zwei Möglichkeiten wären denkbar: ein niederrheinisches Faltdach (Münstermaifeld) oder ein Pyramidendach mit kleinen Satteldächern über den Giebeln, die wie bei Zwerggiebeln mit horizontalem First in die Dachflächen des Hauptdaches hineinlaufen (Sinzig). Die gradlinigen Anschlüsse am Westgiebel schließen die erste Möglichkeit zwar nicht aus, deuten aber stärker auf die zweite hin *(Fig. 18)*. Besondere Bedeutung kommt dem horizontalen Mittelabschnitt des Tropfgesimses zu[866]. Hier kann das Apsisdach nicht mit seiner Spitze an der Giebelfläche angelehnt gewesen sein, sondern diese Spitze befand sich wie bei einem Zentralbau frei vor dem Giebel, etwa senkrecht über dem Schlußstein der Apsis – wofür übrigens eine leichte Verschiebung des Tropfgesimses nach Süden spricht. Von der Spitze des Apsisdaches führte dann eine kleine, dreieckige Dachfläche an den Westgiebel hinab, wo sie unter dem horizontalen Gesimsstück anschloß *(Fig. 13)*.

Mit der isolierenden, auf den Zentralbaugedanken anspielenden Dachlösung folgte man einem charakteristisch spätromanischen Motiv. Die Giebelbekrönung der Polygonseiten unterstreicht es in der Wirkung. Ähnliche Lösungen entstanden gleichzeitig am Niederrhein (Sinzig, Münstermaifeld, Werden), wobei man auch entsprechende Formen an Vierungstürmen hinzurechnen muß, weil sie dort früher auftreten und beides entwicklungsgeschichtlich zusammenhängt[867]. Aber auch in Hessen und Thüringen sind sie gleichzeitig oder etwas später vertreten (Gelnhausen[868], Wetzlar[869]). Hier spielt schon die Frage der Abhängigkeit hinein. Die Ausläufer zeigen sich dann in Obermarsberg[870] und Arnstadt (Westtürme)[871], wo sie kaum noch von gotischen Wimpergen unterschieden werden können. In enger Anlehnung folgte der Westchor von St. Sebald in Nürnberg dem Vorbild der Bischofskirche. Wie in Bamberg, aber noch deutlicher, zeichnen dort Treppenfugen die ehemaligen Giebelchen nach[872]. Dem Abhängigkeitsverhältnis nach setzte die Aufgabe des Motivs in Nürnberg – mit Kantenlisenen und Rundbogenfries – die Veränderung in Bamberg bereits voraus, die dann allerdings sehr früh erfolgt sein müßte.

In geringem Abstand unter dem Tropfgesims verlaufende Mörtelspuren *(Abb. 392, 394)* bezeugen, daß die Dachlösung der Apsis tatsächlich bestanden hat und nicht etwa schon beim Ausbau der Westtürme, noch bevor ein Dach angebracht war, aufgegeben wurde, wie man nach dem Befund in St. Sebald denken könnte. Ob der Umbau mit dem Ablaß von 1274 zusammenhängt, oder wann er sonst erfolgte und aus welchem Anlaß, muß offen bleiben. Die Absicht ist dagegen klar erkennbar. Aus dem selbständigen Baukörper sollte ein gotisches Chorpolygon ohne Eigengewicht werden. Man kappte die Giebelchen und versteckte den trennenden Westgiebel im Dach. Diese Verstümmelung wurde Grundlage der kritischen Beurteilung auch der äußeren Erscheinung der Westapsis. Im 18. Jh. höhte man nur das Gesims auf, was bei Erhaltung des älteren Dachstuhles (an dem man es mit Klammern befestigte!) nur mit einem Aufschiebling möglich war.

Am Ende des 9. Bauabschnittes *(Fig. 131, 115–120)* war der Bau mit Ausnahme der Westtürme vollendet. Ihnen fehlten im Südwesten noch drei, im Nordwesten noch vier Geschosse und Helme zu ihrer vollen Höhe.

## 10. DIE OBEREN GESCHOSSE DER WESTTÜRME

*(4.–6. Geschoß des Südwestturmes, 3.–6. Geschoß des Nordwestturmes)*

Kein anderer Bauabschnitt hat die Forschung so sehr beschäftigt, wie dieser letzte, sah man doch in den Westtürmen die Auswirkung der Anwesenheit einer in Frankreich geschulten Gruppe von Bildhauern in der Architektur des Domes[873]. Die Frage nach den Vorbildern und dem Verhältnis zu den Werken der Plastik stand dabei wie üblich mehr im Vordergrund als die Baugeschichte[874], für die jedoch in den großen Linien schon frühzeitig richtige Ergebnisse erarbeitet werden konnten. So ließ sich am Formenkanon unschwer die Ausführung durch neue Kräfte ablesen und ebenso der Übergang zu dem neuen Projekt für das 3. Geschoß des Nordwestturmes festlegen[875].

Die Vorstellung, die Westtürme seien von einer »neuen Hütte« errichtet worden, dürfte wie bei keinem anderen Wechsel in der Baugeschichte des Domes den tatsächlichen Vorgang einigermaßen richtig umschreiben; denn die Untersuchung der Steinmetzzeichen ergab einen vollständigen Wechsel des Personals, so wie Gliederung und Detailformen den Wechsel der Bauleitung und der Planung bekunden. Auch wenn über die Zeichentypen und manches Detail eine Verbindung zur Tradition gegeben zu sein scheint, kann man sich diesen Wechsel nur durch einen vollständigen Abzug aller bisherigen Kräfte und einen dadurch bedingten Stillstand der Arbeiten erklären. Er mag nur einen Winter gedauert haben, kann aber auch Zeichen einer längeren Unterbrechung sein. Vielleicht ist die für den sonst so schnellen Bauvorgang verhältnismäßig große Zeitspanne zwischen 1231 – erste Amtshandlung im neuen (unvollendeten) Pe-

## 10. Die oberen Geschosse der Westtürme

terschor – und 1237 als endgültiger Schlußweihe dadurch hervorgerufen worden. Die Wirren um die Nachfolge Bischofs Ekberts und die katastrophale Finanzlage des Bistums deuten auf einen Abschluß der Bauarbeiten vor 1237 hin[876].

Die neue Bauleitung und die neue Hütte (Gruppe IV der Steinmetzen, *Fig. 109, 110*) begann mit den Arbeiten im *3. Geschoß des Nordwestturmes*. Sie traf dort auf Mauerteile, die als oberer Abschluß der Chornordwand und Nordquerarm-Westwand in dem vorangehenden Bauabschnitt ausgeführt worden sein mußten, nicht nur, um diese Raumteile wölben zu können, sondern auch als Auflager für den Dachstuhl. Die Ostmauer und die Südmauer dieses Geschosses standen also etwa 3 m hoch über dem äußeren Gesims des Turmes. Im Winkel zwischen Nordquerarm und Turm ist der Ansatz einer profilierten Lisene zu erkennen *(Abb. 270)*, die ganz den unteren entspricht und vom Geschoßgesims bis zum Kranzgesims des Querarms reicht. Auch auf der Westseite ragt dort, wo Turm und Giebel zusammentreffen, ein Stück einer breiten flachen Lisene *(Abb. 328, 345)* über den Aufschiebling des Apsisdaches hinaus[877]. Wie beim Südwestturm führt eine Tür mit Kragsturz in den Dachstuhl des Querarmes. Ihre Leibung trägt wie die genannten Mauerteile einige Zeichen, die aber nur hier vorkommen. Nach der zeichenlosen Phase ist das erstaunlich, zumal keine Verbindung mit den Zeichen der neuen Gruppe festzustellen ist. Der obere Teil der Tür wurde vermutlich erst beim eigentlichen Aufbau des Geschosses fertiggestellt.

Die Abschrägung der Kanten *(Abb. 345, 352)* des Turmes außen bezeugt, daß schon bei Übernahme des Baues durch die neue Hütte der Plan für die Freigeschosse in wesentlichen Punkten vorlag. Dem 3. Geschoß fiel demnach die Aufgabe zu, alle Voraussetzungen dafür zu schaffen und den Nordwestturm auf gleiche Höhe wie den Südwestturm zu bringen. Technisch gesehen hieß das nicht nur die Vorbereitung für einen achteckigen Turmkern, sondern vor allem die Verkürzung des immer noch längsoblongen Grundrisses auf ein Quadrat. Die Westflucht des Turmes behielt man bei, auf der Ostseite dagegen legte man innen oberhalb der Mauerkrone des Querhauses eine konsolartig aus der Mauer vortretende Stufung an, die ebenfalls gestuft vortretende Entlastungsbögen mit abgefasten Kanten trägt *(Abb. 382, 383)*[878]. Außen führte man die Mauer senkrecht hoch, fast in voller Stärke der Querhauswestmauer. Auf diese Weise nahm die Stärke der Turmostmauer stufenförmig nach oben zu und reduzierte den Grundriß in den lichten Abmessungen auf ein Quadrat. Die Verschiebung der beiden Türme gegeneinander, die in den Fundamenten angelegt worden war, zunächst aber nur eine Streckung der Grundfläche beim Nordwestturm bewirkt hatte, unter Wahrung der gemeinsamen, vom Querhaus bedingten Ostflucht[879], diese Verschiebung führte nun bei den in der Grundfläche gleichen Obergeschossen beider Türme zu einer echten Versetzung, die aber erst im Fernblick – etwa vom Michaelsberg aus – voll zur Geltung kommt. Aber auch schon aus der Nähe bemerkt man, wie beim Nordwestturm der obere Teil gegenüber dem unteren auf der Ostseite zurückgesetzt ist *(Abb. 270, 345)*. Innen konnte man oberhalb der Bögen der Ostseite zum Achteck überleiten. Genau wie beim Südwestturm legte man Trompen aus drei gestuften Bögen mit abgefasten Kanten an *(Abb. 381–383)*. Außer den schlankeren Proportionen der Öffnungen in der Nord- und Westwand *(Abb. 381)* und den Steinmetzzeichen verrät im Inneren kein Detail den neuen Bautrupp. Das Fenster nach Süden, wegen des Chordaches hochliegend und klein, gleicht den bisherigen weitgehend. Auf der Ostseite mußte man auf eine Öffnung verzichten. So könnte dieser Raum dem Eindruck nach auch von den gerade abgelösten Kräften ausgeführt worden sein – in den rein vom Zweck bestimmten, schmucklosen, sozusagen technischen Räumen werden eben Stilunterschiede aufgehoben, und die Kontinuität handwerklicher Gewohnheit tritt hervor. Wie die jüngeren Freigeschosse ist auch dieses 3. Geschoß dem Unterbau im Inneren weit ähnlicher als vergleichbaren Turmräumen Nordfrankreichs[880]. Das scheint auf eine Herkunft von Architekten und Steinmetzen aus den gleichen Handwerkstraditionen hinzuweisen, die den Baubetrieb auch im vorangehenden Abschnitt bestimmt hatten.

Die Geschoßhöhe wurde außen *(Abb. 345)* von der Absicht bestimmt, die Gleichheit der Unterteilung zwischen beiden Türmen wiederherzustellen. Folglich mußte die bestehende Differenz ausgeglichen und das Geschoß damit höher werden als beim Südwestturm. Etwas Neues ist die Abschrägung der Kanten, die oberhalb des jeweiligen Dachanfalls beginnt und nur bei der freien Nordwestkante tiefer ansetzt *(Abb. 270, 345)*. Sie bezieht sich kaum auf den achteckigen Turmkern, sondern nur auf die Polygonseite der Ecktürmchen direkt darüber. Die großen Öffnungen der Nord- und Westseite glich man im Prinzip denen der Obergeschosse der Osttürme bzw. des Südwestturmes an: zwei Spitzbogenöffnungen, zusammengefaßt von einer Rundbogenblende mit eingelegtem Wulst und Schaftringunterteilung[881]. Allerdings sind Öffnungen und Blende bei annähernd gleicher Breite rund 1½-fach so hoch wie beim Südwestturm, was nicht allein auf die größere Geschoßhöhe, sondern vor allem auf deren volle Ausnutzung zurückzuführen ist und so einen »gotischeren« Eindruck vermittelt. Die Blende wurde an ihrer Kante um ein Profil bereichert, das mit dem Wulst zusammen eine reiche Staffelung ergibt. Auf Teilungssäulchen und eingehängte Bogenfelder verzichtete man. Sehr eigenartig ist der dem Mittelpfosten vorgestellte Dienst, dessen Knospenkapitell nur einen kräftigen Kegel mit einer Kugel an der Spitze trägt und so funktionslos ist *(Abb. 352)*. In der Schichtabfolge entspricht der Dienst den Wulsten der Blende, doch ist deren Abstand zu den Öffnungen größer und verhindert die Rekonstruktion einer anderen Konzeption. Als Motiv kommt der Dienst vor dem Pfosten bei den Osttürmen in den oberen Geschossen vor, doch ist er dort ein- und nicht vorgestellt[882]. Ein solches funktionslos bereicherndes Glied verstärkt den Eindruck spätromanischer Schmuckfreudigkeit in diesem so oft französisch genannten Turmplan. Die Blenden sitzen nicht in der Achse der einzelnen Seiten; die westliche ist der Wendeltreppe wegen nach Norden versetzt, die nördliche ist wegen der zunehmenden Wandstärke der Ostmauer nach Westen verschoben. So sind beide trotz unterschiedlich breiter Turmseiten von der Nordwestkante gleich weit entfernt – ein überzeugender Hinweis darauf, wie sehr man hier mit der Ansicht aus der Diagonalen rechnete *(Abb. 345)*.

Neu im Kanon der Formen ist der rosettenbesetzte Spitzbogenfries *(Abb. 352)*, der das Geschoß auf den Ansichtseiten (West und Nord) in Kämpferhöhe der Blenden umzieht und als zusätzliches Profil die Bögen der Blenden rahmt. Er darf als Nachfolger des Rundbogenfrieses gelten, wobei die einzelnen Bögen in Spannweite und Höhe ganz frei variiert werden können. Die kleinen Rosetten haben zerquetschte Blattformen, und einige Bögen sind ganz gefüllt von spätromanischem Ornament, bei dem nicht sicher zu sagen ist, ob es sich um Angleichung an Älteres oder dessen Nachwirkung handelt. Auf den abgewandten, zu den Dächern blickenden Seiten entspricht ihm ein mit eigentümlichen Knickungen geführtes, vorkragendes Profilband *(Abb. 353)*. Als Abschluß verwendete man das knospenbesetzte Kehlengesims, das schon die Westseite des Südwestturmes zierte und von nun an die »Normalform« des Horizontalgesimses bilden sollte, freilich ohne noch einmal wie dort mit Lisenen zusammenzutreffen. In seinen Verkröpfungen um die Konsolen der nicht benutzten Säulenpodeste des 4. Geschosses wird es selbst ein Teil dieser Konsolen *(Abb. 352)*. Die pilzförmigen, unten tütenförmig spitz auslaufenden Konsolenunterteile kehren im 4. Geschoß wieder *(Abb. 789)*. Wie aus ihnen zu ersehen ist, war das 3. Geschoß ganz auf die 1. Variante der Westturmplanung hin angelegt.

Zu diesem ersten Projekt der neuen Westturmplanung gehört auch die *Basiszone des 4. Geschosses am Nordwestturm (Abb. 344, 352, 353)*, also die unterste Schicht mit der Reihe zylindrischer Podeste unter den Säulchen. Sie weicht hier in einem wesentlichen Punkt von dem tatsächlich ausgeführten Turmplan ab, indem sie einen Säulenumgang für den Turmkern vorsah. Die Spuren dieser Planung, die sich am 3. und am Anfang des 4. Geschosses beim Nordwestturm finden, hingegen an der entsprechenden Stelle des Südwestturmes fehlen, berechtigen zu der Annahme, daß man nach dem Wechsel von Planung, Bauleitung und Handwerkern zuerst am Nordwestturm arbeitete und den Südwestturm in dem Zustand beließ, den er nach dem Abzug der vorangehenden Gruppe erreicht hatte. Wie dieser Zustand genau aussah, war bei der Untersuchung nicht zu ermitteln.

Erster Westturmplan: Säulenumgangsprojekt *(Fig 91)*
(Plan V A)

Schon seit langem ist die Bedeutung der Konsolen und unbenutzten Säulenpodeste am Ansatz des 4. Geschosses des Nordwestturmes erkannt worden[883]. Dort stehen auf allen vier Seiten vor dem Turmkern vier zylindrische Sockel *(Abb. 344, 352, 353, Fig. 35, 37)* mit flachen Tellerbasen, beides genau entsprechend den Podesten unter den Säulchen der Ecktürmchen, die sich heute an die Schrägseiten der achteckigen Turmkerne anlehnen. Das berechtigt zu der Vermutung, auch jene unbenutzten Sockel sollten einmal Säulchen tragen. Eine Rekonstruktion *(Fig. 91)* dieser Art ist allgemein akzeptiert[884] und zuletzt von Urs Boeck zeichnerisch vorgelegt worden[885]. Kombiniert mit dem später verwirklichten Projekt ergäbe sich folgendes Bild: die Türme sollten einen massiven, achteckigen Kern erhalten von erheblich geringerer Mauerstärke als der Unterbau. Seine Schrägseiten sollten wie heute über Trompen stehen, die geraden bündig mit der inneren Wandebene des Unterbaues. Außen entstand so ein kräftiger Rücksprung, der heute einem brüstungsbewehrten Umgang Platz bietet. Den Diagonalseiten sollten wie im ausgeführten Projekt kleine, polygonale Ecktürmchen vorgestellt werden, vollständig, tabernakelartig durchbrochen und nur oberhalb der die Säulchen verbindenden Spitzbögen mit einem Mauerstreifen versehen, der die Struktur erkennbar werden läßt. Die Ecktürmchen sind eigentlich auch achteckig, doch fehlen drei Seiten wegen der Verschneidung mit dem Turmkern, so daß nur fünf Seiten sichtbar sind. Nach dem ursprünglichen Plan, dessen Grundriß sich nicht nur an den Podesten ablesen läßt, sondern auch an der Steinbrüstung dazwischen, wären nur drei Seiten der Ecktürmchen sichtbar gewesen; denn der Turmkern sollte von einer Säulengalerie umgeben werden, die sich an den Schrägseiten mit den Türmchen verschnitten und sie weitgehend in sich aufgesogen hätte. Diese Galerie sollte ein echter, begehbarer Umgang werden, von zweischaliger Struktur, wie ein Triforium oder eine Zwerggalerie. Ihre Säulchen sollten über der äußeren Wandebene des Unterbaues stehen, auf der West- und Nordseite mit der Hälfte ihres Durchmessers sogar noch darüber hinausragend und daher von Konsolen unterfangen. Auf der Südseite übernahm der Mauerstreifen über dem Profil diese Funktion, auf der Ostseite konnten sie auf der reichlich vorhandenen Mauermasse voll aufstehen.

Über den Aufriß dieser Konzeption wird man sich nur anhand des ausgeführten Planes informieren können. Die Geschoßhöhe sollte wohl der späteren entsprechen, und die Säulengalerie wäre als eine Fortsetzung der Eckturmgliederung zu denken. Den Bemühungen, Bambergs Westtürme mit ihrem Vorbild zu identifizieren, entsprang der Gedanke, jener »Säulenvorhang« hätte im Gegensatz zu den Ecktürmchen zwei Geschosse zusammenfassen können[886]. Obwohl er nicht sicher zu widerlegen ist[887], bleibt ein solches Projekt schwer vorstellbar. Der vermutliche Sinn dieser Planung, einen geschlossenen, blockhaften, den Osttürmen vergleichbaren Umriß zu erzielen[888], spricht gegen diese Interpretation. Die heutige Dreigeschossigkeit[889] der Anlage ist kein Gegenargument; denn es steht nicht fest, ob die Türme zunächst nicht nur zwei Geschosse dieser Art erhalten sollten, die sie bereits auf die Höhe der Osttürme gebracht hätten. Vielleicht ist die Planung von drei Geschossen Anlaß zu Aufgabe des Säulenumgangsprojektes gewesen.

Der technische Aufbau des ersten Projektes ist nicht ganz eindeutig zu rekonstruieren, weil der Bau keinen Anhaltspunkt dafür bietet. Wie hätte man sich die Verbindung von äußerer Mauerschale zum massiven Turmkern vorzustellen? Heute sind die Ecktürmchen kleine, hohle Schächte *(Abb. 346)* von unten bis oben, und nur die Anschlußseiten stellen eine Verbindung zum Turmkern her. Gerade diese Anschlußseiten wären von der Gliederung her überflüssig gewesen. Die geringe Breite des Umgangs hätte freilich durchbindende längere Quader oder kleine Bögen zugelassen.

In der Wirkung hätte sich diese erste Konzeption völlig von den ausgeführten Türmen unterschieden. Die stark plastische Durchformung des Turmkörpers, die ja im Prinzip dem kantonierten Pfeiler gleicht *(Abb. 351–353)*, wäre aufgehoben worden[890]. Das Einziehen und Vortreten an den Ecken wäre nur als eine vergleichsweise geringe Schwingung spürbar gewesen, wovon die Sockelzone mit der Brüstung noch eine recht anschauliche Vorstellung vermittelt. Im äußeren Umriß wäre der würfelförmige Charakter der Turmgeschosse fast vollständig erhalten geblieben, was nicht nur die Wahrung des Zusammenhangs mit den Unterbauten, sondern vor allem mit den Osttürmen versprach. Letzteres dürfte vor allem auf die Fernwirkung gezielt und das stärkste Motiv für die Entwicklung dieses Konzeptes geliefert haben. Aus der Nähe gesehen wäre die Auflösung der Mauer erheblich weiter gegangen als heute, ein Säulengitter hätte die Struktur des Turmes unüberschaubar werden lassen. Dieses sehr interessante Projekt weist auf die Fähigkeiten und künstlerischen Möglichkeiten der neuen Bauleitung hin.

Ein Grund für die Aufgabe des Planes könnten die höheren Kosten gewesen sein, die er verursacht hätte. Vielleicht fürchtete man auch, die Vielzahl der Glieder könnte trotz größerer Durchbrechung optisch schwerer wirken als die ruhigen Flächen des Unterbaues[891]. Schon die mächtigen Podesttrommeln deuten an, daß diese Befürchtung nicht ganz unbegründet wäre – nicht zuletzt, weil das Projekt ein leichtes Auskragen über den Unterbau notwendig machte

*(Abb. 352).* Schließlich hätte der Plan die Horizontale der Geschosse mit der gleichbleibenden Reihung der Glieder erheblich stärker betont, als es bei dem ausgeführten der Fall ist.

Mit einiger Sicherheit kann man sagen, daß im *4. Geschoß des Nordwestturmes* das Oktogon noch nicht begonnen worden war, als man nach Versatz des äußeren Ringes der Säulenpodeste den Plan bereits fallen ließ; denn bei den angelegten Öffnungen im Oktogon hat man die äußeren Kantenprofile unterschiedlich gestaltet, je nachdem, ob sie sichtbar sind oder an den Schrägseiten von den Ecktürmen verdeckt werden. Diese Differenzierung wäre nicht zu erwarten, wenn alle gleichermaßen von einer Säulenstellung verdeckt gewesen wären. Während man sich in den Diagonalöffnungen mit einer Kantenabschrägung und einem dicken Wulst begnügte, wählte man für die sichtbaren Öffnungen der geraden Seiten eine differenzierte Abfolge von drei Wulsten und Kehlen, die in wellenförmigen spätromanischen Abläufen enden *(Abb. 790, 344, 347, 352, 353)*.

Wie die Untersuchung der Steinmetzzeichen zeigte, ist es leider nicht möglich, eine gesicherte Chronologie des Bauvorganges bei den Türmen festzulegen. Offenbar arbeitete die Mehrzahl der Kräfte nur an dem einen oder dem anderen Turm. Das verlockt natürlich zu der Vermutung, die kleinen Unterschiede resultierten auch hier aus einer getrennten Vergabe der beiden Baulose, doch dafür ist nun wieder der Formenschatz der Kapitelle und Gesimse zu einheitlich. Bei deren Beurteilung muß man sehr vorsichtig sein, da sie stark von der Witterung angegriffen und im 18., 19. und 20. Jh.[892] mit sehr unterschiedlichen Verfahren restauriert worden sind. So hat man im 18. Jh. bei Auswechslungen oftmals den verwitterten Zustand kopiert oder Knospen zu Volutenschnecken umgedeutet. In der Regel handelt es sich um Kelchknospenkapitelle mit straffen, sehr abstrakten Knospen und runden Deckplatten und Kämpfern *(Abb. 791–800)*. Die gleichen Knospen treten an den Geschoßgesimsen *(Abb. 801)* auf, die von Platten mit scharfen gotischen Wassernasen abgedeckt sind. Daneben gibt es die kleinen rahmenden Profile über den Fenstern *(Abb. 347)*, die mit Rosetten aus eigentümlich zerdrückten Blättern besetzt sind. Die vorgeschlagene Reihenfolge der einzelnen Geschosse ergibt sich aus kleinen Veränderungen des Aufrisses und der Ornamentik, wobei sich auch für die Steinmetzzeichen die unter den gegebenen Umständen vernünftigste Abfolge ermitteln ließ. Freilich darf der stark hypothetische Charakter dieser Chronologie nicht übersehen werden.

Die Spuren des ersten Projektes am 4. Geschoß des Nordwestturmes dürfen als Hinweis darauf angesehen werden, daß es ausgeführt wurde, noch bevor man die Arbeiten am Südwestturm wieder aufnahm. Dafür sprechen auch einige Kapitelle, die statt einer unteren Knospenreihe jene Blätter mit leicht gewölbten Flächen zeigen, die so charakteristisch für die Knospenkapitelle an den Standsäulen von Ecclesia und Synagoge waren *(Abb. 798)*. Sie sind entwicklungsgeschichtlich zwar jünger als die reinen Knospenkapitelle, doch könnte das für Bamberg die Nähe zum vermittelnden Impuls aus Frankreich bedeuten[893], die dann mehr und mehr verlorenging. Ferner sind die Öffnungen im Oktogon verhältnismäßig schmal und lassen einen breiten Mauerstreifen neben sich stehen. Ihre Scheitel liegen auf gleicher Höhe mit denen der Bögen über den Säulchen der Ecktürme, die darüber wie der Turmkern auch eine geschlossene, etwa zwei Schichten hohe Mauerzone aufweisen *(Abb. 344, 352)*. Erst dann folgt das Gesims der Geschoßteilung. Diese Übereinstimmung von Oktogon und Ecktürmen könnte eine Erinnerung an die im ersten Plan vorgesehene, einheitliche Gliederung sein. Schließlich ist noch ein kleiner Wechsel im Kantenprofil der Öffnung der Westseite *(Abb. 347, 352)* hervorzuheben. Hier endet der mittlere Kantenwulst am Bogenanfänger unter kleinen Kegeln mit Knauf, wie die Mitteldienste der Öffnungen im 3. Geschoß. Im Bogenlauf ist der Wulst durch eine Reihe von Rosetten ersetzt, wodurch das am Südwestturm gebräuchliche Motiv schon angedeutet wird. Offenbar war das 4. Geschoß das erste, das nach dem endgültigen Schema angelegt wurde, allerdings noch ohne zu einer dem entsprechenden Gliederung der Details zu finden. Die Phase des Experimentierens war nicht abgeschlossen.

Mag der Nordwestturm der baugeschichtlich interessantere und reichere sein, so bietet der *Südwestturm (Abb. 338, 341)* die reifere, straffere und ausgewogenere Lösung[894]. Er ist in seinen drei oberen Geschossen anscheinend »aus einem Guß«, so sehr sind die Variationen auf die optische Entwicklung des Ganzen von unten nach oben bezogen *(Fig. 119)*.

Am *4. Geschoß* des *Südwestturmes* weist nichts auf den älteren Plan hin. Es wurde von Anfang an nach dem am Nordwestturm entwickelten, endgültigen Konzept begonnen, doch mit einigen Korrekturen, die auf einen Baubeginn nach der Vollendung des entsprechenden Geschosses am Nachbarturm schließen lassen. Die Ecktürmchen gleichen denen des Nordwestturmes vor allem in den Proportionen. So haben sie ebenfalls eine geschlossene Mauerzone über den Bögen bis zum Gesims und stehen auf ähnlichen, hohen Trommelpodesten, deren Sinn einmal im optischen Ausgleich zu der Mauerzone oben, zum anderen in der Absicht zu sehen sein mag, die Säulen dadurch über der Brüstung beginnen zu lassen. Auch Kämpfer und Kapitelle sind ähnlich, allerdings scheinen die Kelche steiler zu sein, d.h. ihre Lippe oben tritt kaum weiter hervor als der Halsring unten. Füllblätter treten kaum mehr auf. In den beiden westlichen Ecktürmchen stehen – wohl angeregt durch das Vorbild der Westtürme von Laon[895] – langhalsige Kühe *(Abb. 351, 340)*, die sich nicht über Eck zukehren, sondern nach Westen blicken bzw. sich über die ganze Turmseite hinweg einander zuwenden[896]. Zwischen ihnen stehen Gestalten, die als Propheten gedeutet werden. Gerade die Kenntnis des Vorbildes zeigt den Abstand, den Bamberg davon hat und der die Vermutung nahelegt, die Vermittlung sei eher durch Skizzen denn durch persönlichen Augenschein, Ausbildung oder gar Mitarbeit am Vorbild erfolgt[897]. Die Haare über den Stirnflächen der Kühe zeigen die gleiche »unordentliche« Struktur wie die Rosettenblätter und haben kaum etwas gemein mit entsprechenden Formulierungen der »jüngeren Werkstatt«[898].

Sehr charakteristisch sind die Veränderungen, die man an den Öffnungen des Turmkernes gegenüber denen des Nachbarturmes vornahm *(Abb. 338)*. Man verbreiterte ihre lichte Weite und das Kantenprofil, das man gleichzeitig auf einen kräftigen Wulst mit begleitenden Kehlen beschränkte, so aber seine Fernwirkung steigerte. Die Mauerstreifen neben den Öffnungen wirken schmaler. Vor allen Dingen steigerte man die Höhe der Öffnungen, deren Bogenanfänger nicht mehr in Halsringhöhe der Säulen liegen, sondern in Höhe der Kapitelldeckplatten. Der Bogenscheitel steigt über die der Ecktürmchen auf. Um den Spitzbogen zieht sich zusätzlich ein rahmendes, mit Rosetten besetztes Profil, das die Vertikalisierung unterstreicht; denn es stößt mit der Spitze gegen das Geschoßgesims und reduziert die Mauerfläche über der Öffnung vollständig. Als Motiv war es schon im Bogenlauf der Westöffnung des Nachbarturmes angeklungen, doch erst hier gewinnt es eine besondere Stellung in der Gliederung des Ganzen. Die Veränderungen am Südwestturm gegenüber dem Nordwestturm zielen in eine ganz bestimmte Richtung, die von dem ursprünglichen Plan wegführt und damit auch einen Anhaltspunkt dafür bietet, warum man ihn aufgab. Durch das Hinaufreichen der Öffnungen und ihrer Bogenrahmung bis zum Gesims treten sie mit denen des nächsten Geschosses in unmittelbare Verbindung und schaffen eine spürbare, mittlere Vertikale. Durch das bewußte Absetzen von den Säulenstellungen der Ecktürmchen entsteht nicht nur eine, die horizontale Reihung durchbrechende Rhythmisierung innerhalb eines Geschosses, sondern die einzelnen Ecktabernakel werden aus der strengen Bindung an das jeweilige Geschoß ein wenig gelöst, können nun eigentlich erst über das Gesims hinweg den Anschluß an das darüberliegende suchen und aus mehreren Tabernakeln ein Türmchen bilden. So werden sie selbständige, mehrgeschossige, nur durch Gesimse dem Turmkern verbundene Glieder, was wiederum Vertikalisierung bedeutet. Der bescheidene Rosettenrahmen über den Bögen der Mittelöffnungen schwingt sich als verbindende, nicht waagerechte Brücke über die Mitte hinweg von Türmchen zu Türmchen und sichert trotz allem den optischen Zusammenhang. Gegenüber dem von den Nachwirkungen des ersten Projektes bestimmten 4. Geschoß des Nordwestturmes ist das des Südwestturmes auf das Ganze hin durchformt und ausgewogen.

Unten umzieht eine einfache Steinbrüstung den Umgang. Zu den Dächern hin blieben die Öffnungen ohne Profile und Bogenrahmung *(Abb. 341)*. Wie häufig bei mittelalterlichen Doppelturmanlagen ordnete man die Treppen nicht entsprechend einer gemeinsamen Symmetrieachse an, sondern brachte sie im Südwestturm wie beim Nordwestturm in dem südöstlichen Ecktürmchen unter, sogar mit dem gleichen Drehsinn *(Abb. 338, 348)*.

In zügigem Ausbau folgte sofort das *5. Geschoß des Südwestturmes (Abb. 338, 341)*. Anscheinend gingen die Arbeiten auch am Nordwestturm weiter, jedenfalls vermitteln die Steinmetzzeichen diesen Eindruck. Folgt man aber den Details der Gliederung, so muß der Südwestturm um diese Zeit die Führung übernommen haben. Vielleicht ging dort der Aufbau aus unbekannten Gründen rascher voran, obwohl die Zahl der Steinmetzen nicht größer war. Allerdings tritt eine Reihe von Zeichen beim Nordwestturm nur ein- oder zweimal auf, was auf eine stärkere Fluktuation schließen läßt. Sie könnte bei der komplizierten Struktur hemmend gewirkt haben, weil sich die neuen Kräfte mühsamer einfügten.

Das 5. Geschoß hielt man ca. 0,80 m niedriger als das 4. *(Fig. 17)*, wohl um der Höhenentwicklung optisch Rechnung zu tragen, und außerdem fehlte dort die verkürzend wirkende Steinbrüstung. In der Gliederung folgt es weitgehend dem unteren, doch berücksichtigte man mit kleinen Änderungen der Proportionen die Stellung in der Gesamtanlage. Die Öffnungen im Oktogon setzen unmittelbar auf dem Gurtgesims auf, haben gleiche Breite und gleiches Kantenprofil wie die unteren und nehmen mit ihrem Rosettenbogen wieder die ganze Geschoßhöhe ein. Bei den Ecktürmchen verringerte man den Mauerstreifen zwischen Bögen und Gesims, so daß die Halsringe auf gleicher Höhe mit den Bogenanfängern der Mittelöffnungen liegen. Durch den Rosettenbogen reichen diese im Scheitel immer noch ein wenig höher hinauf als die Bögen der Türmchen. Unten stehen die Säulen auf zylindrischen Sockeln von nur halber Höhe wie die des Untergeschosses.

Mit diesen wenigen Änderungen stellte der Architekt sein sicheres Gefühl für optische Wirkungen unter Beweis; denn trotz geringerer Geschoßhöhe steigerte er die Länge der Säulenschäfte und betonte damit die vertikalisierende Funktion der Ecktürmchen[899]. Vorsichtig abgestuft erhöhte er bei ihnen mit der Verringerung der Mauerzone den Grad an Auflösung. Auch ihre Verselbständigung nahm um eine Nuance zu.

Diesen Gestaltungsprinzipien unterliegt auch das *6. Geschoß des Südwestturmes (Abb. 338, 341)*, dessen Errichtung sich unmittelbar angeschlossen haben muß. Schon mit dem 5. Geschoß war man in der Höhe über die Oberkante des 5. Geschosses – des obersten – der Osttürme hinausgegangen. Das lag einmal an dem zunehmenden Bestreben, die Vertikale zu betonen. Zum anderen kommt darin auch ein wenig die Hanglage des Domes zum Ausdruck, obwohl sie freilich bis zur Trauflinie – wenn man von den Sockeln absieht – keine Rolle gespielt hatte. Da die Hauptansicht bis zum heutigen Tag von Osten und Nordosten ist, sprach wohl die Absicht mit, den »hinteren« Türmen im Westen, die ohnehin nur über Dächer hinweg sichtbar waren, ein den Osttürmen angemessenes Gewicht zu verleihen, indem man ihnen als den ferner stehenden eine etwas größere Höhe gab. Ob schließlich eine durch Quellen nicht belegte Rivalität zwischen Bischof und Domkapitel hier mit hineinspielte, muß offen bleiben. Mit einem weiteren Geschoß, dem 6., übertrafen die Westtürme die Höhe der Osttürme um mehr als ein Geschoß[900]. In der Fernwirkung und in der Baumasse trat das weniger in Erscheinung, als man vermuten könnte; denn die Osttürme waren von steilen, mehr als 7 m hohen Giebeln gekrönt, die mehr als ein Geschoß ausmachten und mit ihrem First bis zur Oberkante der Westtürme hinaufreichten[901]. Für diese waren keine Giebel vorgesehen, und so war ein gewisser Ausgleich gegeben, der Küchel 1766 zur Umgestaltung der Giebelzone zu einem echten Geschoß anregte.

In der Höhe bleibt das 6. Geschoß abermals um 0,10 m hinter dem 5. zurück und fügt sich so der allgemeinen Verminderung der Geschoßhöhen von unten nach oben ein. Die Gliederung gleicht weitgehend den unteren beiden Geschossen. Der Rosettenbogen über den Mittelöffnungen erreicht mit dem Scheitel nicht ganz das Kranzgesims. Bei den Ecktürmchen steigerte man das Maß der Durchbrechung zwar nicht absolut, jedoch im Verhältnis zur Geschoßhöhe. Die Scheitel der kleinen Bögen über den Säulen berühren nun fast das Kranzgesims und liegen auf einer Linie mit dem des Rosettenbogens. Sie sind damit höher als die lichte Höhe der Mittelöffnung, deren Bogen schon eine Schicht unter den Säulenhalsringen anfängt. Die Ecktürmchen haben mit der Aufzehrung aller Flächen den Endpunkt erreicht und sich damit zugleich in ihrer Gliederung weitgehend verselbständigt, kurz bevor sie sich in den Helmen endgültig von der Mitte lösen konnten, als diese noch in ihrer originalen Form bestanden.

Langsam schritten inzwischen die Arbeiten am *Nordwestturm* voran. Der rasch nach einheitlichem Plan hochgeführte Südwestturm hinterließ einen starken Eindruck, was sich besonders am *5. Geschoß (Abb. 343)* zeigt. Seine Höhe wurde um 1,00 m gegenüber dem unteren verringert. Für die Öffnungen im Turmkern behielt man die geringere Breite bei, gab ihnen aber ein ähnliches Kantenprofil wie beim Südwestturm, nur ein wenig weicher und überraschenderweise mit einem Auslauf, der dort durchweg fehlt. Über dem Bogen führte man die Rosettenrahmung ein, die aber wegen der geringeren Breite der Öffnung sie in größerem Abstand umzieht, um die größere Fläche zu füllen. Auf der Westseite erreicht sie das Gesims nicht ganz mit ihrem Scheitel.

Eine gewisse Unsicherheit zeichnet sich bei den Ecktürmchen ab. Die Säulenpodeste sind höher als beim Südwestturm und gestuft.

Der Bauvorgang läßt sich sehr genau an den Kapitellhöhen ablesen. Zunächst wurde der Turmkern bis zu den Kapitellen hochgeführt, dann die Säulen aufgestellt und von da ab Oktogon und Ecktürmchen bis zum Gesims gemeinsam vollendet. So kam es, daß sich ein Planwechsel in der Phase vor der Aufstellung der Säulen vollziehen konnte; denn zuerst hatte man offenbar vor, sich weitgehend an das entsprechende Geschoß des Nachbarturmes anzulehnen. Die Kapitelle, mit denen die Türmchen an das Oktogon anschließen und die folglich im Verband mit ihm stehen, versetzte man beim Nordost- und Nordwestturmchen demnach mit dem Halsring auf einer Linie mit dem Bogenauflager der Mittelöffnungen. Der Südwestturm hatte inzwischen wohl sein 6. Geschoß erreicht, das nun sofort als Vorbild akzeptiert wurde. Also versetzte man bei den anderen beiden Türmchen die Anschlußkapitelle gleich eine Schicht höher. Bei der Ausführung der Türmchen richtete man sich weiterhin und rundum nach dem 6. Geschoß des anderen Turmes und führte ihre Bögen bis an das Gesims heran, wobei freilich die sorgfältige Differenzierung verloren ging. Die beiden nördlichen Türmchen behielten am Ansatz das niedrigere Auflager für ihre Bögen, die gestelzte Schenkel erhielten. Man könnte fast vermuten, die höheren, gestuften Podeste seien notwendig geworden, um die vorgefertigten Säulenschäfte verwenden zu können, die sonst zu kurz gewesen wären. Unter den Säulen am Ansatz fehlen sie nämlich, ebenso beim Südostturmchen, wo sie ohnehin wegen der Treppe aus Trommeln gemauert sind, und es auf eine zusätzliche Schicht nicht ankam. Ohne Zweifel trägt das 5. Geschoß die Spuren eines nicht ganz verstandenen Nacheiferns nach dem 5. und 6. des Nachbarturmes[902]. War dessen bis ins Detail rechnender Meister nicht zuständig oder bereits gegangen[903]?

Beim *6. Geschoß* des *Nordwestturmes (Abb. 342, 350, 339)* ging man neue Wege, ohne aber eine größere Zahl neuer Steinmetzen zu beschäftigen. Den Zeichen nach blieb die »Hütte« weitgehend dieselbe, und so ist unklar, wem die retardierenden Elemente der Bauornamentik zuzuschreiben sind. Wahrscheinlich verhielt es sich dabei ähnlich wie bei dem Abzug der geschulten Kräfte am Ende des Langhauses (7. Bauabschnitt).

Auch hier verringerte man die Geschoßhöhe. Die Ecktürmchen folgen recht genau denen des Nachbarturmes, nur ihre Kapitelle zeigen teilweise neue Motive. Sie sind stark verwittert, und einige gehen auf barocke Erneuerungen zurück. Neben den üblichen Kelchknospenkapitellen erscheinen aber auch solche, die mißverstandene Nachahmungen sind. Sie könnten schon in früherer Zeit ausgewechselt worden sein, wobei es unverständlich wäre, Ähnliches nicht auch in den übrigen Geschossen anzutreffen. Im Blick auf die Kapitelle neben den Öffnungen wird man geneigt sein, hier der neuen Formen nicht kundige Steinmetzen am Werk zu sehen *(Abb. 793–797)*.

Die Mittelöffnungen des Turmkernes verbreiterte man auf das Maß der des Südwestturmes und gab ihnen ein ähnlich kräftiges Kantenprofil. Statt der einfachen Spitzbogen erhielten sie Kleeblattbögen *(Abb. 342, 350)*, die als Schmuckmotiv gemeint sind, weil sie in den Diagonalöffnungen zu den Ecktürmchen fehlen. An sich ist dem Kleeblattbogen in dieser Epoche des Überganges keine besondere stilgeschichtliche Stellung zuzuordnen, da er in allen Phasen der Spätromanik bis zur reifen Gotik vertreten ist. Weil er aber gerade so ein charakteristisches Schmuckelement im Bereich der unteren Westteile war, möchte man auch hierin den Rückgriff einer etwas ratlos gewordenen und auf Bereicherung bedachten Bauleitung auf vertrautes Formengut vermuten. Doch damit nicht genug: man gab den Öffnungen sogar eine ädikulaartige Umrahmung. Zwei Säulchen auf schlanken Konsolen und mit Kelchblockkapitellen tragen einen entsprechend vorkragenden Kleeblattbogen, der mit Rosetten besetzt ist und den der Öffnung eng umschließt. Über dem Bogen zog man die Wandebene bis zu seiner Stirn vor *(Abb. 339)*. Für das Oktogon ergab sich daraus, daß oben am Kranzgesims die Schrägseiten erheblich länger sind als die geraden über den Bögen und daß im Aufriß die Kanten des Oktogons bis zu den Kapitellen normal verlaufen, dann aber versetzt über den Bögen bis zum Kranzgesims hochlaufen. Das Achteck wird so zumindest im Helmansatz klarer. Die Rosetten in den Kehlen der Kleeblattbögen zeigen teilweise nicht mehr jene zerdrückten Blattformen, sondern wirken wie aus vier bossierten Wiegenblättern zusammengesetzt, wie sie zum Kanon der Kapitelle an der Ostapsis gehören.

Bei den Kelchblockkapitellen *(Abb. 794–796)* fühlt man sich in Umriß und Motiven an das Veitsportal und die Westchorschranken erinnert, freilich nicht in der Durchformung der Blätter. Offenbar suchte man sich Anregungen aus verschiedenen Teilen des Domes zusammen[904].

## Zweiter Westturmplan: ausgeführtes Projekt *(Fig. 13, 18)*
(Plan V B)

Plan V B war die bis zuletzt gültige Konzeption, nach der die Westtürme vollendet wurden. Am reinsten dürfte sie beim Südwestturm verwirklicht worden sein, während beim Nordwestturm Unsicherheit Wandlungen von Geschoß zu Geschoß bewirkte, freilich ohne das Hauptkonzept zu verlassen. Die Türme blieben bis auf ihre Helme unverändert erhalten *(Fig. 119)*.

Die ursprünglichen Helme kennen wir von allen älteren Ansichten *(Abb. 13, 20)*, vom Modell *(Abb. 12)* über dem Tor der Alten Hofhaltung[905] und von Küchels Bestandsaufnahme *(Abb. 14)* von 1765[906]. Damals war die Holzkonstruktion im Gegensatz zu den Osttürmen in so beängstigend schlechtem Zustand, daß eine ernste Gefährdung der Umgebung gegeben zu sein schien[907]. Das erlaubt den vorsichtigen Schluß, bis 1766 seien – wohl im Unterschied zu den Osttürmen – die Helme des 13. Jhs. erhalten geblieben.

Sie setzten als Holzkonstruktion unmittelbar auf dem Kranzgesims des 6. Geschosses auf. Über dem oktogonalen Turmkern waren sie als steile, achtseitige Pyramide gebildet, deren Spitze (nach Küchel) nur wenig unterhalb der Vasen auf den heutigen Helmen lag. Auf den Ecktürmchen saß je ein kleiner, gesonderter Helm, ebenfalls als achtseitige Pyramide gebildet und in der Höhe etwa 1/3 bis 2/5 des Haupthelmes erreichend. Die Gruppierung von je fünf Helmen auf einem Turm interpretierte sinnfällig dessen Struktur *(Fig. 13, 18)*. Trotz der an sich wohlgelungenen, um Anpassung bemühten Lösung Küchels ist diese ein schwerer Verlust und eine Verstümmelung der ehemaligen Anlage[908]. Allerdings vollendete sie bei den Türmen nur, was im Mittelalter schon an der Westapsis geschehen war: die Beseitigung des lebhaft bewegten oberen Abschlusses. Obwohl die Westtürme von anderer Hand sind, nehmen sie doch Bezug auf die ursprüngliche Form der Westapsis. Will man sich ihre beabsichtigte Wirkung in der Westansicht vergegenwärtigen, so muß man nicht nur ihre Helme, sondern auch das ehemalige Apsisdach rekonstruieren *(Fig. 18)*.

## 11. DIE ERSCHEINUNG DES DOMES NACH SEINER VOLLENDUNG

### Äusseres

Der 10. Bauabschnitt vollendete den Domneubau und fand wohl in der Weihe von 1237 im wesentlichen seinen Abschluß. Für das äußere Bild, das er damals bot, muß man nicht nur die Turmhelme, Giebel und Apsisdächer rekonstruieren, sondern auch die Hauptdächer, deren First rund 1,00 m niedriger lag, und statt der stark vortretenden Gesimsaufhöhungen des 18. bzw. 19. Jhs. muß man sich einen Dachüberstand mit Balkenköpfen denken *(Fig. 13, 16, 18)*.

Der Dachreiter, der bis zur Erneuerung des Dachstuhles 1744[909] östlich der Vierung auf dem Langhausfirst stand, dürfte eine Zutat des späteren 13. oder 14. Jhs. gewesen sein. Darauf deuten die steilen Wimperge hin, die auf guten Abbildungen bzw. dem Modell *(Abb. 12)* erkennbar sind[910].

Die erste Eindeckung der Dächer kennen wir nicht genau. Alle erhaltenen Mörtelspuren ehemaliger Dachanschlüsse enthalten Ziegelbrocken. Das letzte Dach vor 1744 war sicher ein leuchtend rotes Ziegeldach[911], das sich über dem Südseitenschiff im Zusammenhang mit dem Kreuzgang bis heute erhalten hat (1967/68 erneuert). Die dunkle, inzwischen zum vertrauten Anblick gehörende Schiefereindeckung stammt erst von 1744 und beabsichtigt eine Angleichung an die Umbauung des zur Cour d'Honneur gewordenen Residenzplatzes durch die Neue Residenz. Zu den ehemals hellen, von weiß über gelb ins zarte Braun spielenden Farbtönen des Außenbaues muß man sich das helle Rot des Ziegeldaches denken, dessen Riefelung durch eine Mönch-Nonnendeckung sogar auf dem Modell *(Abb. 12)* erkennbar ist.

Unbekannt ist der Zeitpunkt, an dem die *Adamspforte (Abb. 120, 121)* ihre Figuren erhielt. Es hat nicht an Versuchen gefehlt, diese in andere Zusammenhänge einzuordnen und den 1937 leider aufgegebenen Zustand als ein »pasticcio« späterer Zeiten anzusehen[912], wie man es mit allen Gruppierungen der jüngeren Werkstatt permanent wiederholt. Dahinter steht die Hoffnung, entweder etwas ganz Ungewöhnliches rekonstruieren zu können oder einen Rahmen zu finden, der den Normen französischer Gotik eher entspricht. Träfe man die Gewändefiguren verstreut im Dom an, wie es bis 1965 der Fall war, hätte man aus ihnen sicher ein Figurenportal rekonstruiert. Es darf als sicher gelten, daß die Figuren für die Adamspforte geschaffen und vermutlich noch vor Vollendung des Domes dort montiert wurden. Es besteht nicht der geringste Anlaß, die Figuren von ihren Baldachinen *(Abb. 409, 412)* zeitlich zu trennen. Diese wiederum nehmen genau Bezug auf die Situation des Portals, weil Kapitelle und Baldachine so verschmolzen sind, daß sie weder Bogenläufe noch Rippen und dergleichen aufnehmen können. Die beiden äußeren sind für die Stirnseite bestimmt: derjenige Evas aus Platzmangel mit einem Gelenkstück diagonal konzipiert, der des Stephan nachträglich beim Bau des Strebepfeilers herausgelöst und um 90° gedreht. Die vier inneren sind eindeutig für eine Montage in rechten Winkeln bestimmt[913] und nehmen auch im Grad ihrer Ausführung *(Abb. 410, 411, 413–416)* darauf Bezug. Vorsorge für das Einschneiden der gekrümmten Bogenläufe wurde – wenn auch zum Teil ungenügend – getroffen. Sie wurden lediglich eine Schicht zu hoch, über der Kämpferlinie versetzt, was besonders bei der innen stärkeren Krümmung nicht geplante Abarbeitungen notwendig machte. Sie erfolgten mit dem in der jüngeren Werkstatt üblichen Zahnmeißel, jenem Werkzeug, das bezeichnenderweise in den Ostteilen dominiert *(Abb. 411, 413–416)*.

Im 13. Jh. erhielt die Ostfront die mächtigen Strebepfeiler, bald danach beseitigte man die Giebelchen der Westapsis – neben den Turmhelmen des 18. Jhs. wohl die stärksten Eingriffe in die äußere Erscheinung des Domes. Domkranz, Kreuzgang, Verlängerung des Kapitelsaales als Sepultur und Nagelkapelle, Erneuerung der Kreuzgangumbauung und des Kapitelshauses gehören nicht mehr in den Rahmen dieser Darstellung.

### Inneres

Obwohl das architektonische Gefüge des Baues im Gegensatz zu der Mehrzahl der großen Bischofskirchen nicht durch Ein- oder Anbauten (z.B. Kapellen) verändert wurde, weicht der heutige Raumeindruck doch erheblich von dem ursprünglichen ab. Mehrere grundlegende Neugestaltungen (»Restaurierungen«) im 17., 18. und 19. Jh.[914] haben ihn erheblich verändert.

Hier sind an erster Stelle die Lettner bzw. lettnerartigen Schranken zu nennen[915], die beide Chöre gegen das Mittelschiff abschlossen. Sie wurden vermutlich nach 1648 abgebrochen[916]. Da sie an den Chor- bzw. Vierungspfeilern keine Spuren hinterlassen haben, ist nichts Näheres über ihr Aussehen bekannt. Der Westlettner war ebenso wie die Schranken dem Bau nachträglich eingefügt worden, wobei es unklar ist, ob er später durch einen aufwendigeren Nachfolger abgelöst wurde. Der Ostlettner – vielleicht nur eine Schranke auf der Kryptastirnmauer mit vorspringendem Mittelteil – war zwar im Fundament vorbereitet, aber im oberen Aufbau ebenfalls nachträglich ausgeführt worden, allerdings sicher noch vor dem Ende der Bauarbeiten.

Die Tumba des Bischofs Otto III. in der Krypta *(Abb. 431)* ist nachträglich aus vier gotischen Maßwerkcouronnements zusammengesetzt worden. Sie können von einem architektonischen Aufbau des Papstgrabes, einem der Lettner oder dergleichen stammen. Im Bogenscheitel erscheinen Laubkartuschen und Blattmasken *(Abb. 808, 809)*, deren Zugehörigkeit zur »jüngeren« Werkstatt keinem Zweifel unterliegen[917]. Neben dem Sockel der Papsttumba *(Abb. 430)* und den Kapitellen der Standsäulen des Fürstenportals sind es die einzigen gesicherten Architekturteile dieser Gruppe und als solche bisher nicht gewürdigt worden. Es fehlt eine stilistische Einordnung der Maßwerkformen. Unter bzw. vor dem Ostlettner stand einer der beiden Kreuzaltäre, der mit der Geschichte des hl. Kaiserpaares eng verbunden war, bis später ein eigener Altar sie als Patrone aufnahm[918]. Zu diesem Kreuzaltar gehörte wohl auch das Gestühl *(Abb. 25)* einer eigenen Gebetsbruderschaft für das ständige Gebet an den Gräbern, der sogen. »Stuhlbrüder«[919]. Vor dem Peterschor stand der Mauritiusaltar, der von der Westkrypta des Heinrichsdomes nach oben verlegt worden war. Im Laufe der Zeit traten Altäre an der Westflanke eines jeden Pfeilers hinzu, womit die Arkaden die Funktion der sonst üblichen Kapellenanbauten übernahmen *(Abb. 25, 17, 18)*. Außer den erhaltenen Skulpturen und den älteren Stücken des Domschatzes wissen wir wenig über die weitere Ausstattung.

Außer durch Lettner, Altäre, Chorgestühle und Ausstattungsstücke wurde das ursprüngliche Bild entscheidend von der *Farbfassung* der Architektur[920] bestimmt. Die Steinsichtigkeit von Wänden und Gliederungen geht erst auf die große »Domreinigung« des 19.

Jhs. zurück und ist damit erst 150 Jahre alt. Die damals beseitigte Farbfassung war freilich die des 17. bzw. 18. Jhs. *(Abb. 17, 18)*, die vornehmlich in weiß und grau gehalten war und sich wesentlich von der mittelalterlichen unterschied, ihr insgesamt aber zweifellos näher war als der heutige Zustand. Mit dem barocken Farbüberzug wurde auch der darunter erhaltene mittelalterliche bis auf kleine Reste gründlich vernichtet. Die Reinigung von 1972/73 erbrachte allerdings genügende Befunde, um sie näherungsweise zu rekonstruieren.

Demnach waren die Flächen des Domes mit Ausnahme der Gewölbe nicht verputzt, wie es bei Großquaderwerk auch nicht zu erwarten ist. Dennoch rechneten die Quaderflächen mit einem deckenden Anstrich, der die Individualität des einzelnen Steines in Farbe, Oberflächenstruktur und Begrenzung durch das Fugennetz aufhob. Die Fugen sind aus diesem Grunde breit und möglichst glatt verstrichen.

Die vorherrschende Grundfarbe, mit der Wände und Gewölbekappen einheitlich gestrichen waren, war rosa, allerdings weniger in der Art des 18. Jhs., sondern herber, weil das verwendete Rot wohl dunkler war. Dieser Farbton war im 12. und frühen 13. Jh. offenbar sehr beliebt, wie zahlreiche, jüngst bekannt gewordene Befunde an anderen Orten lehren. Im Mittelschiff waren die Gliederungen elfenbeinweiß abgesetzt, d.h. Gewölberippen, Schildbögen und Gurte, doch galt dies auch für die Dienste und Vorlagen, ebenso die Rosen im Querschiff. Davon waren die untergeordneten Gliederungen klar geschieden: die Wulste und eingestellten Dienste der Scheidarkaden waren grau gehalten, ebenso die Gesimse. Dieses System wurde in die Seitenschiffe hinein fortgesetzt, wo die Rippen grau mit weißen Scheiteln und die Gurte weiß mit grauen Scheiteln angelegt waren. Die Kapitelle waren vermutlich nur einfarbig mit einem lichten Ocker gefaßt – eine Vorwegnahme der barocken Vergoldung.

Im Westchor war die Farbfassung etwas aufwendiger, wodurch seine Stellung als Hauptchor unterstrichen wurde. Auf den rosa Grundton war dort eine Quaderung durch kräftige Fugen aufgemalt, deren breite weiße Striche von dunkelroten eingefaßt waren, insgesamt ca. 5 cm stark. Das Fugennetz stimmte teilweise mit dem tatsächlichen überein, korrigierte es aber zugunsten größerer Regelmäßigkeit. In den Gewölbekappen und auf den Rippen und Gurten war die Quaderung mit Ornamenten gefüllt *(Abb. 301, Fig. 62–69)*, stellenweise auch ganz durch ornamentale Muster ersetzt. Diese Gewölbeausmalung hat sich als einziger Teil der Fassung erhalten, freilich mit oft vollkommen freien Erneuerungen des 19. Jhs. vermischt. Als ein Versuch ist wohl das kleine Stück einer Quaderbemalung auf der südlichen Gewölbekappe des Südquerarmes anzusehen.

Einige kleine Stellen waren besonders hervorgehoben, ohne daß darin ein Prinzip erkennbar wäre: in der Vierung befindet sich ein Christuskopf vom Typ der »vera ikon«, im 2. Mittelschiffsjoch zwei Fratzen *(Abb. 434)* mit Judenhüten und im Ostchor ein Kopf mit Narrenkappe und eine Rosette *(Abb. 433)*. Weitere, zerstörte Farbstellen befanden sich im östlichen Mittelschiffsjoch. Sie alle rahmen Gewölbelöcher, durch die Seile oder Stangen nach oben geführt waren, wie Schleifspuren beweisen. An ihnen hingen entweder Bildwerke oder wahrscheinlicher für die Beleuchtung Ampeln, von denen es zahlreiche gegeben haben muß und die ja auch häufig zum Füllen mit Öl oder Wachs herabgelassen werden mußten.

Nur an wenigen Stellen war die Farbfassung üppiger. Das Südfenster der Westapsis *(Abb. 303, 304)* war von mehrfarbigem Blattwerk und Schilden umgeben. Hier ist nicht zu erkennen, ob es sich um einen abgebrochenen Versuch handelt oder ein anderer Grund dafür vorlag. Die noch heute deutlich sichtbaren Farbreste einer reichen, vielteilig bunten Bemalung an den Südseiten der Schranken von Peters- und Georgenchor *(Abb. 432, 233, 241)* gehören dagegen eindeutig in den Zusammenhang der farbigen Fassung der Bildwerke des 13. Jhs., die in Spuren durchweg nachgewiesen ist. Am Westchor nahmen dabei gemalte Figuren die Stelle der Reliefs ein *(Abb. 291, 295)*. Obwohl Berichte von 1830 über die Freilegung der Befunde erhalten sind und darin nur von Teilvergoldungen an der Nordseite der Georgenchorschranken die Rede ist[921], darf daraus und aus dem heutigen Zustand nicht mit Sicherheit geschlossen werden, nur die Südseiten seien bemalt gewesen[922]. Für die großen Figuren trifft das jedenfalls nicht zu. Kleinere Wandmalereien entstanden später an den Pfeilerleibungen zusammen mit Altären und Epitaphien.

Wie die farbige Fassung des Raumes ist auch die ursprüngliche Verglasung vollkommen vernichtet worden. Keine einzige Scherbe ist erhalten, so daß wir nicht wissen, ob es sich um Grisaillen oder Farbverglasungen, Ornament oder figürliche Darstellungen, dunkle oder helle Töne gehandelt hat. In den Nachrichten des 17. Jhs. wird zwar von »gefärbtem dunklem Glas« berichtet, aber das muß nicht unbedingt eine Farbverglasung, vor allem keine des 13. Jhs. bedeuten. Von den erhaltenen Scheiben aus der Andreaskapelle von 1414[923] auf eine damals erfolgte Farbverglasung des Domes zu schließen, liegt kein Grund vor.

## ZUSAMMENFASSUNG

BAUVERLAUF *(Fig. 115–120, 121–132)*:
1. *Ostkrypta* mit kleineren Planänderungen, vermutlich in zwei Abschnitten, einschließlich Wölbung. Fundamente der Ostteile, Sockel der Ostapsis, Anlage von Portalen und Turmhallen in den untersten Schichten bis zur Kryptenhöhe *(Fig. 121, 122)*
2. *Untergeschosse der Ostteile (Fig. 123)*.
Untergeschoß der Ostapsis, Portale und Eingangshallen der Osttürme. 1. Chorhalbjoch bis 1/3 der Raumhöhe, Seitenschiffsaußenmauern bis zum 3. Joch
*Planwechsel:* Übergang von der runden zur polygonalen Apsis außen
3. *Obergeschosse der Ostteile, Ostarkaden und Chorschranken (Fig. 124)*
Obergeschoß der Ostapsis, 1. und 2. Turmobergeschoß, Pfeiler B 2/3 und C 2/3, Schrankenmauern bis B 3/C 3
*Planwechsel:* Übergang von Plan I zu Plan II.
4. *Abschluß der Ostfront (Fig. 125)*
Zwerggalerie, 1. Ostchorjoch, 3. und 4. Obergeschoß der Osttürme, 1. und 2. Seitenschiffsgewölbe, Ostgiebel, Pfeiler B 4 und C 4, Abschluß der Schrankenmauern.
5. *2. Ostchorjoch und Ostteile des Langhauses (Fig. 126)*
Vollendung des 2. Ostchorjochs, Fürstenportal, Seitenschiffsmauern: Südseite Mittelabschnitt, Nordseite bis ins 8. Joch, Pfeiler B 5, C 5
*Planwechsel:* Übergang von Plan II zu Plan III A

6. *Die beiden östlichen Joche des Langhauses (Fig. 127)*
   1. und 2. Mittelschiffsjoch, Seitenschiffsaußenmauern Südseite bis ins 8. Joch (Nordseite unverändert)
   *Planwechsel:* Übergang von Plan III A zu Plan III B
   *Brand*

7. *3. Langhausjoch und untere Zone des Südquerarmes (Fig. 128, 129)*
   3. Mittelschiffsjoch mit Seitenschiffen, Querschiffsostmauern teilweise, Südquerarm unterste Schichten, Fundierung und Sokkelgeschoß des Südwestturmes.

8. *Das Untergeschoß des Südwestturmes und die angrenzenden Mauern von Westchor und Südquerarm (Fig. 130)*
   Untergeschoß Südwestturm, Westchorsüdwand bis Schaftringe des südl. Apsisfensters, Westmauer und Südmauer des Südquerarmes bis unter Fassadenrose, Basiszone der Westapsis, Fundamente des Nordwestturmes und Keller der Schatzkammer, Kapitelsaal.
   *Planwechsel:* Westchor innen Südseite Übergang von Plan III B zu Plan IV A (entspricht Übergang von der ersten Planung der Westanlage zur zweiten)

9. *Die Aufstockung der Osttürme und die Vollendung der Westteile bis zum Kranzgesims (Fig. 131)*
   Obergeschosse und Helme der Osttürme.
   *Planwechsel:* Übergang von Plan A zu Plan B der Ostfront. Vollendung von Querschiff und Westchorfensterzone
   *Planwechsel:* Übergang von Plan III B zu Plan IV A außen Südseite
   Einwölbung des Mittelschiffes, Westchorobergeschoß, Wölbung, Westgiebel, Nordwestturm bis Kranzgesims, Südwestturm bis zum 1. Freigeschoß
   *Planwechsel:* Übergang von Plan IV A zu Plan IV B (= dritte Planung der Westanlage)

10. *Die oberen Geschosse der Westtürme (Fig. 132)*
    *Planwechsel:* Übergang von Plan IV B (für die Türme bereits achteckige Freigeschosse?) zu Plan V A (= erster Westturmplan/Säulenumgangsprojekt)
    3. und 4. Geschoß des Nordwestturmes
    *Planwechsel:* Übergang von Plan V A zu Plan V B (= zweiter Westturmplan)
    4.–6. Geschoß des Südwestturmes, 5. und 6. Geschoß des Nordwestturmes, Turmhelme.

Planungsgeschichte:

*Plan I (Fig. 21):* Doppelchoranlage mit westlichem Querhaus und westlichem Hauptchor. Hallenkrypta unter dem Ostchor. Osttürme am Ostende der Seitenschiffe mit Portalen, Eingangshallen und Turmkapellen. Runde, später polygonale Ostapsis, schmales Chorjoch zwischen den Türmen mit sechsteiligem Rippengewölbe, Langchor und Mittelschiff flach gedeckt, Seitenschiffe rippengewölbt.

*Plan A der Ostfront (Fig. 15):* (Außenansicht von Plan I): Apsis von Türmen flankiert. Flaches Apsisdach, darüber Chorgiebel. Türme nur fünf Geschosse (Eingangshalle und vier Obergeschosse), 3. Obergeschoß allseitig frei, nicht an Giebel bzw. Obergaden angelehnt.

*Plan II (Fig. 22):* wie Plan I, jedoch Chorwölbung, statt eines schmalen, sechsteiligen Turmjochs zwei quadratische, sechsteilige Gewölbe die ganze Chorlänge (= Kryptenlänge) überspannend. Außen: Plan A.

*Plan III A (Fig. 23):* wie Plan I, jedoch vollständige Einwölbung von Ostchor und Mittelschiff mit vierteiligen Rippengewölben über quadratischem Grundriß (= Aufgabe des Flachdeckenplanes). 1. Ostchorjoch gemäß Plan II sechsteilig, 2. Ostchorjoch schon nach Plan III A vierteilig. Gebundenes System, neue Pfeilerform, Obergadenfenster über Pfeilern. Außen: Plan A.

*Plan III B (Fig. 24, 25):* wie Plan III A, jedoch Verzicht auf Einwölbung des Mittelschiffes. Gewölbevorlagen im Mittelschiff, an Vierungspfeilern und im Querschiff beibehalten. Fenster im Obergaden über den Vorlagen. Querschiff flach gedeckt. Außen: Plan A.

*Erste Planung der Westanlage (Westlösung von Plan III B):* Westtürme als Chorwinkeltürme neu in die Planung aufgenommen. Queroblonges Westchorjoch von größerer Tiefe als die Flankentürme. Halbkreisapsis im Westen. Keine Westkrypta, Chorniveau ca. 1,90 m über Langhausniveau. Vierung ebenerdig. Querschiffsfassaden mit Mittellisenen statt Rosenfenstern. Querschiff weiterhin flach gedeckt?

*Zweite Planung der Westanlage (Plan IV A):* Außen auf der Südseite zunächst wie erste Planung; Nordseite Turmstellung verändert: Nordwestturm mit längsoblongem Grundriß und Anschluß an Westapsis. Innen Westchor mit neuem Bündelvorlagensystem, Gewölbe sechsteilig. Apsis polygonal, Gewölbe unbekannt. Vierungsniveau entsprechend Chorniveau. Einwölbung der Querarme mit zwei queroblongen Rippengewölben. Querschiffsfassaden mit Rosenfenstern (Aufgabe der ersten Planung auch auf der Südseite). Einwölbung des Mittelschiffes annähernd wie von Plan III A vorgesehen.

*Plan B der Ostfront (Fig. 16):* (Außenansicht im Osten von Plan IV A): Aufhöhung der Türme um zwei Geschosse und Giebel mit Pyramidendächern. Anschluß der Türme an Ostgiebel und Obergaden. Sonst wie Plan A.

*Dritte Planung der Westanlage (Plan IV B) (Fig. 18):* wie Plan IV A, jedoch im Westchor zwei vierteilige statt eines sechsteiligen Gewölbes mit verändertem Rippenprofil. Westapsis mit Rippenwölbung und Obergeschoß. Außen Apsisabschluß mit Giebeln und Zeltdach mit freistehender Spitze vor dem Westgiebel. Turmplanung nicht genau bekannt: entweder Würfelgeschosse wie Osttürme oder – wahrscheinlicher – Achecktürme (vergl. Würzburg, Neumünster).

*Erster Westturmplan (Plan V A) (Fig. 91):* Säulenumgangsprojekt. Achteckiger Turmkern, in drei(?) Geschossen von Säulengalerien umzogen, die sich an den Schrägseiten mit achteckigen Tabernakeltürmchen verschneiden.

*Zweiter Westturmplan (Plan V B) (Fig. 13, 18):* Verzicht auf Säulenumgänge. Oktogonaler Turmkern mit offenen, achtseitigen Tabernakeltürmchen an den Schrägseiten, drei Geschosse mit durchlaufenden Horizontalgesimsen. Achtseitige, spitze Pyramidenhelme, umgeben von je vier entsprechend kleineren gleicher Art.

# VIII. VERSUCH EINER ABSOLUTEN CHRONOLOGIE

Es gibt nur wenige sichere Daten zur Baugeschichte des Bamberger Domes. Sie liegen offenbar sämtlich in der 2. Hälfte der Bauzeit. Den Versuch, eine absolute Chronologie zu gewinnen, wird man daher vom Ende her beginnen müssen. Um über die Mitte hinaus an den Anfang vordringen zu können, ist man wie seither auch auf die Mittel der Stilgeschichte angewiesen, was zu einer engen Verflechtung mit den Überlegungen des folgenden Kapitels führt. Allerdings wird man nicht außeracht lassen dürfen, daß formales Vorbild und Stilquelle keineswegs identisch sein müssen. Letztere ist für die Datierung maßgeblich, jedoch in besonderer Weise vom Fortleben handwerklicher Traditionen abhängig, die in der Architektur des Mittelalters eine wohl noch größere Rolle spielen als bei Malerei und Skulptur.

Da gesicherte Daten ebenso für die Baugruppen fehlen, die allgemein als Ausgangspunkt für den Formenkanon der Bamberger Ostteile gelten, wird der Versuch zu deren genauerer zeitlichen Fixierung auf stilkritischem Wege als wenig erfolgversprechend unterlassen. Im folgenden werden daher nur die Bauten herangezogen, deren Verbindung mit Bamberg als absolut gesichert anzusehen ist und deren Entstehungszeit durch Quellen eingegrenzt ist: die Abteikirche von Ebrach und die Reimser Kathedrale. Für die Bamberger Ostteile bleibt somit nur die Möglichkeit, Anhaltspunkte aus dem Bautempo des Westabschnittes zu gewinnen und diese dann mit den Quellen zur politischen kirchlichen Situation Bambergs und seines Bischofs am Anfang des 13. Jhs. in Einklang zu bringen.

## 1. GESICHERTE DATEN

Wie die Untersuchung der Schriftquellen ergab, sind bisher nur wenige feste Termini für den Neubau des Bamberger Domes ermittelt worden, ein für die Mehrzahl der mittelalterlichen Kirchen »normaler« Zustand. Auch bei den bekannten Daten ist es schwierig, sie mit dem jeweiligen Bauzustand zu verbinden, weil in den Quellen keine Aussagen darüber gemacht werden. Demnach steht folgendes fest:

1185 brannte der Dom aus. Wie weit die Zerstörung ging, ist unbekannt. In den Jahren danach war er wieder benutzbar, wobei nichts darüber gesagt ist, ob es sich um den alten oder schon den neuen Dom handelte. Für einen Neubau fehlt allerdings jeglicher Hinweis.

1225 stellte Kaiser Friedrich II. umfangreiche Mittel zur Verfügung »ad opus ecclesie«, also wohl für den Neubau. Dieser kann aber nicht erst damals begonnen worden sein, sondern muß sich in einem fortgeschritteneren Stadium befunden haben, in welchem ist leider unbekannt.

1229 weihte der Bischof den Marienaltar im Südquerarm, der – wie sich aus der Bauabfolge ergab – älter als der Nordquerarm ist. Über den Bauzustand ist nichts gesagt. Der Südquerarm kann bereits gewölbt gewesen sein, muß es aber nicht. Vom Ostchor und den Seitenschiffen abgesehen, erscheint es denkbar, daß der Südquerarm vor dem Mittelschiff gewölbt wurde[924]. Die Wahl des Altarstandortes scheint wohl durch den Bauzustand mitbeeinflußt zu sein; denn der Südquerarm war der am weitesten fortgeschrittene Raum der Westanlage. Zumindest seine Umfassungsmauern standen aufrecht.

1231 vollzog der Domprobst eine Schenkung im neuen Westchor, der offenbar in irgendeiner Form schon benutzbar gewesen sein muß. Das wundert bei dem engen Zusammenhang der Bauführung mit dem Südquerarm nicht, obwohl die Spanne sehr kurz bemessen ist; denn wesentlich vor 1229 wird man – wie sich noch zeigen wird – mit den Bauarbeiten am Südquerarm nicht zurückgehen wollen. Das läßt auf ein ungewöhnliches Bautempo in dieser Zeit schließen. 1231 war der Nordquerarm im Bau, der Westchor hatte seinen neuen Altar, seine Umfassungsmauern dürften eine beträchtliche Höhe erreicht gehabt haben – auf der Südseite vielleicht schon Kranzgesimshöhe – der Südquerarm war vollendet.

1232, schon am Anfang des Jahres, wurde in der vielleicht neue Geldquellen erschließenden Bulle auf die »wieder aufgebaute« Kirche hingewiesen, was zwar nicht wörtlich zu verstehen ist, aber doch erstaunlich gut in das Bild paßt, das die Quellen von 1229 und 1231 in Übereinstimmung mit dem Bauverlauf vermitteln. Nordquerarm und obere Teile des Westchores dürften noch im Bau, von den Obergeschossen der Westtürme aber noch keine Rede gewesen sein.

1235 bestätigte eine weitere Bulle den Text von 1232, freilich ohne jeden Bezug auf Neubau und Weihe oder erwünschte neue Spenden.

Ob zwischen der Vollendung von Westchor und Nordquerarm und dem Turmbau eine Winterpause oder eine längere Unterbrechung, während der nur etwa zwei bis drei Steinmetzen tätig waren, anzunehmen ist, kann nicht entschieden werden.

1237 erfolgte die Schlußweihe, bei der die Türme sicher schon standen – vielleicht mit Ausnahme der beiden letzten oder des letzten Geschosses des Nordwestturms. Das legen nicht nur die schwierigen Verhältnisse nach 1237, sondern vor allem der weit fortgeschrittene Zustand von 1231/32 nahe[925].

Was vor 1229 war, ist aus den Quellen nicht zu erfahren.

## 2. EBRACH UND BAMBERG

Die Nachrichten über den Bau häufen sich also in seinem letzten Stadium, den Westteilen. Man wird von ihnen auszugehen haben, wenn man stufenweise zu Anhaltspunkten für Langhaus und Ostbau gelangen will. Zunächst aber wird man die aus einer Verbindung von Schriftquellen und Bauverlauf gewonnenen Daten mit der Baugeschichte der engstens mit den Westteilen in Zusammenhang stehenden Abteikirche von Ebrach vergleichen müssen, für die W. Wiemer eine zuverlässige Chronologie aufstellen konnte[926].

Nach der Grundsteinlegung im Jahre 1200 begann man dort mit der Michaelskapelle, deren Altäre 1207 geweiht wurden, und den Kapellen des Nordquerarmes mit Altarweihen 1211. Die Altäre der nördlichen Chorkapellen folgten 1218, ebenso bereits einer auf der Ostseite des Umganges. Die restlichen Altäre auf der Umgangs-Ostseite wurden 1221 zusammen mit dem ersten der Südseite geweiht. Die folgenden blieben bis 1312/14 unbenutzt. Die Kapellen des Südquerarmes wurden erst 1239 geweiht. Eine Hochaltarweihe ist nicht überliefert, sie könnte zwischen 1239 und 1250 erfolgt sein[927]. Der Aufbau des Langhauses zog sich bis zur Schlußweihe 1282 oder 1285 hin, wobei am Westende bei Wahrung der Gesamtplanung hochgotische Detailformen auftreten. Offenbar lassen sich keine längeren Bauunterbrechungen nachweisen, auch nicht zwischen 1221 und 1239[928].

Das bedeutet für die Kirche, die mit rund 90 m Länge durchaus der gleichen Größenordnung wie der Dom zugehört – wenngleich ohne Türme – eine mehr als achtzigjährige Bauzeit. Von den sechs zu unterscheidenden Steinmetzgruppen wurden 242 Zeichentypen verwendet, wobei einzelne Gruppen bis zu 60 in sich vereinigen, die allerdings wohl nicht immer gleichzeitig am Bau beschäftigt waren. Die Fluktuation der Kräfte war aber nicht größer als in Bamberg auch. Die größere Zahl der Typen entspricht nur der erheblich längeren Bauzeit. Diese ließe sich zwanglos durch die geringeren finanziellen Mittel der Abtei erklären, an der Zahl der Zeichen und ihrer Verteilung hingegen ist sie offenbar nicht abzulesen, wenn man einmal von den zunehmend gotischen Typen am Ende absieht. Das warnt uns wieder vor einer zu hohen Bewertung der auf dieser Grundlage errechneten Arbeitszeiten. Selbst wenn man den Baubeginn in Bamberg so früh wie möglich ansetzte, stehen den achtzig Jahren Ebrachs hier nur ca. dreißig gegenüber; tatsächlich dürften es nur ca. fünfundzwanzig Jahre gewesen sein.

Die 1. Gruppe schuf die Michaelskapelle und den Unterbau des Nordquerarmes, ferner Teile der nördlichen Umgangskapellen[929]. Zwischen 1211 und 1218 wurde sie von der 2. Gruppe abgelöst, die die Nordkapellen vollendete, die östliche und südliche sowie den Umgang hochführte und die Kapellen des Südquerarms weit vorantrieb. Der Übergang zu einer 3. Gruppe vollzog sich sehr allmählich und ohne klare Abgrenzung. Sie vollendete den Umgang durch Wölbung sowie Zwischenpfeiler, Arkaden und Sargwand des Hochchores (für das Umgangsdach) sowie die Kapellen des Südquerarmes, wo vor der Wölbung noch die Mauerkrone auszuführen war. Erst danach konnten sie den Obergaden des Hochchores und Südquerarms beginnen und mit den Giebeln vollenden, während vom Nordquerarm nur Teile der Ostwand in Angriff genommen wurden. Diese 3. Gruppe muß irgendwann vor 1239 (Kapellenweihe am Südquerarm) mit der Arbeit begonnen haben – vielleicht sogar schon bald nach 1221. Sie wird durch eine 4. Gruppe ergänzt, die an ihrem altertümlichen Formenkanon erkennbar den Nordquerarm vollendete und das 1. Langhausjoch errichtete. Wiemer scheint ihre Herkunft aus Bamberg zu vermuten[930], was Jahre nach der Schlußweihe des Doms unwahrscheinlich ist und den Zeichen nach nicht zutrifft, vielleicht mit Ausnahme des Zeichens 172 (~Wiemer Nr. 123), das in Bamberg aber schon um 1232/33 zu vermuten ist. Eine 5. Gruppe baute nach 1250 das Langhaus, eine 6. vollendete es in den letzten 1½ Jochen und der Westfassade in den Jahren nach 1270 bis 1282/85.

Man wird nicht alle Ergebnisse Wiemers kritiklos übernehmen können. So ist er vielleicht in der Differenzierung mancher Zeichentypen ein wenig zu weit gegangen[931]. Auch waren seine Beobachtungsmöglichkeiten durch Stuckierung innen und Auswechslungen außen eingeschränkt[932]. Gerade das Zusammentreffen von der 1. und 3. Gruppe an der Westseite des Nordquerarmes ist unklar und erlaubt theoretisch, den Westgiebel der Michaelskapelle für nach 1211 entstanden zu halten. Der am Hochchor versuchsweise eingeführte zweizonige Fries ist aus dem der Michaelskapelle zusammengesetzt, was zu denken gibt[933]. Es scheint auch fraglich, ob man die Zeichenverteilung in der Michaelskapelle wirklich so interpretieren muß, daß deren Langhaus in der unteren Zone vor ihrem Chor und Querschiff entstand[934]. Bei der Arbeitsteilung in einer größeren Hütte – das lehrt die Erfahrung in Bamberg – kann man aus dem Fehlen bestimmter Zeichen keine Schlüsse ziehen, wenn nicht weitere Hinweise wie Fugen, Steinbearbeitung usw. vorliegen. An dem Gesamtbild ändern diese Einwände wenig. Die Michaelskapelle war, wenn nicht bei der Weihe ihrer Altäre, so doch am Ende der Tätigkeit der 1. Gruppe, also bald nach 1211, im wesentlichen vollendet[935].

Im Vergleich zu der Länge seiner Bauzeit ist Ebrachs Einfluß in Bamberg auf nur wenige Jahre beschränkt; dem Bauvolumen nach ist er dagegen beträchtlich: obere Teile des Südquerarmes und des Südwestturmes, Westchor, Nordquerarm mit Nordwestturm, Schatzkammer und obere Osturmgeschosse, wobei nur die Epoche einer unmittelbaren, augenfälligen Beziehung zwischen beiden Bauten gemeint ist[936]. Ihre zeitliche Eingrenzung ist ungenau, doch dürfte sie nicht allzu weit vor das Jahr 1229 zurückreichen (etwa 1227/8) und nicht wesentlich länger als 1232 gedauert haben (ca. 1233/34). Insgesamt umspannt sie also nur fünf bis sieben Jahre. Schon lange gilt es als erwiesen, daß Ebracher Steinmetzen in Bamberg gearbeitet hätten. Nicht nur durch Übereinstimmung der Formen, sondern vor allem auch der Zeichen glaubte man dies erhärtet zu sehen[937]. Das setzt allerdings die von Wiemer angezweifelte[938], auch in Bamberg nicht bestätigte Ansicht voraus, das Zeichen sei eine persönliche Marke. Wurde es jedoch bei dem Eintritt in die jeweilige Organisation verliehen, so hätte auch ein Ebracher Steinmetz in Bamberg ein neues Zeichen bekommen. Freilich ließe sich dann nicht der starke Wechsel der Typen innerhalb der Hütte erklären. Vermutlich gab es beides: das »mitgebrachte« und das »verliehene« Zeichen.

Schon in dem Kapitel über Zeichen wurde auf die große Verbreitung gewisser Grundformen hingewiesen. Insofern kann es nicht überraschen, wenn sich auch in den Ostteilen und im Langhaus eine Anzahl mit Ebrach übereinstimmender Typen findet, von denen keines so charakteristisch ist, daß eine Identität vorliegen muß. Ein gewisser Austausch kann auch vor jener speziellen Epoche stattgefunden haben, ohne in der Detailform Spuren zu hinterlassen, weil der Steinmetz auf Anweisung zu arbeiten hatte[939]. Manche Kräfte können in Bamberg gearbeitet haben, ehe sie in den Ebracher Listen auftauchen.

Unter Berücksichtigung dieser Umstände wird man unter den Ebracher Gruppen zwei und drei nach verwandten Formen suchen müssen, in Bamberg entspräche das der Gruppe III *(Fig. 107, 108)*. Nach dem Gesagten wundert es kaum noch, wenn die Ausbeute sehr gering ist. Am auffälligsten ist das markante Zeichen Nr. 168 (= W. 81 a/b), das sicher identisch ist[940]. Daneben könnten 162 (= W. 79), 146 (= W. 73), 139 (= W. 86), 167 (= W. 122), 151 (= W. 75 oder 102) und 176 (~W. 82) übereinstimmen, doch handelt es sich um so allgemeine Formen, daß man leider keine sicheren Schlüsse ziehen kann. In Ebrach gehören sie alle in die 3. Gruppe, die ihre Tätigkeit nach 1221 und vor 1239 aufgenommen haben muß. Die Zeichen der 2. Gruppe reichen zwar weit über die 1221 geweihten Kapellen hinaus, andererseits wissen wir nicht, in welchem Bauzustand sich die angrenzenden Teile (z. B. Umgang) bei der Kapellenweihe befanden. Die Vollendung der südlichen Querhauskapellen kann dagegen erst relativ spät von der 3. Gruppe vollzogen worden sein, als Hochchor u. südl. Querhaus im Bau waren, zumal die Trennung beider Gruppen ohnehin unscharf ist[941]. Die Einbeziehung des Datums von 1239 setzt die sofortige Weihe der Kapellen nach ihrer Vollendung voraus, was angesichts der Weihen von 1312/14 im gleichen Bereich zumindest zweifelhaft ist. Die für den zügigen Baubetrieb ungewöhnlich lange Spanne von 1221 bis 1239 (achtzehn Jahre) mag darin ihre Erklärung finden. Der allmähliche Einsatz der 3. Gruppe ist somit zeitlich nicht genau fixierbar, scheint aber mit dem Ebracher Einfluß in Bamberg parallel zu verlaufen. Der Hochchor der Abteikirche, an dem nicht nur besonders nah verwandte Formen, sondern auch das Zeichen 168 (= W 81 a/b) auftreten, war 1239 gewiß im Bau, kaum aber vor 1229, so daß hier dem Dom die Priorität einzuräumen wäre. Wegen der Unsicherheit in der Identität der Zeichen und wegen der ermittelten Daten wird man in Bamberg nicht länger von einer »Ebracher Hütte« sprechen wollen[942].

Trotz dieser Feststellung wird man auch weiterhin Ebrach als Quelle oder zumindest als vermittelndes Zwischenglied für die Formen der Bamberger Westteile ansehen müssen, zumal sie dort schon am Anfang des Jahrhunderts bekannt waren. Das Fehlen identischer Zeichen in der 2. Ebracher Gruppe, schließt keineswegs die Anwesenheit von Ebracher Kapitellspezialisten in Bamberg aus, während man für Gliederungen, Profile, Gesimsformen usw. nur mit einem oder mehreren entsprechend geschulten Bauführern rechnen muß. Das Fortleben der älteren Tradition auf der Südseite des Chores erschwert allerdings die Vorstellung sehr, auf welche Weise es zur allmählichen Verstärkung des Ebracher Einflusses gekommen sein mag.

Die besondere Situation in Ebrach, wo die Details der Hauptkirche innen durch die Stuckierung der Beurteilung entzogen sind, hat den Blick immer wieder auf die Michaelskapelle gelenkt[943]. Deren architektonische Gliederung hat wohl auch in stärkerem Maße als die einfacheren Formen der Hauptkirche als Anregung für den Entwurf des Bamberger Westchores gedient[944], der sie ohne wesentliche Vergrößerung der Einzelabmessungen vor allem streckte und weitete. Auch in den Details wie Blendarkaden mit Kleeblattbögen, Basen, Konsolen, Schaftring- und Kämpferprofilen, Rippen und Schlußsteinen, Gesimsen und vor allem Kapitellen bietet die Michaelskapelle anscheinend das nächst Verwandte. Für die Vorstellung einer kontinuierlichen Stilentwicklung, die ja den meisten Ableitungs- und stilistischen Datierungsversuchen zugrundeliegt, mußte allerdings der Zeitabstand von rund zwanzig Jahren, um den sie Bamberg vorausgeht, beunruhigend erscheinen. So hat es gerade nach Wiemers Untersuchungen Stimmen gegeben, die die Michaelskapelle zeitlich näher an Bamberg heranrücken wollten[945] bzw. die Bamberger Daten anzuzweifeln suchten[946]. A. v. Reitzenstein hat sich mit vollem Recht gegen diese Versuche gewandt und auf den von Wiemer erwiesenen, am Außenbau augenfälligen, sehr langsamen Wandel des Ebracher Formenkanons aufmerksam gemacht[947]. Tatsächlich stehen die Kapitelle der zwischen 1218 und 1221 vollendeten Katharinenkapelle am Ebracher Chorumgang[948] denen des Veitsportales näher als die der Michaelskapelle. Wie zäh sich dort Traditionen halten, gestärkt durch immer wieder auftretende, retardierende Momente, zeigen auch die Chorschranken, die Wiemer zufolge erst um 1250 entstanden sein können[949] und in gewisser Weise an die Bamberger Westchorschranken erinnern. Die reinen Kelchblockkapitelle mit Stengelblättern und Diamantrippen im ersten Langhausjoch[950], ausgeführt von der retrospektiven 4. Gruppe, bestätigen – wie Wiemer hervorhebt[951] – den Einfluß altertümlicher Formen. Die Ebracher Entwicklung widerspricht also keineswegs den durch Schriftquellen belegten Daten für die Bamberger Westteile, warnt aber zugleich vor einer nicht durch historische Überlieferung abgesicherten stilistischen Ableitungsmethode.

In einigen Punkten zwingt aber der Vergleich zwischen den Daten beider Bauwerke zu einer Umkehrung des Verhältnisses, zumindest in der Verwirklichung gewisser Pläne. Die Bevorzugung großer Radfenster in den Stirnflächen zisterziensischer Bauten, so etwa auch im Chor der Michaelskapelle, macht die Planung großer Rosenfenster für die Hauptkirche sehr wahrscheinlich. Die Ausführung des ersten in der Ostwand des Hochchores dürfte allerdings kaum vor Ende der zwanziger Jahre begonnen worden sein, da es ganz der 3. Gruppe zuzurechnen ist. Vermutlich sind die beiden Bamberger Querschiffsrosen älter, zumal sich auch die Tendenz zur Vereinfachung, die zwischen Süd und Nord *(Abb. 272, 273)* erkennbar ist, in Ansätzen auch in Ebrach zeigt[952]. Auch der Bamberger Westgiebel *(Fig. 34)*, der dem Ebracher Ostgiebel verwandt ist, muß diesem um einige Jahre vorausgegangen sein. Diese Beobachtungen bestätigen das bei den Steinmetzzeichen gewonnene Ergebnis. Insgesamt konzentrieren sich die vergleichbaren Elemente, abgesehen von der Michaelskapelle, auf den Ebracher Chor, jenen Bauteil, der vor den Bamberger Westteilen begonnen, aber erst lange nach ihnen vollendet wurde und dabei manches zuerst in Bamberg Verwirklichte übernahm[953].

Die mehrfach zitierten Formelemente treten in Ebrach jedenfalls in einem authentischen Rahmen auf und überraschen dort nicht, während sie in Bamberg als etwas Neues, Andersartiges auszumachen sind, trotz der weitgehenden Integration. Eine Umkehrung der zeitlichen Reihenfolge ändert daran nichts.

## 3. DAS FÜRSTENPORTAL

Die Bedeutung des Fürstenportales für die Geschichte der Bamberger Skulpturen ist seit langem bekannt. In den baugeschichtlichen Überlegungen wurde es dagegen eher beiläufig erwähnt und chronologisch eingeordnet[954], ohne Rücksicht auf den Anteil der »jüngeren Werkstatt« der Bildhauer. Ihn rückte man – was naheliegt – in die Nähe der Westtürme und hielt auch die fest mit dem Portal verbundenen Werkstücke, das Tympanon und die äußeren westlichen Gewändesäulen, für nachträgliche Ergänzungen oder Veränderungen[955], wie es bei Ecclesia und Synagoge mit ihren Standsäulen oder den Figuren des Adamsportals tatsächlich der Fall ist. Die Akzente wurden zwar unterschiedlich gesetzt, aber insgesamt entging man so dem Widerspruch zwischen den Daten des Baues und der Plastik.

Läßt man aber den Zwang der Stilgeschichte einmal außer acht, so bietet sich am Bau – wie gezeigt werden konnte – nicht der geringste Hinweis für eine nachträgliche Einfügung von Gewändesäulen und Tympanon. Vom Befund ausgehend ist man gezwungen, den Versatz des Portales und seines Vorbaues als einheitlichen, mit der Errichtung der westlich anschließenden Seitenschiffsmauern gleichzeitigen Vorgang anzusehen[956]. Da die Bildhauer der »jüngeren Werkstatt« offenbar und nach übereinstimmender Ansicht der Forschung aus Reims kamen, wo sie in der Hütte der Kathedrale vielleicht nicht mitgearbeitet, aber das dort Entstehende genau studiert haben müssen[957], verbindet sich am Fürstenportal nicht nur die Geschichte der Bamberger Skulpturen, sondern vor allem auch die des Domneubaues mit den Daten der Reimser Kathedrale.

Außer dem Baubeginn 1210/11, der Benutzbarkeit der Chorscheitelkapelle 1221 und der Vollendung des Chores 1241 gibt es für die Reimser Kathedrale keine schriftlich fixierten Daten[958]. Die Chronologie beruht ansonsten auf Baubeobachtungen, die keineswegs zu einheitlichen Schlußfolgerungen geführt haben. Ebenso ist man für die Skulpturen auf das inzwischen sehr feinmaschig gesponnene System stilistischer Ein- und Zuordnungen angewiesen. Demnach sind die Voraussetzungen für die Stilstufe der Bamberger Figuren – nicht für ihre ikonographischen Vorbilder – in Reims nicht vor 1230 denkbar[959].

Dies wird anscheinend durch die Ereignisse von 1233 bestätigt, wo Kämpfe zwischen Bürgern und Erzbischof den Kathedralneubau zum Erliegen brachten[960] und möglicherweise Arbeitskräfte freisetzten. Die Verbindlichkeit dieses Datums für Bamberg setzt freilich eine Tätigkeit der späteren Bamberger in Reims voraus, von der sich bis heute nichts hat nachweisen lassen, auch nicht am Tympanon der erzbischöflichen Kapelle[961]. Als den Bamberger Skulpturen besonders nahestehend gelten Skulpturen der oberen Zone von Querschiff[962] und Chor, darunter besonders einige der berühmten Masken in Höhe der Fensterkämpfer[963].

Eine zuverlässige Reimser Baugeschichte fehlt noch immer[964]. Auch sie könnte nur sehr bedingt Aufschluß über den Fertigungsbetrieb in einer großen, französischen Bauhütte geben. Über den Arbeitsbetrieb besonders der Bildhauerateliers wissen wir nichts. Wieviele waren dort tätig, wie lange arbeitete man an einer Figur, an einem Kopf? Wie weit wurde vorgefertigt? Wie lange im voraus wurde der Auftrag für die Masken erteilt, damit man beim Versatz nicht auf sie warten oder mit Bossen vorliebnehmen mußte? Wie die Westfassade und die Nordfassade lehren, lagerte man ganze Portalanlagen unter Umständen sogar Jahrzehnte, bis sie versetzt wurden. Gewiß war das nicht die Regel, doch macht es auf unsere Unkenntnis der Möglichkeiten im Baubetrieb einer großen, unendlich vielgliedrigen und komplizierten Kathedrale aufmerksam.

Unter diesen Voraussetzungen wird man die mit den Mitteln der Stilkritik gewonnenen Daten der Reimser Skulpturengeschichte nicht gegen die durch eine Urkunde erhärtete Altarweihe von 1229 im Bamberger Südquerhaus ausspielen wollen, die als ganz eindeutiger terminus ante quem für das Fürstenportal zu gelten hat. Schon im 2. Bauabschnitt geplant, im 5. dann am Bau versetzt, ist es durch die gesamte Länge des Langhauses von dem Südquerarm getrennt. Die Zeitspanne, um die es vor 1229 entstanden sein muß, hängt von dem Bautempo ab, das man im 5., 6. und 7. Abschnitt vorlegte. Blickt man auf das von 1229 bis 1233 bewältigte Bauvolumen mit den komplizierten Raumstrukturen der Türme und den reicheren Gliederungen im Westchor, so könnte man geneigt sein, an eine ähnlich knapp bemessene Bauzeit zu denken, zumal die Hütte damals den größten Bestand an gleichzeitig tätigen Steinmetzen in der ganzen Baugeschichte des Domes aufwies. Es bleibt freilich offen, ob man mit vier, fünf oder mehr Jahren rechnen muß. Läßt man einen gewissen »Druck« von den Reimser Skulpurendaten wirken, so wird man für eine kurze Spanne und den Versatz des Portals um 1224/25 eintreten[965].

Den Reimser Vorbildern wären die Bamberger also nicht am Bau, sondern auf der Werkbank in der Hütte begegnet[966]. Das könnte erklären, warum die ikonographischen Anregungen von Figuren ausgingen, die sehr unterschiedlichen Reimser Stilrichtungen angehören. Sie waren nicht nacheinander, sondern offenbar gleichzeitig in Reims wirksam, was zwar nicht in unser entwicklungsgeschichtliches Bild paßt, darum aber doch dem historischen Ablauf entsprechen könnte. Jene ganz verschiedenen Stilrichtungen lieferten motivische Anregungen, die man in Bamberg in den eigenen Stil einschmolz. Es ist nicht einmal sicher, ob alle Reimser Figuren der oberen Querschiffzone und die Masken, in deren stilgeschichtlichen Zusammenhang die Bamberger Werkstatt gehört und die ja auch für Reims eine neue Strömung bedeuten, im echten Sinn als »Vorbilder«, d.h. als bereits ausgeführt, anzusehen sind. Denkbar wäre auch, daß es nur wenige Stücke waren und es im übrigen nur der gleiche »Impuls« war, den die Bamberger aus Reims mitnahmen und der sie befähigte, die genau fixierbaren Vorbilder der unteren Zone in ihrem Sinne zu verwandeln. Einen solchen »Impuls« muß man auch für die Reimser Skulptur als Ausgang für die Wandlung annehmen, gleichgültig ob er von außen kam oder als Evolution der »Hütte« verstanden wird. Das zeitliche Nacheinander der oberen Reimser Querschiffgeschosse und Bambergs ließe sich so – zumindest teilweise – als eine Parallele denken. Es erstaunt dann nicht mehr, daß man keine unmittelbaren Spuren der Bamberger in Reims findet[967].

Das Datum für das Fürstenportal wird man jedenfalls nicht ganz ohne den Blick auf die Reimser Entwicklung festsetzen dürfen[968]. Die ab 1225 reichlich fließenden kaiserlichen Geldquellen könnten nicht nur zur Sicherung eines zügigen Bautempos gedient haben, sondern vielleicht auch zur Bezahlung der Bildhauer, die als erstes ein fast komplettes Portal vollendeten.

## 4. DER BAUBEGINN UND DIE OSTTEILE

Noch geringer sind die Chancen für eine zeitliche Fixierung des Baubeginns und der Ostteile des Domes. Als Terminus post quem ist der Brand des Jahres 1185 anzusehen, als terminus ante quem gilt wiederum die Weihe von 1229, abzüglich der Bauzeit für Langhaus, Ostchor und Osttürme. Man wird das ermittelte Datum des Fürstenportales 1224/25 und die kaiserliche Förderung seit 1225 mit in die Überlegungen einbeziehen und so den terminus ante auf 1225 vorverlegen dürfen. Der verbleibende Spielraum umfaßt dann immer noch vierzig Jahre.

Die Untersuchung der Schriftquellen hatte allerdings gezeigt, daß sie für den Beginn des Neubaues vor 1201 keine Stütze liefern, daß im Gegenteil die häufigen Nennungen des Georgsaltares bzw. -chores bei dem Fehlen jeglicher Nachrichten über den Peterschor eher den Eindruck einer ständigen Benutzbarkeit gerade dieses Bauteiles vermitteln. Sie wäre bei einem Neubau in dieser Zeit kaum gegeben gewesen; denn die Anlage der neuen Ostkrypta verlangte den Abbruch des alten Georgsaltares, auch wenn dieser westlich des heutigen gestanden hat, was durch die neuen Grabungen gesichert ist. Die Erhebung der Kaiserin Kunigunde 1201 dürfte noch im alten Dom festlich begangen worden sein. Dessen Reparatur und Benutzung nach dem Brand von 1185 ist inzwischen archäologisch nachgewiesen worden.

Aus den folgenden Jahren fehlen Nachrichten, die irgendwelche Schlüsse auf den Zustand des Domes zulassen, leider vollständig. 1217 war der Georgsaltar benutzbar, wobei es unklar ist, ob es sich um den neuen oder den alten handelte.

Die von A. v. Reitzenstein mit dem Baubeginn in Verbindung gebrachten Erwähnungen des Nikolausaltars in Testamentsstiftungen[969] mußten hingegen wieder aus der Reihe der baugeschichtlichen Quellen gestrichen werden[970]. Der Verkauf des Dorfes Langeln, der 1219 auf einem der beiden Chöre – möglicherweise auf dem Ostchor – durch feierliche Übergabe bestätigt wurde, kann unter Umständen auf die Finanzierung eines begonnenen oder zu beginnenden Neubaues bezogen werden, doch ist weder dies noch die daran anzuknüpfende Überlegung hinsichtlich der Benutzbarkeit der Chöre zwingend.

Man könnte zur Füllung der großen Lücken das Itinerar Bischof Ekberts mit der Begründung heranziehen, während seiner Abwesenheit könne der Neubau nicht begonnen worden sein, doch verliert auch dieses Argument an Überzeugungskraft, wenn man an die Weihe von 1237 denkt, die in seiner Abwesenheit vollzogen wurde – und bei einer festlichen Schlußweihe ist die Gegenwart des Bischofs eher zu erwarten als bei der Grundsteinlegung[971]. Allerdings, während der unklaren Verhältnisse, die Ekberts Exil nach dem Königsmord in der Zeit von 1208 bis 1211 heraufbeschwor, wird man kaum damit rechnen können. Dem Kreuzzug 1217/18, der Anwesenheit 1220 in Ungarn und den sonstigen Reisen wird man kein Gewicht beimessen wollen.

Mit aller Vorsicht wird man aus den Quellen etwa folgendes herauslesen können:

Ein Baubeginn vor 1201 ist unwahrscheinlich, ebenso in den Jahren 1208 bis 1211. Die Grundsteinlegung müßte vor 1208 oder nach 1211 erfolgen. 1217 war der Georgsaltar benutzbar, also die neue Apsis bereits soweit fertiggestellt, oder aber überhaupt noch nicht begonnen. 1219 könnte der Baubetrieb bereits im Gang gewesen sein. Welche der sich bietenden Möglichkeiten man nun auswählt, muß von der Beurteilung des Bauvorganges und dem Versuch einer stilistischen Einordnung abhängig gemacht werden. Auf letztere wird sich freilich niemand nach den Erfahrungen in Bamberg und Ebrach verlassen wollen.

Die Forschung hat sich in überwiegendem Maße der stilistischen Einordnung als Hilfsmittel zur Festlegung des Baubeginns bedient[972]. Die Quellen wurden dann nur in zweiter Linie zur Absicherung des ermittelten Datums herangezogen. Der Brand von 1185 galt einer großen Gruppe als Ausgangspunkt für den Neubau, gestützt auf die in ihrer Mehrzahl ebenfalls undatierten oberrheinischen Bauten[973]. Eine zweite Ansicht sah in der Kanonisation (1200) bzw. Erhebung der hl. Kunigunde 1201 einen entsprechenden Anlaß[974]. Beide Anschauungen sind – das zeigte schon A. v. Reitzenstein – bei sorgfältiger Quellenanalyse nicht haltbar[975]. Als terminus post quem schlug er 1217 vor, ging dabei allerdings u. a. von seiner zu weit gehenden Interpretation der Testamente aus[976]. Dennoch wird man diese Möglichkeit vom Bau her nicht ausschließen können. Berechnet man vom Fürstenportal bis zur Vollendung ca. zwölf bis dreizehn Jahre, so erscheinen sieben für die Ostteile bis zum Fürstenportal als dem kleineren Abschnitt angemessen. An zumeist längere Bauzeiten gewöhnt, wird man dem freilich nur schwer zustimmen wollen. Vor allem wird man einzuwenden haben, daß die Ostteile in der Baustruktur erheblich komplizierter sind als Langhaus und Querschiff. Hinzu kommen der große Kryptaraum und die Anlage von zwei Portalen mit der Vorbereitung eines weiteren. Die aufwendige Gliederung der Ostapsis beanspruchte sicher einen größeren Zeitaufwand als die Westapsis. Schließlich war auch die Zahl der ständig tätigen Steinmetzen kleiner als beim Bau des Langhauses. Zwingende Argumente stellen diese Überlegungen natürlich nicht dar, besonders im Blick auf die Ebracher Baugeschichte. Sie können bestenfalls verdeutlichen, warum ein früherer Baubeginn in Betracht zu ziehen wäre. Die häufigen Planwechsel und die altertümliche Ornamentik vor allem der Ostkrypta deuten ebenfalls in diese Richtung. Blickt man auf das zügige Tempo der Bauführung vom Fürstenportal an nach Westen, so wird man mit dem Baubeginn ungern in die Jahre vor Ekberts Exil zurückgehen wollen[977], hingegen könnte die Ostkrypta durchaus nach 1211 entstanden sein, so daß 1217 der Zustand von Apsis und Turmjoch die Aufstellung des Georgsaltars zuließen. Ob die Darstellung eines Kreuzfahrers im Tympanon der Gnadenpforte mit der Kreuznahme Ekberts 1215 oder eines seiner Brüder zusammenhängt bzw. auf den Kreuzzug von 1217/18 verweist, muß offen bleiben[978].

Mit der Vermutung, der Neubau des Domes sei im 2. Jahrzehnt des 13. Jhs. begonnen worden, wird man dem Bauverlauf und den überlieferten Daten wohl am ehesten gerecht, wobei letztlich nur abgewogen werden kann, ob man die Akzente mehr auf den Anfang oder das Ende des Jahrzehnts setzen will. Mit ungefähr fünfundzwanzig Jahren ist die bewegte Geschichte seiner Entstehung erstaunlich kurz.

# IX. ZUR KUNSTGESCHICHTLICHEN STELLUNG DES DOMS

Bauverlauf und Planungsgeschichte als Gegenstand einer monographischen Darstellung machen eine weitgehende Beschränkung in der Untersuchung von Zusammenhängen notwendig, die den Bau mit anderen der gleichen Epoche verbinden. Gerade dies galt der bisherigen Forschung als ein Hauptanliegen, wobei sie sich allerdings auf unsicherem Boden bewegte, wie noch zu zeigen sein wird. In erster Linie wird man bei dem gegenwärtigen Stand der Erkenntnis nur Probleme aufzeigen und die Richtung angeben können, in der sich künftige Untersuchungen zu bewegen hätten.

## 1. ZUR METHODE DER ABLEITUNG UND DATIERUNG VON ARCHITEKTURFORMEN

Die Sakralarchitektur des Mittelalters ist in weit stärkerem Maße als Malerei und Skulptur mit der schriftlichen Überlieferung verbunden, was für die Forschung einerseits die Möglichkeit größerer Exaktheit in sich birgt, zum anderen aber auch eine Quelle ständiger Auseinandersetzung mit dem von ihr selbst entwickelten Bild einer Stilgeschichte ist. Zwar ist letzteres mit Hilfe einiger unverrückbarer Daten entworfen worden, doch liegen diese meist zeitlich und räumlich so weit auseinander, daß der große Abstand durch ein Koordinatennetz gefüllt werden muß, das aus einer Verknüpfung verschieden interpretierbarer Quellen und einer ebenso subjektiven Vorstellung von der Entwicklung einzelner Formen hervorgegangen ist. Als Folge davon ist es durchaus üblich geworden, nach der stilgeschichtlichen Einordnung das »passende« Datum aus der schriftlichen Überlieferung herauszulesen. Erstaunlicherweise hat sich das »Koordinatensystem« selbst in der Forschung als ziemlich konstant erwiesen, als Ganzes ist es aber verschiebbar geblieben, je nachdem, wo man die Ausgangspunkte festlegt. So geraten meistens mehrere Datierungen ins Wanken, wenn ein entwicklungsgeschichtlich bedeutsamer Bau, von dem andere abhängig sind, neu fixiert wird. Erfahrungsgemäß vollziehen sich solche »Umdatierungen« in jeder Generation einmal, d. h. in der jeweils folgenden Generation schlägt das Pendel der Meinung in der umgekehrten Richtung aus wie in der vorangehenden. Auf Bamberg übertragen heißt das: neigt die älteste Forschung einem frühen Baubeginn zu, so setzte sich seit den zwanziger Jahren eine Spätdatierung[979] durch, die ihrerseits in den jüngsten Arbeiten[980] angezweifelt wurde.

An den Grundlagen dieser Methode selbst wurde nicht gerüttelt. Daher muß man sich zunächst einmal vergegenwärtigen, daß unser System der Einordnungen zwar logisch, aber doch nachträglich auf den tatsächlichen, historischen Ablauf aufgesetzt ist. In vielem ist es eine Vorstellung davon, »wie es gewesen sein könnte.« Es bedarf kaum einer Erwähnung, daß beinahe automatisch die Vorstellungen, die von der jeweiligen Gegenwart ausgehen, zurückprojiziert werden. Bauherren, Architekten, Bildhauer, Steinmetzen und Handwerker werden in ihren Funktionen, Fähigkeiten und Möglichkeiten eher nach den Maßstäben des 19. als des 12. oder 13. Jhs. beurteilt[981], vor allem wenn es um die Frage nach dem »Künstler« und seiner Entwicklung geht. Dabei kennen wir in den meisten Fällen weder die Rolle des Auftraggebers noch des Architekten, von dem wir vor allem bei Bauten geringerer Qualität nicht einmal wissen, ob es ihn gab. Noch geringer sind die Chancen im Bereich einfacher, dekorativer Plastik, ein zuverlässiges Bild zu gewinnen. Welche Freiheit mag der Steinmetz gehabt haben, der ein Kapitell zu meißeln hatte? Konnte er sich in einem gewissen Rahmen frei entfalten, welche künstlerischen Entwicklungsmöglichkeiten hatte er dann im Laufe einer längeren Zeitspanne? Oder ging er ganz auf in der Gemeinschaft, deren Einwirkung bis zum Detail der »Handschrift« gereicht haben mag? Es gibt Beispiele selbständiger Erfindungen und strengster Unterwerfung. Manche Bauten sind gekennzeichnet von der Vielfalt der Ornamentik, andere von einer fast monotonen Einheitlichkeit. Vielleicht darf man sich das Verhältnis zur Bauleitung ähnlich wie zwischen Regisseur und Schauspieler denken: bei manchen dominiert das Ensemble, bei anderen wird die Einzelleistung gefördert. Im speziellen Fall wird man zu Aussagen darüber gelangen können, nur wird die notwendige Vereinfachung, die der Aufbau eines Systems erfordert, zu Verzerrungen führen und das Ergebnis einer stilgeschichtlichen Untersuchung sofort in Frage stellen.

Hier böte gerade die starke Ausstrahlung Bambergs nach Südosten[982] einen interessanten Ansatzpunkt. So unbestreitbar die Einwirkung der Bauornamentik auf St. Sebald in Nürnberg[983], Trebitsch, Wiener-Neustadt, Tulln, St. Stefan und St. Michael in Wien, Lebeny und Jak[984] sind, so kann man sie doch nicht als Folge wandernder Steinmetztrupps ansehen; denn der Qualitätsabfall und das Umsetzen in wuchernde spätromanische Ornamentik schließen das aus. Auch ließ sich bisher in keinem einzigen Fall die gleiche »Hand« in Bamberg und einem jener Bauten nachweisen. Wie also hätte man sich im Fall eines so offenkundigen Abhängigkeitsverhältnisses die Übermittlung der Formen vorzustellen, wobei es sich weder um »große« Architektur oder Skulpturen handelt, sondern um bescheidene Kapitelle? Vor allem: das jeweils Andersartige ist immer dem ganzen Dekor dieser Bauten eigen, ist sozusagen vom Baubeginn an da.

Die Unsicherheit der Datierungen im oberrheinischen Bereich ist ein anderer Punkt, der eine Beurteilung der stilgeschichtlichen Stellung der Bamberger Ostteile sehr erschwert, nicht minder auch die Vorstellung von der Zeitspanne, in der sich bestimmte Entwicklungen vollziehen. Das beginnt mit den erhaltenen Teilen von Murbach, einem für das 12. Jh. außerordentlich wichtigen Bau, dessen Baubeginn zwischen dem 2. Viertel[985] und der 2. Hälfte des Jahrhunderts[986] strittig ist. Noch unklarer ist die Baugeschichte und Datie-

IX. Zur kunstgeschichtlichen Stellung des Domes 147

rung der Straßburger Ostteile. Nach dem Brand von 1176 soll der Neubau begonnen worden sein, der dann für Chor und Querhaus eine Spanne bis ca. 1235/40, also ca. sechzig Jahre in Anspruch genommen haben soll[987]. Ein Vergleich mit den rund dreißig Jahren für das so viel kompliziertere und aufwendigere Langhaus stimmt einen skeptisch. Straßburg war reich, und nachweislich wurden viele Steinmetzen beschäftigt[988]. Die Planwechsel sind zahlreich, doch Bauunterbrechungen nicht nachgewiesen. Handelt es sich bei dem Datum 1176 um ein ähnliches Verhältnis zum Baubeginn wie in Bamberg 1185 zum tatsächlichen Anfang? Diese Frage wurde bisher nicht gestellt. Umso umstrittener sind Baugeschichte und Baudaten des Wormser Domes, die um rund fünfzig Jahre schwanken[989]. Bei den nachweisbaren Einflüssen des Oberrheingebietes auf Bamberg wirken sich diese Unsicherheiten entsprechend aus.

Der Versuch, eine stilistische Einordnung des Bamberger Domes vorzunehmen, muß unter diesen Voraussetzungen unbefriedigend verlaufen. Es können nur Hinweise gegeben werden, die mögliche Wege einer Erforschung aufzeigen.

## 2. DER OSTBAU

### 2.1 Ostkrypta

Eine Untersuchung über die Herkunft der Formen des Bamberger Domes würde bei der *Ostkrypta* ansetzend auf die Grundlagen im wörtlichen und übertragenen Sinne stoßen. Sie ist jüngst von H. Siebenhüner[990] in wünschenswerter Breite vorgelegt worden, allerdings unter der Voraussetzung eines älteren Kryptenplanes mit Bandrippenwölbung. Dieser Darstellung ist zunächst zu entnehmen, daß die Anlage einer Krypta am Anfang des 13. Jh. kein Sonderfall ist, sondern als spätes Beispiel zu einer großen Zahl von Kryptenneubauten oder -erweiterungen am Ende des 12. und im frühen 13. Jh. gehört[991]. In Bamberg war sie – was zugefügt werden muß – durch den Vorgängerbau bedingt. Bei der Beurteilung ihres Grundrisses darf man nicht von dem vermeintlichen graden Ostschluß ausgehen, sondern muß den zu rekonstruierenden, gestaffelten Dreiapsidenschluß *(Fig. 94)* zugrunde legen[992]. Abgesehen davon, daß im süddeutschen Raum dieser Grundrißtyp weit verbreitet ist, findet er sich gerade bei Krypten besonders häufig schon im 11. Jh., natürlich mit Variationen z. B. mit rechteckiger Mittelnische Siegburg?, Oberpleis[993], ebenso, aber in der Anordnung Bamberg ähnlicher St. Andreas in Köln, St. Arnulf in Metz, S. S. Simeon und Juda in Goslar und St. Vitus in Mönchengladbach[994], komplizierter in Hersfeld[995] und schießlich auch der Heinrichsdom *(Fig. 7)* in Bamberg mit seiner Ost- und Westkrypta. Gerade die Würzburger Krypta gehört nicht dazu[996].

Da der von Siebenhüner vermutete erste Wölbungsplan nicht existierte, wird man den aufgezeigten Verbindungen zu Bauten mit Bandrippengewölben und gleich breiten Gurten nicht nachzugehen haben. Dieser Gewölbetyp ist weder charakteristisch für Zisterzienser[997] noch zeitlich in der Verwendung begrenzt; denn in untergeordneten Räumen wie Seitenschiffen[998], Turmkapellen[999], Kellergeschossen[1000] usw. wurde er bis ins 14. Jh. benutzt, ebenso wie das Gratgewölbe an solchen Stellen noch lange neben dem Rippengewölbe Verwendung fand[1001].

Die Rippenwölbung in einer Krypta *(Abb. 11)* stellt eine Ausnahme dar, die aber sowohl durch die zeitliche Stellung als auch durch den Anspruch des Raumes gegeben gewesen sein mag, was im Hinblick auf die erste Planung der Westwand nicht unwahrscheinlich ist[1002]. Mit vergleichbaren Gewölben versehene, aber in den Maßen bescheidenere Krypten in Borgo San Donnino/Fidenza[1003] und Acquapendente[1004] dürften in ihrer Ähnlichkeit mit Bamberg auf gemeinsame Ausgangspunkte zurückzuführen sein[1005], gewiß aber nicht zu den Vorbildern zu zählen sein[1006]. Bestechend wirkt Siebenhüners Hinweis auf den Brudersaal in Fontenay[1007], dessen Wölbung in der Verbindung von Wulstrippen und schmalen Rechteckgurten große Ähnlichkeit hat, ebenso wie die einfachen, polygonalen Kapitelle und Konsolen den Bamberger Kryptenkapitellen verwandt sind. Die Proportionen des Raumes, das Verhältnis der Gewölbe zur Höhe der Stützen, sind gedrückter und den Gewölben fehlt der starke Strich. Die Rippen sind daher wie bei zahlreichen späteren Räumen ähnlicher Struktur[1008], so auch bei der Nagelkapelle, im Segmentbogen geführt. Die Kryptengewölbe wirken dagegen sehr viel eleganter.

Besonders wichtig aber erscheint die Tatsache, daß man in Bamberg der Tradition folgend an der Säule mit deutlicher Verjüngung des Schaftes festhielt und nicht wie bei allen zisterziensisch-französischen Beispielen runde oder polygonale Pfeiler wählte[1009]. Die Polygonalsäulen sind in Bamberg keineswegs durch das Wölbungssystem bedingt, sondern gehören zu einem Stützenwechsel, der – wie c2 zeigt *(Abb. 45)* – auch Kapitelle und Kämpfer umfassen sollte. Von den Achtecksäulen angeregt ging man dann einheitlich zu den polygonalen Kämpfern und Kapitellen über, weil diese Form der Rippenführung besser angepaßt war und ohnehin der weitverbreiteten Schrägstellung von Kämpfern entsprach. Man wird hier also keineswegs unmittelbare Einflüsse und Kenntnisse polygonaler Deckplatten französischer Pfeilerkapitelle voraussetzen dürfen, nicht in der Planung und erst recht nicht in der Ausführung; denn kein einziges Detail weist über den Oberrhein hinaus nach Westen[1010].

Die polygonale Säule ist in Deutschland keineswegs selten. Schon bei den Öffnungen der Speyerer Osttürme und im Kreuzgang von Königslutter[1011] gibt es achteckige Schäfte und Basen. In niedersächsischen Krypten bilden sie den Kern für tordierte aufgelegte »Taue«[1012], wie sie wörtlich an den Säulen der Bamberger Kryptenwand wiederkehren. In Regensburg begegnen sie ständig, nicht nur in dem älteren Teil des Kreuzgangs von St. Emmeram[1013], dem Portal der Stefankapelle[1014] oder dem Kreuzgang von St. Jakob[1015], sondern in der Wolfgangkrypta von St. Emmeram[1016] flankieren sie das ganze Mittelschiff, teilweise sogar mit polygonalen Basen. Ebensolche weisen auch die Wandsäulen der Magdalenenkapelle[1017] in St. Emmeram auf. Die Reihe ließe sich vermehren. Ihre Verwendung als Freistütze in Krypten, was auch für die spätromanische Salzburger Domkrypta belegt ist[1018], erübrigt den weiten Weg zu französischen Polygonalpfeilern. In der Spätromanik erfreute sich die polygonale Brechung runder Architekturglieder zunehmender Beliebtheit, wie aus den Kryptensäulen von St. Severin, Köln [1019] und vielen polygonalen Dienstschäften am Niederrhein[1020] zu ersehen ist. Ebenso ist ja auch der Stützenwechsel der Krypta nur durch das verstärkte Bestreben nach einer Rhythmisierung zu erklären. Schließlich muß man noch auf die achteckigen Kapitelle und Kämpfer der Langhaussäulen des Konstanzer Münsters[1021] und der Klosterkirche St. Georgen in Stein am Rhein[1022] hinweisen. Schon um 1070 entstanden, aus dem Würfelkapitell entwickelt und in ganz anderem Zusammenhang verwendet, vermitteln sie einen Bamberg überraschend ähnlichen Eindruck, der sicher auf dem hohen, fast gleich profilierten Kämpfer beruht.

Ein Zusammenhang mit der Straßburger Andreaskapelle und den daran anknüpfenden Kapitelsälen von Otterberg und Bronnbach bzw. dem Refektorium in Rothenkirchen ist dagegen nicht zu übersehen[1023]. Eine gewisse Gemeinsamkeit ergibt sich ohnedies aus der Raumstruktur: eine Halle mit zwei oder drei Schiffen, geteilt durch Säulen, die Wulstrippengewölbe tragen. Die unmittelbare kunstgeographische Nähe bewirkte bei den oberrheinischen Beispielen das Festhalten am quadratischen Anfängerblock, der eigentlich dem Grat entspricht und bei Rippen den gespitzten Auslauf zur Folge hat[1024]. Schon in Otterberg[1025] ist das nicht mehr so deutlich, und eine gewisse Verschneidung mit den Gurten ist auch in Bamberg gegeben. Die sichelförmige Führung nicht nur der Bögen, sondern auch der Rippen ist in Rothenkirchen[1026] ebenfalls zu beobachten. Die Wulstrippe – das muß hinzugefügt werden – ist keineswegs eine auf den Oberrhein oder gar den Zisterzienserorden beschränkte Erscheinung. In Süddeutschland findet sie sich bereits an der Emporenwölbung von St. Jakob in Regensburg[1027]. Die Frage scheint daher berechtigt, ob die Verbindung dieser Gewölbeform mit dem Raumtyp der Hallenkrypta einschließlich des entsprechenden Stützensystems nicht zwangsläufig zu einem Ergebnis führen mußte, das den genannten oberrheinischen Räumen ähnelt, ohne aber direkt von ihnen abhängig zu sein.

Die Fragmente der Salzburger Domkrypta[1028] zeigen Wandvorlagen, die im wesentlichen – Halbsäulen mit flacher Pfeilervorlage über verkröpftem Basisprofil – den Bamberger Wandstützen ähnlich sind. Mit sehr viel kräftigeren Dimensionen waren sie allerdings schon in der Mainzer Ostkrypta vorgebildet, wie an den alten unteren Schichten zu sehen ist[1029]. In beiden Fällen sind originale Kämpfer nicht mehr erhalten, doch dürften sie kaum den Bambergern entsprochen haben.

Leider ergaben sich bisher keine Anhaltspunkte für die Kapitellornamentik der Bamberger Ostkrypta *(Abb. 436–458)*. Neben dem entwickelten Architektursystem bietet sie ein erstaunlich altertümliches, weitgehend auch weniger qualitätvolles Bild[1030], besonders im Vergleich mit den zeitgleichen oder älteren Kapitellen des Rheinlandes oder Niedersachsens. Vereinzelte Stengelblätter mit Blattüberfall wirken unverstanden und aus reichem rheinischen Blattdekor herausgelöst. Das Kapitell von c5 *(Abb. 448, 449)* erinnert an die Ornamentik des Portals der heutigen Karmelitenkirche in Bamberg und der Nürnberger Burgkapelle, an der Westwand könnte das Flechtbandmuster auf die Kapitelsaalfenster im Kreuzgang der Karmelitenkirche deuten. Hier würde also Einheimisches sichtbar, doch scheint es die Ausnahme zu bilden. Eine gründliche Erforschung der Herkunft dieser ältesten Ornamentik des Domneubaus wäre dringend erwünscht.

Die Schlußsteine der Krypta *(Abb. 822–833)* regten R. Hamann zu Vergleichen mit Magdeburg an, die nach unten umgebogenen Rippenenden der Ostjoche ließen ihn an Niederrheinisches, vielleicht auch durch Magdeburg vermittelt, denken[1031]. H. Siebenhüner lehnte dies wohl zu Recht ab und machte seinerseits auf die Schlußsteinentwicklung zwischen Burgund, Loire und Seine in der Zeit von 1150 bis 1215 aufmerksam[1032]. Die Vergleiche sind jedoch ebensowenig überzeugend, da hier ganz verschiedene Entwicklungsstufen, Traditionen und Kunstlandschaften mit erheblichen Qualitätsunterschieden verknüpft wurden. Wahrscheinlich wurden oberrheinische Anregungen teils mißverstanden, teils dekorativ weiterentwickelt. Parallele Vorgänge in Schwaben – Walderichskapelle in Murrhardt[1033] – bieten anschauliche Beispiele dafür, wie solche Prozesse ablaufen. Das Zwillingspaar im 3. Mittelschiffsjoch bildet in der Qualität eine Ausnahme. Siebenhüner erkannte die Verbindung zur Plastik der Gnadenpforte[1034], zu deren Wurzeln es zusammen mit dem Kapitell der Apsisblendarkaden zu rechnen ist. Französische Anregungen, wenn »Frankreich« als Bezeichnung in dieser Zeit überhaupt zutreffend ist, sind auch darin nicht enthalten.

## 2.2 Ostbau

Für den *Ostbau* des Domes als Ganzes gesehen wird man kaum entsprechende Anlagen als Vorbild nennen können, sieht man einmal von der älteren Jakobskirche ab. Unterscheidet man jedoch zwischen äußerer Erscheinung und innerer Struktur, zu der auch ihr Zusammenhang mit den Seitenschiffen und die daraus resultierende Aufnahme von Portalen und Eingangshallen gehört, so bleibt das weit verbreitete Prinzip von Chorflankentürmen übrig, das man sorgsam von Chorwinkeltürmen zu scheiden hat. Es begegnet in allen Abschnitten der romanischen Architektur, wenn auch selten mit der abgerückten Stellung von Plan A. Der Westbau des Trierer Domes ist hier ebenso zu nennen (übrigens mit Portalen) wie St. Gereon in Köln[1035] und das Bonner Münster, das in der Anlage von 1151 mit den anschließenden Kapellenräumen, den niedrigen Osttürmen und einem niedrigen Ostgiebel wohl zu den Bauten mit dem Plan A ähnlichsten Umriß zu zählen sein wird[1036].

Man kann nicht übersehen, daß die abgerückte Turmstellung eher ein frühromanisches Motiv ist und wohl auf den Vorgängerbau zurückgeht. Die vergleichbaren Erscheinungen in Krakau und Tum wurden oben beim Heinrichsdom erwähnt und abgebildet. Vom Mittelschiff abgerückte Türme kennzeichnen auch die Westfassade von St. Remi in Reims[1037]. Unmittelbar die Apsis flankierende Türme haben auch Brauweiler und späte Bauten wie St. Kunibert und St. Severin, die einmal als Querarme, zum anderen als Treppentürme angelegt, Strukturgegensätze bei verwandtem äußeren Typ demonstrieren[1038]. Selbst St. Severus in Boppard wäre zu nennen, wenn auch mit stark gestelzter Apsisanlage. Mit komplizierterer innerer Aufteilung gehören auch die Westanlagen von Hersfeld[1039] und St. Godehard in Hildesheim[1040] dem äußeren Bild nach zu diesem Typ, selbst ein so bescheidener Bau wie Fredelsloh (Kr. Northeim), wo die Westapsis nur eine Wendeltreppe zum Obergeschoß im Inneren aufnimmt[1041]. Die Liste ließe sich beliebig verlängern.

Nicht unerwähnt darf hier eine Gruppe von Bauten bleiben, die sich an die Jakobskirche in Regensburg anschließen und den traditionellen Dreiapsidenabschluß mit Osttürmen verbinden[1042]. Im Äußeren durch die Nebenapsiden statt der Portale abweichend, hat St. Jakob zwischen den Türmen ein rippengewölbtes Joch bei flachgedecktem Langhaus. Dieses Altarjoch ist jedoch quadratisch und greift über die Türme nach Osten aus. Dennoch wird man diesen Bau nicht aus den Überlegungen ausklammern wollen, zumal der Chor nur durch Pfeiler gegenüber Säulen kenntlich gemacht wie in Bamberg in das Langhaus hineinragt. Ein prunkvolles Hauptportal liegt auch dort auf der Nordseite.

Geht man von der inneren Struktur eines Querriegels aus, der in mehreren Etagen einen Chor flankierende Räume aufnimmt *(Fig. 30, 31)*, so wird man ein wenig an den Mainzer Ostbau erinnert, der neben der Apsis in ähnlicher Weise Ostportale mit Eingangshallen aufnimmt[1043]. Statt in vorgesetzten Treppentürmen sind in Bamberg die Aufgänge allerdings in den Schachträumen untergebracht. Ähnliche Anlagen, stets mit Portalen verbunden, bilden die Westbauten von Nivelles[1044] und Maria Laach[1045], letzteres innen auch in der Apsis wie St. Godehard zweigeschossig unterteilt. Bamberg verbindet demnach die Turmstellung des ersten Typs mit dem Raumprogramm des zweiten, ähnlich wie St. Kunibert in Köln den Gedanken des Querarmes mit dem ersteren kombiniert.

Schon bei den Querarmen der Kathedrale von Tournai[1046] hatten die unmittelbar an die Apsiden anschließenden Türme innen zur Aussonderung eines schmalen, queroblongen, tonnengewölbten Joches geführt. Dieser an sich naheliegende Gedanke einer Verbindung von Turmstellung und innerer Gliederung ist meist nur dann verwirklicht worden, wenn die Breite der Türme im Verhältnis zur inneren Spannweite nicht zu gering war und das entstehende Joch nicht zu schmal wurde. In Tournai wählte man darum auch ein Tonnengewölbe. Auch in Basel[1047] führte die Anlage von Chorwinkeltürmen zu einem schmalen Chorjoch, doch wird man wegen der besonderen Situation durch den Chorumgang dieses Beispiel nur im Zusammenhang mit dem Freiburger Münster erwähnen. Dort sind die Hahnentürme zwar Chorwinkeltürme, im Gegensatz zu den Bamberger Osttürmen sind sie jedoch von unten an polygonal und flankieren die Apsis nicht nur unmittelbar, sondern geben nur drei Seiten von ihr frei und nehmen die parallellaufenden Seiten der Apsis zwischen sich[1048]. Die z.T. von den Türmen eingefaßte Apsis erinnert in ihrer Disposition eher an die Jakobskirche als an den Dom. Vergleichbar ist aber das hier besonders schmale, ehemals tonnengewölbte Restjoch zwischen den Türmen. Im heutigen Zustand ist die Ähnlichkeit größer, weil die Apsisbogenvorlage ebenso funktionslos endet wie die Bamberger Mittelvorlage des Planes I. Die Rekonstruktion des Grundrisses wurde durch Grabungen bestätigt, allerdings mit der Modifikation einer breiteren Mittelseite des Polygons[1049].

Auch in Freiburg nehmen die Chormauern Treppenläufe auf, die vom Chor aus zugänglich, aber bescheidener als in Bamberg sind. Die Vorlagen des Apsisbogens sind weniger stark als die benachbarten Vierungspfeiler und unterscheiden sich darin von der späteren, in den gleichen Umkreis gehörenden Apsis von Pfaffenheim[1050], die durch ihre Rippenwölbung mit der von St. Ursanne (Schweizer Jura)[1051] einen Eindruck von den verlorenen Basler und Freiburger Apsisgewölben vermittelt. Sie bestätigen die Vermutung, daß der Unterzug des Bamberger Apsisbogens der Vorstellung eines Rippengewölbes mit Gurt und nicht einer Kalotte entspricht. Die Freiburger Choranlage zeigt jedenfalls eine gewisse Verwandtschaft mit derjenigen von Bamberg. Eine Blendarkatur im Untergeschoß, die wohl auch in der Apsis umlief, verstärkt diesen Eindruck. Vergleicht man den Aufbau der Vorlagen jedoch im Einzelnen, so zeigt sich bei dieser oberrheinischen Gruppe – Basel, Freiburg, Pfaffenheim, und in diesem Zusammenhang auch Gebweiler – eine dichte Abfolge wenig differenzierter Rundglieder, neben denen die Trennung und Differenzierung in Bamberg sehr klar und straff wirkt.

Eine Differenzierung der Kämpferhöhen wie in Bamberg gab es in Freiburg wegen des Tonnengewölbes nicht. Sie ist aber auch in Pfaffenheim ebensowenig anzutreffen wie bei den meisten vierteiligen Gewölben des Oberrheins. Hier gab man steigenden Gewölbescheiteln als Ausgleich den Vorzug. Nur in den nach 1200 entstandenen Teilen von Maulbronn[1052], denen außer den oberrheinischen auch westlichere Einflüsse zugrunde liegen, wählte man extrem unterschiedliche Kämpferhöhen, je nach Spannweite von Rippen, Gurten und Schildbögen. Im »Bischofsgang«, der Empore des Magdeburger Domchores[1053], wurde dies leicht abgewandelt wiederholt, was bei der seit langem erkannten Verbindung zu Maulbronn nicht wundert.

In diesem Zusammenhang muß auch auf die Neuwerkskirche in Goslar[1054] verwiesen werden, wo ganz ähnlich wie im Bamberger Plan I zwischen Gurten und Rippen unterschieden wird – allerdings bei einem vierteiligen Gewölbe. Dieses ähnelt in der Schwere der Rippen, in den steilen Kämpfern der Gurtvorlagen (aus dünner Platte und Schmiege, teils glatt, teils ornamentiert) und auch in anderen Kämpferprofilen (die dem jüngeren der Ostteile entsprechen) überraschend stark dem Bamberger Turmjoch und seinen Formen.

Die Wölbung der Bamberger Chorjoche hängt sicher auch mit den Langhausgewölben des Mainzer Domes zusammen, die im 13. Jh. erneuert wurden, unter Verwendung eines ähnlichen Rippenprofils und ganz leicht gespitzter Gurte[1055].

## 2.3 OSTAPSIS

Die *Ostapsis (Abb. 3)* nahm seit jeher in den Untersuchungen über die stilistische Ableitung des Bamberger Ostbaues eine Sonderstellung ein, bot sie doch im Reichtum ihrer Formen am ehesten Anhaltspunkte. In der Regel folgte man dem ersten Eindruck und nannte sie »oberrheinisch« und bemühte sich mit dem Blick auf ihren polygonalen Abschluß um die Einordnung zwischen Basel, Freiburg, Pfaffenheim und Worms (Dom)[1056]. Nur der Zwerggalerie sprach man niederrheinischen Charakter zu[1057]. Erst in jüngerer Zeit wurden Zweifel an der oberrheinischen Herkunft laut, und man verwies – von der Zwerggalerie angeregt – stärker auf den Niederrhein, speziell auf die Querhauskonchen des Bonner Münsters[1058].

Ohne dem Gesagten wesentlich Neues zufügen zu können, wird man sich fragen müssen, wie es zu diesen beinahe gegensätzlichen Meinungen kam. Dem weniger auf exakte Analyse, sondern auf Beschreibung der Wirkung bedachten Betrachter muß der Hinweis auf den Oberrhein einleuchtend erscheinen. Der Eindruck wird durch das sorgfältig bearbeitete Großquaderwerk aus Sandstein hervorgerufen, das in dieser Art am Niederrhein kaum vorkommt. In den Flächen herrscht dort kleinformatiger Tuff vor; porös und zu steinmetzmäßiger Verarbeitung ungeeignet war er ehemals verputzt. Auch der in den Hauptgliederungen am Niederrhein verwendete Trachyt widersteht einer plastisch formenden Verarbeitung. Profilierte Kanten bei Rundbogenfriesen und Fenstergewänden sind daher nahezu unbekannt. Der Reichtum spätromanischer Gliederung wird durch bewegte Umrisse (Lilien-, Schlüsselloch- und Fächerfenster) und Addition von Wandschichtungen erreicht. Die Detailformen der Bamberger Ostapsis – Gesimse, Profile, Fenstergewände, Friese, Zahnbänder usw. – gehören mit Sicherheit nicht in den niederrheinischen Formenkanon, sondern entstammen einem Gebiet, in dem Sandstein- oder Kalksteingroßquaderwerk seit längerem die vertraute Mauertechnik war. Das Oberrheingebiet im weitesten Sinne, von Konstanz bis Mainz und Hessen reichend[1059], dürfte nach wie vor für Bamberg als Ursprung dieser Formen anzusprechen sein, ungeachtet der Frage, welche Einflüsse in dieser Landschaft zuvor auf die Entwicklung eingewirkt haben mögen[1060].

Für die Gliederung der Apsisaußenseite mit einem vollentwickelten, zweigeschossigen Blendarkadensystem gilt dies freilich nicht. Selbst wenn man die in Unkenntnis der Bamberger Baugeschichte vorgenommene Einengung des Vorbildkreises auf polygonale Apsiden aufhebt – unter den genannten in Basel, Freiburg, (rekonstruiert) Pfaffenheim, Worms (Dom, West) ist keine, die außer der allgemeinen stilgeschichtlichen Stellung mit der Bamberger Gliederung engere Gemeinsamkeiten hätte –, wird man am Oberrhein kein vergleichbares System finden. Der zweigeschossige Blendarkadenaufbau ist dagegen zum Charakteristikum für die niederrheinischen Apsiden geworden[1061]. Mit einer bewußten Unterteilung der Speyrer Vertikalgliederung – dortselbst schon im unausgeführten Langhausumbauplan II a eingeleitet[1062] – setzt diese Entwicklung bei den Apsiden von Bonn und St. Gereon/Köln in der Mitte des 12. Jhs. ein[1063]. Auch hier kann in diesem Zusammenhang nicht nach den Anregungen gefragt werden. Recht spät erst, nämlich mit den Apsiden des Bonner Querhauses am Anfang des 13. Jhs., tritt die polygonale Brechung in diesem Gebiet auf, die zugleich eine starke Vereinfachung des Systems bewirkt, vielleicht mit der einzigen Ausnahme der Querschiffsapsiden in Roermond[1064].

Mit Ausnahme der Zwerggalerie ist der Übergang zum Polygon in Bamberg ohne wesentliche Einwirkung auf die Gliederung geblieben. Auf der Suche nach vergleichbaren Systemen wird man daher die polygonale Brechung nicht zum ausschlaggebenden Kriterium erheben dürfen, wie es bisher stets geschehen ist[1065]. Ein Blick auf die genannten Bonner Querschiffsapsiden zeigt denn auch, daß diese außer der polygonalen Brechung und dem zweizonigen Aufbau mit Zwerggalerie nichts mit Bamberg verbindet; denn das Entscheidende, die Betonung der Kanten durch Lisenen, Vorlagen oder Strebepfeiler, fehlt in Bamberg[1066]. Dennoch ist der Hinweis auf das Bonner Münster wichtig. Dessen Ostapsis, die spätestens 1166 vollendet war und als früheste des Typs gelten darf, ist neben der von Maria Laach (~1170) eine der wenigen, bei denen auch das Untergeschoß eine Säulenordnung aufweist[1067]. Diese trägt nicht nur das verkröpfte Gesims, sondern auch unmittelbar die Säulen des Obergeschosses, deren Basen auf den Kapitellen der unteren stehen. Die Verbindung zwischen den Säulenordnungen über das geschoßteilende Gesims hinweg ist auch in Bamberg gegeben, und somit wird man die rund sechzig Jahre ältere Bonner Ostapsis in den Kreis möglicher Vorbilder aufnehmen können[1068]. Allerdings bleibt dabei offen, welche Bedeutung man dem Rundbogenfries des Untergeschosses beimessen will. An dieser Stelle ist er bei den blendarkadengeschmückten Apsiden des Niederrheins selten, dagegen bei den auf Lisenen reduzierten Ordnungen ein gewohntes Bild (Bonn Querhaus, Münstermaifeld, Sinzig, Linz, Köln St. Severin). Wiederum nur Roermond macht darin eine Ausnahme (Querhaus), freilich ohne eine Säulenstellung im Untergeschoß[1069]. Insgesamt wird man nur feststellen können, daß die niederrheinischen Anregungen von einem der frühesten Vertreter des Typus ausgingen und die Tendenzen in der späteren Entwicklung kaum berücksichtigt wurden. Eine Reihe von Apsiden, die als Verbindungsglieder denkbar wären, ist freilich nicht mehr erhalten. Gegen die jüngst vorgetragenen, allgemeinen Einwände[1070] muß man daran festhalten, daß es am Oberrhein keine einzige Apsis mit einer in zwei Geschosse unterteilten, aus Säulenvorlagen und Bögen gebildeten Blendarkatur gibt, wie sie für den Niederrhein charakteristisch ist und auch das Grundgerüst der Bamberger Apsis bildet.

Der niederrheinische Charakter der Bamberger Zwerggalerie beruht auf einer Übereinstimmung der Struktur: statt radial gestellter kleiner Tonnengewölbe eine Abdeckung in der Richtung des Laufganges, statt großer Säulen und Öffnungen in voller Höhe kleine Doppelsäulen und eine niedrige Brüstung[1071]. Umso überraschender ist das Ergebnis, wenn man nach Vorbildern für die äußere Gliederung am Niederrhein Ausschau hält. Als einziges, aber auch sehr eng verwandtes Beispiel bietet sich da die Apsis von St. Severin in Köln an[1072], die Weihe des Chores 1237 bezeugt jedoch ihre Entstehung nach der Bamberger Ostapsis. Bei allen anderen Bauten, auch bei St. Peter in Sinzig, treten gliedernde Elemente stärker hervor, und sei es auch nur der Plattenfries einer Brüstung. Die Säulchen stehen näher zusammen, die Bögen haben geringere Spannweite, die Eckpfeiler sind schmaler, kurz: außer einer Strukturverwandtschaft und einer Beziehung zu der späteren St. Severinskirche läßt sich keine nähere Verbindung nachweisen.

Die Stellung von Doppelsäulchen unter gemeinsamem Kämpfer als Träger einer Bogenreihe war dem Oberrhein nicht fremd. Abgesehen von den überfangenden Blendbögen weisen die Emporenöffnungen des Basler Münsters[1073] eine gewisse Ähnlichkeit mit den Dreiergruppen der Bamberger Zwerggalerie auf. Da in der Spätromanik innere und äußere Gliederungselemente austauschbar geworden sind, wird man diese Möglichkeit nicht ausschließen können, zumal die Zwerggalerie in Basel selbst nicht erhalten ist[1074].

Zweigeschossig gegliederte Apsiden gibt es auch außerhalb des Niederrheingebietes, allerdings fast nie in Verbindung mit Blendarkaden und Zwerggalerien. Eine Ausnahme bildet die Kathedrale von Lund, deren Ostapsis aus Großquaderwerk errichtet ist und mit ihren profilierten Fenstergewänden, dem Bogenfries unter der Zwerggalerie und den Bögen unter dem Fenstergeschoß und schließlich in ihrer plastischen Durchformung manche Bamberg verwandten Züge trägt[1075]. Auch die für Niedersachsen zum Vorbild gewordene Apsis von Königslutter zeigt eine Geschoßteilung durch einen sogar gefüllten Bogenfries und profilierte Gewändekanten bei den Fenstern[1076]. Die Nachfolgebauten vereinfachen die Form (Wechselburg, Petersberg bei Halle), behalten aber meist den profilierten Bogenfries unter den Fenstern bei. Besonders eng an Bamberg führt die Gliederung der Apsis der Goslarer Neuwerkskirche heran[1077]. In ähnlicher Art entwickelt sich dort der geschoßteilende Bogenfries aus profilierten Lisenen, vor die Halbsäulen gestellt sind. Diese tragen die Vollsäulen der Blendarkatur des Fenstergeschosses, jedoch nicht unmittelbar, sondern mit Zwischengliedern, die nicht wie in Bamberg eine Frieszone bilden, sondern auf die Kämpfer beschränkt sind[1078]. Auch bei dem Westchor von St. Michael in Hildesheim (und dessen Kreuzgang)[1079] vermutete man Verbindungen zur Bamberger Ostapsis, doch ließ man sich da wohl von der polygonalen Brechung und dem verwandten Gefühl für Plastizität leiten[1080]. Ein Blick auf die Eckdienste und die mehr durch Wulste als durch Profile geformten Fenstergewände offenbart die Unterschiede, ganz abgesehen von der weniger differenzierten, ja gröberen Gliederung in Hildesheim[1081]. Wird man also auch bei den anderen genannten Bauten kaum Erfolg haben mit dem Versuch, ein Abhängigkeitsverhältnis zu rekonstruieren – Lund ist erheblich früher, Neuwerk/Goslar mag beinahe gleichzeitig sein –, weil die Differenzen stärker sind, so wird doch die vergleichbare Stellung zu den Ausgangsgebieten am Rhein deutlich. Abseits der unmittelbaren Zusammenhänge, die man als »Schulen« oder »Kunstlandschaften«[1082] bezeichnen mag, ergeben sich Verflechtungen ganz verschiedenartiger Stränge.

Wie häufig in solchen Fällen ist das Ergebnis von besonderer Eigenwilligkeit und künstlerischem Rang. Man wird die Frage nach der Herkunft des Architekten offen lassen müssen, sei er nun vom Niederrhein gekommen und mit oberrheinischen Steinmetzen und Polieren zusammengetroffen oder umgekehrt. Nach dem gegenwärtigen Forschungsstand ist sie nicht zu beantworten.

Blickt man noch einmal auf den Wormser Domwestchor – häufig in einem Atemzug mit Bamberg genannt[1083] und die Differenzen als Wesensunterschiede zweier Meister interpretiert[1084] – so gibt es zwischen beiden Apsiden nichts Gemeinsames, außer ihrer zeitlichen Stellung. Bamberg fügt sich fast vollständig in beinahe klassischer Ausgewogenheit der Tradition ein, die mit Speyer zwar vom Oberrhein ausgehend, doch eigentlich erst mit den niederrheinischen Lösungen zur verbindlichen Formel wurde. Auch die untergeordnete Bedeutung der polygonalen Brechung für die Bamberger Apsis offenbart dieser Vergleich. Die bescheidenere wormsische Polygonallösung in St. Paul[1085], die bis nach Fritzlar[1086] ausstrahlte und sich mit jüngeren Elementen verbunden noch in der bescheidenen Spitalkapelle in Heilsbronn spiegelt, hat nur indirekte Beziehungen zum Dom-Westchor, der vielleicht jünger als die kleineren Bauten ist, aber auch sie betont wie die niederrheinischen Polygonalapsiden die Kanten durch Lisenen. Damit gehört sie ebensowenig wie diese in den Stammbaum der Bamberger Ostapsis.

2.4 Osttürme

Für die äußere Erscheinung der *Osttürme (Abb. 2, 101, 104, 105)* sind wohl eher schwäbische als unmittelbar oberrheinische Anregungen wirksam geworden. In der gleichmäßigen Abfolge ihrer Würfelgeschosse, deren untere durch Mittellisenen bereichert sind, wirken sie sehr konservativ und den Türmen von Ellwangen[1087] und Schwäbisch Hall[1088] verwandt. Bei genauer Analyse offenbart sich aber doch eine feine Differenzierung vor allem in den Öffnungen, die erheblich größer als bei den genannten Türmen sind.

Die Öffnungen der Türme, soweit sie noch Plan A angehören, folgen dem alten Prinzip der durch Blenden überfangenen Zwillings- bzw. Drillingsfenster. Durch Okuli bereichert und mit seitlich eingestellten Halbsäulen, aus denen in Bamberg Vollsäulen geworden sind, kommen sie z.B. an der Westfassade von St. Fides in Schlettstadt[1089] vor; aber auch in Freiburg trifft man ähnliche Lösungen (z.B. wie im Turmhalbjoch).

2.5 Portale

Den *Portalen* ist schon frühzeitig Aufmerksamkeit geschenkt worden. Der Zickzackrahmen der *Adamspforte (Abb. 106)*, sehr gern als »normannisch« bezeichnet[1090], kann auf eine schon vorher weite Verbreitung des Motivs zurückgeführt werden, am ganzen Oberrhein wie auch in Bayern. Verbunden mit einer differenzierten Profilierung erscheint es ähnlich an den Archivolten des südöstlichen Kreuzgangsportales von St. Jakob in Regensburg[1091]. Bei der *Gnadenpforte (Abb. 107)* ist im Hinblick auf die Abfolge profilierter Kanten und ornamentierter Gewändesäulen auf das prunkvolle Nordportal der gleichen Kirche verwiesen worden[1092], im Zusammenhang mit erneuten italienischen Anregungen, die man aber wohl ausschließen darf. Das Refektoriumsportal von St. Jakob[1093], das in seiner Verschmelzung der Gewändesäulenkapitelle über die Kanten hinweg noch näher an die Gnadenpforte heranführt, übersah man dabei. Die Durchbildung der Säulendekoration in ihrer Schärfe und Präzision scheint dagegen eher oberrheinisch zu sein; besonders die antikisierenden Kanneluren auch bei den Archivolten finden sich u.a. in Freiburg an den Turmkapellen und Fenstern.

Allerdings ist dieses Motiv im späten 12. und 13. Jh. auch im übrigen Reichsgebiet so weit verbreitet, daß nur in Verbindung mit anderen Erscheinungen Schlüsse daraus zu ziehen sind. Schul- oder Werkstattzusammenhänge sind bisher über die allgemeinen Angaben hinaus nicht ermittelt worden.

2.6 Einzelmotive der Ostteile

Den *Einzelmotiven der Ostteile* könnte man sehr viel genauer nachgehen als es bisher geschehen ist, obwohl Erfolg versprechende Anknüpfungspunkte bisher nicht entdeckt worden sind. Die Blendarkatur der Apsis *(Abb. 92)* z.B. fügt sich in entsprechende Gliederungen von Sockelzonen am Oberrhein ein, wie sie als ältere Anlagen in Basel (Chor außen) und Freiburg (Turmkapellen) und als reife, späte Form in Hessen/Lothringen zu finden sind. Nie sind sie aber so steil wie in Bamberg und mit Kleeblattbögen und eingehängten Bogenfeldern versehen. Der Kleeblattbogen ist an sich zu dieser Zeit längst üblich, doch zumeist in der Art der Chorschranken oder des Westchores.

Bei den großen Fenstern der Apsis *(Abb. 91)* und auch der Seitenschiffe *(Abb. 150, 152)* wird meist auf die tiefen, reich profilierten Gewände des Oberrheingebietes hingewiesen. Dort ist aber die Staffelung fast immer durch in die Rücksprünge eingefügte Wulste erreicht. Selbst bei profilierten Kanten verzichtet man nie auf den Rundstab. In Bamberg dagegen werden stets nur die Kanten profiliert, während der Rundwulst – mit Kapitell und Kanneluren versehen – nur am Apsisscheitelfenster erscheint und dort wohl als Formvorstellung von der Portalanlage übernommen wurde. Bei aller Ähnlichkeit, die vor allem durch den Kugelbesatz hervorgerufen wird, bleibt ein deutlicher Unterschied der Gliederung zu Wormser oder z.B. Pfaffenheimer Fenstern bestehen. Bestien, die sich auf Fenstersohlbänken tummeln, sind am Oberrhein weit verbreitet, wofür die Wormser Ostfront am bekanntesten sein dürfte. Als Träger von Gewändesäulen in der Art italienischer Portallöwen erscheinen sie am Basler Chorumgang, freilich ca. dreißig Jahre vor Bamberg, was man der plastischen Durchbildung anmerkt.

Nahezu unbestimmbar ist die Herkunft der Lisenen und Rundbogenfriese *(Abb. 149–152)*, die mit leichten Variationen von der Mitte des 12. bis weit in das 13. Jh. hinein in fast allen Werksteingebieten vom Oberrhein bis Niedersachsen zu finden sind. Die obere Westfassade von Rosheim[1094] (um 1160) unterscheidet sich in ihren Rundbogenfriesen stilistisch kaum von den Bamberger Seitenschiffen. Am Oberrhein gab man allerdings meist dem einfachen Kantenwulst als Profil den Vorzug. Erst um die Wende zum 13. Jh. findet man die durch Plättchen abgesetzte Kehle/Wulst-Profilierung häufiger, vor allem im Wormsischen Bereich. Im Verhältnis von Rundbogengröße und Lisenenbreite erscheint die kleine Kirche von Seebach[1095] Bamberg näher zu kommen als der Wormser Dom. Das weiche Rundbogenprofil vom Apsisuntergeschoß kehrt in Worms ebenso wieder wie in Altdorf[1096], Hessen oder Hagenau[1097], wo die Hornausläufe seitlich genau die gleichen Spiralen aufweisen wie an den Bamberger Ostteilen. Der Zuschnitt dieses Frieses und seiner Lisenen mit Hornausläufen erscheint auch bereits in Wechselburg vollentwickelt, das neuerdings schon um 1170/80 als vollendet angesehen wird[1098]. Zeitlich näher steht Kobern an der Mosel[1099]. In Hagenau stimmt der Röllchenfries in seiner wellenförmigen Gestalt mit dem der Ostapsis *(Abb. 76)* überein, während er bei der Mehrzahl der gewöhnlich zitierten Beispiele – so in Worms – aus mehreren, voneinander getrennten Kehlen mit einzelnen, isolierten Röllchen besteht. Wie bei den Rundbogenfriesen ließen sich auch hier beliebig viele weitere Bauten nennen, die allerdings mehr als bei den Friesformen auf den Oberrhein beschränkt bleiben.

Nicht sehr häufig trifft man auf *rechteckige Profilrahmungen (Abb. 149, 150)*, wie sie die vier bzw. drei Ostjoche der Seitenschiffe hervorheben. Lisenen mit horizontaler Verbindung kommen als einfache Form schon im 10. Jh. in Schönenwerd[1100] am Oberrhein vor, bleiben aber vereinzelt. In Niedersachsen dagegen ersetzt die Rechteckrahmung häufig die Lisenengliederung mit Rundbogenfriesen. In Goslar[1101] dient sie bei Marktkirche und Neuwerkskirche als Hauptgliederung, die Klosterkirche auf dem Petersberg bei Halle zeigt sie am Querhaus, und bei der kleinen Zisterzienserkirche von Wiebrechtshausen[1102] erscheint sie sehr ähnlich an der Apsis. In Süddeutschland ist sie im späten 12. Jh. am Westbau von Ellwangen[1103], am Laienrefektorium von Maulbronn (– sofern dessen Rekonstruktion im Äußeren zuverlässig ist)[1104] und am Chorturm von Oberstenfeld[1105] vertreten. Die Kombination mit den Lisenen eines Bogenfrieses wie in Bamberg ließ sich bisher nicht nachweisen.

Auch die *gefüllten Rundbogenfriese (Abb. 534–551)* sind in ihrer reichen Ornamentfüllung eine Seltenheit. Gefüllte Friese sind in Italien häufiger, doch handelt es sich dort zumeist um figürliche Motive. Aus Italien wird wohl auch der figürlich gefüllte Bogenfries an der Apsis von Königslutter abzuleiten sein[1106], dessen plastische Qualität von den späteren nicht wieder erreicht worden ist. In den Kantenprofilen nimmt der Bau ohnehin die Entwicklung des späteren 12. Jhs. vorweg und ist damit wieder ein Beispiel für die schwierige Beurteilung solcher Details, die nicht nur von der zeitlichen und kunstgeographischen Stellung, sondern vor allem von der Qualität abhängig sind. Der gefüllte Bogenfries gilt ferner als ein Charakteristikum der sogenannten »Schmuckkirchen« in Schwaben[1107], die R. Hussendörfer am Beispiel Faurndaus unter diesem Aspekt sehr eingehend untersucht hat[1108]. Demnach ist Brenz[1109] als Ausgangspunkt für die schwäbisch-fränkische Gruppe dieser Friese anzusehen, die ihre formalen Höhepunkte in Faurndau und dem üppig reichen Murrhardt[1110] erreichte. Sofern die Füllungen ornamental sind, wachsen sie jedoch bei der Mehrzahl der Beispiele seitlich aus den Bogenfüßen bzw. Konsolen hervor und vereinigen sich in der Mitte der Bogenfelder. Gerade dieses Motiv ist aber in Bamberg kein einziges Mal zu finden. Da Hussendörfer sämtliche deutschen Beispiele gesammelt, beschrieben und in eine statistisch abgesicherte Entwicklung eingeordnet hat, kann hier darauf verwiesen werden. Es ergibt sich, daß der gefüllte Bogenfries mit seiner dichtesten Verbreitung in Schwaben und Franken sowie Ausläufern in Thüringen und dem südlichen Niedersachsen nur am Ende des 12. und in der 1. Hälfte des 13. Jhs. auftritt[1111], wobei Brenz und vor allem Faurndau sicher vor Bamberg zu datieren sind. Trotz dieser Voraussetzungen läßt sich Bamberg nicht in diese Gruppe von mehr als sechzig Beispielen einordnen, sondern bewahrt eine Sonderstellung, die wohl nur dadurch zu erklären ist, daß der Dekor der Füllungen engstens mit der Kapitellornamentik des Domes verwandt ist und nicht die anderwärts für diese Aufgabe vorgeformten Motive aufgreift. Dieses Detailergebnis wirft ein sehr bezeichnendes Licht auf die Stellung des Domes zu den benachbarten Kunstlandschaften, wobei eher Bamberger Anregungen wirksam werden als umgekehrt. Für die Verbreitung des Motivs bis nach Bayern (Regensburg, St. Jakob, Nordportal[1112]) und Niedersachsen (u. a. Hildesheim, St. Michael, Westchor[1113] u. St. Godehard) sei wieder auf Hussendörfer verwiesen.

Im Inneren des Domes zeichnen sich die *Basisprofile* durch ihre Steilheit, den dicken unteren Wulst und die generelle Einfachheit der *Eckzier (Abb. 852–874)* aus. Eine gewisse Entwicklung von den grob zu nennenden Basen der Ostkrypta zu denen der Oberkirche ist nicht zu übersehen, verliert im Gesamteindruck aber an Gewicht. Ein Blick auf die zarten, gedrehten und gekräuselten Eckblätter des Niederrheins, die sanft aus den Wulsten hervorwachsen, macht den Unterschied deutlich. Nur gelegentlich wird ein ähnliches Motiv vereinfacht aufgegriffen. Die Anklänge an den Oberrhein sind stärker, wo ganz verwandte Formen noch im 13. Jh. bei einem an sich so entwickelten Bau wie Altdorf anzutreffen sind. Vereinzelt knüpfen Tierköpfe an die ebenfalls oberrheinische Tradition dieser Art an. Im Langhaus erinnern manche Eckblätter an Straßburgische Basen, doch ohne die dort übliche Verschneidung mit der Plinthe und die ausgeprägten »Eulenköpfe«.

Im ausgehenden 12. und frühen 13. Jh. entsteht im Rheingebiet eine so starke wechselseitige Durchdringung der *Kapitellornamentik* von Norden und Süden, die genauere Zuordnungen über größere Distanzen hinweg sehr erschwert. Träger dieser »Koiné« spätromanischer Ornamentformen ist das Kelchblockkapitell mit weichen, geschwungenen und überfallenden Blättern an langen diamantierten Stengeln[1114]. Charakteristische örtliche Sonderformen verschwimmen immer mehr zu den jeweiligen topographischen Randzonen hin. Prüft man bisher gewonnene Zuordnungen im Detail nach, so lösen sie sich meist in dem gemeinsam Spätromanischen auf. Die Festlegung der Ornamentik der Bamberger Ostteile auf eine Herkunft aus St. Remi in Reims oder den Niederrhein (Bonn, Andernach, Maria Laach usw.)[1115] beruht auf allgemeinen Motiven, die zugleich in der Buch- und Glasmalerei wie in der Goldschmiedekunst verbreitet sind. Zu den lokalen und landschaftlichen Sonderformen und Varianten lassen sich von Bamberg aus keine Brücken schlagen, vielleicht mit einer Ausnahme: die Kapitelle und Kämpfer des Apsisbogens und Turmhalbjoches *(Abb. 592–599)* weisen Übereinstimmungen mit den Kapitellen des Portals der Matthiaskapelle in Kobern auf[1116], die man gerne durch eine direkte Verbindung erklären möchte. Der östliche Kämpfer in Kobern übernimmt das Motiv des Blattgesimses am Nordseitenschiff. So überraschend auch die Art der Lisenengliederung der Koberner Ostapsis im Einflußbereich des niederrheinischen[1117] Formenkanons wirkt, so isoliert ist andererseits die genannte Kapitellgruppe in Bamberg, wo sie vermutlich vor Kobern entstand, so daß man aus dieser Beobachtung kaum allgemeinere Folgerungen ableiten darf.

Obwohl die Kapitelle der Oberkirche auf einer entwickelteren Stufe als die der Krypta stehen, sind sie insgesamt erheblich altertümlicher als zeitgenössische des Rheinlandes. Das geht schon aus der Grundform hervor, die zäh am Korb festhält und nur zögernd zum Kelchblock übergeht. In der südlichen Turmhalle findet sich z. B. vereinzelt ein Würfelkapitell *(Abb. 462)*, das große Ähnlichkeit mit solchen in den Ostarkaden von Maulbronn[1118] hat; dort ist aber die Schlußweihe der Kirche für 1178 überliefert, mehr als vierzig

Jahre vor der Entstehung der Bamberger Turmhallen. R. Hussendörfer hat diesen Typ, der in einer altertümlicheren Variante auch bei den Langhausarkaden von Faurndau auftritt[1119], als selbständiges Motiv erkannt und seine Geschichte bis zu St. Michael in Hildesheim zurückverfolgt[1120]. Die stilistisch nächst verwandten Beispiele finden sich jedoch eindeutig in Maulbronn und Bronnbach (1166/1178?)[1121], was methodisch den Wert solcher Ableitungen für Herkunft und Datierung von Formen stark einschränkt. Die Konstanz dieser und wohl auch anderer Formen widersetzt sich dem entwickelungsgeschichtlichen Denkmodell.

Sehr charakteristisch für Bamberg ist das voluminöse geriefelte Wiegenblatt ohne Stengel, das als isoliertes Motiv, aber auch mit dem benachbarten zu einer neuen Blattform zusammenwachsend vorkommt. Gewisse Ansätze zu solchen Blattbildungen, die in Deutschland selten sind, finden sich bei den ebenfalls korbförmigen Emporenkapitellen in Basel und bereits erstaunlich ähnlich an den kleinen seitlichen Ädikulen der dortigen Galluspforte. An einigen Schrankenfragmenten aus Brauweiler[1122] taucht das ebenfalls auf, während es am Portal von Murrhardt[1123], wo es erheblich plastischer als an der dortigen Ostseite ist, schon eher auf Nachwirkungen von Bamberg zurückgehen mag.

In Zentral- und Südwestfrankreich ist der Blattyp verhältnismäßig häufig, vermutlich wegen entwicklungsgeschichtlich ähnlicher Voraussetzungen. Die Zufälligkeit derartiger Beobachtungen verleitet leicht zu voreiligen Schlußfolgerungen.

Das steil aufgerichtete Blatt mit gezacktem Umriß, Blattüberfall und Mittelrippe *(Abb. 539)* findet sich als Vorstufe schon in der Pfalz Gelnhausen[1124]. Breitlappige, geriefelte Blätter, die in ihrer Größe den ganzen Kapitellkörper einhüllen (z. B. *Abb. 470*), treten gelegentlich in Niedersachsen und Sachsen auf (Frankenberger Kirche in Goslar, Empore[1125]; Stiftskirche in Wechselburg, Vorhalle[1126]). Steile Blattzungen mit Kugeln an den Blattüberfällen, als Kelchblockkapitelle am Niederrhein verbreitet, sind besonders mit eng anliegenden Blättern auch am Oberrhein (Hessen in Lothringen) anzutreffen. Eine vergröberte Form findet sich in Lorch/Schwaben[1127] und in der auch in Bamberg bekannten Variante der vom Blatt eingehüllten Kugel am Westportal in Schwäbisch Gmünd. Die Rankenkapitelle der Zwerggalerie und Osttürme könnte man als späte Nachwirkung einiger Emporenkapitelle von Basel ansehen. Im Südseitenschiff erinnern Kapitelle mit Kränzen aus Zungenblättern über dem Halsring *(Abb. 687, 688)* an manche Formen in Straßburg und Freiburg[1128]. Neben dem Würfelkapitell empfindet man einige Korbkapitelle mit Bandgeflecht *(Abb. 610, 611)* als besonders altertümlich. Ähnliche Kapitelle in Wechselburg belegen die starke Beziehung zum sächsischen Raum[1129]. Die entwickelteren Kelchblockkapitelle mit Knollenblättern am Apsisobergeschoß und der Zwerggalerie deuten stärker auf den Niederrhein hin (Neuß, München-Gladbach)[1130].

## 3. DAS LANGHAUS

Besonders schwierig erscheint die Einordnung des *Langhauses*, weil der häufige Planwechsel an sehr unterschiedliche Ursprünge denken läßt. Ein flach gedecktes Langhaus mit gewölbtem Chorraum ist zwar für einen Kathedralneubau im 13. Jh. auch im Gebiet östlich des Rheins eine Ausnahme, nicht aber bei bescheideneren Bauten dieser Zeit. Gewölbte oder gar mit Rippen versehene Seitenschiffe gibt es allerdings in diesen Fällen selten. Am Oberrhein vertreten die Pfarrkirche St. Georg in Hagenau[1131], die Abtei Schwarzach[1132] und in einer bestimmten Phase seiner Baugeschichte auch das Straßburger Münster mit dem Werinher-Langhaus als größte Bauten zu Anfang des 13. Jhs. mit in allen Teilen flach gedeckten Langhäusern und gewölbten Chören diesen retrospektiven Typ. Im Ausstrahlungsgebiet des Oberrheins dominiert er bei den kleinen Kirchen Schwabens auch im 13. Jh.: Denkendorf, Faurndau, Brenz, Schwäbisch Gmünd[1133]. In Oberstenfeld[1134] findet sich ein Lösung, die beinahe wie Plan II *(Fig. 22)* in Bamberg aussieht: ein Langchor über einer Krypta, in zwei Jochen gewölbt, begleitet von Seitenschiffen mit dem Niveau des Langhauses, das flach gedeckt ist. Leider fehlen Daten, und die vollständige Überarbeitung erschwert eine Untersuchung. Auch das Langhaus der Marienkirche in Gelnhausen[1135] ist flach gedeckt. Es wurde schon früher mit den älteren Bamberger Plänen in Verbindung gebracht[1136], ist aber, was die Form der Pfeiler mit den vorgestellten Schaftringsäulen zeigt, jünger als Bamberg. Man hat stets einen Planwechsel zwischen dem schlichten Langhaus und den reichen Ostteilen vermutet, doch ist das zur Erklärung des Gegensatzes zwischen den Bauteilen keineswegs notwendig, wie zahlreiche Vergleichsbeispiele lehren[1137].

Besonders eindrucksvoll ist das 1208 geweihte Mittelschiff von St. Kastor in Koblenz[1138], das ebenfalls flach gedeckt in einer flachen Blendbogengliederung den dreigeschossigen Aufriß zusammenfaßte und so an der struktiven Gliederung teilhatte. Natürlich sind auch hier die etwas älteren Ostteile durch Wölbung als Sanktuarium hervorgehoben. Auch die Koblenzer Pfarrkirche Liebfrauen war flach gedeckt mit gratgewölbten Seitenschiffen und Emporen[1139]. Ein Zusammenhang mit St. Ursula in Köln vom Anfang des 12. Jh. ist dabei nicht unwahrscheinlich. Ein weiterer großer Bau mit reicher, vollständig gewölbter Ostanlage hat flache Decken in Lang- und Querhaus, letztere vielleicht erst nach 1215 entstanden: die Stiftskirche in Kaiserswerth[1140]. Die große Zahl kleinerer Bauten, die noch im 13. Jh. auch am Niederrhein an der Flachdecke festhielten, wie etwa Heimersheim, soll hier nicht mehr genannt werden. Eines ist allen gemeinsam: die Altarräume sind stets gewölbt.

Obwohl die nahezu lückenlose Aufklärung des Bauvorganges und der wechselnden Pläne die unbenutzten Vorlagen *(Fig. 24)* zwanglos erklärt, sei auf eine Reihe vergleichbarer Situationen hingewiesen, die den Entschluß nicht mehr so erstaunlich wirken lassen. Die nicht gewölbetragende Wandvorlage als Mittel einer strukturellen Wandgliederung und Rhythmisierung des Raumes gehörte zum System der normannischen Flachdeckenbauten des 11. Jhs. Mit ihnen hat Bamberg nichts zu tun, auch nicht mit den weniger konsequent angelegten Bauten, wo die Vorlagen noch unterhalb der Decke enden, wie in Soignies[1141]. Der unter der Fensterzone endende Dienst der im gebundenen System gewölbten Querarme von Tournai[1142] gleicht zwar im Prinzip der Bamberger Situation, doch gehört er zu einem so stark durchgegliederten Aufriß, das man ihn eher zu den Sonderfällen normannischer Systeme rechnen möchte.

In einem ganz anderen Zusammenhang stehen die Halbsäulenvorlagen in der Auvergne, die unter den Emporen der tonnengewölbten Hallenkirchen enden. Sie entwickeln sich aus dem Stützenwechsel der Arkadenzone, wo offensichtlich eine Rhythmisierung angestrebt wird, während die gleichmäßige Reihung der Emporenöffnungen ganz der einheitlichen Längsrichtung der Tonne entspricht und offenbar nicht unterteilt werden sollte. Auf der ganzen Schiffslänge ist nur ein Halbsäulenpaar hochgeführt und trägt einen Gurt. In der Tendenz einer Rhythmisierung unten bei glatter Längserstreckung oben entspricht dies in gewisser Weise Bamberg, tatsächlich dürfte es aber kaum einen historischen Berührungspunkt geben. Allgemein wird Notre Dame du Port in Clermont-Ferrand als Gründungsbau des Typs angesehen, dem die anderen wie Issoire, Orcival, St. Nectaire usw. folgen[1143].

Ein einzelnes Vorlagenpaar bezeichnet auch in Nivelles die Mitte des Langhauses, doch ist die ursprüngliche Situation durch den nach 1945 willkürlich darauf aufgesetzten Schwibbogen verfälscht worden[1144].

Am Niederrhein verbindet sich gelegentlich die Flachdecke mit einem Vorlagensystem, das nicht bis oben durchgeführt ist, sondern schon unter dem Obergaden endet. Es ergibt sich auch hier aus dem Stützenwechsel, der vom gebundenen System abzuleiten ist und durch das Bestreben nach einer rhythmischen Gliederung in den Flachdeckenraum übertragen wurde, wie z. B. in der kleinen Kirche von Nideggen (13. Jh.).

Ein wichtiges Kriterium der Bamberger Situation blieb bisher unerwähnt: die Fenster sitzen vom 2. Chorjoch ab auch im Langhaus nicht in den Achsen der Arkaden, sondern versetzt genau über den Pfeilern. Erst dadurch enden die Vorlagen des 2. Chorjoches unter Fenstern, ebenso wie im Plan III B die Vorlagen des Langhauses. Verursacht wurde dies durch eine konsequent auf das gebundene System bezogene Gestaltung des Aufrisses durch Plan III A *(Fig. 23)*. Als Rudiment einer gleichmäßigen Fensterreihung behielt man nämlich in der Regel auch bei den im gebundenen System gewölbten Bauten stets zwei Fenster in den Schildwänden bei, die man nur ein wenig zusammenrückte. Wie weit der baugeschichtlich bedingte Aufriß des Speyerer Domes, wo das System ja »erfunden« wurde, auch hierin prägend wirkte, muß offen bleiben. Jedenfalls stellt die Reduktion auf ein Fenster pro Joch, das man in die Achse und damit über den Zwischenpfeiler rückte, eine Ausnahme dar. Sie ist bei einer Reihe mittlerer und kleinerer Kirchen des Oberrheingebietes anzutreffen, die alle zu den späteren Bauten zählen, so Gebweiler, Sigolsheim, Türkheim[1145], Breisach und Wölchingen. Das Aufrißsystem der letzten beiden Bauten ähnelt dem vom Wölbungsplan III A für Bamberg projektierten in verblüffender Weise, allerdings mit den massigeren Proportionen des Oberrheins. Die Übertragung dieses Systems auf das sechsteilig angelegte Chorjoch bewirkte das Enden der Vorlage unter dem Fenster, seine Aufgabe führte zum Entstehen von Plan III B *(Fig. 24)*; für beide Fälle kennt der Oberrhein keine Parallelen. Die am Arkadengesims, das zugleich Kämpfergesims für die Wölbung ist, endenden Vorlagen der Zwischenpfeiler in St. Dié (Notre Dame)[1146] und Schlettstadt (St. Fides)[1147] gehören zwar auch in den Bereich vertikalisierender Gliederung ohne Bezug zum Gewölbe, stellen aber doch einen Sonderfall dar, der ein wenig an Arkadenrahmungen anschließt. Immerhin, in St. Dié enden sie unter (veränderten) Fenstern, in Schlettstadt wohl ehemals auch, da die Schildwände einer willkürlichen Rekonstruktion des 19. Jhs. entstammen.

Zum Abschluß sei noch auf eine Gruppe von Bauten verwiesen, die im gebundenen System gewölbt sind und Vorlagen aufweisen, die unter Fenstern funktionslos enden. Wie in Bamberg lassen sich zumindest für die älteren Planwechsel nachweisen. Wie sie untereinander zusammenhängen – es ist keineswegs eine geschlossene Gruppe – hat Renate Wagner-Rieger untersucht[1148]. Dieses Problem interessiert jedoch in diesem Rahmen nicht, da sicher keine direkte Verbindung zwischen Bamberg und diesen Bauten besteht. Sie seien nur genannt, weil die Situation ähnlich ist und sie zeigen kann, wie bestimmte baugeschichtliche Vorgänge zu verwandten Lösungen führen können. Das älteste Beispiel dürfte S. Maria di Castello in Tarquinia[1149] sein (um 1100), bei dem eine Beziehung zu St. Dié vermutet wird. Die Kathedrale von Piacenza und die Kirche von Fontevivo bei Parma werden noch in die 1. Hälfte des 12. Jh. datiert[1150]. Vor allen Dingen sind aber zu nennen Chiaravalle della Colomba bei Parma[1151] (2. Hälfte 12. Jh.), die nicht mehr erhaltene Kathedrale von Bologna[1152] (nach 1184) und das westliche Joch in Chiaravalle di Fiastra[1153] (nach 1196). Als später Nachzügler erscheint S. Martino al Cimino[1154].

Mit diesen Hinweisen wurden bisher nur baugeschichtlich und in der Gesamtanlage ähnliche Bauten genannt, dagegen nichts über die Einzelheiten des Systems gesagt. Für den Gesamteindruck hat man wiederholt auf Burgund im Allgemeinen und die Zisterzienser im Besonderen hingewiesen. Obwohl sich forschungsgeschichtlich rekonstruieren und sogar verständlich machen läßt, wie es zu solchen Verallgemeinerungen kommen konnte, so helfen sie doch wenig. Vermutlich bildete der Spitzbogen bei Arkaden, Gurt- und Schildbögen das tertium comparationis. Weder unter den zahlreichen, aufrecht stehenden noch unter den verschwundenen, aber rekonstruierbaren Bauten Burgunds findet sich einer, der als Bindeglied infrage käme. Hinsichtlich der Zisterzienser wurde auch für das Langhaus stets Ebrach genannt, das jedoch kein gebundenes System besitzt. Unter den verwandten Bauten sind aber natürlich auch zisterziensische. Es gehört fast in den Bereich kunstgeschichtlicher Grundanschauungen, wie man die Akzente setzt.

Das gesamte Wölbungs- und Vorlagensystem war am Anfang des 13. Jh. im Rheinland bereits vorgebildet. Für die Vorlagengruppierung – Rechteckvorlage, flankiert von Diensten mit flachen Schildbogenvorlagen – ist am Niederrhein das Mittelschiff des Bonner Münsters zu nennen[1155], am Oberrhein Sigolsheim, Altdorf und Breisach, in Ausnahme auch Worms (Dom), verwandt Türkheim, der Nordquerarm in Hessen/Lothringen und vor allem Otterberg[1156]. Bei den Rippenformen sind fast die gleichen Namen zu nennen: Sigolsheim, Altdorf, Hessen, Otterberg, Eußerthal[1157], Klingenmünster (Nikolauskapelle), Wölchingen – die Zahl ließe sich beliebig vermehren. Gewiß, nicht alle Bauten sind früher, aber doch die Mehrzahl. Die Rippenprofile waren auch kurz nach 1200 in Ebrach bekannt, wir dürfen sie zu diesem Zeitpunkt einfach »oberrheinisch« nennen.

Hatten Breisach, Türkheim und Sigolsheim Übereinstimmungen im System gezeigt, so gilt dies im Gesamteindruck für Otterberg, vor allem im östlichen Teil des Langhauses. Der bereichernde Unterzug bei den Gurten, von einer abgekragten Halbsäule getragen, ist nur eine Variante, ebenso die über dem Horizontalgesims ansetzende Schildbogenvorlage. Hier finden sich die gleichen quadratischen Pfeiler wie am Bamberger Ostchor mit ähnlichen Arkaden, deren gestufte Leibungen vielleicht einen Hinweis darauf enthalten, woran man in Bamberg gedacht haben mag, als man die östlichen Pfeiler so weit vor die Wandebene des Obergadens vortreten ließ. Gegenüber Otterberg erweist sich Bamberg aber wiederum als straffer und weniger massig in den Einzelgliedern, was auch für die an sich ähnliche Arkadenzone in Eußerthal gilt. Zudem ist das Bamberger System auch in den Seitenschiffen voll entwickelt, die am Oberrhein meist vereinfacht werden. In all diesen Zügen macht sich nicht nur der Zeitabstand bemerkbar – die Otterberger Konzeption dürfte rund zwanzig Jahre älter sein – sondern vor allem die geographische Entfernung beider Bauten.

Zu den Kapitellformen des Langhauses hat sich bisher kaum Vergleichbares finden lassen. Jene seltsame Durchdringung romanischer Blattformen und gotischer Kelchknospenkapitelle hat zwar entwicklungsgeschichtliche Parallelen am Ober- und Niederrhein, doch ergeben sich keine formalen Verbindungen. Ob manche »zerdrückten« Blattformen an den Kapitellen des Langhauses von Epinal in Lothringen[1158] irgendwelche Verbindungen zu dieser Bamberger Gruppe haben, erscheint zweifelhaft[1159]. Lediglich ein Kapitell der Stützsäulchen unter A6 *(Abb. 620)* im Nordseitenschiff hat engste Beziehung zum Niederrhein[1160], während die übrigen Kelchblockkapitelle dieses Typs vergröberte Varianten darstellen. Eine Beziehung des Kapitelltyps D50 und des Hochschiffkapitells über C60 zu Formulierungen der Peterskirche in Gelnhausen[1161] und Aschaffenburg[1162] ist nicht ganz auszuschließen. Dort treten auch verwandte, polsterförmig vorquellende Kelchblockkapitelle[1163] auf, so daß die Vermittlung niederrheinischer Ornamentformen vielleicht diesen Weg genommen hat.

## 4. DIE WESTTEILE

Auf das Verhältnis der Bamberger Westteile zu der kurz nach 1200 im Bau befindlichen Abteikirche von Ebrach wurde schon ausführlich eingegangen. Ebrach selbst gehört zu einer Gruppe von Neubauten am Anfang des 13. Jhs., denen eine enge Beziehung zu Burgund nachgesagt wird. Da es sich vornehmlich um zisterziensische Bauten handelt, hat diese Vermutung anscheinend auch eine historisch einleuchtende Begründung. Eine ganze Reihe spezifischer Detailformen belegt sie zudem augenfällig.

Dennoch bedürfte der ganze Fragenkomplex dringend einer gründlichen Untersuchung[1164]; denn in nur wenigen Fällen konnten bisher unmittelbare Beziehungen zu ganz bestimmten Bauten nachgewiesen werden. Burgund erscheint in der Forschung fast stets als feststehender kunstgeographischer Begriff, der ohne nähere Erläuterung verwendet wird. Tatsächlich sind die großen Abteikirchen der Zisterzienser, die hier in erster Linie betrachtet werden müßten, nur in ihren Grundrissen, einigen Resten und ungenauen Ansichten des 17. und 18. Jhs. überliefert[1165]. Was heute in Burgund aufrecht steht, bietet zwar mancherlei Gemeinsamkeiten im Detail, kaum je aber in der ganzen Erscheinung[1166].

Die vermittelnden Zwischenglieder fehlen, was vermutlich nicht allein mit dem Verlust wichtiger Bauten zu begründen ist. Ein Vergleich zwischen der kleinen Kirche in Montréal[1167], deren Langhaussystem so zahlreiche Berührungspunkte mit Zisterzienserbauten außerhalb Burgunds aufweist, daß es hier stellvertretend für nicht Erhaltenes genannt werden darf, mit irgendeinem der oberrheinischen Bauten »burgundischen Einflusses« macht sofort die Unterschiede augenfällig. Gewiß, da gibt es den um 90° gedrehten Rundbogenfries[1168] oder eine Rose, deren Füllung und Rahmung zu den Vorläufern der Westrose von Otterberg gehört, aber damit erschöpft sich sehr bald die Vergleichbarkeit, wenn man von einer gewissen Sprödigkeit absieht, die vielen zisterziensischen Bauten mit unterschiedlichen Systemen eigen ist. Bei einer Untersuchung über Burgund und das Oberrheingebiet müßte man endlich die ausstrahlenden Bauten genau benennen oder zumindest Bautengruppen fixieren, wobei die Eigenständigkeit oberrheinischer »Nachfolgebauten« offenbar werden würde. Ehe diese Untersuchung nicht vorliegt, wird man in diesem Zusammenhang »Burgund« nur als Leerformel verwenden.

Eng verbunden mit dem Problem burgundischer Zisterzienserarchitektur am Ende des 12. Jhs. ist der Begriff der »burgundischen Frühgotik«[1169], die als ein Quellgebiet für den »Übergangsstil« in Deutschland angesehen wird. Auch hier ist der Denkmälerbestand nicht sehr dicht und in seinen besten Beispielen – Notre Dame in Dijon[1170] – kaum früher als die entsprechenden deutschen Bauten. Es kann zwar nicht bezweifelt werden, daß sich im 13. Jh. gewisse »burgundische« Eigenheiten entwickeln, z.B. der Laufgang vor den Obergadenfenstern, doch hat dieser nur vereinzelt Nachahmung gefunden, wobei gar nicht sicher ist, ob die Fensterlaufgänge in Bonn, Roermond, Limburg a.d.L. usw. nicht auf normannische Anregungen zurückgehen[1171]. Bei der früheren Schicht von Bauten, die für die deutsche Architektur von Bedeutung gewesen sein müßte, wird das spezifisch Burgundische nur schwer faßbar sein. So wäre z.B. beim Chor von Vézelay[1172] eher das Gemeinsame mit den anderen Bauten der Frühstufe wie St. Remi in Reims, Châlons-sur-Marne, Montier-en-Der, Soissons, Noyon usw. zu betonen als die Unterschiede. Jedenfalls dürfte diese Gruppe für Burgund in gleicher Weise anregend gewirkt haben wie für Maulbronn, Magdeburg, Ebrach, Walkenried usw. So lange nicht präziser als bisher bestimmt ist, was unter »burgundischer Frühgotik« zu verstehen ist, wird man den Begriff besonders bei stilgeschichtlichen Ableitungen nicht verwenden wollen[1173].

In Bamberg darf man also sowohl im Langhaus als auch bei den Westteilen Burgund als unmittelbaren Ursprung einstweilen ausklammern[1174].

Es genügt, wieder an eine Gruppe oberrheinischer Bauten zu erinnern, die allerdings fast durchweg nicht datiert sind. Schon die Dachlösung der Westapsis hatte gezeigt, daß Ebrach über seinen direkten Einfluß hinaus eine vermittelnde Funktion gehabt haben kann. Das gilt auch für die Innengliederung. Eng verwandt ist z.B. der Chor von Offenbach a. Glan[1175], wo Vierungspfeiler und Chorbogenvorlage ganz denen in Bamberg entsprechen, ebenso die Gewändeformen der Fenster. Bei den Überlegungen zum Apsisgewölbe wurde ebenfalls auf die Offenbacher Form eines rippenbesetzten Klostergewölbes verwiesen[1176]. Die Fenster in den Schildwänden des Chores dort erinnern unmittelbar an die Turmfenster im Bamberger Querschiff. Die Ähnlichkeit in den Grundformen der Kapitelle braucht nicht besonders betont zu werden. Die Andersartigkeit des Außenbaues rührt von den massiven Strebepfeilern her, auf die man in Bamberg bewußt verzichtete, weil sie die Einheitlichkeit des Außenbaues aufgehoben hätten und zudem in dem teilweise realisierten älteren Plan nicht vorgesehen und daher auch nicht angelegt waren.

Offenbach steht keineswegs alleine. Seine Verbindungen nach dem nahegelegenen Otterberg und Sponheim sind bekannt[1177]. Besonders groß ist die Ähnlichkeit der Apsis und des Gliederungssystems mit der Kirche in Obersteigen/Elsaß, die 1221 wohl schon gestiftet und im Bau war[1178]. Die rundbogigen Fenster haben das gleiche Gliederungssystem der Gewände und rücken innen ebenso nah an die Eckdienste der polygonalen Apsis heran wie in Bamberg. Die in Maulbronn so beliebten Schildkonsolen, wenngleich ohne Halbmonde, zieren hier eine Piscina. Von Obersteigen gibt es Beziehungen zu den Fenstern des Straßburger Nordquerarmes und den Westteilen der Stiftskirche in Neuweiler und ihrem Kapitelsaal[1179]. Dort gehören das westliche Nordportal und das Kapitelsaalportal zum Typ des Bamberger Veitsportals. Diese wenigen Beispiele genügen als Hinweis auf eine mit den Bamberger Westteilen auf gleicher Entwicklungsstufe stehenden Baugruppe am Oberrhein, die zwar Berührungspunkte mit den Zisterzienserbauten aufweist, aber eigenständig Einflüsse aus der Champagne und Lothringen aufnimmt und mit Oberrheinischem verbindet.

Unter diesem Aspekt wäre auch die Stellung von Maulbronn zu untersuchen, das immer als Ausgangspunkt für viele andere Bauten genannt wird, nämlich für Ebrach, Schönau, Otterberg, Magdeburg, um nur einige zu nennen[1180]. Eine Entwirrung der Fäden könnte auch neues Licht auf den Vorbildkreis des Bamberger Westchores werfen. Die Gelnhausener Marienkirche, die ihres Apsisdaches wegen gern in Verbindung mit den niederrheinischen Lösungen gesehen wird[1181], obwohl Giebelreihungen auch im oberrheinischen Einflußgebiet bekannt waren, z. B. in Bronnbach[1182], müßte als spätes Glied in die Bautengruppe aufgenommen werden; denn vermutlich ist ihre innere und äußere Gliederung nicht ohne die Stilverflechtungen des Oberrheingebietes denkbar. Offenbach am Glan, Bamberg und die Wormser Westturmgruppierung scheinen zu ihrem Ostbau beigetragen zu haben[1183]. Die für das Bamberger Apsisdach *(Fig. 18)* wichtigen niederrheinischen Vorstufen in Münstermaifeld, Werden und Sinzig wurden bereits im Zusammenhang mit der Rekonstruktion dieser Form genannt und dabei auf die offensichtlichen Nachwirkungen in St. Sebald in Nürnberg und weitläufiger vielleicht auch in Wetzlar und Arnstadt hingewiesen. Die auch in der deutschen Frühgotik beliebte Form des nicht durchbrochenen Wimpergs schließt nahtlos daran an.

Beim inneren Aufrißsystem der Westapsis wurde bereits auf die Anlage zu einer echten Zweigeschossigkeit hingewiesen: die untere Fensterumrahmung und der obere Schildbogen mit seinen Diensten entsprechen sich in Form und Stellung. Das zweigeschossige System – in Nordfrankreich vorgebildet – sollte nur wenig später von entscheidender Bedeutung für Liebfrauen in Trier und die Marburger Elisabethkirche werden. Mit Nachdruck sei noch einmal auf die kleinen und mittleren Bauten Nordfrankreichs (z. B. Larchant) hingewiesen, bei denen man nach den Vorstufen suchen muß[1184].

Bei den dekorativen Formen lassen sich auch über Ebrach hinaus Beziehungen zum Oberrhein nachweisen. Allerdings fehlt hier als wichtiges Zwischenglied fast der ganze Kapitellschmuck der Ebracher Hauptkirche. Auch die Querschiffsrosen *(Abb. 272, 273)* lassen sich der schon genannten Bautengruppe zuordnen, ebenso wie die Ebracher Ost- und Querschiffsrosen[1185]. Der Versuch, sie einem Einfluß der Chartreser Westrose[1186] bzw. der Rosetten der dortigen Obergadenfenster zuzuschreiben, geht wohl auf die Ähnlichkeit der Grundform zurück, nämlich Vielpässe aus Steinscheiben auszuschneiden. Das Prinzip ist jedoch verbreiteter als man zunächst annehmen könnte. Hier sei nur auf die Nordrose in Laon und die Ostrose in Montréal verwiesen, die nichts miteinander zu tun haben. Letztere könnte zu den Voraussetzungen von Bamberg zu rechnen sein.

Die Konsolengruppen unter den Gurten des Querhauses – an sich ein zisterziensisches Motiv – enthalten neben den geschweiften Hornkonsolen und den Schildkonsolen als Mittelstück einen Konsolentyp *(Abb. 285)*, der einem völlig anderen Zusammenhang entstammt: jenes um 90° gedrehte attische Basisprofil ziert vornehmlich romanische Sattelkämpfer, wie sie die Pfalz in Wimpfen an der Galerie zeigt[1187].

## 5. DIE WESTTÜRME

Bei den Westtürmen *(Abb. 338, 341, 345)* ist es seit langem üblich, auf die Kathedrale von Laon hinzuweisen. Da deren Westtürme von Villard de Honnecourt gezeichnet wurden[1188] und eine Nachbildung mit Verdoppelung des Hauptgeschosses den Baldachin über der Maria *(Abb. 422)* in Bamberg[1189] krönt, ist der wichtige Hinweis Weeses[1190] nicht recht gewürdigt worden, es handle sich bei dem Vorbild nicht um die Westtürme, sondern um den Flankenturm des Südquerarmes, die Tour de l'Horloge. Das ist sicher richtig, weil dort die oktogonalen Ecktabernakel in zwei Stockwerken übereinander stehen. Ein genauer Vergleich der Detailformen offenbart im übrigen sofort, wie viel stärker das französische Vorbild durchgliedert ist[1191]. Die Wanderung einer »Hütte« von Laon nach Bamberg ist mit Sicherheit auszuschließen. Das Baldachinmodell führt nicht nur im Aufbau, sondern in der Einzelform näher an das Vorbild heran.

Die Existenz des Säulenumgangsprojektes am Nordwestturm *(Fig. 91)*, das ja den ersten Turmplan darstellt, hätte vor einer einseitigen Festlegung auf Laon als Vorbild warnen müssen. Erst in jüngerer Zeit ist man dem nachgegangen. H. Mayer verwies auf die Fassade der Kollegiatskirche in Mantes[1192], während Urs Boeck dies ablehnte und statt dessen auf den Südwestturm der Kathedrale von Lausanne[1193] aufmerksam machte. Tatsächlich liegt dort von der Struktur her die größte Ähnlichkeit mit dem nicht verwirklichten Bamberger Projekt vor. Die massiven, kräftigen Gliederungen des Lausanner Turmes machen aber den Hinweis auf Mantes nicht überflüssig; denn in der Erscheinung der vollständigen Vergitterung dürfte dort das entsprechende Fassadengeschoß einen ähnlichen Eindruck vermitteln, wie ihn Bamberg geboten hätte. Das Herumführen um die Treppentürmchen verstärkt diese Wirkung in Mantes noch, auch ohne den oktogonalen Turmkern.

Der Gesichtskreis des Architekten war jedenfalls größer als bisher angenommen wurde. Das wirft die Frage auf, ob Laon überhaupt der Ausgangspunkt war. Tatsächlich wurde dort nur eine in der Tradition längst angelegte Möglichkeit verwirklicht, was die zahlreichen Variationen des Motivs in den Baldachinen von Bamberg und Naumburg bestätigen. Der von Ecktürmchen umgebene Turmkern ist schon bei normannischen Bauten in England zu finden (St. Albans 1115, Norwich 12. Jh., Ely 1174/89), deren Nachwirkung man bei dem Vierungsturm von Groß St. Martin in Köln[1194] vermutet (nur ein bis zwei Jahrzehnte vor Bamberg). Der Vierungsturm der

Niklaskerk in Gent gehört in die gleiche Reihe. Auch in Frankreich war das Motiv beliebt und weit verbreitet[1195], wie der Turm von Ste. Trinité in Vendôme (ca. 1150), St. Audin in Angers (ca. 1200) und der »vieux clocher«, der Südwestturm der Kathedrale von Chartres (2.H. 12. Jh.) bezeugen. Jedoch fand es in der Regel nur am obersten Turmgeschoß Anwendung. Besonders ähnlich im Sinne durchbrochener Ecktabernakel, die in drei Geschossen übereinandergestellt und wie in Bamberg durchgehend hohle Zylinder sind, sind Obergeschoß und Helm von Notre-Dame in Étampes (ca. 1160). Am Anfang des 13. Jhs. findet es sich auch im Südwestturm in Senlis. Noch häufiger und in der Struktur schon in die Nähe von Laon führend, begegnet man dem Motiv an Turmhelmen aus der zweiten Hälfte des 12. Jhs.: z. B. bei den Westtürmen von St. Denis, Coutances, St. Étienne in Caen.

Auch für die nicht vollendeten Querhaustürme der Reimser Kathedrale dürfte ein ähnlicher Plan vorgelegen haben. Die heute sichtbaren Ansätze am Südwestturm[1196] sind zwar Rekonstruktionen des 19. und 20. Jhs., die den Befund zerstört haben und möglicherweise willkürlich sind – in dieser Zone muß man mit Baumaßnahmen des 15. Jhs. rechnen –, aber die zwischen Strebepfeilern und Turmwand diagonal geführten, vorkragenden Gesimse gleichen so genau der entsprechenden Situation an der Westfassade von Laon, daß eine ähnliche Fortsetzung nach oben in Reims sehr naheliegend erscheint[1197]. Ohne auf die Rekonstruktionsversuche der Querhausfassaden und des älteren Westfassadenprojektes eingehen zu wollen[1198], wird man vermuten dürfen, daß möglicherweise manches von den Plänen der Kathedralhütte in den Türmen und der Fassade der in der Revolution zerstörten Kirche St. Nicaise in Reims verwirklicht worden war, die – wie ein Stich des 17. Jhs. zeigt – hinsichtlich ihrer Turmlösung eine Mittelstellung zwischen Laon und der ausgeführten Westfassade der Reimser Kathedrale einnahm[1199]. Allerdings wissen wir nichts über die Entstehungszeit der Türme von St. Nicaise, das 1231 begonnen worden war, und man wird angesichts der Stilimitation des 15. Jhs. in Reims mit Datierungen nach einem Stich vorsichtig sein müssen[1200]. Insgesamt stützt St. Nicaise aber die Vermutung, daß nicht ausgeführte Pläne oder Modelle der Reimser Kathedralhütte mit – vielleicht sogar ausschließlich – zu den Quellen der Bamberger Westtürme gehören. Manche der Abweichungen von dem bisher allein genannten Vorbild Laon könnten hierin ihre Ursache haben. Die Vermittlung erfolgte vielleicht durch Skizzenbücher, die in diesem Fall eher Bildhauern als Architekten zu eigen gewesen sein mögen[1201] und wohl erst nach deren Wegzug zu wirken begannen. Das Fehlen der über Eck gestellten, quadratischen Geschosse bei den Ecktürmchen und die Vereinheitlichung der Geschoßhöhen zwischen Mitte und Ecken könnte schon in Reims vorbereitet gewesen sein. Auf jeden Fall löst sich so der gewisse Gegensatz zwischen den bildhauerischen Anregungen aus Reims und den architektonischen andererseits, die man ausschließlich in Laon lokalisierte.

Die hier unter dem Gesichtspunkt der stilistischen (auch motivischen) Abhängigkeit geführten Untersuchungen, die in keinem Fall Anspruch auf Vollständigkeit erheben können, zeigen einerseits zwar allzu deutlich die Problematik, ja Unmöglichkeit genauer stilistischer Ableitungen für den Dom, machen andererseits aber gerade Bamberg als Ergebnis der vielfältigsten Anregungen wahrscheinlich, wobei für die Einzelform Parallelerscheinungen, aber nicht zwingend die Herkunft nachgewiesen werden kann. Bamberg, auch im 13. Jh. noch immer in einer östlichen Randzone gelegen[1202], weist in einigen seiner Züge zum Niederrhein, vor allem in der Gliederung, stärker aber doch zum Oberrhein, dessen Baugesinnung vor allem die Erscheinung bestimmt, schließt jedoch auch Verwandtes in Niedersachsen, Sachsen, Schwaben und Bayern mit ein. Hier verschmilzt das damals bekannte Formengut – aus den engeren, kunstlandschaftlichen Zusammenhängen des Westens gelöst – zu etwas Neuem, das allerdings in der älteren Tradition, nämlich im Heinrichsdom, einen Kristallisationspunkt hat.

# X. ÜBERLIEFERUNG UND STILANGLEICHUNG

Hatte die Untersuchung zeitgenössischer Vergleichsbeispiele und älterer, in Einzelheiten ähnlicher Anlagen zu keinen konkreten Anhaltspunkten geführt, so wird man einen der Gründe dafür in den besonderen Verhältnissen in Bamberg selbst und dem Willen der Bauherren zu suchen haben.

Sei langem sind die auffallenden Gemeinsamkeiten des heutigen Domes mit seinem Vorgänger bekannt und hervorgehoben worden. Anfänglich glaubte man sogar, wenn schon nicht aufgehendes Mauerwerk, so doch die Grundmauern des Heinrichsdomes in dem Neubau wiederverwendet zu sehen. Die Grabungen von 1914, 1936 und 1969/72 haben erwiesen, daß dies nicht der Fall ist, zugleich aber die Ähnlichkeit beider Grundrisse bestätigt, die ohne den »Zwang der Fundamente« historisch um so auffälliger wird.

Durch die Kenntnisse des Grundrisses, der zudem in Einzelheiten nicht geklärt ist, sind nur sehr allgemeine Aussagen über die Anlage des Heinrichsdomes möglich. Andererseits erlaubt die Übereinstimmung von Details wie den Treppenanlagen zu den Ostkrypten von Heinrichsdom *(Fig. 6)* und Neubau *(Fig. 94)* doch weitgehende Schlußfolgerungen über das Verhältnis von Vorgänger und Nachfolger, besonders wenn man – wie schon begründet wurde – die Jakobskirche in die Überlegungen einbezieht.

Gerade die Untersuchung der Planungsgeschichte läßt nun einen sehr viel engeren Zusammenhang des heutigen Domes mit dem Heinrichsdom vermuten, als bisher angenommen wurde. Die Ähnlichkeit der Grundrisse – Westquerhaus, Doppelchoranlage mit westlichem Hauptchor – braucht dabei nicht weiter erwähnt zu werden.

Die Anlage des ältesten Bauteils, der Ostkrypta *(Fig. 94)*, läßt in der Differenzierung der Schiffsbreiten – bei Krypten ungewöhnlich – einen Anklang an die ehemalige Westkrypta *(Fig. 7)* erkennen. Dieses Merkmal ist der 1969 aufgedeckten Ostkrypta ebenfalls eigen gewesen, die schon von der Lage her als Vorläufer der heutigen Krypta anzusehen ist.

Die erste Konzeption des Neubaus, Plan I *(Fig. 21)*, scheint sich unmittelbar nach der Ostanlage des Heinrichsdomes gerichtet zu haben – wenn man St. Jakob als Nachfolger anerkennt. Nicht nur die Türme am Ostende der Seitenschiffe mit Portalen und Eingangshallen, sondern auch die durch Quellen belegten Turmkapellen bestätigen das. Die zunächst geplante niedrige Gestalt dieser Osttürme *(Fig. 15)* läßt ein Westturmpaar unwahrscheinlich sein, und damit glich auch die äußere Gruppierung des Neubaus seinem Vorgänger. Unter diesen Voraussetzungen wird auch das Ungewöhnlichste dieses Projektes, die flache Decke über Chor und Mittelschiff, verständlich.

In dem wesentlichsten Charakteristikum sollte der Hauptraum mit dem damals noch gewohnten Bild übereinstimmen. Nur in den untergeordneten Nebenräumen, den Seitenschiffen und Turmhallen, ließ man eine Wölbung zu, die in der modernsten Form mit Rippen ausgeführt wurde. Man war also durchaus auf der Höhe der Zeit.

Auch der Altarraum, jenes schmale Joch zwischen den Osttürmen, wurde gewölbt, wiederum eine augenfällige Übereinstimmung mit der Jakobskirche. Was dort dem 11. Jh. gemäß als Tonne ausgeführt ist, hätte im Neubau ein sechsteiliges Rippengewölbe werden sollen, ebenfalls ein Zeugnis für die sichere Beherrschung zeitgenössischer Technik.

Daß die eigentümliche Durchdringung von dem nur durch sein erhöhtes Niveau kenntlichen Ostchor mit dem basilikalen Langhaus – außen nicht wahrnehmbar – auch ältere Züge spiegelt, kann jetzt als wahrscheinlich gelten.

Auch Plan A *(Fig. 15)* der Ostfront trägt so archaische Züge, daß sich einem eher Vergleiche des 11. als des 13. Jhs. aufdrängen. Allgemein herrschte schon im 12. Jh. die Tendenz vor, Türme in den Baukörper zu integrieren. Dies geschah vornehmlich mit Gliederungen, die von den Apsiden her um die Untergeschosse herumgezogen wurden. Der isolierte, wie nachträglich dem Bau zugefügt wirkende Turm ist dagegen typisch für das frühe 11. Jh. Die gedrungene Form, die abgerückte Stellung und die Eigenständigkeit der Geschoßhöhen gegenüber Apsis und Seitenschiffen könnten Nachwirkungen des zwei Jahrhunderte älteren Vorbildes sein, freilich im Gewande zeitgenössischer Detailformen in Friesen und Öffnungen.

Schließlich wäre auch noch der augenfällige Gegensatz zwischen den reich gegliederten Außenwänden der Seitenschiffe *(Abb. 147–150)* und dem kahlen Obergaden zu nennen. Dieser ist zwar erst während der Planung II–IIIB entstanden, geht aber in der Absicht gewiß schon auf Plan I zurück. Dessen Nachwirkungen zeichnen sich ja auch innen wegen der Flachdecke bis Plan IIIB *(Fig. 24)* ab, ebenso wie außen der Plan A für die Ostanlage verbindlich blieb. Die ungegliederten Flächen und die einfachen Fenstertrichter des Obergadens entsprechen der Flachdecke innen, während die plastische Durchformung der Seitenschiffsmauern dem Empfinden der Zeit nachgibt, ebenso wie die Wölbung innen.

Alle nachfolgenden Pläne drängen dieses ursprüngliche Projekt stufenweise zurück, bis sich die den Normen der Zeit gemäße Lösung endgültig durchsetzt.

Richard Krautheimer[1203] und Günter Bandmann[1204] sind in ihren grundlegenden Untersuchungen zur Ikonographie der Architektur auch der Frage nach den Vorbildern, nach der Bedeutung einzelner Merkmale und nach dem Verhältnis von Kopie und Vorbild nachgegangen. Die typenbildende Kraft der Aachener Pfalzkapelle und ihrer Motive ist ein besonders sprechendes Beispiel. In Bamberg bietet sich nun die Gelegenheit, einen solchen Fall genau fixieren zu können. Die Umsetzung des Vorbildes in die Formensprache der eigenen Zeit steht neben der erstaunlich getreuen Wiederholung bestimmter Merkmale[1205]. Gerade dies veranlaßte namhafte Forscher, an ein Fortbestehen älterer Reste zu glauben.

Es dürfte weniger die künstlerische Form des Heinrichsdomes gewesen sein, die den Wunsch zur Nachahmung weckte, als vielmehr die Bedeutung, die dieser Bau für Bamberg und das Bistum erlangt

## X. Überlieferung und Stilangleichung

hatte. Nicht nur die Gründung durch das heilige Kaiserpaar war eine ihrer Quellen, sondern ebenso die mit der Stiftung verbundene Selbständigkeit, die allerdings noch im 13. Jh. gegenüber den Nachbarn nicht ganz gefestigt war. Der Dom Heinrichs II. war ein sichtbares Zeugnis kaiserlichen Willens und kaiserlicher Gunst, auf die man sich berufen konnte. Der Neubau sollte daher nur eine »renovatio« des alten sein, so wie man Urkunden transsscribierte, ohne daß sie nach der Vorstellung der Zeit ihre Originalität einbüßten. Raumdisposition und Flachdecke wirken wie eine »Beglaubigung« der Echtheit. Ein ebenso wichtiger Grund für die Bewahrung der Disposition des Grundrisses war – wie Renate Kroos zeigen konnte – die bestehende Ordnung von Liturgie und Altären, mit denen ja wichtige Stiftungen verbunden waren. Allgemein ist zu fragen, ob hier nicht einer der Gründe für die weitgehende Ablehnung des gotischen Chorschemas Nordfrankreichs im Reichsgebiet zu suchen wäre.

Eng verbunden mit der Fortführung einer solchen Überlieferung ist das Problem der Stilangleichung, nicht nur an das Vorbild, sondern vor allem während der Ausführung der jüngeren an die älteren Teile. Im 8., 9. und 10. Bauabschnitt wurde dieses Phänomen immer wieder sichtbar. Die Westteile des Domes, gern als »zisterziensisch« und frühgotisch beschrieben, sind tatsächlich in erster Linie die Fortsetzung der älteren Ostteile und des Langhauses. So hält man sich außen bei der Westapsis im Prinzip an die ältere Ostapsis und verzichtet auf alles – vornehmlich auf Strebepfeiler *(Abb. 327, 331)* –, was von Ebrach her vertraut und gewohnt war. Auch im Inneren *(Abb. 9)* wiederholte man im Aufbau die Ostapsis *(Abb. 8)* und versteckte die oberen Fenster unter den Gewölbescheiteln, um die Geschlossenheit zu wahren. Die Außengliederung des Südquerarmes bedient sich ausschließlich der Formen des Langhauses *(Abb. 263, 268)*. Noch deutlicher ist es am Nordquerarm *(Abb. 269)*, wo alle Seiten, die man mit dem Langhaus zusammensieht, auch in derselben Weise gestaltet sind, im Giebel sogar mit Ornamentfüllungen im Fries, die in den »romanischen« Teilen längst nicht mehr üblich waren. Um die Kante herum, auf der Westseite, macht dasselbe Querhaus einen völlig »zisterziensischen« Eindruck *(Abb. 264, 270)*. Das läßt nur die Erklärung zu, daß die Formen frei verfügbar waren, bewußt gewählt sind und mit der entwicklungsgeschichtlichen Stellung und der handschriftlichen Eigenart der »Hütte« nur bedingt zusammenhängen. Nicht nur in der Vereinfachungsphase der Ornamentik im 3. Langhausjoch taucht das längst vergessen geglaubte Würfelkapitell wieder auf, sondern auch in den aufgestockten Obergeschossen der Osttürme und im Fenster des Nordgiebels. Die Zahl der Beispiele ließe sich vermehren. Das zwingt zu der Annahme, daß man über ein äußerst entwikkeltes Unterscheidungsvermögen verfügte und in verschiedenen »Stilen« arbeiten konnte bzw. den eigenen – ob freiwillig oder gezwungen – anzupassen wußte.

Auch bei den Skulpturen ist das zu beobachten. Die äußeren rechten Gewändefiguren des Fürstenportals *(Abb. 164)*, abgeschwächt auch dessen Tympanon, zeugen von der Angleichung des Stils der jüngeren Werkstatt an den der älteren, um ein einheitliches Werk entstehen zu lassen. Manche Vorstellung von Stilentwicklungen – am Fürstenportal immer wieder vorgetragen – und von den künstlerischen Wandlungs- und Ausdrucksmöglichkeiten wird man angesichts dieser Beobachtungen überprüfen, zumindest die Möglichkeit ins Auge fassen müssen, daß mit dem Auftrag auch formale Anweisungen verbunden waren. Hinsichtlich der Architektur bestärkt das noch einmal den eingangs hervorgehobenen »handwerklichen« Charakter.

Zum Schluß wird man die Frage stellen, welche historischen Vorgänge, seien sie politischer oder zwischenmenschlicher Art, sich in dieser Baugeschichte spiegeln mögen. Das klare Konzept des Anfangs muß einer »Normallösung« immer mehr weichen; warum? Die Schriftquellen schweigen dazu.

Wer in den Nachkriegsjahren und bis zur Gegenwart – teils öffentlich bekannt geworden, teils intern beobachtet – die Auseinandersetzungen um große Projekte der Denkmalpflege wie die Dome zu Würzburg und Speyer, an denen stets drei oder mehr Parteien beteiligt waren, verfolgt hat, gewinnt ein anschauliches Bild, wie so etwas im 20. Jh. verläuft. Vermutlich war es im Mittelalter ähnlich.

In diesem Zusammenhang scheint die bedeutungsmäßige Erhöhung des Ostchores durch die Einwölbung bei Plan II wesentlich zu sein. Die vermutlich schon damals beabsichtigte Verschiebung des Querhauses nach Westen bedeutete gleichzeitig eine Verkürzung des Westchores, der damit gleichsam »abgewertet« wurde, zumal dort noch keine Türme vorgesehen waren. Der Ostchor überwog mit seinen beiden Türmen eindeutig.

Die Weihe des Marienaltars 1229, um den es offenbar zu Auseinandersetzungen gekommen war, verlegte jenes angesehene Patrozinium nicht nur in den Bereich des Bischofs, sondern stellte wohl auch die letzte einer Reihe von Maßnahmen gegen das Kapitel dar. Sehr spät erst hatte man sich entschlossen, auch den westlichen Hauptchor mit Türmen zu versehen und ihn so außen mit dem Ostchor gleichwertig erscheinen zu lassen. Außerdem wurde auch die Vierung in das höhere Niveau des Chores einbezogen, der nun erst die gleiche Länge wie der Kapitelschor erreichte. Nach einer Phase der Reduzierung des Westchores erscheint die Altarweihe von 1229 als ein Zeichen der Bemühungen, den Bereich des Bischofs dem des Domkapitels zumindest gleichwertig auszugestalten. Die Frage, ob über diese Vermutung hinaus sich in der gesamten, wechselvollen Baugeschichte eine Auseinandersetzung zwischen Bischof und Kapitel spiegelt, kann hier aufgrund ihres hypothetischen Charakters nicht entschieden werden[1206].

Die ruhige, beinahe klassisch zu nennende Ausgewogenheit, die dem Bamberger Dom trotz gegensätzlicher Bestrebungen in seiner endgültigen Gestalt zu eigen ist, geht wohl auf eine letztlich nicht lösbare Durchdringung der Tradition des Kaiserdomes mit den Vorstellungen der Bauherren des 13. Jhs. zurück. Die Überlieferung einerseits und die Angleichung des Stiles der Ausführenden an das Althergebrachte andererseits mögen dies zu gleichen Teilen bewirkt haben.

# ANHANG

## LITURGISCHE QUELLEN ZUM BAMBERGER DOM*

### Renate Kroos

In seiner Einleitung zur Ausgabe des Chartreser Ordinarius lobt Yves Delaporte den Eifer, mit dem viele Gelehrte die Erforschung der französischen Kathedralen betreiben, fährt dann aber fort: *Toutefois, lorsque les auteurs de ces travaux ont pris nos grands monuments religieux pour objet de leurs recherches, ils en ont plutôt considéré, si l'on peut dire, le corps que l'âme: ils en ont mis en lumière la structure, la décoration plutôt que les causes profondes qui les ont fait sortir du sol et les besoins auxquels ils répondaient... Nos églises, cathédrales ou collégiales, en effet, n'on pas été bâties, comme on semble assez souvent le croire, pour abriter dans leurs pénombres les méditations silencieuses ou des prières privées, ni pour offrir un cadre grandiose à des manifestations exceptionnelles, telles qu'un »Te Deum« de victoire, le sacre ou les funerailles d'un souverain, ni pour être le rendez-vous d'innombrables pèlerins. A tout cela, elles se prêtent, et admirablement. Mais leur véritable raison d'être est de servir de cadre à la liturgie, c'est-à-dire à la célébration quotidienne de la messe et de l'office divin. Telle est leur vie, sans quoi elles ne seraient que des corps sans âme...*[1]. Der Hang der Kunsthistoriker, sich einzig dem Gebäude, dem Leib also (oder auch Leichnam) einer mittelalterlichen Kirche zuzuwenden, deren entschwundene oder ein wenig lebendige Seele, die zugehörige Liturgie, aber weder zu kennen noch auch als bedeutsam für die Gestaltung des Leibes zu erfassen – er war damals (1953) und nicht nur für Frankreich zu konstatieren. Die Tradition dieser Einseitigkeit ist lang. So sicher z.B. Dehio als gelernter Historiker die Urkunden und andere Quellen ähnlicher Art heranzieht, so unbeachtet läßt er die Aussagen aus dem Gebiet der Liturgie. Ob bei ihm und anderen Wissenschaftlern zu Beginn der modernen Kunstgeschichte dieser Bereich nicht (mehr) im Blickfeld war, ob laizistische oder auch mehr oder minder bewußte antiklerikale Stimmungen hemmend wirkten oder welche anderen Gründe zu der geschilderten und bis heute gleichgebliebenen Abstinenz führten, wäre von Beleseneren und Gebildeteren zu klären. Jedenfalls werden noch immer vergleichsweise selten die mittelalterlichen wie nachmittelalterlichen Gottesdienstordnungen zum genaueren »Lesen« der Kunstdenkmäler genutzt.

Sie sind für den in der Regel nicht entsprechend ausgebildeten Kunsthistoriker allerdings schwierig zu handhaben: Das Gemengsel von Textanfängen und Rubriken, oft weder logisch im Aufbau noch klar in der Diktion muß mühsam übersetzt, entschlüsselt und mit dem Gebäude der zugehörigen, inzwischen meist stark veränderten Kirche in Koinzidenz gebracht werden. Daß auch schon im 13. Jahrhundert und für zeitgenössische, liturgisch versierte Kleriker die Lektüre ihrer eigenen Ordinarien nicht zu den literarischen Vergnügungen gehörte, ist der Vorrede der Reimser Kathedralordnung zu entnehmen: *Unum autem petimus, ne stili hujus humilitatem delicinosus lector fastidiat, siquidem non fuit nostri propositi metris elegantibus et faleratis poematibus aures palpare, sed gloriari magis in Domino, si quid laboraverimus ad augmentum divini cultus minoribus profuturum. Proinde qui necesse habuerit hic legere, sensum et non verba sectetur, et de foliis arentibus fructum utilem et sapidum excerpat...*[2].

Zwei allgemeine Schwierigkeiten bestehen also: die fehlende liturgiegeschichtliche Ausbildung und die komplizierte Umsetzung der – auf ganz andere Ziele gerichteten[3] – Rubriktexte in kunsthistorische Feststellungen. Ein persönliches Handicap der Verf. ist, daß sie nie über Architektur gearbeitet hat. Dazu kommen im speziellen Fall, beim Bamberger Dom, noch die folgenden Probleme:

Ediert sind von Edmund Karl Farrenkopf die beiden frühsten Ordinarien der Kathedrale, jedoch ohne Kommentar. Nicht ediert sind die beiden späteren Ordinarien Bamberg, Staatsbibliothek, Ms. lit. 117 (nur Sommerteil, 15. Jahrhundert) und Ms. lit. 118 (15./16. Jahrhundert)[4] – sie wurden in Bamberg eingesehen – und weitere liturgische Handschriften aus Dombesitz.

Ediert sind, in Regestenform, die Urkunden der Bischöfe und des Domkapitels bis 1102[5]; die späteren Urkunden und Akten sind ungedruckt, nur einige wenige von ihnen teils als Regest, teils als Erwähnung in Fach- und Lokalliteratur[6] zugänglich. Von den über 4600 Originalurkunden bis 1400 im Hauptstaatsarchiv München wurden einige hundert durchgesehen; nicht dagegen diejenigen nach 1400 und die weiteren Archivalien im Staatsarchiv Bamberg[7].

Ediert ist komplett, jedoch sehr früh (1844), der Domnekrolog[8]; Kommentare zur Datierung der einzelnen Einträge finden sich bis 1102 bei Guttenberg[9]. Zahlreiche hoch- und spätmittelalterliche Notizen kann man wegen des fehlenden Urkundenbuches allenfalls per Zufall zeitlich einordnen.

Ediert sind die Kalendarien des Bamberger Domes zusammen mit denjenigen anderer Handschriften und Drucke aus Stadt und Hochstift[10], jedoch wiederum ohne zureichenden Kommentar betr. der Stiftung oder Erhöhung einzelner Feste nach den Urkunden.

Ediert sind einige dürftige chronikalische Nachrichten und die Notae sepulcrales[11], nicht ediert sind Bischofskataloge des 15. Jahrhunderts[12], die gleichfalls wegen Angabe der Begräbnisorte innerhalb des Domes von Interesse wären.

Nicht ediert sind die Akten zur Domrestaurierung im mittleren 17. Jahrhundert und die offenbar zahlreich erhaltenen, von Looshorn häufig zitierten Kapitelsrezesse. Aus den Rechnungen des Werkamts und der Dom-Kustorei standen nur die von Haeutle und Pfister[13] herausgegebenen, sprachlich wohl in der Regel modernisierten Auszüge zur Verfügung.

Insgesamt gesehen ist also der Publikationsstand zu den liturgischen Quellen im weitesten Sinne wie zu den historischen Quellen im Falle Bamberg sehr unbefriedigend. Wenn trotz aller aufgezählten, teils allgemeinen, teils persönlichen Hindernisse und Unvollkommenheiten das Thema »Liturgische Quellen zum Bamberger Dom« angegangen wird, so um zu zeigen, daß sich hier ein Weg zur besseren Kenntnis kirchlicher Architektur und ihrer Ausstattung eröffnet, den Kompetentere auch bei anderen Bauten, und gewiß liturgie- wie kunstwissenschaftlich besser gehen könnten, der aber bis heute nur selten eingeschlagen wird.

Unsere Hauptquelle sind diejenigen Werke, die unter zahlreichen Namen – Ordinarius, Directorium, Breviarium u.a. – sowohl die gleichbleibenden wie die innerhalb des Kirchenjahres wechselnden gottesdienstlichen Gebräuche verzeichnen. Sie geben von den (in anderen Handschriften ausgeschriebenen) gelesenen, gebeteten, gesungenen Texten jeweils nur die Anfangsworte, für die zugehörigen Handlungen hingegen vollständige Angaben (Rubriken). Diese »Regieanweisungen« bilden das für uns wichtige Material, Texte sind heranzuziehen, wenn durch sie ein bestimmtes Patrozinium und dadurch auch ein bestimmter Ort innerhalb des Dombaus erkennbar wird (s. u. S. 164). Der Ordinarius ist für die Durchführung des Gottesdienstes verbindlich, über das bei Zweifelsfragen einzuschlagende Verfahren unterrichtet z.B. die Kustodenordnung der Kathedrale von Laon, 1221: *Si aliqua officia supersint que non tetigimus, de eis fiat secundum quod in Ordinario determinatur, et si Ordinarius de eis non loquatur nec de consimilibus, fiat de eis secundum usum ecclesie, et si nec sic determinari possit, tandem ad consilium Remensis ecclesie* [also der zuständigen Metropolitankirche] *recurratur et stetur consilio ejusdem*[14].

Vielleicht sollte man noch darauf hinweisen, daß vor dem Tridentinum die Selbständigkeit der einzelnen Kirchen, nicht nur der Kathedralen, in allen Fragen des Kultus so groß war, wie heute kaum mehr vorstellbar. Im Mittelalter hat man diese aus der alten und eigenen Tradition erwachsenen Differenzen zwischen den einzelnen Kirchen durchaus positiv gewertet. So heißt es etwa in der Vorrede zum Xantener Stiftsordinarius des 13. Jahrhunderts: *Nemo itaque eorum, qui per divinam providenciam in hanc ecclesiam sunt collecti, sue tantum prudencie innitatur, ut hunc ordinem, eo quod usui alibi frequentato concinne forsitan non consonet in cunctis, iudicet procaciter contempnendum, sed melius quilibet corpori, cuius membrum esse desiderat, humiliter se studeat conformare... Meminerat eciam, quid beatus Ambrosius sancto Augustino de diversis ecclesiarum usibus responderit sciscitanti: »Ad quamcumque«, inquit, »ecclesiam perveneris, illius morem serva, si tu non vis cuiquam esse scandalum nec quemquam tibi«*[15]. Es sind also für jede Kirche nur deren eigene Ordnungen und Sonderformen heranzuziehen, Analogieschlüsse und mechanische Übertragungen unstatthaft.

Im Falle Bamberg liegt, wie gesagt, eine neue Ausgabe der beiden frühsten Domordinarien vor; der dort[16] angekündigte Kommentar war leider bei Drucklegung dieses Manuskripts noch nicht erschienen. Für die Datierung beider Handschriften kann man sich somit nur auf die knappen Hinweise der Einleitung stützen. Die historischen Hilfsmittel für zeitliche Eingrenzung besonders der zahlreichen Nachträge zu in ihrer Liturgie bereicherten oder neugestifteten Festen sind derzeit nur hie und da zugänglich – denn die Urkunden des Hochstifts nach 1102 sind ja ungedruckt und nicht einmal durch Regesten oder ausreichende Findbücher erschlossen[17]. Das von Farrenkopf im Haupttext edierte Breviarium Eberhardi cantoris ist der älteste erhaltene Dom-Ordinarius, verfaßt von einem Domkantor Eberhard, einstmals gleichgesetzt mit Eberhard von Hirschberg, in diesem Amt nachweisbar zwischen 1256 und 1268[18]; Farrenkopf identifiziert ihn mit Eberhard, vielleicht von Kenschindorf[19], er sei 1192 zum Domkantor ernannt und 1196 oder kurz nachher verstorben[20]. Doch erheben sich hier einige Fragen. Durch Urkunde von 1192 gründet Bischof Otto II. die Domkantorei[21], aber Eberhardus cantor bezeugt schon Urkunden von 1178, 1183, 1185, 1187, ca. 1190[22]. Er erscheint noch 1196[23], ein Nachfolger Arnold vor 1201 Okt. 15 (= dem Todestag des Ausstellers, Bischof Thiemo)[24]. Es scheint also, daß das Amt des Domkantors schon vor 1192 bestand, wenn auch wohl unzureichend bepfründet. – Die von Farrenkopf als Urexemplar Eberhards bezeichnete Version, seine Handschrift A (= Staatsbibliothek Bamberg Ms. lit. 116), enthält wenn auch knappe Texte zum Translationsfest der hl. Kunigunde (9. September)[25], die doch nicht vor der Kanonisation und Erhebung 1200 bzw. 1201 möglich sind. Außerdem heißt es im Incipit dieser Handschrift, der Ordinarius sei *ab Eberhardo sacerdote, eiusdem ecclesie cantore, diligenter conpilatum, cuius memoria in benedictione sit*[26], eine Formel, die so und ähnlich oft für Verstorbene gewählt wird. Demnach ist zu überlegen, ob wir mit dem angeblichen Urexemplar A nicht doch eine schon hie und da erweiterte Abschrift des frühen 13. Jahrhunderts vor uns haben. Viel später kann sie bei der noch ganz unausgebildeten Kunigundenliturgie nicht sein: Um 1217 (Urk. 484) ermöglicht eine Schenkung die feierliche Begehung des Kunigundenfestes am 3. März, das in Handschrift A am Rand nachgetragen wurde[27]. Den terminus post quem geben die Passagen zu den Festen des 1189 heiliggesprochenen Bischofs Otto[28].

Der von Farrenkopf in den Anmerkungen publizierte zweite Ordinarius, von ihm und hier weiterhin Handschrift C (= Bayerisches Staatsarchiv Bamberg, Bamberger Domkapitel B 86 Nr. 241) genannt, ist nicht exakt datiert. Farrenkopf[29] setzt ihn um die Mitte des 13. Jahrhunderts an, seine Nachträge reichen über das 14. Jahrhundert hinaus. Gerade bei ihm vermißt man schmerzlich eine genauere Fixierung der neugestifteten oder im Rang erhöhten Feste und damit der zugefügten liturgischen Texte und Rubriken.

Das Verhältnis der Handschriften A und C zueinander läßt sich folgendermaßen charakterisieren: Die jüngere Version ist zugleich die ausführlichere. Sie präzisiert in vielen Bereichen, fügt also etwa vor einem Textanfang Antiphon oder Responsorium zu, gibt die Anfänge der zitierten Texte um einige Worte ausführlicher, geht genauer auf Festverlegungen ein. Für unsere Fragestellungen ist entscheidend, daß sie besser ausgebildete Rubriken hat, also etwa – bei gleichbleibenden Texten – den Ort des besuchten Altars nennt[30], bei Prozessionen den Weg detaillierter angibt[31]. Erst sie äußert sich über die Feststufungen durch Geläut, Altarschmuck und Paramente. Diese Unterschiede sind nicht spezifisch für Bamberg. In der Regel sind Ordinarien je später um so reicher gerade auch in den Rubriken und entsprechend ergiebiger für alle kunsthistorischen Fragestellungen. Gleichartig steigert sich die Genauigkeit und Ausführlichkeit der liturgischen Anweisungen nochmals zwischen der Handschrift C und dem erwähnten Ms. lit. 117 und nochmals zwischen diesem und Ms. lit. 118. Bei Ms. lit. 117 handelt es sich um eine gepflegte, mit Initialen und Randleisten geschmückte Handschrift, die nach einer datierten Randbemerkung noch 1667 benutzt wurde (fol. 79$^v$). Dagegen wirkt der schmucklose, einspaltig mit überbreiten Rändern in eher nachlässiger Schrift ausgeführte Codex lit. 118 wegen der zahlreichen Korrekturen, Nachträge von verschiedenen

Händen neben dem Text und der vielen eingelegten Zettel wie eine Art Konzept. Nach Autopsie und den vor allem von Reitzenstein[32], Haimerl[33] und Klauser[34] ausgeschriebenen Passagen sind beide, auch zur Erhellung der früheren Ordinarien, höchst bedeutsam; ihre Publikation wäre gewiß nicht nur, aber auch für die Kunstgeschichte des Bamberger Doms von größtem Nutzen.

Trotz des relativ kurzen Zeitabstandes zwischen den beiden frühsten Versionen, A und C, betreffen sie zwei ganz verschiedene Zustände der Kathedrale. Mit Handschrift A aus dem früheren 13. Jahrhundert bewegen wir uns noch im Heinrichsdom, wenngleich nach zwei Bränden – 1081 und 1185 – repariert und auch verändert, besonders durch die Höherlegung des Georgenchores unter dem hl. Otto[35]. Dieser Bau war zur Zeit der Abfassung von A voll benutzbar, in beiden Chören, beiden Krypten wie auch im Langhaus; kein Teil kann damals durch Gerüste verstellt und unzugänglich gewesen sein. Handschrift C, nach Farrenkopf um 1250, setzt den bestehenden Dom voraus, ebenfalls in allen Teilen benutzbar. Um das Entscheidende vorwegzunehmen: Es ist verblüffend, wie wenig sich der zweite Ordinarius vom ersten unterscheidet, trotz der beträchtlichen Vergrößerung des Neubaus; doch auch wieder nicht so verwunderlich. Die Liturgie fordert den ihr gemäßen Raum, nicht umgekehrt. Wenn sich eine Gottesdienstordnung von ca. 1012 bis in den Anfang des 13. Jahrhunderts ausbilden und festigen konnte, so ist verständlich, daß sie nicht nach 200 Jahren um eines »modernen« Baus willen – z. B. mit nur einem Chor und repräsentativer Fassade – radikal verändert wurde[36]. Eine so schwerwiegende Umstellung hätte die liturgischen Traditionen der Kathedrale durcheinandergebracht, ja zerstört. Sie hätte auch rechtliche Komplikationen verursacht: Stiftungen für Prozessionen wären nicht mehr einzuhalten, Altäre müßten an ganz andersartige Plätze in der Kirche verlegt werden. In Bamberg hat man sich, wie die beiden Ordinarien erweisen, nach Kräften bemüht, möglichst viele der im und für den Heinrichsdom entwickelten Traditionen in den größeren Bau des 13. Jahrhunderts hinüberzunehmen. Auch die barocken Umgestaltungen änderten daran vergleichsweise wenig. Erst die rüde Purifizierung des frühen 19. Jahrhunderts erreichte es, daß man heute wohl noch im Außenbau, aber kaum mehr im Innenraum die mittelalterliche Kirche, wie sie die Ordinarien farbig schildern, erfassen kann, mit ihrer Fülle von Altären und Monumenten, mit abgeschlossenen, beherrschenden Chören, zwischen die sich das Langhaus fast nur wie ein Verbindungstrakt und Prozessionsweg legt (vgl. Abb. 25).

Die folgenden Abschnitte behandeln: den Außenbau mit Portalen und Türmen, die beiden Chöre, die beiden Krypten, das Langhaus mit Kreuzaltar und Kaisergrab, das Clemensgrab, zwei besonders exponierte Altäre, Notizen zur Ausstattung, Bildwerke.

Außenbau mit Portalen und Türmen. Der Dom als Ganzes kommt natürlich in den Ordinarien nicht vor, seine Türme nur soweit das Geläut[37] und die Turmkapellen (s. u. S. 164) erwähnt werden. – Sehr enttäuschend steht es mit der Bezeichnung der Portale. Entsprechend den spätmittelalterlichen Ordinarien gehen die Prozessionen hinunter zur Stadt oder nach St. Stephan, St. Jakob, St. Michael, der Andreaskapelle, demnach durch die Ost- oder die Nordportale. Aber die Handschrift A benennt überhaupt keinen Eingang, die Handschrift C nur einen einzigen, in jüngerem Nachtrag, also nach Mitte des 13. Jahrhunderts: Zum Kunigundenfest am 3. März erfolgt der Auszug zur Andreaskapelle *per ianuam sancti Viti*[38]; gleichartig ist der Prozessionsverlauf im 16. Jahrhundert nach dem Ordinarius lit. 118 (fol. 145ᵛ)[39]. Damals wurde die Veitstür auch bei den Prozessionen zu Palmsonntag und in Rogationibus (nach St. Michael), zu Fronleichnam, zum Jakobusfest (nach St. Jakob) benutzt[40]. Die Ms. lit. 117 angefügten Statuten (fol. 95ʳ) erlauben während liturgischer Akte im Langhaus nur Ein- und Ausgang durch die Veitstür, und durch die Pforte zur Sepultur hin, also im südlichen Querhausarm.

Die skulptierten Portale fehlen sämtlich. So ist es nicht unbedenklich, ihre spätmittelalterlich bezeugten Namen unreflektiert auf das 13. Jahrhundert und sogar auf den Heinrichsdom zurückzuprojizieren oder aus diesen Namen die Bildprogramme zu erklären.

Der nach den mir zur Zeit bekannten Quellen älteste gesicherte und auch späterhin sehr häufig begegnende Name für das jetzige Fürstentor ist »Ehethür«. Er begegnet zuerst in einer Rechnung von 1583/84[41] und oft im 18. Jahrhundert, dort in der Regel bei feierlichen Aus- und Einzügen des Bischofs[42]. Boeck deutet den Namen auf die Dompfarre[43]. Doch sprechen weder die liturgischen noch die philologischen Fakten für diese Interpretation. Der Pfarraltar St. Viti lag im Nordquerhaus (s. u. S. 173), war also am einfachsten durch die Veitstür zu erreichen. Und die Dompfarre war klein, sie betreute ja nur die innerhalb der Domimmunität wohnenden Laien, *infra septa nostri castri*, nach einem Statut von 1344[44]; noch 1733 reichte dem Dom ein einziger ruinöser Beichtstuhl[45]. Vor allem aber: Nach mittelalterlichem Sprachgebrauch und über das Mittelalter hinaus ist die Hauptbedeutung von »ehe«, »ê« = *seit langen zeiten geltendes recht oder gesetz … die norm des glaubens, der religion; die schrift, welche dieselbe enthält*[46]; *altiu und niuwiu ê* sind der alte und neue Bund, das Alte und das Neue Testament[47]. Genau das zeigen die Portalskulpturen, zwiefach: die Apostel auf den Schultern der Propheten, dazu die Personifikationen von Ecclesia und Synagoge (im mittelalterlichen Sprachgebrauch: *der kristen ê … der judischen ê*)[48]. Wenn diese m. W. bislang in der kunsthistorischen Literatur nicht vorgenommene Kombination von Bildprogramm und Portalname zutrifft, so wäre hier einmal einer der vergleichsweise seltenen Belege dafür erbracht, daß ein Eingang nach seinen Bildwerken, nicht nach seiner Lage oder Funktion (Galluspforte, Brauttür o. ä.) benannt wurde.

Den heutigen Namen, Fürstentor, konnte ich nicht vor dem 18. Jahrhundert nachweisen, weniger häufig als Ehethür, aber doch mehrfach[49]. Die Deutung ist einfach. Der Bischof von Bamberg wurde schon 1220 *princeps* und 1316 *Fürstbischof* tituliert[50], sein Wohnsitz – die alte Hofhaltung wie die Residenz – liegen dem Nordostportal gegenüber. – Auf welche Quelle der bei Pfister verzeichnete Name der *porta triumphalis* zurückgeht, war nicht zu ermitteln[51]. Bei der Rückkehr von der Lichtmeßprozession (von St. Stephan) erwähnt lit. 118 die *rubeam ianuam*, in ihrer Nähe das *stabulum asinorum* (fol. 139ʳ). Da diese Handschrift Veitstür und Gnadenpforte stets so benennt, stehen noch Fürstentor und Adamspforte zur Wahl. Nach einem fingierten, doch in der Regel und nachweislich echte Quellen benutzenden Reisebericht[52] verläßt der Bischof den Dom durch das Fürstentor, hier die *Rothe Thür* genannt. Vielleicht könnten, wie auch sonst, die Kenner der Lokalgeschichte ergänzen und präzisieren. Der Name kommt auch anderwärts vor; am Magdeburger Dom und an St. Bartholomäus in Frankfurt dienten sie nach der Literatur als Gerichtsplätze. Das gilt auch für das Nordwestportal des Paderborner Doms: Die Rote Pforte lag, wie in Bamberg, zur Pfalz hin[53]. Erst wenn sich die Identität von Roter Tür und Fürstentor durch neue, exakte Belege erhärten ließe, könnte man von einem weiteren und bislang ältestbezeugten Namen des Fürstentors sprechen. Und erst wenn man wüßte, daß, analog zu den zitierten Beispielen, auch in Bamberg dort Rechtsakte stattfanden (bezeugt sind sie bislang vor der Adamspforte, s. u.), erschiene die Weltgerichtsdarstellung im Tympanon in neuem Lichte. – Der 1331 wiedergeweihte Stuhlbrüderkirchhof befand sich nach der Urkunde (Nr. 2040) *an der vorten tuer*[54]. Da er zwischen dem Strebepfeiler an der Nordseite des Nordostturms und dem Nordportal (vgl. Abb. 25) bezeugt ist, kann sich die Formulierung auf das Fürstentor wie auf die Gnadenpforte beziehen.

Die Gnadenpforte kommt zuerst im Ordinarius lit. 118 unter diesem Namen vor[55], in der Regel als *janua gracie*, einmal als *die genadenreich thür*[56]. Sie diente für zahlreiche Prozessionen in die Stadt. Am ersten Tag der Bittwoche zog man in oder vor ihr unter den auf einer Trage postierten hochgehaltenen Reliquien hindurch (lit. 118, fol. 79ʳ), ein Brauch, der auch andernorts und früher geübt wurde[57], entsprechend dem Durchschlüpfen unter einem auf Säulen oder anderen Stützen aufgestellten Schrein hinter dem Altar. Der Name erscheint auch im Bericht über die Herrichtung des Domkranzes 1513[58]. – Die 1645/46 genannte *güllten Porten* setzt Pfister[59] mit dem Fürstentor gleich, doch fehlt in dem Rechnungsauszug, soweit er bei ihm abgedruckt ist, eine nähere Ortsbezeichnung. Und bezeugt, auch in Resten erhalten, sind reiche Vergoldung und Bemalung am besten bei der Gnadenpforte[60]. Küchel bezeichnet sie, auf seinem Umbauplan von 1768[61] nüchtern als *linker eingang* (über die Gleichsetzung von Norden und links vgl. S. 163 f. und 173). Ob das 1838 restaurierte *Georgenportal* mit der Gnadenpforte identisch ist, bliebe zu prüfen[62].

Das Südostportal, die heutige Adamspforte, heißt in spätmittelalterlichen Quellen Adam und Eva-Tür, also wieder nach den auffallendsten Bildwerken, so in den Acta Sanctorum: 1513 wurde der Domkranz gepflastert *a porta Adae et Evae usque ad portam gratiae*[63]; eine Reparatur erfolgte 1534 *bei der Thür Adam und Eva*, 1542 macht man *neue Staffeln an der Adam und Eva Thüre*[64]. Bei Pfister heißt sie (anläßlich der Restaurierung 1829) Adamspforte oder *Beckenthür*[65] – gegenüber lag die Stiftspfisterei. Nach Guttenberg wurde vor ihr das Dekanatsgericht abgehalten, jedoch frühestens im 15. oder 16. Jahrhundert; im 14. Jahrhundert tagte es im Kreuzgang, im 15. auch auf dem *rebenter*[66]. In den Ordinarien kommt sie nirgends erkennbar vor. Doch zeigt der Titelholzschnitt des Heiltumsbuches von 1493 *(Textabb.)*, wie die im Text angekündigte Prozession mit dem Heinrichsschrein um den Georgenchor herum in die Adamspforte einzieht; nach dem Schlußblatt des Bamberger Heiltumsbuches (London, British Museum Ms. Add. 15689, *Abb. 19*) wie dem danach gefertigten Titelholzschnitt des Heiltumsbuches von 1509 (vgl. Anm. 293) geht sie aber in die Kapitelgebäude, zum Kreuzgang. Nur auf der generell genaueren Zeichnung ist die Figur der Eva am rechten Gewände der Adamspforte erkennbar dargestellt.

In der modernen kunsthistorischen Literatur, z. B. bei Boeck[67], werden die beiden Osttüren bestimmt als zur Austreibung und Wiederaufnahme der Büßer, das Bildprogramm der Adamspforte sei auf diesen Akt zu beziehen und folglich sinnvoll. Diese Art der Benutzung sei schon 1020 bei dem Besuch von Papst Benedikt VIII. in Bamberg anzunehmen. Dagegen ist freilich Mehreres einzuwenden. Daß der Papst die feierliche Wiederaufnahme der Büßer vollzog, berichtet Bebo: *egressus foras, ante ianuam aecclesiae poenitentes... dissolvit, nec non in aecclesiam introduxit*[68]. Vom Ort innerhalb der

Bamberger Heiltumsbuch von 1493, München, Bayerische Staatsbibliothek cod. lat. 428, fol. 253ᵛ:
Osterprozession mit dem Heinrichsschrein

Domfreiheit, gar vom Portal, sagt er nichts; das Atrium, in dem Heinrich II. und ein Teil des Klerus den Papst empfingen, wird sowohl auf der Nord- wie auf der Ostseite der Kathedrale vermutet[69]. Daß der Heinrichsdom vor der ersten Veränderung durch den Brand von 1081 wie auch nach der Bautätigkeit des hl. Otto überhaupt zwei Ostportale besaß, haben die Grabungen nicht ergeben. Eher dagegen sprechen Gräber nahe vor dem Südostturm, also dem Bereich der nach den Ordinarien so auffallend selten genutzten Adamspforte[70]. – Die Bamberger Ordinarien enthalten, wie öfters, die vom Bischof durchzuführenden Akte der Büßeraustreibung und ihrer Wiederaufnahme nicht. Quellen, insbesondere solche des 13. Jahrhunderts, aber auch früherer und späterer Zeit, mit Beschreibungen dieser Zeremonien waren mindestens unter den veröffentlichten Liturgica des Domes nicht auffindbar. In den Rubriken dreier Bamberger Pontifikalien des 12. und 14. Jahrhunderts fehlen alle spezifischen topographischen Hinweise (Staatsbibliothek Bamberg Ms. lit. 55, fol. C^r; lit. 56, fol. 24^r und 35^v; lit. 57, fol. 21^v und 22^r). – Schließlich kann man sowohl das Programm der Adamspforte im Ganzen wie die Anordnung und Position der Gewändefiguren im Einzelnen eher sonderbar finden – doch diese Frage möge von Kompetenteren behandelt werden[71].

Hier stellt sich nochmals die Frage, ob der Heinrichsdom überhaupt Osteingänge besaß, seine Ost*türme* sind ergraben. Der Ordinarius des frühen 13. Jahrhunderts gibt dafür kaum Hinweise: Die Prozessionen zu den Bittagen entsprechen in ihrem Verlauf recht genau den Beschreibungen in lit. 118 (fol. 78^v ff.)[72]. Man kann also nicht ausschließen, daß der Auszug wie dort durch das Nordostportal in die Stadt hinunterführte, aber das ist hypothetisch und ungewiß. Vielleicht bringt eine andere Überlegung ein Stück weiter. 1012 wurde der rechte Altar im Osten dem hl. Nikolaus geweiht[73]. Nach Ausweis anderer Nachrichten und Gewohnheiten darf man rechts und südlich gleichsetzen (s. S. 173). In der zweiten Hälfte des 11. Jahrhunderts ist in diesem Bereich ein Nikolausaltar bezeugt: Eine Zahlung erfolgt *ad lumen s. Nicolai in turri*; den Stifter, Wicher, glaubt Guttenberg zwischen 1078 und 1087/96 nachweisen zu können[74]. Nahezu gleichzeitig, zwischen 1078 und 1102 begabt der Domherr Kacelin Fest und Kapelle *Nycolai in turri*[75], zwischen 1078 und 1120 der Domherr Poppo[76], 1121 der Dompropst Egilbert[77]. Diese sämtlich nur annäherungsweise zu fixierenden Nekrologeintragungen können teils noch vor den Dombrand von 1081, teils auch nach den Umbauten im Bereich des Georgenchores unter dem hl. Otto fallen. Mindestens für das 11./12. Jahrhundert ist aber diese Turmkapelle St. Nikolaus im alten Dom gesichert. Noch diesem Nikolausaltar gelten wohl Stiftungen von 1203/06[78] und um 1217 (Urk. 484, *lumen ante altare sancti Nicolai in turri*). In den Ordinarien A und C wird er nicht erwähnt, zu seinem Fest (Nachtrag in C) der Georgenchor geschmückt[79]. Das noch der ersten Hälfte des 13. Jahrhunderts angehörende Lampenverzeichnis 1 der Kathedrale verzeichnet ein Licht *Sancto Nycolao in Turri*[80]. Im Domneubau war an entsprechender Stelle wieder ein Nikolausaltar errichtet, beschenkt im Testament des Domdekans Krafto, um 1237: *nouo altari S. Nycolay* (Urk. 587)[81]. Nach einer Urkunde von 1330 befand er sich *in dem wendelstein*[82].

Sein Gegenstück, der linke Altar des Ostchores, wurde 1012 dem Blasius und anderen Heiligen geweiht[83]. Die weiteren Nachrichten sind im Gegensatz zum Nikolausaltar spärlich, doch nennt ihn (*sancto Blasio in Turri*) das erste Lampenverzeichnis, unmittelbar vor dem Nikolausaltar[84]. Aus dieser Abfolge kann man wohl erschließen, daß dieser Altar im Nordostturm zu suchen ist[85]. In den Ordinarien A und C erscheint er weder unter dem Blasius- noch unter dem späteren Kilianspatrozinium. Das Lampenverzeichnis 2 aus dem frühen 14. Jahrhundert zählt nacheinander auf den Georgsaltar im Ostchor und die Kunigundenreliquien auf dem Georgenchor (s. u. S. 166), dann den Nikolaus- und danach einen Kiliansaltar[86]. Es sieht demnach so aus, als habe sich in der Zwischenzeit, möglicherweise durch den Domneubau bedingt oder mitbestimmt, ein Patroziniumswechsel vollzogen[87]. Er bedeutet aber nur eine Änderung des Verehrungsorts, nicht die Neuaufnahme eines Heiligenkultes. Denn Kilian wird schon in den ersten Urkunden des Domstifts gelegentlich als Mitpatron genannt[88]. Dieser Akt hagiographischer Courtoisie gegenüber dem besonders geschädigten Bistum Würzburg wurde also im 13. Jahrhundert in Form eines – freilich etwas abgelegenen – Kiliansaltares erneuert. 1330 erfolgte eine Lichtstiftung auch an den Kiliansaltar *in dem Wendelstein, da die grozze glokken inne hangent*[89]. Die zwischen 1374 und 1399 zusammengestellten Notae sepulcrales beschreiben die Grabstätte des Bischofs Rupert († 1102) als *in choro sancti Georgii iuxta ascensum capelle sancti Kyliani*[90], und ähnlich, ein Jahrhundert später, Hartmann Schedel: *in choro sancti Georgij... ad capellam sancti kiliani* (clm 46, fol. 41^v)[91] und nochmals gute hundert Jahre später Hofmann: *in choro S. Georgii, ad sacellum D. Chiliani*[92]. 1494/95 heißt er Kiliansaltar im Turm im Georgenchor[93]. 1735 wird der Kiliansaltar *in turri* als schwer zugänglich und verwahrlost geschildert, die zwei wöchentlich auf ihm zu lesenden Messen soll man auf den Vitusaltar transferieren[94].

Die beiden Chöre. Grundlegend für alle späteren liturgischen Entwicklungen sind die in der Weihenachricht von 1012 bezeugten Zustände. Der Westaltar wird als Hauptaltar bezeichnet (*Altare occidentale, quod in eadem ecclesia precipuum est et principale*), mit Peterspatrozinium[95]. (Vor ihm fanden sich die Substruktionen einer großzügigen Treppenanlage.) Der Hauptaltar im Ostchor ist Maria, Michael, Georg u. a. geweiht[96]. Eine besondere Verehrung des hl. Georg durch Heinrich II. bezeugen die Miracula Adalheidae (*Heinricus rex, sancti Georgii martyris singularis cultor*)[97]. Georg ist schon 1007, also vor der Weihe, als einer der Dompatrone genannt[98], als einziger neben Petrus fast durchgehend ab Mitte des 11. Jahrhunderts[99]. Entsprechend erscheint auch der östliche Hauptaltar lange vor dem Neubau des 13. Jahrhunderts als Georgenaltar[100]. Die beiden Chöre werden in ausnahmslos allen mir bekannten Quellen, gleich ob Ordinarien oder Urkunden, Nekrologen und Statuten, Altar- und Lampenverzeichnissen, vom 12. bis zum 18. Jahrhundert stets unter den Namen ihrer Hauptaltar-Patrozinien geführt, als Peters- und Georgenchor; für eine Benennung etwa als Papst- und Königs- oder Kaiserchor fehlen historische Belege.

Folgende Fragen sind nun zu stellen. Welche liturgischen Dienste werden in welchem Chor durchgeführt, zunächst nach dem Ordinarius Handschrift A, also im alten Dom, dann nach Handschrift C, also im Neubau. Weiter: Ist daraus, und aus zusätzlichen Quellen, die Bevorzugung eines Chores zu erschließen und ab wann? Weil, wie gesagt, die Rubriken der zweiten Fassung des Ordinarius (C) – bei vielfach identischen Texten – genauer sind, stehen am Anfang die wenigen Stellen, an denen beide Handschriften Angaben über den Ort des Gottesdienstes machen. Danach folgen die allein im Grundbestand der Handschrift C überlieferten Anweisungen, dann deren Nachträge.

Beide Ordinarien sagen übereinstimmend, daß die Prozessionen der Adventssonntage auf den Georgenchor (Abb. 7) führen[101], zu den dort gesungenen marianischen Texten s. u. S. 165. – Handschrift A: Nach den Texten zum dritten Tag der Bittwoche, also der Himmelfahrtsvigil, folgt ein Passus, *Quando in estate fit processio*. Danach geht die Geistlichkeit nach Rückkehr von der Prozession zum Peterschor (Abb. 9), erschließbar aus der Antiphon *Symon bariona*. Handschrift C läßt die Wahl zwischen Peters- und Georgenchor[102]. – Am Vigiltag der nativitas Sancti Johannis Baptistae (23. 6.) läßt Handschrift A nach der Rückkehr von der Johanniskapelle bei St. Stephan in den Peters- oder in den Georgenchor gehen (wiederum nach den Antiphonen *Symon bariona* bzw. *Laudem dicite*)[103], Handschrift C nennt den Georgenchor[104]. – Zur Vigil Jacobi apostoli (24. Juli), nach der Rückkehr von St. Jakob, gibt A die Wahl zwischen Peters- und Georgenchor, C nennt diesmal nur den Peterschor[105]. – Ein System ist aus diesen wenigen Direktvergleichen kaum abzuleiten, weder im Sinne der Bevorzugung des einen oder des anderen Chores noch gar für eine durchgreifende Änderung der Liturgie im Neubau.

Es folgen die aus dem Grundstock der Handschrift C, also um 1250, nachweisbaren Ortsangaben, zu denen Analogien in A fehlen. Sie können in manchen Fällen das expressis verbis vorschreiben, was schon zur Zeit des Ordinarius A aus dem Anfang des 13. Jahrhunderts in Übung war, doch sind solche Rückschlüsse nicht zu verifizieren und deshalb fruchtlos. Wenn die Weihnachtsvigil auf einen Sonntag fällt, wird die erste Messe im Georgenchor gesungen, die zweite *publica de vigilia in choro sancti Petri*[106]. In der Weihnachtsnacht geht die Prozession (vom Peters-) zum Georgenchor, und zwar nach der auch vom Kaiser zu verlesenden Lektion *Exiit edictum*[107]. Das *Liber generationis* wurde anscheinend wieder auf dem Peterschor gesungen[108]. – Am Karfreitag findet die Kreuzweisung vor dem Peterschor statt (s. u. S. 168), zum Kreuzbegräbnis zieht man in den Georgenchor. Und in der Osternacht werden Kreuz und Sakrament wieder in feierlichem Zuge vom Georgen- zum Peterschor getragen[109]. – Wenn das Georgsfest (23. April) in die Osterwoche fällt, wird die erste und die zweite Vesper im Peterschor gehalten; *processio fiat ad chorum sancti Georii... prima missa de feria cantetur in choro sancti Petri. Publica in choro sancti Georii*[110]. – Zur Kirchweihe (6. Mai) singt man die erste Vesper im Peterschor, es folgt eine Prozession zum Georgenchor[111]. – Zu Trinitatis läßt C die Wahl zwischen Peters- und Georgenchor[112]. – In der ersten Vesper des Andreasfestes (29. November) geht die Prozession zum Georgenchor, der Peterschor wird mit 12 Kerzen erleuchtet[113].

Rubriken aus den Nachträgen der Handschrift C: Zum erst im 14. Jahrhundert eingeführten Fronleichnamsfest[114] und seiner Oktav wird der Georgenchor geschmückt, Ziel der Prozession sind Peterschor und Vitusaltar[115]. – Aus diesen verstreuten Notizen läßt sich doch ablesen, daß bei zahlreichen Hochfesten beide Chöre in liturgischer Funktion sind und wechselweise benutzt werden. In beiden standen und stehen ja auch komplette Chorgestühle. Zieht man andere Quellen hinzu, so bedenken die Gaben für das Geleucht beide Chöre gleichmäßig, so um 1217 je eine Lampe vor dem Peters- und Georgenchor, 1252 je zwei: *lumen ante chorum beati Petri et lumen ante chorum beati Georii* (Urk. 484 und 708). Das Vikarieverzeichnis, zwischen 1406 und 1408[116] schreibt vor: *Item duo vicarii ad altaria maiora in choro sancti Petri et in choro sancti Georgii unus per unam ebdomadem sex et alter per aliam totidem missas post summe misse Evangelium in uno dictorum chororum, in quo non agitur officium divinum illa die, missam celebrabit*[117].

Es gibt aber auch eine Reihe von Festen, zu denen nur ein Chor erwähnt wird, und da ist schon im Haupttext von C der Georgenchor häufiger nachweisbar. Allerdings muß man berücksichtigen, daß die frühen Bamberger Ordinarien alle bischöflichen Akte aussparen. Nur der Peterschor ist verzeichnet zum Fest des hl. Otto (30. September) und zur Vigil von Allerheiligen (Anzünden von 12 Kerzen)[118], nur der Georgenchor zu Nikolaus, Lichtmeß, Theodor, Martin[119], also zu einem Marienfest, einem Märtyrerfest[120] und zwei Bekennerfesten. Deutlicher wird die Tendenz, den Georgenchor häufiger zu nutzen, in den Nachträgen des Ordinarius C, also von Mitte des 13. Jahrhunderts bis etwa 1400: Barbara, Conceptio Mariae, Anna, Elisabeth von Thüringen[121]; nur ein einziger Zusatz, zum Fest Kreuzerhöhung, fordert eine Prozession zum Petersaltar[122]. Was hierbei auffällt, ist, daß der Georgenchor zu Marienfesten wie zum Fest der Mutter Anna geschmückt wird, auch nachdem 1229 der erste Marienaltar im Westquerhaus geweiht worden war (s. u. S. 173). Man darf vermuten, daß hier das ursprüngliche Marienpatrozinium vom Hauptaltar im Ostchor nachwirkt. Dafür sprechen weiter das ehemals an der Nordschranke versetzte Verkündigungsrelief (und die ebendort aufgestellte Heimsuchungsgruppe), ebenso – in Erinnerung an das ursprüngliche Michaelspatrozinium des Georgenaltars – das Relief des Michael im Drachenkampf an der Südschranke[123]. Da die Verkündigung *vor* den Propheten, damit vor den Vertretern der Zeit sub lege ihren Platz hatte, ist sie auch als Ratschluß der Erlösung, Beginn der Heilsgeschichte aufzufassen, ebenso wie nach den Aposteln mit Credo-Texten (Vertreter der Zeit sub gratia, jedoch *nach* der Himmelfahrt Christi – ein Christuszyklus mag sich an der verlorenen Westschranke befunden haben) der Michael im Drachenkampf auch das Ende der Zeit, das Weltgericht verbildlicht.

In der Literatur wird die Bevorzugung des Georgenchores teils schon mit der Erneuerung unter Bischof Otto im frühen 12. Jahrhundert, teils mit dem von Ost nach West fortschreitenden Bau des 13. Jahrhunderts in Zusammenhang gebracht. Reitzenstein sieht in der Erhöhung durch Bischof Otto eine Rangerhöhung des Ostchores, was aus dem Text – *chorum s. Georgii exaltavit* – nicht hervorgeht[124]; für eine tatsächliche Höherlegung sprechen die ergrabenen Bauteile westlich der Johanniskrypta. Die beiden Ordinarien des frühen und des mittleren 13. Jahrhunderts lassen eine Bevorzugung des Georgenchores allenfalls ansatzweise erkennen. Nicht brauchbar ist m. E. die von Reitzenstein[125] erschlossene Ostung des gesamten Doms aus dem gemalten Epitaph des Bischofs Lupold von Bebenburg († 1363) gegenüber dem ehemaligen Laurentiusaltar (Abb. 25, Nr. 60). Denn daß man, wo immer ein Bau es gestattete, nach Osten gewandt zelebrierte und Altäre entsprechend jeweils vor die Westseite der Langhauspfeiler setzte, ist selbstverständlich. Man kann daraus aber nicht eine Bevorzugung des Ostchores vor dem Westchor ableiten. Außerdem wurden im Zuge der großen Domrestaurierung nach dem Dreißigjährigen Kriege 1686/87 zwölf Altäre im Dom neugeweiht, darunter auch die im Langhaus[126]. Aus der Tatsache der Neuweihe ist zu schließen, daß man nicht nur die Altaraufsätze erneuert hatte, sondern die Altäre selbst. Damals wurde also der spätmittelalterliche Zustand einschneidend verändert. Wie einschneidend, ist nicht mehr genau zu erkennen, da die barocken Schiffsaltäre ihrerseits sämtlich der Purifizierung des 19. Jahrhunderts zum Opfer fielen. Aus der vielzitierten Innenansicht der Kathedrale von 1669 (Abb. 17)[127] geht hervor, daß die Bänke im Mittelschiff zum Georgenchor hin orientiert waren, auf dem ja auch wenig früher das Kaisergrab mit dem aufwendigen Heinrichs- und Kunigundenaltar seinen Platz gefunden hatte (s. u. S. 172). Für das Mittelalter aber ist doch mehr die Verbundenheit der beiden Chöre charakteristisch, ausgedrückt durch die zahlreichen Prozessionen, die das Langhaus von Westen nach Osten wie von Osten nach Westen durchziehen[128], gleichartig aus dem um ein Viertel kleineren und durch die Veränderungen an der Ostkrypta unter dem hl. Otto zusätzlich verkürzten Heinrichsdom in den beträchtlich vergrößerten Bau des 13. Jahrhunderts übernommen.

Nicht selten heißt es in den Ordinarien: *redeant ad chorum, ascendentes chorum, descendant de choro, cantatur in choro* oder ähnlich – ohne Ortsbestimmung[129]. Gelegentlich kann man aus dem Zusammenhang rekonstruieren, welcher Chor gemeint ist, doch längst nicht immer. Das ist leicht zu erklären: Die Benutzer des Ordinarius, jedenfalls die *majores et exercitati*[130], kannten ihren Dom und seine althergebrachte Gottesdienstordnung; sie kamen mit weitaus weniger Information zurecht als der moderne Besucher ohne Detailkenntnis der Liturgie und in einem stark veränderten Kircheninnenraum. Doch sollte diese nicht stets exakte Ausdrucksweise die Bauforscher davor warnen, m. E. zu weitgehende Schlüsse aus einem Urkundentext zu ziehen, der als Ort der feierlichen Handlung einzig angibt: *in choro maioris ecclesie* (1219)[131].

Seit langem wird aus der historischen Überlieferung angeführt, daß dem Domkapitel speziell der Georgenchor eignete, dem Bischof der Peterschor[132]. Doch werden – keine mittelalterliche Regel ohne Ausnahme – die Domherren auch als *canonici sancti Petri* bezeichnet, in einer Urkunde von 1116 (Urk. 158), die im Michelsberger Nekrolog eingetragenen Domkleriker erscheinen regelmäßig als Presbyter, Diakon etc. *sancti Petri* (12. Jahrhundert)[133]. – Schenkungen an das Domkapitel wurden in der Regel auf dem Georgenaltar dargebracht, für den Bischof auf dem Petersaltar[134]. Aber auch das trifft nicht immer zu. 1019 ist eine Stiftung zugunsten des Kapitels auf dem Peterschor bezeugt, ebenso 1231[135]. Auch hier muß man also vor zu scharfen Schlußfolgerungen für die Baugeschichte warnen.

Die Domherren bezeichnen Georg als ihren Patron, z. B. 1063[136], nennen sich Georgenbrüder (1136)[137]; das 1093 nachweisbare Domkapitelssiegel hat einen reitenden Georg (Urk. 143); im Corveyer Fraternitätsbuch, um 1158, steht das Bild des hl. Georg über der Seite, die *nomina canonicorum Bauenburch* aufnehmen sollte (Münster, Staatsarchiv Ms. I 133, S. 76). Aber: Schon Bischof Eberhard I. ließ Münzen mit dem Georgskopf schlagen[138], die feierliche allmonatliche Seelmesse für Bischof Adalbero († 1057) fand im Georgenchor statt[139], der Stifter-Bischof[140] auf dem Tympanon der Gnadenpforte wird von dem hl. Georg geleitet und empfohlen, nicht etwa von Petrus. Und die wenigen Bischofssiegel – ab 14. Jahrhundert – mit Heiligenbildern zeigen nie Petrus, sondern Heinrich und/oder Kunigunde, bei Bischof Wulfing, 1311 (Urk. 1507) auch Georg zwischen dem Kaiserpaar[141].

Die spezifischen Beziehungen zwischen Domkapitel und Georgspatrozinium sind früher und deutlicher zu fassen als die zwischen Bischof und Peterspatrozinium. Nach Lit. 118 fand die Synode jährlich im Peterschor statt (fol. 85ʳ), ebenso die feierliche Heilig Geist-Messe vor einer Bischofswahl und/oder die Bischofsinvestitur, zwischen 1400 und 1505 und wieder von 1577 bis 1800[142]. Aber sogleich werden zur Regel die Ausnahmen mitgeliefert. 1523 wird ein Gestell für die Bischofsweihe im Georgenchor aufgebaut[143], 1642 wie 1672 und 1683 wird die Heilig Geist-Messe vor der Bischofswahl im Georgenchor zelebriert[144]. Und nach lit. 118 ist für den spezifisch bischöflichen Akt der Chrismaweihe am Gründonnerstag der Georgenchor vorgeschrieben[145]. Andererseits werden die Dignitare des Domkapitels, Propst und Dekan nicht, wie man erwarten sollte, im Georgenchor gewählt, sondern im Peterschor, jedenfalls im 17. und 18. Jahrhundert[146]. Hundertprozentige Logik hat wie allgemein im Mittelalter so auch hier nicht geherrscht.

Nimmt man ein weiteres Kriterium hinzu, die Wahl des Bestattungsortes, so ist für die Zeit bis etwa 1300 zu konstatieren, daß kaum Bischöfe im Peterschor beigesetzt wurden, vielmehr häufiger in der Nähe der Kaisergräber, also im Mittelschiff, auf und vor dem Georgenchor, auch bei einzelnen Altären, besonders wenn sie sie gestiftet oder beschenkt hatten. Die in den Dom des 13. Jahrhunderts übernommenen früheren Bestattungen müssen wohl einmal transloziert worden sein, wobei – da die Nachrichten über die einzelnen Gräber fast ausnahmslos dem 14. Jahrhundert entstammen – der Platz der Erstbestattung im Heinrichsdom unbekannt bleibt. Im Mittelschiff des Ekbert-Doms lagen die Bischöfe Eberhard I. († 1040, s. u. S. 171), Egilbert († 1146), Thiemo († 1201)[147], Wulfing und Heinrich († 1318, 1322, s. u. S. 171). Im Georgenchor: Adalbero († 1057)[148], Gunther († 1065), ursprünglich in der Gertrudenkapelle begraben[149], Rupert († 1102) und Otto II. († 1196)[150]. Vor und im Peterschor: als erster Bischof Ekbert († 1237), aber nachweisbar erst seit dem späteren 14. Jahrhundert, in den zwischen 1374 und 1399 entstandenen Notae sepulcrales[151]. Das zweite Lampenverzeichnis (Anfang 14. Jahrhundert) verzeichnet das Licht *ad sepulcrum Ekberti*, doch ohne Ort. Davor wird aufgeführt die Lampe beim Marienbild im Ostteil des Nordseitenschiffs (s. u. S. 175), danach der Mauritiusaltar vor dem Peterschor (s. u. S. 168) und anschließend der Peterschor[152]. Man kann vermuten, oder jedenfalls nicht ausschließen, daß um diese Zeit das Grabmal schon an derselben Stelle stand wie die Notae sepulcrales angeben[153]. Als nächster Bischof wird Leupold I. († 1303) bestattet *iuxta introitum sacristie maioris in choro sancti Petri*[154], Leupold II. († 1343) *in choro s. Petri apostoli ante sacristiam minorem, in qua ministri se induunt preparamentis*[155] bzw. *ante altare sancti petri apostoli* (clm 1211, fol. 29ʳ), häufiger ab Ende des 14. Jahrhunderts[156]. Gerade für den hier wichtigen Zeitraum bis zum Abschluß des bestehenden Dombaus überwiegen Bischofsbegräbnisse außerhalb des Peterschores. Und die Laien höchsten Ranges liegen bis zu dieser Zeit ausnahmslos nicht auf dem Georgenchor, sondern im Langhaus: Heinrich II., Kunigunde, Konrad III.

Festzuhalten aus diesen kleinteiligen und umständlichen Erörterungen ist Folgendes: Das Georgspatrozinium des Domkapitels ist alt und vielfach bezeugt, das Peterspatrozinium der Bischöfe weniger eindeutig und mit vorwiegend spät- und nachmittelalterlichen Belegen. Ausnahmen zu diesen Feststellungen kommen in beiden Richtungen vor. Davon ist die liturgische Benutzung der Chöre zu unterscheiden. Sie läßt vor den Veränderungen des mittleren 17. Jahrhunderts nur ein leichtes Übergewicht des Georgenchores erkennen; bei dem Abschnitt über die Kaisergräber wird darauf zurückzukommen sein.

Auf beiden Chören standen außer den namengebenden noch weitere Altäre, so im Westchor 1391 der Altar der HH. Maria und Michael *in choro S. Petri versus chorum S. Georgii, ubi solemnioribus festis evangelium solet legi, per nos* (= Bischof Lampert) *de novo constructum*[157], also nach Osten zu, vor Petersaltar und Clemensgrab gelegen, noch 1625 genannt *oben vor dem Peters Chor*[158]. Im Ostchor ist bezeugt der vielleicht schon im ausgehenden 12. Jahrhundert gestiftete Altar der Apostel Philippus und Jacobus (und Oswald)[159] – Bischof Otto II. machte 1179 eine Stiftung zum Fest der beiden Apostel (Urk. 339) und war im Neubau vor diesem Altar begraben[160]. Sicher nachweisbar ist der Altar um 1237, durch testamentarische Stiftung des Domdekans Krafto[161], 1414 *mitten auf s. Joergenchor*[162]. In den Ordinarien fehlt er. Außerdem befand sich auf dem Georgenchor der kleine Kunigundenaltar, nicht zu verwechseln mit dem reich bepfründeten und viel genutzten Kunigunden- oder Heinrichs- und Kunigundenaltar im Langhaus (s. S. 169). Hier wurde in einer *capsa* – nicht unbedingt einem Kopfreliquiar gleichzusetzen – das Haupt der heiligen Kaiserin verwahrt. Wichtig ist die Formulierung einer Urkunde von 1268: Gestiftet wird ein Licht *ad caput sancte Kunegundis ubi iam reclusum est vel in* *posterum recludetur*¹⁶³. Ob mit einer Wachsstiftung von 1257 für den Altar *sancte Kunegundis in maiori ecclesia* dieser oder der große Kunigundenaltar gemeint ist, bleibt offen; Guttenberg¹⁶⁴ bezieht sie auf den Kunigundenaltar im Schiff, doch ist dieser überhaupt nicht in dem um 1250 datierten Ordinarius C und ebensowenig in seinen Nachträgen vermerkt, die erste sichere Nachricht gibt eine Urkunde von 1285 (s. u. S. 169). Der kleine Kunigundenaltar mit der capsa oder – 1541 – das *Häuslein St. Cunegundis, darin ihr Haupt steht*¹⁶⁵, war *retro altare (sancti Georgii)*¹⁶⁶. Dort bewahrte man auch eine auf das Kunigundenofficium bezügliche Urkunde auf (1288)¹⁶⁷, in seiner Nähe wurde das Heilige Grab aufgebaut (s. u. S. 173). Zur Entstehungszeit des Büstenreliquiars der Heiligen äußern sich Bassermann-Jordan/Schmid nicht¹⁶⁸. Wie häufiger gibt der kleine Holzschnitt im Heiltumsbuch von 1493 (clm 428, fol. 262ʳ) nur ein klischeehaftes Bild, entsprechend anderen Kunigundendarstellungen des 15./16. Jahrhunderts, mit Bügelkrone und flatterndem Schleier. Der Londoner Codex hingegen – er wurde mir erst unmittelbar vor Abschluß des Manuskripts zugänglich – zeigt eine sehr knappe, wesentlich früher wirkende Reliquienbüste; man glaubt auch die zwei aufeinandergesetzten Kronen zu erkennen (Erstdr. Abb. 6). Im Zuge der barocken Neueinrichtung wurden 1649/50 auf beiden Chören mehrere, nicht spezifizierte Altäre abgebrochen¹⁶⁹, der Titel des Philippus-Jacobus-Altares lag spätestens ab 1663 auf dem Altar am zweiten Pfeiler der Südseite *(Abb. 25, Nr. 7*¹⁷⁰*)*.

Beide Chöre waren auch zum Mittelschiff hin abgeschrankt, ohne daß die Quellen exakte Aussagen über Material und Form überliefern; Fundamente des Ostlettners wurden ergraben. Beide Lettner hatten zwei Türen, die *janua prepositi* und die *janua decani*, genannt nach der dahinter befindlichen Gestühlsreihe, in der Propst und Dekan jeweils den Ehrenplatz einnahmen. Diese Bezeichnung kommt in Handschrift C nur einmal, als Nachtrag vor, bei Gelegenheit der Prozession zum Altar Johannis des Täufers, der zwischen 1286 und 1296 gestiftet wurde (s. u. S. 167f.)¹⁷¹, sehr häufig dagegen in lit. 117 und lit. 118¹⁷². Ohne Name erwähnt Handschrift C eine Tür vor dem Peterschor¹⁷³. Aus verschiedenen Nachrichten über das Ekbertgrab läßt sich erschließen, daß sich ein Ambo vor dem Peterschor befand: *ante chorum sancti Petri iuxta altare sancti Mauricii* (Notae sepulcrales)¹⁷⁴; *sepulchrum Eckwerti Episcopi sub ambone* (lit. 117, fol. 48ᵛ und gleichartig lit. 118, fol. 179ʳ); *Tumulus vero marmoreus, e terra leuatus... ante aram S. Mauricii, sub umbone* [lies: ambone] (Hofmann)¹⁷⁵. Durch den Ambo wird auch noch im Bau des 13. Jahrhunderts die alte Vorrangstellung des Peterschores erwiesen.

Die beiden Krypten. Schon in der Ostkrypta des alten Domes stand ein Altar des Evangelisten Johannes. Um 1093/1116 wird er von dem Grafen Wolfram beschenkt¹⁷⁶ *(s. Johanni in cripta)*. Zwei weitere Nekrologeintragungen sind noch genauer: *Sacerdoti qui celebrat ad s. Jo[hann]em in Cripta* bzw. *luminaria cripte s.Joh[ann]is ap[osto]li et ew[angeliste]*¹⁷⁷. Daß der Evangelist gemeint ist erweisen weiterhin die Prozessionstermine des Ordinarius A (s. u.). Johannesreliquien waren schon 1012 im Petersaltar niedergelegt¹⁷⁸, nach Ebo war Johannes ev. ein besonderer Patron des hl. Otto, der ja den Georgenchor mit seiner Krypta umbaute¹⁷⁹. Ob der Johannisaltar vor seine Zeit zurückreicht, lassen die Quellen nicht erkennen. Wie die meisten anderen Patrozinien wurde auch dieses im Bau des 13. Jahrhunderts an entsprechender Stelle bewahrt. Das erweisen das erste Domlampenverzeichnis, *[lumen] Cripte sancti Johannis*, das Testament des Bischofs Ekbert, 1237¹⁸⁰ und der Ordinarius Handschrift C (s. u.), danach weitere Quellen des 14. und 15. Jahrhunderts: das zweite Lampenverzeichnis, Anfang des 14. Jahrhunderts¹⁸¹, eine Urkunde vor 1367 (Nr. 3361), die zwischen 1406 und 1408 zusammengestellte Vikarienliste¹⁸².

Nach dem Ordinarius A erfolgte eine Prozession zu diesem Altar in der zweiten Vesper des Stephanstages (26. Dezember), zugleich Vigil für das Hauptfest des Evangelisten Johannes: *fiat processio ad sanctum Iohannem*. Zum gleichen Termin sagt Handschrift C: *fiat processio ad sanctum Iohannem in cryptam*¹⁸³. Hinzuweisen ist in diesem Zusammenhang auf eine Urkunde von 1283 (Nr. 975), die zu den Festen der Priester, Diakone und Subdiakone/Schüler¹⁸⁴, also zu den drei Festen nach Weihnachten (Johannes evangelista, Stephanus, Innocentes) *ludi theatrales* und *monstra laruarum* verbietet. Die zweite Prozession fand statt zum Fest Johannis ante portam latinam (6. Mai, im Spätmittelalter wegen der auf diesen Tag fallenden Kirchweihe auf den 7. Mai verlegt). Handschrift A sagt: *itur AD SANCTUM IOHANNEM, UBI DEDICATIO est, ubi oratio de dedicatione altaris* (das letzte Wort ist nachträglich zugefügt). In Handschrift C ist diese Prozession wegen der Kirchweihe – der von 1237 – nicht mehr aufgeführt¹⁸⁵. Im Ordinarius lit. 118 (fol. 21ʳ) wird der Prozessionsweg für den 26. Dezember angegeben: *processio exeat per januam decani per medium ecclesie descendendo prope altare sancte katherine ad criptam [.] juniores scolares stabunt versus altare sancti johannis, maiores vero versus fontem* (der Kryptenbrunnen, s. u.)¹⁸⁶.

Vor diesem Kryptenaltar waren nach den Notae sepulcrales Bischof Hartwig († 1053) und Bischof Conrad († 1203) beigesetzt¹⁸⁷. Hartmann Schedel überliefert in seiner 1497 datierten Bamberger Chronik, die vorgeschriebene Beräucherung des Hartwig-Grabes zum Anniversar finde nicht mehr in der Krypta statt, sondern, ganz ingeniös, vom Georgenchor aus. *Thurificatur... non in cripta, sed supra in choro sancti Georgij Juxta pulpitum maius: ubi lapis est ad eam rem perforatus* (clm 46, fol. 27ᵛ). Doch war damals der Hauptkryptenaltar in Benutzung, vgl. lit. 118, ebenso – laut Rechnung von 1540 – der nur profanen Zwecken dienende Kryptenbrunnen¹⁸⁸. Erwähnt wird die Johanniskrypta noch im Vikarieverzeichnis von 1625¹⁸⁹, um diese Zeit muß sie aber schon ziemlich verwahrlost gewesen sein. Denn die Acta Sanctorum sagen, 1622 sei eine Bischofsbestattung erfolgt *in obscura crypta, quae est sub choro sancti Georgii martyris*, bzw. *in profunda et obscura crypta, quo pauci homines intrare solent*¹⁹⁰. Im zitierten Vikarieverzeichnis von 1625 vermerkt ein Zusatz des 18. Jahrhunderts, der Altar sei *modo in ecclesia*¹⁹¹. Damals also war die Krypta mit ihrem Altar nicht mehr in liturgischem Gebrauch, doch wurden noch 1699/1700 die Fenster und 1711 drei alte Grabsteine repariert, 1702/03 vierzehn verzierte Kirchenstühle für die Gruft bezahlt¹⁹², 1834 aber diente sie als Rumpelkammer¹⁹³.

Einige Verwirrung entsteht dadurch, daß in mehreren Publikationen der Kryptenaltar des Evangelisten mit dem Pfeileraltar des Johannes baptista *(Abb. 25, Nr. 4)* verwechselt wurde. Möglicherweise geht der Irrtum auf den nachträglich veränderten Rückvermerk einer Urkunde zurück. Stifter des Täufer-Altars war Bischof Arnold (1286–1296), er ließ sich, wie häufig, in der Nähe des von ihm fundierten Altares beisetzen *(in monasterio ante altare Johannis baptiste)*¹⁹⁴, seinen Grabstein fand man bei dem genannten Altar im Nordseitenschiff¹⁹⁵. Die betreffende Urkunde von 1296 ist mittelalterlich beschriftet *fundatio vicariorum sancti iohannis Baptiste*, das letzte Wort durchgestrichen und nachmittelalterlich ersetzt durch *Ewangeliste*[196]. Im Text der Urkunde Nr. 2349 von 1339 ist von der Stiftung des Bischofs Arnold als von zwei Vikarien am Altar Johannis ev. die Rede, jedoch nennt ihn die nach der Schrift ziemlich gleichzeitige Rücknotiz *Johannis bapt.* Da *sie* die Einordnung innerhalb des Domarchivs annonciert, also den Rechtsnachweis von Einkünften für die Pfründen, ist sie wohl gewichtiger als der Text, jedenfalls in Ergänzung zu den eindeutigen Nachrichten über den späten Täufer- und den frühen Evangelisten-Altar. Richtige und falsche Einordnung der Quellen finden sich bei ein- und demselben Autor: Reitzenstein bezeichnet ihn einmal als Pfeileraltar[197], einmal bezieht er die Heimsuchungsgruppe in der Nähe des ehemaligen Kryptenzugangs auf den angeblichen Täuferaltar in der Krypta[198]; Guttenberg nennt 1937 Bischof Arnold als Stifter, 1966 aber als Beleg nur das zweite Lampenverzeichnis und rubriziert weitere Zitate beim Kryptenaltar[199]. Zum Fest nativitas s. Johannis bapt. bezeugen ein Nachtrag in Handschrift C[200] und die späten Ordinarien lit. 117 und 118 (fol. 35ᵛ bzw. 166ᵛ) eine Prozession zum Täuferaltar. Der letztere gibt für die Prozession zur Feuerweihe folgenden Weg an: *de sacristia sancti viti in absida altaris sancti Johannis per januam gracie* (fol. 63ᵛ). Haimerl[201] übersetzt absida mit Apsis, gemeint ist – so auch Reitzenstein[202] und neuerdings Weyres[203] mit zahlreichen Nachweisen – die Abseite, das Seitenschiff. Denn der gerade Weg zwischen dem Veitsaltar im Nordquerhausflügel und der Gnadenpforte führt durch das nördliche Seitenschiff, an dessen erstem Pfeiler (von Osten) der Täuferaltar stand, der hier dem ganzen Bauteil seinen Namen gab, so wie man auch von den Westteilen als vom *monasterium sancti Petri*, von Teilen des Mittelschiffs als vom *monasterium s. Kunegundis* sprach[204].

Komplizierter ist die Quellenlage für die 1935/36 ergrabene Mauritiuskrypta unter dem Peterschor[205]. Mauritiusreliquien bargen 1012 der Kreuz/Stephans-Altar und auch der Blasius-Altar[206]. 1134 fand eine Synode statt *in cripta s. Mauricii*[207]. Eine Stiftung zum Mauritiusfest machte Erzbischof Wichmann von Magdeburg († 1192)[208]. Die frühen Ordinarien äußern sich nicht über den Platz des Mauritiusaltars. Nach Handschrift A findet an der zweiten Vesper des Johannisfestes, zugleich Vigil der Unschuldigen Kinder (27. Dezember) statt eine *processio ad sanctum Mauricium*[209]. Weiter enthält A zu Kreuzauffindung (3. Mai) die folgende Rubrik: *itur AD SANCTUM MAURICIUM, UBI DEDICATIO EST.* Dieser Passus wurde zu unbekannter Zeit durchgestrichen und somit getilgt; in der Handschrift C fehlt eine entsprechende Vorschrift[210]. Eine dritte Prozession verzeichnet Handschrift A zur Vigil des Mauritiusfestes (21. September)[211]. Geblieben ist in Handschrift C nur die Prozession *ad sanctum Mauricium* zum 27. Dezember, jedoch mit dem Zusatz *si placet*[212]. Auch im ersten Domlampenverzeichnis, nach Guttenberg[213] wohl 1. H. 13. Jh. erscheint noch ein *[lumen]… cripte sancti Mauricii*, im zweiten Verzeichnis aus dem frühen 14. Jahrhundert heißt es nur *ad lumen sancti Mauricii*[214]. Der Mauritiusaltar wird in der Zeit zwischen diesen beiden Quellen nach oben in die Kirche versetzt worden sein. Zwar kann man die Auflassung der Krypta nicht durch die Nachricht von der Bestattung des Bischofs Ekbert († 1237) *iuxta altare sancti Mauricii*[215] fixieren, so Reitzenstein[216], denn sie wird zuerst in den Notae sepulcrales (1374–99) überliefert, die hier wie andernorts (vgl. S. 169) von topographischen Anhaltspunkten ihrer eigenen Zeit ausgehen, nicht von Zuständen des frühen 13. Jahrhunderts, doch muß die Verlegung in die Bauzeit des neuen Peterschores fallen, für den die Krypta planiert wurde. Nach einer Urkunde von 1394 (Nr. 4412) erfolgt eine Meßstiftung *auf sand mauritien altar vnder sant peters kor, der do wenig gulte hat*. Auch eine Urkunde von 1432 nennt den Mauritiusaltar *vor dem Peterschor*[217], der Ordinarius lit. 117 (fol. 72ᵛ, 73ʳ) ohne Ortsangabe, der Ordinarius lit. 118 (fol. 203ʳ) nach seinem ehemaligen Platz als *altare sancti Mauricii in Cripta*. – Vor 1625 muß er mit dem S. 166 kurz erwähnten, 1391 gestifteten Michaelsaltar auf dem Chor vor dem Petersaltar vereint worden sein, denn das Vikarieverzeichnis aus diesem Jahr sagt *St. Michaelsaltar oben vor dem Peters Chor* bzw. *Ad altare S. Michaelis, sonsten S. Mauritii genannt*[218]; derselbe heißt 1772/73 Kreuzaltar[219] (zu diesem s. S. 169).

Kreuzaltar und Kaisergrab. Diese beiden Fragenkomplexe sind nicht voneinander zu trennen. Sie führen in den Bereich des Mittelschiffs, in den Ordinarien stets und übereinstimmend *monasterium* genannt[220]. Die erste Frage ist die nach dem Kreuzaltar, oder den Kreuzaltären. Der Weihebericht von 1012 beginnt mit dem Hauptaltar des Westchors, der als *precipuum et principale* bezeichnet wird, fährt fort mit dessen beiden Seitenaltären, den folgenden Altar *consecrauit pie memorie Johannes Aquilegiensis patriarcha in honorem s. Crucis et s. Stephani protomartiris* (mit Reliquien u. a. der Märtyrer Alexander, Eventius und Theodolus, deren Verehrungstag auf den 3. Mai, also auf inventio s. crucis fällt)[221]. Anschließend folgen sozusagen spiegelbildlich die drei Altäre im Ostteil der Kirche und nach ihnen der – später nicht mehr genannte[222] – Altar vor der Ostkrypta. Reitzenstein[223] und Guttenberg[224] nahmen an, daß nach dieser Reihenfolge und wegen der Hervorhebung des Westchors der Kreuz/Stephans-Altar vor dem oder, um sich noch vorsichtiger auszudrükken, näher zum Peterschor lag. Heinrich II. und nach ihm Kunigunde fanden ihre Grabstätten *ante altare sancto crucis*, so berichtet in der 1135 verfaßten Chronik des Heimo[225], die folglich sicher die Situation vor der Kanonisation und Erhebung Heinrichs, 1146/47, wiedergibt. Die zeitlich anschließenden Quellen sind die Ordinarien A und C (vgl. S. 170). Aus den wie üblich genaueren Rubriken der Handschrift C geht hervor, daß um die Mitte des 13. Jahrhunderts, also im jetzigen Bau, wieder ein Stephansaltar vor dem Peterschor stand. Denn zu der feierlichen Kreuzweisung am Karfreitag schreibt er vor: *Finitis orationibus… producitur crucifixus… a duobus presbiteris… in choro sancti Petri in ianua cantantibus »Popule meus«*; nach ihrem dritten Text *presbyteri ante altare sancti Stephani revelent crucem*[226]. Handschrift A hat die gleiche liturgische Abfolge und die gleichen Texte, doch ohne topographische Hinweise, es ist also nicht unmöglich, daß der Ritus von C unverändert aus dem alten Dom übernommen wurde. Schlußfolgerung: Der Lettner des Peterschores und der Stephansaltar liegen nah beieinander, denn die Kreuzweisung ist – wie üblich – nicht als Prozession bezeichnet und ausgebildet. Daß der hier nur nach Stephanus benannte Altar wieder in der Nähe des Kaisergrabes stand, daß er auch insofern der unmittelbare Nachfolger des von Heimo erwähnten Kreuzaltars ist, wird m. E. dadurch bewiesen, daß nur er im mittleren 13. Jahrhundert in der Vigil des Heinrichsfestes (12. Juli) geschmückt wird: *ad vesperas altare sancti Stephani preparetur*[227]. Das Gleiche geschieht zur feierlichen Messe pro defunctis zu Allerseelen, wo es auch heißt: *Ad vesperas et ad matutinas… de sancto Heinrico*[228]. Zu den Kreuzfesten wird in beiden Ordinarien der besuchte Altar nicht namentlich genannt; er befand sich aber, wie der Kreuz/Stephans-Altar des 11. und der Stephansaltar des 13. Jahrhunderts[229], *in monasterium*[230]. Man kann demnach vermuten, daß im Ekbert-Dom zunächst *ein* Altar mit dem Doppelpatrozinium Kreuz und Stephan protomartyr in der Nähe von Peterschor und Kaisergräbern stand[231].

Festzuhalten ist weiter, daß auch in der mehrere Jahrzehnte nach der Kanonisation der hl. Kunigunde entstandenen Handschrift C wie auch in deren Nachträgen zur Vigil der translatio s. Kunegundis (8. September) ein Stephansaltar benutzt wurde: *Crux magna ponatur in altare sancti Stephani*, die Prozession geht vom Georgenchor aus ins Schiff[232]. Der große Kunigundenaltar – zu unterscheiden von dem Altar mit der capsa s. Kunegundis auf dem Georgenchor, s. o. S. 166 – scheint demnach noch nicht vorhanden gewesen zu sein, die erste sichere Nachricht über ihn findet sich im Testament des 1285 verstorbenen Bischofs Berthold[233]. Nicht in diesem Zusammenhang brauchbar sind die Notae sepulcrales (1374/99). Sie schreiben, die Bischöfe Egilbert († 1146) und Thiemo († 1201) seien beim Kunigundenaltar im Schiff bestattet[234]. Doch bezeichnet der Schreiber natürlich die Grabstellen, wie sie zu seiner Zeit bekannt waren, nicht wie im abgebrochenen Heinrichsdom. Außerdem kann zur Zeit des Bischofs Egilbert noch kein Kunigundenaltar existiert haben. Auf diesen Kunigundenaltar komme ich nochmals bei Besprechung der Kaisergräber zurück, bis zum mittleren 17. Jahrhundert stand er gleichfalls im Mittelschiff, aber näher zum Georgenchor, er hieß auch Heinrichs- und Kunigundenaltar, so in Urkunden von 1303 und 1597[235].

Das erste Lampenverzeichnis kennt weder einen Stephans- noch einen Kreuzaltar, das zweite (Anfang des 14. Jahrhunderts) nur einen durch zwei Lampen ausgezeichneten Stephansaltar[236]. Die Reihenfolge ist mäßig systematisch: erst Georgenchor mit Turmkapellen und benachbarten Altären, danach Mauritiusaltar und Peterschor, dann einzelne Altäre, der Stephansaltar erscheint zwischen dem Marienaltar im Südquerarm und dem Gertrudenaltar in der angrenzenden Sepultur, also eher im westlichen Dombereich.

Im Ordinarius lit. 117, von 1499 (?), scheint sich die Liturgie zum Heinrichsfest zunächst nicht verändert zu haben: *Panclochen ponantur in medio ecclesie [,] crux magna cum plenarys et citis exponatur in altari sancte crucis. Archa sancti heinrici cum reliquys exponatur* (fol. 46ʳ), die beiden Messen sind aber auf dem Kunigundenaltar zu lesen (fol. 47ʳ). Ein Kreuzaltar wird auch gelegentlich der Sonntagsprozession im Sommer, zur Vigil von Johannis Geburt (23. Juni) und zu exaltatio s. crucis (14. September) erwähnt (fol. 15ᵛ, 35ʳ, 70ʳ)[237]. Zur translatio s. Kunegundis aber und zu Allerseelen schmückt man den Stephansaltar: *Altare sancti stephani (in medio ecclesie) ornetur* (fol. 68ʳ, 83ᵛ). Hier ist zunächst zu fragen: Handelt es sich um zwei verschiedene Altäre oder wird ein Altar mit Doppelpatrozinium verschieden benannt, wie wir das für das mittlere 13. Jahrhundert vermuteten. Über die Lage geben zusätzliche und frühere Quellen Auskunft: 1367 wird eine Vikarie gestiftet auf dem bereits bestehenden Altar *sancti Stephani Prothomartiris... sito in choro sancti Georij... inter duos gradus* (Urk. 3365)[238]. Spätestens um diese Zeit also war ein Stephansaltar am Aufgang zum Ostchor dotiert. Guttenberg[239] nimmt an, der Stephansaltar vor dem Westchor des Heinrichsdomes sei schon im Zuge der Domrestaurierung durch den hl. Otto zum Georgenchor hin verlegt und habe den dort 1012 erwähnten Hilariusaltar verdrängt. Davon ist aber weder in den vergleichsweise ausführlichen und – wie die Grabungen erbrachten – exakten Nachrichten über Ottos Bautätigkeit die Rede noch scheint der oben zitierte Passus zur Kreuzweisung aus dem Ordinarius C diesen Schluß zu rechtfertigen[240]. Die nächstfolgende gedruckte Urkunde erweist die Verbindung von Stephans- und Kreuzpatrozinium bei dem neuen Altar: *in altari s. crucis subtus chorum sancti Georgii*, ebenso eine Nachricht von 1526[241]. Damit wäre bewiesen, daß das Doppelpatrozinium des 1012 aller Wahrscheinlichkeit nach vor dem Peterschor geweihten Altars im Spätmittelalter auf einen Altar vor dem Georgenchor übergegangen war. Dieser Stephansaltar wird im Ordinarius lit. 118 häufig genannt, so zur Stephansvigil (25. Dezember) *in altari sancti Steffani sub choro sancti Georgy in medio ecclesie* (fol. 19ᵛ) – hier wird besonders deutlich, daß *in medio ecclesie* nicht etwa die räumliche Mitte des ganzen Kirchengebäudes bezeichnet, sondern seine Hauptachse. Zum gleichen Termin: *fiat processio ad medium ecclesie ad altare sancti Steffani* (fol. 20ᵛ, ähnlich fol. 43ʳ). Zu Karfreitag liest man die Prophetien *ad pulpitum locatum ante altare sancti Stephani* (fol. 61ʳ). Die Kreuzweisung hat gegenüber dem Ordinarius C eine m. E. wichtige Veränderung: *exeant de choro sancti petri... in ianua chori incipiunt cantare »Popule meus«... descendant ante gradus... procedunt cum cruce ad altare sancti stephani* (fol. 61ᵛ). Beim Osterspiel gehen die Darsteller der drei Marien vom hl. Grab – auf dem Georgenchor, s. u. S. 173 – zum Stephansaltar (fol. 68ʳ), zu translatio s. Kunegundis *Altare sancti stephani ornetur* (fol. 198ʳ), ebenso zur Totenmesse Allerseelen, *Altare sancti stephani in medio ecclesie ornetur* (fol. 212ᵛ). Dieselbe Handschrift nennt häufig einen Kreuzaltar, doch ohne Ortsangabe[242], nach den Texten zur Prozession in der Osternacht bestand räumliche Nähe von Michaelsaltar, Ambo (s.o.), Kreuzaltar und Peterschor (fol. 69ʳ, 69ᵛ). Ganz sicher ist ein weiterbestehender Kreuzaltar vor dem Peterschor durch folgende Rubrik zu erschließen: *Et Crux ponatur ante altare in gradibus (In choro s. petri*, dieses in schwarzer Schrift am Rande) *ad locum consuetum* (fol. 66ᵛ). Zu dem vor dem Peterschor nachweisbaren großen Elfenbeinkruzifixus s. u. S. 173. In anderen Fällen kann auch der Stephans/Kreuz-Altar vor dem Georgenchor gemeint sein, so beim Heinrichsfest: *Crux magna cum plenarys et citis exponatur in altari sancte Crucis* (fol. 177ʳ). Auch nachmittelalterliche Erwähnungen von zwei verschiedenen Kreuzaltären kommen vor: 1575 Kreuzaltar vor dem Georgenchor[243]; das Vikarieverzeichnis von 1625 verzeichnet – getrennt – einen Kreuz- und einen Stephansaltar[244]; 1780 Kreuzaltar unter dem Peterschor[245]; Pfister's Legende zu Nr. 12 seines Grundrisses (Abb. 25) lautet *Der kleine Kreuzaltar*, so wird er auch schon 1772/73 gelegentlich einer Reparatur benannt[246]. Auf die Verbindung von Michaels-, Mauritius- und Kreuzpatrozinium vor dem Westchor wurde S. 168 hingewiesen; zum Nachfolger des Stephanus/Kreuz-Altars vor dem Georgenchor, dem barocken Heinrichs- und Kunigundenaltar gehörte bis zur Restaurierung die Glesker'sche Kreuzgruppe[247] (Abb. 17). An der Tatsache von zwei Kreuzaltären ist also nicht zu zweifeln; dabei scheint das zweite, das Stephanspatrozinium ganz auf den Altar vor dem Ostchor übergegangen zu sein. Eine Parallele zu Großkreuzen vor beiden Chören (mit Kreuzaltären?) gibt das Custodiebuch des alten Kölner Domes[248]. – Die hier vorgetragenen Überlegungen zum Problem des Kreuzaltares sind zugegebenermaßen arg kompliziert. Wesentlich einfacher wäre es, mit Reitzenstein[249] einen einzigen Kreuzaltar in der Mitte des Langhauses anzunehmen oder mit Guttenberg[250], der Stephansaltar habe schon um 1100 vor dem Georgenchor gestanden. Indes: Gegen die erste These spricht, daß der Kreuzaltar in aller Regel dem Hauptchor und seinem Lettner zugeordnet wird. Gegen die zweite These spricht, daß die Vita Ottonis zwar Stuckverkleidungen und Malerei aufzählt, nicht aber die – liturgisch doch weit bedeutsamere – Verlegung eines der wichtigsten Altäre; und daß nach dem

Ordinarius C Lettnertür und Treppen des Peterschores dem Stephansaltar benachbart waren.

Über den Grund der Verlegung bzw. Verdoppelung kann man nur mutmaßen. Mir scheint am ehesten denkbar, daß man einen in Anwesenheit der Stifter geweihten, seit der Bestattung des Kaiserpaares mit dem Grab und später mit dem Kult von Heinrich und Kunigunde engverbundenen Stephanus/Kreuz-Altar erst an analoger Stelle im Neubau wiedererrichtete und später in die Nähe der Kaisergräber verlegte, als diese dem Kunigundenaltar angefügt wurden.

Zu den Kaisergräbern ist Folgendes zu rekapitulieren: Bestattung Heinrichs II. 1024 im Dom, Bestattung der Kunigunde 1033 zur Rechten ihres Gemahls, *suo loculo in dextro latere, sicut hactenus veneratur, repositum est*[251]. Schäden beim Dombrand von 1081 sind nicht überliefert. 1119 bestätigt Papst Paschalis II. auch das ewige Licht am Grabe Heinrichs[252]. Der Domschatz enthielt 1127 *Pannus saracenus et alius acupictus ad sepulcrum imperatoris*[253]. Daraus ist – mindestens für Heinrich – ein Hochgrab zu erschließen, denn Tücher solcher Kostbarkeit legte man gemeinhin nicht auf den Fußboden[254]. Dabei bleibt offen, ob der Leichnam des Kaisers in der Tumba oder eher in einem unter den Kirchenboden eingesenkten Sarkophag lag und der Aufbau darüber nur als Memorie diente[255]. 1135, also noch vor der Kanonisation, befand sich nach Heimo das Kaisergrab *ante altare s. crucis* (s. o.); ob von 1024 an, ist nicht gesichert, jedoch durchaus wahrscheinlich. Für weltliche Stifter war das Begräbnis vor dem Kreuzaltar wohl der ehrenvollste Platz, den eine Kirche zu vergeben hatte[256]. Ob nach der Erhebung Heinrichs am 13. Juli 1147 die Form des Grabmals verändert wurde, ist aus zeitgenössischen Quellen nicht zu entnehmen[257]. In den Wunderberichten der nach Klauser[258] um 1170 entstandenen Vita Heinrici II heißt es, daß ein Kranker *ad tumbam beati viri accessit, et capite superimposito, tamdiu precibus institit* (vor der Kanonisation)[259], was eher auf ein freistehendes Hochgrab deutet. Ergiebiger noch sind die nach Klauser[260] um 1200 (für die Kanonisation) zusammengestellten Miracula Cunegundis. Ihre älteste erhaltene Handschrift stammt aus Bamberger Dombesitz und wurde nach einer Rubrik in der erwähnten Vita Heinrici dort in der Liturgie benutzt[261]. Diese Wunderberichte sind in der Ausgabe der MGH stark gekürzt, ausführlicher, jedoch auch nicht komplett in den Acta Sanctorum, eine einzelne Geschichte nach einem Erfurter Fragment[262] ediert. Dort heißt es: *tres contracti ... super sepulcrum beatae Virginis positi*, oder ein Kind wird gelegt *supra tumbam beatae Virginis*, oder *claudus uenerabile sepulcrum gloriose imperatricis diligentius amplexans et lacrimis rigans*, oder ein Kranker *aurem scaturientem sepulcro imperatricis cum fletibus applicuit* (R. B. Msc. 120, fol. 40ᵛ f., 45ʳ). Ein weiterer Text aus dieser Folge scheint zu erweisen, daß damals, um 1200, auf Heinrichs II. Grab sein Bild angebracht war: ein lahmer Arm *tumbae* [Kunigundis] *superimposito, nisi S. Heinrici adhibito capite*[263]. Denn das Kopfreliquiar des Kaisers kann nicht gemeint sein, da es in der gleichen Erzählung vom Domklerus zu der Kranken gebracht wird – es ist m. W. die früheste Erwähnung: *sancti Heinrici caput in capsa quae grave pondus habet ad eam deferretur*[264]. Einigermaßen rätselhaft bleibt einstweilen die Fortsetzung, nach der die Kranke *camerulam sepulchri ... intraret atque ibidem tres noctes ... insomnes deduceret* bzw. *tugurium sepulchri introivit*[265]. – Infolge der Vergrößerung und Achsverschiebung des neuen Domes gegenüber dem Bau des 11. Jahrhunderts ist sicher anzunehmen, daß die Grabmäler des heiligen Kaiserpaares umgesetzt werden mußten, um wieder einen repräsentativen Platz zu erhalten. Der Ordinarius C aus dem mittleren 13. Jahrhundert gibt folgende Details. Über den Schmuck des Stephansaltares wurde berichtet. Beibehalten wird der schon vor der Heiligsprechung geübte Brauch, die Gräber mit kostbaren Tüchern zu bedecken[266], zur feierlichen Totenmesse de fundatoribus am Tag nach dem Heinrichsfest (14. Juli): *Sepulchra tegantur cum pannis adtinentibus*[267]. Diese Formulierung weist eher auf zwei nebeneinander stehende Grabmäler als auf ein Doppelgrab[268]. Zu Allerseelen heißt es nur: *Sepulcra tegantur*[269]. Hier wird deutlich, daß sich der Brauch – wie vielerorts – auf das Totengedenken bezieht, nicht auf die Heiligenverehrung. Ob bei diesen Gelegenheiten auch andere Gräber geschmückt wurden, ist nicht zu klären. Erst die Ordinarien lit. 117 und 118 erwähnen zu den gleichen Tagen auch das Ekbertgrab, jedoch ausdrücklich nur die bei ihm angezündeten Kerzen. Lit. 117 (fol. 48ᵛ): *dicantur commendaciones generales apud sepulchrum Eckwerti Episcopi sub ambone ... Sepulchra tegantur et candele locentur apud sepulchrum Eckwerti Episcopi sub ambone* (ähnlich fol. 83ᵛ und lit. 118, fol. 179ʳ, 212ᵛ[270]). Das Bedecken des Kaisergrabes erwähnen auch die Acta Sanctorum[271]: schwarzes Tuch, gestickt mit Gold und Perlen, und die Custoreirechnungen zu 1738/39[272]; damals trennte man Perlen ab und schmolz Silber aus, alsbald folgte der Auftrag für eine neue Grabdecke. 1543/44 wurde ein Kranz auf das Kaisergrab bezahlt[273].

Weiter schreibt der Ordinarius C zu den Festen des Kaiserpaares (wie zu vielen anderen) die Aussetzung einer Kreuzreliquie vor: *crux magna cum plenariis et (s)citis exponantur* bzw. *crux magna exponatur* oder *Crux magna ponatur in altare sancti Stephani*[274]. Welche der von Heinrich II. gestifteten oder auf ihn zurückgeführten Kreuzreliquien gemeint ist, bleibt unklar[275]. Zu beiden Kreuzfesten sagt C: *Crux magna super sepulchrum ponatur*[276]. Es liegt zunächst nahe, hier wieder an das Kaisergrab zu denken, zumal da auch im Speyrer Dom zum Anniversar Heiltum, wohl ein Kreuz, auf das Grab Heinrichs IV. gesetzt wurde[277] und auch im Magdeburger Dom am Todestag Ottos I. Reliquiare, u. a. das Mauritiushaupt, auf seinem Sarkophag standen[278]. Doch mahnt zur Vorsicht, daß lit. 117 zu Kreuzerhöhung anordnet: *Crux magna exponatur super sepulchrum clementis pape in choro sancti petri* (fol. 70ʳ) und ebenso lit. 118 zu beiden Kreuzfesten (fol. 157ᵛ, 200ʳ). Ohne zusätzliche Quellen läßt sich nicht klären, ob zwischen dem 13. und dem 15. Jahrhundert der Ritus geändert wurde oder ob – wie mehrfach nachgewiesen – die spätmittelalterlichen Ordinarien gleiche Anweisungen nur ausführlicher darlegen.

Daß bei der Heinrichs- wie bei der Kunigunden-Erhebung Reliquienteile aus den Gräbern genommen und gefaßt wurden, entspricht dem Üblichen. Von der um 1200 nachweisbaren capsa mit dem Heinrichshaupt wurde gesprochen (s. o.). Einen weiteren Beleg bringt das zwischen 1202 und 1240 entstandene[279] Versepos des Ebernand von Erfurt: *man truog im* [dem Bamberger *kirchenere Reimbote*] *fur daz houbt / des heilegen keisers vil gehêr. / einen eit den swuor er / ûf dem sagerêre, / daz diz alsus wêre* (d. h. daß seine Heinrichsvision, vor der Kanonisierung der Kunigunde, wahr sei)[280]. – Der Heinrichsschrein wird nach Handschrift C zum Fest in die Nähe des Altares verbracht: *sarchophagus exportetur, si sunt divina*[281]. Da der *sarchophagus* tragbar war, kann kein Steinsarg gemeint sein. Die mögliche Verwechslung von Schrein und Tumba wird uns noch mehrfach beschäftigen. Von der 1268 vorhandenen *capsa sancte Kunegundis* mit Kopfreliquie war schon die Rede (S. 166). Andererseits: Daß auch nach der ganzen oder teilweisen

Umbettung eines Heiligenleibes in einen Schrein und/oder andere Reliquiare das frühere Steingrab erhalten und verehrt wird, ist nicht vereinzelt. Der – leere – Marmorsarkophag des hl. Servatius in der Krypta wurde bis zur Aufhebung des Maastrichter Stiftes ebenso besucht wie sein Schrein hinter dem Hochaltar, sein Kopfreliquiar in der Sakristei. Auch nach der Translation des hl. Anno in seinen Schrein wird Staub vom Grabmal als heilkräftig mitgenommen[282]. Ebenso pflegte man das Grab des hl. Heribert nach der Erhebung als Memorie weiter (erwähnt 1260)[283], die Beispiele ließen sich gewiß beliebig vermehren. – Auch ist die doppelte Qualität des Kaiserpaares für den Bamberger Dom zu bedenken: zugleich heilige Patrone und Stifter. Das spiegelt sich deutlich in der neben den Festen der Beiden beibehaltenen feierlichen Totenmesse *pro fundatoribus ecclesie*[284]. – 1340 April 12 stiftete Bischof Leupold zusammen mit den Dignitaren (Propst, Dekan, Scholasticus u.a.) und dem Domkapitel sechsundzwanzig Kerzen *circa Sarcophagum seu Reliquias ipsius sancti Heinrici, quae tunc ibidem more solito sollempniter exponuntur* (Urk. 2369)[285]. Die Tatsache, daß hier für Geleucht zu feierlicher Aussetzung der Heinrichsreliquien gespendet wird, spricht wieder eher für einen transportablen Reliquienschrein als für eine Steintumba.

Ein von Reitzenstein[286] zitierter Bischofskatalog des 15. Jahrhunderts schreibt zu 1372: *Opus... structure supra et circum circa tumbas et altare sanctorum heinrici et kunegundis... completum esse scribitur*. Es sind also, nach größeren Arbeiten, die Kaisertumben erstmals ausdrücklich als mit dem Kunigundenaltar – der hier, wie auch sonst (vgl. S. 169) gelegentlich Heinrichs- und Kunigundenaltar heißt – verbunden gesichert. Dazu kommt eine ergänzende, von Hofmann zu 1373 überlieferte Nachricht, Bischof Ludwig *tumulum SS. coniugum clatris circumdatum sepsit*[287]. Insofern stimmt Boecks Ansicht nicht, vor Herstellung der Riemenschneider-Tumba habe es nur Metallschreine der beiden Heiligen gegeben, die hinter dem Kunigundenaltar, den er fälschlich als den ehemaligen Kreuzaltar bezeichnet, aufgestellt waren[288]. Der Heinrichsschrein wurde nur zu den Festen aus der Sakristei in die Kirche gebracht (s.o.), ein großer Kunigundenschrein kommt m. W. in den Bamberger Quellen überhaupt nicht vor.

Nicht brauchbar in der Diskussion um die Kaisergräber ist, entgegen Reitzenstein[289], der Bericht von einer Reliquienentnahme 1380. Denn nach der Beschreibung öffnete man den Heinrichs*schrein*, hier wie im Ordinarius C und in der Urkunde von 1340 *sarcophagus* genannt: *apertus est sarcophagus... ab antea bene reclusus et seratus sigillatusque sigillo majori... Eberhardi episcopi*. Gemeint sein kann nur Eberhard II., † 1170, *qui eccl[es]iam decenter ornavit. et episcopatum multis ditavit* (Nekrolog)[290]. Der entscheidende Satz steht im folgenden Abschnitt: *Apertura sarcophagi requirenda est in posteriori capite sub tergo imaginis beatae Mariae Virginis, ubi scripta sunt haec verba: AUREA PORTA COELI*[291]. Das kann man nur so übersetzen: Die Öffnung im Holzkern des Schreines ist an der rückwärtigen Schmalseite hinter dem Marienrelief. Hier erhält man also auch ein wenig Auskunft über den verlorenen Heinrichsschrein, nach den historischen Anhaltspunkten zwischen 1147 und 1170 hergestellt[292]. Dieser Schrein oder ein Nachfolger ist abgebildet auf dem Titelblatt des Heiltumsbuches von 1493 *(Textabb. S. 163)*[293] und – viel genauer – im Londoner Codex (Ms. Add. 15689, fol. 36ʳ, Abb. 19). Man wird die mäßige Zeichnung freilich nur mit Vorsicht interpretieren dürfen: ein Bischof (?) an der Schmalseite (auf dem Holzschnitt von 1509 dagegen eine thronende nimbierte Gestalt); stehende Apostel – es ist nicht zu entscheiden, ob der Verfertiger Apostelfiguren des 12. Jahrhunderts durch die ihm geläufigen Attribute kennzeichnen wollte oder ob sie damals so am Schrein standen, der dann kaum dem 12. Jahrhundert entstammen kann; oben erkennt man sechs Stehende mit Spruchbändern (Propheten?). Auch die spätmittelalterlichen Ordinarien erwähnen mehrfach den Heinrichsschrein. Ms. lit. 117 zum Heinrichsfest: *Archa sancti heinrici cum reliquys exponatur... archa sancti heinrici tegatur panno precioso* (fol. 46ʳ, 46ᵛ)[294], bei der Prozession tragen ihn nicht Geistliche, sondern *militares nobiles* (fol. 47ʳ). Die Rubrik in lit. 118 entspricht recht gut dem Holzschnitt von 1509: *sarchophagus sancti heinrici imperatoris portatur per militares in fine processionis* (fol. 160ᵛ, ähnlich 178ʳ); die vornehme weltliche Gewandung der Schreinträger ist deutlich wiedergegeben, hinter ihnen drängt sich die Volksmenge.

Was die Steintumben des Kaiserpaares betrifft, so geben die zwischen 1374 und 1399 zusammengestellten Notae sepulcrales wichtige Ergänzungen zu den Nachrichten von 1372 und 1373. Sie sagen, Bischof Eberhard I. († 1040) habe sein Grab *iuxta tumbam sancti Heinrici a latere sinistro in ascensu versus chorum sancti Georii*[295]; es ist wegen der Achsverschiebung und Vergrößerung gegenüber dem Heinrichsdom anzunehmen, daß auch dieses Grabmal in den Neubau umgesetzt wurde, ob an gleichartige Stelle, kann nicht geklärt werden, denn zeitgenössische oder überhaupt Quellen aus der Zeit des Heinrichsdomes über den Ort der Bestattung fehlen. Von Bischof Wulfing († 1318) berichten die Notae sepulcrales, er sei bestattet *retro altare sancte Kunegundis latere sinistro* und ein Bischofskatalog des 15. Jahrhunderts, *ad pedes S. Heinrici*[296]. Daraus ist wieder zu entnehmen, daß die Kaisergräber damals im Ostteil des Mittelschiffs und hinter dem Kunigundenaltar lagen[297]. Diesen Schluß bestätigt der Translationsbericht von 1513, bei Gelegenheit der Umbettung der restlichen Reliquien in die Riemenschneider-Tumba: *aperti fuerunt antiqui Sarcophagi ss. Henrici et Kunegundis, in corpore ecclesiae Babenbergensis retro altare s. Kunegundis*. Hier kann man nun nicht annehmen, daß hinter dem Kunigundenaltar postierte Metallschreine geöffnet wurden[298]. Denn der Bericht fährt fort: *altare s. Kunigundis, quod vndique demolitum et confractum fuit et iterum de nouo restauratum et aedificatum... consecratum fuit* bzw. *hat man S. Cunigunden altar abgebrochen*[299]. Kein Altar muß nicht nur repariert, sondern neugeweiht werden, was Beschädigung von Platte und vielleicht Sepulcrum voraussetzt – wenn man nur zwei Schreine[300] von ihrem Unterbau abhebt. Im Gegenteil, nach dem Text ist eher anzunehmen, daß die erwähnten beiden Steinsärge besonders eng mit dem Altar verbunden waren, möglicherweise ähnlich wie vom Grabmal des hl. Norbert in Liebfrauen Magdeburg berichtet. Er war in einem Marmorsarkophag so auf dem Chor bestattet, *ut tumbae caput subintraret cavitatem altaris, adeoque supra ipsum defuncti caput sacrificium conficeretur, reliqua vero pars in chorum spectabilis omnibus procurreret*[301]. Man vergleiche dazu die übliche Bestattungsrichtung mit dem Kopf nach Westen, den Füßen nach Osten (so auch die Orientierung der Liegefiguren auf der Riemenschneider-Tumba, s.u.) und das Wulfing-Grab: *retro altare sancte Kunegundis; ad pedes S. Heinrici*. Das lateinische Protokoll der Umbettung von 1513 und seine (vielleicht spätere) deutsche Fassung berichten ferner, daß damals die älteren Steinsärge, aus denen nun alle Reliquien entnommen waren, pietätvoll unter der Riemenschneider-Tumba in den Boden versenkt wurden: *In iste sarcophago lapideo, cum sua tectura lapidea olim supra terram elevato, fuit reconditum quondam corpus s(anctae) Cunegundis... ante translationen ejus*; bzw. *fuit hic sarcophagus sub terra reconditus S(ancti) Henrici*[302]. In der deutschen Version: (Es wurden) *die alten Särg, darinnen das heiligthum gewesen, in das Erdreich unter die neuen Särg versenket*[303].

Wir haben also einen recht großen Zeitraum, in dem die Versetzung der Kaisersarkophage vom Westen zum Osten des Langhauses geschehen sein kann: ziemlich sicher nach der Mitte des 13. Jahrhunderts = Entstehungszeit der Version C des Ordinarius, auch eher nach Stiftung des erstmals 1285 bezeugten großen Kunigundenaltars; vielleicht vor Errichtung des 1367 als vorhanden erwähnten neuen Stephanus/Kreuz-Altars unterhalb des Georgenchors, sicher vor den Veränderungen unter Bischof Ludwig 1372 und den Notae sepulcrales (1374/99). Nun stellt sich die Frage an die Lokalhistoriker, ob durch Heranziehen weiterer, mir nicht bekannter Quellen diese Zeitspanne enger eingegrenzt werden könnte. Die Exkulpation vom Schluß des Abschnitts über den Kreuzaltar kann Verf. hier nur wiederholen: Mit weniger komplizierten Erklärungen wäre auch mir wohler zumute, doch scheinen sie z.Zt. nicht möglich. Und mindestens eine Translation der Kaisergräber ist durch die Übernahme in den größeren, auch abweichend orientierten Neubau des 13. Jahrhunderts bedingt, eine weitere Veränderung durch ihren Anbau an den Kunigundenaltar.

Ob durch diese und nach dieser Verlegung der Heiligen- und Stiftergräber in den östlichen Domteil der Georgenchor an Bedeutung zunahm, läßt sich derzeit nur fragen[304], sicher ist das erst nachzuweisen, als man die Kaisertumba auf den Georgenchor transferierte, *velut locum magis conspicuum*[305]. Leider wurde danach, 1657/58 der Bodenbelag im Langhaus erneuert[306] und dabei alles gründlich verwühlt. Denn man nahm die Überreste von mehreren der im Schiff bestatteten Bischöfe wie auch diejenigen des 1152 *iuxta tumbam imperatoris Heinrici*[307] bzw. *iuxta tumbam sancti Heinrici in latere domini Eberhardi episcopi primi*[308] beigesetzten Konrad III. aus ihren Gräbern – ca. 1650 befand sich ein Kasten mit den Gebeinen von fünf Bischöfen und Konrads III. unter dem Petersaltar – und bestattete sie 1667 von neuem, Eberhard I. *in medio navis*[309].

Der ursprüngliche Platz der von Riemenschneider geschaffenen Tumba läßt sich nicht mehr exakt rekonstruieren, es wird angenommen[310], daß sie unfern der früheren Grabstellen stand. Vor ihr war der reparierte und neugeweihte Kunigundenaltar, nahe vor ihr, denn sonst wäre die unreliefiert belassene Schmalseite der Tumba nicht erklärlich. Es ist diejenige unterhalb der Köpfe des Kaiserpaares, daraus ist die gleiche Orientierung wie bei den Vorgängersarkophagen (s.o.) zu erschließen: die Köpfe nach Westen, die Füße nach Osten, Heinrich auf der linken = Nordseite, Kunigunde zu seiner Rechten, wie 1033 bei ihrer Bestattung (umgekehrt dargestellt auf dem Pfisterschen Plan, *Abb. 25*, Irrtum oder damaliger Zustand?). Die bildlose Schmalseite erhielt erst 1659 ihre Bronze-Applikationen[311], nach der Versetzung auf den Georgenchor. Im Anschluß daran dürfte der Kunigundenaltar im Schiff abgebrochen worden sein. Doch blieben merkwürdigerweise die Plätze der Stuhlbrüder[312] wohl in der Nähe des ehemaligen Grabplatzes, denn 1691 bestand ihre Pflicht darin, *in certis sedibus extra chorum preces persolvere*[313]. Für 1719/20 ist eine Reparatur des Stuhlbrudergestühls belegt[314]. Auf Pfisters Grundriß *(Abb. 25)* ist – ohne Numerierung und Erklärung – ein größeres Gestühl von zwei mal zwei Reihen an den Pfeilern westlich vom Georgenchor eingetragen, also seitlich desjenigen Bereiches, in dem der Kunigundenaltar mit dem Kaisergrab bis zum mittleren 17. Jahrhundert seinen Platz hatte.

Das Clemensgrab. Weit weniger Nachrichten, und Komplikationen, bietet das Clemensgrab. Der Anonymus von Herrieden sichert für die zweite Hälfte des 11. Jahrhunderts, daß es sich *in choro s.Petri* befand[315]. Ob und wie es durch die Dombrände von 1081 und 1185 Schaden litt, wird nicht berichtet. Die nächstfolgende Quelle ist Ordinarius A aus dem frühen 13. Jahrhundert, also für den Heinrichsdom und vor Herstellung der skulptierten Tumba. Er schreibt zum Anniversar des Papstes (9. Oktober = Dionysius martyr): *ob memoriam Clementis pape maiores vigilie cum lectione »Ammonet«* ... *Psalmi dicantur in choro sancti Petri ad omnes horas*[316]. Das Grabmal, in welcher Form auch immer, stand demnach weiterhin im Westchor. Gleichartig sind die Grundvorschriften der Handschrift C, also sicher nach der Umsetzung in die Achse des neuen Peterschores und wohl auch nach Skulptierung des erhaltenen Grabmals. In aller Bescheidenheit sei gefragt, ob sich die Kleinheit der Tumba wie die mit Befremden konstatierte irreguläre Anordnung der ungewöhnlich flachen Figuren an den Wandungen nicht daraus erklärt, daß man eine ältere Tumba aus importierten glatten Marmorplatten trotz ihrer Beschädigungen pietätvoll weiterverwendete und nach der inzwischen fast kanonisch gewordenen Form eines vornehmen Grabmals bildlich ausstattete, so gut das eben bei den dünnen, auch hie und da geborstenen Platten gehen mochte. Man wollte wohl auch die Deckplatte beibehalten, m.E. zu erschließen aus der Tatsache, daß die nun erwünschte Liegefigur des Papstes separat, nicht wie üblich mit der Deckplatte aus einem Block gearbeitet wurde. Man fragt sich, ob es möglich war, diese schwere Sandsteinskulptur auf den dünnwandigen und beschädigten Marmorkasten zu legen oder ob man sich nicht alsbald vor dieser statisch wohl nicht ungefährlichen Belastung scheute[317] und den Gisant anderwärts vermauerte. Die jetzige glatte Deckplatte des 17. Jahrhunderts mit ihrer umlaufenden Inschrift jedenfalls wirkt mehr wie die historisierende Kopie eines mittelalterlichen Vorbildes, eher des 11. als des 13. Jahrhunderts denn wie eine barocke Erfindung[318]. – Handschrift C verlangt zusätzlich: *Crux magna exponatur*[319], ohne zu definieren, wo das Kreuz placiert wurde. Wie erwähnt (S. 170) enthält lit. 117 eine ähnliche Rubrik zu Kreuzerhöhung: *Crux magna exponatur super sepulchrum clementis pape in choro sancti petri* (fol. 70ʳ), ebenso lit. 118, zu beiden Kreuzfesten (fol. 157ᵛ, 200ʳ). Daraus erschloß Reitzenstein[320], das Grabmal habe um diese Zeit (wieder) eine flache Deckplatte gehabt. Das ist aus anderen Gründen wahrscheinlich gemacht (s.o.), jedoch nach diesem Wortlaut nicht zwingend. Man könnte auch annehmen, daß die heute noch vorhandenen doppelten Eisenringe an beiden Schmalseiten zum Einstecken von Vortragekreuzen, Kerzen o.ä. bestimmt waren. Zum 9. Oktober schreibt lit. 117 Vigilien wie Totenmesse im Peterschor vor, auch das Verlesen der Bulle Leos IX. von 1052[321] (fol. 77ᵛ, dazu: *Crux magna cum plenarys et citis exponatur*). In lit. 118 erscheint die Tumba – wie Chorpult, Ambo, Opferstock, andernorts auch Leuchter, Markierungen im Fußboden u.ä. – als Orientierungshilfe bei Prozessionen: *duo vexilla et due Cruces stabunt prope sepulchrum clementis pape* (fol. 64ᵛ, Osternacht); fol. 63ᵛ, gelegentlich der Prozessionsordnung, heißt es: *Primo scolares portantes quatuor vexilla* ... *duo juvenes portantes duas Cruces optimas cum lapidibus preciosis*, und fol. 64ʳ, nach dem Aufstieg zum Peterschor, *Et tunc vexilla ponantur ad angulum prope stallum Decani, similiter et cruces*. Man wird also eher schließen, daß die *Träger* der Fahnen und Kreuze beim Clemensgrab standen, als mit Reitzenstein[322], die Fahnen bzw. Kreuze seien um das Clemensgrab in den nicht benutzten Baldachinsockeln aufgepflanzt worden. Denn fol. 68ᵛ formuliert lit. 118: *quatuor juvenes in cappis portantes quatuor vexilla qui stabunt prope sepulchrum clementis* (es folgen wieder die zwei Kreuzträger); und fol. 75ᵛ: *scolares portent vexilla et cruces argenteae. Et vexilla stabunt apud sepulcrum sancti* [!]³²³ *Clementis.* – Vom ausgeführten Baldachin ist in den mir bekannten Quellen nirgends die Rede, die Zugehörigkeit des Frankfurter Engeltorso (ohne Kopf) wohl nach wie vor zweifelhaft³²⁴.

Der Marienaltar. Die Gründungsurkunde des 1229 geweihten Marienaltars wurde im Zusammenhang mit der Datierung des Querschiffs und der »Wortwinus-Frage« auch in der kunsthistorischen Literatur mehrfach herangezogen. Die Hypothesen um *Wortwinus magister operis*, seinen Stand – wirklich Bauhandwerker, als Laie oder Kleriker, oder nicht doch ein mit dem Domstift verbundener³²⁵ höherer Geistlicher, der mit der Bauaufsicht betraut war – und seine eventuelle Bedeutung für die Architektur des Domes sind hier nicht zu referieren, die Urkunde selbst zeichnet sich durch ihre Größe und besonders gepflegte Schrift vor anderen Bamberger Urkunden der gleichen Zeit aus. Nach ihr war das Weihefest zu Mariae Himmelfahrt, der amtierende Geistliche in ganz ungewöhnlicher und betonter Form vom Domkapitel unabhängig, nur dem Bischof unterstellt. Die Urkunde gibt auch den Platz des Altars innerhalb der Kirche sehr genau an: *altare in monasterio s. Petri in dextra parte situm ad meridiem uersus capitolium*³²⁶. Hier sind also rechts und Süden gleichgesetzt, wie auch sonst nachweisbar (s. oben S. 163 und 164); es entspricht das den in der Regel geosteten mittelalterlichen Land- und Weltkarten, mit einer weiteren Dimension ins Moralische: rechts bzw. zur Rechten – Süden – gut³²⁷. Von Interesse ist, daß wie beim Mittelschiff (s. S. 168) ein Kirchenteil nach dem zugehörigen Hauptaltar benannt ist. Der Marienaltar stand demnach in jenem Bereich, den im Vorgängerbau der nach 1012 nicht weiter erwähnte Altar des Sylvester und anderer Bekenner einnahm³²⁸ und zwar *uersus capitolium*, d. h. an der Ostwand des südlichen Querhausarmes³²⁹. Man versuchte also auch hier, im Mittelalter, die Domaltäre soweit wie vom Bau her möglich zu osten, dasselbe Problem war bei den Pfeileraltären im Langhaus gestreift worden (S. 165)³³⁰. Der Altar heißt auch *s. Marie in monasterio*³³¹, eine Lichtstiftung ist vor 1254/55 bezeugt, die Verbesserung der Vikarie 1308 und später mehrfach³³². Wie im 13. Jahrhundert (s. o. S. 165) wird auch nach den Ordinarien lit. 117 und 118 zu allen Marienfesten der Georgenchor geschmückt, doch geht die Prozession zum Marienaltar³³³. Wann dieser ebenso wie sein Pendant, der Vitusaltar (s. u.) an die Westwand des Querhauses gerückt wurde *(Abb. 25, Nr. 17)*, war aus den publizierten Quellen nicht zu ermitteln.

Der Vitusaltar. Bei der Weihe von 1012 wurden im linken Seitenaltar im Westen Vitusreliquien deponiert, der erstgenannte Patron war damals Dionysius martyr, dessen Fest auch späterhin feierlich begangen wurde³³⁴ (etwas überdeckt durch das auf seinen Tag fallende Anniversar des Papstes Clemens, s. o.), der letztgenannte Vitus. Einen Vitusaltar beschenkte der 1102 verstorbene Bischof Rupert, *ad lampadem ante altare s. Viti*³³⁵. Da die späteren Quellen den Vitusaltar im nördlichen Querhausflügel beschreiben und da man, wie gesagt, links und Norden häufig gleichsetzte, kann der Vitusaltar des alten wie des neuen Domes als Nachfolger des Dionysiusaltares mit den Vitusreliquien gelten. Die Ordinarien A und C nennen ihn nicht, doch wird nach einer Lichtstiftung von 1268 mindestens zeitweise beim Vitusaltar das Sakrament aufbewahrt³³⁶. Auch ist er nach

dem Domlichterverzeichnis des frühen 14. Jahrhunderts durch zwei Lampen (ebenso wie der Stephans- und der Marienaltar) ausgezeichnet³³⁷. Zusätzliche Bedeutung gewinnt er als Pfarraltar, urkundlich belegt 1328³³⁸. Das war eine sehr zweckmäßige Wahl, denn so fanden die Pfarrkinder³³⁹ ihren Altar gleich hinter der Veitstür, ohne Störung von Chordienst und Prozessionen. Nach den Domrechnungen wurde 1651 der Vitusaltar an die Westwand des Querschiffs versetzt *(Abb. 25, Nr. 16)*, vorher stand er vor dessen Ostwand³⁴⁰.

Notizen zur Ausstattung. Bei Besprechung der Grabmäler war es schon unumgänglich, auf bewegliche Stücke der Domausstattung einzugehen, auf Grabdecken, Kreuze, Lampen. Hier folgen noch einige Nachträge, in der Regel aus den reicheren Rubriken der Handschrift C. Zu den Hochfesten steht dort immer wieder: *panclachen ponantur*³⁴¹, meist ohne Ortsangabe, gelegentlich *in monasterio*, dieses zu den Vigilien der Heinrichs- und Kunigundenfeste, also dann, wenn liturgische Akte in der Nähe der Kaisergräber stattfanden. Nach Analogie anderer Quellen würde ich hier *panclachen* nicht wörtlich mit Tüchern auf Sitzen übersetzen³⁴², sondern als Behänge über Gestühlen, so wie man es noch in diesem Jahrhundert im Halberstädter Dom sehen konnte: die Wirkteppiche des mittleren 12. Jahrhunderts über dem gotischen Chorgestühl. Die Vorgänger der zwei heutigen Chorgestühle waren ja gewiß niedriger. Dasjenige Gestühl, das bei den Kaisergräbern geschmückt wurde, dürfte im Mittelschiff gestanden haben (vgl. S. 172). Die Custorei-Rechnungen nennen je zwei lange Teppiche auf jedem Chor, die an den Mauern hingen, sie erhielten 1500/01 neue Fransen³⁴³. – Eingesprengte deutsche Worte wie panclachen in lateinischen Texten begegnen nicht selten, besonders bei termini technici; so um 1247 im Bamberger Verzeichnis von verpfändeten Gegenständen aus dem Domschatz: *Casulae, quae dicuntur tegelich*, also Werktagskaseln³⁴⁴. – Der Ordinarius C enthält eine erste, wenn auch summarische und unvollständige Farbenordnung für das Temporale zwischen Quadragesima und Ostern; er regelt auch, zu welchen Festen der Celebrans das Rationale anlegt (vgl. dazu S. 176 Anm. 392).

Beide Ordinarien berichten über das Heilige Grab, nach dem Zusammenhang auf dem Georgenchor. Das vorher vor dem Lettner des Peterschores und am Stephansaltar gewiesene (s. o. S. 168), von Klerus und Volk verehrte Kreuz wird zum Heiligen Grab getragen (die Texte von A und C in Anm. 31). Doch setzen die Quellen hier lange vor dem 13. Jahrhundert ein. Reliquien vom Heiligen Grab waren 1012 im Altar vor der Georgenkrypta niedergelegt³⁴⁵. Um 1065/75 stiftete die Konversin Acela *lumen ad sepulcrum domini*³⁴⁶. Das erste Lampenverzeichnis nennt ein *[lumen] ad sepulcrum sancto Georio*, das vielleicht in diesen Zusammenhang gehört³⁴⁷, eine Urkunde von 1340 (Nr. 2369) das Licht *super sepulcrum Crucifixi in die Parasceues*³⁴⁸, Bischof Lampert stiftete 1391 testamentarisch Geld für zwölf Kerzen und Psalterlesen beim Heiligen Grab³⁴⁹. Ausführliche Rubriken bringt lit. 118, vor allem interessant wegen der Angaben über das große Elfenbeinkreuz, ehemals als Stiftung Heinrichs II. angesehen, von Goldschmidt³⁵⁰ ins 11. Jahrhundert, von Boeckler³⁵¹ etwa 1130–40 angesetzt: *duo summissary seniores ascendant chorum sancti petri ad ferendum Crucem Eburneam indutam casula rubra* (fol. 61ʳ). Die Prozession zum Kreuzbegräbnis beschließen die *duo summissary ferentes crucem eburneam cum casula sua... Et crux eburnea mittatur foris ante capsam sancte kunegundis* (fol. 63ʳ). Bei der Rückprozession in der Osternacht gehen wiederum am

Schluß die *duo summissary portantes Crucem Eburneam cum stolis. Et Crux ponatur ante altare in gradibus* (*in choro s.petri*, dieses in schwarzer Schrift am Rande) *ad locum consuetum* (fol. 66ᵛ)³⁵². Auch in nachmittelalterlicher Zeit errichtete man das Heilige Grab auf dem Georgenchor – es war also nicht eine »ortsfeste« Anlage wie in Konstanz, Straßburg, Freiburg, um nur einige berühmte Exemplare aufzuzählen. Dieses belegen die Dom- und Custoreirechnungen zu 1594/95, 1614/15ff., 1634/35, 1642/43³⁵³. Ein Modell zu einem neuen Heiligen Grab wurde 1653/54 bezahlt³⁵⁴. Anscheinend war auch noch 1649/50 der Elfenbeinkruzifixus beim Heiligen Grab³⁵⁵.

Dieses hochberühmte Elfenbeinkreuz hatte schon vor der Entstehungszeit des Ordinarius lit. 118 seinen gewöhnlichen Platz in der Nähe des Peterschores, die erste überlieferte Reparaturnachricht, 1482/83, erwähnt es *ober St. Michaelsaltar* (zu diesem s. S. 166) *im Peterschor*³⁵⁶. 1503/04 mußte das brandgeschädigte Elfenbeinkreuz *cum corona* (= aufgesetzte Metallkrone oder Nimbus?) ausgebessert werden³⁵⁷. Hofmann beschreibt es zu 1516 als *imago crucifixi eburnea... in arcu lapideo, in medio templi*³⁵⁸, damals durch Blitzschlag beschädigt und mit 6 Pfund Elfenbein ausgebessert. Die Rechnungen bringen weitere Posten zu 1520, wieder 1542/43, *da das Wetter solches wohl in 1000 Stück zerschlagen hat*, 1592/93 und 1667/68³⁵⁹. – 1505/06 werden zwölf Pfg. gezahlt *um das Kreuz ab- und an Ostern wieder aufzumachen*, ebenso 1514/15: *das elfenbeinerne Kreuz vom Zimmermann abgenommen und wieder aufgemacht 12 Pfg.*³⁶⁰. Spätestens in dieser Zeit also war das Elfenbeinkreuz zugleich Triumph- und Adorationskreuz. Ob diese zwiefache Verwendung auf älterer Tradition fußt, ist nicht mehr eindeutig zu entscheiden. Dafür könnte sprechen, daß schon nach Ordinarius A das Adorationskreuz zum Heiligen Grab getragen wurde (s. o. Anm. 31), nach dem Ordinarius C mit roter Kasel bekleidet oder verhüllt und daß in lit. 118 die Riten gleichbleiben, nur daß statt von crucifixus nun von der crux eburnea gesprochen wird³⁶¹. Ebenso kann weder gesichert noch ausgeschlossen werden, daß schon im 13. Jahrhundert dieses Kruzifix als Triumphkreuz diente. Der Nekrolog wie das zweite Lampenverzeichnis führen auf *lumen ante crucem magnam in trabe positam*³⁶² bzw. *[lumen] ante crucifixum dominum* und *ante crucifixum dominum posito in trabe*³⁶³. Eine dritte Verwendung ist im Ordinarius lit. 118 vorgesehen, jedoch anscheinend sofort wieder gestrichen. Zur Kreuzverehrung an Palmsonntag steht die Geistlichkeit *ante Crucem magnam* (ab hier durchstrichen) *scilicet dem helphenpainen Creuz, quod iacet super tapetum positam ante ianuam que vocatur die genadenreich thür* (fol. 53ᵛ); weitere Belege für diesen Gebrauch fehlen einstweilen außer einer Custoreirechnung zu Palmarum 1649/50: Kränzlein zum elfenbeinernen Kreuz³⁶⁴. Es wird aber wohl deutlich, welch zentrale Bedeutung das Elfenbeinkreuz in der Bamberger Domliturgie hatte.

In lit. 118 verzeichnet eine größere Zahl gleichartiger Randbemerkungen (nicht eben gut leserlich) detailliert die Pflichten des subcustos und seiner Helfer. Sie benennen vielfach genauer als der Haupttext die zu bestimmten Gelegenheiten und Festen benutzten Reliquiare und sind dadurch für die Geschichte des Domschatzes von hohem Wert. Einige Proben mögen das verdeutlichen. Zur vig. Innocentum werden die zwei Silberfiguren von Unschuldigen Kindern ausgesetzt (fol. 22ᵛ, vgl. S. 168, Erstdr. Abb. 8)³⁶⁵, zu Cathedra Petri das Stück der Petersketten (fol. 143ᵛ), zu Georg sein Armreliquiar (fol. 152ᵛ), zur Prozession der Vigil Johannis bapt. dessen (Silber-)Bild, das Margaretenhaupt (Erstdr. Abb. 8) und der Georgsarm (fol. 166ʳ), zum Fest Kiliani das Kopfreliquiar (fol. 175ᵛ), zum Fest Remacli das Remaclushaupt (Erstdr. Abb. 8) und der Schrein der HH. Remaclus und Herculianus (fol. 196ᵛ), zum Dionysiusfest das Kopfreliquiar (fol. 208ʳ), zum Ursulafest die Kopfreliquiare von zweien der 11 000 Jungfrauen (fol. 209ᵛ, Erstdr. Abb. 8).

Besonders hervorzuheben ist eine Rubrik, die über ein ungewöhnliches und schwer zu beurteilendes Schatzstück weiteren Aufschluß bringt, das Ciborium »Bamberg«, nach Bassermann-Jordan/Schmid³⁶⁶ ab 1444 nachweisbar. Jedoch nennt schon das Inventar von 1127 *Cyboriolum I auro et gemmis ornatum*³⁶⁷. 1398 verlangt ein Wahlstatut des Domkapitels, der Bischof habe seinen Eid zu leisten *super altari consecrato in tabernaculo aureo*³⁶⁸. Das Heiltumsbuch von 1493 (clm 428, fol. 260ʳ) gibt neben dem, wie üblich, sehr allgemeinen Bild einer Kapelle mit eingezogenem Chor und Dachreiter den Text: *In diser geweichten capeln Bamberg genannt* (folgen die Reliquien: vom Schürztuch Christi der Fußwaschung, Pancratius, elftausend Jungfrauen, Eutropia); entsprechend clm 46 (fol. 8ᵛ) *Capella consecrata vocata bamberg*³⁶⁹. Es handelt sich demnach um eine Kombination von Tragaltar, Reliquienbehälter und Ciborium. Wieder ist die Abbildung im Londoner Heiltumscodex genauer (fol. 19ʳ, Erstdr. Abb. 9), wenngleich schwer zu interpretieren und einzuordnen. Sicher erkennbar ist hier jedenfalls die Ciboriumform mit zwei Bodenplatten, gedrehten Stützen und Schuppenziegeldach, auffallend die innen hängende, blau kolorierte Kugel, die mit ihrem Quer- und Längsreif fast an einen Reichsapfel erinnert. Der Name »Bamberg« erweist seine besondere Bedeutung: Es *ist* gleichsam die Bamberger Kirche (im Sinne von Hochstift wie von Dom) und der Rechtsbrauch, den Bischof gerade auf dieses Stück des Schatzes schwören zu lassen, verstärkt den Eindruck, man habe es mit einem ungewöhnlich hochgeschätzten und kostbaren Kultgegenstand zu tun. Er wurde innerhalb des Kirchenjahres einmal benutzt. Zur inventio crucis (3. Mai) fand vor dem Peterschor eine Wasserweihe statt. Hier kann man besonders klar nachzeichnen, wie sich die Rubriken der Domordinarien zwischen dem frühen 13. und dem 15./16. Jahrhundert präzisieren. Handschrift A: *benedicatur aqua in dolio*; Handschrift C: *benedicatur aqua cum magna cruce et duabus parvis*³⁷⁰. Nach lit. 118 (fol. 158ᵛ) erfolgt diese Weihehandlung *ad ambonem*. Inzwischen hat sich das Wasser in Wein verwandelt, für dessen Ausspendung gab es fünf versilberte, um 1362 gestiftete Schalen³⁷¹ (noch 1709/10 erfolgt eine Reparatur der Schale zum hl. Kreuzwein)³⁷². Und die Randschriften von lit. 118 benennen auch die für die Zeremonie gebräuchlichen Kreuzreliquien, nämlich die oft genannte, schwer zu identifizierende *crux magna*, weiter das kleine Kreuz mit dem Gertrudenfinger³⁷³ und schließlich die Kreuzreliquie *dicta Bamberg*. Wie gesagt, enthält das Ciborium Bamberg andere Reliquien, es wäre denkbar, daß unter ihm (nur zu dieser Gelegenheit?) ein Tragaltar mit Kreuzreliquie lag. Eine große Kreuzpartikel in einem inschriftlich bezeichneten Tragaltar barg bis zur Säkularisation das Heinrichs-Portatile³⁷⁴ und es ist eine sehr verlockende, doch einstweilen gar nicht abgesicherte Vorstellung, das vom Bamberger Klerus so hochgeschätzte Ciborium »Bamberg« und das vom Dom- und Bistumsstifter geschenkte Tragaltar-Reliquiar mit bedeutender Kreuzreliquie enger zusammenzurücken. Auch hier sind die Kenner der Goldschmiedekunst *und* die der Ortsgeschichte gebeten, zu klären und zu präzisieren.

Bildwerke. Außer dem in der Karwochenliturgie benötigten Kruzifixus erwähnen die Ordinarien nur selten einzelne Skulpturen oder Bilder, in Bamberg wie anderswo. Ausnahme ist eine Mariendarstellung. Ein Zusatz der Handschrift C verlangt zum Katharinenfest eine Prozession, mit Responsorium *ante ymaginem beate virginis Marie iuxta altare sancte Katherine*[375]. Es wird verbunden mit einem 1288 gestifteten *lumen perpetuum ante ymaginem b[eat]e V[ir]g[inis] que stat iuxta chorum s. Georii in latere mo[naster]ii*[376]. Diese Gleichsetzung wird weiter bewiesen durch das zweite Lampenverzeichnis aus dem frühen 14. Jahrhundert: *lumen... ante ymaginem beate virginis apud altare sancte Katherine*[377]. Der Katharinenaltar befand sich im östlichen Teil des Nordseitenschiffs, gegenüber der Chorschranke, er scheint wie zahlreiche andere Altäre um die Mitte des 17. Jahrhunderts abgebrochen, sein Titel verlegt worden zu sein auf einen der Langhaus-Pfeileraltäre (*Abb. 25, Nr. 9*)[378]. Reitzenstein versuchte, das in den Schriftquellen genannte Marienbild mit der Steinmadonna des 13. Jahrhunderts zu identifizieren, die 1829 am Pfeiler östlich der Heimsuchungsgruppe stand[379]. Doch bleibt das eher hypothetisch, weil *imago* als gemalte wie als plastische Darstellung und in jedem Material vorkommen kann und weil der mittelalterliche Platz der genannten Skulptur unbekannt ist. Der Ordinarius lit. 117 (fol. 88ᵛ) gibt keine neuen Details, außer daß nun dort das Salve regina angestimmt wird, doch lit. 118 präzisiert: Das Salve Regina erklingt *Coram ymaginem angelice salutacionis ob reuerenciam gloriose virginis marie* (fol. 217ʳ). Wie gesagt, das kann nach dem gleichbleibenden liturgischen Kontext gleichbedeutend mit der früheren Rubrik sein, denn auch eine Verkündigung ist in erster Linie eine ymago beate Marie, es kann aber auch ein anderes Monument meinen. Nun findet bzw. fand sich ja gerade an dieser Stelle des Domes gleich zweimal das Thema der Annuntiatio: auf dem Chorschrankenrelief, ursprünglich im östlichsten Feld eingelassen, und in der aus Heimsuchungs-Maria und Dionysius-Engel gebildeten Gruppe; die letztere ist näher zum Katharinenaltar gelegen als das Verkündigungsrelief ehemals neben der Gnadenpforte. Ob eine von diesen Verkündigungsdarstellungen im Spätmittelalter oder auch schon im 13. Jahrhundert gemeint war oder eine uns nicht mehr bekannte, muß hier offenbleiben. – Bereits Vöge[380] deutete an, daß die Verkündigung der Nordschranke auf weitere Marienszenen in Form von Pfeilerfiguren bzw. -figurengruppen schließen lassen könne, ebenso der Michael der Südschranke auf *weitere Bamberger Heilige*. Das kann man m. E. konkreter darlegen und zugleich modifizieren. Beginnt man in der historischen Folge den Gang um die Schranken vom Ostende der Nordseite her, so fällt auf, daß unmittelbar neben dem Mittelpfeiler zwei Propheten stehen, die besonders eng mit Maria verbunden und deren Identität durch Attribute auch besser gesichert ist als die der meisten anderen: Jesaja *(Ecce virgo concipiet...)* mit seinem Marterinstrument, der Säge, und Marias königlicher Vorfahre David, er wendet sich als einziger voll aus dem Bildfeld heraus und ein wenig nach oben. Den besten Sinn macht diese Ausnahme von der üblichen Dialoghaltung, wenn man am Mittelpfeiler ein marianisches Thema, welcher Form auch immer, verbildlichen wollte. Diese Interpretation wird gestützt durch die Entsprechung auf der Südseite. Denn Petrus – mit Attribut – als sechster, etwa in der Mitte einer Apostelfolge ist so ungewöhnlich, daß nach einem Grund für diesen Verstoß gegen die Regeln der Hierarchie gesucht werden muß. Das Dilemma löst sich, wenn am Mittelpfeiler als Pendant zur Maria der Nordseite eine Christusfigur vorgesehen war, neben der dann der Apostelfürst (mit seinem Bruder Andreas) seinen Ehrenplatz hätte, zu dem er mit der Hand hinaufweist.

Zum Schluß möchte ich noch auf ein Bildwerk eingehen, dessen Benennung zu sonderbaren Parteiungen führte: den »Reiter«. Auf der einen Seite stehen die Lokalforscher verschiedener Sparten bis über die Mitte des 19. Jahrhunderts hinaus, dazu Vertreter der religiösen Volkskunde, und die ungarischen Kollegen aus Geschichte und Kulturgeschichte. Sie nennen ihn einmütig den heiligen König Stephan von Ungarn; auf der Gegenseite die Scharen der deutschen Kunsthistoriker (nach und neben ihnen die »Vulgarisateure«), und einzelne Vertreter anderer Fächer, mit einer ganzen Skala von Namen: einer der Heiligen Drei Könige, Georg, Konstantin, Heinrich II., Konrad III., Friedrich I., Philipp von Schwaben, Friedrich II., Wilhelm von Holland, bis hin zu Abstraktionen wie ›der staufische Herrscher‹, ›der Königskanoniker‹ usw. Einig sind sie sich darin, die althergebrachte Bezeichnung als Stephan von Ungarn knapp zu referieren, flüchtig zu erwägen und dann abzulehnen. Es soll hier versucht werden, mit Hilfe der liturgischen und ähnlicher Quellen die Frage nochmals zu prüfen. Stephan war der Schwager Heinrichs II., seine Bekehrung und damit die seines Landes wird ausdrücklich und rühmend in der Kanonisationsbulle hervorgehoben[381]. Kurz vor Stephans Heiligsprechung (1081) bittet das Bamberger Domkapitel – 1063 – den König Salomon von Ungarn um Hilfe wegen der schlechten Zeiten. Der ausführliche Brief beginnt mit emphatischen Glückwünschen zum Tode des Verräters Bela und fährt fort: *bona spe presumimus pro difficultate presentis anni magnificentie vestre supplicare. Quod licet verecundia nostra vix paciatur, regia tamen animi vestri munificentia ad has insolitas preces nos fiducialiter hortatur, maxime cum beatus Georgius tam vester quam noster patronus sponsionis et votorum vestrorum pignus habeat. Que videlicet quanta opis sue presentia meruit, tanta auctoritatis sue fiducia exigit. Nostra enim instancia sine intermissione summonitus, quemadmodum ipse prepotens signifer initia vestra felicissimis consecravit auspiciis, ita se vobis rebusque vestris perpetuum tutorem defensoremque prestabit*[382]. Solche Formulierungen setzen wohl engere Verbindungen zwischen dem neuen ungarischen Herrscher und dem Bamberger Domklerus voraus. Übrigens war Georg – neben Maria – persönlicher Patron auch des Stephan von Ungarn: Er zog in den Kampf *sub vexillo deo dilecti pontificis Martini sanctique martyris Georgii*[383] bzw. *per votum et oblationem semet cum regno suo sub tutela perpetue virginis dei genitricis Marie precibus assiduis conferens*[384] (Legenda maior, um oder vor 1083) – der Reiter steht am Eingang zum Georgenchor, in dem noch um die Mitte des 13. Jahrhunderts Marienfeste begangen wurden (s. o. S. 165). Um 1088, also wenige Jahre nach der Kanonisation Stephans, weilte der hl. Otto als Hofkaplan bei Judith, der vertriebenen Witwe des Königs Salomon von Ungarn[385]. Seine Beziehungen zu Ungarn reißen auch in seiner Bischofszeit nicht ab. Er schickt eine Gesandtschaft *ad regem Hunorum*, an König Bela II. (1131–41), sie wird freundlich aufgenommen und beschenkt[386]. Und zwischen 1146/56 erscheint Stephanus rex erstmals in einem Bamberger Kalendarium[387], ungewöhnlich früh in Deutschland. Die Bamberger Continuatio Heimonis nennt Otto von Andechs, 1174 Dompropst, 1177–1196 Bischof von Bamberg *Regali prosapia ortus*, und zwar wegen seiner Abkunft von König Bela I. von Ungarn[388]. Im Ordinarius Handschrift A, also noch für den Heinrichsdom, ist das Fest *Stephani confessoris* zum 20. August vermerkt[389]. Bischof Ekbert weilte nach der Ermordung König Philipps (1208) einige Zeit am Hof seiner Schwester Gertrud, der Königin von Ungarn[390]; ihr Onkel Poppo von Andechs wurde 1206/07 zum Erzbischof von Kalocsa gewählt, erlangte aber nicht die päpstliche Bestätigung. Ab 1206 war er Dompropst, von 1237–1242 Bischof von Bamberg[391]. Der Ordinarius Handschrift C gibt zum 20. August die zu vielen Hochfesten üblichen Rubriken: *ambe campane magne pulsentur, panchlachen ponantur, crux magna exponatur*[392], feierlicher als einige Apostelfeste oder Laurentius, Martin und Nikolaus. C sagt außerdem: *Stephani confessoris et regis altare sancti Stephani ornetur*[393]. Man muß das wohl so lesen: *Stephani confessoris et regis [,] altare sancti Stephani ornetur*[394], statt, wie sehr verlockend wäre (weil dann auch ein Altar des ungarischen Heiligen bezeugt wäre, der aber durch keine weitere Quelle gesichert wird), *Stephani confessoris [,] et regis altare sancti Stephani ornetur*. Nach einem am Stephanstag 1333 gewonnenen Kampf gegen die Würzburger stiftet Lupold von Egloffstein eine Festerhöhung (Urk. 2106)[395], mit Teilnahme aller Kongregationen am Gottesdienst, Zahlungen an die Stuhlbrüder, an vier scholares, für Geläut. Die Messe ist zu lesen am Heinrichs- und Kunigundenaltar, also vor dem Georgenchor[396]. 1444 ist erstmals eine Stephansreliquie im Domschatz bezeugt, ein Arm, auch Reliquien seines Sohnes Emmerich (cgm 267, fol. 239$^v$: *sant steffans arme konig In Vngern* bzw. *Item das heiltum sant heinrichs*[397] *In Vngern*). Nach dem Heiltumsbuch von 1493 befanden sich die Reliquien des Stephan von Ungarn in einer Monstranz (clm 428, fol. 258$^r$)[398]. Wieder gibt das Londoner Heiltumsbuch den genauesten Eindruck (fol. 10$^v$, Erstdr. Abb. 10); zur Form des Wappenschildes wären die ungarischen Stiftungen im Aachener Münster zu vergleichen. Der halbe weiße Adler steht im roten Feld, die Querstreifen sind weiß und blau. Die Heraldiker werden um Deutung gebeten. Lit. 117 schreibt vor: *terreatur. Magne campane pulsentur. pancklachen ponantur crux magna cum plenarys et citis exponatur. Altare sancti Stephani ornetur... domini legant et cante[n]t in cappis... Ad missam sancti Steffani conueniant omnes ecclesie collegiate. Abbas de sancto Michaele cum suo conuentu fratres predicatores. minores et carmelite. Ac parochialium ecclesiarum plebani cum suis capellanis* (fol. 62$^r$f.). Lit. 118 (fol. 191$^v$ff.) stimmt nahezu wörtlich damit überein. Hier handelt es sich um den (Kreuz- und) Stephansaltar zwischen den Treppen des Georgenchors[399]. Jakob Ayrer schildert in seinem spätestens 1593 in Bamberg verfaßten Drama Heinrich und Kunigunde die legendäre Taufe des hl. Stephanus im Bamberger Dom[400]; sie wird auch berichtet in der in der ersten Hälfte des 19. Jahrhunderts schriftlich fixierten Domsage vom Einritt des noch heidnischen Waik/Stephan in den Dom[401]. Ein Jesuitendrama über Stephan von Ungarn wird in Bamberg 1618 und nochmals 1751 und 1768 aufgeführt[402]. Für 1703 ist das Stephansfest in der Kathedrale noch bezeugt[403]. Und in der ersten Hälfte des 18. Jahrhunderts die Verknüpfung des »Reiters« mit dem Namen des heiligen Königs von Ungarn, bei Fr. E. Brückmann, 1729: *Est et adhuc alterum signum mnemonicum, nempe statua Divum Stephanum, Regem Hungariae fortem, equo animoso et alacri insidentem repraesentans, eo modo caesa, quo Rex gratia invisendi Henricum Imperatorem Bambergam ingressus*[404]. Das wiederholt sich 1755 *(die Statue des h. Stephani, Königs in Ungarn zu Pferde)*[405], 1781, als Domwahrzeichen *(die Statua des heiligen Stephanus, so zu Pferde sitzt)*[406], dann bei der Reparaturrechnung 1784/85[407], beim Restaurierungsbericht von 1829[408] und bei Heller 1831[409]. Richtig ist, daß Stephan nach der Legende[410] bärtig war und so auch zu Lebzeiten auf dem späteren ungarischen Krönungsmantel abgebildet wurde[411]. In spätgotischen und nachmittelalterlichen Miniaturen und Druckgraphiken erscheint er vielfach als alter, weißbärtiger König, leicht zu erklären, weil Vater eines ebenfalls heiliggesprochenen Sohnes (Emmerich) und oft mit diesem zusammen dargestellt[412]. Aber für das 12. und bis nach der Mitte des 13. Jahrhunderts gibt es weder in Ungarn noch außerhalb ein einziges bezeichnetes und im Original erhaltenes Bildnis[413]. Von einer festgelegten Ikonographie und Physiognomie des Heiligen für das 13. Jahrhundert kann daher keine Rede sein, weder in seiner Kultheimat noch gar außerhalb. Insofern unterscheidet sich die Situation grundlegend von der Bildüberlieferung Heinrichs II. in Bamberg. Denn hier sind zwei Darstellungen für den Domneubau überliefert, eine von derselben Steinmetzengruppe, die den Reiter schuf: Gnaden- und Adamspforte. Beide geben einen älteren bärtigen Mann. Daß man einen Herrscher, dessen Legenden weit mehr Frömmigkeit und Krankheiten betonen als die historisch gesicherte Tatkraft, ja Härte[414], zu Pferde darstellte, wäre wenig angemessen, doch bei einem Nachfahren Attilas, einem Fürsten der immer wieder mit den Hunnen gleichgesetzten Ungarn[415] gut motiviert; das Pferd wäre so ein ethnisches Attribut, nicht unvergleichbar dem Judenhut des vom Teufel Geblendeten unter der Synagoge oder den negroiden Zügen des Magdeburger Mauritius. Wie gesagt, die Hinweise der liturgischen Quellen und der Ortstradition auf die – in Deutschland im 12. und 13. Jahrhundert sehr seltene – Stephansverehrung in Bamberg und seine alte Identifizierung mit dem Reiter möchten dazu anregen, die verschiedenen Positionen zum Namen des Reiters nochmals zu überdenken und dabei ernsthafter als in den letzten Jahrzehnten die für ein Bild des Stephan von Ungarn sprechenden Indizien zu berücksichtigen[416]. Denn Sinn dieser Studie war es, in genauer Kenntnis ihrer Unvollständigkeit und Unvollkommenheit, doch die Kunstgeschichtsforschung anzuregen, eine große und bislang zu wenig genutzte Quellengattung, die Ordinarien und ähnliche liturgische Anweisungen in ihre Arbeiten miteinzubeziehen, *et de foliis arentibus fructum utilem et sapidum excerpat.*

# ANMERKUNGEN

*I. Zur Einführung*

[1] Kömstedt, S. 25 ff.
[2] Kubach, Architektur, S. 279, 311, bes. 329, 330.
[3] v. Reitzenstein, Baugeschichte, S. 113 ff.
[4] Der Bearbeiter ist Dr. T. Breuer
[5] Diese Methode hat jüngst M. Gosebruch, S. 28 bzw. Anm. 1 heftig kritisiert und als »Steinanatomie« bezeichnet.
[6] Vergl. Kubach/Haas, Speyer
[7] Vergl. zu diesem methodischen Problem Haussherr, Rezension zu Kubach/Haas, Speyer, S. 328 f.
[8] Auch dazu vergl. Haussherr, Rezension zu Kubach/Haas, Speyer, S. 329.

*II. Zum Stand der Forschung*

[9] W. Meyer-Schwartau, Der Dom zu Speier und verwandte Bauten, Berlin 1893.
[10] C. Schnaase, Geschichte der bildenden Künste im Mittelalter, Bd. II (= Die romanische Kunst), Düsseldorf ²1871, S. 407 ff. – Bd. III (= Entstehung und Ausbildung des gothischen Styls), Düsseldorf ²1872, S. 345 ff. besonders S. 345, Anm. 1.
[11] M. Landgraf, Der Dom zu Bamberg mit seinen Denkmälern, Inschriften, Wappen und Gemälden, Bamberg 1836.
[12] J. Heller, Geschichte der Domkirche zu Bamberg, Als Programm bei der Wiedereröffnung am 25. Aug. 1837, Bamberg 1837.
[13] F. Kugler, Kleine Schriften und Studien zur Kunstgeschichte, I. Theil, Stuttgart 1853, S. 152 f.
[14] E. Förster, Denkmale deutscher Baukunst, Bildnerei und Malerei, Bd. III., Leipzig 1857, S. 33–40.
[15] C. Schnaase, II, S. 408 f.; III, S. 345 ff.
[16] vergl. unten.
[17] v. Reitzenstein, Baugeschichte, S. 125.
[18] E. E. Viollet-le-Duc, Dictionnaire Raissoné de l'Architecture Française du XI$^e$ an XVI$^e$ Siècle, 10 Bde, Paris 1854 ff., Vergl. Register – Ebenso auch in seinen Lettres adressées d'Allemagne à M. Adolphe Lance, Paris 1856.
[19] R. Dohme, Geschichte der deutschen Kunst, I. Bd. (= Gesch. d. deutschen Baukunst), Berlin 1887, S. 95 u. 139 f.
[20] B. Riehl, Kunsthistorische Wanderungen durch Bayern, Denkmale frühmittelalterlicher Baukunst in Bayern, bayer. Schwaben, Franken u. d. Pfalz, München/Leipzig 1888, S. 146–154.
[21] R. Redtenbacher, Zur Baugeschichte des Bamberger Domes (»Notizen«), in: Zeitschr. f. bild. Kunst, 16, 1881, S. 271 f.
[22] G. Dehio/G. v. Bezold, Die Kirchliche Baukunst des Abendlandes Bd. I, Stuttgart 1892, S. 498 ff.
[23] ebd. Bd. II, Stuttgart 1901, S. 261 ff.
[24] Pfister, Dom – Ders., Restauration 1828–1844; Anhang: Restaurationsarbeiten 1648–1653, Bamberg 1896 – Ders., Werkamtsrechnungen.
[25] A. Weese, Die Bamberger Domsculpturen (= Studien z. Deutschen Kunstgesch., 10. Heft), Straßburg 1897.
[26] A. Goldschmidt, Rezension A. Weese, in: Deutsche Literatur-Zeitung 12, 1898, S. 481.
[27] vergl. unten u. Anm. 31.
[28] vergl. unten u. Anm. 32.
[29] Weese, ¹1897, S. 9.
[30] O. Aufleger/A. Weese, Der Dom zu Bamberg, München 1898.
[31] W. Vöge, Über die Bamberger Domsculpturen, in: Repertorium f. Kunstwiss., XXII, 1899, S. 94–104 mit Fortsetzungen in XXIV, 1901, S. 195–229 u. S. 255–289 – Ders., Die Bamberger Domstatuen, ihre Aufstellung und Deutung, in: Zeitschr. f. christl. Kunst 15, 1902, Sp. 357–368 – Beide Aufsätze abgedruckt in: Bildhauer des Mittelalters, ges. Studien v. W. Vöge, Berlin 1958.
[32] K. Franck-Oberaspach, Zum Eindringen der französischen Gothik in die deutsche Skulptur, in: Repertorium f. Kunstwiss. XXII, 1899, S. 105–110 – Ders., Eine fränk. Bildhauerschule vor dem Eindringen der Gothik, in Zeitschr. f. bild. Kunst, N. F. XII, 1901, S. 259–264 – Ders., Eine fränk. Bildhauerschule vor dem Eindringen der gotischen Kunst, in: Christl. Kunstbl. 1901, (7, 8, 9, 10) S. 87/97/113/129/145 f.
[33] G. Dehio, Bd. I, ¹1905.
[34] F. F. Leitschuh, Zur Baugeschichte des Bamberger Domes, in: Festschr. Fr. Schneider zum 70. Geb. 1906, S. 383 ff.
[35] R. Kömstedt.
[36] R. Hamann, I u. II, Marburg 1923.
[37] H. Mayer, Wie sah Kaiser Heinrichs Dom aus? in: Heimatbll. des Hist. Ver. Bamberg 4, 1924 – Ders., Die Baugeschichte des Bamberger Domes, in: Bamb. Blätter f. fränk. Kunst u. Gesch. I, 1924.
[38] H. Mayer, Bamberg als Kunststadt, Bamberg/Wiesbaden 1955.
[39] Noack.
[40] Dehio, Handbuch I, ³1924.
[41] Dehio, Dom, ¹1924.
[42] Pinder, Dom, ¹1927.
[43] v. Reitzenstein, Baugeschichte.
[44] K. Zahn, Ausgrabungen unter dem Westchor des Domes in Bamberg, in: Denkmalpfl. u. Heimatschutz 30, 1928, S. 84 f. – W. Ament, Bamberg, Bamberg 1929.
[45] H. Mayer, Neue Forschungen auf dem Domberg zu Bamberg, in: Deutsche Kunst u. Denkmalpfl. 1936, S. 190–195.
[46] H. Fiedler, Dome und Politik, Bremen/Berlin 1937.
[47] K. Bahmann, Die romanische Kirchenbaukunst in Regnitzfranken, Würzburg 1941.
[48] W. Pinder, Der Dom zu Bamberg (= Große Baudenkmäler 115) Berlin 1939 (Führer).
[49] H. Mayer, Bamberg.
[50] Urs Boeck, in: W. Boeck, Der Bamberger Meister, Tübingen 1960.
[51] Verheyen, Chorschranken.
[52] Verheyen, Fürstenportal, S. 1–40.
[53] Verheyen, Der Bamberger Dom (Langewiesche), Königstein i. Taunus, o. J. – Ders. Rekonstruktions- und Datierungsprobleme des Bamberger Domes (Vortragsrésumé) in: Wallraf-Richartz-Jb. 26, 1964, S. 243.
[54] Verheyen, Gestalt und Idee des Bamberger Domes, Manuskript Princeton 1962 (im Besitz des Verf.).
[55] Siebenhüner, Heinrichsdom. S. 229 ff.
[56] Siebenhüner, Ostkrypta, S. 150 ff.
[57] H. Fiedler, Magister de vivis lapidibus. Der Meister im Bamberger Dom, Kempten 1965.
[58] Wagner.
[59] Kahmen.
[60] T. Breuer, Die Kunstdenkm. d. Stadt Bamberg, Bayer. Inventare, München. In Vorbereitung.
[61] T. Breuer, Der Dom zu Bamberg (= Große Baudenkmäler 223), München/Berlin 1968.
[62] D. v. Winterfeld, Geschichte u. Kunst d. Bamberger Domes, Bamberg ¹1968, ³1974.
[63] D. v. Winterfeld, Untersuchungen z. Baugesch. des Bamberger Domes, Diss. phil. Bonn 1972.
[64] W. Sage, Die Ausgrabungen im Bamberger Dom, in: Archäologisches Korrespondenzblatt 3, 1973, S. 261–268.
[65] W. Haas, Der Bamberger Dom, (Die blauen Bücher), Königstein i. T. 1973.

[66] Zink (1975), S. 387–405.
[67] W. Sage, Dom (hier S. 16).
[68] R. Kroos (hier S. 160).
[69] W. Sauerländer, Reims und Bamberg.
[70] v. Winterfeld, Fürstenportal.
[71] H. Fiedler, Bildgestalt u. ders., Konsolen.
[72] M. Gosebruch, bes. S. 28 u. Anm. 1, 3, 5.

*III. Der »Heinrichsdom«*

[73] Der nachfolgende Beitrag erschien zuerst unter dem Titel: Der Bamberger Dom, Ergebnisse der Ausgrabungen 1969–1972 in: Zs. f. Kg. 39, 1976, S. 85–104 (= Sage, Ergebnisse). Die dortigen Anmerkungen 1–53 wurden auf die fortlaufende Zählung 74–126 umgestellt. Ferner wurde die Zitierweise mit Verweisen auf das Literaturverzeichnis angeglichen.
[74] Dem Metropolitankapitel Bamberg gilt unser Dank für die verständnisvolle Förderung, die es unseren planmäßigen Grabungen zuteil werden ließ. Die Finanzierung der Untersuchungen erfolgte zum überwiegenden Teil aus Sachbeihilfen der Deutschen Forschungsgemeinschaft; weitere tatkräftige Hilfe fanden wir seitens der Stadt und des Landbauamtes Bamberg.
[75] Erste Vorberichte u. a.: Archäol. Korrespondenzbl. 3, 1973, S. 107 ff.; Ausgrabungen in Deutschland. Monographien des Röm.-Germ. Zentralmuseums I (1975) Teil 2, S. 410 ff. Ein ausführlicher Bericht in den Jahresber. d. Bayer. Bodendenkmalpflege ist im Druck.
[76] H. Mayer, Bamberg, S. 31 ff. mit Anm. 19. Vgl. im übrigen v. Winterfeld, Diss., S. 261 ff. (hier S. 209 ff.) Literaturverzeichnis zum Dom. Ferner ist generell zu verweisen auf E. v. Guttenberg, Die Regesten der Bischöfe und des Domkapitels von Bamberg (1932 ff.) (= Bistum).
[77] Vgl. unten S. 17 ff. Es wären allenfalls Reste der einst zur Westkrypta hinabführenden Treppe zu erwarten gewesen.
[78] W. Sage, Ausgrabungen S. 261 ff.; ders., Grabungsnotizen aus Bayern 1974/I. Ein weiterer ausführlicherer Vorbericht ist ebenfalls in den Jahresber. d. Bayer. Bodendenkmalpflege im Druck. Die Abschlußpublikation ist in Vorbereitung.
[79] Quellen und Literatur zur Burg Babenberg zusammengestellt bei F. Geldner, Neue Beiträge zur Geschichte der Babenberger (1971). Vgl. auch E. Herzog, S. 171 ff.; E. v. Guttenberg, Bistum, Regesten Nr. 1–11.
[80] v. Guttenberg, Regesten Nr. 15 ff. – Quellen und Literatur zur Gründungsgeschichte auch bei v. Winterfeld, Diss., S. 14 ff. (= hier S. 22 ff.) zusammengestellt.
[81] v. Guttenberg, Bistum, Regesten Nr. 5–6.
[82] Zur Frage der früh- bis hochmittelalterlichen Burgen in Nordostbayern jetzt K. Schwarz, Der frühmittelalterliche Landesausbau in Nordostbayern, archäologisch gesehen. Ausgrabungen in Deutschland. Monographien des Röm.-Germ. Zentralmuseums I (1975) Teil 2, S. 338 ff., bes. 384 ff.; speziell zu Bamberg 394 ff. – Die Feststellung von K. Schwarz, daß die Umwehrung des Domberges von Anbeginn an in Massivbauweise errichtet war, muß der von uns auf der Innenfläche festgestellten anfänglichen Holzbauweise auch bei gleichzeitiger Entstehung nicht widersprechen.
[83] E. Herzog, S. 171 mit Anm. 6.
[84] Vgl. dazu v. Guttenberg, Territorienbildung, S 1 ff., bes. 3 ff.; ebenso K. Schwarz, (vergl. Anm. 82).
[85] Vgl. ebd. (Anm. 82). Herrn Dr. Schwarz habe ich für manchen Hinweis ebenso zu danken wie den Kollegen T. Breuer, H. Dannheimer, W. Haas und D. v. Winterfeld.
[86] Mauerwerk der Burgkirche: Bruchstein und heller kiesiger Mörtel. Fundamentstärke etwa 0,85 m (Westwand) und 1,10 m (Südwand). Fundamentsohle bei 257, 57–85 + NN. Oberfläche des Fußbodens bei durchschn. 258, 35 + NN, nach Osten leicht fallend.
[87] Vgl. unten S. 18.
[88] Vgl. oben S. 17 mit Anm. 81. – Es wurde also auch das vielleicht innerhalb der Kirche zu erwartende Grab Berengars nicht gefunden.
[89] In einem Frauengrab lag eine kleine eiserne Volutenfibel, in einem Kindergrab eine ebenfalls kleine Emailscheibenfibel des 9.–10. Jahrhunderts. Eine größere Emailscheibenfibel stammte ferner aus dem Schutt der Burgkirche. Alle drei Stücke werden in den Jahresber. d. Bayer. Bodendenkmalpflege abgebildet und beschrieben.
[90] Zu Quellen und Literatur vgl. Anm. 76 und 80.
[91] Zur Westkrypta vgl. Anm. 76; außerdem auch zur Frage der »Alten Hofhaltung«: H. Mayer, Neue Forschungen, S. 190 ff.; ders., Bamberg, S. 17 ff.

[92] v. Winterfeld, Diss., S. 11 ff.
[93] Vgl. unten S. 18 f.
[94] v. Winterfeld, Diss., S. 20. (= hier S. 23 f.).
[95] Ebd. S. 27 f.
[96] Heinrichsdom: Gesamtlänge etwa 74 m; Langhausbreite 27 m; Querhausbreite 38 m. Westkrypta im Lichten etwa 10,5 : 16,2 m. Querhaus im Lichten 36,0 : 10,5 m (im Norden etwas schmaler; zwischen den Fundamenten gemessen); Mittelschiffbreite etwa 10,0 m, südliches Seitenschiff wohl knapp 6,00 m, nördliches Seitenschiff etwa 6,00 m breit (ebenfalls Maße zwischen den Fundamenten); Ostkrypta 9,60–10,00 m breit. Alle übrigen Bauteile sind für zuverlässige Maßangaben zu schlecht erhalten.
[97] Vgl. den Befund an den Osttürmen, unten S. 18.
[98] Das östliche, unserem Südfenster entsprechende Fenster dieser Seite wurde 1972 von W. Haas festgestellt und vermessen.
[99] Sohlbankoberkante des südöstlichen Kryptafensters 258,62 + NN; Oberkante des Fußbodens I im Heinrichsdom etwa 258,70 + NN, Oberfläche des Fußbodens II im Heinrichsdom in Lang- und Querhaus um 258,80 + NN. Zum Vergleich: heutiges Niveau ebenda 259,30–35 + NN.
[100] Stärke der Querhausfundamente durchschnittlich 0,90 m, Aufgehendes im Süden 0,65 m; Sohltiefe im Nordquerhaus bei etwa 258,40, im Südflügel bei 257,30 (Westwand), resp. 257,60 + NN (Ostwand); Spannmauer gegen das Mittelschiff etwa 0,90 m stark, Sohle bei 257,80 + NN. Man hatte die Fundamenttiefe also dem nach Süden abfallenden Gelände angepaßt.
[101] Nördliche Seitenschiffswand etwa 0,85 m stark, Sohle bei 258,20 + NN; nördliches Arkadenfundament 1,50–55 m stark, Sohle bei 257,50–70 + NN; südliches Arkadenfundament etwa 1,60 m stark, Sohle bei etwa 257,25 + NN.
[102] W. Sage, Ausgrabungen in Deutschland (vgl. Anm. 75), S. 419 ff. mit Abb. 4.
[103] Siehe unten S. 19 f.
[104] Fundamentsohle des Südostturms 256,50 + NN; Fundamentsohle der Ostkrypta, ursprüngliche Teile 255,00–25 + NN.
[105] Vgl. oben S. 17. Zu den Zweifeln an der Richtigkeit der Überlieferung (E. v. Guttenberg, Bistum Regesten Nr. 15) vgl. v. Winterfeld, Diss., S. 15 mit Anm. 24 und 27. (= hier S. 22 mit Anm. 147 und 150).
[106] Vgl. unten S. 19 f.
[107] Darauf wies bereits H. Keller, Bamberg. Deutsche Lande, deutsche Kunst ⁴(1973) S. 19, hin.
[108] Insbesondere wurden die sterblichen Reste König Konrads III. und mehrerer Bischöfe in der Mitte des 17. Jahrhunderts aus ihren offenbar in der Nähe des Heinrichgrabes gelegenen Ruhestätten an neue Plätze übertragen. v. Reitzenstein, Grabmal, S. 360 ff.
[109] Der Sarkophag, 2,27 m lang, 0,68 m breit und noch bis 0,45 m hoch, besaß im Innern eine ausgearbeitete Kopfstütze, wie sie ähnlich auch der Sarkophag Herzog Heinrichs I. im Niedermünster zu Regensburg aufweist; vgl. K. Schwarz, Führer zu archäologischen Denkmalen in Bayern I. Die Ausgrabungen im Niedermünster zu Regensburg (1971) Abb. auf S. 42.
[110] v. Reitzenstein, Grabmal, S. 360 ff. mit Anm. 21. – Es wird freilich noch ein zweiter Sarkophag erwähnt, der einst die sterblichen Reste der Königin Kunigunde aufgenommen hatte. Von einem solchen fand sich bei der Grabung keine Spur. Man darf überhaupt bei der Beurteilung des Befundes nicht außer Acht lassen, welche vielfältige Möglichkeit zu Veränderungen an der kaiserlichen Grablege seit dem Domumbau unter Bischof Otto I., gewiß aber seit der Kanonisation Heinrich II. gegeben war.
[111] Die bedeutende Rolle dieses Bischofs auch als »Bausachverständiger« ist zur Genüge bekannt. Dazu (für Bamberg selbst) v. Winterfeld, Diss., S. 23 ff. mit Anm. 80 ff.; (= hier S. 24 f. mit Anm. 205 ff.) zu seinem Wirken in Speyer Kubach/Haas, S. 775 ff.
[112] Vgl. Anm. 99.
[113] Nach den erhaltenen Ansätzen dürfte es sich um ein Kreuzgratgewölbe gehandelt haben, kaum um eine Tonne, wie v. Winterfeld, Diss., S. 31, vermutet.
[114] Auf Wunsch des Metropolitankapitels ist dieser relativ gut erhaltene Teil der ehemaligen Ostkrypta im Zuge der Domwiederherstellung zugänglich gemacht worden.
[115] v. Winterfeld, Diss., S. 45. (= hier Bd. II, S. 24).
[116] Vgl. unten S. 20, zur Frage nach zugehörigen Chortreppen besonders Anm. 125. – Die größte lichte Länge der Krypta betrug nach dem Umbau etwa 20 m.
[117] Vgl. v. Winterfeld, Diss., S. 152 f. (= hier S. 30); v. Reitzenstein, Baugeschichte, S. 125 mit Nr. 19.

[118] Ein solcher wird bereits 1062 (?) im Heinrichsdom erwähnt; Mon. Germ. Briefe der deutschen Kaiserzeit 5 (1950) Nr. 71. Freilich kann es sich kaum um Reste dieser »corona«, die schon 1081 Schaden genommen haben müßte, handeln.

[119] v. Winterfeld, Diss., S. 162ff. (= hier S. 37, 145).

[120] Pfeiler B 5 und C 5 nach der Benennung durch D. v. Winterfeld.

[121] Die Sohle der südlichen Kryptawand lag außen bei 255,20–40 + NN, im Innern reichte die Wand noch tiefer unter den jetzt bei 255,38 + NN verlegten Fußboden. Der nordöstliche Vierungspfeiler (B 10) schien nach Anlage der Fundamentgrube etwas unter 256,70 + NN zu enden, der Pfeiler C 6 in der südlichen Arkadenreihe entsprechend unter 257,00 + NN.

[122] v. Winterfeld, Diss., S. 65ff.(= hier S. 91ff.) weist mehrfachen Planwechsel nach.

[123] Vgl. ebd., S. 47ff. Vergl. unten S. 66.

[124] Diese Tatsache wurde sowohl von D. v. Winterfeld als auch von W. Haas bestätigt. Allerdings wurden Lettner wohl in der Regel als eigene, zur Ausstattung der Kirche zählende Teile unabhängig vom eigentlichen Bau aufgeführt, z. B. in Münchsteinach: W. Haas, Lettner, S. 14ff.

[125] Der Erhaltungszustand des »Otto-Bodens« vor der Kryptastirn, vor allem im Bereich südlich der alten Mittelachse, schließt eine völlig eindeutige Beurteilung dieser Frage aus. Eine Art Mörtelsockel zwischen nördlichem Kryptazugang und Altar könnte vielleicht Stufen einer zum Chor steigenden Treppe getragen haben; diese müßte dann um die Breite des Pilasters neben der Kryptatür von dem Zugang nach unten abgerückt gewesen sein.

[126] v. Winterfeld, Diss., S. 198. Vergl. unten S. 156–158.

[127] Die erste Aufdeckung der Krypta 1913 durch W. Ament zuerst durch ungenaue Skizzen publiziert von K. Zahn, Ausgrabungen unter dem Westchor des Domes in Bamberg, in: Denkmalpflege u. Heimatschutz, 30, 1928, S. 84ff. – W. Ament, Bamberg, Führer, Bamberg 1929. – Die Nachgrabung und Aufdeckung der Südostecke 1935/36 bei H. Mayer, Neue Forschungen, S. 190ff. mit genaueren Zeichnungen. – Die nördl. Außenmauer ebenfalls dort. – 1943 bei Anlage eines Grabes älteres Bodenniveau, nach H. Mayer, Bamberg, S. 31.

[128] Auf dem glatten Felsboden läßt sie sich mühelos verschieben. Eine eindeutige Position zeichnet sich nicht ab.

[129] So bei H. Mayer, Neue Forschungen, S. 190f. – v. Reitzenstein, Baugeschichte, S. 118, Anm. 35. – Vorroman. Kirchenbauten, S. 32.

[130] Vergl. S. 18, Anm. 97–99.

[131] Es ist häufig versucht worden, die Westkrypta als eine später in den Bau einbezogene, ursprünglich freistehende Kirche zu interpretieren, so z. B. auch v. Reitzenstein, Baugeschichte, S. 118 u. Anm. 34–36. – Neuerdings E. Verheyen, MS. S. 3. Seit H. Mayer, Neue Forschungen (1936) neigt man mehr dazu, in den Resten eine Krypta zu sehen, so z. B. auch F. Oswald, Würzburger Kirchenbauten, S. 212. – H. Siebenhüner, Heinrichsdom, S. 229 – Vorrom. Kirchenbauten, S. 32. Schon F. Oswald hat in seiner Analyse die eindeutigen Merkmale für eine Krypta beschrieben; abgesehen von der tiefen Lage ist es der Grundriß des Westabschlusses, dessen äußerer Halbkreis nur von der Apsis darüber bestimmt sein kann. Bei Oswald auch Hinweise auf vergleichbare Anlagen. Die jetzt ergrabene Saalkirche als Vorgängerbau macht alle Spekulationen überflüssig.

[132] Schon von v. Reitzenstein, Baugeschichte, S. 118, Anm. 36 besonders hervorgehoben.

[133] Die wiederholt zitierte Angabe, das Mittelschiff sei 6 m hoch gewesen, ist nicht zu beweisen. Vergl. dagegen z. B. H. Mayer, Bamberg, S. 32 und Vorroman. Kirchenbauten, S. 32. – Die Unsicherheit in der Raumrekonstruktion selbst bei erhaltenen Umfassungsmauern demonstrierte jüngst überzeugend W. Haas am Beispiel der Ramwoldkrypta bei St. Emmeram in Regensburg: W. Haas, Bauforschung des Landesamtes für Denkmalpflege, in: Bayerisches Landesamt f. Denkmalpfl., 26. Ber. 1967, S. 39ff.

[134] Vergl. Bd. II, S. 13, Anm. 34. Das alte Außenniveau wiederum lag etwa 2,50 m unter dem heutigen im Bereich der Westapsis. Der Boden der Krypta befindet sich etwa 3,50 m unter dem Langhausniveau.

[135] Vergl. Bd. II, S. 144, Anm. 36. Dort auch Literatur über den Kanal.

[136] Vergl. dagegen: H. Mayer, Bamberg, S. 31 und neuerdings wieder Breuer, D. Dom z. Bamberg, S. 2. Angezweifelt von Verheyen, MS., S. 7f.

[137] Ausführlich dargestellt Bd. II, S. 12 mit Literaturangaben.

[138] Zu den Quellen liegt die ausführliche Darstellung v. Reitzensteins, Baugeschichte vor, die hier zusammenfassend wiedergegeben wird. Alle Quellen sind dort a.a.O. S. 137–152 in Regestenform zusammengestellt und unter Ziffern zusammengefaßt. Sie werden hier nach diesen Ziffern (Nr. ....) zitiert. Um die Auffindung zu erleichtern, werden Aufbewahrungsort bzw. wichtigster Druck nach A. v. Reitzenstein dem Zitat hinzugefügt. Neuere Arbeiten zu den Quellen aus historischer Sicht liegen vor: W. Deinhard, Dedicationes Bambergenses. Weihenotizen und Urkunden aus dem mittelalterlichen Bistum Bamberg, Freiburg 1936. – Gerd Zimmermann, Vom Symbolgehalt der Bamberger Domweihe (6. Mai 1012), Fränkische Blätter 3, 1951, S. 37ff. – A. Lagemann, Der Festkalender des Bistums Bamberg im Mittelalter. Entwicklung und Anwendung, in: Histor. Verein Bamberg, 103. Ber. 1967, S. 7–264.

[139] v. Reitzenstein, Baugeschichte, S. 113, Anm. 10. – H. Mayer, Bamberg, S. 283 u. Anm. 256. Danach urkundliche Erwähnung 1194.

[140] v. Reitzenstein, Baugeschichte, S. 140 (Nr. 9) widerlegte bereits die Vermutung, es habe vor Bistumsgründung eine »Bruderschaft des Hl. Georg« gegeben: H. Weber, Die St. Georgsbrüder im alten Domstift zu Bamberg, Bamberg 1883.

[141] v. Reitzenstein, Baugeschichte, S. 114, Anm. 11 und v. Guttenberg, Regesten, Nr. 17 sind skeptisch gegenüber dem Bericht, der sich allein in den Acta Sanctorum findet: AASS, Aug. I, 340; nach einer verlorenen, späten Heidelberger Handschrift.

[142] Vergl. oben S. 17, 18.

[143] v. Reitzenstein, Baugeschichte, S. 114 u. S. 137 (Nr. 1). Vor allem bei Thietmar v. Merseburg: MGH, SS. III, p. 814; Script. in us. schol. p. 151.

[144] v. Reitzenstein, Baugeschichte, S. 114. Dort der Hinweis, daß Heinrich II. noch 1002 Besitzungen in der Nähe Bambergs an Würzburg schenkte.

[145] v. Reitzenstein, Baugeschichte, S. 138 (Nr. 2). – MGH, DD. H. II. Nr. 135 u. Nr. 134. – v. Guttenberg, Regesten, Nr. 21 u. Nr. 22. – Schenkungen am Geburtstag zugunsten des Lieblingsprojektes scheinen nicht ungewöhnlich zu sein.

[146] v. Reitzenstein, Baugeschichte, S. 138 (Nr. 2) Das Patrozinium begegnet nur 1015: MGH, DD. H. II, Nr. 334. Erweitert um Paulus und alle Heiligen: 1007, 1009, 1011, 1021: MGH, DD. H. II. Nr. 170, 197, 233, 456, 457.

[147] v. Reitzenstein, Baugeschichte, S. 114 u. 137 (Nr. 1) Thietmar, Chron., MGH, SS. III, p. 814, Script. in us. schol. p. 151. – v. Guttenberg, Regesten, Nr. 15. – »...novam ibi inchoat aecclesiam cum criptis duabus et perfecit.«

[148] v. Reitzenstein, Baugeschichte, S. 114. – v. Guttenberg, Regesten, Nr. 25.

[149] v. Reitzenstein, Baugeschichte, S. 138 (Nr. 3) – Frankfurter Protokollurkunde: MGH, DD. H. II. Nr. 143. – v. Guttenberg, Regesten, Nr. 34.

[150] v. Gutenberg, Regesten, Nr. 29 – Ussermann, Episcopatus Bambergensis, cod. prob. Nr. 8.

[151] v. Reitzenstein, Baugeschichte, S. 115. – v. Guttenberg, Regesten, Nr. 36.

[152] v. Reitzenstein, Baugeschichte, S. 138 (Nr. 3).

[153] v. Reitzenstein, Baugeschichte, S. 115 Anm. 18.

[154] v. Reitzenstein, Baugeschichte, S. 138 (Nr. 3).

[155] v. Reitzenstein, Baugeschichte, S. 114.

[156] v. Guttenberg, Die Territorienbildung am Obermain, in: Histor. Verein Bamberg, Berichte, 1925/26, S. 72ff. – Über die frühe Entwicklung des Bistums auch: Theodor Mayer, Die Anfänge des Bistums Bamberg, in: Festschr. Edmund Stengel, Münster/Köln 1952, S. 272–288.

[157] v. Reitzenstein, Baugeschichte, S. 116 u. 138 (Nr. 3).

[158] v. Reitzenstein, Baugeschichte, S. 116 u. 138 (Nr. 4) – MGH, DD. H. II, Nr. 168. – v. Guttenberg, Regesten, Nr. 37. Am gleichen Tage ferner die Schenkungsurkunden: MGH, DD. H. II. Nr. 144–167, 169, 170–172. Mit gleichem Patrozinium Urkunden Heinrichs II. von 1008, 1009, 1010, 1011, 1019: MGH, DD. H. II. Nr. 181, 200–204, 218, 234, 408.

[159] v. Reitzenstein, Baugeschichte, S. 138 (Nr. 5). MGH, DD. H. II. Nr. 177.

[160] v. Reitzenstein, Baugeschichte, S. 139 (Nr. 6) MGH, DD. H. II. Nr. 195. – v. Guttenberg, Regesten, Nr. 80. Zur Datierung: Neues Archiv. Bd. 22, S. 152.

[161] v. Reitzenstein, Baugeschichte, S. 139 (Nr. 5).

[162] H. Siebenhüner, Heinrichsdom, S. 230ff. hat diese gewichtigen Beweise gegen seine Interpretation des Weihberichtes offenbar übersehen.

[163] v. Reitzenstein, Baugeschichte, S. 139 (Nr. 7). Thietmar. Chron., MGH, SS. III, p. 823, script. in us. schol. p. 169. – Annales Hildesheimenses, MGH, SS. III, p. 94 – Annales Quedlinburgenses, MGH, SS. III, p. 80.

[164] v. Reitzenstein, Baugeschichte, S. 139/140 (Nr. 8). – Weihebericht, Staatl. Bibliothek, Bamberg, Msc. lit. 64 (Ed. III. 15) f. 64. Druck: MGH, SS. XVII, p. 635. – v. Guttenberg, Regesten, Nr. 103. – W. Deinhard, Dedicationes Bambergenses. Weihenotizen u. Urkunden aus d. mittelalterl. Bistum Bamberg, Freiburg 1936, Nr. 2.

165 v. Reitzenstein, Baugeschichte, S. 140 (Nr. 8).
166 Siebenhüner, Heinrichsdom, S. 234 ff. strebt eine solche Rekonstruktion an.
167 Für diese Interpretation hat sich die gesamte Forschung entschieden: v. Reitzenstein, Baugeschichte, S. 116 f. – H. Mayer, Bamberg, S. 29 f. – H. Siebenhüner, Heinrichsdom, S. 231.
168 Vergl. dazu auch die Angaben bei Paschke I, S. 15–127.
169 v. Reitzenstein, Baugeschichte, S. 116.
170 v. Reitzenstein, Baugeschichte, S. 140 (Nr. 9). – MGH, DD. H. II. Nr. 151.
171 v. Reitzenstein, Baugeschichte, S. 140 (Nr. 9). – MGH, DD. H. II. Nr. 417. – v. Guttenberg, Regesten, Nr. 153.
172 v. Reitzenstein, Baugeschichte, S. 140 (Nr. 9). – MGH, DD. H. II. Nr. 506.
173 v. Reitzenstein, Baugeschichte, S. 140 (Nr. 9). – MGH, DD. H. II. Nr. 453 und 454.
174 v. Reitzenstein, Baugeschichte, S. 140 (Nr. 9). Urkunde in München, Hauptstaatsarchiv, Hochstift Bamberg, fasc. 2, Nr. 6.
175 v. Reitzenstein, Baugeschichte, S. 140 (Nr. 9) – C. Erdmann, Die Briefe Meinhards von Bamberg, in: Neues Archiv, 49, 1932, S. 405 f. – Hierher gehört auch die Schenkung des Kanonikers Ovcinus im 2. Viertel des 11. Jh., die A. v. Reitzenstein, Baugeschichte, S. 138 (Nr. 2) u. Anm. 118 wohl nicht ganz zutreffend einordnet und so ihre Bedeutung übersieht: Staatl. Bibliothek, Bamberg, Msc. bibl. 41, f. 28 v.
176 v. Reitzenstein, Baugeschichte, S. 140 (Nr. 9). Urkunde in München, Hauptstaatsarchiv, Hochstift Bamberg, fasc. 8, Nr. 39 b.
177 v. Reitzenstein, Baugeschichte, S. 116.
178 Vergl. dagegen H. Siebenhüner, Heinrichsdom, S. 234 f.
179 v. Reitzenstein, S. 116 u. Anm. 24. Dort auch Verzeichnis gedruckter und ungedruckter Quellen zum Veitsaltar, sowie zugehöriger Literatur. Paschke, I, S. 49 widerspricht dem energisch. Für ihn stand der Altar vor der Westwand, wurde 1651 an die Ostseite verlegt und steht seit 1837 erneut an der Westwand. Eine Verlegung für 1837 ist nicht bezeugt, und alles spricht dafür, daß die 1651 gemeldete Umsetzung von Ost nach West erfolgte, zumal damals keine Bindung an die Zelebrationsrichtung mehr notwendig war.
180 Sowohl v. Reitzenstein, Baugeschichte, S. 117 als auch Siebenhüner, Heinrichsdom, S. 234 scheuen sich, schon für den Gründungsbau an eine Stellung in »abgeschiedenen« Turmkapellen zu glauben, ohne dafür Gründe zu nennen. Dabei sind schwer zugängliche Altarräume in dieser Zeit durchaus überliefert z. B. in Westwerken, Emporen, Türmen. Quellen bei v. Reitzenstein, Baugeschichte, S. 146 ff. (Nr. 30), vornehmlich Kalendarien des Domkapitels (1288/96), aber durch Identifikation der jeweiligen Stifter in den genannten Zeitraum zurückzuverfolgen. – H. Siebenhüner, Heinrichsdom, S. 233.
181 v. Reitzenstein, Baugeschichte, S. 146 ff. (Nr. 30). Urkunde des Gundeloh, München, Hauptstaatsarchiv, Hochstift Bamberg, fasc. 19 Nr. 99. Druck: J. Looshorn, Gesch. d. Bistums Bamberg, Bamberg 1886/1910, Bd. II, S. 621. – Außerdem eine Urkunde von 1330, München, Hauptstaatsarchiv, Hochstift Bamberg, fasc. 48, Nr. 319.
182 v. Reitzenstein, Baugeschichte, S. 117, Anm. 26. Im Kalendarium des Domkapitels (1288/96) erwähnt. Ebenso Domlichterverzeichnis des frühen 13. Jh.: Bamberg, Staatsarchiv, Rep. 27, Nr. 61 f. 67.
183 v. Reitzenstein, Baugeschichte, S. 148 (Nr. 30). Die gleiche Urkunde bezieht sich auch auf den Nikolausaltar: München, Hauptstaatsarchiv, Hochstift Bamberg, fasc. 48, Nr. 319. Ebenso das jüngere Domlichterverzeichnis Bamberg, Staatsarchiv, Rep. 27, Nr. 61 f. 65. und die Notae sepulcrales, MGH, SS. XVII, p. 641. (Grab Bischof Ruperts auf dem Georgenchor an der Treppe zur Kilianskapelle).
184 Siebenhüner, Heinrichsdom, S. 234 hat mit dieser Folgerung den bei A. v. Reitzenstein gegebenen Widerspruch zwischen Blasius- und Kiliansaltar aufgelöst, der dazu geführt hatte, für den Blasiusaltar des 13./14. Jh. einen Standort in den Westtürmen zu suchen.
185 v. Reitzenstein, Baugeschichte, S. 141 (Nr. 12) hat in Anm. 118 a seine anfängliche Ansicht auch in dieser Weise geändert; vergl. auch: Ders., Grabmal, S. 360 ff. – H. Mayer, Bamberg, S. 29. – Siebenhüner, Heinrichsdom, S. 239. – Analogien aufgeführt bei Bandmann, Früh- und hochmittelalterliche Altaranordnung als Darstellung, in: Das erste Jahrtausend I. 1962, S. 398 ff., 404, 406, 409. Sowie F. Oswald, In medio Ecclesiae, in: Frühmittelalterl. Studien 3, 1969, S. 313–326.
186 v. Reitzenstein, Baugeschichte, S. 141 (Nr. 12).
187 v. Reitzenstein, Grabmal, S. 360 ff. (Vergl. Anm. 185, 225) – Klauser, Der Heinrichs- und Kunigundenkult im mittelalterlichen Bistum Bamberg, Bamberg 1957. – Haas, Stiftergrab, S. 126 ff., 146 ff. – Kroos, S. 127–138 (= hier S. 168–173).
188 v. Reitzenstein, Baugeschichte, S. 117 Anm. 27 u. S. 144 (Nr. 18) – Siebenhüner, Heinrichsdom, S. 239.
189 Am Kreuzaltar und an dem nördlichen (linken) Turmaltar im Osten, dem Blasius- und späteren Kiliansaltar.
190 L. Fischer, Studien um Bamberg und Kaiser Heinrich II., Bamberg, 1954, S. 90 ff. – H. Mayer, Bamberg, S. 61. – Breuer, S. 9. – v. Winterfeld, Führer, S. 26.
191 Der Altar wird auch nur »Stephansaltar« genannt, so im Chordirektorium des Kantors Eberhard (13. Jh.), Bamberg, Staatsarchiv, Rep. 27, Nr. 62 f. 17 (Vergl. Bd. II, Anm. 105. Die dort gegebene Signatur weicht von der hier nach v. Reitzenstein zitierten ab). 1367 wird er »ante chorum s. Georgii« genannt: München, Hauptstaatsarchiv, Hochstift Bamberg, fasc. 87, Nr. 583. Aus der Tatsache, daß auch der Kreuzaltar am gleichen Ort genannt wird, muß gefolgert werden, daß sich das Doppelpatrozinium von 1012 auch nach der Versetzung vor dem Georgenchor erhielt. – v. Reitzenstein, Baugeschichte, S. 117 Anm. 27.
192 v. Reitzenstein, Baugeschichte, S. 117 u. Anm. 28, 29. Verheyen, MS., S. 3. – Siebenhüner, Heinrichsdom, S. 237 sieht durch den Singular des Weiheberichts seinen Zweifel an einer Doppelchoranlage bestätigt.
193 H. Mayer, Bamberg, S. 30 deutet dies nur indirekt an.
194 v. Reitzenstein, Baugeschichte, S. 118 f. u. S. 144 (Nr. 18) – »Libellus fundationis monasterii s. Jacobi«, Bamberg, Staatsarchiv, Rep. 28, Nr. 20, f. 37. Druck: Schweitzer, Das Gründungsbuch des Collegiat-Stiftes St. Jacob, in: Hist. Verein Bamberg, 21. Ber., 1858, S. 26.
195 v. Reitzenstein, Baugeschichte, S. 144 (Nr. 18). – Bamberg, Staatsarchiv, Rep. 27, Nr. 61, f. 67.
196 v. Reitzenstein, Baugeschichte, S. 144 (Nr. 18) – Nach 1237 Beisetzung Bischof Ekberts »ante chorum s. Petri iuxta altare s. Mauricii«, Notae sepulcrales, MGH, SS. XVII, p. 640 f. – 1244/57 Bischof Heinrich I. stiftet an den Mauritiusaltar, Bamberg, Staatsarchiv, Rep. 27, Nr. 64, Sept. 17 (Kalender d. Domkap.).
197 v. Reitzenstein, Baugeschichte, S. 144 (Nr. 18) – Bamberg, Staatsarchiv, Rep. 27, Nr. 8, f. 4.
198 v. Reitzenstein, Baugeschichte, S. 144 (Nr. 18) – Staatl. Bibliothek, Bamberg, Msc. lit. 118, f. 202.
199 v. Reitzenstein, Baugeschichte, S. 118. – H. Mayer, Bamberg, S. 30. – H. Siebenhüner, Heinrichsdom, S. 232.
200 v. Reitzenstein, Baugeschichte, S. 146 (Nr. 28). Bischofskatalog, 15. Jh., Bamberg, Staatsarchiv, Rep. 181, I a 101, f. 146 v.
201 v. Reitzenstein, Baugeschichte, S. 146 (Nr. 28) – Notae sepulcrales, MGH, SS. XVII, p. 640 f.
202 v. Reitzenstein, Baugeschichte, S. 146 (Nr. 28) – Kalender des Domkap., Bamberg, Staatsarchiv, Rep. 27, Nr. 64, Juli 22.
203 Vergl. S. 27, Anm. 234 und Bd. II S. 24, Anm. 105 – Sage, Ergebnisse, S. 100 (= S. 19).
204 v. Reitzenstein, Baugeschichte, S. 120. – H. Mayer, Bamberg, S. 30. – Verheyen, MS., S. 3. – Siebenhüner, Heinrichsdom, S. 238 läßt die Nachrichten – auch Schenkungen – wegen der späteren Überlieferung nicht gelten. Zudem bringt er den von v. Reitzenstein, Baugeschichte, S. 120, Anm. 38 klar auf die Westkrypta bezogenen Hinweis auf die dort aufgedeckte Basis mit der Ostkrypta in Zusammenhang.
205 v. Reitzenstein, Baugeschichte, S. 142 (Nr. 14) – Weltchronik des Frutolf (»Ekkehard von Aura«), MGH, SS. VI, p. 204. (Über Frutolf: H. Breßlau, Bamberger Studien, Neues Archiv, Bd. 21, S. 197 ff.) – »Necrologium s. Petri Babenbergense antiquius«, Ph. Jaffé, Mon. Bamb., p. 555.
206 v. Reitzenstein, Baugeschichte, S. 142 (Nr. 14). – Herbord. Dialogus de vita Ottonis episc. Bambergensis, lib. I. cap. 21; MGH, SS. XX, p. 712. – Jaffé, Mon. Bamb., p. 751 – Lehmann – Brockhaus, Schriftquellen zur Kunstgeschichte der 11. u. 12. Jahrhunderts, Berlin 1938, I. S. 32, Nr. 217.
207 v. Reitzenstein, Baugeschichte, S. 142 (Nr. 14) – Staatl. Bibliothek, Bamberg, Msc. theol. 110 (Q. VI. 58), f. 165 sowie Bamberg, Staatsarchiv, Rep. 186 I a 101.
208 v. Reitzenstein, Baugeschichte, S. 122 u. S. 142 (Nr. 15) Zeitgenössische Eintragung in einem Missale vom Anfang des 11. Jh., Clm 4456, f. 3. Druck: Jaffé, Mon. Bamb., p. 302 – Schmitt, Die Bamberger Synoden, Hist. Ver. Bamberg, 12. Ber., 1851, S. 24.
209 Von der sehr umfangreichen Literatur sei hier nur zitiert: Haas, Erbauer S. 223–240, mit Angaben der wichtigsten Quellen und Literatur. Fer-

ner: Ramackers, Wann hat Heinrichs IV. Hofkaplan Otto die Speyerer Dombauhütte geleitet? in: Archiv für mittelrhein. Kirchengesch. 13, 1961, S. 393 ff. Die dort vertretenen Meinungen zur Speyerer Baugeschichte sind jedoch nicht haltbar. – v. Reitzenstein, Baugeschichte, S. 122 f.

[210] Theodor Mayer, Die Anfänge des Bistums Bamberg, in: Festschr. Edmund Stengel, Münster/Köln 1952, S. 272–288.

[211] v. Reitzenstein, Baugeschichte, S. 124. In Bamberg selbst: St. Michael (1117/21), St. Jakob (1109), St. Stephan, St. Gangolf, St. Fides, die Hospitäler St. Egidius und St. Gertrud.

[212] Vergl. Anm. 209.

[213] v. Reitzenstein, Baugeschichte, S. 142 (Nr. 16). – MGH, SS. XV, 2, p. 1162.

[214] v. Reitzenstein, Baugeschichte, S. 142 (Nr. 16). – MGH, SS. XI, 1, p. 27. – Zur Reihenfolge und Datierung beider Quellen: Hofmeister, Das Leben des Bischofs Otto von Bamberg von einem Prüfeninger Mönch, in: Geschichtsschreiber der deutschen Vorzeit, Bd. 96, Leipzig 1928. – Wattenbach, S. 487 ff.

[215] v. Reitzenstein, Baugeschichte, S. 124 u. S. 142 (Nr. 16) Dialogus de vita Ottonis episc. Bambergensis auct. Herbodo, lib. I, cap. 21; MGH, SS. XX, p. 712. – Jaffé Mon. Bamb., p. 721 – Ferner Lehmann – Brockhaus, I, S. 32, Nr. 217 (nicht vollständig).

[216] Vergl. dagegen Verheyen, MS., S. 4, 22 ff. – Ders., Vortragsrésumé S. 243 – Ders., Dom, S. 2. –

[217] H. Mayer, Bamberg, S. 31. – Sage, Ausgrabungen, S. 267 – Ders., Ergebnisse, S. 98 f. (= hier S. 19).

[218] v. Winterfeld, Kapitelle, S. 325 – Sage, Ausgrabungen, S. 267. – Ders., Ergebnisse, S. 98 (= hier S. 19).

[219] Noack, Bamberg, S. 10.

[220] v. Reitzenstein, Baugeschichte, S. 142 (Nr. 16) – Martin Hoffmann, Annales Bambergenses, in: Ludewig, Scriptores rerum episcopatus Bambergensis, Frankfurt 1718, col. 98. Dort wird für 1111 die nachweislich spätere Kupfereindeckung mit den Worten Herbords berichtet, jedoch keine Weihe.

[221] v. Reitzenstein, Baugeschichte, S. 143 (Nr. 17) – Vita Ottonis episc. Bambergensis auct. Ebbone, lib. II, cap. 16, 17. MGH, SS. XII, p. 854. – Jaffé, Mon. Bamb., p. 642.

[222] Zur Datierung des Briefes: W. Bernhardi, Lothar von Supplinburg, in: Jahrbücher d. deutschen Geschichte, 15, Leipzig 1879.

[223] v. Reitzenstein, Baugeschichte, S. 124. – Die Feuersicherung wird immer wieder betont.

[224] v. Reitzenstein, Baugeschichte, S. 125.

[225] v. Reitzenstein, Baugeschichte, S. 141 (Nr. 12) mit Quellenangaben.

[226] Ernst zu nehmende Versuche waren erst nach der Publikation der Quellen durch v. Reitzenstein und der archäologischen Befunde durch H. Mayer, Neue Forschungen, möglich. – Zusammenstellung u. Diskussion der älteren Literatur in: Vorroman. Kirchenbauten, S. 32; durch Grabung Sage überholt.

[227] Zu diesem Problem jüngst die Übersicht von Kubach, Verborgene Architektur, S. 35–48.

[228] v. Reitzenstein, Baugeschichte, S. 116, Anm. 23, 24.

[229] Vergl. Kubach, Verborgene Architektur, S. 48.

[230] Die Relativierung des Ausdrucks schon bei Noack, Bamberg, S. 10, und H. Mayer, Bamberg, S. 31.

[231] St. Jakob in Bamberg (1109 v. Otto vollendet) und Heilsbronn (1132 v. Otto gestiftet).

[232] Auf die Erneuerung unter Otto wies besonders v. Einem, S. 55, 60, hin.

[233] Vergl. dagegen die Rekonstruktion von Sage, Ergebnisse, S. 96, Abb. 3 (= hier S. 19 und Fig. 5).

[234] Vergl. v. Winterfeld, Führer, S. 12 – Ders., Diss., S. 22.

[235] Vergl. dagegen Sage, Ausgrabungen S. 267.

[236] Siebenhüner, Heinrichsdom, S. 234 f., versucht entgegen der Quellenlage den Chor des Kapitels in einer Zweiturmfassade unterzubringen (Emporenkapelle)!

[237] Wie in: Kubach/Haas, S. 666, nennt außer der für Bau I Abschnitt c in Speyer noch im Bauvorgang belegten Vergrößerung der Krypta die Beispiele Augsburg und Straßburg. Ferner ist Naumburg zu nennen. – Siebenhüner, Ostkrypta, S. 169–172, gibt einen umfassenden Überblick über dieses Problem und kommt hinsichtlich der liturgischen Funktion für den Chor zum gleichen Schluß. – Für Bamberg hatte schon v. Reitzenstein, Baugeschichte, S. 125, diese Deutung der Baumaßnahme vorgeschlagen – Vergl. auch v. Winterfeld, Diss., S. 29.

[238] Schon dies spricht gegen die These, unter Otto sei der Georgenchor Hauptchor geworden, abgesehen von fehlenden Quellenbelegen. Vergl. dagegen Verheyen, Chorschranken, S. 44 f. – Ders., MS., S. 25. – Schon v. Einem, S. 55, nahm dagegen Stellung.

[239] Die Möglichkeit eines Fortwirkens der Ausstattung von Heinrichsdom und Restauration unter Otto in der Skulptur (Chorschranken, Reiter) des Georgenchores betont v. Einem, S. 55 ff.

[240] Vergl. Rekonstruktion Sage, Ergebnisse, S. 95 f., Abb. 3, 4 (= hier S. 18, Fig. 5, 6).

[241] Die im Befundplan (Fig. 3) eingetragenen Begrenzungslinien der Fundamentplatten sind offenbar Abbruchkanten, die sich bei der Fundierung des Neubaus im 13. Jh. ergaben.

[242] Auf Abb. 71 ist in der Spannmauer C4–D4 am Treppenaufgang eine Fuge erkennbar, die etwa der Baugrube für das neue Längsfundament (= Kryptasüdmauer) entspricht. Es ist demnach nicht auszuschließen, daß in der Spannmauer C4–D4 (auch in den anderen?) ein weiterer Rest des alten Turmfundaments steckt. Es wäre durch Schließen der Lücke zum neuen Fundament als Spannmauer »umfunktioniert« worden. Dies würde auch die Verschiebung der Spannmauern gegenüber den Vorlagen erklären. Vergl. Sage, Ergebnisse, S. 102 (hier S. 20).

[243] Vergl. dagegen Sage, Ergebnisse, S. 96 (= hier S. 18). Der eindeutigen Feststellung des Ausgräbers widerspricht der bisher publizierte Befundplan (Fig. 3). Die Flucht der Nord-Seitenschiffmauer ist vom Fürstenportal an gestrichelt, weil auch dort wohl durch die Spannmauern des Neubaus gestört. (Sie ist genauso gekennzeichnet wie Mauerabschnitte, die bei der Grabung überhaupt nicht erfaßt wurden). Gleiches gilt für die Nordflucht des Restes der nördlichen Turmfundamentplatte, die als solche erwiesen ist, aber anscheinend ohne erhaltene äußere Begrenzung.

[244] Vergl. Zygmunt Swiechowski, S. 113–120 und Abb. 291 (Krakau, Kathedrale a. d. Wawel), S. 298–305 und Abb. 753–755 (Tum). Gute Abbildungen von Tum neuerdings bei Anežka Merhautová, Farbtafel II u. Abb. 19 – Der Grundriß von Krakau bereits publiziert bei Bogdan Treter, Dt. K. u. Denkmalpfl. 39/21, 1937, S. 88, Abb. 98.

[245] Es handelt sich um die 1170/80 in Bamberg entstandene Vita Heinrici, Rückseite des Titelblattes, in der Staatl. Bibliothek, Bamberg, R. B. Msc. 120 f. 1v. sowie um die von Bamberg nach Gurk gelangte (Konzept-)Fassung, jetzt im Kärntner Landesarchiv, Klagenfurt, GV 1/29, f. 1. – Beide Miniaturen abgebildet und zitiert bei: R. Klauser, Heinrichs- und Kunigundenkult, S. 72, ferner S. 81, 83, 84, 199, 201 – Siebenhüner, Heinrichsdom, S. 239 f. u. Abb. 2, 3 auf Tafel 52.

[246] Auf die Münze verwies zuerst: H. Fiedler, Dome u. Politik, S. 46, 19, Abb. 16. (Denar Bischof Ruperts), ferner ein Denar Bischof Tiemos, ebenfalls mit 2 Türmen, abgesetzt vom Mittelgiebel, auf S. 19, Abb. 2. – H. Mayer, Bamberg, S. 30 f. u. Abb. 6. – E. Verheyen, MS., S. 8 f. glaubt an eine genaue Darstellung. – Skeptisch hingegen: Vorrom. Kirchenbauten, S. 32.

[247] A. Hardte, Die romanische Anlage der ehemaligen Collegiatsstiftskirche St. Jacob zu Bamberg, – H. Mayer, Bamberg, S. 136–147 mit Quellen- und Literaturhinweisen – Lehmann, 2, 1949, S. 93. – W. Tunk, St. Jakobskirche Bamberg.

[248] Die Übereinstimmung mit dem Heinrichsdom aufgrund dieser Merkmale wurde mit unterschiedlichem Nachdruck vertreten u. a. von Noack, Bamberg, S. 9. – v. Reitzenstein, Baugeschichte, S. 118. – G. v. Bezold, Zur Gesch. d. roman. Baukunst, S. 55/57 – Bahmann, S. 18 f. – Lehmann, 2, 1949, S. 107 f. – H. Mayer, Bamberg, S. 30 f. – Verheyen, MS., S. 9 f. – H. Siebenhüner, Heinrichsdom, S. 231 f. (nur für den Westteil) – Vorroman. Kirchenbauten, S. 32. – Eine zusammenfassende Darstellung über westliche Hauptchöre bei F. Oswald, Würzburger Kirchenbauten, S. 215 ff.

[249] Die Existenz einer über das Langhausniveau auftragenden Krypta zwischen den östlichen Säulen des Mittelschiffs ist nach Befund auszuschließen.

[250] Der Zusammenhang mit Plan I. des Domneubaus wurde bisher nicht erkannt.

[251] Hier ist besonders gut zu erkennen, wie eine durch das 11. Jh. bestimmte Disposition in die Stilformen des 13. Jh. umgesetzt wird. Dadurch wird die Reduktion des Domneubaus auf den Vorgängerbau in der Vorstellung erheblich erleichtert.

[252] v. Reitzenstein, Baugeschichte, S. 120 kommt unabhängig von St. Jakob zu diesem Schluß. – H. Mayer, Bamberg, S. 31.

[253] Die Abneigung A. v. Reitzensteins und H. Siebenhüners gegen ursprüngliche Turmkapellen ist unbegründet.

[254] Sehr nützlich ist auch in dieser Hinsicht die Arbeit von F. Oswald, Würzburger Kirchenbauten. Zur Frage östlicher Turmstellungen über

Chornebenkapellen, die ja auch für den Heinrichsdom von Bedeutung ist, dort auf S. 230ff. mit Literaturangaben. Dazu auch S. 159ff.: Schottenkirche St. Jakob (S. 174f. deren Verhältnis zum Regensburger Vorbild). Ferner S. 66ff.: St. Burkard mit auffälligen Parallelen zum Heinrichsdom: Osttürme neben gewölbtem Ostchor, Westquerhaus mit westlichem Hauptchor.

## IV. Die Quellen zur Baugeschichte des Ekbert-Domes

[255] Der Beitrag geht zurück auf ein Referat, das im Rahmen des Colloquiums »Der Bamberger Dom« des Zentralinstituts für Kunstgeschichte am 8./9. April 1975 in Bamberg gehalten wurde. – Ernst Schubert in Halle gilt mein Dank für die Anregungen, die mir seine Arbeiten über den Naumburger und den Meißener Dom boten, ferner für die gemeinsame Durchsicht und Diskussion des Referats und seiner Ergebnisse.

[256] A. v. Reitzenstein, Die Baugeschichte des Bamberger Domes, in: Münchener Jahrbuch der bildenden Kunst NF. 11 (1934) 113–152. – Zitiert: Reitzenstein, Baugeschichte.

[257] Letzte Übersicht über die Quellen bei E. v. Guttenberg – A. Wendehorst, Das Bistum Bamberg Bd. II, Berlin 1966 (= Germania Sacra II 1, 2) S. 3ff. – Zitiert: Germania Sacra.

[258] Annales S. Petri Bambergenses, in: MG SS. XVII 637.

[259] So v. Reitzenstein, Baugeschichte Reg. 19, S. 144.

[260] H. Grotefend, Zeitrechnung des deutschen Mittelalters und der Neuzeit Bd. 1 (Hannover 1891) S. 158, besonders S. 168: »bevorzugt wird mit pridie datiert, jedoch wird auch gelegentlich die Ordnungszahl benutzt«.

[261] Ungedr. Urkunde HStA München, Hochstift Bamberg Nr. 368 (neu). Druck (auszugsweise in Übersetzung): J. Looshorn, Die Geschichte des Bistums Bamberg Bd. II (München 1880) S. 542. – Zitiert: Looshorn.

[262] E. v. Guttenberg, Die Territorienbildung am Obermain, in: 79. Bericht des Hist. Vereins Bamberg (1925) S. 343 Anm. 250 nennt einen Fall aus dem Jahre 1115, wo eine besiegelte carta im »sacrario s. Kyliani« des Würzburger Doms aufbewahrt wird. Vgl. auch W. Wattenbach, Das Schriftwesen im Mittelalter, Graz ⁴1958, S. 628f.

[263] Ungedr. Urkunde HStA München, Hochstift Bamberg Nr. 370 (neu)

[264] Gedruckt bei O. Meyer, Breviarium Eberhardi cantoris. Zur Überlieferung der mittelalterlichen Gottesdienstordnung des Doms zu Bamberg, in: Monumentum Bambergense. Festgabe für B. Kraft (München 1955) S. 414f.

[265] Vgl. E. K. Farrenkopf, Breviarium Eberhardi cantoris. Die mittelalterliche Gottesdienstordnung des Domes zu Bamberg (= Liturgiegeschichtliche Forschungen Bd. 50), Münster 1969, Register passim.

[266] Notae sepulcrales Bambergenses, MG SS XVII 641. – Der Altar der Heiligen Philippus und Jakobus ist mit seinem Standort auf dem Georgenchor bezeugt: Germania sacra II 1, 2, S. 55.

[267] Jakob Ayrers Reimchronik vom Jahre 900–1599, gedruckt in: 4. Bericht des Historischen Vereins Bamberg (1841).

[268] J. P. Ludewig, Scriptores rerum episcopatus Bambergensis (Frankfurt 1718) col. 142 (Annales Bambergensis episcopatus des Martin Hoffmann).

[269] Actum der Urkunde vom 16. Sept. 1197, HStA München, Hochstift Bamberg Nr. 405 (neu): »acta sunt hec... in secunda synodo septembrica scilicet XVI. kal. octobris...«

[270] MG SS. IV 821.

[271] Vgl. auch U. Arnold, Bemerkungen zu den Quellen der Baugeschichte des Bamberger Doms im 13. Jahrhundert, in: 106. Bericht des Hist. Vereins Bamberg, S. 13ff. mit Abbildung des Denars nach S. 16. – Wollte man die beiden zuletzt angeführten Zeugnisse (Kunigundenvita und Abbildung des Doms auf dem Denar) wörtlich nehmen, so wäre hier auch wiederum das Zeugnis Ayrers in Anspruch zu nehmen, der den Dom unter Tiemo »Kunigundens werck« nennt. Das ist u. E. aber ebenso als Topos zu betrachten wie die Aussage der Vita.

[272] Vergl. oben S. 28 und Anm. 246.

[273] Cron. S. Petri Erph., MG SS. r. G. XLV, 201.

[274] Druck bei C. Höfler, Friedrichs von Hohenlohes Rechtsbuch (1348), Bamberg 1852, Beil. III p. 96.

[275] Dazu Höfler p. LI. – Über die Patrozinienverhältnisse des Doms v. Reitzenstein, Baugeschichte 116, ferner Germania Sacra II 1, 2, S. 47 und 49.

[276] Notae sepulcrales Bambergenses, MG SS. XVII 641. Zur Lage der genannten Domaltäre Germania Sacra II 1, 2, S. 59 und 56.

[277] Gesta ep. Halberst., MG SS. XXIII 122. Ähnlich auch die Annales Coloniensis max.: »Sepultus est (König Philipp) ibidem sequente die 10. cal. Julii, scilicet in festo sancti Albini«, MG SS XVII 822.

[278] Vgl. dazu Kubach/Haas, Speyer, S. 861f. zum Begräbnis Konrads II. (1039) und seiner Gemahlin Gisela (1043).

[279] »Fredericus rex Apulie et Allemanie curiam celebrem habet Spire in natale, qui de consilio amicorum suorum corpus patrui sui Philippi regis, de Bavenberg, ubi ab impio comite fuit interfectus et sepultus, fecit deferri Spire...« Ann. Reineri, MG SS. XVI 670. – Vgl. Kubach/Haas, Speyer I, S. 44f. (Schriftquellen 121314).

[280] Urkunde B. Ekberts, HStA München, Hochstift Bamberg Nr. 483 (neu); Druck bei C. A. Schweitzer, Das Kopialbuch des Stiftes St. Jakob zu Bamberg, in: 11. Bericht des Hist. Vereins Bamberg (1848) 9sq.

[281] Druck aller Urkunden im Urkundenbuch der Deutschordenskommende Langeln (Geschichtsquellen der Prov. Sachsen 15), Halle 1882, nr. 5–9.

[282] UBLangeln nr. 5.

[283] UBLangeln nr. 6: »magistro contulit memorato in choro maioris ecclesie in presentia tocius synodi, que tunc temporis exstitit celebrata...«. – In der Urkunde B. Ekberts lautet der Passus: »Nos itaque villam Langen... contulimus... in plena synodo, que tunc temporis in maiori exstitit ecclesia celebrata« UBLangeln nr. 7.

[284] v. Reitzenstein, Baugeschichte 129.

[285] Zuletzt Arnold S. 15ff.

[286] Germania Sacra II 1, 2, S. 57. – v. Reitzenstein, Baugeschichte Reg. 30.

[287] Text des Testaments im Auszug bei v. Reitzenstein, Baugeschichte; Urkunde HStA München, Hochstift Bamberg Nr. 484 (neu).

[288] HStA München, Hochstift Bamberg nr. 587 (neu). – Druck (auszugsweise) bei v. Reitzenstein, Baugeschichte Reg. 40.

[289] Dazu Germania Sacra II 1, 2, S. 58 mit Anm. 121.

[290] Darauf wies bereits v. Guttenberg 1937 in Germania Sacra II 1 S. 172 hin. Eine bemerkenswerte Änderung – für die Datierungsfrage jedoch ebenfalls unergiebig – betrifft auch den Nikolaus-Altar: die diesem im letztgültigen Testament dotierte Schenkung wird in einer früheren Fassung dem Altar der Heiligen Philippus und Jakobus zugewandt. Daraus läßt sich (mit aller Vorsicht) schließen, daß diese Fassung aus einer Zeit stammt, wo der neue Nikolaus-Altar noch nicht, der alte nicht mehr bestand. Druck dieser Fassung bei C. A. Schweitzer, Vollständiger Auszug aus den vorzüglichsten Calendarien des ehem. Fürstenthums Bamberg, in: 7. Bericht des Hist. Vereins Bamberg (1844), S. 285. – Vgl. auch Germania Sacra II 1, 2 S. 55 mit Anm. 87.

[291] Daher erklärt sich auch die Datierung dieses Passus bei Looshorn Bd. II 646ff. – Vgl. auch Arnold S. 16 m. Anm. 19.

[292] Ähnliche Beobachtungen bei Abschriften von Mortuologien macht E. Schubert, Der Westchor des Naumburger Doms (Abh. der dt. Akademie der Wissenschaften zu Berlin, Klasse für Sprachen, Literatur u. Kunst Jg. 1964 Nr. 1), Berlin 1964, S. 24. – Im Zusammenhang mit dem in Anm. 290 erwähnten Sachverhalt wäre auch denkbar, daß die erste Fassung des Legats (vor 1203) den Apostelaltar bedachte, aber später – nach Weihe des Nikolausaltars im Ekbertbau? – diesem überschrieben wurde.

[293] Druck der Urkunde: Monumenta Boica 30, 1 nr. 672, S. 132ff.

[294] Für vergleichbare Verwendung des Terminus »opus« als Bauvorhaben vgl. O. Lehmann-Brockhaus, Schriftquellen zur Kunstgeschichte des 11. und 12. Jahrhunderts (Berlin 1938) Bd. II (Register) S. 306 s. verbo »opus«.

[295] E. Hautum, Ekbert von Meran, Bischof von Bamberg (1202–1237), Diss. Erlangen 1924 (masch. schr.) S. 38ff.

[296] Dazu vor allem Haas, Erbauer S. 224f.

[297] Der Bericht ist überliefert in der Vita S. Elisabethae des Dietrich von Apolda, gedruckt bei H. Canisius, Antiquae lectiones Tom. V (Ingolstadiae 1604) p. 186: »Processit itaque praesul gloriosus (Ekbert) cum religiosorum et cleri civitatis multitudinem veneranda obviam tanto funeri orationes et cantus lugubres modulantes. Murmurat campanarum sonus, ruit confluens undique populus, religiosorum ac cleri turba hymnis canora coelestibus usque in ecclesiam cathedralem prosequitur... Collocatis itaque ibi reliquiis, ad aspectum venerabilis viduae derelictae, reserata sunt scrinia, et ossa relevata...« Für einen Baufortschritt besagen diese Sätze nichts.

[298] HStA München, Hochstift Bamberg Nr. 539 (neu), gedruckt bei W. Deinhardt, Dedicationes Bambergenses. Weihenotizen und -urkunden aus dem mittelalterlichen Bistum Bamberg (Beiträge zur Kirchengeschichte Deutschlands Heft 1), Freiburg 1936, S. 24f.

[299] Die Frage des Standortes im Südquerarm ist kontrovers. v. Reitzenstein, Baugeschichte, S. 149 (Nr. 35, 40) und ders., Bruder Wortwin, S. 61 tritt für die Westseite ein, wobei er übersieht, daß der Altar des 19. Jhs. (mit dem Retabel von Veit Stoß) die Tür zum Sockelgeschoß des Südwestturmes verstellt. Außerdem dürfte die Zelebrationsrichtung nach Osten damals noch

verbindlich gewesen sein. Der Altar wird 1285, 1308 genannt und bestand – wenn auch an die Westseite verlegt – bis zur Restaurierung 1828/44.

[300] A. v. Reitzenstein, Bruder Wortwin: ein Werkmeister des Bamberger Doms, in: 26. Bericht des bayr. Landesamtes für Denkmalpflege (1967) S. 61–66 (mit Faksimile der Urkunde).

[301] Vgl. dazu auch die Belege für den Terminus »magister operis« bei Lehmann-Brockhaus Bd. II (Register) S. 299. Aus den Belegen wird ersichtlich, daß der Terminus vielschichtig ist. So wird etwa auch B. Otto von Bamberg im Zuge seiner Tätigkeit beim Bau des Speyerer Domes als »magister operis« bezeichnet: Lehmann-Brockhaus Bd. I Reg. 1366 und 1367. – In Wortwin einen Mann niederen Standes, etwa auch einen Laienbruder zu sehen, verbietet u. E. schon die Tatsache, daß er gemeinsam mit dem Bischof der Jahrtagsstiftung teilhaftig wird.

[302] Gedruckt bei P. Österreicher, Denkwürdigkeiten der fränk. Geschichte Bd. III (1832) S. 224. – Reitzenstein, Bruder Wortwin S. 63 f.

[303] v. Reitzenstein, Bruder Wortwin S. 64. – Vgl. aber v. Winterfeld, Diss., S. 157 f. hier S. 143.

[304] Vgl. C. A. Schweitzer, Vollständiger Auszug S. 152, 256, 275.

[305] Die Existenz solcher Gebetsverbrüderung ist aus den Nekrologien des Domes zur Genüge belegt, wo der Beisatz fr. n. (= frater noster) die Mitglieder kennzeichnet: Schweitzer, Vollständiger Auszug S. 240 »Hermannus laicus fr. n. ob.«; ebd. S. 251, 275 u. ö.

[306] S. Bachmann, Die Landstände des Hochstifts Bamberg, in: 98. Bericht des Hist. Vereins Bamberg (1962) S. 34 ff. (mit Literatur).

[307] Darüber unten S. 36 und das Ekbert-Itinerar auf S. 36.

[308] 1328, April 16: B. Werntho Schenk von Reicheneck; Germania Sacra II 1, S. 206.

[309] Die Konsekration eines Altars muß nicht unbedingt besagen, daß der Gottesdienst an ihm unmittelbar aufgenommen wurde, für die Dotation hingegen – verbunden mit der Verpflichtung zur Meßfeier – war das conditio sine qua non.

[310] Gedruckt bei P. Österreicher, Die geöffneten Archive für die Geschichte des Königreiches Baiern (1821/22) Heft 9, S. 44 f.

[311] Arnold S. 18 f. – Mir erscheint die Formulierung »Ist 1231 der neue Westchor bereits fertig?« eine der Quellenaussage nicht gerecht werdende Zuspitzung. Wenn der rechtliche Akt der Gütertraditio im Westchor vollzogen wurde, mußte er dazu nicht »fertig« sein, sondern dieser Akt setzte lediglich einen geweihten Altar im Westchor voraus, an dem die Schenkung vollzogen werden konnte.

[312] Arnold S. 18 mit Bezug auf v. Reitzenstein, Baugeschichte S. 116. Es ist aber u. E. nicht möglich, daß mit »in choro S. Petri« etwas anderes gemeint sein könne als eben der Westchor.

[313] Vgl. oben S. 32.

[314] Hier würde sich aber die Datierung bei v. Winterfeld, Diss., S. 116 (= hier S. 101) für den nachweisbaren Dombrand am Ende des 6. Bauabschnittes auf bzw. um das Jahr 1227 gut einfügen; der Ostchor war nach diesem Brand mit Sicherheit reparaturbedürftig, kann also vorübergehend unbenützbar gewesen sein.

[315] HStA München, Hochstift Bamberg Nr. 555 und 575 (neu); Regesten der Bullen bei v. Reitzenstein, Baugeschichte nr. 38 und 39.

[316] Der Formulierung »rehedificatam, (quia) fuerat ignis incendio concrematam« wird man kein großes Gewicht beimessen dürfen. Tatsächlich war ja der Dom nach dem Brand von 1185 wiederhergestellt und gottesdienstlich nutzbar gemacht worden. Es war eine »Zweckübertreibung«, wie sie bei zahlreichen Neubauten des beginnenden 13. Jahrhunderts zur Legitimierung aufwendiger Bauvorhaben gang und gäbe war; vgl. E. Schubert, Der Magdeburger Dom, Berlin 1974, S. 16.

[317] So der Ablaß für den Würzburger Dom 1238, Mai 25, den B. Landolf von Worms erläßt. Die Spenden sollen dienen »ad structuras et tecti edificia ac alia ibidem necessaria«; Monumenta Boica 37, nr. 255. – Vgl. auch RDK. I Sp. 78 s. v. »Ablaß«.

[318] Monumenta Boica 37, Nr. 251.

[319] CDSaxReg. II 1 (= Urkundenbuch des Hochstifts Meißen) nr. 266.

[320] CDSaxReg. II 1 (= Urkundenbuch des Hochstifts Meißen) nr. 276.

[321] N. Paulus, Geschichte des Ablasses (Paderborn 1923) Bd. I S. 429 f.

[322] Die »dedicatio ecclesiae« war als kirchliches Hochfest in den Gottesdienstordnungen vermerkt: Farrenkopf S. 140.

[323] v. Reitzenstein, Baugeschichte Reg. 39. – v. Reitzenstein weist S. 131 ebenfalls daraufhin, daß die Bulle von 1232 für einen baldigen Abschluß der Bauarbeiten und nahe bevorstehenden Weihetermin spreche.

[324] Vgl. unten S. 36 f.

[325] Annales Erphordenses fratrum praedicatorum, MG SS. XVI p. 31. Aus den Annalen dann übernommen in die Chronica s. Petri Erford. moderna, MG SS. XXX 1 p. 393.

[326] Vgl. die in Bamberg ausgestellten Ablässe in Monumenta Boica 37 nr. 250 und 252.

[327] Chronicon Montis Sereni, MG SS. XXIII p. 198.

[328] N. Haas, Geschichte der Pfarrei St. Martin zu Bamberg (Bamberg 1845) S. 646.

[329] K. Hartmann, Zur Geschichte des Hauses Andechs-Meranien, in: Archiv für Oberfranken 37 (1956) S. 3 ff.

[330] Bischof von Bamberg war 1257–1285 Berthold von Leiningen, unter dem 1260 durch den Langenstädter Vertrag der Meranische Erbfolgestreit beendet wurde; B. Konrad von Freising war ein Neffe Bertholds von Leiningen.

[331] In der Urfassung schon in der Redaktio C des Breviarium Eberhardi cantoris, vgl. Farrenkopf S. 154. In voller Ausgestaltung mit Opfergang und Libera am Grabe Ekberts in der Überlieferung um ca. 1450 (handschriftlich in StBB. Lit. 117 fol. 46 sqq. »sepulchra tegantur tapetis et candelae locentur apud sepulchrum Eckwerti sub ambone«).

[332] Ae. Ussermann, Episcopatus Bambergensis sub S. sede apostolica chronologice ad diplomatice illustratus (St. Blasien 1802) p. 138.

[333] Hautum S. 16–57.

[334] Die Grundlage für das Itinerar bot E. v. Guttenberg, Germania Sacra II 1, S. 164 ff. – Ergänzende Nachweise wurden anderen Quellen entnommen.

[335] Verleihung des Palliums: 1203 Dez. 24, unmittelbar nach der Weihe durch den Papst: Germania sacra II 1, S. 164.

[336] Ebd., ferner Hautum S. 19.

[337] Nachweise in Germania Sacra II 1, S. 165.

[338] Zum Verfahren in Rom, bei dem die klagende Fürstenpartei nicht erschienen war, vgl. E. Winkelmann, Jahrbücher der dt. Geschichte unter Philipp von Schwaben u. Otto IV. Bd. 1 (Leipzig 1873) S. 478 f.

[339] Germania Sacra II 1, S. 165; Winkelmann Bd. II S. 304.

[340] Handwörterbuch zur Deutschen Rechtsgeschichte Bd. 1 (1971) Sp. 25 ff. – J. Poetzsch, Die Reichsacht (= Untersuchungen zur dt. Staats- und Wirtschaftsgeschichte 105), Breslau 1911.

[341] Den Kreuzzug gelobte Ekbert bereits 1215 auf dem Hoftag zu Aachen (Germania Sacra II 1, S. 165 f.), zur Ausführung kam er erst 1217, als Ekbert sich dem Kreuzfahrerheer anschloß, das unter Führung seines Schwagers Andreas von Ungarn stand, aber sehr bald ergebnislos nach Europa zurückkehrte.

[342] Vgl. oben S. 32.

[343] P. Schöffel, Das Urkundenwesen der Bischöfe von Bamberg im 13. Jahrhundert (= Erlanger Abhandlungen zur mittl. u. neueren Geschichte 1), Erlangen 1929, insbes. das Urkundenverzeichnis S. 107 ff.

[344] Regesta Boica II 81; Druck bei J. A. v. Schultes, Diplomatische Beiträge zur Geschichte der Grafen von Andechs, in: Hist. Abhandlungen der bair. Akademie der Wissenschaften IV (1818) 258; Die Schlußformel lautet »acta sunt haec anno dominicae incarnationis 1217. indict. 5, anno pontificatus nostri 15, anno videlicet, quo fuit hierosolymitana expeditio, feliciter Amen.« – Vgl. auch Looshorn II, S. 615.

[345] Vgl. oben S. 31 f.

[346] Zu dem gleichen Schluß kommt im Zusammenhang der Baugeschichte v. Winterfeld, Diss., S. 162–165 (= hier S. 145).

[347] Zwischen 1222 und 1290 sind u. a. Ablaßprivilegien (päpstliche oder bischöfliche) für folgende Dombauten belegt: Magdeburg, Würzburg (Dom und Neumünster), Marburg (Elisabethkirche), Halberstadt, Naumburg, Regensburg, Straßburg, Meißen; für zahlreiche Bauten wurden mehrfach Ablaßbriefe ausgestellt, so für Halberstadt 1239, 1252, 1253, 1254, 1257, 1263, 1265 und 1266; vgl. J. Flemming, E. Lehmann, E. Schubert, Dom und Domschatz zu Halberstadt, Berlin 1973, S. 19. – Das völlige Fehlen derartiger Privilegien für den Bamberger Dombau muß demgegenüber um so auffälliger erscheinen.

## V. Die Steinmetzzeichen

[348] Wiemer, S. 12 ff. Nachwort K. Oettingers dort auf S. 82 f. – Besprochen von Kubach in: Kunstchronik 12, 1959, S. 245–254.

[349] Friederich, S. 13–23. – Besprochen von Kautzsch in: Zs. f. Kunstgesch. 1, 1932, S. 233.

³⁵⁰ Die einführenden Erläuterungen Wiemers, S. 12f. geben im wesentlichen Friederichs Überlegungen wieder.

³⁵¹ Binding, S. 32ff. u. S. 108, Anm. 53, wo die wichtigste, auch ältere Literatur zitiert ist. Vergl. auch Haas, in: Kubach/Haas, Speyer, S. 542–546, 549f.

³⁵² So etwa bei Fath, S. 7ff, wo St. Marien in Offenbach am Glan monographisch behandelt wird (Auf Grund eigener Beobachtung tragen einzelne Teile Zeichen.) Ebenso Bickel, wo – obwohl bei Dehio und im Inventar als Argument herangezogen – keine Untersuchung der Zeichen zu finden ist.

³⁵³ Friederich, S. 21 sowie eigene Beobachtungen an Bauten des 17. und 18. Jhs.

³⁵⁴ Friederich, S. 17 u. Anm. 20. Es handelt sich um das »Brüderbuch« von 1563, abgedruckt bei Janner, S. 156f. und S. 272ff. (Abdruck d. Ordnung). Über »Ehrenzeichen« unter Nr. 59, S. 289. Ältere Steinmetzordnungen auch bei Hasak, Kirchenbau, Handb., S. 248f. u. 262ff. – Ders., Der Kirchenbau 1913, S. 332ff.

³⁵⁵ Die ältere Literatur bei Binding, S. 108 Anm. 53 und bei Piper, S. 159/172 (vornehml. im Bezug auf den Profanbau). Trotz kritischer Vorbehalte stellt auch Binding die Verbindung zwischen Gelnhausen und Eberbach über Steinmetzzeichen her.

³⁵⁶ So bei Friederich, Wiemer, Binding, zuletzt bei Haas, Erbauer, S. 236f. – Ders., in: Kubach/Haas, Speyer, S. 542 u. Anm. 133.

³⁵⁷ Friederich, S. 15.

³⁵⁸ Richter, Bespr. von Schaaffhausen, S. 176–182.

³⁵⁹ An den meisten Quaderbauten der Provence im frühen 12. Jh. sind auffällig viele große Zeichen zu beobachten, die sich in den Grundtypen kaum von den im Norden gebräuchlichen unterscheiden, jedoch meist präziser sind. Einige sind abgebildet in dem populären Beitrag: Tournier, S. 36/37.

³⁶⁰ Diese können rein technischer Natur sein, nämlich die erneute Verbreitung der Großquadertechnik, die sich im 12. Jh. vollzieht.

³⁶¹ Aus Byzanz selbst sind wegen der seltenen Verwendung von Großquaderwerk keine nachantiken Zeichen bekannt: freundl. Auskunft von Herrn Prof. Dr. H. Hallensleben. Für andere Gebiete des byzant. Reiches besagt das noch nichts.

³⁶² Die Hinweise auf arabische Steinmetzzeichen sind sehr verstreut, u. a. bei Deschamps, Crac, Paris 1934, S. 251, Anm. 1. Allgemeine Zeichenkataloge für die fränk. Zeichen auf S. 239/251. Einzelne Hinweise auch in Bd. II: Royaume de Jérusalem. Eine zusammenfassende Bibliographie zur Festungsarchitektur bei Müller-Wiener, S. 110.

³⁶³ Zahlreiche Steinmetzzeichen notiert Kurt Erdmann, Karavansaray, S. 26 und gezeichnet auf S. 42, 53, 61, 65, 82, 88, 95, 101, 105, 116, 122, 134, 138, 141, 145, 153, 157, 168, 177, 180, 186. Auffällig die Übereinstimmung mit den Bamberger Zeichen No. 9 D, 10, 12, 24, 29, 30, 35, 39, 50, 51, 54, 67, 69, 71, 84, 87, 88, 111, 125, 113, 104 usw. Eindringlicher als durch diese Identität kann man nicht vor Erforschung von Wanderungen gewarnt werden. Interessant jedoch als Parallele zur Beurteilung von Zweck und ältestem Formenkanon der Zeichen allgemein.

³⁶⁴ Wiemer, S. 15/16.

³⁶⁵ Friederich, S. 16. Abgelehnt von Binding, S. 33. – Zustimmend Haas, in: Kubach/Haas, Speyer, S. 550.

³⁶⁶ Friederich, S. 15 folgt darin älterer Literatur. Auf Grund von Quellenstudien für Ebrach beinahe ausgeschlossen durch Wiemer, S. 13, erneut aufgegriffen von Binding, S. 33.

³⁶⁷ Vergl. dazu auch die kritische Stellungnahme W. Schlinks mit dem Hinweis auf das durch Quellen belegte Verbot bei den Zisterziensern (Mönche wie Konversen), für den Weltklerus zu arbeiten (obwohl es wohl nicht immer eingehalten wurde): Bamberger Colloquium, Zink, S. 399f.

³⁶⁸ Haas, Erbauer S. 238 hat dies zutreffend für Speyer, Bau II erschlossen und formuliert. Mit einer gewissen Abschwächung dürfte es wohl aber auch für die ca. 120 Jahre spätere Ausführung des Bamberger Domes gegolten haben.

³⁶⁹ Vergl. Bd. II, S. 16 Anm. 63.

³⁷⁰ Freundliche Mitteilung von Dombaumeister Dr. Arnold Wolff, Köln; Ein Beispiel vom Kölner Dom publiziert von A. Wolff im Kölner Domblatt, 26/27, S. 80 u. Abb. 26. Vergl. dazu H. Kusche, Die Steinmetzzeichen des Kölner Domes, in: Kölner Domblatt 16/17, 1959, S. 111–140, wo zahlreiche Hinweise auf Funde im Oberlager, Kopf- und Stoßfugen gegeben werden, die das hier gesagte einschränken.

³⁷¹ Friederich, S. 18, Binding, S. 35. Ein frühes Beispiel für Versatzmarken parallel zu Steinmetzzeichen ist Bau II in Speyer, vergl. Kubach/Haas, Speyer, S. 213, 543f. u. Abb. 466–475, Fig. 70.

³⁷² Haas, Erbauer S. 234.

³⁷³ Friederich, S. 17. Vergl. auch Haas, Erbauer, S. 237, u. Abb. 6. – Ders., in: Kubach/Haas, Speyer, S. 549.

³⁷⁴ Friederich, S. 19f.

³⁷⁵ Das Große S, das in Speyer an den Westteilen der Afrakapelle – ehemals zum »kleinen Paradies« gehörig – (1106 kurz vor der Weihe) öfter auftritt, gleicht z. B. fast wörtlich demjenigen, das an den Rippen des Nordquerhauses (nach 1159) findet, also um gut 50 Jahre später ist. Vergl. Haas, in: Kubach/Haas, Speyer, S. 542–546, 549f u. Fig. 70 u. Abb. 971–974.

³⁷⁶ Dies fehlt z. B. bei Binding. Die dort auf Abb. 9 gegebenen Zahlenkolonnen sind unanschaulich.

³⁷⁷ Dies alles ähnlich formuliert schon bei Wiemer, S. 16f.

³⁷⁸ Friederich, S. 23 fordert den Gipsabguß jedes Zeichens, was nur einer Dokumentation im Lapidarium dienen kann. In der Literatur werden Zeichen immer wieder fotografisch erfaßt, nie jedoch vollständig oder gar in einheitlichem Maßstab. Die ältere Literatur war stärker bemüht, ein möglichst getreues »Porträt« der Zeichen zu liefern, was bei dem Nachlassen der graphischen Ausbildung immer mehr abnimmt. Eine Ausnahme versucht Jerzy Gadomski, S. 23–64, französisches Resumé S. 65/67. Die dort referierten Datierungen sind aber kaum haltbar, die deutsche Forschung scheint nicht berücksichtigt zu sein.

³⁷⁹ Diese Geräte stellte in Bamberg das Bayerische Landesamt für Denkmalpflege, das sich auch – vertreten durch Herrn Dr. W. Haas – an der Inventarisation beteiligte.

³⁸⁰ Pfister, Dom S. 11/12.

³⁸¹ Vöge, Domsculpturen, Eine Signatur an der Adamspforte, Bildhauer, S. 194ff.

³⁸² Weese, ²1914 S. 27 Anm. 65.

³⁸³ Noack, Bamberg, S. 18.

³⁸⁴ Friederich, S. 19.

³⁸⁵ Verheyen, Chorschranken, S. 101/102.

³⁸⁶ Verheyen, Chorschranken, S. 42.

³⁸⁷ Verheyen, Fürstenportal, verzichtet auf Beobachtung von Zeichen und kommt so zu falschen Schlüssen. – Ders., MS. S. 17 u. Anm. 68 werden einige Zeichen zur Argumentation herangezogen, andere übersehen.

³⁸⁸ Wiemer, S. 64 und (Oettinger) S. 83.

³⁸⁹ Ein Satz der Pläne, Fotos und Skizzen mit der Kartierung der Steinmetzzeichen befindet sich im Bayerischen Landesamt für Denkmalpflege in München, ein weiterer ist im Kunsthist. Inst. Heidelberg deponiert. Beide weichen voneinander ab, weil nicht alle Nachträge wechselseitig übertragen wurden, zumal zur Auswertung beide Exemplare nebeneinander benutzt werden konnten.

³⁹⁰ Vergl. Friederich, S. 19.

³⁹¹ Besonders deutlich erscheinen die Zeichen Nr. 68, 70, 73, 78, 79, 92, 93, 101 als kräftig markiert und mit Betonung der Strichenden versehen. Flüchtig geritzt, ohne klares Linienende verlaufend dagegen: Nr. 67, 69, 72, 74, 80, 85, 86, 88, 89, 108. Daneben die geometrisch geschlossenen, meist kleinen Formen: Nr. 81, 84, 87, 91, 95, 111, 112, 121, 123. Man könnte noch weitere Gruppierungen zusammenstellen.

³⁹² Freundl. Hinweis von Herrn Dr. T. Breuer, München, nach unpublizierten Quellen über die Restaurierung. Vergl. Verheyen, Chorschranken, S. 154 (nach dem Literaturverzeichnis).

³⁹³ Haas, Erbauer S. 237f. weist auf kleine »Bautrupps« hin.

## VI. Die Bauzier

³⁹⁴ Dehio, Dom.

³⁹⁵ Noack, Bamberg.

³⁹⁶ Pinder, Dom.

³⁹⁷ Nicht 6, wie Pinder, Dom, S. 11, angibt.

³⁹⁸ v. Reitzenstein, Baugeschichte, S. 132–137.

³⁹⁹ Hamann I, S. 94–117; II, S. 73–83.

⁴⁰⁰ Kahmen, Bauornamentik.

⁴⁰¹ Die folgende Darstellung ist unabhängig von Kahmen entwickelt und setzt sich nur gelegentlich mit ihm auseinander. Die Übereinstimmung im Grundsätzlichen geht auf v. Reitzenstein zurück.

⁴⁰² Gosebruch, S. 28–57.

⁴⁰³ Hierin liegt für mich die grundsätzliche Problematik des methodischen Ansatzes von Gosebruchs Aufsatz. Generell dürfte kaum Einigkeit darüber zu erzielen sein, was im Sinne einer stringenten Ableitung miteinander ver-

glichen werden darf. Für den Nachweis der allmählichen Wanderung bestimmter Ornamentmotive mag es erlaubt sein, einzelne Blattypen aus dem Kontext der Gesamtanlage eines Kapitells herauszulösen, für die Bestimmung unmittelbarer Abhängigkeiten besitzt dieses Verfahren – die herausgelösten Einzelmotive in den Zusammenhang ganz anders gearteter Kapitelle »einzupflanzen« – m. E. keine Beweiskraft.

[404] Kubach/Haas, Speyer, S. 620–625.

[405] Kahmen, S. 88, setzt die Ornamentformen der Krypta erstaunlicherweise in die Zeit der Seitenschiffswölbung, also nach die des unteren Apsisgeschosses.

[406] Gosebruch, S. 37 ff. bezieht die Krypta offenbar ohne grundsätzliche Unterscheidung in die Gruppe I mit ein und bewertet den Rang der Ornamentik sehr hoch.

[407] Gosebruch, S. 37 f. schätzt gerade dieses Kapitell sehr hoch ein und betont seine Originalität gegenüber den »mutmaßlichen Laonnesischen Vorbildern«. Dagegen muß die selbst für die Bamberger Ostkrypta erstaunlich primitive Ausführung – besonders des Widders – betont und auf die lokale Komponente (z. B. S. Theodor, Ostportal) hingewiesen werden.

[408] Die Rankenfüllung des mittleren Bogenfeldes, die Kahmen, S. 50, mit Worms in Verbindung bringt, ist eine freie Ergänzung des 19. Jhs.

[409] Sage, Ergebnisse, S. 100 f. (= hier S. 20).

[410] Gosebruch, S. 38 f. hebt c 3 wegen seiner strengen Gliederung besonders hervor und vergleicht es mit einem Kapitell aus Laon mit einer doppelten Reihe fleischiger Bossenblätter. Der assoziative Vergleich der tropfenförmigen Blätter an den Kanten (»Blattatlanten«) in Bamberg mit jeweils einer Blatthälfte in Laon ist zwar verständlich, aber methodisch ungewöhnlich (Vergl. Anm. 403). Im Ganzen bieten beide Kapitelle für mich nicht den geringsten Ansatz zum Vergleich. Die Blattscheiben von c 3 müssen wohl auch in Verbindung mit c 5 gesehen werden.

[411] v. Winterfeld, Kapitelle, S. 315–318 – Dem folgend Kahmen, S. 44f. – Siebenhüner, Ostkrypta, S. 152 – Haas, Bbg. Dom, S. 5, 7 –.

[412] Gosebruch, S. 37 f. hat die Konstante dieses Motivs in der Bamberger Ornamentik betont, jedoch von der historischen Methode her einen ungewöhnlichen Weg eingeschlagen: die deutlich jüngeren, vielleicht aus diesem Motiv entwickelten, breiten, geschwungenen Stengel am Obergeschoß der Ostapsis, die dort neben dem älteren Typ vorkommen (z. B. OG, (NO), Abb. 476), werden einerseits unmittelbar von einem entfernt ähnlichen Motiv aus Laon abgeleitet, andererseits wird aber doch auf das ältere b 3 verwiesen, ohne dieses mit dem vermeintlichen Ausgangspunkt Laon zu konfrontieren. Die Entwicklung der Stengel lassen ihn an »Bandrippen« und »Wulstrippen« denken und er vergleicht die Anordnung mit »Diensten« und »Rippen«, die »Gewölbe« tragen. Das assoziative Verfahren wird darin deutlich.

[413] Vergl. Kahmen, S. 47.

[414] Gosebruch leitet diese Form wiederum unmittelbar aus Laon von selbst motivisch schwer vergleichbaren Spiralranken ab (S. 41 f.).

[415] Diese Formen waren sicher mit ein Anlaß, eine nachträgliche Verlängerung der Krypta anzunehmen. Vergl. dazu Kap. »Baugeschichte«, S. 70 und Anm. 482.

[416] Gosebruch, S. 39 f. vergleicht die Blätter von 3 n mit Kapitellen der N. D. in Paris und wiederum Laon.

[417] Hamann II, S. 80–83, wo daneben vor allem für eine unmittelbare Beziehung zu Magdeburg plädiert wird. Für den Zusammenhang mit dem Niederrhein vergl. Siebenhüner, Ostkrypta, S. 175.

[418] Siebenhüner, Ostkrypta, S. 176 u. Abb. 16, 17.

[419] Deutungen der figürlichen Darstellungen versucht B. Müller, Schlußsteinplastiken, S. 53 f.

[420] Die Dissertation von E. Wagner kann hier unberücksichtigt bleiben, weil sie keine Aussagen zu den Kapitellen enthält. Ihre These einer nachträglichen Einfügung des Portals wird bei der Befundbeschreibung und in der Baugeschichte widerlegt. Vergl. ferner Hamann I, S. 100, 122; II, S. 77, 83 – Kahmen, S. 11–14, und Fiedler, Marientüre.

[421] Dies vermutet irrtümlich Kahmen, S. 13. In Stuckmörtel sind Teile des Figurenfrieses ergänzt.

[422] Einflüsse von dort sieht Kahmen, S. 14.

[423] Vergl. Kahmen, S. 30. Obwohl dieses Kapitell bereits bei Noack, Bamberg, S. 50, abgebildet ist, wurde der Zusammenhang nicht erkannt. E. Wagner erwähnt die Blendarkaden in ihrer Diss. nicht.

[424] Es ist erstaunlich, daß Gosebruch die Bauzier der Gnadenpforte mit keinem Wort erwähnt.

[425] Gosebruch, S. 29 wählt dieses Kapitell zusammen mit SO 3 zum Ausgangspunkt seiner Betrachtungen und leitet es von der Bauzier des Straßburger Nordquerarms ab. Die von ihm im Zusammenhang dieser Ableitung abgebildeten und besprochenen Kapitelle der Blendarkatur der inneren Nordseite (Abb. 9, 10 auf S. 33) sind allerdings Nachbildungen des 19. Jhs. Die Vorbilder für diese nach Zerstörung ergänzten Stücke finden sich westlich des Nordportals.

[426] Kahmen, S. 88, weist auf den Zusammenhang hin.

[427] Gosebruch, S. 29 bezieht sich auf die fast gleichen Kapitelle C 3 w (und C 3 o) der südlichen Pfeilerreihe und hält sie offenbar für jünger als die Blendarkaden der Ostapsis (»nächste Stufe«, »jenseits des Georgenchors«). Er hat die Turmhallenkapitelle übersehen, die vermutlich vor denen der Blendarkatur versetzt, mit ihnen aber wohl gleichzeitig gearbeitet sind. Das Kreuzstengelmotiv weist auf die Verbindung zur Krypta ebenso hin wie die Füllung der Blattmulden. Deren Zusammenhang mit Straßburg vermag ich bei dieser gängigen Binnenzeichnung von Blättern nicht zu sehen.

[428] Vergl. Anm. 427.

[429] Kahmen, S. 94. Gosebruch, S. 29 f., der diese Seitenschiffskapitelle übersieht, versucht die Verbindung zu Straßburg über SO 3 der Blendarkatur zu knüpfen.

[430] Diese wichtige Beobachtung zuerst bei Kahmen, S. 59.

[431] Gosebruch, S. 37 nennt die Blattbossen, die häufig genug in einem weiteren Arbeitsgang mit einer Binnengliederung versehen wurden, »Seerosenblätter.«

[432] Gosebruch, S. 32 Abb. 8. Auf dem Nebendienst erscheint eine genaue Wiederholung des »verwehten« Blattdekors der Blendarkatur N 2.

[433] Gosebruch, S. 36 f. leitet die Kapitellgruppe aus Laon ab. Vergl. Anm. 412.

[434] Kahmen, S. 20, hat diesen Blattyp nicht sehr glücklich als »Rosenblatt« bezeichnet und wohl unzutreffend eine Herkunft von den Blattfriesen in Gebweiler und Pfaffenheim vermutet.

[435] Vergl. Kahmen, S. 31–33.

[436] Kahmen, S. 32, denkt an eine Säule aus einem *älteren* Bau!

[437] Verheyen untersucht in seiner Dissertation über die Chorschranken zwar die Reliefs stilistisch und die Schrankenmauern nebst Krypta bautechnisch, widmet aber den Kapitellen nur 2 Sätze (S. 25).

[438] Diese Ansicht deutet auch Kahmen, S. 38, an.

[439] Kahmen, S. 69, erkennt die Sonderstellung dieser Kapitelle nicht. – Zänker-Lehfeldt, S. 117, Anm. 383, nennt sie als Parallele zu Kobern – Hamann II, S. 79, glaubt in ihnen eine Beziehung zu Magdeburg zu erkennen, was Fiedler, Magister, S. 13, als bewiesen ansieht. Die isolierten Abbildungen dieser Kapitelle als für Bamberg typisch müssen Fehlurteile zur Folge haben.

[440] Gosebruch, S. 43 betont die vollständige Einheit mit der Gruppe I, spricht sogar von einem Meister und nennt damit wohl einen Leiter des Baues von Anfang an.

[441] Kahmen, S. 6 ff., stellt die Zwerggalerie durch die Gliederung seines Textes an die 2. Stelle, vor den Seitenschiffen und Chorschranken, was zu falschen Vorstellungen führen muß, obwohl er vorsichtigerweise eine Chronologie in der Gruppe I fast ablehnt.

[442] Kahmen, S. 22, macht keinen Unterschied zwischen den Gesimsmotiven. Die von ihm genannten niederrheinischen Vergleichsbeispiele weisen zwar das Brezelrankenmotiv auf, sind aber so unterschiedlich durchgeformt, daß man einen unmittelbaren Zusammenhang ausschließen kann.

[443] Es handelt sich sicher nicht um die mißverstandene Vereinfachung eines gotischen Knospenfrieses, wie er etwa als Kranzgesims in Chartres vorkommt. Dies vermutet Kahmen, S. 93.

[444] Warum Gosebruch, S. 46 bei C 5 so von »Korb« spricht, ist nicht ganz erklärlich.

[445] Dies bietet Kahmen mehrfach Anlaß, von »kreissegmentförmigen Deckplatten bzw. Scheiben« zu sprechen, obwohl die Verschneidung der Kelchlippe mit der natürlich quadratischen, stets vorhandenen Deckplatte gut sichtbar ist, abgesehen von den erkennbaren Kelchen selbst.

[446] Gosebruch, S. 43–46 leitet die Gruppe unmittelbar aus Reims ab und hat dabei die Details der Knospen und Standblätter nicht näher untersucht.

[447] Gosebruch, Abb. 37 und S. 46 als Vertreter der Gruppe II.

[448] Kahmen, S. 87, rechnet ihn zur Gruppe I.

[449] Für Gosebruch, S. 46 stammen diese Drachen aus Reims, weil dort Drolerien – freilich mit Vogelköpfen – z. B. an der Konsole des Christus der Chorkapellen auftreten.

[450] Kahmen, S. 70, erblickt darin »Übergangslösungen« aufgrund seiner rein entwicklungsgeschichtlichen Betrachtungsweise.

[451] Kahmen, S. 64, zählt sie zur Gruppe I.

[452] Auch die restlichen Kelchblockkapitelle gehören bei Kahmen, S. 64 zur Gruppe I.

[453] Die besondere Bedeutung dieses Stückes hat Kahmen übersehen.

[454] Vergl. dagegen Kahmen, S. 55.

[455] Die von Kahmen, S. 55, aufgrund von Pfisters Angaben vermutete »Überarbeitung« der Kapitelle ist mit Sicherheit auszuschließen, wie 1973 vom Gerüst aus festzustellen war.

[456] Vergl. Kahmen, S. 55.

[457] Nach Dehio, Vöge und Sauerländer betont auch Gosebruch, S. 44 die Herkunft der jüngeren Bildhauergruppe aus Reims, freilich mit der Zwischenstation Straßburg, wofür ihm u. a. die Kapitelle ein Beleg sind.

[458] Beide sind von Kahmen, S. 53, für Originale des 13. Jhs. gehalten worden.

[459] Vergl. B. Müller, Affe.

[460] Zuerst beobachtet von Kahmen, S. 65, 90f.

[461] v. Reitzenstein, Baugeschichte, S. 136, und diesen ausschreibend Bahmann, S. 28.

[462] U. Boeck bei W. Boeck, S. 178, wundert sich darüber, weil er die oberen Teile des Chores wie die ältere Literatur für ein Werk des »Bamberger Meisters« oder eines Gehilfen hält.

[463] Vergl. Kahmen, S. 82, 92.

[464] Kahmen, S. 84, setzt die Westchorschranken im letzten Abschnitt des Langhauses als Werk der Gruppe II B (seine 3. Gruppe) an mit der Begründung, daß sie bewußte Rückgriffe enthalten. Er übersieht, daß dies auch für die Gruppe III gilt (Nordgiebel). Vom Bauvorgang ist dies wegen des nachträglichen Schrankeneinbaus (es muß bereits die Blendarkatur der Apsis gestanden haben) auszuschließen. Die technisch hervorragende, präzise Bearbeitung hat nichts mit der Gruppe II B zu tun.

[465] Vergl. auch die Übereinstimmung der Kämpferprofile mit der Gertrudenkapelle.

[466] Als Rückgriff bereits von U. Boeck, bei W. Boeck, S. 175, beobachtet, jedoch dort als »Würfelkapitelle« bezeichnet.

*VII. Bauverlauf und Planungsgeschichte*

[467] Überlegungen zur Datierung finden sich im Kapitel VIII.

[468] Diese Meinung bezieht sich auf die Baumaßnahmen nach 1185. Davon nicht betroffen ist die in der Forschung vertretene Behauptung, der Bau enthalte Teile aus der Zeit vor dem Brand.

[469] So bei Siebenhüner, Ostkrypta, S. 150.

[470] Dies zuerst von H. Mayer, Ostkrypta, S. 339 vermutet, danach aufgegriffen von Verheyen, Chorschranken, S. 42, jedoch ohne genauere Angaben. Die von Siebenhüner, Ostkrypta, S. 157 angestellten Überlegungen hinsichtlich eines Rechteckchores und die vermutete Verwandtschaft mit der Würzburger Domkrypta erweisen sich dadurch als unzutreffend.

[471] So in dem wohl bekanntesten Beispiel: der Krypta in Speyer.

[472] Vergl. Bd. II, Anm. 107–110. Die Veränderung erfolgte 1699/1700, die Vorblendung neuromanischer Fensterrahmen 1844. – Siebenhüner, Ostkrypta, S. 150, Anm. 7. – Verheyen, Chorschranken, S. 35 u. Anm. 165. – Pfister, Werkamtsrechnungen, S. 20.

[473] Zu diesem Vorgang ausführlich Verheyen, Chorschranken, S. 37f., Quellen S. 35: Akten der Domrestaurierung im Bayer. Landesamt für Denkmalpflege; Kostenvoranschlag vom 10. 11. 1836, Punkt 7.

[474] Diesen Rekonstruktionsvorschlag machte Verheyen, Chorschranken, S. 42 gemäß Anregung H. Mayer, Bamberg, S. 90.

[475] Verheyen, Chorschranken, S. 42 wies auf die Säulen hin und vermutete ihre Provenienz von dieser Stelle.

[476] Vergl. Bd. II Anm. 88. Verheyen, Chorschranken, S. 39 erkannte weder die barocke Veränderung noch die Vorblendung des 19. Jhs.

[477] So H. Mayer, Ostkrypta, S. 337 und Verheyen, Chorschranken, S. 42, der hier die Eingänge in die Krypta des 12. Jh. vermutete.

[478] Auf sie machte H. Mayer, Ostkrypta, S. 337 und in der Folge Verheyen, Chorschranken, S. 38f. aufmerksam.

[479] Verheyen, Chorschranken, S. 42f. stützt seine Datierung der Umfassungsmauern in die Zeit Bischofs Otto weitgehend auf das nicht richtig erkannte Verhältnis von Quaderkante und Öffnung zu den Vorlagen oben.

[480] H. Mayer, Ostkrypta, S. 337. – v. Winterfeld, Diss., S. 51–53.

[481] Im Anschluß an H. Mayer auch von Verheyen, Chorschranken, S. 40 vermutet, jedoch für nicht ausgeführt gehalten.

[482] Fast stets ist der gesamte Bereich vor der Westwand als nachträgliche Verlängerung interpretiert worden, so bei Pfister, Dom S. 18 für 1513. – v. Reitzenstein, Baugeschichte, S. 133 glaubte diese in einem Planwechsel der »1. Hütte« begründet. – Bahmann, S. 24 sah ebenfalls eine nachträgliche Erweiterung durch die »2. Hütte« als gegeben an. Ohne es ganz deutlich zu sagen, denkt an eine Erweiterung H. Mayer, Ostkrypta, S. 337 und Bamberg, S. 90. – Verheyen, Chorschranken, S. 38f. glaubt hingegen, daß eine erweiternde Anlage des 13. Jhs. die ältere des 12. Jhs. an dieser Stelle übergreift. – Siebenhüner, Ostkrypta, S. 160f. sieht hier nicht näher genannte Spuren eines im Osten faßbaren ersten Planes, bezieht aber die Seitenjoche nicht in seine Untersuchungen ein.

[483] Verheyen, Chorschranken, S. 38 möchte 0,40 m gemessen haben, bei Siebenhüner, Ostkrypta, S. 152 sollen es 0,33 m sein. Letzterer sieht in der Maßabweichung einen Planwechsel.

[484] Nach Vorschlägen des Verf. Vergl. v. Winterfeld, Diss., S. 53f., Abb. 19.

[485] Dargestellt auf dem Bild des Georg Adam Arnold im Hist. Museum Bamberg, Abb. 17, 18 – Belege bei v. Reitzenstein, Baugeschichte, S. 117, Anm. 27 u. S. 141 (Nr. 12), Anm. 118 a.

[486] Vergl. Haas, Dom, S. 10 – Sage, Ergebnisse, S. 104 (= hier S. 20f.) entscheidet sich aus ästhetischen Gründen für einen trapezförmigen Hallenlettner (Mainz, Gelnhausen). Die andersartige Situation spricht gegen einen solchen, von französischen Vorbildern angeregten Typ.

[487] Haas, Lettner Münchsteinach – Ders., Führer Münchsteinach, S. 12f.

[488] So Haas, Dom, S. 10.

[489] Kömstedt, S. 34/37 kann seiner Ansicht nur theoretische Argumente zugrunde legen.

[490] z. B. in Speyer. Genaue Befundangaben dazu bei Haas/Kubach, Speyer, S. 269, 486ff.

[491] Verheyen, Chorschranken, S. 34ff. konnte für seine Ansicht, es seien die Mauern der Ostkrypta Bischofs Otto (1103/39) keinen Anhaltspunkt liefern, der einer kritischen Prüfung standhält.

[492] Vergl. dagegen Verheyen, Chorschranken, S. 41f.

[493] Vergl. dagegen Verheyen, Chorschranken, S. 42, wo die Befunde offensichtlich nicht unter bautechnischen Gesichtspunkten bewertet werden.

[494] Verheyen, Chorschranken, S. 41f.

[495] Siebenhüner, Ostkrypta, S. 152f.

[496] Darauf verwies als erster Verheyen, Chorschranken, S. 41.

[497] Siebenhüner, Ostkrypta, S. 152 denkt offenbar an eine erste Stufe innerhalb seines 1. Planes.

[498] Verheyen, Chorschranken, S. 41f. nahm dies für die Krypta des 12. Jhs. an, Siebenhüner, Ostkrypta, S. 152 rekonstruierte dagegen einen 1. Plan des Neubaues.

[499] Besonders treffende Analysen des Raumes gaben Kömstedt, S. 27 und Pinder, Dom, S. 11.

[500] So Siebenhüner, Ostkrypta, S. 154, der die Stelzung der Gurte und den eindeutigen Zusammenhang der Anfänger über b 1/c 1 mit dem Trapezjoch übersehen hat.

[501] Ähnlich aber gröber als die Rippenfüße im Brudersaal von Fontenay (1150/75), gut erkennbar bei Siebenhüner, Ostkrypta, Abb. 14. Gosebruch, S. 47, sieht darin eine unmittelbare Beziehung zu den vollkommen andersartigen der Ebracher Michaelskapelle.

[502] An den von Siebenhüner, Ostkrypta, S. 154 erwähnten Rippenanfängern hängen die Abspitzungen mit dem unvollendeten Zustand zusammen; meist ist sogar die Nachbarrippe aus dem gleichen Block vollständig ausgearbeitet.

[503] Kahmen, S. 45 u. Anm. 106. – H. Siebenhüner, Ostkrypta, S. 156 möchte auch hier die erste Planung wirksam sehen, berücksichtigt dabei nicht, daß unter seinen »Bandrippen« die Polygonalkämpfer der Wandvorlagen sitzen. Hier wird die Gefahr sichtbar, die in einer einseitigen Betrachtung formaler Entwicklungsprinzipien liegen kann.

[504] Blendarkatur einerseits und Freistützen vor allem mit den Zwischensäulchen andererseits wurden irrtümlich derselben Konzeption zugerechnet, so von: H. Mayer, Bamberg, S. 90 – Siebenhüner, Ostkrypta, S. 160f. – v. Reitzenstein, Baugeschichte, S. 133 Anm. 94 hielt die vorderen Zwischensäulchen für nachträglich zugefügt (aus dem gleichen Block gearbeitet). Den Charakter als ziborienartige Anlage sah richtig Verheyen, Chorschranken, S. 40.

[505] H. Mayer, Bamberg, S. 90 hielt es für nachträglich eingesetzt.

[506] Der Gedanke schon bei H. Mayer, Bamberg, S. 90, dem Verheyen, Chorschranken, S. 40 folgt.

[507] Vergl. Kahmen, S. 48. – Gosebruch, S. 38f. hält dies für unmittelbar von Laon beeinflußt. Vergl. oben Anm. 410.

[508] v. Reitzenstein, Baugeschichte, S. 133 Anm. 94 brachte sie sogar mit der 3. Hütte in Zusammenhang.

[509] Vergl. Siebenhüner, Ostkrypta, S. 161.

[510] Zuerst beobachtet von R. Hamann, II, S. 80ff. und mit niederrheinischen Formen einerseits und dem Magdeburger Dom andererseits in Zusammenhang gebracht. Zu den Schlußsteinen allgemein: Kahmen, Bauornamentik, S. 48f. – Siebenhüner, Ostkrypta, S. 174ff. Zur Deutung der Darstellungen ein Versuch von Müller, Schlußsteinplastiken in: Fränkische Blätter 6, 1954, S. 53–54.

[511] Verheyen, Chorschranken, S. 43f. – Ders., MS., S. 15ff.

[512] Über allen Gewölben, besonders denen der Kryptaseitenschiffe, lag ehemals eine bis zu 1 m hohe Auffüllung, die mit dem daraufliegenden Chorfußboden erst eingebracht werden konnte, als alle Mauerteile entsprechende Höhe erreicht hatten. Für die Einwölbung reicht hingegen eine ca. 1,5 m niedrigere Mauerkrone aus.

[513] Verheyen, Chorschranken, S. 42 wollte ohne Angaben von Gründen nachträgliche Durchbrüche in ihnen sehen.

[514] Die neuromanischen Öffnungsrahmen und der Materialunterschied führten Verheyen, Chorschranken, S. 43 – Ders., MS., S. 16f. dazu, beides zwei verschiedenen Bauten (Anf. 12. Jh. – Anf. 13. Jh.) zuzurechnen.

[515] Kahmen, S. 13 u. Anm. 18 (S. 108) nimmt das vor allem für die Gnadenpforte an. Neuerdings hat dies auch mehrfach in bezug auf die Skulpturen betont: Sauerländer, Reims u. Bbg., S. 169f. und ders., Stauferkatalog, S. 313, 315f., 318 mit Hinweis auf Restaurierungsakten – Ferner Kroos, S. 146 Anm. 408 (= hier S. 176). Zahlreiche Farbspuren sowie ganze Teile der Fassungen sprechen gegen die Skepsis.

[516] So Beenken, S. 4 – Pinder, Dom, S. 13 dachte sogar an ein »älteres Stück« (älter als der Dombau?).

[517] Die innere Höhendifferenz wurde besonders betont von Wagner, S. 53f. während Pinder, Dom, S. 4 nur den äußeren Unterschied bemerkte. Wagner u. Kahmen, S. 12 schließen sich dem Urteil Beenkens hinsichtlich einer früheren Entstehung an.

[518] Was durch den Bauvorgang zu belegen sein wird.

[519] Daran denkt vor allem Wagner, Gnadenpforte, S. 53.

[520] Der Hinweis Kahmens, S. 12, die Lisenen des Südostturmes seien nachträglich vorgeblendet, trifft nicht zu.

[521] Zuerst richtig beobachtet von Kahmen, S. 12 gegen Pinder, Dom, S. 12 und Wagner, S. 52, die den gelungeneren Zusammenhang mit dem Nordostturm sahen.

[522] Vergl. auch Haas, Erbauer, S. 233.

[523] Vergl. Bd. II. S. 41 – Wagner, S. 60ff. hat diese eindeutigen Befunde gegenteilig interpretiert.

[524] Das ist die Vermutung Wagners, S. 62f.

[525] Die Meinung Wagners, S. 56 es handle sich um einen späten Eingriff in die Planung, läßt diese Überlegungen außer acht.

[526] Diesen Zusammenhang übersah Wagner, S. 56ff. als sie Ostapsis und Gnadenpforte um ca. 10–20 Jahre in der Datierung trennte. – Kahmen, S. 30 sah ihn als erster und charakterisierte ihn völlig zutreffend, verzichtete aber auf eine zeitliche Differenzierung. In der gesamten Literatur vorher beachtete man die Verbindung überhaupt nicht.

[527] Das Kapitell publizierten R. Hamann, I. S. 107, Abb. 207 (allerdings nur in ikonographischem Zusammenhang) – und Noack, Bamberg, S. 50 – Kahmen, S. 30 erkannte zutreffend die Verwandtschaft zum Nordkämpfer der Gnadenpforte. – Gosebruch, S. 29ff. äußert sich nicht zur Ornamentik der Gnadenpforte, leitet aber S. 53f. deren Tympanon aus Reims ab.

[528] Der ganze Vorgang wurde von Wagner übersehen, während Breuer, Führer S. 7, hier Rudimente eines älteren Programms sieht.

[529] Diese muß nicht in einer »Angleichung an das Seitenschiff« bestanden haben, wie Wagner, S. 53f. meint, sondern ganz allgemein in einer repräsentativeren Gestaltung.

[530] Seit Kömstedt, S. 25f. auf die Einheitlichkeit hinwies, ist sie nie mehr bezweifelt worden. Vergl. auch Wagner, S. 54f.

[531] Vergl. Bd. II, S. 35.

[532] Der Materialunterschied dürfte Verheyen, MS., S. 17ff. und andeutungsweise auch: Ders., Dom, S. 3 zu der Ansicht geführt haben, die Innenschale der Apsis mit Ausnahme der Dekoration sei unter Bischof Otto 1103/39 errichtet worden, während Dekoration und Außenschale nach 1185 entstanden seien, nach Entfernen der alten Außenschale.

[533] Vergl. Bd. II, S. 33.

[534] Vergl. Kahmen, S. 30.

[535] Dies ganz allgemein formuliert schon bei Noack, Bamberg, S. 22. – Gosebruch, S. 29ff. betont dagegen die Kontinuität vor allem hinsichtlich der Herkunft aus Laon und übersieht die Neuartigkeit der Ornamentik dieser Gruppe.

[536] Das ist in der Forschung vor Verheyen stets richtig gesehen worden, daher erübrigt sich ein Einzelnachweis.

[537] Verheyen, Chorschranken, S. 32 weist darauf hin und bezeichnet die Vorlage B 1 als »Chorwand«.

[538] Dies wurde besonders betont von Noack, Bamberg, S. 15 – v. Reitzenstein, Baugeschichte, S. 132f. – S. 15 – v. Reitzenstein, Baugeschichte, S. 132f. – Bahmann, S. 24f.

[539] Vergl. dagegen wiederum Verheyen, MS., S. 12ff.

[540] Vergl. Kahmen, S. 52.

[541] Kahmen, S. 93 hat versucht, das Motiv von den knospenbesetzten Kranzgesimsen in Chartres herzuleiten.

[542] Vergl. Kahmen, S. 53.

[543] Auf die abweichende Ansicht Verheyens, Fürstenportal, S. 3ff. wird unten an entsprechender Stelle eingegangen. – Vergl. v. Winterfeld, Fürstenportal, S. 149ff.

[544] In der Literatur werden die drei ersten Pfeiler, also auch B 4/C 4, meistens den Seitenschiffsmauern zugerechnet, was für die zwei ersten Freipfeiler (also bis B 3/C 3) vom Standpunkt einer weniger differenzierten Aufteilung durchaus gerechtfertigt erscheint. Vergl. Dehio, Dom, S. 10 – Noack, Bamberg, S. 15 – Pinder, Dom, S. 11 – v. Reitzenstein, Baugeschichte, S. 132f. – Bahmann, S. 24f. – Kahmen, S. 87.

[545] Vergl. oben S. 70f. u. Anm. 544.

[546] Vergl. Verheyen, Chorschranken, S. 32.

[547] Vergl. Verheyen, Chorschranken, S. 32.

[548] Verheyen, Chorschranken, S. 31 hat dies erkannt, jedoch nicht beachtet, daß der Türbogen erst so spät entstand.

[549] Verheyen, Chorschranken, S. 31f. erschließt daraus die nachträgliche Errichtung der Schranken.

[550] So Verheyen, Chorschranken, S. 30f. Eine solche Treppe hätte bei normaler Steigung in die Seitenschiffgewölbe der Krypta eingeschnitten und weit in das Chorniveau hineingereicht.

[551] Diese eindeutigen Befunde belegen für Verheyen, Chorschranken, S. 30f. den nachträglichen Einbau.

[552] Diese Maßnahme erfolgte 1896. – Verheyen, Chorschranken S. 31 u. S. 126, Anm. 7.

[553] Verheyen, Chorschranken, S. 29 benutzte diese Beobachtung zur Rekonstruktion einer älteren, der heutigen vorangegangenen Schrankenwand. Die Baugeschichte nach Verheyen, Chorschranken, S. 32f., 41f.: *1. Abschnitt:* der Stufensockel unter den Schranken im östl. Joch ist eine ehemalige Chortreppe, die zu einem ungewölbten Bau (Dom des Bischofs Otto, Anf. 12. Jh.) gehört ebenso wie Teile der Seitenschiffsmauern. *2. Abschnitt:* Pfeiler mit Gewölbevorlagen, auf ehemaligen »Treppen« aufsitzend, Einwölbung der (älteren) Seitenschiffe, Verzahnungen mit den Pfeilern beweisen Existenz einer »älteren« Schrankenmauer, deren Gliederung unbekannt ist. *3. Abschnitt:* nachträglicher Einbau der Schrankenreliefs mit ihrer Rahmengliederung zwischen die Pfeiler, wobei es zu »Schwierigkeiten« mit dem Baubestand kam. Die Reliefs waren für eine Aufstellung in konventioneller Reihung in der westlichen Vierung (S. 45f.) bestimmt, wobei Michael und Verkündigung jeweils die Mitte der beiden Reihen einnehmen sollten (S. 9ff.). Bei dem planwidrigen Versatz am Ostchor blieben die ehem. Mittelreliefs übrig und wurden über den zuvor breiten seitlichen Choraufgängen angeordnet, die damit aufgegeben wurden. Zur Ergänzung dieser Baugeschichte wird auch die Ostkrypta herangezogen, deren Umfassungsmauern ebenfalls aus der Zeit Bischof Ottos stammen sollen, wie auch der Obergaden mit seinen vermauerten Fenstern.

[554] Verheyen, Chorschranken, S. 25ff. hat dies sorgfältig beobachtet, jedoch auch hier auf einen nachträglichen Einbau geschlossen.

[555] Dieser Befund wurde bisher übersehen.

[556] Vergl. S. 53.

[557] Kleine Abweichungen verursachen gelegentlich etwas breitere Mörtelfugen. Vergl. Verheyen, Chorschranken, S. 25ff.

[558] Vergl. Verheyen, Chorschranken, S. 45f.

[559] Vergl. S. 53.

[560] Vergl. zusammenfassende Darstellung des Forschungsstandes bei Verheyen, Chorschranken, S. 48f.

[561] Diese Beobachtung machte schon Franck-Oberaspach, Christl. Kunstbl. 1901, S. 87–145, und brachte die Basen in Verbindung mit der Adamspforte und den Westtürmen. Dies wies Vöge, Aufstellung, Sp.

357–368 (= Bildhauer, S. 201–209), energisch zurück. Ohne baugeschichtliche Folgerungen ist die Verteilung von Kapitellen und Basen zutreffend beschrieben von Kahmen, S. 36.

[562] Die Kämpferprofile ähneln denen der Gertrudenkapelle, spitze allerdings sehr rohe Bossenblätter erscheinen oben an B 10 und das Bossieren von Ornamentik ist im letzten Langhausjoch üblich.

[563] Angedeutet ist dies bei Breuer, S. 10. – Eine spätere Ansetzung, etwa erst zur Zeit der Westtürme, ist wegen der Einzelformen der Kapitelle ausgeschlossen.

[564] Zink, S. 393 hat diesen Bauvorgang pauschal infrage gestellt, ohne sich zu dem eindeutigen Befund der mittleren Säulchen zu äußern. Sein Hinweis auf die älteren Kleeblattbögen der Ebracher Michaelskapelle ist kaum tragfähig, weil diese Formen im Bamberger Bauverlauf erst bei den Westteilen wirksam werden und Architektur- und Ornamentformen der Schranken stets engste Beziehungen zu denen des Baues aufweisen.

[565] Vergl. dagegen Verheyen, Chorschranken, S. 58 ff. u. S. 66 f.

[566] Vergl. dagegen Noack, Bamberg S. 17.

[567] Vergl. Kahmen, S. 63 f. Allerdings gilt die dort mehrfach betonte Benennung des Typs als »reine Kelchblockkapitelle« nur sehr eingeschränkt. Ebenso stark ist die Polsterform, vom Würfel herkommend, vertreten.

[568] Vergl. Befundbeschreibung: Bd. II 6.65 Konsolen, S. 111 f. mit Einzelnachweisen.

[569] Fiedler, Konsolen, S. 148 kann offenbar keinen Unterschied zwischen dem Versatz dieser Konsolen und ihren mittelalterlichen Vorbildern erkennen!

[570] Schon 1829 vom Restaurator F. K. Rupprecht beobachtet. Vergl. dessen Bericht an die Kgl. Reg. d. Obermainkreises im StA. Bbg. G II, Nr. 14319 I. – Verheyen, Chorschranken, S. 28, vertritt in Unkenntnis des Berichts und trotz Befunduntersuchung die Ansicht, die Konsole der Elisabeth (und damit alle übrigen?) sei nachträglich eingeschoben worden. Dem widersprachen v. Winterfeld, Führer, S. 24, und Diss., S. 77 – Traeger, Zs. f. Kg., S. 2, Anm. 15 – H. Fiedler, Konsolen, S. 142–163, hat jüngst versucht, meine Untersuchungsergebnisse und Schlußfolgerungen (v. Winterfeld, Diss. S. 77 f.) zu widerlegen, um seine unhaltbare Hypothese eines geplanten Papstheiligtums mit Figurenzyklen als Vorhalle an der Stelle des Westchores zu retten. Die Mischung aus Spekulation und Faktenvermittlung ist für den nicht mit jedem Detail vertrauten Leser schwer zu durchschauen. Dennoch wird auf eine umfassende Richtigstellung verzichtet, zumal nach sorgfältiger Prüfung keine Korrektur an meinen Ergebnissen notwendig erscheint. Seine Einwände sind in erster Linie formaler Art. Er hält die Konsolen für mittelalterlich, jedoch nachträglich eingefügt, trotz des absolut gleichen Materials und gleicher Bearbeitungsspuren.

[571] Von Fiedler, Konsolen, übersehen.

[572] Fiedler, Konsolen, S. 159 nennt diesen technischen Konsolentyp »urwüchsig«, »erdhaft«, von »bäuerlicher Gedrungenheit«.

[573] Die Mittelstellung übersieht Fiedler, Konsolen. Die Reliefs des 1. Jochs, Michael und Verkündigung (= Gabriel) gehören nicht zu dem Zyklus, sondern beziehen sich auf die seitlichen Choraufgänge. Man könnte sie in Verbindung mit den Nebenpatrozinien des Georgsaltares (Michael u. Maria) bringen, vergl. v. Reitzenstein, Baugeschichte, S. 134 und Vetter/Bulst, S. 132. Als Wächter (Michael u. Gabriel) sieht sie H. Mayer, Bamberg, S. 74, doch fälschlich auf die Turmaufgänge bezogen.

[574] Die Tatsache, daß die Mittelkonsolen beider Seiten aus 2 Werkstücken mit Stoßfuge bestehen, ist kein Hinweis auf nachträgliches Einsetzen (Fiedler, Konsolen, S. 148) sondern eher auf das Gegenteil: Versatz beim Hochführen des Pfeilers.

[575] Diesen Zusammenhang übergeht Fiedler, Konsolen.

[576] Auf der Südseite an C 2 und C 3 1936 seitlich verschmälert, um sie den geborgenen Figuren vom Fürstenportal anzupassen. Diesen Sachverhalt übergeht Fiedler, Konsolen, S. 175 bei seinen Maßangaben in cm. S. 156 f. stellt er die These auf, die Konsolen an C 2 und C 3 seien im 13. Jh. nachträglich angebracht worden, um Abraham und den Posaunenengel vom Fürstenportal aufzunehmen, als diese dort durch Ecclesia und Synagoge ersetzt worden seien!

[577] Fiedler, Konsolen, S. 150, hat diesen Hinweis (Diss. S. 78) übersehen und weist umständlich nach, daß die Orgelbühnenkonsole nachträglich eingeschrotet wurde, allerdings – wie er meint – nicht im 19. Jahrhundert, sondern im Mittelalter, um die Madonna aufzunehmen, die heute an A 3 steht. Die Abspitzungsspuren sprechen dagegen für eine etwas tiefer angeordnete (= gleiche Höhe wie B 3), ebenfalls aus 2 Werkstücken zusammengesetzte Konsole an B 2 als Vorgängerin der Orgelkonsole und Pendant zu B 3 aus der Bauzeit der Pfeiler. Ältere Aufnahmen zeigen unter der Orgelbühne noch die Orgelbühnenkonsole des 19. Jhs. und vermitteln damit einen Eindruck von der ursprünglichen Situation (Abb. 209, 231).

[578] Fiedler, Konsolen, S. 161 hält die Vorlage für »unangetastet«.

[579] Fiedler, Konsolen, S. 147 f. übergeht diese einfache Begründung für die abweichende Höhenlage der Konsole genauso wie die horizontale Abschnittsfuge bei B 4 u. C 4 und den zugehörigen Wechsel von Material und Werkzeug, der auch für die Konsolen gilt und sie dadurch zweifelsfrei an die Bauausführung bindet (im Gegensatz zu F.'s freiem Aus- und Einbau dieser Bauglieder).

[580] Als einziger erkannte W. Boeck, S. 153, daß die Konsole schon vor dem Reiter vorhanden war und mit dem Pfeiler zugleich entstand. Man plante vermutlich nicht, sie ebenfalls durch eine Blattmaske zu ersetzen. Vergl. auch v. Winterfeld, Führer, S. 26 und Diss., S. 79. Allein Fiedler, Konsolen, S. 158 wendet sich heftig gegen diesen inzwischen akzeptierten Befund. Dabei übersieht er außer dem technischen Befund, daß die Anordnung an der Pfeilerkante auf das seitliche Schranken-Pfeiler-Programm Bezug nimmt. Die offenkundig rohe Abspitzung zu einer seitlichen Schräge sieht er als gewollte Form.

[581] Sie könnte G. A. Arnold zur Darstellung einer »leeren« Konsole an C 4 angeregt haben (Abb. 15, 16, 18). Im Zusammenhang mit der Rekonstruktion eines 2. Reiters ist das Bild als Beleg verwendet worden. Vergl. v. Einem, S. 57 f. u. Abb. 2. Dagegen Jacobs, S. 211, Anm. 270, mit dem Hinweis, daß die Konsole auf dem Bild unter dem Baldachin und nicht an der Pfeilerkante sitzt. Für die Beweiskraft des Bildes setzt sich wiederum Traeger, Raggi, S. 63 u. Anm. 4, ein, weil der Reiter ebenfalls ungenau wiedergegeben sei. Baldachin u. Konsole zeigten Steinfarbe und gäben Steinmaterial wieder. – Tatsächlich gibt das Bild mit seinen Farben die Tünche des 17. Jhs. wieder, und die Konsole ist im Gegensatz zum Reiter von der Kante abgerückt.

[582] Aufnahmen aus der Zeit vor der Versetzung des Reliefs sind nicht publiziert. Eine abschließende Untersuchung ist vorerst nicht möglich. Fiedler, Konsolen, S. 160 u. ders., Bildgehalt, S. 25 Anm. 17 behauptet, die Fläche sei nach Auslagerung der Skulpturen im 2. Weltkrieg unberührt und glatt angetroffen worden. Bei seinem offenbar nicht sicheren Urteil über mittelalterliche Steinoberflächen kann diese Aussage einstweilen nicht als Beweis herangezogen werden.

[583] Für diesen Hinweis danke ich Herrn Dr. P. C. Claussen, der eine umfangreiche Arbeit über die Cosmatenkunst vorbereitet.

[584] Fiedlers, Konsolen, S. 146 f. und S. 159, Anm. 33 mehrfach wiederholter formaler Einwand gegen die Folgerungen aus dem eindeutigen Baubefund (»Disharmonie«, nicht zumutbar für einen »Zyklus deutscher Art« usw.) und sein Hinweis, daß die abgespitzten, von der »jüngeren« Werkstatt verkleinerten Konsolen – träfe dies zu – voraussetzten, daß zunächst vorgesehene Skulpturen aus dem Umkreis der »älteren« Gruppe noch »monumentaler« (= unvorstellbarer) hätten sein müssen, dürften mit den Überlegungen 1.–6. gegenstandslos sein.

[585] Verheyen, Chorschranken, S. 6 f. gibt eine ausführliche Analyse der Bewegungsrichtungen in den Reliefreihen und schließt daran die Rekonstruktion einer Mitte an. S. 9 ff.

[586] Diesen Gedanken vertrat energisch Vöge, Aufstellung, Sp. 357–368; = Bildhauer, S. 201–209.

[587] Eine detaillierte Darstellung von Befund und Argumentation ist oben in der Befundbeschreibung, Bd. II (6.322 Ostchor, Einzelbeobachtungen, S. 77) gegeben. Aus technischen Gründen setzte sich dafür W. Boeck, S. 153 f., ein, der darin der nützlichen Untersuchung Morpers, Reiterstandbild, S. 15–21, folgt; die Frage der Konsolen umgeht Morper. Künstlerische und ikonographische Erwägungen erhärteten das Ergebnis bei v. Einem, S. 55 f. Die vollkommen abwegigen Spekulationen von Steuerwald, Rätsel, S. 9 f., und ders., Reitermeister, werden hier nicht eigens widerlegt.

[588] Zur Analyse der Blattmaske vergl. Hamann-MacLean, Antikenstudium, S. 209 f. – Der Versuch R. Hamanns, I., S. 101, den Sockel als einen »älteren« Gebälkstück umgearbeitet zu denken, geht auf reine Assoziationen zurück. Er ist vollkommen einheitlich und zeigt das typische Akanthusblatt der »jüngeren Werkstatt« wie die Maske auch. Die stets wiederholte inhaltliche Deutung der Maske als Selbstbildnis entspringt modernen Vorstellungen und darf daher übergangen werden (zuletzt Fiedler, Konsolen, S. 159). Ansonsten lehrt die geringe Tiefe des Einbindens von nur 12 cm, wie die »jüngere« Werkstatt verfuhr, wenn es galt, nachträglich etwas einzuschroten (z. B. auch Baldachine). Vergl. dagegen Fiedler, Konsolen, S. 148.

[589] Vergl. Befundbeschreibung Bd. II (6.322 Ostchor, Einzelbeobachtun-

gen S. 76). Die Zone über dem Verkündigungsrelief ist vollkommen unversehrt. Ein Baldachin war dort nicht angebracht, weil alle Baldachine der »jüngeren Werkstatt« mit einem Block rückwärtig eingelassen oder – wie z. T. an der Adamspforte – zumindest eingedübelt sind. Dübellöcher fehlen ebenfalls, und eine andere Befestigungsart gibt es nicht. Damit ist das Bild G. A. Arnolds, der einzige Hinweis auf einen 2. Reiter in Bamberg, als Beleg auszuschließen. Vermutlich handelt es sich um die Übertragung einer im Seitenschiff beobachteten Situation durch den Maler. Der Gedanke an mehrere Reiter als Zug der Hl. Drei Könige (Vöge, Jantzen) braucht hier nicht noch einmal widerlegt zu werden. Einen 2. Reiter rekonstruierten: v. Einem, Magdeburger Reiter, Anm. 16 – Ders., S. 57f. – Traeger, Raggi, S. 62ff. – Ders., Zs. f. Kg., S. 13, Anm. 87 c. Traeger vermutet, daß der Plan eines 2. Reiters aus konkretem Anlaß aufgegeben wurde, übersieht aber, daß man alle Vorbereitungen für den Versatz (Konsole u. Baldachin) schon getroffen gehabt hätte; Parallelen für einen derartigen Vorgang fehlen in Bamberg: vergl. v. Winterfeld, Diss. S. 79, Anm. 85, 86, 91. Die Widerlegung des Bildes durch den Befund hindert natürlich nicht die freie Rekonstruktion nicht ausgeführter Planungen.

590 Vergl. die ausführliche Darstellung des Befundes Bd. II (6.66 Seitenschiffe, Einzelfiguren und Baldachine, S. 114).

591 Vergl. Befundbeschreibung (6.66 Seitenschiffe, Einzelfig. u. Baldachine).

592 Grundsätzlich schon erkannt von Vöge, Aufstellung, (= Bildhauer, S. 202ff., wonach der Engel mit dem Rücken frei, mit seiner rechten Seite dagegen an einen Pfeiler gelehnt stehen sollte. Die Gruppe versetzt er allerdings auf die Südseite, wo sich – alle Umstände eingerechnet – kein vergleichbarer Standort finden läßt. W. Boeck, S. 129, wiederholt ohne Zitat die Beobachtung Vöges. – Traeger, Zs. f. Kg, S. 4 u. Anm. 16, plädiert aus nicht näher genannten Programmzusammenhängen für eine Aufstellung am Mittelpfeiler der Südseite. Es ist eine Frage der wissenschaftlichen Methode, ob man einem im 20. Jh. ohne sichere Quelle rekonstruierten ikonographischen Programm oder dem archäologischen Befund mehr Gewicht beimißt. Neuerdings wendet sich auch Fiedler, Konsolen, S. 160ff. heftig gegen meinen Vorschlag, ohne die hier vorgetragenen Argumente zu widerlegen (»so geht es wirklich nicht«, »der in das Seitenschiff ragende Flügel«, »mit dem vollen Rücken dem Innenraum zugewendet« usw.). Er denkt sie sich an einem imaginärem »Lettnertor« »zu dem Denkmalbezirk« (= Vorhalle) im Westen des Domes.

593 Nachweis in der Befundbeschreibung, Bd. II. (6.66 Seitenschiffe, Einzelfiguren und Baldachine). Alle Folgerungen aus dem jetzigen Standort müssen als hypothetisch gelten. Das umfangreiche Reiseprogramm, das Fiedler, Konsolen, S. 150–156 u. S. 180 für die Heimsuchung und die Madonna von A 3 zwischen 1235 und 1896 im Nordseitenschiff aufstellt, entbehrt bis 1829 jeder archivalisch gesicherten Grundlage, wie R. Kroos, S. 142 (= hier S. 174f.) mit kritischen Bemerkungen gezeigt hat. Für die Zeit nach 1829 bringt er dagegen Belege von Rupprecht und Pfister, die aber wegen ikonographischer Irrtümer nicht ganz eindeutig zu deuten sind. Mit den im Bd. II, S. 113 Anm. 265 genannten Fotos decken sich Fiedlers Ergebnisse insofern, als 1896 die Madonna von A 3 und die Visitatio-Maria von B 3 vertauscht waren, vermutlich weil man wegen der Orgel die Madonna von B 2 nach B 3 und die Maria von B 3 nach A 3 versetzte. Fiedler, S. 153f. glaubt, A 3 sei der ursprüngliche Standort Marias auf einer nicht nachweisbaren Vorgängerkonsole der heutigen, an B 3 gegenüber, Elisabeth, die dann mit Kopfwendung von Maria weggesehen hätte.

594 Fiedler, Konsolen, S. 153 hält den Baldachin an A 3 (Abb. 423) für den ursprünglichen der Visitatio-Maria. Seine hochgotischen krabbenbesetzten Wimpergarkaden sind jedoch in der »jüngeren« Werkstatt nicht zu finden und in Deutschland vor der 2. Hälfte des 13. Jhs. (Straßburg-West) unbekannt, abgesehen von seiner relativ derben Machart. Lediglich der Turmaufsatz, der vollkommen abweicht, gehört offensichtlich zu einem der beiden Baldachine. Der Baldachin selbst paßt stilistisch durchaus zu der Madonna. Fiedler, S. 163 denkt sich sämtliche Baldachine der »jüngeren« Werkstatt nach deren Auflösung von einer anderen, späteren Gruppe in Zusammenhang mit den Westtürmen hergestellt.

595 Bereits von Vöge, Aufstellung (= Bildhauer, S. 202ff.) vorgeschlagen, jedoch keineswegs durch v. Reitzenstein, Clemens, S. 18, archivalisch erhärtet, wie Traeger, Zs. f. Kg, S. 4, angibt. W. Boeck, S. 165 schließt sich Vöges Vorschlag mit Nachdruck an und gibt eine gute, knappe Übersicht über die im 19. Jh. wechselnden Standorte, in der bereits alles enthalten ist, was Fiedler, Konsolen (vergl. Anm. 593) neuerdings ausführt. W. Boeck macht bereits den Vorschlag, Elisabeth mit dem Baldachin des Engels zu kombinieren.

Vergl. auch die Montage der Gipsabgüsse auf der Stauferausstellung (Stuttgart 1977 Katalog Nr. 442 Abb. 241, 242, die den hier gemachten Vorschlag bestens bestätigen. Dagegen wendet sich wiederum Fiedler, Konsolen, S. 154, der Elisabeth an B 3 an der Stelle von Maria denkt. Vergl. Anm. 593.

596 Erstmals als Clemens II identifiziert durch A. Schmarsow, Die Bildwerke des Naumburger Domes, Magdeburg, 1892, S. 50.

597 Auf die Probleme der Ableitung sei hier nicht eingegangen. Das Motiv hielt Dehio, Dom, S. 9 für byzantinisch, vermittelt durch den Oberrhein. – R. Hamann, I. S. 98 glaubt an französische Einflüsse. – Bahmann, S. 24 faßt die Ableitungen zusammen unter der Voraussetzung der Einheitlichkeit. – Kahmen, S. 102 überging den Planwechsel ebenfalls. – Als einziger deutet ihn an: Adam, S. 18 –.

598 Gosebruch, S. 29 und Anm. 3 wendet sich heftig gegen den eindeutig erwiesenen Planwechsel in der Apsis (»sehr schematisches Sehen«, »einem historisch ungenauen Reflektieren verfallen«). Den Baubefund erwähnt er mit keinem Wort. Seine Argumente sind die Pfeilervorlage am Apsisansatz, die – wie der Bau zeigt – vollkommen ambivalent gegenüber Rund oder Polygon ist, und das Kapitell der inneren Blendarkatur SO 1 (Abb. 566), dessen Thema der »Wandel von Rund zu Eckig« wie in der Architektur sei. Bei Kapitellen mit Tendenz zum Kelchblock gehört dies bekanntlich zum Typ. Es bleibt abzuwarten, wie die Forschung auf Gosebruchs Versuch reagiert, mit Form von Kapitellen architektonische Lösungen zu erklären und vor allem vollkommen eindeutige Baubefunde in ihrer Aussage außer Kraft zu setzen. Diese sind noch ausführlicher dargestellt in Bd. II, S. 27, 33.

599 R. Hamann, I, S. 95 – durch die Reimser Chorkapellen inspiriert – regte an, sich auf den »frei endenden« Mitteldiensten Figuren vorzustellen, was jedoch auszuschließen ist.

600 Vergl. Befundbeschreibung Bd. II. »Ostapsis, Äußeres«, S. 29.

601 Nicht erwähnt bei Gosebruch.

602 In eine ähnliche Richtung gehen Beobachtungen aus einem ganz anderen Bereich: Haas, Retti und La Guêpière S. 30–37.

603 Von Gosebruch nicht berücksichtigt.

604 Vergl. Kahmen, S. 5.

605 R. Hamann, I. S. 96.

606 Vergl. dagegen Adam, S. 19.

607 Ob diese Bereinigung beim Bauvorgang erfolgte – was zu vermuten ist – oder bei einer Restaurierung, muß offenbleiben. Gosebruch übergeht auch diese Befunde. Vergl. Anm. 598.

608 Vergl. Befundbeschreibung Bd. II, »Ostapsis, Inneres«, S. 32.

609 Vergl. dagegen Verheyen, MS, S. 19. Über die baugeschichtlichen Gedanken Verheyens vergl. Anm. 532, 553.

610 Beim Nordostturm trifft die gelbe Quaderschale der Turmkapelle in der Leibung der Öffnung unvermittelt und roh auf die grau-weiße Außenschale des Turmes (= Stirnwand des Seitenschiffes). Dadurch entsteht der Eindruck einer Baunaht ähnlich wie bei den Pfeilerleibungen, doch ist an der Gleichzeitigkeit kaum zu zweifeln.

611 Vergl. Kahmen, S. 31f.

612 So v. Reitzenstein, Baugeschichte, S. 133 Anm. 90.

613 Dieser Meinung waren u. a. Noack, Bamberg, S. 16 – Dehio, Dom, S. 10 – Pinder, Dom, S. 13 – Beenken, S. 4 und jüngst Adam, Baukunst S. 19 und Gosebruch, S. 47.

614 Kömstedt, S. 32ff. wird die grundlegende Analyse und Deutung der Vorlagen verdankt. Allerdings ging er von einem Anschluß an den Vorgängerbau aus. Die Rechteckvorlage über B 1/C 1 hielt R. Hamann, II, S. 77f. für einen Teil des heutigen Systems und bezog sie in seine Ableitung ein, während H. Mayer, Bamberg, S. 57 an eine Verstärkung der Turmecken dachte.

615 So v. Reitzenstein, Baugeschichte, S. 133 Anm. 90.

616 Noack, Bamberg, S. 15f. – Ihm folgen Dehio, Dom, S. 11 – Pinder, Dom, S. 13 – Bahmann, S. 25 (unter völligem Mißverstehen beider Thesen).

617 Zur Geschichte der sechsteiligen Gewölbe gibt einen kurzen Abriß Kömstedt, S. 35.

618 Die von Kömstedt, S. 35 vorgetragenen mathematischen und technischen Grundlagen hinsichtlich der Krümmungsradien sind nur teilweise zutreffend.

619 Kömstedt, S. 32f. hielt ihn für möglich und im Aufgehenden noch existent. Verheyen, MS., S. 22f. erweiterte diese Hypothese noch. – Den Anschluß an einen älteren Bau nahmen als Voraussetzung ferner an: Dehio, Dom, S. 11 – Noack, Bamberg, S. 15.

620 Es wurde schon darauf verwiesen, daß es sich nicht um Verstärkungen zugunsten des späteren Gewölbes handelt, wie Noack, Bamberg, S. 17 annahm.

[621] Das ist in der älteren Forschung übersehen worden. Erst Verheyen, MS., S. 19f. machte darauf aufmerksam, in der Folge dann auch Wagner, S. 54.

[622] So etwa in Speyer.

[623] Es handelt sich dort um eine Anpassung der Apsiswölbung an das Gewölbe- und Aufrißsystem des Chores, was über viele Zwischenstufen schließlich zum gotischen Chorpolygon führt.

[624] Schon Noack, Bamberg, S. 15 erkannte, daß nur das 1. und 2. Seitenschiffsgewölbe der »1. Hütte« angehören. Leider folgte man ihm nicht, sondern rechnete die 3 ersten Joche zur »1. Hütte«, so v. Reitzenstein, Baugeschichte, S. 132f. – Bahmann, S. 24f.

[625] Vergl. Kahmen, S. 62 u. 65.

[626] Vergl. Anm. 390 – Friederich, S. 19.

[627] Kahmen, S. 6f.

[628] Vergl. Befundbeschreibung Bd. II, S. 28.

[629] Vergl. Pfister, Restauration, S. 20 – Dehio, Handbuch, I, $^1$1905, S. 24 hob es sogar hervor – H. Mayer, Bamberg, S. 42.

[630] Den Gegensatz zum Unterbau betonten Beenken, S. 4. – Verheyen, MS., S. 30 – Im übrigen schenkte man der Frage keine Aufmerksamkeit.

[631] Vergl. Bd. II S. 33, Anm. 134 Großquaderwerk bleibt im allgemeinen unverputzt.

[632] Die Fuge erkannte außen zuerst Kömstedt, S. 28f. und deutete sie als Trennlinie zwischen östlich erhaltenem Mauerwerk des »Otto-Domes« und westlich wiederaufgebautem Abschnitt (Verwendung von Abbruchmaterial!) – v. Reitzenstein, Baugeschichte, S. 133 sieht in ihr die Trennlinie zwischen 1. und 2. Hütte, rechnet aber wenige Zeilen später anscheinend »beide Chorjoche« zum Werkumfang der 1. Hütte – Bahmann, S. 25 bringt in seinem Bemühen, die divergierenden Meinungen zu verschmelzen, alles durcheinander und verwechselt die Fuge außen mit der inneren ein Joch weiter östlich. – Verheyen, MS., S. 15 u. Anm. 79 schloß sich der These Kömstedts an, ohne im Detail mit ihm übereinzustimmen. – H. Mayer, Bamberg, S. 49 bemerkt sie kommentarlos.

[633] Vergl. Kahmen, S. 15ff. Die Definition als »Kelchblock« trifft nur sehr beschränkt zu.

[634] Vergl. Kahmen, S. 15ff.

[635] Die Zusammengehörigkeit der 5 unteren Geschosse betonten schon Dehio, Handbuch I, $^1$1905, S. 24 – Kömstedt, S. 27 – Bahmann, S. 24 – Abweichend äußerten sich: v. Reitzenstein, Baugeschichte, S. 133/136 rechnet nur 4 zusammen (= bis zum 3. Obergeschoß) und zählt das nächste mit zu den beiden oberen, vermutlich wegen der Steinmetzzeichen an den nachträglichen Stützpfeilern. – Noak, Bamberg, S. 15ff. hält nur die 3 unteren (bis zum 2. Obergesch.) für einheitlich und verteilt die übrigen auf verschiedene Perioden. – Dehio, Dom, S. 10 folgt zunächst Noack, äußert sich über die oberen 4 nicht mehr differenziert. – Pinder, Dom, $^3$1935, S. 13 hält die Gesamthöhe für einheitlich und lediglich das Detail für die oberen 2 abgewandelt.

[636] Vergl. Befundbeschreibung Bd. II S. 112 und den vorangehenden Abschnitt 3 dieses Kapitels S. 80.

[637] Vergl. Abschnitt 3 dieses Kapitels S. 78.

[638] Vergl. Abschnitt 3 dieses Kapitels S. 79.

[639] Vergl. Kahmen, S. 59f. u. S. 63f.

[640] Vergl. Befundbeschreibung.

[641] Zink, S. 391 sah darin »Abarbeitungen« und brachte sie mit einem älteren Dachanlauf in Verbindung.

[642] Vergl. Befundbeschreibung S. 47. Die Reste des Ostgiebels wurden bisher übersehen.

[643] Vergl. Pfister, Restauration, S. 20.

[644] Die Beobachtung geht zurück auf Weese, $^1$1897, S. 9, Anm. 53 (auf S. 144) und $^2$1914, S. 25, Anm. 59, der darin einen Beweis für die nachträgliche Errichtung der Türme erblickte – Kömstedt, S. 29f. lehnt diese Beweisführung nachdrücklich ab, kommt für die Chronologie auf anderem Wege zum gleichen Schluß. – v. Reitzenstein, Baugeschichte, S. 133, Anm. 92 hält den Ostbau in Planung und Ausführung im wesentlichen für einheitlich, deutet den Befund aber auch als Indiz für die etwas spätere Errichtung des 3. Obergeschosses. – H. Mayer, Bamberg, S. 42 greift die Beobachtung auf und zieht als erster den Schluß, der bei Kömstedt implizit enthalten ist: die Türme hätten bis 1843 frei gestanden. Alle älteren Ansichten lehren jedoch, daß das Datum falsch ist, da der Giebel auf ihnen stets an die Türme anschließt. – Verheyen, MS., S. 20f. nimmt den Befund in seine Beweisführung auf, deutet ihn aber als Indiz für das Anfügen der Turmfundamente an den »Otto-Bau« und verlegt damit das baugeschichtl. Nacheinander von oben nach unten. – Wagner, S. 55 und Kahmen, S. 15/17 erwähnen den Befund, ohne Schlüsse daraus zu ziehen.

[645] Die spätere Zusetzung heben hervor: Kömstedt, H. Mayer, Wagner und Kahmen, jeweils a.a.O. der vorangeh. Anm.

[646] Diese bewußt gewählte Höhendifferenz verhindert auch eine Berührung beider Gesimse über den Zwischenraum hinweg. Ferner dürften Mittelschiffs- und Chordach nur einen geringen Dachüberstand gehabt haben, weil dieser sonst die Türme berührt hatte.

[647] So (mit unterschiedlich großer Zeitdifferenz): Weese, v. Reitzenstein und Verheyen, jeweils a.a.O. der Anm. 644.

[648] Kömstedt, S. 30 versuchte diese Deutung.

[649] Es ist üblich geworden, im Anschluß an die von Pinder, Dom, S. 14 vorgenommene Vereinfachung der Einteilung Noacks, Bamberg, S. 16 von der »2. Hütte« zu sprechen.

[650] Haas, Bbg. Dom, S. 49, deutet den Formwechsel der Arkaden funktional: im Chor nahm man Rücksicht auf das Gestühl. Das mag z. T. zutreffen, erklärt aber nicht das Fehlen jeglicher Stufung bei den Scheidbögen. Die Anlage der westlichen Leibungen von B 4, C 4 und der Befund am Bogenanfänger darüber sprechen dafür, daß man zunächst mit einfachen Pfeilern auch im Langhaus rechnete.

[651] Vergl. dagegen Kahmen, S. 70f.

[652] Dies zutreffend bei Kömstedt, S. 34. – Ihm folgt v. Reitzenstein, Baugeschichte, S. 133, Anm. 91.

[653] Kömstedt, S. 34f. gelangte zum gleichen Schluß, doch glaubte er die Maßnahme sei durch die inzwischen erfolgte Anlage einer großen, neuen Krypta bedingt. Das trifft nicht zu, auch wenn der Chor durch das höhere Niveau über der Krypta abgegrenzt ist.

[654] Die »Dreierstellung« der Arkaden veranlaßte vor allem Dehio, Dom, S. 10f. Überlegungen über die ursprünglich geplante »Form der Decke« dieses Chorteiles anzustellen, denen sich Pinder, Dom, S. 12f. wenig später anschloß, während Noack, Bamberg, S. 16f. hierin Kömstedt weitgehend folgte.

[655] Wiemer, S. 71.

[656] Vergl. Kömstedt, S. 34f. – Noack, Bamberg, S. 16f. – Dehio, Dom, S. 12 – Bahmann, S. 25, letzterer mit einigen Unklarheiten.

[657] Vergl. v. Reitzenstein, Baugeschichte, S. 133.

[658] Darauf wies schon hin v. Reitzenstein, Baugeschichte, S. 133, Anm. 93.

[659] H. Mayer, Bamberg, S. 57 deutete dies an.

[660] Wie Noack, Bamberg, S. 16 glaubte. Gosebruch, S. 47, sieht umgekehrt Bamberger Einflüsse im Langhaus der Michaelskapelle. Seine Vermutung gleicher Rippenprofile geht auf eine starke Vereinfachung zurück.

[661] Vergl. dazu die Darstellung von Plan I und des 4. Bauabschnittes.

[662] Das ist eine in der von Zisterziensern beeinflußten Architektur des frühen 13. Jhs. häufige Lösung. Vergleichsbeispiele und ausführliche Darstellung des Motivs bei Bickel, S. 69ff. Für Gosebruch, S. 47, hätte dies ein willkommener Hinweis für seine These eines engen Kontaktes zwischen Ostchor und Ebrach sein müssen, die unten jedoch zu widerlegen sein wird.

[663] Verheyen, Fürstenportal, S. 3 wies auf die unterschiedliche Gliederung hin, ebenso auf das Zusammentreffen beider Varianten auf der Südseite. Seine in Anm. 14 vertretene Meinung, die Mauerstärken seien gleich und nur auf Grundrissen unterschiedlich dargestellt, trifft nicht zu. Die Mauern der Ostjoche sind tatsächlich um die Stärke der Profilrahmung dünner.

[664] Das beobachtete Kahmen, S. 52.

[665] Vergl. Kahmen, S. 52.

[666] Kahmen, S. 60.

[667] Verheyen, Fürstenportal, S. 4 Anm. 16 setzt sich mit der Frage auseinander und vermutet einen »Weg-Gedanken« (Portal-Mittelschiff-Hauptchor auf gleichem Niveau) als Anlaß.

[668] Im Anschluß an die ältere Forschung besonders hervorgehoben von Verheyen, Fürstenportal, S. 4f. – Auch die 1937 nach innen geborgenen Figuren des Posaunenengels und Abrahams waren den östlichen Bogenläufen natürlich nachträglich vorgesetzt worden.

[669] Verheyen, Fürstenportal, S. 4. Es ist vollkommen eindeutig, daß es sich um eine Abspitzung der Verkröpfung des Kapitell- und Kämpferfrieses handelt und nicht um entfernte Konsolen (für Abraham und Posaunenengel) wie Fiedler, Konsolen, S. 158, 176 neuerdings wieder behauptet. Vgl. dazu bereits v. Winterfeld, Fürstenportal, S. 161, 164.

[670] Verheyen, Fürstenportal, S. 7, Abb. 5 bildet die barocke Basis der Ecclesiasäule ab. Ursprünglich wären flache Tellerbasen zu erwarten.

[671] Vergl. Beschreibung von Gelände und Außenniveau Bd. II. S. 13, 59.

Verheyen hat diesen Sockel anscheinend für ursprünglich gehalten, da er ihn nicht erwähnt und in seine Rekonstruktionen älterer Planungsstufen des Portals mit einbezieht: Fürstenportal, S. 27, Abb. 14 u. 16.

[672] Dafür sprechen ältere Ansichten, z. B. auf der Ottovita in St. Michael die Tafel mit dem Empfang der polnischen Gesandtschaft, Abb. 3 bei Neumüllers-Klauser (Vergl. Anm. 673).

[673] Gut erkennbar bei Verheyen, Fürstenportal, S. 5, Abb. 2 u. S. 7, Abb. 5. Dort im Text und der Beweisführung nicht berücksichtigt, ebenso nicht bei folgenden Untersuchungen: Erler, S. 31 sah in der Synagogensäule einen Kirchenpranger, weil sie von der Wand einen Abstand hat. – Neumüllers-Klauser, S. 177 ff. erweitert den Gedanken und deutet das Portal als Gerichtsstätte. Die Beschädigungen an der erneuerten Synagogensäule sind keine Spuren von Prangerketten und die Vertiefungen in der Deckplatte des Sockels von 1778 neben der Säule, die bis zur Auswechslung des 20. Jhs. zu sehen waren (vergl. alte Fotos), stammen wie auf der Gegenseite von den stets dort spielenden Kindern. Vergl. v. Winterfeld, Fürstenportal, Anm. 52.

[674] Diese bildet Verheyen, Fürstenportal, S. 9 Abb. 7 ab. Vermutlich auf Grund der Auswechslungen hält er sämtliche Schaftringe für nachträglich eingesetzt: S. 10.

[675] Abgebildet bei Verheyen, Fürstenportal, S. 6, Abb. 3. Auch das verwitterte (Regenrohr!) Anschlußstück ist bereits eine Auswechslung. – Pfister, Restauration, S. 20 gibt für 1841/42 Erneuerung von Säulenfüßen, Kapitellen und Gesims an, was so nicht zutrifft. Vielleicht meint er nur die Standsäulen, Teile des Kranzgesimses und die Gesimsaufhöhung, die fast den ganzen Dom betraf, so auch Seitenschiff u. Obergaden.

[676] Auf allen Ansichten zwischen 1750 und ca. 1840 gut erkennbar.

[677] Dieser Ansicht war u. a. schon v. Reitzenstein, Baugeschichte, S. 136.

[678] Verheyen, Fürstenportal, S. 3 ff. bezog Steinmetzzeichen nicht in seine Überlegungen ein.

[679] Vergl. dagegen Verheyen, Fürstenportal, S. 3. Die Übereinstimmung der Schichthöhen von Portal und Seitenschiff wäre nur mit einem in dieser Zeit noch unbekannten Fugenplan zu erreichen gewesen, da die Schichthöhen des Portals schon bei den Osttürmen hätten berücksichtigt werden müssen.

[680] Der Unterschied ist bei Verheyen, Fürstenportal nicht berücksichtigt worden. – Zink, S. 392, konnte den Anschluß auf der Westseite nicht eindeutig erkennen und ließ dabei auch das Innere außer acht.

[681] Für Verheyen, Fürstenportal, S. 3 ein Hauptargument für den späteren Portalvorbau.

[682] Die Oberkante des Seitenschiffsockels liegt westlich ca. 0,10 m höher als östlich des Portalvorbaues, dessen trennende Stellung von Anfang an damit bestätigt wird.

[683] Die ausführliche Darstellung der für den Bauvorgang und das Verhältnis zu der Seitenschiffsmauer wichtigen Befunde setzt sich ständig mit der Argumentation von Verheyen auseinander, der Portal und Vorbau für eine nachträgliche Zufügung zu der bereits vollendeten Seitenschiffsmauer hält, ebenso in den Schaftringen des Gewändes die spätere Veränderung eines 2. Planes erkennt. Die Differenzen in Beobachtetem und dessen Beurteilung werden im Folgenden nur in der Ausnahme genannt. Vergl. Verheyen, Fürstenportal, S. 3 ff.

[684] Schon beobachtet von Pfister, Dom, S. 27 (als »Fischmensch«) – Müller, Affe, S. 73 versuchte eine Deutung.

[685] Vergl. Kahmen, S. 53.

[686] Die innere Situation übergeht Verheyen, Fürstenportal, S. 4.

[687] Auch nicht bei den rechten, äußeren 3 Figurensäulen. – Insgesamt kann der Versuch Verheyens, Fürstenportal, S. 26f. u. Abb. 14, einen älteren Portaltyp als bereits ausgeführt zu rekonstruieren, durch die Beobachtungen als widerlegt gelten.

[688] Kahmen, S. 55 gelangte zu der gegenteiligen Ansicht, vermutlich angeregt durch die Gesamterscheinung des Portals.

[689] Diese wichtige Beobachtung schon völlig zutreffend bei Vöge, Domsculpturen = Bildhauer, S. 177, Anm. 117. In der Folgezeit offenbar übersehen worden.

[690] Weese, ¹1897, S. 36 u. Anm. 102 (S. 152) bringt sie bereits. Ihm folgte die spätere Literatur ausnahmslos, allerdings in sehr gegensätzlicher Bewertung der Differenzen.

[691] So sehr entschieden Weese, ¹1897 S. 36 u. Anm. 102 (S. 152) – Ders., 1899, S. 222f. als Erwiderung auf Goldschmidts Rezension – Ders., ²1914, S. 89 u. Anm. 134, S. 92, Anm. 137 (»jäher Abbruch«) – Redslob, S. 12 – Vöge an verschiedenen Stellen seiner Aufsätze, am deutlichsten: Domsculpturen = Bildhauer, S. 197, Anm. 167, ferner: Bildhauer, S. 167, S. 177, Anm. 117, S. 192 Anm. 155, allerdings mit der gegen Weese gerichteten Meinung, daß hier die »ältere Werkstatt« die »jüngere« ganz entschieden beeinflußt habe. An A. Weese schließt prononciert an: Franck-Oberaspach, fränkische Bildhauerschule, S. 259 ff. Der Ansicht Vöges neigt auch zu: Panofsky, S. 137.

[692] Goldschmidt, Rezension zu Weese S. 481 erblickte in ihnen eine Verbindung zur »älteren Werkstatt« – Dehio, Handbuch, I. (¹1905), S. 27 und Ders., Dom, S. 26 spricht vorsichtig von »jüngerer Hand« – Ebenso: R. Hamann, I, S. 116f. – Nur Jantzen, Bildhauer S. 112 denkt an die »ältere Werkstatt« unter Einwirkung der jüngeren.

[693] Das weist in die gleiche Richtung wie die Beobachtung Vöges, Bildhauer, S. 176 f. Anm. 117.

[694] Vöge, Domsculpturen = Bildhauer, S. 177 Anm. 117 (auch an mehreren anderen Stellen) sieht das Verhältnis genau umgekehrt, weil er das »unvollendete« Werk des Portals sinngemäß für das späteste hält. Die jüngeren Architekturformen an den Schranken betrachtete er als nicht relevant in dieser Frage. Die im Folgenden erwähnten Ornamentformen an den Figurensäulen selbst sind auch von ihm nicht in die Überlegungen einbezogen worden.

[695] So schon Vöge, Domsculpturen = Bildhauer, S. 197 Anm. 167, wie auch Weese und die Mehrzahl der Autoren. Anscheinend hat aber niemand die weitreichenden Konsequenzen für die Datierung der Skulpturen daraus gezogen, die ohne Rücksicht auf das Datum 1229 über die 1. Hälfte des 13. Jh. verteilt wurden.

[696] Die Möglichkeit einer auftragsbedingten Unterordnung der »Jüngeren« unter ein bestehendes Werk der »Älteren« ist allein angedeutet bei R. Hamann, I, S. 117 wenn er bei der Gesamtanlage der »älteren Werkstatt« das »ausschlaggebende Wort« zuerkennt.

[697] Vöge, Domsculpturen = Bildhauer, S. 192, Anm. 155 sah darin »gotische« Profile – im Gegensatz zu »romanischen«.

[698] Die Teilungsfugen verlaufen sämtlich radial, natürlich aber wegen wachsenden Bogenradius' versetzt. Vergl. dagegen Verheyen, Fürstenportal, S. 10, Anm. 29.

[699] Vöge, Domsculpturen = Bildhauer, S. 192 Anm. 155 hielt es mit dem Rundwulst zusammen für nachträglich und zugleich mit dem Tympanon eingesetzt, was technisch auszuschließen ist.

[700] Vergl. dagegen W. Boeck, Anm. 122, der dies ohne Untersuchung behauptet.

[701] Eine Stellungnahme zu den von Verheyen, Fürstenportal, S. 11 ff. vorgetragenen, durch Beobachtungen von Voege, Domsculpturen = Bildhauer, S. 148 und W. Boeck, S. 27 angeregten, aber stark erweiterten Überlegungen würde hier zu weit führen. Der Versuch, in einem 2. Plan (S. 27, Abb. 16) Engel und Abraham vor die Stirnwand auf der weniger als 0,15 m vorspringenden Kämpferverkröpfung stehend zu rekonstruieren, hat wenig für sich, zumal die Figuren vor den Archivolten über Eck auf dem Kämpfer standen und dennoch vorkragten. – Vergl. auch die ikonographischen Argumente, die Vetter/Bulst, S. 132 ff., gegen Verheyen anführen.

[702] Der bautechnische Verband mit dem Seitenschiff ist bei Noack, Bamberg, S. 17 f. entgegen der Behauptung Zinks, S. 392 nicht erwiesen, sondern dort ist nur allgemein wie bei zahlreichen Autoren vor und nach ihm von Gleichzeitigkeit die Rede, wovon Tympanon und jüngere Gewändefiguren ausdrücklich ausgenommen sind. S. 26.

[703] Zur Adamspforte vergl. unten den letzten Abschnitt 11. »Vollendung...«, S. 138.

[704] Vergl. zur ausführlicheren Begründung v. Winterfeld, Fürstenportal, S. 160 ff. Fiedlers jüngst geäußerte Theorie (Konsolen, S. 156, 176), die »Archivoltenfiguren« seien von der Stirnseite des Portals durch die großen Figuren (Ecclesia und Synagoge) verdrängt worden und dabei ins Innere des Doms versetzt, wobei sie für die Konsolen an den Pfeilern C 2 und C 3 im Südseitenschiff eingeschrotet hätte, entbehrt jeder wissenschaftlichen Grundlage. Ebenso die dort vertretene Ansicht, die großen Figuren seien nicht für das Fürstenportal konzipiert gewesen, was aus einer formalen Interpretation abgeleitet und mit ihr begründet wird. Hinsichtlich des Größenmaßstabs vergl. S. 80.

[705] Sicher nicht bis zum Querhaus, wie v. Reitzenstein, Baugeschichte, S. 134 angibt. Die Ergebnisse der übrigen Forschung sind in diesem Punkte noch erheblich summarischer.

[706] Darauf hat Verheyen, Fürstenportal, S. 3, Anm. 14 besonders hingewiesen.

[707] Vergl. Kahmen, S. 63, 66.

[708] Kahmen, S. 64 zählt diese Kapitelle dagegen zur ersten Gruppe.

[709] Kahmen, S. 66 registriert diese Erscheinung ohne jeglichen Schluß auf die Baugeschichte, die ja durch ein so langes Weiterwirken der 1. Gruppe (nach seiner Ansicht) besonders problematisch wäre.

[710] Die Deutungsversuche mit Literaturnachweisen sind in Bd. II, Befundbeschreibung, 6.5 Seitenschiffe, Inneres, Anm. 240 u. 241, wiedergegeben.

[711] Auch die Gurtbogenanfänger über B 4, C 4 stammen den Zeichen nach vom 4. Abschnitt.

[712] Vergl. Kahmen, S. 62, 65.

[713] Gosebruch, S. 43 f. leitet die Kapitellgruppe unmittelbar aus Reims ab, übersieht dabei aber die Details der Blätter und Knospen, die eindeutig auf die romanische Tradition zurückgehen.

[714] Dort hatte ihn Noack, Bamberg, S. 16 und nach ihm fast die gesamte Forschung als »abgearbeitete Kämpferschicht« gedeutet.

[715] Diese Öffnung ist in den Darstellungen meist übergangen worden. Riehl, S. 150 sah in ihr ein vermauertes Fenster vom Obergaden des »Otto-Domes« (Anf. 12. Jh.). Die Deutung als Orgelbühne verdanke ich einer Bemerkung von Dr. Tilmann Breuer. Etwas ähnliches gibt es in St. Matthias in Trier. Vergl. Irsch, S. 71 ff., dessen Deutung als Gebetslogen (im Dachstuhl der Seitenschiffe) unwahrscheinlich ist. Ihre Lage stimmt mit der in Bamberg überein: nördliche Sargwand, westlich der ursprüngl. Ausdehnung des Chores. Weitere, ungeklärte Öffnungen auch in der Obergadenwand von St. Quirin in Neuß.

[716] Das ist die wichtige, von Kömstedt, S. 28 entdeckte und stets zitierte Fuge.

[717] Kömstedt, S. 34 hielt das Fenster für den Rest eines älteren Projektes und glaubte, seinetwegen sei das sechsteilige Gewölbe aufgegeben worden. – Noack, Bamberg, S. 17 dachte das Fenster sei als Angleichung an den westlich erhaltenen Vorgängerbau angelegt worden (daher Aufgabe des sechsteiligen Gew.) – v. Reitzenstein, Baugeschichte, S. 133, Anm. 90 deutete die Mittelvorlagen nur als »unmotivierte Wandgliederungen.«

[718] Kömstedt, S. 34 f. – v. Reitzenstein, Baugeschichte, S. 133, Anm. 91.

[719] In diese Richtung gingen die Überlegungen von Pinder, Dom, S. 14 – Bahmann, S. 26.

[720] Gosebruchs, S. 44 f. getroffene Feststellung, jenseits des Ostchores, im Mittelschiff des Langhauses, fielen die »Lisenen« als Rücklagen der Dienste weg, ist falsch. Sie sind durchweg vorhanden. Gerade im Georgenchor, jedoch nur bei den Vorlagen über B 2 und C 2, fehlen sie, weil man bei der nachträglichen Einführung von Gewölbevorlagen zu wenig Platz auf dem Pfeilervorsprung hatte. Ferner fehlen Rücklagen im Nordquerarm bei B 10 und den Winkeldiensten, doch ist das hier nicht zu erörtern. Die Folgerungen, die Gosebruch aus diesem vermeintlichen Befund zieht, sind somit hinfällig.

[721] Das gilt nur für die heutige Steinsichtigkeit, da ehemals nur der Wulst, nicht aber die Bogenstirn von dem rosa Grundton abgesetzt waren.

[722] Die »glatte Mauerfläche« über den Mittelschiffsgewölben des Langhauses erwähnt bereits Pfister, Dom, S. 7. Die Interpretation wechselte in der späteren Forschung. Vergl. folgenden Bauabschnitt.

[723] Dr. W. Haas, München, trug sie 1966 bei einem Gespräch mit dem Verf. vor.

[724] Zu dem gleichen Schluß kam aufgrund weiterer Befunde, die weiter westlich liegen, schon Dehio, Handbuch I (¹1905) S. 24 f., gab sie dann aber wieder auf, wohl unter dem Eindruck der Untersuchungen von Kömstedt u. Noack: Dehio, Handbuch I, (³1924) S. 26 – Die alte Meinung Dehios griff andeutungsweise auf Bahmann, S. 26 – Energisch vertrat sie H. Mayer, Bamberg, S. 58.

[725] Vergl. Kapitel »Der Heinrichsdom«, S. 21, 26.

[726] Vergl. Kahmen, S. 60 f.

[727] Den Wechsel vermerkte bereits v. Reitzenstein, Baugeschichte, S. 135 u. 136 und glaubte, hier den Anfang seiner »3. Hütte« zu sehen, der er auch Querhaus und Teile des Westchores zuschrieb, was so nicht zutrifft. Ohne Zitat übernommen wurde v. Reitzensteins Beobachtung von Bahmann, S. 28. – Kahmen, S. 90 f., für Kapitellformen S. 61, 65, 76.

[728] Vergl. Kahmen, S. 76.

[729] Vergl. Kapitel IV »Schriftquellen«, S. 34.

[730] Auf die »Feuerrötung« wiesen mit unterschiedlichen Schlußfolgerungen hin: Pfister, Dom S. 7 – Weese, ¹1897, S. 9 und ²1914 S. 26 Anm. 62 – Dehio, Handbuch, I (¹1905) S. 24, Anm. – Kömstedt, S. 29 – Dehio, Dom, (1924) S. 11 – v. Reitzenstein, Baugeschichte, S. 135 – H. Mayer, Bamberg, S. 49 u. Anm. 43 (S. 368).

[731] An wiederverwendetes Material dachten: Dehio, Handbuch, I (¹1905) – Kömstedt, S. 29 (mit Ausnahmen) – v. Reitzenstein, Baugeschichte, S. 135 (sehr prononziert) – H. Mayer, Bamberg, S. 49.

[732] Das führte zu der Annahme, es handle sich um erhaltene, in den Neubau einbezogene Reste des Vorgängerbaues, den man in die Zeit Bischof Ottos setzte, so Weese, ¹1897, S. 9 u. Anm. 53, 54 und ²1914 – Kömstedt, S. 29 – Dehio, Dom, S. 11 – Noack, Bamberg, S. 17 (»Heinrichsdom«) – Der durch Grabung als sicher abweichend ermittelte Grundriß des »Heinrichsdomes« veranlaßte Verheyen, MS., S. 22 ff. erneut den Gedanken eines »Bischof Otto-Domes« aufzugreifen. H. Mayer, Bamberg, Anm. 43 (S. 368) sah in dem isolierten Auftreten der Brandspuren ein Hauptargument gegen ein Brandunglück an den in situ befindlichen Mauern.

[733] v. Reitzenstein, Baugeschichte, S. 135 u. Anm. 103 glaubte, nur außen sei das ältere Material wiederverwendet worden. Das Fehlen der Spuren im Mittelschiff sprach für H. Mayer, Bamberg, S. 43 gegen einen Brand am bestehenden Bau.

[734] Der Unterschied im Material ist schon frühzeitig bemerkt worden: Pfister, Dom S. 23.

[735] Kahmen, S. 90 f. möchte die vereinfachten Formen auf Einflüsse aus Ebrach zurückführen, was nicht zutrifft.

[736] Hier könnte die Abwanderung nach dem Brand eine Rolle gespielt haben.

[737] Vergl. Kap. III, S. 21 f. und Bd. II, S. 183.

[738] Vergl. v. Reitzenstein, Baugeschichte, S. 121 – H. Mayer, Bamberg, S. 69.

[739] Kahmen, S. 54 hielt die Füllungen für romanisch.

[740] Kahmen, S. 53 beobachtete den Wechsel des Profils, hielt das Ornament aber für original.

[741] Vergl. Kahmen, S. 57 – Verheyen, MS., S. 36 beschrieb den Zustand, verwechselte aber Nord- und Südseite.

[742] Kahmen, S. 76 irrt mit seiner Zuweisung der Stücke an die 3. Gruppe und der Beschreibung des Kelchkapitells von B 10 als »bossiert.«

[743] v. Reitzenstein, Baugeschichte, S. 136 und Bahmann, S. 28 deuten dies zutreffend an, allerdings ohne noch einmal zwischen diesem und den westlichen Teilen zu differenzieren, was unbedingt notwendig ist. Die dort gesehene Übereinstimmung der Steinmetzzeichen mit denen Ebrachs konnte für das 3. Langhausjoch nicht bestätigt werden.

[744] Es beruht auf einem Irrtum, wenn Zink. S. 393 u. 405 (Nr. 3) unter Berufung auf mich angibt, Plan IIIB sei erst *nach* dem Brand (also im 3. Langhausjoch) durch Anordnung von Fenstern über den Vorlagen wirksam geworden.

[745] Die Nahtstelle wurde schon frühzeitig erkannt, aber nur sehr allgemein angegeben. Pfister, Dom, S. 7 – Weese, ¹1897, S. 9 – Dehio, Handbuch, I, ¹1905, S. 24 – Kömstedt, S. 31 – v. Reitzenstein, Baugeschichte, S. 134 f.

[746] Der Putz liegt unter dem rauhen Bewurf des 18. Jh.

[747] Die vermauerten Fenster spielen in der Forschung seit je eine große Rolle. Vergl. Pfister, Dom, S. 7 – Weese, ¹1897 S. 9 und ²1914 S. 25 f. – Dehio, Handbuch I, ¹1905, S. 24 – Kömstedt, S. 31 – Dehio, Dom, S. 11 – Ders. Handbuch I, ³1924, S. 27 – Noack, Bamberg, S. 18 – v. Reitzenstein, Baugeschichte, S. 134 – um nur die ältere Literatur zu erwähnen.

[748] Diese Verzahnungsquader wurden frühzeitig entdeckt und richtig gedeutet von Verheyen, MS., S. 15, der aber Reste des Vorgängerbaues darin sah.

[749] Riehl, S. 150 erblickte in dem Gesims unter den Obergadenfenstern außen, das den Dachanfall der Seitenschiffsdächer vor eindringendem Wasser schützt, das Kranzgesims des »Otto-Domes«, dessen vermauerte Fenster in der »Orgelöffnung« erhalten waren. Völlig unsicher steht Weese in beiden Auflagen der »Domsculpturen« (¹1897, S. 6 ff. und ²1914, S. 25 ff) den Befunden gegenüber; in Anmerkungen verstreut finden sich bei ihm die Meinungen: 1. völliger Neubau, 2. Teile des »Heinrichsdomes« durch Brand verstümmelt erhalten, 3. flachgedeckter »Otto-Bau« mit vermauerten Fenstern, die von Vorlagen überschnitten werden. Für einen Restbestand des »Heinrichsdomes« mit untergeschobener Arkadenzone setzte sich ein Noack, Bamberg, S. 17 f. – Seiner Autorität folgte (unter Änderung der ursprünglichen Ansicht) Dehio, Dom, S. 11 – Ders., Handbuch I, ³1924, S. 26. Da durch Grabungen die Abweichung des »Heinrichsdomes« feststand, wollte Verheyen den Gedanken für einen »Otto-Bau« retten. Vergl. MS., S. 22 ff. – Ders., Dom S. 3 – Ders., Vortragsresümee, S. 243.

[750] Weese, ¹1897, S. 6 ff. und ²1914, S. 25 ff. vertrat u. a. die Ansicht als widersprüchliche Variante – Dehio, Handbuch I, ¹1905, S. 24 sprach sich sehr klar für diese Lösung aus – Neubauer, S. 112 ff., wo deswegen ein Bauvorgang von West nach Ost vorgeschlagen wird.

[751] So H. Mayer, Bamberg, S. 58 – Ähnlich, aber allgemeiner Kömstedt,

S. 31, der das Projekt auch stilgeschichtlich einordnet und Parallelen aufzeigt. – Energisch sprach sich v. Reitzenstein, Baugeschichte, S. 134f. für einen Flachdeckenplan des 13. Jh. aus, ohne allerdings die Vorlagen innen zu erwähnen.

[752] Die Erneuerung der Basen und des Sockels, der nicht geböscht wurde, kann als Beispiel für die geringere formale Anpassungsfähigkeit der Restaurierung des frühen 19. Jhs. gegenüber der des 18. Jhs. dienen. Der Unterschied zum originalen Bestand ist groß genug, um zu erkennen, daß die häufig geäußerte Behauptung, vieles sei in Bamberg »überarbeitet«, in dieser Form unzutreffend ist.

[753] 1964 konnte mit Unterstützung der Deutschen Forschungsgemeinschaft ein Gerüst erstellt werden, von dem aus die Arkaden C5–6, C6–7, C7–8, C8–9 und B5–6 eingehend untersucht wurden und sich als einwandfrei im Verband mit den Vorlagen erwiesen. Das bestätigte sich auch bei der Einrüstung 1972/73 für die übrigen Scheidbögen. Es handelt sich nicht um eine Parallele zu den Goslarer Kirchen, speziell der Marktkirche, wo das Einsetzen der Vorlagen in die Pfeiler ohne Spuren blieb (Auswechslung?), aber doch das Scheidbogenprofil überschnitten wurde, abgesehen vom Befund in der Vierung und oberhalb der Gewölbe. Vergl. Hölscher, Forschungen, S. 13ff.: Jakobikirche S. 36, Marktkirche S. 47, Frankenberger Kirche S. 65.

[754] Vom Gerüst aus 1972/73 nachgeprüft.

[755] Sie wäre in gotischer Zeit ohnehin erfolgt, wie zahlreiche Beispiele lehren.

[756] Fiedler, Konsolen, S. 176, hat diese Feststellung offenbar falsch verstanden.

[757] H. Mayer, Neue Forschungen, S. 195.

[758] Gegen Fiedler, Konsolen, S. 171f., 177 steht vollkommen eindeutig fest, daß es keinerlei Trennfuge zwischen dem südlichen Chorfundament und dem Ansatz des Apsisfundaments gibt, erst recht keinerlei Ansätze für einen geraden Westabschluß.

[759] Jahreszahl am Portal. Vergl. H. Mayer, Bamberg, S. 68.

[760] Vergl. v. Reitzenstein, Baugeschichte, S. 149 (Nr. 33) – Ders., Bruder Wortwin, S. 61, Anm. 4, – Paschke I, S. 38, Vergl. S. 33 u. Anm. 299.

[761] 1012 (mit anderem Patrozinium), 1229, 1308. Vergl. Paschke I, S. 38–40.

[762] Vergl. S. 21 u. Bd. II, S. 143.

[763] Zuerst beobachtet von Verheyen, MS., S. 32, jedoch als durch den Vorgängerbau bedingt angesehen worden. Für Fiedler, Konsolen, S. 176ff. ist dieses Stück der Chormauer der wichtigste Beweis im Baubefund für die Planung einer geraden Eingangsfront im Westen, wobei er den eindeutigen Verband mit dem Apsisansatz übersieht. Seine unklaren Ausführungen gegen den von mir gebrauchten, eindeutig definierten Begriff des »Chorwinkelturms« für den Südwestturm können hier übergangen werden.

[764] Heute durch das Grabmal des Bischofs Philipp v. Henneberg († 1487) verdeckt. Aus dem Unterbau ragt noch das Eckblatt der Dienstbasis heraus.

[765] Zuerst beobachtet von Verheyen, MS., S. 36.

[766] Fiedler, Konsolen, S. 176, 178, geht auf diese Argumentation nicht ein, sondern denkt die Lage der Basis durch einen Lettner verursacht, der sein »Papstheiligtum« abschließen sollte. Neben der Inkonsequenz (seit wann schließen Lettner Vorhallen und nicht Chöre ab?) wäre es merkwürdig, die Basis einer Hauptvorlage auf einer Abschrankung aufzusetzen.

[767] Dies hat Fiedler, Konsolen, S. 176, 178f. trotz Kenntnis von Sages Grabungsvorbericht nicht berücksichtigt.

[768] H. Mayer, Neue Forschungen, S. 195.

[769] Fiedler, Konsolen, S. 177, deutet den westlichen, vertikalen Abschnitt als nachträglich vorgesetzte Verstärkung zur Aufnahme der Apsisbogenvorlage. Das ist insofern falsch, als der vorlagenartige Abschnitt mit den östlich anschließenden Schichten gleiche Lagerfugen und Verband aufweist, also mit diesen gleichzeitig ist. Es sollte nicht übersehen werden, daß der Krümmungsansatz der Apsis bereits in den glatten Quaderschichten, die noch unter dem vertikalen Teil verlaufen, zu beobachten ist. Im westlichen Anschluß springt das Apsisfundament zurück und gibt auch hier die »Vorlage« frei, die von Anfang an mit ausgeführt und zur Aufnahme der Apsisbogenvorlage bestimmt war.

[770] Dieses Sockelprofil ist von der Forschung einschließlich Fiedler übersehen worden.

[771] Fiedler, Konsolen, S. 176, hat dies offenbar mißverstanden.

[772] Vergl. Anm. 770.

[773] H. Mayer, Neue Forschungen, S. 195, publizierte den Befund zuerst. Seine Niveauangaben sind leider ungenau, zumal ihnen eine exakte Bezugsangabe fehlt (es gab damals 3 »Chorniveaus«). Mit keinem Wort wurden die Gliederungen der Südwand bzw. das Profil erwähnt. Die Deutung auf Ebenerdigkeit wurde ohne genaue Prüfung als erwiesen angesehen. Fiedler, Konsolen, S. 176, stützt sich in seiner Erwiderung auf meine Befundanalyse darauf, daß die Interpretation des Befundes von der »deutschen Kunstwissenschaft einhellig akzeptiert« worden sei, was leicht zu verstehen ist, hat bisher doch niemand versucht, den Befund und seine Deutung durch H. Mayer genauer zu prüfen, sondern man übernahm die Deutung unter Berufung auf Mayer.

[774] So H. Mayer, Neue Forschungen, S. 195, einer Ansicht folgend, die Morper in den Bamb. Bll. 1936, S. 2 und in: Ausgrabungen, S. 253ff. vertreten hatte. Sie wurde erneut aufgegriffen durch Verheyen, MS., S. 36 u. Anm. 118, 159–163 und ders., Fürstenportal, S. 4, Anm. 16.

[775] Eine Deutung des Befundes in dieser Richtung bei Bahmann, S. 27. Ausführlich dargestellt von U. Boeck bei W. Boeck S. 183f. Er setzt den Plan vor 1229 an und trennt ihn von den Einflüssen der »jüngeren Werkstatt«. So verdienstvoll die Umzeichnung des Baldachins als Grundriß ist, auf den Dom übertragen (S. 184) entbehrt die Rekonstruktion nicht nur des Nachweises im Befund, sondern auch der Logik: Südwest-Turm, (geschlossen, ohne Durchgang!) und Umgang mit Kapellen werden dort einem Entwurf zugewiesen!
Der »Kathedralchor« war ein bevorzugter Gedanke schon der älteren Forschung. Nachdem Franck-Oberaspach, Christl. Kunstbl. 1901, S. 150 (abgebrochener Chor von Laon) und Weese, (²1914) S. 319, Anm. 72 (Kathedrale von Reims) versucht hatten, den Baldachin des lachenden Engels und das Modell der Kunigunde an der Adamspforte stilistisch einzuordnen, findet man in der folgenden Literatur immer wieder die Vermutung, es handle sich um einen nicht ausgeführten Plan für den Westchor des Domes. So z. B. Dehio, Handbuch, ¹1905, S. 25, und ³1924. S. 28 bis hin zu Morper, Ungebaute Architektur, S. 7.

[776] Fiedler, Magister de vivis lapidibus, S. 154ff., rekonstruierte eine »Papstkapelle« zwischen den Türmen, mit Vorhalle und Westfassade und damit einen »Tiefenweg von West nach Ost« (gerade umgekehrt wie Verheyen). Abgesehen davon, daß dies allen Befunden widerspricht, wird dort von dem heutigen Bau bedenkenlos alles in die Rekonstruktion übernommen, was paßt und alles andere fortgelassen.
Die gleiche Methode kennzeichnet auch Fiedlers jüngsten Versuch (Konsolen, S. 163–179) diese abwegige Hypothese zu retten. Die Mischung aus unvollständig, aber scheinbar präzise mitgeteiltem Befund und Spekulation ist für den nicht genau Informierten schwer aufzulösen.

[777] Allein Verheyen, MS., S. 36, erkannte diesen Widerspruch, versuchte ihn aber mit der Annahme zu lösen, das glatte Quaderwerk der Westchorsüdwand müsse nachträglich vor das ursprünglich rohe Fundament vorgeblendet sein: Vergl. auch: Verheyen, Fürstenportal, S. 4, Anm. 16. Der noch zugängliche Teil der Südwand widerlegt die Annahme allein schon durch die Treppenfuge, die rohes und glattes Mauerwerk durchzieht. Bei einem Durchbruch in den Südwestturm 1971 erwies sich das Fundament als einheitlich.

[778] Der Gedanke klingt so häufig in den Arbeiten zur Skulptur an, daß sich ein Einzelnachweis erübrigt. Er reicht von einem »gotischen Portal«, einer ganzen »Portalanlage« bis zur »gotischen Fassade« oder sogar einem »Kathedralchor«. Gewiß spielt dabei ein Vergleich mit dem »Naumburger Meister« eine Rolle, bei dem ein enger Zusammenhang von Skulptur und Architektur gegeben ist.

[779] H. Mayer, Neue Forschungen, S. 195.

[780] So z. B. Noack, Bamberg, S. 18 – v. Reitzenstein, Baugeschichte, S. 136 – H. Mayer, Bamberg, S. 52, 58.

[781] Diese Beobachtung ist schon häufig wiederholt worden, aber beinahe das einzige, was über den Raum gesagt wurde.

[782] v. Reitzenstein, Baugeschichte, S. 151 (Nr. 40) – H. Mayer, Bamberg, S. 98 – Paschke IV, S. 43f.

[783] v. Reitzenstein, Baugeschichte, S. 151 (Nr. 40) – H. Mayer, Bamberg, S. 98 – Paschke I, S. 109–121 u. IV, S. 41–52.

[784] Wiemer, S. 43.

[785] Noack, Bamberg, S. 18.

[786] Das wurde bei den Überlegungen zur Westchorwölbung stets übersehen.

[787] Kahmen, ließ sie unerwähnt.

[788] In der Literatur wird der Kapitelsaal bestenfalls summarisch erwähnt.

[789] Darauf wiesen schon hin Pinder, Führer, S. 12 und H. Mayer, Bamberg, A. 53.

[790] Der Gedanke, zwischen dem »romanischen« Untergeschoß außen und der »frühgotischen« Blendarkatur zu trennen, liegt nahe, widerspricht aber dem Befund. Verheyen, MS., S. 31f., der sich als einziger dem Problem stellte, versuchte es auf diesem Weg der Formanalyse zu lösen.

[791] Nur Verheyen, MS., S. 32 hat dies erkannt, aber baugeschichtlich anders gedeutet. Neuerdings auch Fiedler, Konsolen, S. 178.

[792] Vergl. Öffnungen seitlich am Westende der Ostkrypta, S. 65, Bd. II., S. 19.

[793] Vergl. dagegen Verheyen, MS., S. 36f.

[794] Kahmen, S. 79 hebt das als einzigen Unterschied hervor.

[795] v. Reitzenstein, Baugeschichte, S. 136, hatte dies bereits erkannt, doch versuchte er eine Einordnung in den Werkumfang der »2. Hütte«, was etwa dem 6. Bauabschnitt entsprechen würde.

[796] Wohl auf Grund der Zeichen an den Pfeilern rechnete v. Reitzenstein, Baugeschichte, S. 136, das ganze Geschoß mit den beiden oberen zusammen. Dagegen hatte Dehio, Handbuch I, ¹1905, S. 25, schon die Pfeiler als nachträglich erkannt. Ihm folgte auch Noack, Bamberg, S. 19.

[797] Das hat H. Mayer, Bamberg, S. 42, übersehen, als er die Vermauerung der Zwischenräume 1843 ansetzte. Die nachträgliche Zusetzung hatte bereits Kömstedt, S. 30 richtig erkannt.

[798] Genauere Kenntnis über den Vorgang vermittelt die nach Quellen gearbeitete Darstellung von Neukam, S. 489–501, ferner Paschke IV, S. 66ff. – Völlig überholt und unzutreffend Groeschel, S. 402–403 – Im Zusammenhang dargestellt bei Morper, Wandlungen.

[799] Vergl. Bd. II, Befundbeschreibung S. 45.

[800] Noch Kömstedt, S. 27, hielt das oberste Geschoß in seiner heutigen Form für einheitlich aus dem 13. Jh. stammend. – Völlig unverständlich ist die Einreihung von Küchels Helmen unter »gotische« Turmvollendungen des 17. u. 18. Jhs. in der neuen Kölner Diss. von A. von Knorre, S. 15f., der statt des Originals Groeschels dilettantische Beschreibung zugrundegelegt hat. Bis auf die Fialen sind im Unterschied zu den Westtürmen fast alle Details der Giebel »romanisch«, also den unteren Geschossen entlehnt.

[801] So z. B. auf dem »Apostelabschied« (Abb. 20) im Histor. Mus. Bamberg und auf einer Skizze von 1762 in der Staatl. Bibliothek Bamberg, beide abgebildet bei U. Boeck, in: W. Boeck, S. 175, Abb. 112/113, ferner auch auf dem Zweidler-Plan (Abb. 13).

[802] Eine der wichtigsten Quellen zu dieser Frage. Vergl. Neukam, Tafel nach S. 494.

[803] Sie hatte vermutlich Noack, Bamberg, S. 18, angeregt, den ganzen Südquerarm bis zur halben Höhe in der Ausführung mit dem Langhaus zusammenzuziehen.

[804] Mit Ausnahme von Noack, Bamberg, S. 18, der einen Planwechsel im Querhaus feststellt, und v. Reitzenstein, Baugeschichte, S. 130, der den Südquerarm zutreffend für älter als den nördlichen hält, gibt es in der Forschung keine differenzierenden Aussagen zum Bauverlauf im Querhaus.

[805] So Noack, Bamberg, S. 18.

[806] Zum Begriff »pflocken« vergl. M. F. Fischer, S. 57, Anm. 140.

[807] M. F. Fischer, S. 68ff. übersah dieses Motiv bei seinem Versuch, die Reihenfolge der Rosen nach ihren Kantenprofilen festzulegen, wobei er die einfachen für älter, die reicheren für jünger hielt und so die tatsächliche Chronologie umkehrte.

[808] Das macht ein Vergleich zwischen Bamberger Westchor und Ebracher Michaelskapelle besonders deutlich.

[809] Es besteht eine gewisse Ähnlichkeit mit der entsprechenden Öffnung im Ebracher Nordgiebel, der etwas später ist. Vergl. Wiemer, S. 63f. u. Abb. 6.

[810] Vergl. Wiemer, Abb. 6 u. Taf. XX. Eine gewisse Vorstellung davon vermittelt auch der Südgiebel des etwas späteren Refektoriums in Heilsbronn. Vergl. M. F. Fischer, Abb. 8 b.

[811] Es spielt in der Literatur über Maulbronn und Magdeburg eine große Rolle, war aber darüber hinaus verbreitet und gehört wohl zu dem Konsolentyp. Vergl. auch Wiemer, S. 43 u. Abb. 21h – Steuerwald, S. 47ff. hat gerade diese Konsole übersehen!

[812] z. B. Murbach, Maursmünster, Rosheim, Neuweiler.

[813] Ebenso in Offenbach a. Glan.

[814] Kahmen, S. 81f. zieht keine so scharfe Trennlinie zwischen Ost- und Westseite.

[815] Vergl. Wiemer, Abb. 24.

[816] Vergl. Kapitel IV. S. 34 – v. Reitzenstein, Baugeschichte, S. 130 und ders., Bruder Wortwin, S. 64 hat das mehrfach betont, nahm aber eine Wölbung zu diesem Zeitpunkt als gesichert an.

[817] Vergl. v. Reitzenstein, Baugeschichte, S. 130 u. 136.

[818] Schon Redtenbacher erwähnte in einer Notiz zur Baugeschichte des Bamberger Domes, in: Z. f. bild. K. 16, 1881, S. 271f., Ebrach unter den Stilquellen für Bamberg. – Weese, ¹1897, S. 9f. und ²1914, S. 27ff., stellte genauere Vergleiche zur Michaelskapelle an und hob Friese, Kapitäle, Türen besonders hervor. Ihm folgen dann Dehio, Handbuch I, ¹1905, S. 25 u. Noack, Bamberg, S. 18.

[819] Vergl. dazu Fath, S. 13 u. Anm. 53, wo entsprechende Parallelen genannt sind.

[820] Den Befund beschrieb bereits Leitschuh, Bamberg, S. 49f., ohne allerdings die Zusammenhänge zu erkennen. Als einziger ging Verheyen, MS., S. 32, darauf ein.

[821] Es ist in der Literatur allgemein üblich, die Gewölbe des Westchores für nachträglich in die fertigen Umfassungsmauern eingehängt zu halten.

[822] Als einziger beobachtete das Leitschuh, Bamberg, S. 50, fand aber nicht die zutreffende Erklärung dafür.

[823] Fiedler, Konsolen, S. 178, hat die Verschiebung von innerer und äußerer Apsisgliederung bei seinem Versuch übersehen, die viel diskutierte Verschiebung des Schlußsteins und die Verkürzung der Südseite (nur außen!) statisch zu begründen.

[824] Noack, Bamberg, S. 18f., hielt das Untergeschoß der Apsis außen für älter und die Kleeblattblenden für nachträglich eingefügt. Ihm folgt Verheyen, MS., S. 32.

[825] Vergl. Kahmen, S. 85.

[826] Vergl. Wiemer, Tafel XIX.

[827] Zum »Massengefühl« der Zisterzienser vergl. M. F. Fischer, S. 64.

[828] Vielleicht besaß der Raum einen Altar. Vergl. dazu v. Reitzenstein, Baugeschichte, S. 117, Anm. 26.

[829] v. Reitzenstein, Baugeschichte, S. 16f., Anm. 24.

[830] Zur Abkragung von Vorlagen gab eine knappe Darstellung Hahn, S. 257f.

[831] Die Reduktion von Gewölbevorlagen auf Konsolen mag dem Stilgefühl der damaligen Bauleitung entsprochen haben, wie M. F. Fischer, S. 64f., hervorhebt, doch lag der technische Grund darin, daß die Ostmauern, beim Südquerarm auch schon ein Teil der Westmauer, bereits Kämpferhöhe erreicht hatten, ehe man Vorlagen an dieser Stelle benötigte. Auf der Ostseite hätte sich zudem eine Überschneidung mit den Durchgängen zu den Seitenschiffen ergeben.

[832] In diesem Fall darf man wohl an der alten, weitverbreiteten und in der Regel unzutreffenden Meinung einer Zweckbestimmung der Abkragung festhalten, obwohl sie sonst von Hahn, S. 257, mit Erfolg widerlegt werden konnte.

[833] Diesen Schluß zogen schon Noack, Bamberg, S. 18f. und Dehio, Handbuch I, ³1924, S. 27f. Ihnen folgten Bahmann, S. 28 und U. Boeck bei W. Boeck, S. 178.

[834] So in den beiden westlichen Jochen der Michaelskapelle, aber auch in dem östlichen Joch des Ebracher Hochchores, wo es zeitgleich oder sogar jünger als Bamberg ist.

[835] Bandrippen mit Kantenabfasung, vermutlich als Vereinfachung des komplizierten Profils. Vergl. Wiemer, Abb. 10, 11 u. Taf. XVIII, S. 51.

[836] Außer an Fenstern, Portalen usw. auch vereinfacht an den Gurten des Kapitelsaales.

[837] Vergl. Wiemer, S. 62 u. Taf. XVIII, Abb. 9, 11.

[838] Schönau (Refektorium), Offenbach a. Glan, Obersteigen, Pfaffenheim (auch als Rippenprofil), Gelnhausen usw.

[839] Die Ansicht, die Westchorwölbung sei ein Werk französischer oder französisch beeinflußter Werkleute (oder Bildhauer) ist Allgemeingut der Forschung, so z. B.: Dehio, Dom, S. 12 – Noack, Bamberg, S. 19 – v. Reitzenstein, Baugeschichte, S. 130, 136 – Ders., Bruder Wortwin, S. 64f. – Bahmann, S. 29f. – Pinder, Führer, S. 12 – U. Boeck, in W. Boeck, S. 178. – Verheyen, MS., S. 38f.

[840] U. Boeck, in: W. Boeck, S. 178, vermutet, es sei eine »mit Rippen besetzte, gefaltete Kalotte« vorgesehen gewesen.

[841] U. Boeck, in: W. Boeck, S. 178.

[842] Vergl. Anm. 839.

[843] Die in Anm. 838 genannten Parallelen für die Rippen- und Gurtprofile zeigen ganz eindeutig, daß man dafür keine französischen Vorbilder bemühen muß. Es besteht also nicht mehr der geringste Anlaß, die Westchorwölbung in irgendeiner Weise mit den Bildhauern der »jüngeren Werkstatt« in Verbindung zu bringen, wie dies jüngst erneut versucht wurde von U. Boeck, in: W. Boeck, S. 178 und v. Reitzenstein, Bruder Wortwin, S. 64f. Abgese-

hen davon hatten die Bildhauer ihre Arbeit damals wohl schon vollendet oder abgebrochen.

[844] Vergl. Anm. 807. Wie der Bauverlauf zeigte, entspricht der von M. F. Fischer, S. 68 ff., umgekehrt gedachte Entwicklungsprozeß nicht den Tatsachen.

[845] Sie erscheint auch in Ebrach an den Kanten des Baues, oberhalb der Strebepfeiler. Vergl. Wiemer, Abb. 2 und Jäger, Fig. 36.

[846] Eine Verbindung von Mittelschiffs- und Querhausgewölben ist mit etwas unterschiedlichen Akzenten schon früher gesehen worden, so z. B. – Noack, S. 18 – Dehio, Dom, S. 12 – Bahmann, S. 28 – H. Mayer, Bamberg, S. 58.

[847] Meist nahm man dies als Indiz für die Planung eines in der Architektur ungeübten Bildhauers, so Noack, S. 19 – Allein Leitschuh, Bamberg, S. 49, versuchte eine Erklärung aus der unterschiedlichen Turmstellung abzuleiten. Eine Weiterentwicklung dieses Gedankens bei Fiedler, Konsolen, S. 178.

[848] Fiedler, Konsolen, S. 178, glaubt an eine gezielte statische Maßnahme zur Verlagerung des Schubs von dem ungenügend widerlagerten südlichen auf den nördlichen Apsisansatz. Abgesehen davon, daß dies statisch nicht zutrifft, ist der Gedanke auch sonst abwegig: die Hauptbelastung bringt nicht das Apsisgewölbe, sondern die schwere Apsisbogen mit der ganzen Auflast des Westgiebels darüber. Der Apsisbogen aber ist gerade nicht asymmetrisch angelegt.

[849] Daraus ergibt sich auch das Fehlen eines seitlichen Aufganges, wie er beim Ostchor zu finden ist. Die Sakristei lag oben im Südwestturm; eine Verbindung zu der heutigen, die damals noch nicht existierte, war überflüssig.

[850] Kahmen, S. 85, sieht in den Westchorschranken eine Stufe zwischen Langhaus und Westchor, den sie noch nicht erreichen. Schon der Bauverlauf widerlegt diese Annahme.

[851] Zutreffend gesehen von Kahmen, S. 85.

[852] Es handelte sich um die Schranken des Bischofschores. Wären die Bildhauer der »jüngeren Werkstatt« noch in Bamberg gewesen, so erschiene es befremdend, wenn sie ausschließlich an den Ostteilen tätig gewesen wären.

[853] Vergl. Jäger, Fig. 36 und Wiemer, Abb. 1, 2.

[854] Da der Giebel von Dächern verdeckt ist, wurde er von der Forschung übersehen. Allein v. Reitzenstein, Baugeschichte, S. 136, Anm. 107, hat ihn gesehen und richtig der »Ebracher Hütte« zugewiesen, was ohne Zitat von Bahmann, S. 28, übernommen wurde.

[855] v. Reitzenstein, Baugeschichte, S. 136 und Ders., Bruder Wortwin, S. 64 f., übergeht den Zusammenhang von Giebel und Wölbung, die er für »reimsisch« hält. Anscheinend scheidet er Apsisbogen und Rippen, was nach dem Befund nicht möglich ist.

[856] Den Unterschied beobachtete U. Boeck, in: W. Boeck, S. 178 – Schlink (auf dem Bamberger Colloquium, vergl. Zink, S. 399) zieht daraus den Schluß, daß man in Bamberg die vorgegebene Lösung der Ebracher Michaelskapelle neu erfinden mußte. Dies trifft nicht den Sachverhalt, weil das Langhaus der Michaelskapelle auf der undurchfensterten Südseite (Mauer des Querhauses) überhaupt keine Schildbögen aufweist, auf der Nordseite diese aber auch als Rahmung einer Fensternische anzusprechen sind. Sie stehen dort in einem ähnlichen Kontext wie am Obergeschoß der Bamberger Westapsis, so daß die Übernahme in dieser nun ähnlichen Situation nicht wundert und eher für eine sehr intime Kenntnis der Ebracher Situation spricht.

[857] U. Boeck, in: W. Boeck, S. 178, sah in den Schildbögen eine Wiederholung des Rippenprofils, was im Blick auf die Fensterbögen der Apsis wohl nicht so gedeutet werden kann. Erstaunt stellt er die Verwendung »älterer Motive« (sprich: »Ebracher Motive«) fest, was nun nach dem Bauablauf selbstverständlich erscheint.

[858] So z. B.: Dehio, Dom, S. 12: »fällt aus der Proportion« – Pinder, Dom, S. 14: »keine sehr glückliche Leistung« und mit richtiger Vermutung: »vielleicht ist die ursprüngliche Gedanke hier nicht rein erhalten.«

[859] Noack, Bamberg, S. 19.

[860] Die Beobachtung ist angedeutet bei Pinder, Führer, S. 12.

[861] Was Pinders, Dom, S. 14 »nicht rein erhaltenem, ursprünglichen Gedanken« entspräche.

[862] In einer wichtigen Abhandlung hat jüngst Kunst, S. 131–145 diese zweigeschossigen Chöre analysiert und ihre stilistischen Quellen aufgezeigt.

[863] Schon beobachtet von v. Reitzenstein, Baugeschichte, S. 136, Anm. 107.

[864] Vergl. Wiemer, S. 28.

[865] U. Boeck, in: W. Boeck, S. 178, sah eine Beziehung zwischen den »kegeligen Abdachungen« der Apsis und denen des 3. Geschosses des Nordwestturmes. Letztere sind aber steiler und tragen Kugeln. Außer einer ähnlichen Funktion haben sie nichts miteinander zu tun.

[866] H. Mayer, Bamberg, S. 53, dachte daher an eine Lösung analog dem Mainzer Westchor, der allerdings 3seitige Apsiden hat. Für die 5seitige Bamberger Apsis scheidet diese Möglichkeit, abgesehen von den anderen Befunden, aus.

[867] Zu den rheinischen Lösungen vergl. Meyer-Barkhausen, und Kubach/Verbeek, Roman. Kirchen.

[868] Noack, Gelnhausen. – Schubotz.

[869] R. Hamann/Wilhelm-Kästner, S. 74 ff., Abb. 61.

[870] R. Hamann/Wilhelm-Kästner, S. 155 ff., Abb. 143. Die Giebel über den Polygonseiten sollen allerdings eine freie Ergänzung des 19. Jhs. sein, doch kann die Möglichkeit, daß es dafür Ansätze gab, nicht ausgeschlossen werden. Die Übereinstimmung im Eindruck ist auch vom Unterbau her verblüffend.

[871] Möbius und neuerdings Stier mit Angaben von Literatur. Die Giebel über dem Chorpolygon sind eine Zutat des 19. Jhs., bei den Westtürmen sind sie 13. Jh. Für Langhaus u. Turmunterbauten besteht durchaus ein Zusammenhang mit der Bautengruppe. Vergl. Giesau, Bauhütte.

[872] Vergl. die Pläne von O. Schulz in den Mitt. d. Ver. f. Gesch. Nürnbergs 1905. – F. W. Hoffmann, Tafel III (Rekonstruktion) u. S. 23 f. – Fries, S. 14 schon mit dem Hinweis auf ähnliche Motive am Bamberger Westchor. – Fehring/Ress, Kurzinventar, S. 114 f.

[873] Diese Ansicht hat sich von wenigen Ausnahmen abgesehen in der Literatur allgemein durchgesetzt. Vergl. Weese, [1]1897, S. 13 ff. und [2]1914, S. 33 ff. – Dehio, Skulpturen, S. 4 f., – Ders., Handbuch I, [1]1905, S. 26 – Ders., Dom, S. 12 ff. – Leitschuh, Bamberg, S. 46 – Noack, Bamberg, S. 19 – Beenken, S. 6 – Pinder, Dom, S. 15 ff. – v. Reitzenstein, Baugeschichte, S. 136 f. – Ders., Bruder Wortwin, S. 64 ff. – U. Boeck, in: W. Boeck, S. 175 ff.

[874] Sehr eingehend setzte sich mit dieser Frage in seinen Arbeiten auseinander Franck – Oberaspach, fränk. Bildhauerschule, S. 262 f. und in: Christl. Kunstbl., 1901, S. 150 ff., ferner Ders., Z. Eindr. d. franz. Gothik, S. 107 ff., wobei er sich auf S. 107, Anm. 3, entschieden für eine Unterscheidung zwischen Bildhauer u. Architekt aussprach. Im übrigen vergl. die in der vorangeh. Anm. genannte Literatur.

[875] So Noack, Bamberg, S. 18 f. – v. Reitzenstein, Baugeschichte, S. 136 – U. Boeck in: W. Boeck, S. 175 f.

[876] Die Frage der Datierung der Westtürme und des Bauabschlusses beschäftigte vor allem die ältere Forschung, bis sich mit Weese, [1]1897, S. 13 ff. und [2]1914, S. 33 ff. eine frühere Datierung – zunächst Beginn der Türme um 1239 – durchsetzte, die dann allgemein in die Zeit vor 1237 vorverlegt wurde und die heute herrschende Meinung darstellt. Während Redtenbacher, S. 272 schon 1881 dafür eintrat, neigten Dehio, Skulpturen, S. 4 f. noch 1890 und Franck – Oberaspach in seinen Arbeiten 1901 zu einer Spätdatierung in die 2. Hälfte bzw. in das 2. Viertel des 13. Jhs., ebenso auch Leitschuh, Baugeschichte, S. 387 f. auf Grund unzulänglicher Quellenanalyse (vergl. dazu v. Reitzenstein, Baugeschichte, S. 137, Anm. 6).

[877] Diese Ansätze wurden bisher übersehen.

[878] Diesen Befund beschrieb im wesentlichen schon U. Boeck, in: W. Boeck, S. 176.

[879] H. Mayer, Baugeschichte, S. 87, vermutete eine Verbesserung der Standsicherheit des Nordwestturmes als Ursache, während U. Boeck, in: W. Boeck, Anm. 270 (S. 198) eher an eine bessere Widerlagerung des Apsisbogens dachte.

[880] Ohne genauere Einzelangaben, nur mit dem Hinweis auf den Fugenschnitt, deutete dies bereits an Franck – Oberaspach, fränk. Bildhauerschule, S. 262.

[881] U. Boeck, in: W. Boeck, S. 176 wies darauf hin.

[882] Auch U. Boeck, ebd. leitet das Motiv von den Osttürmen ab.

[883] Besonders nachdrücklich lenkte Dehio, Handbuch I, [3]1924, S. 26 und Ders., Dom, S. 15 den Blick darauf.

[884] Schon Dehio, Dom, S. 15, trug diese Rekonstruktion vor und lehnte zugleich die Vermutung, die Säulchen vor dem Turmkern hätten zwei Geschosse übergreifen sollen, ab. – H. Mayer, Bamberg, S. 56 folgte Dehio.

[885] U. Boeck, in: W. Boeck, S. 177, Abb. 116.

[886] Ablehnend vorgetragen von Dehio, Dom, S. 15.

[887] U. Boeck, in: W. Boeck, S. 177, Anm. 271 (S. 198), versuchte alle anderen Deutungsversuche zu entkräften.

[888] Neben diesem formalen Argument ergibt sich ein methodisches, das

bei vielen Rekonstruktionen übersehen wird: man kann nicht Einzelheiten eines Bestandes selektiv heranziehen und andere unberücksichtigt lassen, d. h. man kann nicht beim 1. Projekt die Geschoßteilung des 2. Projektes für die Ecktürmchen übernehmen, für das Oktogon aber ablehnen.

[889] Bahmann, S. 31, griff den Gedanken mit der Begründung auf, das von Dehio als diesem Vorschlag entgegenstehend genannte 3. (oberste) Geschoß sei ohnehin eine Zutat des 18. Jhs., was keineswegs zutrifft. Dieser Irrtum auch bei Dehio, Handbuch I, ³1924, S. 26, und neuerdings wieder bei v. Knorre, S. 18.

[890] Vergl. U. Boeck, in: W. Boeck, S. 177.

[891] Vergl. U. Boeck, ebd.

[892] Zu den Restaurierungen vergl. Pfister, Restauration, S. 19 – Ferner Angaben bei W. Boeck, S. 175, Anm. 269 (S. 198) – Morper, Wandlungen – Neukam, S. 489 ff. – Paschke IV, S. 66 ff.

[893] Auch wenn diese Details nicht genannt wurden, haben sie Anlaß zu der Vermutung geboten, die Westtürme seien von den gleichen Händen wie die Skulpturen. Beenken, S. 6, Anm. 4 (S. 23) stellte eine Übereinstimmung zwischen den Kapitellen der Türme und der Adamspforte fest. Die Ähnlichkeit beruht freilich nur darauf, daß es sich in beiden Fällen um Knospenkapitelle handelt. – Franck – Oberaspach, Z. Eindr. d. franz. Gothik, S. 108, dem an einer deutlichen Trennung gelegen war, hielt das »Mittelgeschoß« (welches?) der Türme für gleichzeitig mit den Skulpturen, vermutlich aus dem gleichen Grund. – Auch Vöge, Bildhauer, S. 197, sah einen engen Zusammenhang, besonders zum Südwestturm. Ein dem des Eva-Baldachins ähnliches Zeichen hat sich dort nicht nachweisen lassen.

[894] Dies Urteil bereits bei U. Boeck, in: W. Boeck, S. 175.

[895] Die Herkunft dieses Motivs aus Laon ist früh gesehen und nie bezweifelt worden. Vergl. Weese, ¹1897, S. 13, Anm. 71 (S. 147) und ²1914, S. 33 – Noack, Bamberg, S. 19 – Dehio, Dom, S. 27.

[896] Die Ansicht von U. Boeck, in: W. Boeck, S. 175, Anm. 269, auch für die Ostseite des Turmes seien Figuren vorgesehen gewesen, läßt sich durch den Verzicht auf jegliche Dekoration an den Öffnungen, die den Dächern zugewandt sind, eindeutig widerlegen.

[897] Diese Meinung vertrat in mehreren Studien energisch Franck – Oberaspach, Z. Eindr. d. franz. Gothik, S. 109 – Ders., fränk. Bildhauerschule, S. 262 und in: Christl. Kunstbl. 1901, S. 150. – In der späteren Forschung neigte man dagegen allgemein dazu, den Architekten – da mit dem Hauptmeister der jüngeren Werkstatt identisch – als in Frankreich ausgebildet anzusehen, so zuletzt U. Boeck, in W. Boeck, S. 175 f.

[898] Man neigte allgemein dazu, ohne genauen Vergleich die Figuren und »Kühe« an die »jüngere Werkstatt« anzuschließen und Stilunterschiede auf Verwitterung oder barocke Erneuerung der Originale zurückzuführen. So sah Vöge, Bildhauer, S. 197, in ihnen die Richtung des »Meisters der Adamspforte.« – Dehio, Dom, S. 27 – Noack, Bamberg, S. 19 – zuletzt U. Boeck, in: W. Boeck, S. 175 f.

[899] Die Meinung von U. Boeck, in: W. Boeck, S. 175, das mittlere Geschoß zeige die »gedrücktesten Proportionen,« muß auf einem Irrtum beruhen.

[900] Die abweichende Gestalt des obersten Nordwestturmgeschosses und seine altertümlicheren Formen, vermutlich auch ungenaue ältere Ansichten und Verwechslungen mit der Giebelzone der Osttürme führten zu der verbreiteten, aber unzutreffenden Ansicht, die Westtürme seien 1766 ff. um ein Geschoß aufgestockt worden, so Dehio, Handbuch I, ³1924, S. 26, und Bahmann, S. 31. Schon U. Boeck, in: W. Boeck, S. 175, Anm. 269, wandte sich gegen den Irrtum. 1973 wiederholte ihn trotzdem von Knorre, S. 18, mit der Variante, die obersten Geschosse seien abgetragen u. wiederaufgebaut worden.

[901] Der Unterschied zwischen einfachen Pyramidendächern und Rautendächern mit Giebeln in der Silhouette ist erstaunlich und besonders eindrücklich an den Osttürmen in Speyer zu beobachten, wo sie Bau II mit der ersten, das 13. Jh. mit der 2. Lösung abschloß.

[902] Verheyen, MS., S. 38 ff., machte ebenfalls den Versuch, eine differenzierte Chronologie vorzulegen. Er sah im 5. Geschoß des Nordwestturmes eine Vorstufe des Südwestturmes, was m. E. die Vorgänge beim Nordwestturm nicht erklären kann.

[903] Einen ähnlichen Gedanken äußerte U. Boeck, in: W. Boeck, S. 175, angesichts des 6. Geschosses.

[904] Der Rückgriff auf romanisches Formengut wurde bereits von Franck – Oberaspach, fränk. Bildhauerschule, S. 262, hervorgehoben. Zuletzt U. Boeck, in W. Boeck, S. 175.

[905] Auf die ursprünglichen Turmhelme ist immer wieder hingewiesen worden. Dehio, Handbuch I, ³1924, S. 26, macht in diesem Zusammenhang auf das Modell aufmerksam. – Ders., Dom, S. 16 – Beenken, S. 6, Anm. 5 (S. 23) – v. Reitzenstein, Baugeschichte, S. 136, Anm. 111 – H. Mayer, Bamberg, S. 56 – U. Boeck, in: W. Boeck, S. 175 ff., mit älteren Ansichten.

[906] Neukam, Tafel nach S. 494. (hier Abb. 14).

[907] Neukam, S. 489 ff. – Paschke IV, S. 66 ff.

[908] H. Mayer, Bamberg, S. 56 – von Knorre, S. 18, zählt die Helme zu den »gotischen« Turmvollendungen des 18. Jhs., was so nicht zutrifft, weil sie eindeutig barocken Charakter haben und die verwendeten Knospengesimse als allgemein historisierende Anpassung an die unmittelbare Umgebung, d. h. die Turmgeschosse, zu verstehen sind. Die von v. Knorre zitierten »gotischen Thurm-Urnen« werden in den Quellen nicht so benannt, sondern von Groeschel 1894 so beschrieben, weil diesem die Terminologie fehlte (barocke Vasen).

[909] Jahreszahl an der Gaube für Lastaufzüge im Dach des Südquerarmes. Vergl. auch Pfister, Dom, S. 14.

[910] Dieser Umstand wurde bei den bisherigen Angaben zu dem Dachreiter immer übersehen, könnte freilich aber auch auf eine Erneuerung zurückgehen. Vergl. H. Mayer, Bamberg, S. 52.

[911] Vergl. Pinder, Dom, S. 19.

[912] z. B. Fiedler, Magister, u. ders., Konsolen, S. 143, 163–174, versammelt sie in einer Westvorhalle – T. Breuer, (auf dem Bamberger Colloquium, vergl. Zink, S. 440–447, versucht die vier inneren Figuren an die inneren Winkel eines großen Baldachins über dem Papstgrab unterzubringen.

[913] Leider kann ich T. Breuer (vergl. Zink, S. 445) in der Beurteilung des Befundes an den Baldachinen nicht folgen. Auch die Zeichnung, die Breuer an der Adamspforte hinter den Baldachinen entdeckt hat, ist nicht eindeutig genug, um gegen eine sehr frühe Montage der Figuren zu sprechen. Vergl. dazu auch Sauerländer, Stauferkatalog, Nr. 443 (S. 319 f.).

[914] Morper, Die Wandlungen, Heft 3.

[915] Morper, Lettner, S. 157 f. – Dazu demnächst auch Erika Doberer, Corpus der Lettner des 13. Jhs. Ich danke Frau Dr. Doberer für eine eingehende Diskussion 1967 am Ort.

[916] Paschke II, S. 14 (zu 1649).

[917] U. a. machte H. Mayer, Bamberg, S. 91, auf das Maßwerk aufmerksam und erkannte den Zusammenhang mit der Reiterkonsole. T. Breuer stellte auf dem Bamberger Colloquium die Tumba erneut vor und knüpfte weiterführende Überlegungen daran an.

[918] Vergl. Paschke I, S. 55 f., 77–83, wo allerdings Standortangaben und Quellenkombinationen mehrfach irrig sind, da sie von falschen Voraussetzungen ausgehen. – v. Reitzenstein, Baugeschichte, S. 117. – Vergl. Kroos, S. 127–136 (= hier S. 168–172).

[919] Paschke II, S. 46 f. – Vergl. die entsprechende Institution in Speyer: Anton Doll in Kubach/Haas, S. 36 ff., (Reg. Nr. 87, 103, 138, 146, 185, 191, 199) – Vergl. Kroos, S. 136 (= hier S. 172).

[920] Der Verf. hatte Gelegenheit, die Farbbefunde während der Reinigung vom Gerüst aus in allen Phasen zu sehen. Er dankt Herrn Dr. W. Haas und Dr. J. Taubert für zahlreiche Hinweise sehr herzlich. Eine erste zusammenfassende Publikation erfolgte bei Haas, Bbg. Dom, S. 10 f. und ein abschließender Bericht ist gerade erschienen: Haas, Raumfarbigkeit. Dessen differenziertere Angaben konnten hier leider nicht mehr berücksichtigt werden, sind aber unbedingt als Ergänzung heranzuziehen, ebenso die dort abgebildeten farbigen Rekonstruktionsschemata des Systems. – Die Bamberger Farbstellung Rosa/Weiß (Grau) läßt sich auch für gleichzeitige Bauten Frankreichs (z. B. Auxerre) nachweisen: vergl. dazu den wichtigen Aufsatz von J. Michler, S. 29–64, insbesondere S. 35 f. – Rosa als Grundton erscheint bei zahlreichen Bauten des späten 12. und 13. Jhs., z. B. Worms, Maulbronn.

[921] Vergl. Verheyen, Chorschranken, S. 118, wo die Berichte Rupprechts teilweise abgedruckt sind.

[922] So Haas, Bbg. Dom, S. 11.

*VIII. Versuch einer absoluten Chronologie*

[923] Im Diözesanmuseum, Bbg. Stiftung des Bischofs A. v. Wertheim †1421 (Kapellenweihe 1414).

[924] Die Annahme Kahmens, S. 101, zu diesem Zeitpunkt müsse das ganze Querhaus und das Mittelschiff eingewölbt gewesen sein, ist nicht zwingend.

[925] Auf die in der älteren Literatur vorherrschende Spätdatierung der Türme braucht hier nicht mehr eingegangen zu werden, da sie weder in den Quellen noch im Stilistischen eine Stütze findet.

[926] Wiemer, S. 5 ff., 21 ff., 29 ff.
[927] ebd., S. 7.
[928] Fiedler, Dome, im Anhang S. 50, vermutet eine Bauunterbrechung zugunsten einer Tätigkeit der Hütte in Bamberg. So auch H. Mayer, Bamberg, S. 36. Vergl. dagegen Wiemer, S. 23.
[929] Wiemer, S. 21 ff., 29 ff. – Die kritische Auseinandersetzung mit der älteren Forschung über Ebrach jeweils bei Wiemer, zitiert S. 2, Anm. 2. Besonders hervorzuheben: Jäger, – Giesau, Bauhütte – H. Mayer, Klosterkirche.
[930] Wiemer, S. 64.
[931] ebd. Tafel II. Bei einer Reihe von Zeichen fragt man sich angesichts Bamberger Erfahrung, nach welchen Kriterien einzelne Typen so sicher getrennt werden konnten.
[932] worauf er S. 14 f. selbst hinweist.
[933] Wiemer, S. 62, Anm. 81, lehnt einen zeitlichen Zusammenhang ausdrücklich ab – vermutlich zu Recht.
[934] ebd., S. 21.
[935] ebd. S. 52.
[936] Gosebruch, S. 47, glaubt dagegen an einen engen Kontakt zwischen Bamberg und Ebrach von Anfang an. Er sieht Bamberger Einflüsse in Ebrach, wofür u. a. die sechsteilige Wölbung und die Rippenprofile ein Beleg seien. Wer die Gewölbe genauer vergleicht, wird sofort die starken Unterschiede sehen. Nicht umsonst lassen sich die unter Ebracher Einfluß entstandenen Bamberger Mittelschiffsgewölbe so gut von den älteren des Chores unterscheiden. Auch die Rippenprofile weichen voneinander ab.
[937] Zuerst bei Weese, ²1914, S. 27, Anm. 65 und Noack, Bamberg, S. 18 – Bahmann, S. 28, sah die Übereinstimmung der Bauzeichen als nachgewiesen an.
[938] Wiemer, S. 18 ff.
[939] Die spitzen Bossenblätter an Kapitellen des nördlichen Obergadens im 3. Langhausjoch könnten bereits auf Ebracher Einfluß zurückgehen. Vergl. v. Reitzenstein, Baugeschichte, S. 136 – Bahmann, S. 28 – Kahmen, S. 97.
[940] Wahrscheinlich hat dieses Zeichen die allgemeine Aussage einer Identität der Hütten angeregt.
[941] Wiemer, S. 23.
[942] v. Reitzenstein, Bruder Wortwin, S. 64, setzte sich jüngst noch einmal energisch für eine Identität der Hütten ein. Vergl. dagegen Schlink (Zink, S. 398).
[943] Schon bei Weese, ¹1897, S. 9 f. und ²1914, S. 27 ff.
[944] v. Reitzenstein, Bruder Wortwin, S. 66, Anm. 21, deutet die sparsamere Gliederung der Hauptkirche als prinzipielle Einschränkung gemäß der asketischen Haltung des Ordens. Da der Bamberger Westchor bewußt üppiger gestaltet werden sollte, mußte er an die Michaelskapelle anknüpfen. Die Differenzierung zwischen den Gliederungen einzelner Raumteile ist auch in Ebrach spürbar.
[945] Siebenhüner, Ostkrypta, S. 162, läßt offenbar bewußt bei der Nennung Ebrachs jegliche Daten fort. Seine Meinung gibt wohl Kahmen, S. 26, Anm. 68, wieder, der Wiemer ungenaue Beobachtungen anlastet und neue Untersuchungen des Würzburger Instituts ankündigte. In die gleiche Richtung weist auch Fath, S. 15, Anm. 59, mit der Forderung, durch stilkritische Mittel Wiemers durch Quellen gesicherte Daten zu überprüfen. Schlink, Michaelskapelle, S. 118, akzeptiert dagegen erfreulicherweise die Ergebnisse Wiemers.
[946] Oettinger im Nachwort zu Wiemer, S. 82.
[947] v. Reitzenstein, Bruder Wortwin, S. 66.
[948] Wiemer, Abb. 22.
[949] ebd., S. 25.
[950] ebd., Abb. 22 i.
[951] ebd., S. 63 f.
[952] Wiemer, S. 62, Anm. 83, vermutet, das Rosenfenster des Bamberger Nordquerarmes könne älter als das Ebracher sein, ausgehend von der entwicklungsgeschichtlichen Vorstellung, die einfache Form sei die ältere. Der Bauablauf erweist die umgekehrte Reihenfolge. Auf Wiemer fußt offenbar auch die nicht zutreffende Abfolge der Rosenfenster, die M. F. Fischer, S. 68 ff., aufstellt – Schlink (vergl. Zink, S. 398) schließt sich der hier vorgeschlagenen Reihenfolge an (vergl. v. Winterfeld, Diss., S. 159).
[953] Dieses Ergebnis deckt sich weitgehend mit der Ansicht von Zink, S. 399, die er im Résumé zu Schlinks Vortrag auf dem Bamberger Colloquium vorträgt. Die Ausführungen Schlinks basierten bereits weitgehend auf den hier wiedergegebenen Ergebnissen (Vergl. Diss., S. 154–160), was Zink jedoch nicht zum Ausdruck bringt. Die begründete Skepsis Schlinks darf nicht dazu führen, den in dieser Zeit offenkundigen Zusammenhang zwischen Bamberg und Ebrach auf eine lockere Verbindung zu reduzieren.

[954] So z. B. v. Reitzenstein, Baugeschichte, S. 136 – Verheyen, Fürstenportal, S. 3 ff. – Neuerdings auch Kahmen, S. 101.
[955] Vergl. Verheyen, Fürstenportal, S. 4 ff., mit den wichtigsten Literaturangaben. Ferner W. Boeck, S. 104 f. und Anm. 122.
[956] Vergl. dagegen in der neueren Literatur W. Boeck, S. 104 ff., und Verheyen, Fürstenportal, S. 3 f. und S. 30 ff.
[957] Einzelnachweise für diese seit Dehio, Skulpturen, und Weese, ¹1897 bekannte Tatsache erübrigen sich.
[958] Vergl. Reinhardt, Reims, S. 71 ff., Rezension von Sauerländer, S. 270–292 – Hamann-MacLean, Reims, S. 195 ff. – Branner, Speculum, S. 23 ff. – Ders., Reims, S. 197 ff. Salet, Chronologie, S. 347–394 mit der gründlichsten bisher vorliegenden Quellenkritik, die zwar nicht das ermittelte Datum 1221, wohl aber die absolute Aussage der entspr. Quelle anzweifelt.
[959] Vergl. Sauerländer, Rezension, S. 290 f. – Ders., statues royales, S. 25 – Ders. Reims und Bamberg, S. 167–192.
[960] Reinhardt, Reims, S. 72 ff. – Salet, Chronologie, S. 362 f. und S. 381 f. – v. Reitzenstein, Bruder Wortwin, S. 64, Anm. 16 – Sauerländer, Reims u. Bbg., S. 192.
[961] Abgebildet bei Demaison, Abb. S. 133. Der linke König ähnelt in Tracht u. Haltung dem rechten im Fürstenportaltympanon, die Engelflügel ebenso den steil hochgeführten Flügeln in Bamberg. Die Köpfe sind aber »reimsisch« (vergl. Gerichtstympanon). Für diesen Hinweis danke ich Herrn Professor Dr. W. Sauerländer herzlich.
[962] Man vergleiche auch die Baldachine über Adam und Eva neben der Nordrose. In Übereinstimmung mit denen der Adamspforte sind dort die Kapitelle mit dem Gewölbe der Baldachine verwachsen. Der Baldachin über der Reimser Eva ähnelt zudem auffällig der unteren Baldachinzone über der Maria in Bamberg (ohne Turm). Vergl. Sauerländer, Reims u. Bbg., S. 190 f., als Fazit seiner umfassenden Sichtung und Darstellung der möglichen Reimser Anregungen.
[963] Das stellte besonders heraus Sauerländer, Rezension, S. 290 f., mit entsprechenden Vergleichen. Dazu gehört auch eine Reimser Maske, abgebildet bei Weigert, Masken, Abb. 4, die den Kopftyp der Auferstehenden des Fürstenportals bzw. der Seligen in Abrahams Schoß und des Apostels im Gewände westlich oben vorwegzunehmen scheint. Vergl. jetzt Sauerländer, Reims u. Bg., S. 178 ff.
[964] Vergl. Salet, Chronologie, S. 362 f. und S. 381 f. Die jüngsten Überlegungen Hamann-MacLeans, Reims, S. 195 ff., bekunden das. Auch Sauerländer, Reims u. Bbg., S. 190 ff., betont dies.
[965] Zink, S. 392 u. 405 hebt hervor, schon Noack, S. 17 f., hätte das Datum 1225 für das Fürstenportal erschlossen und den Verband mit dem Seitenschiff erwiesen. Außer einer allgemeinen Meinungsäußerung kann bei Noack, Bamberg, S. 17 f., von einem bautechnischen Nachweis keine Rede sein. Das Tympanon und die jüngeren Gewändefiguren sind außerdem ausgenommen, da er deren Bildhauer erst im 4. Jahrzehnt des 13. Jhs. nach Bamberg kommen läßt. Die Frage eines damit notwendigen nachträglichen Einbaues übergeht auch er wie die meisten vor und nach ihm.
[966] Man datiert allgemein die Reimser Figuren nach ihrem Standort am Bau. Sauerländer, Rezension, S. 290 f., geht offenbar davon aus, wenn er meint, daß die Zone der Masken vollendet gewesen sein müsse, als die Bamberger 1233 Reims verließen. Beides ist nicht zwingend; denn in einem so großen Betrieb ist es unmöglich, alle skulptierten Teile im letzten Augenblick vor dem Versatz zu fertigen. Spätestens als man den Obergaden von Chor und Querschiff in Angriff nahm, muß der Auftrag für einen Teil des bildnerischen Schmuckes erteilt worden sein, dessen Besichtigung in der Hütte ohnehin anregender war als oben am Bau. Der Versatz am Bau ist bei der Arbeit »avant la pose« lediglich ein terminus ante quem. Vergl. v. Winterfeld, Diss., S. 162 u. Anm. 41 – Sauerländer, Reims u. Bbg., S. 191 f., hat sich diesem Standpunkt entscheidend angenähert, auch wenn er bei dem Datum »nach 1230« bleibt.
[967] Es sei betont, daß Sauerländers Darstellung (Reims u. Bamberg) der seit langem wichtigste Forschungsbeitrag ist, den ich in allen wesentlichen Punkten bis auf die Frage der Datierung akzeptiere. Die Konsequenzen aus den kontroversen Ergebnissen hat Zink, S. 448, richtig formuliert: entweder muß man den Bamberger Baubefund neu deuten oder die Baugeschichte von Reims neu schreiben. Vielleicht böte der oben angedeutete Gedanke einen Kompromiß.
[968] Seltsamerweise wurden die Kapitelle unter Ecclesia und Synagoge

bzw. des Adamsportals nie mit der Reimser Entwicklung verglichen. Dort müßte man sie sehr früh, nämlich bei den Chorkapellen einordnen, wo ähnliche Blätter wie zwischen den Knospen des Ecclesiakapitells vorkommen. Auch am Kranzgesims der Chorkapellen ließ sich manches finden, was die Laubbildungen unter dem Reiter inspiriert haben könnte. Um oder kurz nach 1220, wird man sagen dürfen.

[969] v. Reitzenstein, Baugeschichte, S. 129, 146 (Nr. 30).
[970] Arnold, S. 16 ff.
[971] Die ja in dem Sinne kein liturgischer Akt ist.
[972] Mit Ausnahme von Siebenhüner, Ostkrypta, S. 173 f., richtete man dabei immer seinen Blick auf die jüngeren Teile der Ostapsis.
[973] So Weese, [1]1897, S. 6 f. und [2]1914, S. 16 f. – Leitschuh, Baugeschichte, S. 383 – Ders., Bamberg, S. 37 – Kömstedt, S. 34 u. 37 für die Anlage der Ostteile, nicht die Krypta – Neubauer, S. 121–122 – Verheyen, Chorschranken, S. 45 – Kahmen, S. 99 ff. (Baubeginn am Südostturm!) – Strobel, S. 155, Anm. 817.
[974] Um oder nach 1200 datierten: Dehio, Handbuch I, [3]1924, S. 25 – Ders., Dom, S. 9 – Noack, Bamberg, S. 11 und 15 – Pinder, Dom, S. 10 – Keller, S. 22 f. – Fiedler, Dome, S. 48 – Ders., Magister, S. 26 ff. – Neuerdings wieder Gosebruch, S. 47 – Wagner, S. 57 f., gibt das 1. Jahrzehnt an. – Siebenhüner, Ostkrypta, S. 173 f., gibt sehr vorsichtig das 1. Jahrzehnt des 13. Jhs. an.
[975] Die neueren Versuche, v. Reitzensteins nach Quellen erschlossene Daten zu umgehen, sind sehr oberflächlich. Vergl. Kahmen, S. 99 ff. – Wagner, S. 57 ff.
[976] v. Reitzenstein, Baugeschichte, S. 129, 132 ff. – Vor ihm dachte Beenken, S. 4, an 1220 als Datum für die Ostapsis. – v. Reitzenstein schlossen sich an: Pinder, Führer, S. 6 – Bahmann, S. 23 ff., 27. – H. Mayer, Bamberg, S. 36 – Allein R. Hamann, II, S. 80 ff., datierte die Ostteile in die 30er Jahre des 13. Jhs..
[977] Wogegen auch die Quellen und die allgemeine Situation sprechen. Allein Gosebruch, S. 47 u. Anm. 38, erkennt dies nicht an und datiert wieder »um 1200«, nicht zuletzt, weil Bamberg nicht nach Ebrach und Magdeburg begonnen sein könne.
[978] Vöge, Bildhauer, S. 178 f., sah darin den Stifter. – Fiedler, Marientüre, S. 11 ff., erweiterte diese Deutung und nannte Hermann von Salza im Zusammenhang mit dem Verkauf des Dorfes Langeln an den D. O. Zuletzt setzte sich mit der Frage auseinander Wagner, S. 65 f. und S. 79 f., und suchte den Stifter unter Ekberts Brüdern.

## IX. Zur Kunstgeschichtlichen Stellung des Domes

[979] Das zunächst bevorzugte Datum »nach 1200« wurde in der Nachfolge v. Reitzensteins in »nach 1217« abgewandelt.
[980] Verheyen, Chorschranken, S. 45. – Strobel, S. 155, Anm. 817 – Kahmen, S. 99 ff.
[981] Sehr wichtig auch in dieser Hinsicht der Aufsatz von Haas, Erbauer.
[982] Die politischen Hintergründe dieses Überspringens der Passauer und Salzburger Einflußsphäre müßten dabei geklärt werden, seien sie nun in den meranischen Familienverbindungen oder der Stellung des Bistums Bamberg zu suchen.
[983] Sie wird fast stets in der Mitwirkung der »Zisterzienser« in St. Sebald gesehen.
[984] Ein erster zusammenfassender Versuch bei R. Hamann, II, S. 128 ff. – Ferner Wenzel, S. 1–67, wo über Trebitsch hinaus die Beziehungen zu Bamberg einerseits und nach Ungarn andererseits behandelt werden.
[985] Kautzsch, Elsaß, S. 167 ff. – Kubach, Früh- und Hochromanik, S. 44. – Ders. Rezension Will, S. 333 f. – Will, S. 121 ff.
[986] Fels, S. 21–38. – Feld, S. 242 ff.
[987] Kautzsch, Elsaß, S. 290 ff. – Haug mit Beiträgen von Reinhardt, Will, u. a., La Cathédrale de Strasbourg, (mit Literaturang.) – Will, Elsaß, S. 37 f., Nr. 25.
[988] Vergl. hierzu die Tafeln von Knauth bei Friederich, S. 96–103.
[989] Extrem früh datieren Illert, S. 9–36 – R. Hootz, Rheinland-Pfalz, Saar, S. 385 – Eine Mittelstellung nimmt ein Krause, Wormser Dom, S. 445–462. – Eine späte Datierung begründete Kautzsch, Worms, neuerdings gestützt von Böcher, und Arens, Wimpfen, bes. S. 138, Anm. 3, sowie Nothnagel-Arens, S. 70, 77 f.
[990] Siebenhüner, Ostkrypta, S. 154 ff.
[991] Siebenhüner, Ostkrypta, S. 169 ff. Die Straßburger Erweiterung der Krypta allerdings schon 1080 (nicht 1180/90).
[992] Vergl. dagegen Siebenhüner, Ostkrypta, S. 150 f.
[993] Verbeek, Siegburger Abteikirche, S. 31–49, bes. S. 39 – Kubach/Verbeek, S. 1016, 1017.
[994] Verbeek, St. Andreas, S. 50 f. u. Abb. 46 – Borger, Mönchengladbach, S. 71 ff. u. Abb. 71. Rekonstruktion d. 2. Kirche, Periode III (um 1100). – Kubach/Verbeek, S. 507 f. und S. 783 f.
[995] Vorrom. Kirchenbauten, S. 113 (mit Literaturang.).
[996] Vergl. dagegen Siebenhüner, Ostkrypta, S. 157 ff.
[997] Er fand in der Profanarchitektur sehr weitgehende Verwendung bis hin zu den Burgen im Heiligen Land. Vergl. den Remter von Montfort, um nur eines der zahllosen Beispiele zu nennen: Hubatsch, Montfort, S. 192 u. Abb. 2. Meine baugeschichtlichen Überlegungen (nach Fotos) dort ohne Zitat wörtlich wiedergegeben. Die Rekonstruktion Abb. 2 ebenfalls nach eigenen Beobachtungen.
[998] z. B. in Sigolsheim/Elsaß: Kautzsch, Elsaß, S. 266 ff.
[999] Vergl. Bamberg, Nordwestturm; ebenso die Apsiden des Mainzer Westchores, gew. 1239.
[1000] Der von Siebenhüner, Ostkrypta, S. 154 u. Abb. 6 genannte Vorratskeller von Maulbronn, datiert 1201, hat mit seiner vereinfachenden Bandrippenwölbung kaum etwas mit Bamberg zu tun.
[1001] Vergl. die Turmkapellen in den Bamberger Osttürmen u. in den Westtürmen. In der Profanarchitektur blieb im Gratgewölbe im ganzen Mittelalter dominierend.
[1002] Die geplante Anlage könnte für die Verehrung des hl. Kaiserpaares bestimmt gewesen sein.
[1003] Kingsley-Porter, II, S. 164–195. – Wagner-Rieger, S. 134–142. – Siebenhüner, Ostkrypta, S. 166 f.
[1004] Siebenhüner, Ostkrypta, S. 167 u. Abb. 15.
[1005] Ebd., S. 166, jedoch widersprüchlich, S. 173 f., wo mögliche Verbindungen zu Bamberg durch Reisen der Bischöfe konstruiert werden.
[1006] Die zweite Ansicht Siebenhüners aufgreifend Kahmen, S. 100.
[1007] Siebenhüner, Ostkrypta, S. 165 f., Abb. 14 – Aubert, II., S. 79.
[1008] Vergl. z. B. Noirlac, L'Epau, Vauclair: Aubert, Fig. 349, 344, 352.
[1009] Vergl. dagegen Siebenhüner, Ostkrypta, S. 165 f., mit einer Aufzählung der Beispiele nach Aubert.
[1010] Siebenhüner, Ostkrypta, S. 165 f., erkennt zwar die polygonale Brechung als ein entwicklungsgeschichtlich bedingtes, weitverbreitetes Merkmal an, möchte aber dennoch an eine direkte Beziehung glauben.
[1011] Hölscher, Königslutter, S. 9–40, Abb. 18.
[1012] Als Nachfolge der Kreuzgangsäulen von Königslutter in St. Godehard/Hildesheim, Nordportal; Frankenberger Kirche/Goslar, Emporensäulen; Ilsenburg, Refektorium; Chorherrnstift Riechenberg, Krypta; Drübeck, Krypta; usw.
[1013] Strobel, S. 38; Abb. 4.
[1014] ebd., S. 56 u. Abb. 7.
[1015] ebd., S. 135 ff.
[1016] ebd., S. 27 ff. u. Abb. 5.
[1017] ebd., S. 39 f.
[1018] H. Vetters, Salzburg, S. 216–229, Taf. LXI–LXXII – Vorberichte versch. Autoren in: Mitt. d. Gesellsch. f. Salzb. Landeskunde 97, 1957, S. 219 ff; 98, 1958, S. 267 ff; 99, 1959, S. 221 ff. und Kunstchronik 11, 1958, S. 345 ff.
[1019] Kdm. Rheinprov. VII, 2/Stadt Köln, St. Severin (Roth), S. 214 ff. – Kubach/Verbeek, S. 600.
[1020] Meyer-Barkhausen, S. 91 ff.
[1021] Reiners, Konstanz, S. 35–44.
[1022] Gall, Dome, S. 49 u. Abb. 17.
[1023] Vergl. Siebenhüner, Ostkrypta, S. 163 f.
[1024] Dieses als »oberrheinisch« geltende Prinzip ist auch in Fontfroide, Kapitelsaal zu finden. Aubert, II, S. 61, Fig. 365.
[1025] Hausen, – Eckardt/Gebhard, Kdm. Bayern, Pfalz IX, S. 352 ff.
[1026] Hausen, S. 77 – Röttger/Busch/Goering, Kdm. Bayern, Pfalz VII, S. 277–290.
[1027] Strobel, S. 113.
[1028] Vetters, S. 216 ff.
[1029] Kautzsch/Neeb, Mainz (Kdm. Hessen, Mainz, II, 1) – Gall, Dome, S. 52.
[1030] Vergl. dagegen Gosebruch, S. 38 f., der die Ornamentik der Krypta sehr hoch einschätzt und sie aus Laon ableitet.
[1031] R. Hamann, II, S. 81.
[1032] Siebenhüner, Ostkrypta, S. 174 ff.

[1033] H. L. W. Hotz, Murrhardt-Koepf, S. 74f. – Hussendörfer, S. 294ff., 350–354.

[1034] Siebenhüner, Ostkrypta, S. 176.

[1035] Meyer-Barkhausen, S. 31ff. und Abb. 16, 17. Kubach/Verbeek, S. 1092f. und S. 536f.

[1036] Eine zusammenfassende Darstellung der Baugeschichte des Bonner Münsters fehlt bis heute. Die wichtigste Literatur bei Achter, S. 241–254. Die Angaben zur Ostfassade nicht ganz zutreffend bei Schmitz-Ehmke, (= Dehio, Handbuch, NRW Bd. I), S. 72. Nicht nur der Giebel entstand nach der Choreinwölbung, sondern auch die Obergeschosse der Osttürme, als Ausgleich zum Vierungsturm. Vergl. jetzt Kubach/Verbeek, S. 107–116.

[1037] Vergl. Prache, S. 19ff, Abb. 2, 3, 6, 22

[1038] Meyer-Barkhausen, S. 54ff. u. S. 99ff.

[1039] Großmann, S. 55ff.

[1040] Hölscher, Hildesheim, S. 9–44.

[1041] Wille, 1962, S. 45–84, Abb. 54 – Thümmler, Weserraum, S. 166ff., Abb. 12 (Literatur Bd. II, S. 659, Nr. 411) – Ders., Weserbaukunst, S. 261, Abb. 75.

[1042] Strobel, S. 111ff. – Vergl. auch Oswald, S. 230f., S. 159ff. u. S. 66ff.

[1043] Kautzsch/Neeb, Mainz – Arens, Mainzer Dom, S. 225–249.

[1044] Bellmann – Lemaire – Mottart – Kubach/Verbeek, S. 869f.

[1045] Schippers, [1]1928 – Schippers/Bogler [2]1967 – Kubach/Verbeek, S. 749f.

[1046] Héliot, S. 3–76.

[1047] (Stehlin), in: Basler Münsterbauverein, S. 41, Rekonstruktion Fig. 40, Befunde Fig. 36 – Reinhard, 1926 und [3]1961 – Ders., Münster zu Basel (= D B 13), – Osteneck, S. 73–99.

[1048] Grundlegend richtig für die kunstgeschichtliche Stellung der roman. Bauteile bereits Jantzen, S. 6–12. Kempf, Abb. 2 und neuerdings dazu Adam, Münster, S. 9f. u. 29ff. Zusammenfassend mit aller älteren Literatur Osteneck.

[1049] Um die Rekonstruktion bemühten sich Schuster (1907/8), mit Korrekturen vor allem des Polygons durch Stehlin (1936) und Becksmann (1969) bereits mit Grabungsergebnissen. Umfassend dargestellt bei Osteneck, die Grabungsergebnisse bei W. Erdmann, Freiburg. – Der obere äußere Abschluß der Freiburger Apsis ist nach wie vor nur hypothetisch rekonstruiert.

[1050] Kautzsch, Elsaß, S. 282f.

[1051] Osteneck, S. 105–108, Abb. 48–50 (mit Literatur).

[1052] Paulus, – P. Schmidt, – Dörrenberg, – C. W. Clasen, Diss. – Linck.

[1053] Giesau, Magdeburg (= D. B. 1) – Greischel, Mrusek.

[1054] Hölscher, Forschungen, S. 15–35.

[1055] Kautzsch/Neeb, Mainz – Gall, Dome, S. 52.

[1056] Dehio, Dom, S. 9 – Ders., gotische Rezeption, 1909/10, S. 49–53 – Noack, Bamberg, S. 16 – Pinder, Dom, S. 11ff. – v. Reitzenstein, Baugeschichte, S. 134.

[1057] R. Hamann, II, S. 74 – Kahl, S. 147.

[1058] Kahmen, S. 102ff., nicht – wie Zink, S. 396 und jetzt auch Gosebruch, Anm. 3 meinen – die Ostapsis.

[1059] Dieser Begriff »Oberrhein« wurde besonders herausgestellt von Zimmermann, Kunstgeographische Grenzen, S. 113. Sehr deutlich auch bei Verbeek, Rezension Hausen, S. 250–256. – Erneut wies mit Nachdruck darauf hin Kubach, Rezension Will, S. 334.

[1060] Die Frage burgundischer, lothringischer u. lombardischer Einflüsse ist häufig, aber mit wenig Erfolg untersucht worden.

[1061] Gall, Niederrh. u. norm. Arch. – Meyer-Barkhausen, S. 30ff. – Kubach, Früh- und Hochromanik, S. 66.

[1062] Kubach, Wandsysteme, S. 25f.

[1063] Gosebruch, Anm. 3, hat ohne stichhaltige Argumente den Hinweis auf die niederrheinische Abkunft des Gliederungssystems ad absurdum zu führen versucht. (»Weshalb nicht einfach Speyer?« »Grundlosigkeit der Vergleiche.«)

[1064] Meyer-Barkhausen, S. 91ff. und S. 71ff. – Kubach/Verbeek, S. 968f.

[1065] So auch Gosebruch, S. 28f. mit seinem andeutenden Hinweis auf das Innere der Straßburger Münsterapsis. Abgesehen davon, daß es sich dort um eine Verkleidung älteren Bestandes handelt, ist selbst die Blendarkade im Untergeschoß eine sehr unpräzise Mischung aus gekrümmten und geraden Flächen. Es ist unklar, wo hier überhaupt ein Ansatz zum Vergleich sein sollte.

[1066] Vergl. dagegen Kahmen, S. 104f.

[1067] Ebenso St. Kastor in Koblenz: Kubach/Verbeek, S. 487.

[1068] Vergl. dagegen Zink, S. 396, wo ohne Auseinandersetzung mit den hier und früher (v. Winterfeld, Diss., S. 177f.) vorgetragenen Argumenten erneut auf »die oberrheinische Gruppe polygonaler Chöre« nach Dehio verwiesen wird. – Ebenso allgemein ablehnend Gosebruch (Anm. 3). Offenbar beruht dies auf der Schwierigkeit, die allgemeine Erscheinung (Sandsteinquaderbau) von der architektonischen Struktur zu trennen. Die oberrheinisch profilierten Fenster, die die Blenden fast ganz füllen, erschweren dies.

[1069] Meyer-Barkhausen, S. 71ff. – Kubach/Verbeek, S. 968f.

[1070] Vergl. Anm. 1068.

[1071] Dazu Kahl.

[1072] Kdm. Rheinprov. VII, 2/Stadt Köln, St. Severin (Roth) 1929, S. 214ff. – Meyer-Barkhausen, S. 99ff., Abb. 136 – Verbeek, Kölner Kirchen, Abb. 46.

[1073] Reinhardt, [3]1961 – Osteneck, S. 75.

[1074] Den Befunden nach scheint eine Längstonne oder Plattenabdeckung auch in Basel nicht ausgeschlossen zu sein. Vergl. Basler Münsterbauverein, Fig. 36 u. 40 – Osteneck, S. 90 u. Anm. 195.

[1075] Rydbeck, – Cinthio, – Kubach, Früh- u. Hochromanik, S. 132f., Abb. 15.

[1076] Hölscher, Königslutter, S. 9ff.

[1077] Dies erkannte schon R. Hamann, II, 115ff., vermutete darin aber eine Abhängigkeit von Bamberg – Hölscher, Forschungen, S. 15–35.

[1078] Vergl. R. Hamann, II, S. 119.

[1079] ebd., II, S. 122 – Diesen Gedanken verfolgten auch Beseler/Roggenkamp, S. 40f. Die S. 68 vermutete Zusammenarbeit eines Bamberger Architekten mit einem Magdeburger Kapitellbildhauer am Kreuzgang dürfte für die Architektur durch nichts zu belegen sei. Neuerdings wieder Schulz-Mons, S. 35f. mit Abwandlung der Personalzusammenhänge.

[1080] Wichtig für den Eindruck ist der Zustand nach der Restaurierung: Karpa, S. 97–115.

[1081] Diese Beurteilung der Beziehung zwischen beiden Bauten scheint mir nach wie vor richtig, obwohl Schulz-Mons für Hildesheim wieder einen Mitarbeiter an der Bamberger Ostapsis als Architekt zu sehen glaubt. Ich danke Herrn Dr. Chr. Schulz-Mons für die Einsicht in sein Manuskript (S. 8–15).

[1082] Vergl. dazu Haussherr, Rezension zu Kubach/Bloch (Früh- u. Hochromanik), S. 351–372.

[1083] R. Hamann, II, S. 73f.

[1084] Pinder, Dom, S. 12 – Bahmann, S. 24.

[1085] R. Hamann, II, S. 50 – R. Hootz, Rheinland-Pfalz/Saar, S. 386.

[1086] R. Hootz, Hessen, S. 72f. Durch dendrochronologische Untersuchungen eines Balkens aus dem Chorgewölbe ergibt sich das erheblich frühere Datum 1194 für Fritzlar: vergl. Pralle/Vogel, S. 13. Es wäre auch auf Hessen in Lothringen hinzuweisen: W. Hotz, Elsaß/Lothringen, S. 69f.

[1087] Bushart, Diss. München, MS., S. 96ff., hat die Türme mit Mittellisene eingehend behandelt, Ellwangen mit Hall in Verbindung gebracht und daran die Entwicklung bis Feuchtwangen angeschlossen. Nach seiner Meinung ist diese Gliederung im Elsaß entwickelt worden, von wo Bamberg in dieser Hinsicht kaum direkt abzuleiten ist. Zu Ellwangen neuerdings Bushart, Fs. Ellwangen, S. 703–766.

[1088] Das Untergeschoß des Turmes der Johanneskirche in Schwäbisch Gmünd wäre auch zu nennen.

[1089] Kautzsch, Elsaß, S. 242ff. – Will, S. 231ff.

[1090] R. Hamann, II, S. 75 – Pinder, Dom, S. 13 – Überraschend ähnlich der Blendbogen um das Doppelportal zum Refektorium in Savigny (Manche): Aubert, S. 113, Fig. 431.

[1091] Strobel, S. 125f. u. Abb. 34.

[1092] R. Hamann, II, S. 76 – Karlinger, S. 25–29, 32–34, Abb. 12, 41 – Wagner, S. 14ff. mit Literaturübersicht.

[1093] Strobel, S. 137f. u. Abb. 35.

[1094] Kautzsch, Elsaß, S. 214ff. – Will, S. 213ff.

[1095] Kubach, Pfalz, S. 69, Abb. 78.

[1096] Kautzsch, Elsaß, S. 270ff. – Will, Elsaß, S. 25, Nr. 3.

[1097] Kautzsch, Elsaß, S. 236 – Will, S. 29f. Nr. 11 mit einer berechtigten Korrektur von Kautzschs Frühdatierung. (jetzt Anf. 13. Jh.) – Dollmeyer, S. 62–90.

[1098] Krause, Worms und ders., Wechselburg, hat der Entwicklung von Lisenenprofilen und Hornausläufen besondere Beachtung geschenkt. Die Quellen für Wechselburg weisen auf eine frühe Entstehung (vor 1168 im Bau) hin. Die formengeschichtlich dazu passende Einordnung durch K. beruht allerdings z. T. auf dessen früher Datierung des Wormser Domes, vor allem von dessen Ostbau. Vergl. Wechselburg, S. 104–106.

[1099] Die Apsis der Matthiaskapelle in Kobern ist wohl jünger. Vergl. Zänker-Lehfeldt, S. 122f. Lisenen, Fries und Zahnband sind Bamberg erstaunlich nah verwandt, obwohl die Autorin nur Worms und mittelrhein. Bauten als Vorbilder nennt. (S. 110f.) Profilierte Bogenfriese sind im niederrhein. Tuffgebiet selten. In Kobern wählte man Großquader aus Tuff für Bögen u. Lisenen statt des üblichen spröden und harten Trachyt. Vergl. Kubach/Verbeek, S. 477f.

[1100] Loertscher, S. 110ff.
[1101] Hölscher, Forschungen, Abb. 6, 13, 30, 32, 34, 40, 41.
[1102] Thümmler, Weserbaukunst, Abb. 139, S. 285f.
[1103] Bushart, Fs. Ellwangen, Abb. 24, 25.
[1104] Paulus, Taf. II. Widerspruchslos übernommen von Schmidt, Dörrenberg und Linck.
[1105] Bock, S. 185f. u. Abb. 182 – Koepf, Schwäb. Kunstgesch. I, S. 70.
[1106] Dazu Kluckhohn, S. 527–578, besonders Abb. 28, 29.
[1107] Bock, S. 189f. – Koepf, Schwäb. Kunstgesch. I, S. 70–74 – Fastenau, S. 77ff.
[1108] Hussendörfer, S. 308–389, zusammenfassend S. 379–381.
[1109] Cichy, S. 68 – Hussendörfer, S. 339–349.
[1110] Hussendörfer, S. 350ff. Dort auch ältere Literatur.
[1111] Hussendörfer, S. 379–381, Karte nach Tf. 35.
[1112] R. Hamann, I, S. 9ff., Abb. 17, 18 – Strobel, S. 127ff. – Hussendörfer, Abb. 161–163.
[1113] R. Hamann, II, S. 123, Abb. 234 – Hussendörfer, Abb. 263–266.
[1114] Die Stengel sind unten fast immer in einer den Kelch umhüllenden Zone zusammengewachsen. – Die Untersuchungen zur Kapitellornamentik sind zahlreich. Corpusähnliche Darstellungen fehlen.
[1115] Vergl. dagegen Kahmen, S. 95ff. und neuerdings Gosebruch, S. 28ff., der neben Straßburgischem vor allem direkte Beziehungen nach Laon zu sehen glaubt.
[1116] Zänker-Lehfeldt, S. 117 u. Anm. 383, nennt Bamberg nur als motivische Parallele und rückt die Kapitelle an die der Vorhalle von Maria Laach heran. Die Blattmaske rechts offenbar stark überarbeitet. Es sind die Kapitelle, die immer in Verbindung mit Magdeburg gebracht werden. Schulz-Mons, MS., glaubt sogar an eine Identität der Bildhauergruppe, wie der Titel seiner Arbeit andeutet. Eine gewisse Skepsis ist jedoch angebracht, weil einerseits chronologische Probleme bestehen und andererseits der Charakter der beiden Ornamentgruppen unverwechselbar ist, trotz vergleichbarer isolierter Einzelmotive. Bamberg ist insgesamt disziplinierter.
[1117] ebd. S. 104, Anm. 351. Z.-L. versucht ohne Begründung den Begriff »Mittelrhein« zu beleben. Als Zone der Durchdringung von »Oberrhein« und »Niederrhein« wäre dies zu akzeptieren.
[1118] Vergl.: Paulus, S. 25 – P. Schmidt, S. 3f. (Daten) – Dörrenberg, S. 33, Abb. 22 – Hussendörfer, Abb. 323–326 – C. W. Clasen, S. 39f., 49f., 57f., 196.
[1119] Hussendörfer, Abb. 87–92.
[1120] Hussendörfer, S. 382–398; für den Bamberger Zusammenhang insbesondere S. 392f.
[1121] Reuter, S. 63ff. – Hahn, S. 248ff. – Feldtkeller, S. 199–211 – Hussendörfer, S. 387 u. Abb. 328, 329.
[1122] Bader, Abb. 55 (Schrankenfragment).
[1123] Koepf, Schwäb. Kunstgesch. I, S. 74f.
[1124] R. Hamann, II, S. 56, Abb. 107 – Binding, Gelnhausen, S. 47ff. – Nothnagel/Arens, S. 11ff., 105ff.
[1125] Hölscher, Forschungen, S. 80, Abb. 55 – Lange, Tf. 15a.
[1126] R. Hamann, II, S. 106, Abb. 201 – Kluckhohn, Tf. 8, Abb. 137, (Rochsburg) – Krause, Wechselburg, Abb. 102, 110. Auch andere, für Bamberg wichtige Motive (Wiegenblatt, Blattknollen) sind in Wechselburg vorgebildet.
[1127] Koepf, Schwäb. Kunstgesch. I, S. 57 (mit Literatur) – Auf den Zusammenhang wies hin Kahmen, S. 44.
[1128] ebd. S. 94.
[1129] R. Hamann, II, S. 105 – Krause, Wechselburg, Abb. 106, 108, 109.
[1130] Nicht Laon, wie Gosebruch, S. 36f. vermutet.
[1131] Kautzsch, Elsaß, S. 236 – Will, S. 29f. – Dollmeyer, S. 62–90.
[1132] Marzolff, S. 35–57.
[1133] Koepf, Schwäb. Kunstgesch. I, S. 65ff. (mit Literatur) – Hussendörfer, S. 201–273, 290–298, 416 (mit Literatur).
[1134] Koepf, Oberstenfeld – Hussendörfer, S. 395 u. Anm. 655–666 (mit Literatur). Den Zusammenhang mit Plan II des Bamberger Domes sieht H. ohne Einschränkung als gegeben an und verweist zusätzlich auf die in diesem Gebiet erstmalig auftretenden Spitzbogenarkaden als weiterer Übereinstimmung.

[1135] Noack, Gelnhausen – Schubotz (Führer) – Faht, S. 43–53, mit einer umfassenden Darstellung des Baues.
[1136] Kömstedt, S. 29.
[1137] Faht, S. 48f., nimmt zur Frage der Säulenvorlagen nicht klar Stellung: teils hält er sie für den Ersatz von Pfeilervorlagen, teils sieht er nur die Schaftringe als nachträgl. Einfügung an. Beides erscheint ohne eindeutigen bautechnischen Nachweis nicht sehr wahrscheinlich.
[1138] Kdm. Rheinprov. XX,1, Koblenz (F. Michel) – Gall, Dome, S. 88f. – Kubach/Verbeek, S. 483f.
[1139] Vergl. Anm. 1138 – Kubach/Verbeek, S. 489f.
[1140] Meyer-Barkhausen, S. 106f., Kubach/Verbeek, S. 430f.
[1141] Maere/Delférière, S. 5–48 – Kubach, Früh- u. Hochromanik, S. 60.
[1142] Héliot, S. 3–76.
[1143] Balme, Craplet, (Zodiaque) – Congrès archéologique 1924 (Clermont-Ferrand) – Deschamps.
[1144] Bellmann, – Kubach, Früh- u. Hochromanik, S. 61 – Kubach/Verbeek, S. 864ff.
[1145] Kautzsch, Elsaß, S. 264, 266f., 274ff. – Will, S. 36 (Nr. 23), S. 29 (Nr. 10).
[1146] Durand, S. 311ff. – Nothnagel/Arens, S. 85f., 99f., Abb. Tf. 49b – Müller-Dietrich, S. 129f.
[1147] Kautzsch, Elsaß, S. 242ff. – Will, S. 231ff.
[1148] Wagner-Rieger, – Krönig, Rezension – Wagner-Rieger, S. 266–175.
[1149] Wagner-Rieger, S. 50f., Fig. 4 – Kingsley-Porter, II, S. 349.
[1150] Wagner-Rieger, S. 53 u. 56ff., Abb. 14–17.
[1151] ebd. S. 48ff. (mit Literatur), Kingsley-Porter, II, S. 270. – Fraccaro de Longhi, Taf. XLIVff., S. 165–186 – Hahn, Rezension Fraccaro d. L., S. 77–84.
[1152] Wagner-Rieger, S. 52f., Fig. 5.
[1153] ebd., S. 62ff., Abb. 19–23.
[1154] Fraccaro de Longhi, S. 260–267.
[1155] Bandmann, Bonner Münster, S. 109–131 – Meyer-Barkhausen, S. 82ff. – Kubach/Verbeek, S. 114f.
[1156] Hausen, – Zum Oberrhein vergl. die schon genannte Literatur: Will, und Kautzsch, Elsaß bzw. Ders., Worms. – Nicht Straßburg, Südquerarm, wie Gosebruch, S. 44f., auf Grund eines Irrtums über das Bamberger Langhaussystem vermutet.
[1157] Hausen, S. 82ff.
[1158] Durand, S. 198ff.
[1159] Ohne direkte motivische Beziehungen ist grundsätzlich Vergleichbares an den Kapitellen von Chor und Langhaus der Marienkirche in Gelnhausen zu beobachten. Vergl. Fath, Tf. 24 u. S. 43–53 – Die Kapitelle am NO-Vierungspfeiler B10 erinnern an Heisterbacher Formen. Vergl. Meyer-Barkhausen, Abb. 81.
[1160] z. B. Paradies von Maria-Laach. Vergl. Schippers/Bogler, Abb. 30. – Hier kommen aber auch Mainz (Dom, Marktportal) u. Aschaffenburg ins Spiel. Vergl. Nothnagel/Arens, Tf. 54, 55, 61.
[1161] Nothnagel/Arens, Tf. 18 u. S. 46.
[1162] ebd., Tf. 62 a u. S. 155ff. – Fath, S. 72 – Ders., Aschaffenburger Jb. (1972) – Klewitz, S. 53ff. – Noack, Gelnhausen, S. 13f.
[1163] Nothnagel/Arens, Tf. 60.
[1164] Das forderte auch Kubach, Rezension Will, S. 334. – Eine neue Grundlage versucht Schlink, Langres, zu erarbeiten, wo die älteren, für diese Frage wichtigen Bauten bzw. ihre Überreste dargestellt sind. Vergl. dazu v. Winterfeld, Rezension Schlink.
[1165] Die gründliche Untersuchung von Hahn, besprochen von Kubach, und Lehmann, beschränkte sich auf eine etwas frühere Stilstufe, bestätigte im übrigen aber die Lücke.
[1166] Bei der Suche nach Vorstufen für Offenbach a. Glan verwies Fath, S. 13, erneut auf Burgund und Lothringen, zählte dabei aber sehr unterschiedliche Bauten auf: Vermenton, Montréal, Montier-en-Der, Cheminot. Schlink, Michaelskapelle, S. 122 u. Anm. 25, hat für Ebrach, dem die engsten Beziehungen zu Burgund nachgesagt werden, den Sachverhalt zutreffend umschrieben: »bauplanerische Zusammenarbeit« mit dem burgundischen Ursprungsland, aber keine »burgundischen Steinmetzen.«
[1167] Congr. Archéol. 116, 1958 (Auxerre), S. 327ff.
[1168] Vergl. Fath, S. 13.
[1169] Eine Zusammenstellung der wichtigsten Bauten bei Branner, Burgundian Gothic Architecture.
[1170] Es ist immer wieder erstaunlich, mit welcher Sicherheit dieser Bau bei zahlreichen, sehr verschiedenen Bauten in Deutschland als Vorbild genannt

wird. – Fath, S. 50f. hat dies für die Marienkirche in Gelnhausen modifizieren und einschränken können.

¹¹⁷¹ Vergl. Bandmann, Bonner Münster, S. 109–131, der die Zusammenhänge mit Burgund betont (Genf, Lausanne), wofür seine Spätdatierung von Bedeutung ist. Dazu auch Meyer-Barkhausen, S. 88f., bes. Anm. 1–5.

¹¹⁷² Salet, Vézelay.

¹¹⁷³ Schlink (vergl. Zink, S. 400) schloß sich dieser Einstellung in seinem Vortrag an. Gosebruch, S. 47ff. griff den Faden auf, engte seinerseits den nordfranzösischen Vorbildbereich auf die Kathedrale von Laon ein. Das ist solange unzulässig als es keine umfassende Übersicht über die kleineren und mittleren Bauten der Region in dieser Epoche gibt. Es sei z. B. nur an St. Martin in Laon erinnert: im Angesicht der Kathedrale entstanden und doch östlichen Bauten so viel ähnlicher als diese!

¹¹⁷⁴ Vergl. dagegen Dehio, Dom, S. 9, 12 – Noack, Bamberg, S. 16, 18 – Pinder, Dom, S. 12f.

¹¹⁷⁵ Fath, S. 7ff., mit ausführlicher Baugeschichte. Auf den Zusammenhang Offenbachs mit der Gruppe Maulbronn, Walkenried, Ebrach, Magdeburg wiesen mit unterschiedlichen Akzenten hin Noack, Gelnhausen, S. 76 – Giesau, Bauhütte, S. 55f. – Adenauer, S. 73 – Badstübner.

¹¹⁷⁶ Zufällig dort auch der verschobene Schlußstein. Vergl. Fath, S. 13, Anm. 55.

¹¹⁷⁷ Fath, S. 14f. u. 23ff.

¹¹⁷⁸ W. Hotz, Elsaß/Lothringen, S. 159f., Abb. 188 – Will, S. 34 (Nr. 19) – Fath, hat den Bau anscheinend übersehen.

¹¹⁷⁹ Zu diesen Bauten äußert sich Fath wegen der willkürlichen Beschränkung auf den »Mittelrhein« nicht. – Vergl. Kautzsch, Elsaß, S. 259ff. – Will, S. 34.

¹¹⁸⁰ Dies versuchte Gosebruch, S. 47ff., und legte Nachdruck auf den Primat Maulbronns als unmittelbarem Importeur des Laonneser Systems. Dies bliebe zu untersuchen; denn entgegen Gosebruch muß man feststellen, daß Ebrach mit den Architekturgliedern logischer umgeht als Maulbronn, wo echt oberrheinisch mit Sorglosigkeit und Willen zur plastischen Wirkung »gewurstelt« wird. Ein direkter Zusammenhang mit Ebrach ist nicht erwiesen. Die berühmten Halbmonde auf den Schildkonsolen, die Gosebruch wieder gegenständlich als Wappen deutet, sind untereinander sehr unterschiedlich und als Ornament zu deuten.

¹¹⁸¹ Meyer-Barkhausen, S. 100f. – Fath, S. 50f., folgt Klein, S. 30f., der in Sinzig den Ausgangspunkt des Typs sah.

¹¹⁸² Feldtkeller, S. 199ff.

¹¹⁸³ Vergl. Fath, S. 50f. – Die Neigung zu zentralbauartiger Gestaltung spätromanischer Apsiden hat vor Götz, S. 156f., bereits Bandmann, Apsis, S. 28ff., herausgearbeitet. In romanischen Apsiden grundsätzlich halbierte Rotunden zu sehen und ihnen eine entsprechende Bedeutung zu unterlegen, beruht allerdings auf einer Überinterpretation.

¹¹⁸⁴ Zu Larchant vergl. Verdier, S. 9ff. und Henriet, S. 289ff. mit weiteren Beispielen der Gruppe.

¹¹⁸⁵ Vergl. M. F. Fischer, S. 68ff.

¹¹⁸⁶ U. Boeck in: W. Boeck, S. 184 – Kahmen, S. 98.

¹¹⁸⁷ Arens, Wimpfen, Abb. 13, 14.

¹¹⁸⁸ Hahnloser, ¹1935, ²1972, S. 49ff., Tafel 18, 19.

¹¹⁸⁹ Der Turm stand früher auf dem Dionysius-Baldachin und wurde anläßlich einer Restaurierung mit Recht auf den Marien-Baldachin zurückversetzt. Auf ihn machte zuerst aufmerksam Franck-Oberaspach, Z. Eindr. d. franz. Gothik, S. 108f. – Ders., christl. Kunstbl., S. 150 – Ders., fränk. Bildhauerschule, S. 262.

¹¹⁹⁰ Weese, ²1914, S. 33.

¹¹⁹¹ Franck-Oberaspach, fränk. Bildhauerschule, S. 262, verwies bereits auf technische Ausführung durch einheimische Kräfte.

¹¹⁹² H. Mayer, Bamberg, S. 56.

¹¹⁹³ U. Boeck, in: W. Boeck, S. 177 u. Anm. 271 (S. 198) – Bach/Blondel/Bovy, Lausanne, (Kdm. Canton Vaud, II.) S. 130ff., Fig. 86, 87, Abb. 365, 373. – M. Grandjean, S. 143–149, Fig. 2, 43, 165, 168

¹¹⁹⁴ Ostendorf, S. 172f. – Zimmermann, Groß St. Martin, S. 127f. – Kubach/Verbeek, S. 577f.

¹¹⁹⁵ Adenauer, S. 60f.

¹¹⁹⁶ Deneux, S. 117ff., Fig. 22.

¹¹⁹⁷ Vergl. dagegen die im Bericht von Zink, S. 396, verstärkte Bemerkung Peter Kurmanns in dessen Bamberger Vortrag.

¹¹⁹⁸ Kunze, S. 81–98, Abb. 5, 13. Kunzes Rekonstruktionen erfolgten offenbar ohne Kenntnis der Untersuchungen von Deneux. Trotzdem würdigte sie eingehend van der Meulen in seinem »rapport préliminaire«: S. 79–126 – Ferner Branner, Reims, S. 220–241.

¹¹⁹⁹ Deneux, S. 138ff., Fig. 21 – So auch D. Schmidt, Portalstudien, S. 14–58, bes. S. 15, Anm. 11.

¹²⁰⁰ Zu Saint-Nicaise vergl. den gerade erschienenen Aufsatz von Bidault/Lautier. Auf die Probleme einer Datierung der Westfassade machte mich Dr. Peter Kurmann freundlicherweise aufmerksam.

¹²⁰¹ Diese Ansicht vertrat schon Franck-Oberaspach, Z. Eindr. d. Gothik, S. 107, Anm. 3, 109.

¹²⁰² Vergl. Kubach, Früh- Hochromanik, S. 6f. und S. 117. – Dazu die kritischen Einwände von Haussherr, S. 366ff.

## X. Überlieferung und Stilangleichung

¹²⁰³ Krautheimer, Introduction, S. 1–33.

¹²⁰⁴ Bandmann, Bedeutungsträger.

¹²⁰⁵ Zink, S. 393, hat in unzulässiger Einengung des Vorgangs nur auf Plan III B (Inneres) die durch zahlreiche Übereinstimmungen erwiesene Verbindlichkeit des Heinrichdomes für die Gesamtgestalt des Neubaus zurückgewiesen, ohne dafür Gründe nennen zu können.

¹²⁰⁶ Vergl. die vorsichtige Beurteilung durch R. Neumüllers-Klauser, oben S. 33 u. Anm. 306. Dennoch sollte nicht übersehen werden, daß die Stellung des Bamberger Kapitels seit dem 11. Jh. sehr erstarkt war, was bereits 1075 in der erfolgreich betriebenen Absetzung Bischof Hermanns I. sichtbar wird. Vergl. dazu R. Schieffer, Spirituales Latrones, in: Histor. Jahrb. 92, 1972, S. 19–60. Allgemeiner für die Entwicklung zur wirtschaftlichen Unabhängigkeit ders., Entstehung von Domkapiteln in Deutschland, Diss. phil. Bonn 1976 (= Bonner Historische Forschungen Bd. 43). Diese Hinweise verdanke ich Herrn Prof. Dr. Hermann Jakobs, Heidelberg.

## Anhang

* Zuerst veröffentlicht in: Zs. f. Kunstgesch. 39, 1976, S. 105–146 (zitiert: Erstdr.) Bei diesem Beitrag handelt es sich um eine leicht veränderte und erweiterte Fassung eines Referats, das am 9. April 1975 auf einem vom Zentralinstitut für Kunstgeschichte veranstalteten Colloquium über den Bamberger Dom gehalten wurde. Es wird auf Wunsch mehrerer Teilnehmer schriftlich vorgelegt, trotz starker Bedenken der Verf., ob dieser Versuch in sich schlüssig und vollständig genug ist, um eine Publikation zu rechtfertigen. Soweit über Baudetails des Heinrichsdomes referiert wird, folge ich den Ergebnissen von W. Sage (s. o. S. 16ff.); ich möchte ihm für die Überlassung von Grundrissen und zahlreiche Erläuterungen auch hier sehr herzlich danken.
Die folgenden Publikationen werden abgekürzt zitiert:
Bassermann-Jordan/Schmid = E. Bassermann-Jordan/W. M. Schmid, Der Bamberger Domschatz, München 1914
BhVB = Berichte über das Bestehen und Wirken des historischen Vereins zu Bamberg [Titel mit Varianten]
Bischoff = B. Bischoff, Mittelalterliche Schatzverzeichnisse, 1.Teil, Veröffentlichungen des Zentralinstituts für Kunstgeschichte in München 4, München 1967
Boeck = W. Boeck, Der Bamberger Meister, Tübingen 1960
Deinhardt = W. Deinhardt, Dedicationes Bambergenses, Beiträge zur Kirchengeschichte Deutschlands 1 (1936)
Farrenkopf = E. K. Farrenkopf, Breviarium Eberhardi Cantoris, Liturgiewissenschaftliche Quellen und Forschungen 50 (1969)
Guttenberg, Regesten = E. v. Guttenberg, Die Regesten der Bischöfe und des Domkapitels von Bamberg, Veröffentlichungen der Gesellschaft für fränkische Geschichte VI. Reihe, Würzburg 1932–1963
Guttenberg, Germania sacra 1 = E. v. Guttenberg, Das Bistum Bamberg, Germania sacra, 2. Abt., Die Bistümer der Kirchenprovinz Mainz, Bd. 1, Berlin/Leipzig 1937
Guttenberg/Wendehorst, Germania sacra 2 = E. v. Guttenberg/A. Wendehorst, Das Bistum Bamberg. Die Pfarrorganisation, Germania sacra, 2. Abt., Bd. 1, Teil 2, Berlin 1966
Haeutle = Chr. Haeutle. Die Bamberger Dom = Heiligthümer und das heil. Kaiser = Grab, in: BhVB 38 (1875) 89ff.
Haimerl = X. Haimerl, Das Prozessionswesen des Bistums Bamberg im Mittelalter, Münchener Studien zur historischen Theologie 14 (1937)
Haupt = A. Haupt, Extrakte aus den Baurechnungen des Bamberger Domes, in: BhVB 48 (1885), als Anhang mit eigener Seitenzählung
Heller = J. Heller, Taschenbuch von Bamberg, Bamberg 1831

Jaffé = Ph. Jaffé, Monumenta Bambergensia, Bibliotheca rerum Germanicarum, Bd. 5, Berlin 1869 (Nachdruck Aalen 1964)
Klauser = R. Klauser, Der Heinrichs- und Kunigundenkult im mittelalterlichen Bistum Bamberg, in: BhVB 95, 1956 (1957) 1 ff.
Lagemann = A. Lagemann. Der Festkalender des Bistums Bamberg im Mittelalter. Entwicklung und Anwendung, in: BhVB 103 (1967) 7 ff.
Looshorn = J. Looshorn, Die Geschichte des Bisthums Bamberg, 7 Bde., München 1886 ff.
Ludewig = J. P. Ludewig, Scriptores rerum episcopatus Bambergensis, Frankfurt/Leipzig 1718
Morper = J. Morper, Die Wandlungen des Bamberger Domes seit seiner Vollendung, Bamberger Hefte für fränkische Kunst und Geschichte 3 (1926)
Müller-Christensen/(Reitzenstein) = S. Müller-Christensen, Das Grab des Papstes Clemens II. im Dom zu Bamberg. Mit einer Studie zur Lebensgeschichte des Papstes von A. v. Reitzenstein, München 1960
Pfister = M. Pfister, Der Dom zu Bamberg, Bamberg 1896 (einzeln paginierte Beiträge, numeriert I–V)
Reitzenstein, Baugeschichte = A. v. Reitzenstein, Die Baugeschichte des Bamberger Domes, in: Münchner Jahrbuch der bildenden Kunst NF 11 (1934–36) 113 ff.
Reitzenstein, Clemensgrab = A. v. Reitzenstein. Das Clemensgrab im Dom zu Bamberg, in: Münchner Jahrbuch der bildenden Kunst NF 6 (1929) 216 ff.
Reitzenstein, Domaltäre = A. v. Reitzenstein, Zur ältesten Geschichte der Bamberger Domaltäre, in: Bamberger Blätter für fränkische Kunst und Geschichte 10 (1933) 13 ff. und 11 (1934) 19 f., 22 ff., 28
Reitzenstein, Kaisergrab = A. v. Reitzenstein, Das Grabmal Kaiser Heinrichs II. im Bamberger Dom, in: Zeitschrift für Kunstgeschichte 3 (1934) 360 ff.
Schreiber I = G. Schreiber, Stephan I. der Heilige, Paderborn 1938
Schreiber II = G. Schreiber, Stephan I. in der deutschen Sakralkultur, in: Archivum Europae centro-orientalis 4 (1938) 191 ff.
Schulte = A. Schulte, Deutsche Könige, Kaiser, Päpste als Kanoniker an deutschen und römischen Kirchen, in: Historisches Jahrbuch 54 (1934) 137 ff.
Schweitzer = C. A. Schweitzer. Vollständiger Auszug aus den vorzüglichsten Calendarien des ehemaligen Fürstenthums Bamberg, in: BhVB 7 (1844) 67 ff.
Serédi = J. Serédi (Hg.), Szent István király, 3 Bde., Budapest 1938
Szentpétery = E. Szentpétery (Hg.), Scriptores rerum Hungaricarum Bd. 2, Budapest 1938
Ussermann = Aem. Ussermann, Episcopatus Bambergensis, St. Blasien 1801
Weber = H. Weber, Das Bisthum und Erzbisthum Bamberg, seine Eintheilung in alter und neuer Zeit und seine Patronatsverhältnisse. Nebst einer Beilage über die Vicarien und Benefizien am Domstift, in: BhVB 56 (1894/95) 1 ff., Beginn der Beilage 267

[1] Y. Delaporte, L'ordinaire chartrain du XIII$^e$ siècle, Société archéologique d'Eure-et-Loir 19 (1953) 1 f.
[2] U. Chevalier, Sacramentaire et martyrologe de l'abbaye de Saint-Remy. Martyrologe calendrier, ordinaires et prosaire de la métropole de Reims, Bibliothèque liturgique 7 (1900) 92.
[3] Vgl. den Anm. 2 zitierten Ordinarius. Er will darlegen, *quibus temporibus, et quo ordine, vel quomodo in prenominata Ecclesia legenda sint aut cantanda.*
[4] Die Datierung beider Handschriften schwankt sehr in der Literatur. Bei Fr. Leitschuh/H. Fischer, Katalog der Handschriften der königlichen Bibliothek zu Bamberg Bd. 1 (Bamberg 1895–1906) 265 f. und 266 f. wird lit. 117 ins 15./16. Jh., lit. 118 A. 16. Jh. oder E. 15. Jh. gesetzt, ohne weitere Eingrenzung und Begründung. – L. Fischer, Der Heinrichstag im mittelalterlichen Bamberg, in: Heimatblätter des Historischen Vereins Bamberg, Bamberg 1924, 62: Lit. 117 und 118 etwa 1450–1500, die zweite etwas jünger. – Haimerl (22 u. ö.): beide 15. Jh. – Klauser: lit. 117 Wende des 14. zum 15. Jh. (148 und Anm. 14), 15. Jh. (151 und Anm. 25); lit. 118 16. Jh. (149 Anm. 17, 152 und Anm. 26), 15. Jh. (153 und Anm. 32), Anf. 16. Jh. (157 Anm. 47). – Erst Lagemann (36 und Anm. 20) bezieht die fol. 30$^r$ eingetragene Jahreszahl 1499 auf die ganze Handschrift lit. 117. – Zu lit. 118 wäre noch anzumerken, daß datierte Randnotizen von einer häufig wiederkehrenden Hand die Jahreszahlen (15)13 und (15)14 nennen (fol. 160$^r$, 160$^v$), eine ersichtlich spätere das Datum 1545 (fol. 160$^r$). Klärung durch Fachleute wäre sehr erwünscht.
[5] Guttenberg, Regesten.
[6] vor allem bei Reitzenstein, Baugeschichte; Looshorn (nur Erwähnungen); Guttenberg, Germania sacra 1.
[7] Der Vortrag und dieser Aufsatz konnten nur mit begrenztem Zeit- und Reise-Aufwand zwischen anderen Arbeitsvorhaben erstellt werden.
[8] Schweitzer.
[9] Guttenberg. Regesten.
[10] Lagemann.
[11] MGH SS XVII, 640 ff.
[12] Aufgezählt bei Guttenberg, Germania sacra 1,10 ff.
[13] Haeutle; Pfister Abt. IV und V.
[14] U. Chevalier, Ordinaires de l'église cathédrale de Laon, Bibliothèque liturgique 6 (1897) XXXVII.
[15] Fr. W. Oediger, Der älteste Ordinarius des Stiftes Xanten, Die Stiftskirche des hl. Victor zu Xanten II, 4 (Kevelaer 1963) 47.
[16] Farrenkopf, Vorwort.
[17] Die Fortsetzung von Guttenbergs Regestenwerk ist eins der dringendsten Desiderata, auch für die Kunst- und Liturgiegeschichte der Kathedrale.
[18] Die Daten nach Guttenberg, Germania sacra 1,313. – Diese Identifizierung bei Reitzenstein, Baugeschichte und Reitzenstein, Domaltäre hat zur Folge, daß Reitzenstein alle Nachrichten des Ordinarius A auf den Domneubau, nicht auf den Heinrichsbau bezieht.
[19] Guttenberg. Germania sacra 1,312.
[20] Farrenkopf 12.
[21] Abb. der Urkunde bei Farrenkopf nach S. 196.
[22] Looshorn 2 (1888) 517, 537; BhVB 21 (1858) Beilage 40; Looshorn 2 (1888) 531; BhVB 16 (1853) 52. Es ist ausdrücklich darauf hinzuweisen, daß sowohl in den Regesten bei Looshorn wie in den alten Drucken Fehler in den Daten stecken können.
[23] Ussermann, Urkundenanhang 134, Nr. CI.
[24] Looshorn 2 (1888) 577.
[25] Farrenkopf 174: *Oratio de sancta Kunegunde* und weitere Texte.
[26] Farrenkopf 28.
[27] Farrenkopf 125 und Anm. t; Reitzenstein, Baugeschichte 146 f.
[28] Farrenkopf 149, zum 30. Juni, und 181, zum 30. September.
[29] Farrenkopf 22.
[30] z. B. Farrenkopf 38 und Anm. e: Hs. A, *fiat processio ad sanctum Iohannem;* Hs. C, *fiat processio ad sanctum Iohannem in cryptam cum cruce et duobus cereis.*
[31] z. B. Farrenkopf 75 und Anm. y, z, a (Kreuzbegräbnis am Karfreitag): Hs. A, *Deinde accipientes crucifixum nuper adoratum cum magna reverentia portent ad sepulcrum, ubi inponentesque diligenter cooperientes cantent R. »Ecce quomodo moritur iustus« et iterum R. »Sepulto domino signatum«;* Hs. C, *Deinde accipientes presbyteri corpus domini in pixide et parvam crucem et crucifixum nuper adoratum cum magna reverentia portent ad sepulcrum precedentibus cereis et thuribulo et cantent R. »Ecce quomodo moritur iustus in pace« et ascendant chorum sancti Georgii portantes corpus domini in pixide et parvam crucem et ponant in altari. Magna vero crux ponatur in sepulchro foris et thurificetur et diligenter serentur et cantent »Sepulto domino«.*
[32] Reitzenstein, Domaltäre passim.
[33] Haimerl passim.
[34] Klauser 148 ff.
[35] Zur Deutung dieser Nachricht s. u. S. 165.
[36] Sicher erklärt sich die Beibehaltung der alten Bauform nicht einfach *aus dem Zwang fortdauernder Fundamente* (so Reitzenstein, Baugeschichte 117). – Es gibt freilich auch Gegenbeispiele: Der Neubau des Kölner Domes z. B. forderte eine totale Neuordnung der Liturgie. Wie bei anderen deutschen Kathedralkirchen verfahren wurde, die wie die Bamberger im 13. Jh. und wie sie doppelchörig neugebaut wurden, etwa Naumburg oder Eichstätt, ist m. W. von Liturgie- und Kunsthistorikern bislang nicht untersucht.
[37] Zwei große Glocken und eine kleine sind ausdrücklich genannt, alle nur in Hs. C: Farrenkopf 35 Anm. p und öfters *(due magne campane pulsentur);* 110 Anm. x und öfters *(una magna campana pulsetur);* 154 Anm. d (zur Stiftermesse) und 182 Anm. o (zum Anniversar des Papstes Clemens) *parva campana novies pulsatur,* ebenso 187 Anm. t zu Allerseelen.
[38] Farrenkopf 125 Anm. u, y.
[39] Vgl. auch Haimerl 153.
[40] lit. 117, fol. 51$^v$ (Jacobi, mit Rückverweis auf Rogationibus); lit. 118 fol. 53$^r$, 81$^r$, 182$^v$; vgl. auch Haimerl 108,40 (Fronleichnam), 71.
[41] Haupt 15.
[42] Pfister IV 12 (1673/74); Looshorn 7.1 (1907) 36 (1731), 74 (1735), 200

(1741), 283 (1746); Looshorn 7.2 (1910) 104 (1751), 201 (1757), 476 (1779), 499 (1780), 510 (1781), 524 (1782), 594 (1789), 647 (1795); Haupt 49 (1788/89).

[43] Boeck 14 f.
[44] Guttenberg/Wendehorst, Germania sacra, 2,53.
[45] Looshorn 7.1 (1907) 43: Beschluß, zwei neue anzuschaffen.
[46] G. Benecke/W. Müller, Mittelhochdeutsches Wörterbuch Bd. I (Leipzig 1854, Nachdruck Hildesheim 1963) 450 unter dem Stichwort êwe, ê, mit zahlreichen Belegen. Entsprechend auch M. Lexer, Mittelhochdeutsches Handwörterbuch Bd. 1 (Leipzig 1872) 715 f. unter êwe und O. Schade, Altdeutsches Wörterbuch Bd. 1 (Halle a. S. 1882) 155 unter êwa.
[47] Benecke/Müller (Anm. 46) 450: *daz reht unde der ê gebot das... er gab in monte Sinâi Moysî der ê gebot*; weniger Beispiele für ê = Ehe. Vgl. auch für spätere Nachweise J. u. W. Grimm, Deutsches Wörterbuch Bd. 3, Leipzig 1862, 39 f.: *darümb in alt und newer ehe / haiszt dise welt ain kummersee*, mit Beispielen bis hin zu Hutten: *der (ceremonien) waren in der alten eh viel und von gott selbs gebotten*.
[48] Heller (18) überliefert, daß die Synagoge – mit den und wohl auch wegen der verbundenen Augen – vom Volk als Gerechtigkeit bezeichnet wurde.
[49] BhVB 49 (1886/87) 109 f. (1777 f.); Looshorn 7.2 (1910) 419 (1778), 736 (1805).
[50] Guttenberg, Germania sacra 1,47.
[51] Pfister I 21.
[52] in: BhVB 47 (1885) 40 und Anm. *; vgl. dazu die Vorrede (1) *weil der Inhalt streng historisch ist*.
[53] H. Otte, Handbuch der kirchlichen Kunst-Archäologie[5], Bd. 1 (Leipzig 1883) 85; Dehio-Handbuch Westfalen 446.
[54] Reitzenstein, Domaltäre 11,20 Anm. 4 *an der vortern (?) tuer*.
[55] fol. 54$^r$ (Palmsonntag, vgl. S. 174); 63$^v$ (Prozession zur Feuerweihe); 75$^r$ (Osteroktav); 79$^r$ und 80$^v$ (Bittwochen).
[56] fol. 53$^v$, gestrichen.
[57] U. Chevalier, Institutions liturgiques de l'église de Marseille, Bibliothèque liturgique 14 (1910) 105, 107: in Rogationibus, M. 13. Jh.; A. Kurzeja, Der älteste Liber ordinarius der Trierer Domkirche, Liturgiewissenschaftliche Quellen und Forschungen 52 (1970) 515: Kirchweihe, A. 14.; J. Bouillart, Histoire de l'abbaye royale de Saint Germain des Prez (Paris 1724), Recueil des pieces justificatives CXLV: Palmsonntag, 1374.
[58] AA. SS. Juli III, 688.
[59] Pfister IV, 5 und I, 22 Anm. 1.
[60] Vgl. Bamberger Blätter für fränkische Kunst und Geschichte 8 (1931) 5. Das reichlich verwendete Gold einer mittelalterlichen Fassung wurde zu unbekannter Zeit mit Ocker übermalt, so daß hier die Bezeichnung über lange Zeiträume hin nahelag.
[61] Morper Taf. VII.
[62] Pfister II 18: *am linkseitigen Georgenportale*, demnach wohl eher (s. S. 163), das Nordostportal, also die Gnadenpforte. – Zwei Beobachtungen zum Tympanonrelief seien gestattet: Der von Vöge (Bildhauer des Mittelalters, Berlin 1958, 178 und Anm. 121) so liebevoll genau beschriebene Schwertgurt des hl. Georg mit seiner exakten Wiedergabe des Verschlusses mit Schlitz und geteilten Riemenenden hat im Domschatz ein genaues Pendant, in dem sogen. Schwertgurt des hl. Adrian, vgl. Abb. 28 bei Bassermann-Jordan/Schmid. – Nach lit. 117 (fol. 12$^v$) trug man in der Fronleichnamsprozession mit *galeam et vexillum sancti Georgii*. – Schließlich ist zu fragen, ob man in dem Diakon hinter der hl. Kunigunde den Dompropst Poppo erkennen muß. Denn nach Urkunde von 1052 (Guttenberg, Regesten 258) gewährte Leo IX. den Dignitaren des Doms für bestimmte Gelegenheiten das Recht der Mitra; sie wurde nach Überlieferung bei Looshorn (2, 1888, 645) auch von Dompropst Poppo getragen.
[63] AA. SS. Juli III, 688.
[64] Looshorn 4 (1900) 818; Haupt 6 (ob in modernisierter sprachlicher Fassung?).
[65] Pfister III, 9.
[66] Guttenberg, Germania sacra 1, 86: *auf dem »Domkranz« vor der Adam- und Eva-Pforte*.
[67] Boeck 12.
[68] Jaffé 493 und BhVB 25 (1861/62) 151.
[69] H. Meyer, Wie sah Kaiser Heinrichs Dom aus?, in: Heimatblätter des Historischen Vereins Bamberg, Bamberg 1924, 8, nimmt es im Norden an; Reitzenstein, Baugeschichte (120) erwägt beide Möglichkeiten. Die Grabungen erbrachten keine sicheren Anhaltspunkte, vgl. Kunstchronik 28 (1975) 389. Auch die Nacherzählung des Papstbesuches in der nachweislich im Dom benutzten (s. S. 170) Heinrichsvita in Ms. R. B. Msc. 120, fol. 20$^r$ ist ohne Ortsangabe.
[70] Ausgrabungsnotizen aus Bayern 1974/1 mit Plan der Grabungsbefunde (Fig. 3).
[71] Die in einer Domrechnung von 1564/65 genannte *St. Christophorus = Thüre* hat der Herausgeber (Pfister IV, 3) nicht erklärt; sie ist mir in anderen Quellen nicht begegnet.
[72] Vgl. dazu Farrenkopf 134 ff.
[73] Deinhardt 5: *Dextrum altare orientalis... Nicolai*.
[74] Guttenberg, Regesten 511.
[75] Guttenberg, Regesten 512; derselbe, Germania sacra 2, 49 entschieden vorsichtiger: nach 1087.
[76] Guttenberg, Regesten 513; wiederum in Germania sacra 2, 49 weniger bestimmt: vor 1177.
[77] Guttenberg/Wendehorst, Germania sacra 2, 49.
[78] Guttenberg/Wendehorst, Germania sacra 2, 57; zum Altar auch Reitzenstein, Baugeschichte 147 f.
[79] Farrenkopf 110 f. Anm. x, f.
[80] Weber 278.
[81] Guttenberg/Wendehorst, Germania sacra 2, 58.
[82] Reitzenstein, Domaltäre 11, 22; Guttenberg/Wendehorst, Germania sacra 2,58: *in dem Wendelstein, da die chlein glokken inne hangent*.
[83] Deinhardt 5: *Sinistrum altare orientalis... Blasii...*
[84] Weber 278; auch erwähnt im Domnekrolog zum 3. Februar, also zum Blasiusfest: *altare s. Blasii in turri* (Schweitzer 109).
[85] So auch Guttenberg/Wendehorst, Germania sacra 2, 58. – Reitzenstein, Baugeschichte 117 mit Anm. 26, und derselbe, Domaltäre 11, 23, sagt, *dürfte ein Westturm in Frage kommen* bzw. er habe *vielleicht in einer der Sakristeien der Westtürme gestanden*.
[86] Weber 275 f.; danach noch das ebenfalls nördlich vom Ostchor befindliche Marienbild, s. u. S. 175.
[87] So auch Guttenberg/Wendehorst, Germania sacra 2, 58.
[88] Guttenberg, Regesten 37 (1007), 92 (1010), 107 (1013); 1012 war Kilian Mitpatron des Peters-, also des Hauptaltares, vgl. Deinhardt 4 (Trinitas, hl. Kreuz, Peter und Paul und alle Apostel, *et s. Kiliani sociorumque eius*).
[89] Guttenberg/Wendehorst, Germania sacra 2, 58, und Reitzenstein, Domaltäre 11, 22 (nach einer Stiftung für den Nikolausaltar).
[90] MGH SS XVII, 641; zum Altar auch Reitzenstein, Baugeschichte 148.
[91] Zur Handschrift vgl. Guttenberg, Germania sacra 1, 11 (= BK. VIIc).
[92] Ludewig 92; zur Textüberlieferung vgl. K. Arneth, M. Martin Hofmann. Ein Bamberger Späthumanist, in: BhVB 110 (1974) 107 ff. und 114 ff.
[93] Pfister V, 7.
[94] Looshorn 7.1 (1907) 78.
[95] Deinhardt 4. Wie häufig werden vor den namengebenden Patron noch die Trinität und das hl. Kreuz gesetzt, auf Petrus folgen Paulus und Kilian.
[96] Deinhardt 5.
[97] MGH SS IV, 647.
[98] Guttenberg, Regesten 37. – Weitere Kombinationen: Maria und Petrus; Maria, Peter, Paul; Petrus allein; Maria, Petrus, Paulus, Kilian, Georg; Maria, Peter, Paul (alle in Urkunden von 1007, vgl. Guttenberg, Regesten 21, 22, 29, 34, 37, 38); 1010 Maria, Petrus, Kilian, Georg (Reg. 92); 1017 Maria und Petrus (Reg. 137); bei Gerhard von Seeon Petrus, Maria, Georg (Jaffé 483); nur Petrus in Brief Heinrichs V. (Jaffé 394).
[99] Belege für Petrus und Georg: Guttenberg, Regesten 78 (1008), 80 (1009), 144 (1018), 290 (1058), 406 (1069); Jaffé 114 (1077); PL 173, 1316 (1103); Ussermann, Urkundenanhang 59 Nr. LIX (1106), 124 Nr. CXXXVIII (1174); Looshorn 2 (1888) 47 (1112), 61 (1134).
[100] Ussermann 98 (1142), Urkundenanhang 54 Nr. LII (1093); Looshorn 2 (1888) 490 (1176); Reitzenstein, Baugeschichte 126 (1201); Urk. 420 (1202).
[101] Farrenkopf 28 (Rubrik) und 30, 31, 34.
[102] Farrenkopf 137 und Anm. b.
[103] Die letztgenannte Antiphon findet sich auch Farrenkopf 137 Anm. b (Hs. C, im Georgenchor), 145 (Hs. A), 157 (Hs. A, im Georgenchor); vgl. auch Haimerl 71 (= Georgen-Text).
[104] Farrenkopf 145 und Anm. a.
[105] Farrenkopf 157 und Anm. v.
[106] Farrenkopf 34 Anm. o.
[107] Nachweise für diesen Brauch, den Kaiser den Befehl seines erlauchten Vorgängers Augustus zitieren zu lassen finden sich: Historisches Jahrbuch 58 (1938) 303, mit Beispielen aus dem 14.–16. Jh. Ihm wurde dabei ein weißes Pluviale so angelegt, daß es wie die kaiserliche Chlamys auf der Schulter ge-

schlossen wurde, er zückte das Schwert und schwang es dreimal über seinem Haupt, vgl. dazu noch E. Martène, De antiquis ecclesiae ritibus Bd. III (Antwerpen 1764) 33.

[108] Farrenkopf 36 Anm. e heißt es: *ascendant in chorum sancti Georgii et incipiatur missa »Dominus dixit«*... Anm. h: *sacerdos ascendat chorum precedentibus candelis et turibulo et legat ewang. »Liber generationis«*... Zum Vergleich die entsprechenden, viel kürzeren Rubriken von A (mit den Abweichungen der Hs. C bezeichnenden Anmerkungsbuchstaben): *Nono R. dicto »Verbum caro«* $^e$ *et versibus »Quem ethera et terra« incipiatur missa »Dominus dixit ad«*... *»Gloria in excelsis«. Sequentia »Grates«. »Credo«. Dicta communione* $^h$ *statim sacerdos legit »Liber generationis«.* – Nach lit. 118 (fol. 19$^r$) wurde aber das Liber generationis im Georgenchor gesungen.

[109] Farrenkopf 74 Anm. a; 75 Anm. a; 77 Anm. f.

[110] Farrenkopf 132 Anm. m.

[111] Farrenkopf 140 Anm. w.

[112] Farrenkopf 98 Anm. v.

[113] Farrenkopf 108 Anm. b und e.

[114] Wann das Fest an der Kathedrale eingeführt wurde, wird in der mir zugänglichen Literatur nicht angegeben. Haimerl (50) erwähnt als frühsten Nachweis im Bistum Bamberg eine Nürnberger Quelle von 1343, die Fronleichnamsbruderschaft am Bamberger Dom 1380 (64). Lagemann (241) nennt die erste Urkundendatierung nach Fronleichnam zu 1352. – Doch findet sich schon 1325 eine Fronleichnamskapelle bei St. Stephan in Bamberg, vgl. BhVB 19 (1856) 20, so daß man annehmen darf, das Fest sei in Bamberg schon in der ersten Hälfte des 14. Jhs. begangen. Die feierliche päpstliche Einsetzung des Festes 1317 ist nach den mir bekannten deutschen Festkalendern und Urkunden weder als terminus ante quem noch als terminus post quem sicher brauchbar.

[115] Farrenkopf 98 Anm. v.

[116] Datierung nach Guttenberg/Wendehorst, Germania sacra 2, 45.

[117] Weber 274.

[118] Farrenkopf 179 Anm. a; 186 Anm. l; nach dem Nekrolog (Schweitzer 261) stiftete der 1318 verstorbene Bischof Wulfing zum Michaelsfest eine Prozession auf den Peterschor.

[119] Farrenkopf 110 Anm. x; 121 Anm. m; 188 Anm. e; 189 Anm. n.

[120] Die Bamberger Tradition machte den am 9. November verehrten byzantinischen Ritterheiligen zum leiblichen Bruder des hl. Georg, vgl. die Angabe bei Hartmann Schedel: *Caput S. Theodori martyris fratris carnalis sancti Georij.* Außerdem vorhanden: *corpus S. Theodori martyris* (clm 46, fol. 8$^v$); vgl. auch das Heiltumsbuch von 1493; clm 428, fol. 262$^v$ und 262$^v$, und schon die Reliquienaufzählung von 1441 in cgm 267, fol. 238$^v$, 240$^r$. Die Stiftung eines Servitiums zum Theodorstag datiert Guttenberg (Regesten 492) um 1076/86; das dem Domkapitel gehörige Theodors-Spital – später Nonnenkloster SS. Maria und Theodor – wurde nicht lange vor 1139 gestiftet, vgl. Guttenberg/Wendehorst, Germania sacra 2, 84. Die Verehrung dieses nach der hagiographischen Lokaltradition mit dem hl. Georg aufs engste verbundenen Ritterheiligen im Georgenchor sollte nicht übersehen werden, wenn man sich um die Deutung der drei Gerüsteten ehemals im »Reiterhäuschen« vor dem Georgenchor bemüht. Verehrt wurde im Dom außer Georg und Theodor noch der Ritterheilige Mauritius (zu Fest und Altar s. u. S. 168).

[121] Farrenkopf 109f. Anm. m; 111 Anm. h–h; 158 Anm. y; 190 Anm. z, a. – Zusätzlich nach lit. 117: Trinitatis (8$^v$), Kilian (44$^v$), Katharina (88$^v$); nach lit. 118 noch Gregor (147$^v$).

[122] Farrenkopf 175 Anm. l, o; vgl. unten S. 172 zu den späteren Rubriken für dieses Fest. Nach Lit. 118 (130$^r$) wird auch das Fest des Apostels Thomas im Peterschor begangen.

[123] So deutet sie auch Reitzenstein, Baugeschichte 134.

[124] Reitzenstein, Baugeschichte 117, 125, 142; Reitzenstein, Domaltäre 10, 14.

[125] Reitzenstein, Domaltäre 10, 14.

[126] Pfister V, 32.

[127] Eine ähnliche Ansicht von 1682 abgebildet bei W. Haas, Der Bamberger Dom (Königstein i. T. o. J.) S. 36.

[128] Vgl. die zahlreichen Nachweise bei Haimerl.

[129] Farrenkopf 74 Anm. p; 77 Anm. f.; 39 Anm. v; 89 Anm. v; 78 Anm. o.

[130] Ordinarius der Kathedrale von Reims (vgl. Anm. 2).

[131] Urk. 491; Druck in Urkundenbuch der Deutschordens-Commende Langeln und der Klöster Himmelpforten und Waterler, Geschichtsquellen der Provinz Sachsen 15 (1882) Langeln 6. Vgl. dazu die leicht abweichenden Formulierungen in den sonst gleichartigen Ausfertigungen von Poppo, Dompropst und Propst von St. Jakob *(in choro Babenbergensi maiori)* und von Bischof Ekbert *(in plena synodo, que tunc temporis in maiori exstitit ecclesia celebrata)*, Langeln 5 und 7.

[132] Reitzenstein, Baugeschichte 116, 140.

[133] Schweitzer 91 (4.1.), 92 (5.1.), 94 (9.1.), 96 (11.1) usw. Vgl. etwa noch Schweitzer 102 zum 22. Januar: *Ruzelin diac. fr. nr.* (Domnekrolog), *Rozelinus diac. s. Petri* (Nekrolog St. Michael), oder Ders. 110 zum 5. Februar: *Ernest diaconus fr. nr.* (Domnekrolog), *Ernest diac. s. Petri* (Nekrolog St. Michael) usw.

[134] Georgenaltar: Guttenberg, Regesten 567 (1093); Looshorn 2 (1888) 65 (1108), 68 (1127), 70 (1135), 490 (1176); MGH Dipl. 8, 25 (1130), *ad altare sancti Georgii congregationi sancti Georgii*; MGH Dipl. 9, 63 (1141) *ad altare sancti G(eorgii) fratribus nostris... in oblationem.* – Petersaltar: Reitzenstein, Baugeschichte 140 (1142).

[135] Guttenberg, Regesten 153; Reitzenstein, Baugeschichte 130 und 150.

[136] Guttenberg, Regesten 349.

[137] Looshorn 2 (1888) 71; s. auch Jaffé 21, 226.

[138] Guttenberg, Regesten 115.

[139] MGH SS. XVII, 641, ebenso in clm 1211, fol. 28$^r$; zur Handschrift vgl. Guttenberg, Germania sacra 1, 11 (= BK. VIII).

[140] Nach dem deutlich dargestellten Pallium ein Bischof (von Bamberg), nicht einer der Bamberger Dignitare, die zu gewissen Gelegenheiten die Mitra tragen durften.

[141] Guttenberg, Germania sacra 1, 200, ders. zu anderen Bischofs- und Elektensiegeln mit Heiligenbildern 207f. (Werntho), 222 (Lupold III.), 253 (Friedrich III.), 267 (Georg I.).

[142] Looshorn 4 (1900) 10 (1400), 170 (1421), 225 (1432); Looshorn 5 (1903) 108 (1577), 130 (1580), 218 (1591), 282 (1599), 365 (1609); Looshorn 6 (1906) 423 (1653); Looshorn 7.2 (1910) 3 (1746), 107 (1753), 474 (1779), 646 (1795), 691 (1800).

[143] Looshorn 4 (1900) 696.

[144] Looshorn 6 (1906) 368, 460, 508.

[145] fol. 57$^r$ff., vgl. Haimerl 122.

[146] Looshorn 6 (1906) 510 (1683), 669 (1722), 671 (1723); Looshorn 7.2 (1910) 112 (1753), 304 (1764), 365 (1770), 368 (1771), 592 (1789), 627 (1794).

[147] Notae sepulcrales: MGH SS XVII, 640, 641 (vgl. dazu Guttenberg, Germania sacra 1,10 = BK. V); bei Schedel (clm 46, fol. 56$^r$) *in medio ecclesie... ad truncum eo loci collocatum ante altare sancte Kunegundis.*

[148] MGH SS XVII, 640.

[149] Guttenberg, Regesten 378 und MGH SS XVII, 641. Er hatte den Gertrudenaltar geweiht (Guttenberg, Germania sacra 1, 105).

[150] MGH SS XVII, 641.

[151] MGH SS XVII, 641: *ante chorum sancti Petri iuxta altare sancti Mauricii.*

[152] Weber 276.

[153] Zum Grabmal s. u. S. 170.

[154] MGH SS XVII, 641.

[155] MGH SS XVII, 641f.

[156] MGH SS. XVII, 642: Bischof Lampert († 1399), Albrecht († 1421), Georg I. († 1475); Ludewig 240: Bischof Heinrich III., († 1501), Vitus († 1503), 242, Georg III. († 1522) u. ö.

[157] Urk. 4310, Druck bei Ussermann, Urkundenanhang 218f. Nr. CCLII.

[158] Guttenberg/Wendehorst, Germania sacra 2, 54.

[159] Oswald als Mitpatron genannt bei Schedel (clm 46, fol. 28$^r$, 54$^r$).

[160] † 1196; MGH SS XVII, 641: *in choro sancti Georgii ante altare apostolorum Philippi et Jacobi*; nach Schedel (clm 46, fol. 54$^r$) *post altare sanctorum philippi et Jacobi apostolorum*; vgl. auch Hofmann (Ludewig 142). Sein Anniversar wurde am Tage nach dem Fest der beiden Apostel (2. Mai) begangen, vgl. Schweitzer 167.

[161] Guttenberg/Wendehorst, Germania sacra 2,55.

[162] Guttenberg/Wendehorst, Germania sacra 2,55.

[163] Guttenberg/Wendehorst, Germania sacra 2,55.

[164] Guttenberg/Wendehorst, Germania sacra 2,59.

[165] Weber 280 Anm. 3 (Reparatur).

[166] Urk. 1782 (1313/16 bzw. vor 1321) und ebenso 1507, vgl. Guttenberg/Wendehorst, Germania sacra 2,55.

[167] Schweitzer 250.

[168] Bassermann-Jordan/Schmid 51: *in gotischer Reliquienbüste.*

[169] Haupt 20 und Pfister II, 27.

[170] Guttenberg/Wendehorst, Germania sacra 2,61.

[171] Farrenkopf 145 Anm. s, x: *fiat processio cum cruce et cereis per ianuam domini prepositi ad altare sancti Johannis baptiste.*

¹⁷² Vgl. Haimerl 9, 23, 28, 40, 102, 155 u. ö.
¹⁷³ Farrenkopf 74 Anm. a.
¹⁷⁴ MGH SS XVII, 641.
¹⁷⁵ Ludewig 156.
¹⁷⁶ Guttenberg/Wendehorst, Germania sacra 2,49.
¹⁷⁷ Schweitzer 293 (18. Nov.) und 317 (27. 12., also zum Hauptfest).
¹⁷⁸ Deinhardt 4.
¹⁷⁹ Jaffé 689.
¹⁸⁰ Weber 278, Datierung nach Guttenberg/Wendehorst, Germania sacra 2,45; wohl 1. H. 13. Jh. – Demnach ist nicht sicher zu entscheiden, ob es noch für den Heinrichsdom gilt, vgl. aber unten S. 168 zu Mauritiusaltar und -krypta. – Zum Ekbert-Testament vgl. Reitzenstein, Domaltäre 11,23.
¹⁸¹ Weber 276.
¹⁸² Weber 273.
¹⁸³ Farrenkopf 38 und Anm. e.
¹⁸⁴ Vgl. Farrenkopf 37 (*diaconi assumant sibi officium noctis et sequentis diei*, Vigil des Stephansfestes); 38 (*Sacerdotes assumant sibi officium noctis et sequentis diei*, Vigil des Johannisfestes); 39 (*Pueri agant officium DE INNOCENTIBUS producentes episcopum suum*, Vigil der Unschuldigen Kinder).
¹⁸⁵ Farrenkopf 140f. und Anm. w.
¹⁸⁶ Vgl. auch Haimerl 152.
¹⁸⁷ MGH SS XVII, 640 (*in cripta ante altare Joh. ev.*) 641 (*in cripta ante altare lateris dextri*); zum Anniversar Conrads erwähnt der Nekrolog *breves vigilie in cripta* (Schweitzer 120).
¹⁸⁸ Haupt 6; dieser Kryptenbrunnen begegnet mehrfach in Rechnungen des 17. und 18. Jhs., vgl. Pfister IV, 5, 12, 17, 40.
¹⁸⁹ Weber 293.
¹⁹⁰ AA. SS. Juli III, 747.
¹⁹¹ Weber 293 Anm. 2.
¹⁹² Pfister IV, 20. 22, 21.
¹⁹³ Pfister II, 8.
¹⁹⁴ Notae sepulcrales, MGH SS XVII, 641.
¹⁹⁵ Guttenberg, Germania sacra 1, 193f. (1837), ebenso Bamberger Blätter für fränkische Kunst und Geschichte 7 (1930) 12; Pfister III, 6 (1829).
¹⁹⁶ Und zugefügt: *et S. Georgii*, wahrscheinlich nach den in der Urkunde genannten Messen zu Ehren der Hll. Johannes ev. und Georg.
¹⁹⁷ Reitzenstein, Domaltäre 11, 24, mit Bezug auf lit. 118.
¹⁹⁸ Müller-Christensen (Reitzenstein) 19.
¹⁹⁹ Guttenberg, Germania sacra 1, 193f.; Guttenberg/Wendehorst, Germania sacra 2,61 bzw. 56f.
²⁰⁰ Farrenkopf 145, Anm. s, x.
²⁰¹ Haimerl 123.
²⁰² Reitzenstein, Domaltäre 11, 24.
²⁰³ W. Weyres, Die »absides« des Alten Domes zu Köln, in: Kölner Domblatt 20 (1961/62) 99ff. Er bezeichnet absida = absîte = gewölbter Nebenraum – die Definition aus Benecke/Müller (Anm. 46) I, 5 – und gibt auch Belege des 15. Jhs.
²⁰⁴ Urk. 1335 (1303): 4 Stuhlbrüder *monasterii sancte Kunegundis.* – Die Vieldeutigkeit des Wortes *monasterium* mahnt zur Vorsicht z. B. bei der Interpretation der Brandnachricht von 1081 (*Monasterium Bambergense crematur*), der Stiftung 1185/96 (*ad edificium monasterii edificandi*, Reitzenstein, Baugeschichte 145) und der Domweihe von 1237 (*dedicatum est monasterium*), da das Wort ersichtlich sowohl einen Teil des Baues – Chorbereich, Langhausteile – meinen kann wie die ganze Kirche oder Kirche + Stiftsgebäude.
²⁰⁵ Vgl. zu Grabung und Grundriß: Bamberger Blätter für fränkische Kunst und Geschichte 6 (1929) 5ff. mit Abb.
²⁰⁶ Deinhardt 5.
²⁰⁷ BhVB 21 (1858) 27 und Reitzenstein, Baugeschichte 144.
²⁰⁸ Schweitzer 257.
²⁰⁹ Farrenkopf 39; ob die 1476 bzw. 1482 in zwei Silberfiguren (Erstdr. Abb. 8) geborgenen Reliquien von Unschuldigen Kindern (Haeutle 98; M. Pfister, Der Dom zu Bamberg, 1896, 73) damals im Mauritiusaltar verwahrt wurden, läßt sich nur fragen.
²¹⁰ Farrenkopf 139.
²¹¹ Farrenkopf 178.
²¹² Farrenkopf 39 Anm. v.
²¹³ Guttenberg/Wendehorst, Germania sacra 2,45.
²¹⁴ Weber 278, 276.
²¹⁵ Notae sepulcrales, MGH SS XVII, 641.

²¹⁶ Reitzenstein, Baugeschichte 118 und Domaltäre 11, 23.
²¹⁷ Looshorn 4 (1900) 225; immer noch gering bepfründet; vgl. Guttenberg/Wendehorst, Germania sacra 2, 54; *an der Stelle des Kreuzaltars im Heinrichsbau [4] zwischen den Chortreppen der Westkrypta.*
²¹⁸ Weber 285 und Amm. 1.
²¹⁹ Reitzenstein, Domaltäre 10. 23 und Anm. 53. – Der Mauritiusaltar mehrfach erwähnt im 18. Jh., vgl. Pfister IV, 28, 40, 45; V, 37. Hinzuweisen ist in diesem Zusammenhang auf das Weihefest des Mauritiusaltars im Heinrichsdom am Fest Kreuzauffindung (vgl. S. 168).
²²⁰ Zu den anderen Bedeutungen von *monasterium* vgl. Anm. 204.
²²¹ Deinhardt 5.
²²² Doch fand man ein Altarfundament über der durch den hl. Otto vergrößerten Ostkrypta.
²²³ Reitzenstein, Domaltäre 10, 13 und Baugeschichte 117.
²²⁴ Guttenberg/Wendehorst, Germania sacra 2,48.
²²⁵ Jaffé 546.
²²⁶ Farrenkopf 74 und Anm. a und k.
²²⁷ Farrenkopf 153 Anm. s.
²²⁸ Farrenkopf 187 Anm. t und u.
²²⁹ Vgl. auch die Rubriken der beiden Ordinarien zur Stephansvigil (25. Dez.): Hs. A, *fiat processio ad sanctum Stephanum*; Hs. C, *descendant ad sanctum Stephanum in monasterium*, Farrenkopf 37 und Anm. f.
²³⁰ Farrenkopf 138, Hs. A: *Ad sanctam crucem descenditur*; 138 Anm. f, Hs. C, *fiat processio cum duabus candelis in monasterium et dicitur V. »Hoc signum crucis«* (zu inv. crucis 3. Mai); 175, Hs. A, *fiat processio cum eodem R. in medium monasterium V. »Hoc signum crucis«*; 175 Anm. 1 Hs. C, *fit processio in monasterium* (exalt. crucis, 14. Sept.).
²³¹ Die zu inv. crucis nach A und C gesungene Antiphon *Preciosus Christi martyr* (Farrenkopf 139) hilft nicht weiter. Als *Pretiosus Christi martyr* erscheint sie für die am 3. Mai verehrten Heiligen Alexander, Eventius und Theodolus – zu ihren Reliquien im Kreuzaltar vgl. S. 168 als *Pretiosus martyr Christi* zu Stephanus protomartyr, vgl. R.-J. Hesbert, Corpus antiphonalium officii, = Rerum ecclesiasticarum documenta. Series Maior. Fontes IX (Rom 1968) Nr. 4373, 4375.
²³² Farrenkopf 172 Anm. m-m; zum zweiten Kunigundenfest am 3. März fehlen Rubriken über den Altar.
²³³ Klauser 121, vgl. auch oben S. 166 und Anm. 164.
²³⁴ MGH SS XVII, 641 (*ante altare sancte Kunegundis virginis* bzw. *in medio monasterio ante altare s. Kunegundis*).
²³⁵ Guttenberg/Wendehorst, Germania sacra 2,59 (*auf unser frawen sant Kunegvnt und keyser Heinriches alter tze Bab.*) und Looshorn 5 (1903) 269.
²³⁶ Weber 276f.
²³⁷ Da nur Sommerteil, enthält die Hs. keine Angaben zu Karfreitag und Kreuzauffindung.
²³⁸ Vgl. auch Guttenberg/Wendehorst, Germania sacra 2,56.
²³⁹ Guttenberg/Wendehorst, Germania sacra 2,56; ebenso E. K. Farrenkopf, Stephanus-Liturgie im mittelalterlichen Bamberg, in: Fränkisches Land in Kunst, Geschichte und Volkstum 4 (1957).
²⁴⁰ Das oben (Anm. 222) erwähnte Altarfundament kann auch für einen reparierten Hilariusaltar bestimmt gewesen sein.
²⁴¹ Guttenberg/Wendehorst, Germania sacra 2,56; Reitzenstein, Domaltäre 11,22 und Anm. 22 (aus den Rezeßbüchern des Domkapitels).
²⁴² fol. 61ʳ, 62ᵛ, 65ʳ, 69ᵛ, 157ᵛ, 200ʳ.
²⁴³ Looshorn 5 (1903) 78.
²⁴⁴ Weber 293 und 299; ebenso im Vikarieverzeichnis um 1780, Weber 308 und 310.
²⁴⁵ Looshorn 7.2 (1910) 500 und 504.
²⁴⁶ Pfister IV, 42.
²⁴⁷ E. Herzog/A. Ress, Der Frankfurter Barockbildhauer Justus Glesker, in: Schriften des Historischen Museums Frankfurt am Main 10 (1962) 53ff. mit Abb. 3 – Ausschnitt aus dem Dombild von 1669 mit der Kreuzgruppe über dem Heinrichs- und Kunigundenaltar, Abb. 9.
²⁴⁸ L. Ennen/G. Eckertz, Quellen zur Geschichte der Stadt Köln, Bd. 2 (Köln 1863) 218 (*incendentur ambe corone et ambo chori et candele in ambonibus prope cruces*), ebenso 578ff., 583, 585, 587, 589 (*quelibet candela que in ambonibus iuxta crucem tam super chorum b. Petri quam super chorum b. Marie ardebit, erit de una marca*).
²⁴⁹ Reitzenstein, Baugeschichte 141 Anm. 118a und Ders., Kaisergrab 360.
²⁵⁰ Guttenberg/Wendehorst, Germania sacra 2,56.
²⁵¹ MGH SS IV, 824, vgl. auch Guttenberg, Regesten 205 und Urk. Nr. 759 von 1258.

²⁵² BhVB 8 (1845) 24.
²⁵³ Bischoff Nr. 6.
²⁵⁴ so auch Reitzenstein, Kaisergrab 360.
²⁵⁵ falls die Ausdrucksweise Faktisches widerspiegelte, traf das letztere für Kunigunde zu. In einer Vision sagt der Kaiser zum Domküster Reimbote (kurz vor den ersten Wundern und der darauffolgenden Erhebung der Kunigunde): *mîn vrouwe die kaiserin, / die lît noch in der erden; / ... sie suln sie ûz dem pulver heben*, R. Bechstein, Heinrich und Kunegunde von Ebernand von Erfurt, Bibliothek der gesammten deutschen National-Literatur Bd. 39 (Quedlinburg/Leipzig 1860) 152 f. – Nach Klauser (113) schrieb Ebernand zwischen 1202/40.
²⁵⁶ Vgl. A. Verbeek, Das Annograb in Siegburg, in: Miscellanea pro arte. Festschrift Hermann Schnitzler, Düsseldorf (1965) 130: *Vielmehr war der Platz vor dem Kreuzaltar... als besonders ehrenvoll für hochgestellte Stifter fast die Regel.*
²⁵⁷ Einzig nach Hofmann, E. 16. Jh., bettete Eberhard II. den Leib des Kaisers um, *in tumbam marmoream transtulit*; die Fortsetzung *(eamque clauis obfirmauit)* läßt jedoch wieder an einen verschließbaren Schrein denken. Das Zitat: Ludewig 123.
²⁵⁸ Klauser 72.
²⁵⁹ MGH SS IV, 812 f. und Bamberg R. B. Msc. 120, fol. 28ʳ.
²⁶⁰ Klauser 96 und 91.
²⁶¹ Bamberg R. B. Msc. 120, fol. 12ʳ: *Sequens* [= die Bulle Leos IX., s. u. S. 172]... *legitur in festo sancti Dyonisij.*
²⁶² AA. SS. März I, 275 und G. M. Priest, Drei ungedruckte Bruchstücke der Legenden des Hlg. Heinrich und der Hlg. Kunigunde, in: Jahrbücher der Königlichen Akademie gemeinnütziger Wissenschaften in Erfurt NF 34 (Erfurt 1908) 209 ff.
²⁶³ AA. SS. März I, 277 und R. B. Msc. 120, fol. 38ᵛ.
²⁶⁴ Priest (Anm. 262) 210 und R. B. Msc. 120, fol. 41ᵛ.
²⁶⁵ Priest (Anm. 262) 211 und R. B. Msc. 120, fol. 41ᵛ, erwähnt im Verlauf der komplizierten Heilungsgeschichte nochmals das Heinrichshaupt und eine Kasel aus dem *pallium* der Kunigunde.
²⁶⁶ Vgl. auch den Magdeburger Dom-Ordinarius (Berlin, Staatsbibl. Preuß. Kulturbesitz, Ms. theol. lat. qu. 113, nach 1508 aus Hss. des 13.–15. Jhs. kompiliert). Er verzeichnet Tücher auf der Marmortumba Ottos I. zu Festen wie Weihnachten, Epiphanias, Mauritius (fol. 43ʳ, 60ᵛ. 160ᵛ), zum Anniversar des Kaisers heißt es: *Sepulcrum imperatoris ornabitur palla baldekina* (fol. 141ᵛ) und ebenso auf das Grab der Königin Edith: *sepulcrum imperatricis palla purpurea vestietur* (fol. 150ʳ).
²⁶⁷ Farrenkopf 154 Anm. d.
²⁶⁸ Vgl. auch die Nennung von zwei Steinsärgen bei der Erhebung von 1513, s. S. 171.
²⁶⁹ Farrenkopf 187 Anm. t.
²⁷⁰ Abweichend Klauser 147 f.
²⁷¹ AA. SS. Juli III, 754.
²⁷² Pfister V, 50; der Erlös aus Metall und Perlen betrug 432 fl, 7 Pfd. 17 Pfg., der Preis der neuen Grabdecken, ebenfalls gestickt, 886 fl. 2 Pfd. 19 Pfg., also hohe Beträge. Bemerkenswert ist hier, daß von den alten Decken im Plural gesprochen wird. Waren es zwei Garnituren oder noch Einzeldecken aus der Zeit vor Errichtung der Riemenschneider-Tumba?
²⁷³ Pfister V, 11.
²⁷⁴ Farrenkopf 125 Anm. u (vig. Kunegundis, 2. März); 153 Anm. s (vig. Heinrici, 12. Juli); 154 Anm. d. (Stiftermesse, 14. Juli); 172 Anm. m-m (vig. Kunegundis, 8. Sept.).
²⁷⁵ Bassermann-Jordan/Schmidt 24 f.
²⁷⁶ Farrenkopf 138 Anm. c (inv. crucis) und 175 Anm. l (exalt. crucis).
²⁷⁷ K. v. Busch/Fr. X. Glasschröder, Chorregel und jüngeres Seelbuch des alten Speierer Domkapitels, Historisches Museum der Pfalz. E. V. – Historischer Verein der Pfalz. Veröffentlichungen Bd. 2.2 (Speier 1926) XX.
²⁷⁸ Domordinarius (Anm. 266) fol. 36ʳ *(Modus ponendi reliquias super sepulchrum imperatoris in anniversario suo)* und 141ᵛ über das Anniversar: *caput sancti mauricii ponetur super sepulcrum imperatoris.*
²⁷⁹ Klauser 113.
²⁸⁰ Bechstein (Anm. 255) 155.
²⁸¹ Farrenkopf 153 Anm. s.
²⁸² M. Mittler, Libellus de translatione sancti Anni archiepiscopi et miracula sancti Annonis, Siegburger Studien 3–4 (Siegburg 1968) 32 und 160: *de saxo, quod sacre tumbe superpositum fuerat, cultello corrosit.*
²⁸³ Verbeek (Anm. 256) 129.
²⁸⁴ Ordinarius A und C: Farrenkopf 154 und Anm. d; Ms. lit. 117, fol. 48ʳ; Ms. lit. 118, fol. 178ᵛ. – Gleichfalls in Siegburg für den hl. Anno, vgl. Mittler (Anm. 282) 16.
²⁸⁵ Vgl. auch Haeutle 127 und Klauser 197 ff.
²⁸⁶ Reitzenstein, Kaisergrab 362 Anm. 18.
²⁸⁷ Ludewig 208. – Neue Gitter um den Kunigundenaltar (wohl wesentlich, wie vorher, um das Kaisergrab) ließ Bischof Georg herstellen, 1522 (Ludewig 208 und Looshorn 4, 1900, 540).
²⁸⁸ Boeck 188 Anm. 29.
²⁸⁹ Reitzenstein, Kaisergrab 362 Anm. 18.
²⁹⁰ Schweitzer 217.
²⁹¹ AA. SS. Juli III, 687.
²⁹² Es wird kein zweites Siegel erwähnt, das auf eine Reliquienumbettung mit anschließender Neuversiegelung und damit auf einen neuen Schrein hindeuten würde.
²⁹³ Dort sagt der Text ausdrücklich (fol. 264ᵛ), der Reliquienweisung – zu Ostern – schließe sich an eine feierliche Prozession mit dem Heinrichsschrein, *als es in dem anfang dis puchleins verzeichet und gemalet ist*; vgl. noch BhVB 95 (1956) 253 f. mit Abbildungsnachweis.
²⁹⁴ Hier wird die Gewohnheit der Grabbedeckung also auch auf den Metallschrein angewandt.
²⁹⁵ MGH SS XVII, 640.
²⁹⁶ MGH SS, XVII, 641 bzw. Reitzenstein, Kaisergrab 362; gleichartig auch Hartmann Schedel (clm 46, fol. 56ʳ): *retro altare sancte Kunegundis in latere sinistro ad pedes sancti heinrici.*
²⁹⁷ Unverständlich ist Guttenbergs Ansicht (Germania sacra 2, 59), der Heinrichs- und Kunigunden-Altar habe gestanden *nach Westen gerichtet, frei in der Mitte des Schiffes.* Denn 1. lag er – nach der Grabbeschreibung des Bischofs Eberhard I. – entschieden näher zum Georgenchor und 2. konnte man wegen der unmittelbar östlich von ihm aufgestellten Kaisergräber (s. u.) nur, wie üblich, nach Osten gewandt, demnach vor der Westseite stehend zelebrieren.
²⁹⁸ So Boeck 188 Anm. 29.
²⁹⁹ Deinhardt 119 und 120; Reitzenstein, Kaisergrab 363 Anm. 21. Die AA. SS. (Juli III, 687 f.) mit etwas abweichendem Text: *sarcophagi antiqui sanctorum Henrici et Cunegundis fundatorum aperti sunt in corpore ecclesiae, retro altare S. Cunegundis... In isto sarcophago lapideo, cum sua tectura lapidea olim supra terram elevato, fuit reconditum quondam corpus S. Cunegundis... ante translationem ejus... fuit hic sarcophagus sub terra reconditus S. Henrici... altare S. Cunegundis quod nudius demolitum et confractum est, innovatum et erectum fuit, et... consecratum fuit.*
³⁰⁰ Zu dem quellenmäßig nicht gesicherten Kunigundenschrein vgl. S. 171.
³⁰¹ PL 170, 1342 Anm. 125.
³⁰² Deinhardt 119 f., s. auch Anm. 299.
³⁰³ Reitzenstein, Kaisergrab 363 Anm. 21. – Von diesen Quellen aus gesehen erscheint es schwierig, den im Mittelschiff – und dort ziemlich genau in der Mittelachse des Heinrichsdomes – ausgegrabenen Steinsarg sicher als den des Kaisers zu identifizieren.
³⁰⁴ Immerhin ist die zeitliche Koinzidenz zu beachten zwischen der häufigeren Benutzung des Georgenchors nach den Nachträgen der Hs. C und der gesicherten Existenz des großen Kunigundenaltars (von Anfang an mit den umgesetzten Kaisergräbern verbunden?).
³⁰⁵ Reitzenstein, Kaisergrab 363 Anm. 23.
³⁰⁶ Looshorn 6 (1906) 438.
³⁰⁷ Guttenberg, Germania sacra 1, 143 (nach Otto von Freising).
³⁰⁸ Notae sepulcrales, MGH SS XVII, 640.
³⁰⁹ Haeutle 92 Anm. **; nach Looshorn (6, 451 f.) beim Veitsaltar.
³¹⁰ Reitzenstein, Kaisergrab 363.
³¹¹ Reitzenstein, Kaisergrab 364.
³¹² Zu der Institution dieser 12 + 4 Laien, die täglich zu einer bestimmten Zahl deutscher Gebete und zu liturgischen Diensten verpflichtet waren, vgl. Reitzenstein, Domaltäre 11, 20 und Schulte 149 ff. In sehr ähnlicher Form existierte eine entsprechende Kongregation am Speyrer Dom, vgl. Busch/Glasschröder (Anm. 277) XVIII, sie beteten täglich in ihrem Gestühl zuseiten der Kaisergräber für die im Dom bestatteten deutschen Herrscher 200 Vaterunser und Ave. – Für Bamberg sind sie sicher bezeugt im 12. Jh., vgl. Reitzenstein, Domaltäre 11, 20 Anm. 4, hier 12, nach Urkunde von 1177/96 (ebdt.) 16 = 12 Stuhl- und 4 Ritterbrüder. Ihr oberster nennt sich der Meister *an den vir stulen* (Urk. 2856, von 1355).
³¹³ Schulte 160: Status dioecesis Bambergensis, von Bischof Marquard nach Rom gesandt. Die Institution hielt sich also auch lange nach der Kano-

nisation des Kaiserpaares, wiewohl nun Gebete für das Seelenheil der (heiligen) Stifter – nach Analogie von Speyer – nicht mehr vonnöten waren.

[314] Pfister IV, 23; für 1749/50 (ebdt. 32) eine der Ritterbruderstühle.

[315] Müller-Christensen/(Reitzenstein) 14 und Anm. 54.

[316] Farrenkopf 181 und 182.

[317] Man wüßte gern das Gewicht der Clemensfigur, auch ihre Rückseitenbearbeitung zu kennen wäre in diesem Zusammenhang von Interesse; doch gibt die kunsthistorische Literatur auf so profane Fragen m. W. bislang keine Antwort.

[318] Form und Inhalt der Inschrift selbst gehen aber sicher nicht auf mittelalterlichen Bestand zurück, vgl. Müller-Christensen/(Reitzenstein) 16 f.

[319] Farrenkopf 182 Anm. o.

[320] Müller-Christensen/(Reitzenstein) 18.

[321] Vgl. Guttenberg, Regesten 258.

[322] Müller-Christensen/(Reitzenstein) 18.

[323] Gleichartig spricht lit. 117 einmal von 4 *angeli* mit Kerzen in der Prozession, an anderer Stelle aber von den *Trägern* der vier Engelsleuchter (fol. 10$^v$, 12$^v$).

[324] Anders A. Legner, Gotische Bildwerke aus dem Liebieghaus (Frankfurt 1966) Nr. 34 (= der ehemals mit dem Marmortorso zusammengestückte Kopf aus Sandstein). Der Torso sei *mit größter Wahrscheinlichkeit vom Aufbau des Clemensgrabes*, der Kopf verwandt mit dem Verkündigungsengel der Bamberger Chorschranken – ein nur unter Schwierigkeiten nachvollziehbarer Vergleich.

[325] In der Urkunde von 1231 (Nr. 1547) nennt er sich *frater*. Schulte (138) bezeichnet frater als spezifischen Titel von Domherren, gerade nicht von Mönchen. Vgl. dazu Bamberger Quellen: 1093 Schenkung an den Georgenaltar *fratribus in oblationem* (Urk. 143, Guttenberg, Regesten 567); 1127 Schenkung an St. Georg *in usum fratrum* (Urk. 176); Schenkung des hl. Otto *recordatio fratrum* (Schweitzer 270); Eintragung in Hs. lit. 116 (= Ordinarius A) *bona sci. Georii pertinentia ad stipendia fratrum*, vgl. Leitschuh/Fischer (Anm. 4) 264; s. auch Anm. 134.

[326] Deinhardt 24 Nr. 34. – Das *capitolium* ist die ehem. Sepultur, jetzt Nagelkapelle, vgl. Abb. 25.

[327] Reiches Material neuerdings im Katalog, Monumenta Annonis (Köln 1975) 112 ff.

[328] Deinhardt 4.

[329] Anders Guttenberg/Wendehorst, Germania sacra 2, 52: an der Westwand. Doch ist die Beschreibung der Urkunde ganz eindeutig.

[330] Vgl. Weyres (Anm. 203) 101: *Es ist mir bisher kein nach Westen gerichteter mittelalterlicher Altar bekanntgeworden (außer in Stollenkrypten, wo die Umstände es nicht anders erlaubten).*

[331] Schweitzer 163 und 181.

[332] Guttenberg/Wendehorst, Germania sacra 2, 52.

[333] Farrenkopf 111 Anm. h-h und l, Conceptio; 121 Anm. m und o (Nachtrag zu Purificatio); 128 Anm. d (Hs. C, Annuntiatio); 165 und Anm. q (Assumptio, mit: *Oratio de dedicatione*); 172 Anm. m-m und o (Nachtrag zu Nativitas); lit. 117, fol. 42$^r$f. (Visitatio), 59$^v$ (Assumptio, mit: *Oratio de dedicacione*), 67$^r$ (Nativitas), 87$^r$ (Praesentatio); lit. 118 fol. 127$^r$f. (Conceptio), 138$^r$ (Purificacio), 168$^v$ (Annuntiatio), 173$^v$ (Visitatio), 189$^r$f. (Assumptio), 197$^r$ (Nativitas), 215$^v$ (Praesentatio).

[334] Deinhardt 4; Lagemann 186.

[335] Guttenberg, Regesten 594. – Es ist in diesem Zusammenhang vielleicht nicht ohne Interesse, daß Bischof Suitger, später Clemens II., für das von ihm zwischen 1041 und 1054 gestiftete Kloster Oberheres (Stephanus) und Vitus als Patrone wählte, vgl. Guttenberg, Regesten 225.

[336] Reitzenstein, Domaltäre 11, 19, vgl. auch den Nachtrag zur zitierten Schenkung des Bischofs Rupert: *nunc ad altare praedictum ubi corpus Christi est collocatum* (Schweitzer 193). – Dies scheint sich zur Gewohnheit entwickelt zu haben, denn lit. 117 (fol. 11$^r$) wie lit. 118 (fol. 94$^v$) schreiben zu Fronleichnam eine Prozession zum Vitusaltar vor.

[337] Weber 276.

[338] Guttenberg/Wendehorst, Germania sacra 2, 53.

[339] Zur Pfarre vgl. oben S. 162.

[340] Pfister II, 26.

[341] Farrenkopf 35 Anm. p und öfters, vgl. im Register unter dem Stichwort *panclachen* (S. 215).

[342] so Farrenkopf (Anm. 239) und Klauser 147.

[343] Pfister V, 8; für die beiden Teppiche auf dem Peterschor wurden zusammen 21 Ellen gebraucht, für die beiden auf dem Georgenchor 17 Ellen.

[344] Bischoff Nr. 8.

[345] Deinhardt 5. – Man vergleiche dazu das Dominventar von 1127 (Bischoff Nr. 6), das im Ganzen sieben metallene Altartafeln aufführt: *v Tabule altarium et sexta triangularis auro et gemmis ornate, et septima argentea*. Dem entsprechen: *Candelabra xiiii argentea* (doch kommen dazu noch *vi cristallina, iiii onychina*). Man könnte daraus sieben Altäre erschließen, je drei in jedem Chorbereich und dazu der 1135 sicher bezeugte Kreuzaltar, doch ist das eine Rechnung mit zuviel Unbekannten.

[346] Schweitzer 162; Guttenberg, Regesten 387.

[347] Weber 278.

[348] Klauser 197 ff. (mit Datierung 1342, nach dem Münchner Findbuch 1340).

[349] Looshorn 3 (1891) 482.

[350] A. Goldschmidt, Die Elfenbeinskulpturen Bd. 2 (Berlin 1970) Nr. 176.

[351] Katalog Ars sacra (München 1950) Nr. 282.

[352] Ein Osterspiel *(tres sacerdotes cum thuribulis ad visitandum sepulcrum et assideant duo diaconi in albis)* ist im Ordinarius A bezeugt, doch fast ohne Rubriken; etwas ausführlicher in C *(veniant tres sacerdotes cum thuribulis, induti cappis, et stolis albis, ad visitandum sepulchrum et assideant duo dyaconi in dalmaticis albis)*, vgl. Farrenkopf 77 und Anm. f. Die auch für die Prozessionsaufstellung wichtigen Rubriken von lit. 118 sind gedruckt bei N. C. Brooks, Osterfeiern aus Bamberger und Wolfenbüttler Handschriften, in: Zeitschrift für deutsches Altertum 55, NF 43 (1917) 55 f.

[353] Pfister V, 15, 17 f.; IV, 5 *(von etlichen Löchern in St. Geörgenchor zur Erbauung des hl. Grabes einzuhauen,* 1642/43). Die weiteren Rechnungen sind z. T. kultur- und frömmigkeitsgeschichtlich interessant: Beschaffen von Öfen (1711/12), wassergefüllten Glaskugeln (1730/31), Messingspiegeln (= Blaker? 1738/39), auf durchscheinendes Leinen gemalten Engeln (1746/47), vgl. Pfister IV, 23, 28, 29, 32.

[354] Pfister V, 25.

[355] Pfister V, 24, vgl. die Posten davor und danach: Lampenöl zum hl. Grab – Die Monstranz dortselbst trug 3 Kränzlein und 1 das elfenbeinerne Kruzifix – danach Ausgaben für Damast und Weihrauch.

[356] Pfister V, 5.

[357] Pfister V, 8.

[358] Ludewig 242 und AA. SS. Juli III, 687, auch Pfister V 10; I, 68.

[359] Haeutle 146; Pfister V, 11, 15, 29.

[360] Pfister V, 9 und 10.

[361] Möglicherweise deuten auf die Kreuzverehrung noch zwei Rechnungsposten. Der erste (1505/06) berichtet von der Reparatur eines Teppichs vor dem Elfenbeinkreuz, der zweite (1580/81) von einem Kreuzteppich auf dem Georgenchor, vgl. Pfister V, 9 und 13 – wie zahlreiche Ordinarien anderer Kirchen von Magdeburg bis Siena erweisen, wurden unter das niedergelegte Adorationskreuz kostbare Tücher oder Teppiche gebreitet.

[362] Schweitzer 242.

[363] Weber 276 und 277; der erstgenannte zwischen Lichtern um den Peterschor und vor dem Petersaltar, der als zweiter genannte zwischen Lichtern für den Marienaltar und den Kunigundenaltar.

[364] Pfister V, 23. – Ein Zufallsfund mag hier noch seinen Platz finden: Nach den Excerpten aus Lütticher Domkapitelsrezessen wünschte 1634 der Bischof von Bamberg, einige Kisten mit Reliquien und Urkunden in den Schutz des – neutralen – Domstifts Lüttich flüchten zu dürfen; 1638 erbat er sie zurück. Vgl. Analectes pour servir à l'histoire ecclésiastique de la Belgique 10 (1873) 332 und 356 f.

[365] Bassermann-Jordan/Schmidt 52: 1482 gefertigt.

[366] Bassermann-Jordan/Schmidt 53: *Capella consecrata et vocata Bamberg*. Verglichen mit dem Arnulf-Ciborium, *anscheinend frühromanische Arbeit*.

[367] Bischoff Nr. 6.

[368] Looshorn 3 (1891) 507, vgl. auch Haeutle 108 und BhVB 47 (1885) 39.

[369] Reliquien hier außer den genannten noch Maurorum.

[370] Farrenkopf 139 und Anm. n.

[371] Bassermann-Jordan/Schmidt 54, vgl. dazu BhVB 38 (1875) 124 = Inventar von 1540: *Funff Schalen vbersilbert Zum wein Inuencio crucis*.

[372] Pfister V, 37.

[373] Bassermann-Jordan/Schmidt 53 f. und R. Berliner, Zur Geschichte des Bamberger Domschatzes, in: Münchner Jahrbuch der bildenden Kunst NF 6 (1929) 281 und Abb. 4.

[374] H. Thoma, Schatzkammer der Residenz München, o. O. 1958, Nr. 9 (mit der älteren Literatur).

[375] Farrenkopf 193 Anm. w, y.

[376] Schweitzer 250 und Urk. 1031, vgl. auch Guttenberg/Wendehorst, Germania sacra 2, 58.

³⁷⁷ Weber 276; auch die Einkünfte *(de theloneo)* stimmen überein. Gleichartig eine weitere, nach Guttenberg/Wendehorst, Germania sacra 2, 59 zwischen 1313 und 1316 datierbare Nekrologeintragung.

³⁷⁸ Guttenberg/Wendehorst, Germania sacra 2, 58 f. und 61, vorher dort der mittelalterliche Paulusaltar.

³⁷⁹ Müller-Christensen/(Reitzenstein) 19.

³⁸⁰ W. Vöge, Die Bamberger Domstatuen, ihre Aufstellung und Deutung, in: Bildhauer des Mittelalters (Berlin 1958) 202.

³⁸¹ Guttenberg, Regesten 34 und Jaffé 532.

³⁸² C. Erdmann, Die Briefe Meinhards von Bamberg, in: Neues Archiv der Gesellschaft für ältere deutsche Geschichtskunde 49 (1932) 405 f. Zur Datierung s. auch Guttenberg, Regesten 349.

³⁸³ Szentpétery 363 ff.: E. Bartoniek, Legenda sancti Stephani regis maior et minor, atque Legenda ab Hartvico episcopo conscripta, 381; gleichartig in der meistverbreiteten, zwischen 1112/1116 verfaßten Legende des Hartwig (408). – Stephan von Ungarn gewann in Bulgarien Georgsreliquien, sie kamen später an St. Georg in Csanád, vgl. B. Hóman, König Stephan I. der Heilige, Breslau (1941) 229.

³⁸⁴ Szentpétery 385 (Legenda maior) und 417 (Hartwig). Dieser Text auch im Bamberger Domdirektorium, wohl noch 1. H. 15. Jh., Bamberg Staatsbibl. Ms. R. B. Msc. 176, fol. 366ᵛ.

³⁸⁵ Guttenberg, Germania sacra 1, 119 und Schreiber II 209.

³⁸⁶ Schreiber II 209 f. und Jaffé 732 f.

³⁸⁷ Lagemann 162 und 29; auch in weiteren Bamberger Handschriften.

³⁸⁸ E. Meuthen, Die Aachener Pröpste bis zum Ende der Stauferzeit, in: Zeitschrift des Aachener Geschichtsvereins 78 (1967) 41 ff. mit Stammtafel.

³⁸⁹ Farrenkopf 167, mit eingeschobenen Marientexten, da innerhalb der Oktav von Assumptio Mariae. – *Ad missam officium sicut de sancto Heinrico preter sequentiam.*

³⁹⁰ Guttenberg, Germania sacra 1, 165; nochmals in Ungarn 1217, vgl. Reitzenstein, Baugeschichte 128 Anm. 70.

³⁹¹ Guttenberg, Germania sacra 1, 171 und Schreiber II 213.

³⁹² Farrenkopf 167 Anm. m; als jüngerer Zusatz noch: *terreatur.* Genau gleichartige Rubriken bringt C zu Barbara, Annuntiatio Mariae, Georg, nativitas Johannis Baptistae, Anna, Vincula Petri, Michael, Allerheiligen, vgl. Farrenkopf 109 Anm. m, 128 Anm. d, 132 Anm. m, 145 Anm. s, 158 Anm. y, 159 Anm. k, 179 Anm. a, 186 Anm. l. – Abweichend das Referat des auf dem Colloquium in Bamberg 1975 gehaltenen Vortrags von Otto v. Simson (in: Kunstchronik 28, 1975, 429 ff.) über Papstchor und Königschor: *so muß der Gedanke wohl aufgegeben werden, daß der Reiter König Stephan von Ungarn darstellt, denn dieser gehört nicht zu jener höchsten Kategorie der in Bamberg verehrten Heiligen, für deren Fest das Anlegen von Mitra oder Pallium gestattet war.* Hier sind offenbar Mitra und Rationale verwechselt; die Mitra kann vom Bischof zu allen Festen getragen werden (das Pallium nur zu bestimmten), während der jeweilige Celebrans nur das Rationale anlegt, vgl. lit. 117, fol. 5ᵛ: *Officians si fuerit episcopus vtatur pallio [.] Si vero canonicus induat rationale,* ebenso 13ʳ. Über den bischöflichen Ornat schweigen die Ordinarien, das Rationale nennt Hs. C. zu den Herrenfesten, zu Mariae Geburt (nicht Mariae Himmelfahrt), weiter zu Allerheiligen und Kirchweihe, bei Heiligen nur zu den Festen Peter und Paul, Heinrich und Otto (vgl. Farrenkopf, Register S. 216 unter *rationale*). Dennoch bleibt die aufgezählte Hochfestausstattung zu Stephan von Ungarn auffällig und beachtenswert.

³⁹³ Farrenkopf 167 und Anm. l.

³⁹⁴ Die Beziehung zwischen dem Erzmärtyrer und dem ungarischen König ist besonders eng. Nach der von Hartwig verfaßten Legende erscheint der hl. Diakon der Mutter Stephans, verkündigt ihr die Geburt eines Sohnes, befiehlt, ihm seinen eigenen Namen zu geben und weist auf seine Königswürde voraus, mit Erläuterung des Namens Stephanus = corona (Szentpétery 406). Diese Vision wird in den mir bekannten liturgischen Texten zum Fest des Stephan von Ungarn stark betont, vgl. Analecta hymnica 4 (1888) 449–451; 23 (1896) 480; 28 (1898) 72; 55 (1922) 315.

³⁹⁵ Auch im Nekrolog vermerkt, zum 20. August: *ut festum s. Steffani regis sollemniter peragatur. et omnes congregationes debent interesse misse. nec non omnes religiosi* (Schweitzer 238).

³⁹⁶ Guttenberg, Germania sacra 1, 207. Das Fest wurde noch zu Hofmann's Zeiten gleichartig feierlich begangen: *Ab illo tempore adhuc hodie, singulis annis, dies iste, in basilica cathedrali, celebratur, clero laetis uocibus, gaudeamus, concinente* (Ludewig 195).

³⁹⁷ so etymologisch richtig, da Emmerich nach seinem Großvater Heinrich benannt wurde. – Das Fest des hl. Emmerich findet sich in lit. 117 (fol. 84ʳ) und lit. 118 (fol. 213ʳ), ebenso in R. B. Msc. 176, fol. 43ᵛ und 391ʳ, einem Domdirectorium wohl noch aus der 1. H. des 15. Jhs.

³⁹⁸ Abb. bei Schreiber II Abb. 3. – Vgl. auch clm 46, fol. 5ᵛ: *Monstrancia parua cum reliquys sancti Stephani regis Vngarie qui fuit Sororius Sancti heinrici Imperatoris.* Zu den Aachener Goldschmiedearbeiten vgl. Aachener Kunstblätter 42 (1972) Kat.-Nr. 82–84, Taf. 96–98.

³⁹⁹ Vgl. zu ihm S. 169.

⁴⁰⁰ Schreiber I 32 ff.

⁴⁰¹ Schon 1834 (und 1842) in Stadtführern, weiter in dem 1835 publizierten Reisebericht des Hermann Fürst Pückler-Muskau, 1842 in der Ballade von A. Haupt, vgl. Schreiber I 36 f. und Schreiber II 219 ff. – Doch deutet schon die Formulierung bei Brückner einen sagenhaften Besuch Stephans bei Heinrich II. in Bamberg an.

⁴⁰² Schreiber II 223.

⁴⁰³ Bamberger Blätter für fränkische Kunst und Geschichte 15 (1938) 24.

⁴⁰⁴ Fr. E. Brückmann, Memorabilia Bambergensia, Wolfenbüttel 1729, 3 [moderne Paginierung].

⁴⁰⁵ Schreiber II 36 (Johann Georg Hager).

⁴⁰⁶ Schreiber I 36 und Bamberger Blätter für fränkische Kunst und Geschichte 15 (1938) 6.

⁴⁰⁷ Pfister IV, 45.

⁴⁰⁸ Pfister III, 5. – Der dort überlieferte Auszug *(Stübler spitzte das Schadhafte aus und beschäftigte das Abreiben)* sollte einmal am Original vorurteilslos und sachkundig geprüft werden, damit geklärt wird, wie weit z. B. die Glätte der Gesichtsoberfläche ursprünglich oder aus der Zeit der Ägineten-Restaurierung ist. Man muß sich überhaupt genauer klarmachen, daß der ursprüngliche Zustand nicht ungestört erhalten ist. Auffälligstes Detail: die jetzt völlig fehlende Befestigung des Sattels; war der Bauchriemen ehemals nur aufgemalt? oder anstuckiert?

⁴⁰⁹ Heller 22.

⁴¹⁰ Szentpétery 387 (Legenda maior), 421 (Hartwig).

⁴¹¹ E. Kovács, Casula sancti Stephani regis, in: Acta historiae artium Academiae Scientiarum Hungaricae 5 (1958) 181 ff., Abb. 10 (neben König Stephan ist Stephanus protomartyr dargestellt).

⁴¹² Eine Ausnahme bei Schreiber I Abb. 1 (Sipp-, Mag- und Schwägerschaft Maximilians).

⁴¹³ Ein sehr sonderbarer Marmorkopf aus der Kathedrale von Kalocsa ist in seiner Benennung ganz unsicher, das eingelegte Tympanon von Esztergom nur verstümmelt überliefert. Zu beiden vgl. A. Lepold, L'iconografia del Re Santo Stefano, in: Archivum Europae centro-orientalis 4 (1938) 155 und 156 bzw. Serédi Bd. 3 Abb. S. 119 und Bd. 2, S. 489. Die früheste gesicherte Darstellung auf dem Berner Altar (Serédi Bd. 3, Abb. S. 199) zeigt Stephan weißbärtig, neben ihm den ebenfalls bärtig, doch jugendlicher dargestellten Emmerich.

⁴¹⁴ Zum Gegensatz zwischen dem historischen und hagiographischen Bild des Kaisers vgl. u. a. R. Neumüllers-Klauser, Heinrich II. – Herrscher und Heiliger in seiner Zeit: in: BhVB 110 (1974) 26 ff.

⁴¹⁵ Vgl. etwa Fl. Banfi, Re Stefano il Santo fondatore della Monarchia Ungherese, in: L'Europa orientale 18 (1938) 290 und Hóman (Anm. 383) 13, 47 (bis ins 11. Jh. das »Gottesschwert« Attilas als Familienreliquie in der ung. Königsfamilie).

⁴¹⁶ Ohne nationale Vorurteile, vgl. Schulte 173 *(doch was soll ein König von Ungarn in einem deutschen Dome),* auch ohne zu entlegene Hypothesen; die Konstantinsthese krankt m. E. daran, daß im Westen Konstantin nie offiziell heiliggesprochen und kultisch verehrt wurde (vgl. RAC 3, 1955, 371: *Dagegen hat ihn die röm. Kirche nie in ihren Kalender aufgenommen. Wenn in Ländern des Westens da u. dort die kultische Verehrung C. s begegnet, so hat dies lokale Gründe. So hat man ihm in England zufolge der im MA dort weit verbreiteten Legende, er sei in diesem Land als Sohn einer einheimischen Fürstentochter geboren, viele Kirchen geweiht);* in keiner mir bekannten Bamberger Quelle ist von einer dortigen Konstantinsverehrung die Rede. Auch wäre es politisch wohl eher sonderbar, wenn der – nachweisbar kaisertreue – Bischof Ekbert ein Bild des sich angeblich dem Papst unterordnenden, Stallmeisterdienste leistenden Konstantin der mittelalterlichen römischen Überlieferung in seiner Kathedrale aufgestellt hätte, nahezu ein Affront gegenüber Friedrich II.

# LITERATUR- UND ABKÜRZUNGSVERZEICHNIS

## 1. BIBLIOGRAPHIEN

Schrifttum zur Geschichte des Bistums und des Hochstifts Bamberg sowie Oberfrankens ab 1945, in: Berichte des Hist. Ver. Bamberg 90, 1950ff.

Dressler, Fridolin: Bamberger Zeitschriftenbeiträge 1919–1964, in: Berr. des Hist. Ver. Bamberg 101, 1965, S. 565ff.

Hartig, Otto: Das Schrifttum zum Bamberger Dom von 1924–1936/37, in: Bamberger Blätter für fränk. Kunst u. Geschichte 14, 1937, S. 7f., 16f., 19f., 622f.; 615, 1938, S. 19f.

## 2. LITERATUR ZUM BAMBERGER DOM (in Auswahl)

Ament, Wilhelm: Bamberg, Bamberg 1929.

Arnold, Udo: Bemerkungen zu den Quellen der Baugeschichte des Bamberger Domes im 13. Jahrhundert, in: Berr. des Hist. Vereins Bamberg, 106, 1970, S. 13–20.

Aufleger, Otto – Weese, Arthur: Der Dom zu Bamberg, München 1898.

Bahmann, Karl: Die romanische Kirchenbaukunst in Regnitzfranken, Diss. phil. Würzburg 1939, Würzburg 1941.

Beenken, Hermann: Bildwerke des Bamberger Doms, Bonn 1925.

Bezold, Gustav v.: Zur Geschichte der romanischen Baukunst in der Erzdiözese Mainz, in: Marburger Jb. für Kunstwiss. 8/9, 1936, S. 1–88.

Boeck, Wilhelm: Der Bamberger Meister, mit Beiträgen von Urs Boeck, Tübingen 1960.

Brenner, F.: Einige Worte über die Wiederherstellung des Bamberger Domes, Bamberg 1837.

Bresslau, Heinrich: Bamberger Studien, in: Neues Archiv 21, 1896, S. 197ff.

Breuer, Führer = Breuer, Tilmann: Der Dom zu Bamberg (= Große Baudenkmäler 223), München 1968.

Dehio, Skulpturen = Dehio, Georg: Zu den Skulpturen des Bamberger Domes, in: Jb. der kgl. preuss. Kunstsammlungen 11, 1890, S. 1–6.

Dehio, Skulpturen II = Dehio, Georg: Noch einmal zu den Skulpturen des Bamberger Domes, in: Jb. d. preußischen Kunstsammlungen 13, 1892, S. 141.

Dehio, Handbuch I, ¹1905, ³1924 = Dehio, Georg: Handbuch der deutschen Kunstdenkmäler I: Mitteldeutschland, Berlin ¹1905, ³1924.

Dehio, gotische Rezeption = Dehio, Georg: Zur Geschichte der gotischen Rezeption in Deutschland, in: Zs. für Gesch. der Architektur 3, 1909/10, S. 49–53.

Dehio, Dom = Dehio, Georg: Der Bamberger Dom, München ¹1924, 9.–13. Tsd. 1939.

Dehio, Georg/Bezold, Gustav v.: Die kirchliche Baukunst des Abendlandes, 2 Bde. (u. 5 Tafelbde) Stuttgart 1892/1901.

Dohme, Robert: Geschichte der deutschen Baukunst (= Geschichte der dt. Kunst I), Berlin 1887.

Einem, Herbert v.: Fragen um den Bamberger Reiter, in: Studien zur Gesch. der europ. Plastik, Fs. für Theodor Müller, München 1965, S. 55–62.

Einem, Herbert v.: Zur Deutung des Magdeburger Reiters, in: Zs. f. Kunstgesch. 16, 1953, S. 43–60.

Emmighaus, J. H.: Gnadenpforte, in: LThK IV, ²1960, Sp. 1002.

Erdmann, Carl: Die Briefe Meinhards von Bamberg, in: Neues Archiv 49, 1932, S. 405ff.

Erler, Adalbert: Das Straßburger Münster im Rechtsleben des Mittelalters (= Frankfurter wiss. Beitr., rechts- u. wirtschaftswiss. Reihe 9), Frankfurt 1954.

Farrenkopf, Edmund Karl: Breviarium Eberhardi Cantoris. Die mittelalterl. Gottesdienstordnung d. Domes z. Bamberg, Münster/West. 1969 (Diss. phil. Würzburg 1963) = Liturgiewiss. Quellen u. Forschungen, H. 50.

Fiedler, Dome = Fiedler, Hans: Dome und Politik, Bremen 1937.

Fiedler, Marientüre = Fiedler, Hans: Die Marientüre am Dom zu Bamberg, Bamberg 1956.

Fiedler, Magister = Fiedler, Hans: Magister de vivis lapidibus. Der Meister im Bamberger Dom, Kempten 1965.

Fiedler, Bildgehalt = Fiedler, Hans: Der Bildgehalt des Bamberger Domes, zugl. e. Auseinandersetzung mit der Konstantinsthese, in: Berr. d. Hist. Ver. Bbg. 107, 1971, 17–44.

Fiedler, Konsolen = Fiedler, Hans: Die Konsolen in den östlichen Seitenschiffen des Bamberger Domes in ihrer Beziehung zu dem bauplastisch und bauarchäologisch bedingten Urplan der Westpartie, in: Berr. d. Hist. Ver. Bbg. 113, 1977, S. 141–179.

Fischer, Rekluse = Fischer, Ludwig: Der hl. Matthias, ein Rekluse am Bamberger Dom, Bamb. Bll. 1, 1924, S. 9–10.

Fischer, Ludwig: Studien um Bamberg und Kaiser Heinrich II., Bamberg 1954.

Förster, Ernst: Denkmale deutscher Baukunst, Bildnerei und Malerei III, Leipzig 1857.

Franck-Oberaspach, Z. Eindr. d. franz. Gotik = Franck-Oberaspach, Karl: Zum Eindringen der französischen Gotik in die deutsche Skulptur, in Repertorium f. Kunstwiss. 22, 1899, S. 105–110.

Franck-Oberaspach, Christl. Kunstbl. = Franck-Oberaspach, Karl: Eine fränkische Bildhauerschule vor dem Eindringen der gotischen Kunst, in: Christl. Kunstbl. 1901, S. 87ff., 97ff., 113ff., 129ff., 145ff.

Franck-Oberaspach, Fränk. Bildhauerschule = Franck-Oberaspach, Karl: Eine fränkische Bildhauerschule vor dem Eindringen der Gotik, in: Zs. für bild. Kunst, N.F. 12, 1901, S. 259–264.

Funk, Walter: Alte deutsche Rechtsmale, Nürnberg 1940.

Goldschmidt, Adolph: Rez. zu Weese ¹1897, in: Deutsche Literatur-Zeitung 19, 1898, Sp. 481.

Gosebruch, Martin: Vom Bamberger Dom und seiner geschichtlichen Herkunft, in: Münchner Jb. d. bild. Kunst, 3. F. 28, 1977, S. 28–58.

Groeschel, Julius: Die frühere Gestalt der Thürme des Bamberger Domes, in: Centralblatt der Bauverwaltung 14, 1894, S. 402–403.

v. Guttenberg, Territorienbildung = Guttenberg, Erich v.: Die Territorienbildung am Obermain, Teil I und II = Berr. des Hist. Ver. Bamberg 79, 1925/26. Nachdruck 1966.

v. Guttenberg, Bistum (auch: »Regesten« oder »Germania Sacra«) = Guttenberg, Erich v.: Das Bistum Bamberg I = Germania sacra II, 1,1;1,2; Würzburg 1932ff. (Berlin 1966).

Haas, Bbg. Dom = Haas, Walter: Der Bamberger Dom (Blaue Bücher) Königstein i.T. 1973.

Haas, Heiligengrab = Haas, Walter: Stiftergrab und Heiligengrab, in: Jb. d. Bayerischen Denkmalpfl. 28, 1973, S. 115–151.

Haas, Raumfarbigkeit = Haas, Walter: Die Raumfarbigkeit des Bamberger Domes, in: Deutsche Kunst u. Denkmalpflege 36, 1978, S. 21–36, Abb. IV bis VIII.

R. Hamann I, II = Hamann, Richard: Deutsche und französische Kunst im Mittelalter, Marburg 1923.
  I. Südfranzösische Protorenaissance u. ihre Ausbreitung in Deutschland auf dem Wege durch Italien u. die Schweiz.
  II. Die Baugeschichte der Klosterkirche zu Lehnin u. d. normannische Invasion i.d. deutschen Architektur des 13. Jh.
Hartig, Dreireiterdenkmal = Hartig, Otto: Ein Dreireiterdenkmal vor dem Bamberger Dom, in: Münchner Jb. der bild. Kunst, N.F. 12, 1937/38, S. 15 ff.
Hartig, Reiter = Hartig, Otto: Der Bamberger Reiter und sein Geheimnis, Bamberg 1939.
Heller, Joseph: Geschichte der Domkirche zu Bamberg, Bamberg 1837.

Jantzen, Bildhauer = Jantzen, Hans: Deutsche Bildhauer des 13. Jahrhunderts, Leipzig 1925.
Jantzen, Reiter = Jantzen, Hans: Der Bamberger Reiter (= Reclam Werkmonographien 95), Stuttgart 1964.

Kahmen, Volker: Die Bauornamentik des Bamberger Domes, Diss. phil. Würzburg 1966.
Keller, Harald: Bamberg (Dt. Lande, dt. Kunst), München ³1950.
Klauser, Renate: Der Heinrichs- und Kunigundenkult im mittelalterlichen Bistum Bamberg, Bamberg 1957. = Berr. des Hist. Ver. Bamberg 95.
Knorre, Alexander v.: Turmvollendungen deutscher gotischer Kirchen im 19. Jh. (= 5. Veröffentl. d. Abt. Arch. d. KHI Köln, hrsg. v. G. Binding) Diss. phil. Köln 1974.
Kömstedt, Rudolf: Der Georgenchor des Bamberger Domes, in: Münchner Jb. der bild. Kunst 12, 1921/22, S. 25–34.
Kroos, Renate: Liturgische Quellen zum Bamberger Dom, in: Zs. f. Kunstgesch. 39, 1976, S. 105–146, hier S. 160–176.
Kugler, Franz: Kleine Schriften und Studien zur Kunstgeschichte I, Stuttgart 1853.

Lagemann, Adolf: Der Festkalender des Bistums Bamberg im Mittelalter, in: Berr. des Hist. Ver. Bamberg 103, 1967, S. 7–264.
Landgraf, Michael: Der Dom zu Bamberg, Bamberg 1836.
Lehmann, Kirchenbau = Lehmann, Edgar: Der frühe deutsche Kirchenbau, Berlin ¹1938, ²1949.
Lehmann-Brockhaus, Otto: Schriftquellen zur Kunstgeschichte des 11. und 12. Jahrhunderts, Berlin 1938.
Leitschuh, Baugeschichte = Leitschuh, Franz Friedrich: Zur Baugeschichte des Bamberger Domes, in: Fs. Friedrich Schneider, Freiburg 1906, S. 383 ff.
Leitschuh, Bamberg = Leitschuh, Franz Friedrich: Bamberg (Berühmte Kunststätten 63), Leipzig 1914.
Looshorn, Johann: Die Geschichte des Bistums Bamberg II, München 1880.

H. Mayer, Heinrichsdom = Mayer, Heinrich: Wie sah Kaiser Heinrichs Dom aus? in: Heimatbll. des Hist. Ver. Bamberg 4, 1924, S. 6–11.
H. Mayer, Baugeschichte = Mayer, Heinrich: Die Baugeschichte des Bamberger Domes, in: Bamberger Bll. für fränk. Kunst u. Gesch. 1, 1924, S. 45, 58, 71, 86.
H. Mayer, Neue Forschungen = Mayer, Heinrich: Neue Forschungen auf dem Domberg zu Bamberg, in: Dt. Kunst u. Denkmalpflege 1936, S. 190–195.
H. Mayer, Residenzen = Mayer, Heinrich: Bamberger Residenzen, München 1951.
H. Mayer, Bamberg = Mayer, Heinrich: Bamberg als Kunststadt, Bamberg 1955.
H. Mayer, Ostkrypta = Mayer, Heinrich – Winterfeld, Dethard v.: Bericht über die baugeschichtlichen Untersuchungen in der Ostkrypta des Bamberger Domes, Mitte Juli 1935, in: Berr. des Hist. Ver. Bamberg 103, 1967, S. 337–339.
Mayer, Theodor: Die Anfänge des Bistums Bamberg, in: Fs. Edmund E. Stengel, Münster 1952, S. 272–288.
Meyer, Otto: Breviarium Eberhardi Cantoris. Zur Überlieferungsgeschichte der mittelalterlichen Gottesdienstordnung des Bamberger Domes, in: Monumentum Bambergense, Festgabe für Benedikt Kraft, München 1955, S. 414 ff.
Morper, Reiterstandbild = Morper, Johann Joseph: Zur Technik des Reiterstandbildes im Dom zu Bamberg, in: Belvedere 6, 1924, S. 15–21. Zweitdruck in: Bamberger Bll. für fränk. Kunst u. Gesch. 1, 1924, S. 47 ff.

Morper, Wandlungen = Morper, Johann Joseph: Die Wandlungen des Bamberger Domes seit seiner Vollendung = Bamberger Hefte für fränk. Kunst u. Gesch. 3, 1926.
Morper, Lettner = Morper, Johann Joseph: Die Lettner des Bamberger Domes, in: Die christliche Kunt 26, 1929/30, S. 157 f.
Morper, Ausgrabungen = Morper, Johann Joseph: Die neuen Ausgrabungen am Bamberger Dom, in: Die christl. Kunst 32, 1936, S. 253 ff. und Bamb. Bll. f. fränk. Kunst u. Gesch. 13, 1936, S. 1–3.
Morper, Ungebaute Architektur = Morper, Johann Joseph: Ungebaute und untergegangene Architektur Bambergs, Bamberg 1965.
Müller, Schlußsteinplastiken = Müller, Bruno: Die Schlußsteinplastiken in der Ostkrypta des Bamberger Domes, in: Fränk. Bll. 6, 1954, S. 53 ff.
Müller, Affe = Müller, Bruno: Der Affe am Dom, in: Fränk. Bll. 10, 1958, S. 73.

Neubauer, J.: Zur Baugeschichte des Bamberger Domes, in: Berr. des Hist. Ver. Bamberg 65, 1907, S. 99–123.
Neukam, Wilhelm-Georg: Der Umbau und die Restaurierung der Bamberger Domtürme (1765–1768), in: Berr. des Hist. Ver. Bamberg 99, 1963, S. 489–501.
Neumüllers-Klauser, Renate: Der Bamberger Dom als Stätte mittelalterlicher Rechtspflege, in: Berr. des Hist. Ver. Bamber 102, 1966, S. 177–184.
Noack, Bamberg = Noack, Werner: Der Dom zu Bamberg (Dt. Bauten 4), Burg bei Magdeburg 1925.

Panofsky, Erwin: Die deutsche Plastik des 11. bis 13. Jhs., München 1924.
Paschke I–IV = Paschke, Hans: Das Domstift zu Bamberg in seinen Bauwendungen, Teil I–IV (= Studien z. Bamberger Geschichte u. Topographie, H. 44–47), Bamberg 1972.
Peters, Hans: Alte deutsche Dome, Honnef/Rh. 1959, darin als Abb. 72 die Innenansicht von Matthieu/Asselineau (19. Jh.).
Pinder, Dom = Pinder, Wilhelm: Der Bamberger Dom und seine Bildwerke, Berlin ¹1927, ³1935.
Pinder, Führer = Pinder, Wilhelm: Der Dom zu Bamberg (= Große Baudenkmäler 115), München ¹1939, ⁸1961.
Pfister, Dom = Pfister, Michael: Der Dom zu Bamberg, Bamberg 1896.
Pfister, Restauration = Pfister, Michael: Die Geschichte der Restauration der Domkirche zu Bamberg 1828–1844, Bamberg 1896.
Pfister, Werkamtsrechnungen = Pfister, Michael: Auszug aus den Rechnungen des Domkapitelschen Werkamtes 1539–1803 u. d. Domfabrikamtes Bbg. bis z. J. 1896, Bamberg 1896.
Pfister, Domkustoreirechnungen = Pfister, Michael: Auszug aus den Bamberger Dom-Kustorei-Rechnungen d. J. 1464–1801, Bamberg 1896.
Pfister, Michael: Restaurationsarbeiten 1648–1653. Anhang zu: Die Geschichte d. Restauration d. Domk. z. Bbg., Bamberg 1896 (Restauration).

Redslob, Edwin: Das Kirchenportal, Jena 1901.
Redtenbacher, Rudolf: Zur Baugeschichte des Bamberger Domes, in: Zs. für bild. Kunst 16, 1881, S. 271 f.
v. Reitzenstein, Grabmal = Reitzenstein, Alexander v.: Das Grabmal Kaiser Heinrichs II. im Bamberger Dom, in: Zs. für Kunstgesch. 3, 1934, S. 360 ff.
v. Reitzenstein, Baugeschichte = Reitzenstein, Alexander v.: Die Baugeschichte des Bamberger Domes, in: Münchner Jb. der bild. Kunst, N.F. 11, 1934/35, S. 113–152.
v. Reitzenstein, Bruder Wortwin = Reitzenstein, Alexander v.: Bruder Wortwin: Ein Werkmeister des Bamberger Domes, in: Bayer. Landesamt für Denkmalpflege, 26. Bericht, 1967, S. 61–66.
v. Reitzenstein, Clemens = Reitzenstein, Alexander v.: Papst Clemens II. und sein Grabmal im Bamberger Dom, in: Sigrid Müller-Christensen, Das Grab des Papstes Clemens II. im Dom zu Bamberg, München 1960, S. 9–33.
Rensing, Gnadenpforte = Rensing, Theodor: Die Gnadenpforte des Bamberger Domes, in: Fs. Alois Fuchs, Paderborn 1950, S. 69–76.
Rensing, Adamspforte = Rensing, Theodor: Die Adamspforte des Bamberger Domes, in: Fs. Franz Petri, Bonn 1970, S. 421–433.
Riehl, Berthold: Kunsthistorische Wanderungen durch Bayern. Denkmale frühmittelalterlicher Baukunst in Bayern, Bayr. Schwaben, Franken und der Pfalz, München 1888.

Sage, Ausgrabungen = Sage, Walter: Die Ausgrabungen im Bamberger Dom, in: Archäologisches Korrespondenzblatt 3, 1973, S. 261–268.

Sage, Ergebnisse = Sage, Walter: Der Bamberger Dom. Ergebnisse der Ausgrabungen 1969–1972, in: Zs. f. Kunstgesch. 39, 1976, S. 85–104, hier S. 16–21.
Sauerländer, Reims u. Bbg. = Sauerländer, Willibald: Reims und Bamberg. Zu Art und Umfang der Übernahmen, in: Zs. f. Kunstgesch. 39, 1976, S. 167–192.
Sauerländer, Stauferkatalog = Sauerländer, Willibald im Katalog der Ausstellung »Die Zeit der Staufer«, hrsg. v. Reiner Haussherr, Stuttgart 1977, Bd. I, Nr. 440–443 (= S. 313–321).
Schmitt: Die Bamberger Synoden, in: Berr. des Hist. Ver. Bamberg 12, 1851.
Schnaase, Carl: Geschichte der bildenden Künste im Mittelalter II, III, Düsseldorf ²1871, ²1872.
Schrottenberg, F. v.: Der Domberg in seiner neueren Gestaltung, in: Berr. des Hist. Ver. Bamberg 49, 1886, S. 93–126.
Siebenhüner, Heinrichsdom = Siebenhüner, Herbert: Überlegungen zum Heinrichsdom in Bamberg, in: Fs. für Herbert v. Einem, Berlin 1965, S. 229–240.
Siebenhüner, Ostkrypta = Siebenhüner, Herbert: Die Ostkrypta des Domes in Bamberg, in: Berr. des Hist. Ver. Bamberg 102, 1966, S. 149–176.
Steuerwald, Reiter = Steuerwald, Hans: Das Rätsel um den Bamberger Reiter, Berlin 1953.
Steuerwald, Reitermeister = Steuerwald, Hans: Der Reitermeister von Bamberg und Magdeburg, Berlin 1967.
Traeger, Zs. f. Kunstg. = Traeger, Jörg: Der Bamberger Reiter in neuer Sicht, in: Zs. f. Kunstgesch. 33, 1970, S. 1–20.
Traeger, Raggi = Traeger, Jörg: Zur Frage eines zweiten Reiters im Bamberger Dom, in: Raggi 10, 1970, S. 62–77.
Treeck, Peter van: Franz Ignaz Michael von Neumann, Diss. phil. (= Mainfränk. Studien Bd. 6) Würzburg (1968) 1973.
Tunk, Walter: Der Dom zu Bamberg, in: Das Münster 10, 1957, S. 416ff.

Valentiner, Wilhelm Reinhold: The Bamberg Rider, Los Angeles 1956.
Verheyen, Chorschranken = Verheyen, Egon: Die Chorschrankenreliefs des Bamberger Domes, Diss. phil. Würzburg 1961.
Verheyen, Fürstenportal = Verheyen, Egon: Das Fürstenportal des Bamberger Domes, in: Zs. für Kunstwiss. 16, 1962, S. 1–40.
Verheyen, MS. = Verheyen, Egon: Gestalt und Idee des Bamberger Domes, Ms. Princeton 1962.
Verheyen, Dom = Verheyen, Egon: Der Bamberger Dom (= Langewiesche-Bücherei), Königstein/Ts. o.J.
Verheyen, Vortragsresumé = Verheyen, Egon: Rekonstruktions-, und Datierungsprobleme des Bamberger Domes (Vortragsrésumé), in: Wallraf-Richartz-Jb. 26, 1964, S. 243.
Vetter, Ewald Maria/Bulst, Wolfger A.: Zu den Bamberger Domskulpturen, in: Ruperto-Carola, Zs. d. Vereinig. d. Freunde d. Studentensch. d. Univ. Heidelberg, 21 (Bd. 46) 1969, S. 126–138.
Vöge, Domsculpturen/Bildhauer = Vöge, Wilhelm: Über die Bamberger Domsculpturen, in: Repertorium für Kunstwiss. 22, 1899, S. 94–104; 24, 1901, S. 195–229 und 255–289. Wiederabdruck in: Bildhauer des Mittelalters, Ges. Studien v. Wilhelm Vöge, Berlin 1958, S. 130–200.
Vöge, Aufstellung/Bildhauer = Vöge, Wilhelm: Die Bamberger Domstatuen, ihre Aufstellung und Deutung, in: Zs. für christl. Kunst 15, 1902, Sp. 357–368. Wiederabdruck in: Bildhauer des Mittelalters, Ges. Studien von Wilhelm Vöge, Berlin 1958, S. 201–209.
Vorromanische Kirchenbauten, Katalog der Denkmäler bis zum Ausgang der Ottonen, hg. v. Zentralinstitut für Kunstgeschichte, bearbeitet von Friedrich Oswald, Leo Schäfer, Hans R. Sennhauser, München 1966.

Wagner, Erna: Die Gnadenpforte am Dom zu Bamberg, Diss. phil. Würzburg 1965.
Weber, Heinrich: Die St. Georgenbrüder am alten Domstift zu Bamberg, Bamber 1883.
Weese, ¹1897, ²1914 = Weese, Arthur: Die Bamberger Domsculpturen, Straßburg ¹1897, ²1914. Vergl. die Rezensionen von Adolph Goldschmidt, in: Dt. Lit. Ztg. 1898, Sp. 481 u. G. Dehio in: Rep. f. Kunstwiss. 22, 1899, S. 132.
Weese, Rep. f. Kunstw. = Weese, Arthur: Zu den Bamberger Domsculpturen, in: Repertorium für Kunstwiss. 22, 1899, S. 22f.
v. Winterfeld, Kapitelle = Winterfeld, Dethard v.: Speyerische Kapitelle in Bamberg?, in: Schülerfestgabe für Herbert v. Einem, Bonn 1965, S. 265–281. Wiederabdruck in: Bonner Jb. 168, 1968, S. 315–325.
v. Winterfeld, Führer = Winterfeld, Dethard v.: Geschichte und Kunst des Bamberger Domes, Bamberg (1968).
v. Winterfeld, Diss. = Winterfeld, Dethard v.: Untersuchungen z. Baugesch. d. Bamberger Domes, Diss. phil. Bonn (1969) gekürzte Fassung Bonn 1972.
v. Winterfeld, Fürstenportal = Winterfeld, Dethard v.: Zur Baugeschichte des Bamberger Fürstenportales, in: Zs. f. Kunstgesch. 39, 1976, S. 147–166.

Zahn, Karl: Ausgrabungen unter dem Westchor des Domes in Bamberg, in: Denkmalpflege und Heimatschutz 30, 1928, S. 84f.
Zimmermann, Gerd: Vom Symbolgehalt der Bamberger Domweihe (6. Mai 1012), in: Fränk. Bll. 3, 1951, S. 37ff.
Zink, Jochen: Bericht über das Kolloquium »Der Bamberger Dom und seine plastische Ausstattung b. z. Mitte d. 13. Jhs.« (8./9. 4. 75 in Bamberg), in: Kunstchronik 28, 1975, S. 387–405 u. S. 425–448.
Zinner, Ernst: Das Sonnenloch im Dom zu Bamberg, in: Bamberger Bll. für fränk. Kunst und Gesch. 13, 1936, S. 49–52.

## 3. ALLGEMEINE LITERATUR

Achter, Irmingard: Der staufische Westchor des Bonner Münsters, in: Jb. der Rhein. Denkmalpflege 26, 1966, S. 241–254.
Adam, Baukunst = Adam, Ernst: Baukunst des Mittelalters II (= Ullstein Kunstgeschichte), Frankfurt 1963.
Adam, Münster = Adam, Ernst: Das Freiburger Münster (= Große Bauten Europas I), Stuttgart 1968.
Adenauer, Hanna: Die Kathedrale von Laon, Diss. phil. Bonn 1934, Düsseldorf 1934.
Arens, Wimpfen = Arens, Fritz: Die Königspfalz Wimpfen, Berlin 1967.
Arens, Mainzer Dom = Arens, Fritz: Die Raumaufteilung des Mainzer Domes u. s. Stiftsgebäude bis z. 13. Jh., in: Fs. Willigis und sein Dom, Mainz 1975.
Aubert, Marcel: L'architecture cistercienne en France I. u. II., Paris 1947.

Bach, Eugène – Blondel, Louis – Bovy, Adrien: La cathédrale de Lausanne (= Les monuments d'art et d'histoire du Canton Vaud II), Basel 1944.
Bader, Walter: Die Benediktinerabtei Brauweiler bei Köln, Berlin 1937.
Badstübner, Ernst: Maulbronner Schulbauten in Thüringen, Diss. phil. Berlin 1954, masch. im KHI Berlin.
Balme, Pierre: Eglises romanes d'Auvergne, Clermont Ferrand 1955.
Bandmann, Bonner Münster = Bandmann, Günter: Das Langhaus des Bonner Münsters und seine künstlerische Stellung, in: Bonn und sein Münster, Bonn 1947, S. 109–131.
Bandman, Apsis = Bandmann, Günter: Zur Bedeutung der romanischen Apsis, in: Wallraf-Richartz-Jb. 15, 1953, S. 28–46.
Bandmann, Altaranordnung = Bandmann, Günter: Früh- und hochmittelalterliche Altaranordnung als Darstellung, in: Das erste Jahrtausend I, 1962, S. 398ff.
Bandmann, Bedeutungsträger = Bandmann, Günter: Mittelalterliche Architektur als Bedeutungsträger, Berlin 1951.
Bandmann, Fassadenprogramm = Bandmann, Günter: Ein Fassadenprogramm des 12. Jhs. und seine Stellung in der christlichen Ikonographie, in: Das Münster 5, 1952, S. 1ff.
Baugeschichte des Basler Münsters: siehe Karl Stehlin.
Becksmann, Rüdiger: Die Jesse-Scheiben vom spätstaufischen Chor des Freiburger Münsters, in: Zs. d. Deutsch. Vereins f. Kunstwiss. 23, 1969, S. 8–48.
Bellmann, Friedrich: Zur Bau- und Kunstgeschichte der Stiftskirche von Nivelles, Diss. phil. München 1941.
Bernhardi, W.: Lothar v. Supplinburg (Jbb. der dt. Geschichte 15), Leipzig 1879.

Beseler, Hartwig – Roggenkamp, Hans: Die Michaeliskirche in Hildesheim, Berlin 1954.
Bickel, Wolfgang: Riddagshausen, Diss. phil. Mainz 1967, Braunschweig 1968 (= Braunschweiger Werkstücke 40). Rezension: v. Winterfeld, in: Niedersächs. Jb. f. Landesgesch., 41/42, 1970, S. 301–305.
Bidault, Maryse / Lautier, Claudine: Saint-Nicaise de Reims. Chronologie et nouvelles remarques sur l'architecture, in: Bulletin Monumental 135, 1977, S. 295–330.
Binding, Günther: Die Pfalz Kaiser Friedrich Barbarossas in Gelnhausen, Diss. phil. Bonn 1963.
Bock, Emil: Romanische Baukunst und Plastik in Württemberg, Stuttgart 1958.
Böcher, Otto: Die alte Synagoge zu Worms (= Der Wormsgau, Beiheft 18), Worms 1960.
Borger, Hugo: Das Münster St. Vitus in Mönchen-Gladbach (= Die Kunstdenkmäler des Rheinlandes, Beiheft 6), Essen 1958.
Borger, Kirche u. Burg = Borger, Hugo: Die ehemalige Stiftskirche St. Viktor und die Stiftsimmunität in Xanten, in: Kirche und Burg in der Archäologie des Rheinlandes, Ausstellungskatalog Bonn 1962, S. 115–126.
Borger, Ausgrabungen = Borger, Hugo: Ausgrabungen unter dem Dom und in der Stiftsimmunität, in: Sechzehnhundert Jahre Xantener Dom (= Xantener Dombll. 6), 1963, S. 65 ff.
Borger, Neuß = Borger, Hugo: Die Ausgrabungen an St. Quirin zu Neuss in den Jahren 1959–64, in: Rhein. Ausgrabungen I, 1968, S. 170 ff. (= Beihefte der Bonner Jbb. 28).
Branner, Reims = Branner, Robert: The North Transept and the first West Facades of Reims Cathedral, in: Zs. f. Kunstgesch. 24, 1961, S. 220–241.
Branner, Robert: Burgundian Gothic Architecture, London 1961.
Branner, Speculum = Branner, Robert: Historical Aspects of the Reconstruction of Reims Cathedral 1210–1241, in: Speculum 36, 1961, S. 23 ff.
Bushart, Bruno: Die Sitftskirche zu Ellwangen und ihre Stellung innerhalb der südwestdeutschen Baukunst der staufischen Zeit, Diss. MS. München 1950.
Bushart, Bruno: Beitr. z. Baugesch. d. Stiftskirche in Ellwangen; in: Ellwangen 764–1964, Beitr. u. Untersuchungen zur 1200-Jahrfeier, Ellwangen 1964, S. 703–766.

Cichy, Bodo: Die Kirche von Brenz, Heidenheim 1966.
Cinthio, Erik: Lunds Domkyrka under romansk tid, Bonn 1957.
Clasen, Carl-Wilhelm: Die Zisterzienserabtei Maulbronn im 12. Jh. u. d. bernhardische Klosterplan, Diss. phil. Kiel 1956, (Masch. MS.).
Congr. Archéol. = Congrès Archéologique, 1924 (Clermont-Ferrand).
Congr. Archéol. = Congrès Archéologique, 116, 1958 (Auxerre).
Craplet, Bernard: Auvergne Romane, Vlg. Zodiaque 1955.

Dehio/Gall = Dehio, Georg – Gall, Ernst: Handbuch der deutschen Kunstdenkmäler II: Die Rheinlande, Berlin ¹1938.
Dehio, Hdb. NRW = Dehio, Georg: Handbuch der deutschen Kunstdenkmäler, Nordrhein-Westfalen I: Rheinland, bearb. v. Ruth Schmitz-Ehmke, München 1967.
Demaison, Louis: La Cathédrale de Reims (= Petites Monographies des Grands Edifices de la France), Paris 1908.
Deneux, Henri: L'ancienne église St. Nicaise de Reims, in: Bull. mon. 1926, S. 117 ff.
Deschamps, Crac = Deschamps, Paul: Le Crac des Chevaliers (= Les Chateaux des Croisés en Terre Sainte I), Paris 1934.
Deschamps, Paul: L'Auvergne berceau de l'art roman, Clermont-Ferrand 1957.
Dörrenberg, Irmgard: Das Zisterzienser-Kloster Maulbronn, Würzburg 1938.
Dollmeyer, Anton: Zur Baugeschichte der St. Georgskirche in Hagenau, in: Bull. de la Soc. d'Hist. et d'Archeol. de Haguenau 1930–1932, S. 62–90.
Durand, George: Eglises romanes des Vosges, Paris 1913.

Eckardt, Anton – Gebhardt, Torsten: Kunstdenkmäler Bayern, Pfalz IX: Stadt und Landkreis Kaiserslautern, München 1942.
K. Erdmann, Karavanseray = Erdmann, Kurt: Das anatolische Karavanseray des 13. Jhs. (= Istanbuler Forschungen 21,1), Berlin 1961.
W. Erdmann, Freiburg = Erdmann, Wolfgang: Die Ergebnisse der Rettungsgrabung 1969 im Münster U. L. F. zu Freiburg i. Breisgau, in: Nachrichtenbl. d. Denkmalpflege i. Bad.-Württ. 13, 1970, S. 1–24.

Fath, Manfred: Die Baukunst der frühen Gotik im Mittelrheingebiet, 1200–1250, dargestellt an charakteristischen Beispielen, in: Mainzer Zeitschrift 63/64, 1968/69, S. 1–38, und 65, 1970, S. 44–92, auch als zusammengebundener Sonderdruck.
Fath, Manfred: Die frühgotischen Bauteile der Stiftskirche St. Peter u. Alexander zu Aschaffenburg u. ihr Kreuzgang, in: Aschaffenburger Jahrbuch 5, 1972. S. 283–301.
Fastenau, Jan: Romanische Bauornamentik in Süddeutschland, Strassburg 1916.
Fehring, Günther Paul – Ress, Anton: Die Stadt Nürnberg (= Bayer. Kunstdenkmale, Kurzinventar 10), München 1961.
Feld, Otto: Zur Baugeschichte der Klosterkirche Murbach, in: Zs. für Kunstgesch. 25, 1961, S. 242 ff.
Feldtkeller, Hans: Die Zisterzienserkirche Bronnbach o. d. Tauber und ihre ursprüngliche Dachlösung, in: Zs. für Kunstgesch. 18, 1955, S. 199–211.
Fels, Etienne: L'eglise abbatiale de Murbach, in: Archives alsaciennes d'histoire de l'art 8, 1929, S. 21–38.
Fischer, Manfred F.: Das ehemalige Zisterzienserkloster Heilsbronn bei Ansbach, in: Jb. für fränk. Landesforschung 24, 1964, S. 21–109.
Fraccaro de Longhi, Lelia: L'Architettura delle Chiese Cistercensi Italiane, Mailand 1958.
Vgl. die Rezension von Hanno Hahn, in: Kunstchronik 13, 1960, S. 77–84.
Freeden, Max H. v.: Balthasar Neumann als Stadtbaumeister, Würzburg 1937.
Friederich, Karl: Die Steinbearbeitung in ihrer Entwicklung vom 11. bis zum 18. Jh., Augsburg 1932.
Rez. R. Kautzsch, in: Zs. f. Kunstgesch. 1, 1932, S. 233.
Fries, Walter: Die St. Sebalduskirche zu Nürnberg (= Dt. Bauten 10), Burg b. Magdeburg 1928.

Gadomski, Jerzy: Znaki Kamieniarskie w Polsce od roku 1100 do polowy XIII wieku, in: Folia historiae artium 3, Krakau 1966, S. 23–64, mit franz. Résumé S. 65–67.
Gall, Niederrh. u. norm. Arch. = Gall, Ernst: Niederrheinische und normännische Architektur im Zeitalter der Frühgotik I, Berlin 1915.
Gall, Dome = Gall, Ernst: Dome und Klosterkirchen am Rhein, München 1956.
Giesau, Bauhütte = Giesau, Hermann: Eine deutsche Bauhütte aus dem Anfange des 13. Jhs., Halle 1912.
Giesau, Magdeburg = Giesau, Hermann: Der Dom zu Magdeburg (= Deutsche Bauten 1), Burg b. Magdeburg, 1924.
Götz, Wolfgang: Zentralbau und Zentralbautendenz in der gotischen Architektur, Berlin 1968.
Grandjean, Marcel: La cathédrale actuelle, in: La Cathédrale de Lausanne, Berne 1975, S. 45–174 (= Bibl. d. l. Soc. d'Hist. d. l'Art en Suisse, Bd 3)
Greischel, Walther: Der Magdeburger Dom, Berlin 1939.
Grossmann, Dieter: Die Abteikirche zu Hersfeld, Kassel 1955.

Haas, Retti u. La Guêpiére = Haas, Walter: Die Architekten Retti und La Guêpiére am Neuen Schloss in Stuttgart, in: Deutsche Kunst und Denkmalpflege 18, 1960, S. 30–37.
Haas, Erbauer = Haas, Walter: Die Erbauer des Domes zu Speyer (Bauherren, Architekten, Handwerker), in: Zs. für Kunstgesch. 29, 1966, S. 223–240.
Haas, Bauforschung = Haas, Walter: Bauforschung des Landesamtes für Denkmalpflege, in: Bayer. Landesamt für Denkmalpflege, 26 Ber., 1967, S. 112–147.
Haas, Bautechnik = Haas, Walter: Bautechnik, in: Kubach/Haas, Speyer, S. 464–643.
Haas, Lettner Münchsteinach = Haas, Walter: Der Lettner der Klosterkirche zu Münchsteinach, in: Jb. d. Bayer. Denkmalpflege 27, 1968/69, S. 14–52.
Haas, Führer Münchsteinach = Haas, Walter: Die Kirche u. d. ehem. Benediktinerkloster Münchsteinach, München 1970 (= Gr. Baudenkmäler, H. 248).
Hahn, Hanno: Die frühe Kirchenbaukunst der Zisterzienser, Berlin 1957.
Vgl. die Rezension von Hans Erich Kubach, in: Zs. für Kunstgesch. 21, 1958, S. 97–101.
Hahnloser, Hans R.: Villard de Honnecourt. Kritische Gesamtausgabe des Bauhüttenbuches ms. fr. 19093 der Pariser Nationalbibliothek, Wien 1935, ²Graz 1972.

Hamann, Richard – Wilhelm-Kästner, Kurt: Die Elisabethkirche zu Marburg und ihre künstlerische Nachfolge I, Marburg 1924.
Hamann-MacLean, Antikenstudium = Hamann-Mac Lean, Richard: Antikenstudium in der Kunst des Mittelalters, in: Marburger Jb. für Kunstwiss. 15, 1949/50, S. 157–250.
Hamann-MacLean, Reims = Hamann-MacLean, Richard: Zur Baugeschichte der Kathedrale von Reims, in: Gedenkschrift Ernst Gall, München 1965, S. 195 ff.
Hardte, Adolf: Die romanische Anlage der ehemaligen Collegiatsstiftskirche St. Jacob zu Bamberg, Diss. phil. Erlangen, Amberg 1931.
Hasak, Kirchenbau = Hasak, Max: Der Kirchenbau des Mittelalters, Leipzig ²1913.
Hasak, Hdb. = Hasak, Max: Der Kirchenbau (= Hdb. der Architektur II: Die Baustile), Stuttgart 1902.
Hauck, Albert: Kirchengeschichte Deutschlands III, ⁹Berlin 1958.
Haug, Hans – Will, Robert – Fels, Etienne u. a.: La Cathédrale de Strasbourg, Strassburg 1957.
Hausen, Edmund: Otterberg und die kirchliche Baukunst der Hohenstaufenzeit in der Pfalz, Kaiserslautern 1936. Vgl. die Rezension von: Albert Verbeek, in: Trierer Zs. 12, 1937, S. 250–256 und Walter Zimmermann, in: Rhein. Vierteljahrsbll. 7, 1937, S. 302 ff.
Haussherr, Reiner: Überlegungen zum Stand der Kunstgeographie, in: Rhein. Vierteljahrsbll. 30, 1965, S. 351–371. (= Rezension zu Kubach/Bloch, Früh- u. Hochromanik).
Héliot, Pierre: Les parties romanes de la cathédrale de Tournai, in: Revue belge d'archeol. et d'hist. de l'art 25, 1956, S. 3–76.
Henriet, Jaques: Le chœur de Saint-Mathurin de Larchant et N. D. de Paris, in: Bulletin Monumental 134, 1976, S. 289–307.
Herzog, Erich: Die ottonische Stadt, Berlin 1964.
Hölscher, Uvo: Die Godehardikirche zu Hildesheim, in: Niederdt. Beitrr. zur Kunstgesch. 2, 1962, S. 9–44.
Hölscher, Uvo: Forschungen zur mittelalterlichen Sakralarchitektur der Stadt Goslar, in: Niederdt. Beitrr. zur Kunstgesch. 3, 1964, S. 13–92 (Forschungen).
Hölscher, Uvo: Die Stiftskirche von Königslutter, in: Niederdt. Beitrr. zur Kunstgesch. 4, 1965, S. 9–40.
Hoffmann, Friedrich Wilhelm: Die Sebalduskirche in Nürnberg, Wien 1912.
Hofmann, Martin: Vom Wachstum Bambergs, aufgezeigt am Zweidlerschen Plan von 1602, Bamberg 1939.
Hootz, Reinhard: Deutsche Kunstdenkmäler: Rheinland-Pfalz, Saar, Darmstadt 1958. Hessen, ebd. 1964.
Hotz, Walter: Handbuch der Kunstdenkmäler im Elsass und in Lothringen, Darmstadt 1965.
Hubatsch, Walther: Montfort und die Bildung des Deutschordensstaates im Heiligen Lande, in: Nachrr. der Ak. d. Wiss. in Göttingen, phil.-hist. Kl., 1966, S. 159–199.
Hussendörfer, Rainer: Die ehem. Chorherrenstiftskirche in Faurndau, 2 Bde (= Veröffentl. d. Staatsarchivs Göppingen Bd. 10) Diss. Ing. Braunschweig, Göppingen 1975.
Illert, Friedrich M.: Zeitgeschichte und Dombau, in: Der Wormsgau 7, 1965/66, S. 9–36.
Irsch, Nicolaus: Die Trierer Abteikirche St. Matthias und die Trierisch-Lothringische Bautengruppe, Augsburg 1927.
Jäger, Johannes: Die Klosterkirche zu Ebrach, Würzburg 1903.
Jacobs, Fritz: Die Kathedrale S. Maria Icona Vetere in Foggia – Studien zur Architektur und Plastik des 11. u. 12. Jh. in Süditalien, Diss. Hamburg 1968.
Janner, Ferdinand: Die Bauhütten des deutschen Mittelalters, Leipzig 1876.
Jantzen, Freiburg = Jantzen, Hans: Das Münster zu Freiburg (= Deutsche Bauten 15), Burg b. Magdeburg 1929.
Kahl, Günther: Die Zwerggalerie, Diss. phil. Würzburg 1939.
Karlinger, Hans: Romanische Steinplastik in Altbayern und Salzburg, Augsburg 1924.
Karpa, Oskar: Wiederaufbau der Michaelskirche zu Hildesheim, in: Dt. Kunst u. Denkmalpflege 18, 1960, S. 97–115.
Kautzsch, Worms = Kautzsch, Rudolf: Der Dom zu Worms, 3 Bde., Berlin 1938.
Kautzsch, Elsass = Kautzsch, Rudolf: Der romanische Kirchenbau im Elsass, Freiburg 1944.

Kautzsch/Neeb = Kautzsch, Rudolf – Neeb, Ernst: Der Dom zu Mainz I (= Die Kunstdenkmäler im Freistaat Hessen: Stadt und Kreis Mainz II), Darmstadt 1919.
Kdm. = Kunstdenkmäler, Inventare usw: vergl. genaue Titelangaben.
Kempf, Friedrich: Das Freiburger Münster, Karlsruhe 1926.
Kingsley Porter, Arthur: Lombard Architecture, New Haven 1917.
Klewitz, Martin: Die Baugeschichte d. Stiftskirche St. Peter u. Alexander zu Aschaffenburg (= Veröffentl. d. Geschichts- und Kunstvereins Aschaffenburg II) Aschaffenburg 1953.
Kluckhohn, Erwin: Die Kapitellornamentik der Stiftskirche zu Königslutter, in: Marburger Jb. für Kunstwiss. 11/12, 1938, S. 527–578.
Koepf, Hans: Das Rätsel von Oberstenfeld, in: Hie gut Württemberg, Ludwigsburg 1951/52.
Koepf, Hans: Schwäbische Kunstgeschichte I, Konstanz 1962.
Krause, Wormser Dom = Krause, Hans-Joachim: Bemerkungen zum Neubau des Wormser Domes, in: Wiss. Zs. der Karl-Marx-Universität Leipzig 12, 1963, Gesellsch.- u. sprachwiss. Reihe H 2, S. 445–462.
Krause, Wechselburg = Krause, Hans-Joachim: Die Stiftskirche zu Wechselburg, 2. Teil (= Corpus d. roman. Kunst im sächsisch-thüringischen Gebiet, Reihe A Bd. II,2) Berlin 1972.
Krautheimer, Richard: Introduction to an »Iconography of mediaeval architecture«, in: Journal of the Warburg and Courtauld Institutes 5, 1942, S. 1–33.
Kubach/Haas, Speyer = Kubach, Hans Erich – Haas, Walter: Der Dom zu Speyer, 3 Bde (= Kdm. Rheinland-Pfalz, Bd. 5) München 1972.
Rezensionen: R. Haussherr, in: Kunstchronik 27, 1973, S. 314–333 – E. Lehmann, in: Deutsche Literaturzeitung, 95, 1974, SP. 536–540 – L. Grodecki, in: Architectura 4, 1974, S. 76–82 – P. Héliot, in: Bulletin monumental, 131, 1973, S. 78–80.
Kubach, Wandsysteme = Kubach, Hans Erich: Die Wandsysteme des Speyerer Domes, in: Gedenkschrift Ernst Gall, München 1965, S. 11–29.
Kubach, Pfalz = Kubach, Hans Erich: Die Pfalz (= Deutsche Lande, dt. Kunst), München ²1966.
Kubach, Verborgene Architektur = Kubach, Hans Erich: Verborgene Architektur. Über das Verhältnis von Fundament und Bauwerk am Beispiel des Speyerer Domes, in: Beitr. z. rhein. Kunstgesch. u. Denkmalpfl. II, Fs. Albert Verbeek (= Kdm. d. Rheinlandes, Beiheft 20) Düsseldorf 1974, S. 35–48.
Kubach, Architektur = Kubach, Hans Erich: Architektur der Romanik (Weltgesch. d. Architektur, hrsg. v. Luigi Nervi) Mailand 1973 / Stuttgart 1974.
Kubach, Hans Erich: Rezension zu R. Will, Elsaß, in: Zs. f. Kunstgesch. 30, 1968, S. 333–334.
Kubach, Früh- und Hochromanik = Kubach, Erich – Bloch, Peter: Früh- und Hochromanik (= Kunst der Welt), Baden-Baden 1964. – Vergl. Rez. v. R. Haussherr.
Kubach/Verbeek = Kubach, Hans Erich/ Verbeek, Albert: Romanische Baukunst an Rhein und Maas. Katalog d. vorrom. u. rom. Denkm. 3 Bde, Berlin 1976.
Vergl. auch: Kubach, Hans Erich – Verbeek, Albert: Romanische Kirchen an Rhein und Maas (= Rhein. Ver. f. Denkmalpfl. u. Landschaftssch., Jb. 1970/71) Neuss 1971. (Bildband mit vergleichender Anordnung).
Kunst, Hans-Joachim: Die Dreikonchenanlage und das Hallenlanghaus der Elisabethkirche zu Marburg, in: Hess. Jb. für Landesgesch. 18, 1968, S. 131–145.
Kunze, Hans: Der Westchor des Domes zu Worms, in: Zs. für Kunstwiss. 14, 1960, S. 5–38.

Lange, Dieter: Kirche u. Kloster am Frankenberg in Goslar (= Beiträge z. Gesch. d. Stadt Goslar H. 28). Diss. phil. Kiel, Goslar 1971.
Lehmann, Bemerkungen = Lehmann, Edgar: Bemerkungen zu den baulichen Anfängen der deutschen Stadt im frühen Mittelalter, in: Settimane di Studio del Centro Italiane di Studi sul' Alto Medioevo VI, Spoleto 1959, S. 559–590.
Lemaire, Raymond: Les avants-corps de Ste. Gertrude à Nivelles. (= Recueil des travaux du centre de recherches archéologiques 3) Antwerpen 1942, S. 29–78.
Linck, Otto: Kloster Maulbronn (= Dt. Lande, dt. Kunst), Berlin 1938.
Loertscher, Gottlieb: Die romanische Stiftskirche von Schönenwerd (= Basler Studien zur Kunstgesch. V), Basel 1952.
LThK = Lexikon für Theologie und Kirche, ²1960 ff.

Maere, R. – Delférière, L.: La collégiale Saint-Vincent a Soignies, in: Revue belge d'archeol. et d'hist. de l'art 8, 1938, S. 5–48.

Martin, W.: Die Nürnberger Steinplastik des 14. Jhs., Berlin 1927.

Marzolff, Peter: Die Hochmittelalterliche Abteikirche, in: Die ehemalige Benediktinerabtei Schwarzach, Bühl 1969 = Bühler Blaue Hefte, 20, S. 35–57.

H. Mayer, Klosterkirche = Mayer, Heinrich: Die Klosterkirche, in: Fs. zur Achthundertjahrfeier der ehem. Zisterzienserabtei Ebrach = Heimatbl. des Hist. Ver. Bamberg 6, 1927/28, S. 17–26.

Merhautová, Anežka: Romanische Kunst in Polen, der Tschechoslowakei, Ungarn, Rumänien, Jugoslawien, Prag / Wien / München 1974.

Meyer-Barkhausen, Wilhelm: Das große Jahrhundert kölnischer Kirchenbaukunst 1150–1250, Köln 1952.

Meyer-Schwartau, Wilhelm: Der Dom zu Speier und verwandte Bauten, Berlin 1893.

Meulen, Jan van der: Histoire de la construction de la cathédrale Notre Dame de Chartres (Rapport préliminaire), in: Bull. de la soc. arch. d'Eure-et-Loir 23, 1965, S. 79–126.

Michel, Fritz: Kirchliche Denkmäler der Stadt Koblenz (= Die Kunstdenkmäler der Rheinprovinz XX, 1), Düsseldorf 1937.

Michler, Jürgen: Über die Farbfassung hochgotischer Sakralräume, in: Wallraf-Richartz-Jahrbuch f. Kunstgesch. 39, 1978, S. 29–64

Mitteilungen d. Ver. f. Geschichte Nürnberg 1905 (Pläne v. O. Schulz).

Möbius, Helga: Die Liebfrauenkirche zu Arnstadt (= Das christl. Denkmal 46), Berlin 1959.

Mottart, Alphonse: L'avant-corps de la collégiale Ste. Gertrude de Nivelles dans le cadre des avant-corps rhènans et mosans, in: Annales d. la Société archéologique de l'Arrondissement de Nivelles 19, 1962, S. 122–199.

Mrusek, Hans-Joachim: Drei deutsche Dome, Dresden. 1963.

Müller-Dietrich, Norbert: Die romanische Skulptur in Lothringen, München 1968.

Müller-Wiener, Wolfgang: Burgen der Kreuzritter im Hl. Land, auf Cypern und in der Aegäis, München 1966.

Muth, Abbildung = Muth, Hanswernfried: Aigentliche Abbildung der Statt Bamberg, Bamberg 1957.

Muth, Ansichten = Muth, Hanswernfried: Ansichten und Pläne der Stadt Bamberg, in: Berr. des Hist. Ver. Bamberg 96, 1957/58, S. 1 ff.

Noack, Gelnhausen = Noack, Werner: Die Kirchen Gelnhausens, Diss. phil. Halle 1912.

Nothnagel/Arens = Nothnagel, Karl/Arens, Fritz: Staufische Architektur in Gelnhausen und Worms (= Schriften z. stauf. Gesch. u. Kunst 1), Göppingen 1971 = Diss. phil. Frankfurt 1927.

Ostendorf, Friedrich: Deutsche Baukunst im Mittelalter, Berlin 1922.

Osteneck, Volker: Die romanischen Bauteile des Freiburger Münsters u. ihre stilgesch. Voraussetzungen, Diss. phil. Freiburg, Köln/Bonn 1973.

Oswald, Friedrich: Würzburger Kirchenbauten des 11. und 12. Jhs. = Mainfränk. Hefte 45, Würzburg 1966.

Oswald, Friedrich: In medio Ecclesiae, in: Frühmittelalterl. Studien 3, 1969, S. 313–326.

Paulus, Eduard: Die Cisterzienser Abtei Maulbronn, Stuttgart 1889.

Piper, Otto: Burgenkunde, 3 Bde., München ³1912, Nachdr. Frankfurt/M. 1967.

Prache, Anne: Saint-Remi de Reims (= Bibl. d. l. S. F. A., Bd. 8) Paris 1978.

Pralle, Ludwig – Vogel, Ludwig: Dom und Domschatz in Fritzlar (Blaue Bücher), Königstein i. T. 1973.

Ramackers, J.: Wann hat Heinrichs IV. Hofkaplan Otto die Speyerer Dombauhütte geleitet?, in: Archiv für mittelrhein. Kirchengesch. 13, 1961, S. 393 ff.

Reiners, Heribert: Das Münster unsrer lieben Frau zu Konstanz (= Die Kunstdenkmäler Südbadens I), Konstanz 1955.

Reinhardt, 1926 = Reinhardt, Hans: Das Basler Münster, Basel 1926.

Reinhardt, ³1961 = Reinhardt, Hans: Das Basler Münster, Basel ¹1939, ³1961.

Reinhardt, DB = Reinhardt, Hans: Das Münster zu Basel (= Deutsche Bauten 13) Burg b. Magdeburg 1928.

Reinhardt, Reims = Reinhardt, Hans: La Cathedrale de Reims, Paris 1963. Vgl. die Rezension von Willibald Sauerländer, in: Kunstchronik 17, 1964, S. 270–292.

Reuter, Barbara: Die Baugeschichte der Abtei Bronnbach = Mainfränk. Hefte 30, Würzburg 1958.

Richter Otto: Ueber antike Steinmetzzeichen = 45. Winckelmann-Programm, Berlin 1885. Rez.: v. Schaaffhausen, in: Bonner Jahrb. 81, 1886, S. 176–182.

Röttger, Bernhard Hermann – Busch, Karl – Goering, Max: Kunstdenkmäler Bayern, Pfalz VII, Kirchheimbolanden, München 1938.

Roth, Hermann: Die Kunstdenkmäler der Rheinprovinz VII, 2: Stadt Köln: St. Severin, Düsseldorf 1927.

Rydbeck, Otto: Lunds domkyrkas Byggnadshistoria, Lund 1923.

Salet, Vézelay = Salet, Francis: La Madelaine de Vèzelay, Melun 1948.

Salet, Chronologie = Salet, Francis: Chronologie de la Cathédrale (de Reims), in: Bull. mon. 125, 1967, S. 347–394.

Sauerländer, Got. Skulptur = Sauerländer, Willibald: Gotische Skulptur in Frankreich 1140–1270, München 1970.

Sauerländer, Willibald: Rezension zu Hans Reinhardt, La Cathédrale de Reims, Paris 1965, in: Kunstchronik 17, 1964, S. 270–292.

Sauerländer, statues royales = Sauerländer, Willibald: Les statues royales du transept de Reims, in: Revue de l'art 27, 1975, S. 99 ff.

Schippers, Adalbert: Das Laacher Münser, Köln ¹1928.

Schippers, Adalbert – Bogler, Theodor: Das Laacher Münster, Köln ³1967.

Schlink, Langres = Schlink, Wilhelm: Zwischen Cluny und Clairvaux. Die Kathedrale von Langres und die burgundische Architektur des 12. Jh., Berlin 1970.

Schlink, Michaelskapelle = Schlink, Wilhelm: Zur liturgischen Bestimmung der Michaelskapelle im Kloster Ebrach, in: Architectura 1, 1971, S. 116–122.

Schmidt, Doris: Portalstudien zur Reimser Kathedrale, in: Münchner Jb. der bild. Kunst, 3. F. 11, 1960, S. 14–58.

Schmidt, Paul: Maulbronn, Strassburg 1903.

Schubotz, E.: Die Marienkirche in Gelnhausen (= Große Baudenkmäler 168), München 1961.

Schulz-Mons, Christoph: Die Chorschrankenreliefs der Michaeliskirche zu Hildesheim und ihre Beziehungen zur Bambergisch-Magdeburgischen Bauhütte, Diss. phil. Braunschweig 1977, Hildesheim 1979.

Schuster, Karl: Der romanische Teil des Freiburger Münsters, in: Freiburger Münsterbll. 3, 1907, S. 45–65.

Schuster, Karl: Die Umbauten der Vierung des Freiburger Münsters, in: Freiburger Münsterbll. 4, 1908, S. 1–7.

Stehlin (1936) = Stehlin, Carl: Zur Rekonstruktion des romanischen Chors des Freiburger Münsters, in: Oberrheinische Kunst 7, 1936, S. 5–13.

Stehlin, Karl: Baugeschichte des Basler Münsters, in: Basler Münsterbauverein, Basel 1895.

Stier, Wolfgang: Die Liebfrauenkirche in Arnstadt, in: Denkmale in Thüringen (Bezirke Erfurt, Gera, Suhl), hrsg. v. Institut f. Denkmalpflege, Weimar 1973.

Strobel, Richard: Romanische Architektur in Regensburg, Nürnberg 1965.

Swiechowski, Zygmunt: Budownictwo Romańskie w Polsce. Katalog Zabytkow. Breslau/Warschau/Krakau 1963.

Thümmler, Weserraum = Thümmler, Hans: Mittelalterliche Baukunst im Weserraum, in: Kunst und Kultur im Weserraum I, Corvey 1966, S. 166–191.

Thümmler, Weserbaukunst = Thümmler, Hans: Weserbaukunst im Mittelalter, Hameln 1970. Rez.: v. Winterfeld, in: Bll. f. deutsche Landesgesch. 108, 1972, S. 618–620.

Tournier, Gilbert: Sur les traces d'Ugo, in: Archeologia 1, Paris 1964, S. 36 f.

Treter, Bogdan: Bericht in: Dt. Kunst u. Denkmalpfl. 39/21, 1937, S. 88, Abb. 98.

Tunk, Walter: Die St. Jakobskirche Bamberg, München 1957. (= Schnell und Steiner Kunstführer 658).

Verbeek, Zentralbauten = Verbeek, Albert: Zentralbauten in der Nachfolge der Aachener Pfalzkapelle, in: Das erste Jahrtausend II, Düsseldorf 1964, S. 898–947.

Verbeek, Aachener Pfalzkapelle = Verbeek, Albert: Die architektonische Nachfolge der Aachener Pfalzkapelle, in: Karl der Grosse, Lebenswerk und Nachleben IV, Aachen 1965, S. 113 ff.

Verbeek, Siegburger Abteikirche = Verbeek, Albert: Der salische Grün-

dungsbau der Siegburger Abteikirche und seine Nachfolge, in: Gedenkschrift Ernst Gall, München 1965, S. 31–49.
Verbeek, Albert: Rezension zu E. Hausen, in: Trierer Zs. 12, 1937, S. 250–256.
Verbeek, Kölner Kirchen = Verbeek, Albert: Kölner Kirchen, Köln 1959, ²1969.
Verbeek, St. Andreas = Verbeek, Albert – Merian, Hans: Baugeschichtl. Untersuchungen an St. Andreas in Köln, in: Baugeschichtl. Untersuchungen I (= Kdm. d. Rheinlandes, Beiheft 19), Düsseldorf 1975, S. 9–62.
Verdier, Marc: Description de l'église Saint-Mathurin de Larchant (= Monuments Historiques de Seine-et-Marne 3, hrsg. v. Amis d. Mon. e. d. Sites d. S.-e.-M.) Verneuil – l'Etang 1969.
Vetters, Hermann: Die mittelalterlichen Dome zu Salzburg, in: Beitrr. zur Kunstgesch. u. Archäologie des Frühmittelalters, Graz 1962, S. 216–229.
Violet-le-Duc, Eugène Emmanuel: Dictionnaire Raisonné de l'Architecture Française du XIe au XVIe Siécle, 10 Bde., Paris 1854ff.

Wagner-Rieger, Renate: Die italienische Baukunst zu Beginn der Gotik I, Graz 1956.
Vgl. die Rezension von Wolfgang Krönig, in: Zs. für Kunstgesch. 23, 1960, S. 266–275.
Wattenbach, Wilhelm: Deutschlands Geschichtsquellen im Mittelalter, Deutsche Kaiserzeit, hg. v. Robert Holtzmann, Bd. I, Tübingen 1948.
Weigert, Hans: Die Masken der Kathedrale zu Reims, in: Pantheon 14, 1934, S. 246–250.
Wenzel, Alfred: Die Baugeschichte der Klosterkirche zu Trebitsch, in: Marburger Jb. für Kunstwiss. 5, 1929, S. 1–67.
Wiemer, Wolfgang: Die Baugeschichte und Bauhütte der Ebracher Abteikirche 1200–1285, Kallmünz 1958.
Vgl. die Rezension von Hans Erich Kubach, in: Kunstchronik 12, 1959, S. 245–254.
Will, Elsaß = Will, Robert: Das romanische Elsass, Vlg. Zodiaque 1966. Vgl. die Rezension von Hans Erich Kubach, in: Zs. für Kunstgesch. 31, 1968, S. 333–335.
Wille, Hans: Die romanische Pfarrkirche St. Andreas zu Hildesheim, in: Niederdt. Beitrr. zur Kunstgesch. 2, 1962, S. 45–84.

Zänker-Lehfeldt, Ursula: Die Matthiaskapelle auf der Altenburg bei Kobern, Diss. Bonn 1970.
Zimmermann, Groß St. Martin = Zimmermann, Walther: Neue Beobachtungen zur Baugeschichte von Groß St. Martin in Köln, in: Kölner Untersuchungen (= 2. Beiheft der Kunstdenkmäler im Landesteil Nordrhein), Ratingen 1950, S. 107–140.
Zimmermann, Walther: Kunstgeographische Grenzen im Mittelrheingebiet, in: Rhein. Vierteljahrsbll. 17, S. 113ff., 1952.

# REGISTER DER ORTSNAMEN UND »KUNSTLANDSCHAFTEN«

Das Register umfaßt nur Ortsnamen und topographische Begriffe, die sich auf architekturgeschichtliche Zusammenhänge beziehen (»Kunstlandschaften«). Der Anhang, die Quellen zur Baugeschichte des Ekbertdomes (Kapitel IV) sowie andere Ortserwähnungen in vorwiegend historischen Zusammenhängen wurden nicht erfaßt.

Die Stichworte »Bamberg«, »Bamberger Dom« und dessen Bauteile erscheinen nicht, dagegen jedoch die anderen Bamberger Kirchen.

Das Register bezieht sich auf Band I, im Ausnahmefall auch auf Band II (Bd. II). Genannt sind zunächst die Seitenzahlen, wobei mehrfache Erwähnungen auf ein und derselben Seite nicht erfaßt werden. **Fett** hervorgehoben sind diejenigen Stellen (auch bei den Anmerkungen), wo eingehendere Aussagen zu dem betreffenden Ort gemacht werden. Um bei den anschließend erfaßten Anmerkungen den jeweiligen Textzusammenhang leichter herstellen zu können, sind in Klammern ( ) die Seiten genannt, zu denen sie gehören. Es folgen Seiten und Anmerkungen von Band II.

Aachen, Pfalzkapelle 158, Bd II Anm. 26 (12)
Altdorf (Elsaß) 151, 152, 154
Andernach 152
Angers, St-Audin 157
Arnstadt 132, 156
Aquapendente 147
Aschaffenburg, Stiftskirche 58, Anm. 1160 (155)
Augsburg, Dom Anm. 237 (27)
Auvergne 153

Bamberg,
  St. Gangolf Anm. 211 (25), Bd II 13
  St. Jakob 17, **28, 29,** 148, 149, 158, Anm. 211 (25), 231 (26), Bd II 13
  St. Martin (Untere Pfarre) 22
  St. Michael Anm. 211 (25), Bd II 13
  St. Stephan Anm. 211 (25), Bd II 13
  St. Theodor (Karmelitenkirche) 148, Anm. 407 (48)
Basel, Münster 149, 150, 151, 153
Bayern 157
Bologna, Kathedrale 154
Bonn, Münster 148, 149, **150,** 152, 154, 155, Anm. 1036 (148), Bd II Anm. 31 (13), 116 (26), 173 (50)
Boppard 148
Bordeaux, St-Seurin Bd II Anm. 215 (64)
Borgo San Donnino/Fidenza 147
Brauweiler 148, 153
Breisach 154
Brenz 152, 153
Bronnbach 148, 152, 156
Burgund 14, 119, 148, 154, **155,** Anm. 1060 (150), 1166 (155), 1171 (155), Bd II 154
Byzanz 38, Anm. 597 (81)

Caen, St-Étienne 157
Châlons-sur-Marne, N. D.-en-Veaux 155
Champagne 156
Chartres, Kathedrale 156, 157, Anm. 443 (56), 541 (76)
Cheminot Anm. 1166 (155)
Chiaravalle della Colomba (bei Parma) 154
Chiaravalle di Fiastra 154
Clermont-Ferrand, N. D.-du-Port 154
Coutances, Kathedrale 157

Denkendorf 153
Dijon, N. D. 155
Drübeck Anm. 1012 (147)

Eberbach Anm. 355 (38)
Ebrach 13, 38, 40, 91, 104, 106, 111, **112,** 117, 118, 119, 123, **124,** 125, 130, **142, 143,** 145, 154, 155, 156, 158, Anm. 662 (92), 743 (104), 809 (117), 834 (124), 845 (126), 854 (130), 857 (130), 977 (145), 1166 (155), 1175 (155) – Michaelskapelle 111, 112, 119, 122, 123, **124, 142, 143,** Anm. 501 (68), 564 (79), 660 (91), 808 (117), 834 (124), 856 (130), Bd II Anm. 329 (154), 375 (185)
Eichstätt, Dom 18
Ellwangen, Stiftskirche 151, 152
Ely, Kathedrale 156
England 39, 156
Épinal/Lothringen 155
Étampes 157
Eußerthal 157, Bd II Anm. 278 (117)

Faurndau 152, 153
Feuchtwangen Anm. 1087 (151)
Fontenay 147, Anm. 501 (68)
Fontevivo 154

Fontfroide Anm. 1024 (148)
Franken 9, 13, 48, 152
Frankreich 39, 109, 110, 132, 135, 148
  Nordfrankreich 133, 156, 159, Anm. 1173 (155)
Fredelsloh 148
Freiburg, Münster 149, 150, 151
Fritzlar 151, Anm. 1086 (151)

Gebweiler 149, 154
Gelnhausen,
  Marienkirche 132, **153,** 156, Anm. 486 (67), 838 (124), 1159 (155), 1170 (155)
  Peterskirche 155, Anm. 355 (38)
  Pfalz 153
Genf, Kathedrale Anm. 1171 (155)
Gent, Niklaskerk 157
Goslar
  Frankenberger Kirche 153, Anm. 753 (106), 1012 (147)
  Jakobikirche Anm. 753 (106)
  Marktkirche 152, Anm. 753 (106)
  Neuwerkskirche 149, 150, 152
  SS. Simeon u. Judas 147

Hagenau, St. Georg 151, 153
Hersfeld, Abtei-(»Stifts«-)kirche 26, 27, 147, 148
Heiliges Land 38
Heilsbronn 151, Anm. 231 (26), 810 (117)
Heimersheim 153
Heisterbach Anm. 1159 (154)
Hessen 132, 149
Hessen in Lothringen 151, 153, 154, Anm. 1086 (151)
Hildesheim,
  St. Godehard 148, 149, 152, Anm. 1012 (147)
  St. Michael 150, 152, 153

Ilsenburg Anm. 1012 (147)
Issoire 154
Italien 80, 152
   Oberitalien 38
   Süditalien 38

Jak (Ungarn) 146

Kaiserswerth 153
Klingenmünster 154
Kobern **152**, Anm. 439 (54)
Koblenz,
   St. Kastor **153**, Anm. 1067 (150)
   Liebfrauenkirche 153
Köln,
   Dom Anm. 370 (39)
   St. Andreas 147
   St. Gereon 148, 150, Bd II Anm. 116 (26)
   Groß St. Martin 156
   St. Kunibert 148, 149
   St. Maria im Kapitol 29
   St. Severin 147, 148, 150, Bd II Anm. 116 (26)
   St. Ursula 153
Königslutter 147, 150, 152
Konstanz, Münster 148
Kornelimünster Bd II Anm. 26 (12)
Krakau, Kathedrale a. d. Wawel 28, 29, 148

Laon,
   Kathedrale 12, 13, 15, 46, 135, **156, 157**, Anm. 407 (48), 410 (48), 412 (49), 414 (49), 416 (49), 507 (69), 535 (75), 775 (109), 1115 (152), 1130 (153), 1173 (155), 1180 (156), Bd II 163
   St-Martin Anm. 1173 (155)
Larchant 156
Lausanne, Kathedrale 156, Anm. 1171 (155)
Lebeny (Ungarn) 146
L'Épau Anm. 1008 (147)
Le Puy, St-Michel d'Aiguilhe Bd II Anm. 115 (26)
Limburg a. d. Lahn 155
Linz (Rhein) 150
Lombardei Anm. 1060 (150)
Lorch/Schwaben 153
Lothringen 85, 156, Anm. 1060 (150), 1166 (155)
Lund 150

Maasland 38
Magdeburg, Dom 15, 148, 149, 155, 156, Anm. 417 (49), 439 (54), 510 (70), 811 (118), 977 (145), 1116 (152), 1175 (155)
Mainz, Dom 148, 149, Anm. 486 (67), 866 (132), 999 (147), 1160 (155)
Mantes 156
Marburg, Elisabethkirche 131, 156
Maria Laach 149, 152, Anm. 1116 (152), 1160 (154)

Maulbronn 149, 152, 153, 155, 156, Anm. 811 (118), 1000 (147), 1175 (155), **1180** (156)
Maursmünster Anm. 812 (118), Bd II Anm. 278 (117)
Melle Bd II Anm. 144 (38)
Metz, St. Arnulf 147
Mönchengladbach, St. Vitus 147, 153
Montfort (Heiliges Land) Anm. 997 (147)
Montréal 155, 156, Anm. 1166 (155), Bd II Anm. 278 (117)
Montier-en-Der 155, Anm. 1166 (155)
Münchsteinach 67
Münstermaifeld 132, 150, 156
Murbach 146, Anm. 812 (118), Bd II Anm. 279 (117)
Murrhardt, Walderichskapelle 148, 152, 153

Naumburg, Dom 12, 156, Anm. 237 (27)
Neuß, St. Quirin 153, Anm. 715 (96), Bd II Anm. 26 (12), 28 (12)
Neuweiler, Stiftskirche 156, Anm. 812 (118), Bd II Anm. 278 (117)
Nideggen 154
Niederösterreich 39
Niederrhein 9, 49, 50, 59, 132, 147–149, **150**, 151–157, Anm. 417 (49), 442 (56), 510 (70)
Niedersachsen 12, 26, 147, 148, 150–153, 157
Nivelles, St-Gertrude 149, 154
Noirlac Anm. 1008 (147)
Normandie 151, 153, 155
Norwich, Kathedrale 156
Noyon, Kathedrale 155
Nürnberg,
   Burgkapelle 48, 148
   St. Sebald 132, 146, 156, Bd II Anm. 216 (64)

Obermarsberg 132
Oberrhein 9, 14, 39, 83, 85, 118, 121, 124, 145–147, **148**, 149–157, Anm. 597 (81), Bd II 117
Obersteigen 124, **156**, Anm. 838 (124), Bd II Anm. 278 (117)
Oberpleis 147
Oberstenfeld 152, **153**
Offenbach am Glan 124, **155**, 156, Anm. 352 (38), 813 (118), 838 (124), 1166 (155), Bd II Anm. 279 (117)
Orcival 154
Otterberg 118, 148, **154**, 155, 156, Bd II Anm. 278 (117)

Paris, N. D. Anm. 416 (49)
Petersberg bei Halle 150, 152

Pfaffenheim 124, 149, 150, 151, Anm. 838 (124)
Piacenza, Kathedrale 154
Provence 38, Anm. 359 (38)

Regensburg,
   St. Emmeram 147, Anm. 133 (21)
   St. Jakob 147, 148, 151, 152
   Stefanskapelle 147
Reims,
   Kathedrale 15, 46, **144, 157**, Anm. 449 (57), 457 (59), 527 (74), 599 (81), 713 (95), 775 (109), 855 (130), Bd II 113
   St-Nicaise 157
   St-Remi 148, 152, 155
Rheinland,
   rheinisch (allg.) 13, 48, 55, 58, 148, 152, 154
   Niederrhein s. u. N
   Oberrhein s. u. O
Riechenberg Anm. 1012 (147)
Rochsburg Anm. 1126 (153)
Roermond 150, 155
Rosheim 151, Anm. 812 (118)
Rothenkirchen (Pfalz) 148

Sachsen 12, 153, 157
St. Albans 156
St-Denis 157
St-Dié, N. D. 154
St-Nectaire 154
St-Ursanne (Schweiz) 149
Salzburg, Dom 147, 148
S. Martino al Cimino 154
Savigny (Manche), Refektorium Anm. 1090 (151)
Schlettstadt, St. Fides 151, 154
Schönau 156, Anm. 838 (124)
Schönenwerd 152
Schwaben 148, 151, 152, 153, 157
Schwäbisch Gmünd, Johanniskirche 153, Anm. 1088 (151)
Schwäbisch Hall 151
Schwarzach 153
Seebach 151
Senlis, Kathedrale 157
Siegburg, Abteikirche 147
Sigolsheim 154, Anm. 998 (147)
Sinzig 132, 150, 156, Anm. 1181 (156)
Soignies 153
Soissons, Kathedrale 155
Speyer, Dom 12, 24, 29, 44, 47, 48, 147, 150, 151, 154, 159, Anm. 237 (27), 368 (39), 371 (39), 375 (39), 471 (64), 490 (67), 622 (85), Bd II 116, Bd II Anm. 62 (16), 70 (17), 116 (26), 322 (144)
Sponheim 155
Stein a. Rhein 148

Straßburg, Münster 46, 52, 114, **147**, 148, 152, 153, 156, Anm. 237 (27), 425 (50), 427 (51), 457 (59), 1065 (150), 1115 (152), 1156 (154)

Tarquinia, S. M. d. Castello 154
Thüringen 12, 13, 132, 152
Toskana 38
Tournai, Kathedrale 149, 153
Trebitsch 146
Trier,
 Dom 10, 148
 Liebfrauenkirche 131, 156
 St. Matthias Anm. 715 (96)
Türkheim 154

Tulln 146
Tum (Polen), Stiftskirche **28**, 148

Vauclair Anm. 1008 (147)
Vendôme 157
Vermenton Anm. 1166 (155)
Vézelay 155

Walkenried 155, Anm. 1175 (155)
Wechselburg 150, 152, 153
Wetzlar 132, 156
Werden, Abteikirche 132, 156
Wiebrechtshausen 152
Wien,
 St. Michael 146
 St. Stefan 146

Wiener-Neustadt 146
Wimpfen, Pfalz 156
Wölchingen 154
Worms,
 Dom 9, 13, 147, 149, **150, 151**, 152, 154, 156, Anm. 1099 (152), Bd II Anm. 4 (11)
 St. Paul 151
Würzburg,
 Dom 130, 147, 159, Anm. 470 (64)
 St. Burkard 130, Anm. 254 (29)
 St. Jakob (Schottenkirche) Anm. 254 (29)
 Neumünster 130

Xanten, St. Victor Bd II Anm. 26 (12), 28 (12)

# VERZEICHNIS DER FIGUREN (PLÄNE)

*Fig. 1* Dom und östl. Teil des Domberges M. 1:1500
Heutiger Zustand (seit ca. 1800), Katasterplan.
Ausschnitt aus der Katasterkarte 1:1000,
Stadtblatt Bamberg Nr. 53, 54, 64, 65.
Herausgegeben vom Bayer. Landesvermessungsamt München. Vervielfältigung genehmigt durch Vermessungsamt Bamberg (Zahlen z. T. gelöscht)
Dom und Kreuzgang, Alte Hofhaltung (Pfalz),
Neue Residenz, ehem. Domherrenkurien und Immunitäts- (Befestigungs-)mauer.

*Fig. 2* Heinrichsdom und Königpfalz mit Umrissen des heutigen Zustands. M. 1:1000 (Himmelsrichtung gegen Fig. 1 gedreht). Nach H. Mayer 1936 mit Ergänzungen des Verf. unter Verwendung der Ergebnisse von Sage.

*Fig. 3* Heinrichsdom, Gesamtbefund der Grabungen 1936, 1969–1972. Nach Sage, Ergebnisse M. 1:400

*Fig. 4* Befund und Rekonstruktion aus der Zeit der Burg Babenberg vor Errichtung des Heinrichsdoms. M. 1:400 Nach Sage, Ergebnisse

*Fig. 5* Der Heinrichsdom, ursprünglicher Zustand, Rekonstruktion nach Sage, Ergebnisse M. 1:400

*Fig. 6* Der Heinrichsdom, Zustand nach Wiederherstellung und Veränderung der Ostkrypta unter Bischof Otto I. im 1. Drittel des 12. Jhs. Rekonstruktion nach Sage, Ergebnisse M. 1:400

*Fig. 7* Heinrichsdom, Westkrypta, M. 1:200
   a) Grundriß (Befund, Rekonstruktion) und Querschnitt (Befund) nach H. Mayer 1936 mit kleinen Ergänzungen und Korrekturen am Bestand des 13. Jhs. durch den Verf. Vergl. Fig. 89 (gleiche Ziffern der Legende)
   b) Querschnitt, Rekonstruktionsversuch. Höhe und Form des Mittelschiffsgewölbes hypothetisch. Außenniveau entsprechend Fenstern und Fundamentvorsprung.
   Zeichnung: Verf. 1978

*Gesamtpläne und Rekonstruktionen M. 1:400*

*Fig. 8* Fundamentgrundriß M. 1:400
Zeichnung: Verf. 1979 unter Verwendung der Pläne Meßbild 1903, Mayer 1936, Sage 1972

*Fig. 9* Grundriß über der Sockelzone mit Kreuzgang M. 1:400.
Zeichnung: Verf. 1977 unter Verw. von Meßbild 1903

*Fig. 10* Grundriß in Seitenschiffshöhe M. 1:400
Zeichnung: Verf. 1977 unter Verw. von Meßbild 1903

*Fig. 11* Grundriß in Obergadenhöhe M. 1:400
Zeichnung: Verf. 1977 unter Verw. von Meßbild 1903

*Fig. 12* Aufriß von Norden M. 1:400
Zeichnung: Meßbild 1903/05 mit Korrekturen des Verf.

*Fig. 13* Aufriß von Norden. Rekonstruktion des Zustandes nach Vollendung M. 1:400
Zeichnung: Verf. 1977 u. Meßbild 1903/05

*Fig. 14* Aufriß von Osten M. 1:400
Zeichnung: Meßbild 1903/04 mit Korrekturen des Verf.

*Fig. 15* Aufriß von Osten. Rekonstruktion des Planes A (erster Ausführungszustand) M. 1:400
Zeichnung: Verf. 1967/77 u. Meßbild 1903/04

*Fig. 16* Aufriß von Osten. Rekonstruktion des Planes B (zweiter, endgültiger Ausführungszustand) M. 1:400
Zeichnung: Verf. 1967/77 u. Meßbild 1903/04

*Fig. 17* Aufriß von Westen M. 1:400
Zeichnung: Meßbild 1903/04

*Fig. 18* Aufriß von Westen. Rekonstruktion des Zustandes nach Vollendung (Plan IV B und V B) M. 1:400
Zeichnung: Verf. 1967/77 u. Meßbild 1903/05

*Fig. 19* Aufriß von Süden M. 1:400
Durch Anbauten verdeckte Gliederung ergänzt.
Zeichnung: Meßbild 1903/05 mit Ergänzungen u. Korrekturen des Verf.

*Fig. 20* Längsschnitt nach Norden M. 1:400
Zeichnung: Meßbild 1903/04 u. Verf. 1977
Gewölbe nach Aufmaß Haas 1973

*Fig. 21* Längsschnitt Plan I Rekonstruktion M. 1:400
Zeichnung: Verf. 1967/77

*Fig. 22* Längsschnitt Plan II Rekonstruktion M. 1:400
Zeichnung: Verf. 1967/77

*Fig. 23* Längsschnitt Plan III A Rekonstruktion M. 1:400
Zeichnung: Verf. 1967/77

*Fig. 24* Längsschnitt Plan III B Rekonstruktion M. 1:400
Zeichnung: Verf. 1967/77

*Fig. 25* Querschnitt Plan III B Rekonstruktion M. 1:400
Zeichnung: Verf. 1979

*Fig. 26* Schnitt durch das Querhaus nach Osten M. 1:400
Zeichnung: Verf. 1979 unter Verw. der seitenverkehrten Meßbildaufnahme 1905

*Teilpläne der Oberkirche (Ausschnitte) M. 1:200 u. 1:100*

*Fig. 27* Schnitt durch das Querhaus nach Westen M. 1:200
Zeichnung: Meßbild 1905 (Ausschnitt mit Ergänzungen u. Korrekturen des Verf. 1977. Gewölbe nach Haas 1973

*Fig. 28* Gesamtgrundriß M. 1:200
Zeichnung: Verf. 1977 unter Verwendung von Meßbild 1903

*Fig. 29* Querschnitt 1. Mittelschiffsjoch nach Osten M. 1:200

Zeichnung: Meßbild 1905 mit Korrekturen u. Ergänzungen des Verf. 1977. Mittelschiffsgewölbe nach Haas 1973 Zugänge zum Seitenschiffsdachraum mit geradem Sturz (nicht rundbogig, vergl. Fig. 25)

*Fig. 30* Schnitt durch Ostchor und Türme nach Osten. Zustand. M. 1:200. Gemessen: Hoffmann, Larink, v. Winterfeld 1965/67; gezeichnet: v. Winterfeld 1967/77

*Fig. 31* Schnitt durch Ostchor und Türme, Rekonstruktion des ursprünglichen Zustandes M. 1:200 Zeichnung: Verf. 1968/78

*Fig. 32* Aufriß von Osten, Ausschnitt mit Befund am Ostgiebel M. 1:200 Zeichnung: Verf. 1978 u. Meßbild 1903/04

*Fig. 33* Ostgiebel, romanische Überreste unter dem Apsisdach M. 1:100 Gemessen: Larink, v. Winterfeld 1965, gezeichnet: v. Winterfeld 1978

*Fig. 34* Westgiebel, Befund unter dem Apsisdach M. 1:100 Zeichnung: Verf. nach einer Vorlage im Landbauamt Bamberg (um 1930) 1964

*Fig. 35* Aufriß von Westen, Ausschnitt mit Westgiebel M. 1:200 Zeichnung: Verf. 1977 u. Meßbild 1903/05

*Fig. 36* Aufriß von Norden, Ausschnitt, Ostteil M. 1:200 Zeichnung: Meßbild 1903/05 mit Korrekturen des Verf. 1977

*Fig. 37* Aufriß von Norden, Ausschnitt, Westteil M. 1:200 Zeichnung: wie Fig. 36

*Fig. 38* Längsschnitt nach Norden, Ausschnitt, Ostteil M. 1:200 Zeichnung: Meßbild 1903/04 mit Ergänzungen u. Korrekturen des Verf. 1977, Gewölbe nach Haas 1973

*Fig. 39* Längsschnitt nach Norden, Ausschnitt, Westteil M. 1:200 Zeichnung: wie Fig. 38

*Fig. 40* Nordobergaden, Befund über den Gewölben M. 1:200 B 4 bis B 10 u. Nordquerarm, Ostwand (Schnittlinie am Obergaden) Gemessen: Much, Larink, v. Winterfeld 1965; gezeichnet: v. Winterfeld 1978 u. Meßbild 1903

*Fig. 41* Südobergaden über C 4 (Chorbogenpfeiler) Befund über dem Gewölbe M. 1:200 Abschnittsfuge unter dem Gewölbe frei skizziert Gemessen: Much, v. Winterfeld 1965; gezeichnet: v. Winterfeld 1978 (unter Verw. von Meßbild 1903)

*Fig. 42* Südobergaden und Südquerarm-Ostmauer Befund über dem Gewölbe und SO-Vierungspfeiler C 10 M. 1:100 (Abwicklung) Gemessen: Much, v. Winterfeld 1965; Gezeichnet: v. Winterfeld 1978

*Fig. 43* Fürstenportal, Schnitt nach Osten durch die Archivolten und Außen-(Nord-)ansicht des Tympanons M. 1:100 Aufteilung der einzelnen Bogenläufe und Anschluß von innerer Archivolte und Muldennische des Tympanons. Zeichnung: Verf. 1976 unter Verwendung von Meßbild 1903

*Fotomontagen der inneren Wandflächen*

Ersatz für steingerechte Aufnahmen. Hergestellt nach möglichst orthogonalen Abschnittsfotos des Landbauamtes Bamberg (Kleinlein 1972, vor Restaurierung). Bezogen auf plane Wandflächen, nicht auf vorgelegte Gliederungen. Auch in den Wandflächen nicht frei von Verzerrungen. Nicht maßstäblich.

*Fig. 44* Ostchorjoch, Nordwand a.) Westhälfte b.) Osthälfte (Turmhalbjoch)
*Fig. 45* 1. Ostchorjoch, Südwand (Turmhalbjoch u. Westhälfte)
*Fig. 46* 2. Ostchorjoch, Nordwand zwischen B 4 und B 2
*Fig. 47* 2. Ostchorjoch, Südwand zwischen C 2 und C 4
*Fig. 48* 1. Mittelschiffjoch, Nordwand zwischen B 6 und B 4
*Fig. 49* 1. Mittelschiffjoch, Südwand zwischen C 4 und C 6
*Fig. 50* 2. Mittelschiffjoch, Nordwand zwischen B 8 und B 6
*Fig. 51* 2. Mittelschiffjoch, Südwand zwischen C 6 und C 8
*Fig. 52* 3. Mittelschiffjoch, Nordwand zwischen B 10 und B 8
*Fig. 53* 3. Mittelschiffjoch, Südwand zwischen C 8 und C 10
*Fig. 54* Nordquerarm, Ostwand (links neben Bogenstellung zum Nordseitenschiff: Flächenreinigungsprobe 1972, in dem Probefeld vertikale Baunaht)
*Fig. 55* Südquerarm, Ostwand
*Fig. 56* Nordquerarm, Nordwand (Stirnseite)
*Fig. 57* Südquerarm, Südwand (Stirnseite)
*Fig. 58* Südquerarm, Westwand
*Fig. 59* Nordquerarm, Westwand
*Fig. 60* Ostapsis, Nord- und Nordostabschnitt
*Fig. 61* Ostapsis, Süd- und Südostabschnitt
*Fig. 62* Westchor, Westjoch, südl. Schildwand
*Fig. 63* Westapsis, Schildwand Süd
*Fig. 64* Westapsis, Schildwand Südwest
*Fig. 65* Westapsis, Schildwand West
*Fig. 66* Westapsis, Schildwand Nordwest
*Fig. 67* Westapsis, Schildwand Nord
*Fig. 68* Westchor, Westjoch, nördl. Schildwand
*Fig. 69* Westchor, Ostjoch, nördl. Schildwand
*Fig. 70* Seitensch. Südwand, 1. Joch (S 1)
*Fig. 71* Seitensch. Südw., 2. Joch (S 2)
*Fig. 72* Seitensch. Südw., 3. Joch (S 3)
*Fig. 73* Seitensch. Südw., 4. Joch (S 4)
*Fig. 74* Seitensch. Südw., 5. Joch (S 5)
*Fig. 75* Seitensch. Südw., 6. Joch (S 6)
*Fig. 76* Seitensch. Südw., 7. Joch (S 7)
*Fig. 77* Seitensch. Südw., 8. Joch (S 8)
*Fig. 78* Seitensch. Südw., 9. Joch (S 9)
*Fig. 79* Seitensch. Nordw., 3. Joch (N 3)
*Fig. 80* Seitensch. Nordw., 4. Joch (N 4)
*Fig. 81* Seitensch. Nordw., 5. Joch (N 5)
*Fig. 82* Seitensch. Nordw., 6. Joch (N 6)
*Fig. 83* Seitensch. Nordw., 7. Joch (N 7)
*Fig. 84* Seitensch. Nordw., 8. Joch (N 8)
*Fig. 85* Seitensch. Nordw., 9. Joch (N 9)

*Oberkirche, Details*

*Fig. 86* Mittelschiff, Südarkade, C 6–C 8, M. 1:100 Gemessen: Ponert, v. Winterfeld 1964; gezeichnet: v. Winterfeld 1978

*Fig. 87* Mittelschiff, Nordarkade B 5–B 6, M. 1:100
Gemessen: Hussendörfer, v. Winterfeld 1964; gezeichnet: v. Winterfeld 1978

*Fig. 88* Fundamentschnitte Seitenschiff, Außenmauer (Innenseite, nur obere Schichten) u. Ostkrypta (vgl. Fig. 98–101)
Gemessen: Grabungsteam Sage; gezeichnet: v. Winterfeld 1979. M. 1:100
Ostapsis, Südfenster, Grundriß mit Rücksprüngen am Übergang zum Polygon. M. 1:100 gez.: Verf. 79

*Fig. 89* Fundamente des Westchores. Grundriß, Querschnitt, Ansicht nach Süden, Achsverschiebungen, M. 1:200
Unter Verwendung der Zeichnung H. Mayers 1936 (Fig. 7a) mit Ergänzungen u. weitgehenden Korrekturen des Verf. nach Beobachtungen am zugängl. Befund und Fotos 1936 (Abb. 317–320).
Zeichnung: Verf. 1978

*Fig. 90* Profile (Gurte, Rippen, Basen, Sockel), M. 1:20
Gemessen: Haas 1972/73
Gezeichnet: v. Winterfeld 1979

*Fig. 91* Westturmprojekt (Plan V A) Ansicht u. Grundriß (Zustand u. Planung) Nordwestturm M. 1:200 nach U. Boeck in W. Boeck 1963, Abb. 116

*Fig. 92* Schlußsteine, Schnitte M. 1:20
Gemessen: Haas 1972/73
Gezeichnet: v. Winterfeld 1979

*Pläne der Ostkrypta, Befund und Rekonstruktion M. 1:200 und M. 1:100*

*Fig. 93* Ostkrypta, Grundriß, Zustand vor 1970, M. 1:200 (Heutiger Zustand vergl. Fig. 9)
Gemessen: Larink, v. Winterfeld 1965; gezeichnet: v. Winterfeld 1965/77

*Fig. 94* Ostkrypta, Grundriß, Rekonstruktion des ursprüngl. Zustandes, M. 1:200
Zeichnung: wie Fig. 93

*Fig. 95* Stirnwand der Krypta über dem Langhausniveau von Westen. Befund bei Freilegung 1966 u. 1970 M. 1:100. Mit Westansicht Oberkante Spannmauer B 4–C 4.
Gemessen u. gezeichnet: Verf. 1966/77

*Fig. 96* Stirnwand der Krypta, Grundriß mit Befund bei Freilegung 1966 u. 1970. M. 1:100. Vor Spannmauer B 4–C 4 Einzelfundamente der Lettnerstützen.
Gemessen u. gezeichnet: Verf. 1966/77

*Fig. 97* Stirnwand der Krypta, Rekonstruktion, Ansicht von Westen M. 1:200
Zeichnung: Verf. 1978 (unter Verw. von Meßbild 1905)

*Fig. 98* Ostkrypta, Westwand u. Schnitt nach Westen, Zustand vor 1970, M. 1:100
Gemessen: Much, v. Winterfeld 1965; gezeichnet: v. Winterfeld 1965/77

*Fig. 99* Ostkrypta, Westmauer, Ost-West-Schnitt durch das Südjoch, nach Norden, M. 1:100 (Zust. vor 1970)
Gemessen: Much, v. Winterfeld 1965; gezeichnet: v. Winterfeld 1965/77

*Fig. 100* Ostkrypta, Westmauer, Ost-West-Schnitt durch das Mitteljoch, nach Süden, M. 1:100 (Zust. vor 1970)
Gemessen: Much, v. Winterfeld 1965; gezeichnet: v. Winterfeld 1965/77

*Fig. 101* Ostkrypta, Nordseitenschiff, Längsschnitt durch die Westjoche nach Norden. Befund 1966/70 M. 1:100
Gemessen: Much, v. Winterfeld 1965/66/70; gezeichnet: v. Winterfeld 1965/77

*Fig. 102* Ostkrypta, Nordseitenschiff, Längsschnitt durch die Westjoche nach Norden, Rekonstruktion des ursprünglichen Zustandes M. 1:100
Zeichnung: Verf. 1966/77

*Fig. 103* Ostkrypta, Nordseitenschiff, Schnitt durch die Öffnung im 7. Joch nach Westen, Rekonstruktion der Treppenanlage im NW-Winkel der Krypta M. 1:100
Zeichnung: Verf. 1968/77

*Steinmetzzeichen*

*Fig. 104* Zeichen 1–41 (Gruppe IA, IB), M. 1:10, (Verf. 1969/77)
*Fig. 105* Zeichen 42–85 (Gruppe IB, IC, IIA), M. 1:10, (Verf. 1969/77)
*Fig. 106* Zeichen 86–126 (Gruppe IIA), M. 1:10, (Verf. 1969/77)
*Fig. 107* Zeichen 127–161 (Gruppe IIA, IIB, IIIA, IIIB), M. 1:10 (Verf. 1969/77)
*Fig. 108* Zeichen 162–191 (Gruppe IIIB, IV), M. 1:10, (Verf. 1969/77)
*Fig. 109* Zeichen 192–209 (Gruppe IV), M. 1:10, (Verf. 1969/77)
*Fig. 110* Verteilungsschema (Diagramm) der Zeichen am Bau.
Aufgenommen: Haas, v. Winterfeld 1966/67 u. 1972/73
Auswertung: v. Winterfeld 1969/77
Vertikal: Fundstellen am Bau (bezeichnete Flächen)
Horizontal: Abfolge der Zeichen
Abkürzungen: siehe Verzeichnis
Die Zählung der *Geschosse bei den Westtürmen* gegenüber dem Text verändert:
Schema: Untergeschoß = Text: Sockelgeschoß
Schema: 1. Geschoß = Text: Untergeschoß
Schema: 2. Geschoß = Text: 1. Obergeschoß
Schema: 3. Geschoß = Text: 2. Obergeschoß
Schema: 4. Geschoß = Text: 3. Obergeschoß
Schema: 5. Geschoß = Text: 4. Obergeschoß
Schema: 6. Geschoß = Text: 5. Obergeschoß
Schema: 7. Geschoß = Text: 6. Obergeschoß

*Fig. 111* Steinmetzzeichen, Verteilung der Gruppen: Ostansicht, M. 1:400 (Verf. 1978)
*Fig. 112* Steinmetzzeichen, Verteilung der Gruppen: Querhaus, Westwand, M. 1:400 (Verf. 1978)
*Fig. 113* Steinmetzzeichen, Verteilung der Gruppen: Nordansicht, M. 1:400 (Verf. 1978)
*Fig. 114* Steinmetzzeichen, Verteilung der Gruppen: Längsschnitt, M. 1:400 (Verf. 1978)

*Zeichnungen zur Baugeschichte*

*Fig. 115* Bauabfolge, Längsschnitt, M. 1:400 (Verf. 1978)
*Fig. 116* Bauabfolge, Südansicht, M. 1:400 (Verf. 1978)
*Fig. 117* Bauabfolge, Nordansicht, M. 1:400 (Verf. 1978)
*Fig. 118* Bauabfolge, Ostansicht, M. 1:400 (Verf. 1978)
*Fig. 119* Bauabfolge, Westansicht, M. 1:400 (Verf. 1978)
*Fig. 120* Bauabfolge, Querschiff, M. 1:400 (Verf. 1978)

*Fig. 121*   Bauabschnitt Ia, Isometrie, M. 1:500   (Verf. 1978)
*Fig. 122*   Bauabschnitt Ib, Isometrie, M. 1:500   (Verf. 1978)
*Fig. 123*   Bauabschnitt II, Isometrie, M. 1:500   (Verf. 1978)
*Fig. 124*   Bauabschnitt III, Isometrie, M. 1:500   (Verf. 1978)
*Fig. 125*   Bauabschnitt IV, Isometrie, M. 1:500   (Verf. 1978)
*Fig. 126*   Bauabschnitt V, Isometrie, M. 1:500   (Verf. 1978)
*Fig. 127*   Bauabschnitt VI, nach dem Brand, Isometrie, M. 1:500 (Verf. 1979)

*Fig. 128*   Bauabschnitt VIIa, Isometrie, M. 1:500   (Verf. 1979)
*Fig. 129*   Bauabschnitt VIIb, Isometrie, M. 1:500   (Verf. 1979)
*Fig. 130*   Bauabschnitt VIII und Xa, Isometrie, M. 1:500 (Verf. 1979)
*Fig. 131*   Bauabschnitt IXb, Isometrie, M. 1:500   (Verf. 1979)
*Fig. 132*   Bauabschnitt X, Isometrie, M. 1:500   (Verf. 1979)

# VERZEICHNIS DER ABBILDUNGEN

*Gesamtansichten*

1. Von Südosten (vom Schloß Geyerswörth aus)
2. Ostansicht
3. Die Ostapsis
4. Nordansicht
5. Von Südwesten
6. Von Nordwesten (über den Dächern der Domherrenhöfe)
7. Mittelschiff und Ostchor (vom Westchor aus)
8. Ostchor und Ostapsis
9. Vierung und Westchor
10. Nordquerarm nach Nordost mit Vierung und Westchorgestühl
11. Ostkrypta nach Osten (vor Restaurierung)

*Alte Ansichten*

12. Modell über dem Portal der Alten Hofhaltung 1570 (Abguß)
13. Zweidler'scher Plan von 1602, Ausschnitt
14. Alte Turmhelme im Entwurf Küchels, Skizze (1765) im Staatsarchiv Bamberg
15. Ausschnitt aus Abb. 18: Reiter am nördl. Chorpfeiler (B 4)
16. Ausschnitt aus Abb. 18: Chorpfeiler C 4 mit »Konsole«.
17. G. A. Arnold, 1682, Mittelschiff nach Osten (Hist. Mus. Bbg.)
18. G. A. Arnold, 1669, Mittelschiff nach Osten (Hist. Mus. Bbg.)
19. Bamberger Heiltumsbuch (vor 1509), London, The British Library cod. Add. 15689. fol. 36$^r$: Ostchor mit Heinrichsprozession
20. W. Katzheimer, »Apostelabschied« (1483) im Hist. Museum Bamberg, Ausschnitt
21. F. C. Rupprecht, Radierung (1821) Dom von Nordosten (Hist. Mus. Bbg.)
22. Nordseitenschiff, Ostjoche mit Chorschranken nach Osten (fehlerhaft). Lithographie Mathieu del. – Asselineau lith, aus: A. Hauser, Le Moyen-Age Monumental et Archéologique. Allemagne, Archit. ogivale. N° 116, Paris o. J. (um 1820). Hist. Mus. Bbg.
23. Ostansicht (Aufriß) von F. Reinstein, 1818. Hist. Mus. Bbg.
24. Schnitt durch Chöre und Türme. Links: Ostchor und Nordostturm n. Osten. Rechts: Westchor mit Nordwestturm und Schatzkammer nach Westen. Stahlstich. (Staatsbibliothek Bbg., V.B. 90$^b$) Herkunft unbek. Vorlage von Eduard Bürklein (1816–1871), kol. Federzeichnung (Privatbes. Bbg.)
25. Grundriß mit Altären und Ausstattung 1826, vor der Restaurierung. Nach: Pfister, Dom (1896)

*Heinrichsdom* (auch Abb. 56, 57)

26. Westkrypta, erhaltene Nordmauer von oben, nach Osten. Ansatz der Westapsis. Links: heutiges Westchorfundament u. Chornordwand. Nach der Grabung 1913 oder 1935
27. Westkrypta, erhaltene Nordmauer von Süden, Säulenbasis. Fotomontage, 1913 oder 1935
28. Westkrypta, nördl. Nebenapsisdiole u. Ansatz der Mittelapsis. Darüber (links) Fundament des westl. Hauptaltars (13. Jh.)
29. Westkrypta, Südmauer mit Gewänderest des letzten östl. Fensters (1972) Links: südl. Westchorschranke mit Fundament.
30. Westkrypta, Nordmauer, erstes westl. Fenster mit Tonnengewölbe.
31. Langhaus, Nordarkade, östlichster erhaltener Stützensockel, nach Süden mit Stirnmauer der Ostkrypta, Treppenwange und angebauter Blendgliederung (Basis, nach 1185).
32. Langhaus, Nordarkade, 2. bis 4. östlicher Stützensockel, von Osten, Plattenboden des Mittelschiffes mit Brandschäden von 1185.
33. Ostkrypta, Westmauer des 12. Jhs., Mitte und nördl. Treppenanlage, darüber Altarfundament, vorne: Einzelfundamente der Lettnerstützen des 13. Jhs.
34. Ostkrypta, Westmauer, Mittelnische, südl. Stuckkapitell.
35. Ostkrypta, Westmauer, Mittelnische, nördl. Stuckkapitell.
36. Ostkrypta, Westmauer, südlicher Anfänger des mittleren Gratgewölbes
37. Stirnmauer der Ostkrypta über Mittelschiffsniveau, Basis der nach 1185 vorgelegten Blendgliederung; darunter: Wange des nördl. Treppenschachtes
38. Ostkrypta, Westmauer der Verlängerung, Mittelnische
39. Ostkrypta, Westmauer, Nordhälfte mit Treppenanlage nach Norden und Westen; oben rechts: Fundament B 5
40. Mittelschiff mit zerstörtem Plattenboden des 12. Jhs. und Sockeln der Nordarkadenstützen. (2. u. 3. v. Osten, nach Südost)

41. Südliche Treppe zur Ostkrypta, westl. des Turmfundaments. Darunter schräg: Mauerzug älterer Bebauung. Vorne unten: Kryptasüdmauer bzw. Fundament der Chorsüdarkade (13. Jh.) Links, rechtwinklig dazu: Spannfundament C 4–D 4

*Ostkrypta*

42. Blick vom nördl. Seitenschiff nach Südosten.
43. Nordmauer, 3. Joch zwischen a4 u. a3, Treppe zum Nordostturm
44. Südseitenschiff vom 2. Joch nach Westen; Westmauer Zustand vor 1969
45. Ostabschluß, Mittel- und Südjoch, c 1 und c 2
46. Mittel- und Südseitenschiff nach Süden, 5.–7. Joch, um 1900
47. Südseitenschiff vom 5. Joch nach Osten
48. c 8 und Westmauer nach Südsüdwest
49. Westmauer, Mitteljoch, Blendarkatur mit b8 und c8
50. Nordwestecke (7. Nordjoch) mit b7, Öffnungen u. neuer Treppe (1977)
51. 6. Nordjoch, a 7 und a 6 mit Öffnung zum Nordseitenschiff der Oberkirche
52. Südmauer, 4. Joch mit Abschnittsfuge, d 4 u. d 5
53. Zugang von der Nordostturmhalle aus
54. Südmauer, 3. Joch mit Aufgang zum Südostturm, d 4
55. Nordmauer, 4. Joch mit Abschnittsfuge, a 4 u. a 5

*Befund Ostkrypta und Fundamente*

56. Fundament der Nordarkade zwischen B 5 und B 4 von Süden. Rechts: Kryptawestmauer, Außenseite. Links Westwand der alten Ostkrypta mit Treppenanlage (12. Jh.)
57. Fundament der Südarkade zwischen C 4 und C 5 von Norden Gegenrichtung zu Abb. 56.
58. Durchbruch durch die Kryptawestmauer
59. Nördlicher Westzugang zur Krypta, oberster Stufenbogen und Bogenansatz an B 4 unter den Chortreppen bei Aufdeckung 1966
60. Südlicher Westzugang zur Krypta, zugesetzt mit Schachtöffnung (1966)
61. Fundament der Südarkade C 4–C 5 von Norden mit Baufuge (Übergang zu Einzelfundamenten).
62. Ostchortreppen, Südabschnitt (C 4 mit Treppenwangen des 17. und 19. Jhs.
63. B 4 und Kryptastirnmauer, Nordabschnitt mit Zugang, nach Abbruch der Chortreppen
64. Kryptastirnmauer von Westen, Mittelabschnitt mit Vorblendung des 19. Jhs. und seitlichen Chortreppen; davor: Fundamentpfeiler für Lettnerstützen
65. Südlicher Westzugang zur Krypta mit (zu tief) wiederhergestelltem Bogen. (Vergl. Abb. 64)
66. Stufenanschlüsse der Kryptawesttreppe unter C 4 mit vorbereitetem Auflager für moderne Stufen
67. Südwest-Eckvorlage d 8 mit vermauertem südlichen Westaufgang unter C 4

68. Krypta, Nordwestecke, Treppenunterbau und Eckvorlage a 8
69. Öffnung vom Südseitenschiff zum 7. Joch der Krypta mit C 3
70. Wie Abb. 69, Ausschnitt mit den Anfängern zerstörter Stufenbögen in der östl. Leibung, davor neurom. Rahmung u. Basis von C 3
71. Fundamentbefund vor Abb. 69, Winkel zwischen Spannmauer C 4–D 4 (links) und Kryptasüdmauer/Außenseite (rechts), nach Abbruch der Treppenwangen
72. Wie Abb. 69 mit freigelegtem Treppeneinschnitt davor
73. Fundament der südl. Seitenschiffsmauer, obere Schichten mit Baugrube (bei D 6–D 7)
74. Wie Abb. 69 u. 72, Treppeneinschnitt mit Stufenauflager.

*Ostapsis, Äußeres*

75. Gesamtansicht mit Sockel und Türmen (um 1900)
76. Untergeschoß, Gesimsverkröpfung, südl. Ansatzwinkel
77. Obergeschoß, Gesims und Bogenfries, nördl. Winkelvorlage
78. Gesamtansicht von Südosten
79. Südabschnitt, Untersicht mit Winkelvorlage und Ansatz
80. Kranzgesims, Nordwinkel, abgespitzte Verkröpfung über Winkelvorlage
81. Kranzgesims, südl. Winkelvorlage mit Südostturmanschluß
82. Obergeschoß, Südwinkel, Blendarkadenkämpfer mit gerundeter Deckplatte
83. Blendarkadenkapitell, Nord-Ost, mit gerundeter Deckplatte (ohne Kämpfer)
84. Zwerggalerie, Nordabschnitt (Winkelvorlage u. bar. Ankerspur im Nordostturm)
85. Ostgiebel, Nordteil (unterster Bogen des Frieses, Profil des Obergadenfrieses in der Vermauerung)
86. Ostgiebel, Südteil mit 3. Obergeschoß des Südostturms und Kranzgesims der Apsis
87. Ober-(Fenster-)geschoß von Nordosten
88. + 89. Fenstergewände, Sohlbank und Basiszone mit Rücksprung vom Rund zum Polygon. Aufsicht und Seitenansicht (Nordostfenster)
90. Zwerggalerie, Ostabschnitt, Laufgang nach Norden
91. Obergeschoß, Mittelfenster

*Ostapsis, Inneres*

92. Blendarkatur, Nordabschnitt mit Apsisbogenvorlage
93. Nördl. Apsisbogenvorlage, Basis mit Apsissockel
94. Südl. Apsisbogenvorlage u. Eckdienst Turmjoch, Basen
95. Südl. Apsisbogenvorlage
97. + 98. Nordfenster, Westwände, Sohlbankschicht mit Rücksprung, Frontal- und Seitenansicht
99. + 100. Fenstergewände, inneres Kantenprofil, Ausschnitte

*Osttürme, Äußeres*

101. Nordostturm, Westseite, 4.–7. Obergeschoß (vor 1960, Fotomontage)
102. Nordostturm, Südseite, 5. u. 6. Obergeschoß
103. Südostturm, Nordseite, 5. u. 6. Obergeschoß
104. Nordostturm, Nordseite bis zum 3. Obergeschoß
105. Nordostturm, 1.–4. Obergeschoß von Nordwesten
106. Südostturm, Adamspforte (Zust. vor 1937)
107. Nordostturm, Gnadenpforte (vor 1965)

*Gnadenpforte (auch Abb. 115, 116, 118, 463)*

108. Tympanon
109. Tympanon, Ausschnitt, Schrägansicht
110. Südlicher (linker) Kämpfer, äußere Verkröpfung
111. Südliche (linke) Kapitell- und Kämpferzone
112. Nördliche (rechte) Kapitell- und Kämpferzone
113. Südkämpfer, äußere Kapitelle (Ausschnitt)
114. Nordkämpfer, (Ausschnitt)

*Osttürme, Äußeres, Portale*

115. Gnadenpforte, Nordseite, Kapitelle nach Ausbau der Gewändesäulen (1965)
116. Gnadenpforte, Nordseite, äußeres Kapitell
117. Adamspforte, südliches (linkes) Gewände, äußerer Profilauslauf, Tiermaske (auf dem Kopf stehend)
118. Gnadenpforte, Nordgewände, Auswechslung des Gewändes (1965)
119. Südseite, Löwe
120. Adamspforte, Südgewände (Stephan, Kunigunde, Heinrich II.)
121. Adamspforte, Nordgewände (Petrus, Adam, Eva) Baldachine vergl. Abb. 409–416

*Osttürme, Inneres: Turmhallen, Aufgänge, Kapellen, Obergeschosse*

122. NO-Turmhalle, Südseite, Kryptenzugang, Treppenfenster, SW-Vorlage
123. SO-Turmhalle, Nordseite, Kryptenzugang, NW-Vorlage
124. SO-Turmhalle, Adamsportal, SO-Vorlage
125. NO-Turmhalle, Gewölbe, Gnadenpforte (Tympanon)
126. SO-Turmhalle, Gewölbe, südl. Schildwand
127. SO-Turmhalle, Stufenbogen zum Südseitenschiff
128. NO-Turm, unterer Treppenaufgang von unten
129. NO-Turm, unterer Treppenaufgang von oben
130. SO-Turm, Quertreppe Kapelle (1. OG) – Schachtraum (mit unterer Öffnung zum 1. Chorjoch)
131. SO-Turm, 1. OG (Kapelle) Südwand (Außenmauer)
132. SO-Turm, Kapelle, Ostseite mit Altarnische u. Aufgang v. Chor
133. SO-Turm, Kapelle, NW-Winkel mit Öffnung z. Südseitenschiff u. Quertreppe zum Schachtraum
134. Südlicher Schachtraum nach Westen, links SO-Turm, rechts Chor (Fotomontage)
135. SO-Turm, Kapelle, Nordseite mit Aufgängen vom Chor u. zum Schachtraum
136. Südseite, untere Quertreppe vom Schachtraum zur Kapelle
137. Südseite, oberer Schachtraum nach Osten: Zugang zur Zwerggalerie der Ostapsis und Treppenaufgang mit oberer Doppelöffnung zum Chor
138. SO-Turm, 2. OG, Nordwand mit Aufgängen vom unteren u. zum oberen Schachtraum, links zum Südseitenschiffsdach
139. SO-Turm, 2. OG, Südwand
140. SO-Turm, Westseite, Dachanschlag des Seitenschiffes u. Gesims (Dachverschneidung mit Kapitelshaus)
141. SO-Turm, 7. OG nach Südwest, ehem. Giebelöffnungen
142. NO-Turm, 4. OG nach Westen
143. Nordseite, Raum zwischen 3. OG u. Chor nach Osten, Bogenfries des Obergadens
144. Südseite, Raum zwischen 3. OG u. Chor nach Osten, Bogenfries des Obergadens
145. NO-Turm, 3. OG nach Westen
146. Nordobergaden, vom NO-Turm nach Westen (1. Fenster v. O)
147. Nordobergaden, ab 1. Fensterkante (v. O) n. Westen (Anschl. Abb. 146)

*Ostchor und Langhaus, Äußeres, Nordseite*

148. Nordseite, Gesamtansicht von Nordosten
149. Nordseitenschiff, 1. u. 2. Feld, NO-Turm bis zum 1. OG
150. Nordseitenschiff, 3. Feld u. Ostflanke Fürstenportal
151. Nordseitenschiff, 5. Feld u. Westflanke Fürstenportal
152. Nordseitenschiff, 3. Feld
153. Winkel zwischen 3. Feld u. Portalvorbau (Ostflanke), oberer Teil
154. Kreuzverband im Winkel (vergl. Abb. 155 Mitte)
155. Winkel zwischen 3. Feld u. Portalvorbau (Ostflanke), unterer Teil
156. Nordobergaden, Ostabschnitt, Gesims, Wechsel bei Zahnband u. Bogenfries (Vergl. Abb. 146 rechts oben)
157. Nordseitenschiff, 6. Feld
158. Nordseitenschiff, 8. u. 9. Feld
159. Nordseite, Ostabschnitt u. Nordostturm
160. Nordobergaden, vermauerte Fenster, 3. u. 4. Fenster (v. Osten), 6. Seitenschiffsfeld

*Fürstenportal*

161. Fürstenportal, linkes (Ost-)Gewände (vor 1937)
162. Gesamtansicht (vor 1937)
163. Östl. (linke) Kapitellzone, Mittelabschnitt

164. Westl. (rechtes) Gewände, oberer Teil mit Archivolten
165. Tympanon (unterer Steg beschnitten)
166. Tympanon (Ausschnitt), Überschneidung von Archivolte und Nimbus
167. Östl. (linke) Kapitellzone, äußerer Abschnitt
168. Östl. (linke) Kapitellzone, innerer Abschnitt
169. Ostgewände Blattkonsole hinter Apostelkopf (l. v. außen)
170. Stirnseite (Ost), Standsäule der Ecclesia, Kapitell
171. Stirnseite (West), Standsäule der Synagoge, Kapitell

*Ostchor und Langhaus, Äußeres, Südseite*

172. Südseitenschiff, Außensockel mit vorgelegtem Kreuzgang
173. Südseitenschiff, Kreuzgangportal u. Außensockel (1. Joch)
174. Gesamtansicht von Südwesten
175. Gesamtansicht von Südosten mit Kreuzgang
176. Ostabschnitt mit SO-Turm u. Kapitelshaus
177. Südseitenschiff, 4. Wandfeld
178. Südseitenschiff, 2. u. 3. Wandfeld
179. Südseitenschiff, 6. Wandfeld
180. Südseitenschiff, 5. Wandfeld
181. Südseitenschiff, 7. u. 8. Wandfeld

*Ostchor und Mittelschiff, Inneres*

182. Chorpfeiler B 4 von Südosten, Kämpfer u. Vorlagenbasis
183. Ostchor, Gewölbe des 1. u. 2. Jochs
184. Ostchor, Nordseite, 1. u. 2. Joch bis B 3
185. Turmhalbjoch, Nordseite, Öffnungen zum unteren Treppenschachtraum
186. + 187. Westl. Rippenfänger über B 4, Rückspitzung für stärkeren Wulst der Mittelschiffswölbung (von Westen und von Süden oben)
188. Ostchor, Südseite, Wandgliederung von Nordwesten (Orgelbühne) Fotomontage
189. Westl. Anfänger von Rippe u. Schildbogen über C 4 Veränderter Schildbogen
190. Mittelschiff, Gewölbevorlage über C 6
191. Chorbogenvorlage u. Gewölbeanfänger über B 4 (von Südosten)
192. Südarkade von C 6 bis C 2, Chorbogenvorlage über C 4
193. Chorbogenvorlage über B 4 von Südwesten
194. Chorbogenpfeiler B 4 von Südwesten (vor 1966)
195. Gewölbe nach Westen: 2. Chorjoch, 1.–3. Mittelschiffsjoch
196. Gewölbe nach Westen: 2. u. 3. Mittelschiffsjoch, Vierung
197. Chorbogenvorlage über C 4, Westflanke, Anschluß der Arkade
198. Südarkadenbogen C 4–C 5
199. Südarkadenbogen C 5–C 6
200. Chorbogenvorlage über B 4, Westflanke, Anschluß der Arkade
201. Mittelschiff nach Westen, 2. u. 3. Joch, Südseite
202. Südl. Mittelschiffswand nach Südosten, 2. u. 1. Joch, Ostchor

*Seitenschiffe, Inneres*

203. Nordseitenschiff, Ostende mit NO-Turmhalle, Aufgang u. Kapellenöffnung
204. Südseitenschiff, Pfeilerreihe von C 6 an nach Osten
205. Nordseitenschiff nach Osten (vor 1977)
206. Nordseitenschiff, Außenmauer, 5. u. 6. Joch (A 5–A 7), um 1900
207. Säulen mit Sockel unter A 6, Nordseitenschiff
208. A 6, Sockel und Kapitelle der Säulen darunter
209. Nordseitenschiff, Pfeiler B 4–B 2 u. Schranken von Nordwesten
210. Südseitenschiff, Pfeiler C 4–C 1 u. Schranken von Südwesten
211. Südseitenschiff, Pfeilerreihe von C 3 an von Südosten
212. C 1 und Ostwand mit Schildbogen u. Gesims
213. B 2, Basis, Osthälfte und Chortreppe
214. D 1, Gewölbeanfänger u. Ostwand
215. Ostwand über C 1, Gesims von Süden
216. Südseitenschiff, Pfeiler C 2, C 3 und Schranken von oben
217. NO-Vierungspfeiler (B 10) von Norden: Bogenstellung zum Nordquerarm
218. SO-Vierungspfeiler (C 10), von Südosten, Ausschnitt
219. Südseitenschiff, Pfeiler C 2–C 4 mit Schranken, von Süden (um 1900)
220. Fürstenportal, Tympanon, Innen-(Rück-)seite mit Bogen (1973)
221. Joch N 5, Schlußstein aus 2 vor Bearbeitung verzahnten Werkstücken
223. Pfeilerkapitell C 6 no, Kämpfer von oben, Vorritzung und Zusammensetzung der Werkstücke
224. Vorlagenkämpfer D 3 w, Abschnittsfuge in Rippe u. Schildbogen
225. Nordseitenschiff, abgesunkener Rippenast, Verband zwischen Gewölbekappe u. Rippe

*Ostchorschranken*

226. Pfeiler B 3 u. Schrankenmauer von Nordwesten nach Bergung der Reliefs 1939–45. Entspricht vermutlich Zwischenzustand bei Errichtung, jedoch ohne Backsteinverblendung.
227. Pfeiler C 3 mit breiter Mittelkonsole vor 1936
228. Nördl. Zugang vom Chor (Süden) aus, Anschluß an B 1
229. Nordmauer und B 2 nach Ausbau des Verkündigungsreliefs
230. Verband zwischen Ostflanke B 3 (rechts) und Nordmauer (neben Konsole der Elisabeth)

231. Nordschranke zwischen B 2 u. B 4 (um 1900)
232. Papst Clemens II. Anschluß der Nordschranke an die Westflanke von B 2 (Flache Vorlage hinter Ecksäule)
233. Südschranke, Michaelsrelief
234. Nordschranke, Verkündigungsrelief, seit 1896 mit anstuckierter Taube an C 4
235. Pfeiler C 3 mit anschließender Südschranke, Zust. vor 1936
236. Pfeiler C 3, Westflanke mit Konsole, anschließend Schranke, Südwestabschnitt
237. Pfeiler C 4, Ostflanke mit Konsole, anschließend Schranke, Südwestabschnitt
238. Pfeiler B 3 mit anschließender Nordschranke (vor 1939)
239. Nordschranke B 2–B 4 von Nordosten, Zustand 1939–45 nach Bergung der Reliefs mit Ziegelverblendung, ähnlich dem vermutl. Zwischenzustand bei Errichtung (Vergl. Abb. 226)
240. Südwestreihe, C 4–C 3 mit Flankenkonsolen (vor 1936)
241. Südostreihe, C 3–C 2 mit Flankenkonsole (vor 1936)
242. Nordostreihe B 2–B 3 mit Flankenkonsole
243. Nordwestreihe B 3–B 4 mit Flankenkonsolen
244. + 245. Nordostreihe, 1. u. 2. Bogenfeld, Ornamentfüllung
246. Nordwestreihe, letztes Bogenfeld
247.–258. Nordschranke, Reliefs, Blattkonsolen für Reliefrahmen hinter den Prophetenköpfen u. Schultern von Osten nach Westen
259. Nordostreihe, Eckbasis neben B 2
260. Nordostreihe, Mittelbasis
261. Nordwestreihe, Mittelbasis

### Querhaus und Westturmschäfte, Äußeres

262. Nordquerhaus und Langhaus von Norden (um 1900)
263. Südquerhaus von Südwesten
264. Nordquerhaus u. NW-Turm von Nordwesten
265. Nordquerhaus, Giebel von Norden
266. Schatzkammer, Nordseite, Fenster zum Sockelgeschoß
267. SW-Turm u. Westapsis von Süden
268. SW-Turm u. Südquerarm von Südwesten
269. Nordquerarm u. Langhaus von Nordosten
270. NW-Turm, Schatzkammer u. Westapsis von Norden
271. Südquerarm, Ostmauer
272. Nordrose
273. Südrose
274. Veitsportal von Nordwesten
275. Schatzkammer u. NW-Turm (U.G.) von Westen
276. Veitsportal, östl. Kleeblattblenden (Verzahnungsquader Ostkante)
277. Veitsportal, Mitte

### Querhaus und Vierung, Inneres

278. Gewölbe: Vierung, Querarme, Westchor

279. Südquerarm, obere Westwand u. Gewölbe nach Südwesten
280. Südquerarm, obere Ostwand nach Südosten
281. Querhaus, Vierung u. SO-Vierungspfeiler C 10 von Südosten (Seitenschiff), um 1900
282. NO-Vierungspfeiler B 10, Basis von Westen (Nordquerhaus)
283. SO-Vierungspfeiler C 10, Basis von Südwesten (Südquerhaus)
284. Nordquerhaus, westl. Gewölbekonsole von oben: Vorritzung, Steinmetzzeichen, Verschneidung Rippe/Schildbogen
285. Nodquerhaus, westl. Gewölbekonsole
286. Vierung, Südquerarm und südl. Westarkade des Langhauses nach Südwesten, Zust. 1973
287. SW-Vierungspfeiler, Basis von Osten; ehem. Zugang zum SW-Turm
288. NW-Vierungspfeiler, Basis von Osten
289. SW-Vierungspfeiler, Basis des Eckdienstes auf Normalniveau
290. Nordquerarm, Westwand, Fenster in den NW-Turm
291. Westchorschranke, Südseite; Nordquerhaus und Westchor
292. Nordquerarm, Gewölbe, Nord- u. Westwand
293. Nordquerarm, nördl. Westchorschranke und Westwand nach Südwesten (um 1900) mit Fenster zum NW-Turm

### Westchorschranken u. Westapsis, innere Blendarkaden

294. Nordschranke, Relief der Gliederung
295. Südschranke, Kleeblattbögen mit gemalten Engeln
296. Nordschranke, westl. Blenden neben NW-Vierungspfeiler
297. Nordschranke, Fries und Gesims
298. Nordschranke, westl. Sockelnische neben NW-Vierungspfeiler
299. Apsisblendarkade, Nordabschnitt
300. Relief der Blendengliederung neben SW-Dienst

### Westapsis und Westchor, Inneres

301. Gewölbe mit Farbfassung, nach Reinigung 1974
302. Apsis, Untergeschoß mit Blenden, Süd- u. SW-Abschnitt (um 1900)
303. Vorlagen u. Fenster am südl. Apsisansatz
304. Südfenster
305. Vorlagen u. Fenster am nördl. Apsisansatz
306. Apsis, Untergeschoß, Mittelnische im Westen
307. Westchor und Apsis nach Nordwesten
308. Chor, Nordwand, obere Zone
309. Chor, Nordwand, untere Zone mit Zugängen zum NW-Turm und Schatzkammer
310. Nordwand, Mittelkonsole
311. Nordseite, Schatzkammerportal
312. Chor, Südwand, obere Zone

313. Chor, Südwand, untere Zone
314. Südseite, SW-Vierungspfeiler, Konsole der Säulenvorlage
315. Apsisbogen, südl. Anfänger von Osten
316. Apsis, Fenstergeschoß und Gewölbe

*Westchor, Fundamente*

317. Südseite, von den Basen abwärts, abgespitztes Wulstprofil (1936)
318. Südseite, von der Sohle aufwärts. Oben rechts: Basen Apsisbogen (1936)
319. Apsis, glattes Quaderfundament unter Südabschnitt (1972)
320. Südseite, Apsisansatz mit Rücksprung im glatten Fundamentteil
321. Gewölbter Kanal neben alter Krypta, unter NW-Turmfundament
322. »Ottogruft« nach Norden
323. Westchor-Stirnwand zwischen den östl. Vierungspfeilern (»Ottogruft«) von Osten, Freilegung 1972 (vor Zerstörung)
324. »Ottogruft«, Inneres nach Osten

*Westapsis und Westturmschäfte, Äußeres*

325. Apsis, Fenstergeschoß, Südwest Dienstbündel
326. Apsis, Fenstergeschoß, südl. Ansatz/Westchor-Südmauer
327. Gesamtansicht mit Türmen, um 1900
328. Nördl. Ansatz zwischen Dienst u. Kranzgesims. Zwickelquader mit Zangenlöchern, Ansatz Turmlisene 3. OG.
329. Fenster des Obergeschosses, Westseite
330. Südl. Ansatz, Sockelzone. Kantenlisene der Westchor-Südmauer
331. Gesamtansicht (1977)
332. Fenster- und Obergeschoß, NW-Seite
333. Fenster- und Obergeschoß, Nordseite mit Anschluß NW-Turm
334. SW-Dienst, Fensterkapitelle zwischen Süd- u. SW-Fenster
335. Südl. Ansatz, östl. Kapitelle d. Südfensters
336. SW-Dienst, Sohlbankgesims zwischen Unter- u. Fenstergeschoß
337. SW-Turm, Westseite, Gesims zwischen 1. u. 2. OG.

*Westtürme, Freigeschosse, Äußeres*

338. SW-Turm von Südwesten, 3.–6. OG.
339. NW-Turm, Westseite, 5. u. 6. OG. (Untersicht)
340. SW-Turm, 3./4. OG., Nordseite
341. SW-Turm, 4.–6. OG., Nordseite
342. NW-Turm, Südseite, 6. OG.
343. NW-Turm, Südseite, 5. OG.
344. NW-Turm, Südseite, 4. OG.
345. Westtürme von Nordwesten
346. NW-Turm, 5. OG., NW-Eckturm von Südwesten
347. NW-Turm, 4. OG., Westseite, Mittelöffnung
348. SW-Turm, SO-Eckturm mit Treppe, von Osten, 6. OG.
349. NW-Turm, SO-Eckturm mit Treppe, von Südosten, 6. OG.
350. NW-Turm, 6. OG. von Nordwesten (um 1920)
351. SW-Turm, 3.–6. OG., Westseite (Untersicht)
352. NW-Turm, 3./4. OG. von Nordwesten (um 1920)
353. NW-Turm, 4. OG., Südseite von oben

*Südwestturm, Inneres*

354. Sockelgeschoß, Ostseite
355. Untergeschoß, Südseite
356. UG, NW-Ecke mit Treppenzugang
357. Westmauer, Treppe vom UG zum 1. OG
358. 1. OG, Übergang zur Wendeltreppe
359. 1. OG, nach Südwesten mit Treppenzylinder
360. 2. OG, Fenster zum Südquerarm (Ostwand)
361. 2. OG, Südseite, Fenster u. Konsolen der Geschoßdecke
362. 3. OG nach Südosten, Trompe und Öffnungen nach Osten und Süden
363. 3. OG nach Nordwesten, Trompe und Öffnungen nach Westen u. Norden
364. 3. OG nach Nordosten, Trompe und Öffnungen (ehem. über den Dächern) nach Norden u. Osten
365. 4. OG, Öffnung nach Südosten zur Treppe
366. 4. OG, Öffnung nach Südwesten zum Eckturmchen

*Nordwestturm u. Schatzkammer, Inneres*

367. Schatzkammer, Sockelgeschoß nach Westen
368. Schatzkammer, Sockelgeschoß nach Südosten, Türen zum Nordquerarm und NW-Turm
369. NW-Turm, Sockelgeschoß, Treppe zum Kanal
370. Wie Abb. 369: Zugang zum Kanal
371. NW-Turm, Sockelgeschoß nach Südwesten, Fundament für Wendeltreppe
372. NW-Turm, UG, nach Südosten, Ostseite mit vermauertem Fensterchen
373.–375. NW-Turm, UG, nach Südwesten (Treppenzylinder); nach Westen; nach Norden (Tür zur Schatzkammer)
376. + 377. Schatzkammer, Hauptgeschoß, Westseite u. NW-Ecke
378. + 379. NW-Turm, 2. OG, nach Südwesten (Treppenzylinder); nach Nordwesten
380. NW-Turm, 2. OG, Fenster zum Nordquerarm (Ostseite)
381. NW-Turm, 3. OG nach Nordwesten
382. NW-Turm, 3. OG, NO-Ecke mit Stufenbogen
383. NW-Turm, 3. OG, Ostseite, Stufenbogen, Trompen

*Anbauten (Kapellen)*

384. Gertrudenkapelle, NW-Ecksäule, Sockel
385. Kapitelsaal, Rose
386. Gertrudenkapelle nach Westen
387. Kapitelsaal (Nagelkapelle) Westwand nach Nordwesten
388. + 389. Kapitelsaal (Nagelkapelle) NO-Joch, Nordwand u. Ansicht nach Nordosten
390. Kapitelsaal (Nagelkapelle) nach Norden
391. Kapitelsaal (Nagelkapelle), Ostjoche nach Nordosten

*Dachräume (Baubefund)*

392. Westgiebel, Westseite, Südhälfte
393. Westgiebel, südl. Ortgang, Konsolen (Vergl. Abb. 392)
394. Westgiebel, Westseite von Nordwesten
395. Ostgiebel, Mittelvorlage u. nördl. Fenster im heutigen Apsisdach
396. Nordobergaden, 2. vermauertes Fenster von Osten (über B 8)
397. Nordobergaden über B 4, Grenze zwischen Chor u. Mittelschiff
398. Südobergaden über C 4, Reste der Chorbogenübermauerung u. deren Anschluß am Obergaden (gestrichelt). Westlich (rechts) Baunaht
399. Südobergaden über C 10, Kante zum Südquerarm, Anschluß der Übermauerung des östl. Vierungsbogens
400. Südobergaden über C 10, mit Backstein geflickter Ausbruch für Übermauerung des östl. Vierungsbogens, Verzahnungsquader für südl. Vierungsbogen
401. Nordquerarm, Ostwand über B 10, Verzahnungsquader für Übermauerung des nördl. Vierungsbogens
402. Südquerarm, Ostwand über C 10, Verzahnungsquader für Übermauerung des südl. Vierungsbogens
403. Nordseitenschiff, Dachraum: brandbeschädigte Oberfläche der nördl. Sargwand, Ostende
404. Nordseitenschiff, Dachraum: nördl. Sargwand zwischen 2. u. 3. Mittelschiffsjoch, Abschnittsfuge neben Vorlage über B 8
405. Südseitenschiff, Dachraum: südl. Sargwand zwischen 2. u. 3. Mittelschiffsjoch, Abschnittsfuge als Grenze zwischen Brandschaden (verputzt) u. unbeschädigten Quadern
406. Nordseitenschiff, Dachraum: Öffnung in der Sargwand über Arkade B 4–B 5
407. Südseitenschiff, Gewölbe des 3. Jochs
408. Vierungsgewölbe, Schlußring-Übermauerung

*Baldachine*

409. Adamspforte, südl. (linkes) Gewände
410. Evabaldachin, nach Ausbau
411. Adamsbaldachin, Oberteil mit Archivoltenkrümmung (nach Ausbau)
412. Adamspforte, nördl. (rechtes) Gewände
413. Petrusbaldachin, Rückseite, Anschluß an Gewändestufe (nach Ausbau)
414. Petrusbaldachin, bossierte Innenseite für Gewändestufe
415. Adamsbaldachin, Unterteil, Anschluß an Gewändestufe u. Archivolte (nach Ausbau)
416. Baldachin Heinrichs II. von hinten mit Anpassung an Gewändestufe u. Archivoltenkrümmung (nach Ausbau)
417. Baldachin des Engels an B 3, nach Ergänzung
418. Baldachin des Reiters
419. Baldachin über Clemens II. an B 2
420. Baldachin der Synagoge, Unter- u. Aufsicht (jetzt C 3)
421. Baldachin der Ecclesia, Unter- u. Aufsicht (jetzt C 4)
422. Baldachin der Maria an B 3 (1977, Turm gedreht)
423. Baldachin an A 3, über der Madonna

*Bauskulptur (»jüngere Werkstatt«)*

424. Konsole unter dem Reiter
425. Der Reiter: König Stephan von Ungarn
426. Rekonstruktionsversuch der Aufstellung im nördl. Seitenschiff (B 2, B 3, B 4) Fotomontage: Elisabeth (B 2) und Engel (B 4) aus technischen Gründen nicht ganz in richtiger Stellung
427. Pfeiler B 3 von Nordosten: Elisabeth u. Maria (um 1930)
428. Pfeiler B 3 von Nordwesten: Maria u. Engel (um 1930)
429. Rekonstruktionsversuch: B 4 von Nordosten mit Dionysius und zugehörigem Engel mit Baldachin (Fotomontage)
430. Das Papstgrab auf dem Westchor, Nordseite
431. Tumba Bischofs Otto II. in der Ostkrypta: Maßwerk in Zweitverwendung

*Figürliche Malerei*

432. Ostchorschranken, Südostreihe, Farbfassung. Befund nach Rupprecht 1829, Skizze im Diözesanarchiv
433. Narrenkopf u. Rosette im Gewölbe des 2. Ostchorjochs (Westkappe)
434. Köpfe um Gewölbelöcher im 2. Mittelschiffsjoch, neben Gurt u. Rippe
435. Figuren über dem Mittelfenster der Westapsis

*Bauzier, Kapitelle*

436.–455. Ostkrypta, Säulen und Vorlagen (a 3, a 4, a 6, a 7, b 2, b 3, b 4, b 8 (3 Seiten), c 2, c 3, c 5 (2 Seiten), c 7, c 8, d 3, d 4, d 6, d 7)
456.–458. Ostkrypta, Westwand, Säulchen
459.–462. SO-Turm, Halle, Eckdienste (nw, sw, no, so)
463. Gnadenpforte, südl. (linke) Kapitellzone

464.–466. NO-Turm, Halle, Eckdienste (no, sw, so)
467.–472. Ostapsis (Äußeres), Untergeschoß, Vorlagen (NO, SO, OSO, ONO, N, über N)
473.–477. Ostapsis (Äußeres), Obergeschoß, Vorlagen (S, OSO, ONO, NO, N)
478.–493. Ostapsis, Zwerggalerie (S 1, SO 1, N 4, N 3, NO 4, S 2, S 3, S 4, O 3, NO 1, NO 3, N 2 (2 Ansichten), SO 4, O 1)
494. Ostapsis, Figur neben dem Südwinkel
495. SO-Turm, 3. OG, Südseite: vermauertes Kapitell
496.–504. NO-Turm, 3. Obergeschoß: 496–498 Ostöffnung, 499–501 Nordöffnung, 502–504 Westöffnung
505.–512. NO-Turm, 4. Obergeschoß: 505, 506 Ostöffnung; 507, 508 Nordöffnung; 509, 510 Westöffnung; 511, 512 Südöffnung
513.–514. SO-Turm, 4. Obergeschoß: Süd- u. Westöffnung
515.–522. NO-Turm, 5. Obergeschoß: 515, 516 Nordöffnungen; 517–519 Westöffnungen; 520–522 Südöffnungen
523.–528. NO-Turm, 6. Obergeschoß: 523, 524 Ostöffnungen; 525 Nordöffnung; 526–528 Südöffnungen
529.–530. SO-Turm, 5. Obergeschoß
531.–532. SO-Turm, 6. Obergeschoß, Westöffnungen
533. Steinmetzzeichen Nr. 175, 176: NO-Turm, 5. OG, westl. Mittelpfeiler
534.–551. Bogenfriese und Ornamentgesimse: 534.–537. Ostapsis, Obergeschoß (S, SO, ONO, NO); 538.–540. NO-Turm, Unter- u. 1. Obergeschoß (O. u. N.) 541.–549. Nordseitenschiff, 1.–8. Joch (544, 545 Fürstenportal = 4. Joch); 550, 551. Nordobergaden, Ostende
552.–563. Ostapsis, Inneres, Blendarkaden von N nach S (N 1–N 3, NO 1–NO 3, SO 1–SO 3, S 1–S 3)
564.–583. Ostchorschranken (jeweils von O nach W): 564.–573. Südseite: 564, 565. Michael; 566.–569. SO-Reihe; 570.–573. SW-Reihe; 574.–583. Nordseite: 574.–577. NO-Reihe; 578.–581. NW-Reihe; 582, 583. Verkündigung (z. Zt. an C4)
584.–591. Ostchor, Turmhalbjoch, Öffnungen zu den Treppenschächten (584–586 obere Süd; 587–589 untere Nord; 590, 591 obere Nord)
592.+593. Ostchor, Apsisbogen, N u. S
594.–599. Ostchor, Turmhalbjoch, Gewölbevorlagen (über B 1, über C 1, NO, SO, Mitte N, Mitte S)
600.–607. Ostchor, 1. Joch (Westhälfte) u. 2. Joch, Gewölbevorlagen (über B 2 o, über B 2 w, über C 2 o, über C 2 w, über B 3, über B 4, über C 3, über C 4)
608. Ostapsis, Fensterleibung O, Ornamentritzung
609.–628. Nordseitenschiff, Nordseite, Vorlagen von A1 bis A 10 (fehlt A 4 w). 619, 620 Säulen unter A 6
629.–657. Pfeiler, Nordreihe B 1–B 10. B 1–B 4 nur im Nordseitenschiff. (fehlt B 9 sw)
658.–686. Pfeiler, Südreihe C 1–C 10. C 1–C 4 nur im Südseitenschiff. (fehlt C 9 sw)
687.–703. Südseitenschiff, Südseite, Vorlagen von D 2 bis D 10 (fehlt D 10 n)
704.–707. Mittelschiff, Gewölbevorlagen, Nordseite (über B 6 o, über B 6 w, über B 8 o, über B 8 w)
708.–712. NO-Vierungspfeiler B 10 (o, s, von SW, sw, von NW)

713.–716. Mittelschiff, Gewölbevorlagen, Südseite (über C 6 o, über C 6 w, über C 8 o, über C 8 w)
717.–721. SO-Vierungspfeiler C 10 (o, n, sw, von NW, w)
722.–726. SW-Vierungspfeiler (so, o, no, n, nw)
727.–731. NW-Vierungspfeiler (sw, s, so, o, no)
732.+733. Nordquerhaus, Eckdienste (no, nw)
734.+735. Nordquerhaus, Mittelkonsolen, gesamt (w, o)
736.–738. Nordquerhaus, über den Mittelkonsolen (Schildbogen, w, o, w)
739., 740. Nordquerhaus, Turmfenster, Ecksäulchen (s, n)
741. Südquerhaus, Südwest-Eckdienst
742.–743. Südquerhaus, Mittelkonsolen (w, o)
744.–753. Westapsis, Inneres, Blendarkaden, von S nach N (S 1, S2, S 3 u. SW1, SW2, W1 u. 2, W3 u. 4, NW2, NW 3 u. N 1, N 2, N 3)
754.–761. Veitsportal, Blendarkaden u. Gewände von O nach W (O 1–O 3, Gew (o), Gew (w), W 1–W 3)
762.–769. Westchorschranken: 762. Südseite, 763–769. Nordseite
770.–783. Westchor u. Westapsis, Dienste, von S nach N
770. Mitte Süd, Konsole für Schildbogendienst
771. Mitte Süd
772. Südwest
773. Apsisbogen Süd
774–778. Apsisdienste (S, SW, WSW, WNW, NW)
779. Apsisbogen Nord
780–783. Nordseite: 780 Nordwest, 781 Mitte Nord, 782, 783 Schildbogendienste
784.–788. Nagelkapelle (Mitte, w, o, o, o)
789.–791. NW-Turm, 4. Obergeschoß
792. NW-Turm, 5. Obergeschoß
793.–797. NW-Turm, 6. Obergeschoß
798.+799. NW-Turm, 4. Obergeschoß
800. NW-Turm, 5. Obergeschoß
801. NW-Turm, 6. Obergeschoß
802.–805. Papstgrab, Basisdekoration (W, W, N, S.)
806.+807. Adamspforte, Figurenkonsolen (Kunigunde, Petrus)
808.+809. Tumba Bischofs Otto II., Kartuschen im Bogenscheitel
810.–851. Schlußsteine
810. Westapsis
811., 812. Westchor (w, o)
813.–818. Querschiff (SQh (n), NQh (n), NQh (n, Seitenansicht), NQh (s), NQh (s, Seitenansicht), SQh (s)
819, 820. Kapitelsaal (Nagelkapelle), no, o.
821. Mittelschiff, 2. Joch
822.–833. Ostkrypta: 1 n, 1 s, 2 n, 3 n, 3 m (2 Ansichten) 3 s, 5 n, 6 m, 6 s, 7 n, 7 m.
834–839. Südseitenschiff, S 1, S 2 (jeweils 3 Ansichten)
840. SO-Turm (Halle)
841. NO-Turm (Halle)
842. Nordseitenschiff, N 1
843–845. Südseitenschiff, S3–S5
846–848. Nordseitenschiff, N6–N8
849. Ostchor, 2. Joch
850, 851. Mittelschiff 1. u. 3. Joch
852.–881. Basen und Eckzier
852. Ostkrypta, b 2

*Verzeichnis der Abbildungen*

853–857. Ostapsis, Blendarkaden (S 2, N 2, NO 2, S 3, S 1)
858, 859. Ostchor, Turmhalbjoch (SW, Mitte S)
860–874. Pfeiler u. Gewölbevorlagen in Mittel- u. Seitenschiffen (C 1, C 3 w, B 3 w, C 4 o, C 8 so, C 6 so, B 6 so, C 6 no, B 2 w, C 8 sw, A 10 o, C 8 no (~ D 2 o), A 8 o, D 4 o, D 10 (n)
875. Osttürme, 5./6. Obergeschoß
876–878. Westapsis, Blendarkaden
879. Westapsis, Apsisbogen (N)
880. Nordquerhaus, Eckdienst (nw)
881. Westchorschranken (Nordseite)

# HERKUNFT DER ABBILDUNGEN

Emil Bauer (Pressefoto), Bamberg: 15, 16, 18, 202, 292, 307, 316

Bayerisches Landesamt für Denkmalpflege, München (Autor unbekannt): 25–27, 317, 318

Bayer. Landesamt f. Denkmalpfl. (Ruppaner): 29, 31, 32, 40, 41, 56, 57, 61–63, 71–74, 114, 443, 449, 450, 455

Bayer. Landesamt f. Denkmalpfl. (Sowieja): 28, 30, 33–39, 49, 54, 58, 64, 93, 102, 103, 107, 109, 111, 115, 118, 120, 121, 141, 152, 156–158, 169, 177–182, 188, 190, 191, 193, 208, 212, 213, 217, 218, 232, 247–260, 272, 277, 284, 290, 295, 296, 300, 304, 308, 312, 320, 322–324, 332, 333, 340, 342–344, 353, 382, 385, 387, 403, 410, 411, 413–416, 423, 430–432, 435–442, 446–448, 451–454, 464–466, 496–501, 504–526, 528–533, 550, 551, 553, 554, 558, 561, 566–581, 603–607, 609–615, 617–636, 638, 640–658, 671–673, 675–686, 690–709, 711, 714–719, 722–745, 747, 748, 750–753, 755, 770, 775–778, 780, 782–788, 791–797, 800, 808, 809, 814–817, 819–821, 846–848, 852–870, 872–880

The British Library, London: 19

H. Buchner, Bamberg: 226

G. Frieß, (Hüttenmeister, Bamberg): 59, 60

B. Haaf, Bamberg 1896: 233, 564, 565

Prof. Dr. R. Haussherr, Kiel: 325, 326

W. Hege (Besitz Bayer. Landesamt f. Denkmalpfl.): 106, 427, 428

Dr. Ing. R. Hussendörfer, Stuttgart: 48, 80–83, 85, 88, 89, 144, 160, 170, 197–200, 263, 265, 338, 393, 401, 851

Repro nach V. Kahmen (Diss.): 456–458, 825–833, 841, 842

Dr. P. Kurmann (z. Zt. Heidelberg): 55, 65, 79, 124, 125, 128–133, 135, 136, 137 B, 138, 140, 142, 145–147, 150, 155, 185, 216, 267, 268, 271, 273, 280, 282, 283, 288, 303, 305, 321, 339, 346–349, 354–359, 361, 362, 364, 367–375, 377–379, 386, 395, 404, 405, 407, 419, 422, 495, 527, 789, 790, 798

Landbauamt Bamberg (Kleinlein): 66, 69, 70, 186, 187, 189 (A + B), 214, 215, 220–225, 236, 237, 420, 421, 639, 659–662, 665, 666, 668, 669, 687–689, 713, 834–839, 843–845, 850. Teilaufnahmen für Fotomontagen Fig. 44–85

Ingeborg Limmer, Bamberg: 1–5, 7–11, 17, 42, 87, 90, 92, 104, 105, 116, 148, 159, 167, 172, 175, 192, 195, 196, 201, 203–205, 210, 211, 269, 274, 279, 286, 291, 301, 331, 345, 425

Bildarchiv Foto Marburg: 6, 12, 76–78, 86, 91, 94, 99–101, 108, 110, 112–114, 117, 119, 162–166, 168, 171, 176, 194, 209, 227, 234, 235, 238–243, 264, 276, 285, 306, 327, 350, 352, 384, 409, 412, 417, 418, 424, 459, 460, 467–494, 502, 503, 534–549, 552, 555–557, 559, 560, 562, 563, 582–602, 616, 637, 663, 664, 667, 670, 674, 746, 768, 779, 802–807, 810–813, 818, 822–823, 840, 849, 871

Meßbild = Kgl. preuß. Meßbildanstalt, Berlin 1903 (Repro I. Limmer nach Vorlagen im Landbauamt Bamberg): 46, 75, 95, 161, 173, 174, 183, 184, 206, 219, 231, 262, 270, 278, 281, 293, 302, 341, 390

Eberhard Reichelt, Restaurator, Bamberg: 433 (A + B), 434

Helmar Schirmer, Heidelberg: 97, 98, 153, 154, 608

Prof. Dr. W. Schlink, Frankfurt: 244–246, 261, 266, 294, 297, 299, 309–311, 313–315, 329, 334–337, 351, 388, 389, 461–463, 710, 712, 720, 721, 749, 754, 756–767, 771–774, 781, 799, 801, 881

Staatsbibliothek Bamberg (Steber): 13, 14, 21–24

A. Steber, Bamberg: 20

Prof. Dr. E. Verheyen, Baltimore (USA): 44, 68, 84, 96, 143, 228, 230, 275, 330, 406

Verfasser: 43, 45, 47, 50–53, 122, 123, 126, 127, 134, 137A, 139, 149, 151, 229, 287, 289, 328, 360, 363, 365, 366, 376, 380, 381, 383, 391, 392, 394, 396–400, 402, 408, 426, 429

# FIGUREN UND ABBILDUNGEN

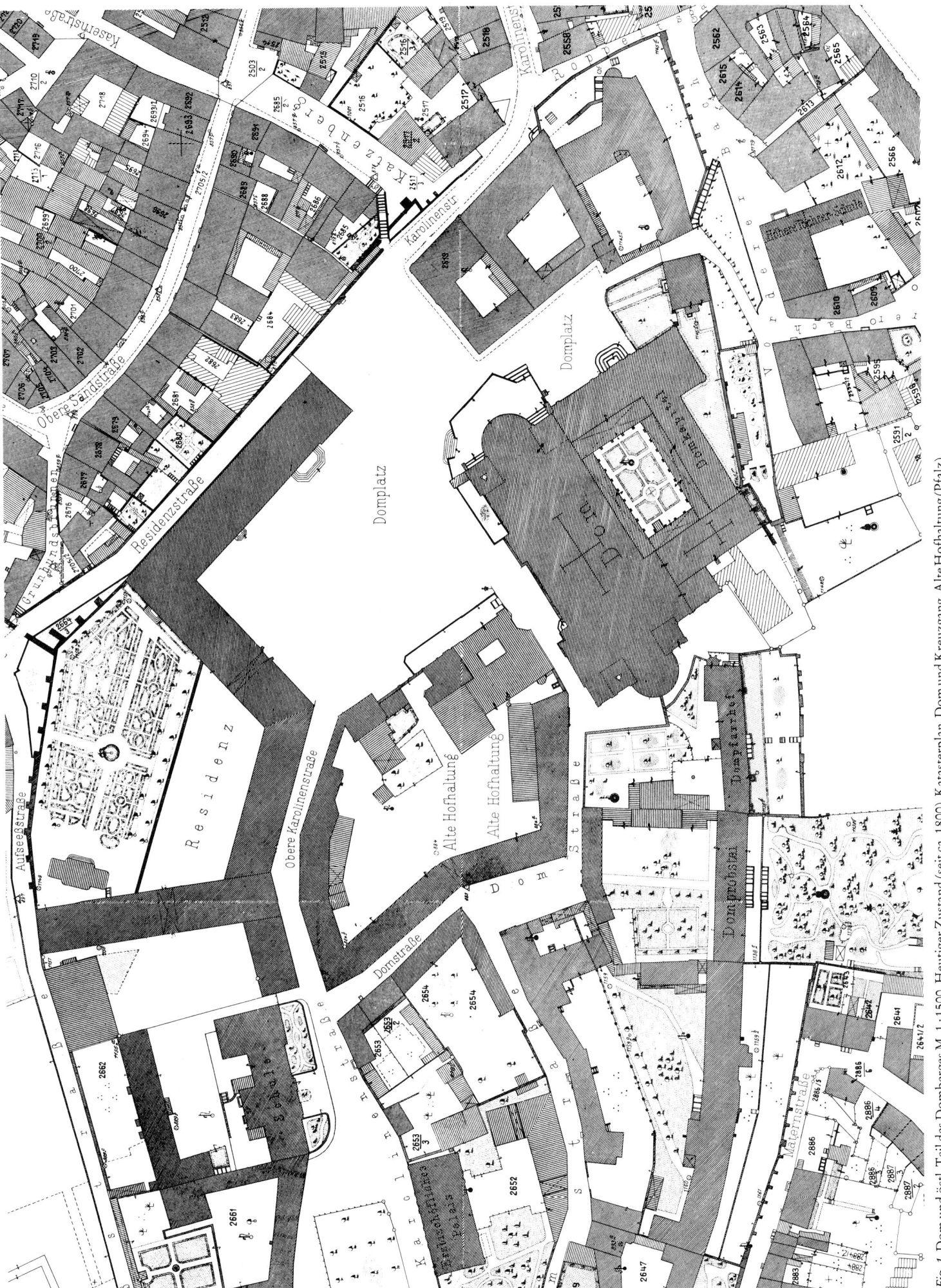

*Fig. 1* Dom und östl. Teil des Domberges M. 1 : 1500. Heutiger Zustand (seit ca. 1800). Katasterplan. Dom und Kreuzgang, Alte Hofhaltung (Pfalz), Neue Residenz, ehem. Domherrenkurien und Immunitäts-(Befestigungs-)mauer. Bayer. Landesmessungsamt. Vervielfältigung genehmigt durch Vermessungsamt Bamberg.

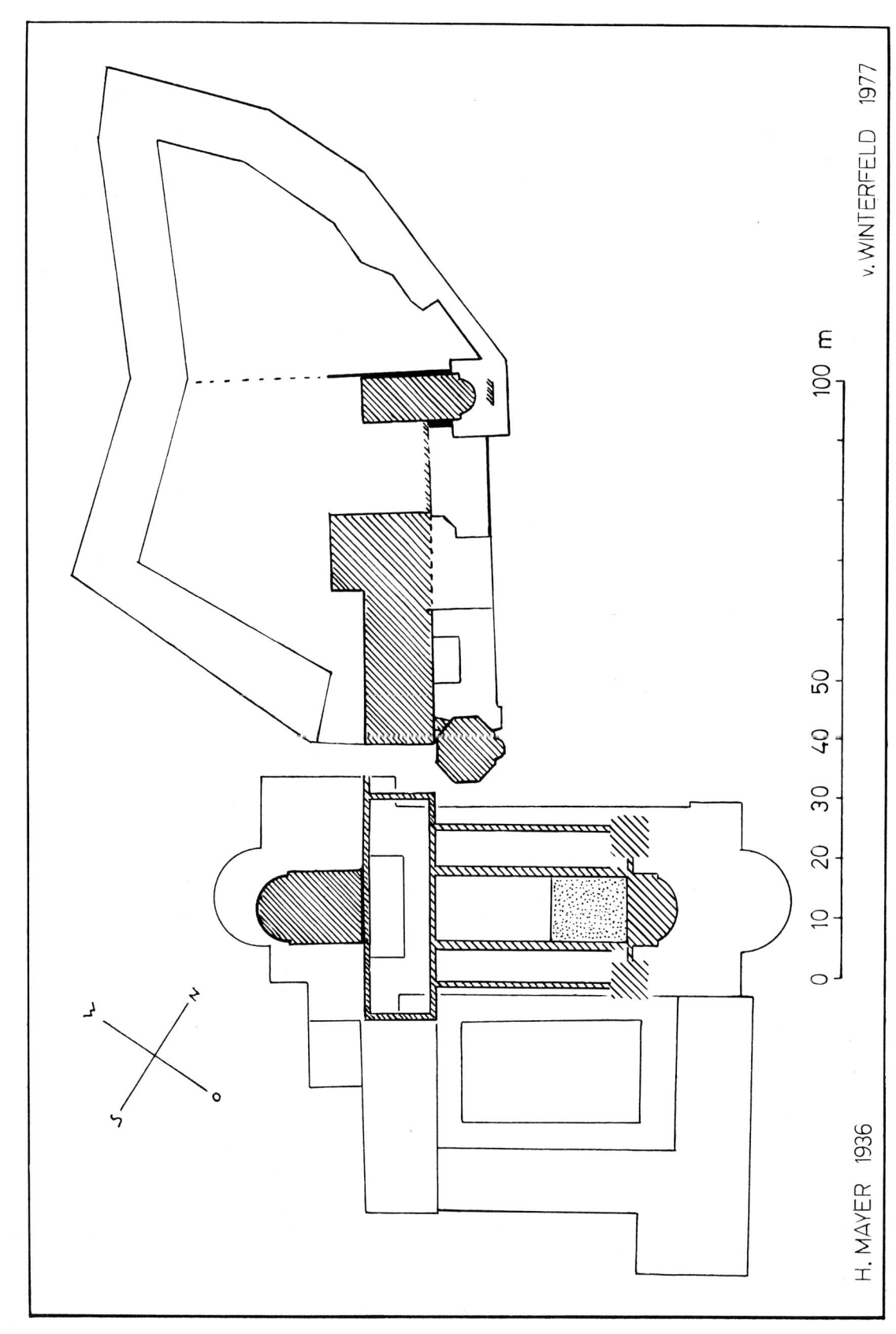

*Fig. 2* Heinrichsdom und Königspfalz mit Umrissen des heutigen Zustands. M. 1:1000 (Himmelsrichtung gegen Fig. 1 gedreht).

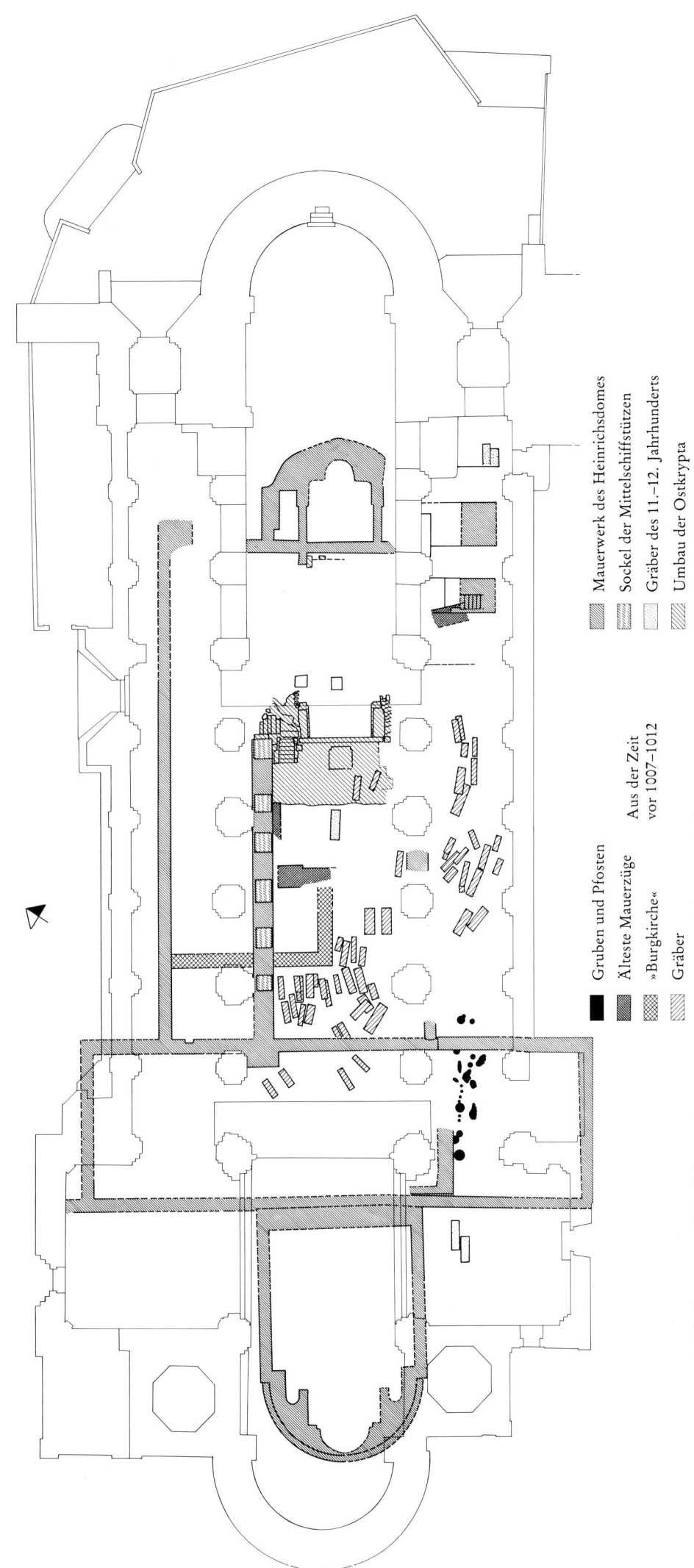

*Fig. 3* Heinrichsdom, Gesamtbefund der Grabungen 1936, 1969–1972. Nach Sage (Ergebnisse) M. 1:400.

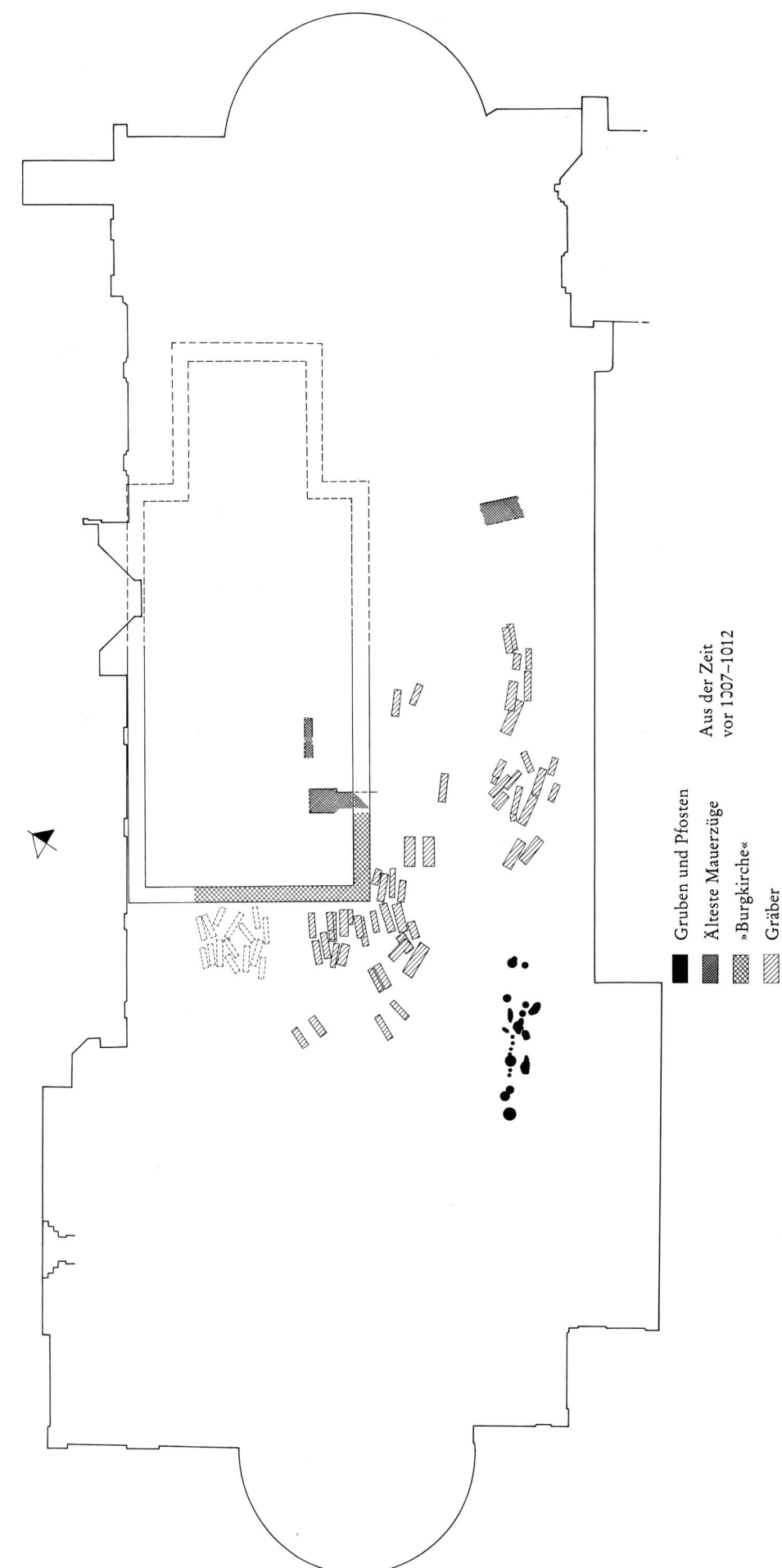

*Fig. 4* Befund und Rekonstruktion aus der Zeit der Burg Babenberg vor Errichtung des Heinrichsdoms. M. 1:400. Nach Sage (Ergebnisse).

Gruben und Pfosten
Älteste Mauerzüge
»Burgkirche«
Gräber

Aus der Zeit vor 1307–1012

Heinrichsdom

Mauerwerk des Heinrichsdomes
Sockel der Mittelschiffstützen
Gräber des 11.–12. Jahrhunderts

*Fig. 5* Der Heinrichsdom, ursprünglicher Zustand, Rekonstruktion nach Sage (Ergebnisse) M. 1:400.

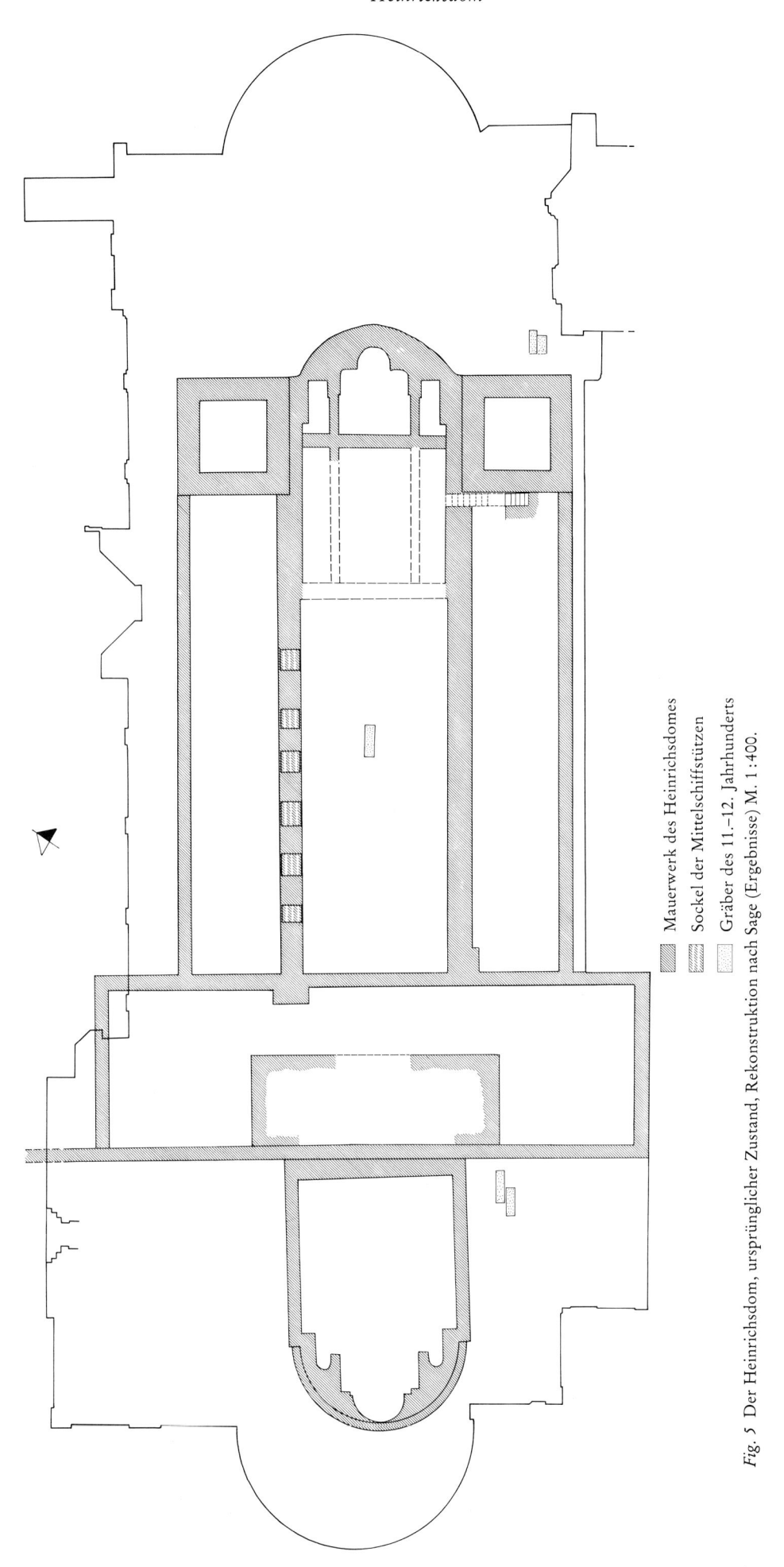

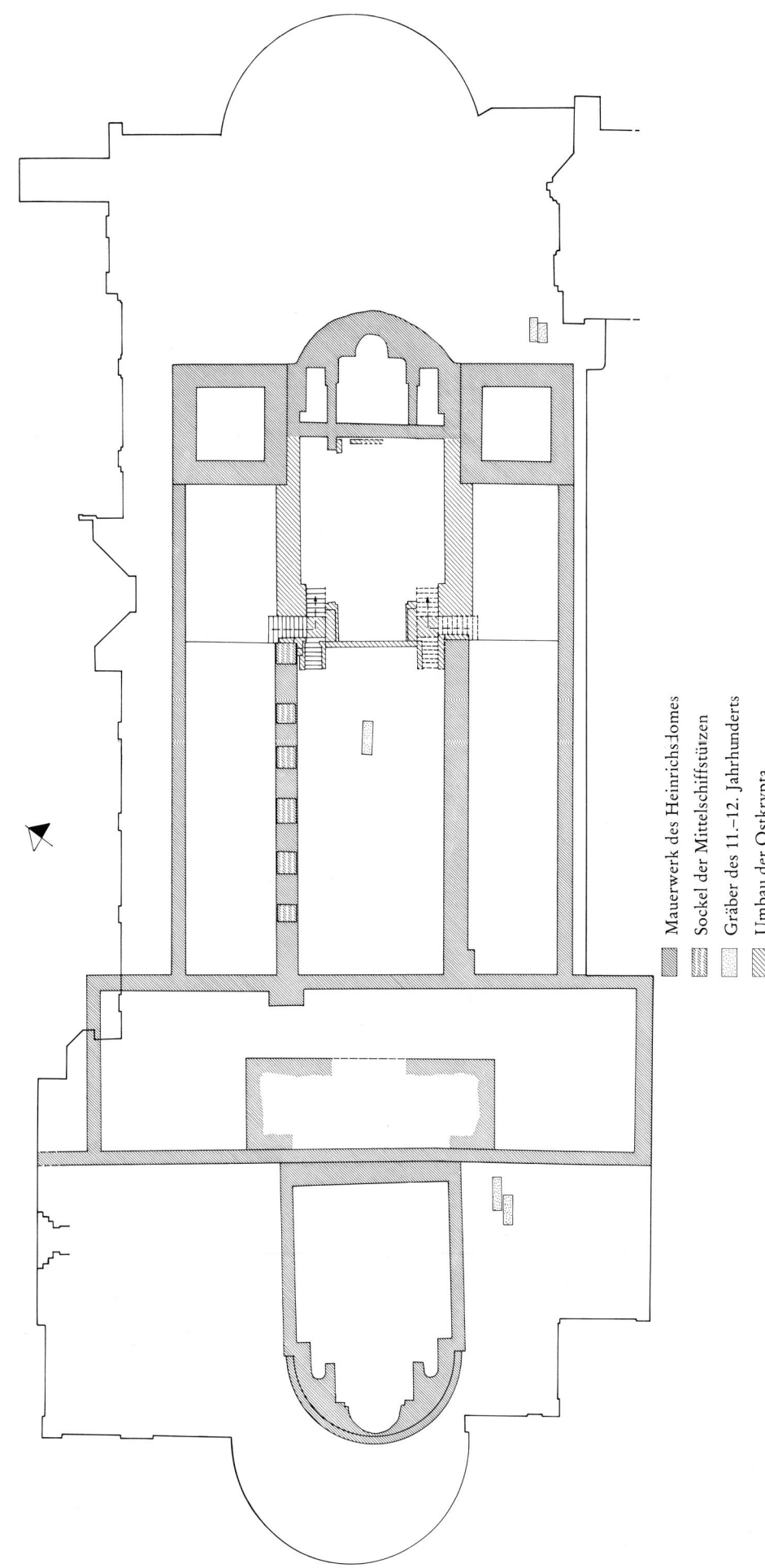

Mauerwerk des Heinrichsdomes
Sockel der Mittelschiffstützen
Gräber des 11.–12. Jahrhunderts
Umbau der Ostkrypta

*Fig. 6* Der Heinrichsdom, Zustand nach Wiederherstellung und Veränderung der Ostkrypta unter Bischof Otto I. im 1. Drittel des 12. Jhs. Rekonstruktion nach Sage (Ergebnisse) M. 1:400

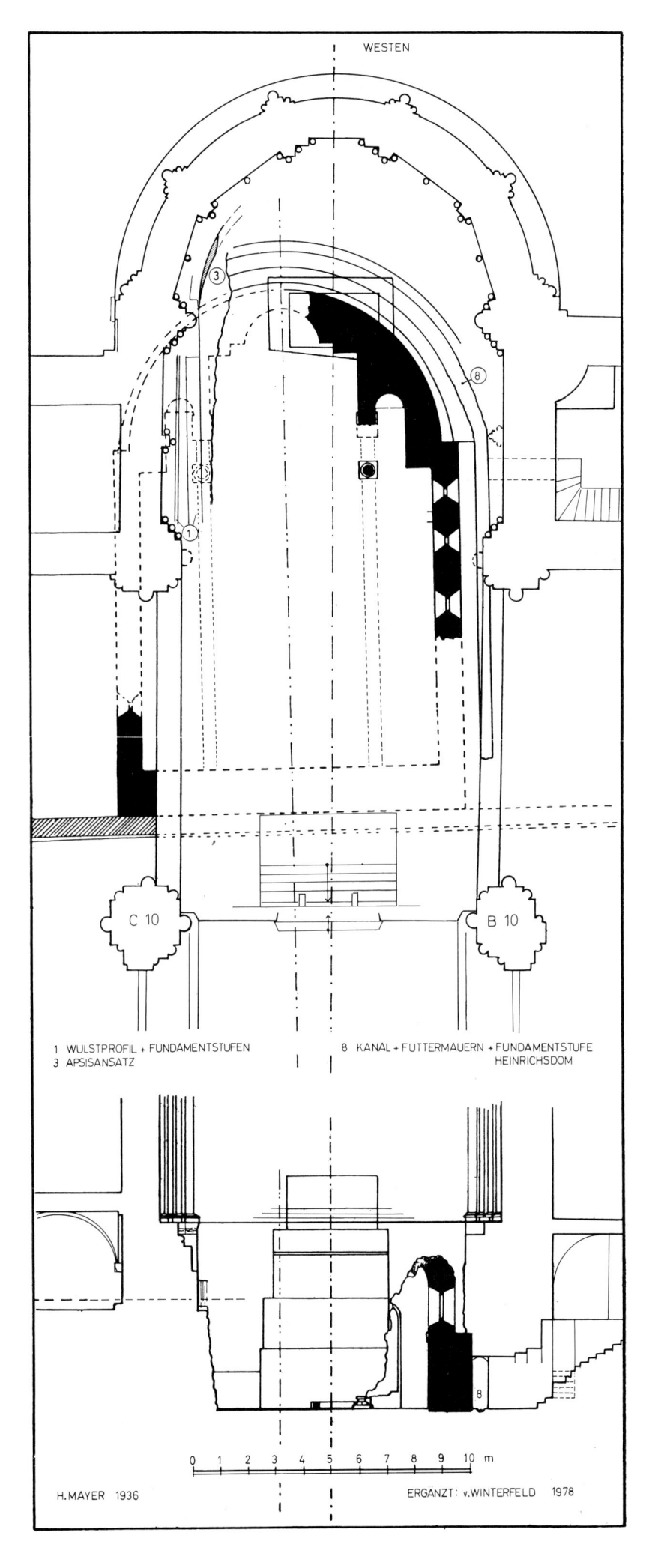

*Fig. 7* Heinrichsdom, Westkrypta, M. 1:200
a) Grundriß (Befund + Rekonstruktion) und Querschnitt (Befund). Vergl. Fig. 89 (gleiche Ziffern der Legende).
b) Querschnitt, Höhe und Form des Mittelschiffsgewölbes hypothetisch. Außenniveau entsprechend Fenstern und Fundamentvorsprung.

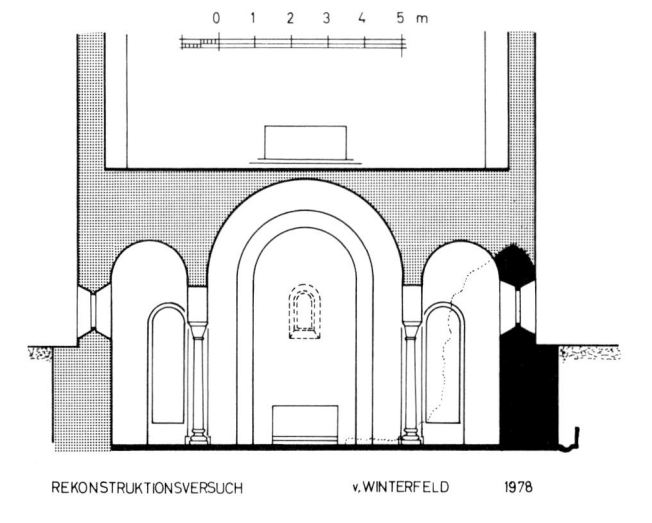

1 WULSTPROFIL + FUNDAMENTSTUFEN
3 APSISANSATZ
8 KANAL + FUTTERMAUERN + FUNDAMENTSTUFE HEINRICHSDOM

H. MAYER 1936            ERGÄNZT: v. WINTERFELD 1978

REKONSTRUKTIONSVERSUCH            v. WINTERFELD    1978

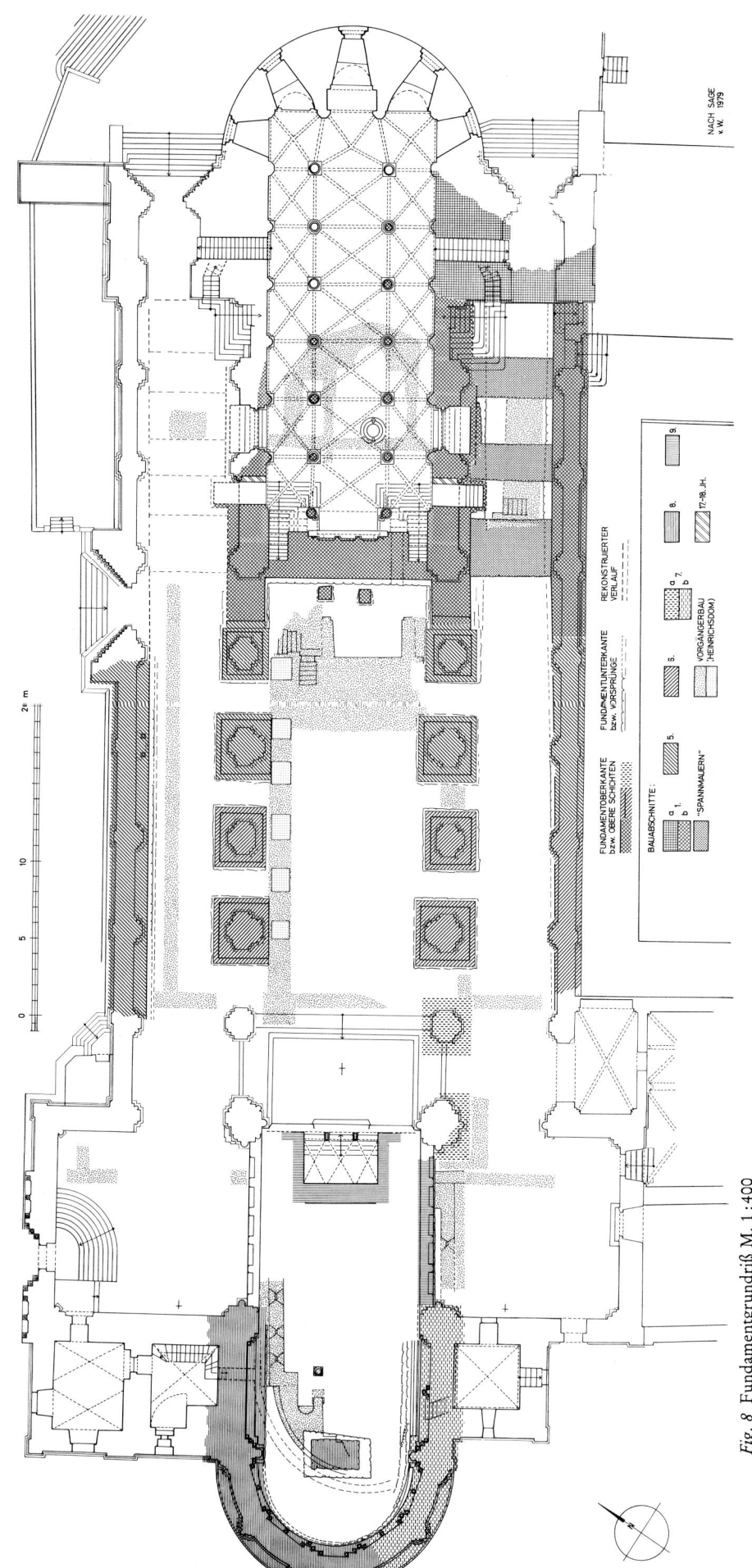

*Fig. 8* Fundamentgrundriß M. 1:400
Zeichnung: Verf. 1979 unter Verwendung der Pläne Meßbild 1903, Mayer 1936, Sage 1972.

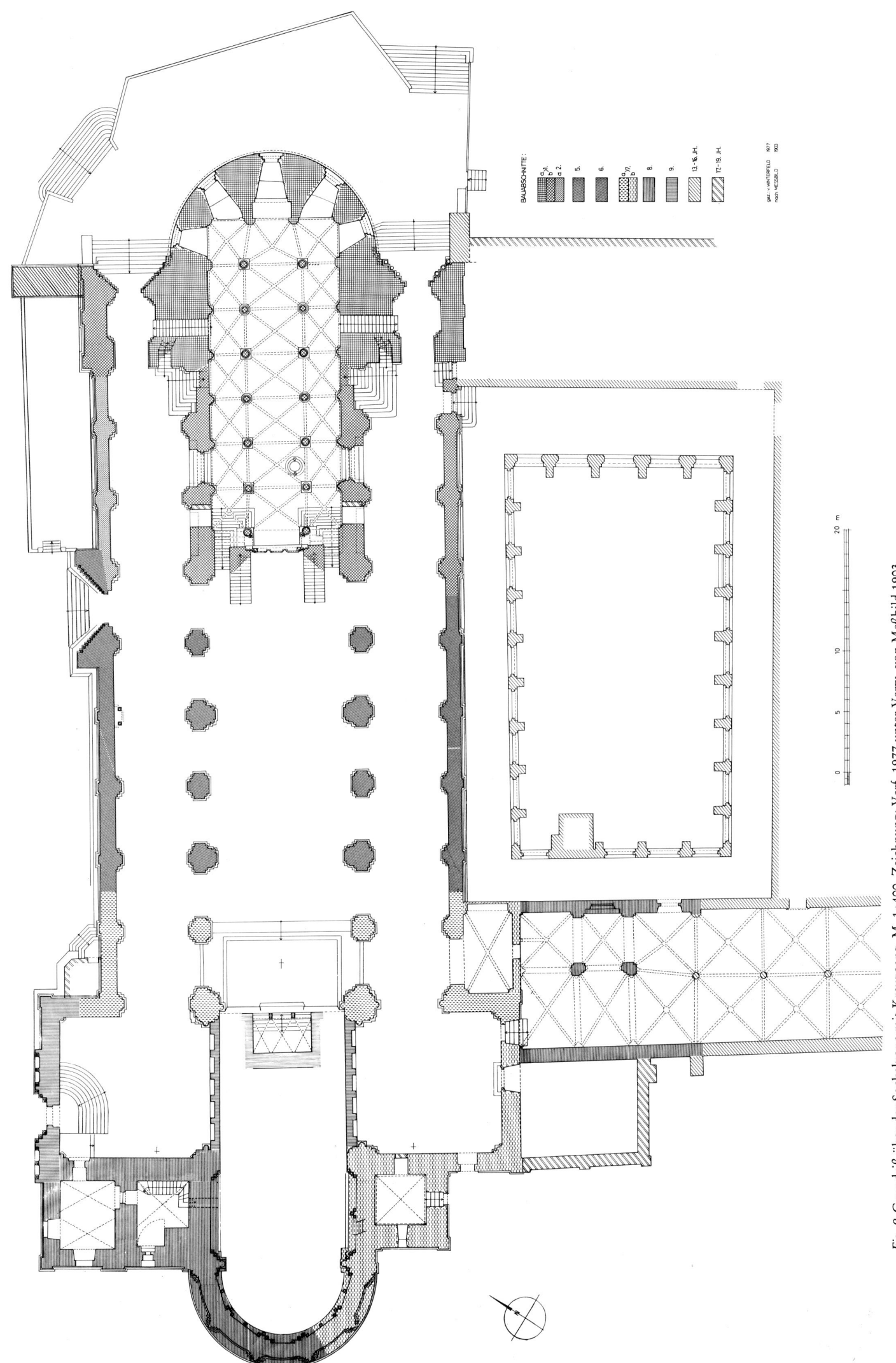

*Fig. 9* Grundriß über der Sockelzone mit Kreuzgang. M. 1:400. Zeichnung: Verf. 1977 unter Verw. von Meßbild 1903

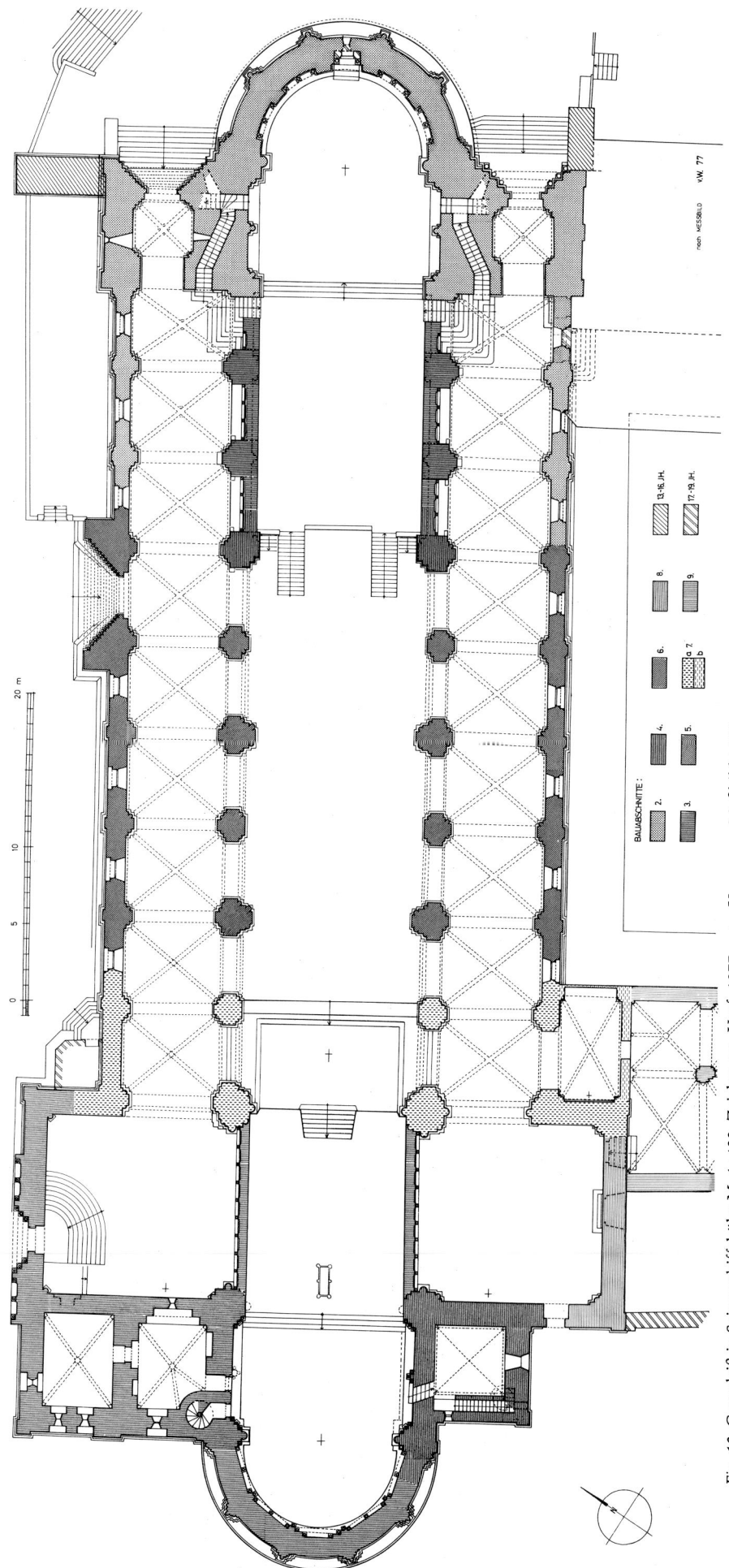

Fig. 10 Grundriß in Seitenschiffshöhe M. 1:400. Zeichnung: Verf. 1977 unter Verw. von Meßbild 1903

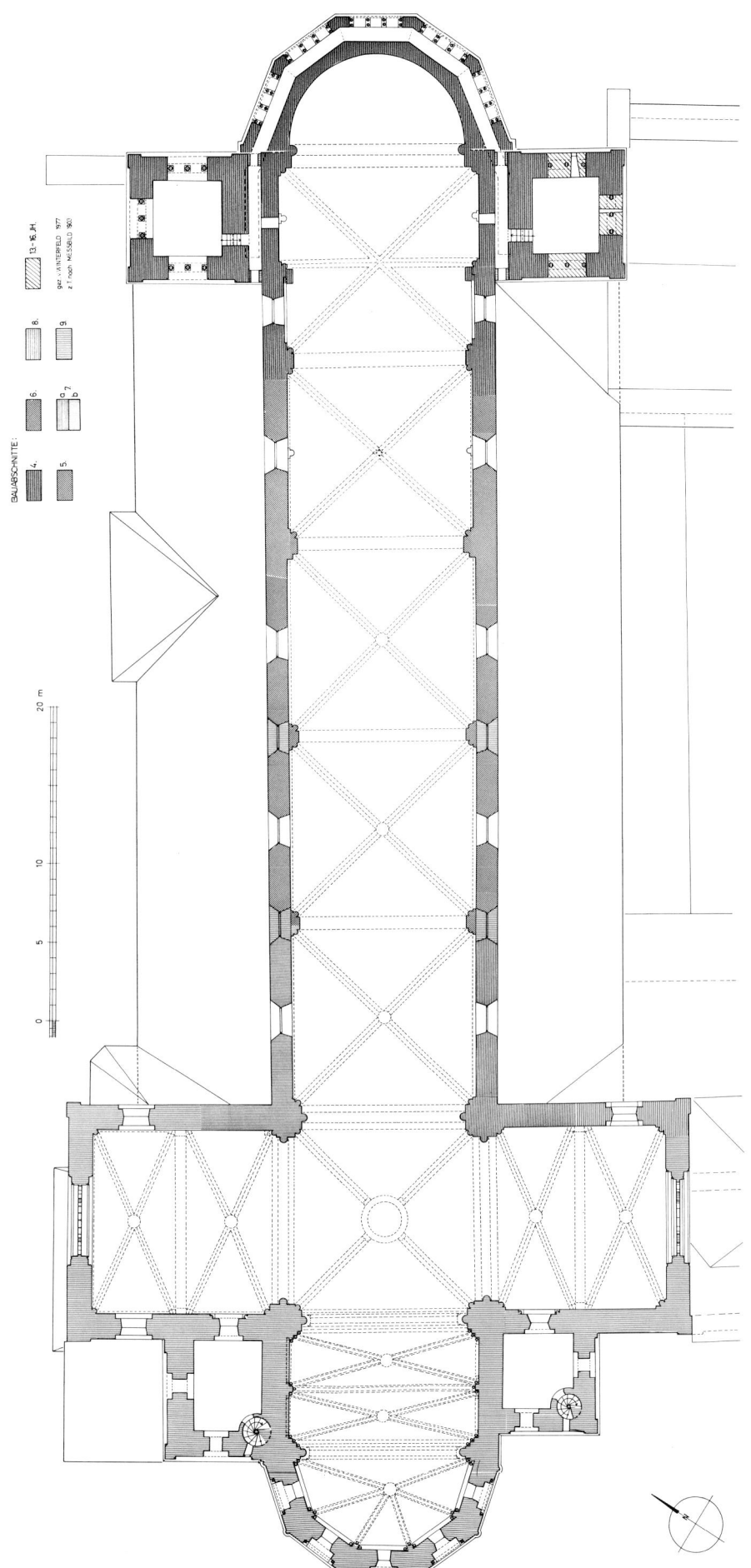

*Fig. 11* Grundriß in Obergadenhöhe M. 1:400. Zeichnung: Verf. 1977 unter Verw. von Meßbild 1903. SW-Turm: Wendeltreppe mit umgekehrtem Drehsinn

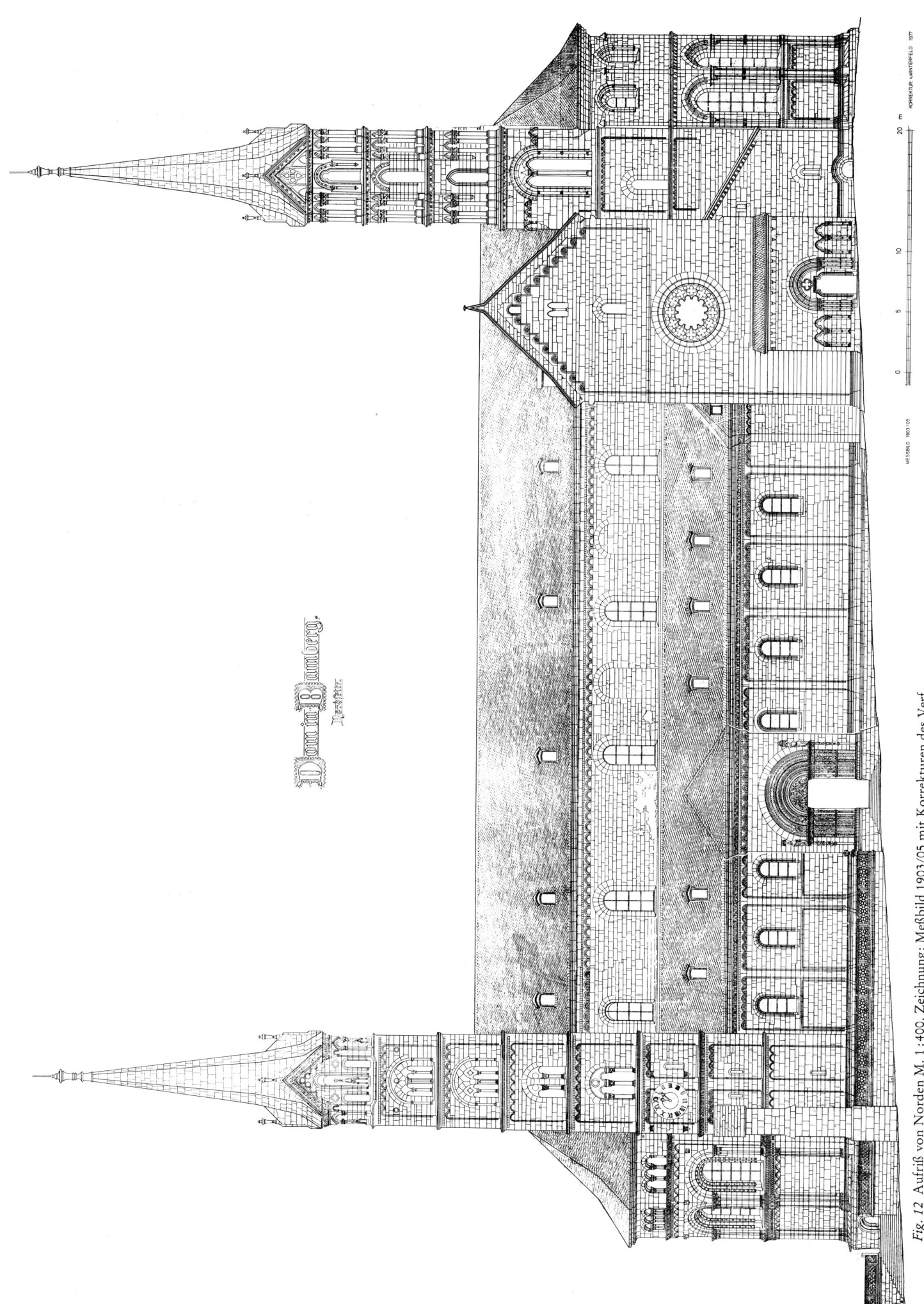

*Fig. 12* Aufriß von Norden M. 1:400. Zeichnung: Meßbild 1903/05 mit Korrekturen des Verf.

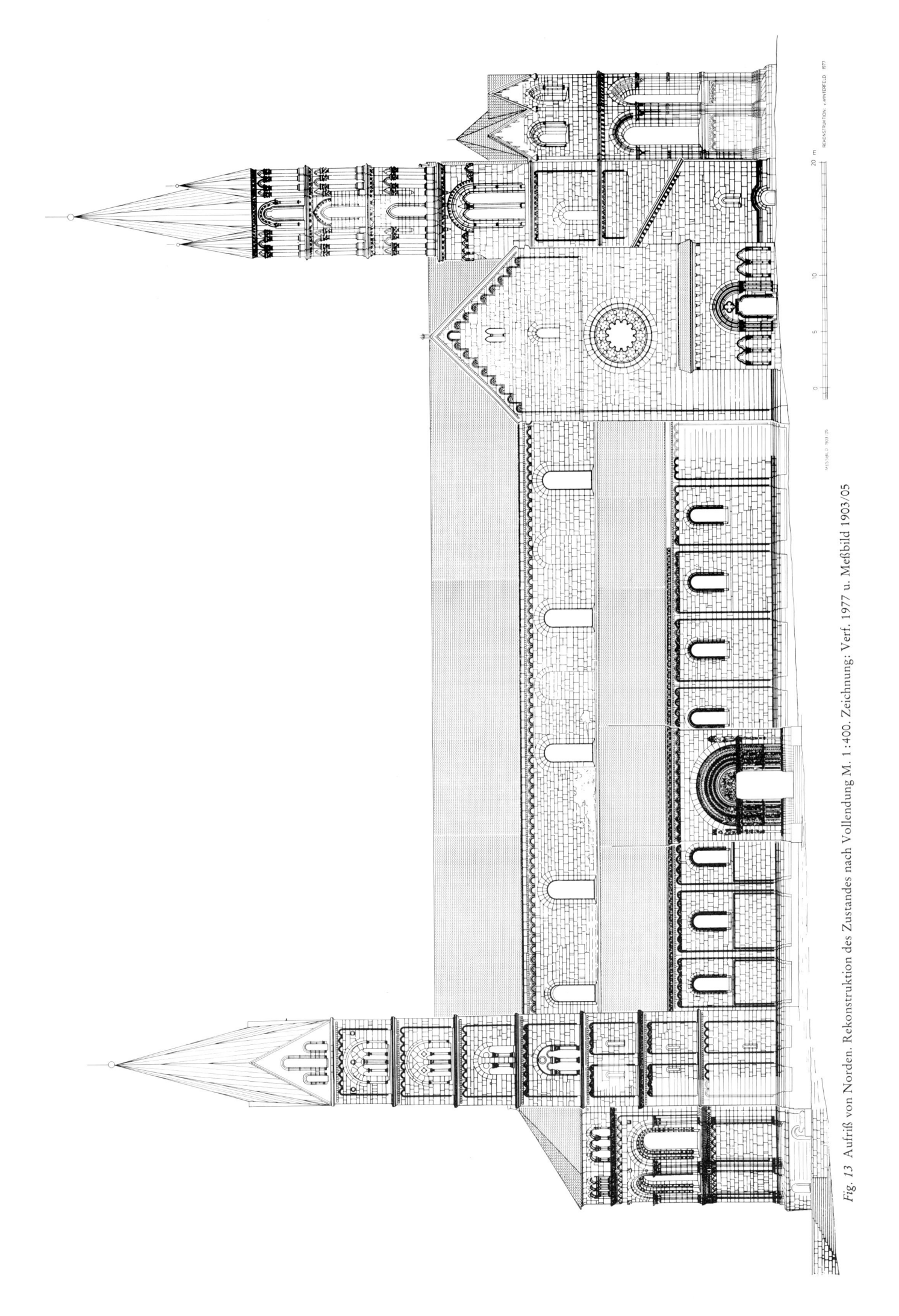

*Fig. 13* Aufriß von Norden. Rekonstruktion des Zustandes nach Vollendung M. 1:400. Zeichnung: Verf. 1977 u. Meßbild 1903/05

Ostseite.

*Fig. 14* Aufriß von Osten M. 1:400
Zeichnung: Meßbild 1903/04 mit Korrekturen des Verf.

*Fig. 15* Aufriß von Osten, Rekonstruktion des Planes A
(erster Ausführungszustand) M. 1:400
Zeichnung: Verf. 1967/77 u. Meßbild 1903/04

*Fig. 16* Aufriß von Osten. Rekonstruktion des Planes B
(zweiter, endgültiger Ausführungszustand) M. 1:400
Zeichnung: Verf. 1967/77 u. 1903/04

*Fig. 18* Aufriß von Westen. Rekonstruktion des Zustandes nach Vollendung (Plan IV B und V B) M. 1:400. Zeichnung: Verf. 1967/77 u. Meßbild 1903/05

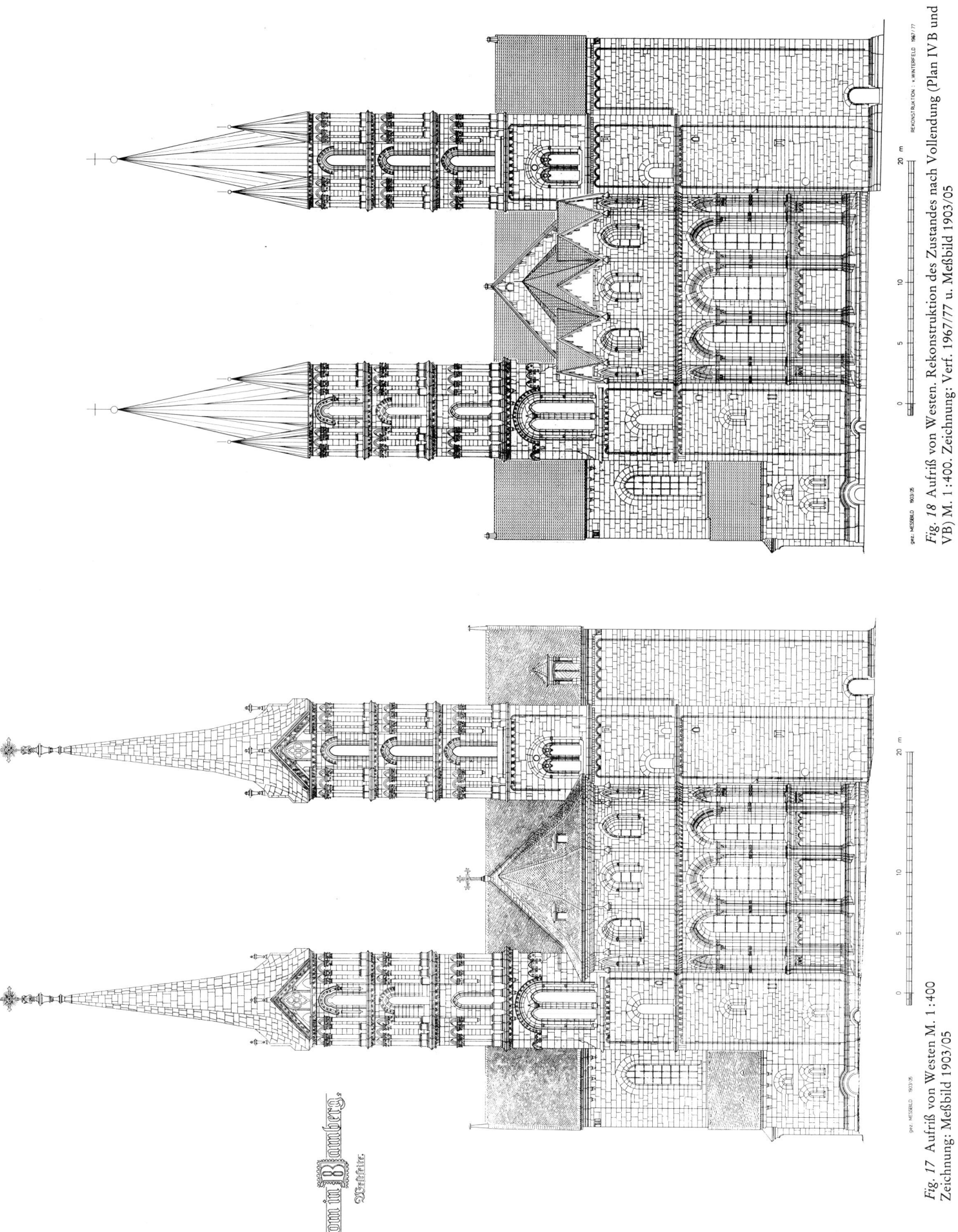

*Fig. 17* Aufriß von Westen M. 1:400. Zeichnung: Meßbild 1903/05

*Fig. 19* Aufriß von Süden M. 1:400. Durch Anbauten verdeckte Gliederung ergänzt. Zeichnung: Meßbild 1903/05 mit Ergänzungen und Korrekturen des Verf.

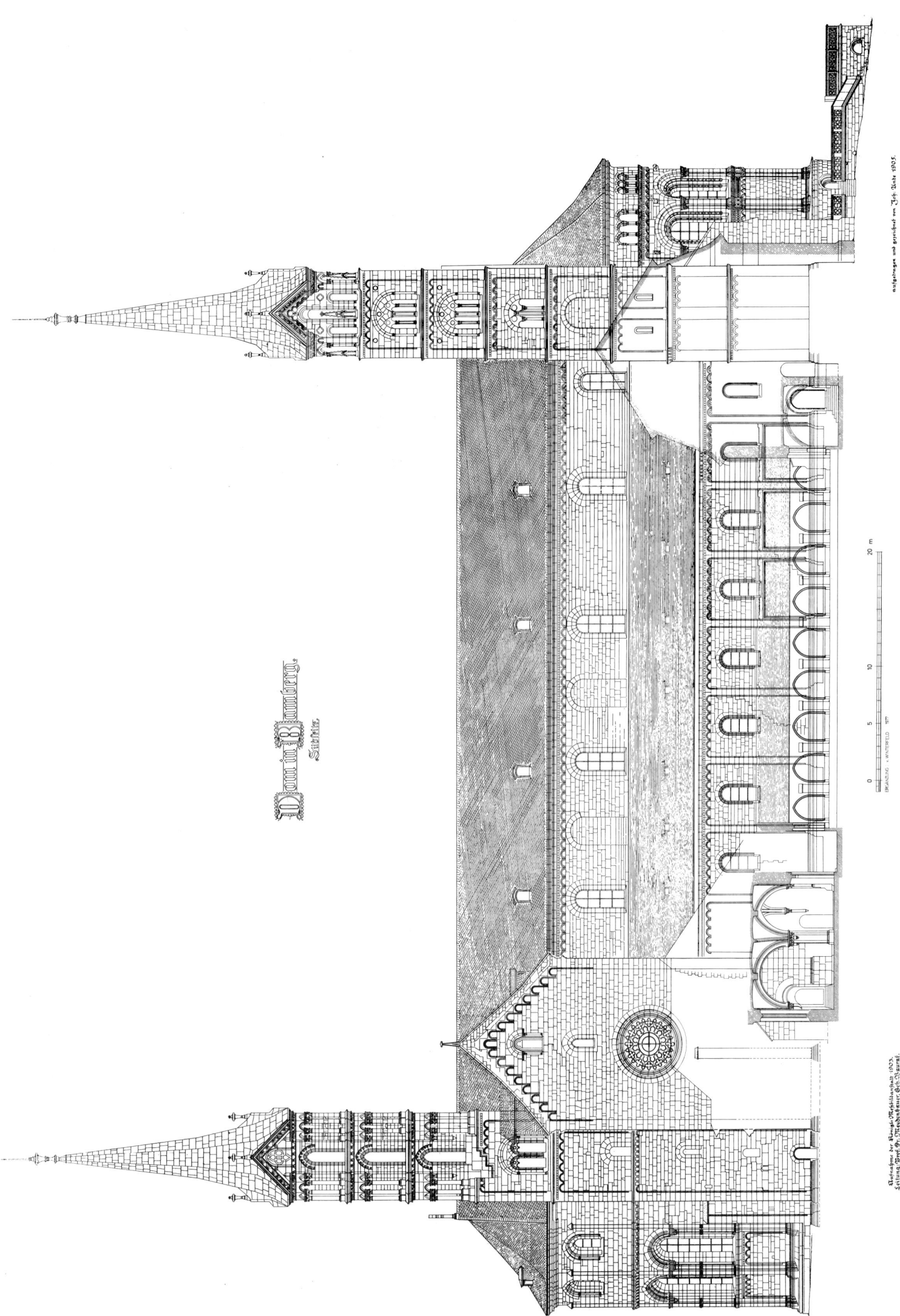

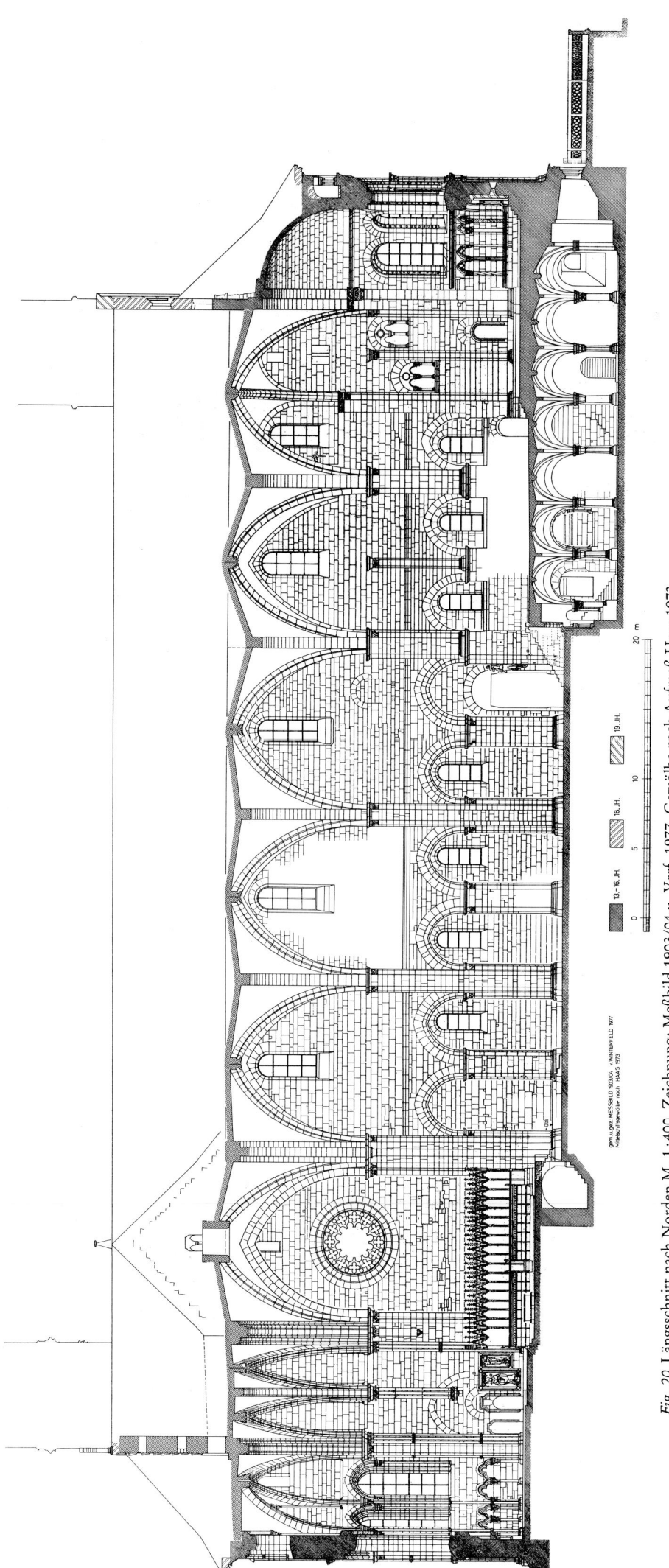

*Fig. 20* Längsschnitt nach Norden M. 1:400. Zeichnung: Meßbild 1903/04 u. Verf. 1977. Gewölbe nach Aufmaß Haas 1973

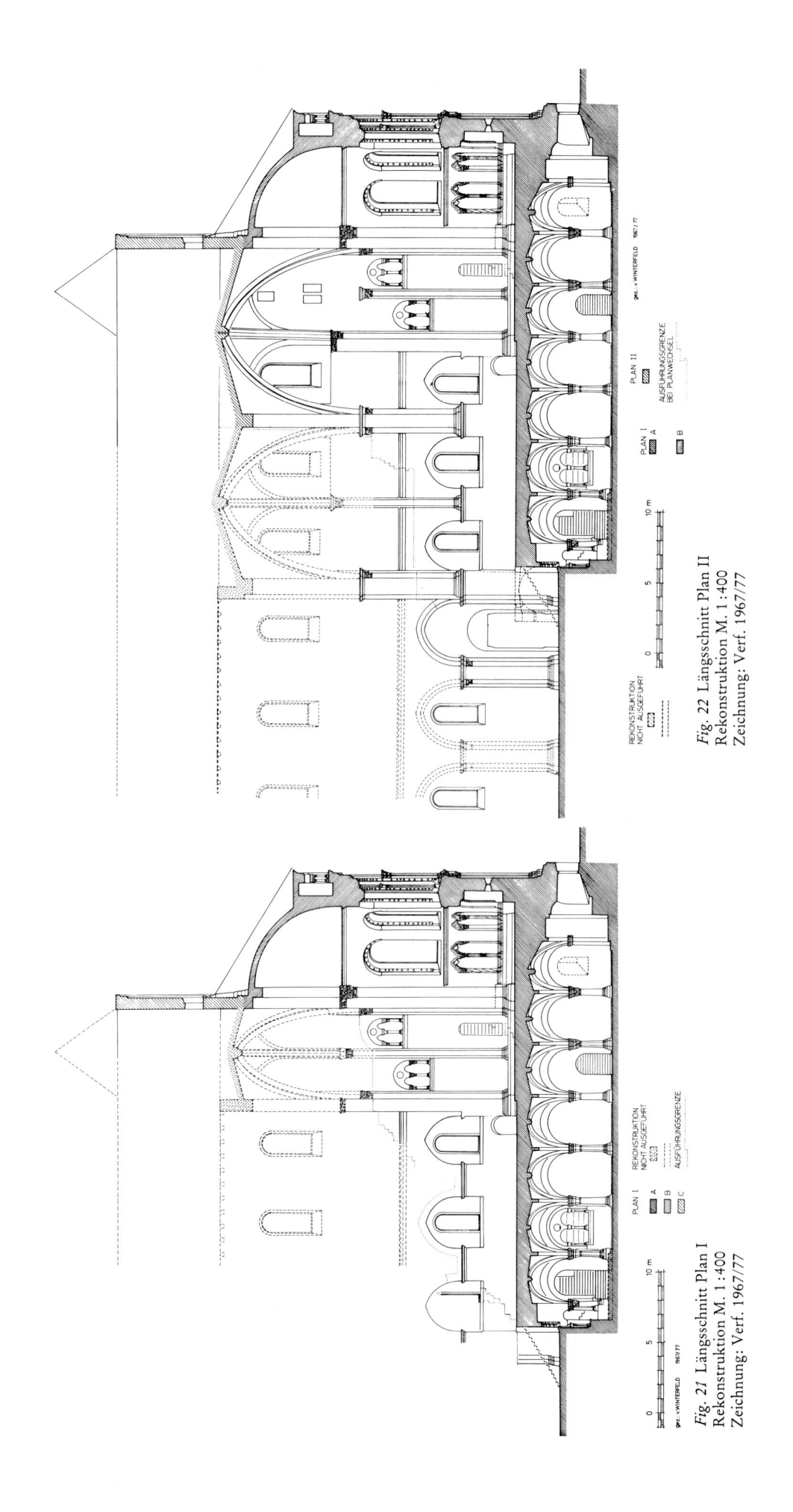

*Fig. 22* Längsschnitt Plan II
Rekonstruktion M. 1:400
Zeichnung: Verf. 1967/77

*Fig. 21* Längsschnitt Plan I
Rekonstruktion M. 1:400
Zeichnung: Verf. 1967/77

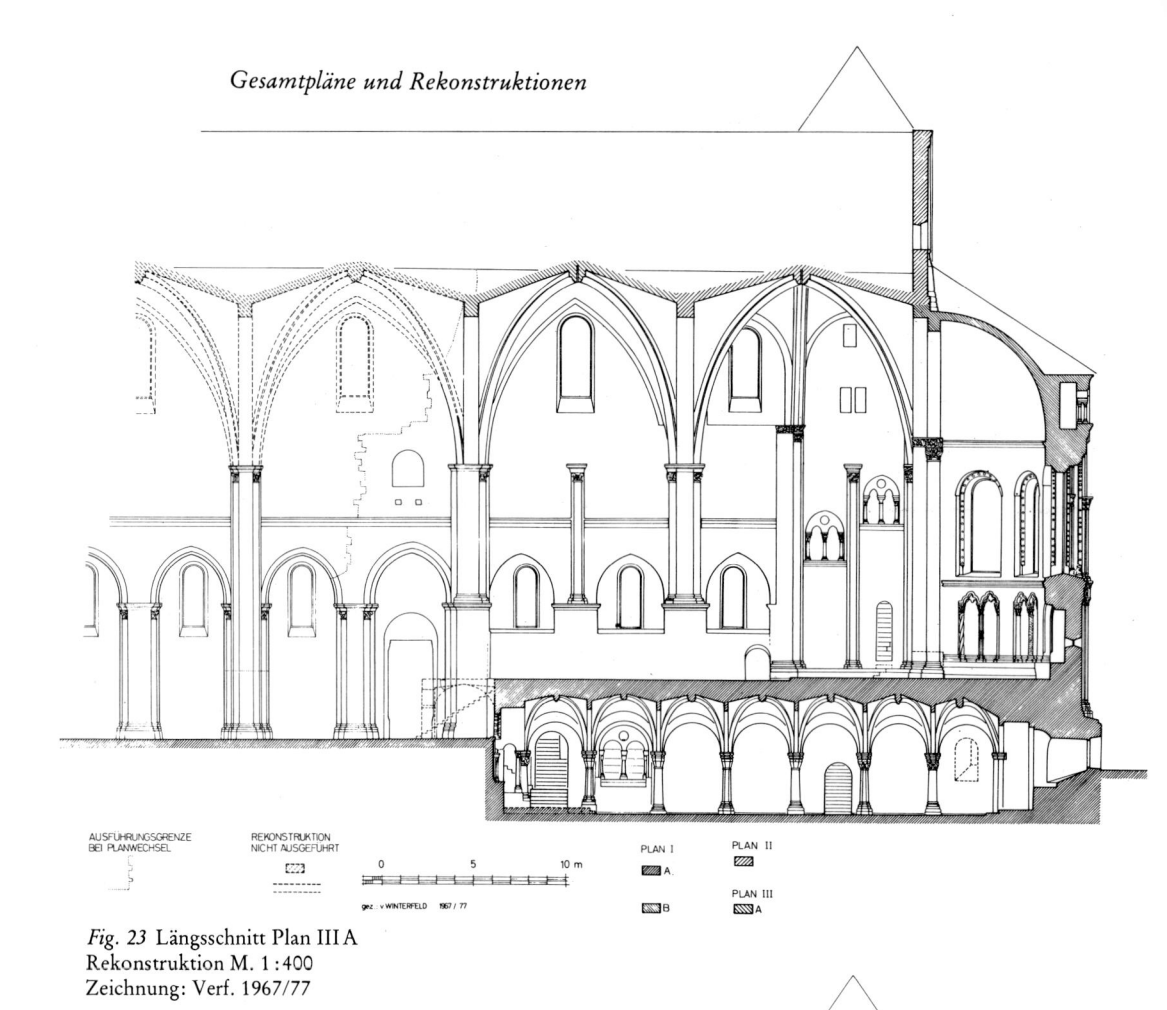

*Fig. 23* Längsschnitt Plan III A
Rekonstruktion M. 1:400
Zeichnung: Verf. 1967/77

*Fig. 24* Längsschnitt Plan III B
Rekonstruktion M. 1:400
Zeichnung: Verf. 1967/77

*Fig. 25* Querschnitt Plan III B
Rekonstruktion M. 1:400
Zeichnung: Verf. 1979

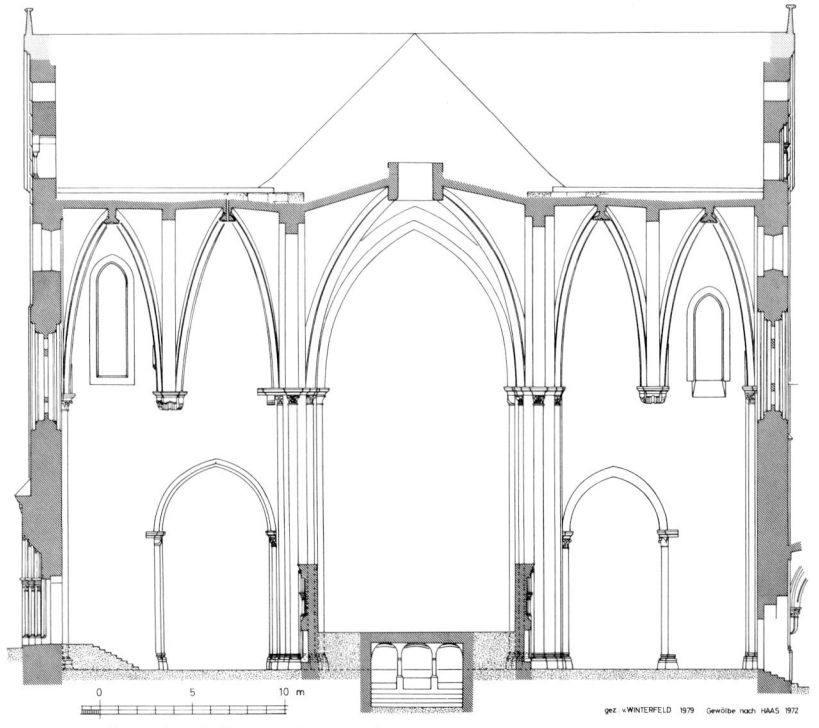

*Fig. 26* Schnitt durch das Querhaus nach Osten M. 1:400
Zeichnung: Verf. 1979 unter Verw. der seitenverkehrten Meßbildaufnahme 1905

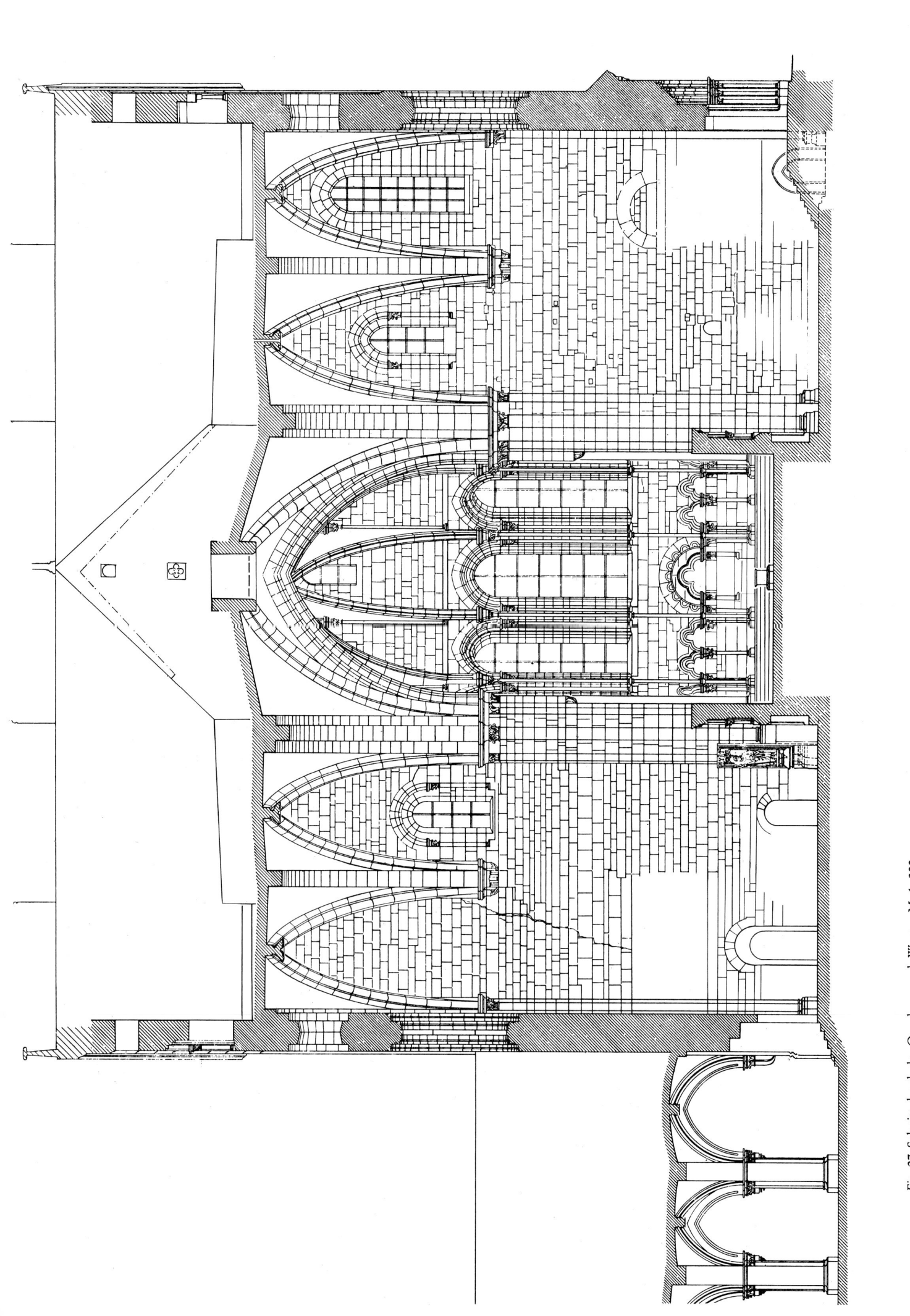

*Fig. 27* Schnitt durch das Querhaus nach Westen M. 1:200
Zeichnung: Meßbild 1905 (Ausschnitt) mit Ergänzungen und
Korrekturen des Verf. 1977. Gewölbe nach Haas 1973

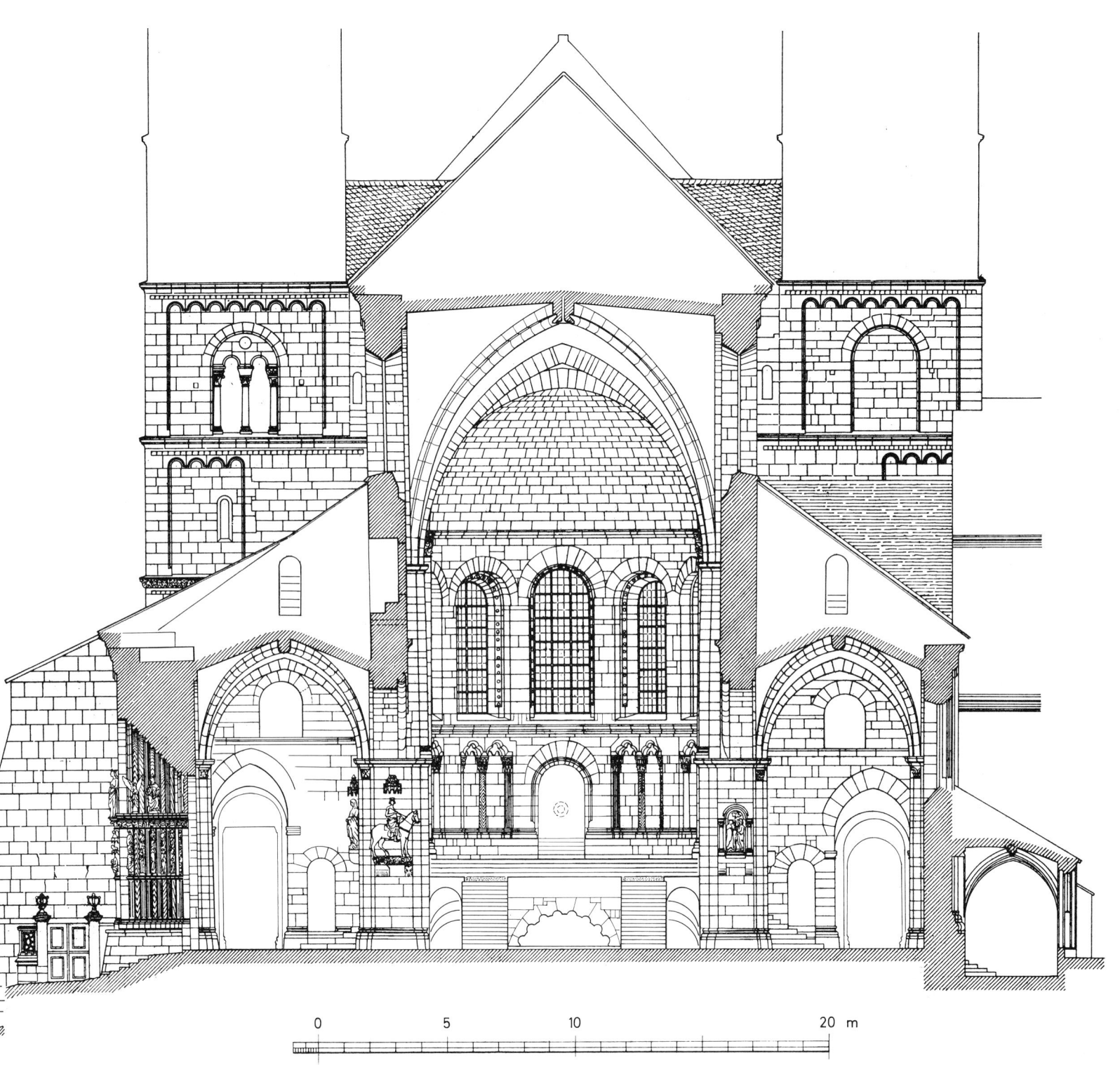

*Fig. 29* Querschnitt 1. Mittelschiffsjoch nach Osten M. 1:200
Zeichnung: Meßbild 1905 mit Korrekturen und Ergänzungen des Verf. 1977. Mittelschiffsgewölbe nach Haas 1973
Zugänge zum Seitenschiffsdachraum mit geradem Sturz (nicht rundbogig, vergl. Fig. 25)

*Fig. 30* Schnitt durch Ostchor und Türme nach Osten.
Zustand. M. 1:200. Gemessen: Hoffmann, Larink,
v. Winterfeld 1965/67; gezeichnet: v. Winterfeld 1967/77

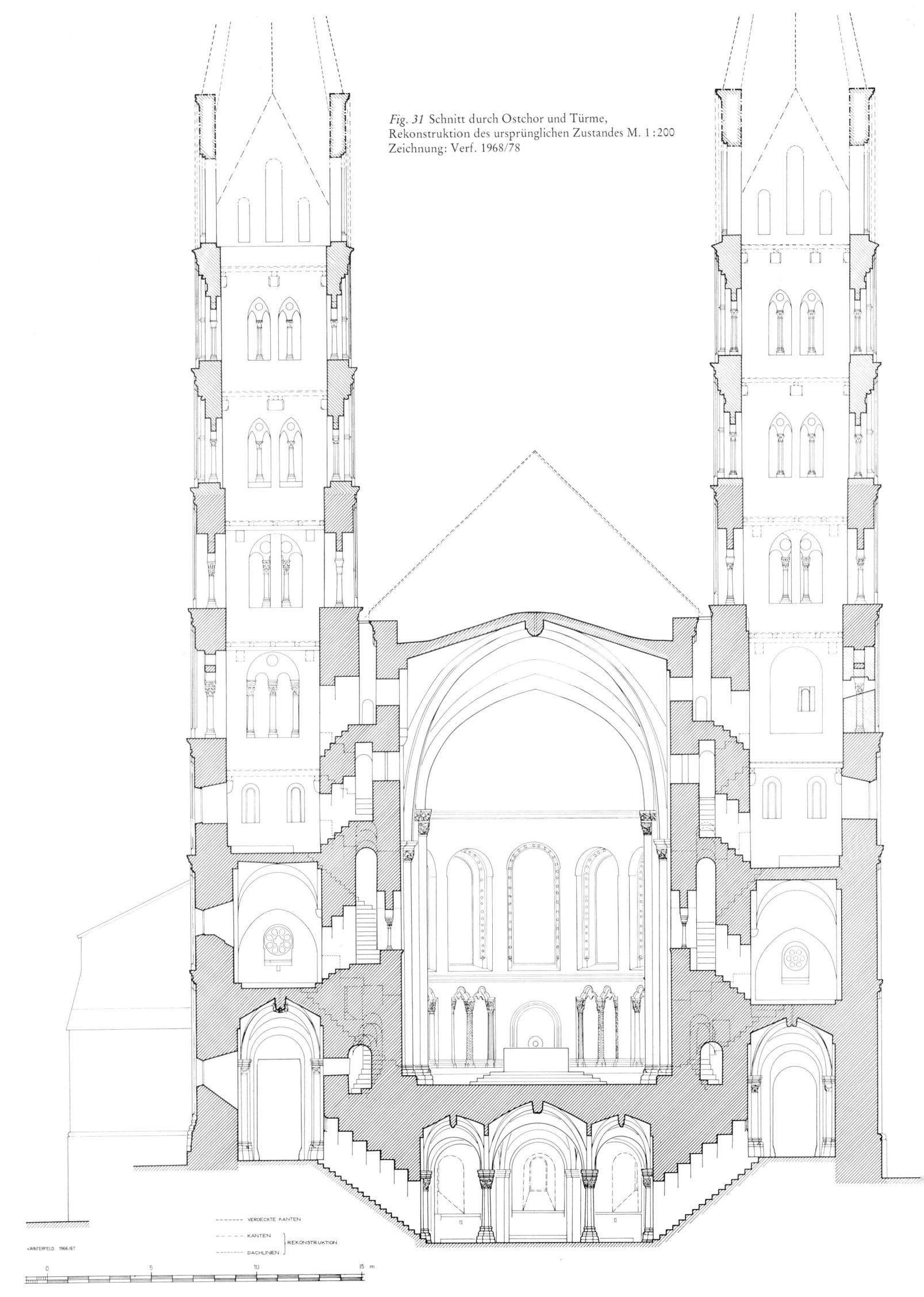

*Fig. 31* Schnitt durch Ostchor und Türme,
Rekonstruktion des ursprünglichen Zustandes M. 1:200
Zeichnung: Verf. 1968/78

260  Teilpläne der Oberkirche

gez.: MESSBILD 1903/04   v. WINTERFELD 1978   ROMANISCH   18. JH.   19. JH.

*Fig. 32* Aufriß von Osten, Ausschnitt mit Befund am Ostgiebel M. 1:200

*Teilpläne der Oberkirche*

① Deckstein d. rom. Apsisdaches
② romanische Dachspur
③ mittelalterl. Dachspur

romanisch

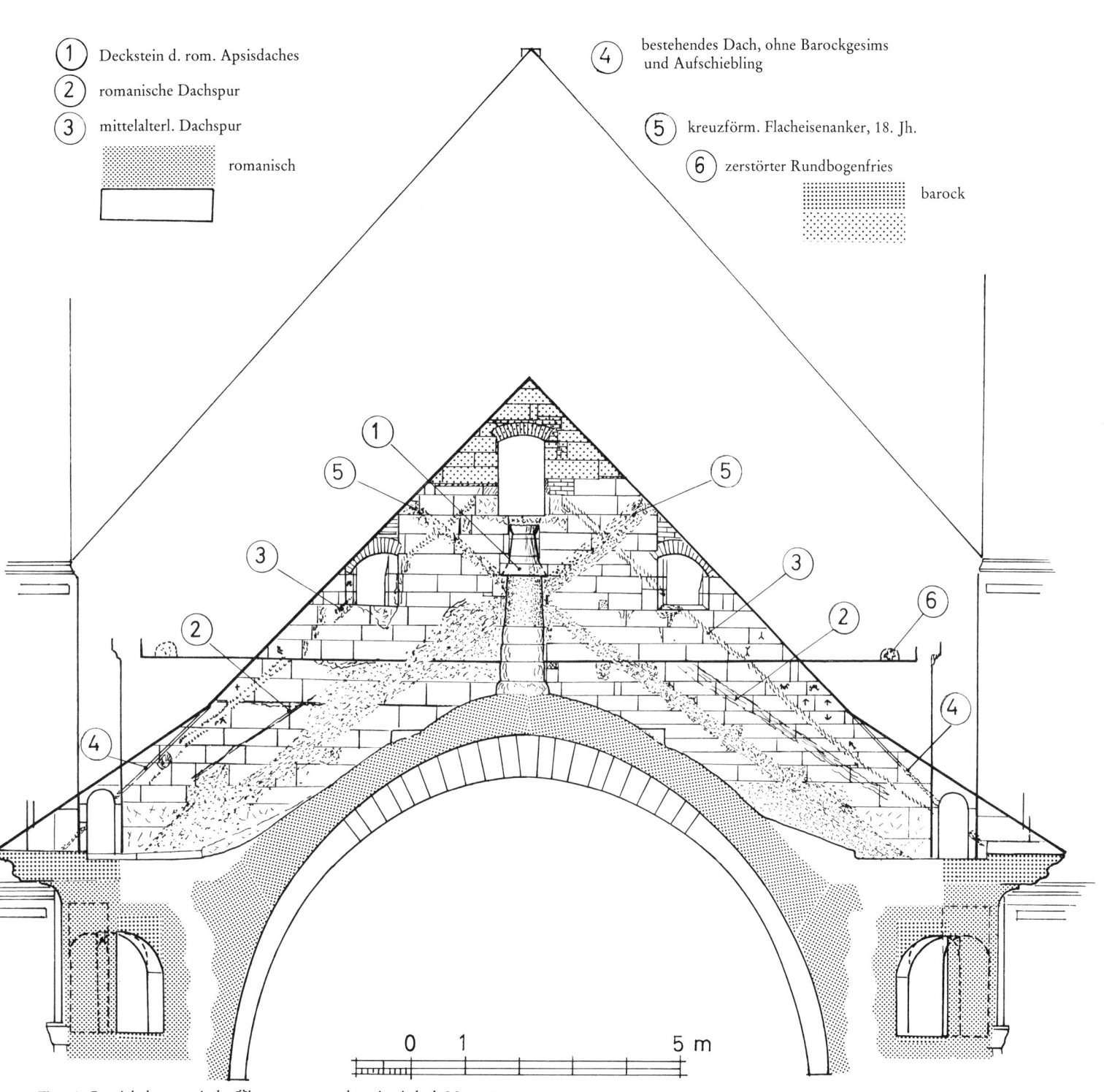

④ bestehendes Dach, ohne Barockgesims und Aufschiebling
⑤ kreuzförm. Flacheisenanker, 18. Jh.
⑥ zerstörter Rundbogenfries

barock

*Fig. 33* Ostgiebel, romanische Überreste unter dem Apsisdach M. 1:100
Gemessen: Larink, v. Winterfeld 1965, gezeichnet: v. Winterfeld 1978

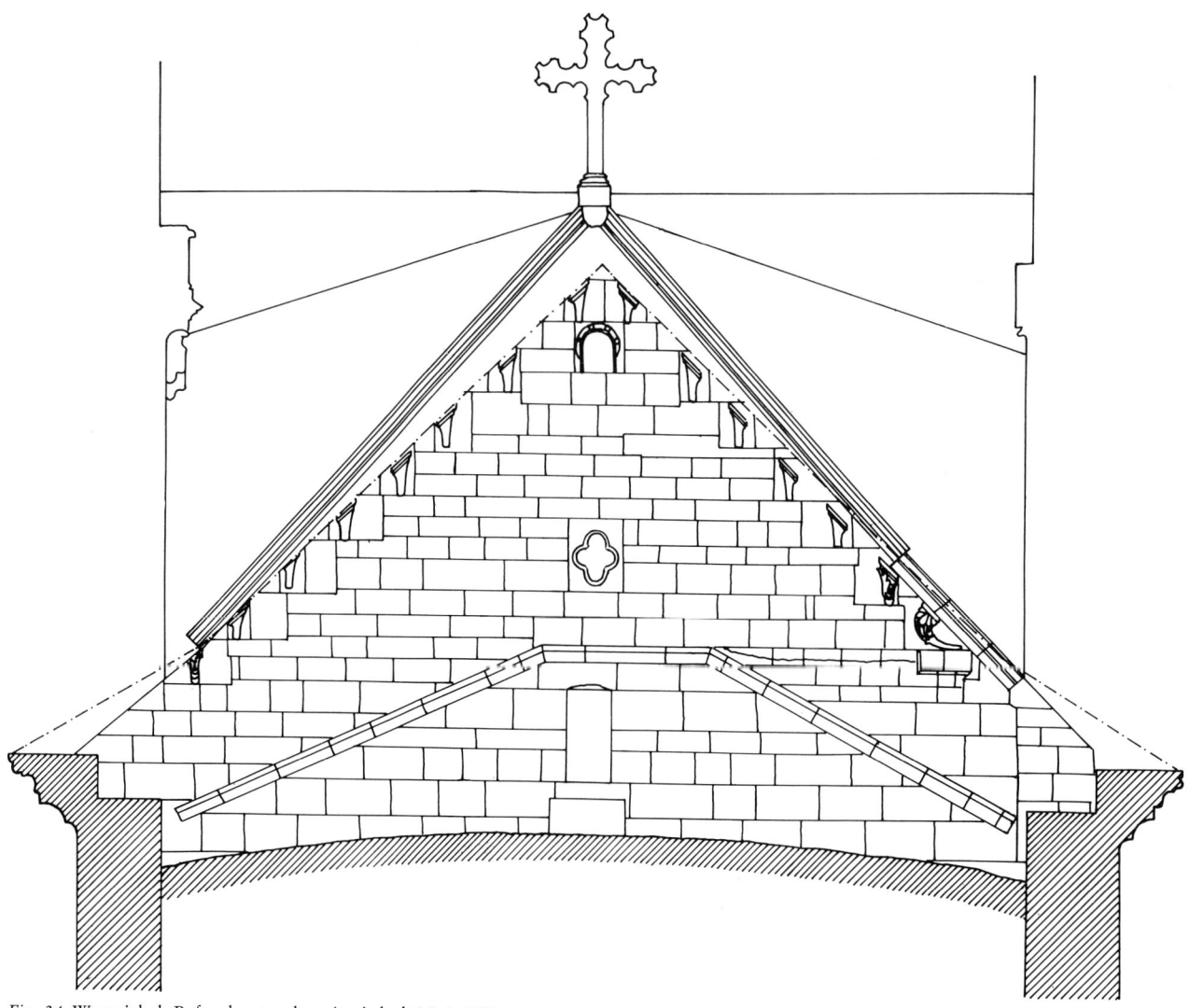

*Fig. 34* Westgiebel, Befund unter dem Apsisdach M. 1:100
Zeichnung: Verf. nach einer Vorlage im Landbauamt Bamberg (um 1930) 1964

*Teilpläne der Oberkirche*

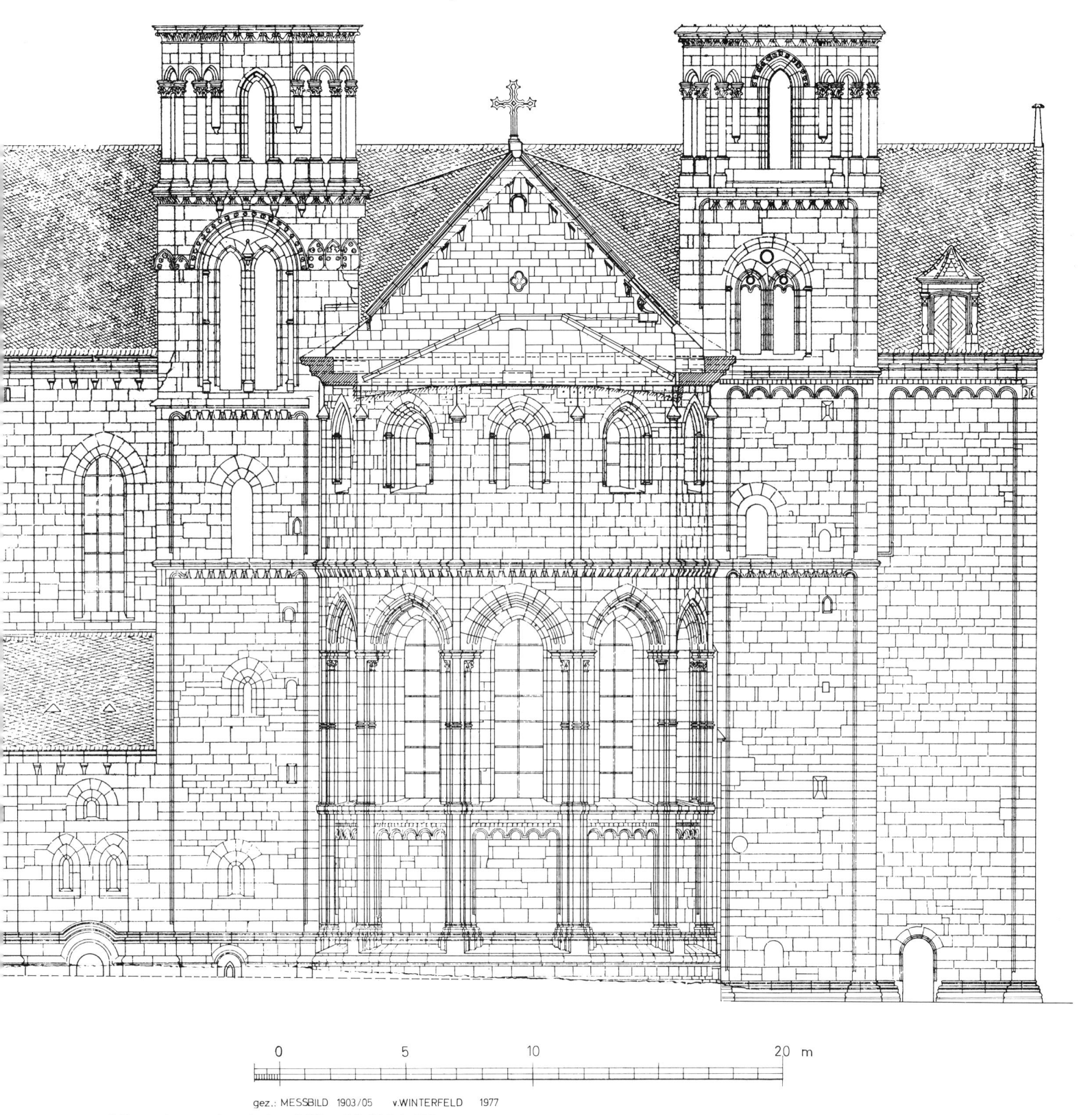

*Fig. 35* Aufriß von Westen, Ausschnitt mit Westgiebel M. 1:200

*Teilpläne der Oberkirche*

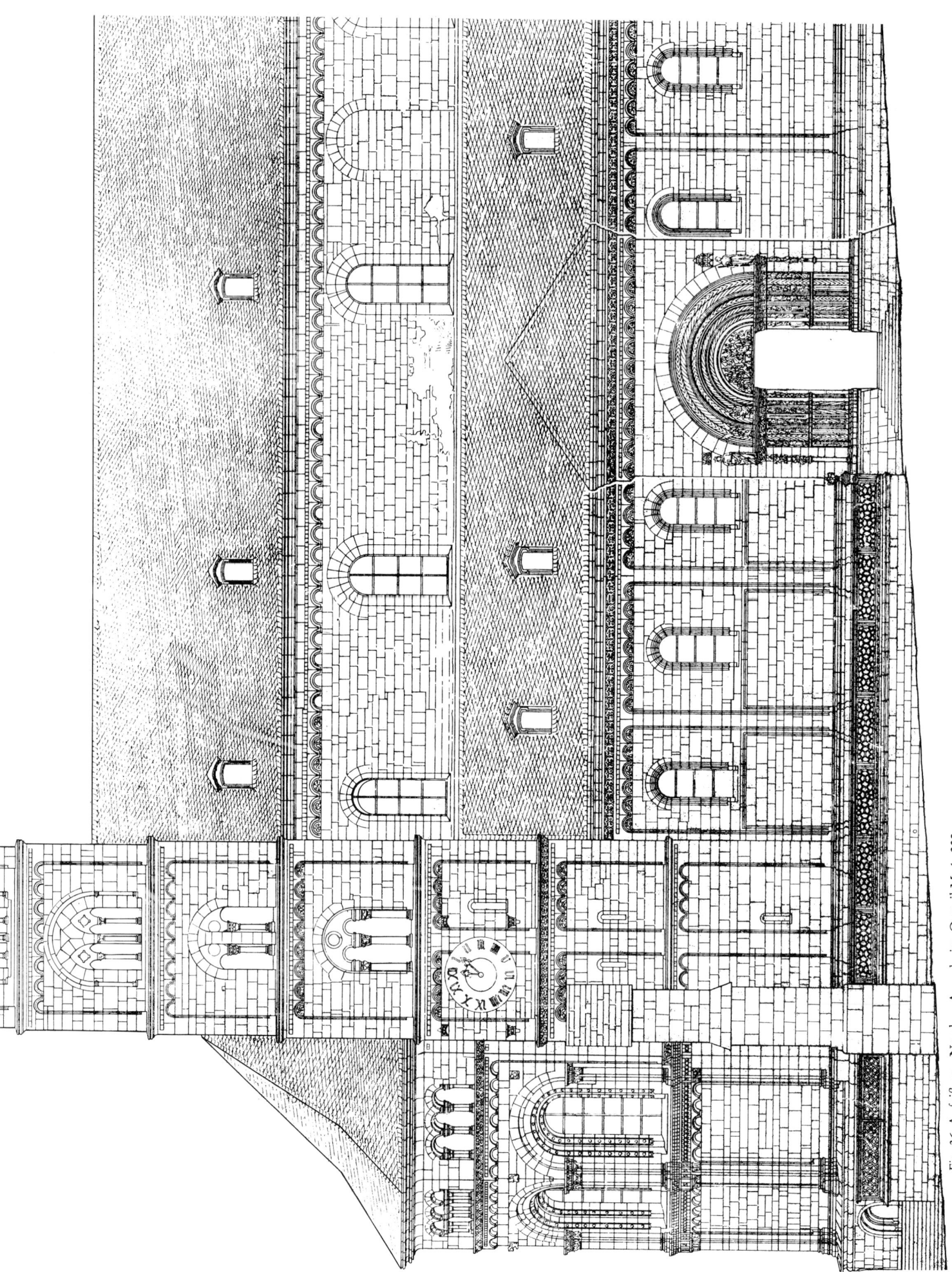

*Fig.* 36 Aufriß von Norden, Ausschnitt, Ostteil M. 1:200
Zeichnung: Meßbild 1903/05 mit Korrekturen des Verf. 1977

## Teilpläne der Oberkirche

*Fig. 37* Aufriß von Norden, Ausschnitt, Westteil M. 1:200

MESSBILD 1903/05
KORREKTUR: v.WINTERFELD 1977

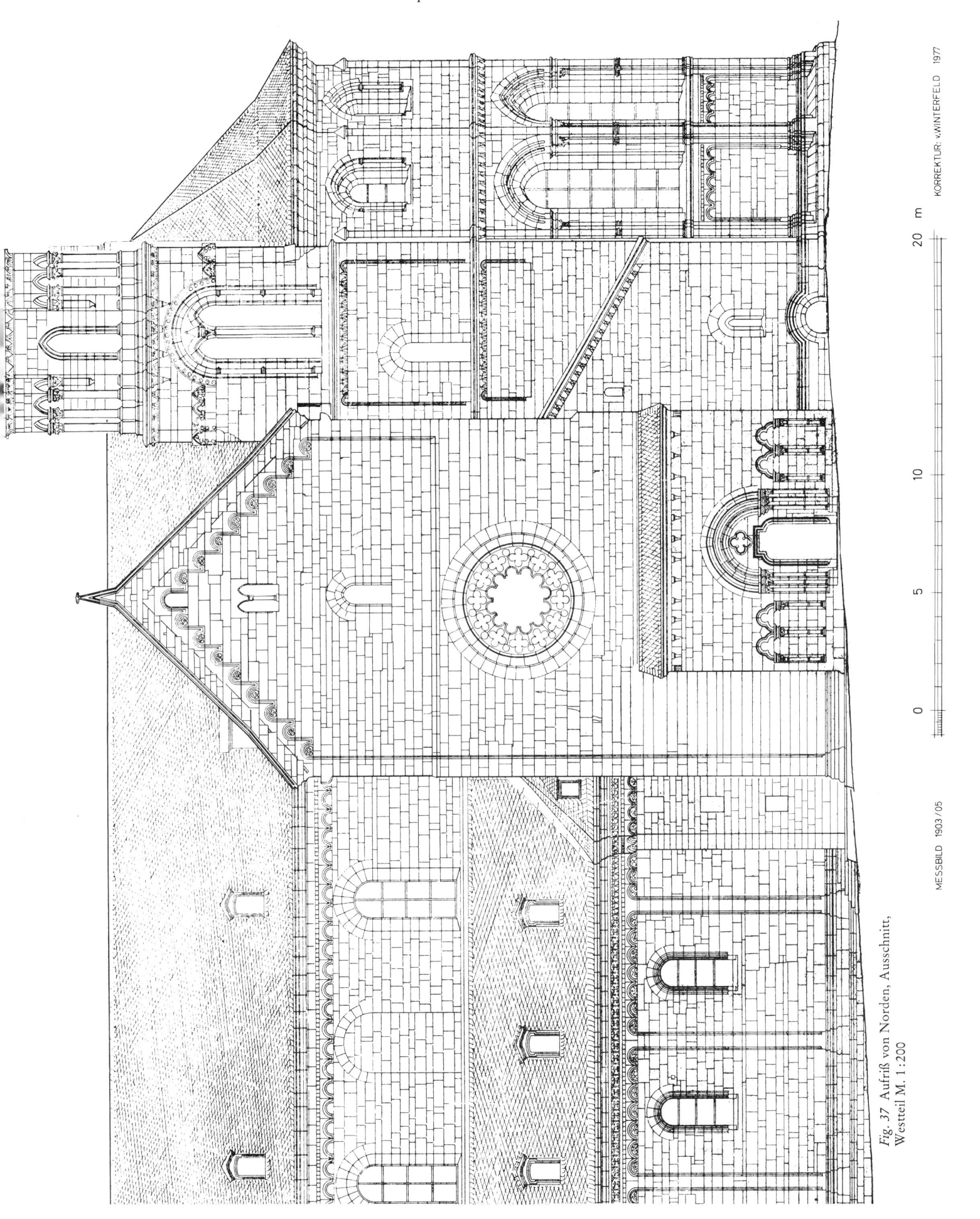

*Fig. 38* Längsschnitt nach Norden, Ausschnitt, Ostteil M. 1:200
Zeichnung: Meßbild 1903/04 mit Ergänzungen und Korrekturen des Verf. 1977, Gewölbe nach Haas 1973

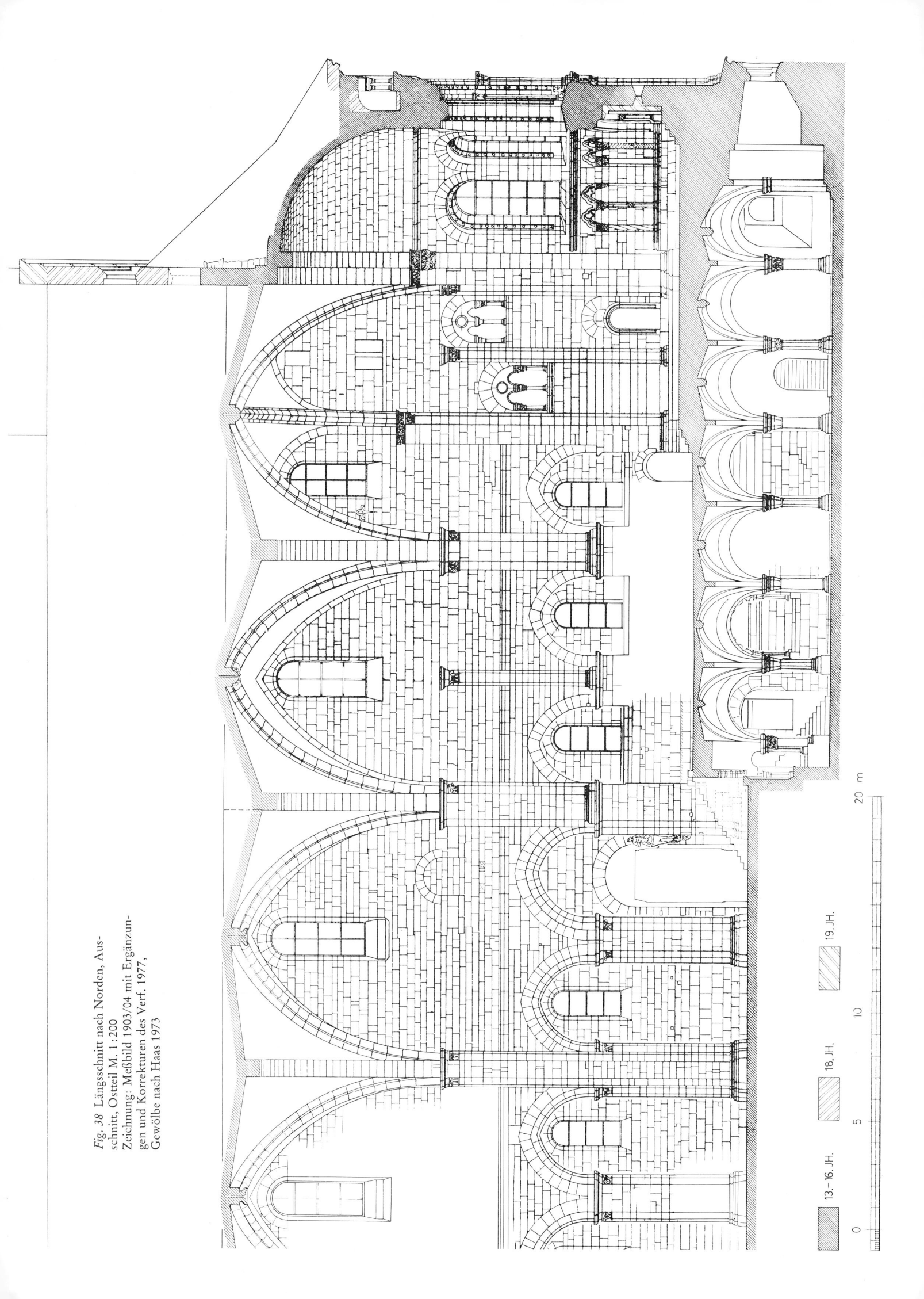

13.–16. JH.   18. JH.   19. JH.

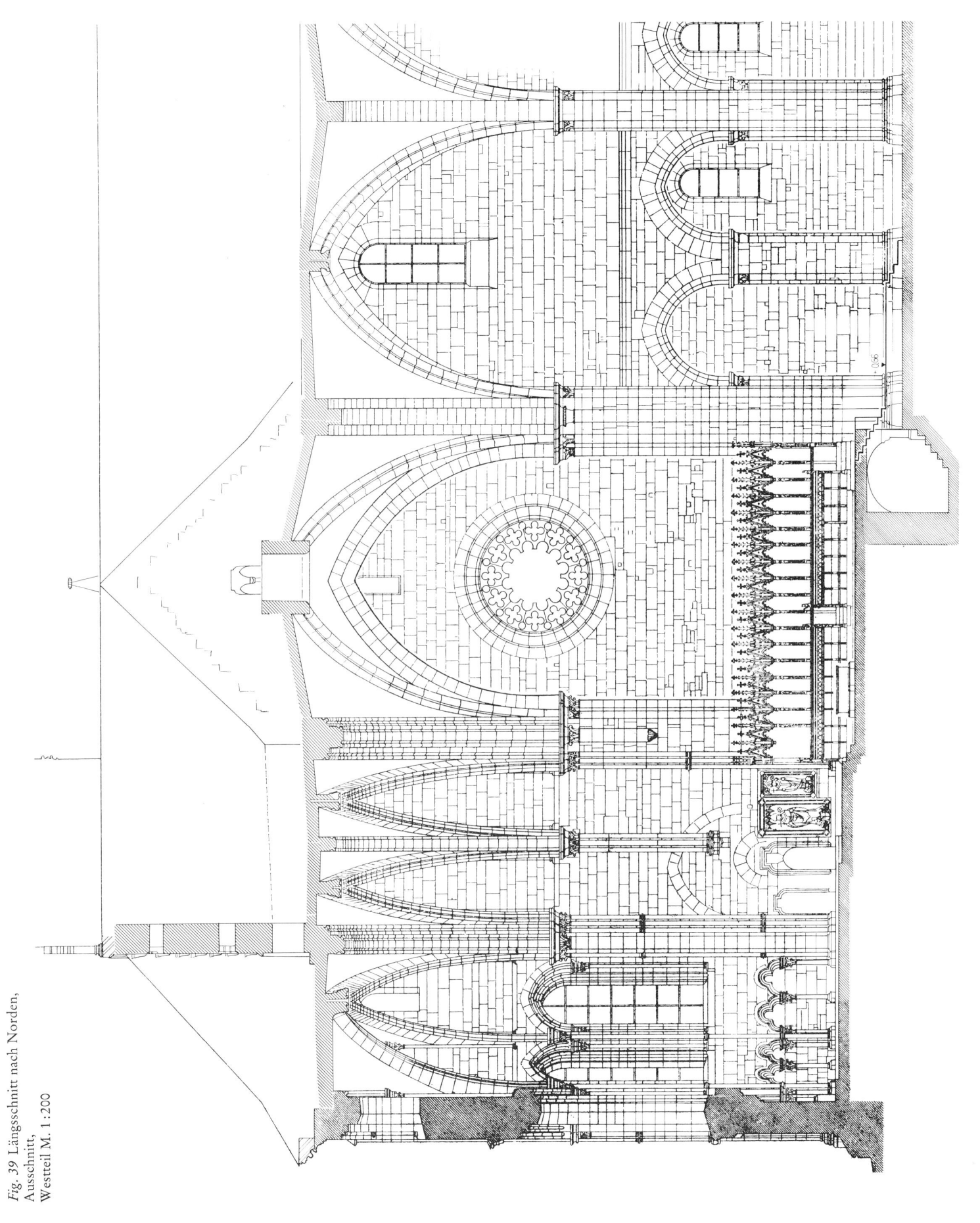

*Fig. 39* Längsschnitt nach Norden, Ausschnitt, Westteil M. 1:200

gem. u. gez. „MESSBILD 1903/04, v. WINTERFELD 1977
Mittelschiffsgewölbe nach HAAS 1973

267

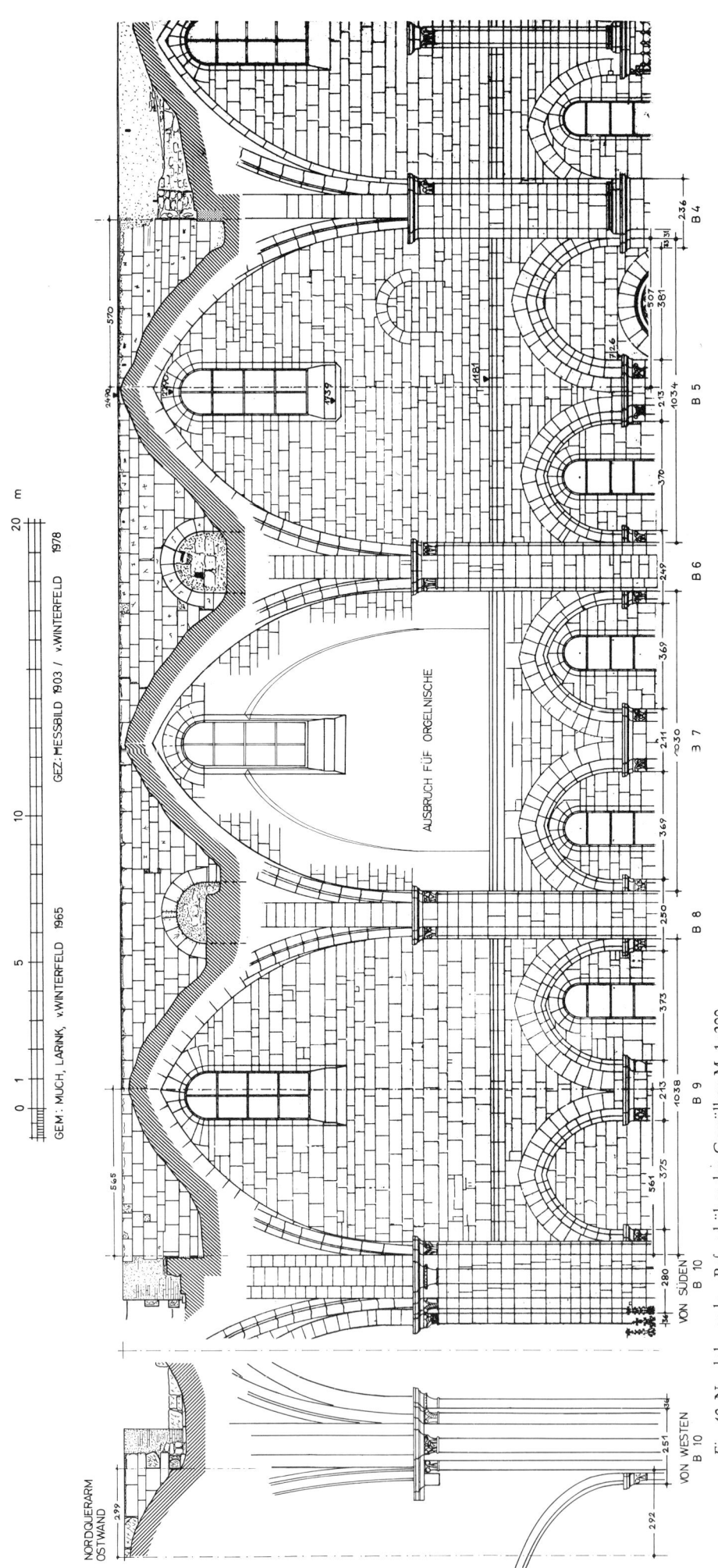

*Fig. 40* Nordobergaden, Befund über den Gewölben M. 1:200
B4 bis B10 und Nordquerarm, Ostwand (Schnittlinie am Obergaden)

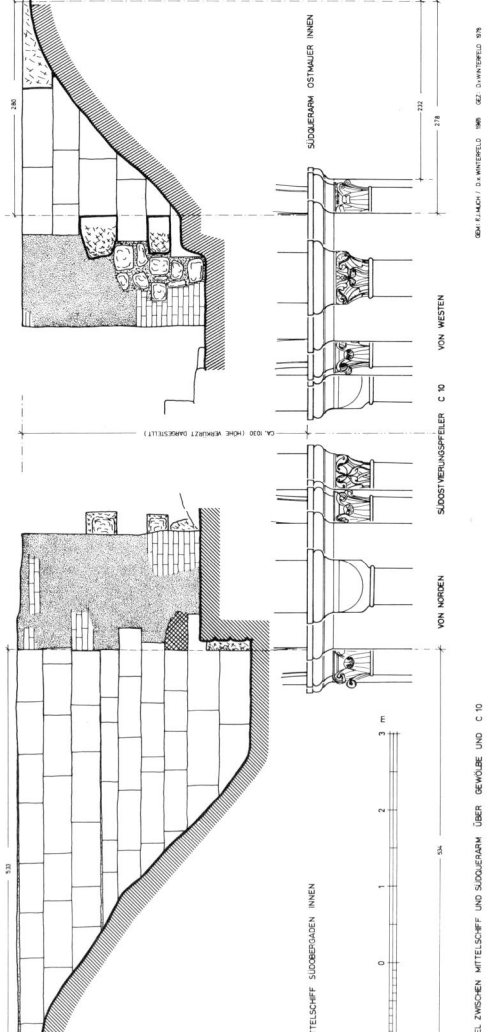

*Fig. 42* Südobergaden und Südquerarm-Ostmauer
Befund über dem Gewölbe und SO-Vierungspfeiler C10
M. 1:100 (Abwicklung)
Gemessen: Much, v. Winterfeld 1965; gezeichnet: v. Winterfeld 1978

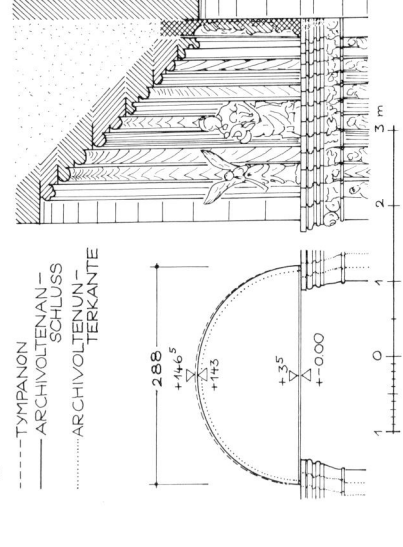

*Fig. 43* Fürstenportal, Schnitt nach Osten durch die Archivolten und Außen-(Nord-)ansicht des Tympanons
M. 1:100
Aufteilung der einzelnen Bogenläufe und Anschluß von innerer Archivolte und Muldennische des Tympanons. Zeichnung: Verf. 1976 unter Verwendung von Meßbild 1903

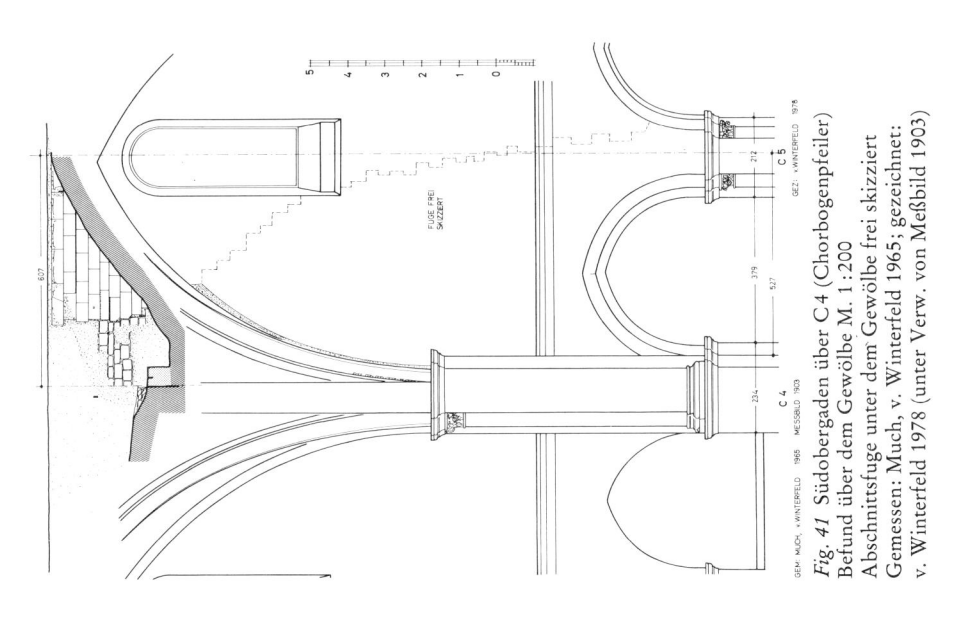

*Fig. 41* Südobergaden über C4 (Chorbogenpfeiler)
Befund über dem Gewölbe M. 1:200
Abschnittsfuge unter dem Gewölbe frei skizziert
Gemessen: Much, v. Winterfeld 1965; gezeichnet: v. Winterfeld 1978 (unter Verw. von Meßbild 1903)

*Fotomontagen der inneren Wandflächen*

*Fig. 45* 1. Ostchorjoch, Südwand (Turmhalbjoch und Westhälfte)

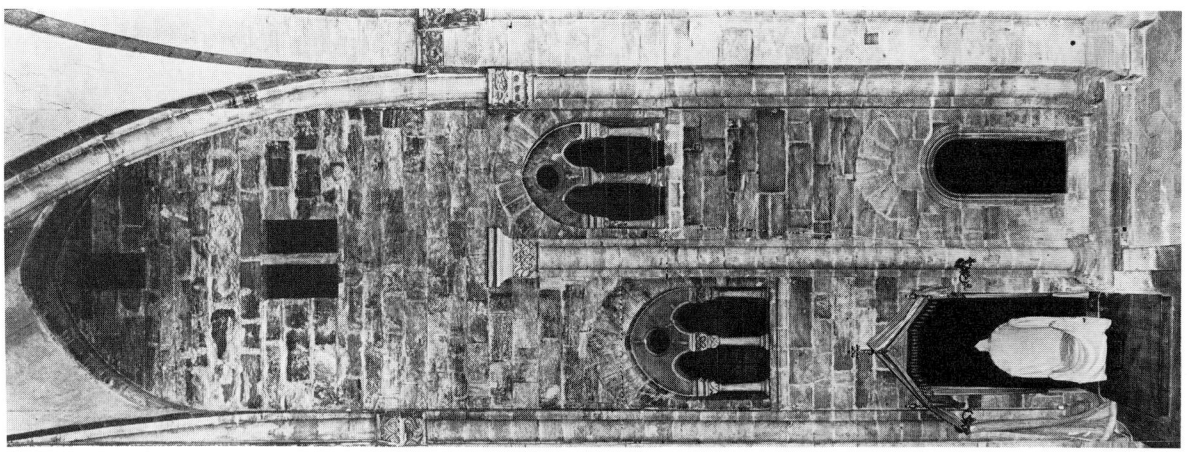

*Fig. 44* 1. Ostchorjoch, Nordwand, a) Westhälfte, b) Osthälfte (Turmhalbjoch)

*Fotomontagen der inneren Wandflächen* 271

*Fig. 47* 2. Ostchorjoch, Südwand zwischen C 2 und C 4

*Fig. 46* 2. Ostchorjoch, Nordwand zwischen B 4 und B 2

*Fotomontagen der inneren Wandflächen*

*Fig. 49* 1. Mittelschiffjoch, Südwand zwischen C 4 und C 6

*Fig. 48* 1. Mittelschiffjoch, Nordwand zwischen B 6 und B 4

*Fotomontagen der inneren Wandflächen*

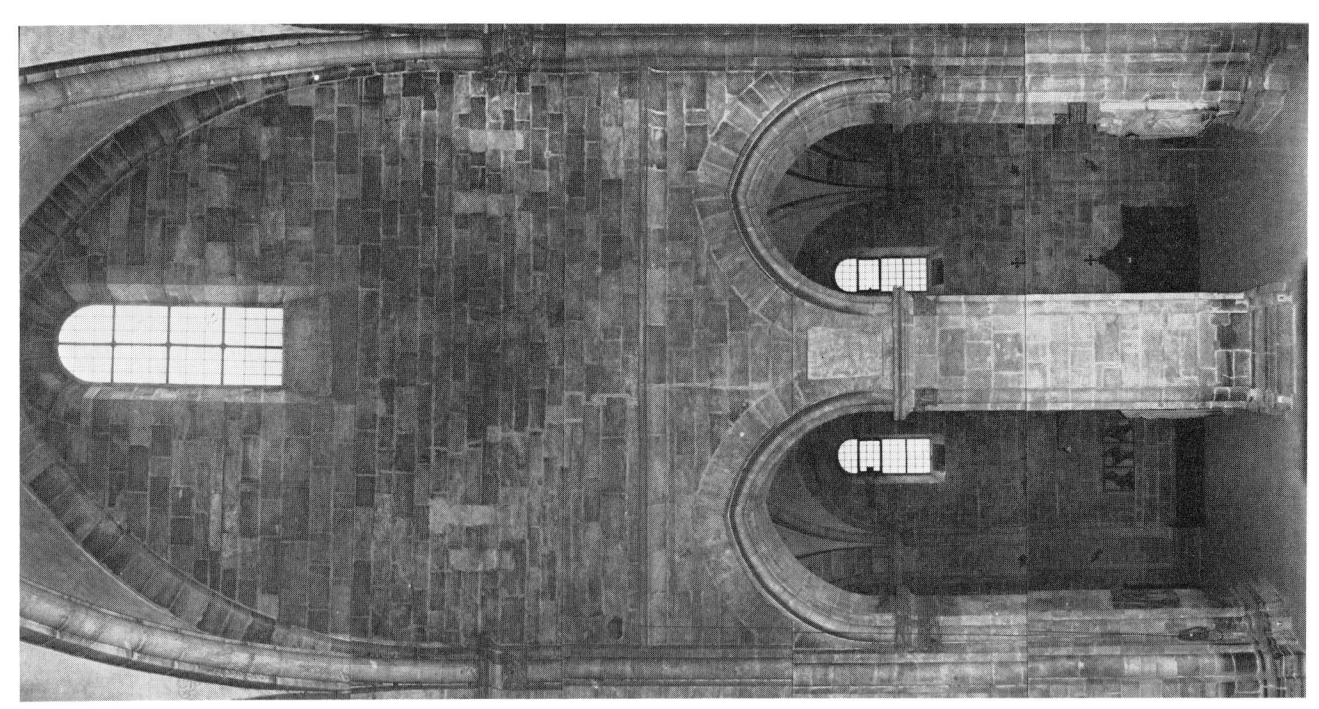

*Fig. 51* 2. Mittelschiffjoch, Südwand zwischen C6 und C8

*Fig. 50* 2. Mittelschiffjoch, Nordwand zwischen B8 und B6

274  Fotomontagen der inneren Wandflächen

Fig. 53  3. Mittelschiffjoch, Südwand zwischen C 8 und C 10

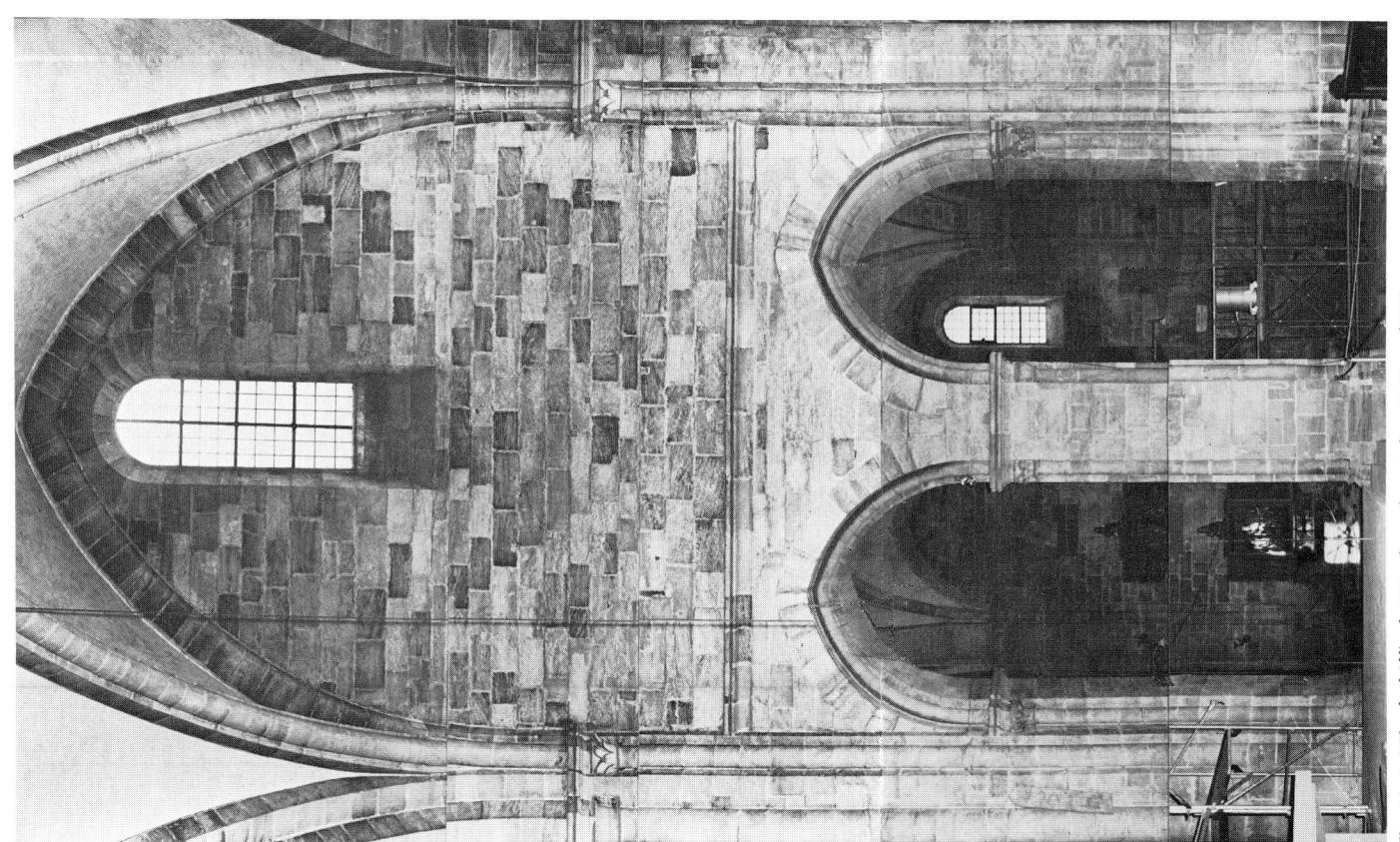

Fig. 52  3. Mittelschiffjoch, Nordwand zwischen B 10 und B 8

*Fotomontagen der inneren Wandflächen*

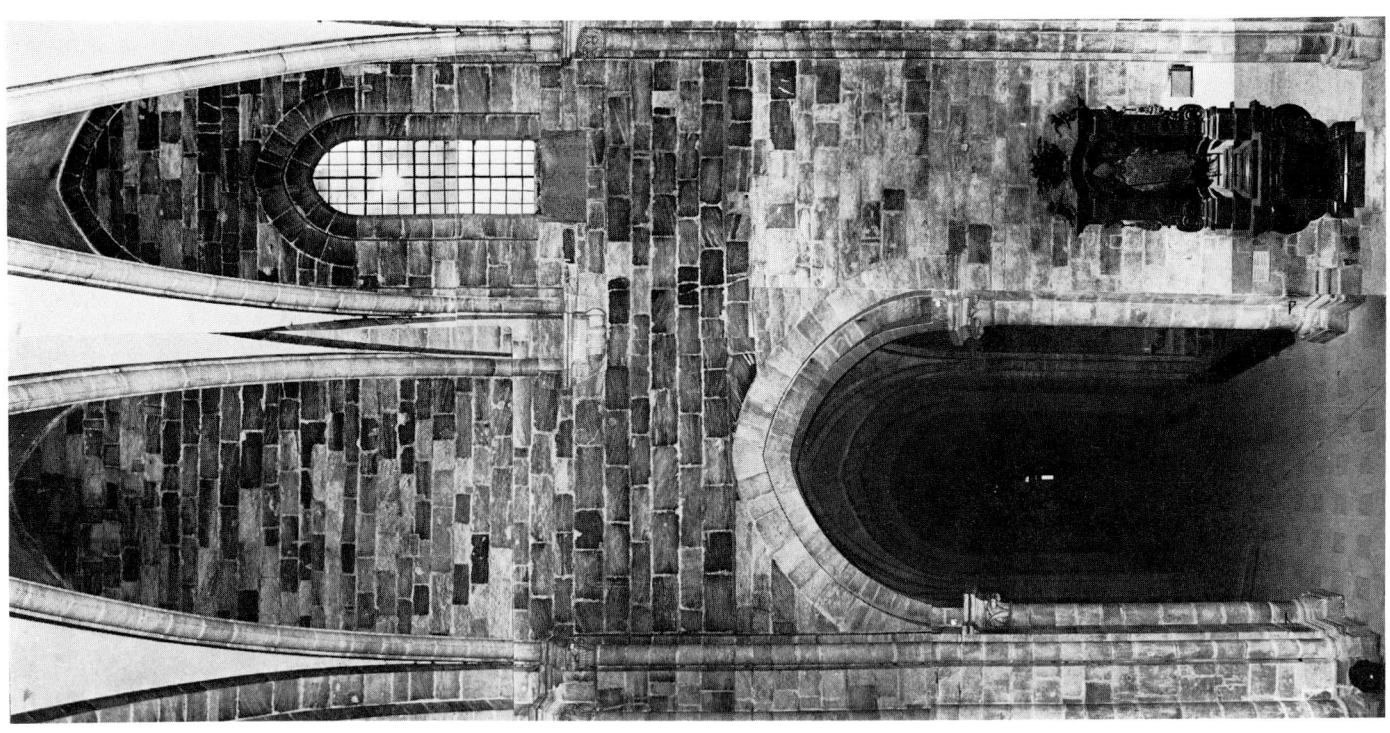

*Fig. 55* Südquerarm, Ostwand

*Fig. 54* Nordquerarm, Ostwand (links neben Bogenstellung zum Nordseitenschiff: Flächenreinigungsprobe 1972, in dem Probefeld vertikale Baunaht)

*Fotomontagen der inneren Wandflächen*

*Fig.* 57 Südquerarm, Südwand (Stirnseite)

*Fig.* 56 Nordquerarm, Nordwand (Stirnseite)

*Fotomontagen der inneren Wandflächen* 277

*Fig. 59* Nordquerarm, Westwand

*Fig. 58* Südquerarm, Westwand

*Fotomontagen der inneren Wandflächen*

*Fig. 60* Ostapsis, Nord- und Nordostabschnitt

*Fig. 61* Ostapsis, Süd- und Südostabschnitt

*Fig. 62* Westchor, Westjoch, südl. Schildwand

*Fig. 63* Westapsis, Schildwand Süd

*Fig. 64* Westapsis, Schildwand Südwest

*Fig. 65* Westapsis, Schildwand West

*Fig. 66* Westapsis, Schildwand Nordwest

*Fig. 67* Westapsis, Schildwand Nord

*Fig. 68* Westchor, Westjoch, nördl. Schildwand

*Fig. 69* Westchor, Ostjoch, nördl. Schildwand

*Fotomontagen der inneren Wandflächen* 279

*Fig. 70* Seitensch. Südwand, 1. Joch (S1)

*Fig. 71* Seitensch. Südw., 2. Joch (S2)

*Fig. 72* Seitensch. Südw., 3. Joch (S3)

*Fig. 73* Seitensch. Südw., 4. Joch (S4)

*Fig. 74* Seitensch. Südw., 5. Joch (S5)

*Fig. 75* Seitensch. Südw., 6. Joch (S6)

*Fig. 76* Seitensch. Südw., 7. Joch (S7)

*Fig. 77* Seitensch. Südw., 8. Joch (S8)

*Fig. 78* Seitensch. Südw., 9. Joch (S 9)

*Fig. 79* Seitensch. Nordw., 3. Joch (N 3)

*Fig. 81* Seitensch. Nordw., 5. Joch (N 5)

*Fig. 80* Seitensch. Nordw., 4. Joch (N 4)

## Fotomontagen der inneren Wandflächen

*Fig. 83* Seitensch. Nordw., 7. Joch (N 7)

*Fig. 82* Seitensch. Nordw., 6. Joch (N 6)

*Fig. 85* Seitensch. Nordw., 9. Joch (N 9)

*Fig. 84* Seitensch. Nordw., 8. Joch (N 8)

*Oberkirche, Details*

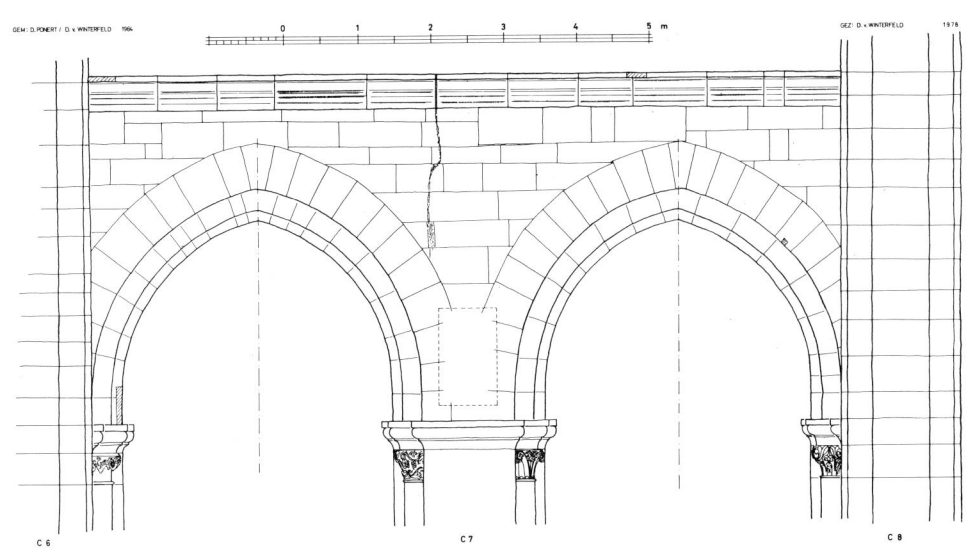

*Fig. 86* Mittelschiff, Südarkade, C6–C8, M. 1:100
Gemessen: Ponert, v. Winterfeld 1964; gezeichnet: v. Winterfeld 1978

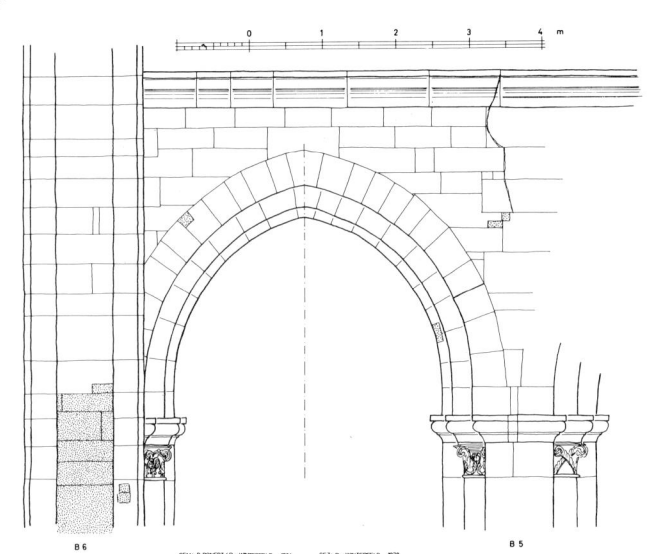

*Fig. 87* Mittelschiff, Nordarkade
B5–B6, M. 1:100
Gemessen: Hussendörfer, v. Winterfeld 1964; gezeichnet: v. Winterfeld 1978

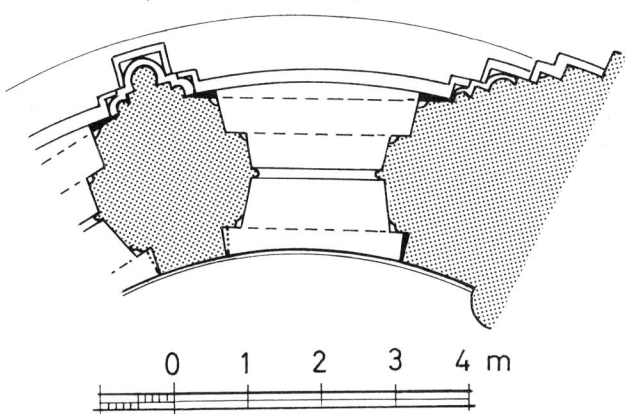

*Fig. 88* Fundamentschnitte Seitenschiff, Außenmauer (Innenseite, nur obere Schichten) und Ostkrypta (vergl. Fig. 98–101)
Gemessen: Grabungsteam Sage;
Ostapsis Südfenster, Befund (Grundriß);
gez. v. Winterfeld 1979 M. 1:100

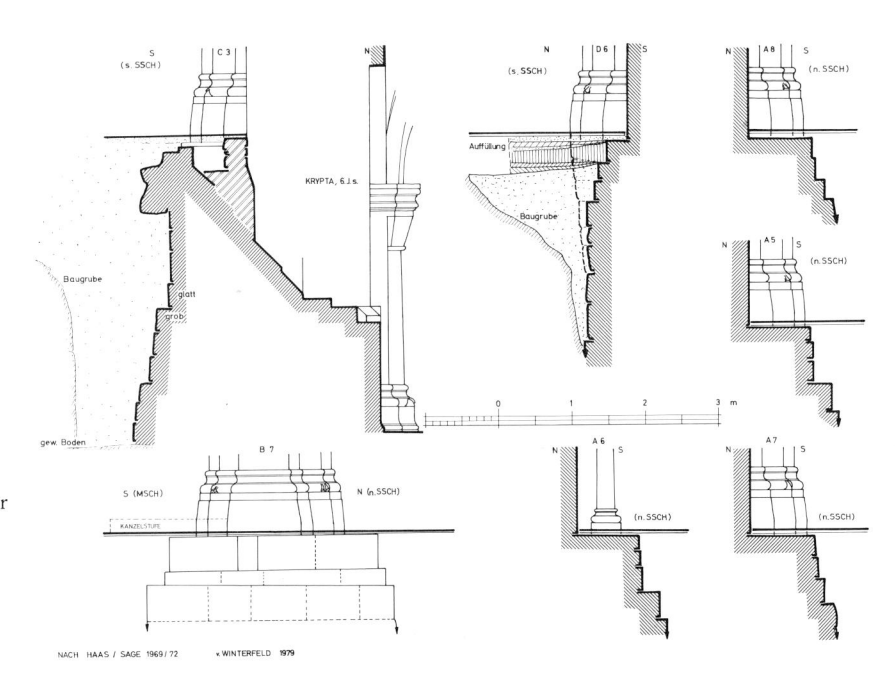

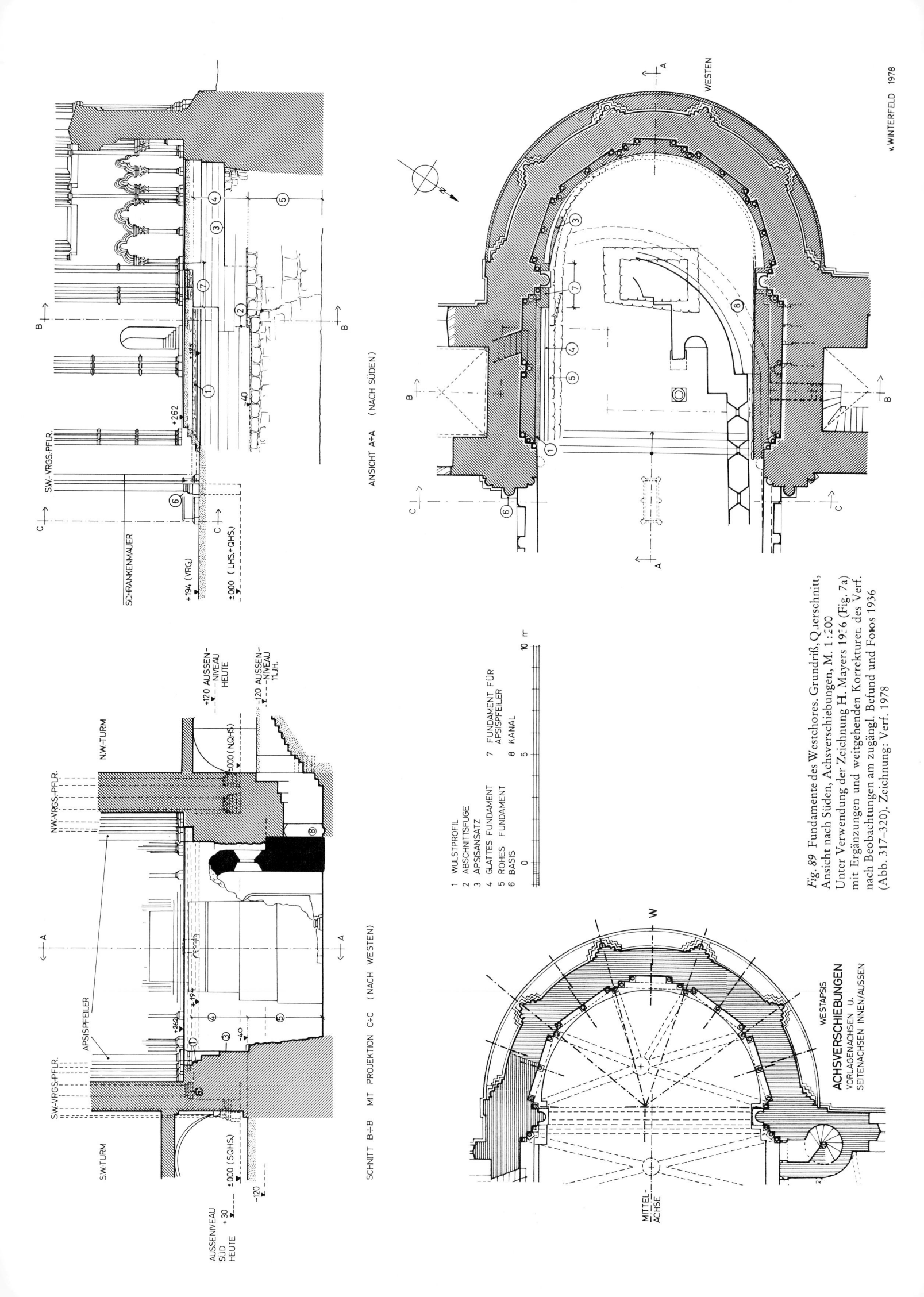

*Fig. 89* Fundamente des Westchores. Grundriß, Querschnitt, Ansicht nach Süden, Achsverschiebungen, M. 1:200 Unter Verwendung der Zeichnung H. Mayers 1936 (Fig. 7a) mit Ergänzungen und weitgehenden Korrekturen des Verf. nach Beobachtungen am zugängl. Befund und Fotos 1936 (Abb. 317–320). Zeichnung: Verf. 1978

1 WULSTPROFIL
2 ABSCHNITTSFUGE
3 APSISANSATZ
4 GLATTES FUNDAMENT
5 ROHES FUNDAMENT
6 BASIS
7 FUNDAMENT FÜR APSISPFEILER
8 KANAL

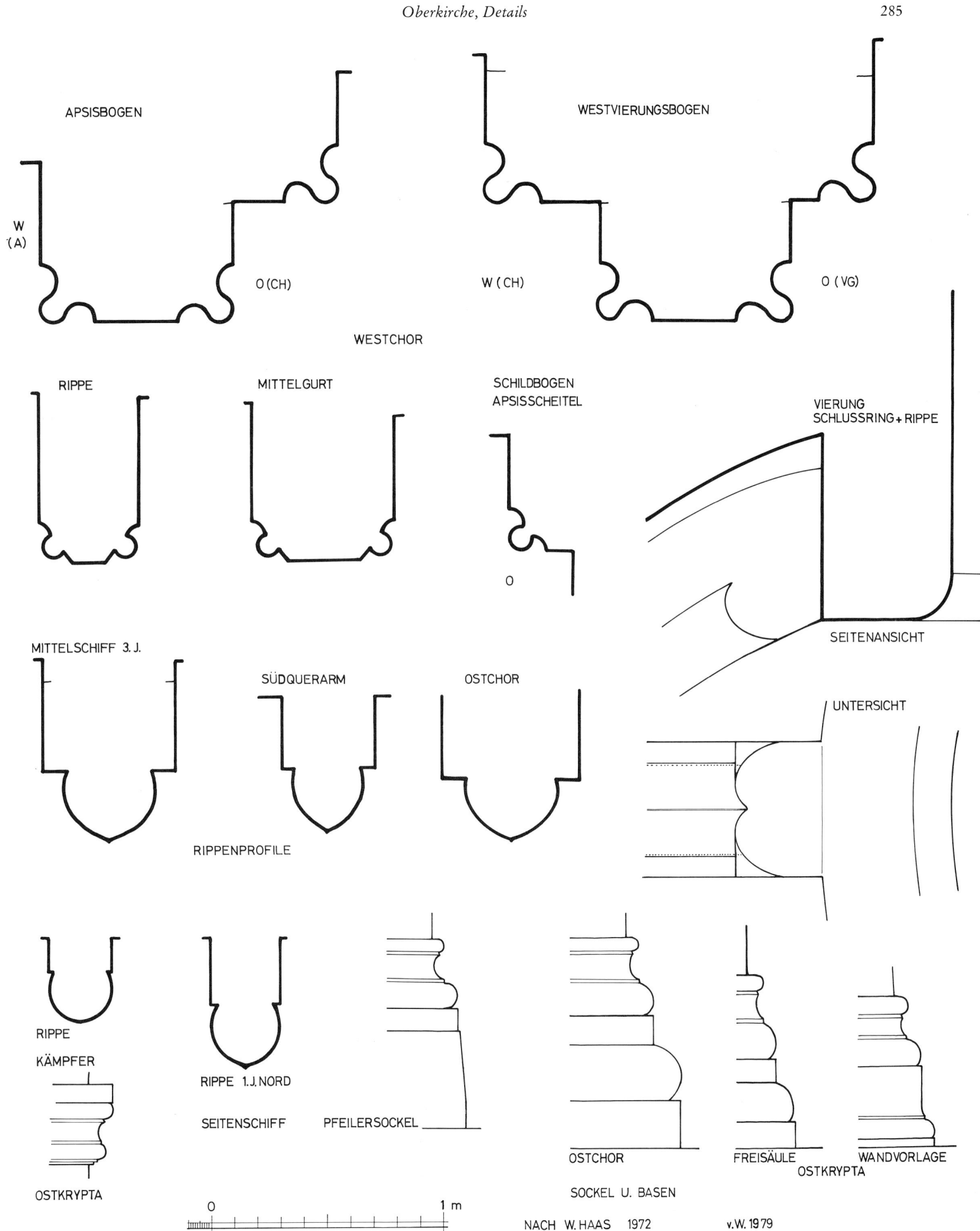

*Fig. 90* Profile (Gurte, Rippen, Basen, Sockel), M. 1:20
Gemessen: Haas 1972/73. Gezeichnet: v. Winterfeld 1978

*Fig. 91* Westturmprojekt (Plan V A) Ansicht und Grundriß (Zustand und Planung) Nordwestturm
M. 1:200 nach U. Boeck in W. Boeck 1963, Abb. 116

evtl. gepl. Höhe

AUSFÜHRUNG

PLAN

2. JOCH — MITTELSCHIFF (LH) — 3. JOCH

NORDJOCH — SÜDQUERARM — SÜDJOCH

NORDJOCH — NORDQUERARM — SÜDJOCH

0       1 m    NACH W. HAAS

APSIS — WESTJOCH — WESTCHOR — OSTJOCH

*Fig. 92* Schlußsteine, Schnitte M. 1:20 Gemessen: Haas 1972/73. Gezeichnet: v. Winterfeld 1978

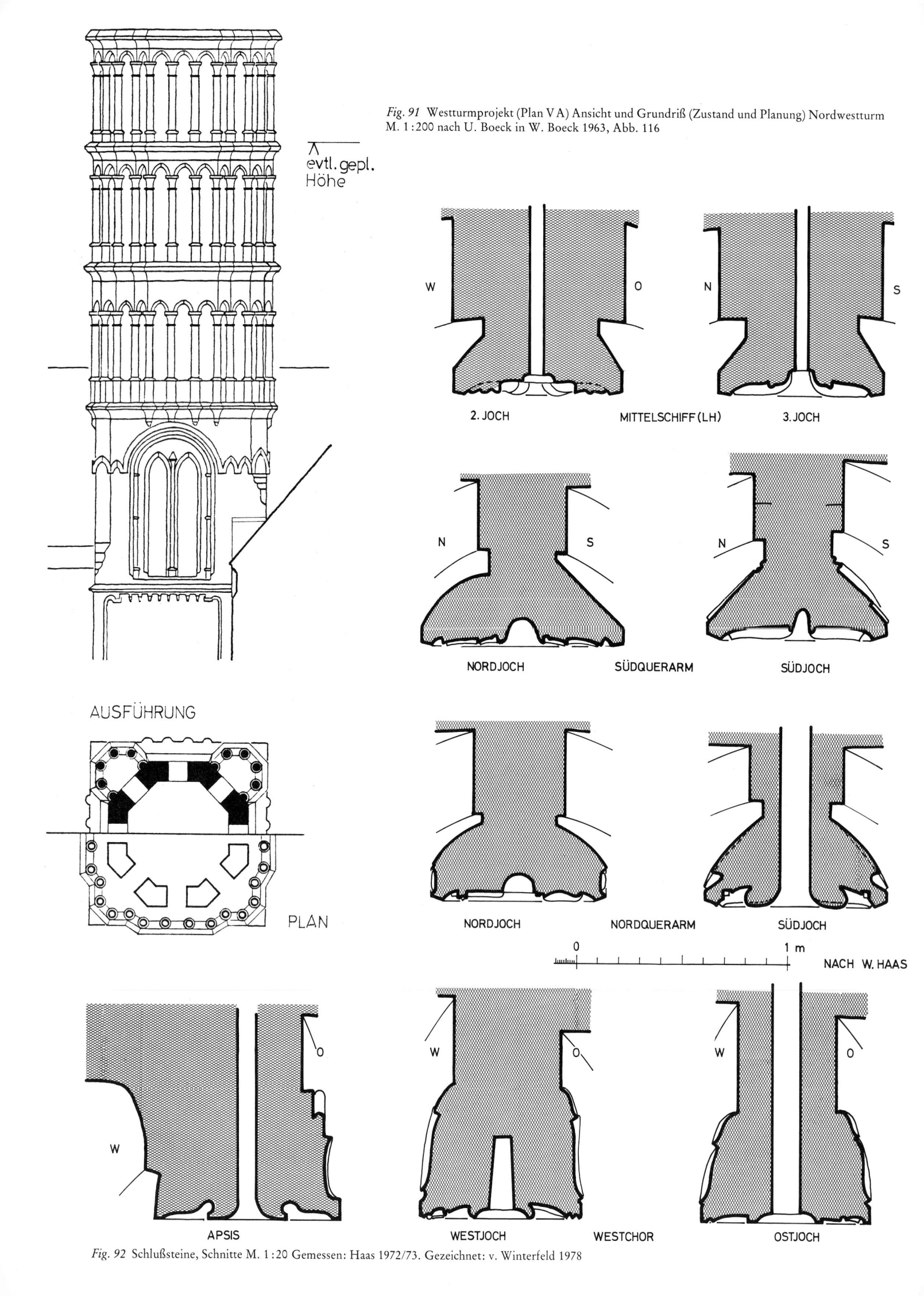

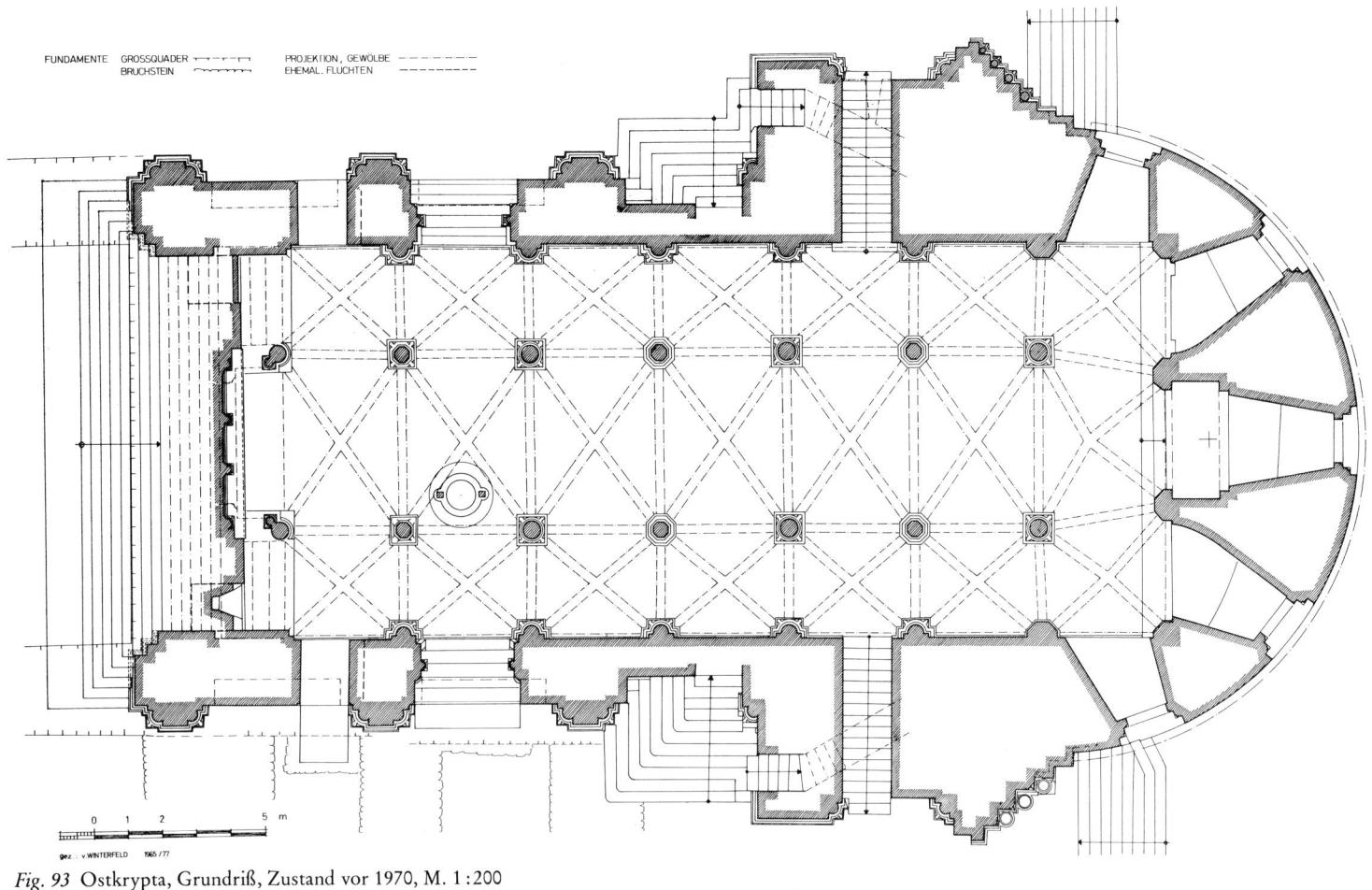

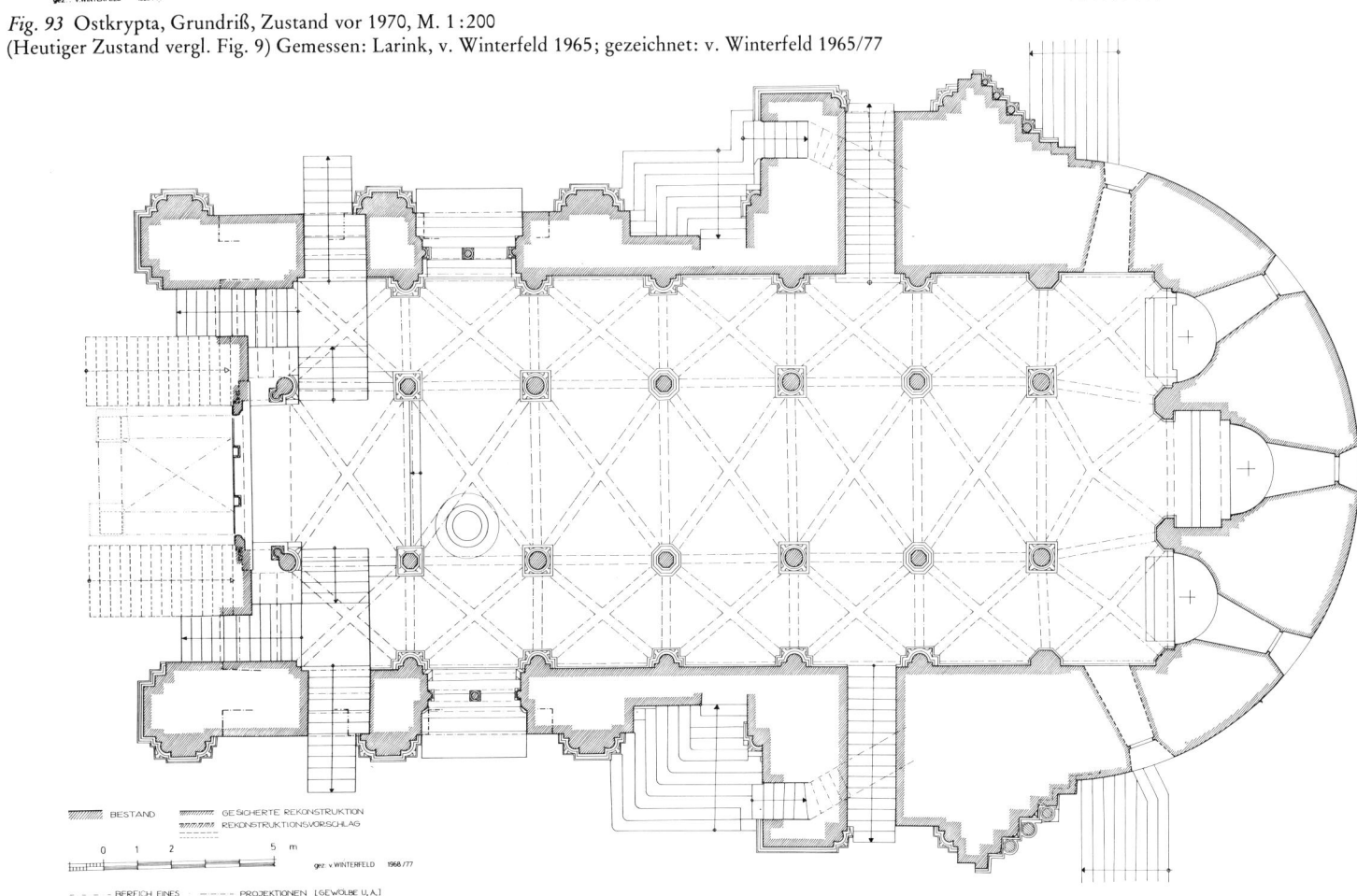

*Pläne der Ostkrypta, Befund und Rekonstruktion*

*Fig. 93* Ostkrypta, Grundriß, Zustand vor 1970, M. 1:200
(Heutiger Zustand vergl. Fig. 9) Gemessen: Larink, v. Winterfeld 1965; gezeichnet: v. Winterfeld 1965/77

*Fig. 94* Ostkrypta, Grundriß, Rekonstruktion des ursprüngl. Zustandes, M. 1:200, Zeichnung: wie Fig. 93

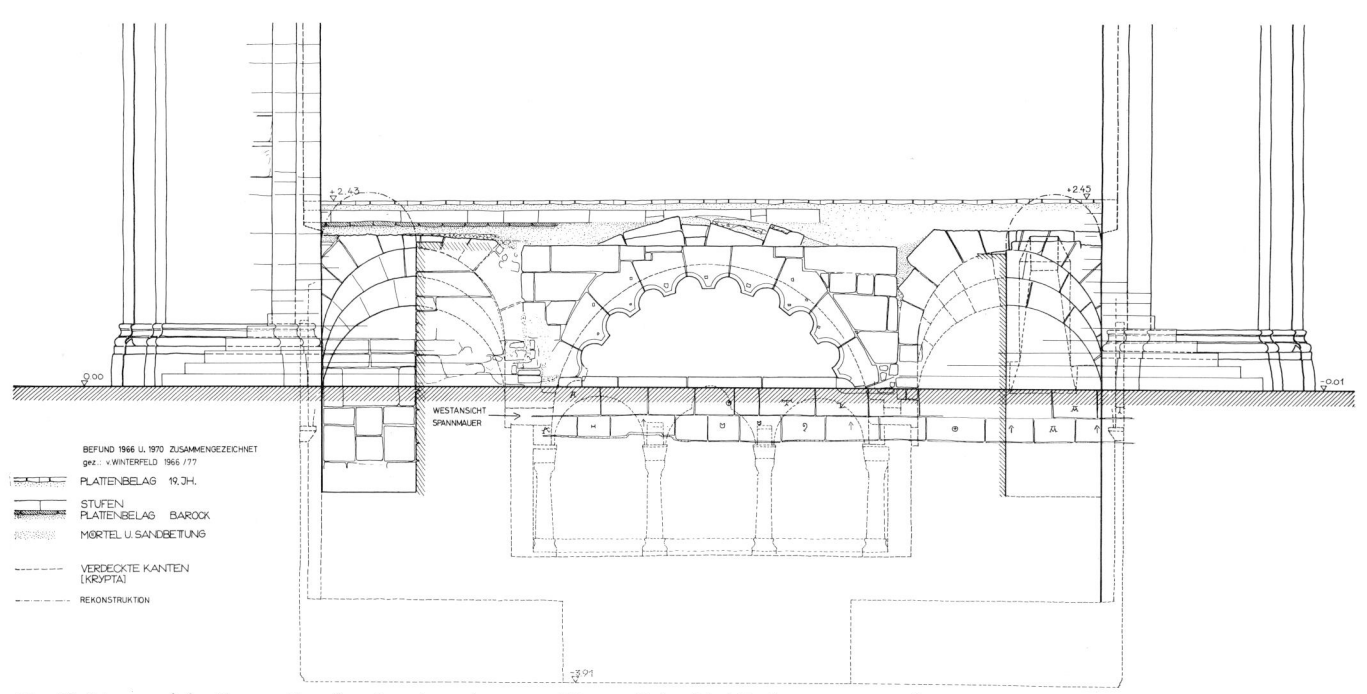

*Fig. 95* Stirnwand der Krypta über dem Langhausniveau von Westen. Befund bei Freilegung 1966 und 1970, M. 1:100. Mit Westansicht Oberkante Spannmauer B 4–C 4. Gemessen und gezeichnet: Verf. 1966/77

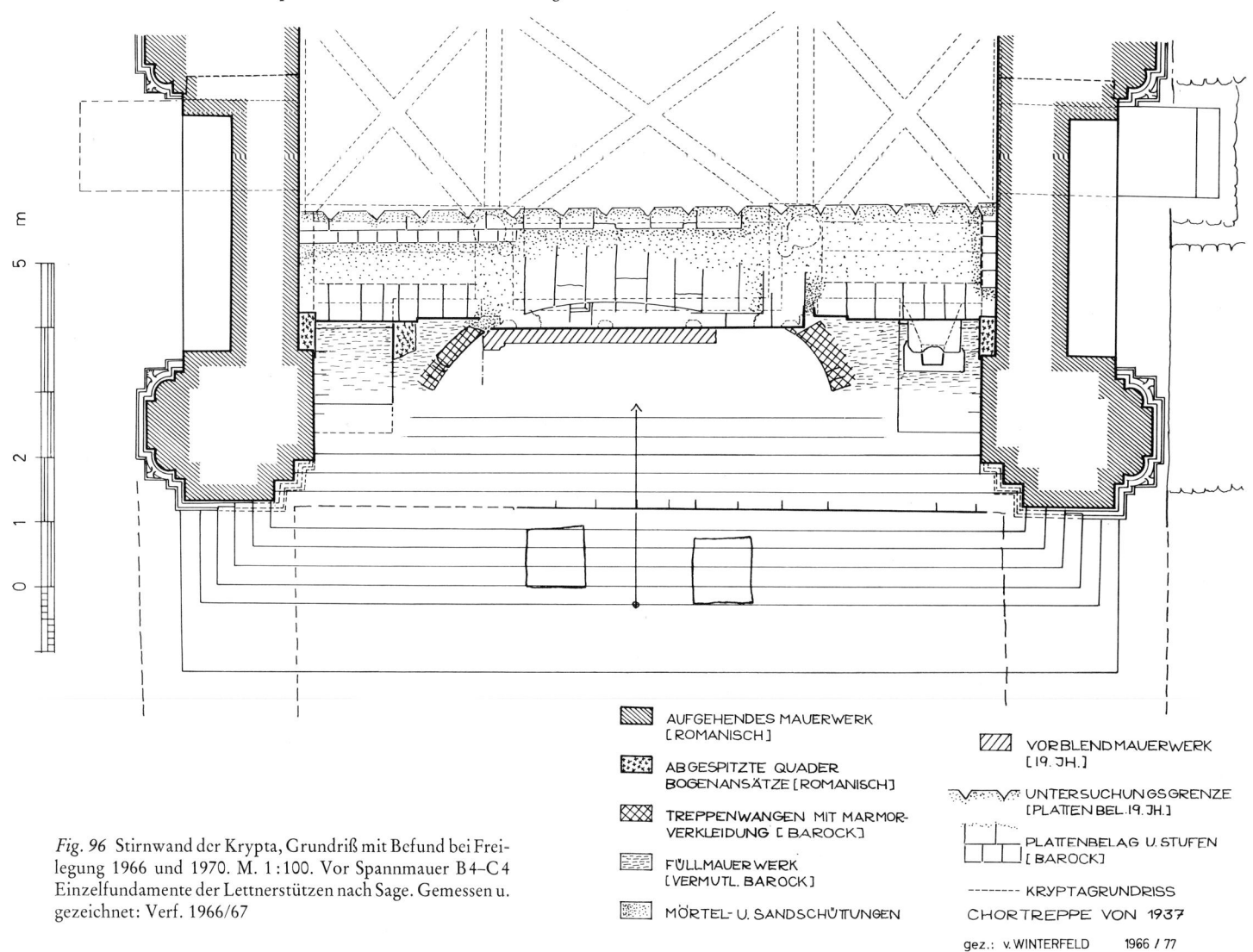

*Fig. 96* Stirnwand der Krypta, Grundriß mit Befund bei Freilegung 1966 und 1970. M. 1:100. Vor Spannmauer B 4–C 4 Einzelfundamente der Lettnerstützen nach Sage. Gemessen u. gezeichnet: Verf. 1966/67

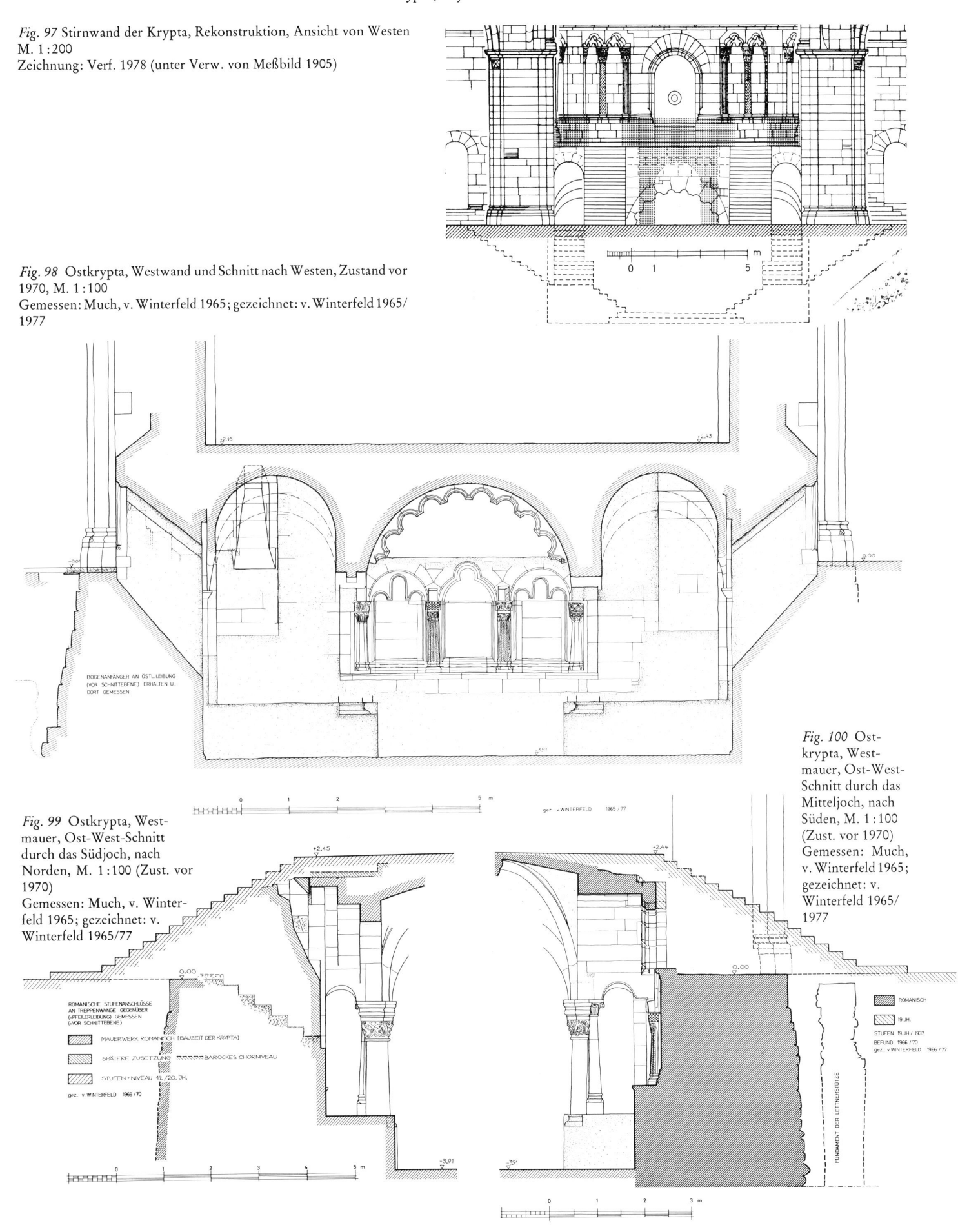

*Fig. 97* Stirnwand der Krypta, Rekonstruktion, Ansicht von Westen
M. 1:200
Zeichnung: Verf. 1978 (unter Verw. von Meßbild 1905)

*Fig. 98* Ostkrypta, Westwand und Schnitt nach Westen, Zustand vor 1970, M. 1:100
Gemessen: Much, v. Winterfeld 1965; gezeichnet: v. Winterfeld 1965/1977

*Fig. 99* Ostkrypta, Westmauer, Ost-West-Schnitt durch das Südjoch, nach Norden, M. 1:100 (Zust. vor 1970)
Gemessen: Much, v. Winterfeld 1965; gezeichnet: v. Winterfeld 1965/77

*Fig. 100* Ostkrypta, Westmauer, Ost-West-Schnitt durch das Mitteljoch, nach Süden, M. 1:100 (Zust. vor 1970)
Gemessen: Much, v. Winterfeld 1965; gezeichnet: v. Winterfeld 1965/1977

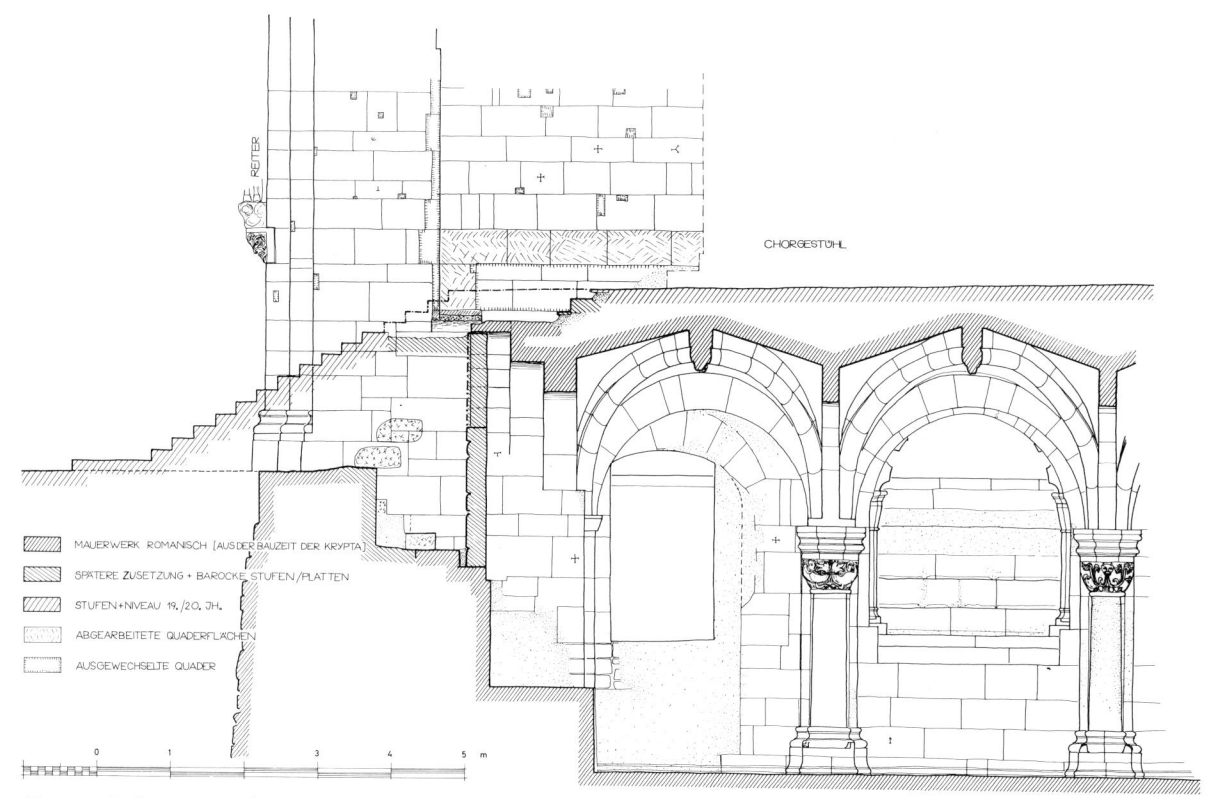

*Fig. 101* Ostkrypta, Nordseitenschiff, Längsschnitt durch die Westjoche nach Norden. Befund 1966/70, M. 1:100
Gemessen: Much, v. Winterfeld 1965/66/70; gezeichnet: v. Winterfeld 1965/77

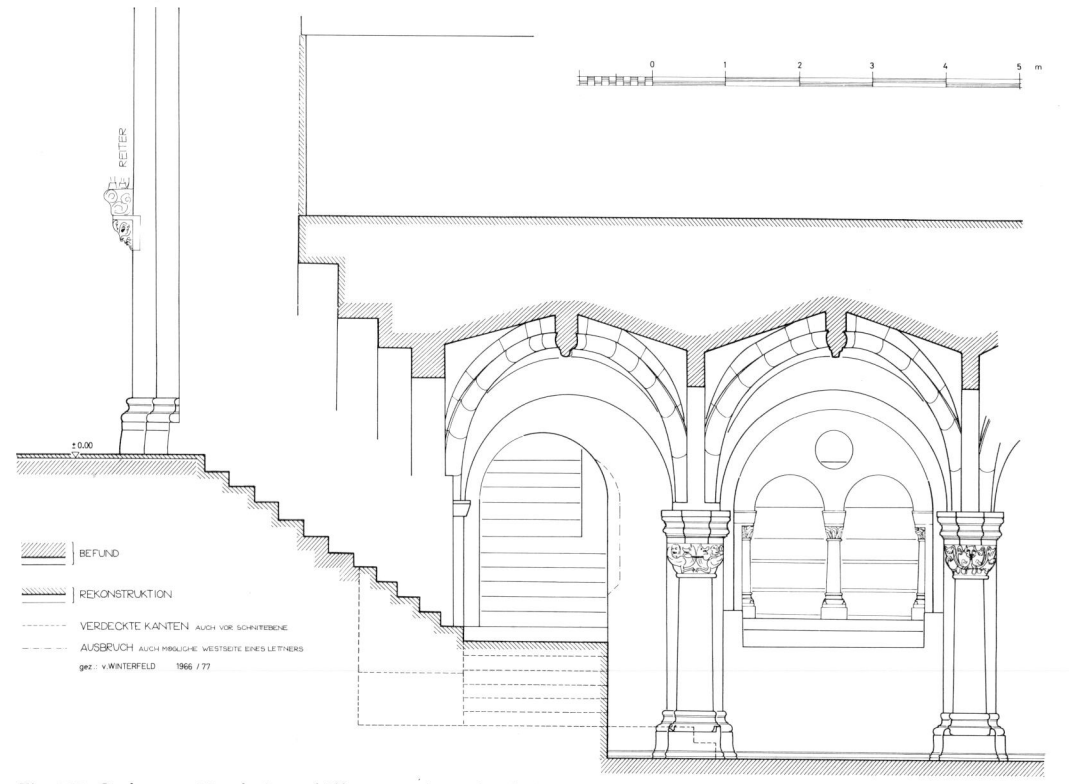

*Fig. 102* Ostkrypta, Nordseitenschiff, Längsschnitt durch die Westjoche nach Norden, Rekonstruktion des ursprünglichen Zustandes, M. 1:100

*Pläne der Ostkrypta, Befund und Rekonstruktion / Steinmetzzeichen*

*Fig. 103* Ostkrypta, Nordseitenschiff, Schnitt durch die Öffnung im 7. Joch nach Westen, Rekonstruktion der Treppenanlage im NW-Winkel der Krypta, M. 1:100

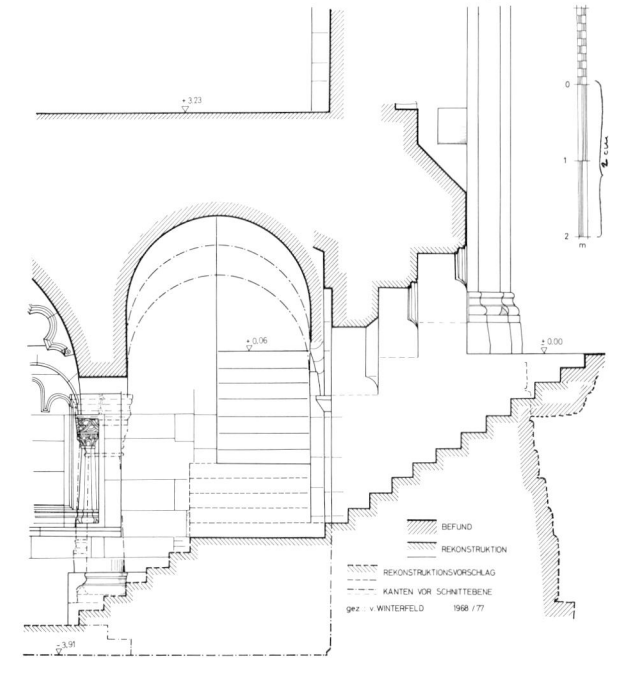

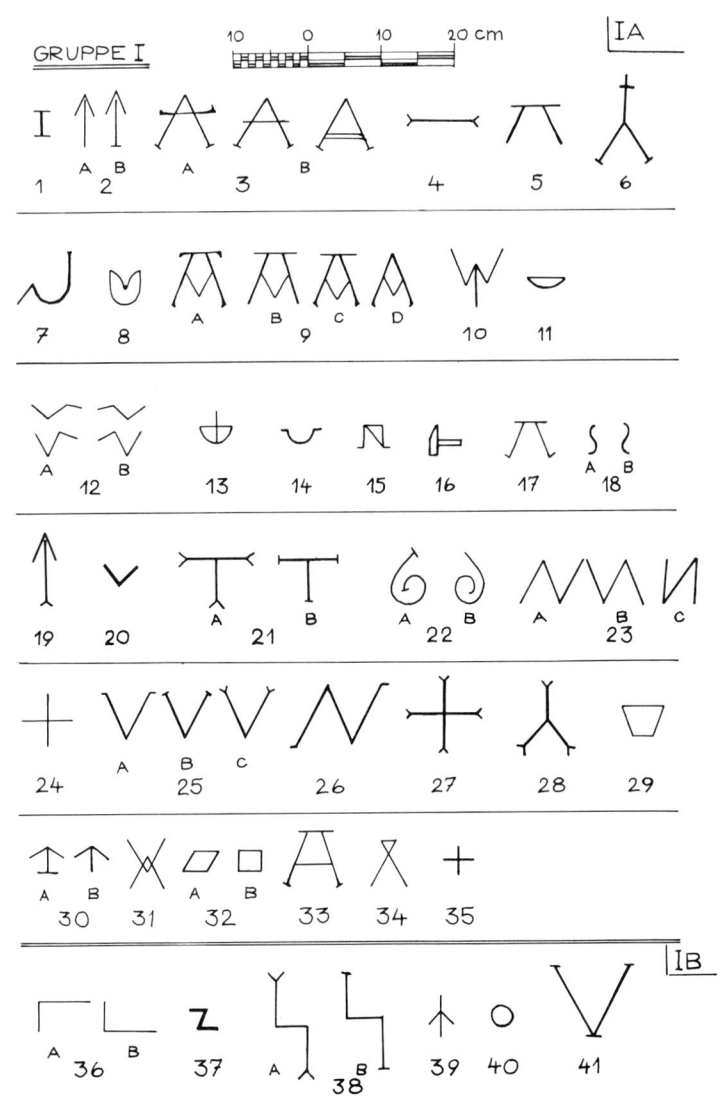

*Fig. 104* Zeichen 1–41 (Gruppe IA, IB), M. 1:10 (Verf. 1969/77)

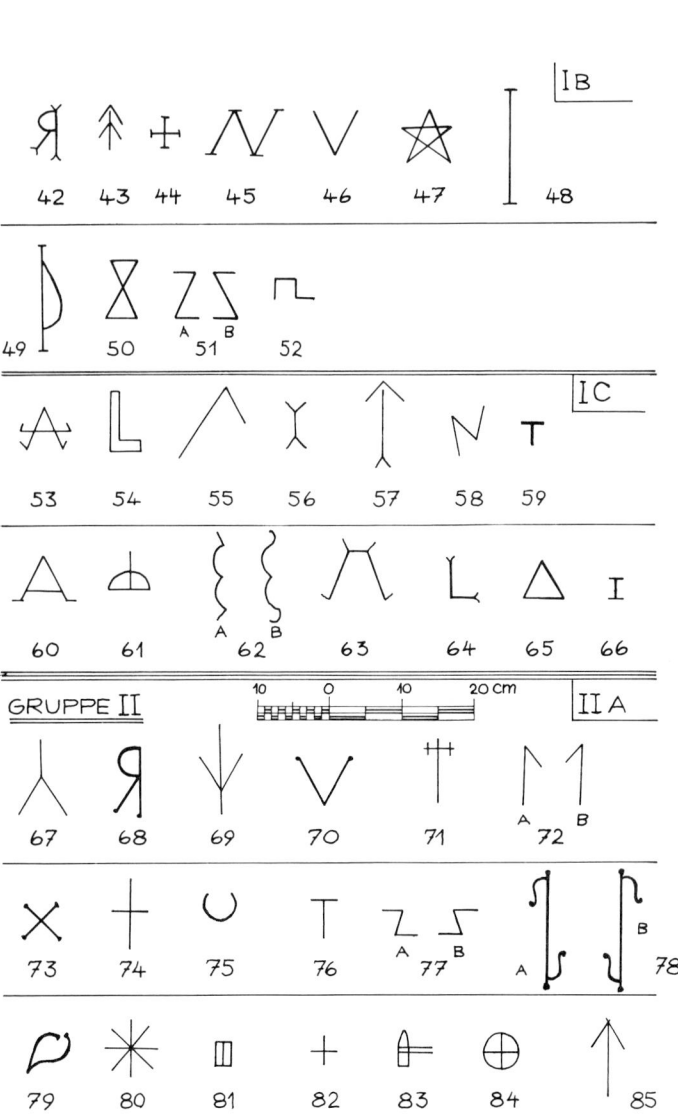

*Fig. 105* Zeichen 42–85 (Gruppe IB, IC, IIA), M. 1:10 (Verf. 1969/77)

*Fig. 106* Zeichen 86–126 (Gruppe IIA), M. 1:10 (Verf. 1969/77)

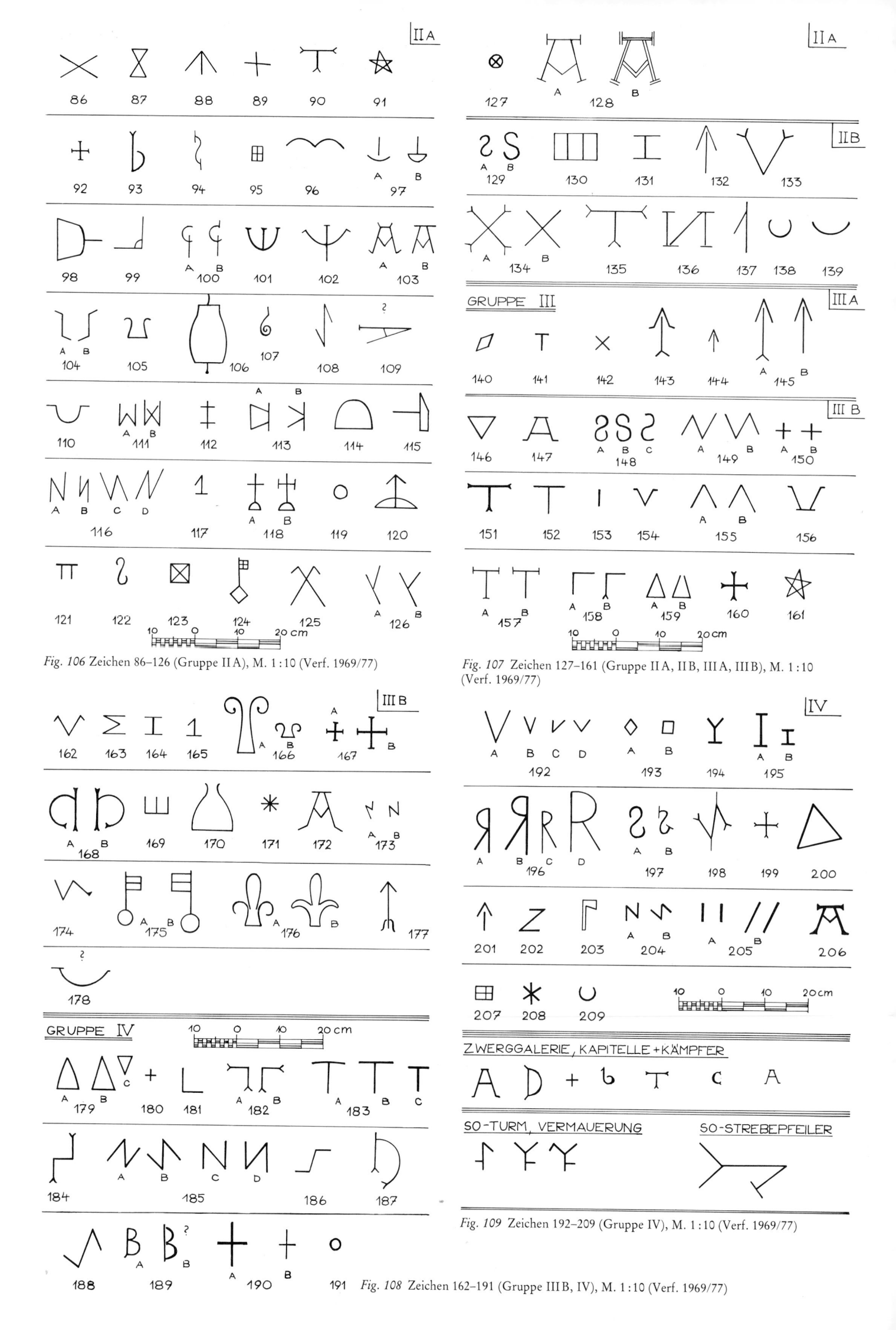

*Fig. 107* Zeichen 127–161 (Gruppe IIA, IIB, IIIA, IIIB), M. 1:10 (Verf. 1969/77)

*Fig. 108* Zeichen 162–191 (Gruppe IIIB, IV), M. 1:10 (Verf. 1969/77)

*Fig. 109* Zeichen 192–209 (Gruppe IV), M. 1:10 (Verf. 1969/77)

## Steinmetzzeichen

*Fig. 112* Steinmetzzeichen, Verteilung der Gruppen: Querhaus, Westwand, M. 1:400 (Verf. 1978)

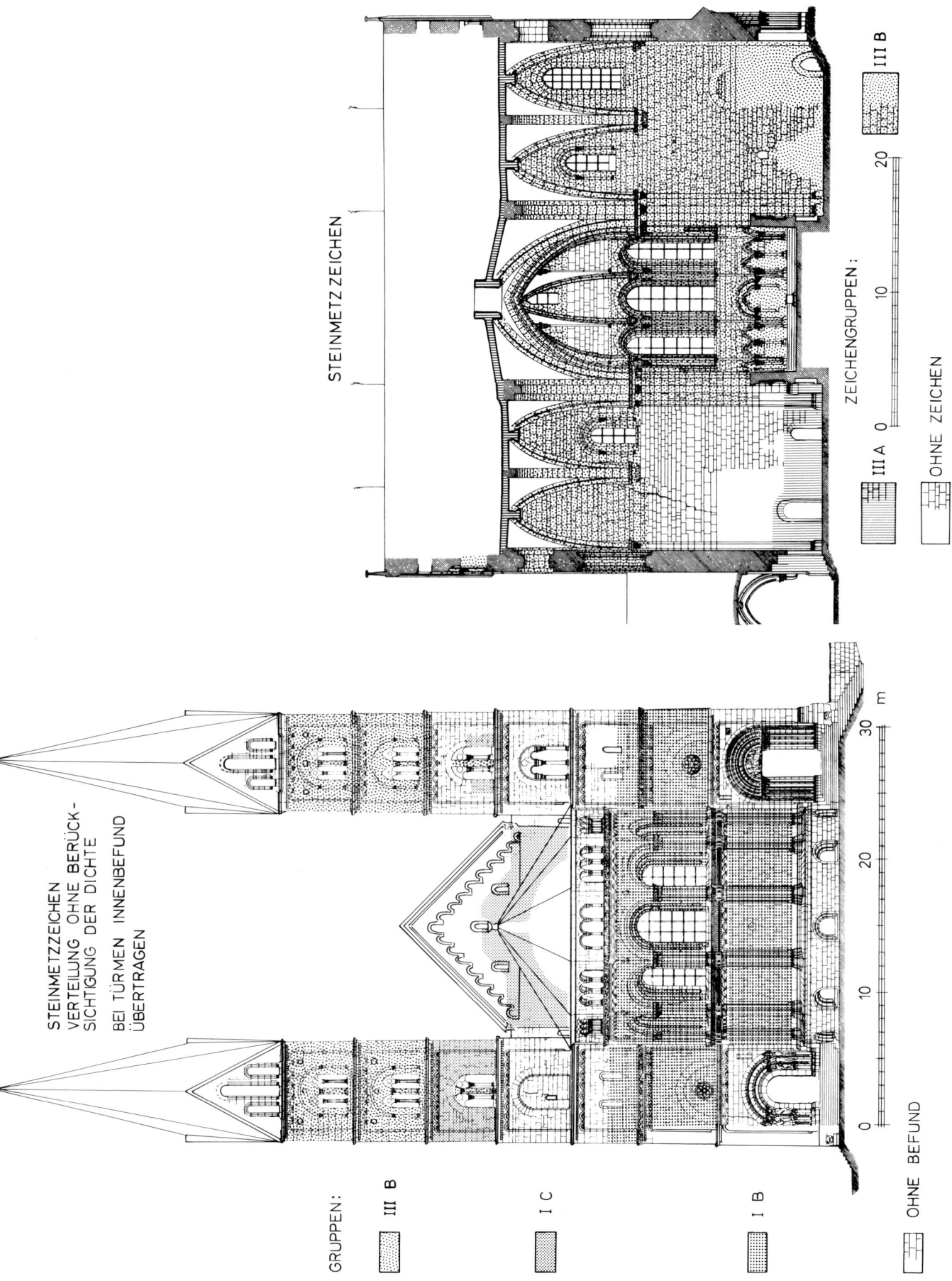

*Fig. 111* Steinmetzzeichen, Verteilung der Gruppen: Ostansicht, M. 1:400 (Verf. 1978)

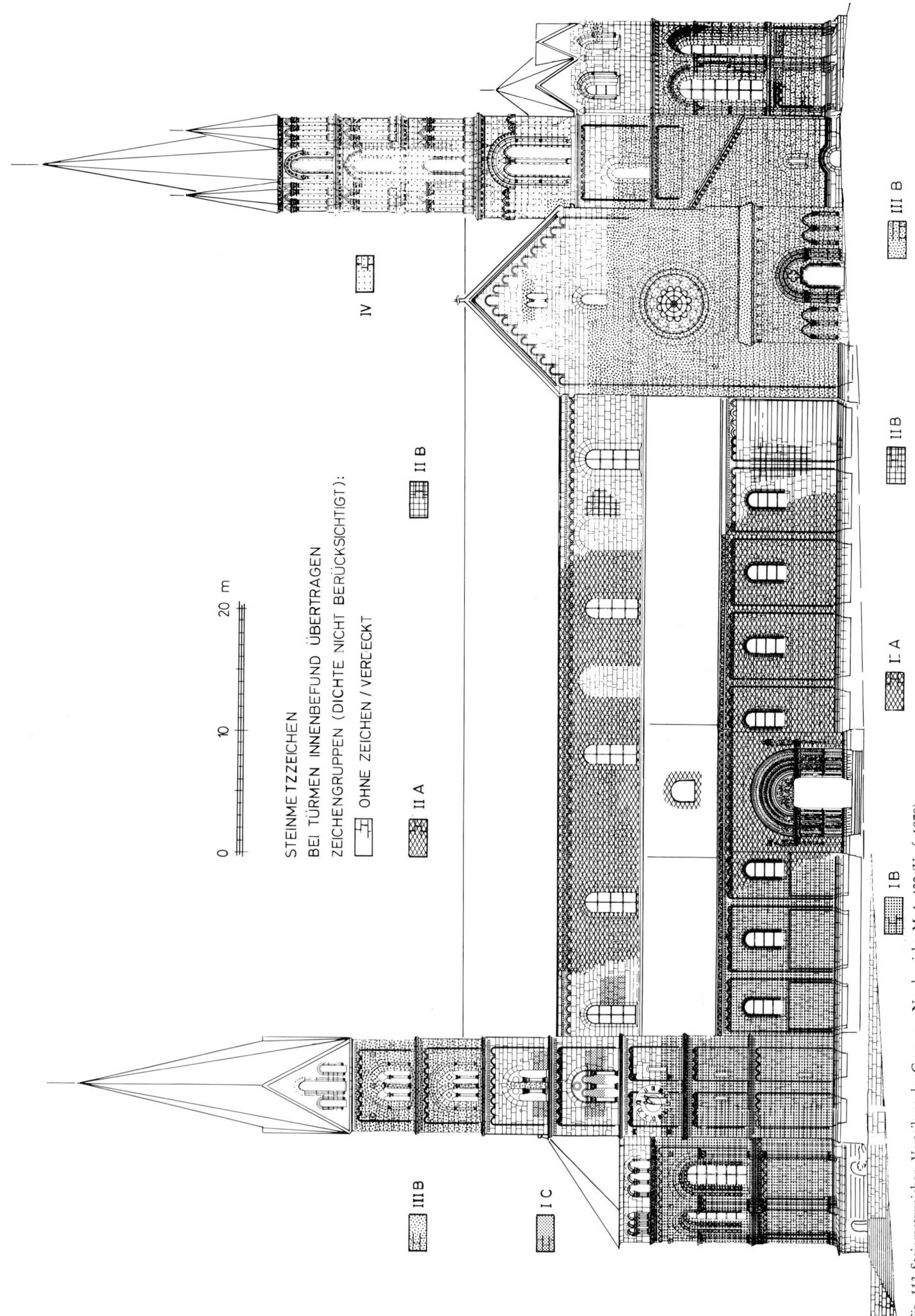

*Fig. 113* Steinmetzzeichen, Verteilung der Gruppen: Nordansicht, M. 1:400 (Verf. 1979)

STEINMETZZEICHEN

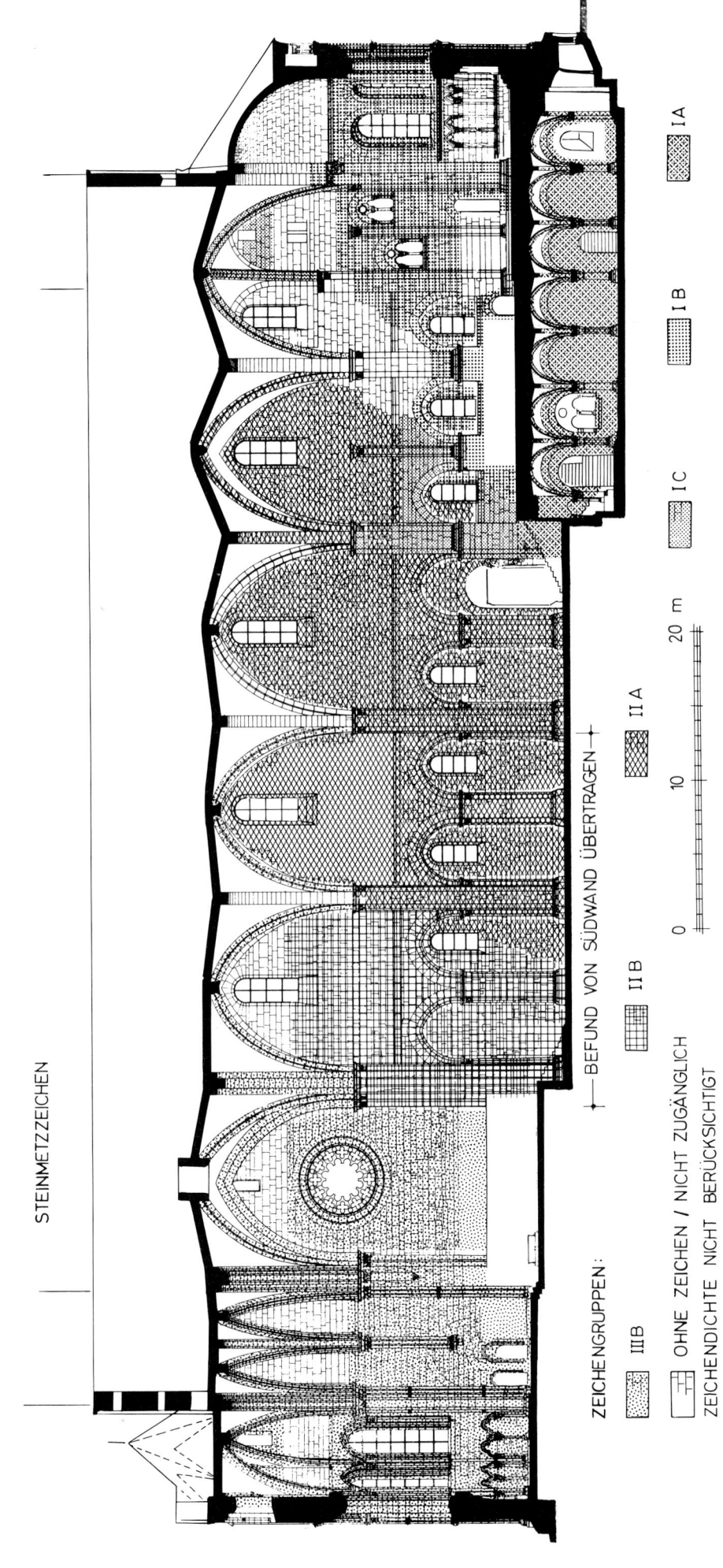

ZEICHENGRUPPEN:

| IIIB | IIB | IIA | IC | IB | IA |

⊢ BEFUND VON SÜDWAND ÜBERTRAGEN ⊣

OHNE ZEICHEN / NICHT ZUGÄNGLICH

ZEICHENDICHTE NICHT BERÜCKSICHTIGT

*Fig. 114* Steinmetzzeichen, Verteilung der Gruppen: Längsschnitt, M. 1:400 (Verf. 1978)

BAUABSCHNITTE

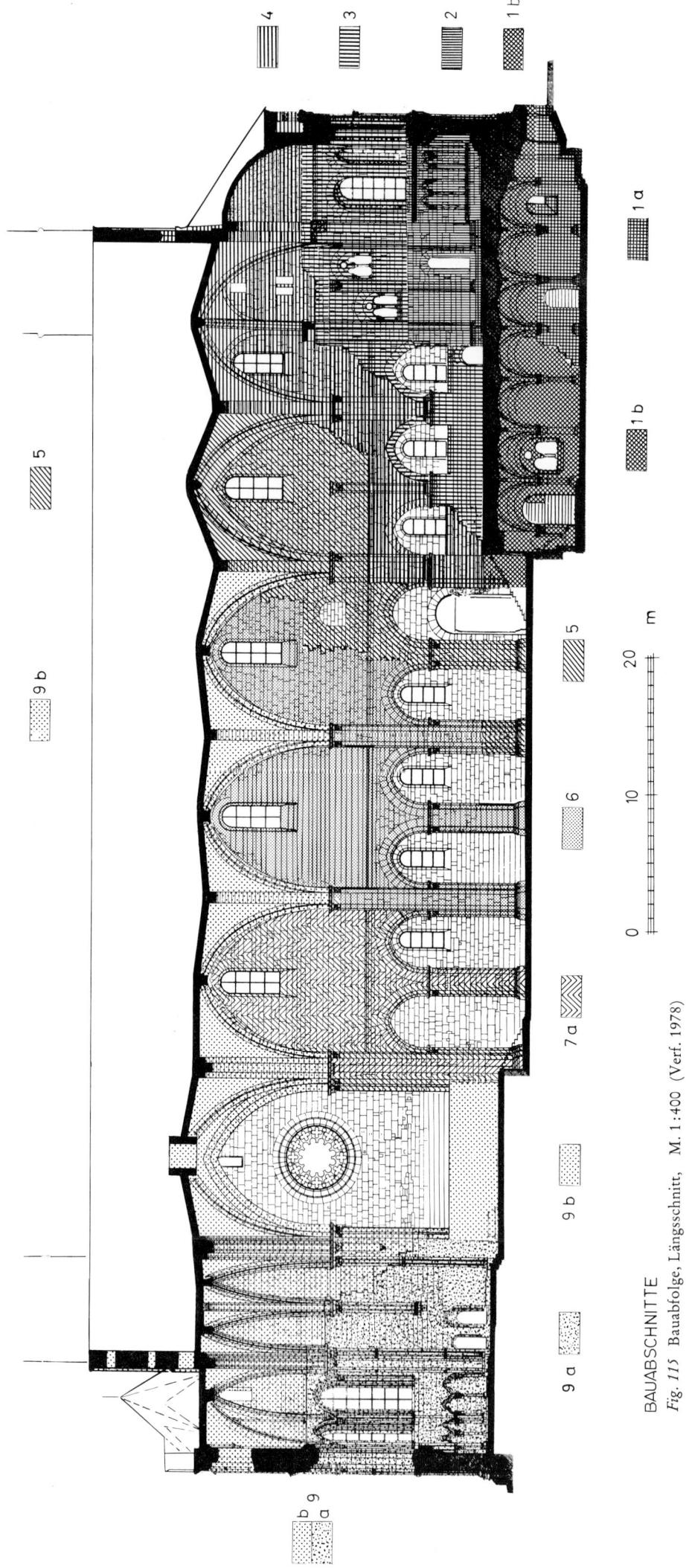

*Fig. 115* Bauabfolge, Längsschnitt, M. 1:400 (Verf. 1978)

BAUABSCHNITTE

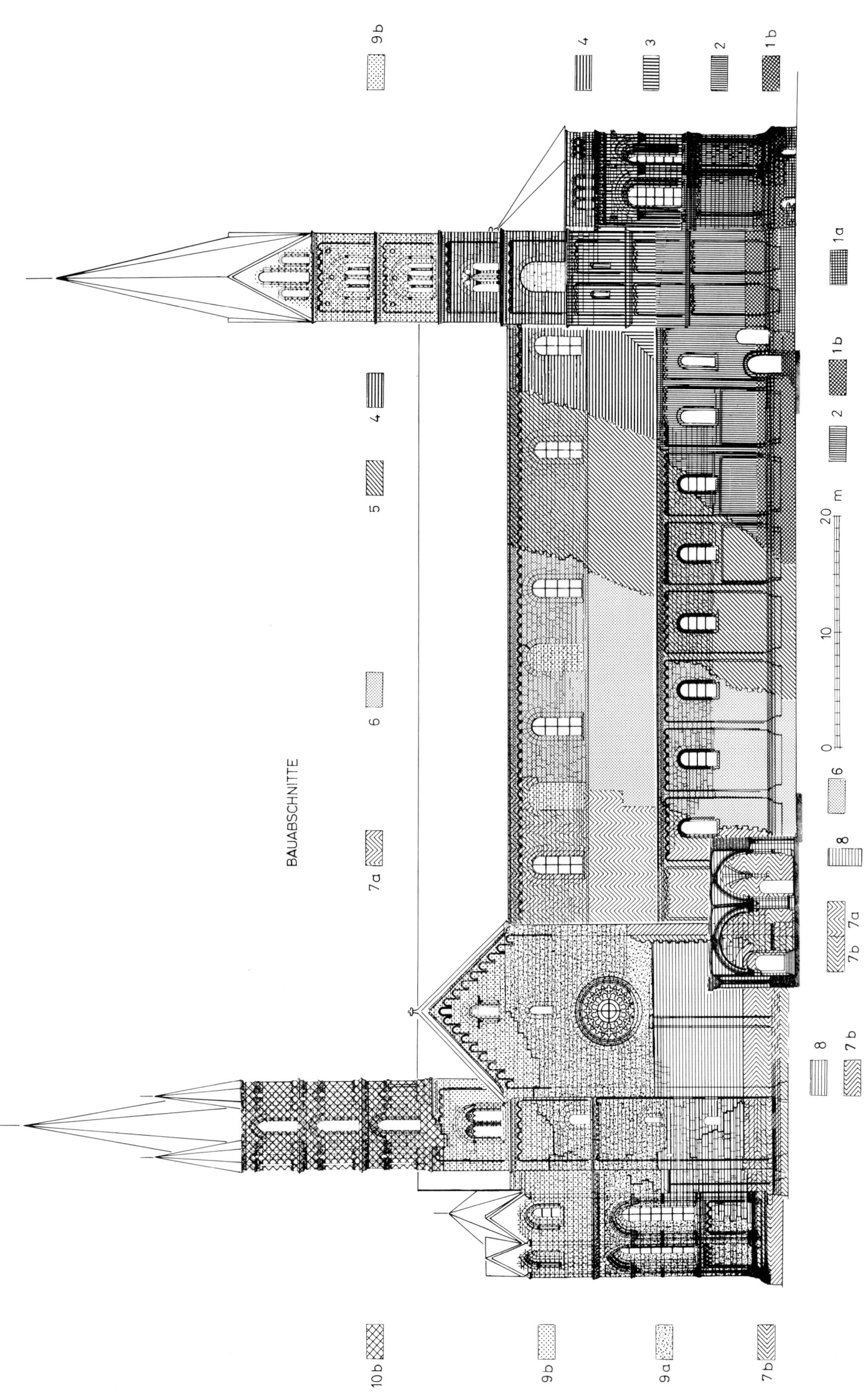

1a  1b  2  3  4  5  6  7a  7b  8  9a  9b  10b

*Fig. 116* Bauabfolge, Südansicht, M. 1:400 (Verf. 1978)

BAUABSCHNITTE

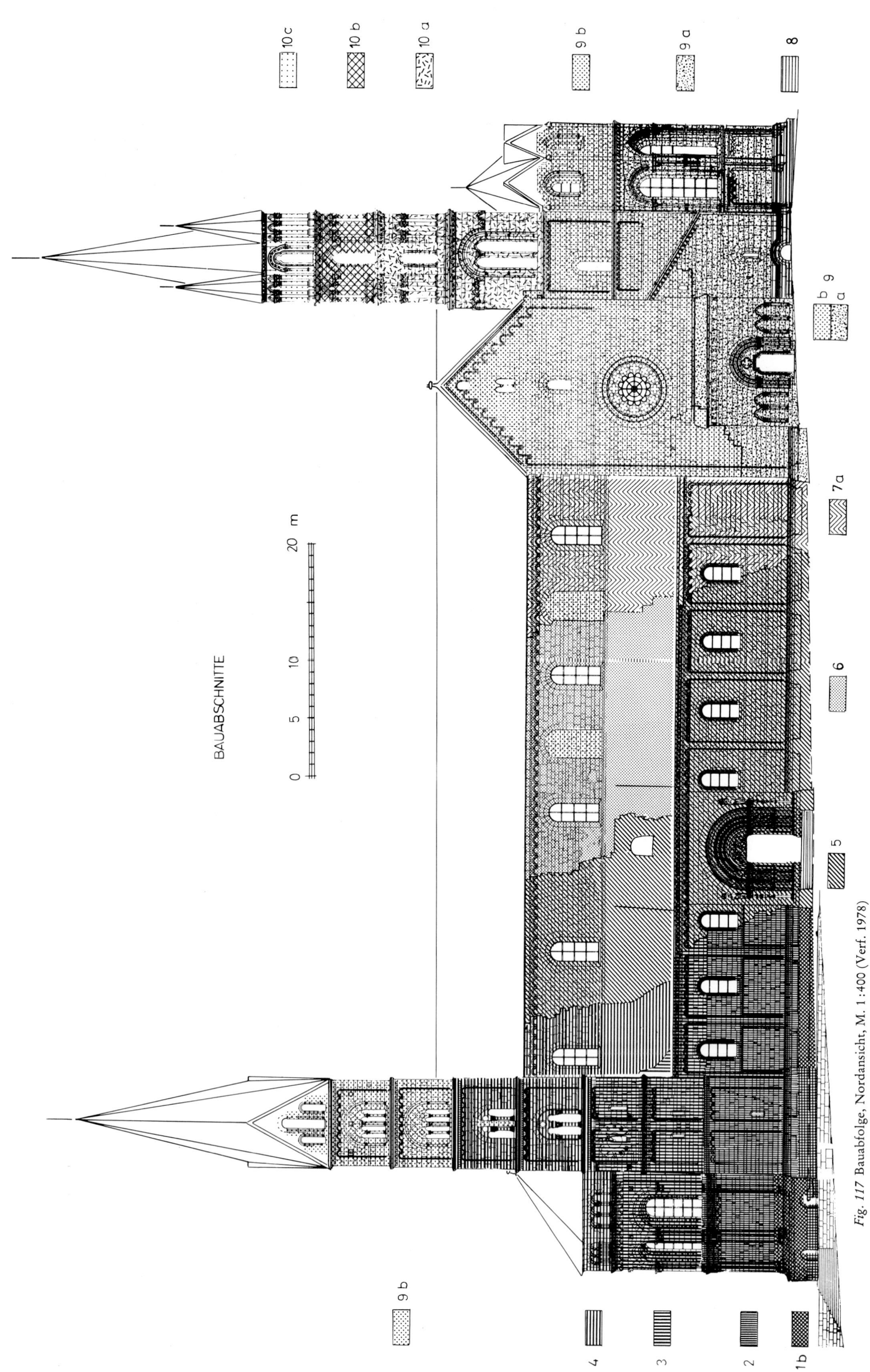

0 5 10 20 m

*Fig. 117* Bauabfolge, Nordansicht, M. 1:400 (Verf. 1978)

BAUABSCHNITTE

| 10 b
| 9 b / 9 a
| 8
| 7 b

*Fig. 119* Bauabfolge, Westansicht, M. 1:400 (Verf. 1978)

| 10 c
| 10 b
| 10 a
| 9 b / 9 a
| 8

BAUABSCHNITTE

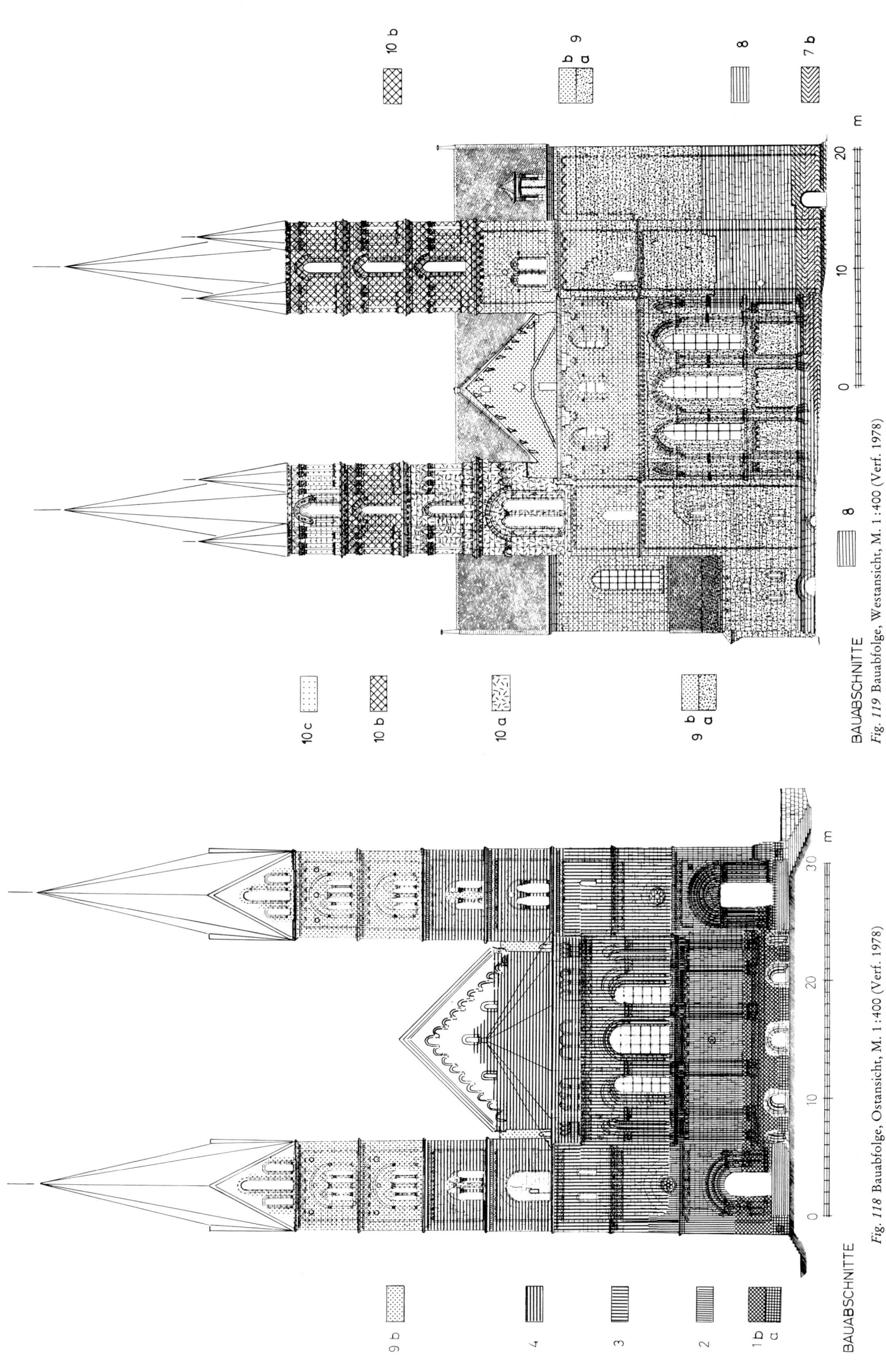

| 9 b
| 4
| 3
| 2
| 1 b / 1 a

*Fig. 118* Bauabfolge, Ostansicht, M. 1:400 (Verf. 1978)

BAUABSCHNITTE

*Fig. 120* Bauabfolge, Querschiff,
M. 1:400 (Verf. 1978)

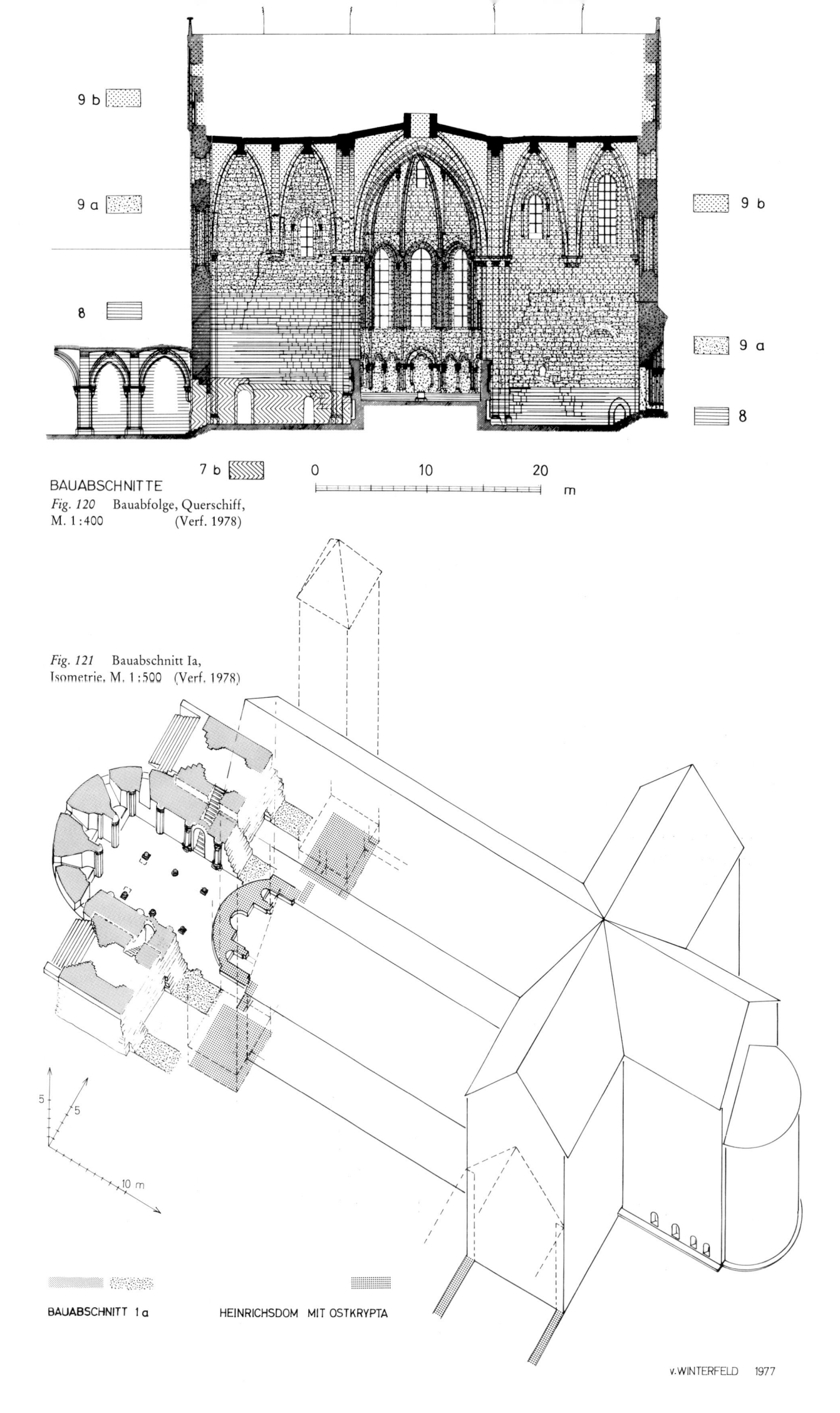

9 b
9 a
8
7 b

*Fig. 121* Bauabschnitt Ia,
Isometrie, M. 1:500 (Verf. 1978)

BAUABSCHNITT 1a   HEINRICHSDOM MIT OSTKRYPTA

v. WINTERFELD 1977

*Zeichnungen zur Baugeschichte*

BAUABSCHNITT 1b            HEINRICHSDOM

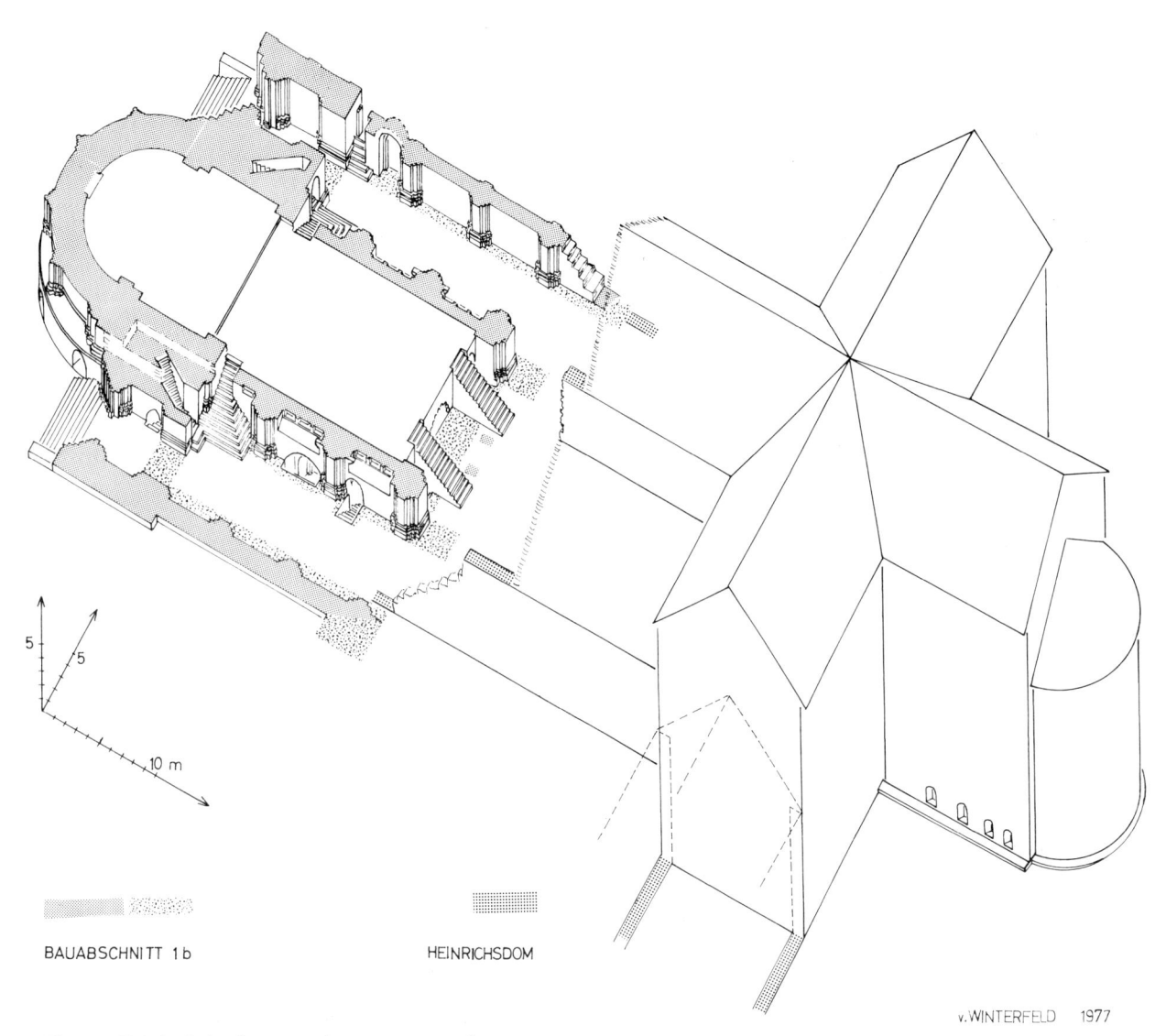

v. WINTERFELD 1977

*Fig. 122* Bauabschnitt Ib, Isometrie, M. 1:500 (Verf. 1978)

*Zeichnungen zur Baugeschichte*

BAUABSCHNITT 2   HEINRICHSDOM

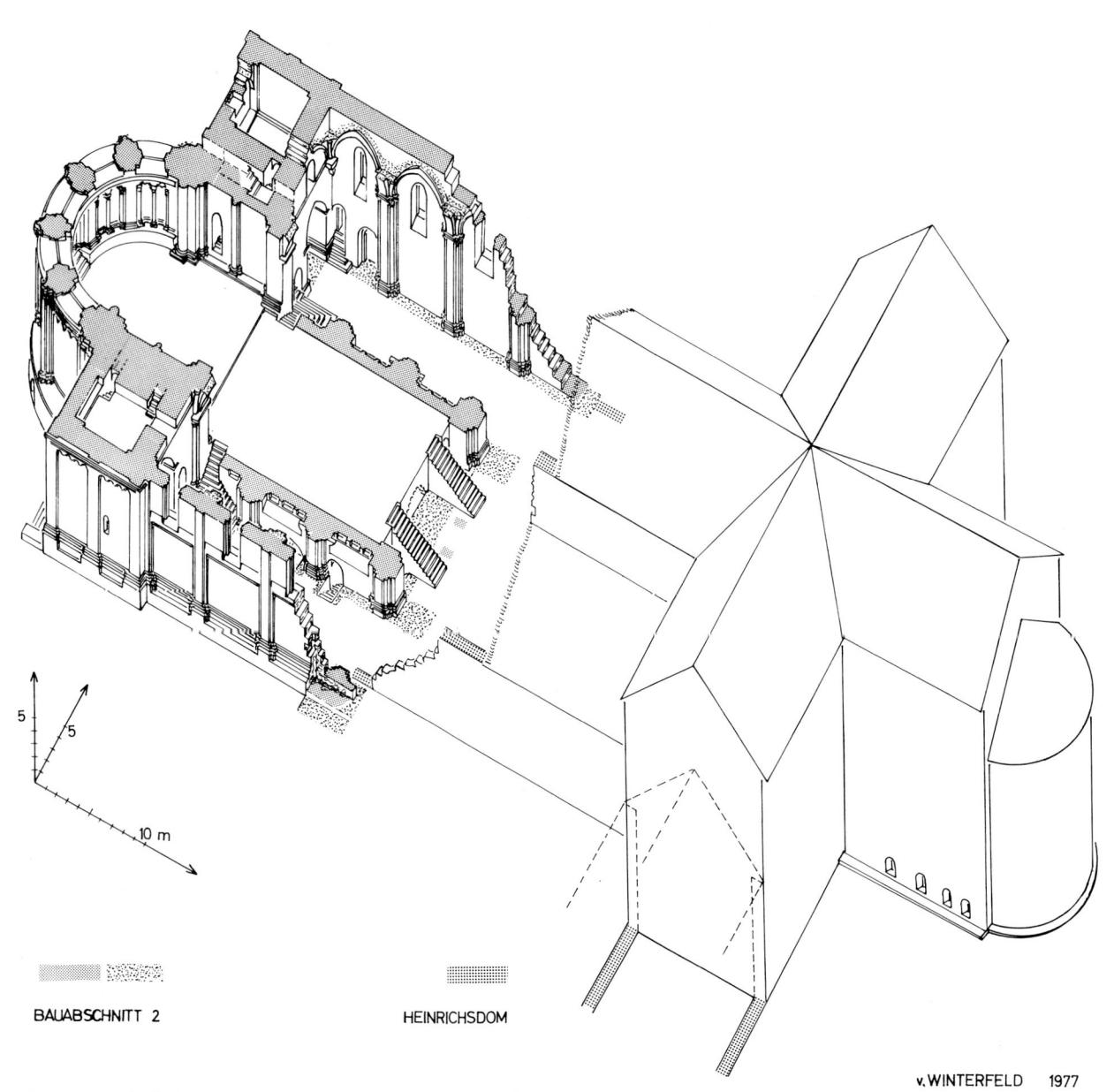

v. WINTERFELD  1977

*Fig. 123* Bauabschnitt II, Isometrie, M. 1:500 (Verf. 1978)

BAUABSCHNITT 3                    HEINRICHSDOM

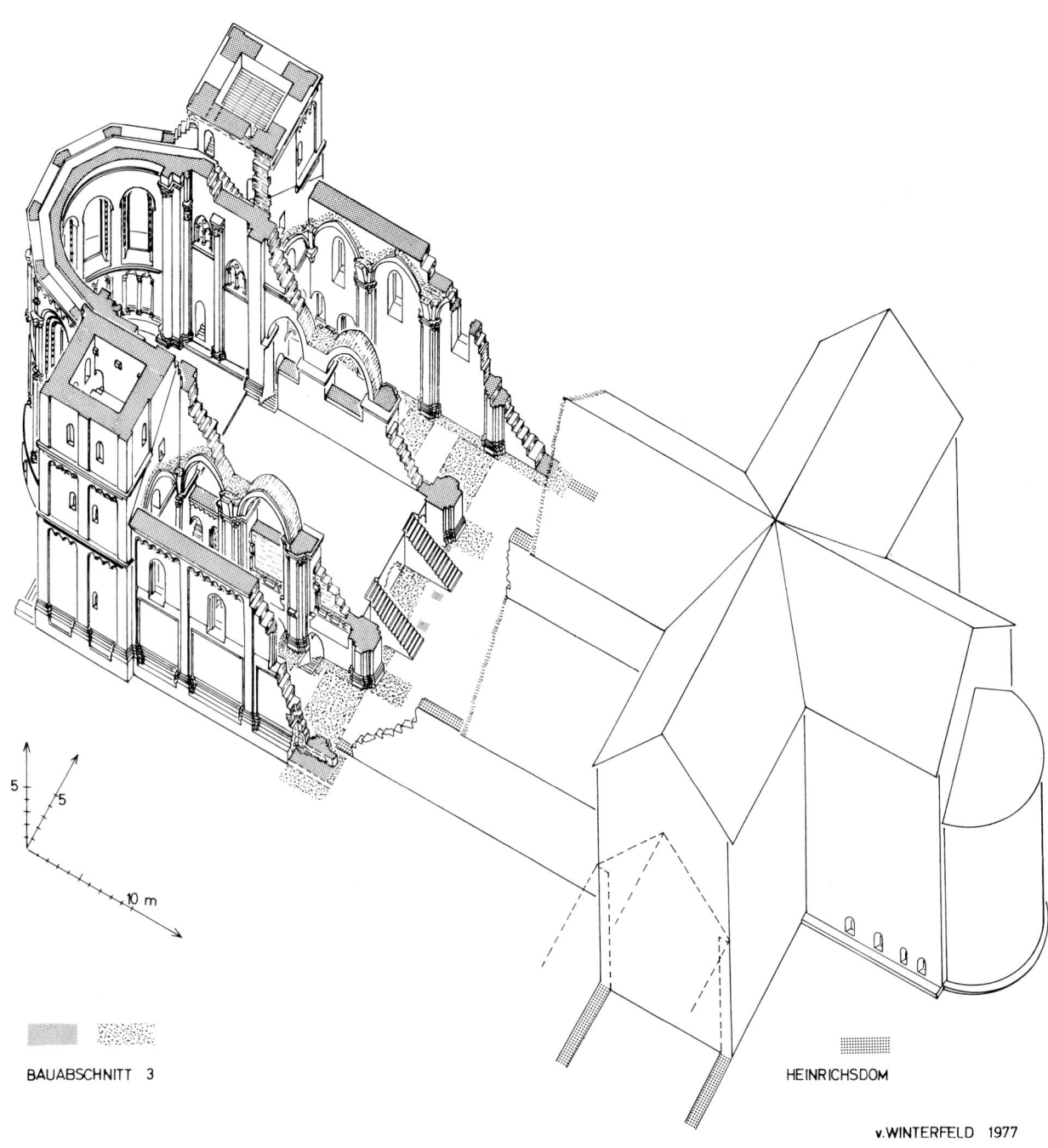

v. WINTERFELD 1977

*Fig. 124* Bauabschnitt III, Isometrie, M. 1:500 (Verf. 1978)

BAUABSCHNITT 4

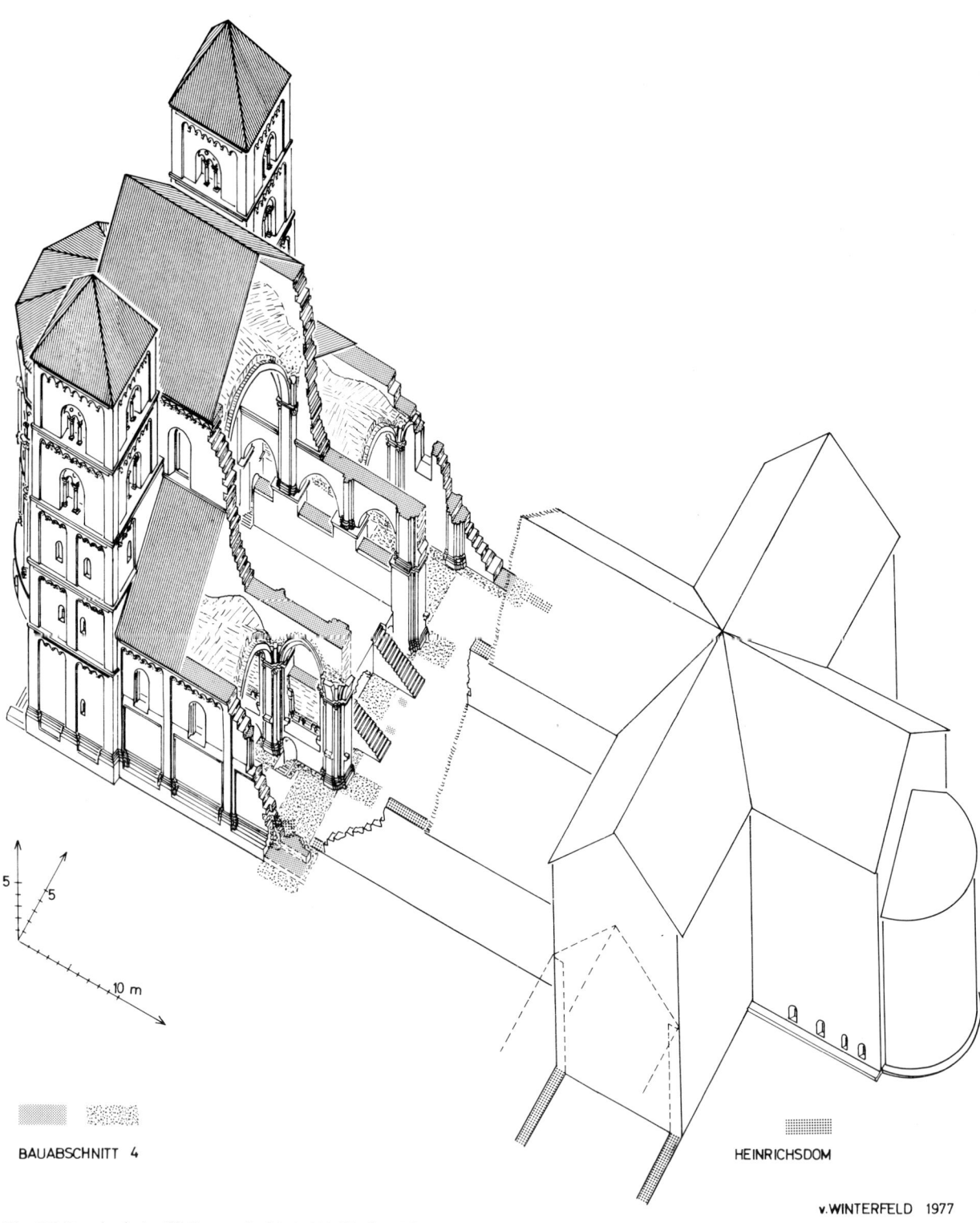

HEINRICHSDOM

v. WINTERFELD 1977

*Fig. 125* Bauabschnitt IV, Isometrie, M. 1:500 (Verf. 1978)

*Zeichnungen zur Baugeschichte*

BAUABSCHNITT 5

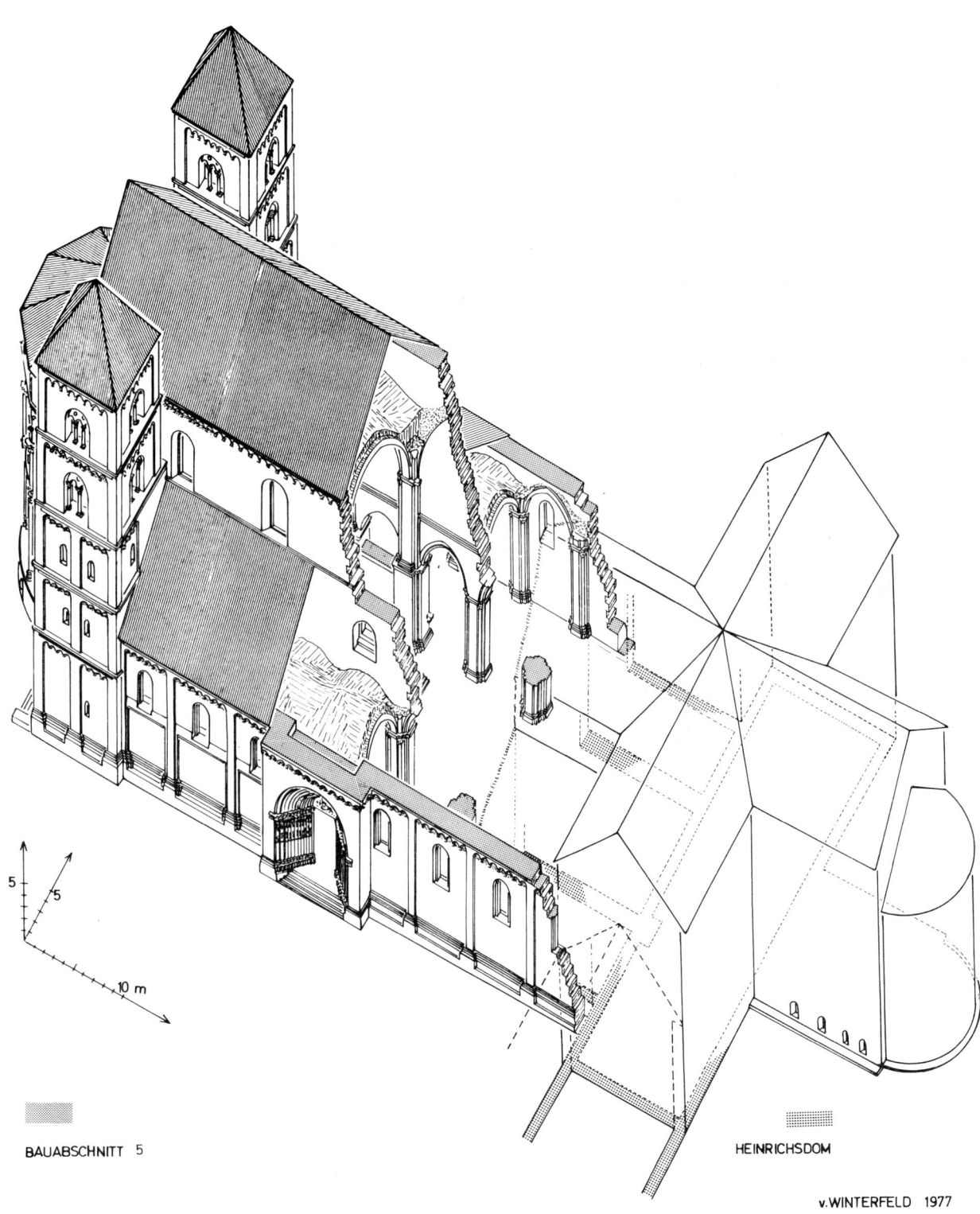

HEINRICHSDOM

v. WINTERFELD 1977

*Fig. 126* Bauabschnitt V, Isometrie, M. 1:500 (Verf. 1978)

BAUABSCHNITT 6 (NACH DEM BRAND)

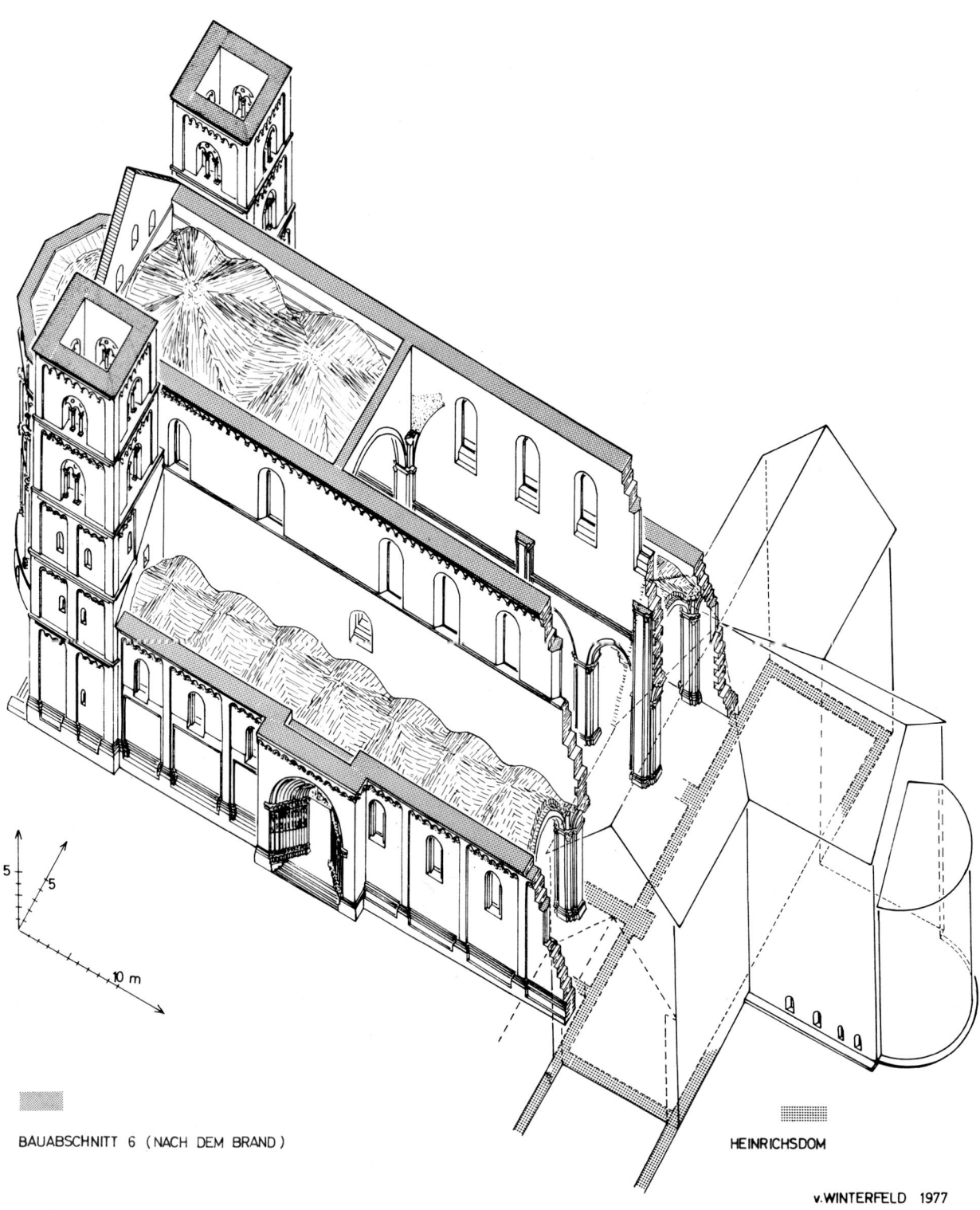

HEINRICHSDOM

v. WINTERFELD 1977

*Fig. 127* Bauabschnitt VI, nach dem Brand, Isometrie, M. 1:500 (Verf. 1979)

BAUABSCHNITT 7a

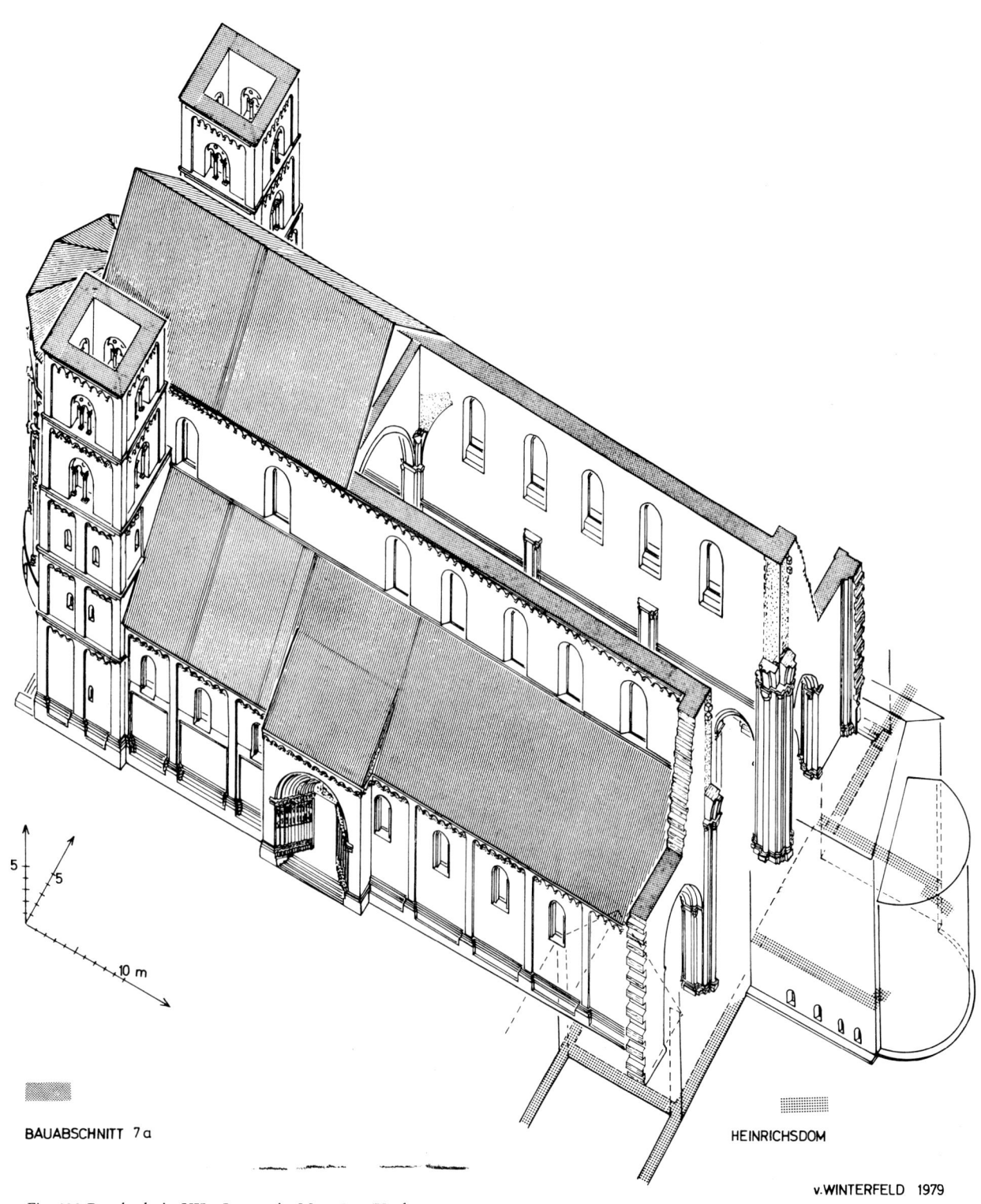

HEINRICHSDOM

v. WINTERFELD 1979

*Fig. 128* Bauabschnitt VIIa, Isometrie, M. 1:500 (Verf. 1979)

BAUABSCHNITT 7b

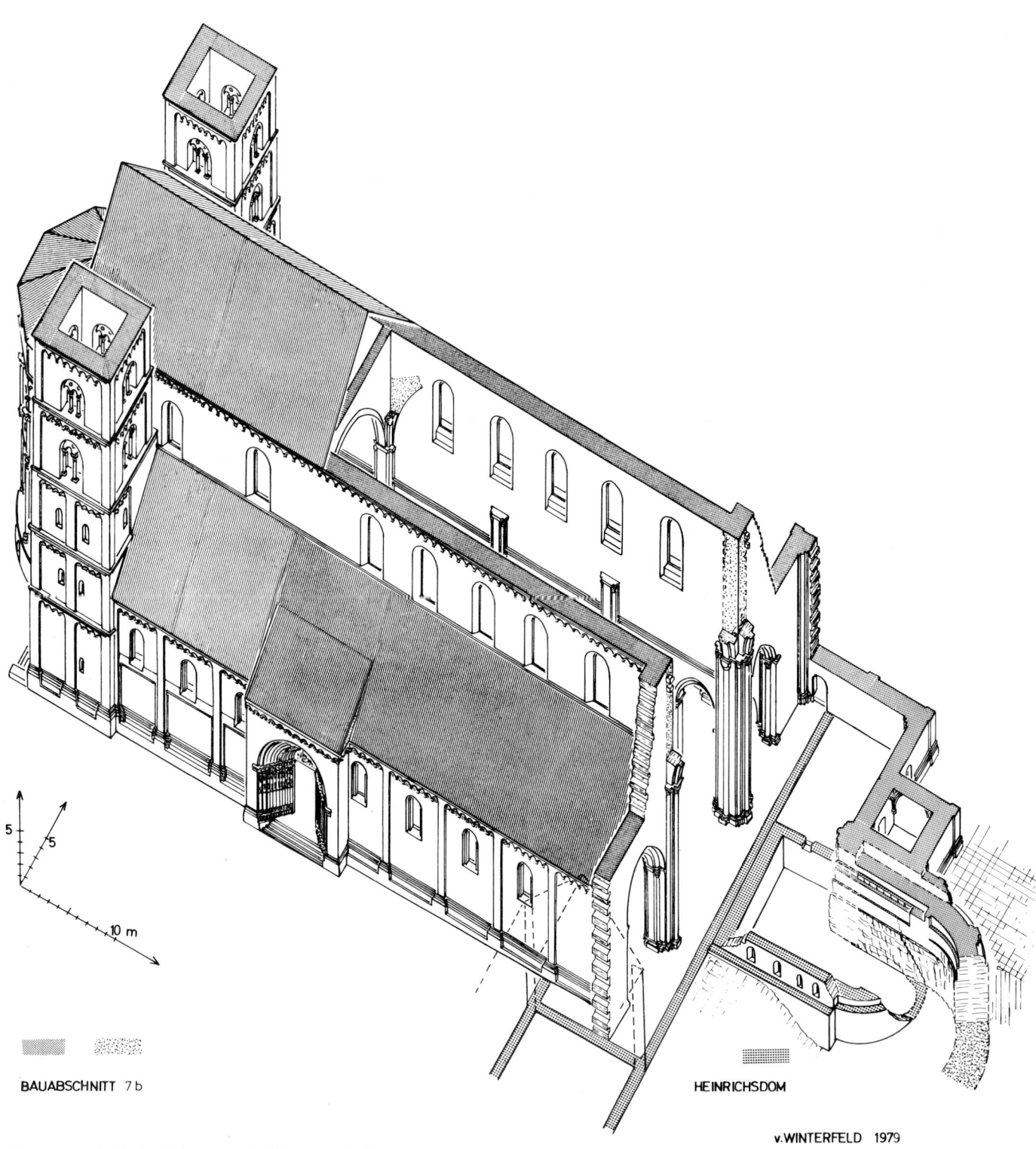

HEINRICHSDOM

v. WINTERFELD 1979

*Fig. 129* Bauabschnitt VIIb, Isometrie, M. 1:500 (Verf. 1979)

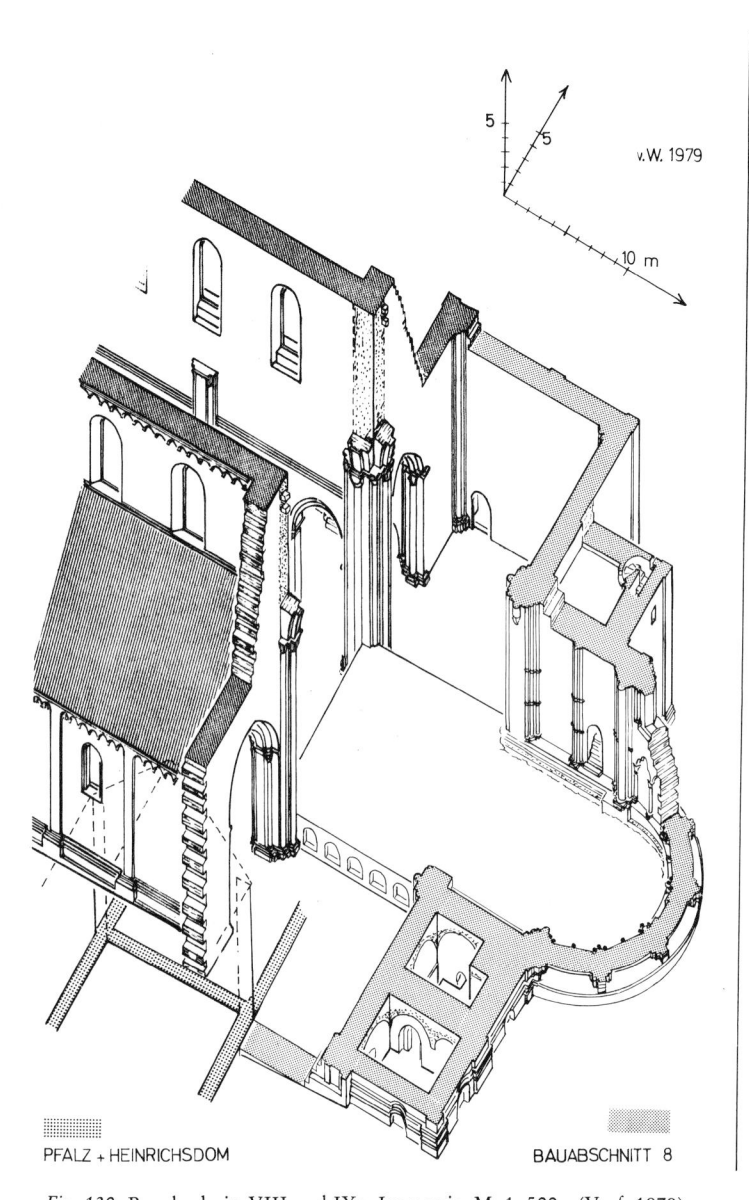

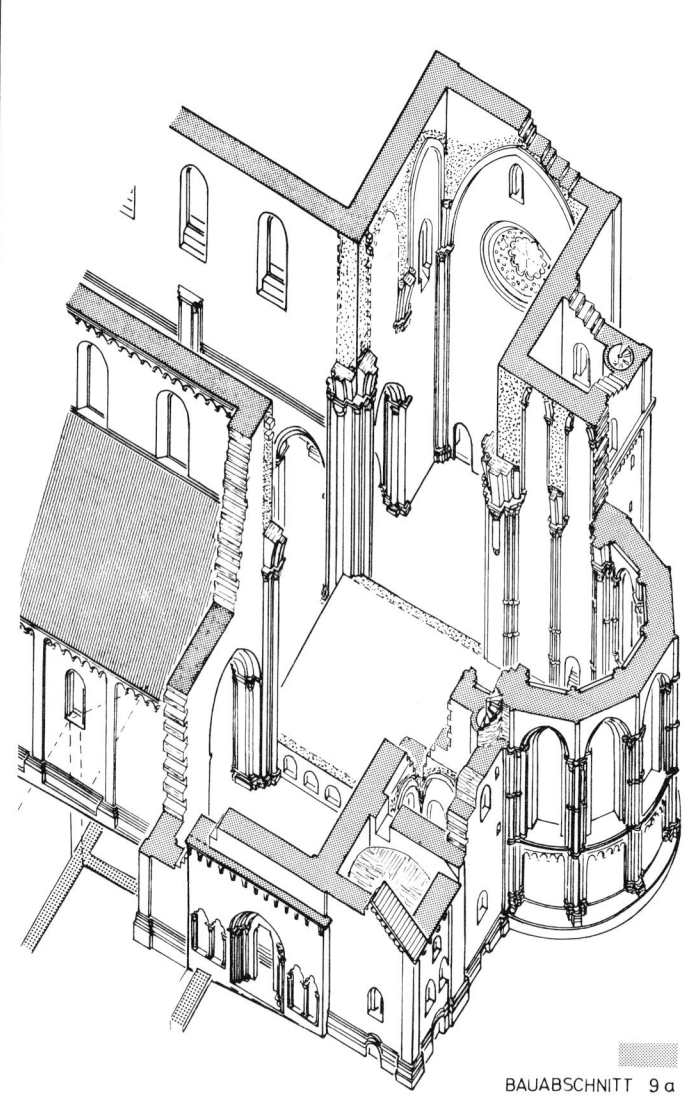

*Fig. 130* Bauabschnitt VIII und IXa, Isometrie, M. 1:500 (Verf. 1979)

BAUABSCHNITT 9b

*Fig. 131* Bauabschnitt IXb, Isometrie, M. 1:500 (Verf. 1979)

*Zeichnungen zur Baugeschichte* 311

BAUABSCHNITT 10

*Fig. 132* Bauabschnitt X, Isometrie, M. 1:500 (Verf. 1979)

v.W. 1979

# ABKÜRZUNGEN DER ABBILDUNGSBESCHRIFTUNG

Pfeiler, Säulen, Wandvorlagen sowie deren Kapitelle und Basen: siehe Zählsystem nach Koordinaten. Jochzählung (besonders Schlußsteine) von Ost nach West mit dem Zusatz der Himmelsrichtung N, S in den Seitenschiffen, n, s in der Krypta, dort auch m = Mittelschiff. Vergl. Schema, Falttafel am Ende des Bandes.

*Himmelsrichtungen:*

| | |
|---|---|
| N, n | = Norden, nördlich |
| O, o | = Osten, östlich |
| S, s | = Süden, südlich |
| W, w | = Westen, westlich |
| NO, no | = Nordost, nordöstlich |
| NW, nw | = Nordwest, nordwestlich |
| ONO | = Ostnordost |
| WNW | = Westnordwest |
| WSW | = Westsüdwest |
| OSO | = Ostsüdost |
| SO, so | = Südost, südöstlich |
| SW, sw | = Südwest, südwestlich |

*Sonstige Abkürzungen:*

| | |
|---|---|
| A | = Apsis |
| SG | = Sockelgeschoß |
| UG | = Untergeschoß |
| OG | = Obergeschoß |
| ZG | = Zwerggalerie |
| J | = Joch |
| »über« (mit Pfeilerzählung) | = Gewölbevorlagen von Ostchor und Mittelschiff »über« dem jeweiligen Pfeiler |
| Vg | = Vierung |
| Qh | = Querhaus (NQh = Nordquerhaus, SQh = Südquerhaus) |
| Bgn | = Bogen |
| T | = Turm |
| Msch | = Mittelschiff |
| Ssch | = Seitenschiff |

*Gesamtansichten* 313

*1.* Von Südosten (vom Schloß Geyerswörth aus)

2. Ostansicht

3. Die Ostapsis

*4. Nordansicht*

5. Von Südwesten

6. Von Nordwesten (über den Dächern der Domherrenhöfe)

7. Mittelschiff und Ostchor (vom Westchor aus)

8. Ostchor und Ostapsis

9. Vierung und Westchor

*10.* Nordquerarm nach Nordost mit Vierung und Westchorgestühl

*Gesamtansichten*

*11.* Ostkrypta nach Osten (vor Restaurierung)

324  Alte Ansichten

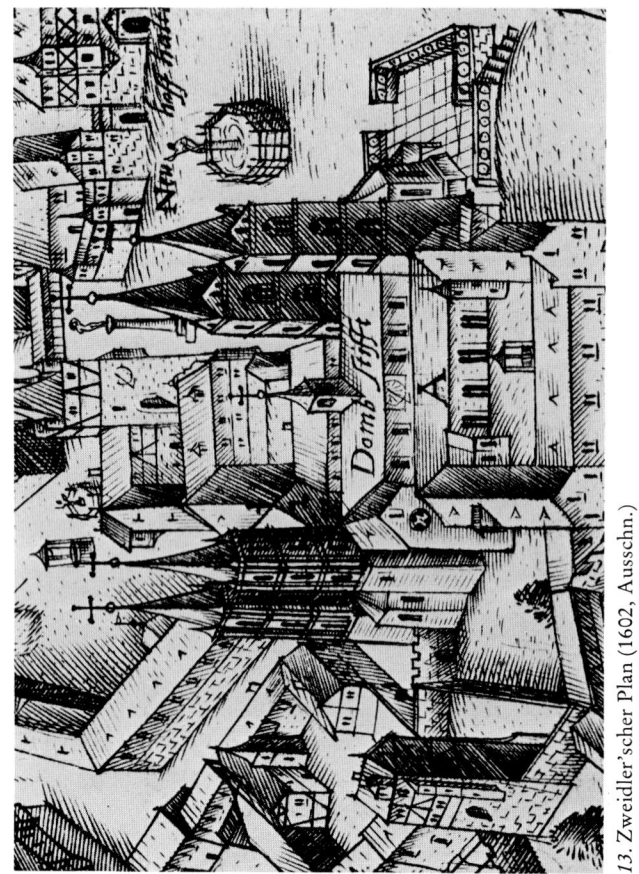

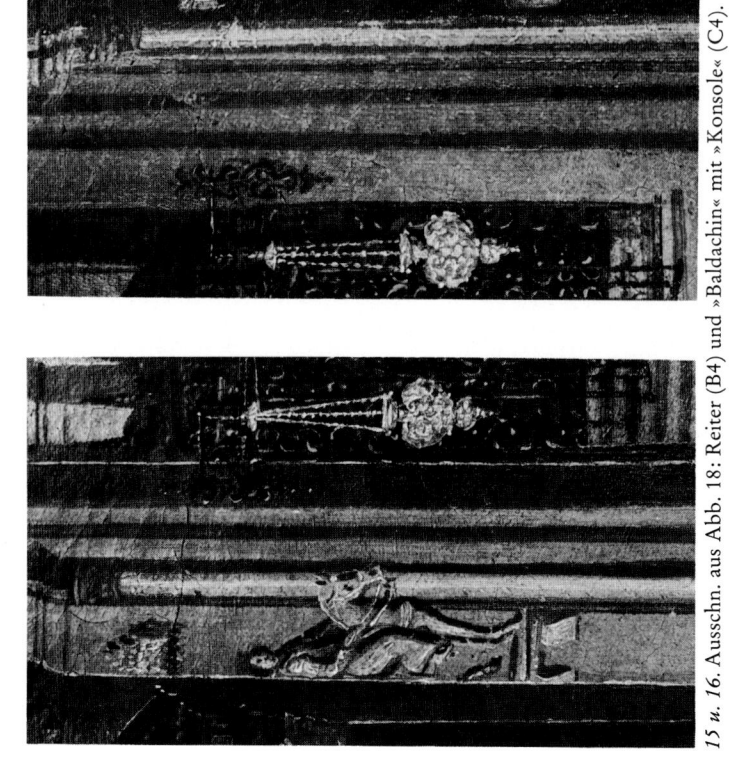

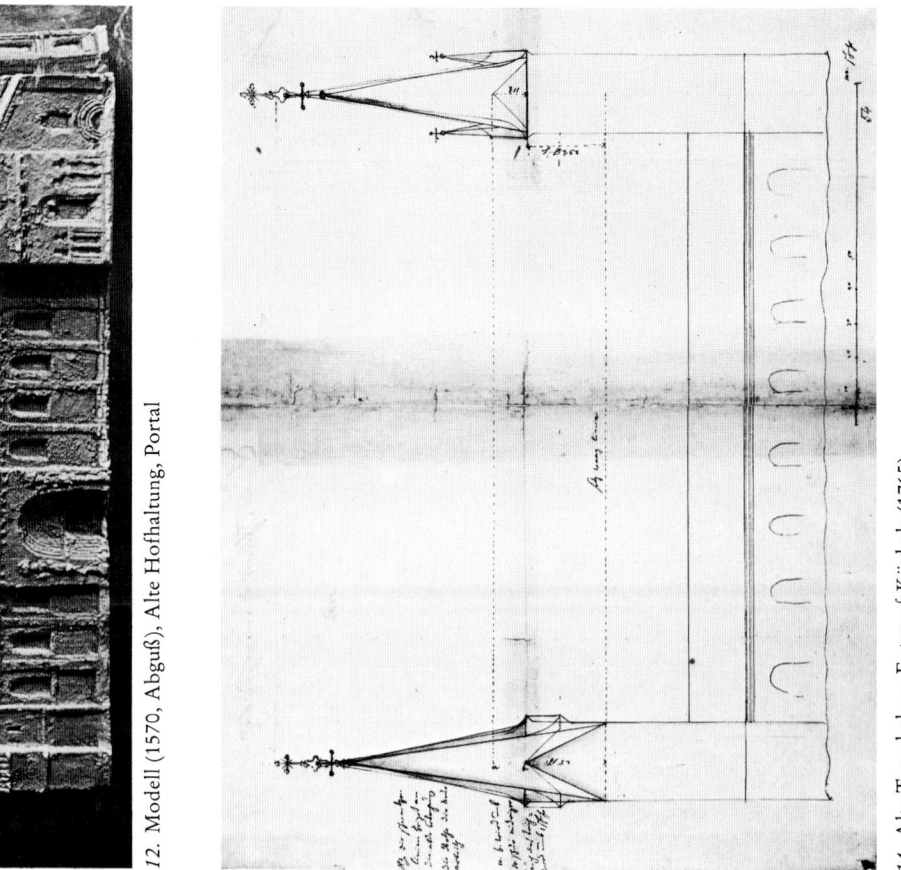

13. Zweidler'scher Plan (1602, Ausschn.)

15 u. 16. Ausschn. aus Abb. 18: Reiter (B4) und »Baldachin« mit »Konsole« (C4).

12. Modell (1570, Abguß), Alte Hofhaltung, Portal

14. Alte Turmhelme. Entwurf Küchels (1765)

*Alte Ansichten*

18. G. A. Arnold, 1669, Mittelschiff nach Osten

17. G. A. Arnold, 1682, Mittelschiff nach Osten

*Alte Ansichten*

19. Bamberger Heiltumsbuch (vor 1509), London, Brit. Lib.

20. W. Katzheimer, »Apostelabschied« (1483) Ausschnitt

21. F. C. Rupprecht, Radierung (1821)

22. Nordseitenschiff n. O., Lithographie (um 1820)

*Alte Ansichten*

23. Ostansicht (Aufriß) 1818

24. Schnitt, links: Ostchor, rechts: Westchor. Stahlstich

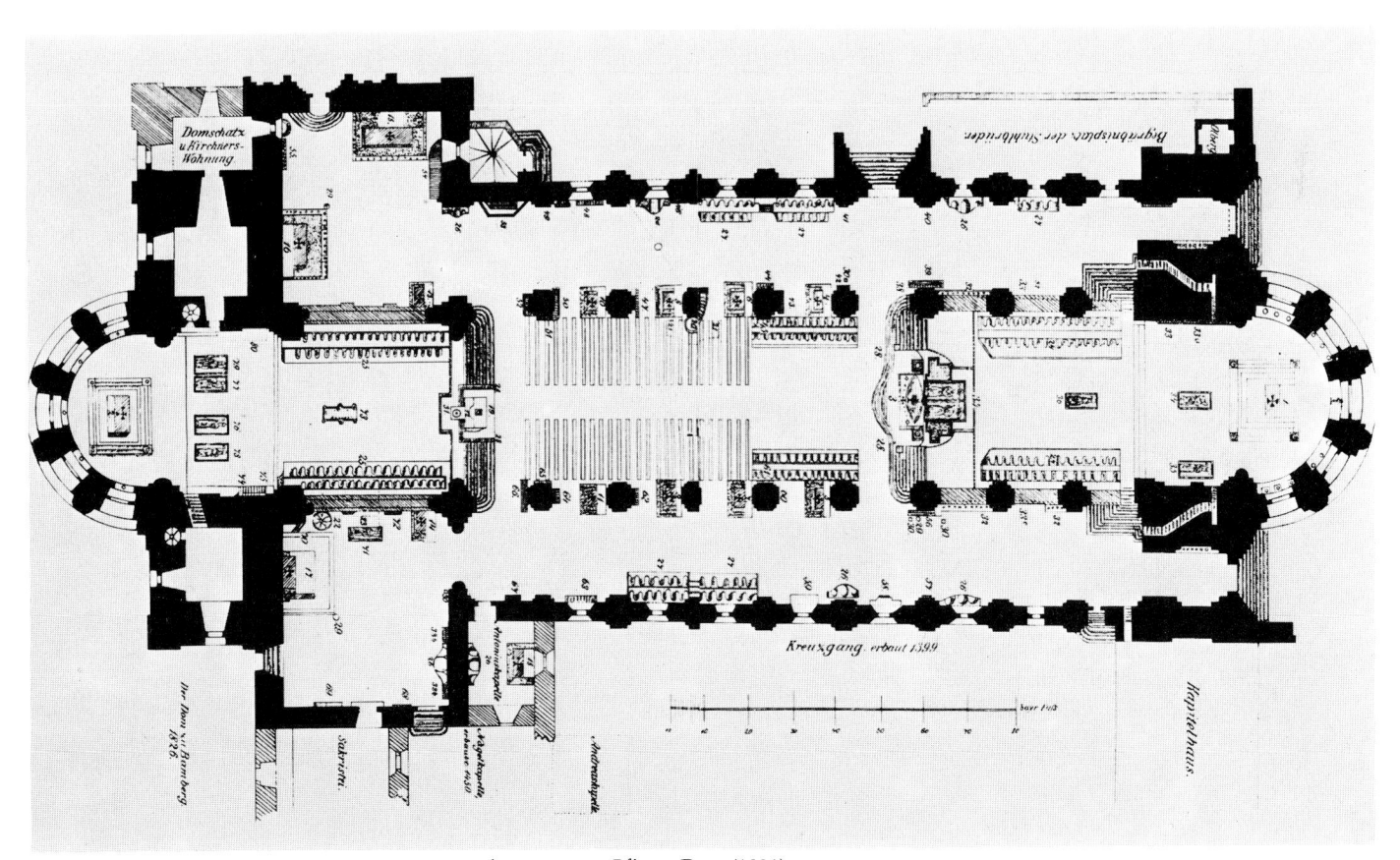

25. Grundriß mit Altären und Ausstattung 1826, v. d. Restaur., n. Pfister, Dom (1896)

26. Westkrypta von oben, nach Osten. Ansatz der Westapsis

27. Westkrypta, Nordmauer von Süden, Säulenbasis

28. Westkrypta, Nebenapsidiole. Links: Altarfundament

29. Westkrypta, Südmauer, östl. Fenster

30. Westkr., westl. Fenster

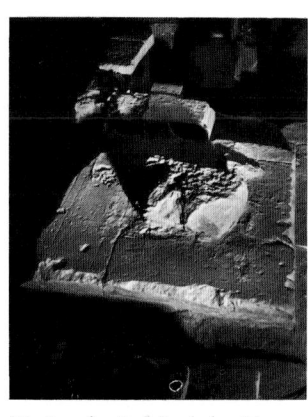

31. Langh., östl. Sockel v. N

32. Langhaus, Nordarkade, 2. bis 4. Sockel von Osten

33. Westmauer (12. Jh.) mit nördl. Treppenanlage, oben Altarfundament, vorne: Fundamente der Lettnerstützen (13. Jh.)

34. Westmauer, Mittelnische, südl. Stuckkapitell

35. Westmauer, Mittelnische, nördl. Stuckkapitell

36. Gratgewölbe, Anfänger

37. Blendgl. Basis (n. 1185)

38. Westmauer, Mittelnische (12. Jh.)

39. Ostkrypta, Westmauer, Nordhälfte mit Treppenanlage; oben rechts: Fundament B 5

40. Mittelsch. Plattenboden (12. Jh.), Sockel (3. u. 2. v. O.) v. Westen

41. Treppe zur Ostkrypta, rechts: Spannfundament C 4–D 4

*42.* Blick vom nördl. Seitenschiff nach Südosten

*43.* Nordmauer, 3. J. a4 / a3, Treppe z. NO-Turm

*44.* Südseitenschiff n. Westen; Westmauer Zust. vor 1969

Ostkrypta

46. Mittel- und Südseitenschiff n. Süden, 5.–7. J. (um 1900)

49. Westmauer, Mitteljoch, mit b 8 und c 8

45. Ostabschluß, Mittel- und Südjoch

48. c 8 und Westmauer

47. Südseitensch. n. O

*Ostkrypta* 333

50. Nordwestecke, 7. Nordj. mit b7 (1977)
51. 6. Nordjoch, a7 u. a6 mit Öffnung 
52. Abschnittsfuge, 4. Südj., d4/d5 
53. Zugang im NO-Turm 
54. 3. Südj., Aufgang z. SO-T 
55. Abschnittsfuge, 4. Nordj., a4/a5

## Ostkrypta und Fundamente

56. u. 57. Westmauer (B4/C4), Außenseite mit Arkadenfundament und Heinrichsdomkrypta (Westwand) 56.: n. Nord, 57.: n. Süd

58. Westmauer. Durchbruch 1970

59. u. 60. Westzugänge, obere Bögen 1966. 59.: Nords. m. Bogenrest an B4. 60.: Süds. m. Schacht

61. Fundament Südarkade C4–C5 v. Norden

62. Südl. Ostchortreppe (Treppenwangen 17./19. Jh.)

335

64. Mittelabschnitt, Zustand 19. Jh. vorn: Fundament für Lettnerstützen

63. B 4 und Nordabschnitt n. Abbruch der Chortreppen 1970

68. Unter NW-Eckvorlage a 8 (1960)

67. SW-Eckvorlage d 8, Westaufgang vermauert

66. Stufenanschlüsse unter C 4

65. Südl. Westzugang, Rek. 1973

69. Südl. Öffnung oben neben C3

70. Ausschn. Abb. 69 m. Bogenresten

71. Vor Abb. 69: Spannmauer C4–D4 (links), Kryptasüdmauer (rechts), v. SO

72. Wie Abb. 69 mit Treppeneinschnitt davor, v. SW

73. Südl. Seitenschiffsfundament (D6–D7), ob. Schichten m. Baugrube

74. Wie Abb. 69 u. 72, Treppeneinschnitt mit Stufenauflager v. S.

75. Gesamtansicht mit Sockel und Türmen (um 1900)

76. Untergeschoß, Gesimsverkröpfung, südl. Ansatzwinkel

77. Obergeschoß, Galeriegesims, nördl. Winkelvorlage

Ostapsis, Äußeres

79. Südabschnitt, Winkelvorlage und Ansatz

81. Kranzgesims, Südwinkel

83. OG, gerundetes Kapitell (NO)

80. Kranzgesims, Nordwinkel

82. OG, S-Winkel, gerundeter Kämpfer

78. Gesamtansicht von Südosten

Ostapsis, Äußeres

84. Zwerggalerie, N. (Winkelvorl. u. Ankerspur im NOT)

85. Ostgiebel, ehem. Nordkante

86. Ostgiebel, Südteil u. SO-Turm, 3. OG.

87. Ober-(Fenster-)geschoß von Nordosten

88. u. 89. Rücksprung Rund / Polygon. Aufsicht, Seitenansicht NO-Fenster, Basiszone

90. Zwerggalerie, Ostabschnitt, nach Norden

91. Obergeschoß, Mittelfenster

92. Blendarkatur neben nördl. Apsisbogenvorlage

93. Nördl. Apsisansatz, Basis u. Sockel

94. Südl. Apsisansatz u. Eckdienst, Basen

Ostapsis, Inneres

*95.* Gesamtansicht mit gequaderter Kalotte (um 1900)

*96.* Südl. Apsisbogenvorlage

*97. u. 98.* Nordfenster, W-Gewände, Rücksprung, Frontal- und Seitenaufsicht

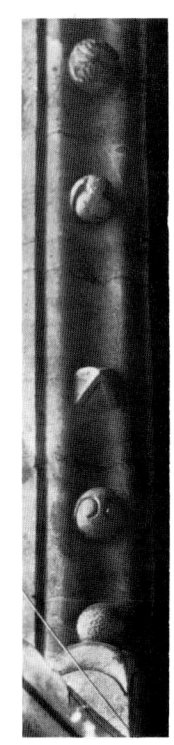

*99. u. 100.* Fenster, Kantenprofil

*101.* NO-Turm, Wests., 4.–7. OG (vor 1960, Montage)

*102.* NO-Turm, Süds., 5. u. 6. OG.

*103.* SO-Turm, Nords. 5. u. 6. OG

105. Nordostturm, 1.–4. OG von Nordwesten

104. Nordostturm, Nordseite bis zum 3. OG

344  Osttürme, Äußeres

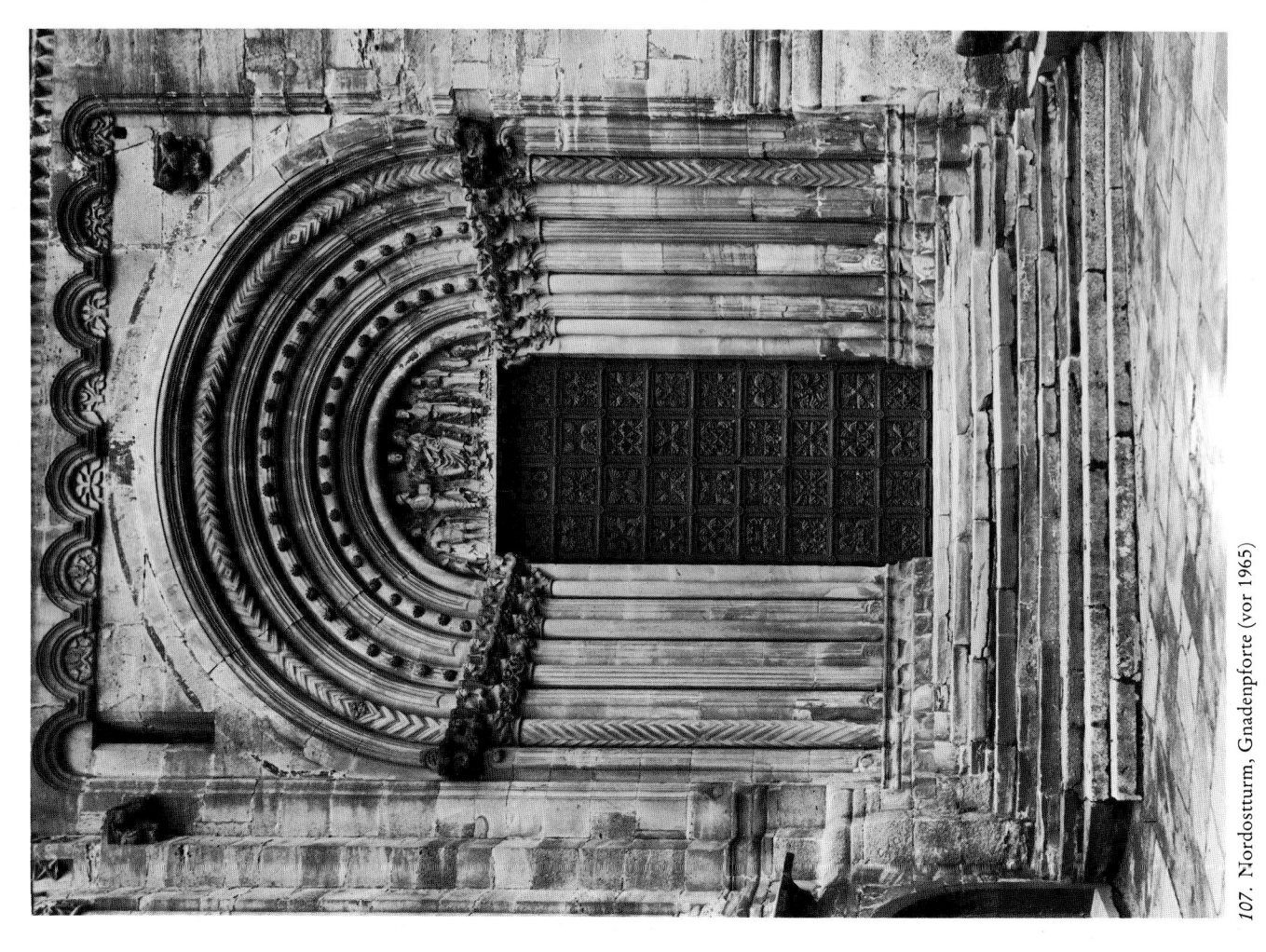

*107. Nordostturm, Gnadenpforte (vor 1965)*

*106. Südostturm, Adamspforte (vor 1937)*

*Gnadenpforte* (auch Abb. 115, 116, 118, 463)

*110.* Südl. (linker) Kämpfer, außen

*109.* Tympanon

*112.* Nördliche (rechte) Kapitell- und Kämpferzone

*114.* Nords., mittlere Kapitelle

*108.* Tympanon

*111.* Südliche (linke) Kapitell- und Kämpferzone

*113.* Süds., äußere Kapitelle

115. Gnadenpf. Nords. n. Ausbau der Gewändesäulen (1965)

116. Gnadenpf., Nords. außen

117. Adamspf., Maske (über Kopf)

118. Gnadenpf., Nords. Auswechslung (1965)

119. Löwe, Süds. vor Adamspf.

120. Adamspf., Süds., (Stephan, Kunigunde, Heinrich II.)

121. Adamspf. Nords. (Petrus, Adam, Eva)

*Osttürme, Inneres: Turmhallen, Aufgänge, Kapellen*

*122.* NO-T, Halle, Süds., Kryptenzugang

*123.* SO-T, Halle, Nords., Kryptenzugang

*124.* SO-T, Halle, Adamsportal

*125.* NO-T, Halle, Gewölbe, Gnadenpf.

*126.* SO-T, Halle, Süds.

*127.* SO-T, Bogen z. s. Ssch.

*128. u. 129.* NO-T, unterer Aufgang v. unten u. oben

*130.* SO-T, Quertreppe Kap.-Schacht

*131.* SO-T, 1. OG (Kapelle) Südwand

132. SO-T, Kapelle, Osts. m. Altarnische

133. SO-T, Kapelle n. NW, Öffn. z. s. Ssch. u. Treppe

134. S. Schacht n. W.

135. SO-T, Kapelle, Nords. m. Zugängen

136. unt. s. Quertreppe

137. ob. s. Schacht n. O.: Zugang z. ZG

138. SO-T, 2. OG, Nordw. m. Zugängen, links z. s. Ssch.-Dach

139. SO-T, 2. OG, Südwand

*140.* SO-T, Wests., Gesims     *141.* SO-T, 7. OG n. SW     *142.* NO-Turm, 4. OG nach Westen

*143.* Nords. u. *144.* Süds.: Bogenfries d. Obergadens im Schacht    *145.* NO-Turm, 3. OG nach Westen

*146.* Nordobergaden, 1. Fenster v. O     *147.* Nordobergaden, ab 1. Fensterkante (v. O) n. Westen

148. Nordseite, Gesamtansicht von Nordosten

149. NSsch., 1. u. 2. Feld, NO-T bis 1. OG

150. NSsch., 3. Feld u. Osts. Fürstenp.

151. NSsch., 5. Feld u. Wests. Fürstenp.

152. Nordseitenschiff, 3. Feld

153. 3. Feld / Fürstenp. (Osts.), oben

154. Eckverband (Vgl. Abb. 155)

155. 3. Feld / Fürstenp. (Osts.), unten

156. Obergaden (Vgl. Abb. 146)

157. Nordseitenschiff, 6. Feld

158. Nordseitenschiff, 8. u. 9. Feld

352 Ostchor und Langhaus, Äußeres, Nordseite / Fürstenportal

160. Obergaden, vermauerte u. 3., 4. Fenster v. O

161. Fürstenp., linkes (Ost-)Gewände (vor 1937)

159. Nordseite, Ostabschnitt m. Nordostturm u. Fürstenportal

*Fürstenportal*

163. Östl. (linke) Kapitellzone, Mitte

164. Westl. (rechtes) Gewände, oberer Teil

162. Gesamtansicht (vor 1937)

*165.* Tympanon (unterer Steg beschnitten)

*166.* Tympanon (Ausschn.)

*167.* Östl. (linke) Kapitellzone, außen

*168.* Östl. (linke) Kapitellzone, innen

*169.* Blattkonsole (1. v. O)

*170.* Stirns. (O) m. Kap. unt. Ecclesia

*171.* Stirnseite (W) m. Kap. unt. Synagoge

*172.* Süds. (außen): Sockel mit Kreuzgang (15. Jh.)

*173.* Süds. (außen): Kreuzgangportal u. Sockel (1. J)

174. Gesamtansicht von Südwesten (um 1900)

175. Gesamtansicht von Südosten mit Kreuzgang (1972)

176. Ostt. m. SO-Turm u. Kapitelshaus (1900)

*177. Südseitenschiff, 4. Wandfeld*

*178. Südseitenschiff, 2. u. 3. Wandfeld*

*179. Südseitenschiff, 6. Wandfeld*

*180. Südseitenschiff, 5. Wandfeld*

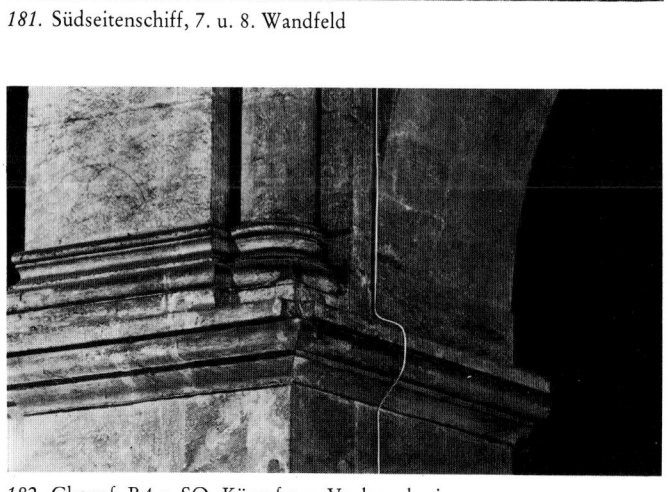

*181. Südseitenschiff, 7. u. 8. Wandfeld*

*182. Chorpf. B 4 v. SO, Kämpfer u. Vorlagenbasis*

*183. Ostchor, Gewölbe d. 1. u. 2. Jochs (vor 1900)*

*184.* Ostchor, Nordseite, 1. u. 2. Joch bis B 3 (vor 1900)

*185.* Turmhalbjoch, Nords., Öffn. z. unt. Treppenschacht

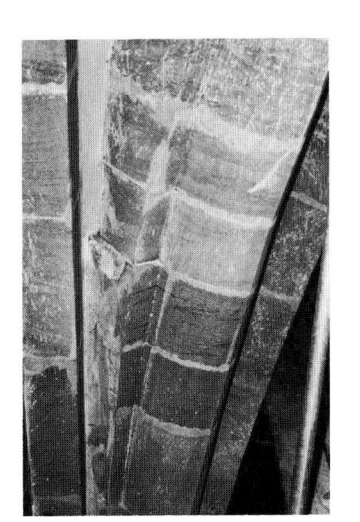

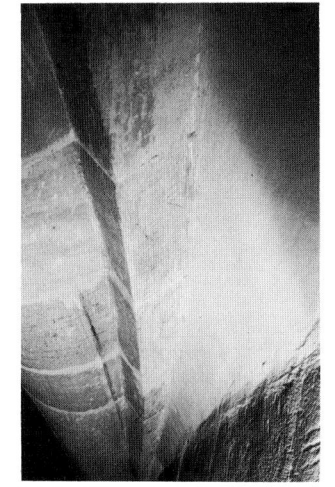

*186. u. 187.* Westl. Rippenanfänger über B 4, Profilkorrektur (v. W. u. S.)

## Ostchor und Mittelschiff, Inneres

189. Westl. Gewölbeanf. üb. C4, Schildbogenkorrektur

190. Mittelsch., Vorlage über C6

191. n. Chorbogenvorlage über B4 (v. SO)

188. Ostchor, Südseite, Wandgliederung von NW (Fotomontage)

## Ostchor und Mittelschiff, Inneres

193. n. Chorbogenvorlage über B 4 v. SW

194. n. Chorbogenpfeiler B 4 v. SW (v. 1966)

192. Südarkade von C 6 bis C 2, Chorbogenvorlage über C 4 m. Chorsüdw.

360  Ostchor und Mittelschiff, Inneres

195. Gewölbe n. W.: 2. Chorj., 1.–3. Mittelschiffsj.

196. Gewölbe n. W.: 2. u. 3. Mittelschiffsj., Vierung

197. C 4, Wests., Arkadenanschluß

198. Südl. Arkadenbogen C 4–C 5

199. Südl. Arkadenbogen C 5–C 6

200. B 4, Wests. Arkadenanschluß

*Mittelschiff, Inneres*

202. Südl. Mittelschiffswand nach Südosten, 2. u. 1. Joch, Ostchor

201. Mittelschiff nach Westen, 2. u. 3. Joch, Südseite

*Seitenschiffe, Inneres*

204. Südseitenschiff, Pfeilerreihe von C6 n. Osten

203. Nordseitenschiff, Ostende m. NO-Turmhalle, Aufgang u. Kapellenöffnung

206. Nordseitenschiff, Außenmauer, 5. u. 6. J., A5–A7 (um 1900)

208. A6, Sockel u. Stützsäulen

207. Säulen u. Sockel unter A6

205. Nordseitenschiff nach Osten (vor 1977)

209. Nordssch., Pfeiler B4–B2 u. Schranken v. NW

210. Südssch., Pfeiler C4–C1 u. Schranken v. SW

211. Südssch., Pfeilerreihe von C3 n. W

212. C1 u. Ostw. m. Schildbgn.

213. B2, Basis u. Treppe v. N

214. D1, Gewölbeanf. v. W

215. Gesims über C1 v. S

216. Pfeiler C 2, C 3 u. Schranken v. oben     217. NO-Vierungspfeiler (B 10) v. N     218. SO-Vierungspfeiler (C 10) v. SO

219. Südseitenschiff, Pfeiler C 2–C 4 mit Schranken, Gesamtans. v. S. (um 1900)

220. Fürstenportal, Tympanon von innen (1973)

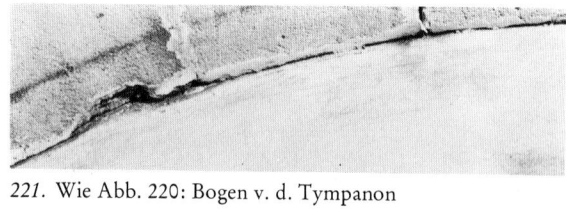

221. Wie Abb. 220: Bogen v. d. Tympanon

222. J N5, Schlußstein aus 2 Werkstücken

223. Kämpfer C6 no, Ritzung, Werkstücke

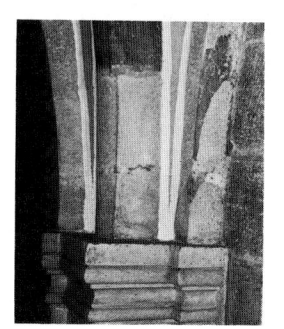

224. Rippe über D3 w

225. Nordostsch., Rippe ohne Verband m. Kappe

226. Pfeiler B3 u. Schranke v. NW 1939/45. (Vgl. Abb. 239)

227. C3 m. Mittelkonsole v. 1936

228. Nordschr./B1 v. S., Durchlaß

229. Nordschr. u. B2 (Verkündigung)

230. Verb. Nordschr./Osts. B3

Ostchorschranken

*231.* Nordschranke zwischen B 2 u. B 4 (um 1900), Gesamtansicht

*232.* Anschl. Nordschr./Wests. B 2

*233.* Südschr. Michaelsrelief

*234.* Nordschr. Verkündig. (C 4, Stucktaube 1896)

235. Pfeiler C3 m. Südschranke (SW-, SO-Reihe, v. 1936)

236. C3, Wests. m. Konsole u. SW-Reihe

237. C4, Osts. m. Konsole u. SW-Reihe

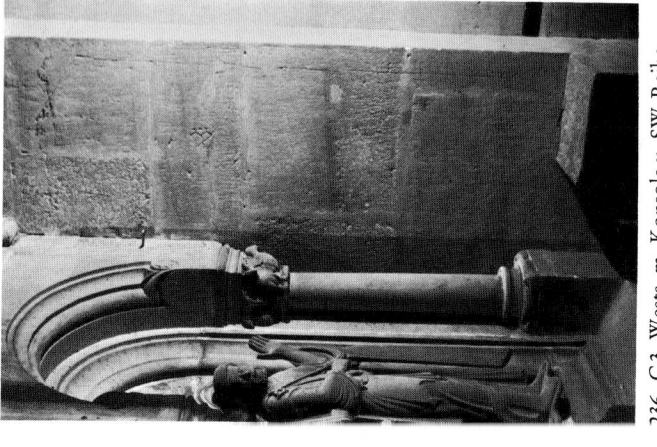

238. Pfeiler B3 m. Nordschranke (NO-, NW-Reihe, v. 1939)

239. Nordschr. B2–B4 v. NO 1939/45 (~ Zwischenzust. b. Bau i. 13. Jh. Vgl. Abb. 226)

Ostchorschranken

240. SW-Reihe, C4–C3 mit Flankenkonsolen (v. 1936)

241. SO-Reihe, C3–C2 mit Flankenkonsole (v. 1936)

242. NO-Reihe B2–B3 mit Flankenkonsole (v. 1939)

243. NW-Reihe B3–B4 mit Flankenkonsolen (v. 1939)

*244. u. 245.* NO-Reihe, 1. u. 2. Bogenfeld, Ornamentfüllung

*246.* NW-Reihe, letztes Bogenfeld

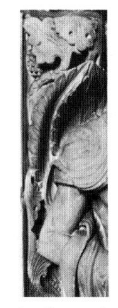

*247.–256.* Nordschr., Reliefs, Blattkonsolen f. Reliefrahmen hinter d. Prophetenköpfen v. O n. W

*257. u. 258.* wie 247/256   *259.* NO-R., Ecke neb. B 2   *260.* NO-R., Mitte   *261.* NW-R., Mitte

*262.* Nordquerhaus von Norden (um 1900)

*263.* Südquerhaus von Südwesten

264. Nordquerarm u. NW-Turm v. NW

265. Nordquerarm, Giebel v. N

266. Schatzkammer, Sockelgesch., Fenster Nords.

267. SW-Turm u. Westapsis v. S

268. SW-Turm u. Südquerarm v. SW

270. NW-Turm, Schatzkammer u. Westapsis v. N

269. Nordquerarm von Nordosten

271. Südquerarm, Ostmauer, Oberteil

272. Nordrose

273. Südrose

274. Veitsportal von Nordwesten

275. Schatzkammer u. NW-Turm (UG) v. W

276. Veitsportal, östl. Blenden (Quaderbosse)

277. Veitsportal, Mitte

278. Gewölbe: Vierung, Querarme, Westchor

279. Südquerarm, obere Westw. u. Gewölbe n. SW

280. Südquerarm, obere Ostw. n. SO

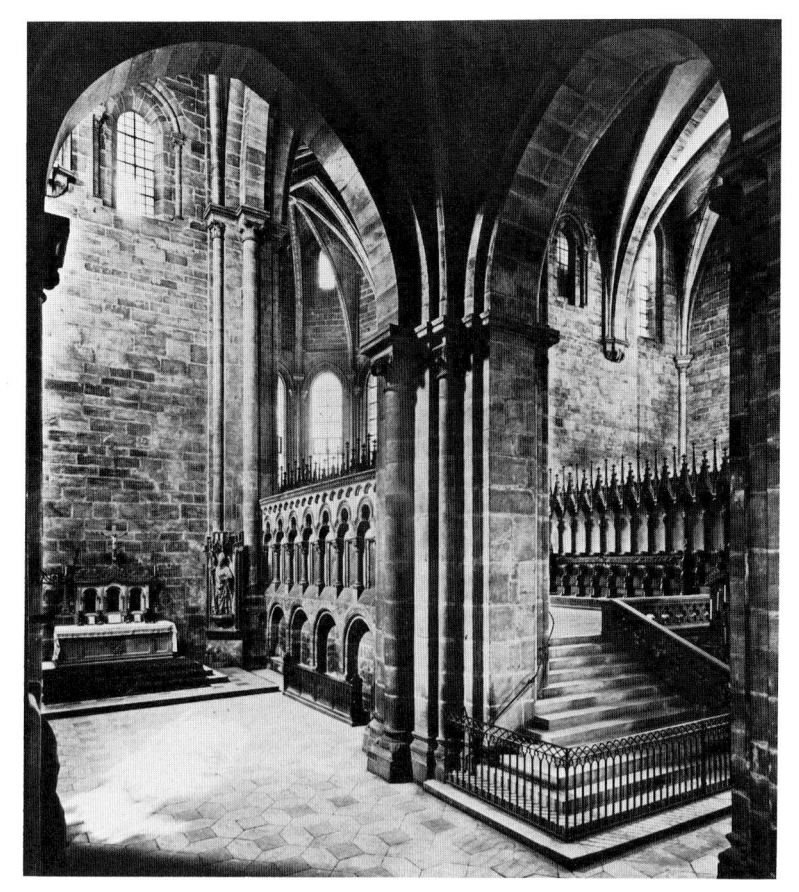

281. Querhaus, Vierung u. SO-Vierungspf. C 10 v. SO (um 1900)

282. NO-Vierungspf. B 10, Basis v. W

283. SO-Vierungspf. C 10, Basis v. SW

284. NQh., westl. Mittelkonsole v. oben: Rippe/Schildbgn.

285. Nordquerhaus, westl. Mittelkonsole

376  Querhaus und Vierung, Inneres

288. NW-Vierungspf., Basis v. O

290. NQh, Westw., Fenster z. NW-Turm

287. SW-Vierungspf., Basis v. O; Türbogen

289. SW-Vierungspf., Eckdienstbasis

286. Vierung u. Südquerarm nach Südwesten, 1973

292. Nordquerarm, Gewölbe, Nord- u. Westwand

293. Nordquerarm, Westw. n. SW m. Fenster z. NW-Turm; Westchorschranke, Nords. (1900)

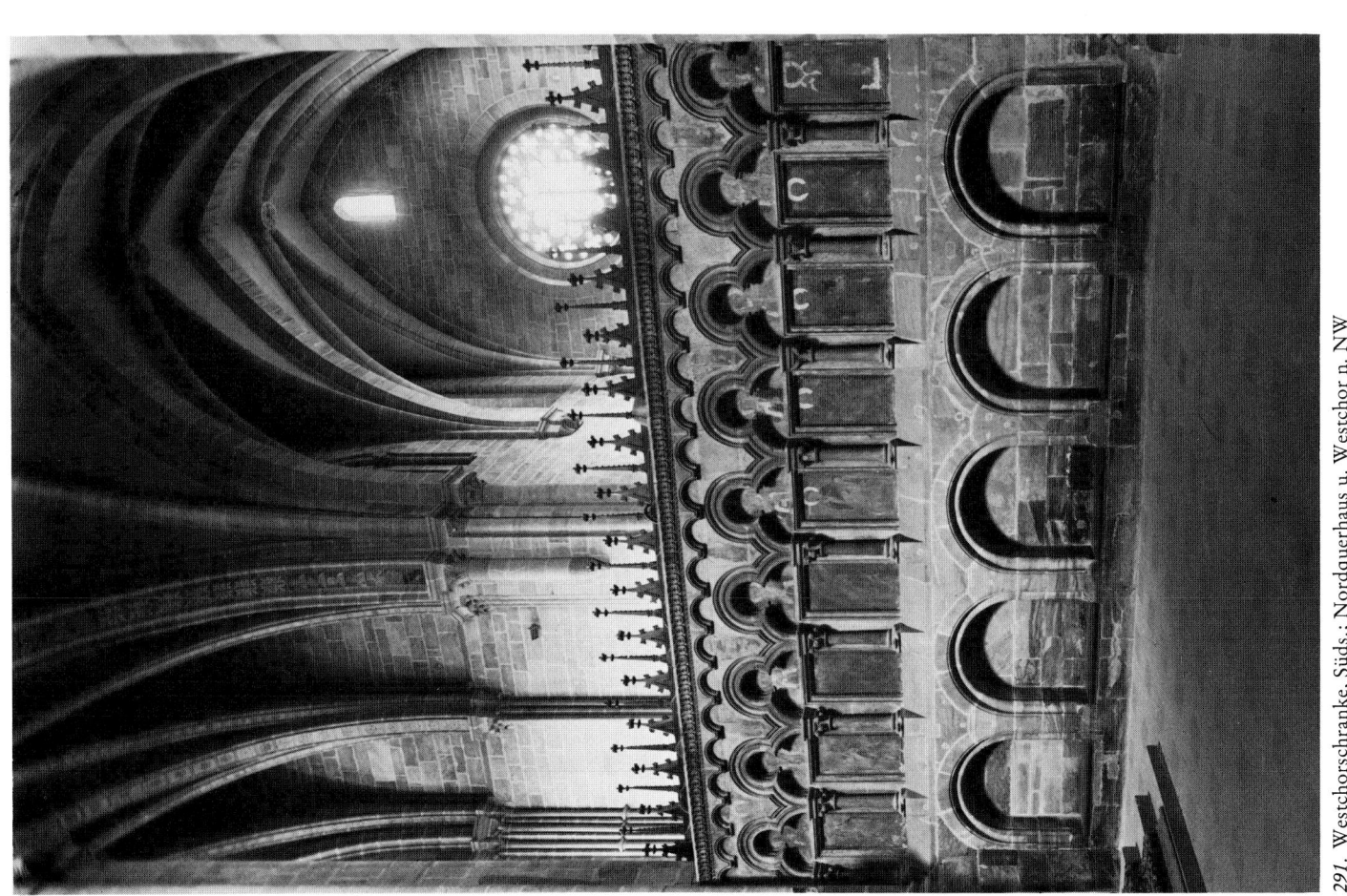

291. Westchorschranke, Süds.; Nordquerhaus u. Westchor n. NW

378  Westchorschranken und Westapsis, innere Blendarkaden

296. Nordschr., westl. Blenden (neben NW-Vgspf.)

300. Blendarkade (S) neben SW-Dienst

295. Südschranke, Kleeblattbögen mit gemalten Engeln

299. Apsisblendarkade, Nordabschnitt (N)

294. Nordschranke, n. W.

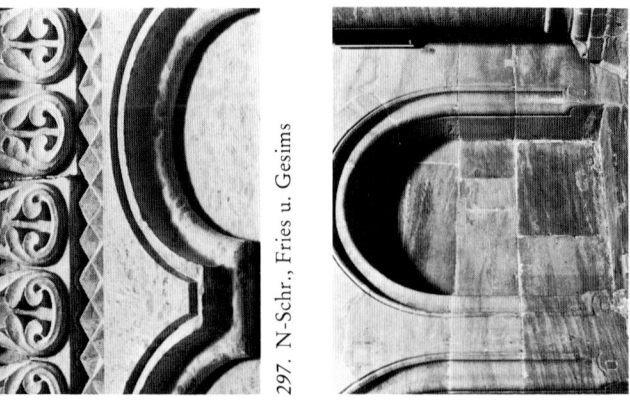

297. N-Schr., Fries u. Gesims

298. N-Schr., westl. Sockelnische

Westapsis und Westchor, Inneres

301. Gewölbe mit Farbfassung, nach Reinigung 1974

302. Apsis, Untergeschoß n. SW, S- u. SW-Abschnitt (um 1900)

303. Südl. Apsisansatz, Vorlage

304. Südfenster

305. Nördl. Apsisansatz, Vorlage

306. Apsis, Untergesch., Mittelnische (W)

308. Chor, Nordw., obere Zone

309. Chor, Nordw., Türen zu NW-Turm u. Schatzkammer (NW-Turm, UG)

310. Nords., Dienstkonsole

311. Nords., Schatzkammertür

307. Westchor und Apsis nach Nordwesten

Westapsis und Westchor, Inneres

312. Chor, Südw., obere Zone

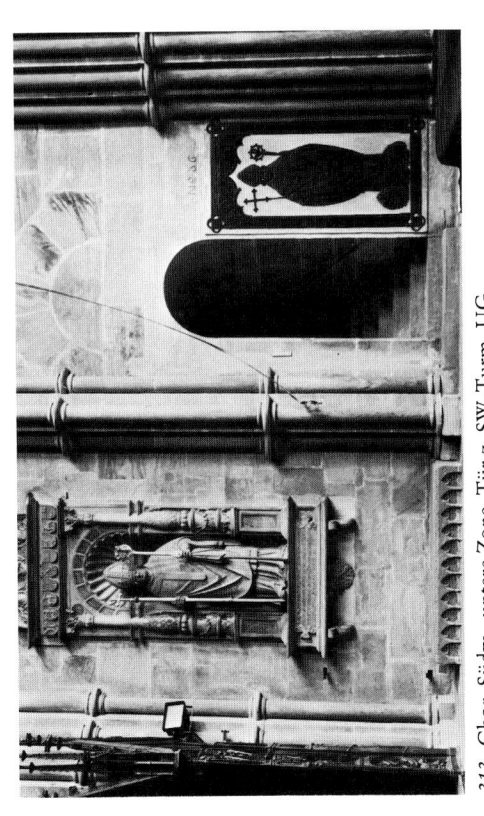

313. Chor, Südw., untere Zone, Tür z. SW-Turm, UG

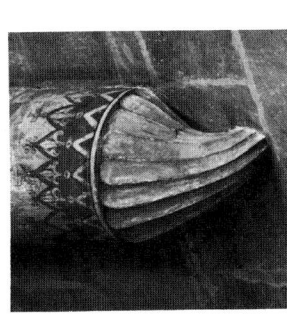

314. SW-Vierungspf.

315. Apsisbogen, südl. Anfänger v. O

316. Apsis, Fenstergeschoß und Gewölbe

*317. Südseite, von den Basen (südl. Apsisbogen) abwärts, zerstörtes Wulstprofil (1936)*

*318. Süds., v. d. Sohle aufwärts. Oben r.: Basen Apsisbgn. (1936)*

*319. Apsis, unt. S-Abschn. (S) u. SW-Dienst: glatte Quader*

320. Süds., Apsisans. (Vgl. Abb. 318, 319)

321. Kanal unter NW-Turm

322. »Ottogruft« n. N

323. »Ottogruft« v. O (Stirnw. Vierung/Westchor) v. Zerst. 1972

324. »Ottogruft«, Inneres n. O

325. Apsis, Fenstergesch., SW-Dienstbündel

326. Apsis, Südfenster u. südl. Ansatz (Süds. Chor)

384 — Westapsis, Äußeres

328. Nördl. Ansatz, Kegel u. Kranzgesims, Turmlisene 3. OG

329. Obergesch., Wests., Fenster

330. Südl. Ansatz, Sockelzone Chorsüdmauer

327. Gesamtansicht mit Türmen, um 1900

Westapsis, Äußeres 385

332. Fenster- und Obergeschoß, NW-Seite

333. Fenster- und Obergesch. N-S. m. Anschl. NW-Turm

331. Gesamtansicht (1977)

334. SW-Dienst, Kapitelle zw. S- u. SW-Fenster

335. Südl. Ansatz, S-Dienst u. Kapitelle

336. SW-Dienst, Gesims zw. Unter- u. Fenstergesch.

337. SW-Turm, Wests., Gesims zw. 1. u. 2. OG

339. NW-Turm, Wests., 5. u. 6. OG (Untersicht)

338. SW-Turm v. SW, 3.–6. OG

340. SW-Turm, 3./4. OG, Nords.

*341.* SW-Turm, 4.–6. OG., Nords. (~ 1900)

*342.* NW-Turm, Süds., 6. OG

*343.* NW-Turm, Süds., 5. OG

*344.* NW-Turm, Süds., 4. OG

347. NW-Turm, 4. OG, Wests., Mitte

349. NW-Turm, SO-Eckt. (Treppe) v. O, 6. OG

346. NW-Turm, 5. OG, NW-Eckturm v. SW

348. SW-Turm, SO-Eckt. (Treppe) v. O, 6. OG

345. Westtürme von Nordwesten

350. NW-Turm, 6. OG v. NW (um 1920)

351. SW-Turm, 3.–6. OG, Wests.

352. NW-Turm, 3./4. OG von NW (um 1920)

353. NW-Turm, 3./4. OG, Süds.

*Südwestturm, Inneres*

*354. Sockelgeschoß, Ostseite*

*355. UG n. SO*

*356. UG, NW-Ecke, Treppe*

*357. Wests., Treppe UG / 1. OG*

*358. 1. OG, Anf. Wendeltreppe*

*359. 1. OG, n. SW, Wendeltr.*

*360. 2. OG, Fenster z. SQh*

*361. 2. OG, Südseite*

*362. 3. OG, SO-Ecke*

*363. 3. OG n. NW, Trompe u. Öffnungen n. W u. N*

*364. 3. OG n. NO, Trompe u. Öffnungen n. N u. O*

*365. 4. OG, n. SO (Treppe)*

*366. 4. OG, n. SW (Eckturm)*

367. Schatzk., Sockelgesch. n. W.

368. Schatzk., Sockelg. n. SO, Türen z. NQh u. NW-T.

369. NW-T, SG, Kanaltreppe

370. NW-T, SG, Kanalzugang

371. NW-T, SG, n. SW, Wendeltreppenfundam.

372. NW-T, UG, n. SO, Osts.: verm. Fensterchen

373. NW-Turm, UG n. S

374. NW-Turm, UG n. W

375. NW-T, UG n. N: Tür zur Schatzk.

376. Schatzk., Hauptg. n. W

377. Schatzk., Hauptg. n. NW

378. NW-Turm, 2. OG n. SW

379. NW-Turm, 2. OG n. NW

380. NW-Turm, 2. OG, Fenster z. NQh
381. NW-Turm, 3. OG n. NW 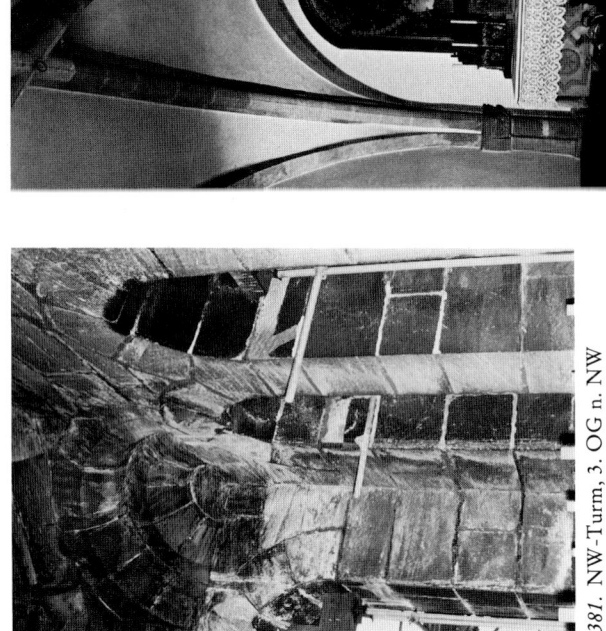 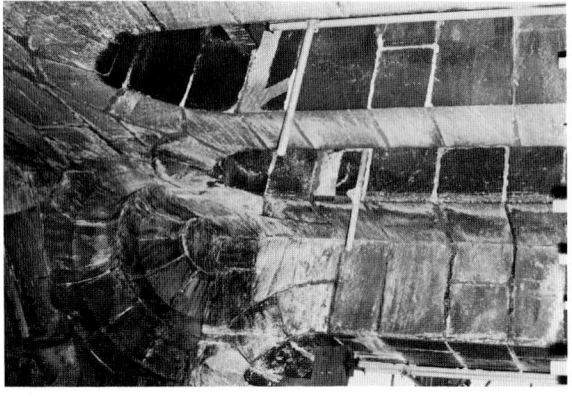
382. NW-T., 3. OG, NO-Ecke 
383. NW-Turm, 3. OG, Osts.: Stufenbogen, Trompen
384. Gertrudenkap. (NW)
385. Nagelkap., Rose 
386. Gertrudenkap. n. W 
387. Nagelkapelle, Westw. n. NW  
388. Nagelkapelle, NO-J, Nordw. 
389. Nagelkapelle, NO-J n. NO

390. Nagelkapelle (Kapitelsaal) n. NO (~ 1900)

391. Nagelkapelle (Kapitelsaal), Ostj. n. NO

392. Westgiebel, Wests., Südhälfte

393. Westgiebel, Konsolen

394. Westgiebel, Wests. v. NW

395. Ostgiebel, Mittelvorl. u. nördl. Fenster

396. Nordobergaden, 2. verm. Fenster v. O (über B 8)

397. Nordobergaden über B 4, Grenze zw. Chor u. Msch.

398. Südobergaden über C 4: Chorbogenmauer, Baunaht

399. Südobergaden über Vierungspf. C 10, Anschl. Übermauerung

400. Südobergaden über Vierungspf. C 10, Kante z. SQh

401. Nordquerh., Ostw. über Vierungspf. B 10, Verzahnungsquader

402. Südquerh., Ostw. über Vierungspf. C 10, Verzahnungsquader

*Dachräume / Baldachine*

403. NSsch., Sargw.

404. NSsch., Sargw. über B 8, Abschnittsfuge

405. SSsch., Sargw. bei C 8 Brandsch. (verputzt) u. Quader

406. NSsch., Öffnung in der Sargw. über Arkade B 4–B 5

407. Südseitenschiff, Gewölbe des 3. Jochs

408. Vierungsgewölbe, Schlußring-Übermauerung n. S

409. Adamspforte, südl. (linkes) Gewände

410. Evabald. n. Ausbau

411. Adamsb., Obert. Rücks.

412. Adamspforte, nördl. (rechtes) Gewände

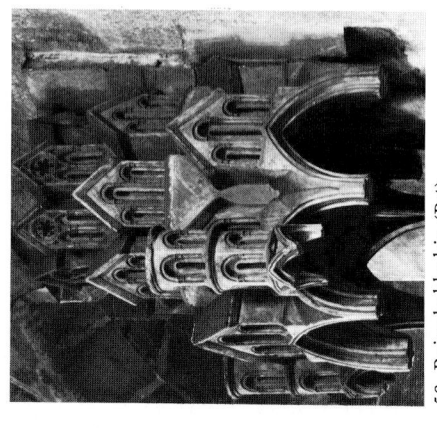

396  Baldachine

58. Reiterbaldachin (B4)

419. Clemensb. an B2

424. Reiterkonsole: Blattmaske

417. Engelsb. an B3 (ergänzt)

423. Bald. d. Madonna an A3

422. Marienb. an B3 (1977, Turm gedr.)

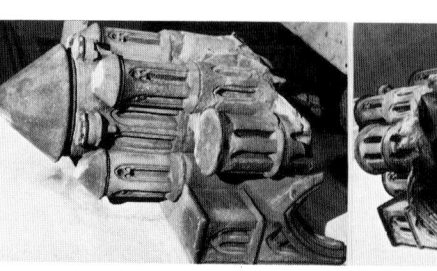

414. Petrusb. Innens. f. Gewände

416. Heinrichsb., Rücks. f. Archiv.

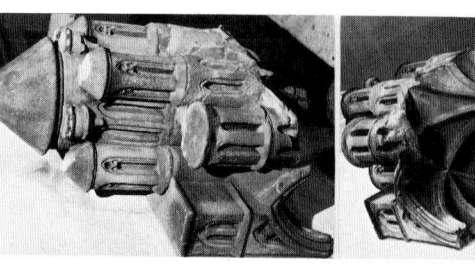

421. Ecclesiab.

413. Petrusb., boss. Rücks. f. Archivolte.

415. Adamsb., Untert., Rücks.

420. Synagogenb.

Bauskulptur (»jüngere Werkstatt«) 397

425. Der Reiter: König Stephan von Ungarn. Linke Konsole seitl. abgespitzt

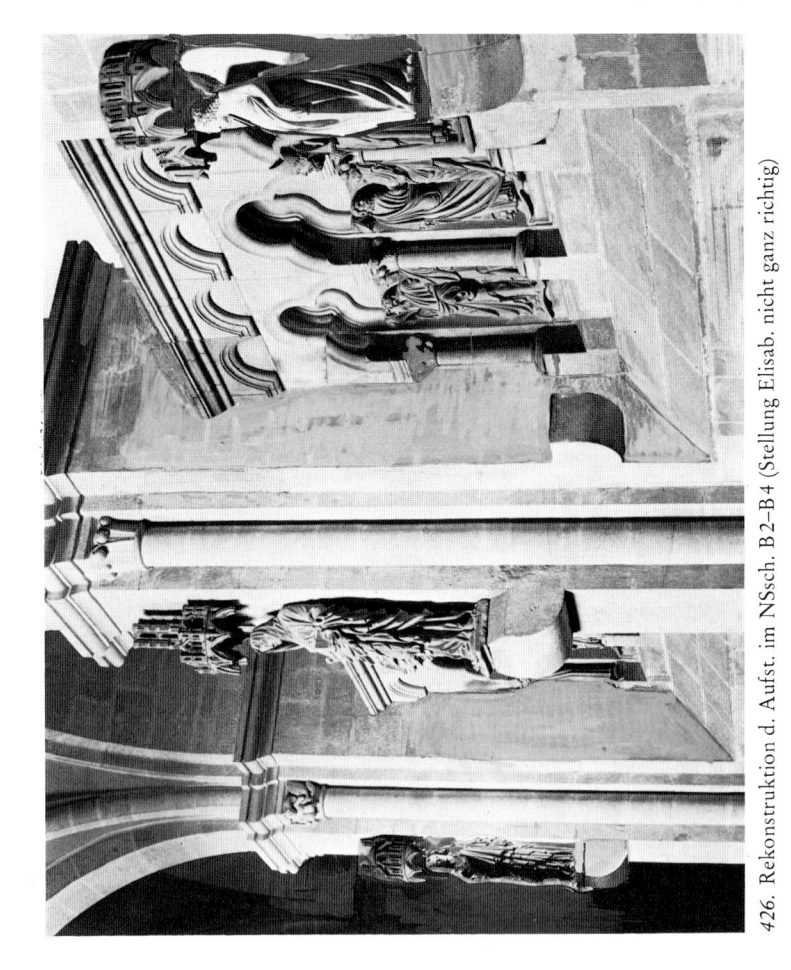

426. Rekonstruktion d. Aufst. im NSsch. B 2–B 4 (Stellung Elisab. nicht ganz richtig)

427. Pf. B 3 v. NO: Elisabeth u. Maria

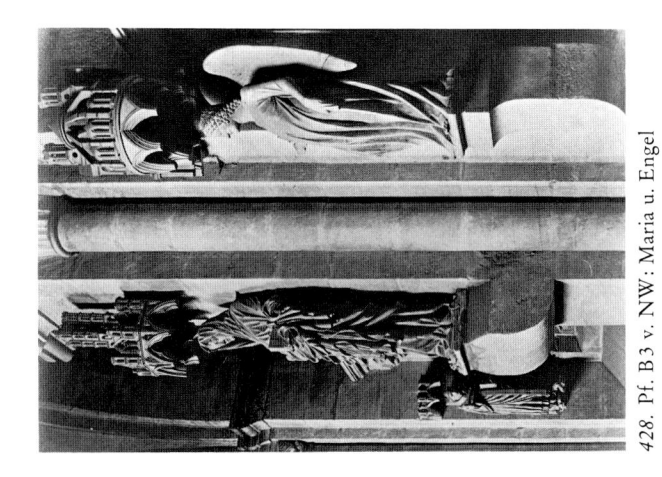

428. Pf. B 3 v. NW: Maria u. Engel

429. Rekonstruktion: B4 v. NO, Dionysius u. Engel m. Baldachin

430. Papstgrab auf dem Westchor, Nords.

431. Tumba B. Ottos II. (Ostkr.): wiederverw. Maßwerk

432. Ostchorschr., SO-R., Farbfassung n. Rupprecht 1829

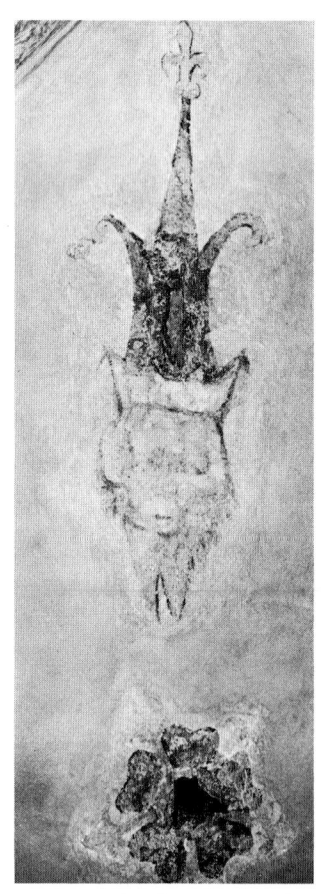

433. Narrenkopf, Gew. 2. OChj.

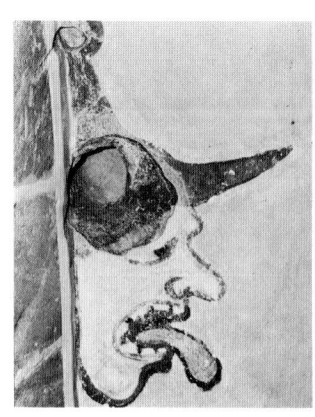

434. Judenköpfe, Gew. 2. Mschj.

435. Figuren über d. Mittelfenster d. Westapsis

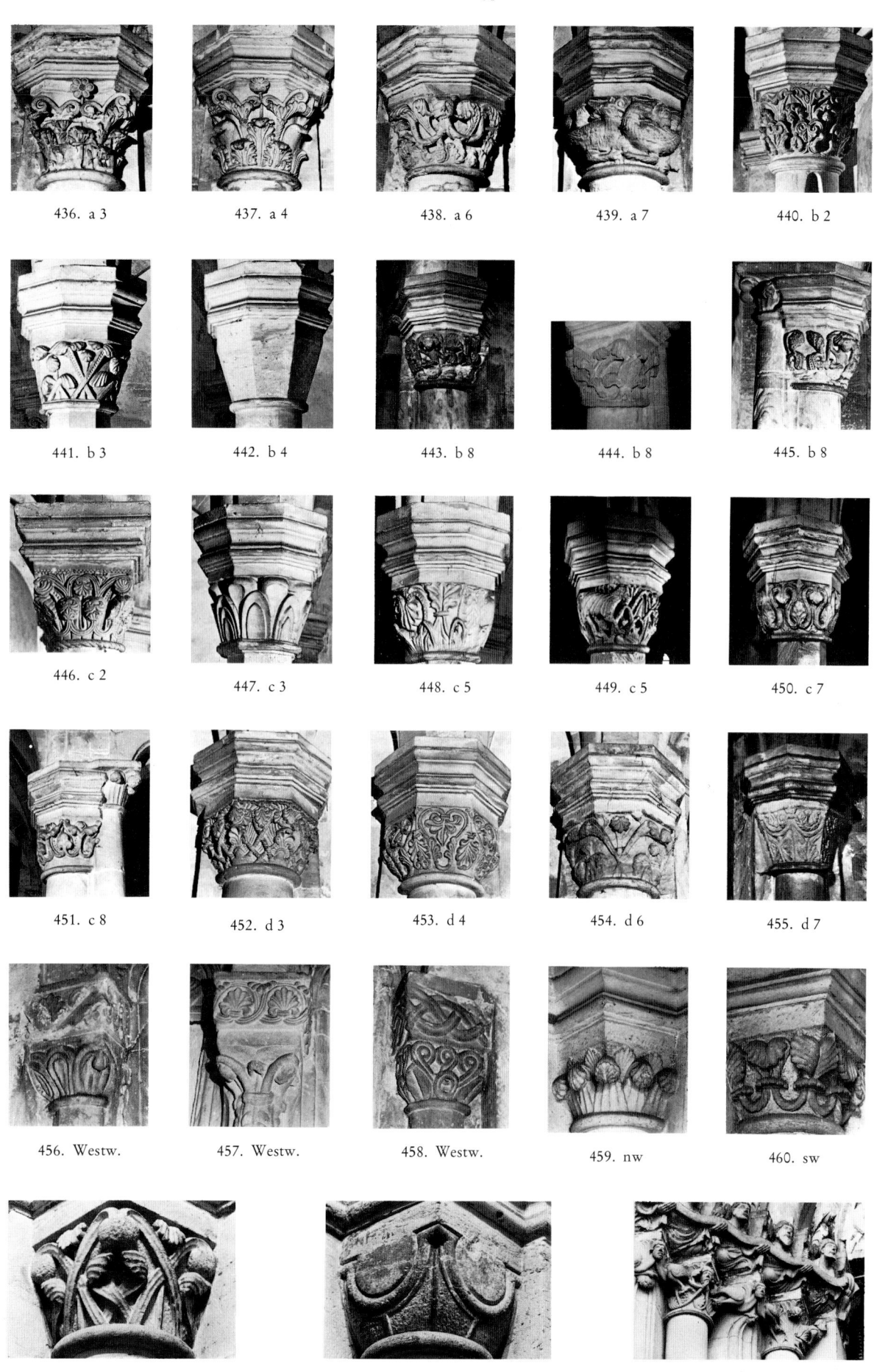

436. a 3
437. a 4
438. a 6
439. a 7
440. b 2
441. b 3
442. b 4
443. b 8
444. b 8
445. b 8
446. c 2
447. c 3
448. c 5
449. c 5
450. c 7
451. c 8
452. d 3
453. d 4
454. d 6
455. d 7
456. Westw.
457. Westw.
458. Westw.
459. nw
460. sw
461. no
462. so
463. Gnadenpf.

*436.–455.* Ostkrypta, Säulen u. Vorlagen. *456.–458.* Ostkrypta, Westwand. *459.–462.* Südostturm, Turmhalle. *463.* Gnadenpforte.

464. no  465. sw  466. so  467. UG (NO)

468. UG (SO)  469. UG (OSO)  470. UG (ONO)

471. UG (N)  472. UG über (N)  473. OG (S)

474. OG (OSO)  475. OG (ONO)  476. OG (NO)

477. OG (N)  478. ZG, S 1  479. ZG, SO 1

480. ZG, N 4  481. ZG, N 3  482. ZG, NO 4

*464.–466.* Nordostturm, Turmhalle. *467.–472.* Ostapsis, Untergeschoß, Vorlagen. *473.–477.* Ostapsis, Obergeschoß, Vorlagen. *478.–482.* Ostapsis, Zwerggalerie.

483. ZG, S 2       484. ZG, S 3       485. ZG, S 4

486. ZG, O 3      487. ZG, NO 1      488. ZG, NO 2

489. ZG, NO 3     490. ZG, N 2       491. ZG, N 2

492. ZG, SO 4     493. ZG, O 1       494.              495. 3. OG, S.

496. 3. OG, O     497. 3. OG, O      498. 3. OG, O     499. 3. OG, N     500. 3. OG, N

501. 3. OG, N     502. 3. OG, W      503. 3. OG, W     504. 3. OG, W

*483.–493.* Ostapsis, Zwerggalerie. *494.* Ostapsis, Südkante. *495.* Südostturm, 3. Obergeschoß. *496.–504.* Nordostturm, 3. Obergeschoß.

505. 4. OG, O
506. 4. OG, O
507. 4. OG, N
508. 4. OG, N
509. 4. OG, W
510. 4. OG, W
511. 4. OG, S
512. 4. OG, S
513. 4. OG, S
514. 4. OG, W
515. 5. OG, N
516. 5. OG, N
517. 5. OG, W
518. 5. OG, W
519. 5. OG, W
520. 5. OG, S
521. 5. OG, S
522. 5. OG, S
523. 6. OG, O
524. 6. OG, O
525. 6. OG, N
526. 6. OG, S
527. 6. OG, S
528. 6. OG, S
529. 5. OG
530. 5. OG
531. 6. OG, W
532. 6. OG, W
533. 5. OG

*505.–512. Nordostturm, 4. Obergeschoß. 513.–514. Südostturm, 4. Obergeschoß. 515.–522. Nordostturm, 5. Obergeschoß. 523.–528. Nordostturm, 6. Obergeschoß. 529.–532. Südostturm, 5. u. 6. Obergeschoß. 533. Nordostturm, 5. Obergeschoß, Mittelpfeiler-West, Steinmetzzeichen.*

534. S  535. SO  536. ONO

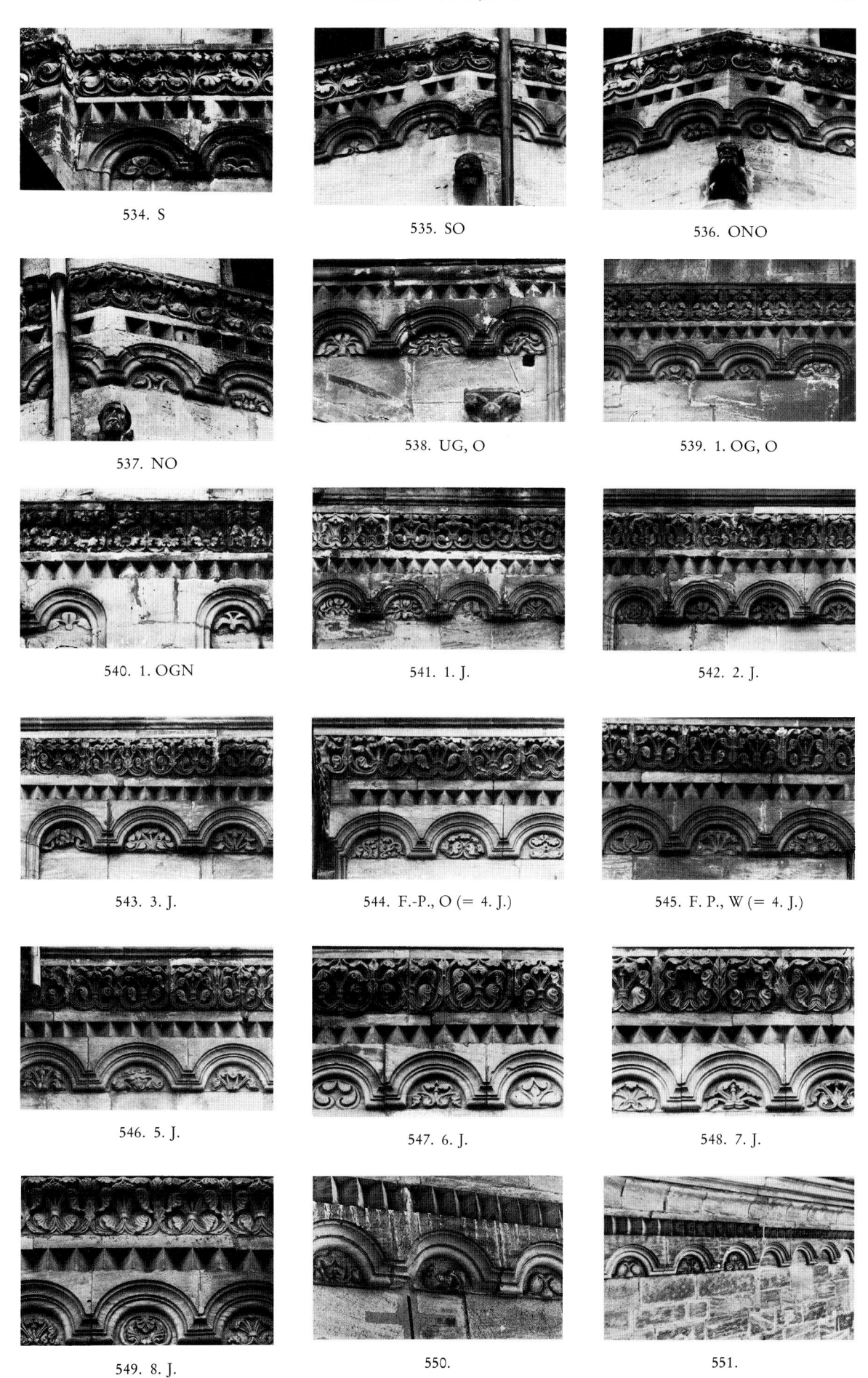

537. NO  538. UG, O  539. 1. OG, O

540. 1. OGN  541. 1. J.  542. 2. J.

543. 3. J.  544. F.-P., O (= 4. J.)  545. F. P., W (= 4. J.)

546. 5. J.  547. 6. J.  548. 7. J.

549. 8. J.  550.  551.

Bogenfriese u. Ornamentgesimse: *534.–537.* Ostapsis, Obergeschoß. *538.–540.* Nordostturm, Unter- u. 1. Obergeschoß. *541.–549.* Nordseitenschiff, 1.–8. Joch (544, 545 Fürstenportal). *550, 551.* Nordobergaden, Ostende.

552. N 1    553. N 2    554. N 3    555. NO 1    556. NO 2

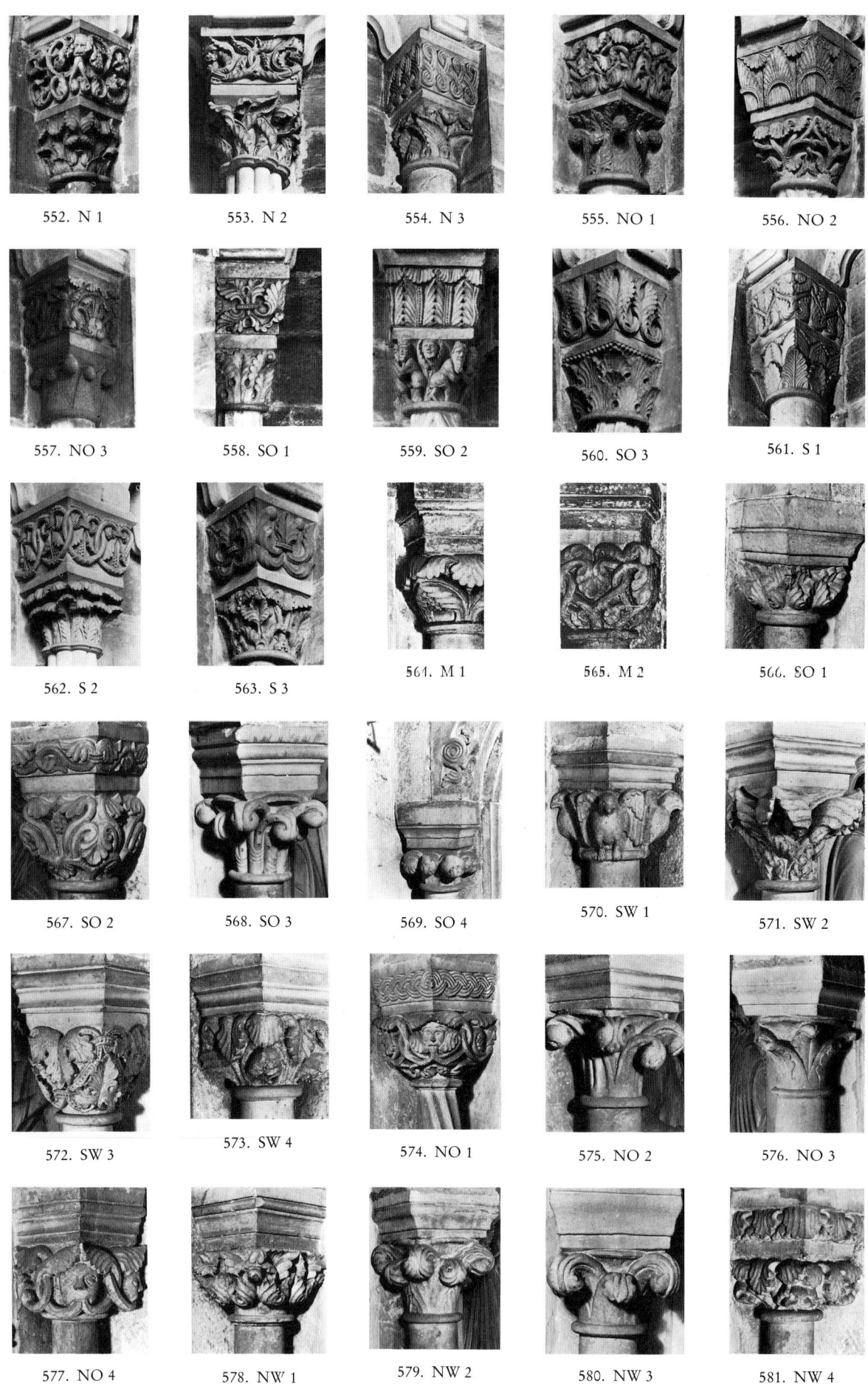

557. NO 3    558. SO 1    559. SO 2    560. SO 3    561. S 1

562. S 2    563. S 3    564. M 1    565. M 2    566. SO 1

567. SO 2    568. SO 3    569. SO 4    570. SW 1    571. SW 2

572. SW 3    573. SW 4    574. NO 1    575. NO 2    576. NO 3

577. NO 4    578. NW 1    579. NW 2    580. NW 3    581. NW 4

*552.–563.* Ostapsis, Inneres, Blendarkaden (von N nach S) Ostchorschranken (von O nach W): *564.–573.* Südreihe (564, 565. Michael, 566.–569. Südostr., 570.–573. Südwestr.). *574.–581.* Nordreihe (574.–577. Nordostr., 578.–581. Nordwestr.).

Bauzier: Ostchor (Turmhalbjoch)

582. V 1  583. V 2  584. ob. S 1  585. ob. S 2  586. ob. S 3

587. unt. N 1  588. unt. N 2  589. unt. N 3  590. ob. N 1  591. ob. N 3

592. N  593. S

594. über B 1  595. über C 1  596. NO

597. SO  598. Mitte N  599. Mitte S  600. über B 2, o  601. über B 2, w

*582.–583.* Schranken, Verkündigung (z. Zt. an C4). *584.–591.* östl. Turmhalbjoch, Treppenöffnungen (obere S, untere N, obere N).
*592, 593.* Apsisbogen. *594.–599.* Turmhalbjoch, Gewölbevorlagen. *600, 601.* Ostchor, Gewölbevorlagen

602. über C 2 (o)
603. über C 2 (w)
604. über B 3
605. über B 4
606. über C 3
607. über C 4
608.
609. A 1
610. A 2 o
611. A 2 w
612. A 3 o
613. A 3 w
614. A 4 o
615. A 5 o
616. A 5 w
617. A 6 o
618. A 6 w
619. unter A 6 w
620. unter A 6 o
621. A 7 o
622. A 7 w
623. A 8 o
624. A 8 w
625. A 9 o
626. A 9 w
627. A 10 o
628. A 10 w
629. B 1
630. B 2 o
631. B 2 w

*602.–607.* 2. (westliches) Ostchorjoch, Gewölbevorlagen. *608.* Apsisfenster. *609.–628.* Nordseitenschiff, Nordseite (619, 620 Säulen unter A 6). *629–631.* Pfeiler, Nordreihe, Nordseite.

632. B 3 o
633. B 3 w
634. B 4 o
635. B 4 w
636. B 5 no

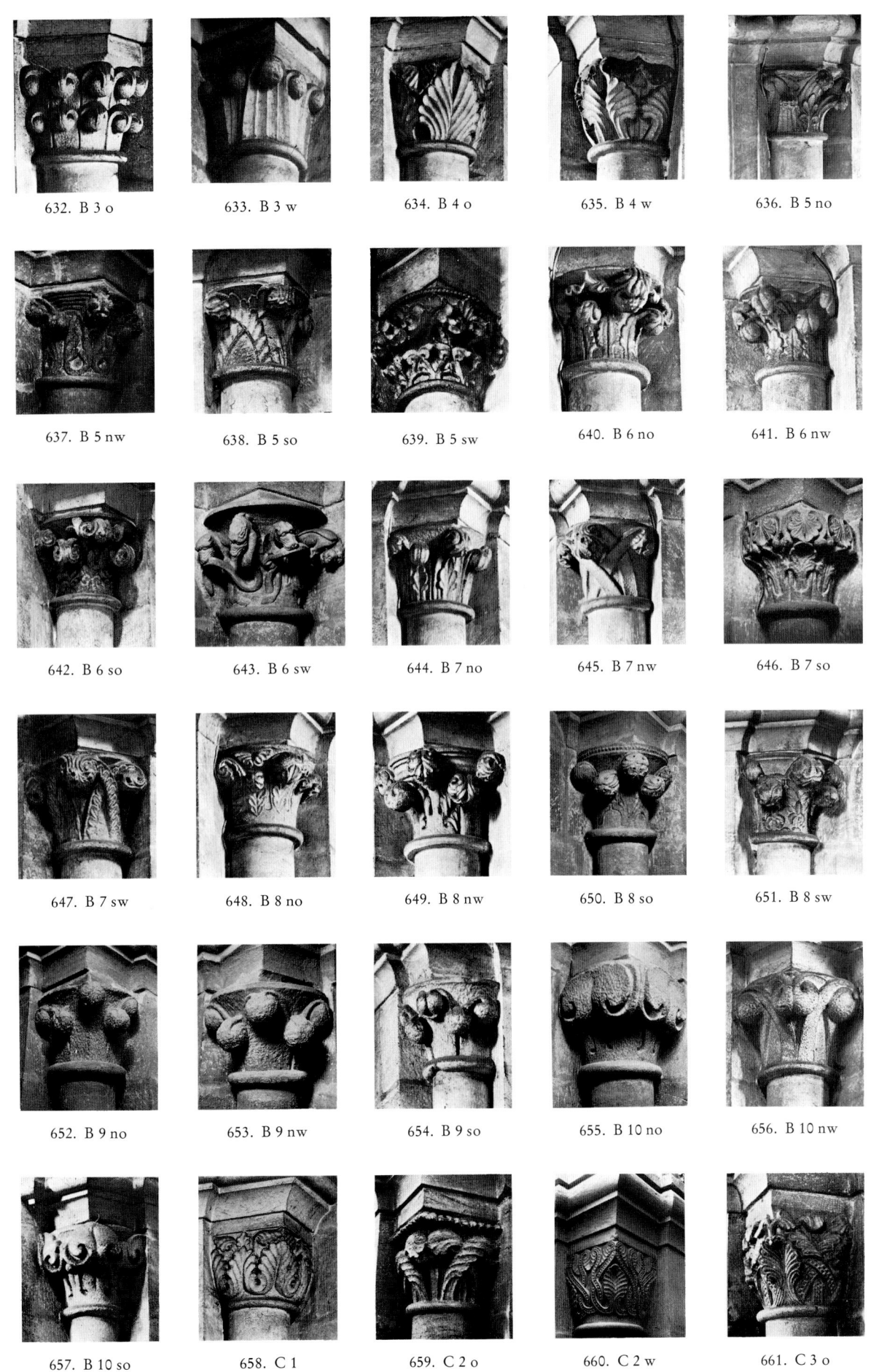

637. B 5 nw
638. B 5 so
639. B 5 sw
640. B 6 no
641. B 6 nw

642. B 6 so
643. B 6 sw
644. B 7 no
645. B 7 nw
646. B 7 so

647. B 7 sw
648. B 8 no
649. B 8 nw
650. B 8 so
651. B 8 sw

652. B 9 no
653. B 9 nw
654. B 9 so
655. B 10 no
656. B 10 nw

657. B 10 so
658. C 1
659. C 2 o
660. C 2 w
661. C 3 o

*632.–657.* Pfeiler, Nordreihe. *658.–661.* Pfeiler, Südreihe, Südseite.

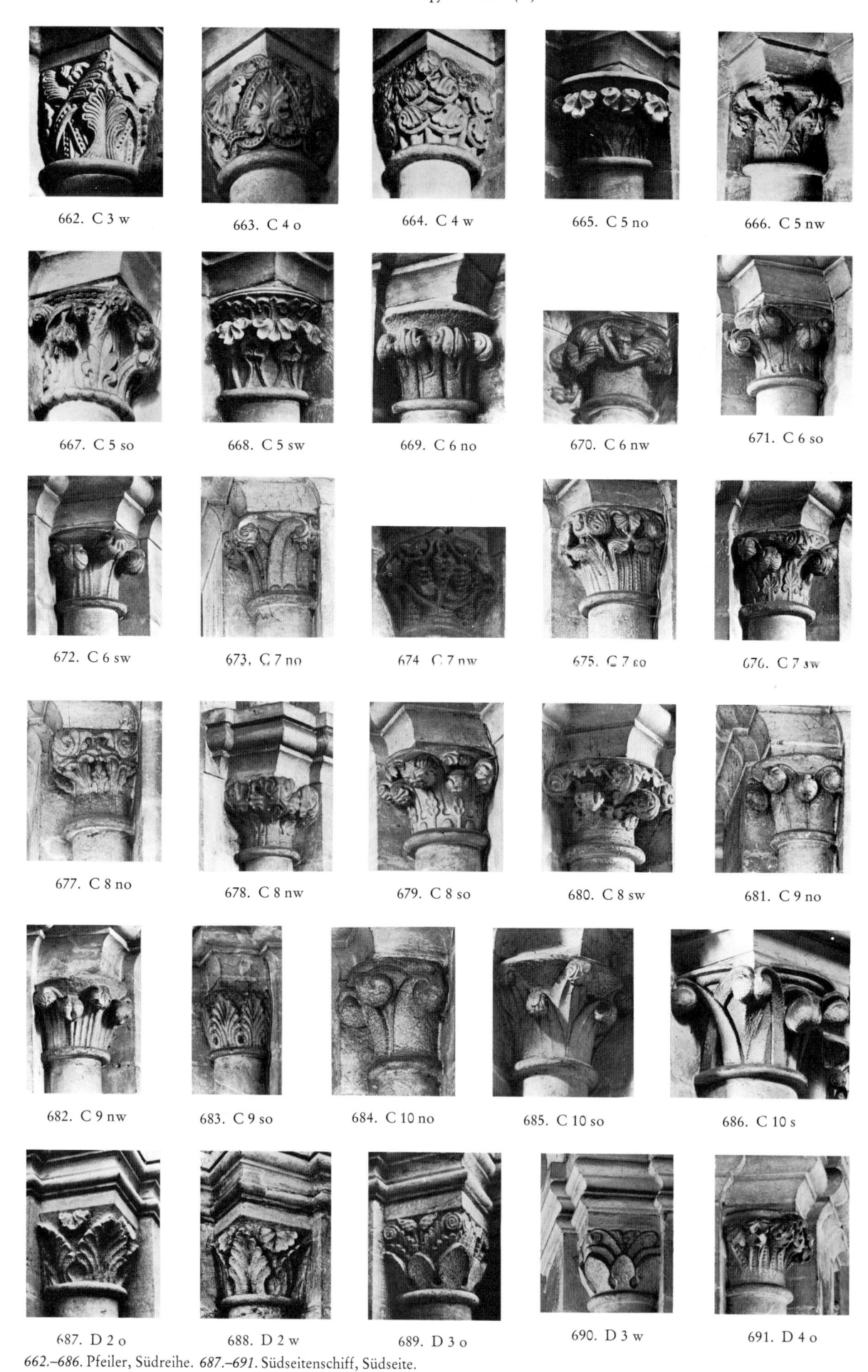

662. C 3 w
663. C 4 o
664. C 4 w
665. C 5 no
666. C 5 nw
667. C 5 so
668. C 5 sw
669. C 6 no
670. C 6 nw
671. C 6 so
672. C 6 sw
673. C 7 no
674. C 7 nw
675. C 7 so
676. C 7 sw
677. C 8 no
678. C 8 nw
679. C 8 so
680. C 8 sw
681. C 9 no
682. C 9 nw
683. C 9 so
684. C 10 no
685. C 10 so
686. C 10 s
687. D 2 o
688. D 2 w
689. D 3 o
690. D 3 w
691. D 4 o

*662.–686.* Pfeiler, Südreihe. *687.–691.* Südseitenschiff, Südseite.

692. D 4 w  693. D 5 o  694. D 5 w  695. D 6 o  696. D 6 w

697. D 7 o  698. D 7 w  699. D 8 o  700. D 8 w  701. D 9 o

702. D 9 w  703. D 10 o  704. über B 6 (o)  705. über B 6 (w)  706. über B 8 (o)

707. über B 8 (w)  708. Vg B 10 o  709. Vg B 10 s  710. Vg. B 10 (von SW)

711. Vg B 10 (sw)  712. Vg B 10 (von NW)  713. über C 6 (o)  714. über C 6 (w)

715. über C 8 (o)  716. über C 8 (w)  717. Vg C 10 (o)  718. Vg C 10 (n)  719. Vg C 10 (sw)

*692.–703.* Südseitenschiff, Südseite. *704.–719.* Mittelschiff, Gewölbevorlagen. *704.–707.* Nordseite. *708.–712.* NO Vierungspfeiler B 10. *713.–716.* Südseite. *717.–719.* SO Vierungspfeiler C 10.

720. Vg C 10 (von NW)   721. Vg C 10 (w)   722. SW-Vg (so)   723. SW-Vg (o)

724. SW-Vg (no)   725. SW-Vg (n)   726. SW-Vg (nw)   727. NW-Vg (sw)

728. NW-Vg (s)   729. NW-Vg (so)   730. NW-Vg (o)   731. NW-Vg (no)   732. NQh (no)

733. NQh (nw)   734. NQh (Mitte w)   735. NQh (Mitte o)

736. NQh (Mitte w)   737. NQh (Mitte o) 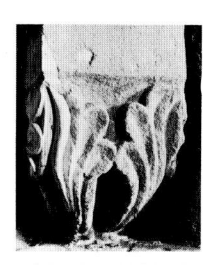  738. NQh (Mitte w)   739. NQh W-Fenster (s)   740. NQh W-Fenster (n)

741. SQh (sw) 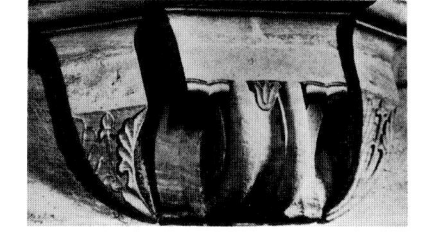  742. SQh (Mitte w)   743. SQh (Mitte o)

*720.–731.* Vierungspfeiler: *720, 721.* C 10, *722.–726.* Südwestpfeiler. *727.–731.* Nordwestpfeiler, *732.–740.* Nordquerhaus (Dienste, Mittelkonsolen, Fenster). *741.–743.* Südquerhaus (Dienst, Konsolen).

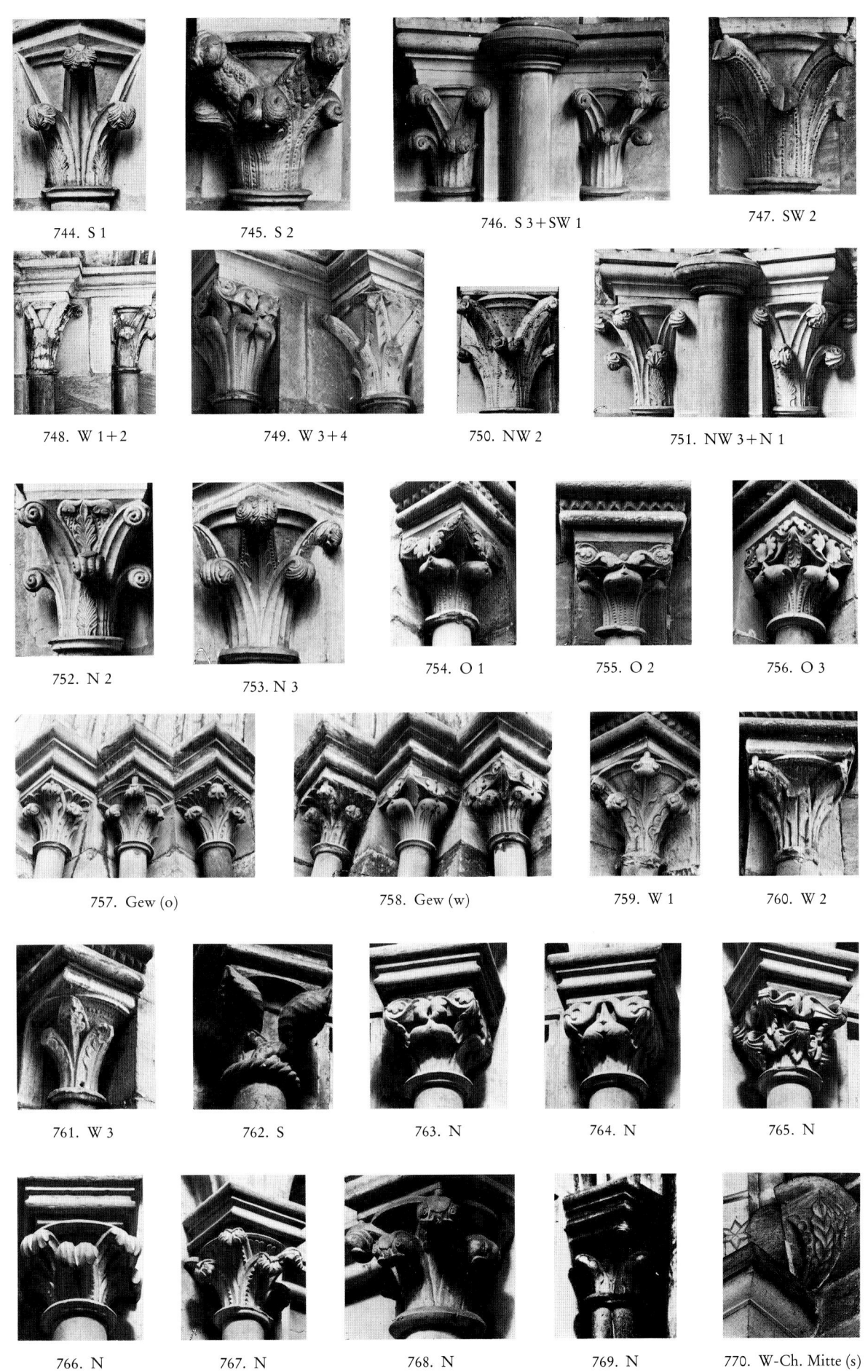

744. S 1
745. S 2
746. S 3 + SW 1
747. SW 2
748. W 1 + 2
749. W 3 + 4
750. NW 2
751. NW 3 + N 1
752. N 2
753. N 3
754. O 1
755. O 2
756. O 3
757. Gew (o)
758. Gew (w)
759. W 1
760. W 2
761. W 3
762. S
763. N
764. N
765. N
766. N
767. N
768. N
769. N
770. W-Ch. Mitte (s)

*744.–753.* Westapsis, Inneres, Blendarkaden (von Süd nach Nord). *754.–761.* Veitsportal, Blendarkaden u. Gewände (von Ost nach West). *762.–769.* Westchorschranken (762. Süd, 763.–769. Nord). *770.* Westchor, Südseite, Mitte.

771. W-Ch (Mitte s) 772. W-Ch (sw) 773. Apsisbgn (S)

774. A (S) (Mitte n)  775. A (SW)  776. A (WSW)  777. A (WNW)  778. A (NW)

779. Apsisbgn (N)  780. W-Ch (nw)  781. W-Ch (Mitte n)

782. W-Ch Schbgn (n)  783. W-Ch Schbgn (n)  784. NagelK. (Mitte)  785. Nagelkap (w)

786. N.Kp. (o)  787. N.Kp. (o)  788. N. Kp. (o)  789. 4. OG  790. 4. OG

791. 4. OG  792. 5. OG  793. 6. OG  794. 6. OG  795. 6. OG

*771.–783.* Westchor u. Apsis: 771, 772, 780, 781. Dienste im Chor, 773., 779. Apsisbogen, 774.–778. Dienste der Apsis (von S nach N), 782., 783 Schildbogen Nords. *784.–788.* Nagelkapelle. *789.–795.* Nordwestturm: 789.–791. 4. Obergeschoß. *792–795.* 5.–6. Obergeschoß.

796. 6. OG   797. 6. OG   798. 4. OG   799. 4. OG   800. 5. OG

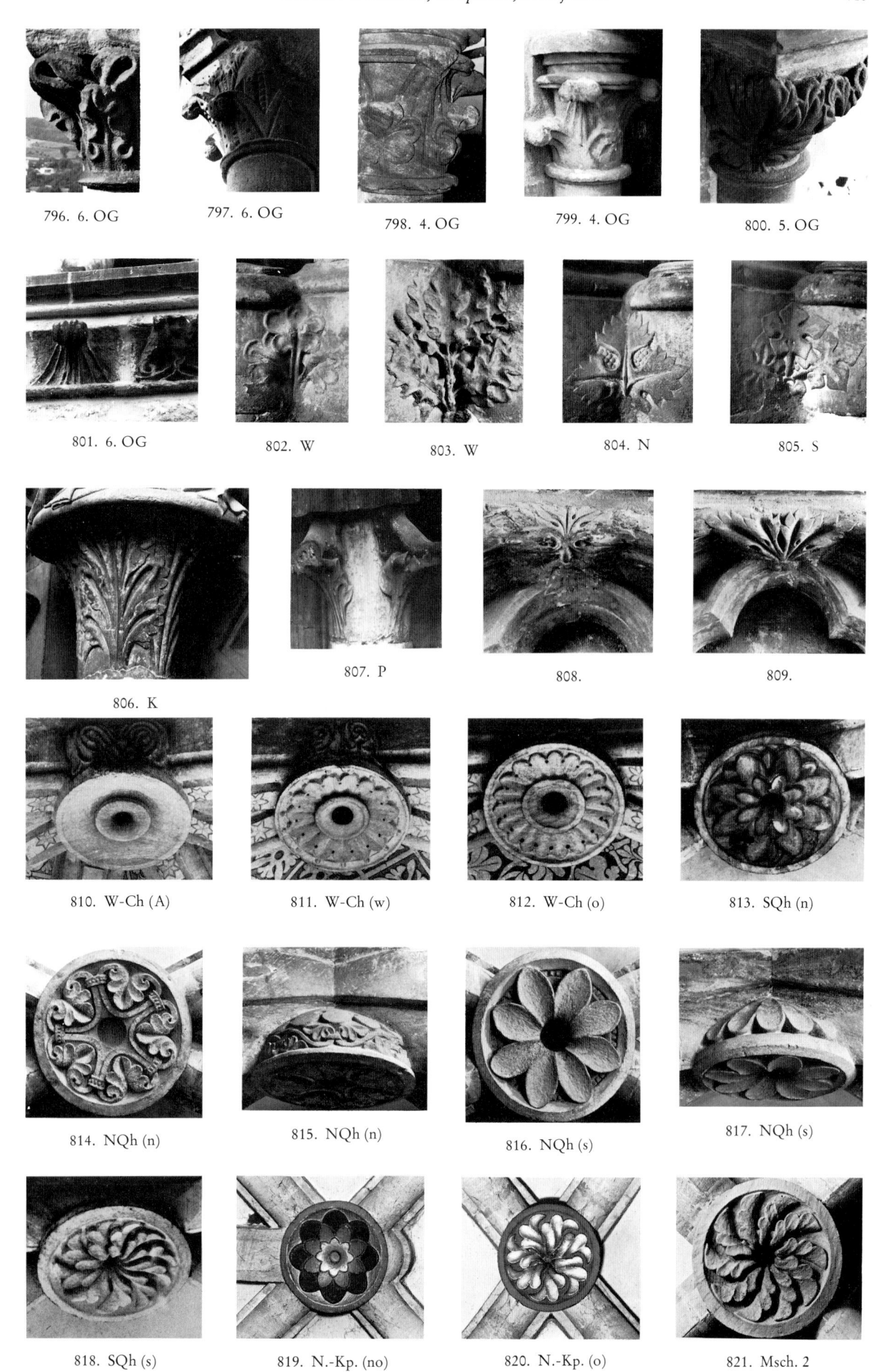

801. 6. OG   802. W   803. W   804. N   805. S

806. K   807. P   808.   809.

810. W-Ch (A)   811. W-Ch (w)   812. W-Ch (o)   813. SQh (n)

814. NQh (n)   815. NQh (n)   816. NQh (s)   817. NQh (s)

818. SQh (s)   819. N.-Kp. (no)   820. N.-Kp. (o)   821. Msch. 2

*796.–801.* Nordwestturm, 4.–6. Obergeschoß. *802.–805.* Papstgrab. *806, 807.* Adamspforte (Kunigunde, Petrus). *808.–809.* Tumba Bischofs Otto II. *810.–821.* Schlußsteine: 810.–812. Westchor, 813.–818. Querschiff, 819., 820. Nagelkapelle, 821. Mittelschiff, 2. Joch.

*Bauzier: Schlußsteine*

822. 1 n
823. 1 s
824. 2 n
825. 3 n
826. 3 m
827. 3 m
828. 3 s
829. 5 n
830. 6 m
831. 6 s
832. 7 n
833. 7 m
834. S 1
835. S 1
836. S 1
837. S 2
838. S 2
839. S 2
840. SOT
841. NOT
842. N 1
843. S 3
844. S 4
845. S 5
846. N 6
847. N 7
848. N 8
849. O-Ch 2
850. Msch 1
851. Msch 3

Schlußsteine: *822.–833.* Ostkrypta. *834.–839, 843–845.* Südseitenschiff. *842, 846–848.* Nordseitenschiff. *840, 841.* Osturmhallen. *849.* Ostchor, 2. Joch. *850, 851.* Mittelschiff, 1. + 3. Joch.

852. b 2
853. S 2
854. N 2
855. NO 2
856. S 3
857. S 1
858. SW
859. Mitte S
860. C 1
861. C 3 w
862. B 3 w
863. C 4 o
864. C 8 so
865. C 6 so
866. B 6 so
867. C 6 no
868. B 2 w
869. C 8 sw
870. A 10 o
871. C 8 no (D 2 o)
872. A 8 o
873. D 4 o
874. D 10 (n)
875. 5./6. OG
876. W.-A.
877. W.-A.
878. W. A.
879. W. A. (N)
880. NQh (nw)
881.

Basen: *852.* Krypta *853.–857.* Ostapsis, Blendarkaden. *858, 859.* Ostchor, Turmhalbjoch. *860–874.* Seitenschiffe und Pfeiler. *875.* Osttürme. *876.–878.* Westapsis, Blendarkaden. *880.* Nordquerhaus (nw) *881.* Westchorschranken.

# PLANSCHEMA FÜR KOORDINATEN DER PFEILER UND VORLAGEN

# PLANSCHEMA FÜR KOORDINATEN

Jede Koordinatenbezeichnung für Freistützen und Wandvorlagen setzt sich aus einem Buchstaben und einer Ziffer zusammen. Die Joche als Raumeinheit zählen von Ost nach West.

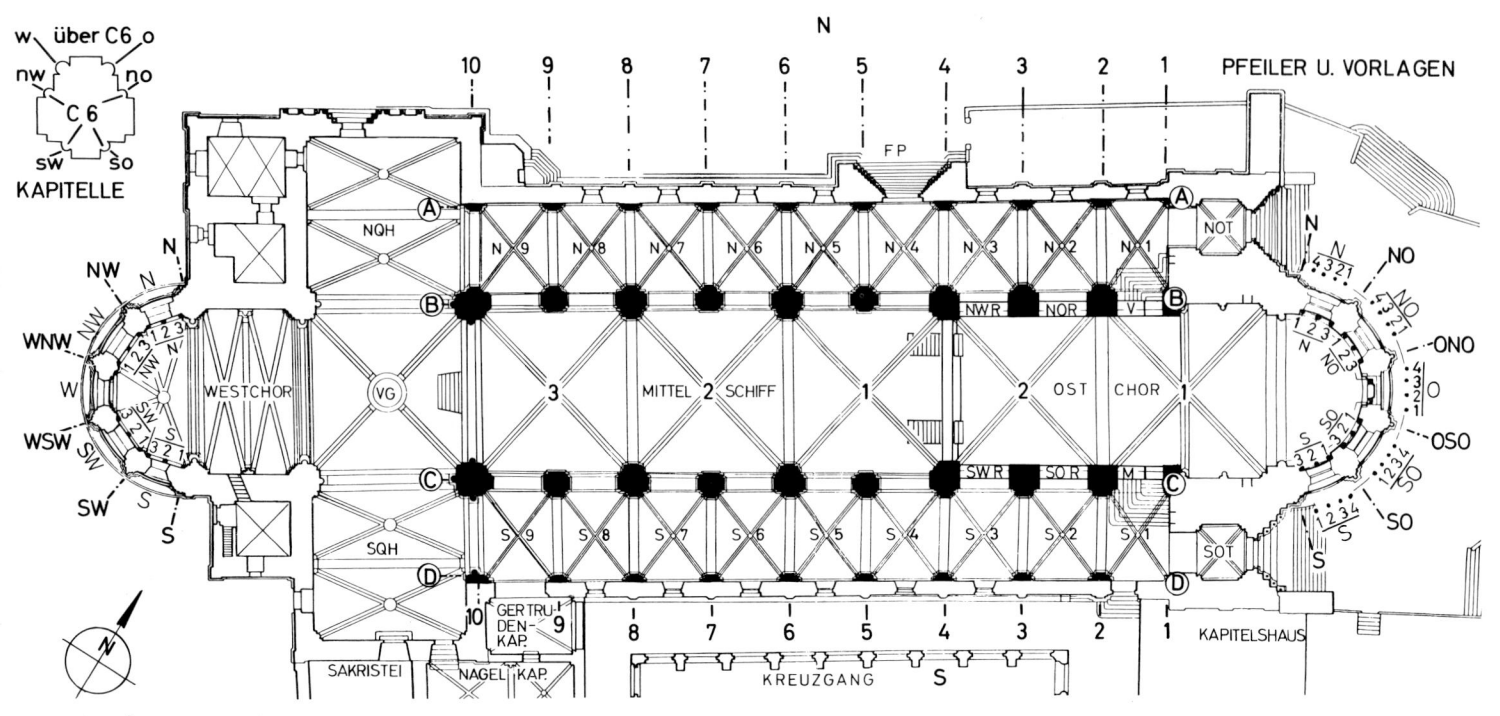

*Langhaus* (Die Joche sind in Seitenschiffen, Ostchor und Mittelschiff getrennt gezählt.)

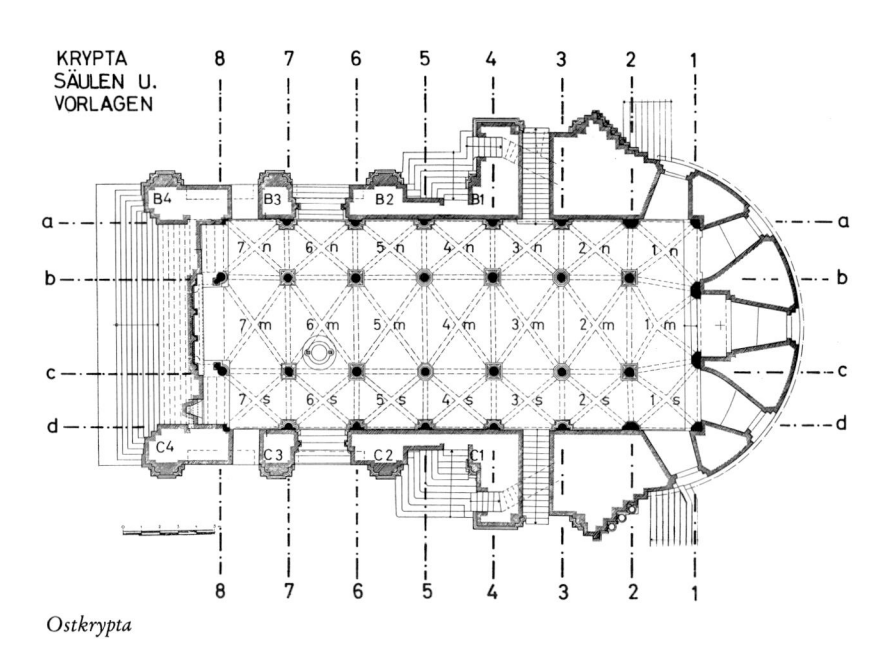

*Ostkrypta*

9783786111405.2